김재형 대법관 퇴임기념

민사재판의 제문제

제 29 권

민사실무연구회

2022

사법발전재단

金 哉 衡 大法官 近影

獻 呈 辭

대법원 민사실무연구회가 그동안 개최한 월례발표회에서 발표된 논문들을 모아 「민사재판의 제문제」 제29권을 발간하게 되었습니다. 우리 연구회에서는 민사법 분야의 여러 쟁점에 관하여 심도 있는 연구와 토론을 계속해 왔고 그 결실을 이 논문집을 통해 맺고 있습니다. 이번에도 민사법 전반에 걸쳐 다양하고 폭넓은 주제 발표가 이루어졌고 훌륭한 연구 성과가 있었습니다. 이 연구성과가 학계와 실무계에 모두 기여할 수 있기를 기대합니다.

이번 「민사재판의 제문제」 제29권은 민사실무연구회 제17대 회장을 역임하시고 2022년 9월 대법관 임기를 마치시는 김재형 대법관님께 존경과 감사의 뜻을 담아 퇴임기념 논문집으로 헌정하게 되었습니다.

김재형 대법관님께서는 1992년 서울지방법원 서부지원 판사로 임관하신 후 약 3년 6개월 동안 법원에서 근무하시다가 1995년 9월부터 서울대학교 법과대학에서 민법 교수로 재직하셨으며, 2016년 9월부터 대법관으로 봉직하면서 학계뿐만 아니라 실무에도 놀라운 업적을 남겨 주셨습니다.

대법관님께서는 취임사에서 이론과 실무가 단절된 채 자족적으로 발전할 수 있는 시대는 이미 지나갔다고 하시면서 이론과 실무가 서로 영향을 주고받으면서 서로 발전해야 함을 강조하셨습니다. 대법관님께서는 학자로 연구할 때나 법관으로 근무할 때나 학계와 실무계의 교류와 소통에 앞장서 오셨고, 이제는 그야말로 실무와 학계를 이어주는 연결고리의 주축이 되셨습니다.

대법관님께서는 지난 6년간 판례의 발전에 커다란 공헌을 하셨습니다. 대법관님께서는 판례를 통해 법과 정의가 무엇인지 천명하고 우리의 사회의 갈등을 해결하고 이해관계를 조정하면서 헌법과 법률에 따라 우리 공동체가 추구해야 하는 바를 제시해 주셨습니다. 이러한 업적은 대법관님의 투철한 현실인식과 정치한 논리적 사고가 바탕이 되었을 뿐만 아니라 대법관님께서 사람에 대한 폭넓은 이해와 애정을 가지고 계셨기 때문일 것입니다. 구체적인 판결과 결정을 일일이 언급하기 어려울 정도로 대법관님께서 관여하신 법리는 수없이 많습니다. 그러한 수많은 판결과 결정 앞에서 대법관님은 항상 기본적으로 돌아가 숙고를 거듭하는 모습을 보여주는 한편, 기존의 틀을 벗어나는 데에도 두려워하지 않는 용기를 보여주셨습니다.

이 논문집에는 김재형 대법관님이 민사실무연구회 회장으로서 주관하신 2021년도 하반기와 2022년도 상반기의 월례발표회 발표문 9편과 특별기고문으로서 대법관님께 존경과 감사의 마음을 담은 논문 7편을 수록하였습니다. 이 논문들은 민사법 전반에 걸쳐 재판 실무에서 문제될 수 있는 다양한 쟁점을 다룬 수준 높은 연구 성과입니다. 특히 특별기고문 중에는 대법관님이 주심으로 관여하신 사건에 대표적 판결에 관한 평석이 많이 있습니다. 대법관님의 판결에 대해 정확히 설명하고 그 의미를 반추하는 소중한 계기가 될 것입니다.

대법관님께서 보여주신 열정과 헌신은 우리 회원들에게 큰 귀감이 되었습니다. 냉철한 이상과 따뜻한 마음으로 사건을 해결하는 과정에서 열린 마음과 변화를 두려워하지 않으신 대법관님의 모습이 항상 그리울 것입니다. 김재형 대법관님의 앞날에 건강과 행복이 늘 함께하기를 진심으로 기원합니다.

논문집 발간을 위해 귀중한 글을 제출해 주신 집필자 여러분, 연구회에 참석하여 치열한 토론과 고민을 함께 해 주신 회원 여러분, 그리고 논문집이 간행되기까지 최선을 다해주신 사법발전재단 관계자 여러분께 깊은 감사의 말씀을 드립니다.

2022년 8월

민사실무연구회 회장 대법관 **안 철 상**

김 재 형 대법관 연 보

- 1965년 1월 23일 전북 임실 출생

[학력 및 경력]

- 1983년 2월 명지고등학교 졸업
- 1987년 2월 서울대학교 법과대학 졸업
- 1991년 2월 서울대학교 법학석사
- 1997년 2월 서울대학교 법학박사

[경력]

- 1986년 10월 제28회 사법시험 합격
- 1987년 3월 사법연수원 제18기
- 1989년 3월 공군 법무관
- 1992년 3월 서울지방법원 서부지원 판사
- 1994년 3월 서울민사지방법원 판사
- 1995년 3월 서울지방법원 판사
- 1995년 9월 서울대학교 법과대학 전임강사
- 1997년 10월 서울대학교 법과대학 조교수
- 1998년 12월 독일 뮌헨대학교 법과대학 객원교수
- 2001년 2월 법무부 전자거래법제 개정실무위원회 위원
- 2001년 10월 서울대학교 법과대학 부교수
- 2003년 7월 미국 Columbia대학교 로스쿨 Visiting Scholar
- 2006년 10월 서울대학교 법과대학 교수
- 2008년-2009년 법무부 「동산 · 채권의 담보에 관한 특례법」 제정 특별분과 위원회 위원
- 2009년-2014년 법무부 민법개정위원회 위원
- 2009년 3월 서울대학교 법학전문대학원 교수
- 2010년-2016년 법무부 「채무자 회생 및 파산에 관한 법률」 개정위원회 위원

- 2012년 한국민사법학회 부회장
- 2013년 법제처 「민법」 알기 쉽게 새로 쓰기 자문위원회 위원
- 2013년-2016년 법원행정처 회생파산위원회 위원
- 2016년 9월 대법관
- 2018년-2022년 대법원 비교법실무연구회 회장
- 2020년-2022년 대법원 민사실무연구회 회장

[수상 등]

- 2005년 제4회 철우언론법상 최우수 논문상
- 2007년 제11회 한국법학원 법학논문상
- 2011년 제48회 법의 날 홍조근정훈장
- 2012년 『민법론 Ⅳ』, 학술원 우수학술도서 선정
- 2013년 『언론과 인격권』, 학술원 우수학술도서 선정
- 2020년 『민법개정안 연구』, 학술원 우수학술도서 선정

[주요 저서]

- 민법주해(XVI)(조합), 박영사, 1997(분담집필)
- 근저당권연구, 박영사, 2000
- 기업회생을 위한 제도개선방향, 대한상공회의소, 2001
- 금융거래법강의Ⅱ, 법문사, 2001(공편)
- 민법론 Ⅰ(박영사, 2004), Ⅱ(2004), Ⅲ(2007), Ⅳ(2011), Ⅴ(2015)
- 도산법강의, 법문사, 2005(공편)
- 통합도산법, 법문사, 2006(공편)
- 한국법과 세계화, 법문사, 2006(공편)
- 판례 소법전, 현암사, 2008 / 서울대학교 출판문화원, 2010 / 박영사, 2011(공편)
- 계약법[민법 Ⅰ], 박영사, 초판, 2010 / 제2판, 2015 / 제3판, 2020(공저)
- 주석민법 제4판 - 물권 제4권(저당권, 동산 · 채권 등의 담보에 관한 법률), 한국사법행정학회, 2011(분담집필)
- 언론과 인격권, 박영사, 2012
- 민법총칙[민법강의 Ⅰ], 제8판(전면개정), 박영사, 2012 / 제9판, 2013(공저)
- 채무불이행과 부당이득의 최근 동향, 박영사, 2013(공편)

- Lando · Beale 편, 유럽계약법원칙 제1 · 2부, 박영사, 2013(번역)
- 물권법[민법강의 Ⅱ], 제8판(전면개정), 박영사, 2014 / 제8판 보정, 2015(공저)
- 민법판례분석, 박영사, 초판, 2015 / 중판, 2021
- 판례 민법전, 박영사, 초판, 2016 / 제2판, 2018 / 제3판, 2020
- 주석민법 제4판 - 채권각칙 제6권(인격권), 한국사법행정학회, 2016(분담집필)
- 민법개정안연구, 박영사, 2019(공저)

[주요 논문]

- "정의의 원칙에 관한 비판적 고찰", Fides(서울대학교 법과대학), 제27권 1호(통권 29호)(1987)
- "부당이득에 있어서의 「법률상 원인 없이」에 관한 유형적 고찰", 사법연수생논문집, 제18기(1989)
- "사용자책임에서의 사무집행관련성과 피해자의 주관적 사정", 군사법논문집, 제9집(1990)
- "자동차손해배상보장법 제3조의 '타인'과 공동운행자", 사법행정, 제33권 8호(1992)
- "서울민사지방법원의 회사정리사건 처리실무", 사법논집, 제25집(1994)(공동집필)
- "사용자책임에서의 사무집행관련성(상)(하)", 법조, 제44권 6호, 7호(1995)
- "조합채무", 민법학논총 · 제2: 후암 곽윤직 선생 고희기념논문집(1995)
- "조합해산시의 잔여재산분배청구권", 민사판례연구, 제17권(1996)
- "공유물에 대한 보존행위의 범위", 판례월보, 제305호(1996)
- "회사정리절차가 보증채무의 소멸시효에 미치는 영향", 상사판례연구, 제1권(1996)
- "모델소설과 인격권", 인권과 정의, 제255호(1997)
- "조합에 대한 법적 규율", 민사판례연구, 제19권(1997)
- "담보법에서의 담보목적물의 확장문제 - 공장저당과 집합물양도담보를 중심으로 -", 법조, 제47권 3호(1998)
- "회사정리법, 화의법, 파산법의 개정내용과 장래의 과제", 한국법학원보, 제78호(1998)
- "부동산의 미등기전매가 타인의 권리매매에 해당하는지 여부", 인권과 정의, 제260호(1998)

- "근저당권의 피담보채권에 관한 고찰", 판례월보, 제335호(1998)
- "언론의 사실보도로 인한 인격권 침해", 서울대학교 법학, 제39권 1호(1998)
- "진정명의회복을 위한 소유권이전등기청구의 허용범위 - 가등기담보 설정 후의 제3취득자의 지위와 관련하여 -", 재판의 한 길: 김용준 헌법재판소장 화갑기념논문집(1998)
- "인격권 일반 - 언론 기타 표현행위에 의한 인격권 침해를 중심으로 -", 민사판례연구, 제21권(1999)
- "소유권과 환경보호 - 민법 제217조의 의미와 기능에 대한 검토를 중심으로 -", 인권과 정의, 제276호(1999)
- "법률행위 내용의 확정과 그 기준", 서울대학교 법학, 제41권 1호(2000)
- "회사정리계획에서 경영책임에 기한 주식소각의 기준", 상사판례연구, 제5권(2000)
- "언론과 인격권에 관한 최근 판결의 동향", 언론중재, 2001년 봄호(2001)
- "2000년도 민법판례의 동향", 인권과 정의, 제297호(2001)
- "골프회원권의 법률관계", 스포츠와 법, 제2권(2001)
- "근저당권에 관한 개정방안", 민사법학, 제20호(2001)
- "도산법제의 재검토", 법조, 제50권 2호(2001)
- "법관의 오판과 책임", 법조, 제50권 9호(2001)
- "「자산유동화에 관한 법률」의 현황과 문제점", 민사판례연구, 제23권(2001)
- "전자거래기본법에 관한 개정논의 - 사법적 측면을 중심으로 -", 서울대학교 법학, 제42권 4호(2001)
- "독일의 제조물책임법에 관한 고찰", 국제 · 지역연구, 제10권 3호(2001)
- "양심적 병역거부자 소고", 안경환 · 장복희 편, 양심적 병역거부(2002)
- "물권법 개정에 관한 의견 - 2001년 민법개정시안을 중심으로 -", Jurist, 제377호, 378호(2002)
- "근저당권부채권의 유동화에 관한 법적 문제 - 주택 저당채권 유동화 회사법을 중심으로 -", 서울대학교 법학, 제43권 1호(2002)
- "인터넷에 의한 인격권침해", 이십일세기 한국민사법학의 과제와 전망: 심당 송상현 교수 화갑기념논문집(2002)
- "계약의 해제와 손해배상의 범위 - 이행이익과 신뢰이익을 중심으로 -", 인권과 정의, 제320호(2003)

- “법률에 위반한 법률행위 - 이른바 강행법규의 판단기준을 중심으로 -”, 인권과 정의, 제327호(2003)
- “점유자의 소유자에 대한 부당이득반환범위: 민법 제201조와 제748조의 관계를 중심으로”, 법조, 제561호(2003)
- “통합 도산법안의 주요쟁점”, 비교사법, 제10권 1호(2003)
- “채권자취소권의 본질과 효과에 관한 연구”, 인권과 정의, 제329호(2004)
- “동산담보제도의 새로운 전개 - 집합동산 양도담보와 그 개선방향을 중심으로 -”, BFL, 제5호(2004)
- “한약업사의 설명의무 - 의사의 설명의무 법리의 연장선상에 있는가? -”, 인권과 정의, 제334호(2004)
- “언론에 의한 인격권 침해에 대한 구제수단”, 인권과 정의, 제339호(2004)
- “관리인제도의 개선방안에 관한 검토: 미국의 DIP제도의 수용문제”, BFL, 제9호(2005)
- “2004년 물권법 판례의 동향”, 사법행정, 제46권 3호(2005)
- “인격권에 관한 판례의 동향”, 민사법학, 제27호(2005)
- “토지와 물: 지하수 이용권에 관한 방해배제청구권”, 서울대학교 법학, 제46권 2호(2005)
- “저당권에 기한 방해배제청구권의 인정범위 - 독일민법과의 비교를 중심으로 -”, 저스티스 85호(2005)
- “단체로서의 종중 - 대법원 2005. 7. 21. 선고 2002다1188 전원합의체 판결을 계기로 -”, 민사재판의 제문제, 제14권(2005)
- “동산담보제도의 개선방안 - 등록제도의 도입에 관한 시론”, 민사법학, 제30호(2005)
- “근저당권의 양도에 관한 법률관계”, 판례연구(서울지방변호사회), 제19집 2호(2005)
- “프로스포츠 선수계약의 불이행으로 인한 손해배상책임”, 인권과 정의, 제345호(2005)
- “제3자에 의한 채권침해 - 판례의 전개를 중심으로 -”, 민법학의 현대적 양상: 나암 서민 교수 정년기념논문집(2006).
- “도산절차에서 담보권자의 지위”, 인권과 정의, 제356호(2006)
- “유엔채권양도협약의 국내법적 수용문제”, 국제거래법연구, 제15집 1호(2006)

- "금융거래의 당사자에 관한 판단기준", 저스티스, 제93호(2006)
- "UNCITRAL의 「담보거래에 관한 입법지침 초안」 논의", 비교사법, 제13권 4호(2006)
- "분양계약의 당사자확정에 관한 문제 - 사실적 계약관계론에 대한 검토를 포함하여 -", 저스티스, 제97호(2007)
- "징벌적 손해배상제도의 도입문제 - 특히 언론 피해에 대한 구제수단으로서 징벌적 손해배상제도는 합리적인 제도인가? -", 정종섭 편, 언론과 법의 지배(2007)
- "2007년 민사법 판례동향", 2007년도 주요판례해설(대한변호사협회 변호사연수원, 2008)
- "담보제도의 개혁방안 - 동산 및 채권 담보를 중심으로", 저스티스, 제106호(2008)
- "분양광고와 계약 - 청약 · 청약의 유인 · 손해배상을 중심으로 -", 민사판례연구, 제31권(2009)
- "법인격, 그 인정과 부정 - 법인격 부인 또는 남용에 관한 판례의 전개를 중심으로 -", 민사법학, 제44호(2009)
- "조세채권과 변제자대위", 저스티스, 제110호(2009)
- "새로운 민법 교육의 체계와 방법: 서울대의 경우", 민사법학, 제45-1호(2009)
- "『동산 · 채권 등의 담보에 관한 법률』 제정안의 구성과 내용", 법조, 제638호(2009)
- "계약의 공정성 - 불공정한 법률행위를 중심으로 -", 아세아민상법학, 제3호(2009)
- "언론에 의한 명예 등 인격권 침해에 대한 구제수단과 그 절차", 인권과 정의, 제399호(2009)
- "2008년 민법 판례 동향", 민사재판의 제문제, 제18권(2009)
- "제3자에 의한 계약방해 - 현재 또는 장래의 계약관계를 방해하는 경우를 포함하여 -", 판례실무연구, 제9권(2010)
- "2009년 '언론과 인격권'에 관한 판례 동향", 언론중재, 제30권 2호(2010년 여름호)(2010)
- "황금들녘의 아름다움: 법해석의 한 단면 - 임대주택법상의 임차인에 관한 해석 문제 -", 법학평론 창간호(서울대학교 출판문화원, 2010)
- "2009년도 민법 판례 동향", 민사재판의 제문제, 제19권(2010)

- “담보법의 현재와 미래 - 민법 시행 50주년을 맞이하여 -”, 민사법학, 특별호 제52호 「민법의 자화상과 미래상」(2010)
- “분만계약에서 태아의 법적 지위”, 판례실무연구, 제10권(2011)
- “기업구조조정 촉진법의 문제점과 개선방향”, BFL, 제45호(2011)
- “2000년대 민사판례의 경향과 흐름: 채권법”, 민사판례연구, 제33-2권(2011)
- “부동산 유치권의 개선방안 - 2011년 민법개정시안을 중심으로 -”, 민사법학, 제55호(2011)
- “2010년 민법 판례 동향”, 민사재판의 제문제, 제20권(2011)
- “인격권에 관한 입법제안”, 민사법학, 제57호(2011)
- “언론보도에 의한 초상권 침해에 관한 법적 검토”, 언론중재, 제32권 4호(2012년 겨울호)(2012)
- “2011년 민법 판례 동향”, 민사재판의 제문제, 제21권(2012)
- “『동산·채권 등의 담보에 관한 법률』의 주요쟁점 - 제정안 작성과정의 논의를 토대로 -”, 민사법학, 제61호(2012)
- “동산담보권의 법률관계”, 저스티스, 제137호(2013)
- “2012년 민법 판례 동향”, 민사재판의 제문제, 제22권(2013)
- “채무불이행으로 인한 손해배상에 관한 민법개정안 - 2013년 민법개정위원회에서 확정된 개정안을 중심으로 -”, 민사법학, 제65호(2013)
- “채무불이행으로 인한 손해배상의 기준과 범위에 관한 개정방안”, 김재형·제철웅 편, 채무불이행과 부당이득의 최근 동향(2013)
- “IMF에 의한 구제금융 이후 민사법의 변화 - 이자제한법, 도산법, 자산유동화법을 중심으로 -”, 서울대학교 법학, 제55권 1호(2014)
- “「손해배상액의 예정」에서 「위약금 약정」으로 - 특히 위약벌의 감액을 인정할 수 있는지 여부를 중심으로 -”, 비교사법, 제21권 2호(2014)
- “채권자취소권에 관한 민법개정안 - 개정안에 관한 기본구상과 민법개정위원회의 논의 과정을 중심으로 -”, 민사법학, 제68호(2014)
- “법규 위반과 불법행위책임 - 카지노 베팅한도 및 출입제한 규정 위반을 중심으로 -”, 판례실무연구, 제11권(상)(2014)
- “채권자취소권 행사로 인한 원상회복의 범위 - 금전 증여를 취소한 경우 이자 또는 지연손해금의 지급 여부를 중심으로 -”, 판례실무연구, 제11권(상)(2014)
- “공인보도와 인격권”, 언론중재, 2014년 겨울호(2014)

- “계약의 해제・해지, 위험부담, 사정변경에 관한 민법개정안”, 서울대학교 법학, 제55권 4호(2014)
- *Development of Security Rights Law since the Codification of the Civil Code of Korea*, Journal of Korean Law, Vol. 13. No. 1 (2014)
- “2013년 민법 판례 동향”, 민사재판의 제문제, 제23권(2015)
- “종류매매에서 완전물급부청구권의 제한”, 비교사법, 제22권 4호(2015)
- “韓國法における根抵当權に關する民法改正案”, 日中韓における抵当權の現在(2015)
- “韓國の「動産・債權等の担保に關する法律」の主な內容”, NBL, 제1057호(2015)
- “부동산이용권과 저당권의 관계 - 민법개정위원회의 민법개정안을 중심으로 -”, 민사법학, 제75호(2016)
- “2014년 민법 판례 동향”, 민사재판의 제문제, 제24권(2016)
- “민법상 구제수단의 다양화: 이행・추완・금지청구권에 관한 민법개정안”, 서울대학교 법학, 제57권 4호(2016)
- “2015년 민법 판례 동향”, 민사재판의 제문제, 제25권(2017)
- “韓國民法における不動産利用權と抵当權との關係: 韓國民法改正委員會の民法改正案と日本民法との比較を中心に”, 國際商事法務, 제45권 2호(2017)
- *Protection of Personality Rights Under Korean Civil Law*, Columbia Journal of Asian Law, Vol. 30, No. 2 (2017)
- *Formulating the Korean Supreme Court's Stature and Roles: with a Focus on the Relationship Between Legislation and Precedents*, 14 U. Pa. Asian L. Rev. 136 (2019)
- *The Judicial Responsibility to Guarantee Fundamental Rights: Reviewing the Decision of the Supreme Court of Korea on Conscientious Objection to Military Service*, Asian-Pacific Law & Policy Journal (APLPJ), Volume 22, Issue 1 (2021)

[번역]

- Dagmar Coester-Waltjen, “유럽과 독일의 제조물책임법 및 약관규제법”, 서울대학교 법학, 제42권 2호(2001)

- Michael Coester, "독일의 채권법 개정", 서울대학교 법학, 제42권 2호(2001).
- Claus-Wilhelm Canaris, "독일의 채권법 개정: 새로운 매매법", 서울대학교 법학, 제43권 4호(2002)
- Ole Lando, Hugh Beale 편, 유럽계약법원칙(PECL) 서설 1, 2, Jurist, 제393호, 394호(2003)
- Ole Lando, Hugh Beale 편, 유럽계약법원칙(PECL): 계약의 해석, Jurist, 제400호(2004)
- Rainer Frank, "유럽, 특히 독일에서 성별의 변경", 서울대학교 법학, 제47권 1호(2006)
- Rainer Frank, "가족법의 세계화", 성낙인·김재형 편, 한국법과 세계화, 법문사(2006)
- C. G. van der Merwe, "남아프리카공화국의 혼합법체계", 성낙인·김재형 편, 한국법과 세계화, 법문사(2006)
- Kurt Sellmann, "법에 대한 도전으로서의 인간의 본성", 서울대학교 기술과 법센터, 과학기술과 법, 박영사(2007)
- Gerd Brudermüller, "유럽 가족법에서 최근의 발전", 서울대학교 법학, 제49권 4호(2008)(공역)

목 차

第 1 部 研究會 發表論文

하자담보책임과 착오취소의 관계에 관한 연구 ············ 이 창 현 / 3
- 매수인의 구제수단을 중심으로 -

물품광고와 매도인의 담보책임 - 네트워크 책임에 대한 시론적 모색 ············ 김 화 / 32

관습법상 법정지상권 법리의 재검토와 대안으로서 의사해석에 기한 임대차의 추정 ············ 이 계 정 / 62

혈족상속인에 의한 상속포기의 효과 ············ 현 소 혜 / 106

2021년 민법 판례 동향 ············ 권 영 준 / 139

공유물분할청구와 재판상 분할방법 ············ 최 우 진 / 296
- 비교·연혁적 관점에서의 기존 규율에 대한 검토 -

'소송승계 이론'에 입각한 민사소송법 제81조 해석론의 재검토 ············ 곽 희 경 / 369
- 승계참가 후 피승계인이 탈퇴하지 않은 경우의 소송관계와 관련하여 -

간접강제에 관한 법리적 논점과 향후의 과제 ············ 전 휴 재 / 421
- 법적 성질, 보충성, 적용 범위를 중심으로 -

공동불법행위자별 책임의 개별화 가능성에 관한 소고 ············ 조 인 영 / 467

第 2 部 特別 寄稿文

항소심에서 항소취하 합의가 있었으나 항소취하서가
제출되지 않은 상태에서 청구의 교환적 변경 신청이 있는
경우 법원이 취할 조치 ············ 박 진 수 / 517
대법원 2018. 5. 30. 선고 2017다21411 판결: 공2018하, 1178

대법원 판례법리(배타적 사용 · 수익권 포기의 법리),
그 유지와 변경 ············ 송 재 일 / 540
- 대법원 2019. 1. 24. 선고 2016다264556 전원합의체 판결 -

-공동저당에서 변제자대위와 후순위자대위의 상호관계와
제3자 또는 채무자의 저당물 취득에 따른 이해조정- ············ 신 원 일 / 609
- 대법원 2021. 12. 16. 선고 2021다247258 판결 -

법인 아닌 사단의 권리주체성 ············ 윤 진 수 / 637
- 법과 사회적 실재와의 괴리? -

명예훼손 사건에서 '악의적 공격' 법리를 통한
위축효과의 극복방안 ············ 이 지 영 / 677
- 대상판결: 대법원 2021. 3. 25. 선고 2016도14995 판결[공2021상, 935]

「사정변경의 원칙」 적용론 ············ 장 보 은 / 711
- 대상판결: 대법원 2021. 6. 30. 선고 2019다276338 판결 -

동산담보권 · 채권담보권에 관한 대법원 판례의 흐름 ············ 정 소 민 / 750

▌附 錄

민사실무연구회 연구일지 ············ 781
「민사재판의 제문제」에 수록된 논문 색인 ············ 784

第 1 部 研究會 發表論文

하자담보책임과 착오취소의 관계에 관한 연구

- 매수인의 구제수단을 중심으로 -*

서강대학교 법학전문대학원 교수 이 창 현

目 次

Ⅰ. 서설
Ⅱ. 국내의 논의
1. 착오법의 양상
2. 하자담보책임의 양상
3. 착오와 하자담보책임의 관계
가. 판례
나. 학설
4. 하자담보책임을 면제하는 합의가 착오취소에 미치는 영향
Ⅲ. 비교법적 고찰
1. 독일
가. 착오법의 양상
나. 하자담보책임의 양상
다. 경합 여부
라. 면책합의의 효력
마. 소결
2. 스위스
가. 착오법의 양상
나. 하자담보책임의 양상
다. 하자담보책임과 착오의 경합 여부
라. 면책합의의 효력
마. 소결
3. 오스트리아
가. 착오법의 양상
나. 하자담보책임의 양상
다. 하자담보책임과 착오의 경합 여부
라. 면책합의의 효력
마. 소결
4. 비교법적 고찰의 정리
Ⅳ. 하자담보책임과 착오의 관계에 관한 연구
1. 성상착오에 대한 법적 규율
2. 하자담보책임에 대한 규율
3. 착오와 하자담보책임의 경합 관계
4. 하자담보책임을 면제하는 합의가 착오취소권에 미치는 영향
5. 착오취소권의 추인과 하자담보책임의 추궁 가부
Ⅴ. 결론

* 본고는 대법원 민사실무연구회 제425회(2021. 7. 12.) 발표문을 수정・보완한 것으로 사법 제58호에 게재되었다. 유익한 지적을 해주신 지정토론자 이영진 재판연구관과 서영호 재판연구관에게 감사드린다. 각주의 참고문헌은 판례, 주석서, 단행본, 논문의 순으로 정리하였다.

Ⅰ. 서설

물건의 하자에 대한 담보책임과 착오취소의 관계에 대하여 대법원은 2018년에야 비로소 최초의 공식적 판단을 내렸다.[1] 착오로 인한 취소 제도와 매도인의 하자담보책임 제도는 취지가 서로 다르고, 요건과 효과도 구별되므로 매매계약 내용의 중요 부분에 착오가 있는 경우 매수인은 매도인의 하자담보책임이 성립하는지와 상관없이 착오를 이유로 매매계약을 취소할 수 있다고 판시하였다. 착오와 하자담보책임의 관계에 관한 논의는 우리나라뿐만 아니라 외국에서도 상당한 시일에 걸쳐 복잡하게 전개되어 왔다. 따라서 우리 민법의 해석론에 중요한 영향을 미친 주요 국가(독일, 오스트리아, 스위스)의 학설사의 변동을 치밀하게 추적하고, 특히 채권법의 개정이 학설사에 미치는 영향도 분석할 필요가 있다. 아울러 주요 국가의 중요 재판례를 통하여 사안을 유형화하여 상호 비교하면서 착오와 하자담보책임의 관계를 실질적으로 분석하고자 한다. 비교법적 고찰은 ① 착오법의 양상(착오취소의 요건, 중과실의 착오 배제 여부, 착오자의 손해배상의무, 취소권의 행사기간), ② 하자담보책임의 양상(하자의 판단기준, 계약해제의 요건, 추완청구권의 우위, 하자검사 및 통지의무, 권리행사기간), ③ 착오와 하자담보책임의 경합 여부(채권법 개정이 경합관계에 미치는 영향), ④ 하자담보책임에 관한 합의가 착오에 미치는 영향, ⑤ 주요 판결례 소개의 순으로 독일, 스위스, 오스트리아의 논의를 분석하는 것으로 전개한다. 비교법적 고찰의 결과를 토대로 하자담보책임과 착오취소의 관계에 관한 우리 민법상 해석론을 전개하고자 한다.

Ⅱ. 국내의 논의

1. 착오법의 양상

통설은 착오를 표시착오, 내용착오, 동기착오로 구분하고, 특히 동기착오는

1) 대판 2018. 9. 13, 2015다78703(공 2018하, 1951).

효과의사 형성 단계에서의 착오에 불과하므로 원칙적으로 법률행위의 내용에 관한 착오로 볼 수 없다고 한다.[2] 다만 동기는 ① 당사자의 합의에 의하여 법률행위의 내용이 되었거나,[3] ② 상대방에 의하여 유발된 경우에는 예외적으로 고려될 수 있다.[4] 성상착오에 대하여 다수설은 동기의 착오의 한 유형으로 처리하나,[5] 소수설은 본질적 성상착오의 경우에 착오취소를 허용한다.[6] 판례는 고려청자로 알고 매수한 도자기가 진품이 아닌 것으로 밝혀진 경우 착오취소를 허용하였다.[7] 판례와 다수설은 착오자의 손해배상책임을 부정하나,[8] 소수설은 체약상의 과실책임을 긍정한다.[9]

2. 하자담보책임의 양상

민법 제580조 제1항는 매매의 목적물에 하자가 있는 때에는 제575조 제1항을 준용하고 있다. 따라서 하자로 인하여 계약의 목적을 달성할 수 없는 경우에는 해제와 손해배상이 가능하나, 그렇지 않은 경우에는 손해배상만 가능하다. 현행 민법은 구민법상 숨은 하자라는 용어를 매수인의 선의・무과실로 대체하였다.[10] 매수인의 해제권은 계약의 목적을 달성할 수 없는 경우에만 인정되는데, 일반 채무불이행책임과 달리 매도인의 귀책사유는 요구되지 않는다.[11] 매수인은 하자를 안 날로부터 6월 내에 해제권을 행사하여야 한다(민법 제582

2) 김형석, "동기착오의 현상학", 저스티스 통권 제151호(2015. 12.), 100면.
3) 판례와 다수설은 동기가 표시된 경우 법률행위의 내용이 된다고 하나, 이를 단정하기는 어렵다{김형석(주 2), 107면}.
4) 물론 동기의 착오에 기한 취소가 허용되기 위해서는 중요 부분의 착오, 중대한 과실이 없을 것이라는 요건이 충족되어야 한다.
5) 고상룡, 민법총칙, 제3판, 2005, 430-431면; 송덕수, 민법총칙, 제6판, 2021, 298면.
6) 김증한・김학동, 민법총칙, 제10판, 2013, 441-442면; 명순구, 민법총칙, 2005, 413-416면; 백태승, 민법총칙, 제4판, 2009, 430면; 윤형렬, 민법총칙, 제5판, 2020, 415면; 이영준, 민법총칙, 개정증보판, 2007, 407면; 서종희, "민법상 착오와 하자담보책임과의 관계", 민사법학 제92호(2020. 9.), 49면.
7) 대판 1997. 8. 22, 97다13023(공 1997, 2800).
8) 대판 1997. 8. 22, 97다13023(공 1997, 2800); 곽윤직・김재형, 민법총칙, 제9판, 2013, 321-322면; 노종천, 민법총칙, 제2판, 2014, 340면. 양창수・김재형, 계약법, 제3판, 2020, 71면에 의하면 중과실의 착오자에게 취소권을 부인하는 것으로 착오자의 제재의 문제가 완결된다고 한다.
9) 김증한・김학동, 민법총칙, 제10판, 2013, 451-452면; 송덕수, 민법총칙, 제6판, 2021, 307-308면; 정기웅, 민법총칙, 제4판, 2015, 329면; 한삼인/김상헌, 민법총칙, 제3판, 2017, 385면.
10) 편집대표 곽윤직, 민법주해[XIV], 1997, 512면(남효순 집필). 동소에 의하면 이러한 개정이 법상황의 실질적인 변화를 초래하는 것은 아니라고 한다.
11) 편집대표 곽윤직, 민법주해[XIV], 1997, 521면(남효순 집필).

조). 민법상 매수인에게 하자검사통지의무는 인정되지 않고, 상인간의 매매에서 예외적으로 매수인에게 하자검사통지의무가 인정될 뿐이다.

3. 착오와 하자담보책임의 관계

가. 판례

판례는 법률상 장애를 물건의 하자로 취급하고 있으므로,[12] 법률상 장애가 문제되는 사안에서 착오와 하자담보책임의 관계가 문제될 여지가 있다. 다만 대법원은 건축제한이 있는 토지에 대한 매매에서 민법 제109조의 적용가능성을 긍정하였을 뿐이고 착오와 하자담보책임의 관계에 관한 판단은 명시적으로 내려지지 않았다.[13] 하자의 존재 여부가 다투어지는 사건에서 하급심은 착오취소와 하자담보책임의 관계에 대하여 가정적 판단으로 하자담보책임 우선설을 견지하였고,[14] 대법원은 심리불속행기각판결을 선고하였다.[15] 고서화의 진위가 문제된 사건에서 대법원은 하자담보책임과 착오취소는 그 요건과 효과를 달리하여 경합적으로 인정된다고 판시하였다.[16]

나. 학설

다수설은 담보책임우선적용설을 지지한다.[17] 왜냐하면 법률관계를 조속하게 확정하려는 하자담보책임제도의 취지가 관철되기 위하여 일반법인 착오법에 대하여 특별법인 하자담보책임이 우선 적용되어야 하기 때문이다. 성상의 착

12) 대판 2000. 1. 18. 98다18506(공 2000, 446). 법률상 장애를 권리의 하자로 취급할 것이냐에 관하여 학설은 대립한다[편집대표 곽윤직, 민법주해[XIV], 1997, 505~507면(남효순 집필)].

13) 대판 1993. 6. 26, 92다38881(공 1993, 2122).

14) 서울서부지방법원 2008. 8. 21. 선고 2007나7892 판결(미간행).

15) 대법원 2008. 11. 27. 선고 2008다69572 판결(미간행).

16) 대판 2018. 9. 13, 2015다78703(공 2018하, 1951). 다만 서울고판 1980. 10. 31, 80나2589(고집 1980 민(2), 423)에 의하면 타인의 권리의 매매로 인한 담보책임에 관한 규정이 민법총칙의 착오에 관한 규정에 우선한다고 한다.

17) 곽윤직, 채권각론, 제6판, 2007, 155~156면; 고상용, 민법총칙, 제3판, 2003, 438면; 김민중, 민법총칙, 2014, 372~373면; 김준호, 민법총칙, 제12판, 2018, 270면; 김증한/김학동, 민법총칙, 제10판, 2013, 458~459면; 노종천, 민법총칙, 제2판, 2014, 340면; 백태승, 민법총칙, 제4판, 2009, 445면; 송덕수, 민법총칙, 제6판, 2021, 310면; 윤형렬, 민법총칙, 제5판, 2020, 425면; 이영준, 민법총칙, 개정증보판, 2007, 440면; 정기웅, 민법총칙, 제4판, 2015, 331면; 김선석, "하자담보책임과 착오와의 관계", 대법원판례해설 제2권 제2호(1980. 1.), 88면; 이영준, "착오에 의한 법률행위의 취소", 법조 제35권 제7호(1986. 7.), 57면; 임정평, "매도인의 담보책임", 고황법학 창간호(1994), 139면.

오는 동기의 착오이므로 고려되지 않고 하자담보책임법에서 규율되고, 이러한 해결이 당사자의 의사에 부합한다고 한다.[18] 이에 반하여 소수설은 착오와 하자담보책임은 별개의 제도이므로 권리자가 자유롭게 구제수단을 선택할 수 있다고 주장한다.[19] 유력설은 경합설을 지지하면서도 양자의 관계에 대한 신중한 접근이 요구된다고 한다.[20]

4. 하자담보책임을 면제하는 합의가 착오취소에 미치는 영향

경합설에 따를 경우 하자담보책임을 면제하는 합의가 착오취소에 미치는 영향을 살펴볼 필요가 있다. 이에 관한 논의가 상세하게 전개되지 않았으나, 유력설은 매도인의 담보책임을 면제하기로 하는 합의를 하였다면, 매수인의 착오취소에 의한 권리를 포기하였다고 해석되어야 한다고 한다.[21]

Ⅲ. 비교법적 고찰

1. 독일

가. 착오법의 양상

성상착오(Eigenschaftsirrtum)는 독일 민법 제119조 제2항에서 규율된다. 사람

---

18) 이영준, 민법총칙, 개정증보판, 2007, 440면.

19) 편집대표 곽윤직, 민법주해[XIV], 21997, 85~286면(남효순 집필); 강태성, 민법총칙, 제8판, 2018, 656면; 김대정, 민법총칙, 2012, 917면; 김상용, 민법총칙, 제2판, 2013, 502면; 명순구, 민법총칙, 2005, 424면; 박동진, 계약법, 제2판, 2020, 666면; 이은영, 민법총칙, 제5판, 2009, 526면; 한삼인/김상헌, 민법총칙, 제3판, 2017, 387면; 구정택, "하자담보책임과 착오취소", 대한변호사협회 신문 제753호(2019. 9. 23.); 서종희(주 6), 73면; 윤석춘, "독일 민법상의 착오와 하자담보책임과의 관계에 관한 연구", 영남법학 6권 1호(2000. 2.), 249면; 이선희, "2018년 민법총칙 및 물권법 중요판례평석", 인권과정의 통권 제480호(2019. 3.), 480면; 이재목, "착오와 담보책임의 경합에 관한 해석론적 쟁점", 홍익법학 제20권 제1호(2019. 2.), 934면. 다만 김주수/김상용, 민법총칙, 제7판, 2013, 369면은 경합을 인정하되, 착오에 기한 권리행사도 하자담보책임의 기간 내에 이루어져야 한다고 한다. 또한 이선희(주 19), 480면은 입법론으로 담보책임의 제척기간이 착오의 경우에도 적용되어야 한다고 주장한다.

20) 지원림, "착오에 관한 약간의 문제제기", 재산법연구 제22권 제2호(2005. 10.), 25~26면. 동소에 의하면 입법론으로 착오취소권의 행사기간이 단축되어야 한다고 한다.

21) 편집대표 김용덕 주석 민법, 제5판, 2019. 제109조, 761면(김문관 집필); 지원림(주 20), 25~26면.

이나 물건의 거래상 본질적 성상에 대한 착오는 의사표시의 내용에 관한 착오로 취급되므로 취소될 수 있다. 제1초안에는 독일 민법 제119조 제2항에 해당하는 조항이 없었으며, 제1위원회는 구별기준의 불명확성, 다른 구제수단의 존재의 관점에서 성상착오를 고려되는 착오에서 배제하였다.[22] 제2위원회는 사람과 물건에 대한 거래상 본질적 성상에 대한 착오취소는 거래의 필요, 형평, 근대의 법발전의 양상에 비추어 요구된다고 판단하였다.[23] 제2초안 제94조는 그대로 독일 민법 제119조로 이어졌다. 민법 제정과정에서 성상착오는 동기착오의 맥락에서 파악되었다.[24] 제1초안에서는 동기착오는 전체적으로 고려되지 않는다는 맥락에서 성상착오가 배제되었으나, 제2초안에서는 동기착오가 예외적으로 고려된다는 맥락에서 본질적 성상 착오가 내용의 착오로 취급되었다. 취소권의 행사기간은 채권법개정으로 30년에서 10년으로 감축되었다(독일 민법 제121조 제2항).[25] 착오법은 착오자의 중과실의 경우에도 착오를 허용한다는 점에서 하자담보책임(독일 민법 제442조 제2문)과 다르다.[26] 착오로 인한 취소의 경우에 착오자는 상대방에 대한 손해배상책임을 부담할 수 있다(독일 민법 제122조 제1항).

나. 하자담보책임의 양상

하자담보책임은 기본적으로 '주관적 하자 개념(subjektiven Fehlerbegriff)'에 입각하여 처리된다.[27] 당사자의 합의가 하자담보책임의 출발점이다. 2002년 개정 민법에 의하면 주관적 하자를 기초로 하되 보충적으로 객관적 하자 기준을 활용한다(독일 민법 제434조).[28] 개정법은 구제수단의 이원화를 도모하였다.

22) 양창수, "독일민법전 제정과정에서의 법률행위규정에 대한 논의", 민법연구 제5권, 1999, 52면. Motive Band 1, S. 199에 의하면 하자담보책임, 사기로 인한 취소와 사기자의 책임, 묵시적 조건에 의하여 매수인이 충분하게 보호될 수 있다고 한다.

23) Mugdan, Die gesamten Materialien zum BGB für das deutsche Reich, Band Ⅰ, 1899, S. 720.

24) 성상착오의 법적 성격에 대하여는 복잡한 논의가 전개된다(Huber, Irrtumsanfechtung und Sachmängelhaftung, 2001, S. 5-10).

25) BT-Drucksache 14/6040, S. 98.

26) Huber, "Die Konkurrenz von Irrtumsanfechtung und Sachmängelhaftung im neuen Schuldrecht", Festschrift für Hadding, 2004, S. 115.

27) RGZ 70, 82; 99, 147; 131, 343; BGHZ 16, 54; 90, 198; Soergel/Huber, 12. Aufl. 1991, Vorbem zu §459, Rn. 29; Huber(주 24), S. 22.

28) Lorenz/Riehm, Lehrbuch zum neuen Schuldrecht, 2002, Rn. 483; 서종희, "독일민법에서의 하자담보책임과 다

즉, 추완청구권의 우위를 인정하면서 다른 구제수단(해제, 대금감액, 손해배상 등)은 추완을 위한 기간이 도과한 경우에 비로소 인정된다.[29] 매수인의 해제권은 매수인에게 중대한 귀책사유가 있거나 경미한 하자의 경우에 부정된다(독일 민법 제437조 제2호, 제323조 제5항, 제6항).[30] 물건의 인도시에 매수인이 알고 있는 하자에 대하여만 하자담보책임이 부정될 뿐이고(독일 민법 제464조), 매수인이 중대한 과실로 하자를 알지 못한 경우에 원칙적으로 매도인의 하자담보책임이 인정되지 않는다(독일 민법 제442조 제2문).[31] 매수인에게 하자검사 및 통지의무가 부정된다. 다만 상인간의 매매에 한하여 하자검사 및 통지의무가 인정된다(독일 상법 제377조). 상사매수인이 하자검사 및 통지의무를 위반한 경우에는 상품의 하자가 없는 것으로 처리되므로 하자담보책임과 착오취소권이 모두 부정된다.[32]

다. 경합 여부

성상착오(Eigenschaftsirrtum)로 인한 취소와 하자담보책임의 관계에 대하여 견해가 대립한다.[33]

(1) 민법제정 과정에서의 논의

제1초안은 성상착오에 관한 별도의 규정을 두지 않고 있는데, 이는 성상착오를 동기착오로 보았기 때문이다. 민법 이유서에서도 성상착오에 대한 매수인의 보호는 하자담보책임으로 충분하다고 지적되었다.[34] 제2위원회는 매수인이 모르는 물건의 하자는 동기의 착오에 해당하므로 일반원칙에 따라 고려되지 않는데, 하자담보책임에서는 해제나 대금감액이 가능하다고 결정하였다.[35] 유력설은 민법 제정과정의 논의가 보통법학과 프로이센법에서 하자담보책임을

른 책임과의 관계", 비교사법 제26권 제3호(2019. 8.), 7면.

29) Lorenz/Riehm(주 28), Rn. 504.

30) Lorenz/Riehm(주 28), Rn. 519.

31) 다만 매도인의 악의 또는 성상보증의 경우에는 매도인의 하자담보책임은 인정된다.

32) MünchKommHGB/Grunewald, 5. Aufl. 2021, §377, Rn. 97.

33) 표시착오의 경우에는 하자담보책임과 경합이 문제될 수 없다(Staudinger/Singer, 2016, §119 Rn. 85; Grunewald, Kaufrecht, 2006, §9 Ⅰ Rn. 12).

34) Motive zu dem Entwurfe eines Bürgerlichen Gesetzbuches für das Deutsche Reich, Band Ⅰ, 1888, S. 199.

35) Protokolle der Kommission für die zweite Lesung des Entwurfs des BGB, Band 1, 1897, S. 671.

착오의 하부 유형으로 파악한 태도에 영향을 받은 것이라고 지적한다.[36]

(2) 종래의 논의

(가) 판례

판례는 하자담보책임과 착오취소가 경합하는 경우에 하자담보책임이 착오취소권을 배제한다고 해석한다. 제국법원은 매매로 인한 법률관계를 조속하게 확정하려는 취지를 강조하면서 하자담보책임만이 인정된다고 판시하였다.[37] 이러한 해결방안은 보통법학(“ädilizischen Fehler”)과 프로이센 일반란트법에서 연원한다고 한다.[38] 연방대법원은 제국법원의 판례를 그대로 수용하였다.[39] 하자담보책임의 권리행사기간이 도과하였다고 하여 착오취소가 허용되는 것은 아니다.[40] 양자의 경합이 인정되지 않는 대표적 사안 유형이 위험이전과 물건의 연도이다. 첫째, 위험이 이전된 후에는 하자담보책임이 우선하나, 물건의 인도로 위험이 이전되기 전이라면 하자담책임이 성립하지 않으므로 착오에 따라 규율된다.[41] 둘째, 물건의 연도가 차이나는 것만으로는 하자가 인정되기 어려우므로 착오취소만이 문제된다.[42] 이러한 경우에는 하자가 부정되므로 하자담보책임이 성립할 여지가 없고 거래상 중요한 성상의 결여에 기초하여 착오취소가 허용될 수 있기 때문이다.

(나) 학설

36) Wolzendorff, “Zur Frage der Konkurrenz von Eigenschaftsirrtum und Mängelgewähr”, JherJb. 64, 1914, S. 334. 보통법학의 대표적 저술에서는 하자담보책임을 착오의 한 유형으로 파악하였으며(Vangerow, Lehrbuch der Pandekten, Band 1, 7. Aufl. 1863, §83 Z. 6(S. 119)), 프로이센 일반란트법 제1장 제5절 제319조는 통상적으로 전제되는 성상의 흠결에 대하여는 착오에 관한 규율이 적용된다고 규정한다(ALR §§319 Ⅰ, 5 mit 81, 82 Ⅰ, 4).

37) RGZ 61, 171, 175. 동소에 의하면 중과실로 하자를 인식하지 못한 경우(§460 aF), 공경매로 인한 담보책임의 제한(§461 aF), 단기의 권리행사기간(§477 aF) 등을 통하여 거래의 안전이 특별하게 강조되고 있다고 한다.

38) ALR Ⅰ. 5 §. 343. Die Rechte, welche dem Uebernehmer einer Sache wegen natürlicher die Sache selbst betreffender Fehler zukommen, muß derselbe, bey Landgütern innerhalb Dreyer Jahre, bey städtischen Grundstücken innerhalb Eines Jahres, bey beweglichen Sachen aber innerhalb Sechs Monathe, nach dem Empfang der Sache, ausüben.

39) BGHZ 16, 54, 57; 34, 32, 33.

40) RG JW 1905, 79.

41) RGZ 138, 354, 356; BGHZ 34, 32, 34.

42) BGH NJW 1979, 160, 161; 1981, 224, 225.

① 하자담보책임우선설

통설은 하자담보책임과 착오의 경합을 폭넓게 인정하면서 하자담보책임우선설을 견지한다.[43] 위험의 이전 여부와 상관없이 하자담보책임을 우선시하고 있으며,[44] 물건의 연도도 하자로 인정된다고 파악한다.[45] 유력설은 2002년 채권법 개정을 통하여 매도인의 추완에 의하여 계약의 효력이 온전하게 존속되는 것이 강조되었으므로("zweiten Andienung"), 위험이전 여부와 상관없이 착오취소가 배제되어야 한다고 주장한다.[46] ① 착오규정은 하자담보의 규정을 유

43) Jauernig/Berger, 17. Aufl. 2018, §437, Rn. 32; MünchKomm/Armbrüster, 8. Aufl. 2018, §119, Rn. 29; MünchKomm/Westermann, 8. Aufl. 2019, §437, Rn. 54; MünchKomm/Westermann, 3. Aufl. 1995, §459, Rn. 83; Palandt/Weidenkaff, 78. Aufl. 2019, §437, Rn. 53; Planck/Knoke, 4. Aufl. 1928, §459, Anm. 1a(S. 693); Rehbein, Das Bürgerliche Gesetzbuch mit Erläuterungen für das Studium und die Praxis, Band 1, 1899, S. 140; Soergel/Hefermehl, 13. Aufl. 1999, §119, Rn. 78; Soergel/Huber, 12. Aufl. 1991, Vorbem. zu §459, Rn. 187; Staudinger/Singer, 2016, §119, Rn. 85; Staudinger/Honsell, 13. Bearb. 1995, vor §459, Rn. 28; Staudinger/Coing, 11. Aufl. 1957, §119, Rn. 32; Bacher, Irrtumsanfechtung, vertragswidrige Leistung und Sachmängelgewährleistung beim Kauf, 1996, S. 169ff.; Brox, Die Einschränkung der Irrtumsanfechtung, 1960, S. 201-206; Brox/Walker, Besonderes Schuldrecht, 44. Aufl. 2020, Rn. 135; Dernburg, Die Schuldverhältnisse nach dem Rechte des Deutschen Reichs und Preußens, Band 2, 4. Aufl. 1915, S. 79; Esser/Weyers, Schuldrecht, Band 2/1, 8. Aufl. 1998, S. 66f.; Flume, Allgemeiner Teil des Bürgerlichen Rechts, Band 2, 4. Aufl. 1992, §24, 3; Flume, Eigenschaftsirrtum und Kauf, 1948, S. 133ff.; Heck, Grundriß des Schuldrechts, 1929, S. 281; Larenz, Lehrbuch des Schuldrechts, Band Ⅱ/1, 13. Aufl. 1986, §41 Ⅱ(S. 74); Medicus/Petersen, Allgemeiner Teil des BGB, 11. Aufl. 2016, Rn. 775; Oetker/Maultzsch, Vertragliche Schuldverhältnisse, 5. Aufl. 2018, Rn. 347; Schloßmann, Der Irrtum über wesentliche Eigenschaften der Person und der Sache nach dem Bürgerlichen Gesetzbuch, 1903, S. 54f.; Wolf/Neuner, Allgemeiner teil des bürgerlichen rechts, 12. Aufl. 2020, §41 Rn. 69; v. Blume, "Der Schadensersatzanspruch des Käufers wegen Lieferung einer mangelhaften Sache und seine Verjährung", JherJb. 55, 1909, S. 214-215; Haymann, "Fehler und Zusicherung beim Kauf", Die Reichsgerichtspraxis im deutschen Rechtsleben, Band 3, 1929, S. 342; Wertenbruch, "Gewährleistung beim Kauf von Kunstgegenständen nach neuem Schuldrecht", NJW 2004, S. 1979; Wolzendorff(주 36), S. 345.

44) Jauernig/Berger, 17. Aufl. 2018, §437, Rn. 32; MünchKomm/Kramer, 5. Aufl. 2006, §119, Rn. 35; Palandt/Weidenkaff, 78. Aufl. 2019, §437, Rn. 53; Soergel/Hefermehl, 13. Aufl. 1999, §119, Rn. 78; Soergel/Huber, 12. Aufl. 1991, Vorbem zu §459, Rn. 192; Esser/Weyers, Schuldrecht, Band 2/1, 8. Aufl. 1998, S. 67; Flume, Allgemeiner Teil des Bürgerlichen Rechts, Band 2, 4. Aufl. 1992, §24, 3a; Flume, Eigenschaftsirrtum und Kauf, 1948, S. 134f.; Larenz, Lehrbuch des Schuldrechts, Band Ⅱ/1, 13. Aufl. 1986, §41 Ⅱ(S. 74); Medicus/Petersen, Allgemeiner Teil des BGB, 11. Aufl. 2016, Rn. 775; Wolf/Neuner, Allgemeiner teil des bürgerlichen rechts, 12. Aufl. 2020, §41 Rn. 69; Haymann, "Fehler und Zusicherung beim Kauf", Die Reichsgerichtspraxis im deutschen Rechtsleben, Band 3, 1929, S. 342; G. Müller, "Zur Beachtlichkeit des Eigenschaftsirrtums des Käufers", Festschrift für U. Huber, 2006, S. 465. 다만 위험의 이전 여부에 따라 하자담보책임의 성립을 다르게 파악하는 판례의 태도에 찬성하는 견해도 상당수 있다(Erman/Grunewald, 15. Aufl. 2017, vor §437, Rn. 25; Erman/Grunewald, 10. Aufl. 2000, Vorbem. zu §459, Rn. 15; Bork, Allgemeiner Teil des Bürgerlichen Gesetzbuchs, 4. Aufl. 2016, Rn. 856; Enneccerus/Lehmann, Recht der Schuldverhältnisse, 15. Aufl. 1958, §112 Ⅲ(S. 455); Grunewald, Kaufrecht, 2006, §9 Ⅰ Rn. 16; Hübner, Allgemeiner Teil des Bürgerlichen Gesetzbuchs, 2. Aufl. 1996, Rn. 793).

45) Soergel/Huber, 12. Aufl. 1991, Vorbem zu §459, Rn. 194; Flesch, Mängelhaftung und Beschaffenheitsirrtum beim Kauf, 1994, S. 36; Berg, "Der angefochtene Gebrauchtwagenkauf-BGHZ 72, 252", JuS 1981, S. 180; Honsell, "Der defekte Mähdrescher-BGHZ 78, 216", JuS 1982, S. 812.

46) Reinicke/Tiedtke, Kaufrecht, 8. Aufl. 2009, Rn. 799.

명무실화할 위험을 가지고 있다(소위 'Umgehungsgefahr'). ② 성상착오는 오로지 하자담보책임에 의하여 규율되고 착오법이 적용될 여지가 없다.47) 하자담보책임의 행사기간이 도과한 경우에도 착오에 기한 취소는 가능하지 않다.48) ③ 착오와 하자담보책임의 경합에 관한 규율이 흠결되었으므로 가정적 입법적 의사를 탐구하여 흠결이 보충되어야 하는데, 착오에 관한 규율은 거래의 신속한 종결을 해치므로 배제되어야 한다.49) 통설은 채권법개정으로 착오와 하자담보책임의 경합관계에 관한 종전의 법상황이 변경되지 않는다고 한다.50) 특히 2002년 채권법 개정에서는 추완에 의한 해결이 강조되고 있다("zweiten Andienung").51)

② 택일적 경합설

소수설은 택일적 경합설을 견지한다.52) 즉, 어느 권리가 먼저 행사되면 나머지 권리는 행사될 수 없다. ① 착오와 하자담보책임은 제도취지를 달리하는 별개의 제도이므로 경합관계가 인정되어야 한다.53) 하자담보책임은 매도인의

---

47) Haymann(주 44), S. 342.

48) MünchKomm/Westermann, 8. Aufl. 2019, §437, Rn. 55.

49) Schloßmann(주 43), S. 52.

50) BT-Drucksache 14/6040, S. 210; Bamberger/Roth/Hau/Poseck/Faust, 4. Aufl. 2019, §437, Rn. 185; Lorenz/Riehm(주 28), Rn. 573; Huber(주 26), S. 115. 1992년 채권법 개정작업에서도 판례와 통설의 태도가 그대로 유지되었다(Bundesminister der Justiz, Abschlußbericht der Kommission zur Überarbeitung des Schuldrechts, 1992, S. 197).

51) Wertenbruch(주 43), S. 1979.

52) Bamberger/Roth/Hau/Poseck/Faust, 4. Aufl. 2019, §437, Rn. 190; Oertmann, Recht der Schuldverhältnisse, 3./4. Aufl. 1910, vor §459, 2e(S. 419); Staudinger/Riezler, 10. Aufl. 1936, §119, Rn. 32; Cosack, Lehrbuch des Deutschen bürgerlichen Rechtes, 6. Aufl. 1913, S. 523; Emmerich, BGB-Schuldrecht Besonderer Teil, 15. Aufl. 2018, S. 60; Fröhlich, Die Anfechtung wegen Eigenschaftsirrtums beim Kauf, 1983, S. 94; Lent, Die Gesetzeskonkurrenz im bürgerlichen Recht und Zivilprozess, Band 1, 1912, S. 360; Matthiass, Lehrbuch des bürgerlichen Rechtes, 5. Aufl. 1910, S. 279; Schmidt, Die Gesetzeskonkurrenz, 1915, S. 93; Windscheid/Kipp, Lehrbuch des Pandektenrechts, 9. Aufl. 1906, Band 1, S. 397; Band 2, S. 701; Baum, "Irrtum und Gewährleistung", DJZ 7, 1902, S. 144; Krampe, "Eichen am Wasser - Der Ruisdael-Fall RGZ 135, 339", JuS 2005, S. 778; Krückmann, "Die Alternative zwischen Gewährschaft und Anfechtung", AcP 101, 1907, S. 394; Schmidt, "Die Falschlieferung beim Kauf", NJW 1962, S. 711; Schmidt-Salzer, "Gewährleistungsausschluß und Irrtumsanfechtung", JZ 1967, S. 663; Schröder, "Irrtumsanfechtung und Sachmängelhaftung beim Kunsthandel nach deutschem und Schweizer Recht", Festschrift für Kegel, 1977, S. 413.

53) Staudinger/Riezler, 10. Aufl. 1936, §119, Rn. 32; Fröhlich(주 52), S. 93; Wasmuth, "Wider das Dogma vom Vorrang der Sachmängelhaftung gegenüber der Anfechtung wegen Eigenschaftsirrtums", Festschrift für Piper, 1996, S. 1090. Schwaiger, "Anfechtung und Gewährleistung", SeuffBl. 74, 1909, S. 331에 의하면 착오는 '의사하자(Willlensmangel)'에 대한 규율이고 하자담보책임은 '이행하자(Erfüllungsmangel)'에 대한 규율이라고 한다.

특별한 책임을 전제로 하나, 착오취소권은 의사표시의 하자에 기초하여 법질서에서 인정한 것이다.[54] 착오취소와 하자담보책임에 기한 해제는 동일한 목적을 수행하는 것이 아니다.[55] 본질적 성상은 하자보다 좁은 개념이다.[56] ② 제도의 취지를 달리하는 권리의 경합을 부정하기 위해서는 명시적 입법이 필요하며,[57] ③ 하자담보책임우선설은 매도인의 이익을 일방적으로 우대하는 것이다.[58] ④ 매수인의 손해배상의무라는 장치를 통하여 우회의 위험은 적정하게 통제될 수 있다.[59]

라. 면책합의의 효력

민법 제444조에 따라 매도인이 성상을 보증하거나 하자를 악의적으로 숨긴 경우에는 매도인은 면책합의를 원용할 수 없다. 다만 작품의 출처에 대한 진술(Herkunftsangaben)만으로는 성상의 보증이 인정되지 않는다.[60] 면책합의는 엄격하게 해석되어야 한다.[61] 중고자동차 매매에서 약관에 의하여 하자담보책임이 면제된 사안[62]에 대하여 연방대법원은 제국법원의 판례를 원용하면서 하자담보책임을 면제하고자 하는 매도인의 의사는 착오취소권의 배제도 포함한다고 한다.[63] 하자담보책임 우선설을 취하는 통설도 판례에 동조한다.[64] 하자담보책임을 면제하였다고 하여 착오로 인한 취소권이 복원되는 것은 아니며,

---

54) Schmidt-Salzer(주 52), S. 663.
55) Schwaiger(주 53), S. 332f.
56) Fröhlich(주 52), S. 93f.
57) Schwaiger(주 53), S. 332.
58) Schmidt(주 52), S. 713.
59) Emmerich, BGB-Schuldrecht Besonderer Teil, 15. Aufl. 2018, S. 60.
60) BGH NJW 1993, 2103, 2104; Wertenbruch(주 43), S. 1980.
61) BGHZ 22, 90, 96.
62) 면책약관은 다음과 같다. “Für den Kaufgegenstand wird keine Gewähr geleistet. Ein Anspruch auf Wandelung, Minderung oder Schadensersatz besteht nicht”.
63) BGH BB 67, 96. 다만 면책합의는 엄격하게 해석되어야 하므로 하자담보책임을 면제한다고 하여 착오취소권을 배제하는 것으로 보기 어렵다는 판례도 있다(BGH, WM 1962, 251).
64) MünchKomm/Armbrüster, 8. Aufl. 2018, §119, Rn. 151; MünchKomm/Westermann, 8. Aufl. 2019, §437, Rn. 55; MünchKomm/Westermann, 3. Aufl. 1995, §459, Rn. 85; Planck/Knoke, 4. Aufl. 1928, §459, Anm. 1a(S. 693); Soergel/Hefermehl, 13. Aufl. 1999, §119, Rn. 78; Staudinger/Honsell, 13. Bearb. 1995, vor §459, Rn. 34; Bacher(주 43), S. 171; Köhler, “Das Verhältnis der Gewährleistungsansprüche zu anderen Rechtsbehelfen des Käufers”, JA 1982, S. 159; Singer, “Fehler beim Kauf”, 50 Jahre Bundesgerichtshof, Band 1, 2000, S. 385.

이는 약관에 의한 면책의 경우에도 마찬가지이다.[65] 하자담보책임을 면제하는 합의를 통하여 달성된 위험의 제한이 착오취소권을 통하여 무의미해지기 때문이다.[66] 따라서 하자담보책임만을 배제하고 착오취소권을 존속하기 위해서는 특별한 사정이 요구된다.[67] 양자의 경합을 인정하는 견해에서는 하자담보책임에 관한 면책합의가 착오취소권에 영향을 미치는지가 문제될 수 있다. 이에 대하여 하자담보책임의 면제합의는 원칙적으로 착오로 인한 취소권에도 미친다는 견해[68]와 하자담보책임의 면제합의가 착오로 인한 취소권에 미치기 위해서는 그러한 의미가 명확하게 드러나야 한다는 견해[69]로 나뉜다. 후자의 견해는 양 제도의 취지가 상이하고 취소상대방은 취소자의 손해배상의무를 통하여 보호된다고 한다.[70]

마. 소결

통설과 판례가 성상착오에 대하여 하자담보책임의 우선이라는 태도를 견지한 것은 보통법학의 영향이 매우 크다. 성상착오가 예외적으로 고려되고, 하자담보책임도 착오의 하부유형으로 이해하면서 하자담보책임이 착오에 대한 특별규정이라고 한다. 하자담보책임법의 개정에서도 종전의 태도가 그대로 유지되었다. 하자담보책임우선설을 견지하는 통설과 판례에 의하면 하자담보책임의 면제에 의하여 착오취소권이 복원되는 것은 아니라고 한다.

2. 스위스

가. 착오법의 양상

스위스 채무법 제23조는 본질적 착오가 고려된다고 규정하며, 제24조 제1항

65) BGHZ 63, 369, 376; Staudinger/Matusche-Beckmann, 2013, §437, Rn. 33; Hübner, Allgemeiner Teil des Bürgerlichen Gesetzbuchs, 2. Aufl. 1996, Rn. 794.
66) MünchKomm/Armbrüster, 8. Aufl. 2018, §119, Rn. 151.
67) BGHZ 63, 369, 377.
68) Bamberger/Roth/Hau/Poseck/Faust, 4. Aufl. 2019, §437, Rn. 188; Windscheid/Kipp, Lehrbuch des Pandektenrechts, Band 2, 9. Aufl. 1906, S. 702.
69) OLG Karlsruhe JZ 1971, 294, 296; Walter, Kaufrecht, 1987, S. 235; Schmidt-Salzer(主 52), S. 663-664; Schröder(主 52), S. 413.
70) Schmidt-Salzer(主 52), S. 663-664.

은 본질적 착오를 구체적으로 규율하고 있다.[71] 특히 성상착오의 사안은 스위스 채무법 제24조 제1항 제4호에서 규율된다. 신의성실의 원칙에 비추어 계약의 필수적 기초에 관한 착오는 고려된다(소위 기초착오: Grundlageirrtum). 고려되는 착오로 인정되기 위해서는 주관적·객관적 본질성의 요건이 충족되어야 한다.[72] 착오자의 관점에서 본질적이어야 하며 객관적으로도 본질적이어야 비로소 착오가 고려된다. 착오자가 중요하게 고려한 사정이 계약체결시에 상대방에게 인식가능하여야 한다.[73] 다만 착오자의 귀책사유는 착오의 본질성 판단에서 고려되지 않는다.[74] 인식가능성은 당해 계약의 성격으로부터 도출되기도 한다. 본질적 착오의 법률효과("Unverbindlichkeit")에 관하여 판례는 무효라고 판시하나,[75] 다수설은 취소권의 발생으로 파악한다.[76] 착오로 인한 무효 주장은 착오를 안 날로부터 1년 내에 행사되어야 하나(스위스 채무법 제31조), 장기의 제척기간은 존재하지 않는다.[77] 다만 스위스 채무법 제127조를 유추적

---

71) I. Irrtum
1. Wirkung
Art. 23
Der Vertrag ist für denjenigen unverbindlich, der sich beim Abschluss in einem wesentlichen Irrtum befunden hat.
2. Fälle des Irrtums
Art. 24
1 Der Irrtum ist namentlich in folgenden Fällen ein wesentlicher:
1. wenn der Irrende einen andern Vertrag eingehen wollte als den-jenigen, für den er seine Zustimmung erklärt hat;
2. wenn der Wille des Irrenden auf eine andere Sache oder, wo der Vertrag mit Rücksicht auf eine bestimmte Person abge-schlossen wurde, auf eine andere Person gerichtet war, als er erklärt hat;
3. wenn der Irrende eine Leistung von erheblich grösserem Umfan-ge versprochen hat oder eine Gegenleistung von erheblich gerin-gerem Umfange sich hat versprechen lassen, als es sein Wille war;
4. wenn der Irrtum einen bestimmten Sachverhalt betraf, der vom Irrenden nach Treu und Glauben im Geschäftsverkehr als eine notwendige Grundlage des Vertrages betrachtet wurde.
2 Bezieht sich dagegen der Irrtum nur auf den Beweggrund zum Ver-tragsabschlusse, so ist er nicht wesentlich.
3 Blosse Rechnungsfehler hindern die Verbindlichkeit des Vertrages nicht, sind aber zu berichtigen.

72) Berner Kommentar/Schmidlin, 1995, Art. 23/24, N 63ff.

73) Berner Kommentar/Schmidlin, 1995, Art. 23/24, N 75ff.

74) Huber(주 24), S. 77.

75) BGE 114 Ⅱ 131, 143.

76) Basler Kommentar/Schwenzer · Fountoulakis, Obligationenrecht Ⅰ, 7. Aufl. 2020, Art. 23, N 8; Bucher, Schweizerisches Obligationenrecht, Allgemeiner Teil, 2. Aufl. 1988, S. 193; 210; v. Bühren, Schweizerisches Obligationenrecht, Allgemeiner Teil, 1964, S. 224.

77) BGE 114 Ⅱ 131; Basler Kommentar/Schwenzer · Fountoulakis, Obligationenrecht Ⅰ, 7. Aufl. 2020, Art. 31, N 13.

용하여 10년의 제척기간(계약체결시로부터 10년)을 인정할 것이냐에 대하여 판례는 부정하고,[78] 학설은 긍정설[79]과 부정설[80]로 나뉜다. 착오자의 상대방은 착오자에게 손해배상을 청구할 수 있다(스위스 채무법 제26조).[81]

나. 하자담보책임의 양상

매매로 인한 하자담보책임은 스위스 채무법 제197조에서 규율된다. 매도인은 보증된 성상과 목적물의 가치를 현저하게 감소하는 하자에 대하여 담보책임을 부담한다.[82] 그러나 경과실로 하자를 인식하지 못한 경우에 하자담보책임이 부정된다(스위스 채무법 제200조).[83] 더 나아가 상인이 아닌 매수인에게도 일반적으로 하자검사 및 통지의무가 부과되는 것은 매수인에게 매우 불리하다. 검사를 통하여 발견할 수 있는 소위 명백한 하자를 통지하지 아니하면 하자담보책임을 주장할 수 없으며, 숨은 하자를 발견하고 즉시 통지하지 아니한 경우에도 마찬가지이다(스위스 채무법 제201조 제3항).[84] 매수인은 해제 또는 대금감액을 선택할 수 있다(스위스 채무법 제205조 제1항). 하자담보책임의 소멸시효기간은 물건의 인도일로부터 1년이었으나, 2012년 개정으로 2년으로 연장되었다(스위스 채무법 제210조).

다. 하자담보책임과 착오의 경합 여부

매수인에게 귀책사유가 있는 경우 하자담보책임이 부정되나, 착오의 경우에

78) BGE 114 II 131.

79) Gauch/Schluep/Schmid, Schweizerisches Obligationenrecht Allgemeiner Teil, Band 1, 9. Aufl. 2008, N 911; Honsell, Schweizerisches Obligationenrecht, Besonderer Teil, 10. Aufl. 2017, S. 136; Koller, Schweizerisches Obligationenrecht, Allgemeiner Teil, 2017, N 14.189; Schwenzer, Schweizerisches Obligationenrecht Allgemeiner Teil, 7. Aufl. 2016, N 39.16; Wiegand, "Bemerkungen zum Picasso-Entscheid", recht 1989, S. 118.

80) Berner Kommentar/Schmidlin, 1995, OR Art. 31 N 134; Bucher, Schweizerisches Obligationenrecht, Allgemeiner Teil, 2. Aufl. 1988, S. 213; v. Tuhr/Peter, Allgemeiner Teil des Schweizerischen Obligationenrechts, Band I, 3. Aufl. 1979, S. 333, Fn. 22.

81) Guhl/Merz/Koller, Das Schweizerische Obligationenrecht, 8. Aufl. 1995, S. 138.

82) Basler Kommentar/Honsell, Obligationenrecht I, 7. Aufl. 2020, Art. 197, N 2.

83) Basler Kommentar/Honsell, Obligationenrecht I, 7. Aufl. 2020, Art. 200, N 3. 그러나 매도인이 성상을 보증했거나 하자를 안 경우에는 매도인의 담보책임이 인정된다.

84) Basler Kommentar/Honsell, Obligationenrecht I, 7. Aufl. 2020, Art. 201, N 12.

는 그러한 제한이 존재하지 않는다.[85] 매수인이 하자검사 및 통지의무를 위반한 경우에 하자담보책임을 추궁할 수 없으나, 착오취소권을 행사할 수 있다.[86]

(1) 판례

스위스 연방대법원의 판례는 1911년 채무법의 시행 이래로 하자담보책임과 착오의 택일적 경합을 인정한다.[87] 택일적 경합설에 대한 판례의 입장은 매우 확고하여 일종의 관습법이라고 한다.[88] 법률에서 별개의 제도로 규율하고 있는 이상, 양자의 경합을 추정함이 상당하며, 하자담보책임이 특별 규율이므로 착오법에 우선한다는 주장을 받아들이지 않았다.[89] 착오법은 계약성립상의 하자를 규율하고, 하자담보책임은 계약의 이행상의 하자를 규율하는데, 이러한 차이는 결정적인 것이어서 양자는 경합한다고 한다.[90] 매매법의 단기소멸시효와 하자검사 및 통지의무로 인하여 매수인의 법적 지위가 매우 불리하므로,[91] 판례는 이를 보완하기 위하여 택일적 경합설을 견지한다.[92] 착오자가 착오에 기한 무효를 주장하는 경우에는 매매계약의 유효를 전제로 한 하자담보책임을 주장할 수는 없다.[93] 다만 가축매매(채무법 제198조)의 경우에는 성상착오에 기한 취소가 부정되고 하자담보책임만이 고려된다.[94] 이는 가축 성상의 특성을 고려하여 매도인을 보호하기 위하여 하자담보책임의 요건을 엄격하게 규정한 입법취지가 고려된 것이다.[95]

---

85) Huber(주 24), S. 79.
86) BGE 107 Ⅱ 419, 421; Berner Kommentar/Giger, 1977, Art. 201, N 104; Basler Kommentar/Honsell, Obligationenrecht Ⅰ, 7. Aufl. 2020, Art. 201, N 4; Oerll Füssli Kommentar/Dasser, 3. Aufl. 2016, OR Art. 31 N 14; Schönenberger, "Alternative Anwendbarkeit der Irrtumsvotschriften(Art. 24 OR) und der Bestimmungen über Gewährleistung beim Kauf(Art. 197f. OR)", SJZ 1944, S. 308.
87) BGE 56 Ⅱ 424, 427f.; BGE 98 Ⅱ 15, 21. 1881년 스위스 채무법상 통설과 판례도 경합설을 견지한다(Genf, Trib. 1890, 390=Semain 1890, 337; Zürich Handelsgericht, Entscheidungen Band 10, 241; Schneider/Fick, Das Schweizerische Obligationenrecht, 2. Aufl. 1896, Art. 19, N 12; Art. 257, N 8).
88) BGE 98 Ⅱ 15, 21.
89) BGE 82 Ⅱ 411, 421f.; BGE 114 Ⅱ 131, 136.
90) BGE 82 Ⅱ 411, 421.
91) Katz, Sachmängel beim Kauf von Kunstgegenständen und Antiquitäten, 1973, S. 118; Schönenberger(주 86), S. 308.
92) BGE 82 Ⅱ 411, 424; BGE 114 Ⅱ 131, 138.
93) BGE 108 Ⅱ 102, 104.
94) BGE 70 Ⅱ 48, 50; BGE 111 Ⅱ 67, 70f.
95) Amtliches stenographisches Bülletin 1910, S. 189ff.

(2) 학설

(가) 택일적 경합설

택일적 경합설은 판례의 태도를 지지한다.96) 착오취소와 하자담보책임에 의한 해제권은 택일적으로 행사가능하고, 어느 하나가 행사된 경우에 다른 권리는 행사될 수 없다. 하자담보책임의 요건(스위스 채무법 제197조 제1항)과 착오취소의 요건(스위스 채무법 제24조 제1항 제4호)이 완전하게 일치하지 않으므로 하자담보책임이 착오에 관한 특별규율이라고 보기 어렵다.97) 특히 유력설은 착오에 기한 취소주장이 매우 예외적으로 원용되고 있다고 지적한다.98) 착오법과 하자담보책임법은 제도의 목적을 달리하므로 일반-특별의 관계에 있다고 보기 어렵다.99) 착오법은 계약성립상의 하자를 규율하고, 하자담보책임법은 계약의 이행상의 하자를 규율하는데, 이러한 차이는 결정적인 것이라고 한다.100) 하자담보책임이 인정될 수 없는 경우에도 착오법에 의하여 매수인을 보호할 필요가 있다.101)

(나) 하자담보책임우선설

하자담보책임우선설은 하자담보책임법이 착오법에 대하여 특별규율이므로 하자담보책임만이 적용된다고 한다.102) 경합설에 의하면 법률관계를 조속하게

---

96) Berner Kommentar/Giger, 2. Aufl. 1977, Vorbem. zu Art. 197-210 OR, N 61ff.; Oerll Füssli Kommentar/Kostkiewicz, 3. Aufl. 2016, OR Art. 197, Rn. 18; Handkommentar/Müller-Chen, 2010, OR Art. 197, N 8; Zürcher Kommentar/Oser/Schönenberger, 2. Aufl. 1936, OR Art. 197, N 5; Berger, Allgemeines Schuldrecht, 3. Aufl. 2018, N 1004; Bucher, Schweizerisches Obligationenrecht, Allgemeiner Teil, 2. Aufl. 1988, S. 193; Bucher, Schweizerisches Obligationenrecht, Besonderer Teil, 3. Aufl. 1988, S. 109; Guhl, Das schweizerische Obligationenrecht, 4. Aufl. 1948, S. 262; Katz(주 91), S. 116ff.; Schmid/Stöckli, Schweizerisches Obligationenrecht, Besonderer Teil, 2010, N 435; v. Tuhr, Allgemeiner Teil des Schweizerischen Obligationenrechts, Band Ⅰ, 1924, S. 258.; v. Tuhr/Siegwart, Allgemeiner Teil des Schweizerischen Obligationenrechts, Band Ⅰ, 2. Aufl. 1942, S. 276f.; v. Tuhr/Peter, Allgemeiner Teil des Schweizerischen Obligationenrechts, Band Ⅰ, 3. Aufl. 1979, S. 310; Bühler, "Zur sogenannten Alternative Gewährleistung-Irrtum im Kaufrecht", SJZ 74, 1978, S. 5ff.; Liver, "Besonderheiten des Viehkaufs", Festschrift für Guhl, 1950, S. 135ff.

97) Berger, Allgemeines Schuldrecht, 3. Aufl. 2018, N 1004; Katz(주 91), S. 116.

98) Schönenberger(주 86), S. 308.

99) Katz(주 91), S. 116.

100) Katz(주 91), S. 116.

101) Zürcher Kommentar/Oser/Schönenberger, 2. Aufl. 1936, OR Art. 197, N 5에 의하면 과실에 의한 하자의 부지, 단기의 권리행사기간의 도과, 하자검사 및 통지의무의 위반의 경우에 매수인이 착오법을 원용할 이익이 있다고 한다.

102) Basler Kommentar/Schwenzer · Fountoulakis, Obligationenrecht Ⅰ, 7. Aufl. 2020, Vor. Art. 23-31, N 10; Basler

확정하고자 단기의 권리행사기간을 정한 입법취지가 몰각된다.103) 가축매매에 대하여 별도의 규율을 인정하는 것은 타당하지 않다고 한다.104) 다만 일부 학자는 물건의 인도 후에는 경합설이 타당하지 않다고 한다.105)

라. 면책합의의 효력

경합설을 견지하는 판례와 다수설은 면책합의의 성격에 따라 착오취소의 가부가 달라진다고 한다.106) 첫째, 특정 성상에 대한 담보책임을 명확하게 면제하는 경우에 매수인은 성상의 부존재에 대한 위험을 감수하고 계약을 체결한 것이다.107) 이러한 경우 성상은 계약의 기초가 될 수 없으므로 착오취소가 허용되지 않는다.108) 계약 목적물에 대한 보증을 일체 배제한다는 조항("Toute garantie antérieure est exclue")이 존재하는 경우에는 하자담보책임뿐만 아니라 착오취소권의 행사도 부정한다.109) 둘째, 단순하게 하자담보책임만을 면제하는 경우에는 착오취소가 가능하다.110) 셋째, 합의의 성격과 관련하여 개별 사건의 구체적 사정이 고려되어야 하나, 여기에서 신뢰원칙(Vertrauensprinzip)에 따라

Kommentar/Honsell, Obligationenrecht Ⅰ, 7. Aufl. 2020, Vor. Art. 197-210, N 9; Berner Kommentar/Becker, 2. Aufl. 1941, OR Art. 24, N 22; Kurzkommentar/Honsell, 2014, Vor Art. 197-200, N 6; v. Bühren, Schweizerisches Obligationenrecht, Allgemeiner Teil, 1964, S. 201ff.; Schwenzer, Schweizerisches Obligationenrecht Allgemeiner Teil, 7. Aufl. 2016, N 39.41; Cavin, Schweizerisches Privatrecht, Band Ⅶ/1, 1977, S. 118ff.; Guhl/Merz/Kummer, Das Schweizerische Obligationenrecht, 7. Aufl. 1980, S. 353; Guhl/Merz/Koller, Das Schweizerische Obligationenrecht, 8. Aufl. 1995, S. 365; Honsell, Schweizerisches Obligationenrecht, Besonderer Teil, 10. Aufl. 2017, S. 135ff.; Koller, Schweizerisches Obligationenrecht, Allgemeiner Teil, 2017, N 14.265; Koller, Schweizerisches Obligationenrecht, Besonderer Teil, Band Ⅰ, 2012, N 225; Kolly, Der Grundlagenirrtum nach Art. 24 OR, 1978, N 530ff.; Fick, "Der wesentliche Irrtum im revidierten schweizerischen Obligationenrecht(Art. 23-27)", Festschrift für Cohn, 1915, S. 653; Merz, "Sachgewährleistung und Irrtumsanfechtung", Festschrift für Guhl, 1950, S. 107.

103) Berner Kommentar/Becker, 2. Aufl. 1941, OR Art. 24, N 22; Cavin, Schweizerisches Privatrecht, Band Ⅶ/1, 1977, S. 119; Honsell, Schweizerisches Obligationenrecht, Besonderer Teil, 10. Aufl. 2017, S. 139; Kolly(주 102), N 535.

104) Honsell, Schweizerisches Obligationenrecht, Besonderer Teil, 10. Aufl. 2017, S. 140; Koller, Schweizerisches Obligationenrecht, Allgemeiner Teil, 2017, N 14.265.

105) Schwenzer, Schweizerisches Obligationenrecht Allgemeiner Teil, 7. Aufl. 2016, N 39.41.

106) Berner Kommentar/Giger, 1977, Art. 199 OR, N 25; Flesch(주 45), S. 118f; Koller, Schweizerisches Obligationenrecht, Allgemeiner Teil, 2017, N 14.279.

107) BGE 91 Ⅱ 275, 279.

108) BGE 126 Ⅲ 59, 66; 91 Ⅱ 275, 279; Oerll Füssli Kommentar/Kostkiewicz, 3. Aufl. 2016, OR Art. 199, N 10.

109) BGE 126 Ⅲ 59.

110) BGE 91 Ⅱ 275, 279.

판단되어야 한다.[111] 의심스러운 경우에는 매도인에게 불리하게 해석된다.[112] 면책의 대상에 대하여도 다소 엄격한 태도가 견지되고 있다. 매도인은 현상대로 인도하고, 이에 대하여 보증하지 아니한다고 하여 토지에 대한 매매계약이 체결된 사안에서 연방대법원은 토지의 물리적 성상에 대한 책임만을 면제하는 것이고, 토지의 건축가능성에 대한 면책을 인정하지 않았다.[113] 이에 반하여 불경합설을 견지하는 소수설은 하자담보책임을 면제하는 경우에는 착오취소도 허용되지 않는다고 한다.[114]

마. 소결

본질적 성상착오를 내용착오로 파악하면서 동기착오와 구분하고 있다. 하자담보책임이 엄격한 요건 하에서 인정된다는 점에서 착오취소의 필요성이 부각된다. 성상착오와 하자담보책임의 양상에 비추어 통설과 판례는 양자의 경합을 인정하고 있다. 통설과 판례는 경합설에 따라 양자의 독립성을 존중하면서 하자담보책임을 면제하는 합의는 원칙적으로 착오취소에 영향을 미치지 않는다고 해석한다.

3. 오스트리아

가. 착오법의 양상

오스트리아 민법 제871조[115]에서 착오법이 규율되는데, 착오는 '표시 착오

---

111) BGE 126 Ⅲ 59, 67; Oerll Füssli Kommentar/Kostkiewicz, 3. Aufl. 2016, OR Art. 199, N 10.

112) Berner Kommentar/Geiger, 2. Aufl. 1977, OR Art. 199 N 10.

113) BGE 91 Ⅱ 275, 279f.

114) Honsell, Schweizerisches Obligationenrecht, Besonderer Teil, 10. Aufl. 2017, S. 107; Schwenzer, Schweizerisches Obligationenrecht Allgemeiner Teil, 7. Aufl. 2016, N 39.41.

115) §871. (1) War ein Teil über den Inhalt der von ihm abgegebenen oder dem anderen zugegangenen Erklärung in einem Irrtum befangen, der die Hauptsache oder eine wesentliche Beschaffenheit derselben betrifft, worauf die Absicht vorzüglich gerichtet und erklärt wurde, so entsteht für ihn keine Verbindlichkeit, falls der Irrtum durch den anderen veranlaßt war, oder diesem aus den Umständen offenbar auffallen mußte oder noch rechtzeitig aufgeklärt wurde.
(2) Ein Irrtum eines Teiles über einen Umstand, über den ihn der andere nach geltenden Rechtsvorschriften aufzuklären gehabt hätte, gilt immer als Irrtum über den Inhalt des Vertrages und nicht bloß als solcher über den Bewegungsgrund oder den Endzweck (§901).

(Erklärungsirrtum)', '내용 착오(Geschäftsirrtum)' 그리고 동기착오(Motivirrtum)로 분류된다.116) '표시 착오(Erklärungsirrtum)'와 '내용 착오(Geschäftsirrtum)'는 법률행위의 효력에 영향을 미치므로('고려되는' beachtlich) 취소될 수 있으나, 동기착오는 고려되지 않아 취소될 수 없다.117) 내용의 착오는 주된 대상(Hauptsache) 및 본질적 성상(wesentliche Beschaffenheit)에 관한 착오이다.118) 성상이 법률행위의 내용이 되지 않으면 동기착오에 불과하여 고려되지 않는다.119) 착오자가 사실을 알았다면 계약을 체결하지 않았을 것이라고 인정되는 경우에 본질성(Wesentlichkeit)이 긍정된다.120) 작품의 진위, 중대한 기술적 결함 등은 본질적 성상에 해당한다.121) 의사표시의 유효성에 대한 상대방의 보호가치 있는 신뢰가 없는 경우에 비로소 착오권이 행사될 수 있다.122) 고려되는(beachtlich) 착오의 효과는 법문언("entsteht für ihn keine Verbindlichkeit")과 달리 무효가 아니라 취소권의 발생이다.123) 착오권은 재판상 행사되어야 한다.124) 착오로 인한 취소권은 계약체결시로부터 3년의 소멸시효에 걸리는데(오스트리아

---

116) Schwimann/Kodek/Riedler, Praxiskommentar, 4. Aufl. 2014, §871, Rz. 7; P. Bydlinski, Bürgerliches Recht, Allgemeiner Teil, 7. Aufl. 2016, Rz. 8/7ff.; Welser/Kletečka, Grundriß des bürgerlichen Rechts, Band Ⅰ, 15. Aufl. 2018, Rz. 471ff.

117) Welser/Kletečka, Grundriß des bürgerlichen Rechts, Band Ⅰ, 15. Aufl. 2018, Rz. 476.

118) Rummel/Rummel, 3. Aufl. 2000, §871, Rz. 9ff.; Schwimann/Kodek/Riedler, Praxiskommentar, 4. Aufl. 2014, §871, Rz. 12. Welser/Kletečka, Grundriß des bürgerlichen Rechts, Band Ⅰ, 15. Aufl. 2018, Rz. 480에 의하면 반대급부의 확정에 결정적인 영향을 미치는 성상에 대한 착오는 내용에 관한 착오라고 한다.

119) Welser/Kletečka, Grundriß des bürgerlichen Rechts, Band Ⅰ, 15. Aufl. 2018, Rz. 480; Rummel/Rummel, 3. Aufl. 2000, §871, Rz. 9ff.

120) OGH 1995 10. 23(1 Ob 617/95); Schwimann/Kodek/Riedler, Praxiskommentar, 4. Aufl. 2014, §871, Rz. 33; Schwimann/Apathy/Riedler, Praxiskommentar, 3. Aufl. 2006, §871, Rz. 16; Taschenkommentar ABGB/Kolmasch, 5. Aufl. 2020, §871, Rz. 6; P. Bydlinski, Bürgerliches Recht, Allgemeiner Teil, 7. Aufl. 2016, Rz. 8/15; Welser/Kletečka, Grundriß des bürgerlichen Rechts, Band Ⅰ, 15. Aufl. 2018, Rz. 485; F. Bydlinski, "Das österreichische Irrtumsrecht als Ergebnis und Gegenstand beweglichen Systemdenkens", Festschrift für Hans Stoll, 2001, S. 116.

121) OGH 2004. 3. 22(1 Ob 23/04w); OGH 2002. 10. 30(7 Ob 136/02d).

122) Klang/Gschnitzer, Band Ⅳ/1, 2. Aufl. 1968, S. 133; Schwimann/Kodek/Riedler, Praxiskommentar, 4. Aufl. 2014, §871, Rz. 22. Flesch(주 45), S. 60에 의하면 오스트리아 착오법은 의사주의가 아니라 신뢰주의에 입각한다고 평가되기도 한다.

123) OGH 1995. 4. 11(10 Ob 524/94); OGH 1981. 1. 15(7 Ob 67/80); OGH 1968. 3. 20(6 Ob 83/68); Kurzkommentar zum ABGB/Bollenberger, 5. Aufl. 2017, §871, Rz. 19; Schwimann/Kodek/Riedler, Praxiskommentar, 4. Aufl. 2014, §871, Rz. 38; Taschenkommentar ABGB/Kolmasch, 5. Aufl. 2020, §871, Rz. 27.

124) Rummel/Rummel, 3. Aufl. 2000, §871, Rz. 19; Schwimann/Kodek/Riedler, Praxiskommentar, 4. Aufl. 2014, §871, Rz. 37; Schwimann/Apathy/Riedler, Praxiskommentar, 3. Aufl. 2006, §871, Rz. 29. 소송상 항변은 가능하다(Rummel/Rummel, 3. Aufl. 2000, §871, Rz. 19; Schwimann/Kodek/Riedler, Praxiskommentar, 4. Aufl. 2014, §871, Rz. 37).

민법 제1487조), 착오의 인식 여부라는 사정은 기산점과 무관하다.[125] 다만 취소자의 상대방은 과실있는 취소자에게 손해배상을 청구할 수 있다.[126]

나. 하자담보책임의 양상

중대한 과실로 인식하지 못한 소위 명백한 하자에 대하여 하자담보책임이 인정되지 않는다.[127] 민법은 매수인에게 하자검사 및 통지의무를 부과하지 않는다.[128] 본질적 하자의 경우에만 해제가 허용되고, 경미한 하자의 경우에는 대금감액 또는 추완만 허용된다(오스트리아 민법 제932조).[129] 하자로 인한 해제권은 재판상 행사되어야 한다.[130] 민법 개정으로 행사기간은 동산의 경우 6월에서 2년으로 변경되었으나, 부동산의 경우 행사기간은 그대로 3년이다(오스트리아 민법 제933조).[131] 하자담보책임의 행사기간은 인도일로부터 기산되고, 하자의 인식은 중요하지 않다.[132]

다. 하자담보책임과 착오의 경합 여부

통설과 판례는 제도의 본질적 차이를 강조하면서 하자담보책임과 착오의 택일적 경합을 인정한다.[133] 즉, 착오는 의사의 흠결에 관한 규율이고, 하자담보

---

125) Kurzkommentar zum ABGB/Dehn, 5. Aufl. 2017, §1487, Rz. 3.

126) Kurzkommentar zum ABGB/Bollenberger, 5. Aufl. 2017, §874, Rz. 2; P. Bydlinski, Bürgerliches Recht, Allgemeiner Teil, 7. Aufl. 2016, Rz. 8/26.

127) Rummel/Reischauer, 3. Aufl. 2000, §928, Rz. 1. 그러나 매도인이 악의이거나 하자를 보증한 경우에는 하자담보책임이 인정된다(오스트리아 민법 제928조).

128) Rummel/Reischauer, 3. Aufl. 2000, §928, Rz. 1; Welser/Zöchling-Jud, Grundriß des bürgerlichen Rechts, Band Ⅱ, 14. Aufl. 2015, Rz. 382. 오스트리아 상법 제377조에 따르면 상인간의 매매에 한하여 하자검사 및 통지의무가 인정될 뿐이다.

129) Huber(주 24), S. 91에 의하면 오스트리아법상 착오취소와 하자담보책임에 의한 해제는 엄격한 요건하에서 인정된다고 한다.

130) Rummel/Reischauer, 3. Aufl. 2000, §933, Rz. 1; Reischauer, “Das neue Gewährleistungsrecht und seine schadenersatzrechtlichen Folgen”, JBl. 2002, S. 152.

131) Reischauer(주 130), S. 152.

132) Welser/Zöchling-Jud, Grundriß des bürgerlichen Rechts, Band Ⅱ, 14. Aufl. 2015, Rz. 376; Gschnitzer/Faistenberger/Barta/Eccher, Österreichisches Schuldrecht, Allgemeiner Teil, 2. Aufl. 1985, S. 155.

133) OGH 2005. 7. 12(4 Ob 136/05m); OGH 1976. 4. 27(3 Ob 511/76); OGH 1975. 10. 8(1 Ob 191/75); OGH 1969. 12. 2(4 Ob 589/69); Klang/Gschnitzer, Band Ⅳ/1, 2. Aufl. 1968, S. 516; Klang/F. Bydlinski, Band Ⅳ/2, 2. Aufl. 1968, S. 154f.; Rummel/Rummel, 3. Aufl. 2000, §871, Rz. 22; Schwimann/Kodek/Riedler, Praxiskommentar, 4. Aufl. 2014, §871, Rz. 46; Taschenkommentar ABGB/Kolmasch, 5. Aufl. 2020, §871, Rz. 33; Kurzkommentar zum ABGB/Bollenberger, 5. Aufl. 2017, §871, Rz. 21; P. Bydlinski, Bürgerliches Recht, Allgemeiner Teil, 7. Aufl. 2016, Rz. 8/26; Ehrenzweig, System des österreichischen allgemeinen Privatrechts,

책임은 급부의 불균형에 대한 규율이라고 한다.134) 하자담보책임의 권리행사 기간이 도과한 경우에도 착오취소는 허용된다.135) 유력설은 착오의 요건에 대한 증명은 하자담보책임에 비하여 어렵다고 지적한다.136) 다만 소수설로는 하자담보책임이 특별규정이므로 착오에 우선한다는 견해137)와 착오에 기한 취소는 하자담보책임의 행사기간 내에 이루어져야 한다는 견해138)가 주장된다. 그러나 2005년 개정전 오스트리아 상법 제377조 제2항과 제3항은 상인간의 매매에서 상사매수인이 하자검사 및 통지의무를 위반한 경우에는 상품을 그대로 인수한 것으로 규정한다. 이에 대하여 통설과 판례는 하자검사통지의무의 위반의 효과는 하자담보책임의 부정에 그치는 것이 아니고 착오취소가 가능하지 않다고 해석한다.139) 2005년 개정 상법 제377조 제2항은 종래의 통설과 판례에 따라 하자검사통지의무의 효과로 담보청구권, 손해배상청구권, 착오취소권의 상실을 명확하게 규정하였다.140)

라. 면책합의의 효력

(1) 하자담보책임을 면제하는 합의의 효력

하자담보책임을 면제하는 합의의 효력이 어디까지 미치느냐의 문제는 당사

Band Ⅱ/1, 1920, S. 201; Gschnitzer/Faistenberger/Barta/Eccher, Österreichisches Schuldrecht, Allgemeiner Teil, 2. Aufl. 1985, S. 161; Hasenöhrl, Das österreichische Obligationenrecht, Band 2, 2. Aufl. 1899, S. 474, Fn. 41; Koziol/Welser, Grundriß des bürgerlichen Rechts, Band Ⅱ, 13. Aufl. 2007, S. 85f.; Krasnopolski/Kafka, Österreichisches Obligationenrecht, 1910, S. 139; Mayrhofer, Schuldrecht, Allgemeiner Teil, 3. Aufl. 1986, S. 410; Pfersche, Die Irrthumslehre des österreichischen Privatrechts, 1891, S. 117; Welser/Zöchling-Jud, Grundriß des bürgerlichen Rechts, Band Ⅱ, 14. Aufl. 2015, Rz. 414; Riedler, " Von laesio enormis, dinglich und obligatorisch wirkenden Vertragsaufhebungstatbeständen und Schadenersatzpflichten des Beklagten wegen eigener Prozessfehler des Klägers", JBl. 2004, S. 219ff.

134) Schwimann/Kodek/Riedler, Praxiskommentar, 4. Aufl. 2014, §871, Rz. 46.

135) Schwimann/Kodek/Riedler, Praxiskommentar, 4. Aufl. 2014, §871, Rz. 47.

136) Mayrhofer, Schuldrecht, Allgemeiner Teil, 3. Aufl. 1986, S. 410.

137) Klang/Pisko, Band Ⅱ/2, 1934, S. 523ff.; Fulterer, Der Irrtum und die Geschäftsgrundlage bei vermögensrechtlichen Rechtsgeschäften, 1931, S. 171.

138) Lukas, "Harmonie oder Divergenz im Leistungsstörungsrecht", Festschrift für 200 Jahre ABGB, Band Ⅱ, 2011, S. 1271.

139) OGH 1975. 4. 30(1 Ob 26/75); OGH 1959. 5. 27(2 Ob 17/59); Rummel/Rummel, 3. Aufl. 2000, §871, Rz. 22; Taschenkommentar ABGB/Kolmasch, 5. Aufl. 2020, §871, Rz. 32; Straube/Kramer, HGB, 3. Aufl. 2003, §§377, 378, Rz. 57; Mayrhofer, Schuldrecht, Allgemeiner Teil, 3. Aufl. 1986, S. 410.

140) 1058 der Beilagen XXⅡ. GP-Regierungsvorlage-Materialien, S. 61.

자의 의사와 거래관행에 따라 판단되어야 한다.[141] 포괄적으로 담보책임을 면제하는 합의라고 인정되는 경우에는 그 합의의 효력은 숨은 하자와 통상적으로 요구되는 성상에까지 미친다.[142] 그러나 의심스러운 경우 면책합의는 엄격하게 해석되어야 한다.[143] 주의깊게 살펴보았더라면 알 수 있었을 하자에 대하여만 면책합의의 효력이 인정되고, 숨은 하자의 경우에는 면책합의의 효력이 인정되지 않는다.[144]

(2) 하자담보책임을 면제하는 합의가 착오취소에 미치는 영향

통설과 판례는 하자담보책임을 면제하는 합의는 원칙적으로 착오에 영향을 미치지 않는다고 해석한다.[145] 하자담보책임과 착오취소의 경합을 인정하는 견해에 따라 착오취소의 포기까지 인정되기 위해서는 특별한 사정이 요구된다. 특정한 사태에 대한 책임을 면제하는 합의의 경우에는 착오에 기한 취소권도 포기하는 것으로 인정될 수 있다.[146] 이에 반하여 유력설에 의하면 하자담보책임을 면제하는 합의는 원칙적으로 성상착오에 기한 취소까지 배제한다고 한다.[147]

마. 소결

본질적 성상착오는 내용착오로 처리되나, 신뢰보호의 요청에 의하여 착오취소는 제한될 수 있다. 매수인에게 하자검사 및 통지의무가 부과되지 아니하므로 하자담보책임은 매수인에게 엄격한 것은 아니다. 통설과 판례는 성상착오와

---

141) OGH 2009. 2. 24(9 Ob 3/09w).
142) OGH 2011. 6. 22(2 Ob 176/10m).
143) OGH 2010. 7. 28(9 Ob 50/10h).
144) OGH 2011. 6. 22(2 Ob 176/10m). “wie besichtigt und probegefahren ohne Garantie und Gewährleistung”.
145) OGH 2017. 3. 29(3 Ob 35/17v); OGH 2011. 6. 22(2 Ob 176/10m); OGH 2009. 10. 22(3 Ob 111/09h); OGH 1980. 11. 26(6 Ob 714/80=JBl. 1984, 200); OGH 1968. 3. 20(6 Ob 83/68); Schwimann/Kodek/Riedler, Praxiskommentar, 4. Aufl. 2014, §871, Rz. 47; Taschenkommentar ABGB/Kolmasch, 5. Aufl. 2020, §871, Rz. 32; Gschnitzer/Faistenberger/Barta/Eccher, Österreichisches Schuldrecht, Allgemeiner Teil, 2. Aufl. 1985, S. 161; Kerschner, “Problem der Sachmängelhaftung. Oder: Das ABGB ist tot-Es lebe das BGB!”, JBl. 1989, S. 542.
146) OGH 2009. 10. 22(3 Ob 111/09h)(“keine Gewähr für eine bestimmte Beschaffenheit”); OGH 2008. 12. 16(8 Ob 98/08g); Kurzkommentar zum ABGB/Bollenberger, 5. Aufl. 2017, §871, Rz. 21; Schwimann/Kodek/Riedler, Praxiskommentar, 4. Aufl. 2014, §871, Rz. 47; Taschenkommentar ABGB/Kolmasch, 5. Aufl. 2020, §871, Rz. 32; Welser/Zöchling-Jud, Grundriß des bürgerlichen Rechts, Band Ⅱ, 14. Aufl. 2015, Rz. 391.
147) P. Bydlinski, “Beschränkung und Ausschluß der Gewährleistung”, JBl. 1993, S. 562.

하자담보책임의 본질적 차이를 강조하면서 양자의 택일적 경합을 인정한다. 통설과 판례는 택일적 경합설에 따라 양자의 독립성을 강조하면서 하자담보책임을 면제하는 합의는 원칙적으로 착오취소권의 포기로 해석되지 않는다고 한다.

4. 비교법적 고찰의 정리

본질적 성상착오에 대한 법적 처리는 나라별로 미묘한 차이를 보인다. 독일은 역사적 연원에 기인하여 동기착오의 관점에서 착오취소를 엄격하게 보고 있으며, 이러한 태도는 하자담보책임우선설과 연결된다. 오스트리아는 본질적 성상착오를 내용착오의 관점에서 처리하나, 상대방의 신뢰보호를 위하여 착오취소가 제한될 수 있다고 한다. 스위스는 본질적 성상착오는 독자적인 내용착오로 파악하면서 착오취소를 관대하게 인정하고 있다. 본질적 성상착오에 관한 관점은 하자담보책임과의 경합에서 상당한 영향을 미친다. 독일의 경우에는 하자담보책임을 착오의 관점에서 파악한 보통법학의 영향으로 하자담보책임우선설을 견지한다. 이에 반하여 오스트리아와 스위스는 양 제도의 본질적 차이(제도의 취지, 요건, 효과 등)를 긍정하고 양자의 택일적 경합을 인정한다. 하자검사 및 통지의무의 위반에 대한 법적 처리도 차이가 난다. 매매 일반에 대하여 하자검사 및 통지의무가 인정되는 스위스의 경우에는 그 위반으로 인한 불이익을 최소화하기 위하여 매수인이 하자검사 및 통지의무를 위반한 경우에도 착오취소권을 행사할 수 있다. 상사매매에 한하여 하자검사 및 통지의무가 인정되는 독일과 스위스에서 하자검사 및 통지의무의 위반에 대하여 착오취소권을 부정하는 결론도 동일하다. 다만 독일의 경우에는 하자담보책임우선설에 입각하여 착오취소권이 고려될 필요가 없고, 오스트리아의 경우에는 법률관계의 조속한 확정의 필요를 강조하여 착오취소권을 부정한다. 하자담보책임우선설을 견지하는 독일의 판례와 통설은 하자담보책임을 면제하는 합의를 통하여 해당 사태를 종국적으로 종결하는 것으로 파악하고 착오취소권의 부활을 부정한다. 이에 반하여 경합설을 견지하는 오스트리아와 스위스의 통설과 판례는 하자담보책임을 면제하는 합의를 독자적인 구제수단인 착오취소권의 포기로 해석하지 않는다.

Ⅳ. 하자담보책임과 착오의 관계에 관한 연구

1. 성상착오에 대한 법적 규율

물건의 성상에 대한 착오는 그 자체로 법률행위의 내용에 대한 착오라 보기 어렵다. 그러나 성상의 본질성이 긍정되면 법률행위의 내용에 관한 착오로 처리된다. 계약의 내용 등에 비추어 물건의 본질적 성상이 요구되는 경우에는 표시되지 않더라도 고려되는 착오로 취급되어야 한다. 따라서 동기가 표시되어야 비로소 법률행위의 내용으로 취급될 수 있다는 종래의 논의는 부당하다. 본질적 성상착오로 인한 취소는 사적 자치의 관점에서 매우 엄격한 요건 하에서 인정되는 특수성이 고려되어야 한다. 더 나아가 우리 민법은 경과실의 착오자가 손해배상의무를 부담하지 않고서도 매매계약을 착오를 원인으로 취소할 수 있다는 점에서 사적 자치가 강조되는 것으로 볼 수 있다. 사적 자치의 원칙은 자신의 법률관계를 자유롭게 형성할 가능성을 보장하는 것인데, 이러한 이념에 기초하여 의사주의가 자리잡고 있는 것이다. 즉, 의도된 바의 법적 형성은 그것이 의도되었다는 이유에서 비롯되는 것인데, 합리적으로 볼 때 상대방이 본질적 성상 착오에 대하여 양해하여야 하는 경우에는 착오자의 이익이 더 무겁게 고려될 수 있다.

2. 하자담보책임에 대한 규율

하자담보책임은 등가성 보장을 위하여 매수인에게 다양한 구제수단을 부여하고 있다. 그러나 하자담보책임으로 인한 법률관계를 조속하게 확정하기 위하여 단기의 제척기간이 규정되고 있다. 따라서 하자담보책임이라는 구제수단이 매수인의 이익을 충실하게 보장한다고 보기 어렵다. 중대한 이익을 보장하기 위하여 경과실의 매수인에게 일반적인 구제수단이 허용될 필요가 있다. 경미한 하자에 대하여 구제수단을 부여한다는 점에서 매수인에게 유리하나, 선의·무과실의 매수인만이 하자담보책임을 주장할 수 있고 단기의 권리행사기간의 도과로 인하여 하자담보책임이 소멸한다는 점에서 매수인에게 매우 불리한 측면이 있다. 특히 매수인의 불이익은 하자담보책임우선설의 경우에 극대화된다. 성상착오의 전형적 사안은 작품의 진위 여부가 문제되는 경우인데, 실제로 상당한 경우에 하자담보책임의 권리행사기간이 지나서 작품의 진위 여부가 밝혀지게 된다.[148] 이러한 실제상의 측면을 보더라도 하자담보책임과는 별개로 착오취소를 인정할 필요성은 긴요하다. 독일의 채권법개정에서 강조되는 추완의 우위라는 관점은 하자담보책임내에서만 통용될 수 있는 것이고, 착오법의 구상까지 변경할 수 있는 것은 아니다.

3. 착오와 하자담보책임의 경합 관계

착오와 하자담보책임은 그 제도의 취지, 요건, 효과에서 본질적 차이가 있으므로 양자는 경합하며, 권리자는 자유롭게 선택할 수 있다고 보아야 한다. 다만 어느 권리가 행사되면 다른 권리는 행사될 수 없다(소위 택일적 경합). 왜냐하면 착오취소가 있는 경우 계약이 소급적으로 무효로 되므로 매매계약에 의한 하자담보책임이 인정될 수 없고, 매매계약에 기한 해제가 인정되는 경우 계약이 소급적으로 무효가 되므로 착오취소가 고려될 여지가 없기 때문이다. 개별 규정에서 인정되는 구제수단은 독립성이 인정되는 것이 원칙이며, 이와 달리 판단하기 위해서는 명문의 규정이 필요하다. 하자담보책임은 매매계약이 적법하게 성립하였음을 전제로 하는 것인데, 성상착오의 경우에는 매매계약 성립상의 하자가 있는 경우이므로 하자담보책임에 관한 규율이 착오에 관한 규율을 흡수한다고 보기 어렵다. 가격의 착오에 대한 접근방식에 대하여 하자

148) 대법원 판례의 사안에서는 계약일(2007. 6. 25.)로부터 6년이 지난 시점에 위작이 판명났고, 고흐 작품 매매 사건(BGE 82 Ⅱ 411)에서는 계약일(1948. 6.)로부터 3년 7개월이 지난 시점이 위작이 판명났고, 피카소 작품 매매 사건(BGE 114 Ⅱ 131)에서는 계약일(1974. 10. 4.)로부터 11년 1개월이 지난 시점(1985. 11. 6.)이 위작이 판명났다.

담보책임과 착오제도는 본질적으로 차이가 난다. 하자담보책임에서는 약정 가치와 실제의 가치의 차이가 나는 경우에 등가성보장의 차원에서 원칙적으로 하자를 인정하고 고려하나, 착오에서는 약정 가치와 실제의 가치의 차이가 있더라도 원칙적으로 고려되지 아니한다. 중대한 하자로 인한 해제와 본질적 성상의 착오로 인한 취소의 경우에 법률효과의 동일성이 인정된다고 하더라도 그것은 전체적인 맥락에서 보면 극히 일부에 불과하다. 하자담보책임의 경우에는 해제뿐만 아니라 손해배상책임도 존재하며 주관적 요건도 매우 엄격하다. 따라서 하자담보책임의 권리행사기간이 도과하더라도 착오취소권의 행사에 영향이 없다. 오히려 경과실의 착오자가 손해배상의무를 부담하지 않으면서도 매우 엄격한 요건하에서 취소할 수 있도록 허용한 우리 착오법의 구상이 하자담보책임법에 의하여 훼손되어서는 안된다. 거래 유형별로 착오와 하자담보책임의 경합 관계를 달리 볼 필요도 없다.[149] 가령 상사매매에서 매수인이 하자검사 및 통지의무를 위반한 경우에도 착오취소권의 행사는 가능하다. 법률관계의 조속한 확정의 필요성이 큰 사안에서는 본질적 성상 여부 및 중과실 여부의 판단을 통하여 문제를 합리적으로 해결할 수 있다.

4. 하자담보책임을 면제하는 합의가 착오취소권에 미치는 영향

하자담보책임을 면제하는 합의가 착오취소권을 포기하는 내용까지 포함하느냐의 문제는 1차적으로 계약해석의 문제이다. 첫째, 면책합의에 대한 엄격해석의 원칙이 관철되어야 한다. 둘째, 합의에 이르게 된 경위가 고려되어야 한다. 하자담보책임을 면제하는 합의는 매매계약의 체결시에 특별조항으로 삽입되며, 상당수의 경우에 약관을 통하여 이루어진다. 셋째, 하자담보책임과 착오취소제도가 그 제도의 취지 및 요건과 효과를 달리하는 독자성을 가지고 있다는 점도 고려되어야 한다. 따라서 하자담보책임을 면제하는 합의는 원칙적으로

149) 지정토론자인 이영진 재판연구관은 매매계약의 거래 관계 중 비상인 거래→상인과 비상인거래→상인간 거래→회사 간 거래→대기업간 거래→대기업간 거래 중에서도 국제거래관계 등으로 거래 유형이 흘러갈수록 법률관계의 확정의 요청이 다를 수 있으므로 이러한 점을 감안하여 거래 유형 별로 경합 여부를 달리할 여지는 없는지를 질의하였다.

독자적인 제도인 착오취소권에 영향을 미치지 않는다고 해석되어야 한다.[150)] 다만 예외적으로 해당 사태(성상의 존부 등)에 대한 분쟁을 종국적으로 종결하려는 의사가 명백하게 확인되는 경우에는 착오취소권의 포기도 인정된다.

5. 착오취소권의 추인과 하자담보책임의 추궁 가부

착오취소가 가능한 행위를 추인한 경우에 매수인이 하자담보책임을 추궁할 수 있는지가 문제된다.[151)] 이 문제도 추인행위에 대한 의사해석의 문제인데, 하자담보책임과 착오취소의 요건이 모두 충족된 경우라야 한다. 즉, 선의・무과실의 매수인이 하자를 안 날로부터 6월 내에 추인을 하고 하자담보책임을 추궁하여야 한다. 의사해석에 있어 다음의 사정이 고려되어야 한다. 첫째, 추인의 태양이 고려되어야 한다. 명시적 추인, 묵시적 추인, 법정추인의 양상이 고려되어야 하고, 명시적 추인의 경우에 그 대상을 명확하게 특정하였는지가 고려되어야 한다. 둘째, 추인의 양상과 시점이 고려되어야 한다. 추인은 취소권을 가지는 자가 취소원인이 종료한 후에 취소할 수 있는 행위임을 알고서 추인의 의사표시를 하거나 법정추인사유에 해당하는 행위를 행할 때에만 법률행위의 효력을 유효로 확정시키는 효력이 발생한다. 셋째, 하자담보책임과 착오취소제도가 그 제도의 취지 및 요건과 효과를 달리하는 독자성을 가지고 있다는 점도 고려되어야 한다. 추인의 양상과 시점이라는 점이 무겁게 고려되어 매수인이 매매계약을 추인한 경우에는 원칙적으로 하자담보책임도 행사할 수 없다고 보아야 한다. 취소원인을 알지 못하는 상황에서 계약체결시에 이루어진 하자담보책임을 면제하는 합의와는 본질적 차이가 있다고 생각된다. 다만 예외적으로 추인 대상을 착오취소권으로 한정하거나 하자담보책임의 행사를 유보한 경우에는 매수인은 여전히 제척기간 내에서 하자담보책임에 기한 권리

150) 선하증권의 면책약관이 불법행위책임에도 적용되기 위해서는 특별한 사정이 요구된다는 것이 통설이자 판례이다{대전판 1983. 3. 22, 82다카1533 전원합의체판결(집 31-2, 민 17); 김동훈, "면책조항과 약관의 규제", 이시윤 박사 화갑기념논문집(상), 1995, 375면; 이창현, "프로야구경기 중 관중의 부상으로 인한 법률관계", 법조 통권 제701호, 2015, 258면}.

151) 이 부분은 국내외의 논의에서 고려되지 아니한 사항인데, 지정토론자 이영진 재판연구관께서 탁월한 안목으로 지적해 주었다.

를 행사할 수 있다.

Ⅴ. 결론

하자담보책임과 착오취소권의 경합을 인정한 대법원 판례의 태도는 타당하다. 이러한 태도는 오스트리아와 스위스의 통설이자 판례이다. 이에 반하여 독일의 통설과 판례는 하자담보책임우선설을 견지하나, 이는 보통법학의 영향으로만 이해될 수 있는 것이다. 성상착오에 기한 취소와 하자담보책임에 기한 해제가 온전하게 일치한다고 보기 어려운 상황에서 하자담보책임이 성상착오에 대한 특별규정이라고 보는 것은 타당하지 않다. 하자담보책임은 등가성보장을 위하여 매도인에게 특별한 책임을 부과한 것이며 다양한 구제수단을 예정하고 있으나, 다른 한편으로 하자담보책임의 행사와 관련하여 매수인에게 엄격한 요건(주관적 요건-선의·무과실, 단기의 제척기간)이 부과되면서 매도인의 이익과 매수인의 이익이 적정하게 형량되는 것이다. 등가성을 상실시키는 모든 하자에 대하여 하자담보책임이 인정된다. 이에 반하여 성상착오는 등가성을 중대하게 파괴하는 경우에 한하여 법률행위의 중요 부분의 착오로 고려되는 것이다. 본질적 성상 착오의 인정은 상대방도 착오취소를 합리적으로 감수하여야 한다는 점과 연결된다. 이와 같이 사적 자치의 원칙이 작동하는 맥락에서는 매수인의 주관적 요건 및 권리행사기간은 하자담보책임의 그것에 구속되어서는 안된다. 매수인을 특별하게 보호할 필요가 있는 경우에 하자담보책임은 매수인에게 적절한 구제수단을 부여하지 못한다. 특히 선의·무과실의 매수자만이 보호되며, 단기의 권리행사기간이 준수되어야 한다. 착오자가 착오취소의 어려운 요건을 증명하여 매매계약의 취소를 주장하는 것을 원천적으로 막을 필요는 없다. 하자검사·통지의무를 위반한 경우에도 상사매수인은 일반적 구제수단인 착오취소권을 보유한다. 상사매매에서 법률관계를 조속하게 확정할 필요성은 착오취소의 요건의 검토에서 고려하면 족한 것이지, 착오취소권을 원천적으로 배제할 필요는 없다. 하자담보책임과 착오취소권의 경합을 인정하는 전제에서 하자담보책임을 면제하는 합의는 원칙적으로 착오취소권에 영향을 미치지 않는 것으로 이해되어야 한다. 물론 일정한 사태에 대한 법적 책임을 온전하게 면제하는 것으로 해석되는 경우에는 착오취소도 허용되어서는 안 될 것이나, 그러한 사정은 명확하게 드러나야 한다. 이에 반하여 매수인이 취소원인을 알고 나서 매매계약을 추인한 경우에는 원칙적으로 하자담보책임도 행사할 수 없다. 다만 예외적으로 추인 대상을 착오취소권으로 한정하거나 하자담보책임의 행사를 유보한 경우에는 매수인은 여전히 제척기간 내에서 하자담보책임에 기한 권리를 행사할 수 있다.

물품광고와 매도인의 담보책임 - 네트워크 책임에 대한 시론적 모색*

이화여자대학교 법학전문대학원, 부교수 김 화

目 次

Ⅰ. 현대사회에서 계약과 계약체결을 위한 정보의 제공

Ⅱ. 물품광고와 매매계약의 관계에 대한 역사적 고찰

1. 로마법에서의 물품광고와 매매계약상 담보책임의 문제

가. 로마법에 있어서 안찰관의 고시에 따른 매도인의 담보책임의 발전

나. 안찰관의 고시에 따른 매도인의 담보책임과 정보의무의 관계

2. 매수인의 의사결정과정에 영향을 미칠 수 있는 정보의 문제

Ⅲ. 광고와 매매계약의 관계에 대한 비교법적 고찰 - 스칸디나비아 및 네덜란드 매매법을 중심으로

1. 비교법적 고찰의 의미

2. 스칸디나비아 국가들에 있어서 광고에 따른 매도인의 책임에 대한 비교법적 검토

가. 개설

나. 스칸디나비아 각 국가들의 광고와 관련된 매도인의 책임

3. 네덜란드에 있어서 광고에 따른 매도인의 책임에 대한 비교법적 검토

Ⅳ. 광고와 매매계약의 관계에 대한 독일민법의 고찰

1. 독일민법에 있어서 광고 등의 제3자의 언명에 따른 매도인의 책임

2. 유럽연합의 소비재매매지침의 배경

3. 독일민법 제434조 제1항에 따른 매도인의 책임

가. 제조자 등의 공개적 언명에 따른 매도인의 책임

나. 매도인의 면책요건

Ⅴ. 네트워크 책임에 대한 시론적 모색

* 본 논문은 2021. 9. 13. 민사실무연구회 제426회 연구발표회에서 같은 제목으로 발표한 내용을 보완, 발전시킨 것입니다. 발표의 기회를 주신 김재형 회장님과 사회를 맡아 주신 정준영 고등부장님, 토론을 맡아 주신 김은구, 서인덕 재판연구관님께 감사드립니다. 또한 제 부족한 초고를 읽고 좋은 의견을 주신 송진성 재판연구관님께도 감사드립니다. 본 논문은 같은 제목으로 재산법연구 제39권 제1호(2022)에 게재되었습니다.

Ⅰ. 현대사회에서 계약과 계약체결을 위한 정보의 제공

현대사회에서 물품광고가 갖는 역할은 매우 크다고 할 수 있다. 특히 대량생산을 통하여서 많은 종류의 물품들이 서로 경쟁하는 관계에 있는 시장경제에서 자신의 물품에 대한 특장점을 널리 홍보하고 이를 통해서 구매자의 구매결정까지 이끌어 내는 많은 마케팅의 기법들의 중요성은 나날이 커지고 있다. 또한 구매자의 입장에서도 일정한 구매결정을 하는 것, 즉 그러한 의사형성을 하는데 있어서 당해 물품에 대한 정보는 필수적인 것이 되었다.

구매자는 광고를 통하여서 자신에게 유입되는 정보들을 받아들이고, 또한 이를 스스로 필터링하면서 당해 물품에 대하여 일정한 기대를 가지게 된다. 이러한 기대는 구매자의 의사형성의 기초로 작용하면서 실제로 이를 토대로 구매라는 의사결정에까지 나아가게 된다. 그러나 많은 법적인 문제들은 이러한 광고를 통해서 구매자에게 전달되는 정보가 정확하지 않은 것이거나 또는 구매자를 오인시킬 수 있는 것이어서 실제 물품이 구매자의 기대와 일치하지 않을 때 나타나게 된다. 지금까지 이러한 물품광고와 관련된 문제에 대해서, 특히 이를 통해서 나타나게 되는 하자담보책임과 관련하여서는 매매계약 자체의 문제로서 특별히 다루어지지 않은 것이 사실이다. 즉, 이러한 물품광고의 내용을 청약의 유인으로 보고 해결하거나 또는 물품광고의 내용이 매도인와 매수인 사이의 계약의 내용으로 묵시적 합의로 편입되었음을 기초로 하여서 책임을 묻는 것과 같은 우회적인 논리구성을 취하고 있었다.[1)]

이러한 이론구성은 그 자체로 충분히 납득될 수 있는 여지가 있다. 기본적으로 매도인이 아닌 제3자, 예를 들어 제조자나 생산자 등이 한 광고를 통한 언명에 대해서 왜 매도인이 책임을 져야 하는가에 대해서는 자기책임의 원칙이나 사적자치의 원칙 등 지금까지 우리가 가지고 있는 계약과 관련된 기본원

1) 이러한 표시, 광고의 진실성 내지 공정성을 확보하기 위해서 현재 특별법으로서 표시·광고의 공정화에 관한 법률, 약칭 표시광고법이 마련되어 있다. 특히 아파트 분양광고의 경우 이러한 취지의 판시로서 대법원 2007. 6. 1. 선고 2005다5812, 5829, 5836 판결 참조; 광고의 계약내용으로의 편입 문제에 대하여 분양계약을 중심으로 한 고찰로서 김상중, "상품의 표시·광고와 계약의 내용 - 건물분양계약을 중심으로 한 고찰", 「서강법학연구」 제8권(2006), 1쪽 이하 참조.

칙들을 통해서는 해결하기가 쉽지 않기 때문이다. 그러나 현대 시장경제에서 물품광고가 가지는 의미가 계속적으로 커지고 있고 이제는 물품은 실제적으로 매수인과 매도인 사이의 협상을 통해서 판매되기 전에 사실상 광고를 통해서 사전에 판매되는 것이라는 점을 지적하는 견해도 주장되고 있다. 즉, 이제는 물품판매와 관련된 경제상황이 처음 민법전의 내용이 논의되었을 때와는 너무나 많이 변화되게 되었다.2) 따라서 이러한 변화된 상황에서의 발생하는 실제적인 문제들을 그대로 방치하기에는 실제에서 너무나 많은 법적인 문제점들이 발생하고 있다. 그러나 이를 기존의 매매법 체계를 그대로 유지한 채 해결하기에는 우리민법이 가지고 있는 매매법의 체계 내에서 이러한 문제를 법리적으로 충분히 흡수시켜 해결하기 쉽지 않은 것이 사실이다.3) 그럼에도 이러한 문제들을 고권적인 특별법을 통해서가 아니라 자국의 매매법 자체에서 근본적으로 해결해보고자 시도하는 나라들이 다수 존재하며, 독일민법의 경우도 2002년 채권법개정을 통하여서 이러한 문제를 매매법상의 매도인의 하자담보책임, 정확히는 매매목적물의 하자의 존부 판단을 물품광고를 통하여 매수인이 얻은 정보를 고려하여 판단하는 것으로 개정함으로써 이러한 문제를 입법적으로 해결하였다.4)

물품광고, 특히 제조자와 같은 제3자의 언명에 대하여서 매도인의 책임을 인정하는 것은 매우 정교한 이론 구성이 필요한 작업이라고 할 수 있다. 왜냐하면 실제적으로는 매수인은 광고 등을 통하여 획득한 정보를 기초로 구매결정을 한다는 점에서 매수인 보호의 필요성이 존재하지만, 그로 인하여서 책임을 부담하는 매도인의 부담을 얼마나, 또한 어느 정도로 인정할 것인가를 통해서 이를 매수인 보호와 어떻게 합리적 균형관계를 유지할 수 있도록 할 수 있겠는가라는 실천적인 문제가 존재하기 때문이다. 나아가 매수인은 자신에게 주어지는 정보들을 얼마나 신뢰해야 하는가, 즉 얼마나 그 진실성 여부를 스스로 필터링해야 하는가의 정도와 반대로 매도인은 매수인이 정확한 정보 위

2) 이러한 광고의 기능을 강조하는 견해로 Lehmann, JZ 2000, S. 287.

3) 우리와 같은 규범체계를 가지고 있던 독일민법과 관련하여서도 이러한 점을 강조하는 견해로 Pfeifer, JR 2001, S. 270.

4) 독일민법의 이러한 변화에 대한 자세한 고찰로서는 위계찬, "독일 매매계약법상 광고와 물건의 하자", 「민사법학」 제38호(2007), 468쪽 이하 참조.

에서 매수의 결정을 내릴 수 있도록 스스로 물품과 관련된 정보를 얼마나 매수인에게 제공하여야 하는가라는 정보의무(Informationspflicht)와 관련되어서도 문제가 될 수 있다.[5)]

이러한 정보의무를 누구에게 얼마나 부여하는가에 따라서 실제적으로는 물품거래의 비용이 전 국가경제적으로 상승하게 되는 것은 아닌지, 또한 이러한 의무부여와 그로 인한 책임을 인정하는 것을 통하여서 구매자를 호도할 수 있는 광고를 억제할 수 있는 예방적 기능을 수행할 수 있는지 등의 거시적인 관점에서의 고려도 함께 이루어져야 할 것이다.

이러한 문제에 대한 단초를 얻기 위해서 물품광고 등과 관련된 매도인의 책임을 역사적으로 살펴보고, 또한 외국의 법제들에서는 이러한 문제를 어떻게 다루고 있는지를 구체적으로 살펴보도록 한다.

Ⅱ. 물품광고와 매매계약의 관계에 대한 역사적 고찰

1. 로마법에서의 물품광고와 매매계약상 담보책임의 문제[6)]

가. 로마법에 있어서 안찰관의 고시에 따른 매도인의 담보책임의 발전

로마법상 매매계약과 관련된 매도인의 책임은 2가지 방향으로서 발전해왔다.[7)] 즉, 일반적인 매수인소권(actio empti)에 따른 책임과 안찰관의 고시에 따른, 이른바 법무관법에 따른 소권부여를 기초로 한 매도인의 책임이다. 매매목

5) 이른바 계약교섭 단계에서의 당사자들의 정보제공의무와 관련하여서는 박영복, "계약교섭단계에서의 행위규범", 「외법논집」 제36권 제4호(2012), 202쪽 이하 참조. 여기서 의미있는 고찰은 계약준비교섭과정의 일부는 계약이 성립한 경우에 성립 시점에서의 사후적 시점으로부터 이행과정으로 평가하는 것이 가능하다고 본 것이다. 즉, 시간적으로는 체결행위에 선행하는 행위의무이어도 논리적으로는 체결된 계약에 의해 생긴 채무의 이행과정에 편입되는 의무로서 파악할 수 있다는 점을 강조한다(박영복, "계약교섭단계에서의 행위규범", 「외법논집」 제36권 제4호(2012), 209쪽); 계약체결 단계에서 정보의무에 대한 일반론에 대해서는 김상중, "계약체결 이전 단계의 정보제공의무 - 외국 입법례와 비교에 의한 규정 신설의 제안을 중심으로", 「고려법학」 제56호(2010), 1쪽 이하 참조.

6) 로마법상의 물품광고와 관련된 문제에 대해서는 주로 Augenhofer, Gewährleistung und Werbung, Diss., Univ. Wien(2001), S. 97 ff. 참조.

7) 이러한 매도인의 담보책임의 역사적 발전에 대해서는 김화, "매수인의 구제수단으로서 대금감액의 의미", 「국제거래법연구」 제27집 제1호(2000), 69쪽 이하 참조.

적물에 본래의 매매계약과 다른 하자가 발생하였을 때 매수인에게 부여되는 구제수단으로서 중요한 의미를 가지고 있었던 것은 이른바 안찰관의 고시에 따른 구제수단, 이른바 현대의 하자담보책임의 원형으로 기능하던 것이었다.[8] 이러한 안찰관의 고시에 따른 하자담보책임은 노예와 가축에 대한 일정한 하자[9]에 대해서만 제한적으로 인정되고 있었고, 그 부여되는 구제수단으로서도 매수인은 계약해제권(actio redhibitoria)과 대금감액권(actio quanti minoris) 중 매수인이 어느 하나를 선택하여서 행사하여야만 했었다.[10]

그러나 이러한 안찰관의 고시에 따른 담보책임의 형성과정에 있어서 매수인과 매도인의 정보의무(Informationspflicht)와 관련하여서 눈여겨볼 필요가 있는 대목이 있다. 이는 기존의 매매에 있어서는 하자와 관련된 정보의 수집 및 이를 통한 매수결정의 위험은 매도인이 아닌 매수인에게 있었다는 것이다. 즉, 매도인에게는 매매목적물의 하자가 존재한다고 하더라도 이에 대하여서 매수인에게 스스로 고지할 의무는 없었으며, 따라서 목적물의 하자와 관련된 위험을 스스로 부담해야 하는 매수인으로서는 매매계약을 체결하기 전에 그 매매목적물에 대해서 스스로 최대한 자세히 조사하여서 당해 물건과 관련된 정보를 수집하고 그에 기초하여서 당해 매매계약을 체결할지 여부에 대해서 자신이 스스로 그 위험을 부담하면서 결정했어야 했다.[11] 즉, 구매와 관련된 위험은 원칙적으로 매수인이 스스로 부담하는 것으로 이해되고 있었다.

그러나 안찰관의 고시와 그에 따른 매수인에의 구제수단 부여의 방식은 이론적으로 는 일정한 매매물품, 즉 노예와 가축에 대한 일정한 하자에 대해서는 매도인이 매수인에 대하여서 이러한 하자에 대한 정보를 제공해야 하는 하자고지의무를 부과하는 방식으로 인정되었고,[12] 따라서 이러한 고시의 적용범

8) 특히 이러한 안찰관의 고시에 따른 매수인의 구제수단은 현재의 하자담보책임과 동일하게 매도인의 과실을 요구하지 않았다. 그에 반하여서 매수인소권(actio empti)은 기본적으로 매도인의 신의에 반하는 행위에 대해서 부여되는 소권이었다고 한다(Honsell, Römisches Recht, 6. Aufl. 2006, S. 130; HKK/Ernst, §§ 434-445 BGB, Rn. 4).

9) 이러한 하자에는 노예나 가축의 질병, 육체적 장애(morbus vitium) 등이 포함되었다: HKK/Ernst, §§ 434-445 BGB, Rn. 4; 현승종/조규창, 『로마법』, 2004, 745쪽.

10) 현승종/조규창, 『로마법』, 2004, 745쪽.

11) HKK/Ernst, §§ 434-445 BGB, Rn. 4; Zimmermann, Law of Obligation, 1996, p. 307.

12) 이러한 의무는 매도인이 그러한 하자의 사실을 알았거나 알았어야 했다는 점과 관계없이 객관적으로 인정되었다고 한다: Korth, Minderung beim Kauf, 2010, S. 24.

위 내에서는 매수인의 정보의무와 관련된 원칙도 변화하게 되었다.

나. 안찰관의 고시에 따른 매도인의 담보책임과 정보의무의 관계

앞서 설명한 안찰관의 고시에 따른 담보책임의 인정은 현대의 관점에서 살펴보면 매매와 관련하여서 해당 매매목적물 내지 상품에 대한 정보의무를 누구에게 부여하고 있는가로 치환하여서 설명할 수 있다. 로마법에 있어서는 상품의 정보수집에 대한 책임, 나아가 그러한 정보수집이 되지 않았거나 잘못되어서 그에 기반한 매수판단이 실패로 돌아가는 위험은 당해 상품을 매수하는 매수인이 부담하도록 하고 있었다. 즉, 로마법상 매매와 관련된 일반원칙인 “caveat emptor”, 즉 “매수인은 주의하라라”는 원칙[13]은 이러한 상품정보의 수집과 관련된 위험을 매수인이 스스로 부담한다는 것을 의미하였다. 그러나 안찰관의 고시에 따른 매수인의 구제수단의 부여는 매도인이 스스로 자신이 판매하는 상품에 대하여서, 특히 당해 상품의 구매결정에 결정적인 의미를 가지는 하자에 대해서는 매수인에게 정보를 제공해야 할 의무를 부여하게 되었다는 것을 의미한다.[14] 이러한 관점은 이미 현대에 있어서 소비자의 보호의 관점에서 매우 중요한 기능을 수행하고 있다. 이러한 관점은 소비자보호를 위한 이른바 정보모델(Informationsmodell)이라는 형식으로 자유로운 시장기능에 가능한 한 최소한의 간섭을 하면서 소비자를 보호하는 제도로 평가되고 있다.[15]

현대에 있어서도 동일하게 상품의 매수인이 일정한 매수결정을 하는데는 상품에 대한 정보가 무엇보다도 중요한 의미를 가지고 있다. 또한 매수인은 자신이 그 정보를 분석하여서 구매까지 나아가게 된 상품에 대해서 합리적인 기대를 가지고 있고 이러한 합리적인 기대가 실제 상품의 내용과 일치되기를 원한다. 따라서 이러한 상품에 대한 정보는 매수인의 자유로운 의사결정, 즉 구매결정의 가장 중요한 기초이자 이를 통해서 형성된 매수인의 상품에 대한 기

13) Korth, Minderung beim Kauf, 2010, S. 22.

14) Augenhofer, Gewährleistung und Werbung, Diss., Univ. Wien(2001), S. 99.

15) Augenhofer, Gewährleistung und Werbung, Diss., Univ. Wien(2001), S. 99; 동시에 이러한 소비자보호의 모델은 이에 대한 경제적 분석을 통해서도 그 합리성을 인정받고 있는데, 수요자측에 이러한 정보의무를 부과하는 것은 거래비용(Transaktionskosten)이 높기 때문에 이러한 비용을 최소화하고 재화의 합리적인 분배를 이루기 위해서는 수요자측이 아닌 상품의 제공자측에 이러한 의무를 부과하는 것이 경제적이라는 것이다.

대의 현실적인 충족여부가 이후, 매수인에 대한 구제수단 부여 여부에 있어서 가장 중요한 판단기준이 된다고 할 수 있다.

따라서 매수인의 상품에 대한 정당한 기대를 왜곡할 수 있는 물품광고가 존재하는 경우, 이에 기초한 잘못된 매수인의 의사결정이 발생할 수 있기에 매수인의 의사결정에 영향을 미치게 되는 이러한 정보는 교정되어야 할 필요가 있다는 것이 로마법 시대에서부터도 동일하게 인정되어 왔던 것이다. 이와 관련하여서 로마법의 경우 원칙적으로는 매수인이 스스로 상품에 관한 정보를 조사하고 판단하여야 하는 것으로 보고 있었지만, 안찰관의 고시를 통한 하자담보책임의 적용범위 내에서는 오히려 매도인이 매수인에 대하여서 정확한 정보를 제공할 의무를 가지고 매도인이 제공하는 이러한 정확한 정보 하에서 매수인이 구매결정을 할 수 있도록 그 의사결정과정을 보호하는 방식으로 이론구성을 하였다.

나아가 매도인이 만약 노예나 가축의 일정한 품질에 대해서 명시적으로 약정하였거나 또는 일정한 하자가 없다는 것에 대해서 보증한 경우에는(dicta et promissa) 그러한 하자에 대해서도 매수인에게는 해제와 대금감액과 같은 구제수단이 부여되었다.[16] 이는 결국 매도인이 스스로 약정 및 보증을 통하여서 제공한 정보에 기초하여서 매수인이 일정한 구매결정을 하였으나 이러한 정보가 사실이 아닌 것으로 들어난 경우에는 이에 대하여 매도인이 책임을 지는 법적 구조를 통하여서 매수인이 진실한 정보의 취득 및 이에 따라 실제 사실과 일치하는 상품에 대한 기대의 형성, 이를 기초로 하는 매수결정이라는 일련의 의사형성 프로세스 자체가 보호될 수 있도록 하였다고 평가할 수 있을 것이다.

2. 매수인의 의사결정과정에 영향을 미칠 수 있는 정보의 문제

앞서 설명한 바와 같이 매도인의 명시적 약정이나 보증(dicta et promissa)이 있는 경우에는 매도인이 제공하는 물품의 하자가 없다는 이러한 정보는 매수인의 구매결정의 기초가 되고, 따라서 이와 달리 하자가 존재하는 경우에는 안찰관 고시에 따라서, 즉, 일반적으로 부여되는 매도인의 정보제공의무의 적용범위

16) HKK/Ernst, §§ 434-445 BGB, Rn. 4; Korth, Minderung beim Kauf, 2010, S. 25.

가 아님에도 불구하고 하자담보책임상의 구제수단이 부여되었다.[17] 그러나 이러한 경우에도 당사자간의 법률적 구속관계를 발생시키는 매도인의 약정 내지 보증(dicta et promissa)과 그렇지 않은 단순한 상품선전(lauditio)는 구별 되었다.

로마법상 단순히 상품에 대한 선전에 불과한 내용은 선전한 내용이 사실이 아니라는 것이 들어난 경우에도 매도인에게 이에 대한 어떠한 법적 의무도 발생시키지 못하였다.[18] 또한 매도인이 일정한 상품의 성상에 대하여서 이를 보증하였다고 하더라도 이것이 실제 상태와 다르다는 것이 이미 드러나 있는 경우에는 매도인은 이에 대하여서 책임지지 않았다.[19]

이를 현대적인 관점에서 재해석하여 보면 이렇게 명확하게 들어난 하자에 대해서는 매도인의 잘못된 정보제공이 있다고 하더라도 매수인은 스스로 이를 신뢰해서는 안된다는 것을 의미한다고 볼 수 있다. 이러한 관점은 넓게 보면 상품에 대한 구체적인 정보를 담고 있지 않는 단순한 광고는 매수인의 상품구매결정에 영향을 미칠 수 없는 것이며, 좁게 보면 사실이 아닌 내용에 대해서 매수인은 이를 단순히 신뢰해서는 안되고 스스로 이를 필터링할 수 있어야 한다는 점을 보여주는 것으로 현대적 관점에서 재해석해 볼 수 있다.

이를 통해서 개인적으로 다음과 같은 관점을 추출해 볼 수 있다고 생각된다. 즉, 매수인의 구매결정에 전혀 영향을 미치지 못하는 정보도 존재할 수 있으며 이러한 정보를 이유로 해서는 매수인의 구제수단은 인정될 수 없고, 나아가 매수인에게 주어지는 정보들에 대해서 매수인은 이를 모두 신뢰해야 하는 것이 아니라, 스스로 이를 필터링할 수 있어야 한다는 것이다.

---

17) Augenhofer, Gewährleistung und Werbung, Diss., Univ. Wien(2001), S. 100.

18) D. 18, 1, 43 Flor 8 inst: "매매에 있어서 상품의 선전으로 말해진 어떠한 것도, 선전으로 말해진 사정이 들어나 있던 경우에는 매도인은 이에 구속되지 않는다. 예를 들어 노예가 아름답다고 말하거나 집이 예술적으로 건축되었다고 말하는 것 등이다. 그러나 반대로 그 노예가 지적으로 교육받았다거나 또는 예술가라고 말했다면 이에 대해서는 책임을 져야 한다. 왜냐하면 매도인은 이 때문에 더 높은 가격으로 매도하였기 때문이다"(Augenhofer, Gewährleistung und Werbung, Diss., Univ. Wien(2001), S. 100, Fn. 461에서 재인용). 이와 구별되는 것으로는 D. 4, 3, 37 Ulp 44 Sab: "매도인이 상품선전으로 말한 것은 보증이나 약정으로 볼 수 없다"(Augenhofer, Gewährleistung und Werbung, Diss., Univ. Wien(2001), S. 100, Fn. 462에서 재인용).

19) 그러나 로마법 상으로 숨은 하자가 아닌 경우라도 매도인이 이를 악의적으로 속인 경우에는(arglistig handeln) 당해 하자에 대해서 하자담보책임을 부담했어야 했다: Augenhofer, Gewährleistung und Werbung, Diss., Univ. Wien(2001), S. 101.

Ⅲ. 광고와 매매계약의 관계에 대한 비교법적 고찰 – 스칸디나비아 및 네덜란드 매매법을 중심으로

1. 비교법적 고찰의 의미

물품광고, 특히 매도인이 아닌 제3자, 예를 들어 제조자측에서 발생된 언명인 광고에 대해서 매도인이 부담하는 책임과 관련하여서는 앞서 언급한 바와 같이 기존의 전통적인 계약법 내지 매매법 체계에서는 이를 매끄럽게 해결하는 것이 쉽지 않은 일이다.[20] 기본적으로 계약법 내지 매매법에서는 계약당사자들의 관계로 그 기본법리가 구성되어 있는 반면에 제3자인 제조자 등의 언명에 대하여서는 매도인이 책임을 져야 하는가에 대해서 계약법의 기본원칙인 자기책임의 원칙에 따라서는 이를 설명하기가 쉽지 않기 때문이다. 그러나 반대로 현대사회에서 상품은 더이상 예전과 같은 방식으로 최종수요자에게 판매되지 않으며, 오히려 상품과 관련하여서 복잡하게 얽혀진, 즉, 제조자로부터 중간유통자, 최종판매에서 최종적으로는 최종소비자로 얽혀진 일종의 네트워크로서의 유통망을 통해 유통되고 판매된다. 이러한 판매 내지 영업의 네트워크에서는 최종매수인 내지 최종소비자를 통하여서 발생한 이익은 다시 다양한 순환구조를 통하여서 이러한 네트워크 내의 각 구성주체들에게 분배된다. 이러한 판매 또는 영업 네트워크 안에서 각 구성주체들은 서로 자신의 최대한 이익을 도모하면서도 판매로 인하여 발생하는 이익을 극대화 하기위해 서로 협력하기도 하고 자신에게 발생한 손실을 자신보다 후방의 네트워크 주체에게

---

20) 이러한 문제에 대하여 현행 계약법 체계에서 구성할 수 있는 이론적 대응으로 이러한 표시·광고의 내용을 계약해석을 통하여서 계약내용으로 편입시키는 방법과 상품의 표시·광고를 행한 제3자를 표현대리인으로 보아서 계약당사자에게 책임을 인정시키는 방법, 마지막으로 민법 제391조를 확대적용하여서 제3자가 한 표시·광고에 대하여서 계약당사자에게 책임귀속이 가능하도록 하는 방법을 고려해 볼 수 있다.(김상중, “상품의 표시·광고와 계약의 내용 - 건물분양계약을 중심으로 한 고찰”, 「서강법학연구」 제8권(2006), 21쪽 이하) 우리 판례는 이러한 접근법 중 기본적으로 제3자의 표시·광고의 내용이 경우에 따라서는 계약의 규범적 해석에 의해 당사자 사이의 계약내용을 구성할 수 있도록 하는 방법을 채택한 것으로 보이며, 이는 특히 아파트 분양광고를 어떻게 해석할 것인가에 대한 판례의 태도에서 잘 들어나 있다. 이와 관련하여서 대법원 2007. 6. 1. 선고 2005다5812, 5829, 5836 판결에서 “[...] 사회통념에 비추어 수분양자가 분양자에게 계약 내용으로서 이행을 청구할 수 있다고 보이는 사항에 관한 한 수분양자들은 이를 신뢰하고 분양계약을 체결하는 것이고 분양자들도 이를 알고 있었다고 보아야 할 것 [...]”이라고 판시하면서 특히 계약상대방인 수분양자의 정당한 신뢰의 보호측면을 강조하였다.

부담시키기도 하면서 일종의 느슨한 형태의, 거시적인 관점에서 보면 하나의 시스템을 구성하고 있다.[21]

이러한 네트워트 체계와 관련하여서 최종매수인 내지 최종소비자가 일정한 상품의 구매결정이라는 의사형성까지 나아가는데 다양한 요소들이 관여하게 되겠지만 당해 상품에 대한 광고의 형식으로 제공하는 정보가 매우 중요한 역할을 하리라는 것은 쉽게 짐작할 수 있다. 앞서 고전적인 로마법 시대에서 살펴본 바와 마찬가지로 매수의 의사결정은 상품에 대한 정확한 정보 위에서만 내려질 수 있는 것이며, 일정한 정보를 통해서 매수인은 상품에 대한 합리적인 기대(vernünftige Erwartung)를 형성하였다면, 실제의 상품 성상이 이러한 자신의 합리적인 기대와 일치하기를 기대하게 된다. 만약 양자가 일치하지 않게 되는 경우 법적인 문제가 발생하게 되는데 이와 관련해서는 실제적인 관점에서 이러한 합리적인 기대가 발생하게 된 정보가 어디서 유입되었는지, 즉 자신의 계약상대방인 매도인으로부터 온 것인지 아니면 제3자인 제조자를 통해서 온 것인지가 중요한 것이 아니라, 오히려 법적인 질문의 방점은 이러한 정보를 최종매수인이 신뢰해도 되는지, 이러한 정보가 진실한 것인지 여부에 대해서 스스로 조사해야 할 의무가 있는 것은 아닌지, 자신에게 무차별적으로 부여되는 이러한 정보에 대해서 매수인은 어느 정도로 스스로 필터링을 해야 하는지 등에 놓이게 된다.

최종매수인이 구매라는 의사결정을 하게 된 기초가 된 정보를 얻게 된 원천, 예를 들어 제조자의 광고와 그로 인하여서 발생한 손실에 대해서 책임을 지는 자가 오히려 제조자가 아닌 매도인이 된다는 점은 이를 이론적으로 해결하는 것이 어렵기는 하지만, 그럼에도 불구하고 현대의 시장경제의 상황에서 이러한 문제가 보편적으로 일어나고 있고, 이를 법적으로 해결해야 할 필요성이 높다는 점 때문에 많은 나라들에 있어서 공통적으로 이러한 법적문제의 해결에 주목하고 있다.[22] 따라서 다양한 나라의 법체계 내에서 이를 어떠한 방

---

21) 이러한 사회변화에 대한 지적으로 김상중, "상품의 표시 · 광고와 계약의 내용 - 건물분양계약을 중심으로 한 고찰", 「서강법학연구」 제8권(2006), 22, 23쪽.

22) 이와 관련하여서는 유럽의 여러 법제들의 비교법적인 결과물인 유럽계약법원칙(PECL)이나 유럽 민사법의 공통기준안(DCFR)에서 이미 이러한 문제점을 인식하고 이에 대응하기 위한 법조항을 마련하고 있다. 예를 들어 PECL 제6:101조나 DCFR Ⅱ.-9:102, Ⅳ.A.-2:303 가 이러한 문제와 관련하여서 규정되어 있으며,

식으로 해결하고 있는가를 비교법적으로 살펴보는 것이 이와 관련하여서 의미를 가질 수 있다. 다양한 법제에서 나타나는 동일한 현상과 이에 대한 실제적인 법적 해결에 대한 고찰은 단순히 일정한 법적인 문제의 해결방법과 관련하여서 각 법제에 따라서 어떠한 공통점과 차이점이 있는지를 탐구하는 것에서 그치는 것이 아니라 그에 관한 이유를 찾아 보려는 것이고, 이는 결국 다양한 법제의 탐구를 통하여서 우리 법제에서도 발생하는 동일한 문제의 해결을 위한 아이디어와 그 법리구성 및 합리적인 논증을 도출하기 위해서이기 때문이다.[23)]

또한 이후 중점적으로 살펴보게 될 독일민법 제434조 제1항[24)]과 이를 통한 관련 문제의 해결에는 유럽연합(EU)의 소비재매매지침의 국내법화가 가장 큰 동인이 되었는데,[25)] 유럽연합의 소비재매매지침의 내용에서 물품광고와 이에 따른 매도인의 책임문제의 해결에 대해서는 스칸디나비아 국가들과 네덜란드의 관련 법률이 일종의 모범 내지 참조점(Vorbild)으로서 기능하였기 때문에 이에 대한 비교법적 고찰이 더욱 큰 의미를 가진다고 할 수 있다.[26)]

2. 스칸디나비아 국가들에 있어서 광고에 따른 매도인의 책임에 대한 비교법적 검토[27)]

가. 개설

스칸디나비아의 국가들, 예를 들어 스위덴, 노르웨이, 덴마크, 핀란드 등은

이는 제3자의 광고 또는 진술이 계약당사자의 계약내용의 일부분으로 편입될 수 있는 가능성을 부여함을 통해서 문제를 해결하고 있다. 즉, 고권적 규정에 의한 해결이 아닌 계약법적 접근을 시도하고 있는 것이다; 유럽계약법원칙(PECL)에 대한 번역과 설명에 대해서는 올 란도・휴 빌 편/ 김재형 역, 『유럽계약법원칙 - 제1・2부』, 2013 참조; 유럽 민사법의 공통기준안(DCFR)의 번역에 대해서는 법무부 편, 『유럽민사법의 공통기준안 총칙・계약편 - DCFR 제1권~제4권』, 2012 참조.

23) 비교법의 접근방법 중 이른바 기능적 접근방법(funktionalle Methode)을 이러한 비교법적 연구의 의미와 연결시키는 것으로 Augenhofer, Gewährleistung und Werbung, Diss., Univ. Wien(2001), S. 69.

24) 독일민법 조문의 내용과 해석에 대해서는 양창수 역, 『독일민법전』, 2021 참조.

25) 유럽연합(EU)의 소비재매매지침의 배경 및 발전에 관한 일반에 대해서는 이준형, "EU소비자보호지침의 역사적 전개", 「민사판례연구[XLI]」 (2019), 997쪽 이하 참조; 유럽연합의 소비재매매지침의 한국어 번역은 김성천, 『품질보증법제 제정 연구』, 2011, 한국소비자원의 부록 참조.

26) Augenhofer, Gewährleistung und Werbung, Diss., Univ. Wien(2001), S. 102.

27) 스칸디나비아 국가들에서의 광고와 매도인의 책임간의 소개 및 비교법적 분석에 대해서는 Augenhofer, Gewährleistung und Werbung, Diss., Univ. Wien(2001), S. 102 ff., 올 란도・휴 빌 편/ 김재형 역, 『유럽계약법원칙 - 제1・2부』, 2013, 459쪽 이하의 PECL 제6:101조의 비교법적 주석, von Bar/Clive(eds.), DCFR Ⅱ.-9:102의 비교법적 주석을 주로 참조함.

1980년대 유엔통일매매법(CISG)의 영향을 받아 자국의 매매법에 대한 개정을 추진하였다.[28] 이러한 노력은 1905년도부터 스칸디나비아 국가들간에 공통적인 내용으로 적용되었던 매매법 개정과 관련하여서, 그 간의 경제적 상황의 급격한 변동이 이러한 개정의 강한 원동력이 되었다. 따라서 스칸디나비아 각국의 매매법 개정의 내용은 유엔통일매매법(CISG)의 내용을 모델로 이루어지게 되었고, 스웨덴의 경우 매매법 중에서 이른바 소비자매매(Konsumentenkauf)에 대해서는 특별법을 마련하는 방식으로 매매법 개정을 허개 되었다. 이에 반하여서 덴마크의 경우에는 여러 산업계의 이익단체들의 반대로 다른 스칸디나비아 국가들과 같은 매매법 개정에는 이르지 못하였다고 한다.[29]

나. 스칸디나비아 각 국가들의 광고와 관련된 매도인의 책임

스웨덴의 경우 물품광고와 관련된 매도인의 책임은 스웨덴 매매법 제18조와 관련되어 있다. 스웨덴 매매법 제18조 제1항의 경우 매도인 자신이 매매계약 체결 시에 한 언명이 이른바 매매목적물의 하자판단에 있어서 중요성을 가지며, 특히 매도인이 당해 목적물에 대한 마케팅으로(bei der Vermarktung) 한 언명에 기초해서도 매매목적물의 하자 유무가 판단되게 된다.[30]

이보다 더 큰 의미를 갖는 규정은 스웨덴 매매법 제18조 제2항으로서 매도인의 판매연쇄 내지 판매사슬(Vertriebskette)에 있어서 앞쪽에 위치하는 구성원, 즉 매도인의 판매에 이르기까지 각각의 영업적 네트워크에 있어서 당해 네트워크의 앞 부분에 위치한 구성원에 의하여서 매매계약 체결 전에, 당해 상품에 대한 광고로서 이루어진 언명에 의해서도 목적물의 하자 여부가 인정될 수 있다고 보고 있다. 이는 이른바 제조자 또는 그 상품판매 네트워크의 전(前) 구성원의 언명에 의해서도 매도인의 하자담보책임이 인정될 수 있다는 것을 의미한다. 이러한 물품광고 등에 대한 매도인의 책임은 2가지 경우에 면책될 수 있는데, 매도인이 이러한 언명을 몰랐거나 알았어야 하지도 않는 경우, 또는

28) Augenhofer, Gewährleistung und Werbung, Diss., Univ. Wien(2001), S. 102.
29) Augenhofer, Gewährleistung und Werbung, Diss., Univ. Wien(2001), S. 103.
30) 스웨덴 매매법 제18조의 조문내용에 대해서는 올 란도・휴 빌 편/ 김재형 역, 『유럽계약법원칙 - 제1・2부』, 2013, 459쪽 참조.

이러한 언명이 분명한 형태로(in deutlicher Form), 적시에 교정된 경우이다.[31]

노르웨이의 경우도 스웨덴의 매매법과 거의 유사한 구조를 가지고 있다. 노르웨이 매매법 제18조는 스웨덴 매매법 제18조와 동일하게 물품의 하자 판단의 기준을 규정하고 있는데, 노르웨이 매매법 제18조에서도 매도인이 마케팅의 일환으로서(im Zusammenhang mit der Vermarktung) 또는 그 외의 형식으로(in sonstiger Form) 매매목적물의 성상 또는 그 사용에 대하여 한 언명에 대해서는 이러한 언명이 계약 당시에 실제적으로 영향을 미친 경우에 한하여 하자 판단의 기준이 될 수 있다고 보고 있다.[32] 노르웨이 매매법 제18조 제2항에서는 매도인 이외의 자가 당해 물품의 포장(Verpackung), 광고(Annonce), 또는 다른 마케팅의 방법으로(im Zusammenhang mit anderen Vermarktungsmaßnahmen) 매도인 또는 그 판매연쇄(Vertriebskette)의 앞쪽에 위치한 구성원의 이름으로 한 언명은 하자판단의 기준이 될 수 있다고 명시적으로 규정하고 있다.[33]

다만 스웨덴 매매법과 다른 점은 노르웨이의 매매법의 경우 소비자매매(Verbraucherkauf)의 경우에는 스웨덴 매매법에서 언급하고 있는 면책사유, 즉 매도인이 그러한 언명을 몰랐고 알았어야 하지도 않았다는 사실이 적용되지 않는다는데 있다. 즉, 소비자매매에서의 매도인은 이러한 제조자 등의 언명을 알 수 있었는지 여부와 관련없이 이에 대하여 책임을 지는 것으로 보고 있으며, 이는 소비자 보호를 위하여 마련된 규정으로 보고 있다. 다만 이러한 제3자의 언명에 따른 하자의 판단여부도 당해 언명이 분명한 형태로, 적시에 교정된 경우에는 적용되지 않는 것으로 본다.[34]

덴마크의 경우는 앞서 언급한 바와 같은 이유로 1905년부터 적용되어온 매매법이 계속적으로 적용되고 있으며, 다만 소비자매매의 경우에는 매매법 내에 특별규정을 마련하여 규정하고 있다.[35] 다만 특이한 점은 매도인 자신이 당해 매매가 소비자매매가 아니라는 점을 스스로 증명하도록 하는 입증책임

31) Augenhofer, Gewährleistung und Werbung , Diss., Univ. Wien(2001), S. 105 f.
32) Augenhofer, Gewährleistung und Werbung, Diss., Univ. Wien(2001), S. 109.
33) Augenhofer, Gewährleistung und Werbung, Diss., Univ. Wien(2001), S. 109.
34) Augenhofer, Gewährleistung und Werbung, Diss., Univ. Wien(2001), S. 110.
35) von Bar/Clive(eds.), DCFR Ⅱ.-9:102, p. 587.

규정을 가지고 있다는 점이다.[36)]

덴마크 매매법의 경우 매매법 일반에 적용될 수 있는 하자에 대한 정의규정을 마련하고 있지는 않지만, 매매목적물은 당사자가 합의하였거나 또는 매수인이 합리적으로 기대할 수 있었던 바(was der Käufer vernünftigerweise erwartet hat)와 일치해야 하는 것으로 해석하고 있다. 다만 소비자매매의 경우에는 덴마크 매매법 제76조에서 하자에 대한 명확한 정의규정을 마련하고 있다. 동조 제2항은 하자는 매도인 또는 판매연쇄(Vertriebskette)의 앞쪽에 위치한 구성원이 공중(Allgemeinheit) 또는 매수인에게 알리기 위하여 한 상품의 포장, 광고 또는 다른 공지로서 한 언명을 기준으로 판단하도록 규정하고 있다.[37)] 여기서도 동일하게 매도인 외에도 매도인의 판매연쇄 앞에 위치한 자, 예를 들어 제조자의 언명에 대해서도 매도인은 하자의 책임을 지도록 규정하고 있으며 다만 이러한 언명에 대하여서 적어도 매매계약이 체결될 당시까지 교정되었다면 이에 대한 책임을 매도인에게 물을 수 없는 것으로 규정하고 있다. 노르웨이 매매법과 동일하게 매도인은 이러한 제3자의 언명을 알았거나 알 수 있었는지 여부와 관계없이 책임을 진다.[38)]

3. 네덜란드에 있어서 광고에 따른 매도인의 책임에 대한 비교법적 검토[39)]

네덜란드의 경우 매매법은 1992년부터 시행되고 있는 네덜란드 민법전 내의 제7편(siebentes Buch) 제1절(erster Titel)의 특별 계약(Besondere Verträge) 편에 위치하고 있다.

물품광고와 이에 대한 매도인의 하자담보책임에 관해서 규정하고 있는 것은 네덜란드 민법전 제7편의 제18조의 규정으로서 이는 소비자매매(Konsumentenkauf)

36) Augenhofer, Gewährleistung und Werbung, Diss., Univ. Wien(2001), S. 111.

37) Augenhofer, Gewährleistung und Werbung, Diss., Univ. Wien(2001), S. 111.

38) 다만 이러한 매매목적물의 하자판단의 기준은 본래의 적용범위, 즉 소비자매매에서의 하자판단의 범위를 벗어나서도 일반적으로 매매목적물의 하자유무가 문제가 될 때에도 고려될 수 있다고 한다: Augenhofer, Gewährleistung und Werbung, Diss., Univ. Wien(2001), S. 112.

39) 네덜란드와 관련된 비교법적 검토의 내용은 Augenhofer, Gewährleistung und Werbung, Diss., Univ. Wien(2001), S. 115 ff., 올 란도 · 휴 빌 편/ 김재형 역, 『유럽계약법원칙 - 제1 · 2부』, 2013, 459쪽 이하의 PECL 제6:101조의 비교법적 주석, von Bar/Clive(eds.), DCFR Ⅱ.-9:102의 비교법적 주석을 주로 참조함.

의 경우에만 적용된다.[40] 즉, 소비자매매로서 양도된 물품에 대하여 그 하자가 존재하는지 여부에 대해서, 당해 물품은 앞쪽에 위치한 판매자(verheriger Verkäufer)에 의하여서 또는 그를 위하여서 공개적으로 행하여진 공지 내지 언명(Mitteilung)의 경우의 이를 매도인의 언명과 동일하게 본다고 규정하고 있다. 그러나 이에 대한 매도인의 면책사유로 이러한 특정한 공지를 매도인이 몰랐거나 알 수 없었던 경우, 또는 매도인이 이에 대하여서 분명히 이의한 경우(widersprechen)에는 그러하지 않은 것으로 규정하고 있다.[41]

네덜란드 매매법과 관련해서는 2가지 점에 특징이 있다고 평가된다. 첫째는 이러한 제3자의 언명에 대해서 매도인이 책임을 지는 법리의 구성에 있어서 제3자의 언명을 매도인 자신의 언명과 동일한 것으로 보아서 문제를 해결하고 있다는 것이다. 둘째는 소비자의 오해를 불러일으킬 수 있는 광고 등의 언명이 있었지만 매수인의 매수결정이 이에 대하여서 영향을 받지 않았다면 면책될 수 있다는 점에 대한 분명한 규정이 없다는 것이다.[42]

또한 네덜란드 민법에 따르면 제조자 등의 광고를 통한 언명이 있는 경우에도 매도인이 이에 대하여서 분명히 이의를 제기한 경우에는 면책되는 것으로 규정하고 있는데 이는 스웨덴이나 노르웨이의 매매법에서와 같이 이러한 언명에 대하여서 매도인 스스로가 교정하여서 면책될 수 있는 가능성을 열어둔 것으로 생각된다.

Ⅳ. 광고와 매매계약의 관계에 대한 독일민법의 고찰

1. 독일민법에 있어서 광고 등의 제3자의 언명에 따른 매도인의 책임

앞서 살펴본 바와 같이 물품광고, 즉 매도인이 아닌 제3자의 언명에 의해서

---

40) Augenhofer, Gewährleistung und Werbung, Diss., Univ. Wien(2001), S. 116; 올 란도・휴 빌 편/ 김재형 역, 『유럽계약법원칙 - 제1・2부』, 2013, 459쪽.

41) Augenhofer, Gewährleistung und Werbung, Diss., Univ. Wien(2001), S. 117.

42) 반대로 스웨덴 및 노르웨이의 매매법의 규정에는 이에 대한 명시적 규정이 존재한다: Augenhofer, Gewährleistung und Werbung, Diss., Univ. Wien(2001), S. 117.

매도인이 하자담보책임을 지는 것은 이를 어떠한 방식으로 이론화할 것인가와는 관계없이 이미 여러 나라의 입법에서 시도되고 있는 현상이다. 물론, 이러한 제3자의 언명을 매도인 자신의 언명으로 간주하여서 매도인의 책임이라는 복잡한 문제를 해결하려는 경우도 존재하고,[43] 또는 소비자 보호라는 점에 주목하여서 소비자매매의 특수성으로 해결하려고 하는 경우도 존재한다.[44] 이와 비견되어서 독일민법은 독일민법 제434조 제1항[45]에서 이러한 제조자 등의 공개적인 언명인 광고 등을 통하여서 매도인이 하자담보책임을 지는 규정을 마련하고 있는데, 이러한 매도인의 책임과 관련하여서 이는 소비재매매 내지는 소비자매매의 경우에만 적용되는 것이 아니라 모든 매매계약에 일반적으로 적용되는 것으로 규정하고 있다. 그러나 이러한 입법의 내용 자체는 독일민법의 전통적인 계약책임체계에서는 매우 낯선 것이었기 때문에 이에 대한 찬반의 대립이 적지 않았다.[46]

특히 제조자가 광고를 통해서 한 제품의 성상에 대한 내용과 실제 매매물품의 성상이 일치하지 않는 경우에 이를 기초로 어떻게 매도인에게 담보책임을 인정시킬 수 있을 것인가와 관련해서 기존의 독일민법은 제조자의 광고를 통한 언명을 매도인과 매수인이 묵시적으로라도 매매계약의 내용으로 원용하였다는 점을 근거로 이러한 문제를 해결하여왔다.[47] 그러나 이를 위해서는 매도인에게 일종의 보증(Zusicherung)의 의사를 필요로 하였고 이를 얼마나 엄격하게 해석할 것인가에 따라서 그 결과가 달라질 수 밖에는 없었다.[48] 결론적으로 이러한 광고 등과 관련된 문제는 계약체결 전에 주어진 정보, 즉 매수인이 매수결정을 하게 된 기초로서의 정보가 존재하고, 이러한 정보가 실제 매매계약의 관계에서는 특별히 언급되지 않아서 이러한 사유로는 계약의 내용으로 편입

43) 앞서 살펴본 바와 같이 네덜란드 민법이 이러한 방식을 취하고 있다.

44) 앞서 살펴본 덴마크의 경우가 그 예가 될 수 있다.

45) 독일민법 상 하자의 존재여부를 판단하는 독일민법 제434조는 2022. 1. 1.자로 개정되어 제조자의 광고 등에 관한 매도인의 책임에 대해서는 독일민법 제434조 제3항 제1문으로 위치가 변경되어 규정되게 되었다. 본 논문에서는 2022. 1. 1.자로 개정되기 전의 독일민법 제434조를 대상으로 논의를 전개하도록 한다.

46) Pfeifer, JR 2001, S. 265, Fn. 4 참조.

47) Pfeifer, JR 2001, S. 265.

48) Pfeifer, JR 2001, S. 265: 일반적으로 이러한 매도인의 매매목적물의 특정한 성상에 대한 보증의 의사는 매우 예외적으로만 인정되었고, 다만 중고차매매(Gebrauchtwagenhandel)의 경우에는 이를 좀더 쉽게 받아들였다고 한다.

되기 어려운 경우에 이를 어떻게 해결할 것인가가 문제의 핵심이 되었다.[49]

이러한 문제에 대해서 독일민법 제434조 제1항과 같은 명시적 규정을 가지고 해결하게 된 것은 독일민법 자체의 동인에서 출발한 것이 아니라 오히려 유럽연합의 소비재매매지침을 국내법화 하는 과정에서 소비재매매지침 제2조 제2항에 독일민법 제434조 제1항과 동일한 내용이 존재했고, 그 내용을 거의 표현 그대로 받아들이며 이루어지게 된 것이다. 이를 통해서 달성하고자 한 것은 계약체결 전에 광고 등을 통해서 매수인에게 주어진 정보는 매매계약의 체결 및 그를 통한 매수인의 정당한 기대에 실질적인 영향을 준다는 거래의 실제를 고려하고, 이러한 광고 등을 통하여 제공된 내용을 매도인과의 계약내용으로 편입시키거나, 적어도 합리적으로 이를 계약 내에서 고려하기 위함이었다고 볼 수 있다.[50] 나아가 이러한 정보들에 대해서는 매도인과 매수인이 기존의 의사표시이론을 통하여서 계약의 내용으로 편입시켰는가 여부와 관계없이 고려할 수 있기 위해서였다. 따라서 독일민법이 기존의 계약법 이론과는 조화되기 쉽지 않은 이러한 새로운 내용을 민법전의 내용으로 받아들이게 된 원인이 된 소비재매매지침의 배경을 알아보는 것은 이러한 물품광고와 매도인의 책임과의 관계에 대한 현실을 바로 이해하고 그로 인한 법적인 문제를 구체적으로 살펴보는데 도움이 될 수 있을 것이다.

2. 유럽연합의 소비재매매지침의 배경

유럽연합의 소비재매매지침의 발효는 여러 유럽연합 내의 국가들의 매매법의 변화에 매우 큰 영향을 주었고, 이에 따라 대표적으로 자국의 민법전의 내용을 대대적으로 변화시킨 대표적인 예를 독일민법에서 찾아 볼 수 있을 것이다. 이러한 소비재매매지침의 목적은 당연하게도 하자담보책임과 관련한 소비자 보호의 수준을 높이며 나아가이와 관련하여 회원국들 사이에 존재하는 차이를 제거하기 위한 것이었다.[51]

49) 이러한 문제제기로 Pfeifer, JR 2001, S. 265.
50) Lehmann, JZ 2000, S. 283.
51) Augenhofer, Gewährleistung und Werbung, Diss., Univ. Wien(2001), S. 22.

그러나 제조자의 광고 등과 관련된 매도인의 담보책임과 관련한 내용은 변화된 물품생산 및 그 판매의 구조에 맞추어서 매도인의 책임과 관련된 내용도 변화시키고자 함이었다.[52] 즉, 과거 상품생산의 구조와 달리 현대는 그 물품의 생산 및 소비가 주로 대량생산제품에 초점이 맞추어져 있고, 또한 이러한 대량생산된 물품의 경우 여러 단계의 영업적 네트워크를 통하여서 유통되고 소비되게 된다. 이는 기존의 시장경제체제와 달리 최종 매수인의 물품의 구매에까지 매우 많은 주체들이 일정한 네트워크를 통하여서 서로 결합되어서 존재하고, 이러한 다양한 주체들의 일종의 협업을 통하여서, 생산된 물건이 최종구매자에게까지 전달되게 된다는 것을 의미한다.

특히 매수인의 경우 일정한 물품의 구매를 결정하는데 물품에 대한 기본적인 정보를 필요로 하고, 이러한 정보에 기초하여서 구매결정을 하며 이는 곧 이러한 정보를 통해서 매수인이 보호받아야 할 정당한 물품에 대한 기대를 형성하게 된다는 것을 의미한다. 그러나 이러한 정보가 전적으로 매도인으로부터 나오는 경우는 현대의 시장체제에서는 오히려 예외적인 것이며, 영업 네트워크의 어느 구성원에 의해서 이러한 정보가 창출되었더라도 매수인은 이를 자신의 구매결정의 기초가 되는 정보로 삼을 수 있다. 특히 이러한 매수인의 구매결정을 통하여서 영업 내지 판매 네트워크 안에 있는 모든 구성원들이 모두 함께 이익을 분배받게 된다는 점에서 이러한 경향은 더욱 강해지게 된다.[53]

또한 현실적으로 매도인은 이러한 광고 등을 통하여서 매수인이 갖게 된 정보의 내용에 대해서 이를 매번 확인하며 또한 적극적으로 이를 계약의 내용으로 편입 또는 배제시키는 것은 사실상 가능하지 않으며 또는 이를 강제하는 것은 결국은 물품거래의 비용을 높아지게 하여서 국가 전체의 경제 활성화와 효율성 면에서 불리하게 된다는 점도 논거로 언급된다.[54]

그러나 이러한 점을 인정한다고 하더라도 예를 들어 부정확한 내용에 대한 광고를 한 주체는 제조자인데 왜 매도인이 이에 대한 책임을 부담해야 하는가에 대해서는 이를 설명하기가 쉽지 않다. 소비재매매지침의 경우에도 자신이

52) MüKo/Westermann, 7. Aufl. 2016, § 434 BGB, Rn. 26.
53) 이러한 의미로 MüKo/Westermann, 7. Aufl. 2016, § 434 BGB, Rn. 32.
54) 이러한 지적으로 Lehmann, JZ 2000, S. 288.

스스로 하지 않은 제조자의 광고 등의 언명에 대하여서 책임을 진다는 점이 생산자계의 매우 심한 반대에 부딪치게 되었다.[55] 소비재매매지침에서 원래 구상되었던 것은 이른바 제조자에 대하여 직접적으로 담보책임을 묻는 구조였다.[56] 특히 이는 매도인에게서 매수인이 물품을 구매한 경우에는 제조자와는 직접적인 계약관계가 없음에도 이러한 책임을 인정한다는 점이 특징인데, 그 근거로 언급된 것은 국가 간의 경계를 넘는 매매의 경우 매수인인 소비자에게는 다른 나라에 영업소를 가지고 있는 매도인에 대해서 하자담보책임을 묻는 것은 매우 불편한 일임에 비하여서 제조자의 경우 각 나라에 자신들의 영업점을 가지고 있기 때문에 매수인인 소비자의 불편을 덜 수 있다는 점을 논거로 들고 있었다. 또한 제조자가 이러한 물품의 하자에 대하여 책임이 있음에도 불구하고 매도인만이 책임을 져야 한다는 점과 담보책임과 관련하여서는 매도인이 아닌 제조자가 오히려 이를 실행할 능력이 있다는 점들이 또한 언급되었다.[57] 그러나 이러한 원래의 구상은 생산자계의 격렬한 반대로 결국 받아들여지지 못하였다.[58]

이러한 소비재매매지침의 배경 및 고려를 살펴보면 결국 과거의 시장경제 구조가 변화되었다는 점을 그 기본적인 고려사유로 삼고 있다는 것을 볼 수 있다. 즉, 매매계약의 체결 전에 광고 등을 통해서 이루어지는 정보의 제공이 과거와 같이 매도인과의 개별적인 협상을 통한 매수결정을 대체하고 있고, 제조자와 매도인에게 이르기까지 각각이 더이상 독립적으로 떨어져 있는 존재가 아니라 광범위한 형태의 판매 및 영업 네트워크 안에서 기능하고 있으며, 오히려 매도인은 제조자가 제조한 물건을 최종매수인에게까지 전달하고 구매를 원하는 매수인들에게 실제적으로 이를 분배하는 역할을 하게 되었다.[59]

이는 이른바 정보를 수집하고 이를 필터링하며 이에 대하여 판단하여야 하는 정보의무(Informationspflicht)의 재편제의 문제로 치환하여 설명할 수 있을

55) Augenhofer, Gewährleistung und Werbung, Diss., Univ. Wien(2001), S. 70.
56) 프랑스법상의 "action directe"를 모델로 하였다고 한다: Augenhofer, Gewährleistung und Werbung, Diss., Univ. Wien(2001), S. 70.
57) Augenhofer, Gewährleistung und Werbung, Diss., Univ. Wien(2001), S. 71.
58) Augenhofer, Gewährleistung und Werbung, Diss., Univ. Wien(2001), S. 72.
59) Pfeifer, JR 2001, S. 268.

것이다. 즉, 앞서 설명한 바와 같은 고전적인 정보수집 및 판단의 부담이 매수인에게 있다는 “caveat emptor”, 즉 ”매수인은 주의하라“라는 원칙이 이제는 더 이상 통용되지 않고, 또한 이러한 정보를 얻고 확인하기 위하여 매수인이 매도인과 오랜 시간 협상을 하고 이러한 매도인과의 협상을 기초로 매매계약의 내용을 형성하고 이를 기초로 매도인이 책임을 지는 전통적인 구조가 더 이상 유지될 수 없게 된 것이다. 매도인과의 협상을 통한 매매목적물의 성상에 대한 합의는 제조자 등의 영업 네트워크 안에 있는 구성원들의 광고로 대치되게 되었고 이를 기초로 매수인도 법적으로 정당한 기대를 형성할 수 있게 되었다. 이러한 기대가 이제는 법적으로 보호될 만한 기대라고 평가되게 된 것이다. 이러한 기대가 법적으로 보호될 만한 정당한 기대라는 가치판단이 이루어진다면, 이러한 기대의 침해에 대해서는 구제수단이 부여되어야 하는 것이며, 이는 매도인에 대한 담보책임상의 구제수단 부여를 통해서 이루어질 수 있게 된 것이다. 이제는 그러한 정보가 매도인이 아닌 다른 네트워크 구성원에 의해서 나왔다는 점은 더이상 중요성을 가지지 못하게 되었고, 오히려 이러한 정보에 대하여서 매수인은 어디까지 신뢰해도 좋은가, 또한 어떠한 정보에 대해서 신뢰하여서는 안되는 정보로서 스스로 배제해야 하는가에 대한 문제만이 남게 된다고 볼 수 있다.

3. 독일민법 제434조 제1항에 따른 매도인의 책임

가. 제조자 등의 공개적 언명에 따른 매도인의 책임

앞서 소비재매매지침과 관련하여서 언급한 바와 같이 매도인이나 제조자 또는 그의 보조자(Gehilfe)가 한 물건의 성상에 대한 공개적 언명에 대하여서 매도인이 하자담보책임을 지는 것으로 독일민법 제434조 제1항에서 규정하고 있는데, 이는 소비재매매지침에서 규정한 것과 거의 동일한 내용을 그대로 입법화한 것이다.

문제가 되는 것은 제조자 또는 그의 보조자가 한 물건의 성상에 대한 공개적인 언명의 해석으로서, 조문 자체에서 이에 대한 예시로서 광고나 상품표시를 들고 있다. 제조자의 개념을 어디까지 인정할 것인가에 대해서는 논란의 여지가 될 수 있으므로 이와 관련해서는 입법적인 해결을 도모하였다. 즉, 독일민법 제434조 제1항에서 말하는 제조자는 독일 제조물책임법 제4조 제1항 및 제2항에서 말하는 제조자로 법률상 한정하고 있는 것이다. 앞서 살펴본 스웨덴, 노르웨이의 매매법에서는 판매연쇄(Vertriebskette)라는 개념을 도입하여서 이러한 네트워크에 속한 구성원이 한 언명이라면 꼭 제조자의 언명이 아니더라도 매도인이 이에 대하여서 책임을 지는 것을 인정하고 있는 반면에 독일민법에서는 이에 관한 명문의 규정이 없고,[60] 따라서 중간유통업자(Zwischenhändler)의 언명에 대해서는 독일민법 제434조 제1항에 따라서는 책임을 지지 않는 것으로 해석하고 있다.[61] 그 근거는 이를 통하여서 매수인이 이익을 지나치게 희생시키기 않으면서도 매도인의 책임의 범위를 적절히 축소시키기 위한 것으로 보고 있다.[62] 또한 독일민법 제434조 제1항에서 언급하고 있는 보조자도 이른바 민법상 이행보조자(Erfüllungsgehilfe)를 의미하는 것이 아니라, 매도인이나 제조자의 마케팅을 위하여서 독립적으로 일하는 자도 모두 포함하는 것으로 넓게 보고 있다.[63]

이러한 광고, 상품표시 등의 공개적 언명과 관련하여서 중요한 의미를 갖는 것은 단순히 이러한 제조자 등의 광고 등을 통한 공개적인 언명이 있었는가 여부가 아니라, 이러한 언명을 기초로 매수인이 당해 상품의 성상에 대해서 어떠한 합리적인 기대 또는 법적으로 인정할 수 있는 적법한 기대를 가질 수 있었는가이다. 이러한 점은 독일민법 제434조 제1항에서 이러한 언명에 기초하여 매수인이 실제로 기대한 성질이 아니라 기대할 수 있었던 성질이라고 표

---

60) 이는 소비재매매지침 제2조 제2항의 규정의 형식과 동일하다(Lehmann, JZ 2000, S. 282). 그러나 2022. 1. 1.자로 개정된 독일민법 제434조 제3항 제1문은 물건의 객관적 하자의 존재에 대한 판단에 대하여서 판매연쇄 내지 계약연쇄(Vertragskette)의 개념을 도입하고 있다. 즉, 개정된 독일민법 제434조는 제3항 제1문은 매도인뿐 아니라 계약연쇄에 있는 다른 구성원(Glied)의 공개적인 언명이 있는 경우, 이를 참작하여서 객관적 하자의 존재 여부를 판단하도록 규정하고 있다.

61) BeckOK/Faust, 46. Ed. 2018, § 434 BGB, Rn. 79.

62) BeckOK/Faust, 46. Ed. 2018, § 434 BGB, Rn. 79.

63) 예를 들어 당해 물품의 중개인(Makler)이나 이러한 광고를 맡은 광고기획자(Werbeagentur)를 포함한다고 본다. 그러나 이러한 보조자 여부의 판단을 위해서 핵심적인 것은 외부적으로, 즉 매수인의 시각에서 이를 매도인이나 제조자의 언명으로 볼 수 있는지 여부와 매도인이나 제조자에게 이러한 언명에 대해서 귀책이 가능한지(zurechenbar)여부이다: BeckOK/Faust, 46. Ed. 2018, § 434 BGB, Rn. 78.

현한 점에서 알 수 있다. 즉, 이러한 기준을 통하여서 개별 매수인이 이러한 언명에 기하여서 실제적으로 기대하였던 바 자체가 아니라 규범적인 기준을 통하여서 매수인이 기대할 수 있었던 바를 기준으로 하는, 즉 구매자인 매수인 개개인에 따라서 변화되는 기준이 아닌 기준의 객관화를 이루고자 한 것이다.[64] 또한 이러한 기존의 객관화, 규범화와 관련하여서 어떠한 공개적 언명이 매수인이 기대가능한 물품의 성상에 대해서 영향을 미칠 수 있는 언명인가를 도출할 수 있다. 즉 하자의 기준이 되는 성상은 일반적인 매수인이 당해 언명을 통해서 적법하게 기대할 수 있었던 바를 기준으로 하므로,[65] 단순히 당해 물품에 대하여 과장된 선전을 한 것, 예를 들어 이미지 광고 등에 불과한 것은 여기서 말하는 공개적인 언명에 해당할 수 없고, 오히려 물건의 특정한 성상(bestimmte Eigenschaft)과 관련된 정보를 담고 있는 언명만이 매수인의 매수결정에 일반적으로 영향을 미칠 수 있는 언명으로 보고 있다.

이러한 점은 다시 매수인의 정보의무와 관련하여서 다음과 같이 해석될 수 있다고 생각된다. 즉, 개별 매수인의 매수결정에 공개적인 언명이 일정한 영향을 주었다고 하더라도 이는 객관적 기준을 마련하기 위하여서 평균적 매수인들이 자신들의 매수의사결정에 영향을 줄만한 것인가 여부를 판단하여야 하고, 이를 통하여서 일정한 정보는 매수인 스스로가 이를 필터링하여야 할 의무가 있고 이러한 구성을 통해서 정보를 통한 책임귀속 내지 위험배분의 정도를 결정하게 된다는 것이다.

나. 매도인의 면책요건

매도인의 면책요건을 구성하는 것은 제조자 등의 언명에 따른 매도인의 하자담보책임에 있어서 매우 중요한 의미를 가지게 된다. 왜 매도인이 제3자인 제조자 등의 언명에 대해서 책임을 부담해야 하는가, 그 귀책의 근거는 무엇인가에 대해서는 앞서 어느 정도 살펴 보았지만 이러한 매도인의 책임이 무한히 확장될 경우 매도인에 대해서는 지나친 부담이 될 수 있기 때문이다. 따라

64) Lehmann, JZ 2000, S. 283.
65) MüKo/Westermann, 7. Aufl. 2016, § 434 BGB, Rn. 29.

서 매수인의 매매목적물에 대한 적법한 기대를 충분히 보호하면서도 매도인의 책임이 지나치게 확대되지 않을 수 있도록 하는 것이 이론적으로 매우 중요해질 수 밖에는 없다. 이와 관련하여서 독일민법 제434조 제1항은 매도인이 면책될 수 있는 3가지의 경우를 규정하고 있다.66)

우선 매도인이 이러한 언명을 알지 못하였고 또 알았어야 하지도 않았던 경우, 둘째로 그러한 언명이 계약체결 전에 동일한 방식으로 정정된 경우, 마지막으로 당해 언명이 매수인의 매수결정에 영향을 미칠 수 없었던 경우이다.

첫번째 면책사유로 매도인이 제조자 등의 언명을 알지 못했고, 알았어야 하지도 않는 경우라는 것을 통해서 매도인이 이러한 언명의 인지와 관련하여서 과책이 없는 경우에는 매도인이 면책될 수 있도록 규정하고 있다. 이는 2가지 점에서 의미가 있다고 평가된다. 우선 이러한 매도인의 과책규정을 통하여서 그 기준의 객관화를 도모하였다는 것이다.67) 즉, 매수인의 언명을 통한 물품의 성상에 대한 적법한 기대와 마찬가지로 매도인의 주관적 기준에 따른 결론 도출을 배제하고 매도인이 당해 언명을 알았어야 하는 경우 매도인은 책임을 지도록 규정하고 있다.

이러한 매도인의 제조자 등의 언명에 대하여서 이를 계속적으로 확인하고 살펴보아야 할 의무, 즉 규범적 의무개념이라는 점에서 개별사정과 시장상황에 따른 유연한 대응이 가능해질 수 있게 된다. 개별사안에서 중요한 것은 매도인이 이러한 언명을 알았는가 또는 몰랐는가가 아니라 오히려 이러한 언명을 알았어야 했는가의 문제가 되고 이러한 매도인의 의무에 대해서는 이를 시장의 상황과 개별사안의 사정에 맞게 해석하고 인정함으로써 매도인의 책임을 적절하게 조절할 수 있게 되는 것이다. 또한 매도인이 이러한 제조자 등의 제3자의 언명에 대해서 책임을 면하고자 하는 경우에는 스스로 이를 추적하고, 개별적인 매매계약에서 이러한 내용에 대해서 매수인에게 이를 알리고 교정하

66) 2022. 1. 1.자로 개정된 독일민법 제434조 제3항 제3문은 개정전 독일민법 제434조 제1항에서 규정하고 있던 면책사유를 거의 동일하게 규정하고 있다. 다만 첫번째 면책사유였던 매도인이 언명을 알지 못하였고 또 알았어야 하지도 않았단 경우(nicht kannte und auch nicht kennen musste)를 알지 못하였고 또 알 수도 없었던 경우(nicht kannte und auch nicht kennen konnte)로 그 표현을 바꾸어 규정하였다.

67) MüKo/Westermann, 7. Aufl. 2016, § 434 BGB, Rn. 33.

여야 하는데 이는 당해 상품에 대한 정보의무의 주체를 매수인에게 매도인으로 변경시키는 것으로서 고전적인 매매법의 경우와 달리 상품판매자인 매도인이 오히려 적극적으로 매수인에게 정보를 제공하고, 잘못된 정보를 교정하여야 한다는 것을 의미한다.[68]

두 번째 면책사유로서 당해 언명이 계약체결 전에 동일한 방식으로 정정된 경우와 관련해서는 누가 이를 정정하였는지는 중요하지 않고, 오히려 기존의 방식과 동일한 방식으로, 즉 기존의 방식이 가지는 강도, 전파정도와 비견될 수 있는 정도의 방식으로 이를 정정하는 것이 중요하다.[69] 일반적으로 매수인으로서는 기존의 광고 등을 통해서 물품의 성상에 대한 일정한 기대를 형성시킨 경우 이후에는 동일한 물건의 동일한 성상과 관련한 다른 광고에는 매우 제한된 주의 내지 인식을 갖게 되는 것이 보통이다.[70] 따라서 단순히 이후에 동일한 상품에 대하여 다시 정확한 정보를 담은 광고를 하였다고 하여서 면책사유에서 의미하는 바와 같은 정정에 해당된다고 볼 수는 없다.[71] 그러나 이 면책사유가 갖고 있는 더 중요한 의미는 매도인 또는 제조자 등이 적극적으로 당해 광고 등으로 인한 결과를 방지할 수 있는 길을 열어두고 있다는 점이다. 앞서 언급한 매도인의 면책사유와 달리 언명의 정정에 의한 면책은 이로 인한 책임을 피하기 위하여서 적극적으로 취할 수 있는 조치이며 따라서 당해 매수

68) 2022. 1. 1.자로 개정된 독일민법 제434조 제3항 제3문이 첫번째 면책사유였던 매도인이 언명을 알지 못하였고 또 알았어야 하지도 않았단 경우(nicht kannte und auch nicht kennen musste)를 알지 못하였고 또 알 수도 없었던 경우(nicht kannte und auch nicht kennen konnte)로 바꾸어 규정하였으나 당해 면책사유에 대한 이러한 평가는 크게 달라지지 않을 것이다. 다만 알 수도 없었던 경우라는 표현을 통하여서 기존의 규범적 평가기준으로서의 의미가 매도인의 인식능력이라는 기준을 통해서 다소 희석되었다고 평가할 수는 있을 것이다. 이에 반하여서 우리 판례는 대법원 2014. 4. 10. 선고 2012다54997 판결에서 일반적으로 매매거래에서 매수인은 목적물을 염가로 구입할 것을 희망하고 매도인은 목적물을 고가로 처분하기를 희망하는 이해상반의 지위에 있으며, 각자가 자신의 지식과 경험을 이용하여 최대한으로 자신의 이익을 도모할 것으로 예상된다고 하면서 양 당사자의 이익이 충돌되는 상황에서, 당사자 일방이 알고 있는 정보를 상대방에게 사실대로 고지하여야 할 신의칙상 의무가 인정된다고 볼만한 특별한 사정이 없는 한, 매수인이 목적물의 시가를 묵비하여 매도인에게 고지하지 아니하였더라도 불법행위가 성립할 수는 없다고 보았다. 즉, 적어도 우리 판례의 기본적인 태도는 매도인에게 매수인을 위한 적극적인 정보제공의무를 인정할 수 없고, 오히려 자기책임의 원칙에 충실하게 당해 매매계약을 위해서 필요한 정보에 대해서는 각 계약당사자가 스스로 이를 수집하고 나아가 당해 정보의 진실성 여부에 대한 판단도 계약당사자가 스스로 해야 한다는 것으로 평가할 수 있다.

69) MüKo/Westermann, 7. Aufl. 2016, § 434 BGB, Rn. 34.

70) BeckOK/Faust, 46. Ed. 2018, § 434 BGB, Rn. 86.

71) MüKo/Westermann, 7. Aufl. 2016, § 434 BGB, Rn. 34.

인이 구체적으로 이러한 정정을 알았어야만 할 필요가 없고, 평균적인 매수인이 이러한 정정에 대해서 알 수 있도록 하면 족하다.[72] 이를 통하여서 잘못된 언명을 하였던 제조자 등이 자신의 노력의 투입을 통하여서 사전적으로 이로 인한 책임에서 벗어날 수 있는 길을 마련할 수 있게 된다.

마지막으로 일정한 언명이 매수인의 매수결정에 영향을 미칠 수 없었던 경우로서 이는 앞서 언급한 면책사유들이 객관적인 기준을 적용했던 바와 달리 구체적인 매수인을 기준으로 당해 언명이 매수인의 매수결정에 영향을 주지 않았던 경우 매도인의 책임을 면책시키고 있다.[73] 이는 일정한 언명이 있었다고 하더라도 이를 기초로 일정한 의사형성을 한 것이 아닌 한 당해 매수인을 보호할 필요가 없다는 점을 논거로 하고 있다.[74] 따라서 이는 매수인이 이러한 언명을 몰랐거나 또는 이러한 언명이 있었다고 하더라도 이러한 언명이 개별적 매수인의 매수결정에는 중요하지 않았던 경우라고 볼 수 있으나, 이는 매수인의 내심의 사정으로서 이를 입증한다는 것이 사실상 매우 어렵다는 점이 실제에서 문제가 될 수 있다.[75]

Ⅴ. 네트워크 책임에 대한 시론적 모색

앞서 살펴본 내용을 통하여서 이미 광고를 통한 제3자의 언명에 의해서 매도인이 책임을 지는 구조를 취하고 있는 많은 선례들이 존재하고, 그러한 입법은 현재 변화된 경제상황을 매매법 자체에서 고려하고 흡수하여서 실제적으로 일반인들의 기대와 일치할 수 있는 적정한 결론을 이론적으로도 도출하려는 것에 있음을 알 수 있다. 나아가 이러한 제도에 있어 잘 들어나 있지는 않지만 오히려 핵심적인 쟁점으로서 각 매매 당사자에게 얼마만큼의 정보의무를 배분해야 하는가라는 점이 그 중심이 될 수 있다는 점을 확인할 수 있다. 이러

---

72) BeckOK/Faust, 46. Ed. 2018, § 434 BGB, Rn. 86.
73) BeckOK/Faust, 46. Ed. 2018, § 434 BGB, Rn. 87.
74) BeckOK/Faust, 46. Ed. 2018, § 434 BGB, Rn. 87.
75) NK-BGB/Büdenbender, 3. Aufl. 2016, § 434 BGB, Rn. 54.

한 정보의무는 주관적 기준이 아닌 규범적, 객관적 기준을 통해서 구체화 되어서 매도인과 매수인은 스스로 구매결정에 영향을 미치는 정보에 대해서 얼마만큼 이를 필터링하고, 나아가 계약 상대방에게 알려주어야 하는가의 문제로 치환되어 설명될 수 있다. 이러한 정보의무는 경우에 따라서는 사적자치 내지 자기책임의 원칙에서 더 나아가 일정한 계약당사자를 보호하기 위하여서 적극적으로 부여되는 경우가 있으며 이는 이미 우리민법 제436조의2에서 규정하고 있는 보증계약에 있어서 채권자의 정보제공의무 등에서 확인할 수 있다. 국가경제 전체적인 관점에서 광고를 통하여서, 즉 광고를 통하여 구매자를 호도할 수 있는 정보가 제공되고 이를 통하여 매수인이 잘못된 구매결정을 하는 것을 막기 위해서 특별법으로서 표시·광고의 공정화에 관한 법률이 실행되고 있으나 이는 다분히 공법적인 성격을 띠는 법률로써 사법상의 관계에 대해서는 표시광고법 제10조 이하에서 이러한 부당한 광고를 한 사업자에 대해서 손해배상을 청구할 수 있도록 규정하고 있을 뿐이다.76)

개인적으로는 이러한 물품광고, 특히 구매자를 호도할 수 있는 물품광고에 대해서 이를 매매법의 차원에서 해결하고 이러한 책임부과를 통하여서 일정한 교정의 효과를 얻는 방법에 대해서도 이제는 진지하게 고민해볼 시기가 되었다고 생각된다. 이는 독일민법 제434조가 2022. 1. 1.자로 개정되면서 기존에 언급하고 있지 않던 계약연쇄(Vertragskette)의 개념을 도입하고 있는 것이나, 비교법적 연구성과로서 인정되고 있는 유럽계약법원칙(PECL)이나 유럽 민사법의 공통기준안(DCFR)에서 이미 PECL 제6:101조나 DCFR Ⅱ.-9:102 를 통해서 거래연쇄과정 또는 사업연관사슬(business chain)을 인정하고 이러한 영업적 연쇄에서 발생하여서 구매자에게로 제공된 정보로서의 언명에 대해서는 계약의 내용으로 편입시키는 규정을 통해서 구매자를 보호하려고 하는 것에서도

---

76) 표시광고법 제3조에서는 부당한 표시·광고 행위를 금지하고 있으며, 이와 관련하여서 표시광고법 제10조에서는 부당한 표시·광고 행위를 함으로써 피해를 입은 자가 있는 경우에는 그 피해자에 대하여 사업자는 무과실의 손해배상의 책임을 지는 것으로 규정하고 있다. 이러한 특별법은 통하여서 실제 거래에서 중요한 의미를 가지는 표시·광고의 공정성을 확보하려는 경향은 동일한 법적인 문제를 민사법적인 질서에서 해결하려는 것이 아닌 이른바 고권적인 법의 개입으로 해결하려는 흐름의 하나로 평가될 수 있을 것이다. 나아가 이러한 표시광고법상의 손해배상도 실무상 거의 활용되지 못하고 있다고 한다(김상중, “상품의 표시·광고와 계약의 내용 - 건물분양계약을 중심으로 한 고찰”, 「서강법학연구」 제8권(2006), 3쪽).

찾아 볼 수 있다. 즉, 이러한 제3자의 언명에 대한 책임은 계약책임에 대한 세계적 흐름이라고 평가할 수 있을 것이다.

그렇다면 제조자 등의 제3자의 언명에 대하여서 왜 매도인이 책임을 져야 하는가에 대한 이론적 설명이 법적 과제로 남게 된다. 이와 관련하여서 앞서 설명한 바와 같이 이제는 제조자로부터 최종 판매자까지 이루어지는 일종의 네트워크가 형성되어 있다고 볼 수 있고, 이러한 네트워크는 때로는 실제적인 계약관계를 통해서 때로는 단순한 영업상 이익의 공동수혜를 통해서 조직되고, 구성되어진 일종의 느슨한 형태의 시스템으로 존재한다고 볼 수 있다.

구매자의 관점에서는 당해 상품을 구매하는데 기초가 되는 정보는 당해 판매 네트워크의 어느 구성원에 의해서 주어졌는가가 중요한 것이 아니라 과연 이러한 정보를 단순히 신뢰해도 되는가에 그 방점이 변화되었다는 것에서 이러한 네트워크의 존재를 유추할 수 있다. 또한 매수인으로서는 자신과 거래를 하게 된 매도인에 대하여서 담보책임을 묻고, 그로 인한 매도인의 손실은 이러한 판매망을 통해서 최종 책임자인 제조자에게까지 구상 내지 역구(Regress) 될 수 있다는 점에서 또한 이러한 시스템이 의미를 가진다. 즉, 상품의 구매자인 매수인은 자신과 계약을 체결하여 개별적인 결합관계를 맺은 매도인을 통하여서 손쉽게 물품의 하자로 인한 손실을 복구하고, 이로 인하여 발생한 매도인의 손실은 이러한 판매 네크워크를 이용해서 용이하게 최종위험부담자인 제조자에게로 전가될 수 있다고 생각된다.[77)]

이러한 판매 및 영업을 통하여 공통의 이익을 받으며 매수인의 담보책임의 행사를 통하여서 받은 손실도 이를 최종적인 위험부담자인 제조자에게까지 소구할 수 있는 체계를 갖추고 있다는 전제 하에서 이를 일종의 느슨한 형태의 시스템으로서 네트워크로 볼 수 있다고 할 것이다. 그러나 이러한 네트워크를 인정할 수 있다고 하더라도 그 출발점은 매도인과 매수인 사이의 담보책임과 관련된 부담을 어느 선에서 인정할 것인가, 그로 인하여 발생하는 매도인의 손실이 당해 네트워크를 타고 어떻게 제조자에게까지 잘 움직여나갈 수 있게

---

77) 유럽연합의 소비재매매지침에 있어서도 이러한 일종의 네크워크 책임을 인정하고 받아들이고자 노력하였다고 한다(Pfeifer, JR 2001, S. 268).

할 것인가와 같은 매우 섬세한 법규정과 그의 운용을 필요로 한다. 이와 관련하여서 앞서 언급한 판단기준의 객관화를 통하여서 일정한 정보의무를 누구에게 얼마만큼, 당해 개별사정에서 부담시킬 수 있을 것인가라는 문제로 치환하여 살펴보는 것으로 실제사안에서 보다 탄력적이며 유연하게 결론을 도출할 수 있으리라고 생각된다.

참고문헌

법무부 편, 유럽민사법의 공통기준안 총칙·계약편 - DCFR 제1권~제4권, 2012.

양창수 역, 독일민법전, 2021.

올 란도·휴 빌 편/ 김재형 역, 유럽계약법원칙 - 제1·2부, 2013.

현승종, 조규창, 로마법, 2004.

김상중, 상품의 표시·광고와 계약의 내용 - 건물분양계약을 중심으로 한 고찰, 서강법학연구 제8권, 2006.

______, 계약체결 이전 단계의 정보제공의무- 외국 입법례와 비교에 의한 규정 신설의 제안을 중심으로, 고려법학 제56호, 2010.

김 화, 매수인의 구제수단으로서 대금감액의 의미, 국제거래법연구 제27집 제1호, 2000.

박영복, 계약교섭단계에서의 행위규범, 외법논집 제36권 제4호, 2012.

이준형, EU소비자보호지침의 역사적 전개, 민사판례연구[XLI], 2019.

위계찬, 독일 매매계약법상 광고와 물건의 하자, 민사법학 제38호, 2007.

Augenhofer, Susanne, Gewährleistung und Werbung - Das neue Gewährleistungsrecht für Werbeaussagen, Wien Universität, Dissertation, 2001.

von Bar, Christian/Clive, Eric(eds.), Principles, Definitions and Model Rules of European Private Law: Draft Common Frame of Reference (DCFR), 2009.

Beck'sche Online Kommentar, BGB, 46 Edition, 2018 (BeckOK/집필자로 인용).

Historisch-kritischer Kommentar zum BGB, 2013 (HKK/집필자로 인용).

Honsell, Heinrich, Römisches Recht, 6. Auflage, 2006.

Korth, Ulrich, Minderung beim Kauf, 2010.

Lehmann, Michael, Informationsverantwortung und Gewährleistung für Werbeangaben beim Verbrauchsgüterkauf, JZ 2000, S. 280 ff.

Münchener Kommentar zum Bürgerlichen Gesetzbuch, 7. Auflage, 2016 (Müko/집필자로 인용).

NomosKommentar, BGB, 3. Auflage, 2016 (NK-BGB/집필자로 인용).

Peifer, Karl-Nikolaus, Die Haftung des Verkäufers für Werbeangaben, JR 2001, S. 265 ff.

Zimmermann, Reinhard, The Law of Obligations, 1996.

관습법상 법정지상권 법리의 재검토와 대안으로서 의사해석에 기한 임대차의 추정*

민법학박사, 서울대학교 법학전문대학원 이 계 정

目 次

Ⅰ. 서론
Ⅱ. 관습법상 법정지상권 법리의 연혁과 주요 법리
1. 관습법상 법정지상권 법리의 시작
2. 대법원의 관습법상 법정지상권 법리의 발전
Ⅲ. 관습법상 법정지상권 법리의 불합리성
1. 문제의 소재
2. 관습법상 법정지상권 법리의 불합리성의 근원 - 우리 법상 지상권의 특수한 지위
3. 관습법상 법정지상권은 당사자의 의사에 부합하는가?
4. 관습법상 법정지상권 법리의 구체적인 불합리성
Ⅳ. 관습법의 불합리성과 법원의 규율
1. 문제점
2. 관습법에 대한 법원의 규율과 관습법의 불합리성이 미치는 영향
3. 관습법상 법정지상권에 대한 「법적 확신」의 소멸
Ⅴ. 관습법상 법정지상권의 법리의 변경 - 대안으로서 의사해석에 기한 토지임대차의 추정
1. 문제점
2. 의사해석과 법률의 유추적용에 의한 관습법의 대체
3. 법률행위로 인하여 토지와 건물의 소유자가 달라진 경우의 구체적인 규율
4. 보론: 판례 변경의 방식
Ⅵ. 결론

Ⅰ. 서론

종래부터 판례는 토지와 건물이 동일인에게 속하였다가 그 중 어느 하나가 매매 그 밖의 일정한 원인으로 소유자를 달리하게 된 경우에, 그 건물을 철거

* 이 글은 2021. 10. 28. 대법원 민사실무연구회에서 발표한 글을 수정한 것으로 같은 제목으로 민사법학 제97호(2021. 12)에 게재된 것임을 밝혀둔다.

한다는 특약이 없는 경우에는 건물소유자는 토지소유자에 대하여 그 건물을 위한 관습법상 법정지상권을 취득한다고 판시하여 왔다.[1] 이러한 법리에 대하여 소수의 옹호론[2]을 제외하고는 대다수의 학설은 부정적인 태도를 취해왔고,[3] 그러한 부정적인 입장이 표출되어 2004년, 2014년 두 차례에 걸려 민법개정안이 마련되었으나 실제 입법에는 이르지 못하였다.[4]

관습법상 법정지상권에 대하여 비판적인 입장이 제기되는 근본적인 이유는 과연 위와 같은 경우에 법정지상권이 성립하는 것이 관습법인지에 있다. 관습법은 사회의 거듭된 관행으로 생성한 사회생활규범이 사회의 법적 확신과 인식에 의하여 법적 규범으로 승인되기에 이른 것을 말하는바,[5] 관습법이 성립하려면 거듭된 관행(usus)과 그에 대한 법적 확신(opinio iuris)이 있어야 한다.[6] 그런데 관습법상 법정지상권에 대하여는 과연 우리에게 그런 관행이 있는 것인지 자체가 의문시되어 왔다. 지상권 자체의 활용도가 매우 낮은 그동안의 현실을 고려할 때 과연 위와 같이 토지와 건물의 소유자가 달라진 경우에는 대개 지상권의 성립을 인정하는 것이 관행이었는지 상당한 의문이 들 수밖에

---

1) 관습법상 법정지상권을 인정한 대법원의 최초 판시는 대법원 1960. 9. 29. 선고 4292민상944 판결이다.
2) 김상용, "법정지상권에 관한 고찰", 민사법학의 제문제(소봉김용한교수화갑기념논문집), 1990, 52면 이하; 배병일, "관습법상의 법정지상권에 대한 재검토", 판례실무연구 XI(상), 2015, 379면 이하.
3) 관습법상 법정지상권의 법리에 비판적인 대표적인 문헌으로는 이시윤, "판례를 중심으로 한 관습상 법정지상권", 서울대학교 법학 제14권 제1호(1973), 136면 이하; 박준서, "법정지상권", 사법논집 제5집, 법원도서관(1974), 129면; 박우동, "관습법상의 법정지상권, 그 문제점", 사법행정 제18권 제10호, 한국사법행정학회(1977. 10), 12면 이하; 이영준, 물권법, 전정신판, 박영사(2009), 701면; 이은영, "법정지상권에 관한 연구", 법학의 현대적 제문제(덕암김병대교수 화갑기념), 덕암김병대교수 화갑기념논문집 간행위원회(1998), 192명 이하; 오창수, "관습법상의 법정지상권에 관한 판례이론의 검토", 변호사 제21집, 서울제일변호사회(1991), 183면 이하; 곽윤직·김재형, 물권법, 제8판(전면개정)보정, 박영사(2015), 330면; 송덕수, 물권법, 제4판, 박영사(2019), 411면; 양창수·김형석, 민법Ⅲ(권리의 보전과 담보), 박영사(2021), 978면 이하.
4) 2004년 민법개정안에 대한 설명으로는 법무부 민법개정자료발간팀 편, 2004년 법무부 민법개정안 총칙·물권편, 2012, 363면 이하(관습법상 법정지상권 성립 대신에 지상권설정계약이 체결된 것으로 추정). 2014년 민법개정안에 대한 설명으로는 권영준, "법률행위로 인한 관습법상 법정지상권 폐지와 법정임대차 도입", 민사법학 제68호(2014. 9), 3면 이하(관습법상 법정지상권 성립 대신에 토지임대차계약을 체결한 것으로 간주).
5) 대법원 2003. 7. 24. 선고 2001다48781 전원합의체 판결(공 2003하, 1785); 편집대표 김용덕, 주석민법(총칙 1)(제5판), 한국사법행정학회(2019), 78면 이하(이원범 집필부분).
6) 편집대표 곽윤직, 민법주해(1), 총칙(1), 박영사(2000), 43면 이하(최병조 집필부분), 대법원 2005. 7. 21. 선고 2002다1178 전원합의체 판결(공 2005하, 1326). 통설·판례는 위와 같이 법적 확신설(Rechtsüberzeugungstheorie)을 취하고 있다. 이를 비판하는 견해로는 입법기관이나 법원과 같은 국가기관이 승인했을 때 비로소 관습법이 된다는 승인설(Gestattungstheorie)이 있다(위 견해 대립에 대한 소개로는 오세혁, "관습법의 현대적 의미", 법철학연구 제9권 제2호(2006. 12), 151면 이하).

없고, 지상권은 물권에 해당하는바 토지소유자가 오랜 기간 토지소유권 행사에 있어서 상당한 제한을 당할 수밖에 없는 물권의 설정을 용인하는 관행이 있었는지 의문이 제기될 수밖에 없다. 무엇보다 뒤에서 보는 바와 같이 관습법상 법정지상권은 여러모로 불합리적인 제도인바, 합리적 인간을 설정하는 사법의 공간에서 과연 그런 불합리적인 제도의 존속을 우리 사회가 의도해 왔다고 볼 수 있는지 상당한 의문을 품을 수밖에 없다. 만약 관습법상 법정지상권이 더는 관습법이 아니라면 토지소유자와 건물소유자와의 법률관계는 다른 방법, 예를 들면 의사해석이나 법률의 유추적용에 의해 결정되어야 할 것이다.

이에 본 논문은 (1) 관습법상 법정지상권의 법리의 연혁과 발전을 살피고, (2) 관습법상 법정지상권 법리의 불합리성 내지 문제점을 논하고, (3) 이러한 관습법상 법정지상권 법리의 불합리성이 관습법의 효력 판단에 있어서 미치는 영향을 분석하고, (4) 관습법상 법정지상권에 대한 법적 확신이 소멸되어 더는 관습법이 아니라면 종전에 관습법상 법정지상권이 문제가 된 사안을 어떻게 규율하는 것이 타당한지 의사해석과 법률의 유추적용에 입각한 해석론을 제시하고자 한다.

Ⅱ. 관습법상 법정지상권 법리의 연혁과 주요 법리

1. 관습법상 법정지상권 법리의 시작

관습법상 법정지상권은 1916년에 선고된 조선고등법원 판결에서 비롯된다.[7] 위 판결은 “동일인에게 속하는 토지와 가옥이 임의매매에 의하여 각 그 소유자를 달리하게 된 경우에, 그 가옥의 매매에 관하여 특히 가옥을 파괴하여 이를 철거하여야 하는 합의가 없는 한, 당사자는 모두 가옥을 현상의 상태로 그

7) 1916. 9. 29. 선고 高等法院判決錄 第3卷 民事篇, 722頁. 위 판결에 대한 번역으로는 법원도서관 편, 국역 고등법원판결록, 제3권(민사편-Ⅱ), 법원도서관(2007), 529면 이하. 박준서 대법관은 관습법상 법정지상권을 인정한 대법원의 최초 판시인 대법원 1960. 9. 29. 선고 4292민상944 판결이 위 조선고등법원 판결을 그대로 받아들인 것이라고 평가한다(박준서(주 3), 131면). 같은 견해로는 편집대표 곽윤직, 민법주해(6), 물권(3), 박영사(1999), 106면(박재윤 집필부분).

지상에 존속시키려는 의사가 있었던 것으로 인정되므로, 그러한 경우에 가옥의 소유자는 그 토지에 지상권을 취득하고, 토지의 소유자는 그 권리에 기하여 가옥의 소유자에 대하여 그 철거를 강요할 수 없음은 조선에서의 일반적인 관습이다."라고 판시하면서 이러한 관습법은 강제경매에 의하여 종래 동일한 소유자에 속하는 토지 및 가옥이 각각 별개의 소유자에게 속하게 된 경우에도 적용된다고 판시하였다. 위 판결은 조선총독부에서 1910년경 발간한 「관습조사보고서」를 그 논거로 삼았다. 위 보고서 제1편 민법 제2장 제34항을 실제로 보면 다음과 같다.

"조선에서 지상권으로 볼 만한 것은 주로 건물 소유를 위하여 하는 차지(借地)에 있다. ... 가옥 등 건물을 소유하기 위한 차지(借地)는 계약에 의한 것이지만, 십수년 전까지는 무단으로 타인의 토지에 가옥을 건축하는 자가 가끔 있어서 이미 건축에 착수한 이상은 소유자는 어떻게 할 도리가 없었다고 한다. 이는 소유권의 내용에서 기술한 "給造家地(급조가지)"[8]의 규정과 함께 造家地(조가지)에 대한 관습에서 잉태한 악습으로 이를 이유로 타인의 토지에 가옥을 건축한 자는 그 토지의 소유권을 획득한 것과 같이 오해를 하였다. … 존속기간은 이를 정하지 않고 차주가 건물을 부지로 이를 사용하지 않을 때까지 그 차지권은 소멸하지 않는다. 차주는 언제라도 해약할 수 있지만 지주는 가옥이 존재하는 한 해약을 할 수 없다. … 이러한 차지권은 이를 제3자에게 대항할 수 있고, 따라서 토지의 소유자가 변경되어도 신소유자에게 대항하여 그 차지권을 주장할 수 있다. 그리고 차주가 건물을 양도하는 경우에는 그 차지권은 건물의 소유권에 수반하여 이전하고, 양수인은 당연히 그 차지권을 승계

8) '給造家地(급조가지)'에 대한 설명으로는 심희기, "관습법담론에 대한 비판적 고찰 : 관습법상 법정지상권 담론을 중심으로", 법과사회 제66호(2021. 2), 158면 이하(한성부와 같은 도시 지역에서는 가사(家舍)를 지을 부지(敷地)가 부족하여 집을 짓고자 하는 사람은 무주(無主)의 빈터(空垈)를 탐색하여 정부(한성부와 오부)에 신청하면 정부가 무주의 빈터임을 확인한 후 가사 건축을 허가하였는데 일단 허가를 받아 가사 건축이 완성되면 그 가사와 그 부지는 건축자의 전유(專有)로 허용되어 매매가능하고 상속 가능한 사유재산이 되었다. 그런데 민간에서 가사 부지를 넓게 차지하려는 경쟁이 일어나기 때문에 ≪경국대전 호전≫에 '給造家地(급조가지)'라는 제목으로 가사 부지의 규모에 대한 제한 기준을 설정하게 되었다. 그 내용은 "서울의 가사(家舍) 건축 부지(敷地)는 한성부가 신청인의 신청을 받아 공지(空地) 혹은 만 2년이 되도록 가사를 건축하지 않은 토지로 절급(折給)한다. 만약 출사(出使)하거나 지방에 부임하거나 상(喪)을 당하여 가사를 건축하지 못한 경우에는 절급 신청을 받지 않는다. 대군과 공주에게는 30부(負), 왕자군과 옹주에게는 25부, 1품과 2품 관원에게는 15부, 3품과 4품 관원에게는 10부, 5품과 6품 관원에게는 8부, 7품 이하 및 음관(蔭官)의 자손에게는 4부, 서인(庶人)에게는 2부를 절급한다. 3등전의 자를 사용한다."이다.)

하는 것이라고 한다."(밑줄-필자)9)

이와 같이 실제 「관습조사보고서」를 살펴보면, 동일인에게 속하는 토지와 가옥이 매매에 의하여 각 그 소유자를 달리하는 경우에 지상권이 성립한다는 조선의 관습을 구체적으로 확인할 만한 내용은 없고, 단지 타인의 토지에 건축을 한 경우 철거를 당하지 않으며 이는 토지나 건물의 소유자가 변동된 경우에도 마찬가지라고 하고 있을 뿐이다. 즉 무단으로 타인의 토지에 가옥을 건축한 경우에 토지소유자나 제3자도 철거를 할 수 없다는 것인바, 이를 '造家地에 대한 관습에서 잉태한 악습(惡習)'이라고 표현한 점에 비추어 관습조사보고서가 가옥소유자에게 관습법에 근거한 지상권의 성립을 인정한 것으로 보기에는 무리가 따른다.

여기에 ① 조선시대에는 판결의 내용을 현실로 실현하기 위한 강제집행제도가 구축되지 않았고 법보다는 도덕에 의존하는 판단이 이루어졌다는 점에서 관습조사보고서의 '소유자가 어떻게 할 도리가 없었다'는 당시 한국인의 진술은 다의적으로 해석될 수 있는 점,10) ② 관습조사보고서를 작성한 일본인 관료들은 단순한 관습과 일반인의 법적 확신이 요구되는 관습법을 엄밀히 구별하지 않은 채 조선의 관습을 조사하였다는 점에서 위 차지권을 「관습법」에 기한 권리라고 단정하기 어려운 점,11) ③ 조선시대에는 개인주의에 근거한 사적 소유권이 전면적으로 정립되지 않았기 때문에 토지 소유권과 건물 소유권의 분리를 전제로 한 지상권 제도가 잉태되기 어려웠을 것으로 보이는바, 조선시대에 지상권에 관한 관습법이 구축될 만한 상황이 아니었던 점, ④ 관습조사보고서를 작성한 일본인 관료들은 조선의 관습을 있는 그대로 인정한 것이 아니라 일본 민법이라는 문명적인 잣대로 재구성하려고 하였으며12) 위 지상권에 대한 일본인 관료의 해석은 조선의 관습을 있는 그대로 기술한 것이라기보다

9) 정종휴 감수, 정긍식 편역, 관습조사보고서(개역판), 한국법제연구원(2000), 186면.

10) 관습조사보고서를 번역한 서울대학교 법학전문대학원 정긍식 교수의 의견이다. "무단으로 타인의 토지에 가옥을 건축하는 자가 가끔 있어서 이미 건축에 착수한 이상은 소유자는 어떻게 할 도리가 없었다고 한다"는 부분은 인정상(人情上) 철거를 하지 않겠다는 의미로도 해석이 가능함을 시사한다.

11) 관습조사보고서를 작성한 일본인 관료들이 관습과 관습법의 카테고리를 제대로 식별하지 않았다는 점에 대하여는 심희기, 판례·사료로 읽는 한국법사강의, 경인문화사(2021), 236면 이하; 심희기(주 8), 154면 이하.

12) 이승일, "오다 미키지로(小田幹治郎)의 한국 관습조사와 관습법 정책", 부산대학교 한국민족문화연구소, 한국민족문화 46(2013. 2), 203면.

는 일본 민법에 있는 지상권을 염두에 두고 그 틀에 최대한 맞추어 적시한 것으로 보이는 점[13] 등을 추가로 고려하면 「관습조사보고서」를 근거로 관습법상 법정지상권을 주장하는 것은 설득력이 약하다.[14]

2. 대법원의 관습법상 법정지상권 법리의 발전

가. 대법원의 관습법상 법정지상권 인정근거

대법원은 1960. 9. 29. 선고 4292민상944 판결을 통해 "동일인의 소유에 속하였던 토지 및 가옥이 매매로 인하여 각 소유자를 달리할 때에는 그 가옥매매에 있어 이를 철거한다는 특약이 없는 한 가옥소유자는 그 가옥을 위하여 그 지상에 지상권을 취득한다."라고 판시함으로써 최초로 관습법상 법정지상권을 인정하였다. 위 판결의 상고이유를 보면 관습법상 법정지상권은 조선고등법원에서 명시하고 있으므로 대법원도 이를 인정해야 함을 적시하고 있는바, 앞서 본 조선고등법원 판결의 영향을 받은 것으로 평가할 수 있다. 다만, 대법원은 왜 관습법상 법정지상권을 인정해야 하는지에 대해서는 구체적으로 언급하지 않았는데 이를 언급한 것이 다음에서 보는 판결들이다.

첫 번째 후속 판결은 대법원 1968. 8. 30. 선고 68다1029 판결[15]이다. 위 판결은 관습법상 법정지상권을 인정해야 하는 논거로서 「건물 가치 유지의 국민경제상의 필요성」을 언급하고 있다. 즉 "관습에 의한 지상권을 인정한 취지는 ... 그 건물로 하여금 건물로서 지상권을 취득한 것으로 봄으로서, 그 건물로 하여금 건물로서의 가치를 유지케 하자는 국민경제상의 필요에 의하여 인정한

---

13) 이런 관점에서 보면 "관습법상 법정지상권'의 기원은 우리의 관습법이 아니라 일본 민법의 지상권에 관한 규정이며 그 규정이 관습법이라는 탈을 쓰고 우리 실무에 투영된 것으로 볼 수 있다. 분묘기지권에 대하여 정곡을 찌르는 다음과 같은 표현 즉, "분묘기지권의 취득시효에 관한 판례는 사회일반에 존재하는 관습법을 확인한 것이 아니라, 실제로는 토지 소유자의 승낙을 받은 경우에 성립하는 관습상의 분묘기지권에 근대적인 취득시효제도를 반영한 것이다."라는 설시(대법원 2017. 1. 19. 선고 2013다17292 전원합의체 판결의 반대의견에 대한 대법관 김재형의 보충의견)는 관습법상 법정지상권에도 마찬가지로 적용될 수 있다.

14) 이와 달리 1916년 조선고등법원 판결 당시에 지상권을 인정하는 관습법의 존재를 인정하는 견해로는 권재문, "관습법상 법정지상권의 인정근거와 필요성에 관한 비판적 고찰", 법사학연구 제37호(2008. 4), 103면 이하.

15) 집16(2)민, 361.

제도"라고 판시함으로써 정책적 논변을 하고 있다.[16)]

두 번째 후속 판결은 대법원 2002. 6. 20. 선고 2002다9660 전원합의체 판결[17)]이다. 위 판결은 관습법상 법정지상권을 인정해야 하는 논거로서 「당사자의 의사」를 언급하고 있다. 즉 "관습상의 법정지상권은 동일인의 소유이던 토지와 그 지상건물이 매매 기타 원인으로 인하여 각각 소유자를 달리하게 되었으나 그 건물을 철거한다는 등의 특약이 없으면 건물 소유자로 하여금 토지를 계속 사용하게 하려는 것이 당사자의 의사라고 보아 인정되는 것"라고 판시하여 관습법상 법정지상권이 사적 자치의 이념에도 부합함을 강변하고 있다.[18)]

나. 관습법상 법정지상권에 관한 주요 법리

관습법상 법정지상권의 성립과 관련하여 토지와 건물이 동일한 소유자였다가 매매 기타의 원인으로 소유자가 달라졌다는 사실만으로는 성립하지 않으며 당사자의 의사를 살펴서 그 성립 여부를 결정해야 한다. 따라서 건물소유자에게 별도의 토지이용권원이 있는 경우나 건물을 소유하려는 자가 건물이 장차 철거될 것을 예상하고 건축한 경우나 당사자 사이에 건물철거특약이 있었던 경우에는 관습법상 법정지상권은 성립하지 않는다.[19)] 판례는 건물소유자가 사전에 토지이용권원을 확보할 수 있었던 경우, 즉 매매 등 법률행위로 인하여 토지와 건물의 소유자가 달라진 경우와 그렇지 않은 경우, 즉 강제경매, 국세징수법에 의한 경매에 의해서 토지와 건물의 소유자가 달라진 경우를 구별하지 않고 관습법상 법정지상권의 성립을 인정한다.[20)] 이에 대하여는 양자를 구별하여 처리하는 것이 바람직하다는 강력한 비판이 있다.[21)]

---

16) 같은 취지의 판결로는 대법원 1999. 3. 26. 선고 98다64189 판결(공 1999상, 781)(관습상의 법정지상권은 토지와 건물을 각기 독립한 부동산으로 취급하는 우리 법제에서 그 건물의 가치를 유지시키기 위한 필요에 의하여 관습법상 인정한 제도라고 판시).

17) 공 2002하, 1669.

18) 같은 취지의 판결로는 대법원 2008. 2. 15. 선고 2005다41771, 41788 판결(미간행).

19) 대법원 1974. 6. 11. 선고 73다1766 판결(공 1974, 7946); 대법원 1994. 12. 22. 선고 94다41072, 94다41089(반소) 판결(공 1995, 628); 대법원 2002. 6. 20. 선고 2002다9660 전원합의체 판결(공 2002하, 1669).

20) 대법원 1988. 4. 12. 선고 87다카2404 판결(공 1988, 839). 귀속재산처리법상의 불하처분에 의하여 동일소유자에 속한 토지와 건물의 소유자가 다르게 된 경우에도 관습법상 법정지상권을 인정한다(대법원 1986. 9. 9. 선고 85다카2275 판결(공 1986, 1301)).

21) 이영준(주 3), 701면 이하.

한편, 관습법상 법정지상권은 그 성립시에 현존하는 기존의 「그 건물」의 소유를 위한 권리이고, 약정지상권은 권리설정시에 현존하지 않는 새로운 건물을 포함한 「어떤 건물」의 소유를 위한 권리라는 점에서 양자가 뚜렷한 차이가 있다.[22] 그럼에도 불구하고 판례는 관습법상 법정지상권을 약정지상권과 같이 취급한다. 이에 관습법상 법정지상권은 존속시간을 따로 정하지 않은 약정지상권으로 취급하여 석조, 석회조, 연와조 또는 이와 유사한 견고한 건물의 소유를 목적으로 하는 때에는 30년(민법 제280조 제1항 제1호), 그 이외의 건물의 소유를 목적으로 하는 때에는 15년(민법 제280조 제1항 제2호)으로 보고 있다.[23] 또한 관습법상 법정지상권자에 대해서 약정지상권자에게 인정되는 지상권갱신청구권과 지상물매수청구권(민법 제283조)을 인정하고 있다.[24] 건물과 분리하여 관습법상 법정지상권만을 처분할 수 있는지에 관하여는 이를 명시적으로 판단한 판례는 없으나 민법 제366조 소정의 법정지상권과 관련하여 위 법정지상권이 '독립된 법률상의 물권'임을 이유로 이를 긍정한 바 있으므로[25] 관습법상 법정지상권에 대하여 민법 제282조에 따라 법정지상권만의 처분을 긍정할 것으로 보인다.[26]

공시방법과 관련하여 관습법상 법정지상권의 성립에 대하여는 등기를 요하지 않으나 이전하기 위하여는 관습법상 법정지상권을 취득한 자는 민법 제187조 단서에 따라 자신 명의로 지상권설정등기를 마친 후 양수인에게 지상권이전등기를 경료해 주어야 한다고 판시하고 있다.[27] 다만, 양수인이 지상권이전등기를 마치지 않은 상태에서 토지소유권을 취득한 제3자가 양수인에 대하여 건물철거와 토지인도를 구하는 것은 신의성실의 원칙상 허용되지 않는다고 한다.[28]

22) 이진기, "관습법상 법정지상권의 문제", 비교사법 제18권 제3호(2011. 8), 774-775면.
23) 대법원 1986. 9. 9. 선고 85다카2275 판결(공 1986, 1301), 대법원 2013. 9. 12. 선고 2013다43345 판결(미간행).
24) 대법원 1995. 4. 11. 선고 94다39925 판결(공 1995상, 1836).
25) 대법원 2001. 12. 27. 선고 2000다1976 판결(공 2002상, 350). 이 점에 대한 논의로는 강태성, "관습법상 법정지상권에 관한 판례·학설 및 민법개정(시)안에 대한 검토", 재산법연구 제30권 제3호(2013. 11), 174면 이하.
26) 민법 제282조와 관련하여 지상권자가 지상물의 소유권을 유보한 채 지상권만을 양도하는 것은 얼마든지 허용된다는 점에 대하여는 편집대표 곽윤직, 민법주해(6), 물권(3), 박영사(1999), 38면(박재윤 집필부분).
27) 대법원 1988. 9. 27. 선고 87다카279 판결(공 1988, 1325). 이와 달리 법정지상권의 부종성을 인정해야 하므로 민법 제292조(지역권의 부종성)의 유추에 의하여 건물소유권을 취득한 양수인은 등기 없이 바로 법정지상권을 취득한다는 견해로는 서민, "법정지상권의 부종성", 민사판례연구(19), 박영사(1997), 150면 이하.
28) 대법원 1989. 5. 9. 선고 88다카15338 판결(공 1989, 902).

관습법상 법정지상권의 성립범위와 관련하여 민법 제366조의 법정지상권의 성립범위에 관한 판시가 그대로 적용된다고 한다. 즉 대법원은 민법 제366조의 법정지상권과 관련하여 "저당권설정 당시 건물이 존재한 이상 그 이후 건물을 개축, 증축하는 경우는 물론이고 건물이 멸실되거나 철거된 후 재축, 신축하는 경우에도 법정지상권이 성립하며 이 경우 법정지상권의 내용인 존속기간, 범위 등은 구건물을 기준으로 하여 그 이용에 일반적으로 필요한 범위 내로 제한된다."라고 하고 있는바,[29] 이러한 판시를 관습법상 법정지상권에도 그대로 적용하고 있다.[30] 끝으로 관습법상 법정지상권은 해당 건물이 건물로서의 요건을 갖추고 있는 이상 무허가건물이든 미등기건물이든 가리지 않고 성립한다.[31]

Ⅲ. 관습법상 법정지상권 법리의 불합리성

1. 문제의 소재

위에서 살펴본 바와 같이 관습법상 법정지상권은 조선의 관습법이라고 단정하기 어려운 관습조사보고서에 기초한 조선고등법원 판결, 위 판결을 계승한 대법원에 의하여 오랜 기간 구축되었는바, 과연 대법원이 제시한 관습법상 법정지상권 법리가 타당한지 그 문제점과 불합리성을 검토하고자 한다.

2. 관습법상 법정지상권 법리의 불합리성의 근원 - 우리 법상 지상권의 특수한 지위

대법원은 관습법상 법정지상권을 인정해야 하는 이유에 대하여 「건물 가치

29) 대법원 1990. 7. 10. 선고 90다카6399 판결(공 1990, 1690). 위 판결을 비판하며 특별한 사정이 없는 한 법정지상권의 내용인 존속기간, 범위 등은 신건물(新建物)을 기준으로 해야 한다는 견해로는 양창수, "신건물을 기준으로 하는 법정지상권의 성립", 민법연구 제2권, 박영사(1998), 106면 이하.

30) 대법원 1997. 1. 21. 선고 96다40080 판결(공 1997, 608).

31) 대법원 1988. 4. 12. 선고 87다카2404 판결(공 1988, 839); 대법원 1991. 8. 13. 선고 91다16631 판결(공 1991, 2354).

유지의 국민경제상의 필요성」과 「당사자의 의사」를 언급하고 있다. 그 중 「당사자의 의사」와 관련하여 실제 당사자의 의사와 부합하는지 의문을 품게 하는 중요한 이유 중의 하나는 실제 거래에서 지상권이 소위 편법에 해당하는 '담보지상권'[32]을 제외하고는 거의 쓰이지 않는다는 점에 있다. 지상권이 용익물권으로서 활용되지 않는 이유는 무엇인지 살펴볼 필요가 있다.

"지상물은 토지에 속한다(superficies solo cedit)"는 로마법의 원칙은 프랑스, 독일 등 유럽 각국의 법에 영향을 미쳐 프랑스법이나 독일법은 지상의 건물 기타 공작물에 대해서는 별도의 소유권을 인정하지 않으며 그 건물 기타 공작물은 토지소유권자에게 귀속된다(독일 민법 제94조 제1항, 프랑스 민법 제552조 본문). 이러한 법제에서 예외적으로 지상건물 기타 공작물에 관한 소유권을 토지소유권자 이외의 사람에게 귀속시킬 수 있는 제도가 필요하였는바, 이 맥락에서 고안된 것이 바로 지상권이다. 예컨대, 독일의 지상권법(Gesetz über das Erbbaurecht- ErbbauRG)은 "지상권을 근거로 하여 건립된 건축물은 지상권의 본질적 구성부분으로 간주한다. 지상권 설정시 이미 존재하였던 건축물도 같다."라고 규정함으로써(제12조 제1항) 지상권이 있는 건축물에 대해서는 토지소유자의 소유권이 미치지 않는다는 점을 명확히 하고 있다.[33] 프랑스의 경우에도 지상권에 기하여 건축된 건물은 토지에 부합하지 않는 것으로 보고 있다.[34] 이와 같이 지상권은 지상물이 토지의 소유권에 속함을 원칙으로 하는 국가에서 건물 기타 공작물에 대하여 별도의 소유권 행사를 인정하기 위한 제도이다.

---

32) 실무상 토지를 사용하기 위한 것이 아니라 단순히 저당권의 담보가치를 확보하기 위하여 근저당권과 더불어 지상권을 설정하는 경우가 있는데, 이러한 지상권을 '담보지상권'이라 한다. 판례는 유효성을 인정하나(대법원 2008. 1. 17. 선고 2006다586 판결) 담보지상권에 대해서는 물권법정주의에 어긋난다는 비판이 제기되고 있다. 윤진수, "저당권에 대한 침해를 배제하기 위한 담보지상권의 효력", 한국민법의 새로운 전개(고상룡교수고희기념논문집), 법문사(2012), 289면 이하.

33) 독일 민법 제95조 제1항은 "일시적 목적만을 위하여 토지에 부착되어 있는 물건은 토지의 구성부분에 속하지 아니한다. 타인의 토지에 대한 권리의 행사로 그 권리자가 토지에 부착시킨 건물 기타의 공작물도 또한 같다."라고 규정하고 있는데, 위 "타인의 토지에 대한 권리"에 해당하는 것이 바로 지상권이다. BeckOGK/Toussaint, 1.10.2020, ErbbauRG §12 Rn. 7-11.1. 독일 지상권에 대한 소개로는 장병일, "지상권과 물권적 토지사용권에 관한 연구", 법제연구 통권 제47호(2014), 318면 이하; 양형우, "독일법상 주거소유권과 세습지상권", 재산법연구 제30권 제2호(2013. 8), 50면 이하.

34) William Dross, Fasc. unique: PROPERTY. - Acquisition de la propriété par union ou incorporation. - Propriété du dessus et du dessous du sol, Art. 551 à 553, *JurisClasseur Civil Code*, n° 61, 70.

그러나 우리 법은 일본 민법과 마찬가지로 건물은 토지에 부합되지 않으며 건물에 대한 별도의 소유권을 인정하고 있다.[35] 즉 지상권의 도움이 없이도 건물에 대한 별도의 소유권 행사가 가능한 법제를 채택하고 있다. 건물에 대한 소유권이 당연히 인정되므로 지상권의 유용성은 현저히 떨어질 수밖에 없고, 실제로도 토지소유자에게 부담이 되는 지상권의 저조한 이용은 이미 예견된 것이었다.

관련하여 일본 민법은 지상권을 도입한 이유에 대해서 다음과 같이 설명하고 있다.[36]

> 지상권 이름은 원래 예전에 우리나라에 없는 것이지만 실제로는 결국 택지 임지 등 차주가 가지는 권리에 불과하며 그들 차주는 차임을 지급하든 안하든 권리 존속기간은 토지 위에 있는 공작물 또는 죽목을 소유하기 위해서 그 토지를 사용할 수 있게 해주는 것이 우리나라 원래 관습인 것 같아서 본안은 그 관습을 채용하여 지상권자는 타인 토지에 있어서 공작물 또는 죽목을 소유하기 위해서 그 <u>토지를 사용하는 권리</u>를 가지기로 했습니다(밑줄-필자).

이처럼 일본 민법은 프랑스나 독일의 지상권을 있는 그대로 받아들인 것이 아니라 「단순한 용익물권」으로 변형하여 받아들인 것이며 우리도 마찬가지이다. 따라서 지상권이 본래 가지는 의미는 퇴색될 수밖에 없으며 태생적으로 거래계에서 토지소유권자와 건물소유권자 사이에 활용도가 낮을 수밖에 없는 한계가 있었다. 그럼에도 불구하고 실제 활용되지 않는 지상권의 확대를 꾀하는 관습법상 법정지상권 법리는 필연적으로 불합리함을 내포하고 있다. 나아가 위와 같이 일본 민법 제정자들도 지상권의 개념을 낯설어 했는데 조선에 그와 같은 관습이 있었다고 볼 수 있는 것인지 의문이 들 수밖에 없다.

---

35) 일본 민법이 토지소유권과 건물소유권을 각각 인정하게 된 배경에 대한 설명으로는 박인환, "일본메이지 민법 입법이유(총칙편: 물건) 분석", 법학논문집 제35집 제2호, 중앙대학교 법학연구원(2011), 70면 이하(일본민법학상 토지와 건물을 별개의 부동산으로 다루게 된 것은 비교법적 고찰 끝에 내린 입법적 결단도 아니고 일본 고유의 관습을 존중한 결정도 아니며 당시의 일본 사회의 조세와 공시제도와 관련한 우연적 사정들에 의하여 방향이 결정된 것이었다고 설명하고 있다).

36) 廣中俊雄 編著, 民法修正案(前三編)の理由書, 有斐閣(1987), 220頁

3. 관습법상 법정지상권은 당사자의 의사에 부합하는가?

대법원은 관습법상 법정지상권의 인정근거로 「당사자의 의사에 부합한다」는 점을 언급하고 있는바, 과연 관습법상 법정지상권이 당사자, 즉 토지소유자와 건물소유자의 의사에 부합하는지 심도 있게 살펴볼 필요가 있다.

이를 위해서는 지상권과 임차권의 차이(대항력, 권리의 처분가능성, 존속기간 등)에 대해서 검토해야 한다.[37] 우선 대항력과 관련하여 살펴보면 지상권은 배타성을 가지며 직접 토지를 지배할 수 있는 물권으로 제3자에 대하여도 대항할 수 있다. 그러나 임차권은 임대인에 대하여 토지를 사용・수익하게 할 것을 청구할 수 있는 채권에 지나지 않으므로 원칙적으로 제3자에게 대항할 수 없다. 다만, 임대차등기를 한 경우나 건물의 소유를 목적으로 한 토지임대차에 있어서 지상건물을 등기한 경우에는 예외적으로 대항력을 주장할 수 있다(민법 제621조, 622조 제1항). 다음으로 권리의 처분가능성에 대하여 살펴보면, 지상권은 지상권자가 자유롭게 양도할 수 있고 토지를 임대할 수 있으나 임차권은 임대인의 동의없이 양도하거나 임차물을 전대하지 못한다(민법 제282조, 629조). 존속기간과 관련하여 지상권의 경우 토지의 사용목적에 따라 30년・15년・5년 등 일정한 기간을 최단존속기간으로 보고 존속기간을 정하지 않은 경우에도 위와 같은 최단존속기간을 보장함으로써 지상권자를 두텁게 보호하고 있다(민법 제280조, 제281조). 한편, 임차권의 경우 최단존속기간에 관한 규정을 두지 않았으며 존속기간의 약정이 없는 임대차에 대해서 당사자가 언제든지 계약해지 통고를 할 수 있게 함으로써 임차권을 약하게 보호하고 있다(민법 제635조).[38] 끝으로 지상권을 설정한 후 기존의 건물을 허물고 그 자

---

37) 지상권과 임차권의 차이에 대하여는 편집대표 김용덕, 주석민법(물권 3)(제5판), 한국사법행정학회(2019), 7면 이하(김수일 집필부분); 편집대표 곽윤직, 민법주해(6), 물권(3), 박영사(1999), 13면 이하(박재윤 집필부분).

38) 우리 민법은 임차권의 최단존속기간을 정하지 않고 있는데 임차인 보호의 관점에서 볼 때 적절하지 못하는 비판을 받고 있다(편집대표 곽윤직, 민법주해(15), 채권(8), 박영사(1999), 13면 이하(민일영 집필부분)). 참고로 일본의 차지차가법(借地借家法)은 차지권(건물의 소유를 목적으로 하는 지상권 또는 임차권을 말한다)의 최단존속기간을 30년으로 정하고 있다(제3조). 우리 민법은 임대차기간이 너무 길어지지 않도록 최장존속기간을 민법 제651조 제1항에서 두고 있었는바, 계약의 자유를 침해한다는 이유로 헌법재판소는 위헌 결정을 내렸다(헌법재판소 2013. 12. 26. 선고 2011헌바234 참조).

리에 건물을 신축한 경우에 신건물에 대해서도 지상권을 주장할 수 있으나, 건물 소유를 목적으로 한 토지임대차의 경우 건물이 임대차기간만료 전에 멸실된 경우에는 대항력을 상실한다(민법 제622조 제2항).

이와 같이 물권인 지상권은 채권인 임차권에 비하여 강력한 보호를 받고 있으므로 토지소유자 입장에서는 소유권 행사에 상당한 제한이 가해지는 지상권의 설정보다 임차권의 설정을 선호할 수밖에 없다. 특히 민법은 의용민법과는 달리 지상권에 관하여 위와 같은 장기의 최단존속기간을 신설하였는바, 민법 제정시부터 "민법의 지상권자의 지위를 더욱 강화함으로써 결국 민법의 지상권은 앞으로 더욱 이용되지 못하는 결과를 가져올 것이 예상된다."는 지적이 있었고,[39] 실제로도 "지상권은 마치 하나의 장식과 같은 존재로 되어 있는 것이 사실"이라고 묘사되기에 이르렀다.[40]

이러한 당사자의 선호도는 관습법상 법정지상권이 인정되는 전형적인 상황에서도 마찬가지로 적용된다. 토지와 건물을 소유하고 있던 사람이 건물철거약정 없이 건물만을 매도한 경우에, 토지소유자와 건물매수인의 토지이용관계에 대한 의사를 지상권이라고 설명하는 것은 위에서 본 지상권과 임차권의 차이, 실제 거래에서의 선호도에 비추어보면 설득력이 있다고 보기 어려울 것이다.

이러한 점은 우리와 같이 토지와 건물의 소유권을 별개로 취급하는 국가의 논의를 검토하면 명확해진다. 일본의 경우 토지와 건물을 소유하고 있던 사람이 건물철거약정 없이 건물만을 매도한 경우에 법정지상권의 성립을 인정하지 않으며[41] 당사자의 합리적 의사해석에 기초하여 토지 사용에 관하여 임대차계약 내지 사용대차계약 성립을 인정하고 있다.[42] 대만도 토지와 건물을 모두 소유하고 있던 사람이 건물만을 매도한 경우에 임대차관계를 추정하고 있다. 즉 1999. 4. 21. 신설된 대만민법 제425조의1 제1항 제1문은 "토지와 그 토지의 건물이 동일인에게 속하고 토지 또는 건물만의 소유권을 타인에게 양도하거나

39) 곽윤직, "전세권제도에 관한 약간의 고찰", 서울대학교 법학 제3권 제2호(1962), 278면.
40) 곽윤직, 물권법, 제7판, 박영사(2008), 225면.
41) 柚木馨・高木多喜男 編集, 新版 注釋民法(9), 有斐閣(2015), 386頁 이하(生熊長幸 執筆部分); 東京高裁 1953(昭和 28). 3. 30.(高民 6卷3号).
42) 재단법인 한중일민상법통일연구소, "관습상의 법정지상권의 개정방향", 법무부 연구용역과제보고서(2010), 83면 이하(권철 집필부분).

토지 및 건물이 동시에 또는 순차로 서로 다른 자에게 양도된 때에 토지양수인 또는 건물양수인과 양도인 사이에 또는 건물양수인과 토지양수인 사이에 건물의 사용기간 내에서 임대차관계가 있는 것으로 추정한다."라고 규정하고 있다. 그 입법취지에 대하여는 "위와 같은 경우에 토지소유자가 건물양수인에게 계속 토지를 사용할 것을 묵인한 것으로 추단되고 건물양수인은 상대한 대가를 지급해야 하므로 그 법률관계의 성질은 임대차에 해당한다."라고 설명하고 있다.[43]

4. 관습법상 법정지상권 법리의 구체적인 불합리성

관습법상 법정지상권 법리는 여러모로 불합리한 점이 있는바, 이하에서는 이에 대하여 살펴본다.

첫째, 관습법상 법정지상권 법리는 토지이용관계를 설정할 기회를 소홀히 한 당사자를 우대한다는 점에서 문제가 있다. 가령 토지와 건물을 소유하고 있던 사람이 건물만을 매도한 경우에 건물양수인은 토지소유자와의 협상을 통해 토지이용관계를 설정할 기회가 있었는바, 그 기회를 소홀히 하였다면 그에 따른 불이익을 감수해야 할 것이다. 그러나 그 기회를 적극 활용하여 토지임대차계약을 체결한 건물양수인에게는 채권(임차권)을 부여하는 한편, 그 기회를 소홀리 하여 아무런 토지이용관계를 설정하지 않은 건물양수인에게는 물권(지상권)을 부여하고 있는바 이러한 법리는 매우 불합리하다. 사법에서 사적자치를 강조하는 이유 중의 하나는 이해관계를 가진 당사자가 자신의 법질서를 스스로 형성해 나가도록 하는 것이 근대 사법의 전제가 되는「인간의 자율성의 이념」에 부합한다는 점에 있다.[44] 인간 개개인이 협상을 통해 자신의 법영역을 형성하고 이를 통해 자신의 프로젝트를 완성할 수 있도록 법제도가 설

---

43) 대만민법 제425조의1에 대한 상세한 분석으로는 재단법인 한중일민상법통일연구소(주 42), 103면 이하(김성수 집필부분). 대만민법 제425조의1은 最高法院48年臺上字第1457號 판결의 법리를 실정법으로 승격한 것이라고 한다.

44) 칸트의 자율성(Autonomie)의 강조가 근대 사법에 끼친 영향에 대해서는 Charles Fried, *Contract as Promise*, 2nd ed., Oxford(2015), p. 13 이하; 이계정, "변호사 보수청구 제한의 근거로서 신의칙과 신인관계", 서울대학교 법학 제60권 제4호(2019. 12), 9면 이하.

계되어야 하고 근대 사법은 이런 맥락에서 계약법의 우위를 강조하고 있는 것이다. 거래비용에 관한 코즈(Ronald H. Coase)의 법경제학이론은 당사자들의 자발적인 교환 및 거래를 통하여 외부효과는 내부화되고, 이를 통해 자원배분의 효율성이 달성될 수 있음을 강조하고 있는바, 거래비용이 최소화되도록 법을 설계함으로써 당사자들로 하여금 협상의 장에 나오도록 하는 것이 바람직함을 강조하고 있다.[45] 그런데 현재의 관습법상 법정지상권의 법리는 협상의 장에 나오지 않는 당사자를 우대하고 있다. 건물 양수인은 가만히 있으면 관습법상 법정지상권을 취득할 수 있으므로 협상의 장에 나올 유인이 별로 없다.[46] 현재의 법리는 오히려 당사자들의 사적 자치를 억제하는 방향으로 작동함으로써 인간의 자율의 영역을 축소시키고 효율성의 저해를 가져오고 있다고 말할 수 있다.

둘째, 현재 관습법상의 지상권의 법리는 공시되지 않는 권리에 대해서 물권을 부여함으로써 거래를 불안전하게 한다. 앞서 본 바와 같이 관습법상 법정지상권의 성립에 있어서 등기를 요하지 않으며 일단 지상권이 성립한 후에는 건물을 양수한 자가 지상권등기를 마치지 않아도 보호된다. 따라서 최초로 법정지상권이 성립한 건물의 소유자이건 그 후로 해당 건물을 양수하거나 전득한 사람이건 등기를 해야 할 유인이 없게 된다. 물권은 대세적 권리이므로 거래의 안전을 위해서는 「공시의 원칙」을 관철하는 것이 요청되는바, 「공시의 원칙」에 반하여 공시되지 않는 권리가 유통되게 함으로써 해당 토지의 소유권을 취득한 제3자에게 예측하지 못한 피해를 줄 수 있다.

앞서 본 바와 같이 관습법상 법정지상권은 토지와 건물이 동일한 소유자였

---

45) Ronald H. Coase, “The Problem of Social Cost”, 3 J.L. & Econ. 1, 19 (1960). 코즈 이론에 대한 우리나라의 논의로는 박세일, “코-스정리의 법정책학적 의의”, 서울대학교 법학 제27권 제2·3호(1986), 80면 이하; 이계정, “신탁의 경제적 분석”, 법조 제69권 제4호(2020. 8), 109-110면.

46) 관련하여 대법원 2020. 10. 15. 선고 2019다245822 판결(공 2020하, 2135)은 종전 대법원 판결을 변경하여 공유물의 소수지분권자가 다른 소수지분권자를 상대로 공유물의 보존행위로서 공유물의 인도를 구할 수 없다고 하면서도 소수지분권자가 다른 공유자와 협의 없이 공유물의 전부 또는 일부를 독점적으로 점유·사용하는 경우 다른 소수지분권자는 지분권에 기하여 공유물에 대한 방해 상태를 제거할 수 있다고 판시하였다. 이러한 판결은 소수지분권자들 사이에 자율적 합의를 촉진한다는 점에서 긍정할 수 있다. 종전 판결은 소수지분권자에게 인도청구를 인정하므로 자신의 청구가 인용되는 소수지분권자로서는 합의의 장에 나서지 않을 가능성이 많았다. 그러나 대상판결에서는 소수지분권자에게 인도청구를 인정하지 않고 방해배제청구만 인정하므로 어느 누구에게 유리한 상황이 아닌바, 공유자들이 합의의 장에 나설 가능성이 많은 것이다(이계정, “2020년 분야별 중요판례분석(민법 상)”, 법률신문(2021. 1. 28), 13면).

다가 토지와 건물의 소유자가 달라졌다는 사실만으로는 바로 성립하지 않으며 철거를 예정하고 건축된 것인지, 건물철거특약이 있었는지 등 전혀 공시되지 않는 당사자의 의사를 살펴서 그 성립 여부를 결정해야 한다. 당사자의 의사를 알기 어려운 제3자 입장에서는 관습법상 법정지상권의 성립 여부를 판단하는 것이 쉽지 않다. 특히 해당 토지에 대하여 경매가 실시되는 경우 이러한 공시의 불비로 인한 거래의 불안정성이 현실화된다. 관습법상 법정지상권의 성립 여부가 문제가 되는 토지에 대하여 경매가 이루어지는 경우에 집행업무를 담당하는 사법보좌관은 그 성립 여부 판단이 어려워 매각물건명세서에 기재해야 할 "매각에 따라 설정된 것으로 보게 되는 지상권의 개요"에 사실상 전부 "지상권설정 가능성 있음"이라고 적고 있는 것이 현실이라고 한다.[47] 해당 토지의 낙찰인은 오로지 자기의 위험하에 토지를 매수하는 것인바 「공시의 원칙」에 반하는 실무가 형성되고 있는 것이다.

셋째, 관습법상 법정지상권에 대하여 지상권 성립 후 건물이 멸실되거나 철거 후 신축한 경우에도 구 건물을 기준으로 법정지상권이 존속한다고 판시하고 있는바, 이는 관습법상 법정지상권의 특수성에 반하는 해석이다. 앞서 언급한 바와 같이 관습법상 법정지상권은 그 성립시에 현존하는 기존의 「그 건물」의 소유를 위한 권리이고, 약정지상권은 권리설정시에 현존하지 않는 새로운 건물을 포함한 「어떤 건물」의 소유를 위한 권리라는 점에서 큰 차이가 있다. 관습법상 법정지상권은 토지소유권과 건물소유권이 분리될 당시에 존재하는 「기존 건물」의 철거를 방지하고자 무리하게 물권을 인정한 것이다. 그렇다면 「기존 건물」이 멸실 내지 철거된 경우에는 그 보호대상이 소멸되었으므로 관습법상 법정지상권도 같이 소멸된다고 보는 것이 자연스럽다.[48] 민법 제366조의 법정지상권과 관하여 '저당권설정 당시 건물이 존재한 이상 그 이후 건물을 개축, 증축하는 경우는 물론이고 건물이 멸실되거나 철거된 후 신축하는 경우에도 법정지상권이 성립한다'는 법리는 그 경우에 법정지상권을 인정해도

47) 第20차 「제3기 민법개정위원회」 3분과 회의일지(2011. 12. 23); 第23차 「제3기 민법개정위원회」 3분과 회의일지(2012. 2. 3).

48) 同旨 이진기(주 22), 794면; 강태성(주 25), 181면.

저당권자의 담보가치에 대한 기대이익을 해하지 않는다는 고려에서 비롯된 것이다. 그러나 관습법상 법정지상권에서는 그와 같은 고려를 할 필요가 없으며 민법 제366조의 법정지상권과는 달리 토지이용권원을 확보할 기회가 있었으나 이를 소홀히 한 경우이므로 「기존 건물」의 보호에 국한해서 토지이용권원을 인정해야 한다. 이러한 해석이 토지소유자와 토지소유자의 건물을 양수한 건물양수인의 의사에도 부합한다. 앞서 본 바와 같이 건물 소유를 목적으로 한 토지임대차의 경우 건물이 임대차기간만료 전에 멸실된 경우에는 대항력을 상실한다고 규정하고 있는바(민법 제622조 제2항), 위 규정이 관습법상 법정지상권이 문제가 되는 전형적인 상황에서의 당사자의 의사에 부합한다고 할 수 있다. 2014년 민법개정안도 이러한 당사자의 의사를 고려하여 건물이 철거 또는 멸실된 때에는 건물소유자의 토지이용권원을 인정하지 않는 방향으로 마련된 바 있다.49)

아울러 토지와 건물을 모두 소유하고 있던 사람이 건물만을 매도한 경우에 관습법상 법정지상권을 인정하는 판례는 건물양수인에게 「독립된 물권」을 인정함으로써 관습법상 법정지상권만의 처분을 인정하게 되는바(앞의 Ⅱ. 2. 나 참조), 보호대상인 「기존 건물」과 분리하여 관습법상 법정지상권만의 처분을 인정하는 법리는 타당하다고 보기 어렵다.

넷째, 존속기간과 관련하여 관습법상 법정지상권에 대해서 존속시간을 따로 정하지 않은 약정지상권으로 취급하여 견고한 건물50)의 소유를 목적으로 하는 때에는 30년까지 보장하고 있는바, 이는 지나치게 장기간 토지소유자의 소유권 행사를 제한할 뿐만 아니라 관습법상 법정지상권의 특수성을 고려하지 않은 것이다. 즉 약정지상권의 경우 장차 지어질 건물을 위하여 설정될 수 있다는 점에서 견고한 건물에 대해서 30년의 존속기간을 보장하는 것이 합리적일

49) 권영준(주 4), 17면 이하. 관습법상 법정지상권 성립 대신에 토지임대차계약을 체결한 것으로 간주하는 안을 골자로 한 2014년 민법 개정안은 제622조의2 제2항 단서에서 “건물이 철거 또는 멸실된 때에는 임대차가 종료한다.”라고 규정하고 있다.

50) 대법원은 견고한 건물인지의 여부는 그 건물이 갖고 있는 물리적·화학적 외력 또는 화재에 대한 저항력 및 건물해체의 난이도 등을 종합하여 판단하여야 한다고 하면서 건물이 목재기둥으로 세워졌다 하더라도 벽체가 벽돌과 시멘트블록으로, 지붕이 스레트로 각 이루어져 있어 상당기간 내구력을 지니고 있고 용이하게 해체할 수 없는 것이면 견고한 건물이라고 보고 있는바(대법원 2003. 10. 10. 선고 2003다33165 판결(공 2003상, 2179)), 현재의 건물 현황에 비추어 상당수가 견고한 건물에 해당할 것으로 보인다.

수 있으나, 관습법상 법정지상권은 이미 기존에 있는 건물을 위하여 인정되는 것이라는 점에서 30년의 존속기간은 토지소유자의 권리행사를 지나치게 장기간 제한하는 것이 된다. 더군다나 앞서 본 바와 같이 지상권갱신청구권까지 인정하고 있으므로 토지소유권을 형해화하고 있다는 비판이 가능하다.

Ⅳ. 관습법의 불합리성과 법원의 규율

1. 문제점

앞서 관습법상 법정지상권이 당사자의 의사와 괴리된 법리이고, 토지이용관계를 설정할 기회를 소홀히 한 당사자를 우대하고 공시의 원칙에 반하며, 건물소유자에게 물권을 부여함으로써 건물소유자를 지나치게 보호하여 토지소유자의 소유권을 심각하게 침해한다는 점을 살펴보았는바, 이러한 관습법상 법정지상권 법리의 불합리성에 비추어 과연 관습법상 법정지상권이 「관습법」의 지위를 계속 부여받아야 하는지 살펴보고자 한다.

2. 관습법에 대한 법원의 규율과 관습법의 불합리성이 미치는 영향

법원이 관습법의 효력을 상실시키는 방법에는 크게 두 가지가 있다. 하나는 관습법으로 성립요건을 갖추었으나 헌법을 최상위규범으로 하는 전체 법질서에 반하는 경우이다. 이에 따라 대법원은, 상속회복청구권이 상속이 개시된 날부터 20년이 경과하면 소멸한다는 관습, 종중 구성원의 자격을 성년 남자만으로 제한하는 관습에 대하여 그러한 관습이 전체 법질서에 반한다는 이유로 더는 관습법으로서 효력이 없다고 판시한 바 있다.[51] 다른 하나는 유효하게 성립한 관습이라 하더라도 그러한 관행이 소멸되었거나 사회 구성원들이 그러한

---

51) 대법원 2003. 7. 24. 선고 2001다48781 전원합의체 판결(공 2003하, 1785)(상속회복청구권 소멸시효 관련); 대법원 2005. 7. 21. 선고 2002다1178 전원합의체 판결(공 2005하, 1326)(종중 구성원 자격 관련).

관행의 법적 구속력에 대하여 더는 확신을 갖지 않게 된 경우이다.[52] 관습법이 효력을 가지기 위한 전제조건인 관행이나 법적 확신이 사후적으로 결여되었으므로 관습법에 부여하는 규범력을 인정할 수 없는 것이다.

그런데 관습법의 법리 자체가 불합리한 경우에 관습법의 효력에 어떤 영향을 미치는지 문제가 된다. 법원이 막연히 그 내용이 불합리하다는 이유로 관습법의 효력을 배제할 수는 없다.[53] 그러나 관습법의 내용이 불합리한 경우에는 그러한 관습은 소멸되었거나 변경되었다고 판단하기 쉬울 것이다.[54] 불합리한 관습법은 실제 거래에서의 당사자의 의사를 반영하지 못한다는 것이고 그에 따라 관습법의 내용을 따르는 관행이 점점 소멸된 것으로 볼 수 있기 때문이다. 관습법은 고정불변의 것이 아니고 사회일반의 관습과 공동체의 의식 변화에 따라 변화하기 마련인바, 관습법을 적용하여야 할 시점에 관습법의 불합리함으로 인하여 종전에 관행이라고 생각했던 것이 소멸되었고 법공동체의 법적 확신이 소멸되었다면 더는 관습법이 아닌 것이다. 대표적인 현대 분석적 자연법론자로 평가되는 피니스(John Finnis)는 관습법을 권위 있다고 하려면 우리가 관습법이 주장하는대로 믿거나 그것이 요구하는 대로 행동할 충분한 이유를 관습법이 제공하는 경우여야만 한다고 밝혔다.[55] 관습법의 내용이 불합리한 경우에는 관습법의 권위에 도전할 정당한 이유가 발생하는 것이다. 관습법이 규범력을 가지기 위한 요건인 「법적 확신」에 대해서 객관적인 인식수단이 마련되어 있지 않은 만큼 관습법의 불합리성은 관습법의 「법적 확신」 소멸을 가늠할 수 있는 중요한 고려요소가 된다고 할 것이다.

인간의 합리적 이성과 자유 의지를 강조하는 칸트의 인간관은 '개인에게 부여되어 있는 의사의 힘'으로서의 권리라는 근대 사법(私法)의 핵심개념의 토대가 된다.[56] 칸트에게 있어서 인간은 이성을 가진 존엄한 존재이며, 칸트는 자기입법

---

52) 대법원 2017. 1. 19. 선고 2013다17292 전원합의체 판결(공 2017상, 347); 편집대표 김용덕, 주석민법(총칙 1)(제5판), 한국사법행정학회(2019), 84면 이하(이원범 집필부분).

53) 김제완, "단체 법리의 재조명: 종중재산의 법적 성격", 인권과정의 통권 제355호(2006. 3), 140면.

54) 윤진수, "상속회복청구권의 소멸시효에 관한 구관습의 위헌 여부 및 판례의 소급효", 민법논고 5, 박영사(2011), 175면.

55) John Finnis, Natural Law and Natural Rights, 2nd ed., Oxford(2011), pp. 233-234; 이현경, "법철학에서 관습이 왜 중요한가", 법철학연구 제24권 제2호(2021), 482면.

56) Franz Wieacker, 김형석 역, "판덱텐 법학과 산업혁명", 서울대학교 법학 제47권 제1호(2006. 3), 346면. 법

(Selbstgesetzgebung), 자기결정(Selbstbestimmung), 자기목적설정(Selbstbezweckung) 등을 자율적으로 할 수 있는 자율성(Autonomie)이 바로 이성의 본질이라고 한다.[57] 이러한 인간상에 기초를 둔다면 불합리한 관습법은 합리적 이성과 자유의지를 가지는 법공동체에 의하여 소멸될 가능성이 농후한 것이다. 인간은 불합리한 관습법에 얽매이지 않으므로 해당 관습법을 불신하고 스스로의 새로운 관행을 형성하여 발전시켰을 가능성이 크기 때문이다.

최근에 대법원은 취득시효형 분묘기지권과 관련하여 분묘기지권자의 토지소유권자에 대한 지료지급의무를 부정한 종래의 판결을 변경하고 지료지급의무를 인정하였다.[58] 관습법상 인정되는 취득시효형 분묘기지권 자체의 규범력은 인정한 것이므로 관습법의 소멸과는 무관하다고 볼 수도 있다. 그러나 대법원이 종전에 인정해 오던 「무상 취득시효형 분묘기지권에 관한 관습법」에 대해서 그 소멸을 인정한 것으로 본다면 관습법의 소멸을 인정한 것으로 평가할 수 있다.[59] 대법원이 무상 취득시효형 분묘기지권을 인정해오던 종래의 판례를 변경한 가장 중요한 이유는 바로 그러한 관습법의 불합리성에 있다. 타인의 토지를 분묘용으로 사용한 사람이 아무런 지료지급의무를 부담하지 않는다는 종전의 관습법은 통상적인 거래관념, 민법상 소유권의 내용과 효력에 비추어 매우 불합리하므로 그러한 불합리성이 바로 관습법의 규범력에 영향을 미친 것이다.

3. 관습법상 법정지상권에 대한 「법적 확신」의 소멸

앞서 본 바와 같이 관습법상 법정지상권은 조선의 관습법이라고 단정하기

에 있어서의 인간상에 대한 전반적인 고찰로는 김종덕, “법에 있어서의 인간상에 관한 고찰”, 법학연구 제16권 제1호(2016. 3), 한국법학회, 242면 이하.

57) 심재우, “칸트의 법철학”, 법철학연구 제8권 제2호(2005), 10면 이하.

58) 대법원 2021. 4. 29. 선고 2017다228007 전원합의체 판결(공 2021상, 1018).

59) 위 전원합의체 판결의 대법관 이기택, 김재형, 이흥구의 별개의견은 “대법원판결 중에 취득시효형 분묘기지권의 경우에 ... 그 성립 시부터 지료 지급의무가 있다는 1992년 판결과 지료 지급의무가 없다는 1995년 판결이 병존하고 있었는데, 그중 어느 하나가 관습법이라고 할 수 없다.”라고 하여 「무상 취득시효형 분묘기지권에 관한 관습법」과 「유상 취득시효형 분묘기지권에 관한 관습법」 중에서 「무상 취득시효형 분묘기지권에 관한 관습법」은 더는 관습법이 아님을 시사하고 있다.

어려운 관습조사보고서에 기초한 조선고등법원 판결, 위 판결을 계승한 대법원에 의하여 발전된 법리인바, 과연 우리에게 그러한 관습법이 원래부터 있었는지 자체가 의문이 많지만 일응 그러한 관습법이 있다는 전제에서 논의하면 관습법상 법정지상권에 대한 법공동체의 「법적 확신」은 이미 소멸되었다고 보는 것이 타당하다.

관습법상 법정지상권의 법리는 당사자의 의사와 괴리된 법리이다. 관습법상 법정지상권이 인정되는 전형적인 상황, 즉 토지와 건물을 모두 소유하고 있던 사람이 건물만을 매도한 경우에 토지소유자와 건물양수인의 토지이용관계에 대한 의사를 지상권이라고 설명하는 것은 지상권과 임차권의 차이, 실제 거래에서의 선호도에 비추어보면 매우 비현실적이다. 당사자의 의사와 부합하지 않는 법리이므로 실제로 관습법상 법정지상권의 존재를 확인할 수 있는 관행이 사회에 형성되었다거나 축적되었다고 보기는 어려울 것이다. 여기에 앞서 본 관습법상 법정지상권의 심각한 불합리성, 즉 ① 토지이용관계를 설정할 기회를 소홀히 한 당사자를 우대한다는 점, ② 물권이 작동하기 위한 핵심 법리인 「공시의 원칙」에 반하여 공시되지 않는 권리가 유통되게 함으로써 제3자에게 예측하지 못한 피해를 주는 점, ③ 「기존 건물」에 대한 권리임에도 건물이 멸실되거나 철거 후 신축한 경우에도 법정지상권이 존속한다고 봄으로써 건물소유자를 지나치게 보호하는 점, ④ 존속기간이 장기여서 토지소유권을 형해화하고 있는 점 등에 비추어 관습법상 법정지상권의 성립을 의도하는 관행이 있다고 보기 어렵고, 그러한 관행이 있다고 하더라도 합리적인 인간상을 전제로 한 우리 사회에서 이에 대한 「법적 확신」 은 이미 소멸되었다고 보아야 할 것이다.[60]

---

60) 앞서 본 바와 같이 관습법이 전체 법질서에 반하는 경우에도 관습법의 효력이 소멸하나, 필자는 관습법상 법정지상권이 전체 법질서에 반해서 효력이 없다고 보는 것이 아니라 관습법상 법정지상권에 대한 관행이 있다고 보기 어렵고, 관행이 있다고 하더라도 이에 대한 법적 확신이 소멸되었다고 보아야 한다는 이유로 관습법상 법정지상권의 법리는 더는 유효하지 않다고 생각한다.

Ⅴ. 관습법상 법정지상권의 법리의 변경 - 대안으로서 의사해석에 기한 토지임대차의 추정

1. 문제점

대법원이 관습법상 법정지상권의 인정근거로 「건물 가치 유지의 국민경제상의 필요성」과 「당사자의 의사」를 언급하고 있는바, 실제 당사자의 의사와 부합하지 않는다는 점은 앞에서 언급한 바와 같다. 따라서 「건물 가치 유지의 국민경제상의 필요성」이라는 정책적 논거만 남는데 아래에서 보는 바와 같이 당사자의 의사에 대한 합리적 해석에 근거하여 그 목적을 달성할 수 있으므로 무리하게 관습법상 법정지상권의 법리를 유지할 이유가 없다. 이하에서는 관습법상 법정지상권의 법리를 구체적으로 어떻게 변경해야 하는지 살펴보고자 한다.

2. 의사해석과 법률의 유추적용에 의한 관습법의 대체

가. 관습법상 법정지상권의 성립여부가 문제가 되는 전형적인 상황, 즉 토지와 건물을 소유하고 있던 사람이 건물만을 매도한 경우에 건물소유자에게 토지이용권원이 인정되는지, 인정된다면 어떤 내용의 토지이용권원인지를 살펴볼 필요가 있다. 관습법상 법정지상권에 대해서 더는 관습법의 효력을 인정할 수 없는 이상 위와 같은 경우의 법률관계를 법정지상권으로 설명할 수는 없다. 이 경우에 기존에 인정되던 관습법상 법정지상권의 빈자리를 어떻게 채워야 하는지 문제가 된다.

이처럼 관습법의 효력이 소멸된 경우에, 판례는 민법 제1조가 민사에 관하여 법률에 규정이 없으면 관습법에 의하고 관습법이 없으면 조리에 의하도록 정하고 있으므로 조리에 의해서 그 법률관계를 규율하여야 한다고 한다.[61] 이

61) 대법원 2005. 7. 21. 선고 2002다1178 전원합의체 판결(공 2005하, 1326)(종중 구성원 자격 관련); 대법원 2008. 11. 20. 선고 2007다27670 전원합의체 판결(공 2008하, 1727)(제사주재자 결정 방법 관련); 대법원

에 대해서는 조리에 앞서 관련 법률의 유추적용에 의해 해당 법률관계를 규율하여야 한다는 반론이 제기되고 있다.[62] 조리는 재판의 기준이 될 만한 법률이 없는 경우에 비로소 재판의 기준으로 등장할 수 있는 것이고 법률은 조리에 앞서 재판의 기준이 되므로, 관습법에 흠결이 있는 경우 법률의 유추적용을 통하여 해결할 수 있는데도 조리를 내세워 판단하여서는 아니 된다는 점을 논거로 들고 있다.

검토하건대, 「조리」는 일반사회인이 보통 인정된다고 생각되는 객관적인 원리 또는 법칙인바 경우에 따라서는 사회통념 · 사회적 타당성 · 신의성실 · 형평 · 법의 일반원칙 등의 이름으로 표현된다.[63] 모든 사안에 대하여 이를 규율할 실정법이 완비되는 것은 불가능하므로 법원이 실정법이 미비된 사안에 대하여 적정한 결론을 도출하고자 조리를 적용할 수 있는 것은 당연하다. 그런데 해당 사안에 직접적으로 적용할 수 있는 성문법이 없다고 하여 바로 조리에 의존하여 재판을 할 수 있다고 보는 것은 성문법국가에서 다소 부자연스럽다. 법관의 법형성기능보다는 법률에 의한 재판을 우선시하는 성문법국가에서는 해당 사안에 유추적용할 수 있는 법률이 있는 경우에는 해당 법률을 적용하는 것이 타당하다. 조리라는 개념이 가지는 불확정성, 포괄성에 비추어 조리에 근거한 재판을 넓게 인정하면 재판관이 자신의 세계관을 투영하기 위한 도구로 조리를 사용함으로써 자의적인 결론이 도출될 위험이 증대된다. 하나의 사안과 결론을 중심 논리(fixed point)로 삼고 다른 사안과 사안구조적 유사성이 인정되는지 여부를 판단하여 그 사안구조적 유사성이 인정되면 그 중심 논리를 다른 사안에 적용하는 것이 유추인바,[64] 사안구조적 유사성이 인정되어 법률

2021. 4. 29. 선고 2017다228007 전원합의체 판결(공 2021상, 1018)(취득시효형 분묘기지권에 있어서 지료 지급의무 발생 시점 관련).

62) 대법원 2021. 4. 29. 선고 2017다228007 전원합의체 판결의 대법관 이기택, 김재형, 이흥구의 별개의견.

63) 곽윤직 · 김재형, 민법총칙, 제9판, 박영사(2014), 28면.

64) 유추의 법리에 대한 설명으로는 Edward H. Levi, An Introduction to Legal Reasoning, University of Chicago Press(2013), p. 1 이하; Cass R. Sunstein, Legal Reasoning and Political Conflict, Oxford(1996), p. 62 이하; 최봉경, "민법에서의 유추와 해석-판례를 거울삼아", 법철학연구 제12권 제2호(2009. 12), 18면 이하. 판례는 "법률의 유추적용은 법률의 흠결을 보충하는 것으로 법적 규율이 없는 사안에 대하여 그와 유사한 사안에 관한 법규범을 적용하는 것이다. 이러한 유추를 위해서는 법적 규율이 없는 사안과 법적 규율이 있는 사안 사이에 공통점 또는 유사점이 있어야 한다. 그러나 이것만으로 유추적용을 긍정할 수는 없다. 법규범의 체계, 입법 의도와 목적 등에 비추어 유추적용이 정당하다고 평가되는 경우에 비로소 유추적용을 인정할 수 있다."라고 설명한다(대법원 2020. 4. 29. 선고 2019다226135 판결(공 2020상, 977)).

의 유추적용이 가능한 경우에는 그에 따라 분쟁을 해결하는 것이 타당하다. 다만, 사안구조적 유사성에 대한 판단을 그르쳐 법률의 유추적용을 무리하게 확장하는 것을 경계해야 한다. 법률의 유추적용을 무리하게 확대하면 해당 사안의 특수성을 무시할 수 있기 때문이다.

그러나 당사자의 의사를 해석하여 계약의 구속력을 추출할 수 있는 경우에는 법률을 유추적용할 필요성이 현저히 감소된다. 적법하게 성립한 계약은 이를 행한 당사자들에 대하여 법률의 지위를 갖는 것이기 때문이다.[65] 민법은 계약자유의 원칙에 의하여 계약을 체결하고 그에 따른 법률관계를 자율적으로 형성할 자유를 보장함으로써 제반 법률보다 당사자의 합의가 우선임을 천명하고 있으며, 법률행위 개념이 이를 명확하게 보여준다.[66]

결국 당사자의 의사를 해석하여 계약의 효력을 인정할 수 있는 경우에는 그에 따르고, 그러한 의사 해석을 할 수 없는 경우에는 사안구조적 유사성이 인정되는 법률의 유추적용에 따라 해결하고,[67] 그러한 법률마저 존재하지 않는 경우에는 조리에 따라 해결하는 방법으로[68] 관습법의 빈자리를 채워야 할 것이다.

나. 관습법상 법정지상권에 대하여 더는 관습법의 효력을 인정할 수 없으므로 종래에 관습법상 법정지상권이 문제가 된 사안은 위에서 인정한 법리에 따라 다음과 같이 규율하는 것이 타당하다.

첫째, 관습법상 법정지상권의 성립여부가 문제가 되는 전형적인 상황으로 법률행위로 인하여 토지와 건물의 소유자가 달라진 경우에는 「의사 해석」에 따라 사안을 해결해야 한다. 당사자가 명시적으로 약정한 바가 있으면 그 약

65) 프랑스민법 제1103조 “Les contrats légalement formés tiennent lieu de loi à ceux qui les ont faits.”

66) 계약법에서 개인의 자유의사와 자율성을 강조하는 의사이론(will theory)에 대하여는 Charles Fried(주 44), p. 13 이하; 고영남, “고전적 계약법이론의 한계에 관한 연구 – 영미법상의 신뢰이론을 중심으로”, 박사학위논문, 고려대학교(2000. 12), 14면 이하.

67) 대법원 2021. 4. 29. 선고 2017다228007 전원합의체 판결(공 2021상, 1018)은 취득시효형 분묘기지권에 있어서 지료지급의무 발생 시점 관련하여 견해가 대립되었는바, 별개의견은 지상권이나 법정지상권에 관한 민법 규정을 유추적용해야 함을 강조하였다.

68) 대법원 2005. 7. 21. 선고 2002다1178 전원합의체 판결(공 2005하, 1326)(종중 구성원 자격 관련)과 대법원 2008. 11. 20. 선고 2007다27670 전원합의체 판결(공 2008하, 1727)(제사주재자 결정 방법 관련)은 사안구조적 유사성이 인정되는 법률이 존재하지 않으므로 조리에 의하여 사안을 해결한 것이다.

정에 따라 건물의 철거 여부와 토지이용권원을 결정해야 하나, 명시적 약정이 없는 경우에는 당사자의 의사해석을 통해 이를 결정해야 할 것이다. 그런데 ① 법률행위로 인하여 토지와 건물의 소유자가 달라진 경우에 토지소유자로서는 자신의 소유였던 건물을 매수하거나 증여받은 사람에게 바로 건물의 철거를 요구할 의사가 있었다기보다는 「해당 건물」을 위하여 토지를 「일정기간」 사용할 수 있는 권원을 설정해 줄 의사가 있었다고 볼 수 있는 점, ② 이러한 의사가 전제가 되었으므로 토지소유자는 건물소유자로부터 건물의 매매대금 등의 반대급부를 수령한 것이고, 건물소유자도 토지를 사용할 수 있는 권원이 있다는 전제 하에 반대급부를 제공한 것으로 볼 수 있는 점, ③ 앞에서 본 바와 같이 토지소유자로서는 소유권 행사에 상당한 제한이 가해지는 지상권 설정을 의도하지는 않았을 것으로 보이고 지상권이 실제 거래에서 활용되지 않고 있는 점에 비추어 건물소유자로서도 지상권의 설정을 의도한 것으로 볼 수 없는 점, ④ 토지소유자가 「일정기간」 소유권 행사가 제한되는 불이익을 입는 점에 비추어 토지소유자가 아무런 대가 없이 이러한 불이익을 감수하기보다는 차임 등 대가를 받고 이러한 불이익을 감수하기로 하였다고 보아야 하는 점, ⑤ 이러한 토지이용권원 설정에 있어서 당사자의 토지이용권원 설정 의사는 토지소유자가 처분한 「해당 건물」만을 위한 것으로 「해당 건물」이 멸실된 경우에는 그 토지이용권원을 설정한 목적이 소멸하였으므로 그 토지이용권원이 소멸되는 것으로 보아야 하는 점 등에 비추어, 명시적 약정이 없는 경우에는 「건물 소유를 목적으로 한 토지임대차계약」이 성립한 것으로 추정하는 것이 타당하다.[69]

가령 토지와 그 지상 건물을 소유하고 있는 갑이 을에게 건물만을 매도한 경우에 명시적으로 토지이용권원에 대한 약정이 있으면 그에 따라야 하지만, 그러한 약정이 없더라도 통상 갑은 을에게 토지이용권원을 설정할 의사가 있었다고 보아야 하고 을도 이를 전제로 건물을 매수한 것으로 보아야 하는바, 그 경우에 갑과 을은 위와 같은 추정의 법리에 따라 토지임대차계약을 체결한

69) 필자와 같이 임대차계약 추정을 인정해야 한다는 견해로는 김재형, “부동산이용권과 저당권의 관계”, 민사법학 제75호(2016. 6), 86면.

것으로 추정하는 것이 타당할 것이다. 이러한 추정은 토지와 그 지상 건물을 소유하고 있는 갑이 을에게 토지만을 매도한 경우에도 마찬가지로 적용된다. 즉, 위와 같은 경우 갑과 을 사이에 토지매매대금, 계약 체결 과정에 비추어 갑의 소유로 남아 있는 건물을 철거하기로 하는 합의가 있었다면 그에 따라야 하지만, 그러한 약정이 없는 경우에는 통상 을은 갑에게 토지이용권원을 설정할 의사가 있었다고 보아야 하고 그 경우에 갑과 을은 토지임대차계약을 체결한 것으로 추정해야 할 것이다.[70]

둘째, 강제경매, 국세징수법에 의한 경매와 같이 법률행위 이외의 사유로 토지와 건물의 소유자가 달라진 경우에도 판례는 관습법상 법정지상권의 성립을 인정하는바, 이 경우에는 토지소유자와 건물소유자 사이에 의사를 추단할 수 있는 거래행위가 있지 않으므로 위와 같이 의사해석의 방법을 사용할 수 없고 사안구조적 유사성이 인정되는 법률의 유추적용에 따라 해결해야 할 것이다. 그런데 우리 민법 제366조는 저당권 실행에 의한 임의경매로 토지와 지상건물이 각각 다른 소유자에게 속한 경우에 법정지상권을 인정하고 있다. 일정한 사유로 당사자가 토지의 이용관계를 현실화할 수 있는 기회를 갖지 못한 채 토지와 그 지상건물의 소유자가 다르게 되는 때에 지상권이 설정된 것으로 간주하지 않으면, 건물소유자가 아무런 권리 없이 타인의 토지를 사용하는 결과가 되어 건물은 철거될 수밖에 없다. 이러한 결과를 그대로 두면 건물의 경매에서 매각대가는 자연히 크게 떨어지고 건물의 담보화를 막게 되며 건물소유를 위한 토지이용은 중대한 위협을 받게 된다. 이러한 불합리한 결과를 방지하기 위하여 민법 제366조의 법정지상권이 인정되는 것이다.[71] 토지의 이용관계를 현실화할 수 있는 기회를 갖지 못하는 경우는 민법 제366조의 「임의경매」 뿐만 아니라 「강제경매」, 「국세징수법에 의한 경매」도 이에 해당된다. 이와 같은 민법 제366조의 입법취지를 고려하면, 강제경매, 국세징수법에 의한 경매

---

70) 갑의 토지 위에 갑과 을이 건물을 공유하다가 갑이 토지를 병에게 처분한 경우 판례는 갑과 을이 관습법상의 법정지상권을 취득한다고 판시하고 있으나(대법원 1977. 7. 26. 선고 76다388 판결(공 1977, 10237)), 사전에 토지이용권원을 확보하지 않은 갑과 을에게 위와 같은 혜택을 부여할 것이 아니라 갑·을과 병 사이에 토지임대차계약이 체결된 것으로 추정하는 것이 타당하다.

71) 곽윤직 · 김재형(주 3), 464면; 편집대표 김용덕, 주석민법(물권 4)(제5판), 한국사법행정학회(2019), 134면 이하(오민석 집필부분).

와 같이 법률행위 이외의 사유로 토지와 건물의 소유자가 달라진 경우에 사안구조적 유사성이 인정되는 민법 제366조를 유추적용하여 건물소유자에게 법정지상권을 인정할 수 있다.[72)]

이에 대하여 법률행위로 인하여 토지와 건물의 소유자가 달라진 경우와 그렇지 않은 사안을 구별해서 전자에 대하여만 건물소유자를 불리하게 대우할 이유가 있는지 의문을 제기할 수 있다. 그러나 전자의 경우 건물소유자는 토지소유자와의 협상을 통해 토지이용관계를 설정할 기회가 있었고 그 기회를 소홀히 한 것인바 그에 따른 불이익(임차권의 추정)을 감수해야 한다는 점에서 위와 같은 차별대우는 정당화할 수 있고, 아울러 우리 민법 제366조는 그러한 기회를 누리지 못한 건물소유자에게 「법정지상권」을 부여하기로 입법적 결단을 한 것이기에 그러한 입법적 결단에 따라 후자의 경우를 우대할 수밖에 없다. 또한 후자의 경우에 낙찰자의 권리를 보다 두텁게 보호함으로써 원활하게 경매가 이루어지도록 할 필요성이 인정된다.

다만, 입법론적으로는 실제에 있어서 지상권이 이용되는 경우가 거의 없고 임대차가 주로 이루어지므로 「경매」에 의해서 토지와 건물의 소유자가 달라진 경우에도 법정임대차를 일원론적으로 인정하는 방식이 바람직할 것이다.[73)]

3. 법률행위로 인하여 토지와 건물의 소유자가 달라진 경우의 구체적인 규율

가. 토지임대차계약 내용의 보충

법률행위 이외의 사유로 토지와 건물의 소유자가 달라진 경우에는 민법 제366조를 유추적용하여 건물소유자에게 법정지상권을 인정하는 법리를 전개하면 되고, 법정지상권이 물권인 이상 물권법정주의에 따라 지상권의 내용과 효

---

72) 저당권의 목적이 되어 있는 토지나 건물에 대하여 「강제경매」가 실시되어 토지와 건물의 소유자가 달라진 경우에도 민법 제366조의 법정지상권을 인정해야 한다는 견해(양창수 · 김형석(주 3), 449-450면; 김상용, 물권법, 화산미디어(2016), 705면; 김용한, 물권법론, 재전정판, 박영사(1996), 576면)는 이러한 사안구조적 유사성을 강조하는 입장이라고 할 수 있다. 다만 판례는 위와 같은 경우에 민법 제366조의 법정지상권이 아니라 관습법상 법정지상권이 성립함을 전제로 판시를 한 바 있다(대법원 2013. 4. 11. 선고 2009다62059 판결(공 2013상, 837)).

73) 김재형(주 69), 86면.

력을 따라 규율하면 될 것이다. 그러나 법률행위로 인하여 토지와 건물의 소유자가 달라진 경우에 대해서 「건물 소유를 목적으로 한 토지임대차계약」이 추정된다고 보는 경우에 구체적으로 어떤 내용의 토지임대차계약인지는 보다 상세한 논의가 필요하다.

계약의 대강의 내용은 있으나 세부적인 사항이 마련되어 있지 않은 경우에, 즉 계약의 공백이 있는 경우에 계약의 공백을 보충하는 것이 바로 「보충적 해석」이다. 보충적 해석은 관습, 거래관행, 이를 반영한 법규, 계약의 목적과 성격, 법률행위 당시의 제반 사정 등을 활용하여 행하여지는데, 최종적인 목적은 당사자가 약정을 하지 아니한 사항에 대하여 약정하였을 것으로 보이는 내용으로 당사자의 의사를 보충하는 데 있다. 즉 보충적 해석에서는 당사자들이 그러한 사항에 관하여 규정하였더라면 어떻게 규정하였을까 하는 「가정적인 당사자 의사」[74]를 탐구하는 것이다. 가정적인 당사자 의사를 탐구하기 위해서 임의규정(default rule)을 활용할 수 있다. 계약법에서 임의규정은 당사자들의 계약의 내용 중 누락된 사항이나 불명확한 사항을 보충하는 역할을 하며,[75] 이를 통해 계약을 표준화함으로써 거래비용을 줄이는 중요한 역할을 한다.[76] 그런데 이러한 임의규정이 당사자의 가정적 의사를 반영하고 있지 못한 경우에는 임의규정을 그대로 적용할 수 없으며 당사자의 가정적 의사에 따르는 것이 사적 자치의 원리에 비추어 타당하다고 할 수 있다.

이러한 원리를 바탕으로 법률행위로 인하여 토지와 건물의 소유자가 달라진 경우에 추정되는 「건물 소유를 목적으로 한 토지임대차계약」의 내용을 구체적으로 설명하면 다음과 같다.

---

74) 보충적 해석이 적용되는 경우에 보충되는 당사자의 의사는 당사자의 실제 의사 또는 주관적 의사가 아니라 계약의 목적, 거래관행, 적용법규 등에 비추어 객관적으로 추인되는 정당한 이익조정 의사를 말한다(대법원 2006. 11. 23. 선고 2005다13288 판결(공 2007상, 24); 대법원 2014. 4. 24. 선고 2013다218620 판결). 이에 따라 보충적 해석을 법의 적용으로 보는 입장으로는 곽윤직·김재형(주 63), 299면; 엄동섭, "법률행위의 보충적 해석", 한국민법이론의 발전(Ⅰ), 박영사(2001), 87-89면. 이와 달리 계약과 법의 중간단계로 보는 입장으로는 윤진수, "계약 해석의 방법에 관한 국제적 동향과 한국법", 민법논고 Ⅰ, 박영사(2007), 276면.

75) Ian Ayres & Robert Gertner, "Filling Gaps in Incomplete Contracts: An Economic Theory of Default Rules", 99 Yale L.J. 87, 87 (1989).

76) 박세일 외 6인, 법경제학, 재개정판, 박영사(2019), 237-239면.

나. 토지임대차계약의 존속기간

우선 위 토지임대차계약을 기간의 약정이 없는 임대차로 보아야 하는지 문제가 된다. 만약 이와 같이 해석이 되면 당사자는 언제든지 계약해지의 통고를 할 수 있게 된다(민법 제635조). 그러나 법률행위로 인하여 토지와 건물의 소유자가 달라진 경우에 토지소유자로서는 건물소유자에게 바로 건물의 철거를 요구할 의사가 있었다기보다는 「해당 건물」을 위하여 토지를 「일정기간」 사용할 수 있는 권원을 설정해 줄 의사가 있었다고 보아야 함은 함에서 본 바와 같은 바, 이러한 의사 해석에 비추어 민법 제635조는 적용되지 않고 「일정기간」의 건물존속을 보장하는 임대차라고 보는 것이 당사자의 의사에 부합한다.

그렇다면 그 「일정기간」을 어떻게 정해야 하는지, 즉 토지임대차계약의 존속기간을 어떻게 정해야 하는지 검토가 필요한바, 이를 위하여 민법 제619조를 고려해야 한다. 민법 제619조 제1호는 처분의 능력 또는 권한이 없는 자에 의해 체결된 임대차계약기간과 관련하여는 석조, 석회조, 연와조 및 이와 유사한 건축을 목적으로 토지임대차는 10년을 넘지 못한다고 규정하고 있다. 위 조항은 처분권자의 이익을 보호하기 위해 임대차 기간을 제한하는 조항이므로 건물 존속보장을 위한 기간과 관련성이 있는지 의문이 있을 수 있다. 그런데 직접적인 관련성은 없다고 하더라도, 민법 제619조 각 호에서 임대차 목적물의 특성에 따라 임대차기간을 다르게 정하면서도 석조건물 등을 목적으로 한 토지임대차에 대해서는 가장 장기인 10년의 임대차기간을 인정하고 있다는 점에서 이러한 입법의 배후에는 건물 존속보장에 대한 간접적인 고려가 있었다고 판단된다.[77] 따라서 법률행위로 인하여 토지와 건물의 소유자가 달라진 경우에 토지임대차계약을 추정하는 근거가 당사자 사이에 건물 존속을 「일정 기간」 원하였다는 것에 있는 이상, 위 토지임대차계약의 건물 존속을 위한 일정기간은 민법 제619조 제1호를 유추하여 10년이라고 해석할 수 있다. 임대차기간이 10년이 경과하여 기간만료로 종료한 경우에 임차인(건물소유자)은 강행

77) 권영준(주 4), 24면. 참고로 2014년 민법개정안에서는 관습법상 법정지상권 성립 대신에 토지임대차계약을 체결한 것으로 간주하면서 그 기간을 10년으로 정하였는데 위와 같은 민법 제619조에 대한 해석이 영향을 미쳤다.

규정인 민법 제643조에 따라 갱신청구권과 건물매수청구권을 행사할 수 있다.

다. 차임의 결정

법률행위로 인하여 토지와 건물의 소유자가 달라진 경우에 「건물 소유를 목적으로 한 토지임대차계약」이 추정된다고 보는 경우에 차임을 어떻게 결정해야 하는지 문제가 된다. 우리 민법은 토지이용의 대가를 당사자가 정하지 않은 경우에 법원이 정할 수 있음을 명확히 하고 있다. 가령 건물의 전세권과 법정지상권에 관한 민법 제305조 제1항 단서, 임의경매에서의 법정지상권에 관한 민법 제366조 단서는 지료를 당사자의 청구에 의하여 법원이 이를 정하도록 하고 있다. 나아가 민법 제628조는 임대차계약의 당사자가 토지이용의 대가를 정하더라도 법원이 경제사정의 변동을 이유로 차임을 증감할 수 있는 권한을 가지고 있음을 명확히 하고 있다.

결국 건물 소유를 목적으로 한 토지임대차계약이 추정되는 경우에 그 차임은 위와 같이 법원에게 부여된 권한을 이용하는 것이 타당하다. 따라서 민법 제628조를 유추적용하여 당사자의 청구에 의하여 법원이 차임을 결정할 수 있고, 이와 같이 결정된 차임을 토지와 건물의 소유자가 달라지게 된 시점부터 청구할 수 있다고 보아야 할 것이다.[78)]

라. 건물의 멸실로 인한 토지임대차계약 종료 여부

만약 10년 이내에 건물이 멸실된 경우에 위 토지임대차계약은 여전히 존속하는지 문제가 된다. 앞에서 본 바와 같이 토지이용권원 설정에 있어서 당사자의 토지이용권원 설정 의사는 토지소유자가 처분한 「해당 건물」만을 위한 것으로 의사해석할 수 있으므로, 「해당 건물」이 멸실된 경우에는 토지임대차계약은 종료되는 것으로 보아야 할 것이다. 민법 제622조 제2항은 토지임대차

78) 법정지상권에서도 당사자의 청구에 의하여 법원이 결정한 지료는 법정지상권 성립 시에 소급하여 효력이 생긴다(편집대표 김용덕, 주석민법(물권 4)(제5판), 한국사법행정학회(2019), 156면(오민석 집필부분)). 참고로 대법원 2021. 4. 29. 선고 2017다228007 전원합의체 판결의 별개의견은 "민법 제366조 등에 따라 법정지상권이 성립하면 지상권자는 '지상권 성립 시부터' 토지소유자에게 지료를 지급하여야 한다. 분묘기지권을 시효취득하여 성립하는 토지 이용관계에 관해서도 법정지상권의 경우와 마찬가지로 분묘기지권이 성립한 때부터 지료를 지급하여야 한다."라고 판시하였다.

기간 만료 전에 건물이 멸실된 때에는 임차권의 대항력을 상실한다고 규정하고 있는바(민법 제622조 제2항), 위 의사해석과 완전히 일치하는 것은 아니지만 그 취지를 참고한다면 위와 같은 의사해석의 정당성을 인정할 수 있다. 이러한 의사해석에 따르면 건물이 멸실되거나 철거 후 신축한 경우에도 구 건물을 기준으로 토지이용권원이 존속하는지 여부를 더는 판단할 필요가 없게 된다.

마. 제3자에 대한 토지임차권의 대항력 문제

위와 같은 10년의 존속기간을 제3자에게 주장할 수 있는지 문제가 된다. 임차권에는 원래 대항력이 없으나 건물의 소유를 목적으로 한 토지임대차에서는 그 지상건물을 등기하면 제3자에 대하여 대항력을 주장할 수 있다(민법 제622조 제1항). 대항력이 인정되는 경우 토지양수인은 토지양도인의 임대차계약을 인수한 것으로 보아 토지양수인은 토지양도인과 동일한 권리의무를 부담한다.[79] 법률행위로 인하여 토지와 건물의 소유자가 달라진 경우에도 위 법리를 그대로 적용할 수 있다. 따라서 건물소유자는 지상 건물에 대하여 소유권보존등기나 소유권이전등기를 마침으로써 10년의 존속기간을 제3자(토지양수인)에 대해서도 주장할 수 있으며, 이에 따라 건물소유자는 토지가 제3자에게 양도되었다고 하여 불이익을 입지 않는다. 다만, 건물에 대하여 소유권등기를 할 수 없는 미등기건물의 경우 위와 같은 보호를 받지 못하는 점이 있으나, 제3자에게 대항력을 주장하기 위해서는 불측의 피해를 방지하기 위해서 「공시」가 필요하다는 점에서 미등기건물 소유자는 불이익을 감내해야 하는 지위에 있다고 할 수 있다.[80]

바. 토지임차권의 양도, 전대

임차권의 양도, 전대와 관련하여 건물소유자가 자유롭게 이를 할 수 있는지 문제가 된다. 민법은 임차인은 임대인의 동의없이 그 권리를 양도하거나 임차

---

79) 양창수・김형석(주 3), 648면.
80) 경우에 따라서는 미등기건물 소유자는 신의칙을 주장함으로써 권리구제를 받을 수 있을 것이다.

물을 전대하지 못하고 임차인이 위 규정에 위반한 때에는 임대인은 계약을 해지할 수 있다고 규정하고 있다(민법 제629조). 임대차계약은 당사자의 개인적 신뢰를 기초로 하는 계속적 법률관계로 임대인의 인적 신뢰가 중요하므로 임차권의 양도, 전대와 관련하여 임대인의 동의를 받도록 하고 있는 것이다. 법률행위로 인하여 토지와 건물의 소유자가 달라진 경우에 추정되는 토지임대차계약도 특별한 사정이 없는 한 이에 따라야 할 것이다. 토지소유자가 「해당 건물」을 위하여 토지를 「일정기간」 사용할 수 있는 권원을 설정해 줄 의사가 있었다고 보아야 하지만, 건물 소유자에게 임대인의 동의 없는 임차권의 양도, 전대를 허용할 의사까지 있다고 보기는 어렵기 때문이다.

민법 제629조에 대하여는 입법론으로 타당한 비판이 제기되고 있다. 임차인의 임차물에 대한 투하자본의 회수를 곤란하게 하고 임차권의 강화에 역행한다는 것이다. 일본은 입법으로 이러한 비판을 극복하였다. 즉 일본은 우리 민법 제629조와 같은 내용의 조항을 두고 있으나(일본민법 제612조), 차지차가법(借地借家法)을 제정하여 차지권설정자에 대하여 불리하게 될 염려가 없는 경우에 차지권설정자의 승낙 없이도 임차권의 양도, 전대가 가능하도록 하였다.[81] 대법원은 임대인의 동의 없는 임차권의 양도, 전대를 원칙적으로 허용하지 않으면서도, "임차인이 비록 임대인으로부터 별도의 승낙을 얻지 아니하고 제3자에게 임차물을 사용·수익하도록 한 경우에 임차인의 행위가 임대인에 대한 배신적 행위라고 할 수 없는 특별한 사정이 인정되는 경우"에 임대인의 동의 없는 임차권의 양도, 전대를 허용하고 있다.[82] 어떤 경우에 배신행위로 볼 수 없는지 문제가 되는데, 임차인과 양수인(전차인) 사이의 인적 관계, 양수인(전차인)의 개성·직업·자력, 종래 임차인의 태도, 임차권 양도(전대)를 하게 된 사정, 임차인의 자본 회수의 필요성, 임차권의 양도(전대) 시 임대인이

81) 일본의 차지차가법(借地借家法) 제19조 제1항은 "차지권자가 임차권의 목적인 토지상의 건물을 제3자에게 양도하려고 하는 경우에 그 제3자가 임차권을 취득하거나 전차를 하더라도 차지권설정자에 대하여 불리하게 될 염려가 없음에도 불구하고 차지권설정자가 임차권의 양도 또는 전대를 승낙하지 아니하는 때에는 법원은 차지권자의 청구에 의하여 차지권설정자의 승낙에 갈음하는 허가를 할 수 있다. 이 경우에 당사자간의 이익의 형평을 도모할 필요가 있는 때에는 법원은 임차권의 양도 또는 전대를 조건으로 하는 차지조건의 변경을 명하거나 그 허가를 재산상의 급부에 연계시킬 수 있다."라고 규정하고 있다.

82) 대법원 1993. 4. 27. 선고 92다45308 판결(공 1993하, 1553); 대법원 2007. 11. 29. 선고 2005다64255 판결(공 2007하, 1997); 대법원 2010. 6. 10. 선고 2009다101275 판결(공 2010하, 1354).

입을 수 있는 손해 등을 고려하여야 할 것이다.[83)]

건물 소유 목적의 토지임대차의 경우 임차인이 누구이냐에 따라 토지의 사용, 수익의 양태가 특별히 달라지지 않으므로 임대인 동의 없는 임차권의 양도(전대)를 허용하더라도 임대인이 입는 손해가 별로 없는 점, 임차인이 건물을 위해 상당한 투자를 하였으므로 투하자본 회수의 필요성이 큰 점 등에 비추어 임차권의 양도(전대)를 배신행위로 볼 수 없는 경우가 많을 것이다. 결국 법률행위로 인하여 토지와 건물의 소유자가 달라진 경우에 추정되는 「건물 소유를 목적으로 한 토지임대차계약」의 경우 원칙적으로 임대인의 동의 없는 임차권 양도(전대)는 허용되지 않으나 배신행위로 인정되지 않는 특수한 경우가 다른 임대차보다 넓게 인정될 수 있으므로 이에 따라 건물소유자를 보호할 수 있을 것이다.[84)]

사. 소결

관습법상 법정지상권을 인정했던 실질적인 이유는 「건물 가치 유지의 국민경제상의 필요성」이었다. 그러나 위와 같이 법률행위로 인하여 토지와 건물의 소유자가 달라진 경우에 「건물 소유를 목적으로 한 토지임대차계약」을 추정하더라도 합리적인 범위 내에서 위와 같은 정책적 필요성을 달성할 수 있다고 할 것인바, 토지소유자와 건물소유자의 이해관계를 합리적으로 조정할 수 있다는 점에서 토지임대차계약으로 추정하는 것이 바람직하다.

4. 보론: 판례 변경의 방식

가. 위에서 전개한 필자의 견해에 따른다면 법률행위로 인하여 토지와 건물의 소유자가 달라진 경우에 건물철거특약이 있다는 등의 특별한 사정이 없는 한 관습법상 법정지상권을 인정한 종전의 판례는 변경되어야 할 것이다. 관련

83) 문광섭, "임대인의 동의 없는 주택의 전대차와 주택임대차보호법상의 대항요건", 대법원판례해설 제71호, 법원도서관(2008), 275면 이하; 이상혁, "부동산임대차의 현대적 과제에 관한 연구", 박사학위논문, 한양대학교(1986. 12), 116면 이하.

84) 同旨 권재문(주 14), 120면.

하여 법원이 판례 변경으로 관습법의 효력 자체를 상실시키는 것이 가능한지 문제가 된다.

관습법의 성립요건과 관련하여 거듭된 관행과 그에 대한 법적 확신이 있어야 한다는 법적 확신설(Rechtsüberzeugungstheorie)과 입법기관이나 법원과 같은 국가기관이 승인했을 때 비로소 관습법이 된다는 승인설(Gestattungstheorie)이 대립되고 있으며 통설·판례는 법적 확신설을 취하고 있음은 앞에서 설명한 바와 같다. 승인설을 주장하는 오스틴(John Austin)에 따르면 법관에 의하여 관습이 법규칙으로 전환되며 관습으로부터 나온 법규칙은 입법기관의 묵시적 명령(tacit commands)이 된다고 하는바,[85] 법원은 판례 변경에 의하여 관습법의 효력 자체를 상실시키는 권한도 가진다고 볼 수 있다.[86]

그런데 법적 확신설에 따르더라도 법원은 관습법의 효력을 심사할 수 있다. 관습법은 관행과 법적 확신의 존재만으로 성립하는 것이지만, 법원은 존재하고 있는 관습법이 전체 법질서에 어긋나는 것은 아닌지 또는 해당 사안에서 이미 관행이나 법적 확신이 소멸된 것이 아닌지 사후적으로 심사할 수 있는 권한이 있기 때문이다.[87] 관습법의 성립과 관습법에 대한 사후적 심사는 구별되어야 하는 것이다.[88] 그러나 법적 확신설에 따르면 관습법을 인정해 온 종래의 판례를 변경하는 판결을 하는 경우에 그 판결 시점부터 관습법이 폐지되는 것이 아니라 그 판결은 이미 효력이 없는 관습법을 확인(確認)하는 것에 불과하다. 이러한 논리는 사법의 본질(本質), 즉 사법은 법을 형성하거나 폐지할 권한이 있는 것이 아니라 단지 기존의 법률관계를 확인할 뿐이라는 점에 부합

85) J. Austin, The Province of Jurisprudence Determined, Campbell & Thomas ed., Dartmouth: Ashgate (1998), pp. 23-24.

86) 부언하면 승인설에 따르면 판례변경에 의하여 국가기관이 더는 관습법의 효력을 승인하지 않는 것이 되므로 관습법의 효력이 소멸하는 것이다.

87) 관습법이 위헌적인 경우에 대법원이 관습법을 폐지할 수 있다는 입장(대법원 2003. 7. 24. 선고 2001다48781 전원합의체 판결(공 2003하, 1785), 대법원 2005. 7. 21. 선고 2002다1178 전원합의체 판결(공 2005하, 1326); 이준영, “관습법이 위헌법률심판의 대상이 되는지 여부”, 판례연구 제26집, 부산판례연구회(2015), 320면)과 헌법재판소가 관습법을 폐지해야 한다는 입장(헌법재판소 2013. 2. 28. 선고 2009헌바129, 헌법재판소 2020. 10. 29. 선고 2017헌바208; 권건보, “관습법에 대한 헌법재판소의 위헌심사 권한”, 헌법재판연구 제3권 제2호(2016), 66면 이하)이 대립하고 있다. 본 논문에서 관습법상 법정지상권이 관습법으로 효력이 없다는 필자의 주장은 관행이라든지 법적 확신이 소멸되었다는 것이지 위헌적이라는 것은 아니므로 위 논의와는 직접적인 관련은 없다.

88) 오세혁(주 6), 158면; 김제완(주 53), 140면; 윤진수(주 54), 173면.

한다. 따라서 판례 변경은 관습법의 효력이 소멸된 시점, 가령 법적 확신이 소멸된 시점이나 시대의 변화로 전체 법질서에 반하게 된 시점에 소급하여 그 효력을 가지는 것이 논리적일 것이다.[89]

나. 종래 대법원은 관습법의 효력에 관하여 판례를 변경하면서 장래효를 갖는 판례변경(prospective overruling)을 인정한 바 있다. 예를 들면, 종중 구성원의 자격을 성년 남자만으로 제한한 종래의 관습법에 관하여 그 효력을 인정했던 판례를 변경하면서 변경된 판례는 위 판결 선고 이후의 종중 구성원의 자격과 이와 관련하여 새로이 성립되는 법률관계에 대하여만 적용되어야 하고, 다만, 해당 사건에 한하여는 소급하여 변경된 판례를 적용한다고 판시하였다.[90] 또한 대법원은 통상 종손이 제사주재자가 된다는 관습법의 효력을 인정한 종전 판례를 변경하면서 제사주재자는 공동상속인들의 협의 내지 다수결에 의해 정하는 것이 타당하다는 새로운 법리를 제시하면서 이러한 새로운 법리는 판결 선고 이후에 제사용 재산의 승계가 이루어지는 경우에만 적용된다고 판시하였다. 다만, 대법원이 새로운 법리를 선언하는 것은 이를 해당 사건의 재판규범으로 삼으려는 데에 그 취지가 있으므로, 해당 사건에 대하여는 새로운 법리가 소급하여 적용된다고 판시하였다.[91]

대법원이 장래적 판례변경을 할 수 있는지 논란이 있다. 장래적 판례변경에는 선례를 변경하는 판결에서 선언하는 원칙을 당해 사건에는 적용되지만 당해 사건의 판결 전에 행해진 행위에는 적용되지 않도록 하는 경우(선택적 장래효)와 선례를 변경하는 새로운 원칙을 당해 사건에 대하여도 적용하지 않고 단지 장래 동종의 사건을 재판하는 때에 그 판결 이후에 행해진 행위에 대하여만 당해 사건에서 선언한 새로운 원칙에 따라 재판을 하는 취지를 밝히는

---

89) 同旨 이동진, "판례변경의 소급효", 민사판례연구(36), 박영사(2014), 1167면. 대법원은 제정민법이 시행되기 전에 존재하던 '상속회복청구권은 상속이 개시된 날부터 20년이 경과하면 소멸한다.'는 관습에 관습법으로의 효력을 인정한 종래의 판례를 변경하면서 소급효를 인정한 바 있다(대법원 2003. 7. 24. 선고 2001다48781 전원합의체 판결(공 2003하, 1785)).

90) 대법원 2005. 7. 21. 선고 2002다1178 전원합의체 판결(공 2005하, 1326). 위 판결에 대한 평석으로는 윤진수, "변화하는 사회와 종중에 대한 관습", 사법 창간호(2007. 9).

91) 대법원 2008. 11. 20. 선고 2007다27670 전원합의체 판결(공 2008하, 1727).

경우(순수한 장래효)로 나눌 수 있다.[92] 위에서 논한 판례들은 모두 선택적 장래효(selective prospectivity)를 인정한 사안이다.[93]

우선 대법원이 관습법의 효력과 관련하여 장래적 판례변경을 할 수 있는지 검토한다. 법원은 행위 당시의 법에 따라 문제가 되는 행위의 적법성을 판단하는 기능을 담당하므로 행위 당시 관습법의 효력이 소멸하였으면 그에 따른 판단을 해야 하며 행위시 이후에 일정 시점을 기준으로 관습법의 효력을 부인할 수는 없다는 부정설(否定說)이 주장되고 있다.[94] 부정설(否定說)은 관습법의 효력이 소멸된 시점, 즉 「법」이 변경된 시점 이후의 사건에 대하여는 일률적으로 변경된 판례를 소급적용해야 한다고 하면서 판례 변경을 소급적으로 적용하는 경우의 법적 불안은 개별 법 제도 내지 법리(권리남용 등)에 의하여 해소될 수 있다고 주장한다.

부정설(否定說)이 사법의 본질에 충실한 해석임을 부인하기는 어렵다.[95] 그러나 사법작용도 국가의 권력작용에 해당하므로 소급효를 제한하는 원리인 신뢰 보호와 법적 안정성의 요청을 무시할 수는 없다. 특히 관습법의 경우 원래는 관습법이었다가 관행이나 법적 확신이 소멸되어 관습법으로서 효력을 인정할 수 없게 된 경우에 당사자로서는 그러한 관습법의 변화를 확인하기 어려우므로 관습법의 존재를 믿고 행동할 사람을 보호할 필요성이 더욱 크다.[96] 관습법의 경우에는 법률의 개정이라는 공식절차 없이 법이 바뀐 경우라는 특수성을 감안해야 한다. 부정설(否定說)은 변경된 판례를 소급적으로 적용하는 경우의 법적 불안을 개별 법 제도 내지 법리에 의하여 해소할 수 있다고 하나,

---

92) 문영화, “종원의 자격을 성년남자로 제한하는 종래 관습법의 효력”, 21세기사법의 전개:송민최종영대법원장재임기념, 박영사(2005), 431면; 윤진수, “미국법상 판례의 소급효”, 저스티스 통권 제28권(1995. 7), 107면 이하; 이우영, “미국법상 판례변경의 소급효 및 그 제한의 법리에 대한 헌법적 분석”, 서울대학교 법학 제54권 제3호(2013. 9), 255면 이하.

93) 대법원이 순수한 장래효를 인정한 사안으로는 대법원 2015. 7. 23. 선고 2015다200111 전원합의체 판결(공2015하, 1238)(형사사건에 관한 성공보수약정이 선량한 풍속 기타 사회질서에 위배된다고 평가하면서 이 판결 이후에 체결된 성공보수약정만 무효로 보아야 한다고 판시).

94) 이동진(주 89), 1167면 이하; 김제완(주 53), 142면 이하.

95) 판례변경의 소급효의 원칙을 강하게 주장하는 미국의 할란(Harlan) 대법관은 각 소송당사자에게 해당 사건의 내용에 따라 재판하는 것이 법원의 임무라고 하면서 법원이 새로운 헌법상의 원칙을 선언한 경우에 그러한 판례의 소급효를 인정하지 않으면 법원의 판결은 초입법부의 명령(the commands of a super-legislature)이 되는 것이라고 한다. Desist v. United States, 394 U.S. 244, 259 (1969).

96) 윤진수(주 54), 202면.

권리남용이나 실효 등의 개별 법리에 의해서 당사자를 소급효로부터 완전히 보호하기 어렵고, 권리남용과 같은 추상적인 법리에 따른 규율을 시도하는 경우 그 요건의 불명확성으로 인해 막대한 사법비용이 들 수 있다. 결국 관습법의 효력이 사후적으로 소멸된 경우에는 그 관습법을 신뢰하여 일정한 법률관계를 형성한 사람을 보호할 필요성이 크다고 할 것인바, 신뢰 보호의 필요성과 법적 안정성의 요구의 정도를 고려하여 장래적 판례변경을 조심스럽게 고려할 수 있다.[97)]

그러나 장래적 변경효를 인정한다고 하여 「선택적 장래효」까지 인정하는 것은 무리가 따른다. 같은 시점에 동일한 쟁점이 문제가 되는 사건들은 동일하게 취급하여야 함에도 그 중 어느 한 사건이 변경된 판례가 설시된 해당 사건이라는 이유로 다른 사건들과 달리 취급하는 것은 평등의 원칙에 반하기 때문이다. 평등의 원칙은 합리적인 근거 없이 동일한 사안을 다르게 취급하지 말아야 함을 명하고 있는바, 해당 사건에서 판례가 변경된 것은 당사자의 노력이라기보다는 법원의 판례 변경의 선택의 결과이므로 해당 사건의 당사자만을 우대할 만한 합리적인 근거가 없다.[98)] 따라서 「선택적 장래효」까지 인정한 위 판례들이 타당하다고 보기 어렵다.[99)]

위와 같은 논의를 토대로 관습법상 법정지상권에 관한 판례변경방식을 검토하면, 관습법의 효력이 사후적으로 소멸된 경우라는 점, 당사자는 대세적 효력을 가지는 물권을 보유함을 전제로 행위를 하였다는 점에 비추어 종전의 관습법을 신뢰하여 법률관계를 형성한 건물소유자를 보호해야 할 필요성이 상당하다고 할 것이다. 따라서 「순수한 장래효를 갖는 판례변경」을 긍정적으로 검토하는 것이 바람직한 결과를 낳을 수 있다는 점을 고려하여야 할 것이다.[100)]

---

97) 장래적 판례변경이 가능함을 설시한 영국의 판례로는 In re Spectrum Plus Ltd. [2005] 2. A.C. 680(per Lord Nicholls)이 있고, 미국의 판례로는 Chevron Oil Co. v. Huson 404 U.S. 97, 92 S.Ct. 349가 있다. 위 판결에 대한 소개로는 이창현, "법률의 착오와 부당이득", 채무불이행과 부당이득의 동향, 박영사(2013), 379면 이하(시대적 필요에 따라 부득이하게 판례를 변경하는 경우에는 장래적 판례변경이 원칙이라고 주장한다).

98) 이동진(주 89), 1157면.

99) 미국에서도 선택적 장래효가 허용되지 않는다는 점에 대한 설명으로는 이우영(주 92), 271면.

100) 앞서 본 부정설을 취하면 관습법상 법정지상권에 관하여 소급효를 가지는 판례변경을 해야 하며, 그 경우 건물소유자는 권리남용 등의 항변을 통해 자신의 이익이 보호되어야 한다는 주장을 하여야 할 것이다. 권리남용의 요건의 추상성에 비추어 건물소유자가 위 항변에 의해 보호가 될지는 명확하지 않다.

Ⅵ. 결론

본 논문에서는 관습법상의 법정지상권의 법리를 비판적으로 재검토하고 이를 입법이 아닌 판례변경의 방법으로 위 법리를 변경하는 방안을 고민하였다. 본 논문의 결론은 다음과 같다.

첫째, 대법원은 관습법상의 법정지상권이 당사자의 의사에 부합한다고 하는데, 지상권과 임차권의 차이, 실제 거래에서의 선호도 등에 비추어 이러한 설명은 설득력이 낮다.또한, 관습법상의 법정지상권의 법리는 토지이용관계를 설정할 기회를 소홀히 한 당사자를 우대하고 공시의 원칙에 반하며, 물권을 부여함으로써 건물소유자를 지나치게 보호하여 토지소유자의 소유권을 심각하게 침해한다는 점에서 불합리하다.

둘째, 관습법상의 법정지상권의 법리는 당사자의 의사와 괴리된 법리이고 위 법리가 내포하고 있는 위와 같은 심각한 불합리성에 비추어 관습법상 법정지상권의 성립을 의도하는 관행이 있다고 보기 어렵고, 설령 그러한 관행이 있다고 하더라도 우리 사회에서 그러한 관행에 대한 법적 확신은 이미 소멸하였다.

셋째, 관습법상 법정지상권에 대해서 더는 관습법의 효력을 인정할 수 없는바, 기존에 관습법상 법정지상권이 문제가 된 사안에 대하여는 법률행위로 인하여 토지와 건물의 소유자가 달라진 경우와 그렇지 않은 사안을 구별해서 규율해야 한다. 전자의 경우에는 당사자의 의사해석에 의하여 「건물 소유를 목적으로 한 토지임대차계약」을 추정할 수 있고, 후자의 경우에는 민법 제366조를 유추적용하여 법정지상권을 인정할 수 있다. 전자의 경우에 토지임대차계약의 추정을 통해 합리적인 범위 내에서 건물 유지의 정책적 필요성을 달성할 수 있고 토지소유자와 건물소유자의 이해관계를 합리적으로 조정할 수 있다.

그동안 관습법상 법정지상권의 법리에 대하여 많은 비판이 있었고 그 법리를 변경하기 위한 입법적 노력이 있었으나 결실을 보지 못하였다. 이제는 법원이 스스로 나서서 위 법리의 불합리함을 시정해야 할 때이다. 구체적 사안에 대하여 형평감각을 투영해야 하는 법원의 중차대한 역할에 비추어 법관이 분쟁해결에서 고려해야 할 핵심 가치는 구체적 타당성에 있다. 구체적 타당성을 위해서 법원 스스로 관습법상 법정지상권의 법리를 전면적으로 재검토하는 것이 요청된다.

참고문헌

1. 국내문헌

〈단행본〉

곽윤직, 물권법, 제7판, 박영사(2008).

곽윤직 · 김재형, 민법총칙, 제9판, 박영사(2014).

______________, 물권법, 제8판(전면개정)보정, 박영사(2015).

김상용, 물권법, 화산미디어(2016).

김용한, 물권법론, 재전정판, 박영사(1996).

박세일 외 6인, 법경제학, 재개정판, 박영사(2019).

송덕수, 물권법, 제4판, 박영사(2019).

심희기, 판례 · 사료로 읽는 한국법사강의, 경인문화사(2021).

양창수 · 김형석, 민법Ⅲ(권리의 보전과 담보), 박영사(2021).

이영준, 물권법, 전정신판, 박영사(2009).

정종휴 감수, 정긍식 편역, 관습조사보고서(개역판), 한국법제연구원(2000).

편집대표 곽윤직, 민법주해(1), 총칙(1), 박영사(2000).

______________, 민법주해(6), 물권(3), 박영사(1999).

______________, 민법주해(15), 채권(8), 박영사(1999).

편집대표 김용덕, 주석민법(총칙 1)(제5판), 한국사법행정학회(2019).

______________, 주석민법(물권 3)(제5판), 한국사법행정학회(2019).

______________, 주석민법(물권 4)(제5판), 한국사법행정학회(2019).

법무부 민법개정자료발간팀 편, 2004년 법무부 민법개정안 총칙 · 물권편, 2012.

법원도서관 편, 국역 고등법원판결록, 제3권(민사편-Ⅱ), 법원도서관(2007).

〈논문〉

강태성, "관습법상 법정지상권에 관한 판례 · 학설 및 민법개정(시)안에 대한 검토", 재산법연구 제30권 제3호(2013. 11).

고영남, “고전적 계약법이론의 한계에 관한 연구 – 영미법상의 신뢰이론을 중심으로”, 박사학위논문, 고려대학교(2000. 12).

곽윤직, “전세권제도에 관한 약간의 고찰”, 서울대학교 법학 제3권 제2호(1962).

권건보, “관습법에 대한 헌법재판소의 위헌심사 권한”, 헌법재판연구 제3권 제2호(2016).

권영준, “법률행위로 인한 관습법상 법정지상권 폐지와 법정임대차 도입”, 민사법학 제68호(2014. 9).

권재문, “관습법상 법정지상권의 인정근거와 필요성에 관한 비판적 고찰”, 법사학연구 제37호(2008. 4).

김상용, “법정지상권에 관한 고찰”, 민사법학의 제문제(소봉김용한교수화갑기념논문집), 1990.

김재형, “부동산이용권과 저당권의 관계”, 민사법학 제75호(2016. 6).

김제완, “단체 법리의 재조명: 종중재산의 법적 성격”, 인권과정의 통권 제355호(2006. 3).

김종덕, “법에 있어서의 인간상에 관한 고찰”, 법학연구 제16권 제1호(2016. 3), 한국법학회.

문광섭, “임대인의 동의 없는 주택의 전대차와 주택임대차보호법상의 대항요건”, 대법원판례해설 제71호, 법원도서관(2008).

문영화, “종원의 자격을 성년남자로 제한하는 종래 관습법의 효력”, 21세기사법의 전개:송민최종영대법원장재임기념, 박영사(2005).

박세일, “코-스정리의 법정책학적 의의”, 서울대학교 법학 제27권 제2·3호(1986).

박인환, “일본메이지민법 입법이유(총칙편: 물건) 분석”, 법학논문집 제35집 제2호, 중앙대학교 법학연구원(2011).

박우동, “관습법상의 법정지상권, 그 문제점”, 사법행정 제18권 제10호, 한국사법행정학회(1977. 10).

박준서, “법정지상권”, 사법논집 제5집, 법원도서관(1974).

배병일, “관습법상의 법정지상권에 대한 재검토”, 판례실무연구 XI(상), 2015.

서 민, “법정지상권의 부종성”, 민사판례연구(19), 박영사(1997).

심재우, “칸트의 법철학”, 법철학연구 제8권 제2호(2005).
심희기, “관습법담론에 대한 비판적 고찰 : 관습법상 법정지상권 담론을 중심으로”, 법과사회 제66호(2021. 2).
양창수, “신건물을 기준으로 하는 법정지상권의 성립”, 민법연구 제2권, 박영사(1998).
양형우, “독일법상 주거소유권과 세습지상권”, 재산법연구 제30권 제2호(2013. 8).
엄동섭, “법률행위의 보충적 해석”, 한국민법이론의 발전(Ⅰ), 박영사(2001).
오세혁, “관습법의 현대적 의미”, 법철학연구 제9권 제2호(2006. 12).
오창수, “관습법상의 법정지상권에 관한 판례이론의 검토”, 변호사 제21집, 서울제일변호사회(1991).
윤진수, “저당권에 대한 침해를 배제하기 위한 담보지상권의 효력”, 한국민법의 새로운 전개(고상룡교수고희기념논문집), 법문사(2012).
______, “상속회복청구권의 소멸시효에 관한 구관습의 위헌 여부 및 판례의 소급효”, 민법논고 5, 박영사(2011).
______, “변화하는 사회와 종중에 대한 관습”, 사법 창간호(2007. 9).
______, “계약 해석의 방법에 관한 국제적 동향과 한국법”, 민법논고 Ⅰ, 박영사(2007).
______, “미국법상 판례의 소급효”, 저스티스 통권 제28권(1995. 7).
이계정, “변호사 보수청구 제한의 근거로서 신의칙과 신인관계”, 서울대학교 법학 제60권 제4호(2019. 12).
______, “신탁의 경제적 분석”, 법조 제69권 제4호(2020. 8).
______, “2020년 분야별 중요판례분석(민법 상)”, 법률신문(2021. 1. 28).
이동진, “판례변경의 소급효”, 민사판례연구(36), 박영사(2014).
이상혁, “부동산임대차의 현대적 과제에 관한 연구”, 박사학위논문, 한양대학교(1986. 12).
이승일, “오다 미키지로(小田幹治郎)의 한국 관습조사와 관습법 정책”, 부산대학교 한국민족문화연구소, 한국민족문화 46(2013. 2).
이시윤, “판례를 중심으로 한 관습상 법정지상권”, 서울대학교 법학 제14권 제1호(1973).

이우영, "미국법상 판례변경의 소급효 및 그 제한의 법리에 대한 헌법적 분석", 서울대학교 법학 제54권 제3호(2013. 9).

이은영, "법정지상권에 관한 연구", 법학의 현대적 제문제(덕암김병대교수 화갑기념), 덕암김병대교수 화갑기념논문집 간행위원회(1998).

이준영, "관습법이 위헌법률심판의 대상이 되는지 여부", 판례연구 제26집, 부산판례연구회(2015).

이진기, "관습법상 법정지상권의 문제", 비교사법 제18권 제3호(2011. 8).

이창현, "법률의 착오와 부당이득", 채무불이행과 부당이득의 동향, 박영사(2013).

이현경, "법철학에서 관습이 왜 중요한가", 법철학연구 제24권 제2호(2021).

장병일, "지상권과 물권적 토지사용권에 관한 연구", 법제연구 통권 제47호(2014).

최봉경, "민법에서의 유추와 해석-판례를 거울삼아", 법철학연구 제12권 제2호(2009. 12).

재단법인 한중일민상법통일연구소, "관습상의 법정지상권의 개정방향", 법무부 연구용역과제보고서(2010).

Franz Wieacker, 김형석 역, "판덱텐 법학과 산업혁명", 서울대학교 법학 제47권 제1호(2006. 3).

2. 외국문헌

廣中俊雄 編著, 民法修正案(前三編)の理由書, 有斐閣(1987).

柚木馨・高木多喜男 編集, 新版 注釋民法(9), 有斐閣(2015).

Beck-online.GROSSKOMMENTAR zum Zivilrecht//Toussaint, 1.10.2020, ErbbauRG.

William Dross, Fasc. unique: PROPERTY. - Acquisition de la propriété par union ou incorporation. - Propriété du dessus et du dessous du sol, Art. 551 à 553, *JurisClasseur Civil Code*.

J. Austin, The Province of Jurisprudence Determined, Campbell & Thomas ed., Dartmouth: Ashgate(1998).

Ian Ayres & Robert Gertner, "Filling Gaps in Incomplete Contracts: An Economic Theory of Default Rules", 99 Yale L.J. 87(1989).

Ronald H. Coase, “The Problem of Social Cost”, 3 J.L. & Econ. 1(1960).

John Finnis, Natural Law and Natural Rights, 2nd ed., Oxford(2011).

Charles Fried, *Contract as Promise,* 2nd ed., Oxford(2015).

Edward H. Levi, An Introduction to Legal Reasoning, University of Chicago Press(2013).

Cass R. Sunstein, Legal Reasoning and Political Conflict, Oxford(1996).

혈족상속인에 의한 상속포기의 효과*

성균관대학교 법학전문대학원 부교수 현 소 혜

[요 약]

대법원 2015. 5. 14. 선고 2013다48852 판결은 배우자와 자녀가 공동상속을 한 상태에서 자녀 전부가 상속을 포기한 경우에 상속인이 될 자에 관해 이른바 '공동상속설'을 택하였다. 피상속인의 배우자와 자녀 중 자녀 전부가 상속을 포기한 경우에는 배우자와 피상속인의 손자녀 또는 직계존속이 공동으로 상속인이 된다고 판시한 것이다. 하지만 민법 제1043조는 "상속인이 수인인 경우에 어느 상속인이 상속을 포기한 때에는 그 상속분은 다른 상속인의 상속분 비율로 그 상속인에게 귀속된다."고 규정하고 있는바, 이때 다른 상속인에는 혈족상속인뿐만 아니라 배우자도 포함되므로, 공동상속인이었던 자녀 전부가 상속을 포기한 경우에 그 상속분은 배우자에게 귀속되어 배우자가 단독상속한다고 해석하여야 한다. 일부 견해는 민법 제1043조의 "다른 상속인"에 배우자가 포함되지 않는다고 해석함으로써 혈족상속인의 상속 포기분은 다른 혈족상속인에게만 귀속될 수 있고, 배우자에게 귀속되지 않는다고 주장하나, 우리 민법은 일본 민법과 달리 배우자 상속분에 관해 고정주의가 아니라 연동주의를 택하고 있다는 점, 배우자상속과 혈족상속을 별개의 계통으로 보지 않는다는 점, 상속 포기를 대습사유로 규정하고 있지 않다는 점 등에 비추어 볼 때 민법의 체계적 해석상 민법 제1043조의 "다른 상속인"을 혈족상속인으로 축소해석하는 것은 허용될 수 없다. 또한 일부 견해는 1촌인 자녀가 모두 상속을 포기한 때에는 2촌인 손자녀 또는 직계존속이 민법 제1000조 및 제1003조의 규정에 따라 본위상속을 할 수 있으므로, 배우자는 본위상속을 하는 혈족상속인과 공동상속을 하게 된다고 주장하나, 공동상속인 중 일부만이 상속을 포기한 경우에는 민법 제1043조가 민법 제1000조 이하의 규정보다 우선적용되어야 한다. 공동상속인 전원이 상속을 포기한 경우라면 민법 제1042조의 소급효에 따라 상속개시 당시부터 상속인이 될 자가 없었던 것이 되므로, 민법 제1000조 이하의

* 본 논문은 2021. 11. 15. 민사실무연구회 제428회 연구발표회에서 발표한 글을 수정 및 보완한 것으로서 비교사법 제29권 제1호(2022)에 게재되었다. 발표 당시 지정토론을 맡아 주신 신윤주 재판연구관, 정은영 재판연구관님께 감사드린다.

규정에 따라 상속인이 될 자를 확정하는 작업부터 다시 시작할 필요가 있으나, 공동상속인 중 일부만 상속을 포기한 경우라면 제1043조에 따라 즉시 상속분을 계산하는 것으로 족하며, 굳이 민법 제1000조 이하의 규정에 따른 상속인 확정 작업을 반복할 필요가 없다. 그렇게 해석해야 우리 민법이 일본 민법과 달리 민법 제1043조를 제1042조와 구별하여 규정한 실익이 있다. 배우자상속권의 보호나 상속포기자의 합리적 의사해석이라는 측면에서도 단독상속설이 타당하다.

目 次

Ⅰ. 서론
Ⅱ. 배우자 단독상속설의 타당성
1. 일본 민법 제939조의 연혁
2. 우리 민법상 배우자 상속분의 특수성
3. 제1042조와 제1043조의 체계적 해석
4. 소결
Ⅲ. 공동상속설의 문제점
1. 상속포기의 소급효
2. 제1042조와 제1043조 간의 우열
3. 계통상속의 법리
4. 상속포기자의 의사
Ⅳ. 결론

Ⅰ. 서론

대법원 2015. 5. 14. 선고 2013다48852 판결은 “상속을 포기한 자는 상속개시된 때부터 상속인이 아니었던 것과 같은 지위에 놓이게 되므로, 피상속인의 배우자와 자녀 중 자녀 전부가 상속을 포기한 경우에는 배우자와 피상속인의 손자녀 또는 직계존속이 공동으로 상속인이 되고, 피상속인의 손자녀와 직계존속이 존재하지 아니하면 배우자가 단독으로 상속인이 된다.”고 판시한 바 있다.[1] 배우자와 자녀가 공동상속을 한 상태에서 자녀 전부가 상속을 포기한

1) 위 2013다48852 판결에서는 위 쟁점 외에 민법 제1019조 제1항에 따른 “상속개시 있음을 안 날”의 의미도 문제되었다. 위 판결의 사실관계에서 위와 같은 법리에 따라 상속인이 된 손자녀들은 미성년자였으므로, 그들의 친권자인 피상속인의 자녀들(즉 상속포기자)이 상속개시 있음을 안 날부터 즉시 고려기간이 개시된다고 보아야 하는데, 상속포기에 의해 다음 상속순위에 있는 손자녀가 상속인이 되는 경우에는 상속인이 상속개시의 원인 사실을 아는 것만으로 자신이 상속인이 된 사실을 알기 어려운 특별한 사정이 있으므로, 상속채권자 측의 당사자표시정정 신청이나 지급명령정본 송달 등에 의해 법정대리인이 알게 된 때가 위 고려기간의 기산점이 된다고 보았던 기존 판례(대법원 2005. 7. 22. 선고 2003다43681 판결; 대법원 2013. 6. 14. 선고 2013다15869 판결)의 태도에 따르면 위 2013다48852 판결에서는 대법원 판결 선고시에 이미 손자녀들의 고려기간이 모두 도과하여 더 이상 상속포기가 불가능하게 된다. 이에 위 2013다48852 판결은 “상속포기로써 채무 상속을 면하고자 하는 사람이 그 채무가 고스란히 그들의 자녀에게 상속될

경우에 상속인이 될 자에 관해서는 이른바 '공동상속설'[2]과 '배우자 단독상속설'[3]이 대립하고 있는데, 위 판결은 이 중 공동상속설을 택한 것이다.[4] 위 판결은 공동상속설을 택한 이유로 이에 관한 명시적 규정이 존재하는 것은 아니지만 "상속의 순위에 관한 민법 제1000조, 배우자의 상속순위에 관한 민법 제1003조, 상속포기의 효과에 관한 민법 제1042조 등의 규정들을 종합적으로 해석"한 결과라는 취지로 판시하고 있다. 하지만 이러한 결론과 논거가 과연 우리 법의 체계적 해석에 부합하는 것인지에 대해서는 의문스러운 점이 있다. 민법 제1043조는 공동상속인 중 일부(가령 공동상속인인 배우자와 자녀 중 자녀)가 상속을 포기한 때에는 그 상속분이 다른 상속인(즉, 배우자)에게 귀속됨을 명시하고 있기 때문이다.[5] 이하에서는 먼저 민법 제1042조와 제1043조의 기능적 위치를 파악함으로써 체계적 해석상 해당 사안에서 손자녀의 상속순위에 관한 민법 제1000조 및 제1003조 제1항보다 상속포기자의 상속분 귀속에

것임을 알면서도 이를 방치하지는 않았으리라고 봄이 경험칙에 부합하는 점, 실제로 소외 3, 소외 4는 피고들이 상속인이 아니라고 일관되게 다투면서 이 사건 항소 및 상고에 이른 점 등"을 고려하여 위 2013다48852 판결이 선고되기 전에는 아직 법정대리인들이 상속개시 있음을 알지 못하였다는 취지로 판시함으로써 손자녀들을 보호하고자 하였다. 이 쟁점과 관련하여 판례에 대해 비판적인 평석으로 김상용, "피상속인의 자녀가 모두 상속포기를 한 경우 손자녀가 상속인이 되어 상속채무를 승계하는가", 法律新聞 제4330호(2015.6.29. 발간), 12면; 김상훈, "자녀가 상속을 포기한 경우 피상속인의 배우자와 손자녀의 상속관계", 「상속법판례연구」, 세창출판사, 2020, 165-166면; 긍정적인 평석으로 정구태, "2015년 상속법 관련 주요 판례 회고", 사법 통권 제35호(2016), 47-48면 참조. 하지만 위 쟁점은 본 논문의 주제와 직접적인 관련이 없으므로, 더 이상 논하지 않는다.

2) 김상용(2015), 12면; 김상훈(2020), 165면; 박동섭·양경승, 「친족상속법」(제5판), 박영사, 2020, 796면; 朴秉濠, 「家族法」, 韓國放送通信大學校, 1991, 406면; 朴惠仙, "피상속인의 배우자와 자녀 중 자녀 전부가 상속을 포기하는 경우의 상속인(2015. 5. 14. 선고 2013다48852 판결: 공 2015상. 794)", 대법원판례해설 제103호(2015), 72-76면; 신영호·김상훈, 「가족법강의」(제3판), 세창출판사, 2018, 427면; 鄭光鉉, 「新親族相續法要論」, 法文社, 1958, 375면. 등기 실무의 태도도 이와 같다. 등기선례 제7-197호(『피상속인의 직계비속이 모두 상속을 포기한 경우 피상속인의 처의 상속순위』) 참조.

3) 강해룡, "포기한 상속재산 누구에게 귀속되나", 法律新聞 제4335호(2015.7.16. 발간), 11면; 류일현, "선순위 혈족상속인 전원의 상속포기와 그 효과", 成均館法學 第28卷 第1號(2016), 193-195면; 박근웅, "동순위 혈족상속인 전원의 상속포기와 배우자상속", 家族法研究 제29권 2호(2015), 218-221면; 송덕수, 「친족상속법」(제5판), 박영사, 2020, 401면; 윤진수, 「친족상속법 강의」(제3판), 박영사, 2019, 507면; 윤진수, 「민법기본판례」(제2판), 弘文社, 2020, 726면; 이경희·윤부찬, 「가족법」(10정판), 法元社, 2021, 457면; 임종효, "피상속인의 배우자와 자녀 중 자녀 전부가 상속포기한 경우 상속재산의 귀속 - 대법원 2015.5.14. 선고 2013다48852 판결을 중심으로-", 家族法研究 제29권 제3호(2015), 501-511면; 정구태(2016), 45-48면.

4) 위 판결 선고 전에 공동상속설을 택하고 있었던 하급심 판결들과 배우자 단독상속설을 택하고 있었던 하급심 판결들을 소개하고 있는 문헌으로 朴惠仙(2015), 65면 각주 1) 참조.

5) 공동상속설이 민법 제1043조를 무시 내지 도외시하고 있다고 비판하는 문헌으로 강해룡(2015), 11면; 류일현(2016), 189-190면; 박근웅(2015), 219면; 윤진수(2020), 726면; 정구태(2016), 45면. 朴惠仙(2015), 76면은 공동상속설을 지지하면서도 그것이 민법 제1043조를 무시하거나 그 문언에 부합하지 않는 결론으로 되어 법적 안정성을 해칠 우려가 있다는 점을 자인하고 있다.

관한 민법 제1043조가 우선적용되어야 하는 이유, 즉 배우자 단독상속설이 타당한 이유를 제시하고(II.), 이어서 공동상속설을 택할 경우 논리적 또는 현실적으로 발생할 수 있는 문제점들을 지적함으로써 해당 사안에서 공동상속설을 적용하는 것이 부당함을 논증하고자 한다(III.).

Ⅱ. 배우자 단독상속설의 타당성

1. 일본 민법 제939조의 연혁

현행 민법 제1042조는 '포기의 소급효'라는 표제하에 "상속의 포기는 상속개시된 때에 소급하여 그 효력이 있다."는 규정을, 제1043조는 '포기한 상속재산의 귀속'이라는 표제하에 "상속인이 수인인 경우에 어느 상속인이 상속을 포기한 때에는 그 상속분은 다른 상속인의 상속분 비율로 그 상속인에게 귀속된다."는 규정을 두고 있다. 이러한 조문 체계는 우리 상속법의 일차적 원형이 되었던 일본 민법의 그것과 상당한 차이가 있다. 현행 일본 민법 제939조는 "상속을 포기한 자는 그 상속에 관해서는 처음부터 상속인이 되지 아니하였던 것으로 본다."는 규정을 두고 있을 뿐이며, 우리 민법 제1043조에 해당하는 조문을 두고 있지 않기 때문이다. 이러한 차이는 어디에서 연원하는 것일까.

이는 일본 민법의 개정 연혁을 통해 알 수 있다.[6] 일본 민법 제939조가 처음부터 지금과 같은 모습이었던 것은 아니다. 1947년 일본 민법[7] 제939조(이하 '개정 전 제939조') 는 제1항과 제2항으로 나누어져 있었다. 제1항은 우리 민법 제1042조와 같이 상속포기의 소급효에 관해 규정하였으며, 제2항은 우리 민법 제1043조와 같이 "상속인이 수인인 경우에 어느 상속인이 상속을 포기한

---

6) 상속 포기의 효과에 관한 과거 일본에서의 학설 대립과 개정 연혁에 대해 소개하고 있는 문헌으로 朴惠仙(2015), 69-72면; 임종효(2015), 505-506면 참조.

7) 현재와 같은 형태의 일본 민법은 1896년 제정되었으나, 친족・상속편에 해당하는 민법 제4편과 제5편은 1898년 별도의 법률로 공포되었다. 하지만 가독상속 제도에 대한 비판이 이어지면서 1947년 민법 제4편 및 제5편에 대한 전면개정이 이루어졌다. 이러한 점에서 현행 일본 상속법의 기틀은 1896년이 아니라 1947년에 만들어진 것이라고 할 수 있다.

때에는 그 상속분은 다른 상속인의 상속분 비율로 그 상속인에게 귀속된다." 는 취지를 정하고 있었다. 그 결과 피상속인 사망 당시 공동상속인으로 배우자와 직계비속이 있는 상황에서 직계비속의 전부 또는 일부가 상속을 포기한 경우에 나머지 상속인들의 상속분 계산 방법에 관해 현재 우리 민법과 동일한 학설 대립이 있었다.

개정 전 제939조 제2항의 해석과 관련하여 ① 일부 견해는 배우자상속과 혈족상속은 그 계통을 달리하는 것이므로 배우자는 위 조문에서 말하는 "다른 상속인"에 해당하지 않는다고 주장한 반면, ② 일부 견해는 위 조문이 "다른 상속인"을 혈족상속인으로 한정하고 있지 않은 이상 배우자도 이에 해당한다고 주장한 것이다. 일본에서는 ①의 견해를 주분설(株分け說),[8] ②의 견해를 두분설(頭分け說)[9]이라고 부른다. ① 주분설에 따르면 상속포기자의 상속분은 혈족상속인들에게 귀속될 뿐이므로, 공동상속인으로 배우자와 직계비속이 있는 상황에서 직계비속 중 일부가 상속을 포기하면 상속포기자의 상속분은 나머지 직계비속들에게만 그들의 상속분 비율로 귀속되며, 배우자의 상속분은 첨증되지 않는다. 또한 직계비속 전부가 상속을 포기하면 상속포기자들의 상속분은 후순위 상속인(다음 촌수의 직계비속 또는 직계비속이 없는 경우에는 직계존속)에게 귀속되며, 배우자에게 첨증되지 않는다.[10] 반면 ② 두분설에 따르면 공동상속인인 배우자와 직계비속 중 직계비속의 일부가 상속을 포기하면 상속포기자의 상속분은 배우자와 나머지 직계비속들에게 각자의 상속분 비율로 첨증되며, 직계비속 전부가 상속을 포기하면 그 상속포기자들의 상속분은 모두 배우자에게 첨증되어 배우자가 단독상속인으로 된다.[11]

당시 일본 학설상으로는 주분설이 다수설이었다. 주분설은 개정 전 제939조가 과거 배우자에게 상속권을 인정하지 않는 것을 원칙으로 삼았던 가독상속 시절의 규정을 그대로 유지한 것인 이상, 이 점을 고려하여 그 의미를 해석하

8) 주분설을 지지했던 대표적인 문헌으로 中川善之助, 「註釋相續法(上)」, 有斐閣, 1955, 298-299面.
9) 두분설을 지지했던 대표적인 문헌으로 我妻榮, 「親族・相續法解說」, 日本評論社, 1949, 208面. 단, 위 저자는 我妻榮・立石芳枝, 「親族法・相續法」, 日本評論新社, 1961, 517面에 의해 견해를 주분설로 변경하였다.
10) 우리나라의 공동상속설과 같다.
11) 우리나라의 배우자 단독상속설과 같다.

지 않을 수 없다고 보았다. 舊 일본 민법(1947년 개정 전의 것, 이하 같다)은 개정 전 제939조 제2항과 동일한 조문을 두고 있었는데, 그 시기에는 직계비속인 상속인이 존재하는 한 배우자에게 재산상속인으로서의 지위가 인정되지 않았기 때문에(舊 일본 민법 제996조 제1항 제1호), 배우자는 '다른 상속인'의 개념에 포함될 수 없었고, 따라서 공동상속인인 직계비속 중 1인이 상속을 포기한 경우에 그 포기자의 상속분은 다른 직계비속들에게만 귀속되는 것이 당연하였다. 그런데 1947년 친족·상속편 전면 개정 당시 입법자가 배우자상속권이 인정된 점을 미처 고려하지 못한 채 舊 일본 민법 당시의 조문을 그대로 유지하였는바, 이러한 입법연혁을 고려할 때 개정 전 제939조 제2항 상의 "다른 상속인"은 舊 일본 민법이 내포하고 있었던 의미와 마찬가지로 혈족상속인에 한정되는 것으로 축소해석하지 않을 수 없다는 것이다. 하지만 이와 같은 해석은 "다른 상속인"의 범위를 한정하지 않은 개정 전 제939조 제2항의 문언에 명백히 반하는 것이었다. 이에 일본 최고재판소는, 1962년 개정 후에 선고된 판결이기는 하지만, 개정 전 제939조 제2항의 해석론과 관련하여 문언을 충실히 따라 두분설을 택한 바 있다.[12)]

문제는 이와 같이 일본 최고재판소가 두분설을 택한 결과 개정 전 제939조 제1항과 제2항 간에 모순이 발생하였다는 것이다. 이는 당시 일본 민법이 배우자상속에 관해 이른바 '고정주의'를 택해 배우자에게 혈족상속인의 숫자와 무관하게 언제나 상속재산 중 1/3을 고정상속분으로 보장해 주었던 것과 관련이 있다.[13)] 일본 최고재판소가 택한 두분설에 따르면 공동상속인인 배우자와 직계비속 중 직계비속의 일부가 상속을 포기한 경우에 그 포기자의 상속분이 배우자 상속분과 나머지 직계비속의 상속분에 나누어 첨증되므로, 배우자는 고정상속분에 더해 첨증된 상속분을 추가로 받게 되며, 그만큼 나머지 직계비

---

12) 공동상속인인 배우자와 자녀들 중 자녀 전원이 상속을 포기한 경우에 두분설을 택한 판결로 일본 최고재판소 1967(昭和 42년). 5. 30.자 판결(民集 21卷 4号 988頁); 공동상속인인 배우자와 자녀들 중 자녀 일부가 상속을 포기한 경우에 두분설을 택한 판결로 일본 최고재판소 1968(昭和 43년). 2. 27.자 판결(訟務月報 14卷 2号 188頁) 참조.

13) 1980년 개정에 의해 현행 일본 민법상 배우자 상속분은 자녀와 공동상속하는 경우에는 1/2로, 직계존속과 공동상속하는 경우에는 2/3로, 형제자매와 공동상속하는 경우에는 3/4로 각 상향 조정되었다(일본 민법 제900조). 일본의 배우자 상속분 제도를 소개하고 있는 문헌으로 곽민희, "일본의 배우자 상속법제 개정 작업 관견(管見)", 법학연구 제26권 제1호(2018), 3-7면; 임종효(2015), 502면 참조.

속들의 상속분에 첨증되는 상속분은 감소할 수밖에 없다. 그런데 개정 전 제939조 제1항에 따르면 상속을 포기한 자는 그 상속에 관해서는 처음부터 상속인이 되지 아니하였던 것으로 간주되므로, 상속개시 당시 상속인으로는 배우자와 (상속포기자를 제외한) 나머지 직계비속들만 있는 것으로 보아야 한다. 따라서 배우자는 일본 민법이 보장하고 있는 고정상속분만을 받을 뿐이며, 사실상 상속포기자의 상속분은 나머지 직계비속들의 상속분에만 첨증되는 결과가 된다.

이와 같이 개정 전 제939조 제1항에 따른 상속분 계산 결과와 제2항에 따른 상속분 계산 결과가 모순되는 것[14)]은 일본의 입법자가 배우자상속 제도 및 배우자 상속분에 관하여 이른바 '고정주의'를 도입한 점을 고려하지 못한 채 만연히 舊 일본 민법을 답습하여 개정 전 제939조 제2항을 유지하였기 때문이라는 비판이 있었다. 배우자에게 상속권을 인정하지 않던 시절에는 상속 포기 시 포기자의 상속분이 귀속되는 "다른 상속인"에 배우자가 포함되지 않았고, 따라서 공동상속인인 자녀들 중 1인이 상속을 포기하였을 때 그의 상속분을 다른 자녀들에게 귀속시키는 것으로써 일본 개정 전 민법 제939조 제1항과 동일한 효과, 즉 상속개시 당시 그 자녀가 존재하지 않는 것으로 전제하고 상속분을 계산하는 것과 동일한 결론에 도달할 수 있었는데, 배우자상속 제도 도입 시 이 점을 고려하지 않고 개정 전 제939조 제2항을 유지한 결과 이와 같은 모순이 발생하였다는 것이다.[15)] 또한 개정 전 민법 제939조 제1항에 따르면 상속포기자는 처음부터 상속인이 아닌 것으로 간주됨에도 불구하고, 같은 조 제2항에서는 '상속포기자의 상속분'이라는 개념을 사용하고 있어 상속포기자에게 상속분이 있을 수 있는지에 대해서도 논란이 있었다.[16)]

---

14) 가령 당시 일본 민법에 따르면 피상속인에게 상속인으로 배우자 A와 자녀 B, C가 있는 경우에 배우자의 상속분은 1/3, 자녀들의 상속분은 배우자 상속분을 제외한 나머지 2/3을 균분한 각 1/3가 된다. 이 상태에서 자녀 C가 상속을 포기한 경우에 일본의 개정 전 제939조 제1항에 따르면 상속개시 당시부터 상속인으로 배우자 A, 자녀 B가 있었던 것으로 간주되어 배우자 A에게 1/3, 자녀 B에게 2/3의 상속분이 각 귀속되나, 개정 전 제939조 제2항에 따르면 자녀 C의 상속분 1/3이 배우자 A와 자녀 B에게 각 1:1의 비율로 귀속되므로, 배우자 A에게 1/2, 자녀 B에게 1/2의 상속분이 각 귀속된다.

15) 谷口知平・久貴忠彦 編/山木戸克己・宮井忠夫 집필부분, 「新版注釈民法(27), 相続(2)」, 有斐閣, 1989, 601-602面.

16) 泉久雄・野田愛子 編/小野憲昭 집필부분, 「民法 X [相續]」, 青林書院, 1995, 383頁.

이에 일본은 1962년 민법 개정을 통해 개정 전 제939조 제2항 부분을 삭제하고, 개정 전 제939조 제1항 부분만을 유지하여 현행 일본 민법 제939조와 같은 형태로 전환하였다. 따라서 이제 일본에서는 공동상속인인 배우자와 자녀 중 자녀 일부가 상속을 포기한 경우에 배우자에게는 법에서 정해진 바에 따른 고정상속분이, 나머지 자녀들에게는 상속포기자가 존재하지 않는 것을 전제로 균분된 상속분이 귀속된다. 과거의 주분설과 같은 결과가 입법에 의해 관철된 것이다.[17] 한편 공동상속인인 배우자와 자녀 중 자녀 전부가 상속을 포기한 경우에 배우자는 2순위 상속인인 직계존속과 공동상속하며, 손자녀와 공동상속하지 않는다.[18] 1962년 개정 전 일본 민법 제887조는 "피상속인의 직계비속은 상속인이 된다."(강조점 필자 추가)고 규정하고 있었으므로, 우리 민법과 같이 손자녀가 본위상속에 의해 배우자와 공동상속할 여지가 있었으나, 현행 일본 민법 제887조는 "피상속인의 子는 상속인이 된다."(강조점 필자 추가)고 규정하고 있으므로, 자녀가 피상속인보다 먼저 사망하거나 상속결격 또는 상속인 폐제되어 대습상속이 개시되는 경우[19]가 아닌 한 손자녀는 상속을 받을 수 없음이 명백하기 때문이다. 이와 같은 개정에 의해 상속포기의 효과를 둘러싼 기존의 주분설과 두분설 간의 견해 대립은 의미를 잃게 되었다.

2. 우리 민법상 배우자 상속분의 특수성

이상에서 살펴본 일본의 논의를 그대로 우리나라에 적용할 수 있는가. 그것은 불가능하다. 우리나라는 배우자 상속분에 관해 이른바 '연동주의'를 택하고 있기 때문이다. 즉 우리나라에서 배우자 상속분은 다른 공동상속인의 상속분

---

17) 谷口知平・久貴忠彦 編/山木戸克己・宮井忠夫 집필부분(1989), 602頁.

18) 泉久雄・野田愛子 編/小野憲昭 집필부분(1995), 384頁; 中川善之助・千種達夫・市川四郎・平賀健太,「親族・相續法」, 有斐閣, 2014, 297頁.

19) 일본 민법 제887조는 대습사유를 상속개시 전의 사망・상속결격・상속인폐제로 한정하고 있으며, 상속포기는 대습사유로 인정하지 않는다. 포기자는 통상 자기 자녀를 비롯한 그 계통 전체가 유산을 이어받지 않을 의사로 상속포기를 하는 것이 통상이라는 점, 상속재산의 분산을 방지할 목적으로 상속포기를 한 경우이건 상속채무를 면할 목적으로 상속포기를 하는 경우이건 대습자도 결국 그 목적 달성을 위해 상속포기를 하는 것이 통상이어서 번거롭기만 하다는 점 등이 그 이유로 제시되고 있다. 犬伏由子・石井美智子・常岡史子・松尾知子,「親族・相續法」(第2版), 弘文堂, 2016, 225頁 참조.

에 5할을 가산하도록 되어 있으므로(민법 제1009조 제2항), 공동상속을 받는 직계비속 또는 직계존속의 숫자에 따라 배우자 상속분이 달라진다. 그 결과 공동상속인 중 일부가 상속을 포기한 경우에 민법 제1042조에 따른 상속분 계산 결과와 제1043조에 따른 상속분 계산 결과는 언제나 일치한다. 이유는 다음과 같다.

첫째, 우리 민법 제1042조는 일본 민법 제939조의 문언과 달리 "상속의 포기는 상속개시시에 소급하여 그 효력이 있다."고 규정하고 있으나, 문구의 차이에도 불구하고 실질적 의미는 동일하다. 즉 민법 제1042조에 따라 상속을 포기한 자는 상속이 개시된 때부터 이미 상속인이 아니었던 것으로 간주되고, 상속인의 지위에서 당연승계하였던 모든 법률관계로부터 이탈한다.[20] 따라서 공동상속인인 배우자와 직계비속 중 직계비속의 일부가 상속을 포기한 경우에 민법 제1042조에 따르면 상속포기자가 존재하지 않는 것으로 의제하고 공동상속인인 배우자와 (상속포기자를 제외한) 나머지 직계비속만을 놓고 상속분을 계산하게 된다. 즉, 상속포기에 의해 직계비속의 숫자가 감소한 만큼 그에 비례하여 배우자와 나머지 직계비속의 상속분이 모두 증가한다.

둘째, 민법 제1043조에 따르면 상속포기자의 상속분이 "다른 상속인의 상속분 비율로" 그 상속인에게 귀속된다. 이때 "다른 상속인"의 범위에 대해서는 견해의 대립이 있으나, 현재의 압도적 다수설에 따르면 위 "다른 상속인"에는 배우자 상속인과 혈족상속인이 모두 포함된다.[21] 따라서 공동상속인인 배우자

---

20) 대법원 2011. 6. 9. 선고 2011다29307 판결: "상속의 포기는 상속이 개시된 때에 소급하여 그 효력이 있고, 포기자는 처음부터 상속인이 아니었던 것이 된다." 같은 취지로 대법원 1995. 9. 26. 선고 95다27769 판결; 대법원 2006. 7. 4.자 2005마425 결정 등도 참조. 다수의 문헌도 동일한 취지로 서술한다. 대표적으로 郭潤直, 「相續法」(改訂版), 博英社, 2004, 194면. 이러한 판례의 취지에 적극적으로 찬성하는 문헌으로 류일현(2016), 178-179면; 박근웅(2015), 206-208면. 반면 정구태(2016), 46면은 우리 민법 제1042조와 일본 민법 제939조는 문언상으로뿐만 아니라 의미상으로도 차이가 있다고 주장한다. 한편 이영무, "선순위 상속인들이 상속을 포기하였을 경우 상속재산이 차순위 상속인에게 귀속되는지 여부에 관하여", 인권과 정의 제239호(1996), 107-109면은 상속의 포기가 있었더라도 그가 처음부터 상속인이 아니었던 효력을 발생하는 것은 아니고, 민법 제1000조에 의해 일단 상속인이 되기는 하나, 그 포기의 효과가 상속개시시에 소급하도록 한 것에 불과하다고 주장하나, 이는 이미 상속인으로 확정된 선순위 상속인이 모두 상속을 포기한 경우에는 상속인 부존재 상태가 된다고 보아 후순위 상속인을 상속채무의 승계로부터 보호하기 위한 법기교에 불과하다.

21) 郭潤直(2004), 195-196면; 김상훈(2020), 165면; 김주수 · 김상용, 「친족 · 상속법」(제16판), 法文社, 2019, 778-779면; 류일현(2016), 180-181면; 박근웅(2015), 212-213면; 朴秉濠(1991), 406면; 박동섭 · 양경승(2020), 796-797면; 朴惠仙(2015), 73-74면; 송덕수(2020), 401면; 이경희 · 윤부찬(2021), 457면; 임종효(2015), 504-505면;

와 직계비속 중 직계비속의 일부가 상속을 포기한 경우에 그 상속포기자의 상속분은 배우자와 (상속포기자를 제외한) 나머지 직계혈족에게 각 상속분에 비례하여 귀속되므로, 역시 상속 포기에 의해 직계비속의 숫자가 감소한 만큼 그에 비례하여 배우자와 나머지 직계비속의 상속분이 모두 증가한다.

그러므로 '연동주의' 하에서 민법 제1042조에 따른 상속분 계산 결과와 민법 제1043조에 따른 상속분 계산 결과는 늘 동일하다. 이에 대해 일부 견해는 위 "다른 상속인"의 개념에 피상속인의 배우자가 포함되지 않는다고 주장한다.[22] 우리 민법은 배우자에게 직계비속 또는 직계존속 등 혈족상속인과 공동상속인으로서의 지위를 인정하면서 혈족상속인의 상속분에 5할을 가산하는 규정을 두고 있는바, 배우자 상속인과 혈족상속인을 별도의 계통으로 취급하고자 하였음이 분명하므로 민법 제1043조의 해석에 있어서도 이 점을 반영하여 "다른 상속인"에 배우자는 포함되지 않는다고 보아야 한다는 것이다. 하지만 이러한 견해에 따르면 민법 제1042조에 따른 계산 결과에서는 직계비속 일부의 상속포기 시 배우자와 나머지 직계비속의 상속분이 모두 증가하는 반면, 민법 제1043조에 따른 계산 결과에서는 나머지 직계비속의 상속분만 증가하기 때문에 두 조문 간에 모순이 발생하는바, 체계적 해석의 원칙상 이와 같이 민법 제1042조와 제1043조가 충돌하는 방식의 해석론은 택할 수 없다.[23] 민법 제1043조상의 "다른 상속인"에는 당연히 배우자 상속인도 포함된다고 해석하여야 할 것이다.

이러한 논리구조에 대해서는 민법 제1042조와 제1043조가 모순되지 않게 해석해야 하기 때문에 민법 제1042조와 제1043조에 따른 계산결과가 모순되지 않는다는 순환논법이라는 비판이 있을 수도 있다. 하지만 앞의 명제(즉, 민법 제1042조와 제1043조는 모순되어서는 안 된다)는 규범의 영역에서 당위를 논증하기 위한 것이고, 뒤의 명제(즉, 민법 제1042조에 따른 계산 결과와 제1043조에 따른 계산결과가 모순되지 않는다)는 체계적 해석론에 따라 정해진 규범

한봉희 · 백승흠, 「가족법」, 삼영사, 2013, 578-579면 등.

22) 김용한, 「신친족상속법론」(신판), 박영사, 2002, 365면.

23) 이 점을 지적하고 있는 문헌으로 임종효(2015), 510면 참조.

을 적용하는 단계에서 연역적으로 추론되어 나온 결과이기 때문에, 양자를 도식적으로 연결하여 순환논법이라고 비판하는 것은 부당하다. 더 나아가 민법 제1043조 상의 "다른 상속인"에 배우자 상속인과 혈족상속인이 모두 포함되어야 한다는 결론은 체계적 해석뿐만 아니라, 문리해석에 의해서도 정당화할 수 있다. 민법 제1043조의 문언은 "다른 상속인"의 범위를 한정하고 있지 않기 때문이다. 다수설 역시 배우자도 공동상속인 중 1인인 이상 민법 제1043조상 "다른 상속인"으로부터 이를 제외할 이유가 없다는 점, 배우자 상속분에 혈족상속인 상속분의 5할을 가산한다는 법조문으로부터 배우자상속인과 혈족상속인이 계통을 달리한다는 점을 끌어낼 수는 없다는 점, 공동상속인이 상속을 포기한 경우에 배우자에게만 그 포기자의 상속분이 첨증되지 않는다는 것은 배우자의 역할과 지위를 강조하고 있는 현행 상속법의 추세에도 부합하지 않는다는 점 등을 근거로 제시하면서 이러한 결론을 지지한다.[24)]

그렇다면 우리는 민법 제1043조상 "다른 상속인" 개념에 배우자 상속인이 포함된다는 전제하에 현행 민법상 민법 제1042조에 따른 상속분 계산 결과와 민법 제1043조에 따른 상속분 계산 결과는 언제나 일치한다는 결론에 도달할 수 있다. 따라서 우리 민법상으로는 개정 전 일본 민법 제939조 제1항 및 제2항 간의 관계에서 발생하는 것과 같은 '모순의 문제'는 생기지 않는다.[25)] 대신 우리 민법에 관해서는 '실익의 문제'가 발생한다. 민법 제1042조에 따른 계산 결과와 제1043조에 따른 계산 결과가 일치한다면 두 개의 조문을 별도로 두는 이유가 무엇인지에 대해 의문이 생길 수 있기 때문이다. 항을 바꾸어 살펴본다.

---

24) 郭潤直(2004), 195-196면; 김주수 · 김상용(2019), 778-779면; 류일현(2016), 180-181면; 박근웅(2015), 212-213면; 朴秉濠(1991), 406면; 박동섭 · 양경승(2020), 796-797면; 송덕수(2020), 401면; 이경희 · 윤부찬(2021), 457면; 임종효(2015), 504-505면 등.

25) 민법 제1042조에 따른 상속분 계산과 제1043조에 따른 상속분 계산 결과가 결과적으로 동일하다는 점을 지적하고 있는 문헌으로 류일현(2016), 182-183면 참조. 이러한 모순의 문제가 발생하지 않기 때문에 개정 전 일본 민법 제939조 제2항을 무시하는 주분설과 같이 우리 민법 제1043조를 무시하는 해석은 허용될 수 없다는 견해로 임종효(2015), 508-509면 참조. 이와 달리 민법 제1042조와 제1043조 간에 모순이 있으며, 제1042조의 해석이 제1043조에 우선해야 한다는 견해로 朴惠仙(2015), 74면 참조.

3. 제1042조와 제1043조의 체계적 해석

일부 견해는 민법 제1042조에 따른 상속분 계산 결과와 제1043조에 따른 상속분 계산 결과가 동일한 이상 민법 제1043조는 별다른 의미가 없으며, 이를 삭제해도 무방하다고 주장한다.[26] 하지만 민법 제1043조에는 제1042조와는 구별되는 독자적인 의미가 있다. 그 의미는 대습상속에 관한 민법 제1001조와 제1003조 제2항, 제1010조와의 관계에서 드러난다. 주지하는 바와 같이 우리 민법 제1001조 및 제1003조 제2항은 대습사유로 피대습자의 상속개시 전의 사망 또는 상속결격만을 열거하고 있다. 이에 모든 견해는 일치하여 해석론으로서 상속의 포기는 대습사유에 해당하지 않는다고 서술한다.[27] 이는 비교법적으로 상당히 흥미롭다. 대부분의 법제는 선순위 혈족상속인이 상속을 포기한 경우에 그의 직계비속이 대신 그 상속을 이어받을 수 있도록 하는 제도를 두고 있기 때문이다.[28] 이러한 법제 하에서는 공동상속인인 선순위 혈족상속인 전부가 상속을 포기하는 경우이건 그 중 일부만 상속을 포기하는 경우이건 혈족상속인의 직계비속은 상속포기에도 불구하고 자신이 그 상속권을 대신 이어받을 수 있으리라는 대위(representation)에 대한 기대를 실현시킬 수 있으며,[29] 상속포기자의 상속분이 누구에게 귀속되는지는 대습상속분에 관한 명문의 규정에 의해 결정된다.

---

26) 郭潤直(2004), 196면. 이유는 다르지만, 결론에 있어서 동일한 취지로 朴恵仙(2015), 74면도 참조. 위 견해는 공동상속인인 자녀 중 일부가 상속을 포기한 경우만을 상정하여 입론된 것이므로, 자녀 전부가 상속을 포기한 경우에까지 이러한 논리를 확장해서는 안 된다는 견해로 임종효(2015), 508-509면 참조.

27) 김주수・김상용(2019), 653, 778면; 박동섭・양경승(2020), 621-622, 795면; 송덕수(2020), 313, 339면; 신영호・김상훈(2018), 325면.

28) 상속포기자는 피상속인보다 먼저 사망한 경우와 같이 보아 대습상속을 인정하고 있는 입법례로 독일 민법 제1953조 제2항; 프랑스 민법 제754조 제1항 후단; 미국 통일유언검인법 제2-1106(b) 참조. 특히 우리 상속법의 모법이라 할 수 있는 프랑스의 경우, 과거에는 상속포기를 대습상속 사유로 인정하지 않았으나, 2006년 민법 개정에 의해 이를 대습사유로 추가하였다. 손자녀의 상속에의 기대를 보장하고, 상속에 관한 자기결정권을 강화할 필요가 있기 때문이라고 한다. 이에 대해 자세히는 장준혁, “프랑스민법상의 대습상속”, 民事法學 제61호(2012), 624-629면 참조. 미국에서의 상속포기시 대습상속 제도에 대해 자세히는 안소영, “미국법상 대습상속의 법리 -통일유언검인법(UPC)상 무유언상속에서의 대습상속을 중심으로-”, 家族法研究 제34권 3호(2020), 85-92면 참조.

29) 이러한 이유 때문에 우리나라에서도 입법론으로서 상속포기를 대습사유로 추가해야 한다는 견해가 유력하다. 포기자 자신의 의사표시에 의해 그의 배우자나 직계비속의 상속 기회가 박탈되는 것은 부당하다는 것이다. 郭潤直(2004), 62-63면; 朴秉濠(1991), 334, 405면; 윤진수(2019), 326, 507면; 이경희・윤부찬(2021), 382면 참조.

그러나 현행 민법은 상속포기를 대습사유로 규정하지 않기 때문에 이 경우 상속포기자의 상속분이 누구에게 귀속되는지를 정하는 별도의 조문을 필요로 한다. 그 기능을 담당하는 것이 바로 민법 제1043조이다. 민법 제1043조의 존재로 인해 우리는 공동상속인 중 일부가 상속을 포기한 경우에 그 포기자의 상속분은 다른 공동상속인들에게 귀속되며, 후대로 대습되지 않음을 명백히 할 수 있다. 민법 제1042조만으로는 그것이 불가능한데, 위 조문은 "상속의 포기는 상속개시시에 소급하여 그 효력이 있다."고 규정하고 있을 뿐이어서 상속을 포기한 자는 상속이 개시된 때부터 이미 사망한 자나 상속결격이었던 자와 마찬가지로 상속인이 아니었음을 선언해줄 뿐이며, 그 경우 그 상속분이 대습에 의해 후대로 넘어가는지에 대해서까지는 규율하지 않기 때문이다. 이 점은 대습상속에 관한 민법 제1001조 및 제1003조 제1항에서 상속포기를 대습사유로 규정하고 있지 않음을 결합하여 체계적 해석을 해야만 알 수 있으며, 체계적 해석의 결과 대습상속분에 관한 규정만으로는 상속포기자의 상속분 처리 방법이 확정되지 않음을 전제로 포기자의 상속분이 누구에게 귀속되는지를 다시 민법 제1043조가 규율하는 구조인 것이다.[30]

그렇다면 민법 제1042조는 어떠한 독자적인 의미가 있는가. 민법 제1042조의 가장 중요한 의의는 당연히 상속 포기의 소급효를 선언하는 데 있다. 위 조항은 소급효를 통해 모든 상속포기자를 상속개시 당시부터 상속의 당연승계효과로부터 해방시키고, 상속개시시부터 상속 포기 시 사이에 상속재산 귀속의 공백을 막는 기능을 수행한다. 이러한 효과는 공동상속인 중 전부가 상속을 포기한 경우이건 일부만 상속을 포기한 경우이건 언제나 동일하게 발생한다.[31] 본 논문의 주제와 관련하여 민법 제1042조가 가지고 있는 또 하나의 의미는 민법 제1043조와의 관계에서 드러난다. 민법 제1043조는 "상속인이 수인인 경우에 어느 상속인이 상속을 포기한 때에는 그 상속분은 다른 상속인의 상속분의 비율로 그 상속인에게 귀속된다."(강조점 필자 추가)고 규정하고 있는

30) 대습사유에 상속포기가 포함되어 있지 않음을 들어 공동상속인인 배우자와 자녀 중 자녀 모두가 상속을 포기한 경우에는 손자녀가 상속을 받지 못하고 배우자가 단독상속한다는 논지를 전개하고 있는 문헌으로 강해룡(2015), 11면 참조.

31) II. 2.에서 민법 제1042조에 따른 계산결과와 제1043조에 따른 계산결과가 언제나 동일하다는 결론을 내린 것은 민법 제1042조의 이와 같은 일반적 효과를 바탕으로 가상적 판단을 한 것이다.

바, 위 조문은 공동상속인 중 일부만 상속을 포기한 경우에 한해 적용됨이 문언상 명백하다.[32] 단독상속인이 상속을 포기한 경우 또는 공동상속인이 전부 상속을 포기한 경우에는 그 상속분이 귀속될 “다른 상속인”이 존재하지 않는다는 점을 보더라도 위 조문의 적용 범위는 분명하다. 따라서 단독상속인이 상속을 포기한 경우나 공동상속인 전원이 상속을 포기한 경우에는 민법 제1043조가 적용될 여지가 없다.

바로 이 지점에서 민법 제1042조의 두 번째 기능이 부각된다. 민법 제1042조에 따른 상속포기의 소급효에 의해 상속개시 당시부터 상속인이 존재하지 않는 것으로 간주되기 때문에, 단독상속인이 상속을 포기한 경우나 공동상속인 전원이 상속을 포기한 경우에는 민법 제1043조에 따라 그 포기자의 상속분 귀속 문제를 논하기에 앞서 상속을 포기한 단독상속인 또는 공동상속인에 갈음하여 누가 상속인이 되는지부터 확정할 필요가 있다. 이때 상속인과 상속분은 민법 제1043조가 아니라, 민법 제1000조와 제1003조, 제1009조에 의해 결정된다. 피상속인의 배우자와 1촌인 직계비속 전원이 상속을 포기한 경우에는 2촌인 직계비속이 민법 제1000조 제1항 및 제2항에 따라 본위상속을 한다는 학설[33]과 판례[34]의 태도는 이러한 시각에서 온전히 설명될 수 있다.

요컨대, 우리 민법의 체계적 해석상 민법 제1042조는 단독상속인 또는 공동상속인 전원이 상속을 포기한 경우에 누가 상속인이 될 것인지를 확정하기 위해 상속 포기 관련 조문들과 법정상속인 관련 조문들을 연결하는 조문인 반면, 민법 제1043조는 이미 법정상속인 관련 조문들에 의해 확정된 공동상속인

---

32) 민법 제1043조가 공동상속인 중 일부만 상속을 포기하였을 때 적용되는 취지의 조문이라는 점을 명시적으로 서술하거나 이를 당연한 전제로 삼고 있는 문헌으로 郭潤直(2004), 195면; 김주수 · 김상용(2019), 778-779면; 류일현(2016), 179-180면; 박근웅(2015), 213면; 박동섭 · 양경승(2020), 795-796면; 朴秉濠(1991), 406면 등 참조.

33) 郭潤直(2004), 195면; 윤진수(2019), 507면. 김주수 · 김상용(2019), 644, 779면; 박동섭 · 양경승(2020), 602, 796면; 송덕수(2020), 313, 339-400면; 신영호 · 김상훈(2018), 325면은 공동상속인으로 직계비속만 있을 때 1촌인 직계비속 전부가 상속을 포기하면 다음 촌수의 직계비속들이 본위상속을 한다는 점만을 지적하고 있으나, 맥락상 공동상속인인 배우자와 직계비속 전원이 상속포기를 한 경우에도 동일한 결론에 도달할 것이 분명하다. 반면 선순위 상속인 전원이 상속을 포기하면 후순위 상속인에게 승계되는 것이 아니라 상속인이 없는 재산이 된다는 견해로 이영무(1996), 107, 109면 참조.

34) 대법원 1995. 4 7. 선고 94다11835 판결; 대법원 2005. 7. 22. 선고 2003다43681 판결; 대법원 2013 6. 14. 선고 2013다15869 판결. 공동상속인으로 직계비속만 있을 때 1촌인 직계비속 전부가 상속을 포기하면 다음 촌수의 직계비속들이 본위상속을 한다는 취지의 판결로 대법원 1995. 9. 26. 선고 95다27769 판결도 참조.

중 일부가 상속을 포기한 경우에 나머지 상속인들의 상속분을 확정하기 위한 조문으로서의 성격을 갖는다.[35] 민법 제1042조는 상속포기의 소급효에 걸려 상속인 자체를 확정할 수 없을 때에는 상속사건을 다시 민법 제1000조, 제1003조 및 제1009조의 규율영역으로 돌려보내고, 상속인 확정이 완료되었음에도 불구하고 상속분 확정이 불가능한 사안만을 민법 제1043조의 영역으로 이동시키는 일종의 잠금장치 역할을 하는 것이다.

일부 견해는 이와 달리 민법 제1042조와 제1043조 간의 관계에 대해 제1043조는 제1042조의 내용을 구체화하는 조문이라고 해설한다. 공동상속인 전원이 상속을 포기한 경우이건 일부만 포기한 경우이건 민법 제1042조와 제1043조가 모두 동일하게 적용되며, 민법 제1042조에 따라 "상속포기를 한 자는 그 상속에 관하여 처음부터 상속인으로 되지 아니하였던 것"으로 보기 때문에 그 포기자의 상속분은 민법 제1043조에 따라 "다른 상속인", 즉 상속포기자와 동순위의 다른 상속인이 있는 경우에는 그 상속인에게, 동순위의 다른 상속인이 없는 경우에는 후순위 상속인에게 귀속되고, 따라서 배우자와 1촌인 직계비속 중 직계비속 전원이 상속을 포기한 경우에는 동순위 상속인인 배우자가 단독상속함이 옳다는 것이다.[36]

민법 제1042조와 제1043조간의 관계를 파악하는 관점은 다르지만, 결론은 본 논문의 논지와 동일하다. 다만, 두 조문 간의 관계를 위와 같이 파악하는 것은 그 논리구조의 간명함에도 불구하고 민법 제1043조의 문언에 반하여 쉽게 용인될 수 없다는 점만 첨언하고자 한다. 민법 제1043조는 문두에서 그 적용범위를 "상속인이 수인인 경우"로 한정하고 있는데, 우리 민법의 개별 조문들은 공동상속의 경우에만 "상속인이 수인인 경우"라는 표현을 사용하기 때문이다.[37] 따라서 단독상속의 경우 또는 공동상속인 전원이 상속을 포기하여 공

---

35) 민법 제1000조 및 제1003조는 상속인을 결정하는 원리를 정하는 조문인 반면, 제1043조는 이미 상속인이 결정되어 있는 상태에서 상속포기시 상속분의 배분 방법을 정하고 있는 조문이라는 점을 강조하고 있는 문헌으로 이경희・윤부찬(2021), 457면 참조. 임종효(2015), 507면이 "자녀 일부가 상속을 포기한 사례에서는 '어떻게 나누는가'만 문제가 되나, 자녀 전부가 상속을 포기한 사례에서는 '누구에게 나누는가'가 문제된다."고 서술하고 있는 것도 같은 맥락이다.

36) 정구태(2016), 46면.

37) 민법 제1000조 제2항; 제1006조; 제1009조; 제1029조; 제1040조 참조.

동상속인이 없게 된 경우에는 민법 제1043조가 아니라 민법 제1009조 및 제1010조에 따라 그 상속분이 결정되어야 한다.

4. 소결

위에서 살펴본 바와 같이 민법 제1042조를 단독상속인 또는 공동상속인 전원에 의한 상속포기시 상속인 확정에 관한 조문으로, 민법 제1043조를 공동상속인 일부의 상속포기시 상속분 계산 방법에 관한 조문으로 이해한다면, 상속개시 당시 공동상속인으로 배우자와 1촌인 직계비속이 있을 때 1촌인 직계비속 전원이 상속을 포기한 경우는 당연히 민법 제1043조의 적용범위에 포섭된다. 1촌인 직계비속 전원이 상속을 포기하였더라도 공동상속인인 배우자가 상속을 포기하지 않은 이상 상속인 중 일부만 상속을 포기한 사안에 해당하며, 민법 제1042조에 따른 상속인 확정은 별도로 필요하지 않기 때문이다. 따라서 이 경우에는 민법 제1043조에 따라 상속포기자의 상속분이 모두 "다른 상속인", 즉 배우자에게 귀속되어 배우자가 단독상속하는 결론으로 이어짐이 당연하다.[38] 상속포기를 대습사유로 인정하지 않는 민법 제1001조와 제1043조간의 체계적 해석을 위해서라도 혈족상속인 전원에 의한 상속포기시 배우자 단독상속설을 택하지 않을 수 없다.[39] 공동상속인인 자녀 중 일부만이 상속을 포기했을 때에는 본위상속도 대습상속도 기대할 수 없었던 포기자의 자녀(즉, 피상속인의 손자녀)가 공동상속인인 자녀 전부가 상속을 포기하였다는 우연한 사정만으로 본위상속을 받을 수 있게 된다는 것은 균형이 맞지 않기 때문이다.

38) 공동상속인으로 배우자와 자녀가 있는 상태에서 자녀 전부가 상속을 포기한 경우에 민법 제1043조가 적용되므로, 그 상속분이 모두 배우자에게 귀속된다는 근거로 배우자 단독상속설을 지지하고 있는 문헌으로 송덕수(2020), 401면; 이경희 · 윤부찬(2021), 457면 참조. 반면 공동상속인 중 일부만 상속을 포기한 경우에 민법 제1043조가 적용된다고 하면서도 공동상속인 중 자녀 전부가 상속을 포기한 경우에는 배우자와 손자녀가 공동상속한다고 하여 공동상속설을 지지하고 있는 문헌으로 박동섭 · 양경승(2020), 796면; 朴秉濠(1991), 406면 참조.

39) 류일현(2016), 193-195면 역시 본 논문과 사실상 동일한 법해석론을 전개하고 있는 것으로 보인다.

Ⅲ. 공동상속설의 문제점

II.에서 살펴본 바와 같이 현행 민법의 해석상 공동상속인인 배우자와 자녀 중 자녀 일부만 상속을 포기한 경우이건 자녀 전부가 상속을 포기한 경우이건 손자녀는 본위상속으로도 대습상속으로도 상속포기자의 상속분을 이어받지 못한다고 봄이 상당하다. 그럼에도 불구하고 대법원 2015. 5. 14. 선고 2013다48852 판결은 공동상속설을 택하면서 그 이유로 상속의 순위에 관한 민법 제1000조, 배우자의 상속순위에 관한 민법 제1003조, 상속포기의 효과에 관한 민법 제1042조를 제시하고 있다. 물론 민법 제1042조 및 제1043조 간의 관계를 어떻게 파악할 것인지에 대해서는 다양한 견해가 있을 수 있으므로, 판례나 공동상속설과 같이 해석한다고 하여 그것이 우리 민법의 체계에 전적으로 반한다고 할 수는 없을 것이다. 그럼에도 불구하고 공동상속설이 제시하는 논거에는 다음과 같은 문제점이 있다는 점에서 판례의 태도는 지지하기 어렵다.[40)]

1. 상속 포기의 소급효

공동상속설이 제시하는 첫 번째 논거는 민법 제1042조가 규정하고 있는 상속포기의 소급효이다. II.3.에서 서술한 바와 같이 민법 제1042조를 단독상속인 또는 공동상속인 전원이 상속을 포기한 경우에 상속인 확정을 위한 조문으로 해석한다면 공동상속인 중 일부만 상속을 포기한 경우에는 상속인 확정 및 상속분 계산을 위해 민법 제1042조가 적용될 여지가 없다(拙見). 반면 일부 견해가 주장하는 바와 같이 민법 제1042조가 공동상속인 전원이 상속을 포기한 경우와 일부만 포기한 경우에 상속인 확정을 위해 동일하게 적용되는 조문이라

40) 그 밖에 朴惠仙(2015), 74-75면은 위 2013다4885 판결을 해설하면서 등기실무의 주류가 공동상속설을 택하고 있는 이상 배우자 단독상속설을 취하면 기존의 등기실무에 따라 이루어진 상속등기가 모두 무효로 되어 거래의 안전에 문제가 생길 우려가 있다는 점을 공동상속설을 택한 이유로 제시하고 있으나, 이는 공동상속설로 기울어진 '동기'에 불과한 것으로서 법적인 '논거'라고 할만한 것은 아니다. 같은 취지로 정구태(2016), 47면 참조. 따라서 이에 대해서는 더 이상 논하지 않는다. 등기실무가 공동상속설로 통일된 것도 아니며, 공동상속설에 의하더라도 배우자가 단독상속인으로서 처분한 경우에 거래의 안전 문제는 동일하게 발생할 수 있다는 점을 지적하고 있는 문헌으로 윤진수(2020), 726면 참조.

고 본다면, 공동상속인인 배우자와 1촌인 직계비속 중 1촌인 직계비속 전원이 상속을 포기한 경우에도 상속개시 당시부터 1촌인 직계비속은 없었던 것이 되므로, 민법 제1000조 제2항 및 제1003조에 따라 그 다음 최근친인 2촌인 직계비속과 배우자가 공동상속하는 것으로 해석하는 것이 가능해진다.41) 따라서 민법 제1042조의 적용범위를 확대하는 것은 공동상속설의 근거가 될 수 있을 것이다. 하지만 이와 같이 해석하는 것은 법적용 단계에서의 획일적 평등을 위해 법적용 결과에 있어서 실질적 평등을 해치는 결과로 이어진다.

우리 민법은 배우자 상속분에 관해 '연동주의'를 택하고 있으므로, 공동 상속하는 직계비속 또는 직계존속의 숫자에 따라 배우자의 상속분도 증감함은 앞서 언급한 바와 같다. 하지만 배우자와 공동상속인이 되는 직계비속 또는 직계존속의 숫자는 상속개시 당시에 이미 정해져 있으므로, 배우자로서는 상속개시 시점을 기준으로 자신의 법정상속분을 예측할 수 있고, 적어도 이 법정상속분은 배우자에게 상속권의 최저한도로서 보장되어야 '연동주의'의 단점을 최소화할 수 있다.42) 상속개시 후에 발생한 사정, 가령 공동상속인 중 일부의 포기에 의해 배우자 상속분이 증가하는 것은 허용될 수 있으나, 다른 공동상속인의 상속 포기에 의해 배우자 상속분이 감소하는 결과가 발생하는 것은 제3자의 의사표시에 의해 배우자의 상속분이 좌우되도록 하는 것으로서 정당한 청산과 부양의 관점에서 용인하기 어렵다.43) 혹자는 공동상속설에 따라 배

---

41) 朴惠仙(2015), 73면은 제1042조와 제1000조, 제1003조는 상속인 결정의 원칙을 정하는 조항이고, 민법 제1043조는 이미 결정된 상속인 사이의 상속분 귀속을 정하는 조항이라고 서술하면서도 상속인 중 일부만 상속을 포기한 경우에도 민법 제1000조 및 제1003조에 따른 상속인 확정의 법리가 제1043조보다 우선하여 적용되어야 한다고 주장하는바, 아마도 위와 같이 민법 제1042조가 공동상속인 중 일부에 의한 상속포기 사안에도 적용된다는 전제를 바탕으로 이러한 논리를 전개하고 있는 것으로 보인다. 하지만 위 문헌은 동시에 민법 제1043조는 공동상속인 중 일부에 의한 상속포기시 상속분 귀속에 관한 특별조항이라고 서술하고 있어 선후가 모순된다.

42) 우리 민법이 배우자 상속분에 관해 연동주의를 택하고 있는 결과 배우자 상속권 보호에 문제가 발생하고 있는 점에 대해서는 이미 여러 선행연구가 존재하므로, 반복하지 않는다. 이 주제와 관련된 대표적인 논문으로 김상용, "사망으로 혼인이 해소된 경우 생존 배우자의 재산권 보호", 중앙법학 제17권 2호(2015), 228면; 박종용, "배우자상속권의 강화에 관한 연구", 家族法硏究 제16권 2호(2002), 234-236면; 윤진수, "배우자의 상속법상 지위 개선 방안에 관한 연구", 家族法硏究 제33권 제1호(2019), 4면; 정구태, "배우자 상속권 강화를 위한 입법론 - 상속에서의 약자 보호를 위한 관견(管見)", 안암법학 제59권(2019), 115-116면 참조.

43) 같은 취지로 임종효(2015), 503-504면 참조. 박근웅(2015), 219-220면; 임종효(2015), 502-503면; 정구태(2016), 47면이 공동상속설에 따를 경우 손자녀의 숫자가 자녀들의 숫자보다 많은 것을 이용하여 자녀들이 상속포기의 통모에 의해 배우자 상속분을 감소시키는 데 악용될 수 있다는 점(특히 재혼 배우자와 전혼 자녀

우자의 상속분이 감소하는 것은 배우자 상속분에 관한 민법 제1009조에 기인한 것이지, 공동상속설 자체의 흠결로 인한 것이 아니므로 이를 논거로 공동상속설을 배척할 바는 아니라는 취지로 주장하나,[44] 민법 제1009조의 한계를 굳이 공동상속설에 의해 강화할 필요는 없을 것이다.

무엇보다도 배우자와 공동상속인 지위에 있는 1촌인 직계비속 중 일부만 상속을 포기한 경우에는 민법 제1043조에 따라 배우자 상속분이 증가하는데, 1촌인 직계비속 전부가 상속을 포기하는 순간 민법 제1043조가 더이상 적용되지 않고, 민법 제1042조에 따라 2촌인 직계비속이 새롭게 상속인으로 되어 오히려 배우자의 상속분이 감소한다는 것(2촌인 직계비속의 숫자가 1촌인 직계비속의 숫자보다 많은 경우에 한한다)은 이치에 맞지 않는다.[45] 공동상속인 중 배우자만 상속을 포기하지 않은 경우와 1촌인 직계비속 중 1인만 상속을 포기하지 않은 경우에 결과가 달라지는 것도 이해하기 어렵다.[46] 따라서 제1042조를 근거로 공동상속설을 지지하는 것에는 찬성할 수 없다.[47]

2. 제1042조와 제1043조 간의 우열

공동상속설이 제시하는 두 번째 논거는 민법 제1042조에 따른 상속인 확정의 법리가 민법 제1043조보다 우선하여 적용되어야 한다는 것이다. 민법 제1042조의 우위를 주장하는 근거는 다시 두 가지로 나누어 볼 수 있다.

첫째, 한 견해는 "민법 제1042조는 상속포기의 효력 일반을 규율하는 조항이고, 민법 제1043조는 공동상속인 중 일부가 상속을 포기한 특별한 경우의 상속분 귀속에 대하여 규율하는 조항"이므로, 제1043조를 실효성있게 하기 위해 제1042조에 대한 해석을 변경할 수는 없다고 주장한다.[48] 상속인 및 상속

들 간의 갈등 상황에서 이러한 위험이 발생할 수 있다)을 지적하고 있는 것은 바로 이러한 지점에서 경청할 만하다.

44) 朴惠仙(2015), 75면.

45) 같은 취지로 박근웅(2015), 220면; 임종효(2015), 510면; 정구태(2016), 47-48면.

46) 같은 취지로 윤진수(2020), 726면.

47) 그 밖에 제1042조는 상속재산 귀속의 공백을 막기 위한 조문일 뿐이므로, 이를 근거로 공동상속설을 정당화할 수 없다는 견해로 송덕수(2020), 401면도 참조.

48) 朴惠仙(2015), 73면.

분 결정에 관한 대원칙인 민법 제1000조, 제1003조 및 제1009조가 상속포기에 관한 규정보다 우선적용되어야 한다는 것이다. 하지만 배우자 단독상속설이 타당하게 지적하고 있는 바와 같이 이는 특별법 우선의 원칙에 정면으로 위배되는 사고로서 따를 수 없을 뿐만 아니라,[49] 대습 사유에서 상속포기를 제외하고 있는 민법 제1003조와도 조화를 이룰 수 없다.[50] 만약 민법 제1000조 및 제1003조가 일반원칙이라는 이유만으로 상속법의 다른 모든 조문보다 우선하여 적용되어야 한다면, 1촌인 직계비속인 자녀가 모두 상속개시 전에 사망하였을 때 2촌인 직계비속이 받는 상속의 법적 성격도 대습상속이 아니라 본위상속이라고 보아야 아귀가 맞을 것인데, 이는 손자녀 상속에 대해 대습상속설을 택하고 있는 현재 판례의 태도와 모순된다.[51] 본위상속·대습상속·상속의 포기에 관한 조문들은 서로 조화롭게 해석되어야 하며, 본위상속에 관한 조문이 항상 우위에 있는 것은 아니다.

둘째, 다른 견해는 상속포기자의 '상속분'이 다른 상속인에게 귀속된다고 규정하고 있는 민법 제1043조가 개념상 성립 불가능하다는 점을 들어 민법 제1043조보다 제1042조가 우선 적용되어야 한다고 주장한다.[52] 민법 제1042조에 따르면 상속을 포기한 자는 처음부터 상속인이 아니기 때문에 상속분을 가질 수 없는데, 민법 제1043조는 포기자에게 상속분이 존재하는 것을 전제로 하고 있어 그 자체로 민법 제1042조에 모순되며, 따라서 민법 제1043조보다 제1042조에 따른 해석을 우선하는 수밖에 없다는 것이다. 하지만 민법 제1043조는 '그 상속분'이라고 표현하고 있을 뿐이며, 그것이 상속인으로서 확정적·구체

49) 정구태(2016), 46-47면.
50) 이에 대해서는 II.3.의 서술 참조.
51) 자녀 전부 사망시 손자녀 상속의 법적 성격에 대해 대습상속설을 택한 판례로 대법원 2001. 3. 9. 선고 99다13157 판결 참조. 郭潤直(2004), 49-50면; 송덕수(2020), 308면; 신영호·김상훈(2018), 319-320면; 윤진수(2019), 331면; 이경희·윤부찬(2021), 379면 등 다수의 견해 역시 대습상속설을 지지한다. 촌수가 같은 직계비속 중 일부만 사망한 경우에는 대습상속을 하다가 마지막 직계비속이 사망함과 동시에 갑자기 그 상속의 법적 성격이 본위상속으로 변한다는 것은 부당하다는 점, 촌수가 같은 직계비속 중 일부만 사망했는지 또는 전부 사망했는지에 따라 손자녀나 피상속인의 배우자의 상속분이 좌우되는 것은 부당하다는 점, 이를 본위상속으로 구성하면 피대습자의 배우자가 상속을 받지 못해 부당하다는 점 등을 근거로 제시한다. 이에 반해 손자녀 상속에 대해 본위상속설을 주장하는 견해로 朴秉濠(1991), 334면; 피대습자에게 배우자가 없는 경우에는 본위상속이, 피대습자에게 배우자가 있는 경우에는 대습상속이 개시된다고 보는 절충적 견해로 김주수·김상용(2019), 644면 참조.
52) 김상훈(2020), 165면. 논지가 명확하지는 않지만, 朴惠仙(2015), 68면도 같은 취지인 것으로 보인다.

적으로 발생한 상속분을 의미하는 것인지 또는 상속을 포기하지 않았더라면 그에게 귀속될 수 있었던 추상적 권리로서의 상속분을 의미하는 것인지에 대해서는 침묵하고 하고 있으므로, 민법 제1043조의 문언만을 이유로 위 조항이 민법 제1042조와 모순되어 의미를 상실하였다거나 삭제되어야 한다고 주장하는 것은 무리이다. 현행법상 민법 제1043조가 존재하는 이상, 그 조문이 다른 조문들과 조화를 이룰 수 있는 방향으로 해석하는 것이 법해석자의 역할이다.

3. 계통상속의 법리

공동상속설이 택하고 있는 세 번째 논거는 계통상속의 법리이다. 우리 민법은 배우자상속과 혈족상속을 별도의 상속계통으로 취급하고 있음을 전제로 민법 제1003조가 "피상속인의 배우자는 제1000조 제1항제1호와 제2호의 규정에 의한 상속인이 있는 경우에는 그 상속인과 동순위로 공동상속인이 되고 그 상속인이 없는 때에는 단독상속인이 된다."고 규정하고 있는 이상 혈족상속인인 직계비속 또는 직계존속이 존재하는 한 배우자가 단독상속인이 되는 것은 불가능하다고 해석하는 것이다.[53] II.2.에서 살펴본 민법 제1043조상의 "다른 상속인"에 배우자 상속인은 포함되지 않는다고 해석하는 견해 역시 바로 이러한 계통상속의 법리를 전제로 하고 있다. 이와 같은 시각에 따르면 민법 제1043조는 혈족상속인 상호간의 법률관계를 규율할 때에만 적용되고, 배우자와 혈족상속이 공동상속을 하는 경우에는 민법 제1042조를 매개로 민법 제1000조와 제1003조, 제1009조에 따라 각 상속인의 상속분을 정해야 한다는 구성이 가능해진다. 즉, 공동상속인으로 배우자와 1촌인 직계비속이 있는 상태에서 1촌인 직계비속 중 일부가 상속을 포기하면 그 상속포기자의 상속분은 민법 제1043조에 따라 배우자를 제외한 나머지 혈족상속인들에게만 그 상속분에 따라 귀속되며, 1촌인 직계비속 중 전부가 상속을 포기하면 그 상속분은 민법 제1000조에 따라 후순위 혈족상속인들에게 귀속되어 결국 배우자와 2촌인 직계비속

---

53) 노정희, "2015년 분야별 중요판례분석 (7): 가족법", 法律新聞 제4401호(2016.3.24. 발간), 13면; 朴惠仙(2015), 73면.

또는 직계존속이 공동상속한다고 해석하는 것이다.

이러한 계통상속의 법리에 따르면 공동상속인인 직계비속이 전부 상속을 포기한 경우이건 일부만 상속을 포기한 경우이건 그 상속포기자의 상속분은 혈족상속인 내부에서만 귀속의 이동이 이루어지므로, 혈족상속인의 의사표시에 의해 배우자의 상속분이 좌우되지 않는다는 장점이 있다. 하지만 우리 민법은 배우자상속과 혈족상속을 별도의 상속계통으로 취급하지 않는다. 서구의 상속법사(相續法史)에서 혈족상속과 배우자상속은 기원이 전혀 다르다. 서구의 법제에서 상속이란 전통적으로 혈족상속만을 의미하였으며, 피상속인 사망 후 배우자의 법적 지위는 부부재산제에 기초하여 규율되었다. 즉, 보통법 시절에는 이른바 혼인 일체 이론(unity theory of marriage)에 따라 혼인의 성립과 동시에 처의 재산은 남편의 재산에 편입되었으며, 남편의 사망에 의해 그 재산이 혈족상속인에게 상속된 후에 처는 생애용익권 내지 과부산권(dower) 등을 통해 그 재산의 이익을 향유할 수 있을 뿐이었다.[54] 하지만 그 후 정당한 청산과 부양의 관점에서 부부재산제의 개혁이 이루어짐에 따라 그 정신을 상속에도 반영하기 위해 법률의 규정에 의해 배우자상속권이 별도로 창안되기에 이르렀다.[55] 서구의 법제가 혈족상속과 분리하여 배우자 상속분을 일정 비율로 고정시킨 것,[56] 혈족상속인에게 귀속되어야 하는 상속분은 사망・상속결격・상속포기의 경우를 가리지 않고 혈족 내에서 대습승계되도록 이른바 '대표이론(representation theory)'[57]을 발전시켜 온 것은 바로 이러한 역사적 전통과 관련이 있다. 배우자의 정당한 청산과 부양을 위한 상속재산과 혈족상속인을 위한 상속재산이 처음부터 분리되어 다른 계통으로 취급되어 온 것이다.

---

54) Thomas E. Atkinson, Law of Wills(2nd ed.), West Group, 2004, pp.103ff 참조.

55) Nigel Lowe/Gillian Douglas, Bromley's Family Law(10th ed.), Oxford University Press, 2007, pp.129, 1095ff.

56) 가령 독일은 ① 부부가 부가이익공동제를 택한 경우로서 직계비속과 공동상속하는 배우자는 상속재산의 1/2을, 부모 또는 조부모와 공동상속하는 배우자는 상속재산의 3/4을 취득하고(독일 민법 제1371조), ② 부부별산제를 택한 경우로서 직계비속과 공동상속하는 배우자는 상속재산의 1/4을, 부모 또는 조부모와 공동상속하는 배우자는 상속재산의 1/2을 취득하도록 하고 있다(독일 민법 제1931조). 프랑스의 경우 자녀와 공동상속하는 배우자는 상속재산의 1/4을, 부모와 공동상속하는 배우자는 상속재산의 1/2을 취득한다(프랑스 민법 제757조 및 제757조의1). 단, 피상속인과의 사이에서 출생한 자녀와 공동상속하는 배우자는 상속재산의 1/4 대신 상속재산 전부에 대한 용익권을 상속받는 것을 선택할 수 있다(프랑스 민법 제757조).

57) 대표이론에 대해 소개하고 있는 문헌으로 이동진, "상속결격・상속권상실과 대습상속 -민법 개정안 비판-", 家族法硏究 제35권 2호(2021), 107면 참조.

하지만 우리의 상속법제는 이와 전혀 다른 방향으로 발전하였다. 일제강점기까지 계속되어 온 제사상속·호주상속 제도가 전통적으로 배우자를 상속에서 배려하지 않았다는 출발점은 서구의 역사와 동일하다.[58] 당시 처(妻)에게는 피상속인 사망 당시 '가산(家産)'을 승계할 직계비속장남자가 없는 경우에 사후양자가 입후될 때까지 일시적으로 그 가산을 이어주는 역할이 부여되었을 뿐이다.[59] 1960년 제정민법은 이러한 전통과 절연을 고하고, 외국의 입법례를 참고하여 드디어 배우자상속권을 명문으로 인정하였다.[60] 그렇지만 당시 입법자의 사고는 서구의 배우자상속에 대한 관념과는 확연한 차이가 있었다. 상속재산 형성에 대한 배우자의 기여에 대한 청산이나 부양의 관점에서 배우자에게 '권리'로서 상속권을 창설하고자 한 것이 아니라, 호주제를 바탕으로 가(家)와의 결합 정도 내지 가(家)에 대한 의무의 정도에 따라 가산을 분재한다는 사고에 기초해 상속인 및 상속분 제도를 설계하였던 것이다. 배우자 상속분에 관한 연동주의는 이와 같은 당시 입법자의 봉건적 관념을 상징적으로 보여준다.

당시 입법자는 배우자상속권을 '상속인의 가산(家産)에 기대어 살아온 가족의 일원으로서의 배우자에 대한 시혜적 조치'로 관념하였을 뿐이다. 민법 제정 당시 한국여성단체연합 등은 직계비속과 공동상속하는 경우에는 1/3, 직계존속과 공동상속하는 경우에는 1/2의 고정상속분을 배우자에게 보장해야 한다는 취지의 의견서를 제출한 바 있으나,[61] 국회는 이를 배척하고 처가 직계비속과 공동으로 상속하는 때에는 남자의 상속분의 1/2만을 받도록 규정[62]하면서 그 이유를 "遺妻와 男子 사이에 相續分의 差等을 둔 것도 決코 性別에 依한 差別

---

58) 鄭肯植 編譯, 改譯版 慣習調査報告書, 2000, 397면.

59) 이에 대해 자세히는 편집대표 윤진수/현소혜 집필부분, 「주해상속법」 제2권, 박영사, 2019, 1097-1098면 참조. 배우자가 단독상속을 받을 수 있는 경우는 피상속인이 제사자 또는 호주가 아니어서 순수한 형태의 재산상속만이 개시되는 경우로서 피상속인에게 직계비속이 한 명도 없는 때에 한정되었다. 대법원 2015. 1. 29. 선고 2014다205683 판결; 대법원 2015. 2. 12. 선고 2013다216761 판결 참조.

60) 民法案 審議錄 下卷, 民議院 法制司法委員會 民法案審議小委員會, 159-160면 참조.

61) 위 의견서는 鄭光鉉, 韓國家族法硏究[附錄], 서울大學校 出版部, 1967, 146-161면에서 확인할 수 있다.

62) 제정민법은 피상속인이 처인 경우와 남편인 경우에 배우자 상속분을 달리 규정하였다. 처가 피상속인인 경우에 남편은 직계비속과 공동으로, 직계비속이 없으면 단독으로 상속하며, 직계비속과 공동으로 상속하는 경우에는 남자의 상속분과 균분으로 하였다. 반면 남편이 피상속인인 경우에는 처가 직계비속 또는 직계존속과 공동으로, 직계비속과 직계존속이 모두 없으면 단독으로 상속하도록 하되, 처가 직계비속과 공동으로 상속하는 경우에는 그 상속분을 남자의 상속분의 1/2로 하고, 처가 직계존속과 공동으로 상속하는 경우에는 남자의 상속분과 균분으로 하였다. 제정민법 제1002조, 제1003조 및 제1009조 제1항, 제3항 참조.

待遇의 趣旨가 아니라 男子는 妻子의 生計에 對한 負擔이 있는데 反하여 遺妻는 自己自身의 生計에 對한 負擔만이 있는 까닭이다."[63]라고 해설하였다. 당시 상속재산의 분배 기준은 피상속인 사망 전에 당해 상속인이 그 재산의 형성·증가에 얼마나 기여하였는지 또는 그 재산을 얼마나 필요로 하는지가 아니라, 피상속인 사망 후 상속인이 그 가산으로 그 가의 유지에 얼마나 기여할 것인지에 있었던 것이다.[64] 그 후 양성평등의 정신이 민법에 반영되면서 호주 상속분 가산 제도는 폐지되고, 배우자 상속분이 현행 민법과 같이 증가하기는 하였으나, 이러한 민법의 역사는 우리법상 배우자상속을 위한 재산과 혈족상속을 위한 재산이 분리되지 않은 채 그 재산에 기대어 살아온 가족 구성원 모두를 위해 골고루 분재되어야 하는 하나의 상속재산으로 유지되어 왔음을 보여준다.

계통상속의 법리를 주장하는 견해는 현행 민법이 혈족상속과 배우자상속에 관해 별도의 법조문을 두고 있는 점, 배우자에게는 혈족과 달리 5할의 상속분을 가산하는 점 등을 근거로 제시하고 있으나, 우리 민법이 배우자 상속분에 관해 고정주의를 택하는 대신 혈족상속분에 5할을 가산하여 배우자 상속분을 정하는 방식으로 배우자 상속분과 혈족상속분을 연동시킨 것은 오히려 입법자에게 배우자 상속분과 혈족상속을 별도의 상속계통으로 취급할 의사가 없었음을 방증한다.[65] 민법 제1003조 제2항이 외국의 경우와 달리 피대습자의 배우자에게도 대습상속인으로서의 지위를 인정한 것 역시 배우자와 직계비속을 '하나의 상속공동체'로 결합하여 관념하였던 입법자의 의사를 그대로 보여준다. 이에 더해 우리 민법은 상속포기를 대습사유로부터 제외함으로써 (혈족상속인에게 귀속되어야 하는 바는 다음 세대의 혈족상속인에게로 승계되도록 하는) 이른바 대표이론도 배척하고 있다.

---

63) 法制司法委員會 親族編相續編要綱審議錄: 鄭光鉉(1967), 110면 참조.

64) 당시 입법자는 동일 가적에 있지 않은 여자의 상속분을 남자의 1/4로 규정한 것에 대해서도 "性別에 依한 差別待遇가 아니고, 女子는 出嫁하여 夫의 負擔에 依한 婚姻生活을 하는 것이 우리 社會의 慣習인 까닭에 形式的 平等보다는 實質的公平을 取한 것"이며, 호주상속인의 상속분에 5할을 가산한 것 역시 "戶主로서 家族에 대한 扶養義務"가 있고 "祭祀費用도 負擔"하기 때문이라고 해설하고 있다. 法制司法委員會 親族編相續編要綱審議錄: 鄭光鉉(1967), 110면 참조.

65) 같은 취지로 박근웅(2015), 211-212면 참조.

이와 같은 법상황에서 계통상속의 법리, 특히 혈족상속인이 있는 경우에 배우자는 단독으로 상속할 수 없고 오로지 혈족상속인과 공동으로만 상속할 수 있다는 것을 전제로 공동상속설을 정당화하는 것은 불가능하다. 민법 제1003조 제1항이 "피상속인의 배우자는 제1000조 제1항 제1호와 제2호의 규정에 의한 상속인이 있는 경우에는 그 상속인과 동순위로 공동상속인이 되고 그 상속인이 없는 때에는 단독상속인이 된다."(밑줄 필자 추가)고 규정하고 있는 것은 사실이나, 이 때 상속 포기와 관련하여 "그 상속인"이란 아직 상속포기 여부가 확정되지 않은 상태에서의 혈족상속인을 의미하는 것이며, 그 혈족상속인 전원이 상속을 포기한 경우에는 민법 제1042조상의 소급효에 의해 민법 제1003조 제1항 후단에서 말하는 "그 상속인이 없는 때"에 해당하여 배우자가 단독으로 상속할 수 있다고 해석하지 않을 수 없다.[66] 대습상속과 관련된 설시이기는 하지만, 판례 역시 이미 "민법 제1003조 제2항이 혈족상속주의를 수정하여 피상속인의 직계비속의 배우자가 경우에 따라 단독으로 대습상속할 수 있음을 규정하고 있고 이 조항에 대한 원고들의 위헌주장을 받아들이지 않는 이상, 피상속인의 직계비속의 배우자는 어떠한 경우에도 피상속인의 혈족과 공동상속함에 그쳐야 한다는 상고이유의 주장은 독자적인 견해에 불과하여 채용할 수 없다."[67]고 판시한 바 있다.

4. 상속포기자의 의사

공동상속설은 상속포기자의 추정적 의사에도 부합하지 않는다. 상속을 포기하는 경우는 크게 두 가지로 나누어 볼 수 있다. ① 상속 적극재산이 상속채무

66) 우리 민법이 배우자 상속분에 관해 연동주의를 택한 결과 계통상속의 법리를 민법 제1043조의 해석에 반영하는 순간 민법 제1043조에 따른 계산결과와 민법 제1042조에 따른 계산 결과 간에 모순이 발생한다는 점, 따라서 민법 제1042조는 단독상속인이나 공동상속인 전원이 상속을 포기한 경우에만 적용되고, 공동상속인 중 일부만 상속을 포기한 경우에는 민법 제1043조에 따라 상속분이 계산될 뿐이라는 점, 그 결과 공동상속인인 배우자와 자녀들 중 자녀들 전원이 상속을 포기한 경우에는 바로 제1043조에 따라 상속분이 결정되며, 민법 제1000조에 따른 상속인 확정 절차를 반복할 필요가 없다는 점은 이미 II.2. 및 3.에서 서술한 바와 같다. 이러한 논리에 따라 공동상속인인 배우자와 자녀들 중 자녀들 전원이 상속을 포기한 경우는 "민법 제1000조 제1항 제1호와 제2호의 규정에 의한 상속인"(즉, 손자녀 또는 직계존속)이 없는 것으로 바로 의제할 수 있다.

67) 대법원 2001. 3. 9. 선고 99다13157 판결.

를 초과하는 경우와 ② 상속채무가 상속 적극재산을 초과하는 경우가 그것이다. ①의 경우에 상속포기자는 상속을 승인하는 것이 자신에게 유리함에도 불구하고, 자발적으로 상속을 포기한다. 이때 상속포기자는 상속 포기 시 자기 상속분이 다른 공동상속인들에게 귀속되어 그들에게 이익이 될 것을 충분히 인식하면서 사실상 증여의 의도로 상속포기를 하는 것이 통상이다.[68] 특히 배우자와 자녀들이 공동상속하는 경우에 자녀들은 배우자가 그동안 피상속인과 계속해 온 혼인 생활에 대한 보상 내지 부양의 목적으로 배우자에게 재산을 단독상속시키고자 세제상의 불이익을 감수하고라도 상속을 포기하는 경우가 적지 않다.[69] 이러한 경우에 사실상 배우자에 대한 상속분 증여의 의사로 이루어진 상속 포기에 손자녀 또는 직계존속에 대한 증여의 효과를 부여하는 것은 상속포기자의 의사에 반한다.[70] 따라서 이러한 경우에는 배우자가 단독상속을 한다고 보는 것이 배우자를 위해 상속을 포기한 자녀들의 추정적 의사에 부합한다.

한편 ②의 경우에 상속포기자는 상속으로 인해 자신에게 발생하는 불이익을 면하기 위해 상속포기를 선택한다. 그런데 1촌인 직계비속이 전부 상속을 포기하였다고 하여 2촌인 직계비속이 그 상속재산(특히 상속채무)를 대신 승계한다고 하면 1촌인 직계비속의 입장에서는 스스로 상속을 포기한 실익이 반감된다. 특히 2촌인 직계비속이 아직 미성년자인 경우에는 사실상 그의 법정대리인인 상속포기자에게 상속채무에 관한 책임이 전가되기 때문이다.[71] 위 2013다48852 판결이 고려기간의 기산점과 관련하여 "상속포기로써 채무 상속

68) 상속의 포기에 증여세를 과세할 것인지에 대한 미국에서의 논란에 대해 자세히는 류일현, "미국의 상속포기 제도", 家族法硏究 제34권 3호(2020), 101-102면 참조.

69) 이 점을 지적하는 문헌으로 박근웅(2015), 219면.

70) 류일현(2016), 191-192면은 이에 대해 "이는 상속포기라고 하는 법률행위를 하는 데에 있어 행위자의 '동기'에 불과한 것이어서 이와 다른 법률적 효과가 발생한다는 것이 곧 부당하다는 평가로 연결될 수 있는지 의문"이라고 반박한다. 하지만 상속포기자가 자신의 의사표시에 기초해 법률의 규정에 따라 발생할 효과(상속분의 다른 상속인에게의 귀속)를 충분히 인식하면서 그와 같은 효과가 발생할 것을 의도하고 특정의 의사표시를 한 경우에 과연 이를 가지고 동기에 불과하다고 할 수 있는지 의문이다.

71) 물론 사안에 따라서는 법정대리인이 아니라 미성년자가 스스로 상속재산 또는 자기 재산으로 상속채무를 변제하게 되는 경우도 없지 않을 것이나, 본 논문에서 다루고 있는 쟁점의 해결과 직접적인 관련이 없고, 본 논문이 택하고 있는 해석론에 따르면 이 경우 미성년자인 손자녀에게 상속채무가 승계되지도 않는다. 따라서 이에 대해서는 더이상 상론하지 않는다. 이 경우 미성년자의 보호 문제를 정면으로 다룬 사건으로 대법원 2020. 11. 19. 선고 2019다232918 전원합의체 판결 참조.

을 면하고자 하는 사람이 그 채무가 고스란히 그들의 자녀에게 상속될 것임을 알면서도 이를 방치하지는 않았으리라고 봄이 경험칙에 부합"한다고 자인하고 있는 것은 바로 이러한 사태의 본질이 반영된 것이다. 물론 이러한 문제는 본 논문의 주제인 공동상속인인 배우자와 자녀 중 자녀 전부가 상속을 포기한 경우뿐만 아니라, 배우자를 포함한 공동상속인 전원이 상속을 포기하는 경우에도 손자녀에 대한 본위상속이 일어남으로써 동일하게 발생하는 문제이므로, 이것만으로 판례가 택하고 있는 공동상속설을 비판할 것은 아니다.

그렇지만 공동상속인인 배우자와 자녀 중 자녀 전부가 상속을 포기한 경우에는 상속포기자의 의사 실현 좌절의 문제를 더욱 심각하게 받아들일 수밖에 없는데, 공동상속인 중 1인이 상속을 승인 또는 한정승인한 경우에 상속을 포기한 나머지 상속인들은 그것으로써 상속에 따른 당연승계의 효과가 상속을 승인・한정승인한 1인에게 집중되어 상속채무가 공동상속인 대에서 단절되고 다음 대로 승계되지 않으리라는 합리적 기대를 갖게 되기 때문이다.[72] 공동상속인인 배우자와 자녀들 중 자녀 1인을 제외한 나머지 공동상속인들이 모두 상속을 포기한 경우에는 이러한 기대가 실현되는 데 반해 배우자를 제외한 나머지 공동상속인들이 모두 상속을 포기하였다는 이유만으로 그 기대가 좌절되는 것은 쉽게 수긍할 수 없다.[73]

물론 상속포기자가 어떠한 의도로 상속을 포기하였는가 하는 점은 사안에 따라 달라지는 것이므로, 배우자 단독상속설에 따르는 순간 그 효과가 2촌인 직계비속에게 상속이 일어날 것을 기대하였던 또다른 상속포기자의 의사에 반하는 결과로 이어질 위험이 있는 것도 사실이다.[74] 하지만 입법의 영역에서도, 사법의 영역에서도 모든 국민에게 적용되는 일반 준칙을 세움에 있어서는 가능한 다수인의 추정적 의사에 부합하는 법의 내용(이른바 '법감정')을 인지하고 이를 법률과 판례에 반영하는 것이 중요한데, 해당 규범이 상식에 부합한다고 받아들이는 사람이 많을수록 법의 내면적 규범력이 강화되고, 불필요한

72) 이 점을 지적하고 있는 문헌으로 박근웅(2015), 219면 참조.
73) 같은 취지로 윤진수(2019), 507면.
74) 이 점을 지적하고 있는 문헌으로 류일현(2016), 192면.

분쟁의 숫자를 최소화할 수 있기 때문이다.

Ⅳ. 결론

공동상속인으로 배우자와 직계비속이 있는 상태에서 1촌인 직계비속이 모두 상속을 포기한 경우의 법적 효과에 관하여는 공동상속설과 배우자 단독상속설이 대립한다. 대법원 2015. 5. 14. 선고 2013다48852 판결은 이 중 공동상속설을 택하였다. 하지만 공동상속설은 우리 상속법이 배우자 상속분에 관해 연동주의를 택하고 있다는 점, 배우자상속과 혈족상속을 별개의 계통으로 보지 않는다는 점, 상속포기를 대습사유로 규정하지 않는다는 점, 상속포기자의 상속분 귀속에 관한 민법 제1043조의 존재를 도외시하는 해석이라는 점 등에서 현행 민법의 해석론으로 삼기에 무리일 뿐만 아니라, 다른 상속인의 의사표시에 의해 배우자의 법적 지위가 불안정해진다는 점, 상속포기자의 합리적 의사해석에도 부합하지 않는다는 점 등에서 문제가 있다. 이에 본 논문은 민법 제1042조와 제1043조 간의 관계를 다음과 같이 해석함으로써 기존의 공동상속설을 배우자 단독상속설로 전환할 것을 제안한다.

첫째, 단독상속인 또는 공동상속인 전원이 상속을 포기한 경우에는 민법 제1042조에 따라 상속개시 당시부터 상속인이 될 자가 존재하지 않는 경우에 해당하므로, 민법 제1000조, 제1003조 및 제1009조에 따라 다음 순위로 상속인이 될 자 및 상속분을 확정하여야 한다. 따라서 공동상속인으로 배우자와 자녀들이 있는 상태에서 배우자와 자녀 전원이 상속을 포기하면 민법 제1000조 제2항에 따라 손자녀가 본위상속한다. 둘째, 공동상속인 중 일부만 상속을 포기한 경우에 민법 제1042조에 따라 그는 처음부터 상속인이 아닌 것으로 간주되나, 나머지 공동상속인들이 존재하는 이상 새롭게 민법 제1000조 및 제1003조에 따라 상속인을 확정할 필요 없이 바로 민법 제1043조에 따라 공동상속인 간의 상속분을 계산한다. 이때 민법 제1043조에 따라 상속포기자의 상속분이 귀속되는 '다른 상속인'에는 배우자와 혈족상속인이 모두 포함된다. 따라서 공동상속인으로 배우자와 자녀들이 있는 상태에서 자녀 전원이 상속을 포기하면 그 포기자들의 상속분은 모두 배우자에게 귀속되어 배우자가 단독상속한다.

다만, 이러한 해석론은 현행 상속법의 태도를 전제로 하는 것이므로, 배우자 상속분에 관해 계통상속의 법리 내지 고정주의가 도입되거나 대습사유가 상속포기까지 확대되는 방향으로 법이 개정되면 그 결론이 달라질 수 있음에 유의할 필요가 있다. 구체적으로 우리 상속법이 어떠한 방향으로 개정되어야 하는가에 대해서는 지면 관계상 후속 연구에서 다룬다.

참고문헌

1. 단행본

가. 국내문헌

郭潤直, 「相續法」(改訂版), 博英社, 2004.
김용한, 「신친족상속법론」(신판), 박영사, 2002.
김주수 · 김상용, 「친족 · 상속법」(제16판), 法文社, 2019.
박동섭 · 양경승, 「친족상속법」(제5판), 박영사, 2020.
朴秉濠, 「家族法」, 韓國放送通信大學校, 1991.
송덕수, 「친족상속법」(제5판), 박영사, 2020.
신영호 · 김상훈, 「가족법강의」(제3판), 세창출판사, 2018.
윤진수, 「친족상속법 강의」(제3판), 박영사, 2019.
______, 「민법기본판례」(제2판), 弘文社, 2020.
편집대표 윤진수, 「주해상속법」 제2권, 박영사, 2019.
이경희 · 윤부찬, 「가족법」(10정판), 法元社, 2021.
鄭光鉉, 「新親族相續法要論」, 法文社, 1958.
______, 韓國家族法研究[附錄], 서울大學校 出版部, 1967.
鄭肯植 編譯, 改譯版 慣習調査報告書, 2000.
한봉희 · 백승흠, 「가족법」, 삼영사, 2013.

나. 일본문헌

中川善之助, 「註釋相續法(上)」, 有斐閣, 1955.
中川善之助 · 千種達夫 · 市川四郎 · 平賀健太, 「親族 · 相續法」, 有斐閣, 2014.
我妻榮, 「親族 · 相續法解說」, 日本評論社, 1949.
我妻榮 · 立石芳枝, 「親族法 · 相續法」, 日本評論新社, 1961.
犬伏由子 · 石井美智子 · 常岡史子 · 松尾知子, 「親族 · 相續法」(第2版), 弘文堂, 2016.

谷口知平・久貴忠彦 編,「新版注釋民法(27), 相續(2)」, 有斐閣, 1989.
泉久雄・野田愛子 編,「民法 X [相續]」, 靑林書院, 1995.

다. 영미문헌

Thomas E. Atkinson, Law of Wills(2.nd ed.), West Group, 2004.
Nigel Lowe/Gillian Douglas, Bromley's Family Law(10th ed.), Oxford University Press, 2007.

2. 논문

강해룡, "포기한 상속재산 누구에게 귀속되나", 法律新聞 제4335호(2015.7.16. 발간).
곽민희, "일본의 배우자 상속법제 개정 작업 관견(管見)", 법학연구 제26권 제1호 (2018).
김상용, "피상속인의 자녀가 모두 상속포기를 한 경우 손자녀가 상속인이 되어 상속채무를 승계하는가", 法律新聞 제4330호(2015.6.29. 발간).
______, "사망으로 혼인이 해소된 경우 생존 배우자의 재산권 보호", 중앙법학 제17권 2호(2015).
김상훈, "자녀가 상속을 포기한 경우 피상속인의 배우자와 손자녀의 상속관계", 「상속법판례연구」, 세창출판사, 2020.
노정희, "2015년 분야별 중요판례분석 (7): 가족법", 法律新聞 제4401호(2016.3.24. 발간).
류일현, "선순위 혈족상속인 전원의 상속포기와 그 효과", 成均館法學 第28卷 第1號(2016).
______, "미국의 상속포기 제도", 家族法研究 제34권 3호(2020).
박근웅, "동순위 혈족상속인 전원의 상속포기와 배우자상속", 家族法研究 제29권 2호(2015).
박종용, "배우자상속권의 강화에 관한 연구", 家族法研究 제16권 2호(2002).
朴惠仙, "피상속인의 배우자와 자녀 중 자녀 전부가 상속을 포기하는 경우의 상속인(2015. 5. 14. 선고 2013다48852 판결: 공 2015상. 794), 대법원판례해설 제103호(2015).

안소영, "미국법상 대습상속의 법리 -통일유언검인법(UPC)상 무유언상속에서의 대습상속을 중심으로-", 家族法硏究 제34권 3호(2020).

윤진수, "배우자의 상속법상 지위 개선방안에 관한 연구", 家族法硏究 제33권 1호(2019).

이동진, "상속결격 · 상속권상실과 대습상속 - 민법 개정안 비판-", 家族法硏究 제35권 2호(2021).

이영무, "선순위 상속인들이 상속을 포기하였을 경우 상속재산이 차순위 상속인에게 귀속되는지 여부에 관하여", 인권과 정의 제239호(1996).

임종효, "피상속인의 배우자와 자녀 중 자녀 전부가 상속포기한 경우 상속재산의 귀속 -대법원 2015.5.14. 선고 2013다48852 판결을 중심으로-", 家族法硏究 제29권 제3호(2015).

장준혁, "프랑스민법상의 대습상속", 民事法學 제61호(2012).

정구태, "2015년 상속법 관련 주요 판례 회고", 사법 통권 제35호(2016).

______, "배우자 상속권 강화를 위한 입법론 - 상속에서의 약자 보호를 위한 관견(管見)", 안암법학 제59권(2019).

Legal Effect of Renunciation of Inheritance by Blood Relatives

Hyun, So Hye (SungKyunKwan Univ.)

Who is entitled to share the estate, if all of the children disclaim the inheritance among co-heirs consisting of a spouse and children? The Supreme Court declared on May 14, 2015 that a spouse and grandchildren or a spouse and lineal ascendants shall be co-inheritors in such a case(2013da48852). However, Article 1043 of the Korean Civil Act provides that disclaimer's share of inheritance shall revert to the other inheritors in proportion to their respective shares thereof if there exist two or more inheritors, and one of them has effected a renunciation of inheritance, which means all the portion of the inheritance disclaimed by children shall revert to the spouse so that the spouse can be the only heir in the opening case. Some stand by the position of the Supreme Court arguing that the spouse is not included in "the other inheritors" under Article 1043 of Civil Act, but such a restrictive interpretation is not consistent with the whole succession system of Korean Civil Act, such as the determination of the spouse's share linked with the number of children, the exclusion of representation by grandchildren in case of renunciation of inheritance by children. Some supports the precedent with the articles on the ranking of inheritors, but such an approach makes it obsolete to retain the Article 1043 as a separate provision from Article 1042 of Korean Civil Act. The precedent is not reasonable in view of protection of spouses' inheritance right or rational interpretation of the disclaimer's intention, either.

<Key Words>

renunciation of inheritance, theory of co-inheritance, theory of sole inheritance by spouse, blood heir, spouse inheritance, lineage inheritance

2021년 민법 판례 동향*

서울대학교 법학전문대학원 교수 권 영 준

[요 약]

대법원은 2021년 한 해에도 복잡다기한 민사 분쟁에 관해 중요한 판결들을 다수 선고하였다. 이 논문에서는 2021년에 선고된 중요 민사 판결 내지 결정(이하 합쳐서 '판결'이라고 한다) 중 민법총칙/물권법 관련 판결(5건), 채권법 관련 판결(8건), 가족법 관련 판결(3건) 등 모두 16건의 판결들을 분석하였다. 이 판결들은 민법상 조건 및 선택채권, 대표권 행사와 제3자 보호, 후순위 담보권자의 시효 원용, 분묘기지권자의 지료 지급의무, 보험계약 무효로 인한 부당이득반환청구권의 소멸시효 기간, 국민건강보험공단의 보험급여 공제와 과실상계의 선후, 파산을 이유로 한 민간투자사업 실시협약 해지, 펀드 불완전판매에 따른 부당이득반환과 구상권, 보험회사의 채무부존재확인의 소와 확인의 이익, 채무불이행과 불법행위의 관계, 판결 시 간접강제, 3자간 등기명의신탁과 부당이득, 채권자지체를 이유로 한 계약해제, 상속분 무상양도와 유류분 계산, 외국인 배우자의 양육적합성, 조부모의 손자녀 입양 등 다양한 쟁점들을 담고 있다. 각 판결에 대해서는 사실관계, 원심판결과 대법원 판결 내용을 소개한 뒤 필자의 분석을 덧붙였다.

주제어: 조건, 선택채권, 소멸시효, 분묘기지권, 민간투자사업 실시협약, 명의신탁, 채권자지체, 간접강제, 유류분, 입양

---

* 이 논문은 2022. 1. 10. 개최된 제429회 대법원 민사실무연구회에서 발표한 것이다. 연구회 발표 시 지정토론자인 이지영 재판연구관님, 권민오 재판연구관님께서 유익한 토론을 해 주셨다. 자유토론 과정에서 서울대학교 법학전문대학원 윤진수 명예교수님, 서경환 서울회생법원장님, 차문호 서울고등법원 부장판사님 등 여러 참여자들이 귀중한 의견으로 도움을 주셨다. 논문 초안을 작성하는 과정에서 고유강 교수님(서울대), 송옥렬 교수님(서울대), 이계정 교수님(서울대), 이소은 교수님(영남대), 조인영 교수님(연세대), 정구태 교수님(조선대), 최문희 교수님(강원대), 최준규 교수님(서울대)(이상 가나다 순)께서 소중한 의견을 제시하여 주셨다. 이 논문은 같은 이름으로 서울대학교 법학지 제63권 제1호(2022. 3)에 게재되었다.

目 次

Ⅰ. 서론
Ⅱ. 민법총칙 · 물권법
1. 동반매도요구권, 민법상 조건, 선택채권(대법원 2021. 1. 14. 선고 2018다223054 판결)
가. 사실관계
나. 원심판결과 대상판결
다. 분석
2. 이사회 결의를 거치지 않은 대표권 행사와 제3자 보호(대법원 2021. 2. 18. 선고 2015다45451 전원합의체 판결)
가. 사실관계
나. 원심판결과 대상판결
다. 분석
3. 후순위 담보권자의 소멸시효 원용 및 변제자대위(대법원 2021. 2. 25. 선고 2016다232597 판결)
가. 사실관계
나. 원심판결과 대상판결
다. 분석
4. 분묘기지권자의 지료 지급의무(대법원 2021. 4. 29. 선고 2017다228007 전원합의체 판결)
가. 사실관계
나. 원심판결과 대상판결
다. 분석
5. 보험계약 무효로 인한 부당이득반환청구권의 소멸시효 기간(대법원 2021. 7. 22. 선고 2019다277812 전원합의체 판결)
가. 사실관계
나. 원심판결과 대상판결
다. 분석
Ⅲ. 채권법
1. 국민건강보험공단의 보험급여 공제와 과실상계의 선후(대법원 2021. 3. 18. 선고 2018다287935 전원합의체 판결)
가. 원심판결과 대상판결
나. 분석
2. 민간투자사업 실시협약이 채무자회생법 제335조 소정의 쌍방미이행 쌍무계약에 해당하는지 여부(대법원 2021. 5. 6. 선고 2017다273441 전원합의체 판결)
가. 사실관계
나. 원심판결과 대상판결
다. 분석
3. 펀드 불완전판매에 따른 부당이득반환책임과 구상관계(대법원 2021. 6. 10. 선고 2019다226005 판결)
가. 사실관계
나. 원심판결과 대상판결
다. 분석
4. 보험회사가 제기한 채무부존재확인의 소와 확인의 이익(대법원 2021. 6. 17. 선고 2018다257958, 257965 전원합의체 판결)
가. 사실관계
나. 원심판결과 대상판결
다. 분석
5. 채무불이행책임과 불법행위책임의 관계(대법원 2021. 6. 24. 선고 2016다210474 판결)
가. 사실관계
나. 원심판결과 대상판결
다. 분석
6. 판결절차에서 간접강제를 명할 수 있는지 여부(대법원 2021. 7. 22. 선고 2020다248124 전원합의체 판결)
가. 사실관계
나. 원심판결과 대상판결
다. 분석
7. 3자간 등기명의신탁과 부당이득(대법원 2021. 9. 9. 선고 2018다284233 전원합의체 판결)
가. 사실관계
나. 원심판결과 대상판결
다. 분석
8. 채권자지체를 이유로 한 계약해제(대법원 2021. 10. 28. 선고 2019다293036 판결)
가. 사실관계
나. 원심판결과 대상판결
다. 분석
Ⅳ. 가족법
1. 무상 양도한 상속분이 유류분 산정의 기초재산에 산입되는지 여부(대법원 2021. 7. 15. 선고 2016다210498 판결)
가. 사실관계
나. 원심판결과 대상판결

다. 분석
2. 외국인 배우자의 양육적합성(대법원 2021. 9. 30. 선고 2021므12320, 12337 판결)
가. 사실관계
나. 원심판결과 대상판결
다. 분석
3. 조부모의 손자녀 입양(대법원 2021. 12. 23. 자 2018스5 전원합의체 결정)
가. 사실관계
나. 원심결정과 대상결정
다. 분석

Ⅰ. 서론

이 글에서는 2021년에 선고된 중요 민사 재판례들을 다루었다. 필자는 16건의 판결 내지 결정(이하 합쳐서 '판결'이라고 한다)을 선별하였다. 상법, 민사소송법, 도산법 등 다른 법 분야와 관련된 전원합의체 판결들도 민법적 문제와 관련성이 있다면 포함시켰다. 16건의 판결은 민법총칙·물권법 관련 판결(5건), 채권법 관련 판결(8건), 가족법 관련 판결(3건)의 세 분야로 분류하였다. 각 분야 내에서는 선고일자 순서로 판결들을 배열하였다. 판결별로 사실관계, 원심판결과 대상판결 내용을 소개하고, 필자의 분석을 덧붙였다.

Ⅱ. 민법총칙 · 물권법

1. 동반매도요구권, 민법상 조건, 선택채권(대법원 2021. 1. 14. 선고 2018다223054 판결)

가. 사실관계

이 사건은 두 부분으로 나뉜다. 첫 번째 부분은 원고 오딘2 유한회사(이하 '원고 오딘2'라고 한다)와 피고 두산인프라코어 주식회사(이하 '피고 두산인프라코어'라고 한다) 사이의 동반매도요구권(drag-along right) 관련 분쟁이다. 두 번째 부분은 원고 시니안 유한회사, 넵튠 유한회사, 하나제일호사모투자전문회사와 피고 재단법인 두산연강재단 사이의 지분유지의무, 기업공개의무 등에 관한 채무불이행 관련 분쟁이다. 이 글에서는 법리적으로 선례적 가치가 더욱 높은 첫 번째 부분만 다룬다. 관련 사실관계는 아래와 같다.

피고 두산인프라코어는 두산공정기계(중국)유한공사(Doosan Infracore China Corporation, 이하 'DICC'라고 한다)의 지배주주로서, DICC 지분을 피고 두산인프라코어 등으로부터 매수하여 새로 주주가 된 3개 사모투자전문회사들과 주주간 계약(이하 '이 사건 주주간 계약'이라고 한다)을 체결하였다. 그 이후 원고 오딘2가 위 사모투자전문회사들로부터 위 지분매수계약 및 주주간 계약상 지위를 승계하면서 지분도 매수하였다. 그 결과 DICC의 주주는 피고 두산인프라코어(80%)와 원고 오딘2(20%)가 되었다. 한편 이 사건 주주간 계약 제3.4조에서는 3년 내 DICC의 기업공개가 이루어지지 않으면 일방 당사자가 자신의 DICC 주식을 제3자에게 매도할 수 있도록 하였고, 상대방 당사자에 대한 동반매도요구권도 규정하였다.

동반매도요구권은 자신의 주식에 다른 주주의 주식까지 합쳐('동반') 한꺼번에 제3자에게 팔 수 있는('매도') 권리이다.[1] 주식이 합쳐져 경영권 프리미엄이 더해지면 매도주식 가치가 올라가서 제3자에 대한 매도가 쉬워지고, 그만큼 투자금 회수도 쉬워진다.[2] 이 때문에 동반매도요구권은 동반매도참여권(tag-along right)[3]과 함께 투자금을 더 쉽게 유치하는 계약적 장치로 사용되곤 한다. 이 사건에서 DICC의 주주는 피고 두산인프라코어와 원고 오딘2뿐이었으므로 일방이 타방에게 동반매도요구권을 행사한다는 것은 곧 DICC 주식 전체(즉 기업 지배권 전체)를 제3자에게 매도하겠다는 것과 마찬가지이다.

그런데 동반매도요구권의 행사를 받는 상대방 당사자 입장에서는 자기 의사와 무관하게 자기 주식의 매도를 강제당하게 된다. 또한 상대방 당사자는 매

---

1) 동반매각청구권이라고도 부른다. 이동건 · 류명현 · 이수균, "주주간 계약상 주식양도의 제한", **BFL**, 제88호(2018), 29면.

2) 천경훈, "주주간 계약의 실태와 법리 -투자촉진 수단으로서의 기능에 주목하여-", **상사판례연구**, 제26집 제3권(2013), 13면; 동건 · 류명현 · 이수균(주 1), 29면.

3) 동반매도참여권(tag-along right)은 어떤 주주가 자신의 주식을 제3자에게 매도할 때 다른 주주가 자신의 주식도 함께 매도할 수 있는 권리이다. 동건 · 류명현 · 이수균(주 1), 28면. 매도주주가 아닌 다른 주주가 자발적으로 자신의 주식까지 매도할 수 있게 하는 권리라는 점에서, 자신의 의사와 무관하게 자신의 주식 매도를 강제당하는 동반매도요구권과 구별된다.

매절차를 주도하는 주체가 아니므로 매매가격을 비롯한 거래조건 결정 과정에서도 소외되기 쉽다. 따라서 주주간 계약을 체결할 때에는 이러한 상대방 당사자의 입장도 고려하여 동반매도청구권의 요건과 효과를 세밀하게 정하게 된다. 이 사건 주주간 계약 제3.4조도 그러하였다. 이 조항에 따른 동반매도요구권 행사의 단계와 효과는 다음과 같다.

첫째는 입찰 단계이다. 매도주주는 원칙적으로 복수의 매수희망자들을 상대로 입찰절차를 진행하여 가장 유리한 가격과 거래조건을 제시한 매수예정자를 결정해야 한다. 이러한 입찰단계를 성공적으로 마치게 되면 매수예정자와 매매계약의 주된 내용이 특정된다.

둘째는 동반매도요구권 행사 단계이다. 매도주주는 매수예정자와 정식계약을 체결하기 전에 상대방 당사자에게 입찰단계에서 정해진 매수예정자, 매매가격, 거래조건을 담은 매도결정통지를 해야 한다. 자기가 보유하는 주식의 매매 예정사실을 알려주는 취지이다. 이때 매도주주는 자신의 주식뿐만 아니라 상대방 당사자의 주식까지 포함하여 통째로 매도하겠다는 취지, 즉 동반매도요구권을 행사하겠다는 취지를 매도결정통지에 명시할 수 있다.

셋째는 상대방 당사자의 대응 단계이다. 동반매도요구권 통지를 받은 상대방 당사자는 다음 세 가지 선택지를 가진다.[4] 선택지 (x)는 동반매도요구권 행사에 동의하는 것이다. 그 경우 상대방 당사자는 자기 주식도 매수예정자에게 팔게 되고 기업 지배권은 통째로 그 매수예정자에게 넘어간다. 선택지 (y)는 상대방 당사자가 동반매도가격 또는 계약상 미리 정한 가격[5] 중 하나로 매도주주의 주식을 자신이 사는 것이다. 그 경우 상대방 당사자는 100% 주주가 된다. 선택지 (z)는 전체 주식을 매수예정자가 아닌 제3자에게 더 유리한 조건으로 매도하자고 제안하는 것이다. 상대방 당사자의 제안대로 이루어지면 기업 지배권은 원래의 매수예정자가 아니라 그 제3자에게 넘어간다.

넷째는 상대방 당사자의 무대응 시 처리 단계이다. 상대방 당사자가 위 선

4) 해당 선택지는 이 사건 주주간 계약 제3.4조 (b)항 (iii)호의 (x), (y), (z)로 각각 규정되어 있으므로 각 선택지의 이름도 (x), (y), (z)라고 부르기로 한다.

5) 실제로 이 사건 주주간 계약에는 이러한 계산식을 규정하고 있었고, 원고 오딘2도 이 계산식에 따라 산정한 매매대금의 지급을 구하였다.

택지 중 어느 것도 선택하지 않는 경우도 생길 수 있다. 이에 대해 이 사건 주주간 계약 제3.4조 (b)항 (iii)호는 14일 내 상대방 당사자의 선택과 통지가 이루어지지 않으면 선택지 (x), 즉 동반매도요구에 대한 동의를 선택한 것으로 간주한다고 규정한다. 다시 말해 매도주주와 상대방 당사자는 매수예정자와 회사 주식 전부를 매도하는 계약을 체결한 것으로 간주되는 것이다.

이 사건 사실관계로 돌아와 보자. 이 사건 주주간 계약 제3.4조에서는 3년 내 DICC의 기업공개가 이루어지지 않으면 동반매도요구권을 행사할 수 있도록 규정하고 있었다. 실제로 3년 내 기업공개는 이루어지지 않았다. 그러자 원고 오딘2는 동반매도요구권을 행사하기로 하였다. 이에 원고 오딘2는 이 조항이 규정한 첫 번째 단계, 즉 입찰에 따른 DICC 매각단계를 진행하고자 하였다. 기업을 매각하려면 매수희망자들에게 매각대상기업에 관한 정보를 제공해 주어야 한다. 이를 위해서는 DICC뿐만 아니라 대주주인 피고 두산인프라코어의 자료제공 등 협조도 필요한 상황이었다. 그런데 피고 두산인프라코어는 매수희망자들의 진정성이 의심된다는 등의 사정을 들어 원고 오딘2의 자료제공 요청에 응하지 않았다. 그 결과 매각절차는 더 이상 진행될 수 없게 되었다. 첫 번째 단계부터 좌절된 것이다.

그러자 원고 오딘2는 매수예정자 결정이 동반매도요구권 행사의 '조건'에 해당하는데 피고 두산인프라코어의 비협조로 매각절차를 진행할 수 없어 매수예정자 결정이 좌절되었다면서 이는 신의성실에 반한 조건성취방해에 해당하므로 민법 제150조 제1항이 정하는 바에 따라 DICC 지분에 관한 조건성취 상태인 매매계약 체결 상태가 의제되고 피고 두산인프라코어는 그 의제된 매매계약에 따른 매매대금을 지급할 의무가 있다고 주장하였다. 하지만 제1심법원은 매수예정자 결정이 동반매도요구권의 조건이라고 보기 어렵고, 피고 두산인프라코어의 조건 성취방해행위도 없었다고 보아 청구를 기각하였다.[6)]

---

6) 서울중앙지방법원 2017. 1. 12. 선고 2015가합572866 판결. 또한 원고 오딘2는 예비적으로, 피고 두산인프라코어의 기망 또는 원고 오딘2의 착오를 이유로 DICC 지분매매계약을 취소하는 바이므로 피고 두산인프라코어는 부당이득반환의무가 있다고 주장하였으나 이 역시 받아들여지지 않았다.

나. 원심판결과 대상판결

원심법원은 제1심법원과 달리 매수예정자와 매각금액 결정이 동반매도요구권 행사의 조건에 해당하고, 피고 두산인프라코어는 신의성실에 반하여 그 조건의 성취를 방해하였으므로, 민법 제150조 제1항에 따라 조건 성취가 의제되어야 한다고 보았다.[7] 한편 원고 오딘2의 동반매도요구권은 피고 두산인프라코어의 선택에 좇아 그 피고가 지는 급부 내용이 확정되는 선택채권의 성격을 가지는데, 매수예정자와 매각금액이 결정되지 않은 이상 그 매수예정자에 대한 매매를 전제로 하는 선택지 (x), (z)는 선택 불능에 빠졌다고 보았다. 이 경우 선택채권 중 일부 급부 불능 시 선택채권의 내용이 잔존 급부로 확정된다는 민법 제385조 제1항[8]에 따라 유일한 잔존 급부인 선택지 (y)에서 정한 계산식에 따른 가격으로 매매계약 체결이 의제된다고 보았다. 그 결과 피고 두산인프라코어는 원고 오딘2에게 그 매매계약에 따른 매매대금을 지급할 의무가 있다고 보았다.

반면 대법원은 피고 두산인프라코어가 매각절차에 협조할 의무를 부담한다는 점, 그 협조 의무에 위반한 점을 인정하면서도 그것이 신의성실에 반한 조건성취 방해행위라고 보기는 어려울 뿐만 아니라, 조건성취로 인해 의제되는 매수예정자와 매각금액이 정해지지도 않았으므로 민법 제150조 제1항을 적용할 수 없다고 보아 원심판결을 파기하였다.[9] 판결 요지는 다음과 같다.

> *민법 제150조 제1항은 계약당사자 사이에서 정당하게 기대되는 협력을 신의성실에 반하여 거부함으로써 계약에서 정한 사항을 이행할 수 없게 된 경우에 유추적용될 수 있다. 그러나 민법 제150조 제1항이 방해행위로 조건이 성취되지 않을 것을 요구하는 것과 마찬가지로, 위와 같이 유추적용되는 경우에도 단순한 협력 거부만으로는 부족하고 이 조항에서 정한 방해행위에 준할 정도로 신의성실에 반하여 협력을 거부함으로써 계약에서 정한 사항을 이행할 수 없는 상태가 되어야 한다. 또한 민법 제150조는 사실관계의 진행이 달라졌더라면 발생하리라고 희망했던 결과를 의제하는 것은 아니므로, 이 조항을 유추적*

---

7) 서울고등법원 2018. 2. 21. 선고 2017나2016899 판결.

8) 이 조항은 "채권의 목적으로 선택할 수개의 행위 중에 처음부터 불능한 것이거나 또는 후에 이행불능하게 된 것이 있으면 채권의 목적은 잔존한 것에 존재한다."라고 규정한다.

9) 대법원 2021. 1. 14. 선고 2018다223054 판결.

용할 때에도 조건 성취 의제와 직접적인 관련이 없는 사실관계를 의제하거나 계약에서 정하지 않은 법률효과를 인정해서는 안 된다.

또한 동반매도요구권이 선택채권에 해당한다는 원심법원 판단에도 동의하지 않았다.

동반매도요구권 행사에 따른 효과를 규정한 위 조항들의 내용을 종합하면, 상대방 당사자인 피고 두산인프라코어가 어떠한 경우에도 DICC 경영권 유지 등의 목적으로 자신의 지분을 매각할 수 없고 반드시 보유해야만 하는 등 특별한 상황이 아니라면 (y)와 (z)는 매도주주로부터 동반매도요구권 행사의 통지를 받은 상대방 당사자가 그 행사 여부를 선택할 수 있는 권리라고 할 수 있고, 상대방 당사자가 선택해야만 하는 의무로 보기는 어렵다.

원심판결 이유에 원고 오딘2의 동반매도요구권 행사에 대하여 피고 두산인프라코어가 반드시 DICC의 경영권을 유지하기 위해서 우선매수권을 행사해야만 하는 사정은 나타나 있지 않다. 따라서 (x)와 (y), (z)는 기본 원칙과 그 원칙을 변경할 수 있는 추가적 권리를 정한 것으로 볼 수 있을 뿐이고, 원심이 전제하고 있는 것처럼 이들이 서로 대등한 병렬적인 선택채권의 관계에 있다고 보기는 어렵다.

다. 분석

(1) 개관

원고 오딘2는 피고 두산인프라코어와 실제로 매매계약을 체결한 적이 없는데도, 피고 두산인프라코어를 상대로 매매대금 지급청구를 했다. 원심법원이 이러한 원고 오딘2의 논리를 받아들일 수 있었던 근거는 민법상 조건 및 선택채권의 법리였다. 피고 두산인프라코어가 자료제공요청에 협조했더라면 매각절차를 통해 동반매도요구권의 '조건'인 매수예정자 및 매수조건을 결정할 수 있었을 텐데 피고 두산인프라코어가 신의칙에 반하여 이에 협조하지 않았으니 조건이 성취된 것처럼 의제해야 한다는 것이다(민법 제150조 제1항). 또한 동반매도요구권은 '선택채권'인데 매수예정자 및 매수조건이 특정되지 않은 상황에서는 유일하게 가능한 선택지는 피고 두산인프라코어가 원고 오딘2로부터 미리 정해진 산식에 따른 가격으로 주식을 매수하였다고 의제하는 것이므로 그 가격에 따른 대금을 지급해야 한다는 것이다(민법 제385조 제1항).

원고 오딘2와 같은 재무적 투자자 입장에서 보면, 대주주인 피고 두산인프라코어가 지분매각에 협조하지 않아 지분매각 자체가 어려워지게 된 상황을 타개하고자 하였을 것이다. 지분매각에 협조하라고 이행청구를 하거나 협조의무 위반을 이유로 손해배상청구를 하는 방법도 있으나, 이러한 방법이 신속하고 만족스러운 퇴출(exit)을 보장해 주기는 어려웠을 것이다. 결국 원고 오딘2는 조건과 선택채권의 법리를 가져와 다소 무리한 논리를 펼칠 수밖에 없었다. 계약서에 더 상세하게 방책을 마련해 놓지 않아 발생한 불가피한 상황이었다. 하지만 대법원은 이러한 논리를 받아들이지 않았다. 결국 대상판결은 재무적 투자자가 원하는 때에 원활하게 자금을 회수하여 나가기 위해서는 지배주주의 협조의무 및 동반매도요구권의 요건과 효과를 계약에 구체적으로 규정해야 한다는 메시지를 던진 것과 마찬가지이다.[10] 또한 민법적 관점에서는 조건 및 선택채권의 법리를 정면으로 다루었다는 점에서 주목할 만하다. 아래에서는 해당 법리를 살펴보고 이를 기초로 대상판결을 분석한다.

(2) 조건의 법리

매수예정자 및 매수조건을 결정하는 것이 동반매도요구권의 조건인가? 대상판결이 다룬 민법 제150조 제1항에 규정된 조건은 본래적 의미의 민법상 조건[11]이다. 본래적 의미의 민법상 조건은 법률행위 효력의 발생 또는 소멸을 장래 불확실한 사실의 성부(成否)에 의존하도록 법률행위에 부가되는 약관, 즉 부관(附款)을 말한다.[12] 민법에서 조건은 법인설립허가의 조건(제38조), 전세권의 조건(제312조), 보증인의 조건(제431조), 임대차의 조건(제639조), 고용의 조건(제662조) 등에서 알 수 있듯이 여러 맥락에서 다양한 의미로 사용된다. 그런데 이와 구별되는 본래적 의미의 민법상 조건은 '법률행위 효력 제한성'이라

---

10) 이유진, "동반매도청구권(Drag-Along Right)에 대한 연구 -대법원 2021. 1. 14. 선고 2018다223054 판결을 중심으로-", **상사판례연구**, 제34권 제3호(2021), 210면은 주주간 계약에서 동반매도청구권 행사시 매각절차진행 방식을 상세히 규정하고, 각 단계에서의 협조의무의 내용, 협조의무 불이행의 법률효과를 규정하는 방안을 제시한다.

11) 민법 제147조부터 제151조까지의 규율 대상인 조건을 의미한다.

12) 곽윤직 · 김재형, **민법총칙**, 제9판(박영사, 2013), 399면.

는 특징을 가진다. 정지조건은 성립한 법률행위의 효력 발생을 조건 성취 시까지 미루어 놓는 방식으로 효력을 제한하는 조건이다.[13] 해제조건은 성립한 법률행위에 일단 효력을 부여하되 조건 성취 시 그 효력이 소멸하도록 하는 방식으로 효력을 제한하는 조건이다.[14] 이러한 의미의 조건은 계약 내용 그 자체를 구성하는 계약조건, 계약의 토대를 구성하는 사정을 일컫는 행위기초,[15] 계약으로부터 발생하는 채무 그 자체와 구별되어야 한다.[16]

대상판결 사안과 관련하여서는 조건과 요건의 구별도 중요한 의미를 지닌다. 조건과 요건은 외견상 유사한 모습을 띠고 있으므로 양자를 혼동하기가 쉬우나,[17] 양자는 구별되어야 한다. 요건은 어떤 법률행위가 효력을 발생하거나 어떤 권리가 발생하기 위해 논리적으로 반드시 선행되어야 하는 전제 조건이다. 가령 청약과 승낙의 합치는 계약이 유효하게 성립하기 위해 논리적으로 반드시 선행되어야 하는 전제 조건이다. 이러한 요건은 민법상 조건처럼 효력을 제한하는 요소가 아니라 오히려 효력 발생에 필수적인 요소라는 점에서 조건과 구별된다.[18] 또한 요건은 본래의 법률행위를 구성하는 요소로서 내재성(內在性)을 띠지만, 조건은 본래의 법률행위에 덧붙여 부가된다는 점에서 외재성(外在性)을 띤다.

이 사건에서 제1심법원은 매수예정자와 매각금액 결정이 동반매도요구권의 조건이 아니라고 보았으나, 원심법원은 이를 동반매도요구권의 (정지)조건이라고 보았다. 이러한 원심판결이 타당하려면 매수예정자와 매각금액 결정이 동반매도요구권에 관한 위 계약 조항의 효력을 제한하는 부관에 해당해야 한다. 즉 '매수예정자와 매각금액 결정'이라는 요소를 제거하면 위 계약 조항의 효력

13) 곽윤직 · 김재형(주 12), 401면.
14) 곽윤직 · 김재형(주 12), 401면.
15) Beck-online.Grosskommentar zum BGB/Reymann(2021), §158, Rn. 14.
16) 가령 상대방의 채무 이행을 조건으로만 자신의 채무를 이행하게 되는 동시이행 관계에서도 상대방의 채무 이행이 자신의 채무의 조건(Bedingung)이 되는 것은 아니다. 대법원 2006. 10. 13. 선고 2014다21862 판결.
17) 가령 상계권이나 해제권과 같은 형성권의 의사표시에는 조건이나 기한을 붙일 수 없다(민법 제493조 제1항 참조). 그러나 당사자가 '조건'이라고 부가한 사항이 사실은 민법상 조건이 아니라 상계권이나 해제권의 '요건'(예컨대 상계적상 또는 채무불이행)을 달리 표현한 것에 불과하다면 그러한 '조건부' 의사표시는 유효하다(대법원 1981. 4. 14. 선고 80다2381 판결; 대법원 1992. 12. 22. 선고 92다28549 판결). 이는 '조건'이라는 이름을 붙였다고 '요건'이 '조건'으로 변신하는 것은 아님을 우회적으로 보여준다.
18) 계약관계가 특정한 사건(Ereignis)이 있어야 비로소 개시되는 경우 그 사건은 정지조건(aufschiebende Bedingung)과 구별해야 한다는 설명으로 Beck-online.Grosskommentar zum BGB/Reymann(2021), §158, Rn. 58 참조.

이 온전하게 발생함으로써 그 계약 조항에 따른 권리, 즉 동반매도요구권이 확정적으로 발생할 수 있어야 한다.[19] 그러나 실은 '매수예정자와 매각금액 결정'을 제거하면 동반매도요구권이 확정적으로 발생하는 것이 아니라 반대로 동반매도요구권이 발생조차 하지 않게 된다. 매수예정자와 매각금액 결정은 동반매도요구권의 '요건'에 가깝다는 말이다.[20] 결국 동반매도요구권은 이러한 요건이 갖추어지면 발생할 장래 채권일 수는 있어도, 현존하는 정지조건부 채권이라고 할 수는 없다.[21]

하지만 동반매도요구권이 본래적 의미의 조건부 권리가 아니라고 해서 여기에서 이야기가 끝나는 것은 아니다. 민법상 조건의 법리, 나아가 민법 제150조 제1항의 조건성취 방해 법리가 본래적 민법상 조건이 문제되지 않는 다른 유사한 사안에 '유추'적용될 가능성은 여전히 열려 있기 때문이다. 유추적용은 어떤 상황에 직접 적용할 법률 규정이 없을 때에 그와 유사한 상황을 규율하는 다른 법률 규정을 적용하는 것을 말한다. 일반론으로서는 민법 제150조 제1항의 유추적용 가능성을 부정할 이유가 없다.[22] 비교법적으로도 조건성취 방해행위 관련 조항의 유추적용 사례를 찾아볼 수 있다.[23] 대상판결도 민법 제150조 제1항의 유추적용 가능성을 인정하였다.

다만 민법 제150조 제1항의 유추적용이 일반적으로 허용되는가와 이 사건에 실제로 민법 제150조 제1항을 유추적용하는 것이 정당한가는 다른 문제이다. 민법 제150조 제1항이 적용되는 전형적 사건 유형에 존재하는 이익 상황이 해당 사안에도 충분히 유사한 형태로 존재해야 비로소 그 유추적용이 정당화될 수 있다. 한편 민법 제150조 제1항은 실제로는 성취되지 않은 조건이 마치 성

---

19) 가령 비가 오면 우산을 주기로 하는 계약의 경우 비가 온다는 정지조건이 성취될 때 비로소 우산을 주기로 하는 계약의 효력이 확정적으로 발생하고, 우산을 달라는 청구권도 확정적으로 발생한다.

20) 이와 달리 매수예정자와 매각대금이 포함된 매도결정통지가 동반매도청구권의 조건이라고 보는 견해로 이유진(주 10), 200면.

21) 현존하는 정지조건부 채권과 장래 채권은 양도 가능성에서 차이가 있다. 판례(대법원 1997. 7. 25. 선고 95다21624 판결)에 따르면 장래 채권은 그 권리의 특정이 가능하고 가까운 장래에 발생할 것이 상당한 정도로 기대되는 경우에 한하여 양도 대상이 되는 반면, 정지조건부 채권에는 그러한 제한이 없다.

22) 윤진수, "정지조건 성취 방해로 인한 조건 성취의 의제 여부 -대법원 2021. 1. 14. 선고 2018다223054 판결-", **민사법학**, 제96호(2021), 323면. 또한 양창수, "민법 제150조의 입법 목적과 유추적용 -우리 민법의 숨은 조항-", **사법**, 제51호(2020), 291-296면은 우리 판례가 민법 제150조를 본래적 의미의 조건이 아닌 경우에도 적용했다고 분석한다.

23) 양창수(주 22), 280면 이하에 독일 및 일본의 사례가 소개되어 있다.

취된 것처럼 법률관계를 의제하는 조항이다.[24] 따라서 민법 제150조 제1항이 적용 또는 유추적용되려면 신의성실에 반하여 조건의 성취를 방해하는 행위가 인정되었을 때 의제될 법률관계의 내용은 확정되어 있어야 한다.

이러한 확정성은 민법 제150조 제1항이 본래적 의미의 민법상 조건에 적용될 때에는 별문제 없이 갖추어진다. 조건은 이미 내용이 확정된 법률행위에 부가되는 약관이므로, 부관에 해당하는 (정지)조건이 성취되거나 성취된 것으로 간주되면 그 본체에 해당하는 법률행위는 확정되어 있던 내용대로 온전히 효력을 발생하게 된다. 조건부 권리의 경우도 마찬가지이다. 조건부 권리는 그 권리의 확정적 행사가 조건에 달려 있기는 하지만 권리의 내용 자체는 이미 확정되어 있다. 따라서 그 조건이 성취되거나 성취가 의제되면 권리자는 바로 그 권리를 확정적으로 행사할 수 있게 된다. 이러한 확정성의 요청은 민법 제150조 제1항을 유추적용할 때에도 요구된다.[25] 직접적용이건 유추적용이건 그 종착지는 법률관계의 의제라는 점에서는 공통되는데, 의제될 법률관계를 확정할 수 없다면 그 어느 것도 할 수 없다.

그런데 이 사건의 특수성은 민법 제150조 제1항에 의해 의제될 법률관계가 확정되어 있지 않고 또 확정되기도 어렵다는 점에 있다. 누가 어떤 계약 내용으로 주식을 매수할지가 결정되어 있지 않고, 또 이를 결정할 기준도 딱히 없는 상황에서 무슨 수로 매매계약 성립을 의제하겠는가? 물론 법원이 매수예정자와 매수조건을 결정해 주면 된다고 말할지도 모른다. 하지만 이 방법은 사적자치 존중의 관점에서 받아들이기 어렵다. 민법상 조건 법리는 당사자에게 자유로운 조건 부가를 통해 법률행위 효력의 영역에까지 지배 가능성을 부여함으로써 사적 자치를 확장하기 위한 법리이다.[26] 민법 제150조 제1항도 당사자에

24) 일제 강점기 시절 우리나라에 적용되던 의용 민법 제130조는 "… 상대방은 그 조건이 성취된 것으로 볼 수 있다."라고 표현하여 조건성취 방해행위의 법적 효과가 법률관계의 의제임을 좀 더 분명히 하고 있었다. 한편 해방 후 제정된 현행 민법 제150조 제1항은 "상대방은 그 조건이 성취한 것으로 주장할 수 있다."라고 표현을 바꿈으로써 상대방의 주장이 있어야 법률관계 의제의 효과가 발생하는 것으로 하고 있다. 하지만 법률관계 의제를 위해 상대방의 주장을 요구한다는 차이점을 제외한다면, 현행 민법 아래에서도 조건성취 방해행위의 법적 효과가 '법률관계 의제'라는 점에는 변함이 없다.

25) 東京地裁 平成 16(2006). 2. 13. 16(ワ) 22864호 판결에서는 기본합의를 체결한 일방 당사자가 기본합의에 기한 의무를 위반하였더라도 "본계약의 내용이 확정되지 아니한 이상 조건성취 방해행위의 법리를 적용하여 본계약 체결을 의제할 수 없다"라고 판시한 바 있다.

26) 송덕수, **민법총칙**, 제5판(박영사, 2020), 457면.

의해 확정된 내용대로 법률효과를 부여할 뿐 그 내용의 형성에는 직접 개입하지 않음으로써 사적 자치의 원칙을 존중한다. 그런데 법원이 직접 개입하여 매수예정자와 매수조건을 결정하는 방법은 민법 제150조 제1항의 유추적용 장면에서도 존중되어야 할 사적 자치를 중대하게 침해하므로 허용될 수 없다.

원심법원은 이처럼 '내용이 없는 법률관계는 의제될 수도 없다'는 치명적인 난관을 우회하기 위해 동반매도요구권이 아닌 우선매수권(즉 (y) 선택지[27])의 내용을 끌어들여 동반매도요구권의 법률관계를 의제하고자 하였다. 즉 동반매도요구권에 관한 방해행위의 결과 우선매수권 행사에 따른 법률관계가 의제된다고 본 것이다. 이 경우에는 매수예정자도 상대방 당사자로 정해져 있고, 가격도 주주간 계약에 미리 정해져 있으므로 확정성의 요청을 충족할 수 있다. 그러나 매도주주의 동반매도요구권과 상대방의 우선매수권은 엄연히 다른 주체에게 귀속된 다른 내용의 권리이다. 이러한 우선매수권은 일종의 콜옵션(call-option)으로서 동반매도요구권(drag-along right)과는 구별되는 별도의 권리이다. 그런데도 우선매수권의 내용을 토대로 동반매도요구권 행사에 따른 법률관계를 의제하는 것은 두 권리가 엄연히 별개로 존재하는 독자적 권리라는 점을 경시한 결과이다. 이 점에서 대법원이 민법 제150조 제1항의 유추적용을 부정한 것은 타당하다.

한편 대법원은 부가적으로 피고 두산인프라코어의 행위가 신의성실에 반하는 정도에 이르지 않았다는 점도 지적하였으므로 이 부분도 짧게 언급한다. 민법 제150조 제1항이 정하는 조건성취 의제라는 법률효과의 당부는 '정지조건부 권리가 확정적 권리가 될 가능성'과 더불어 '반신의성에 대한 불이익 부여'를 구성하는 두 가지 요소, 즉 '반신의 방해행위'(행위 요건)와 '조건불성취에 대한 그 행위의 영향력[28]'(인과관계 요건)을 상관적으로 검토하여 판단해야 한다. 예컨대 정지조건이 성취될 가능성이 거의 없었다거나, 그러한 가능성이 있었더라도 방해행위가 조건불성취에 미친 영향이 미미하였다면,[29] 설령 상대

---

27) 앞서 설명하였듯이 선택지 (y)는 동반매도요구권의 행사에 동의하지 않는 상대방 당사자가 제3자에 앞서 스스로 자신이 매도주주의 주식을 우선적으로 매수하는 권리이다.

28) 이는 결국 '정지조건부 권리가 확정적 권리가 될 가능성'을 침해한 정도와 일치한다.

29) 민법 제150조 제1항의 적용 요건으로서의 인과관계가 충족되려면 방해행위가 실제로 인과적인 영향력

방의 행위가 신의칙에 위반되는 정도가 강하더라도 조건성취 의제라는 법률효과를 부여하지 못할 가능성이 커진다.[30] 결국 민법 제150조 제1항을 적용할 때에는 이러한 두 가지 요건을 모두 고려한 뒤 이를 조건성취 의제의 법률효과와 비교하여 봄으로써 양자 간에 합리적 비례성이 확보되도록 해야 한다.[31] 이러한 관점에서 볼 때 피고 두산인프라코어가 자료제공요청에 협조하지 않았다는 사정만으로 곧바로 원고 오딘2의 주식 전체를 매수하도록 강제되는 불이익 사이에는 합리적 비례성이 결여되어 있다. 결국 이는 채무불이행 법리로 해결할 수는 있어도 조건성취 의제의 법리로 해결할 문제가 아니다.[32]

(3) 선택채권의 법리

이 사건 동반매도요구권은 선택채권인가? 이는 선택채권에 관한 민법 제385조 제1항이 이 사건에 적용되는가의 질문이기도 하다. 선택채권은 여러 개의 서로 다른 급부 중에서 하나의 급부를 선택할 수 있는 채권이다(민법 제380조).[33] 이러한 여러 개의 급부는 채권 성립과 동시에 채권의 목적으로서 선택적으로 존재하다가 그중 하나의 급부가 선택되면 그 급부가 종국적인 채권의 목적으로 확정된다.[34] 여기에서 여러 개의 급부는 서로 다른 개성을 가지고 독립적인 가치를 가지는 서로 다른 급부를 말한다. 이와 달리 여러 개의 급부가 동종의 급부라면 그 여러 개의 급부를 목적으로 하는 채권은 선택채권이

(wirklich ursächliche Einwirkung)을 가져야 한다. Palandt, Bürgerliches Gesetzbuch, 78. Auflage (2019), §162, Rn. 2. 또한 방해행위가 조건불성취로 이어질 "상당한 개연성"이 있어야 한다. 內田 貴, 民法 I 總則・物權總論, 第4版(東京大学出版会, 2008), 304면.

30) 우리나라의 문헌도 방해행위가 조건 성취에 영향을 주지 않거나 조건 성취를 지연시킨 데 불과한 경우에는 민법 제150조 제1항이 적용되지 않는다고 설명한다. 편집대표 김용덕, **주석민법**, 총칙(2), 제5판(한국사법행정학회, 2019), 666면(남성민 집필부분).

31) 윤진수(주 22), 338면도 조건의 성취 가능성이 저하된 것만으로 민법 제150조 제1항을 적용하는 것은 불합리한 결과를 가져올 수 있다고 지적한다.

32) 上野達也, "条件成就と債務不履行", **産大法學**, 48卷 3・4号(2015), 48면도 "채권자가 조건성취의 문제로 구성하여 주장한 경우와 채무불이행으로 구성하여 주장한 경우에 결론(최종적인 양 당사자의 이익상태)이 달라지게 하는 것은 평가모순임을 피할 수 없다."라고 서술한다. 다만 채무불이행으로 인한 손해배상으로 가게 될 때 손해배상액을 어떻게 산정할 것인가는 상당히 어려운 문제이다. 송옥렬, "동반매도요구권과 대주주의 실사협조의무", **BFL**, 제108호(2021), 88면. 손해배상액 산정 과정에서 민사소송법 제202조의2에 따른 재량손해인정제도를 활용할 수도 있다.

33) 선택채권에 관한 독일 민법 제262조도 "다수의 급부(mehrere Leistungen)"라는 표현을 사용함으로써 이를 분명히 하고 있다.

34) 편집대표 김용담, **주석민법**, 채권총칙(1), 제4판(한국사법행정학회, 2010), 394면 (안법영 집필부분); 편집대표 김용덕, **주석민법**, 채권총칙(1), 제5판(한국사법행정학회, 2020), 273면(이혁 집필부분); 윤진수(주 22), 340면.

아니라 종류채권이 된다. 선택채권은 법률행위[35] 또는 법률의 규정[36]에 따라 발생한다.

선택채권과 유사해 보이지만 구별해야 할 개념으로 임의채권이 있다. 임의채권은 선택채권과는 달리 채권 발생 시부터 단일한 본래의 급부가 확정되어 있지만, 이와 별도로 보충적 급부를 할 수 있는 대용권(代用權)이 계약당사자에게 주어져 있는 채권이다.[37] 이러한 대용권은 어디까지나 권한이지 의무가 아니다. 따라서 여러 개의 급부의무를 전제로 하는 선택채권의 경우와는 구별해야 한다. 대용권은 법률의 규정이나 계약에 의해 발생하며, 채권자와 채무자 누구에게나 주어질 수 있다. 민법은 선택채권과 달리 임의채권을 직접 규율하는 규정들은 두고 있지 않지만, 임의채권과 관련되었다고 볼 만한 규정은 여럿 두고 있다.[38]

임의채권과 선택채권을 구별하는 것은 선택채권의 개념을 명확하게 이해하는 데에 도움이 된다. 첫째, 임의채권에 대응하는 본래적 의미의 급부는 하나일 뿐이나, 선택채권에 대응하는 본래적 의미의 급부는 여러 개다.[39] 둘째, 임의채권의 대용 급부는 본래 급부와의 관계에서 보충적인 지위를 가질 뿐이나, 선택채권에서는 채권 성립 당시부터 여러 개의 급부가 모두 본래적 의미의 급부로서 대등한 지위로 존재하게 되므로 어느 한 급부가 다른 한 급부의 보충적 의미를 가지지 않는다.[40] 그 결과 임의채권의 본래 급부가 쌍방 당사자의 귀책사유 없이 이행불능에 빠지게 되어 채무자가 그 채무를 면하게 되면 대용

35) 법률행위에 따라 발생하는 선택채권으로서 판례에 주로 등장하는 유형의 권리는, 토지 소유자가 1필 또는 수필의 토지 중 일정 면적에 관한 소유권을 상대방에게 양도하기로 하였으나 어느 부분을 양도할지는 선택에 좇아 정하기로 하는 선택채권이다. 대법원 2000. 5. 12. 선고 98다23195 판결; 대법원 2004. 2. 13. 선고 2003다10612 판결; 대법원 2011. 6. 30. 선고 2010다16090 판결; 대법원 2014. 1. 23. 선고 2011다57685 판결.

36) 지출액과 증가액 중 하나를 선택하여 행사할 수 있는 임차인의 유익비상환청구권(민법 제626조 제2항), 무권대리인의 계약이행과 손해배상 중 하나를 선택하여 행사할 수 있는 무권대리인의 상대방에 대한 권리(민법 제135조 제1항)가 그 예이다.

37) 안법영(주 34), 394면; 이혁(주 34), 275면; 윤진수(주 22), 340면.

38) 채권액이 외화로 지정된 때 지급 시의 환금시가에 의하여 우리나라 통화로 변제할 수 있도록 규정한 민법 제378조, 주채무자가 수탁보증인에게 사전구상금 대신 공탁, 담보제공 또는 면책행위를 할 수 있도록 규정한 민법 제443조 후단, 명예훼손에 따른 손해배상 대신 명예회복에 적당한 처분을 구할 수 있도록 규정한 민법 제764조가 그 예이다.

39) 송덕수, **채권법총론**, 제5판(박영사, 2020), 103면.

40) 윤진수(주 22), 340면.

급부의 문제는 발생하지 않지만, 선택채권에서는 하나의 급부가 쌍방 당사자의 귀책사유 없이 이행불능에 빠지게 되어 채무자가 그 채무를 면하게 되더라도 다른 급부의 문제는 여전히 남아있게 된다. 또한 선택채권에서는 선택권자가 선택권을 행사하기 전에 그의 귀책사유로 특정 급부가 이행불능이 되면 민법 제385조에 의해 잔존급부로 선택의 대상이 축소되나, 임의채권에서는 대용권자의 귀책으로 본래 채무가 이행불능에 빠지더라도 민법 제385조가 적용되지 않는다. 즉 임의채권에서 채무자에게 대용권이 있는 경우, 채무자가 이행할 급부가 본래 급부에서 보충적 급부로 변경되어 특정되는 것이 아니라, 채무자는 본래 급부에 대한 채무불이행 책임을 부담하거나 대용권을 행사하여 보충적 급부를 이행할 수 있다. 요컨대 임의채권과 비교할 때 선택채권은 채권 성립 당시부터 그 채권에 대응하는 급부가 여럿 있어야 하고(급부의 복수성), 그 급부가 서로 대등한 지위에 있어야 한다(급부의 대등성).[41]

그런데 이 사건 동반매도요구권은 하나의 단일한 급부, 즉 동반매도에 응할 의무의 이행을 채권의 목적으로 하는 권리일 뿐이고 그 명칭이나 내용 어디에 비추어 보더라도 그 외의 다른 급부를 목적으로 하는 권리가 아니다. 급부는 채무자의 채무이행 행위를 뜻하는데, 선택지 (y)에서 정한 우선매수권의 행사나 선택지 (z)에서 정한 새로운 투자자에 대한 매도 제안은 동반매도요구권에 대응하는 채무이행 행위라고 할 수 없다. 또한 어떤 채권이 선택채권이라고 하려면 그 채권의 '성립 당시'부터 채권의 목적인 여러 개의 급부가 선택적으로 존재해야 한다. 그러나 이 사건 동반매도요구권은 이 요건을 충족하지 못한다. 우선매수권 행사나 새로운 투자자에 대한 매도 제안은 동반매도요구권 성립 시점에 존재하는 급부가 아니기 때문이다. 이는 동반매도요구권의 급부가 아니라 그 행사에 대응하여 부여된 별도의 권리행사일 뿐이다.[42] 결국 이 사건에서는 급부의 복수성이 충족되지 않는다.[43] 급부의 복수성이 충족되지

---

41) 이혁(주 34), 273면은 선택채권에서 선택되어야 할 수개의 급부는 "선택할 가치가 있을 정도로 각각 다른 개성을 가지고 독립한 가치를 가지고 있어야" 한다고 설명한다.

42) 이처럼 어떤 당사자의 권리에 대응하여 다른 당사자가 의무를 부담하면서 동시에 별도로 그 권리에 대응하는 또 다른 권리를 선택적으로 행사할 수 있는 법률관계로서 토지 임대인의 건물철거 청구권에 대응한 토지 임차인의 지상물매수청구권(민법 제643조, 제283조), 보증인의 사전구상권 행사에 대응한 주채무자의 면책청구권과 담보제공청구권(민법 제443조 전단)의 예를 들 수 있다.

않는 이상 복수 급부 간의 대등성은 살펴볼 필요도 없다.

이처럼 이 사건 동반매도요구권을 선택채권으로 볼 수는 없으나 임의채권으로 볼 여지는 있다.[44] 가령 외화채권자가 외화채권을 행사하면 외화채무자가 대용권자로써 한화를 지급하는 보충적인 대용 급부를 할 수 있는 것처럼, 동반매도요구권자가 동반매도요구권을 행사하면 상대방 당사자는 대용권자로써 우선매수권을 행사하거나 새로운 투자자에 대한 매도 제안을 하는 방법으로 보충적인 대용 급부를 한다고 볼 여지도 있기 때문이다. 그러나 임의채권은 선택채권과 다른 종류의 채권이므로 선택채권에 관한 민법 제385조 제1항은 이 사건에 적용될 수 없다. 또한 그 성격상 유추 적용하기도 어렵다. 결론적으로 이 사건 동반매도요구권이 선택채권이 아니라고 보아 민법 제385조 제1항을 적용하지 않은 대상판결에 찬성한다.

2. 이사회 결의를 거치지 않은 대표권 행사와 제3자 보호(대법원 2021. 2. 18. 선고 2015다45451 전원합의체 판결)

가. 사실관계

피고는 회생절차가 진행 중이던 A 회사의 회생계획이 인가됨에 따라 위 회사의 건설사업 부문을 승계하여 설립된 주식회사이다. B 회사는 X시 Y지구 토지구획정리조합과 X시 Y지구 토지구획정리사업(이하 '이 사건 사업'이라고 한다)에 관하여 시행대행계약을 체결한 시행대행사이다. 피고는 이 사건 사업의 시공을 맡게 되었는데 시행대행사인 B 회사에 자금난이 발생하자 피고 대표이사 D가 평소 인연이 있던 전기 관련 회사인 원고에게 B 회사에 대한 자

43) 다른 선택채권의 예와 비교하면 이 점은 더욱 명확해진다. 예컨대 A가 B로부터 승용차 또는 1,000만 원 중 하나를 받을 수 있는 채권은 채권의 내용 그 자체에서 여러 개의 급부를 선택적으로 상정하고 있다. 이때 B가 그중 어떤 급부를 이행하더라도 A는 B로부터 소정의 가치를 이전받고자 하는 채권의 본래 목적을 달성한다. 또한 임차인 A가 임대인 B에게 가지는 유익비상환청구권은 민법 제626조 제1항에서 지출액 상당의 유익비상환과 가액 증가 상당의 유익비상환 등 서로 다른 내용의 급부를 선택적으로 상정하고 있다. 이때 B가 그중 어떤 급부를 이행하더라도 A가 B로부터 유익비를 상환받고자 하는 채권의 본래 목적을 달성한다. 그러나 동반매도요구권은 상대방 당사자의 동반매도라는 채권의 목적만을 상정하고 있으므로 권리 발생 시부터 여러 개의 급부가 채권의 목적으로 존재해야 성립할 수 있는 선택채권에 해당하지 않는다.

44) 윤진수(주 22), 341-342면도 비슷한 취지로 설명한다.

금 대여를 부탁하였다. 원고는 D의 부탁을 받고 향후 이 사건 사업의 전기공사 등을 수주받을 의향으로 B 회사에 30억 원을 대여하기로 하고, D의 사무실에서 B 회사와 소비대차계약을 체결하였다. D는 같은 날 원고에게 B 회사의 채무를 보증한다는 확인서를 피고 대표이사 지위에서 작성해 주었다. 요컨대 원고는 채권자, B 회사는 채무자, 피고는 보증인이었다.

그 후 채무자인 B 회사가 대여금채무를 변제하지 않자, 채권자인 원고는 보증인인 피고를 상대로 보증채무의 이행을 구하는 소를 제기하였다. 그런데 피고의 이사회 규정에 따르면 '다액의 자금도입 및 보증행위'를 이사회 부의사항으로 정하고 있었다. 하지만 피고의 대표이사인 D는 이사회 결의를 거치지 않은 채 위와 같은 보증행위를 한 것이었다. 피고는 이사회의 결의를 거치지 않은 보증행위는 무효라고 주장하였다. 이에 대해 제1심법원은 거래 상대방인 원고가 선의·무과실이면 피고는 보증행위의 무효를 주장할 수 없는데, 원고가 피고 이사회의 결의가 없었음을 알았거나(악의) 알 수 있었다는 점(과실)을 인정할 근거가 없다는 이유로 피고의 주장을 배척하고 원고의 청구를 인용하였다.45)

나. 원심판결과 대상판결

원심법원은 제1심법원의 판단을 유지하였다.46) 대법원은 원심판결을 유지하면서도 이사회 결의를 거치지 않은 대표이사의 거래행위에 대해 거래 상대방인 제3자가 보호받기 위해서는 선의·무과실(종래 판례)이 아니라 선의·무중과실이 요구된다는 새로운 법리를 제시하면서 판례를 변경하였다.47) 판결 요지는 다음과 같다.

> *상법은 대표이사의 대표권 제한에 대하여 선의의 제3자에게 대항하지 못한다고 정하고 있다(상법 제389조 제3항, 제209조 제2항). 대표권이 제한된 경우에 대표이사는 그 범위에서만 대표권을 갖는다. 그러나 그러한 제한을 위반한*

45) 수원지방법원 2014. 1. 29. 선고 2013가합19642 판결.
46) 서울고등법원 2015. 7. 10. 선고 2014나10801 판결.
47) 대법원 2021. 2. 18. 선고 2015다45451 전원합의체 판결.

행위라고 하더라도 그것이 회사의 권리능력을 벗어난 것이 아니라면 대표권의 제한을 알지 못하는 제3자는 그 행위를 회사의 대표행위라고 믿는 것이 당연하고 이러한 신뢰는 보호되어야 한다. 일정한 대외적 거래행위에 관하여 이사회 결의를 거치도록 대표이사의 권한을 제한한 경우에도 이사회 결의는 회사의 내부적 의사결정절차에 불과하고, 특별한 사정이 없는 한 거래 상대방으로서는 회사의 대표자가 거래에 필요한 회사의 내부절차를 마쳤을 것으로 신뢰하였다고 보는 것이 경험칙에 부합한다. 따라서 회사 정관이나 이사회 규정 등에서 이사회 결의를 거치도록 대표이사의 대표권을 제한한 경우(이하 '내부적 제한'이라 한다)에도 선의의 제3자는 상법 제209조 제2항에 따라 보호된다.

거래행위의 상대방인 제3자가 상법 제209조 제2항에 따라 보호받기 위하여 선의 이외에 무과실까지 필요하지는 않지만, 중대한 과실이 있는 경우에는 제3자의 신뢰를 보호할 만한 가치가 없다고 보아 거래행위가 무효라고 해석함이 타당하다. 중과실이란 제3자가 조금만 주의를 기울였더라면 이사회 결의가 없음을 알 수 있었는데도 만연히 이사회 결의가 있었다고 믿음으로써 거래통념상 요구되는 주의의무를 현저히 위반하는 것으로, 거의 고의에 가까운 정도로 주의를 게을리하여 공평의 관점에서 제3자를 구태여 보호할 필요가 없다고 볼 수 있는 상태를 말한다. 제3자에게 중과실이 있는지는 이사회 결의가 없다는 점에 대한 제3자의 인식가능성, 회사와 거래한 제3자의 경험과 지위, 회사와 제3자의 종래 거래관계, 대표이사가 한 거래행위가 경험칙상 이례에 속하는 것인지 등 여러 가지 사정을 종합적으로 고려하여 판단하여야 한다. 그러나 제3자가 회사 대표이사와 거래행위를 하면서 회사의 이사회 결의가 없었다고 의심할 만한 특별한 사정이 없다면, 일반적으로 이사회 결의가 있었는지를 확인하는 등의 조치를 취할 의무까지 있다고 볼 수는 없다.

대표이사의 대표권을 제한하는 상법 제393조 제1항은 그 규정의 존재를 모르거나 제대로 이해하지 못한 사람에게도 일률적으로 적용된다. 법률의 부지나 법적 평가에 관한 착오를 이유로 그 적용을 피할 수는 없으므로, 이 조항에 따른 제한은 내부적 제한과 달리 볼 수도 있다. 그러나 주식회사의 대표이사가 이 조항에 정한 '중요한 자산의 처분 및 양도, 대규모 재산의 차입 등의 행위'에 관하여 이사회의 결의를 거치지 않고 거래행위를 한 경우에도 거래행위의 효력에 관해서는 위에서 본 내부적 제한의 경우와 마찬가지로 보아야 한다.

이에 대해서는 거래 상대방의 선의·무과실을 요구하는 기존 판례를 유지해야 한다는 반대의견이 있었다.[48]

48) 반대의견은 대법관 박상옥, 대법관 민유숙, 대법관 김상환, 대법관 노태악에 의하여 개진되었다.

다. 분석

(1) 개관

대상판결은 두 가지 쟁점을 다루었다. 첫째, 정관 등 내부 규정상 이사회 결의를 거쳐야 하는 경우(내부적 제한)와 법령상 이사회 결의를 거쳐야 하는 경우(법률상 제한)의 유효 요건을 달리 볼 것인가, 아니면 같이 볼 것인가? 종래 판례는 어느 경우이건 '선의 · 무과실'을 유효 요건으로 보아 양자를 같이 취급하여 왔는데,[49] 대상판결도 이 입장을 유지하였다. 둘째, 이사회 결의를 거쳐야 하는데도 이를 거치지 않은 대표이사의 대외적 거래행위는 어떤 경우에 유효한가? 종래 판례는 거래 상대방이 선의 · 무과실인 경우에 유효하다고 본 반면, 대상판결은 거래 상대방이 선의 · 무중과실인 경우에 유효하다고 보았다.

(2) 내부적 제한과 법률상 제한의 취급

내부적 제한과 법률상 제한의 취급 문제부터 살펴본다.[50] 대표권은 회사의 정관, 이사회 규정 등 내부 규정이나 이사회 결의 등 내부 절차에 의해 제한될 수도 있고(내부적 제한). 법률 규정으로 제한될 수도 있다(법률상 제한).[51] 이 사건에서 피고 대표이사는 내부적 제한을 위반하였을 가능성이 높다. 피고의 내부 규정에 따르면 다액의 보증행위는 이사회의 결의를 거쳐야 하는데, 30억 원 채무의 보증행위는 다액의 보증행위에 해당할 가능성이 높기 때문이다. 한편 법률상 제한 위반도 문제되었다. 상법 제393조 제1항에 따르면 "중요한 자산의 처분 및 양도, 대규모 재산의 차입 등 회사의 업무집행은 이사회의 결의로 한다."라고 규정하는데,[52] 30억 원 채무의 보증행위는 회사의 중요 업무집

---

49) 대법원 1978. 6. 27. 선고 78다389 판결; 대법원 2005. 7. 28. 선고 2005다3649 판결.

50) 이것이 이 사건의 결론에 영향을 미치는 쟁점인지는 불명확하다. 이 사건은 이사회 규정상 요구되었던 이사회 결의 없이 거래행위를 한 사안이므로 내부적 제한 사안이다. 만약 당사자가 내부적 제한 위반만 주장하고 법률상 제한 위반을 주장한 것이 아니라면 변론주의의 원칙상 굳이 법률상 제한에 따른 거래 상대방 보호 기준이 무엇인지, 또 그 기준이 내부적 제한과 같은지를 판단할 필요가 없다. 그렇다면 이 사건에서 거래 상대방인 원고는 어떤 주장을 하였는가? 1심판결과 원심판결을 읽어보면 원고는 피고 대표이사가 이사회 결의 없이 보증한 점에 대해 자신이 선의 · 무과실이라고 주장하였다. 그런데 이러한 주장이 내부적 제한만을 염두에 둔 주장인지, 아니면 법률상 제한까지 포함한 주장인지가 불명확하다. 어쨌든 대상판결이 법률상 제한 문제도 다루었으므로 이 부분도 함께 살펴본다.

51) 김건식 · 노혁준 · 천경훈, **회사법**, 제5판(박영사, 2021), 398면.

52) 2001. 7. 24. 법률 제6488호로 개정되기 전의 상법 제393조 제1항에서는 '회사의 업무집행'이라고만 정하

행이라고 볼 가능성이 높기 때문이다. 이와 관련하여 대상판결에서는 내부적 제한과 법률상 제한 위반에서 거래 상대방 보호 요건이 동일한지를 다루었다.

우선 내부적 제한부터 살펴보자. 대표권의 내부적 제한 위반에 따른 대외적 거래행위의 효력을 다루는 조항은 상법 제209조 제2항이다. 이 조항은 합명회사 대표사원의 권한에 대한 제한으로 선의의 제3자에게 대항하지 못한다고 규정한다. 합명회사 대표사원의 권한을 법률상 제한하는 상법 조항은 없어 내부적으로 제한될 수 있을 뿐이므로 일단 이 조항에서의 '제한'이 내부적 제한을 염두에 둔 것임은 분명하다. 또한 이 조항은 상법 제389조 제3항에 의해 주식회사의 대표이사에게 준용된다. 즉 주식회사 대표이사의 내부적인 대표권 제한도 선의의 제3자에게 대항하지 못한다. 이때 '선의'가 어떤 의미인지, 다시 말해 이것이 단순한 '선의'만을 의미하는지, 아니면 '선의 · 무과실'이나 '선의 · 무중과실'을 의미하는지는 목차 (3)에서 따로 살펴본다.

다음으로 법률상 제한을 살펴보자. 법률상 제한의 근거 조항과 내용은 다양하다. 영업양도(상법 제374조 제1항)처럼 주주총회 결의를 요구하는 조항도 있고, 회사의 중요 업무집행(상법 제393조 제1항), 신주발행(상법 제416조), 사채모집(상법 제469조)처럼 이사회 결의를 요구하는 조항도 있다. 그 외에 회사와 이사 사이의 소송에서 감사에게 회사를 대표하게 하는 형태로 대표이사의 권한을 제한하는 조항(상법 제394조 제1항)이 대표권 제한 조항으로 제시되기도 한다.[53] 이러한 다양한 형태의 법률상 제한은 대표이사의 권한을 제한한다는 점에서는 내부적 제한과 같다. 하지만 거래 상대방의 보호 필요성이 동일하다고는 할 수 없다. 법률상 제한 사유가 무엇인지는 법률로 정해져 있어 누구나 알 수 있지만, 내부적 제한 사유는 그렇지 않기 때문이다. 이러한 차이점 때문에 상법 제209조 제2항의 '제한'에 내부적 제한 외에 법률상 제한도 포함되는

고 있었는데, 이에 대해서는 단순히 이사회의 권한사항을 규정한 것인지, 아니면 대표이사에게 위임할 수 없는 이사회의 전속적 결의사항을 정한 것인지가 분명하지 않아 2001년 개정을 통해 현재처럼 개정하기에 이르렀다.

53) 다만 이 조항에 대해서는 처음부터 대표권이 존재하지 않는 경우를 다루므로 대표권 제한 조항이 아니라고 보는 견해도 있다. 최문희, "이사회 결의가 필요한 전단적 대표행위의 상대방 보호 법리의 재검토-대법원 2021. 2. 18. 선고 2015다45451 전원합의체 판결의 분석을 겸하여-", **상사법연구**, 제40권 제3호(2021), 17-18면.

지가 문제된다. 만약 포함된다면 두 경우 모두 상법 제209조 제2항의 해석론에 따라 동일하게 취급하면 된다. 만약 포함되지 않는다면 법률상 제한은 해당 법률 조항의 목적과 취지 등에 비추어 별도로 판단해야 한다.

종래 판례는 이사회 결의에 관한 한 내부적 제한과 법률상 제한을 구별하지 않고 모두 '선의 · 무과실' 이론에 따라 동등하게 취급하여 온 것으로 보인다.[54] 반대의견은 종래 판례가 양자를 구별하여 왔다고 하나 과연 그러한지는 의문이다. 다수의견에 대한 보충의견이 적절하게 지적하듯 이는 해당 사안에서 법률상 제한만 쟁점이 되어 그 부분만 다루었기 때문에 그렇게 보일 뿐이다. 더구나 그러한 사안에서도 판례는 결과적으로 내부적 제한과 마찬가지로 '선의 · 무과실' 기준을 동일하게 적용하여 왔다.[55] 이와 달리 양자가 함께 문제된 사안에서 양자의 판단 기준을 달리하였거나, 양자 중 하나만 문제된 사안에서 굳이 다른 유형의 제한의 판단 기준을 별도로 모색한 판례는 발견되지 않는다. 요컨대 다수의견이 인정하였듯이 종래 판례는 양자를 동일하게 취급하였다고 평가할 수 있다. 이러한 종래 판례의 태도는 타당한가? 대상판결은 타당하다고 보았다. 필자도 그렇게 생각한다.

이에 대해서는 내부적 제한과 법률상 제한이 다르기 때문에 동일하게 취급해서는 안 된다는 반론이 있을 수 있다. 내부적 제한과 법률상 제한이 똑같지 않은 것은 맞다. 내부 규정과 법률 조항은 무게가 다르다고 볼 수도 있다. 그만큼 법률상 제한 위반의 거래 상대방 보호는 더 신중하게 해야 한다고 말할 수도 있다. 또한 거래 상대방의 보호 필요성이 다르다고 볼 수도 있다. 내부 규정에 접근하는 것이 법률 조항에 접근하는 것보다 더 어렵기 때문이다. 학설로서도 양자를 달리 취급해야 한다는 견해가 유력하게 주장되어 왔다.[56] 그러나 법은 그 규율 대상이 똑같지 않더라도 일정한 범주(category)에 들어가면

---

54) 대법원 1978. 6. 27. 선고 78다389 판결; 대법원 2005. 7. 28. 선고 2005다3649 판결. 다만 대법원 2014. 8. 20. 선고 2014다206563 판결은 거래 상대방인 회사가 파산된 경우에 관한 것이긴 하나 선의 · 무중과실의 기준을 채용하였다.

55) 예컨대 대법원 2011. 4. 28. 선고 2009다47791 판결.

56) 김건식 · 노혁준 · 천경훈(주 51), 399면; 권기범, **현대회사법론**, 제8판(삼영사, 2021), 1008면; 이철송, **회사법강의**, 제29판(박영사, 2021), 945면. 또한 대상판결에 대한 반대 평석으로서 김희철, "대법원 2021. 2. 18. 선고 2015다45451 전원합의체판결에 관한 소고", **상사판례연구**, 제34권 제2호(2021), 225면. 반면 양자를 구별하지 않고 해결하고자 하는 견해로는 송옥렬, **상법강의**, 제11판(홍문사, 2021), 1023면.

이를 동일하게 취급한다. 법의 일반성 때문이다. 과학기술이 발달하면 법을 세분화, 심지어 개인화하면서도 수범자는 이를 복잡하게 느끼지 않도록 할 획기적인 방법이 마련될지 모른다.[57] 그러나 지금 우리에게 적용되는 법은 규율 대상별로 극도로 개별화된 규율을 제공해 줄 수 없다. 법은 어느 정도 뭉뚱그려 취급할 수밖에 없다. 그러므로 내부적 제한과 법률상 제한이 다른 모습을 지닌다는 이유만으로 곧바로 양자가 달리 취급되어야 한다는 결론을 도출할 수는 없다.

결국 이 문제에 대해서는 해당 법률 조항인 상법 제209조 제2항이 어떻게 정하고 있는가를 살펴보아 해석해야 한다. 그렇다면 상법 제209조 제2항은 오로지 내부적 제한에만 적용되는 조항인가? 상법 제209조 제2항의 문언만 놓고 보면 그렇게 말하기는 어렵다. 이 조항은 대표권의 제한에 관하여 규율할 뿐 그 제한 원인이 내부 규정인지 법률 조항인지 따지지 않기 때문이다. 그러므로 문리해석에 기초한다면 상법 제209조 제2항은 법률상 제한에 적용되지 않을 이유가 없다.[58] 이에 대해 상법 제209조 제2항은 합명회사에 관한 조항인데 합명회사에 대해서는 주주총회 결의나 이사회 결의를 거치도록 하는 법률상 제한 규정이 없으므로 이 조항은 오로지 내부적 제한 조항으로 보아야 한다는 반론이 제기될 수도 있다. 그러나 이 조항은 위와 같은 법률상 제한이 존재하는 주식회사에도 준용되는 조항이므로(상법 제389조 제3항) 합명회사의 사례만 들어 법률상 제한에 적용되지 않는 조항이라고 말할 수는 없다. 또한 법률상 제한은 그 제한 영역에서는 대표권이 없다는 의미이므로 대표권 제한이 아닌 대표권 부존재에 해당하여 상법 제209조 제2항이 적용되지 않는다는 반론이 제기될 수도 있다. 그러나 이는 언어의 유희에 가깝다. 법률상 대표권은 원칙적으로 회사의 모든 행위에 미치므로(상법 제207조 참조) 대표권을 축소하는 모든 사유는 위 원칙에 대한 '제한'의 실질을 가진다. 또한 위 반론대로라면 내부 규정에 따른 대표권 제한도 결국 대표권 부존재에 불과하게 되는데, 이는 상법 제209조 제2항을 비롯한 대표권 제한에 관한 모든 법률 규정의

57) 이러한 논의는 권영준, "법의 개인화 단상", **법조**, 통권 제749호(2021) 참조.
58) 정영진, "대표이사의 대표권 제한에 대한 재고찰", **기업법연구**, 제28권 제2호(2014), 216면.

특유한 존재의의를 박탈하는 논리이다.

또한 내부 규정과 법률 조항에 대한 거래 상대방의 인식 가능성 또는 접근 가능성이 다르다는 반론의 근거에는 일부 타당한 측면이 있기는 하지만 현실이 꼭 그러한지는 의문이다. 현실의 거래 상대방은 내부적 제한과 법률상 제한의 구분을 알지 못한다. 현실의 거래 상대방은 내부 규정만큼이나 법률 조항도 잘 모를 가능성이 많다. 설령 법률 조항을 알더라도 과연 그 조항이 해당 사안에 적용될 수 있는지 판단하기 어려운 경우도 많다. 이 사건에서 문제되는 법률상 제한 규정, 즉 상법 제393조 제1항을 보자. 이 조항은 "중요한 자산의 처분 및 양도", "대규모 재산의 차입"과 같이 추상적인 개념을 사용한다. 대법원은 "중요한 자산의 처분"인지 여부는 "당해 재산의 가액, 총자산에서 차지하는 비율, 회사의 규모, 회사의 영업 또는 재산의 상황, 경영상태, 자산의 보유목적, 회사의 일상적 업무와 관련성, 당해 회사에서의 종래의 취급 등에 비추어 대표이사의 결정에 맡기는 것이 상당한지 여부"에 따라 판단해야 한다고 한다.[59] 그러나 거래 상대방에게 이러한 전문적 판단을 기대하기는 어렵다.[60] 사실 이런 사항은 법률 전문가조차도 판단하기 어렵다. 더구나 상법 제393조 제1항은 중요한 업무집행 유형을 예시하고 있을 뿐이다.[61] 예시되지 않은 '중요한 업무집행'도 있다는 이야기이다. 그런데 거래 상대방은 이러한 중요한 업무집행이 무엇인지 판단하기도 어렵다.[62] 이러한 '판단'의 문제는 '인식'과 다른 차원의 문제이기는 하나, 그 '판단'의 근거가 되는 회사의 각종 내부 사정을 '인식'하기 어렵다는 점은 매한가지이다.[63]

양자를 달리 취급하려는 시도는 의도했건 의도하지 않았건 대체로 법률상 제한에 관한 위험을 회사가 아니라 거래 상대방 쪽에 전가하는 결과를 가져온다. 그런데 위험 배분의 이념에 비추어 볼 때 법률상 제한 위반의 불명확성으

---

59) 대법원 2005. 7. 28. 선고 2005다3649 판결.

60) 송옥렬(주 56), 1023면. 이러한 점을 고려할 때 거래 상대방 입장에서는 내부 규정의 '존재' 사실을 아는 것보다 법률상 제한의 '가치평가'가 오히려 더 어려울 수도 있다. 최문희(주 53), 49면.

61) 대법원 2010. 1. 14. 선고 2009다55808 판결.

62) 대법원 2010. 1. 14. 선고 2009다55808 판결은 상법 제393조 제1항 소정의 회사의 중요 업무를 "이사회가 일반적·구체적으로 대표이사에게 위임하지 않은 업무로서 일상 업무에 속하지 아니한 중요한 업무"라고 설명한다. 하지만 이는 중요 업무의 의미를 풀어쓴 것일 뿐 구체적인 가이드라인을 제공해 주지는 못한다.

63) 이 점에 대해서는 서울대학교 법학전문대학원 고유강 교수님이 유익한 조언을 해 주셨다.

로 인한 위험은 거래 상대방보다는 회사 쪽이 떠안는 것이 맞다. 법률상 제한을 위반하여 위험을 창출한 주체가 회사 쪽이기 때문이다. 다른 측면에서 말하면 이러한 위험을 최소한의 비용으로 방지할 수 있는 주체도 회사 쪽이다.[64)]

또한 이사회 결의가 내부적, 법률적으로 모두 요구되는 경우도 있는데,[65)] 이때 상대방 당사자가 그중 어떤 제한 사유를 들어 주장하는가에 따라 동일한 사실관계에 대해 다른 기준을 적용하는 것도 어색하다.

다수의견에 대해서는, 법률상 주주총회 결의를 요하는 사항(가령 영업양도에 관한 상법 제374조 제1항)도 엄연히 법률상 제한 사유인데, 이러한 주주총회 결의가 없는 경우 상법 제209조 제2항을 적용하지 않고 거래 상대방의 선의·악의를 불문하고 무효로 보는 판례의 태도[66)]를 제대로 설명하기 어렵다는 반론이 있을 수도 있다. 그러나 합명회사에 관한 상법 제209조 제2항은 주식회사에 '적용'되는 것이 아니라 '준용'되는 것이다. 준용은 적용과 달리 대상의 본질에 부합하는 범위에서만 해당 조항을 끌어다 쓴다. 그런데 주주총회 결의의 흠결은 회사의 기초 내지 근간을 뒤흔드는 사유이므로 이러한 경우까지 제3자가 선의라는 이유로 보호하면서 회사의 이익을 침해할 수는 없다. 이사회 결의가 흠결된 경우와 동등하게 평가할 수 없다. 따라서 그러한 경우까지 상법 제209조 제2항이 '준용'된다고는 할 수 없다.

지금까지 설명한 바를 종합하면, 대표권의 제한 사유가 법률 조항인지 내부 규정인지 구분하지 않고 상법 제209조 제2항이라는 동일한 조항에 기초해 거래 상대방 보호 요건에 관해 동일한 법리를 적용해야 한다는 다수의견의 입장은 충분히 수긍할 수 있다.

(3) 거래 상대방의 보호 요건

대상판결 사안에서 피고 대표이사는 보증행위를 할 때 이사회 결의를 거치

---

64) 다수의견에 대한 보충의견이 이 점을 지적하고 있다. 아울러 이에 대한 긍정적인 논평으로 최문희(주 53), 53-55면.

65) 예컨대 이사회 규정에서 이사회 결의를 거치도록 한 사항이 동시에 상법 제393조 제1항의 중요 업무로 해석되는 경우도 있다.

66) 대법원 2012. 4. 12. 선고 2011다106143 판결.

도록 하는 내부적 제한에 위반하여 보증행위를 하였다. 종래 판례는 거래 상대방이 내부적 제한에 관하여 선의·무과실이면 보증행위가 유효하다고 보았다. 상법 제209조 제2항은 '선의'의 제3자만 보호한다고 규정한다. 그렇다면 도대체 '무과실'이라는 요건은 어디에서 온 것일까? 명확히 알 수 없지만 아마도 이러한 판례는 비진의의사표시설을 취한 일본 최고재판소 판례[67]의 영향 아래 형성된 것으로 보인다.[68] 민법 제107조에 따르면 비진의의사표시는 상대방의 선의, 무과실일 때 유효하게 취급되는데 이 조항이 이사회 결의 없는 대표이사의 거래행위에도 유추적용된 것이다. 대표권 남용처럼 취급하는 셈이다.[69] 그러나 대표권 남용은 법률 조항이 없으니 유추적용이 불가피하나, 대상판결 사안은 엄연히 적용할 법률조항이 있다. 회사의 거래행위에 관한 상법 조항이 있는데 굳이 멀리 있는 민법상 비진의표시의 규정을 유추적용할 이유가 없다.[70] 또한 이사회 결의 없는 대표이사의 거래행위는 객관적이고 외부적으로 실재하는 제한을 위반한 법률행위이므로 외견상으로는 아무런 흠이 없으니 진의(眞意)가 존재하지 않았던 비진의표시와는 충분히 유사하지도 않다.[71] 결국 이사회 결의 없는 대표이사의 거래행위 문제는 상법 제389조 제3항에 따라 주식회사 대표이사에도 준용되는 상법 제209조 제2항의 해석론으로 해결하는 것이 맞다.

하지만 대상판결도 비록 '무과실'은 아니지만 '무중과실'을 요구한다는 점에서는 법 문언상 근거가 취약하다는 비판에서 자유롭지 못하다. 실제로 우리 법제는 '선의', '선의·무과실', '선의·무중과실'의 요건을 의도적으로 구별하여 규정하고 있다. 예컨대 민법은 선의(제60조의2, 제107조 내지 제110조, 제251조, 제492조, 제571조 내지 제573조, 제748조, 제749조, 제827조, 제943조,

---

67) 最判 1965(昭和40). 9. 22, 民集19卷6号1656頁. 한편 이러한 판례와 달리 해석하는 일본 학설에 대해서는 이철송, "대표이사의 전단행위의 효력 -대법원 2021. 2. 18. 선고 2015다45451 전원합의체 판결의 평석-", **선진상사법률연구**, 통권 제94호(2021), 18-19면 참조.

68) 이동원, "이사회결의를 요하는 중요한 자산처분에 해당하는지의 판단기준", **대법원판례해설**, 제57집(2006), 399면; 백숙종, "대표이사가 이사회 결의 없이 제3자와 거래행위를 한 경우 상대방의 보호범위", **사법**, 제56호(2021), 863면; 이철송(주 67), 18면; 최문희(주 53), 34면.

69) 대표권 남용에 관하여는 곽윤직·김재형(주 12), 310면; 대법원 1975. 3. 25. 선고 74다1452 판결; 대법원 1987. 7. 7. 선고 86다카1004 판결; 대법원 1999. 1. 15. 선고 98다39602 판결 참조.

70) 백숙종(주 68), 874면.

71) 김연미, "이사회 결의를 흠결한 거래에 있어 제3자 보호", **비교사법**, 제23권 4호(2016), 1792면.

제959조의19), 선의・무과실(제125조, 제129조, 제245조, 제246조, 제249조, 제449조, 제470조), 선의・무중과실(제514조, 제518조)의 요건을 구별하여 규정한다. 상법도 선의(제8조, 제11조, 제37조, 제39조, 제200조의2, 제209조, 제395조, 제408조, 제751조, 제765조, 제844조, 제854조)와 선의・무중과실(제43조, 제191조, 제322조, 제325조, 제356조의2 제3항, 제414조 제2항, 제648조)의 요건을 구별하여 규정한다. 그렇다면 '무중과실'의 근거는 어디에서 찾을 수 있는가?

이에 관하여 대상판결은 특별한 성문법적 근거를 제시하지는 않고, 악의와 중과실의 등가성을 강조하였다. 즉 중과실은 "거의 고의에 가까운 정도로 주의를 게을리하여 공평의 관점에서 제3자를 구태여 보호할 필요가 없다고 볼 수 있는 상태"라고 함으로써 악의(또는 고의)[72]와 중과실이 규범적으로는 동등하게 취급될 수 있다고 밝힌 것이다. 이처럼 중과실을 악의 또는 고의의 등가물 또는 대용물로 활용하는 이유는 고의 또는 악의는 내심의 상태여서 이를 증명하는 것이 현실적으로 매우 곤란하기 때문이다. 한편 대상판결은 악의・무중과실에 대한 증명책임이 회사에게 있다는 기존 판례의 태도를 재확인하였다.[73]

결론적으로 이사회 결의 없는 대표이사의 거래행위를 무효로 보기 위해서는 거래 상대방의 악의 또는 중과실이 요구된다는 대상판결의 입장은 완전히 석연치는 않지만 이해할 수는 있다. 법문(法文)에서 중과실을 언급하지 않는데도 고의 또는 악의에 중과실의 개념이 포함된다고 확장하여 해석하는 사례는 이미 상당수 있다.[74] 특히 표현지배인[75]이나 표현대표이사[76]의 경우에도 법문

72) 고의와 악의는 같은 개념이 아니다. 민법도 고의(제390조, 제391조, 제401조, 제485조, 제496조, 제553조, 제735호, 제750조, 제754조, 제765조 등)와 악의(제29조, 제197조, 제201조, 제202조, 제204조, 제573조, 제747조, 제748조, 제748조 등)를 구별하여 규정한다. 고의 개념은 어떤 결과를 인식한다는 요소(인식적 요소)와 어떤 결과를 의욕하거나 감수한다는 요소(의지적 요소)의 2가지로 구성되는 반면, 악의는 일정한 사실에 대한 인식 상태, 즉 인식적 요소로만 구성된다. 단순히 어떤 사실을 인식하였는지 여부가 문제되는 경우에는 '악의'라는 용어를 사용하지만, 어떤 사실을 인식하면서 능동적・적극적으로 어떤 행위로 나아갔는지 여부가 문제되는 경우에는 '고의'라는 용어를 사용한다.

73) 대법원 1978. 6. 27. 선고 78다389 판결; 대법원 2003. 1. 24. 선고 2002다27811 판결; 대법원 2005. 7. 28. 선고 2005다3649 판결; 대법원 2014. 6. 26. 선고 2012다73530 판결 등.

74) 이사회 승인 없이 이루어진 자기거래의 상대방에 대한 효력에 관하여 악의와 중과실을 동일시한 판례(대법원 2004. 3. 25. 선고 2003다64688 판결); 채권양도금지특약에 대한 악의와 중과실을 동일시한 판례(대법원 1996. 6. 28. 선고 96다18281 판결); 이의를 보류하지 않은 채권양도 승낙의 경우에 있어서 악의와 중과실을 동일시한 판례(대법원 1999. 8. 20. 선고 88다18039 판결; 대법원 2002. 3. 29. 선고 2000다13887 판결).

75) 대법원 1997. 8. 26. 선고 96다36753 판결.

76) 대법원 1992. 7. 28. 선고 91다35816 판결; 대법원 1994. 12. 2. 선고 84다7591 판결; 대법원 1999. 11. 12.

(상법 제11조 제3항, 제395조)에는 선의의 제3자로만 규정하고 있으나 이를 선의·무중과실로 새기고 있다. 이러한 판례와의 균형도 고려하지 않을 수 없었을 것이다. 선의·무과실을 요구하던 기존 판례를 선의만 요구하는 쪽으로 변경하기보다는 선의·무중과실을 요구하는 쪽으로 변경하는 것이 덜 급진적이어서 거래계에 미치는 혼란도 줄일 수 있고, 수많은 관련 판례들을 변경하거나 향후 변경해야 할 부담도 덜 수 있다. 또한 거래 상대방은 아무리 과실이 커도 악의만 아니면 보호받는다고 해석하게 되면, 내부적 또는 법률상 제한사유가 없는지를 고민하거나 알아볼 최소한의 인센티브도 없어진다. 결국 대상판결의 태도는 이러한 현실적 사정들을 고려한 적절한 타협책이라고 생각한다. 다만 상법을 비롯한 성문법이 엄연히 '선의'와 '선의·무중과실'을 의식적으로 구분하여 규율하고 있는 상황에서 성문법과의 연결 근거를 찾으려는 노력을 충분히 기울이지 않았다는 아쉬움도 있다. 굳이 대상판결의 입장을 성문법적으로 설명하자면, 악의와 마찬가지로 평가되는 중과실의 거래 상대방은 공평의 관념상 보호 가치가 없으므로 자신이 선의임을 내세워 보호해 달라고 하는 것은 신의칙(민법 제2조)에 반한다고 할 수 있다.

3. 후순위 담보권자의 소멸시효 원용 및 변제자대위(대법원 2021. 2. 25. 선고 2016다232597 판결)

가. 사실관계

A 회사는 B로부터 2억 5,000만 원을 차용하면서 그 담보로 X 토지에 관하여 B 앞으로 소유권이전청구권가등기(이하 '이 사건 담보가등기'라고 한다)를 마쳐주었다. 그런데 B는 「가등기담보 등에 관한 법률」(이하 '가등기담보법'이라고 한다)에서 정한 청산절차를 거치지 않은 채 X 토지에 관하여 위 담보가등기에 기한 본등기를 하였다.

한편 제3자인 원고는 채무자인 A 회사와 '원고가 B에게 4억 원을 대위변제하

선고 99다19797 판결 등. 일본 최고재판소의 태도도 마찬가지이다. 最判 1977(昭和52). 10. 14, 民集31巻6号825頁.

면, B 앞으로 마쳐진 원인무효의 본등기를 말소하고 이 사건 담보가등기를 원고 앞으로 이전하며, 1년 기한 6억 원(이자 연 50%)의 약속어음을 발행하여 교부하겠다'는 내용의 대위변제약정을 체결하였고, 채권자인 B의 승낙을 얻어 B에게 4억 원을 이 사건 담보가등기의 피담보채무를 대위변제하였다. 대위변제 당일 A 회사와 B는 C 회사 앞으로 X 토지에 관한 소유권이전등기를 하기로 약정하고 그에 따른 등기를 마쳐주었다. 그 후 C 회사는 X 토지에 관하여 채권최고액 15억 원, 근저당권자 피고로 하는 근저당권설정등기를 마쳐주었다. 그 후 피고는 위 근저당권에 기한 임의경매를 신청하였고, 원고는 경매법원에 담보가등기 권리자 권리신고서를 제출하였다. 경매법원은 선순위 근저당권자를 1순위로, 후순위 근저당권자인 피고를 2순위로 배당하고 원고에게는 배당하지 않았다.

원고는 이러한 배당에 이의하면서 자신이 B에게 이 사건 담보가등기의 피담보채무를 변제함으로써 이 사건 담보가등기에 기한 담보권 및 그 피담보채권을 법률상 당연히 이전받았고, 이 사건 담보가등기는 피고의 근저당권설정등기보다 먼저 마쳐졌으므로 자신이 피고에 우선하여 변제받을 권리가 있다고 주장하였다. 이에 대해 피고는 이 사건 담보가등기의 피담보채권은 상사 소멸시효기간 5년이 경과하여 소멸하였으므로 담보가등기권자인 원고는 배당받을 수 없다고 다투었다. 제1심법원은, C 회사가 선의의 제3자로서 X 토지의 소유권을 확정적으로 취득함으로써 이 사건 담보가등기에 기한 담보권이 소멸하였다고 하여 원고의 청구를 기각하였다.[77]

나. 원심판결과 대상판결

원심법원은 원고의 청구를 일부인용하였다.[78] 우선 원심법원은 제1심법원과 달리, 원고가 이 사건 담보가등기에 기한 담보권을 그대로 보유한다고 판단하였다. C 회사는 A 회사 및 B와의 중간생략등기 합의에 따라 B 명의의 본등기에 대한 말소등기절차 등을 생략하고 B로부터 직접 소유권이전등기를 마친 것이므로 C 회사의 소유권 취득에는 가등기담보법 제11조가 적용되지 않고,

---

77) 수원지방법원 여주지원 2015. 10. 8. 선고 2015가합310 판결.
78) 서울고등법원 2016. 6. 9. 선고 2015나2065323 판결.

이 사건 담보가등기에 기한 담보권도 소멸하지 않았다는 이유에서였다. 한편 피고의 시효소멸 항변에 대해서는 후순위 담보권자인 피고가 선순위 담보권의 피담보채권 소멸시효를 원용할 수 있는 지위에 있지 않다고 보아 그 항변을 받아들이지 않았다. 대법원도 이 점에 있어서는 원심법원과 마찬가지로 아래와 같이 판시하였다.79)

> *소멸시효가 완성된 경우 이를 주장할 수 있는 사람은 시효로 채무가 소멸되는 결과 직접적인 이익을 받는 사람에 한정된다(대법원 1997. 12. 26. 선고 97다22676 판결 등 참조). 후순위 담보권자는 선순위 담보권의 피담보채권이 소멸하면 담보권의 순위가 상승하고 이에 따라 피담보채권에 대한 배당액이 증가할 수 있지만, 이러한 배당액 증가에 대한 기대는 담보권의 순위 상승에 따른 반사적 이익에 지나지 않는다. 후순위 담보권자는 선순위 담보권의 피담보채권 소멸로 직접 이익을 받는 자에 해당하지 않아 선순위 담보권의 피담보채권에 관한 소멸시효가 완성되었다고 주장할 수 없다고 보아야 한다.*

다만 대법원은 원고가 배당받을 수 있는 채권의 범위에 관하여는 원심법원의 판단에 잘못이 있다고 보아, 다음과 같은 이유로 원심판결을 파기환송하였다.

> *제3자가 채무자를 위하여 채무를 변제함으로써 채무자에 대하여 구상권을 취득하는 경우, 그 구상권의 범위 내에서 종래 채권자가 가지고 있던 채권과 그 담보에 관한 권리는 동일성을 유지한 채 법률상 당연히 변제자에게 이전한다(대법원 1997. 11. 14. 선고 95다11009 판결 등 참조). … 구상권은 변제자가 민법 제480조 제1항에 따라 가지는 변제자대위권과 원본, 변제기, 이자, 지연손해금 유무 등에서 그 내용이 다른 별개의 권리이다(대법원 1997. 5. 30. 선고 97다1556 판결, 대법원 2009. 2. 26. 선고 2005다32418 판결, 대법원 2015. 11. 12. 선고 2013다214970 판결 참조).*
>
> *민법 제482조 제1항은 변제자대위의 경우 변제자는 자기의 권리에 의하여 구상할 수 있는 범위에서 채권과 그 담보에 관한 권리를 행사할 수 있다고 정하고 있다. 변제자대위는 채무를 변제함으로써 채무자에 대하여 갖게 된 구상권의 효력을 확보하기 위한 제도이므로 대위에 의한 원채권과 담보권의 행사범위는 구상권의 범위로 한정된다(대법원 2005. 10. 13. 선고 2003다24147 판결 등 참조).… 원고가 변제자대위권에 따라 행사하는 원채권과 담보권의 범위는*

79) 대법원 2021. 2. 25. 선고 2016다232597 판결.

구상권의 범위 내로 한정되므로, 원고가 이 사건 경매절차에서 배당받을 수 있는 금액은 배당기일까지 이자 또는 지연손해금을 가산하여 산정한 구상금과 소외인[80]의 채권 중 적은 금액이다. 원심으로서는 우선 구상금채권과 원채권의 범위에 관한 원고 주장을 명확히 한 다음 각각의 채권 범위를 구체적으로 심리해야 한다. 그런데도 원심은 채권의 범위에 관한 원고 주장을 구상금채권에 관한 것으로 단정하고 구상금채권을 '4억 원과 그중 2억 5,000만 원에 대한 연 5%의 법정이자'라고 판단하였다. 원심판결에는 필요한 심리를 다하지 않은 채 구상금채권의 범위에 관한 법리를 오해하여 판결에 영향을 미친 잘못이 있다.

다. 분석

(1) 소멸시효 원용권자

(가) 일반론

소멸시효 완성의 효과에 대해서는 절대적 소멸설과 상대적 소멸설의 학설 대립이 있다. 판례의 영역에서는 절대적 소멸설을 취하는 재판례와 상대적 소멸설을 취하는 재판례가 혼재되어 있다.[81] 일반적으로 판례가 절대적 소멸설을 취한다고 이해되어 왔으나,[82] 시효 원용에 관한 판례를 보면 오히려 상대적 소멸설에 가까운 모습이라고 평가할 수도 있다.[83] 상대적 소멸설은 소멸시효 기간의 경과만으로 권리가 소멸하는 것이 아니라 시효기간 경과 외에 당사자의 원용이 있어야 비로소 권리가 소멸한다는 견해이다.[84] 따라서 시효의 원용은 상대적 소멸설을 절대적 소멸설과 차별화하는 가장 본질적이고 특징적인 개념이다. 그런데 우리 민법 제정자는 상대적 소멸설의 성문법적 근거가 되는 시효 원용에 관한 의용 민법 제145조를 의도적으로 삭제함으로써 절대적 소멸설을 취하였다.[85] 그럼에도 불구하고 대법원은 상대적 소멸설을 취하던 의용 민법

---

80) B를 말한다.

81) 편집대표 김용덕, **주석민법**, 총칙(3), 제5판(한국사법행정학회, 2019), 830-832면(이연갑 집필부분).

82) 곽윤직 · 김재형(주 12), 448면; 양창수 · 김형석, **민법 Ⅲ 권리의 보전과 담보**, 제4판(박영사, 2021), 126면; 지원림, **민법강의**, 제19판(홍문사, 2021), 426면.

83) 양창수 · 김형석(주 82), 126, 129면.

84) 이연갑(주 81), 827면.

85) 민의원 법제사법위원회 민법안심의소위원회, **민법안심의록 상권**(1957) 103면 참조. 민사법연구회, **민법안의견서**(일조각, 1957), 58-59면(방순원 집필부분)도 시효원용조항을 삭제하는 것에 찬성하였다. 하지만 상대적 소멸설로 더 잘 설명되는 시효이익 포기에 대한 조항은 그대로 둠으로써 결과적으로는 학설 대립의 불씨를 그대로 남겨 놓았다.

시절의 판례를 그대로 이어받아 여전히 시효 원용이라는 개념을 인정하고 있다.

시효 원용은 채무자가 하는 것이 원칙이다. 그런데 채무자 외의 사람도 시효를 원용할 수 있는가가 문제된다. 시효 원용 범위를 너무 넓게 인정하면 상대적 소멸설의 존재 이유와 정체성이 사라질 뿐만 아니라 채권관계와 무관한 제3자에 의해 채권관계가 영향을 받는 문제가 생긴다. 반면 오로지 채무자만 시효를 원용할 수 있다고 인정하면 시효로 인한 권리소멸에 정당한 법적 이해관계를 가지는 사람이 자신의 이해관계를 스스로 지키지 못한 채 오로지 채무자의 결단에만 자신의 운명을 맡기는 결과가 발생한다. 따라서 채무자 외에 시효를 원용할 수 있는 사람의 범위를 합리적으로 획정하는 것은 상대적 소멸설의 가장 중요한 과제이다. 이에 관한 판례에 따르면, 시효를 원용할 수 있는 사람은 "시효로 채무가 소멸되는 결과 직접적인 이익을 받는 사람"에 한정된다.[86] 그런데 어떤 사람이 "직접적인 이익을 받는 사람"인가에 대해서는 명확한 기준이나 공식이 제시되어 있지 않다.[87]

결국 개별적인 재판례들을 모아서 판례의 태도를 추단해 보는 수밖에 없다. 판례는 연대보증인,[88] 물상보증인,[89] 채권자취소소송에서의 수익자,[90] 유치권이 성립된 부동산의 제3취득자,[91] 권리보전 가등기가 마쳐진 부동산의 제3취득자,[92] 담보가등기가 마쳐진 부동산의 제3취득자[93]가 "시효의 이익을 직접 받는 자"로서 시효를 원용할 수 있다고 하였다. 반면 일반채권자,[94] 채권자대위소송의 제3채무자,[95] 공탁금출급청구권에 관하여 공탁자[96]는 시효를 원용할 수 있는 자에 해당하지 않는다고 하였다. 다만 이처럼 시효를 원용할 수 없는

86) 대법원 1997. 12. 26. 선고 97다22676 판결 등.
87) 양창수·김형석(주 82), 130면.
88) 대법원 2012. 7. 12. 선고 2010다51192 판결.
89) 대법원 2004. 1. 16. 선고 2003다30890 판결; 대법원 2007. 1. 11. 선고 2006다33364 판결.
90) 대법원 2007. 11. 29. 선고 2007다54849 판결.
91) 대법원 2009. 9. 24. 선고 2009다39530 판결.
92) 대법원 1991. 3. 12. 선고 90다카27570 판결.
93) 대법원 1995. 7. 11. 선고 95다12446 판결.
94) 대법원 1979. 6. 26. 선고 79다407 판결; 대법원 1997. 12. 26. 선고 97다22676 판결.
95) 대법원 1992. 11. 10. 선고 92다35899 판결; 대법원 1997. 7. 22 선고 97다5749 판결; 대법원 2004. 2. 12. 선고 2001다10151 판결. 다만 채무자가 이미 소멸시효를 원용한 경우에는 그렇지 않다. 대법원 2008. 1. 31. 선고 2007다64471 판결.
96) 대법원 2007. 3. 30. 선고 2005다11312 판결.

경우에도 채무자에 대한 채권을 보전하기 위하여 필요한 한도 내에서 채무자를 대위하여 소멸시효를 주장하는 것은 가능하다고 하였다.[97] 지금까지 소개된 일련의 판례는 일본 민법 제145조에 기초한 일본 판례와 동일한 내용이다.

우리나라와 일본의 판례가 유사한 것은 우리나라 법원이 시효 원용에 관한 조항을 삭제한 민법 제정자들의 의도에도 불구하고 의용 민법, 즉 일본 민법에 관한 판례와 법리를 그대로 이어받았기 때문이다. 따라서 이 문제에 관해서는 일본의 법제와 판례를 참고하는 것이 요긴하다. 일본 민법 제145조는 "시효는 당사자가 원용하지 않으면 법원이 그에 의하여 재판을 할 수 없다."라고 규정하였는데, 2020년부터 시행된 개정 민법에서는 "당사자" 뒤에 괄호를 추가하여 "소멸시효에 있어서는 보증인, 물상보증인, 제3취득자, 그 밖에 권리의 소멸에 관하여 정당한 이익을 가지는 자를 포함한다"라는 문구를 부가하여 원용권자를 더욱 구체적으로 규정하였다. 시효 원용의 문제는 시효제도의 이해에 관한 열쇠라고 일컬어질 정도로 중요하게 취급되는데,[98] 시효 원용권자 범위에 관한 중요한 출발점이 된 것은 1910년 대심원 판결[99]이다.

이 판결은 일본 민법 제145조에 규정된 시효 원용권자인 "당사자"의 의미에 관하여 "시효의 완성에 의하여 직접 이익을 얻는 사람, 즉 취득시효에 의하여 권리를 취득하거나 소멸시효에 의하여 권리의 제한 또는 의무를 면하는 사람을 일컫고, 간접적으로 이익을 얻는 사람은 당사자에 해당하지 않는다."라고 판시함으로써 이른바 직접수익자 기준을 채용하였다. 우리나라 판례도 바로 이러한 직접수익자 기준의 영향을 받아 형성된 것으로 보인다. 그런데 그 이후 일본 판례는 시효원용권자의 범위를 조금씩 확대해 나가는 경향성을 보여왔다.[100] 가령 위 대심원 판결은 저당부동산의 제3취득자가 이러한 의미의 직접수익자에 해당하지 않는다고 보았지만 그 후 일본 최고재판소는 물상보증

97) 대법원 1997. 12. 26. 선고 97다22676 판결.

98) 星野英一, "時効に関する覚書—その存在理由を中心として", **民法論集**, 第4卷(有斐閣, 1978), 172면, 각주 5 참조.

99) 大判 1910(明治 43). 1. 25, 民錄16輯22頁.

100) 일본 판례의 확장적 흐름에 대해서는 서종희, "시효원용권자의 범위 판단 기준에 대한 재고 – 일본의 학설과 판례와의 비교를 중심으로", **사법**, 제57조(2021), 277-283면. 일본의 학자들도 대체로 이러한 흐름에 찬성하는 분위기이다.

인,[101] 저당부동산의 제3취득자[102]도 이러한 직접수익자에 해당한다고 판시하였다. 결국 일본에서는 대심원 판결의 직접수익자 기준을 폐지하지는 않되 직접수익자의 의미를 넓힘으로써 사실상 판례를 변경한 것이다. 앞서 살펴보았듯이 물상보증인, 담보물의 제3취득자를 직접수익자로 보는 최고재판소의 태도는 우리나라에서도 그대로 나타난다.[103]

(나) 이 사건에 대한 검토

대상판결은 후순위 담보권자가 "시효로 채무가 소멸되는 결과 직접적인 이익을 받는 사람"에 해당하지 않으므로 시효를 원용할 수 없다는 점을 처음 판시하였다는 점에서 선례적 가치가 있다. 그런데 일본에는 이 문제를 다룬 최고재판소 판례가 이미 존재하였다.[104] 이 판례는 직접수익자 기준에 관한 일반론을 설시한 뒤, 선순위저당권의 피담보채권이 소멸하면 후순위저당권자의 순위가 상승하여 피담보채권에 대한 배당액이 증가할 수 있으나, 이러한 배당액 증가에 대한 기대는 저당권의 순위 상승에 의하여 초래되는 반사적인 이익에 지나지 않으므로 후순위저당권자는 직접 이익을 받는 사람이 아니라고 보았다. 대상판결의 이유와 거의 동일한 내용이다. 우리나라 학설도 대체로 후순위저당권자는 선순위저당권의 피담보채권에 관한 소멸시효를 원용할 수 없다는 입장을 취하여 왔다.[105]

시효 원용이라는 개념을 인정하는 이상 원용권자의 범위를 끝없이 확대할 수는 없다. 다소 인위적이더라도 그나마 가장 합리적이고 예측 가능한 잣대에 따라 원용 후보자들의 기나긴 리스트 어딘가에 경계선을 그을 수밖에 없다. 시효 원용은 시효이익을 누리겠다는 의사의 표명이다. 시효이익을 누린다는

101) 最判 1967(昭和42). 10. 27, 民集21卷8号2110頁; 最判 1968(昭和43). 9. 26, 民集22巻9号2002頁.

102) 最判 1973(昭和48). 12. 14, 民集27巻11号1586頁

103) 대법원 1995. 7. 11. 선고 95다12446 판결; 대법원 2004. 1. 16. 선고 2003다30890 판결; 대법원 2007. 1. 11. 선고 2006다33364 판결.

104) 最判 1999(平成11). 10. 21, 民集53巻7号1190頁.

105) 윤진수, "소멸시효론", **한국 민법학의 재정립 – 청헌 김증한 교수의 생애와 학문세계**(경인문화사, 2016), 189면; 김병선, "시효원용권자의 범위", **민사법학**, 제38호(2007), 286면; 박운삼, "사해행위의 수익자와 취소채권자의 채권의 소멸시효의 원용", **판례연구**(부산판례연구회) 21집(2010), 291면; 노재호, "소멸시효의 원용 -원용권자의 범위와 원용권자 상호 간의 관계를 중심으로-", **사법논집**, 제52집(2011), 300-301면; 서종희, "시효원용권자의 범위 판단 기준에 대한 재고 – 일본의 학설과 판례와의 비교를 중심으로", **사법**, 제57조(2021), 298-299면; 지원림(주 82), 427면.

것은 뒤집어 말하면 시효가 완성하지 않을 때 입을 상대적인 불이익이 있다는 것을 의미한다. 누가 이러한 지위에 있는가? 이에 관하여 법원은 “시효로 채무가 소멸되는 결과 직접적인 이익을 받는 사람”이라는 판단기준을 제시하였는데, 이는 대체로 시효완성을 통해 자신의 의무나 부담을 면하는 상황을 염두에 둔 것으로 보인다. 가령 연대채무자, 연대보증인과 같이 스스로 채무를 부담하는 사람이나 채권자취소소송의 수익자처럼 자신의 법률행위가 취소되어 원상회복의무를 부담할 위험에 있는 사람은 이러한 이익을 가진다. 물상보증인이나 제3취득자는 채무자는 아니지만 시효를 원용하지 않을 경우 자신의 권리를 상실할 부담을 가지므로 이에 준하여 취급할 수 있다. 하지만 일반채권자처럼 자신의 권리나 의무에는 직접적 영향이 없지만 다른 채권자의 채권 소멸시효가 완성됨에 따라 상대적으로 자신의 채권을 만족받을 가능성이 높아지게 된 정도만으로는 “직접적인 이익”이라고 보기 어렵다.

그렇다면 후순위 담보권자의 순위상승의 이익 또는 이를 통해 발생하게 되는 배당액 증가에 대한 기대는 “직접적인 이익”에 해당하는가? 이는 후순위 담보권자를 제3취득자(시효 원용 가능)와 일반채권자(시효 원용 불가능) 중 누구에 더 가깝게 볼 것인가의 문제로 치환할 수 있다. 대상판결은 후순위 담보권자가 제3취득자보다는 일반채권자에 더 가깝다고 본 셈이다. 이러한 대상판결의 태도에는 이해할 면이 있다. 후순위 담보권자나 일반채권자는 둘 다 배당액 증가에 대한 기대를 가졌다는 점에서 공통된다. 반면 후순위 담보권자와 제3취득자는 다른 법적 상황에 놓여 있다. 제3취득자는 시효 원용 여부에 따라 자신의 권리가 상실될 위험에 직면해 있는 반면, 후순위 담보권자는 시효 원용 여부에 따라 자신의 배당액이 증가할 기대를 가진다. 비유하자면 제3취득자는 해고의 위험에, 후순위 담보권자는 승진하지 못할 위험에 직면한 것이다. 두 종류의 위험의 크기는 다르다.

다만 대상판결에 대해서는 다음 의문이 있다. 후순위 담보권자는 1차적으로 순위상승의 이익을 누리고, 그 결과 2차적으로 집행 단계에서 배당액이 증가될 기대를 가지게 된다. 후순위 담보권자가 시효 원용을 통해 받게 될 “직접적인 이익"은 배당액 증가의 기대라기보다는 순위승진의 이익이다.[106] 순위승진의 이익은 엄연히 법으로 보장된 이익이자 "직접적인" 이익이다.[107] 일반채권자의 배당액 증가에 대한 기대는 실현될 수도 있고 실현되지 않을 수도 있지만, 후순위 담보권자의 순위승진은 법적으로 확보되어 있는 결과라는 점에서 "확고한" 이익이다. 후순위 담보권자는 물권자로서 담보권에 가지는 배타적으로 할당된 이익을 가지지만, 일반채권자는 그러하지 아니하다는 점도 염두에 두어야 한다.[108] 그러므로 후순위 담보권자가 가지는 이익을 반사적 이익이라거나 단순한 기대라고만 말할 수 있는지는 의문이다.[109] 또한 제3취득자와 후순위 담보권자의 지위를 과연 뚜렷하게 구별할 수 있는가도 의문이다. 어느 경우이건 시효 원용을 통해 자신의 권리에 덧씌워진 제한(부담의 제한, 낮은 순위의 제한)을 벗어던질 수 있다는 공통점이 있기 때문이다. 후순위 담보권자가 '장차' 우월한 순위에 기해 배당을 더 받을 수 있는 기대가 '사실상 이익'에 불과하다는 논리대로라면 담보부동산의 제3취득자가 '장차' 경매로 인해 소유권을 박탈당할지도 모른다는 우려도 '사실상 우려'에 불과하다고 말할 여지도 있다.

후순위 담보권자는 민법 제481조에 따른 법정대위권을 가지는 '변제할 정당한 이익'이 있는 자라는 점도 고려해야 한다.[110] 여기에서 '변제할 정당한 이익'은 사실상 이익 또는 사실상 이해관계와는 구별되는 엄연한 '법률상 이익'이다. 이는 채무자의 채무가 소멸되면 본인이 얻게 되는 법률상 이익이다. 이처럼 한쪽 국면에서는 변제로써 채무자의 채무를 소멸시킬 법률상 이익이 있다고 하면서, 다른 국면에서는 채무자의 채무 소멸을 원용하여 좀 더 채무를 쉽게 소멸시킬 법률상 이익이 없다고 이야기하는 것은 균형이 잘 맞지 않다. 아

106) 뒤집어 말하면 이러한 순위승진의 이익을 누리지 못하는 것도 일종의 상대적 불이익이다.

107) 순위승진의 원칙에 대한 명문 규정은 없지만 저당권의 부종성(민법 제369조)이나 공동저당에서 후순위저당권자의 대위(민법 제368조 제2항) 등은 순위승진의 원칙을 전제한 조항들이다. 판례, 학설, 실무도 확고하게 순위승진의 원칙을 채택하고 있다. 양창수 · 김형석(주 82), 395면.

108) 이 부분은 서울대학교 법학전문대학원 이계정 교수님께서 조언해 주셨다.

109) 양창수, "후순위저당권자는 소멸시효 원용할 수 없는가? -대법원 2021. 2. 25. 선고 2016다232597 판결 -", 법률신문 2021. 5. 3.자 판례평석.

110) 편집대표 곽윤직, **민법주해(XI)**(박영사, 1995), 194면(이인재 집필부분); 편집대표 김용덕, **주석민법**, 채권총칙(4), 제5판(한국사법행정학회, 2020), 286면(최형표 집필부분); 양창수 · 김재형, **민법 I 계약법**, 제3판(박영사, 2020), 353면; 지원림(주 82), 997면.

울러 우리나라는 일본과 달리 본래 절대적 소멸설을 염두에 두고 민법을 제정하였고, 그러한 점에서 일본과 같은 강도로 상대적 소멸설이 관철될 수 있는 법적 환경이 아니라는 점도 고려해야 한다. 일본과 달리 우리나라 판례와 학설이 절대적 소멸설과 상대적 소멸설의 구도 안에 복잡하게 대립하고 있는 것도 이러한 이유 때문이다. 논리필연적인 것은 아니나 절대적 소멸설에 따를 때에는 시효를 주장할 수 있는 사람의 범위가 넓어지기가 쉽다. 절대적 소멸설의 운신이 가능한 우리나라에서 상대적 소멸설이 입법적으로 확립되어 있는 일본의 최고재판소 판례와 꼭 같은 결론에 이르러야 할 필연성도 없다. 이러한 이유로 후순위 담보권자는 시효 원용권자가 아니라는 대상판결 부분에 대해서는 의문을 표한다.[111)]

(2) 변제자대위

(가) 일반론

변제자대위는 채무자가 종국적으로 부담해야 할 채무를 제3자가 변제 등의 방법으로 대신하여 소멸시킴으로써 그 제3자가 채무자에게 가지게 되는 구상권의 실현을 확보하기 위해 본래의 채권자가 가지던 채권과 담보권(이하 '피대위권리'라고 한다)을 구상권자인 제3자에게 그대로 법적으로 이전시켜 주는 것을 말한다.[112)] 대위변제자는 구상권과 피대위권리의 두 가지 권리를 함께 보유하게 된다. 두 권리는 구상권 실현의 확보라는 목적 아래에 서로 연결되어 있지만, 엄연히 개별적이고 독립적인 권리로서 서로 청구권 경합관계에 있다.[113)] 각각의 권리에 대해 좀 더 설명한다.

구상권은 자신의 출재로써 타인이 종국적으로 부담해야 할 채무를 대신 이행하거나 사무를 대신 관리하여 준 경우 그 타인으로부터 그 출재액을 상환받을

111) 대법원 민사실무연구회 발표 후 토론 과정에서 후순위 담보권자가 복수이고 그중 일부만 시효를 원용하고 일부는 원용하지 않는 경우 법률관계가 복잡해진다는 우려도 표시되었다. 이는 충분히 타당한 지적이고, 실제로 일본에서도 이러한 점에 기초하여 후순위 담보권자의 시효원용권을 부정해야 한다는 견해들이 있다. 다만 이는 애당초 시효원용 또는 그 반면(反面)으로서의 시효이익 포기가 상대효를 가진다는 점에서 비롯된 것이므로 시효원용권의 개념을 인정하는 이상 이미 감수되어야 할 사태이다. 참고로 이러한 상대적 법률관계는 배당이의나 사해행위취소의 경우에도 나타난다.

112) 대법원 1997. 5. 30. 선고 97다1556 판결.

113) 이인재(주 110), 202면.

수 있는 권리이다. 불가분채무자(민법 제411조), 연대채무자(민법 제425조 이하), 보증인(민법 제441조), 물상보증인(민법 제341조, 제355조, 제370조). 담보물의 제3취득자(민법 제364조, 제367조 참조)가 구상권을 가진다. 그밖에 제3자의 변제가 채무자의 위임에 기한 경우에는 위임사무처리비용의 상환청구권(민법 제688조), 위탁 없이 사무관리로서 이루어진 경우에는 사무관리비용의 상환청구권(민법 제739조)을 가지는데 이러한 권리도 구상권의 법적 성질을 가진다.[114)]

피대위권리는 본래의 채권자가 가지고 있던 채권과 담보권 등 채권자의 지위에서 가지던 일체의 법적 권리로서 구상권자인 제3자에게 법적으로 이전되는 것을 의미한다. 피대위권리는 채권자가 가지던 권리와 동일한 권리이다. 따라서 본래 채권의 성격, 이행기, 이자 또는 지연손해금 비율, 소멸시효 기간,[115)] 그 외의 특약[116)] 등은 피대위권리에도 동일하게 존속한다. 대위변제자는 이행청구나 손해배상청구를 할 수 있고, 채권자대위권이나 채권자취소권을 행사할 수도 있다.[117)] 대위변제자는 물적 담보 및 인적 담보에 관한 권리도 행사할 수 있다. 변제자대위에서는 본래 채권에 부착된 담보권까지 행사할 수 있다는 점에서 효용이 크다.

구상권과 피대위권리는 개별적이고 독립적인 권리이므로 두 권리의 내용이 다를 수 있고,[118)] 도산절차에서도 별개의 권리로 취급된다.[119)] 대위변제자는 둘 중 어떤 권리를 행사할지 선택할 수 있다. 다만 피대위권리는 구상권 실현을 확보하기 위한 수단적 권리로서의 의미를 가지므로 성립, 행사 및 소멸 단계에서 구상권과 연계성을 가진다. 구상권이 없다면 변제자대위가 발생하지 않는다. 대위변제자는 구상권 범위 내에서만 피대위권리를 행사할 수 있다.[120)] 구상권과 피대위권리 중 어느 하나의 권리를 행사하여 그 목적을 달성하면 그

---

114) 대법원 1994. 12. 9. 선고 94다38106 판결.

115) 예컨대 피대위권리는 상사채권이지만 구상권은 민사채권인 경우 전자에는 5년(상법 제64조), 후자에는 10년(민법 제162조 제1항)의 소멸시효 기간이 적용된다.

116) 대법원 1997. 5. 30. 선고 97다1556 판결.

117) 편집대표 김용담, **주석민법**, 채권총칙(4), 제4판(한국사법행정학회, 2014), 353면(신광렬 집필부분).

118) 대법원 1997. 5. 30. 선고 97다1556 판결.

119) 채무자에 대하여 회생절차가 개시된 경우 회생채권자가 자신의 구상권을 회생채권으로 신고하지 않아 채무자가 구상책임을 면하더라도(채무자가 채무자 회생 및 파산에 관한 법률 제251조 본문 참조), 회생채권자는 여전히 피대위권리를 행사할 수 있다. 대법원 2015. 11. 12. 선고 2013다214970 판결.

120) 대법원 1997. 5. 30. 선고 97다1556 판결; 이인재(주 110), 201면.

범위에서 다른 권리도 소멸한다.[121]

(나) 이 사건에 대한 검토

원심법원의 문제점은 이러한 구상권과 피대위권리의 관계를 엄밀하게 따지지 않았다는 데 있다. 좀 더 상세하게 살펴보자. 원고는 채무자를 위해 담보가등기의 피담보채무 4억 원을 대위변제하였다. 원고는 '변제할 정당한 이익이 있는 자'의 범주에 포함되지 않는 제3자이지만 채권자의 동의를 얻어 임의대위를 하게 되었다. 그 결과 원고는 구상권과 피대위권리를 모두 취득하게 되었다. 그런데 구상권과 피대위권리의 범위가 언제나 일치하는 것은 아니다. 변제기, 지연손해금의 비율, 위약금 약정 유무 등에 따라 양자의 액수는 달라질 수 있기 때문이다. 실제로 이 사건에서 채무자는 원고가 4억 원을 대위변제하면 연 50%의 이자를 부가하여 갚겠다는 이행각서를 교부하였다. 이는 일종의 구상권 범위에 관한 약정으로서 피대위권리에는 적용되지 않는다. 이로 인해 구상권과 피대위권리의 범위가 달라진다.

한편 피대위권리는 구상권의 범위 내에서만 행사할 수 있다. 바꾸어 말하면 그 행사 범위는 피대위권리와 구상권 중 적은 액수로 제한된다. 반면 구상권은 피대위권리의 범위 내에서만 행사해야 한다는 제한을 받지 않는다. 그러므로 ① 당사자가 구상권과 피대위권리 중 어느 것을 행사하는지, ② 만약 피대위권리를 행사한다면 그 피대위권리의 행사 범위가 구상권 범위 내인지가 밝혀져야 타당한 판단에 이를 수 있다. 그런데 원심법원은 구상권과 피대위권리가 병존할 수 있다는 점을 충분히 염두에 두지 않은 채 원고가 경매법원에 '담보가등기권리자 권리신고서'를 제출하면서 구상권을 행사한다고만 보았다. 그러나 원심법원은 원고가 행사하는 것이 구상권과 피대위권리 중 무엇인지, 또한 각각의 액수가 얼마인지를 산정하여 어느 범위까지 그 권리를 행사할 수 있는지를 심리해야 했는데 그렇게 하지 못했다. 대상판결은 이 점을 지적하였다.

다만 대상판결 이유 중 "제3자가 채무자를 위하여 채무를 변제함으로써 채무자에 대하여 구상권을 취득하는 경우, 그 구상권의 범위 내에서 종래 채권

121) 이인재(주 110), 202면; 신광렬(주 117), 356면.

자가 가지고 있던 채권과 그 담보에 관한 권리는 동일성을 유지한 채 법률상 당연히 변제자에게 이전한다(대법원 1997. 11. 14. 선고 95다11009 판결 등 참조).”라는 부분은 오해의 소지가 있다.[122] 엄밀히 말하면 피대위권리는 동일성을 유지하며 그대로 대위변제자에게 이전하는 것이지 “구상권의 범위 내에서”만 이전하는 것이 아니다. 대상판결에서 근거로 제시된 1997년 판결에도 피대위권리가 구상권의 범위 내에서만 이전한다는 판시는 찾아볼 수 없다.[123] 피대위권리의 이전과 행사는 다른 차원의 문제이다. 이는 여러 문헌에 설명된 바이자,[124] 판례의 태도이기도 하다.[125] 현실적으로 보더라도, 구상권의 범위는 대위변제 이후에도 법정이자 등으로 증감 변동하므로 변제자대위로 인한 권리 이전 시점에는 구상권의 범위를 최종적으로 확정할 수도 없다. 그러므로 구상권의 범위는 피대위권리의 이전 단계가 아니라 피대위권리의 행사 단계에서 비로소 등장한다.

4. 분묘기지권자의 지료 지급의무(대법원 2021. 4. 29. 선고 2017다228007 전원합의체 판결)

가. 사실관계

X 토지 중 400㎡ 지상에는 1940. 7.경 사망한 피고의 조부와 1961. 4.경 사망한 피고의 부의 분묘가 설치되어 있고, 피고는 현재까지 위 각 분묘를 수호·관리해 왔다. 원고들은 2014년경 X 토지의 지분 일부를 경매로 취득하였다. 원고들은 피고를 상대로 위 각 분묘의 기지 점유에 따른 원고들의 소유권 취

---

122) 양창수·김재형(주 110), 355면에 이와 유사한 표현이 있다.

123) 대법원 2007. 3. 16. 선고 2005다10760 판결에는 그러한 취지의 판시가 보이나, 실제 그 판결에서도 담보권(양도담보권)은 구상권 범위 내에서만 이전한 것이 아니라 전체가 이전하였다.

124) 신광렬(주 117), 353면. 또한 이인재(주 110), 201면은 “변제자대위에 관한 민법 제482조는 변제자대위로 인해 원채권 이전 자체가 구상권의 범위로 한정된다는 것이 아니라 원채권은 그 담보권과 함께 전액 대위변제자에게 이전하지만 그 행사의 범위가 구상권의 범위로 한정되는 의미”임을 명확히 하고 있다. 같은 취지로 김창종, “연대보증인의 구상권과 변제자의 대위”, **사법논집**, 제20집(1989), 136면; 김동윤, “근저당권설정계약서상의 이른바 대위권불행사의 특약이 물상보증인의 구상권에 기한 청구에도 적용되는지 여부”, **대법원판례해설**, 제28호(1997), 61면 참조.

125) 대법원 2020. 2. 6. 선고 2019다270217 판결. 그 외에 대법원 1999. 10. 22. 선고 98다22451 판결도 같은 취지이다.

득일 이후의 지료 지급을 구하는 소를 제기하였다. 피고는 자신이 20년 이상 평온·공연하게 위 각 분묘의 기지를 점유하여 관습법상 분묘기지권(이하 '분묘기지권'이라고 한다)을 시효로 취득하였으므로, 지료를 지급할 의무가 없다고 주장하였다. 제1심법원은 지료에 관한 약정이 없는 이상 분묘기지권자에게는 지료 지급의무가 없다고 하면서 원고들의 청구를 기각하였다.[126)]

나. 원심판결과 대상판결

원심법원은 토지소유자가 지료 지급을 청구한 때로부터는 분묘기지권자에게 지료 지급의무가 있다고 보아 원고들의 청구를 일부인용하였다.[127)] 대법원도 아래와 같은 취지로 원심판결을 유지하였다.[128)]

> *2000. 1. 12. 법률 제6158호로 전부 개정된 구 장사 등에 관한 법률(이하 '장사법'이라 한다)의 시행일인 2001. 1. 13. 이전에 타인의 토지에 분묘를 설치한 다음 20년간 평온·공연하게 분묘의 기지(基地)를 점유함으로써 분묘기지권을 시효로 취득하였더라도, 분묘기지권자는 토지소유자가 분묘기지에 관한 지료를 청구하면 그 청구한 날부터의 지료를 지급할 의무가 있다고 보아야 한다.*
>
> *관습법으로 인정된 권리의 내용을 확정함에 있어서는 그 권리의 법적 성질과 인정 취지, 당사자 사이의 이익형량 및 전체 법질서와의 조화를 고려하여 합리적으로 판단하여야 한다. 취득시효형 분묘기지권은 당사자의 합의에 의하지 않고 성립하는 지상권 유사의 권리이고, 그로 인하여 토지 소유권이 사실상 영구적으로 제한될 수 있다. 따라서 시효로 분묘기지권을 취득한 사람은 일정한 범위에서 토지소유자에게 토지 사용의 대가를 지급할 의무를 부담한다고 보는 것이 형평에 부합한다.*
>
> *취득시효형 분묘기지권이 관습법으로 인정되어 온 역사적·사회적 배경, 분묘를 둘러싸고 형성된 기존의 사실관계에 대한 당사자의 신뢰와 법적 안정성, 관습법상 권리로서의 분묘기지권의 특수성, 조리와 신의성실의 원칙 및 부동산의 계속적 용익관계에 관하여 이러한 가치를 구체화한 민법상 지료증감청구권 규정의 취지 등을 종합하여 볼 때, 시효로 분묘기지권을 취득한 사람은 토지소유자가 분묘기지에 관한 지료를 청구하면 그 청구한 날부터의 지료를 지급하여야 한다고 봄이 타당하다.*

---

126) 수원지방법원 여주지원 이천시법원 2016. 5. 3. 선고 2015가소53727 판결.
127) 수원지방법원 2017. 4. 20. 선고 2016나58055 판결.
128) 대법원 2021. 4. 29. 선고 2017다228007 전원합의체 판결.

이에 대해서는 ① 분묘기지권을 시효취득한 경우 분묘기지권자는 분묘를 설치하여 토지를 점유하는 기간 동안 토지 소유자에게 지료를 지급할 의무가 있다고 보아야 하고, 토지 소유자의 지료 청구가 있어야만 그때부터 지료 지급의무가 발생한다고 볼 수는 없다는 별개의견,[129] ② 특별한 사정이 없는 한 분묘기지권자는 토지 소유자에게 지료를 지급할 의무가 없다는 반대의견[130]이 있었다.

다. 분석

(1) 일반론

분묘기지권은 분묘를 수호하고 제사를 모시기 위하여 필요한 범위 내에서 다른 사람의 토지를 점유·사용할 수 있는 관습법상 물권이다.[131] 조선고등법원이 1927년 이 권리를 인정한 이래,[132] 지금까지 판례에 의하여 인정되고 있다. 분묘기지권은 ① 승낙형(토지 소유자의 승낙을 얻어 그 토지에 분묘를 설치한 경우에 성립하는 유형),[133] ② 양도형(자기 토지에 분묘를 설치하였다가 그 분묘 기지에 관한 합의 없이 토지를 다른 사람에게 처분한 경우에 성립하는 유형),[134] ③ 취득시효형(토지 소유자의 승낙 없이 분묘를 설치한 뒤 20년간 평온·공연하게 그 분묘기지를 점유한 경우에 성립하는 유형)[135]으로 나뉜다. 각 유형의 분묘기지권은 분묘가 존속하는 한 영구히 지속된다는 점에서

---

129) 대법관 이기택, 대법관 김재형, 대법관 이흥구에 의하여 개진되었다.

130) 대법관 안철상, 대법관 이동원에 의하여 개진되었다.

131) 대법원 2001. 8. 21. 선고 2001다28367 판결.

132) 조선고등법원 1927. 3. 8. 판결; 조선고등법원 1930. 10. 24. 판결. 이는 이른바 승낙형 분묘기지권에 대한 판결들이다.

133) 대법원 1962. 4. 26. 선고 4294민상1451 판결; 대법원 1967. 10. 12. 선고 67다1920 판결; 대법원 2000. 9. 26. 선고 99다14006 판결; 대법원 2021. 9. 16. 선고 2017다271834, 271841 판결 등. 만약 당사자 사이에 지상권 설정 합의나 임대차 합의 등 구체적인 합의가 있으면 그에 따르면 충분하므로 분묘기지권을 인정할 이유도 없다. 승낙형 분묘기지권은 그러한 합의가 확인되지 않는 경우에 성립한다.

134) 대법원 1967. 10. 12. 선고 67다1920 판결; 대법원 2021. 5. 27. 선고 2020다295892 판결 등. 경매로 토지 소유권이 이전된 경우도 마찬가지이다(대법원 1976. 10. 26. 선고 76다1359, 1360 판결). '양도형'이라는 표현은 경매로 인한 소유권 이전을 포착하지 못하므로 법정지상권형 분묘기지권이라고 불러야 한다는 견해도 있다. 나태영, "분묘기지권에 관한 소고", **민사법의 이론과 실무**, 제21권 제4호(2018), 100면; 장병주, "분묘기지권의 지료지급의무와 그 지급 시기 – 대법원 2021. 4. 29. 선고 2017다228007 전원합의체 판결을 중심으로 –", **민사법의 이론과 실무**, 제24권 제3호(2021), 224면. 다만 경매도 사법상 매매의 성질을 띤다는 점을 고려하면 '양도형'이라는 표현이 꼭 잘못되었다고 할 수는 없다.

135) 대법원 1955. 9. 29. 선고 4288민상210 판결; 대법원 1957. 10. 31. 선고 4290민상539 판결; 대법원 1969. 1. 28. 선고 68다1927,1928 판결; 대법원 2011. 11. 10. 선고 2011다63017, 63024 판결.

공통되나, 지료 지급의무 여부에 관하여는 달라진다.

분묘기지권은 우리 문화에서 조상의 분묘가 가지는 독특한 의미를 고려하여 인정한 권리이나, 토지 소유권을 사실상 영구적으로 제한하는 측면이 있어 논쟁적인 권리이다. 특히 장묘 문화가 변화하고 국토의 효율적 이용에 대한 요청이 증가하면서 과연 종래와 같은 분묘기지권이 계속 존속할 수 있는가 하는 의문이 제기되었다. 새로운 공감대의 형성과 법 제도의 정립이 필요한 상황이었다. 2001년 장사법 전면 개정은 이러한 필요성에 대한 입법적 대응이었다. 이로 인해 분묘 관련 법 제도에 큰 변화가 생겼는데, 그중 하나가 취득시효형 분묘기지권의 폐지이다(제23조 제3항). 그런데 2001년 장사법 부칙 제2조에서는 이를 법 시행 후 설치된 분묘에만 적용하기로 하면서 그 이전에 설치된 분묘에 대한 취득시효형 분묘기지권은 여전히 인정할 것인가가 문제되었다. 대법원은 2017년 전원합의체 판결을 통해 이를 인정하였다.[136] 그런데 이번에는 취득시효형 분묘기지권에 지료 지급의무를 인정할 것인가, 인정한다면 언제부터 그 의무가 발생하는가가 문제되었다. 이 역시 전원합의체 판결로 다루어지게 된 것이다.

(2) 분묘기지권자의 지료 지급의무

대상판결의 첫 번째 쟁점은 취득시효형 분묘기지권자에게 지료 지급의무가 인정되는가이다. 한때 대법원은 분묘기지권의 지료 지급의무를 인정하기도 하였으나,[137] 그 후 이를 부정하는 쪽으로 선회하였다.[138] 2001년 장사법 시행 전 설치된 분묘의 취득시효형 분묘기지권의 존부를 다루었던 2017년 전원합의체 판결은 이 점을 정면으로 다루지 않았다. 학설로는 지료 지급의무를 인정하는 유상설[139]과 이를 부정하는 무상설[140]이 대립하였다. 유상설은 대체로 토

---

136) 대법원 2017. 1. 19. 선고 2013다17292 전원합의체 판결. 헌법재판소 2020. 10. 29. 선고 2017헌바208 결정도 이러한 관습법상 분묘기지권이 헌법에 위반되지 않는다고 판단하였다.

137) 대법원 1992. 6. 26. 선고 92다13936 판결.

138) 대법원 1995. 2. 28. 선고 94다37912 판결.

139) 김상용, **물권법**(법문사, 2003), 536면; 김상명, "판례로 본 분묘기지권에 관한 법리연구", **토지공법연구**, 제35집(2007), 307면; 김상찬·조두환, "분묘기지권의 존속기간에 관한 연구", **토지법학**, 제27-1호(2011), 264면; 편집대표 김용담, **주석민법**, 물권(3), 제4판(한국사법행정학회, 2011), 170면(김수일 집필부분); 소재선·이경용, "장사법과 분묘기지권 제도의 고찰", **법학논총**(단국대학교 법학연구소), 제36권 제2호(2012), 522면; 전경운, "분묘기지권의 인정근거와 효력에 관한 약간의 고찰", **법학연구**(연세대학교 법학연구원), 제25권 제1호(2015), 140면; 지원림(주 82), 714면.

140) 편집대표 곽윤직, **민법주해(VI)**(박영사, 1992), 103면(박재윤 집필부분); 곽윤직, **물권법**, 제7판(박영사,

지 소유자의 보호 필요성, 지료 지급의무를 인정하는 법정지상권과의 균형 등을 강조하고, 무상설은 대체로 분묘의 특별한 보호 필요성,[141] 일반 취득시효된 토지의 무상성 등을 강조하였다. 대상판결에서 다수의견과 별개의견은 유상설의 입장에서 분묘기지권자의 지료 지급의무를 긍정하였다. 반면 반대의견은 무상설의 입장에서 분묘기지권자의 지료 지급의무를 부정하였다. 반대의견은 지료 지급의무를 긍정하는 관습의 부존재, 취득시효 제도의 취지, 분묘기지권과 다른 관습법상 법정지상권의 차별성, 분묘의 특수한 의미와 보호 필요성 등을 강조하였다.

취득시효형 분묘기지권은 관습법상 물권이다. 따라서 지료 지급의무에 관하여 법적 확신을 수반하는 관습이 있고 그 관습이 공동체 구성원들의 법적 확신을 통해 사실상 법의 차원으로 진입하였다면 이에 따라 관습법의 내용을 정하면 된다. 그런데 분묘기지권자가 지료를 지급해야 한다는 관습은 확인된 바 없다. 오히려 지금까지는 분묘기지권자가 지료를 지급하지 않는 것이 관행이었다. 따라서 지료 지급의무에 관한 관습도 없는데 지료 지급의무를 인정해서는 안 된다는 반대의견의 지적은 일단 타당하다. 하지만 그러한 논리대로라면 분묘기지권, 나아가 관습법상 법정지상권의 정당성 자체가 흔들리는 문제가 있다. 과연 분묘기지권이나 관습법상 법정지상권이 법적 확신을 수반하는 관습에 의해 뒷받침되는지 논란이 많기 때문이다.[142] 반대의견은 관습 없는 관습

2003), 240면; 이승길, "분묘기지권", **토지법학**, 제19호(2003), 76면; 박광동, "분묘기지권에 대한 고찰", **비교사법**, 제11권 제1호(2004), 206면; 박종두, **물권법**, 제5판(삼영사, 2010), 528면; 강태성, **물권법**, 제7판(대명출판사, 2017), 774면; 양창수 · 김형석(주 82), 771면.

141) 지료 지급의무를 인정할 경우 지료 연체를 이유로 분묘기지권 소멸청구를 할 여지가 있고(민법 제287조 및 대법원 2015. 7. 23. 선고 2015다206850 판결참조), 분묘기지권이 소멸되면 분묘를 제거하거나 이장해야 한다.

142) 관습법상 법정지상권은 관습에 의해 뒷받침되지 않는다는 취지의 비판으로 박준서, "법정지상권", **사법논집**, 제5집(1974), 131면; 이주성, "우리 판례가 인정하는 관습상의 법정지상권과 그 양도에 관한 일고찰", **사법논집**, 제7집(1976), 98면; 박우동, "관습법상의 법정지상권 그 문제점", **사법행정**, 제202권(1977), 12면; 이영준, **한국민법론[물권편]**, 신정2판(박영사, 2004), 644면; 배병일, "관습상의 법정지상권", **영남법학**, 제2권 제1 · 2호(1995), 207면; 이진기, "관습법상 법정지상권의 문제", **비교사법**, 제18권 제3호(2011), 780면; 양창수 · 김형석(주 82), 771면. 분묘기지권이 관습에 의해 뒷받침되지 않는다는 취지의 비판으로 김상헌, "취득시효형 분묘기지권의 지료 지급 여부에 관한 고찰", **외법논집**, 제45권 제3호(2021), 329면; 오시영, "'관습법상 분묘기지권'의 전제인 관습 부존재에 대한 고찰(Ⅰ)", **강원법학**, 제49권(2016), 470면; 진상욱, "분묘기지권의 재검토 – 대법원 2017. 1. 19. 선고 2013다17292 전원합의체 판결", **토지법학**, 제33-1호(2017), 204-205면. 또한 1912년 관습조사보고서에서는 "분묘소유를 위한 借地는 드물게 그 사례가 보이고, 통상 그 지대를 지불하지 않는 듯하다"라고 서술하나(정긍식, **국역 관습조사보고서**(한국법제연구원,

법에 대하여 비판적 태도를 취하기는 하지만, 그렇다고 분묘기지권이나 관습법상 법정지상권 자체를 부정하는 태도를 취하지는 않는다. 단지 지료 지급의무에 대한 관습이 없다는 사정만으로 곧바로 지료 지급의무가 없다고 단정해버리는 것은 적절하지 않다. 오히려 법원이 지상권에 관련된 관습법을 사실상 형성해 온 현실(이 현실이 바람직한가는 별도로 논의할 문제이다), 또한 관습법상 법정지상권이나 분묘기지권 자체를 아예 백지화하기 힘든 현실에 기초하여 보면, 분묘기지권자에게 지료 지급의무를 인정하는 것이 우리 법질서 전체에 부합하는지에 정면으로 솔직히 답하는 것이 불가피하다.

이 문제에 답하는 과정에서는 인접한 다른 지상권에 지료 지급의무가 인정되는지를 살펴보아 비교해 보는 것이 요긴하다. 우선 약정지상권에서는 지료 지급약정이 있을 때에만 지료 지급의무가 인정된다. 지상권 설정계약을 체결하면서 자연스럽게 지료 지급약정을 체결할 수 있었는데도 굳이 그렇게 하지 않았다면 지료 지급의무를 인정하지 않는 쪽이 당사자의 합리적 의사에도 부합한다. 반면 법정지상권의 경우에는 지료 지급의무가 인정된다(민법 제305조 제1항, 제366조).[143] 법정지상권은 지상권 설정계약 없이 법률의 힘으로 성립하는 권리이므로 지료 지급약정을 체결할 별도의 기회가 없다는 점, 타인의 토지를 물권적으로 사용·수익하여 소유권을 제한하는 결과를 가져온다면 이에 상응하여 지료도 지급하는 것이 합리적이라는 점을 고려한 결과이다. 마찬가지 이유로 관습법상 법정지상권에서도 지료 지급의무가 인정된다.[144] 한편 승낙형 분묘기지권은 분묘 설치 승낙 과정에서 지료 지급약정을 체결할 기회가 있었다는 점에서 약정지상권과 유사하다. 따라서 약정지상권과 마찬가지로 지료 약정을 하지 않았다면 지료 지급의무는 발생하지 않는다.[145] 반면 양도형 분묘기지권은 자기 소유 토지에 분묘를 설치한 사람이 그 토지를 양도하면서

1992), 188면), 취득시효형 분묘기지권에 대한 언급은 없다. 오히려 朝鮮總督府中樞院, 民事慣習回答彙集(朝鮮印刷株式會社, 1933), 402-403면에 따르면 조선에는 분묘기지권의 취득시효에 관한 관습이 없다고 한다(中樞院 1921년 제430호 회답).

143) 대법원 1988. 10. 24. 선고 87다카1604 판결.

144) 대법원 1996. 2. 13. 선고 95누11023 판결.

145) 이때 지료 약정을 체결하였다면 그 효력은 분묘 기지의 승계인에게도 미친다. 대법원 2021. 9. 16. 선고 2017다271834, 271841 판결.

분묘를 이장하겠다는 특약을 하지 않음으로써 취득하는 분묘기지권이므로 매매 등에 의해 토지와 건물의 소유자가 달라질 때 성립하는 관습법상 법정지상권과 유사하다. 따라서 지료 지급의무가 인정된다.146)

이처럼 관습법상 법정지상권 및 취득시효형 분묘기지권 외의 분묘기지권은 대체로 약정지상권 및 법정지상권과의 유비(類比)를 통해 지료 지급의무 인정 여부를 결정하는 양상을 보여 왔다. 물론 관습법상 분묘기지권의 내용은 독자적으로 정해져야 하지만, 보다 합리적인 정합을 위해 인근 권리들과 비교하는 작업은 일정한 의미를 가진다. 그런데 취득시효형 분묘기지권은 그 성립 과정에서 지료 약정을 체결할 기회가 없다는 점에서 약정지상권보다는 법정지상권이나 관습법상 법정지상권에 더 가깝다. 더구나 취득시효형 분묘기지권은 장기간 타인 토지를 무단으로 점유해야 성립하는 권리라는 점에서 그 성립 과정에서 나타나는 부정적 에너지가 양도형 분묘기지권보다 더 크다. 그런데 양도형 분묘기지권의 지료 지급의무는 인정하면서 취득시효형 분묘기지권의 지료 지급의무를 부정하는 것은 균형이 맞지 않다. 이처럼 인접한 다른 지상권 또는 분묘기지권과 비교하여 본다면 취득시효형 분묘기지권의 지료 지급의무를 인정하는 쪽이 더 설득력이 있다.

보다 근본적으로, 분묘기지권은 소유자의 의사와 무관하게 타인의 토지에 대해 분묘가 존속하는 한 영구적으로 설정되는 제한물권이라는 점에서 소유권을 제한한다는 점에 주목해야 한다. 헌법상 재산권 보장(제23조 제1항), 소유권의 본질(민법 제211조), 물권적 청구권(민법 제213조, 제214조), 부당이득반환청구권(민법 제741조), 불법행위로 인한 손해배상청구권(민법 제750조) 등은 모두 타인의 토지를 무단으로 점유 또는 사용해서는 안 되고, 만약 그렇게 한다면 그에 상응하는 대가를 치러야 한다는 법 원리를 기초로 한다. 시효로 취득한 통행지역권의 경우 토지를 사용하는 자가 토지 소유자에게 지료나 손해보상금 등 대가를 지급해야 한다는 민법 규정(민법 제366조 단서, 민법 제219조 등)이나 관련 대법원 판결147)도 마찬가지이다. 물론 무상성이 지배하는 영

146) 대법원 2015. 7. 23. 선고 2015다206850 판결; 대법원 2021. 5. 27. 선고 2020다295892 판결; 대법원 2021. 9. 16. 선고 2017다271834, 271841 판결.

147) 대법원 2015. 3. 20. 선고 2012다17479 판결.

역도 있을 수 있다. 과거에는 후손들에게 선조의 분묘 설치는 결코 양보할 수 없는 지상과제였는데 매장지는 부족하였다. 사회적으로도 분묘 설치를 위해서 타인의 토지를 무단 점유, 사용하는 것은 용인되는 분위기가 있었다. 분묘 설치자와 토지 소유자의 관계도 이웃 간의 온정적인 관계일 가능성이 높았다. 그러나 이러한 사회적 배경은 오늘날 거의 사라지다시피 하였다. 이러한 상황에서 토지 소유자가 조세와 공과금을 홀로 부담하면서 아무런 대가도 지급받지 못하는 것은 소유권의 과도한 제한이다.

반대의견이 지적하듯 여전히 분묘는 특별한 존중의 대상이다. 그러나 타인의 토지를 장기간 악의로 무단으로 점유한 뒤 지료를 내지 않고도 사실상 영구적으로 그 토지를 사용하는 것까지 당연히 특별한 존중의 대상이 될 수는 없다. 장사법은 이미 20여년 전의 개정을 통해 이러한 유형의 분묘기지권을 입법적으로 폐지하였다. 2017년 전원합의체 판결은 개정 전 설치된 분묘의 분묘기지권에 대해 마지막 존중을 보였으나, 그것이 꼭 그 분묘기지권이 영구적으로 무상이어야 한다는 결론으로 이어지는 것은 아니다. 분묘기지권의 인정 문제와 지료 지급의무의 인정 문제는 다른 차원의 문제이고, 2017년 전원합의체 판결은 전자만 재검토하여 판단하였기 때문이다. 오히려 장사법은 타인의 토지에 분묘를 설치하면 그에 상응하는 대가를 지급해야 한다는 대전제 위에 제정되어 있다(제23조 등). 물론 일반적인 취득시효 사안에서는 취득시효 이후는 물론이고 그 이전에 발생하였던 부당이득반환의무도 소급하여 사라진다. 이러한 취득시효 제도의 특수성에 착안하여 취득시효형 분묘기지권의 지료 지급의무를 부정해야 한다는 반론도 제기될 수 있다. 그러나 취득시효형 분묘기지권은 용익물권의 일종이므로 취득시효 이후에도 지료 지급의무 문제가 남지만,[148] 일반적인 취득시효는 그 결과 소유권을 취득하므로 지료의 문제가 애당초 생기지 않는다. 또한 일반적인 취득시효에서는 분묘기지권과 달리 악의의 무단점유자의 보호를 거부하므로,[149] 취득시효 전 부당이득 반환관계를 꼭 동

148) 또한 분묘 설치자는 취득시효 완성 전에는 토지 소유자에게 부당이득 반환의무를 부담하는데, 관습법상 분묘기지권은 이러한 유상의 부담을 안고 취득하였으므로 이와 실질적으로 동일한 지료 지급의무를 부담한다고 볼 여지도 있다. 대법원 2006. 5. 12. 선고 2005다75910 판결; 대법원 2015. 2. 26. 선고 2014다21649 판결 참조.

149) 대법원 1997. 8. 21. 선고 95다28625 전원합의체 판결.

일하게 볼 필요도 없다. 결론적으로 취득시효형 분묘기지권에 관한 지료 지급의무를 인정한 대상판결에 찬성한다.

(3) 지료 지급의무 발생 시점

대상판결의 두 번째 쟁점은 지료 지급의무의 발생 시점이다. 다수의견은 지료 지급의무가 지료를 청구한 날부터 발생한다고 보았다. 다수의견은 '조정'과 '조화'에 초점을 맞추었다. 이러한 태도는 "토지 소유자와 분묘기지권자 사이의 이해관계를 합리적으로 조정할 필요"가 있다고 하거나, "토지 소유자의 이해관계와 함께 분묘기지권자의 신뢰나 법적 안정성을 조화롭게 보호하여야" 한다는 판시에서 발견된다. 그리고 이러한 절충, 타협, 조정의 근거를 조리(민법 제1조)와 신의성실(민법 제2조)에서 찾았다. 아울러 청구 시부터 추가적인 지료 지급의무가 발생하는 지료증감청구권(민법 제286조)에 비추어 이러한 법률관계가 민법에서 낯선 것이 아니라고 보았다. 별개의견은 지료 지급의무가 분묘기지권을 취득한 날부터 발생한다고 보았다. 별개의견은 '비교'와 '유추'에 초점을 맞추었다. 분묘기지권의 지료에 관한 법률관계는 대체로 지상권이나 법정지상권에 관한 민법 규정을 분묘기지권에 유추적용한 결과이므로, 지료 지급의무의 발생 시점에 관해서도 관련 민법 규정의 유추적용을 통해서 해결해야 한다는 것이다. 분묘기지권의 취득시효는 재산권에 관한 취득시효 규정을 관습상 분묘기지권에 적용 또는 유추적용한 것으로서 본래적 의미의 관습법이라기보다는 의제 관습법적인 성격을 가진다고 한 뒤, 법정지상권에 관한 민법 제366조를 유추적용하여 '지상권 성립 시부터' 토지 소유자에게 지료를 지급해야 한다고 판단하였다.[150]

이처럼 가급적 성문법 규정을 유추적용하여 해결해야 한다는 별개의견은 경청할 만하다. 다만 유추적용은 어디까지나 충분한 유사성이 존재하는 범위에서만 이루어질 수 있다.[151] 그런데 별개의견이 유추적용의 대상으로 든 민법

150) 분묘기지권에 관한 지료 지급의무를 인정했던 대법원 1992. 6. 26. 선고 92다13936 판결도 분묘기지권 성립과 동시에 그 의무가 발생한다고 보았다.

151) 가령 대법원은 사실혼에 혼인신고를 전제로 하는 규정은 유추적용하지 않지만 재산분할 규정은 유추적용함으로써 유추적용의 범위 설정을 의식하고 있다. 대법원 2021. 5. 27. 선고 2020므15841 판결. 그 외에 최봉경, "민법에서의 유추와 해석 – 판례를 거울삼아", **법철학연구**, 제12권 제2호(2009), 18면 이하 참조.

제366조의 법정지상권은 취득시효형 분묘기지권과 여러 가지 점에서 다르다. 전자는 한때 토지와 건물을 모두 소유했다가 저당권 실행으로 그 소유자가 달라진 경우에 인정되는 법정지상권이다. 이는 양도형 분묘기지권과 유사하다. 하지만 대상판결에서 문제삼는 것은 양도형 분묘기지권이 아니라 취득시효형 분묘기지권이다. 둘 다 분묘기지권의 일종이기는 하나, 그 성립 과정과 근거를 보면 양자는 엄연히 다른 권리이다. 그만큼 법정지상권과 취득시효형 분묘기지권 사이에는 거리가 있으므로 법정지상권의 관련 조항을 당연히 취득시효형 분묘기지권에 유추적용할 수 있는 것은 아니다. 취득시효형 분묘기지권에는 일반적인 법정지상권에 존재하지 않는 여러 가지 배경이 있고, 이를 고려하여 지료 지급의무의 발생 시점을 판단해야 한다. 보다 근본적으로는 관습법을 논할 때 성문법 규정의 유추적용이 얼마나 무게를 가지는가에 대한 고민도 필요하다. 본래 관습법은 관습에 따라 결정되는 것이지 성문법 규정의 이미지를 닮아 형성되는 것이 아니기 때문이다. 또한 취득시효형 분묘기지권이 의제 관습법에 불과하여 법원이 사실상 법 형성을 한 것이라면, 가장 합리적인 모습으로 법 형성을 하면 족한 것이 아닌가 하는 의문도 든다. 이러한 합리적인 모습에는 신뢰보호도 포함되어 있다.

그러한 점에서 필자는 지료 지급의무의 발생 시점을 고민함에 있어서 분묘기지권자의 신뢰나 법적 안정성 등 법정지상권에는 존재하지 않는 요청들을 적극적으로 고려한 다수의견의 고뇌를 긍정적으로 받아들인다. 오랜 기간 지료 지급의무를 인정하지 않다가 갑자기 소급하여 지료 지급의무까지 인정하는 것이 타당한가의 문제는 성문법 규정의 유추적용 문제만으로는 해결할 수 없다. 이는 별도의 차원에서 논의해야 할 문제이다. 다만 다수의견처럼 조리를 원용하는 것이 불가능하지는 않으나 그 과정에서 결론에 논리를 끼워 맞추는 자의성이 나타날 위험이 있다.[152] 실제로 지료 지급청구를 하면 그때 지료 지급의무가 발생한다는 다수의견의 논리 전개에 이러한 위험성이 나타난다. 지료지급청구권을 청구권으로 보는 한 의무 발생은 논리적으로 청구에 선행해야

152) 이계정, “관습법상 법정지상권 법리의 재검토와 대안으로서 의사해석에 기한 임대차의 추정”, **민사법학**, 제97호(2021), 22면 이하 참조.

하기 때문이다. 별개의견은 "타인의 토지를 분묘의 설치나 유지를 위하여 무단으로 이용하고 있는 상태에서 부당이득반환의무와 불법행위로 인한 손해배상의무가 발생하였다가, 분묘기지권의 시효취득으로 그러한 의무가 없어지고, 토지 소유자의 이행청구 시에 지료가 발생한다는 다수의견의 결론은 너무 어색하여 받아들일 수 없다"라고 지적하였다. 또한 반대의견은 다수의견대로라면 토지 소유자에게 일종의 형성권을 부여하는 셈인데 이러한 형성권을 인정할 만한 명문 규정이나 관습이 없다고 지적하였다. 무시하기 어려운 무게 있는 지적들이다.

대안으로서는 대상판결이 확정되는 시점부터 지료 지급의무가 발생한다고 인정하는 방법을 생각해 볼 수 있다. 여성에 대한 종중원 자격 부여 판례,[153] 제사주재자의 결정방법에 관한 판례,[154] 정기상여금의 통상임금 인정에 관한 판례,[155] 형사성공보수 약정에 관한 판례[156]는 모두 ① 관습법 또는 관행의 존재, ② 국가 또는 법원의 승인, ③ 이에 기초한 공통의 신뢰 형성, ④ 공통의 신뢰와 다른 내용으로의 판례 변경, ⑤ 신뢰보호를 위한 강행적 질서의 시적 적용범위 제한이라는 비슷한 구조를 가진다. 요컨대 관습법이나 판례를 변경하면서 그 장래효만 인정하는 것이다. 이러한 판결의 장래효 인정에 대해서는 부정적인 견해가 유력하다.[157] 그런데 관습법의 영역에서는 법원이 관습법의 사실상 입법자이다. 설령 그것이 의제 관습법이라도 말이다. 물론 도그마틱하게 말하자면 관습법은 법적 확신을 수반하는 관습이 변경된 때에 변경된다. 법원은 이를 승인하는 것일 뿐이라고 한다. 그러나 이러한 변경이 발생하였는지, 그 변경 시점이 구체적으로 언제인지를 객관적으로 결정할 수 있는 기준은 없다.[158] 현실적으로는 법원이 그러한 관습 변경을 법적으로 확인하는 때에 관습법이 비로소 바뀌게 된다. 그렇다면 마치 성문법 개정 시점부터 효력이

153) 대법원 2005. 7. 21. 선고 2002다1178 전원합의체 판결.
154) 대법원 2008. 11. 20. 선고 2007다27670 전원합의체 판결.
155) 대법원 2013. 12. 28. 선고 2012다89399 전원합의체 판결.
156) 대법원 2015. 7. 23. 선고 2015다200111 전원합의체 판결.
157) 예컨대 윤진수, **민법기본판례**(홍문사, 2016), 7면은 판례의 소급 적용 제한 법리에 반대하면서 그 대체 법리로서 신의성실의 원칙 내지 권리남용의 이론을 들고 있다.
158) 윤진수, "상속회복청구권의 소멸시효에 관한 구관습의 위헌 여부 및 판례의 소급효", **민법논고 5**(박영사, 2011), 175면; 이계정(주 152), 34면.

발생하는 경우처럼 새로운 내용의 관습법이 최고법원에 의하여 새롭게 승인되는 시점부터 새로운 효력을 발생한다고 보는 것도 가능한 이론적 틀이라고 생각한다. 이러한 이론적 틀을 채용한다면 관습법상 분묘기지권의 지료 지급의무도 대상판결 선고 시점까지는 인정되지 않지만 그 선고 시점 이후부터는 인정될 것이다. 이는 형식적으로는 관습법의 변경이라고 설명할 수 있지만, 실질적으로는 법관에 의한 법 형성이다.

(4) 보론

대상판결은 관습법의 본질에 대해 많은 생각을 하게 한다. 별개의견은 분묘기지권에 관한 관습법이 "본래적 의미의 관습법이라기보다는 의제 관습법적인 성격을 가지고 있다"라고 관찰하였다. 다수의견에 대한 보충의견도 "성문법과 관습법이 존재하지 않는 이 사건의 쟁점에 대하여 판단함에 있어 … 사회적 타당성과 형평에 부합하는 법을 인식한 것"이라고 하여 유사한 인식을 드러냈다. 이와 달리 반대의견은 "법원은 분묘기지권에 관하여 지료에 관한 관습·관행이 존재하는지와 이에 대한 사회 구성원의 법적 확신에 대해 조사·확인하여 관습법의 내용이 무엇인지 선언하여야 한다"라고 지적하나, 과연 관습법상 법정지상권과 분묘기지권이 교과서에서 상정하는 전형적인 관습법인지, 또한 본래적인 관습법상 요건을 충족하는지에 대해서는 침묵하고 있다. 대상판결이 암묵적으로 상정하는 '의제 관습법' 또는 '관습 없는 관습법'[159]이 우리 법체계에서 인정될 수 있는가는 난해한 문제이다. 대상판결에 나타난 분묘기지권 논쟁은 사회에 실재하는 관습이 축적되어 법을 형성하는 상향식(bottom-up) 관습법의 차원이 아니라 법원이 사실상의 법 형성으로서 만들어나가는 하향식(top-down) 법관법의 차원에서 이루어졌다.[160] 향후 관습법의 가면을 쓴 법 형성은 자제되어야 한다. 법원이 불가피하게 그러한 법 형성을 행한다면 이를 솔직히 밝히고 그 내용과 한계를 논하는 것이 바람직하다. 궁극적으로는 입법

159) 이현경, "법철학에서 관습이 왜 중요한가? -관습의 본질과 법규성에 대한 새로운 이해-", **법철학연구**, 제24권 제2호(2021), 464면.

160) 이를 통해 민중적 혹은 민주적이라는 관습법의 특징은 허울 좋은 가면이나 허구가 되고, '관제' 법원(法源)이자 엘리트주의적 법작용의 유력한 통로가 되는 '관습법의 역설'이 발생한다. 이현경(주 159), 467면.

부가 제 역할을 잘 수행해야 한다.[161)]

5. 보험계약 무효로 인한 부당이득반환청구권의 소멸시효 기간(대법원 2021. 7. 22. 선고 2019다277812 전원합의체 판결)

가. 사실관계

피고 1은 2005. 3. 7. 보험회사인 원고와 피고 1을 계약자 및 보험수익자로, 피고 1의 아들인 피고 2를 피보험자로 하고, 피보험자가 상해 또는 질병으로 입원할 경우 원고로부터 입원일당 등을 지급받는 내용의 보험계약을 체결하였다. 2016. 11. 10.에는 위 보험계약의 계약자가 피고 2로 변경되었다. 피고 2는 2007. 1. 2.부터 2017. 6. 5.까지 총 45회에 걸쳐 총 849일간 입원치료를 받았고, 원고로부터 보험금으로 피고 1은 합계 52,700,000원을, 피고 2는 합계 3,850,000원을 각 지급받았다. 그런데 피고들은 2000. 4.경부터 2006. 10.경까지 보험회사들과 피고 2를 피보험자로 하여 다수의 보험계약을 체결한 바 있었다. 원고는 피고들이 보험금을 부당하게 취득할 목적으로 원고와 보험계약을 체결하였으므로 위 보험계약은 민법 제103조 위반으로 무효라고 주장하면서, 피고들을 상대로 원고로부터 지급받은 보험금을 부당이득으로 반환할 것을 구하는 소를 제기하였다. 이에 대하여 피고들은 원고의 부당이득반환청구권에 대하여는 상사 소멸시효기간인 5년이 적용되어, 그 소멸시효가 완성된 부분에 해당하는 원고의 부당이득반환청구는 기각되어야 한다고 항변하였다. 제1심법원은 피고의 항변을 받아들이고, 원고의 청구를 일부만 인용하였다.[162)]

나. 원심판결과 대상판결

원심법원은 상사 소멸시효기간을 적용한 제1심법원의 판단을 지지하였

161) 참고로 관습법상 법정지상권을 폐지하고 민법에 법정임대차 제도를 도입하려는 민법 개정시안이 마련된 바 있으나 개정에 이르지는 못하였다. 이에 대해서는 권영준, “법률행위로 인한 관습법상 법정지상권 폐지와 법정임대차 도입”, **민사법학**, 제68호(2014) 참조.

162) 광주지방법원 목포지원 2019. 2. 19. 선고 2018가합11201 판결.

다.[163] 대법원도 원심법원의 판단이 정당하였다고 보았다.[164] 아울러 이와 달리 공제회사가 선량한 풍속 기타 사회질서에 반하여 무효인 공제계약에 기초하여 지급한 공제금의 반환을 구하는 사안에서 부당이득반환청구권의 소멸시효기간을 10년이라고 본 대법원 2016. 10. 27. 선고 2014다233596 판결을 변경하였다. 판결 요지는 다음과 같다.[165]

> *보험계약자가 다수의 계약을 통하여 보험금을 부정 취득할 목적으로 보험계약을 체결하여 그것이 민법 제103조에 따라 선량한 풍속 기타 사회질서에 반하여 무효인 경우 보험자의 보험금에 대한 부당이득반환청구권은 상법 제64조를 유추적용하여 5년의 상사 소멸시효기간이 적용된다고 봄이 타당하다. 상세한 이유는 다음과 같다.*
>
> *① 보험계약이 선량한 풍속 기타 사회질서에 반하여 무효인 경우 보험자가 반환을 구하는 것은 기본적 상행위인 보험계약(상법 제46조 제17호)에 기초하여 그에 따른 의무 이행으로 지급된 보험금이다. 이러한 반환청구권은 보험계약의 이행과 밀접하게 관련되어 있어 그 이행청구권에 대응하는 것이다.*
>
> *② 보험계약자가 다수의 계약을 통하여 보험금을 부정 취득할 목적으로 보험계약을 체결한 경우는 보험자가 상행위로 보험계약을 체결하는 과정에서 드물지 않게 발생하는 전형적인 무효사유의 하나이다. 이때에는 사안의 특성상 복수의 보험계약이 관련되므로 여러 보험자가 각자 부당이득반환청구권을 갖게 되거나 하나의 보험자가 여러 개의 부당이득반환청구권을 갖게 되는데, 이러한 법률관계는 실질적으로 동일한 원인에서 발생한 것이므로 정형적으로 신속하게 처리할 필요가 있다.*
>
> *③ 보험계약자가 보험료의 반환을 청구하려면 상법 제648조에 따라 보험계약자와 피보험자나 보험수익자가 모두 선의이고 중과실이 없어야 하고, 보험계약자의 보험금 청구권이나 보험료 반환채권에는 상법 제662조에 따라 3년의 단기 소멸시효기간이 적용된다. 그러나 상법 제648조나 제662조는 그 문언상 보험자의 보험금 반환청구권에는 적용되지 않음이 명백하고, 위 규정들이 보험계약 무효의 특수성 등을 감안한 입법정책적 결단인 이상 이를 보험자가 보험금 반환을 청구하는 경우에까지 확장하거나 유추하여 적용하는 것은 적절하지 않다.*
>
> *그렇다고 해서 보험자의 보험금에 대한 부당이득반환청구권에 대해서 민사 소멸시효기간이 적용된다고 볼 수는 없고, 보험계약의 정형성이나 법률관계의 신속한 처리 필요성에 비추어 상사 소멸시효기간에 관한 규정을 유추적용하여야*

---

163) 광주고등법원 2019. 9. 27. 선고 2019나21193 판결.
164) 대법원 2021. 7. 22. 선고 2019다277812 판결.
165) 대상판결 이후 선고된 대법원 2021. 8. 19. 선고 2018다258074 판결도 같은 취지이다.

한다. 통상 보험상품을 만들어 판매한 보험자는 보험계약의 이행에 관한 전문적 지식을 가진 자로서 보험계약자보다 우월한 지위에 있으며, 상법 제662조는 보험계약자의 보험료 반환채권에 관한 것이기는 하지만 보험계약의 무효로 인한 법률관계를 신속하게 해결할 필요가 있음을 전제로 하고 있다. 보험계약이 무효인 경우 보험금 반환청구권에 대하여 10년의 민사 소멸시효기간을 적용하는 것은 보험계약당사자인 보험계약자와 보험자 사이의 형평에 부합하지 않는다.

다. 분석

(1) 일반론

채권의 소멸시효기간은 원칙적으로 10년이다(민법 제162조 제1항). 다만 상행위로 인한 채권의 소멸시효기간은 5년이다(상법 제64조). 상사 소멸시효기간을 단기로 정한 이유는 대량, 정형, 신속이라는 상거래 관계 특유의 성질을 감안하여 민사거래관계에 비해 상사거래관계를 정형적으로 신속하게 해결할 필요가 있기 때문이다.[166] 그런데 상행위인 계약이 무효일 때 발생하는 부당이득반환청구권은 10년(민사시효기간)과 5년(상사시효기간) 중 어느 기간의 적용을 받는가? 이에 대해서는 법률이 구체적으로 명시하고 있지는 않다.

이는 이러한 부당이득반환청구권이 '상행위로 인한 채권'과 같이 취급될 수 있는가의 문제이다. 판례는 상행위에서 직접 생긴 채권뿐만 아니라 이에 준하는 채권에도 상법 제64조가 적용되거나 유추적용될 수 있다는 전제에서 다음 원칙과 예외를 인정하여 왔다. 상행위인 계약의 무효로 인한 부당이득반환청구권은 민법 제741조의 부당이득 규정에 따라 발생한 것으로서 특별한 사정이 없는 한 민법 제162조 제1항이 정하는 10년의 민사 소멸시효기간이 적용된다(원칙). 다만 부당이득반환청구권이 상행위인 계약에 기초하여 이루어진 급부 자체의 반환을 구하는 것으로서 채권의 발생 경위나 원인, 당사자의 지위와 관계 등에 비추어 법률관계를 상거래 관계와 같은 정도로 신속하게 해결할 필요성이 있는 경우 등에는 상법 제64조가 정하는 5년의 상사 소멸시효기간이 적용되거나 유추적용된다(예외).[167] 한편 이 문제에 대한 학설로서는 민사시효

---

166) 대법원 2005. 11. 10. 선고 2004다22742 판결.

167) 대법원 2003. 4. 8. 선고 2002다64957, 64964 판결; 대법원 2018. 6. 15. 선고 2017다248803, 248810 판결.

설,[168] 상사시효설,[169] 절충설[170] 등이 주장되어 왔다.

결국 판례는 원칙적으로는 민사시효설을 취하되, 여러 사정에 비추어 상거래와 같은 정도로 신속하게 해결해야 할 법률관계에 대해서는 예외적으로 상사시효설을 취한다는 입장이다. 그런데 문제는 원칙과 예외의 경계선이 불명확하다는 점이다. 이 문제에 관해서는 민사시효를 적용한 판례[171]와 상사시효를 적용한 판례[172]가 병존하고 있으나, 왜 전자에는 원칙이, 후자에는 예외가 적용되었는지 알기 어려운 경우도 있다. 예컨대 이중(二重) 보험금 수령 사안에서는 민사시효가 적용되었으나, 보험금 부정취득 사안에서는 상사시효가 적용되었다.[173] 분양계약 무효로 인한 분양대금 반환 사안에서도 민사시효[174]와 상사시효[175]가 각각 적용되었다. 물론 이러한 다른 결론들을 사후적으로 설명하는 방법이 없지는 않겠지만, 이를 사전적으로 예측하기란 쉽지 않다.

이러한 판례의 난맥상은 특히 부당이득 분야에서 두드러진다. 판례는 상행위로부터 직접 발생한 채권, 즉 계약상 채권 외에도 계약상 채무불이행으로 인한 손해배상청구권,[176] 하자담보책임,[177] 계약해제로 인하여 발생한 원상회복청구권[178]에는 5년의 상사시효를 적용한다. 다만 이에 대한 예외로서 근로계약상 주의의무 위반으로 인한 손해배상채권,[179] 이사나 감사의 임무해태로

---

168) 이철송, **상법총칙 · 상행위**, 제15판(박영사, 2018), 341-342면; 지원림(주 82), 398면.

169) 김성태, **상법총칙 · 상행위법강론**(법문사, 1998), 407면; 임재호, "상법 제64조(상사시효)의 적용범위", **부산대학교 법학연구**, 제47권 제2호(2007), 289면; 장덕조, **상법강의**, 제3판(법문사, 2019), 99-101면; 김홍기, **상법강의**, 제6판(박영사, 2021), 150면.

170) 원칙적으로 상사시효설을 취하되 예외적으로 무효 · 취소 등의 원인이 경제적 약자를 보호한다는 견지에서 인정되고, 이러한 사회법적 성격이 원상회복관계의 상사성을 압도하는 경우에는 민사시효가 적용될 수 있다고 한다. 편집대표 곽윤직, **민법주해(XVII)**(박영사, 2005), 541면(양창수 집필부분).

171) 대법원 2003. 4. 8. 선고 2002다64957, 64964 판결; 대법원 2010. 10. 14. 선고 2010다32276 판결; 대법원 2016. 9. 28. 선고 2016다20244 판결; 대법원 2021. 6. 24. 선고 2020다208621 판결.

172) 대법원 2002. 6. 14. 선고 2001다47825 판결; 대법원 2007. 5. 31. 선고 2006다63150 판결; 대법원 2008. 12. 11. 선고 2008다47886 판결; 대법원 2014. 8. 20. 선고 2013다210152 판결; 대법원 2014. 11. 27. 선고 2011다45750 판결; 대법원 2015. 9. 15. 선고 2015다210811 판결; 대법원 2018. 6. 15. 선고 2017다248803, 248810 판결.

173) 대법원 2008. 12. 11. 선고 2008다47886 판결. 공제금 부정취득 사안에는 종래 민사시효가 적용된 판결이 있으나(대법원 2016. 10. 27. 선고 2014다233596 판결) 이 판결은 대상판결로 변경되었다.

174) 대법원 2016. 9. 28. 선고 2016다20244 판결.

175) 대법원 2015. 9. 15. 선고 2015다210811 판결.

176) 대법원 2016. 6. 10. 선고 2014다200763 판결.

177) 대법원 2013. 11. 28. 선고 2012다202383 판결.

178) 대법원 1993. 9. 14. 선고 93다21569 판결.

179) 대법원 2005. 11. 10. 선고 2004다22742 판결; 대법원 2021. 8. 19. 선고 2018다270876 판결.

인한 손해배상채권[180]에 대해서는 10년의 민사시효를 적용한다. 근로관계 및 회사관계의 특수성을 고려한 결과라고 생각된다.[181] 어쨌든 손해배상에 관한 판례에서는 예외가 인정되고 있지만, 원칙과 예외의 경계선은 부당이득 관련 판례 사안보다는 상대적으로 명확하다.

(2) 대상판결에 대한 검토

대상판결은 보험계약 무효로 인한 보험자의 부당이득반환청구권에 상사시효가 적용된다고 보았다. 그 근거로 ① 보험금 반환청구권이 보험계약이행과 밀접하게 관련되어 있다는 점, ② 보험금 부정취득 사안은 속성상 복수의 보험계약을 전제하므로 여러 보험자가 부당이득반환청구권을 가지게 되어 이를 정형적으로 처리할 필요성이 있다는 점, ③ 보험계약자의 부당이득반환청구권에 단기 소멸시효가 적용되는 것과 형평성 있는 결론을 도출할 필요성이 있다는 점을 들었다.

우선 ①은 독자적인 논거라고 하기 어렵다. 왜냐하면 어차피 모든 계약상 급부부당이득 청구는 계약이행청구와 밀접하게 관련되어 있기 때문이다. ①의 논리대로라면 모든 급부부당이득반환청구권에는 상사시효가 적용되어야 한다. 그런데도 대법원은 어떤 경우에는 상사시효를, 어떤 경우에는 민사시효를 적용하여 왔다. 보다 근본적으로는 이행청구권의 시효와 반환청구권의 시효가 꼭 일치할 필요가 없다는 점도 염두에 두어야 한다. 이미 대상판결 스스로도 부당이득반환청구권의 시효기간은 이행청구권의 시효기간에 구속되지 않은 채 10년이 될 수도 있고 5년이 될 수도 있다는 태도를 취하고 있다. 그러므로 ①의 논거는 결론에 뒷받침하는 보조적 논거가 될 수 있을 뿐이다.

한편 ②는 대량, 정형, 신속이라는 상거래 관계 특유의 성질[182]과 관련된 논거로서 의미를 가진다. 보험금 부정취득 사안에서 다수의 보험계약이 체결되

---

180) 대법원 1969. 1. 28. 선고 68다305 판결; 대법원 1985. 6. 25. 선고 84다카1954 판결; 대법원 2006. 8. 25. 선고 2004다24144 판결.

181) 근로계약위반에 따른 손해배상책임의 소멸시효를 10년으로 보는 것에 대해서는 비판론이 많다. 또한 임무해태로 인한 손해배상채권은 위임의 성질을 가지는 이사선임계약위반에 따른 손해배상채권의 속성 외에 주주와 회사의 이익을 보호하기 위해 상법이 특별히 정한 법정채권의 속성도 가지므로 이 점에서 일반적인 상사계약위반으로 인한 손해배상채권과는 다르다.

182) 대법원 2005. 11. 10. 선고 2004다22742 판결.

고 그 다수의 보험계약이 모두 무효가 되는 경우가 많은 것은 사실이다. 이러한 다수의 분쟁이 정형적이고 신속하게 해결되어야 한다는 것이 ②의 취지이다. ②는 ①보다 상대적으로 강력한 논거이지만 불명확하거나 의문스러운 부분도 있다.[183] '다수'의 보험계약에서 '다수'의 기준은 무엇인가? 그 '다수'의 계약이 과연 언제나 '정형적'이라고 말할 수 있는가? 하나의 보험계약만 체결되어도 부정취득의 목적이 뚜렷하면 무효가 될 수 있는데, 이 경우 상사시효와 민사시효 중 무엇이 적용되어야 하는가? 결국 대량, 정형, 신속은 상사시효를 설명하는 요긴한 키워드이지만 그것이 시효기간의 장단을 실제로 구별하는 구체적인 법리적 기준으로 전환될 수 있는지는 의문이다.[184]

결국 가장 강력하고 실질적인 논거는 ③이다. 상법 제662조에 따르면 보험계약자의 보험료 또는 적립금반환청구권, 보험금청구권에는 3년, 보험자의 보험료청구권은 2년의 단기 소멸시효가 적용된다.[185] 보험계약을 둘러싼 권리관계를 신속하게 해결하려는 취지이다. 그중 보험계약자의 보험료 또는 적립금반환청구권에는 보험계약 무효로 인한 부당이득반환청구권이 포함된다. 보험계약자의 보험자에 대한 부당이득반환청구권은 3년의 단기 소멸시효에 걸리는데 보험자의 보험계약자에 대한 부당이득반환청구권이 10년의 소멸시효에 걸리는 것은 균형이 현저히 맞지 않다. 이러한 불균형은 보험소비자에게 불리하게 작동한다는 점도 생각해야 한다.

한편 이 지점에서 ①의 논거를 다시 떠올려 보면, 보험계약자의 보험금청구권(상행위로 인한 계약상 채권)이 3년의 시효에 걸리는 이상 보험자의 보험금반환청구권도 3년의 시효에 걸린다는 입장(보험시효설)이 제기될 수도 있다. 그러나 앞서 보았듯이 본래의 채권에 적용되는 소멸시효 기간과 꼭 일치해야

183) 이진기, "보험금의 부정취득을 목적으로 하는 보험계약의 효력과 보험금반환청구권의 소멸시효기간에 관하여", **법조**, 제748호(2021), 503-504면은 대상판결 사안에서의 부당이득반환청구관계가 과연 정형적이고 신속한 해결을 필요로 하는지에 대해 강한 의문을 제기한다.

184) 상법 제64조가 상행위로 인한 모든 채권에 단기 소멸시효를 규정하는 이유는 모든 상행위가 언제나 대량, 정형, 신속이라는 요소를 갖추고 있기 때문이 아니다. 상행위는 매우 다양한 모습을 띠고 있고, 이러한 요소의 존부와 범위도 개별 상행위마다 다르다. 그렇다고 그 상행위별로 특성을 분석하여 서로 다른 소멸시효 기간을 적용하는 것은 상사관계의 안정성과 예측 가능성을 해친다. 따라서 상행위로 인한 채권은 대량, 정형, 신속 테스트를 또다시 거치지 않고 언제나 동일하게 취급하는 것이다.

185) 대법원 2011. 3. 24. 선고 2010다92612 판결.

할 필요는 없다. 또한 보험계약자의 보험료반환청구권이 부당이득반환의 속성을 가지는 것은 맞지만, 여기에 3년의 소멸시효를 적용하는 데에는 신속한 결제와 보험관계 종결을 통한 보험회사의 원활한 사업 도모라는 정책적 이유가 숨어있다.[186] 그러므로 이러한 정책적 이유가 존재하는지를 묻지 않은 채 보험료반환청구권에 관한 상법 제662조를 그 조항에 명시되지 않은 권리에까지 확장 또는 유추적용할 수는 없다.[187] 가령 대상판결 사안처럼 보험회사가 아니라 보험계약자 등이 청구권의 상대방이 되는 경우까지 당연히 위 조항이 유추적용될 수 있는 것은 아니다. 결국 대상판결은 민사시효설(10년) – 상사시효설(5년) – 보험시효설(3년)의 와중에 형평과 균형의 관점에서 상사시효설을 채택하였는데, 필자도 이러한 결론이 타당하다고 생각한다.

하지만 이러한 결론에 대한 접근방식에는 의문이 있다. 대상판결은 원칙(민사시효)/예외(상사시효)의 법리에 따라 해당 사안은 예외의 영역에 해당한다고 보아 상사시효를 적용하였다. 하지만 앞서 살펴보았듯이 원칙과 예외의 경계선은 극히 불투명하다. 오히려 수적으로는 예외에 해당하는 상사시효가 원칙의 지위를 점하는 듯하다. 조금 거칠게 말하면 대법원은 사실상 "내가 보면 안다(I know it when I see it)"는 전제에서 개별 사안별로 시효기간을 판단하겠다는 것이다.[188] 이는 구체적 타당성과 유연성을 제고할 수 있을지는 몰라도 시효제도가 본래 최고 이념으로 지향하는 법적 안정성은 저해할 수 있다. 또한 손해배상채권이나 계약해제로 인한 원상회복청구권과 달리 부당이득반환청구권에서 유독 이러한 개별 사안별 판단의 필요성이 강조될 뚜렷한 이유도 없다. 사안의 개별성은 부당이득사건에만 존재하는 것이 아니기 때문이다.

결국 이 문제에 대해서는 좀 더 안정적이고 통일적인 틀을 제공하는 것이 바람직하다. 이 문제는 상법 제64조의 해석으로부터 출발해야 한다. 상법 제64조는 "상행위로 인한 채권"에 5년의 소멸시효 기간이 적용된다고 규정한다. 그렇다면 "상행위로 인한 채권"이란 무엇인가? 판례는 대금채권 등 상행위 그

186) 장덕조, **보험법**, 제5판(법문사, 2019), 155면.

187) 황재호, "보험계약 무효로 인한 보험자의 부당이득반환청구권에 적용되는 소멸시효기간", **사법**, 제58호(2021), 695면.

188) 송옥렬(주 56), 105면은 법관이 직관적으로 판단하는 것처럼 보인다고 한다.

자체로부터 직접 발생하는 채권만을 의미한다는 좁은 해석론을 취한 뒤, 여기에 더하여 "이에 준하는 채권"에도 상법 제64조를 확장 또는 유추적용하려는 태도를 보인다. 그러나 "상행위로 인한 채권"이 꼭 "상행위로부터 직접 발생하는 채권"만 의미한다고 해석할 근거는 없다. 상사계약위반으로 인한 채권, 상사계약해제로 인한 원상회복청구권, 상사계약 무효 또는 취소로 인한 부당이득반환청구권도 모두 "상행위로 인한 채권"이다. 또한 상사계약해제로 인한 원상회복청구권과 상사계약무효로 인한 부당이득반환청구권은 다르게 취급할 이유가 없다. 양자 모두 상사계약 청산을 위한 채권이기 때문이다.[189] 계약해제로 인한 원상회복청구권의 본질이 부당이득반환청구권이라는 점을 기억해야 한다.[190]

그러므로 대상판결 사안에서도 상사계약인 보험계약 무효로 인한 부당이득반환청구권은 "상행위로 인한 채권"이므로 상법 제64조에 따라 상사시효가 적용된다고 보면 충분하다. 그렇게 보는 것이 단순하고 간명하다. 또한 일반적으로 상사시효 기간이 적용된다고 하여 큰 문제가 발생하지도 않는다. 물론 원칙이 있으면 예외가 있을 수도 있다. 그러나 지금처럼 원칙/예외의 구별이 무색해질 정도로 예외가 넓어서는 안 된다. 상사시효를 적용할 경우 형평의 이념에 현저히 반하는 경우에 한정되어야 한다. 또한 시효 기산점의 완화에 관한 법리[191] 또는 시효 남용에 관한 법리[192]를 적절하게 활용할 수도 있다. 보다 궁극적으로는 10년, 5년, 3년, 2년, 1년, 6개월 등 복잡다기하게 구성된 시효체계를 단순화하면서 민사/상사 소멸시효기간도 통합하는 입법적 조치도 필요하다.[193] 참고로 법무부 민법개정위원회는 국제적인 조류를 참조하여 2011. 6. 22. 제18대 국회에 일반 채권의 소멸시효기간 단축(5년),[194] 시효 기산점에 관한 주관적 체계 선택, 단기 소멸시효 기간의 삭제, 시효장애 사유 정비 등을

189) 해제/무효 사유의 구별이 절대적인 것도 아니다. 이는 계약에서 정하는 바에 따라 달라질 수도 있다.
190) 양창수 · 김재형(주 110), 600면.
191) 대법원 2003. 2. 11. 선고 99다66427 판결 등.
192) 대법원 1997. 12. 12. 선고 95다29895 판결 등.
193) 민사/상사시효기간의 통합이 입법론적으로 바람직하다는 견해로 이훈종, "민사시효와 상사시효 구별의 타당성에 관한 연구", **강원법학**, 제59권(2020), 517면.
194) 이는 민사/상사시효기간의 통합을 전제한 것이다.

내용으로 하는 민법 개정안을 제출하였으나,[195] 제18대 국회의 임기만료로 폐기된 바 있다.

Ⅲ. 채권법

1. 국민건강보험공단의 보험급여 공제와 과실상계의 선후(대법원 2021. 3. 18. 선고 2018다287935 전원합의체 판결)

피고 5는 술에 취한 상태에서 친구인 피고 4로부터 빌린 오토바이를 운전하던 중, 전방을 제대로 살피지 않고 진행한 과실로 횡단보도에 인접한 도로를 횡단하던 원고를 충격하였다. 원고는 위 사고 때문에 경부척수 손상으로 인한 사지마비 등 상해를 입게 되었다. 피고 5는 위 사고 당시 만 16세였으며, 피고 6, 피고 7은 피고 5의 부모이다. 피고 1회사는 원고와 사이에 피보험자를 원고로 하는 자동차종합보험계약을 체결한 보험회사이다. 피고 2회사는 원고의 사위인 A와 사이에 피보험자를 A로 하는 자동차종합보험계약을, 피고 3회사는 원고의 딸인 B와 사이에 피보험자를 B로 하는 자동차종합보험계약을 각각 체결한 바 있다. 원고 또는 원고의 가족이 피고 회사들과 각 체결한 보험계약에는 무보험자동차에 의하여 생긴 사고로 다쳤을 때 그 손해를 약관에 따라 보상하는 내용의 무보험자동차 상해보험 특약이 포함되어 있었다.

원고는 피고들을 상대로 소를 제기하여, 사고를 일으킨 오토바이 소유자인 피고 4에게는 자동차손해배상보장법(이하 '자배법'이라고 한다) 제3조에 의한 손해배상을, 오토바이를 운전한 피고 5에게는 자배법 제3조 및 민법 제750조에 의한 손해배상을, 피고 5의 부모인 피고 6, 피고 7에게는 피고 5에 대한 보호·감독의무를 소홀히 하였음을 이유로 민법 제750조에 의한 손해배상을 각각 청구하였다. 그리고 피고 1회사, 피고 2회사, 피고 3회사에 대해서는 무보

195) 의안번호 1231. 이에 대한 설명은 권영준, **2014년 법무부 민법 개정시안 해설 ― 민법총칙·물권편**(법무부, 2017), 239-340면 참조.

험자동차 상해보험 특약에 따라 산정된 보험금 지급을 구하였다. 제1심법원은 피고 6, 피고 7이 피고 5에 대한 보호·감독의무를 소홀히 하였다고 볼 근거가 부족하다고 보아 피고 6, 피고 7에 대한 손해배상청구를 기각하고, 나머지 피고들에 대한 청구는 일부인용하였다.196)

가. 원심판결과 대상판결

원심법원은 피고 6, 피고 7의 손해배상책임을 인정하면서, 피해자의 과실비율을 20%로 인정하였다.197) 그리고 전체 치료비에서 먼저 과실상계를 한 뒤, 국민건강보험공단이 부담한 보험급여비용 전액을 공제하는 방식(과실상계 후 공제 방식)으로 기왕치료비 손해배상액을 산정하였다. 이에 대하여 원고는 전체 치료비에서 먼저 국민건강보험공단이 부담한 보험급여비용을 공제하고 나서 과실상계를 하여야 한다고 주장하였다. 대법원은 원고의 주장을 받아들여, '과실상계 후 공제' 방식을 취하였던 종전의 판례를 변경하였다.198) 판결 요지는 다음과 같다.

> *국민건강보험공단(이하 '공단'이라고 한다)의 손해배상청구권 대위를 인정한 국민건강보험법 제58조의 문언과 입법 취지, 국민건강보험제도의 목적과 사회보장적 성격, 불법행위가 없었을 경우 보험급여 수급권자가 누릴 수 있는 법적 지위와의 균형이나 이익형량, 보험급여 수급권의 성격 등을 종합하여 보면, 공단이 불법행위의 피해자에게 보험급여를 한 다음 국민건강보험법 제58조 제1항에 따라 피해자의 가해자에 대한 기왕치료비 손해배상채권을 대위하는 경우 그 대위의 범위는, 가해자의 손해배상액을 한도로 공단이 부담한 보험급여비용(이하 '공단부담금'이라 한다) 전액이 아니라 그중 가해자의 책임비율에 해당하는 금액으로 제한되고 나머지 금액(공단부담금 중 피해자의 과실비율에 해당하는 금액)에 대해서는 피해자를 대위할 수 없으며 이는 보험급여 후에도 여전히 손해를 전보받지 못한 피해자를 위해 공단이 최종적으로 부담한다고 보아야 한다. 이와 같이 본다면 국민건강보험법에 따라 보험급여를 받은 피해자가 가해자를 상대로 손해배상청구를 할 경우 그 손해 발생에 피해자의 과실이 경합된 때에는, 기왕치료비와 관련한 피해자의 손해배상채권액은 전체 기*

196) 서울중앙지방법원 2017. 8. 8. 선고 2015가단5023386 판결.
197) 서울중앙지방법원 2018. 10. 23. 선고 2017나60279 판결.
198) 대법원 2021. 3. 18. 선고 2018다287935 전원합의체 판결.

왕치료비 손해액에서 먼저 공단부담금을 공제한 다음 과실상계를 하는 '공제 후 과실상계' 방식으로 산정하여야 한다.

나아가 이러한 법리는 보험급여 수급권자가 가해자 등 제3자로부터 보험급여 항목과 관련된 재산상 손해배상을 모두 받음으로써 공단이 보험급여 지급의무를 면하게 되는 범위(국민건강보험법 제58조 제2항)에 대해서도 동일하게 적용되므로, 이때 공단이 보험급여 지급의무를 면함으로써 부담하지 않게 되는 비용의 범위는 가해자의 행위를 원인으로 지급 사유가 발생한 금액, 즉 공단부담금 중 가해자의 책임비율에 해당하는 금액으로 한정되고, 나머지 부분(공단부담금 중 피해자의 과실비율에 해당하는 금액)은 여전히 공단이 부담한다고 보아야 한다. 따라서 제3자의 손해배상 후 피해자가 보험급여를 받았다면 공단이 국민건강보험법 제57조에 따라 피해자에게 부당이득으로 징수할 수 있는 범위도 공단부담금 중 가해자의 책임비율에 해당하는 금액으로 한정된다.

이에 대해서는 '과실상계 후 공제' 방식을 취하였던 종전 판례를 그대로 유지해야 한다는 반대의견이 있었다.[199)]

나. 분석

(1) 개관

교통사고로 피해자에게 100의 치료비 손해가 발생했다고 가정해 보자. 가해자 과실이 80%, 피해자 과실이 20%라면 가해자는 80의 손해에 대한 책임을 지게 된다. 그런데 피해자가 국민건강보험에 가입하여 공단이 60을 부담하고 피해자 본인이 나머지 40을 부담하였다고 해 보자. 이 상황에서 가해자에 대하여, 공단은 국민건강보험법 제58조에 따른 구상권,[200)] 피해자는 민법 또는 자배법에 따른 손해배상청구권을 가진다. 공단은 60을 부담하였으므로 가해자의 책임 범위인 80 이내에서 가해자로부터 60 전액을 구상하는 것이 가장 유리하다. 피해자는 40을 부담하였으므로 가해자의 책임 범위인 80 이내에서 가해자로부터 40 전액을 배상받는 것이 가장 유리하다. 하지만 공단과 피해자의

---

199) 반대의견은 대법관 이동원에 의하여 개진되었다.

200) 판례는 이러한 구상권을 둔 취지를 "보험급여의 수급권자가 보험급여와 제3자에 의한 손해배상에 의하여 중복전보를 받는 것과 가해자인 제3자가 책임을 면탈하는 것을 막고 보험재정의 확보를 꾀하려는" 것이라고 한다. 대법원 2016. 12. 29. 선고 2014두40340 판결.

입장을 모두 관철하면 가해자는 모두 100을 부담하게 된다. 이는 가해자의 책임 범위인 80을 넘게 되어 부당하다. 따라서 공단과 피해자 사이에 조정이 필요하다.

피해자가 공단으로부터 보험급여를 받은 후 가해자에게 손해배상청구를 한 사안을 생각해 보자. 종전 판례인 과실상계 후 공제설[201]에 따르면 피해자는 전체 손해 100에서 먼저 과실상계를 한 뒤(100 × 0.8 = 80), 공단부담금 60을 공제한 20(80   60 = 20)만큼 손해배상을 청구할 수 있다. 이 경우 공단은 가해자로부터 60 전액(가해자의 책임 범위 80 - 피해자에게 배상한 20 = 60)을 구상할 수 있다. 이는 공단에게 유리한 산식이다. 반면 대상판결이 취한 공제 후 과실상계설에 따르면 피해자는 전체 손해 100에서 먼저 공단부담금 60을 공제한 뒤(100   60 = 40), 과실상계를 한 32(40 × 0.8 = 32)만큼 손해배상을 청구할 수 있다. 이 경우 가해자는 책임 범위인 80 중 피해자에게 32의 손해배상을 한 나머지 48(80   32 = 48)에 대해서만 공단에 대한 구상책임을 부담한다. 이는 공단부담금 중 가해자의 책임비율에 해당하는 금액(60 × 0.8 = 48)이기도 하다. 바꾸어 말하면 공단은 공단부담금 중 피해자 과실비율에 해당하는 금액(60 × 0.2 = 12)은 자신의 부담으로 떠안는다. 이는 피해자에게 유리한 산식이다.

다수의견은 공제 후 과실상계설을 취하면서 종전 판례를 변경하였고, 반대의견은 과실상계 후 공제설(종전 판례)을 취하였다. 다수의견은 치료비를 지출한 피해자가 공단으로부터 보험급여를 받은 후 가해자에게 치료비 상당의 손해배상청구를 하는 경우에 관하여 공제 후 과실상계설을 취한 뒤 그 논리를 피해자가 공단 및 가해자로부터 각각 보험급여 및 손해배상을 받은 뒤 공단이 피해자로부터 부당이득을 환수하는 사안에도 적용하였다. 사안 유형은 다르지만 피해자 과실비율에 해당하는 금액, 즉 가해자의 책임과 무관한 손해 부분에 대하여도 공단이 비례적으로 부담할 것인가가 문제된다는 점에서는 동일한 문제이다. 다수의견과 반대의견은 여러 지점에서 대립각을 세웠는데, 그 중요

201) 그동안 판례는 사회보험 사례에서 일관되게 과실상계 후 공제설을 취하여 왔다. 대법원 2002. 1. 8. 선고 2001다40022, 40039 판결(건강보험); 대법원 1989. 4. 25. 선고 88다카5041 판결(산재보험); 대법원 2007. 7. 27. 선고 2007다10245 판결(국민연금) 등

한 대립의 줄기는 ① 다수의견이 취한 공제 후 과실상계설이 국민건강보험법 제58조 제1항의 문언상 가능한 해석론인가, ② 다수의견이 취한 공제 후 과실상계설이 정책적으로 바람직한가의 두 가지로 나누어 볼 수 있다.

(2) 국민건강보험법 제58조 제1항의 문언 범위

국민건강보험법 제58조는 제3자의 행위로 보험급여사유가 생긴 경우 국민건강보험공단의 구상권 등에 관하여 규정한다.202) 그 내용은 다음과 같다.

제58조(구상권) ① 공단은 제3자의 행위로 보험급여사유가 생겨 가입자 또는 피부양자에게 보험급여를 한 경우에는 그 급여에 들어간 비용 한도에서 그 제3자에게 손해배상을 청구할 권리를 얻는다. ② 제1항에 따라 보험급여를 받은 사람이 제3자로부터 이미 손해배상을 받은 경우에는 공단은 그 배상액 한도에서 보험급여를 하지 아니한다.

반대의견의 중요한 논거는 공단의 대위 범위를 '손해배상액을 한도로 공단이 부담한 비용 전액'으로 보는 것이 국민건강보험법 제58조의 문언에 가장 부합하는 자연스러운 해석이라는 점이다. 즉 "국민건강보험법 제58조 제1항은 제3자의 불법행위를 원인으로 피해자에게 보험급여를 한 공단은 '급여에 들어간 비용'을 한도로 피해자의 제3자에 대한 손해배상채권을 얻는다고 정하고 있을 뿐 '급여에 들어간 비용 중 피해자의 과실비율에 해당하는 부분'을 대위의 범위에서 제외하고 있지 않다"라는 것이다. 또한 반대의견은 보험자대위에 관한 상법 제682조 제1항 단서는 보험자가 보상할 보험금의 일부를 지급한 경우에는 "피보험자의 권리를 침해하지 아니하는 범위에서" 대위할 수 있다고 규정한 부분에도 주목한다.203) 이처럼 피보험자의 권리를 우선한다는 명문 근거가 있다면 그렇게 해석해야 마땅하지만, 국민건강보험법에는 공단보다 피해

202) 대법원에 따르면 이 조항은 제3자의 행위로 인하여 보험급여 지급의무가 발생한 경우 보험급여의 수급권자가 보험급여와 제3자에 의한 손해배상에 의하여 중복전보를 받는 것과 가해자인 제3자가 책임을 면탈하는 것을 막고 보험재정의 확보를 꾀하려는 데 취지가 있다. 대법원 2016. 12. 29. 선고 2014두40340 판결 등.

203) 보험자대위에 관하여는 이 문언의 해석을 둘러싸고 절대설, 비례설, 차액설 등이 대립되어 왔는데, 대법원 2015. 1. 22. 선고 2014다46211 전원합의체 판결을 통해 문언에 가장 잘 부합하면서 피보험자에게도 가장 유리한 차액설로 정리되었다. 각 학설의 요지는 장덕조(주 186), 276-277면 참조.

자의 권리를 우선한다는 명문 근거가 없다고 지적하였다.

그러나 다수의견이 취한 공제 후 과실상계설도 국민건강보험법 제58조의 문언 범위를 벗어나지 않는다. 다수의견이 지적하듯 이 조항은 공단의 구상권 상한선(즉 보험급여에 들어간 비용 한도)만 정할 뿐 구상권 액수를 구체적으로 어떻게 계산하는지에 대해서는 침묵하고 있다. 따라서 상법 제682조 제1항 단서와 달리 공단의 권리가 피해자의 권리보다 우선해야 한다고 해석될 만한 문언상 또는 입법연혁상 근거를 찾아보기 어렵다. 이러한 중립적인 침묵만을 이유로 곧바로 문언상 반대의견이 취하는 과실상계 후 공제설을 도출하거나 다수의견이 취하는 공제 후 과실상계설이 금지된다는 결론을 도출할 수는 없다. 국민건강보험법 제58조의 문언은 구상권 액수 산정에 관한 한 법원에 일정한 재량을 허용한다. 의도하였건 의도하지 않았건 입법부는 일정한 범위에서 법의 정신을 구체화하도록 법원에 위임한 것이다. 따라서 다수의견이 밝혔듯 구상권의 범위는 "법원이 국민건강보험법이나 위 개별 규정의 입법 취지와 목적, 보험급여 수급권의 성격, 법질서 전체와의 조화나 형평의 관념 등을 종합적으로 고려해서 합리적으로 결정"할 수 있다.

(3) 공제 후 과실상계설의 정책적 함의

이처럼 국민건강보험법 제58조의 문언이나 입법 연혁상 어느 쪽의 손을 들어줄 수 없는 상황이라면, 국민건강보험법의 목적과 내용을 비롯한 여러 사정을 고려할 때 어느 쪽이 더 규범적으로 바람직한 결론을 제시할 수 있는가가 중요하게 작용한다. 이와 관련하여 다수의견과 반대의견은 다양한 정책적 논거들을 제시하였다. 이를 압축하자면, 다수의견은 과실상계 후 공제설이 피해자에게 더 유리하여 사회보험적 성격을 가지는 국민건강보험의 취지에 잘 부합한다는 것이고, 반대의견은 공제 후 과실상계설이 공단의 재정 건전성을 확보하여 모든 수급권자에게 보편적인 최적의 보험급여를 행하고자 하는 국민건강보험의 취지에 잘 부합한다는 것이다. 이러한 사안에서는 피해자에게 감정이입을 하기 쉬우므로 직관적으로는 피해자를 더 잘 보호해 주는 다수의견이 타당하게 느껴진다. 하지만 공단의 재정 건전성 확보는 단순히 한 기관의 예산 문제에 그치는 것이 아니다. 한정된 재원을 수많은 수급권자들에게 어떻게 공평하게 배분할 것인가의 문제로 이어진다. 눈앞의 피해자에게 더 많은 보험급여를 해 주면 당장은 뿌듯함을 느낄지 모르나, 수많은 잠재적 피해자들이 받을 보험급여가 줄어들 수 있다. 이를 해결하기 위해 더 많은 재원을 확보하려면 국민들로부터 보험료를 더 걷을 수밖에 없다. 반대의견은 이러한 사태를 우려하였다. 국민건강보험은 "국민보건을 향상시키고 사회보장을 증진함을 목적으로 하는" 사회보험이다(국민건강보험법 제1조). 하지만 다수의견과 반대의견이 상정하는 상황 중 무엇이 진정 사회보장 증진에 부합하는지는 여전히 안개에 가려져 있다.

다수의견을 지탱하는 논거 중 가장 실질적이고 강력한 것은 피해자 스스로 잘못으로 부상을 입은 경우와의 비교이다. 가령 집에서 혼자 미끄러져서 부상을 입거나 주방에서 요리를 하다가 칼로 자신의 손가락을 벤 경우에도 공단은 누구의 잘못이었는지와 무관하게 부담금 범위 내에서는 치료비 상당액에 관한 보험급여를 지급한다. 그렇게 함으로써 "사회보장을 증진"한다. 이러한 의미에서 국민건강보험은 책임보험이 아니라 사회보험의 성격을 강하게 띤다. 다만 이러한 부상에 관한 치료비를 묻지도 따지지도 않고 전액 지급하여 준다면 도덕적 해이의 위험도 발생하고 공단 재정도 견딜 수 없게 된다. 결국 사회보장 증진의 목적도 흔들리게 된다. 따라서 공단은 ① 본인부담금을 부과하여 공단이 그 일부만 보장하여 주고, ② 만약 그 부상이 제3자의 잘못으로 인하여 발생하였다면 그에게 구상권을 행사하여 재정을 벌충하는 것이다. 이 점에서 구상권 행사 역시 사회보장 증진과 무관하지 않다. 다만 누구의 잘못이었는지를 묻지 않고 치료비를 일부나마 부담하는 것이 더 직접적, 적극적으로 사회보장을 증진한다. 구상권은 이로 인한 재정 부담을 벌충하기 위한 2차적인 제도이다.

이처럼 국민건강보험이 애당초 수급권자의 과실을 묻지 않고 공단 부담금 범위 내에서는 보험급여를 지출하여 사회보장의 목적을 달성하겠다는 것이 제도의 본래 모습임을 강조한다면, 과실상계 후 공제설을 취한 다수의견은 더 잘 정당화될 수 있다. 수급권자가 제3자의 불법행위로 부상을 당하였다는 점은 부상 원인 내지 경위에 관한 것으로서 이를 굳이 따지지 않는 국민건강보험 제도의 관점에서 보면 부차적인 사정이다. 공단은 이미 이러한 경우에도 피해자의 부상으로 인한 치료비에 대한 보험급여를 의도하고 감수하였다. 그런데 제3자의 불법행위로 부상을 당하였고 여기에 피해자의 과실이 개입되었다는 사정이 발생하는 순간, 피해자 과실 비율 부분으로 인한 보험급여만큼을 피해자에게 전가하는 것은 균형이 맞지 않다. 이러한 전가는 공단 재정의 확보에는 도움이 될지 모르나, 국민건강보험 제도의 본래 취지는 흔들리게 된다. 그러므로 공단 부담금 중 피해자 과실 비율에 상응하는 부분은 국민건강보험 제도 본래의 취지에 따라 공단이 부담하고, 가해자 과실 비율에 상응하는 부분은 구상권 제도의 취지에 따라 가해자에게 전가하는 쪽이 더 타당하다. 다수의견이 취한 공제 후 과실상계설이 이러한 모습을 실현하게 해 준다. 따라서 대상판결에 찬성한다.[204)]

현실적으로 말하자면, 지금까지의 판례를 변경함으로써 국민들에 대한 사회보장의 폭은 실질적으로 확장되었지만 공단은 더 큰 재정적 부담을 떠안게 되었다. 이러한 재정적 부담은 보험료 인상, 본인부담금 인상, 보험급여 대상의 축소 등의 형태로 결국 국민들에게 전가될 가능성이 높다. 이는 국민들에게 부담스러운 일이다. 또한 공단이 구상금을 청구할 때에는 피해자의 과실비율을 계산하여 그 나머지 부분만 청구해야 하는데, 이러한 계산이 쉽지만은 않고 이로 인해 분쟁이 늘어나고 분쟁 양상도 더욱 복잡해질 수 있다. 공단의 구상금 소송과 피해자의 손해배상 소송에서 과실비율이 달라질 위험도 있다. 이러한 점 때문에 다수의견에 대한 보충의견은 피해자의 손해배상금 소송과 공단의 구상금 소송에서 가해자의 책임비율이 일관성, 통일성 있게 판단되어야 한다는 점을 강조하였다. 또한 제3자의 불법행위가 개입된 경우 피해자가 보험급여를 받았다면 공단이 빠짐없이 구상권을 행사함으로써 제3자의 책임 면탈을 막는 동시에 보험재정에 미치는 악영향을 최소화할 필요가 있다는 점을 강조하였다. 그 구체적인 수단까지 예시하였다. 판례 변경에 따른 부작용을 최소화하려는 배려의 표현이다.

---

204) 대상판결의 취지가 건강보험 외에 국민연금, 산재보험 등 다른 사회보험에도 그대로 적용될 수 있는지는 추가적으로 검토할 여지가 있다. 장재용, "국민건강보험법에 따른 보험급여를 받은 피해자가 가해자를 상대로 구할 수 있는 치료비 손해배상채권액의 범위", **사법**, 제57호(2021), 937면.

2. 민간투자사업 실시협약이 채무자회생법 제335조 소정의 쌍방미이행 쌍무계약에 해당하는지 여부(대법원 2021. 5. 6. 선고 2017다273441 전원합의체 판결)

가. 사실관계

피고(대전광역시, 이하 필요에 따라 '대전광역시'라고도 일컫는다)는 2008. 3. 20. A 회사와 사이에, A 회사가 피고로부터 제공받은 토지에 지하주차장과 부대시설을 건설하여 피고에게 기부채납하면 피고는 A 회사에 위 지하주차장 등에 대한 시설관리운영권을 설정해 주는 'X역 동편광장 지하주차장 건설 및 운영사업' 실시협약을 체결하였다. A 회사는 해당 토지에 지하주차장과 부대시설을 건축하여 2011. 2. 7. 피고에게 기부채납에 의한 증여를 원인으로 한 소유권이전등기를 마쳐주었고, 같은 해 2. 16. 피고로부터 위 지하주차장 등에 대한 관리운영권을 설정받았다. 이후 A 회사는 위 지하주차장 등에 대한 관리운영권을 B 회사에 양도하였다.

피고는 2011. 7. 6. B 회사와 사이에, 피고와 A 회사 사이의 위 실시협약과 동일한 내용으로 같은 사업의 실시협약 변경협약(이하 '이 사건 실시협약'이라고 한다)을 체결하였고, 같은 날 B 회사 앞으로 위 관리운영권에 관하여 관리자변경등록을 마쳐주었다(이하 필요에 따라 A 회사 또는 B 회사를 '사업시행자'라고도 지칭하기로 한다). B 회사는 이 사건 실시협약 체결일인 2011. 7. 6. C 회사로부터 145억 원을 대출받고, 같은 날 C 회사에 이 사건 실시협약에 의하여 B 회사가 가지는 관리운영권에 관하여 근저당권을 설정해 주었다.

C 회사는 2013. 11. 1. 파산선고를 받고 같은 날 원고가 파산관재인으로 선임되었다. B 회사는 2014. 6. 5. 파산선고를 받고 같은 날 D가 파산관재인으로 선임되었다. D는 2014. 7. 11. 피고에게 '파산법원으로부터 허가를 받아 이 사건 실시협약을 해지한다'는 통지를 하였다. 원고는 2015. 3. 10. '이 사건 실시협약에 의하여 발생된 B 회사의 파산관재인 D의 피고에 대한 160억 원의 해지 시 지급금 채권'에 대하여 근저당권에 기한 물상대위에 의한 채권압류 및

전부명령을 받았고, 위 명령은 2015. 3. 28. 확정되었다. 원고는 피고를 상대로 전부금 지급을 구하는 소를 제기하였다.

이 소송의 핵심 쟁점은 B 회사의 파산관재인 D가 B 회사의 파산을 이유로 「채무자 회생 및 파산에 관한 법률」(이하 '채무자회생법'이라고 한다) 제335조 제1항에 따른 이 사건 실시협약 해지가 유효한가 하는 점이었다. 이러한 해지가 유효해야 B 회사, 즉 사업시행자의 파산관재인은 피고, 즉 대전광역시에 대하여 실시협약에서 정한 해지 시 지급금을 구할 수 있게 되고, 그래야 B 회사의 채권자이자 근저당권자인 C 회사의 파산관재인인 원고도 그 해지 시 지급금 채권 압류 및 전부명령에 따른 전부금 지급을 구할 수 있게 되기 때문이다. 한편 채무자회생법 제335조 제1항이 적용되려면 이 사건 실시협약이 쌍방 미이행 쌍무계약에 해당하는가가 문제되었는데, 제1심법원은 이 사건 실시협약상 상호 대등한 대가관계에 있는 채무가 이미 모두 이행되었다는 이유로 원고의 청구를 기각하였다.[205)]

나. 원심판결과 대상판결

원심법원은 제1심판결에서 한걸음 더 나아가 이 사건 실시협약은 애당초 쌍무계약에 해당하지 않는다고 보아 제1심판결을 유지하였다.[206)] 대법원도 파산 당시 이 사건 실시협약이 쌍방미이행 쌍무계약에 해당하지 않는다는 이유로 원심판결을 유지하였다.[207)] 우선 대법원은 공법적 법률관계에도 채무자회생법 제335조 제1항이 적용 또는 유추적용될 수 있고, 해지권 행사 가능 여부는 다음과 같이 여러 사정을 종합하여 판단해야 한다고 판시하였다.

> *쌍무계약의 특질을 가진 공법적 법률관계에도 쌍방미이행 쌍무계약의 해지에 관한 채무자회생법 제335조 제1항이 적용 또는 유추적용될 수 있고, 이때 개별 계약관계의 법률적 특징과 내용을 기초로 잔존 급부의 대가성, 의존성, 견련성 등을 검토한 대법원 판례의 태도는 민간투자법령의 규율을 받아 공법적 법률관계로서의 특수성이 강한 위 실시협약의 사업시행자가 파산한 경우에*

205) 대전지방법원 2015. 12. 16. 선고 2015가합102815 판결.
206) 대전고등법원 2017. 9. 13. 선고 2016나10597 판결.
207) 대법원 2021. 5. 6. 선고 2017다273441 전원합의체 판결.

> *채무자회생법 제335조 제1항을 유추적용하는 경우에도 고려되어야 하므로, 쌍방미이행 쌍무계약으로 해지권을 행사할 수 있는지를 판단함에 있어서 구 민간투자법[208]의 입법 취지와 공법적 특수성, 파산선고 당시 위 실시협약의 진행 정도, 파산선고 당시 당사자들에게 남아 있는 구체적인 권리와 의무의 내용과 관계 등을 종합하여 판단하여야 한다.*

아울러 대법원은 ① 파산 당시 사업시행자와 대전광역시 사이의 법률관계는 상호 대등한 대가관계에 있는 법률관계라고 할 수 없고, ② 양자 사이의 법률관계 사이에 성립·이행·존속상 법률적·경제적으로 견련성이 없으며, ③ 오히려 대전광역시가 사업시행자의 파산 이전에 이미 관리운영권을 설정해 줌으로써 위 실시협약에서 '상호 대등한 대가관계에 있는 채무로서 서로 성립·이행·존속상 법률적·경제적으로 견련성을 갖고 있어서 서로 담보로서 기능하는 채무'의 이행을 완료하였다고 봄이 타당하고, 따라서 파산 당시 양자 사이의 법률관계는 채무자회생법 제335조 제1항에서 정한 쌍방미이행 쌍무계약에 해당한다고 보기 어려우므로, 사업시행자의 파산관재인에게는 해지권이 인정되지 않는다고 보았다.

이에 대해서는 이 사건 실시협약과 같은 공법상 계약에는 채무자회생법 제335조 제1항이 적용될 수 없다고 본 별개의견[209]과 이 사건 실시협약이 쌍방미이행 쌍무계약에 해당하므로 채무자회생법 제335조 제1항에 의한 해지가 가능하다고 본 반대의견[210]이 있었다.

다. 분석

(1) 일반론

채무자회생법 제335조는 쌍방미이행 쌍무계약에 관한 파산관재인의 선택권에 관하여 규정한다.[211] 이는 계약해제 또는 해지(이 사건에서는 계약해지가

---

208) 「사회기반시설에 대한 민간투자법」(2011. 3. 31. 법률 제10522호로 개정되기 전의 것)을 말한다. 이하 '민간투자법'이라고만 한다.

209) 대법관 안철상에 의하여 개진되었다.

210) 대법관 김재형, 대법관 박정화, 대법관 이흥구에 의하여 개진되었다.

211) 대상판결에서 판시하듯 해당 조항은 구 파산법(2005. 3. 31. 법률 제7428호 채무자회생법 부칙 제2조로 폐지) 제50조 제1항을 채무자회생법에 승계한 조항이다.

문제되므로 이하 편의상 '계약해지'를 중심으로 서술한다)와 계약이행 사이의 선택권을 말한다. 회생절차의 관리인에게도 이러한 선택권을 부여하는 조항이 있다(채무자회생법 제119조). 대상판결은 회생절차가 아닌 파산절차 사안을 다루므로 이 글에서는 채무자회생법 제335조에 따른 파산관재인의 선택권에 국한하여 살펴본다.

채무자회생법 제335조가 파산관재인에게 선택권을 부여하는 이유는 파산절차의 목적을 더욱 잘 달성하기 위함이다. 파산절차의 목적은 회생이 어려운 채무자의 재산을 공정하게 환가·배당하는 것이다. 이러한 환가·배당이 잘 이루어지려면 파산재단이 최대한 확보되어야 한다. 이러한 목적 달성을 위해 파산재단에 부정적 영향을 미치는 행위는 제한되거나 금지된다. 기존 계약 상대방의 개별적 권리행사도 제한되거나 금지된다. 계약상 채무이행을 강제하거나 파산절차 후 발생한 사유를 근거로 계약을 해지할 수도 없다. 계약 상대방은 채무불이행에 기한 손해배상채권을 행사할 수는 있지만 그 손해배상채권은 파산채권으로 취급되므로 실제 받는 손해배상액은 원본액에 미치지 못한다.

그런데 채무자회생법 제335조는 쌍방미이행 쌍무계약에 대해 특칙을 두었다. 파산 당시 계약이 쌍방미이행 상태이면 계약당사자는 각각 상대방에게 그 미이행된 의무에 대한 권리를 가진다는 말이다. 이때 파산관재인은 파산채무자가 계약 상대방에게 가지는 권리를 제한 없이 행사할 수 있다. 반면 계약 상대방이 파산채무자에게 가지는 권리는 채무자회생법상 제한을 받는다. 그런데 '네 채무를 제대로 이행하니 내 채무도 제대로 이행한다'는 상호이행의 원리가 지배하는 쌍무적 대가관계에서 이는 불공평한 구도이다.[212] 파산관재인은 자유롭지만 계약 상대방은 수갑이 채워진 것 같은 상황이기 때문이다. 또한 이러한 상황에서 계약 상대방이 동시이행 항변을 하면 해당 계약의 내용은 제대로 실현되지 못한 채 교착상태에 빠진다.[213] 이러한 불공평한 상태 또는 교착상태를 피하려면 양쪽 권리를 모두 제한하거나 양쪽 권리 모두 제한하지 않거

212) 임치용, "회사정리절차와 쌍무계약", **사법논집**, 제36집(2003), 305면.
213) 최준규, "쌍무계약, 신용거래, 그리고 채권자평등주의 – 대법원 2021. 1. 14. 선고 2018다255143 판결의 비판적 검토", **사법**, 제57호(2021), 398면.

나(즉 양쪽 모두 계약대로 이행하게 하거나) 아니면 차라리 계약관계의 구속에서 벗어나도록 허용해야 한다. 그런데 우리 법제는 파산관재인의 권리행사를 제한하지 않는다. 즉 양쪽 권리 모두 제한하는 상황은 상정하지 않는다. 결국 각자 계약대로 이행하거나 계약해지를 허용하는 두 가지 선택지만 남는다.[214)]

채무자회생법 제335조는 파산관재인에게 하나를 선택할 권리를 부여한다.[215)] 법이 미리 어느 한쪽으로 정하여 놓지 않는 이유는 어느 쪽이 파산재단에 더욱 도움이 되는지는 획일적으로 미리 정할 수 없기 때문이다. 따라서 파산관재인은 개별 계약에 관하여 파산재단에 도움이 되는 선택지를 통해 파산절차의 목적이 더욱 원활하게 달성될 수 있도록 한다. 파산관재인이 어느 쪽을 선택하더라도 쌍무계약의 공평성을 고려하지 않을 수 없다. 따라서 계약상대방의 이익도 공평의 견지에서 배려한다.[216)] 파산관재인이 계약을 해제한 경우 발생하는 계약 상대방의 원상회복청구권과 계약이행을 선택한 경우 계약상대방의 이행청구권은 모두 재단채권으로 보호받는다.[217)] 일반적인 파산채권보다 격상된 보호를 받는 것이다.

그런데 이처럼 채무자회생법 제335조를 적용하려면 '쌍무계약'의 '쌍방미이행' 상태가 전제되어야 한다. 일반적으로 쌍무계약은 당사자가 '받기 위하여 주는(do et des)' 관계에 있는 채무, 즉 서로 대등한 대가관계에 있는 채무를 부담하는 계약을 의미한다. 이러한 관계는 목적적 의존관계 또는 기능적 쌍무관계라고 불리기도 한다.[218)] 판례의 표현을 빌리면 쌍무계약은 "쌍방의 채무가 법률적·경제적으로 상호 관련성을 가지고 원칙적으로 서로 담보의 기능을 하고 있는" 계약이다.[219)] 쌍무계약이 아니면 채무자회생법 제335조는 적용되지 않는다. 예컨대 판례는 합작투자계약이 본질적으로 조합계약의 성격을 가진다

---

214) 비교법적으로는 계약해지 대신 이행거절권을 부여하는 경우가 많다. 영국, 미국, 독일의 경우가 그러하고 UNCITRAL 도산법입법지침도 그러하다. 상세한 내용은 김영주, **도산절차와 미이행 쌍무계약**(경인문화사, 2020), 15-71면 참조.

215) 채무자회생법(제340조 제4항, 제335조 제3항), 민법(제674조, 제690조) 등에 특칙이 있으면 그 특칙이 우선적으로 적용되므로 채무자회생법 제335조의 적용은 배제된다. 대법원 2002. 8. 27. 선고 2001다13624 판결 참조.

216) 대법원 2001. 10. 9. 선고 2001다24174, 24181 판결. 노영보, **도산법 강의**(박영사, 2018), 211면.

217) 다만 계약 상대방에게 손해배상채권이 있다면 이는 파산채권으로 취급된다.

218) 양창수·김재형(주 110), 6면.

219) 대법원 2001. 10. 9. 선고 2001다24174, 24181 판결; 대법원 2002. 5. 28. 선고 2001다68068 판결.

고 한 후, 그 계약상 협조의무는 쌍무계약상 의무가 아니라고 보아 구 회사정리법 제103조[220]가 적용되지 않는다고 보았다.[221]

한편 쌍방미이행은 쌍무계약상 상호 대등한 대가관계에 있는 계약상 채무의 전부 또는 일부가 이행되지 않은 상태를 의미한다.[222] 따라서 그러한 대가관계에 있지 않은 채무를 미이행하더라도 여기에서의 미이행에 해당하지 않는다. 이와 관련하여 판례는 막연한 협력의무와 같이 이를 이행하지 않은 경우에도 소송을 구할 수 없는 부수적인 채무는 미이행된 부분에 해당하지 않는다고 보았다.[223] 또한 판례는 골프장 회원권의 회원보증금 3,200,000원 내지 125,000,000원의 극히 일부분인 금 1,000원이 미납된 상태라면, 회원보증금 1,000원 지급의무와 회원으로서 권리를 누리게 할 의무는 서로 대등한 대가관계에 있는 채무가 아니라고 보았다.[224]

(2) 공법상 계약에 채무자회생법 제335조가 적용되는가?

공법상 계약은 공법상 법률관계에 관하여 공법적 효과의 발생을 목적으로 한다는 점에서 사법상 계약과 구별된다. 그러나 공법상 계약도 어디까지나 계약이다. 당사자 사이의 의사표시 합치로 성립하여 이에 따른 법률효과가 발생한다는 점에서는 사법상 계약과 같다.[225] 따라서 원칙적으로 공법상 계약에도 계약에 관한 사법상 규정이 적용될 수 있다. 참고로 독일 행정절차법(Verwaltungsverfahrensgesetz)은 공법상 계약에 관하여 제54조부터 제61조까지의 규정에서 특별히 정하지 않은 이상 보충적으로 민법의 규정들이 준용된다고 정하고 있다(제62조).[226] 반대의견은 이러한 독일 행정절차법의 태도가 우리나라에도 타당하다고 보았다. 반대의견이 언급하였듯이 민법이건 특별법이건 계약에 관련된 조항들이 공법상 계약에 적용되지 않는다고 봉쇄할 이유는 없다. 다만 공법상 계약이

---

220) 현행 채무자회생법 제119조에 대응하는 조항이다.

221) 대법원 2007. 9. 6. 선고 2005다38263 판결. 독일도 조합계약에 관하여 마찬가지로 본다. K. Schmidt, Insolvenzodnungsrecht/Ringstmeier, 19. Aufl. C.H.Beck (2016), §103 Rn. 13.

222) 대법원 2007. 9. 6. 선고 2005다38263 판결; 대법원 2013. 9. 26. 선고 2013다16305 판결.

223) 대법원 1994. 1. 11. 선고 92다56865 판결.

224) 대법원 2014. 9. 4. 선고 2013다204140, 204157 판결.

225) 대법원 2021. 2. 4. 선고 2019다277133 판결.

226) 반대의견의 해당 부분 참조.

사법상 계약과 다른 특수성을 지니고 있는 것도 엄연한 사실이다. 또한 사법상 계약에 관한 규정은 공법상 계약의 특수성을 염두에 두지 않고 입법되는 경우도 있다. 그러므로 이러한 규정은 공법상 계약의 성질에 반하지 않는 범위에서만 적용된다고 보아야 한다. 독일 행정절차법이 '적용'이 아니라 '준용'이라고 한 것도 이를 염두에 둔 결과이다.

그렇다면 파산관재인의 선택권에 관한 채무자회생법 제335조 제1항은 성질상 공법상 계약에도 적용될 수 있는 조항인가? 그렇다고 생각한다. 자세히 살펴보자. 파산관재인은 계약이행과 계약해지 중 하나를 선택할 수 있다. 우선 계약이행의 선택이 금지될 이유가 없다. 공법상 계약이 본래 예정되었던 바를 그대로 실현하는 것이기 때문이다. 문제되는 것은 계약해지이다. 채무자회생법 제335조 제1항은 채무불이행 없이도 파산을 이유로 계약을 해지할 수 있도록 허용한다. 그것이 공법상 계약이 추구하는 공익적 목적에 장애가 되지 않을까 하는 의문이 생길 수 있다. 그러나 공법상 계약이라고 불로장생해야 하는 것은 아니다. 법률상 또는 계약상 정당한 해지사유나 해지근거가 있다면 공법상 계약도 얼마든지 해지될 수 있다.[227] 참고로 채무자회생법 제335조 제3항은 '국가를 상대방으로 하는 방위사업법 제3조에 따른 방위력개선사업 관련 계약'도 제335조에 따른 파산관재인의 해지 대상이 될 수 있음을 전제로 방위사업청장과 협의하도록 규정하고 있다. 이는 채무자회생법 제335조가 공공적 성격을 띤 계약에도 적용될 수 있다는 점을 보여준다.[228]

이러한 배경하에 다수의견과 반대의견은 이 사건 실시협약과 같은 공법상 계약에 채무자회생법 제335조가 적용 또는 유추적용될 수 있다고 보았다. 하지만 별개의견은 파산을 이유로 이 사건 실시협약을 해지하는 것은 행정목적 달성을 어렵게 하여 공익에 대한 중대한 침해를 초래하므로, 이 사건 실시협

227) 그러한 해지에도 민법상 법리가 적용될 수 있다. 판례도 공법상 계약인 공무원 채용계약(대법원 2002. 11. 26. 선고 2002두5948 판결)이나 실시협약(대법원 2008. 2. 14 선고 2006다37892 판결; 대법원 2012. 10. 11. 선고 2010다3162 판결; 대법원 2018. 7. 24. 선고 2016다205687 판결)에 민법상 계약해지 또는 해제 법리를 적용하였다.

228) 다만 판례는 「국가를 당사자로 하는 계약에 관한 법률」에 따라 체결된 공공계약은 공법상 계약이 아닌 사법상 계약이라고 본다(대법원 2001. 12. 11. 선고 2001다33604 판결). 따라서 '국가를 상대방으로 하는 방위사업법 제3조에 따른 방위력개선사업 관련 계약'도 공법상 계약이 아닌 사법상 계약이다. 그러므로 채무자회생법 제335조 제3항이 공법상 계약에 대한 조항이라고 할 수는 없다.

약에 대해서는 채무자회생법 제335조 제1항이 적용될 수 없다고 보았다. 아울러 민간투자법은 주무관청에 의한 사업시행자 지정취소나 대상사업의 지정취소 규정을 두고 있으면서도 사업시행자의 파산에 따른 실시협약의 해지권을 인정하는 조항을 두고 있지 않는 점, 설령 실시협약상 사업시행자의 해지권을 인정하는 조항이 있더라도 사업시행자 지정취소처분이 있어야 비로소 실시협약으로 인한 권리의무관계가 정리될 수 있는데, 채무자회생법 제335조 제1항에 의거하여 이 사건 실시협약을 사업시행자의 파산관재인이 일방적으로 해지할 수 있게 하는 것은 주무관청에 사업시행자 지정처분 취소처분을 강제하는 셈이 되어 부당하다는 점도 근거로 들었다.[229]

이러한 별개의견에 찬성하지 않는다. 우선 파산을 이유로 이 사건 실시협약을 해지한다고 공익이 중대하게 침해된다고 단정할 수 없다. 파산을 이유로 한 파산관재인의 계약해지권은 파산절차의 목적을 달성하기 위해 채무자회생법상 부여된 권리이다. 그런데 채무자회생법도 공익과 무관하지 않은 법이다. 수많은 이해관계인이 걸려있는 파산절차의 성공적이고 원활한 수행도 공익과 관련된다. 그래서 채무자회생법은 대부분 강행규정으로 구성되어 있다. 물론 별개의견은 일반 공중을 향한 '더 큰 공익'을 주로 염두에 두었을 것이다. 하지만 파산한 사업시행자가 자신의 의지나 능력과 무관하게 계속 사업을 수행하도록 하는 것이야말로 오히려 공익에 반하는 측면이 있다. 현실적으로 말하면 사업시행자의 파산은 실시협약의 해소로 이어지는 것이 자연스럽고, 주무관청 역시 정상적인 상황에서는 그러한 의사결정을 할 가능성이 높다.

결국 별개의견은 공익을 말하나 그 실질을 파고 들어가면 '사업시행자가 파

229) 이상훈, "민간투자사업 실시협약의 미이행 쌍무계약 해당 여부에 관한 대법원 2021. 5. 6. 선고 2017다273441 판결의 쟁점과 함의", **사법**, 제57호(2021), 353-360면은 한 걸음 더 나아가 실시협약은 별도의 독립된 계약이 아니라 사업자 지정이라는 행정처분의 부관으로서 행정처분의 일부를 구성하는 것일 뿐이므로 채무자회생법 제335조 제1항이 적용되지 않는다고 한다. 그러나 실시협약은 "대등한 당사자 사이의 의사표시 합치로 성립하는(대법원 2021. 2. 4. 선고 2019다277133 판결)" 공법상 계약으로서 우월한 공권력 주체인 행정청에 의한 행정처분과 병존하는 것이지 행정처분에 완전히 흡수되는 것이 아니다. 대상판결의 모든 의견은 실시협약의 독립적 계약성 자체는 인정하고 있다. 이것이 지금까지의 학설의 태도이기도 하다. 김광수, "사회기반시설을 위한 민간투자 제도의 법적 문제", **토지공법연구**, 제43집 제2호(2009), 189면; 최승필, "민간투자사업에 대한 법·제도적 검토", **외법논집**, 제34권 제1호(2010), 306면; 최우용, "민간투자법의 주요 쟁점-헌법재판소 결정과 대법원 판례를 소재로 하여-", **공법학연구**, 제19권 제1호(2018), 381면.

산하더라도 오로지 주무관청만 해지 여부를 결정할 수 있다'는 말을 하는 것과 크게 다르지 않다.[230] 물론 별개의견이 지적하듯 민간투자법이 사업시행자의 해지권에 대해 아무런 규정을 두지 않는 것은 사실이다. 그러나 해지권은 민간투자법 외의 법률이나 계약에 기초하여 발생할 수도 있다. 이와 달리 사업시행자가 파산한 경우 오로지 주무관청만 해지권을 독점하며 해지 여부를 결정할 수 있다는 것이 과연 민간투자법의 취지인지 의문이다.[231] 실제로 기획재정부 행정규칙[232]인 민간투자사업기본계획 제37조 제1항은 사업시행자도 해지 주체가 될 가능성을 인정한다.[233] 요컨대 민간투자법은 민간투자사업에 관한 각종 공법상 규율을 부과하기 위한 법은 맞지만, 그렇다고 채무자회생법 제335조 제1항의 적용을 전적으로 배제할 것까지 의도한 법이라고는 할 수 없다. 외국의 법제와 해석론도 대체로 그러하다.[234]

(3) 이 사건 실시협약은 쌍방미이행 쌍무계약인가?

이 사건 실시협약에 채무자회생법 제335조 제1항이 적용된다고 보면, 그 다음 문제로 이 사건 실시협약이 쌍방미이행 쌍무계약에 해당하는가가 문제된다. 다수의견은 쌍방미이행 쌍무계약이 아니라고 보았다. 반대의견은 쌍방미이행 쌍무계약이라고 보았다. 별개의견은 채무자회생법 제335조가 애당초 적용되지 않는다는 입장이므로 쌍방미이행 쌍무계약에 해당하는지의 문제는 다루지 않았다. 다수의견은 쌍방미이행의 의미를 해석함에 있어서는 "계약이 일정한 단계를 넘어서 진행되어 파산관재인이 해제·해지권을 행사하는 것이 부당한 경우나 해제·해지권이 인정된 결과 상대방이 취득하게 될 원상회복청구권이 재단채권(회생절차에서는 공익채권)이 되는 것이 부당한 경우에 획일적으로 미이행 부분 유무에 따라 판단할 것이 아니라 앞서 본 판례 등 기준에 따

230) 이는 해지 시 지급금의 문제로도 연결된다. 바꾸어 말하면 파산한 사업시행자에게 해지 시 지급금을 지급할 것인가를 오로지 주무관청의 의사에 의해서만 결정하겠다는 것이다.

231) 김대인, "채무자회생법의 공법상 계약에의 적용에 대한 고찰-대법원 2021. 5. 6. 선고 2017다273441 전원합의체 판결에 대한 평석-", **법학논집**(이화여자대학교), 제26권 제1호(2021), 245면.

232) 기획재정부공고 제2020-26호(2020. 2. 10).

233) 민간투자사업기본계획 제37조 제1항은 "주무관청 또는 사업시행자가 귀속시설에 대한 실시협약을 해지하는 경우" 사업시설 및 관리운영권에 발생하는 효과에 대해 규정한다.

234) 반대의견은 이 점에 관하여 미국, 독일, 일본 등의 예를 들어 상세하게 설명하고 있다.

라 이 사건 해지 규정을 적용하여야 한다."라고 보았다. 그러나 필자는 다수의견에 대해 의문을 가지고 있다. 쟁점을 나누어 살펴본다.

(가) 이 사건 실시협약은 쌍무계약에 해당함

이 사건 실시협약은 쌍무계약이다. 대상판결의 표현을 빌리면, "상호 대등한 대가관계에 있는 채무로서 서로 성립・이행・존속상 법률적・경제적으로 견련성을 갖고 있어서 서로 담보로서 기능하는 채무"가 존재하는 계약이 쌍무계약이다. 이 사건 실시협약에 따라 사업시행자는 주차장을 건설하여 대전광역시에 귀속시킬 의무를 부담하고, 대전광역시는 이에 대응하여 사업시행자에게 주차장의 관리운영권을 설정해 줄 의무를 부담한다. 이러한 채무는 서로 쌍무적인 대가관계를 가진다. 다수의견은 파산 당시를 기준으로 이 사건 실시협약의 쌍무계약성을 부정하였다. 그 이전에 이루어진 주차장 건설 및 귀속과 관리운영권 설정 사이의 대가관계를 정면으로 부정하기는 어렵기 때문이었을 것이다. 그러나 이 사건 실시협약은 하나의 총체적이고 유기적인 계속적 계약이다. 쌍무계약인지는 이 사건 실시협약 전체를 놓고 판단해야 한다.[235] 따라서 파산 시점 이후의 단계에만 초점을 맞추어 쌍무계약이 아니라고 하는 것은 부자연스럽다.

(나) 이 사건 실시협약에는 쌍방미이행 채무가 있음

이 사건 실시협약에는 쌍방미이행된 채무가 남아 있다. 이 사건 실시협약과 같은 BTO(Build-Transfer-Operate) 방식의 실시협약에서 시설 소유권을 이전하고 그 대가로 관리운영권을 설정하여 주었더라도 쌍방의 권리의무관계가 완전히 소멸하는 것은 아니다. 관리운영권 설정 이후의 권리의무관계는 실시협약의 내용에 따라 정해지므로 그 권리의무관계의 성격을 일률적으로 말할 수는 없다. 일반적으로는 다음과 같은 권리의무관계가 존재할 가능성이 높다. 사업시행자는 자신이 완성한 시설물의 소유권을 주무관청에 이전한 이후에도 해당 시설물을 관리・운영할 의무를 부담한다. 여기에서는 시설물의 하자 보수 책임도 포함된다. 관리・운영기간 동안 유지관리계획과 운영계획을 주무관청에

235) 별개의견과 반대의견이 모두 그러한 입장이다. 또한 김대인(주 231), 250면 참조.

제출할 의무도 부담한다. 수익이 일정한 기준을 초과하여 발생하면 주무관청에 소정의 수익을 배분할 실시협약상 의무를 부담하는 경우도 있다. 한편 주무관청은 임대인의 지위와 유사하게 자신이 소유하는 시설물을 사업시행자가 무상으로 사용・수익하도록 방해하지 않을 의무를 부담한다. 주무관청이 사업시행자의 손실을 보전해 줄 실시협약상 의무를 부담하는 경우도 있다. 시설물의 관리・운영 과정에서 주무관청과 사업시행자가 서로 협의 내지 협조해야 할 사항들도 있을 수 있다. 이 사건의 경우 주차요금 결정 협의나 주차단속을 통한 협조의무가 있었다. 이러한 일련의 채무는 실시협약 기간 내내 이행되어야 할 성격의 것이므로 파산 시점을 기준으로 보면 미이행 채무이다.

다수의견은 사업시행자에게 물권의 일종인 관리운영권이 설정되었으므로 그 이후에는 그 물권에 따라 주차장을 사용・수익하는 것일 뿐이고 이에 대해 대전광역시는 이러한 물권의 행사를 용인할 뿐 어떠한 채무를 부담하는 것은 아니라고 보았다. 민간투자법 제27조 제1항이 관리운영권을 물권으로 본다고 규정하는 것은 사실이다. 그러나 관리운영권은 물권으로 '간주'될 뿐이고 민법상 물권과 동일한 속성을 가지는 것은 아니다. 이는 상당한 투자에 대한 대가로 장기간 부여받는 관리운영권에 필요한 안정성을 제공하기 위한 특별한 수단적 법 장치일 뿐이다.[236] 또한 관리운영권의 실질은 사업시행자가 해당 시설을 이용하는 자로부터 사용료를 징수할 수 있는 권리로서[237] 물건을 사용・수익하는 민법상 용익물권과는 다소 결을 달리한다. 관리운영권의 속성 문제는 향후 더 깊은 논의가 필요한 주제이고, 단지 법률에서 이를 물권으로 간주한다고 하여 민법상 물권 법리를 그대로 원용하여서는 안 된다. 설령 이를 민법상 물권과 마찬가지로 보더라도 이와 별도로 공법상 계약상 채무를 부담하는 것은 얼마든지 가능하다. 전세권을 설정해 주었더라도 이와 별도로 계약상 채무를 부담할 수 있는 것과 마찬가지이다.

또한 다수의견은 위와 같은 채무는 민간투자법의 적용 결과일 뿐이라고 보

236) 장은혜, "기반시설관리운영권의 법적 쟁점", **아주법학**, 제14권 제2호(2020), 30면; 김대인(주 231), 250면 참조. 또한 관리운영권을 부동산처럼 등록 대상으로 삼거나 저당권을 설정하여 자금을 조달하는 데에도 물권이라는 법 형식을 차용하는 것이 유익하다.

237) 황창용, "민간투자사업의 수익구조의 문제점과 입법적 개선방안", **법학논집**(이화여자대학교), 제15권 제2호(2010), 86면.

았다. 법에 따른 의무이지 계약상 채무가 아니라는 취지이다. 예컨대 다수의견은 사회기반시설의 소유권이 국가에 귀속되고 사업시행자에게 관리운영권이 설정되는 것을 실시협약에 의한 채무이행이라기보다는 민간투자법 제4조 제1호가 적용된 결과라고 설명하였다. 그러나 다수의견도 공법상 계약의 독자적 실체를 부정하지는 않았다. 그 독자적 실체를 가지는 공법상 계약에서 해당 채무를 정하였다면 그 채무는 계약상 채무이다. 설령 그 채무가 법에도 규정되어 있더라도 그 채무가 계약상 채무가 아니게 되는 것은 아니다. 법에 규정된 채무가 계약을 통해 계약상 채무로 전환된 것이라고도 볼 수 있다.

(다) 쌍방미이행 채무 상호 간에 쌍무적 대가관계가 인정될 수 있음

이 사건 쌍방미이행 채무 사이에는 쌍무계약에서 상정하는 대가관계가 인정될 수 있다.[238] 이 사건 실시협약에 따른 잔존 채무는 다음과 같다. 사업시행자는 시설을 유지·관리·운영해야 하고(제8조), 유지관리계획, 운영계획 등을 대전광역시에 제출해야 한다(제42조 제43조). 대전광역시는 사업시행자에게 부지와 시설을 무상으로 사용·수익하도록 해야 하고(제10조 제2항, 제50조 제2항), 사업비 변경이나 주차요금 조정에 협력해야 하며(제13조, 제47조 제4항), 사업시행자의 요청이 있으면 지체 없이 주차단속을 실시해야 한다(제49조 제3항). 다수의견은 이러한 채무 상호 간에 쌍무적 대가관계가 인정될 수 없다고 보았는데, 그 배후에는 다음과 같은 생각이 깔려 있다.

첫째, 이러한 채무는 부수적인 채무이기 때문에 쌍무적 대가관계가 인정되지 않는 채무라는 생각이다. 이에 대해 반대의견은 주된 채무와 부수적 채무의 구별은 채무자회생법 제335조의 맥락에서는 중요하지 않고, 설령 이러한 구별이 유효하더라도 위 채무는 주된 채무에 속한다고 한다. 반대의견의 지적처럼 채무자회생법 제335조를 적용할 때 종국적으로 중요한 것은 쌍무적 대가관계에 있는 채무인가의 여부이다. 주된 채무와 부수적 채무의 구별이 끼어들

238) 필자가 보기에는 이 부분이 대상판결 법리 중 가장 논쟁적인 부분이다. 선행 문헌 중 대상판결의 법리에 찬성하는 취지로는 이상훈(주 229), 362면; 김유성, "민간투자법에 근거하여 이루어진 실시협약이 쌍방미이행 쌍무계약에 해당하는지 여부", **사법**, 제58호(2021), 654-655면이 있다. 반대하는 취지로는 황창용(주 237), 87면; KDI 공공투자관리센터, "민간투자사업의 실시협약 해지 및 해지시지급금에 관한 연구(BTO 사업을 중심으로)", **2015년 정책연구보고서**, 272면; 황창용, "파산절차상 미이행쌍무계약으로서의 민간투자사업 실시협약", **성균관법학**, 제29권 제3호(2017), 606-607면; 김대인(주 231), 250-251면이 있다.

문언상 근거가 없다. 또한 부수성과 쌍무성은 다른 차원의 개념이므로 「부수적 채무=쌍무성 부정」이라는 공식은 논리적 비약이다. 물론 채무가 가지는 중요함은 쌍무적 대가관계 판단에 의미가 없지 않다. 쌍무적 대가관계는 계약 목적 달성 또는 계약의 원활한 기능 수행을 위해 상호 의존하는 채무 간에 인정된다. 이러한 채무는 일반적으로 계약의 목적과 기능에 직접적으로 기여하는 채무일 가능성이 높다. 반대로 말하면 현실적으로 사소하거나 의미가 미약한 채무는 쌍무적 대가관계에 있는 채무가 아닐 가능성이 높다. 종래 대법원은 막연한 협력의무,[239] 공동수급체 내부에서 대표사가 공사대금을 먼저 지출할 의무와 회원사가 분담금을 대표사에게 상환할 의무가 부수적 채무라는 이유로 쌍무적 대가관계를 부정하였는데,[240] 이 역시 이러한 관점에서 설명할 수 있다.[241] 그러나 이론적으로는 부수성과 쌍무성을 구별해야 한다.[242]

둘째, 시설의 관리운영과 관련한 쌍방의 채무, 특히 주무관청인 대전광역시의 채무가 소극적인 채무에 불과하다는 생각이다. 이러한 다수의견의 생각을 필자의 방식으로 풀어쓰면 다음과 같다. 사업시행자는 자신의 비용으로 건설한 시설물을 대전광역시에 귀속시켰는데 이는 비유하자면 임대차에서 차임 전체를 선지급한 것과 마찬가지이다. 결국 임대차의 쌍무적 대가관계의 뼈대를 이루는 두 가지 의무에 상응하는 의무는 이 사건 실시협약에 이르러 조기에 대부분의 이행이 완료된 셈이다. 결국 이 이후에 남아있는 채무는 이러한 일응의 이행완료 상태를 방해하지 않아야 한다거나 안정적인 공적 역무 제공을 위해 일방적으로 이탈하지 않아야 한다는 정도의 소극적인 의미의 채무, 또는 잔영(殘影)과 같은 채무이다. 비유하자면 거의 다 된 밥의 뜸을 천천히 들이는

---

239) 대법원 1994. 1. 11. 선고 92다56865 판결.

240) 대법원 2000. 4. 11. 선고 99다60559 판결.

241) 예컨대 대법원 1994. 1. 11. 선고 92다56865 판결의 사안에서는 공유수면매립허가 관련 권리 양도와 공유수면매립공사 후 금원 및 일부 토지 양도가 서로 대가관계에 있었고, 공유수면매립 과정에서의 협조의무는 대가관계에 있는 채무라고 보기 어려웠다.

242) 미국법상 미이행계약(executory contract) 여부를 판단하는 기준은 해당 의무를 이행하지 않는 것이 중대한 위반(material breach)인가이다. 이는 Countryman 교수의 논문〔Vern Countryman, "Executory Contracts in Bankruptcy: Part Ⅰ", 57 Minn. L. Rev. 439, 460 (1973)〕에서 비롯된 기준이므로 Countryman 기준이라고 한다. 그런데 이 기준에 따르면 중대한 위반은 그 의무 위반이 상대방 당사자의 이행을 면제할 정도에 이르는 것을 말한다. 결국 중대성 그 자체가 기준이라기보다는 이를 도구로 하여 판단한 견련성이 기준이 된다. 최준규, **계약법과 도산법**(홍진기법률연구재단, 2021), 127면 참조.

단계이다. 다수의견이 대전광역시의 의무를 사업시행자의 관리운영을 방해하지 않을 소극적 의무로서의 의미만 가진다고 한 것도 이러한 취지이다. 하지만 소극적 의무도 엄연히 의무이다. 아예 의무 자체를 부정하면 몰라도, 이러한 의무를 인정하는 이상 의무의 소극성과 쌍무성은 구별해야 한다. 가령 독일에서는 매매계약에서 목적물 인도의 이행을 완료한 경우에도 하자가 있으면 미이행으로 취급하고 있고,243) 우리나라에도 그러한 견해가 유력한데,244) 이 역시 같은 맥락에서 이해할 수 있다.

셋째, 시설의 관리운영과 관련된 쌍방의 채무는 일반 공중을 향한 공익적 성격의 채무라는 생각이다. 이러한 다수의견의 생각을 필자의 방식으로 풀어쓰면 다음과 같다. 쌍무성은 대향성과 공평성을 핵심 요소로 한다. 건설·귀속 단계에서는 대향성이 뚜렷하게 나타난다. 사업시행자의 건설과 소유권 이전은 주무관청을 향한 행위임이 뚜렷하고, 주무관청의 관리운영권 설정도 사업시행자를 향한 행위임이 뚜렷하다. 그런데 일단 이 단계가 완료되면 그 이후 사업시행자와 주무관청이 그 시설의 유지·관리·운영과 관련하여 부담한다는 이른바 '의무'는 그 시설의 이용자, 즉 일반 공중을 향한 의무로서의 성격이 강하게 가미된다. 그러한 의미에서 공법적 의무, 또는 공법에 의하여 설정되고 규율되는 의무로서의 속성이 더욱 강해진다. 아울러 사업시행자의 입장에서는 일반 공중으로부터 사용료를 징수하여 수익을 올릴 권리로서의 속성도 누리게 된다.245) 이처럼 '공법적 의무', '일반 공중 지향성', '사용수익권'이라는 이질적 요소가 개입되면서 유지·관리·운영을 둘러싼 쌍방 의무의 대향성은 희미해지고, 그만큼 쌍무성을 인정할 가능성도 낮아진다. 이러한 논리 전개에는 일리가 있으나 이 역시 쌍무성의 정도를 떨어뜨릴 수는 있을 뿐 쌍무성 자체를 부정하는 데에 이르는 결정적인 논거라고 할 수는 없다.

결론적으로 필자는 반대의견과 마찬가지로 운영 단계에서의 유지·관리·운영을 둘러싼 채무 상호 간의 견련성을 부정할 수 없다고 생각한다.246) 다수의

243) Münchener Kommentar zur Insolvenzordnung/Huber, 4. Auflage (2019), §103, Rn. 129.
244) 남효순, "도산절차와 계약관계 – 이행완료 쌍무계약의 법률관계를 중심으로", 남효순·김재형 공편, **도산법강의**(법문사, 2005), 33-34면; 김영주(주 214), 92면.
245) 황창용(주 237), 86면.
246) 이 부분에 관하여는 서울대학교 법학전문대학원 최준규 교수님과의 토론이 많은 보탬이 되었다.

견은 건설・귀속 단계에 더 큰 중점을 두었으나, 프로젝트 전체의 관점에서 볼 때 오히려 더 중요한 것은 그 이후의 운영 단계이다. 운영 단계를 통해 사업시행자는 자신이 투자한 돈을 서서히 회수해 나가게 되고, 운영 단계를 통해 주무관청인 대전광역시는 일반 공중에 대한 공적 역무의 제공을 행할 수 있게 된다. 각자가 추구하는 궁극적인 목적이 달성되는 단계는 바로 운영 단계이다. 이러한 계약 목적을 달성하기 위해서 쌍방은 각각 법적인 역할을 분담해야 한다. 그러한 법적 역할이 민간투자법과 실시협약에 규정되는데, 그것은 바로 ① 사업시행자는 공적 역무의 제공이 중단되지 않고 원활하게 이루어지도록 할 유지・관리・운영 의무를 이행하고, ② 대전광역시는 그러한 의무 이행과의 목적적 의존관계에서 유지・관리・운영이 이루어질 수 있는 환경(예컨대 시설과 부지의 계속적인 사용 허용, 주차장의 원활한 유지・관리・운영을 위한 사업비나 주차요금 조정 및 주차단속 관련 조치 등)을 제공할 의무를 이행하는 것이다. 만약 사업시행자가 자신의 의무를 이행하지 않는다면 대전광역시는 실시협약 해지 및 이를 통한 사업지정자 변경이나 취소 등의 방식을 통해 자신의 의무 이행도 제공하지 않을 것이다. 나아가 이러한 미이행이 예상되었더라면 애당초 관리운영권도 설정해 주지 않았을 것임이 틀림없다. 비록 이 사건 실시협약의 특성 때문에 이러한 쌍무성이 사법상 계약과 같은 정도로 명확하게 드러나 있지는 않으나, 이러한 상호관계에 견련성이 없다고는 말할 수 없다.

다수의견은 사업시행자의 파산관재인이 사업시행자의 파산을 이유로 계약을 해지하고 해지 시 지급금의 수령을 통해 자신의 비용을 일시에 회수하도록 허용하면, "궁극적으로 사업시행자 및 사업시행자의 채권자들이 사회기반시설의 운영 위험에 무관심해지고, 운영부진 시 파산절차를 이용하여 국가 등으로부터 일시에 비용을 회수하려고 시도하게 될 우려가 있어 민간투자사업 전반에 막대한 도덕적 해이를 유발"한다는 점도 지적하였다. 하지만 이러한 정책적 고려가 미이행 채무의 쌍무성에 관한 법률적 판단의 결론을 바꾸어 놓을 수는 없다. 만약 그러한 정책적 문제가 있다면 정책으로 풀어야 한다. 또한 해지 시 지급금의 지출은 주무관청이 해지를 하는 경우에도 예정되어 있던 상황이다.

기획재정부 행정규칙인 민간투자사업기본계획은 사업자 귀책사유 유무에 따라 해지 시 지급금의 수준을 달리하고 있는데,[247] 이는 사업자의 귀책사유에 따른 해지의 경우조차도 해지 시 지급금을 지출하는 상황을 이미 상정한 것이다. 결국 다수의견의 배후에는 오로지 주무관청만 해지할 수 있어야 한다는 점, 이러한 주무관청 우월주의가 채무자회생법보다 우선되어야 한다는 점이 전제로서 은연중에 깔려 있다. 하지만 이러한 전제에는 동의할 수 없다.

3. 펀드 불완전판매에 따른 부당이득반환책임과 구상관계(대법원 2021. 6. 10. 선고 2019다226005 판결)

가. 사실관계

원고는 증권회사로서 개인투자자들에게 필리핀-두바이 노선에 투입될 항공기에 투자하여 수익을 올리는 펀드의 수익증권을 판매하였다. 그런데 두바이 항공국의 신규취항 허가가 나오지 않아 펀드가 청산되기에 이르자 개인투자자들은 원고를 상대로 주위적으로 수익증권 매매계약 취소에 따른 부당이득반환청구, 예비적으로 설명의무나 선관주의의무 위반에 따른 손해배상청구를 하였다. 법원은 주위적 청구를 받아들이는 판결(이하 '선행판결'이라고 한다)을 선고하였고,[248] 그 판결이 확정되었다.[249] 원고는 선행판결에 따라 개인투자자들에게 부당이득반환채무를 이행하였다. 그 이후 원고는 펀드 설정 및 판매에 관여한 자산운용회사, 다른 판매회사 등인 피고들을 상대로 공동불법행위자로서의 구상금 지급책임 또는 일반불법행위나 채무불이행 책임을 져야 한다는 등의 주장을 하며 소를 제기하였다. 이 소송에서는 다양한 쟁점들이 문제되었는데, 여기에서는 대상판결에서 문제된 원고의 피고들에 대한 구상금청구에 대해서만 살펴보기로 한다. 이에 관하여 제1심법원은 원고가 선행판결에 따라

247) 민간투자사업기본계획 별표 4.

248) 서울남부지방법원 2014. 11. 7. 2013가합108304 판결; 서울남부지방법원 2014. 11. 7. 선고 2013가합752 판결(개인투자자들이 나누어져 2개의 소를 제기하였다).

249) 항소심 법원인 서울고등법원 2015. 11. 16. 선고 2014나2048352 판결; 서울고등법원 2015. 12. 18. 선고 2014나60608 판결도 각각 부당이득반환책임을 인정하였고, 각 판결은 대법원의 심리불속행 상고기각 판결(대법원 2015다250291, 대법원 2016다3638)로 확정되었다.

개인투자자들에게 투자금을 반환한 것은 원고 자신이 부담하는 부당이득반환 채무를 이행한 것에 불과하고 공동불법행위로 인한 손해배상채무에 대하여 공동의 면책을 얻은 것이 아니라는 이유로 구상금청구를 기각하였다.[250]

나. 원심판결과 대상판결

원심법원 역시 1심 법원과 같은 취지로 피고들의 구상책임을 부정하였다.[251] 하지만 대법원은 원고의 부당이득 반환에 의하여 공동불법행위자들의 손해배상채무도 소멸하였으므로 피고들의 구상책임이 성립할 수 있다는 취지로 원심판결을 파기환송하였다.[252] 판결 요지는 다음과 같다.

> *계약당사자 사이에서 일방 당사자의 잘못으로 인해 상대방 당사자가 계약을 취소하거나 불법행위로 인한 손해배상을 청구할 수 있는 경우 계약 취소로 인한 부당이득반환청구권과 불법행위로 인한 손해배상청구권은 동일한 경제적 급부를 목적으로 경합하여 병존하게 되고, 특별한 사정이 없는 한 어느 하나의 청구권이 만족을 얻어 소멸하면 그 범위 내에서 다른 나머지 청구권도 소멸하는 관계에 있다(대법원 1993. 4. 27. 선고 92다56087 판결 등 참조). 따라서 채무자가 부당이득반환채무를 변제하였다면 그와 경합관계에 있는 손해배상채무도 소멸한다. 이때 불법행위로 인한 손해배상채무에 관하여 채무자와 함께 공동불법행위책임을 부담하는 자가 있고, 채무자의 위와 같은 변제가 공동불법행위자들 내부관계에서 인정되는 자기의 부담 부분을 초과한 것이라면, 채무자는 다른 공동불법행위자에게 공동 면책을 이유로 그 부담 부분의 비율에 따라 구상권을 행사할 수 있다(대법원 2006. 1. 27. 선고 2005다19378 판결, 대법원 2017. 11. 29. 선고 2016다229980 판결 등 참조).*

다. 분석

(1) 부당이득반환과 구상권

대상판결에서는 손해배상이 아닌 부당이득을 반환한 원고가 피고들이 공동불법행위자임을 전제로 자신의 공동면책행위를 내세워 피고들에게 구상권을

250) 서울중앙지방법원 2017. 12. 21. 선고 2016가합565247 판결.
251) 서울고등법원 2019. 3. 7. 선고 2018나2005483 판결.
252) 대법원 2021. 6. 10. 선고 2019다226005 판결.

행사할 수 있는가가 다루어졌다.[253] 원심법원은 원고가 선행판결에 따라 개인투자자들에게 부당이득반환채무를 변제하였더라도 별개의 소송물인 불법행위로 인한 손해배상채무에는 아무런 영향이 없다고 한 뒤, 원고와 피고들이 공동불법행위자의 관계에 있더라도 피고들이 공동면책된 것은 아니라는 이유로 원고의 구상금청구를 배척하였다. 그러나 대법원은 원고와 피고들이 개인투자자들에 대하여 공동불법행위책임을 부담한다고 볼 여지가 있고, 이 경우 공동불법행위자 중 1인인 원고가 선행판결에 따라 개인투자자들에게 수익증권 매매대금을 부당이득으로 반환하였다면, 이로 인하여 소멸되는 손해배상채무 중 원고의 부담 부분을 넘는 부분에 대하여는 공동면책이 이루어진다고 보아 원심판결을 파기하였다. 이러한 대상판결의 태도는 타당하다.

대상판결을 이해함에 있어서는 하나의 사실관계에 관하여 복수의 법적 평가가 가능하다는 점을 이해하는 것이 선행되어야 한다. 대법원 2017. 2. 15. 선고 2014다19776, 19783 판결은 대상판결과는 전혀 다른 사안을 다루고 있으나 그 배후에 흐르는 원리가 동일하므로 이해의 편의상 잠시 살펴본다. 이 판결은 고의의 불법행위로 인한 채권을 수동채권으로 삼아 상계할 수 없도록 한 민법 제496조가 고의의 채무불이행에도 유추적용된다고 본 판결이다. 어떤 법리 구성을 선택할 것인가는 손해배상청구 주체의 자유이다. 그러나 어떤 법리에 기초하여 손해배상을 청구할 것인지는 다분히 법 기술적인 문제이고, 그 여하에 따라 고의의 불법행위라는 행위의 객관적 속성이 사라지는 것이 아니다. 그러므로 원고가 채무불이행에 기하여 손해배상을 구하였다고 하여 민법 제496조의 적용을 배제할 이유가 없다. 피고의 행위가 고의의 불법행위에 해당한다는 엄연한 사실은 사라지지 않기 때문이고, 그 불법행위로 인한 피해를 현실적으로 변제받을 수 있도록 민법 제496조가 적용되어야 할 필요성도 사라지지 않기 때문이다. 또한 대법원은 다른 판결에서 하나의 행위가 불법행위와 부당이득의 요건을 함께 충족하였는데 피해자가 부당이득반환채권만 행사한 경우에도 민법 제496조가 유추적용된다고 보았다.[254] 부당이득의 원인이 고의의 불

253) 이하 이 대상판결에 대한 분석은 대체로 권영준, "투자신탁과 부당이득", **선진상사법률연구**, 제96호(2021), 43-74면의 관련 부분을 발췌 또는 요약한 것이다.

254) 대법원 2002. 1. 25. 선고 2001다52506 판결.

법행위였다는 점은 피해자가 부당이득반환채권만을 행사한다고 하여 달라지지 않고, 고의의 불법행위에 의한 손해배상채권은 현실적으로 만족을 받아야 한다는 민법 제496조의 취지는 위와 같은 경우에도 타당하다는 이유 때문이다. 이러한 일련의 판결들의 취지는 일방 당사자가 선택한 법적 형식 때문에 타방 당사자가 객관적 실질로부터 누릴 수 있는 법적 혜택이 박탈되어서는 안 된다는 것이다.

이러한 취지는 대상판결 사안에도 그대로 적용된다. 공동불법행위자 상호 간의 구상권 행사에서 중요한 것은 ① 객관적으로 공동불법행위 관계가 존재하는가, ② 공동불법행위자 중 1인의 출연에 의한 공동면책이 이루어졌는가이다. 두 가지 질문에 대해 긍정적으로 답변할 수 있다면 구상권이 인정된다. ①과 관련해서는 원고와 피고들의 행위가 공동불법행위의 요건을 객관적으로 충족하였는가를 따지면 충분하다. 공동불법행위 관계의 존재를 인정하기 위해 반드시 이를 인정하는 판결이 선행되어야 할 필요는 없다. 따라서 선행판결에서 공동불법행위의 문제가 명시적으로 다루어지지 않았다는 점은 ①의 요건 충족을 배제하는 사유가 될 수 없다. ②와 관련해서는 동일한 계약과 관련된 부당이득반환청구권과 불법행위로 인한 손해배상청구권은 동일한 경제적 급부를 목적으로 경합하여 병존하고, 특별한 사정이 없는 한 어느 한 쪽이 만족을 얻어 소멸하면 그 범위 내에서 다른 쪽도 소멸한다는 점을 기억해야 한다.[255] 원고의 부당이득반환은 결과적으로 공동불법행위책임의 공동면책도 발생시킨다. 따라서 원고가 부당이득반환 명목으로 개인투자자들에게 변제하였다는 점 역시 ②의 요건 충족을 배제하는 사유가 될 수 없다.

대상판결은 구체적 타당성의 측면에서도 수긍할 수 있다. 투자자는 동일한 사안에 대해 불법행위책임을 물을 수도 있고, 부당이득반환책임을 물을 수도 있다. 어떤 법적 구성을 취하는가에 따라 사안의 실질이 달라지는 것이 아니다. 그런데 투자자가 불법행위책임을 묻는 경우에는 그 책임을 추궁당한 판매회사는 구상권을 행사하여 그 책임을 다른 관여자들과 공동 부담할 수 있는데, 투자자가 부당이득반환책임을 묻는 경우에는 그 책임을 추궁당한 판매회

255) 대법원 1993. 4. 27. 선고 92다56087 판결 등.

사는 구상권을 행사하지 못한 채 자신의 귀책사유 유무나 그 정도와 무관하게 전체 책임을 홀로 부담하게 되는 것은 부당한 결과이다.[256] 더구나 투자자에게 과실이 있는 경우에도 과실상계를 통해 손해부담의 공평을 꾀하는 불법행위책임과는 달리 부당이득반환에 있어서는 투자자의 과실 부분까지도 판매회사가 모두 반환해야 한다는 점을 고려해야 한다.[257] 이는 투자자로 하여금 불법행위가 아닌 부당이득을 이유로 소를 제기하게 할 인센티브가 되는데, 이처럼 부당이득 형식의 손해청산이 이루어지고 판매회사의 구상권 행사가 봉쇄되면 위에서 언급한 결과의 부당함은 더욱 커진다. 대법원은 「부당이득적 접근방식 ⇒ 구상권 봉쇄 ⇒ 판매회사의 단독부담」의 연쇄고리가 초래할 부당함을 인식하면서 이를 해결하기 위해 부당이득반환에 대한 구상책임을 인정하는 법리를 제시하였다고도 평가할 수 있다.

(2) 부당이득 성립 여부

대상판결이 직접 다룬 쟁점은 아니지만, 더욱 흥미로운 배경을 이루는 문제는 선행판결처럼 판매회사가 투자자에게 부당이득반환책임을 부담하는가이다. 필자는 이에 대해 의문을 가지고 있다. 그 이유는 다음과 같다.

투자신탁은 투자자가 집합투자업자에게 투자금 운용을 위탁하고,[258] 집합투자업자는 신탁업자에게 투자금의 보관과 관리를 위탁하는 구조로 되어 있다.[259] 투자자는 투자신탁의 수익자가 되는데, 「자본시장과 금융투자업에 관한 법률」(이하 '자본시장법'이라고 한다)에 따르면 그 수익권은 집합투자업자가 투자자에게 발행하는 수익증권에 화체되어 투자자에게 귀속된다(제189조 제1항). 집합투자업자는 신탁업자에 대한 운용 지시를 통해 투자재산을 운용하고 이로부터 발생하는 수익을 투자자에게 배분한다. 이처럼 투자자가 수익권 내지 수익증권을 취득하는 과정을 일반적으로 수익증권 판매라고 표현한다. 그

256) 우리 민법상 착오로 인한 계약 취소에 있어서 판매회사의 귀책사유 유무는 문제되지 않는다.

257) 금융투자와 관련된 손해배상사건에서도 과실상계는 널리 행해진다. 예컨대 대법원 2001. 4. 27. 선고 2000다30943 판결; 대법원 2018. 9. 28. 선고 2015다69853 판결.

258) 대법원 2002. 12. 26. 선고 2002다12734 판결; 대법원 2007. 9. 6. 선고 2004다53197 판결.

259) 대법원 2002. 11. 22. 선고 2001다49241 판결; 대법원 2002. 12. 26. 선고 2002다12734 판결; 대법원 2003. 4. 8. 선고 2001다89593 판결; 대법원 2007. 9. 6. 선고 2004다53197 판결. 이러한 중첩적인 신탁관계에 착안한 학설이 이중적 신탁설이다. 김건식 · 정순섭, **자본시장법**(두성사, 2013), 879-884면.

러나 그 법적 실질은 매수인이 일반적인 매매처럼 투자중개업자인 판매회사[260]에게 매매대금을 지급하고 수익증권을 매매 목적물로서 매수하는 것이 아니다. 그 실질은 투자자가 투자신탁의 구도내에서 집합투자업자 및 신탁업자에게 투자금을 맡기고 수익자로서 집합투자업자로부터 수익증권을 발행받는 것에 가깝다. 이러한 구도에서 투자중개업자는 수익권을 부여하는 자도 아니고 수익증권 발행과 이전의 주체도 아니다. 따라서 투자자는 집합투자업자를 상대로 수익증권의 발행과 이전을 청구할 수 있을지언정 투자중개업자에게 이를 청구할 수는 없다. 투자자는 수익증권의 환매 주체도 아니다.[261]

물론 투자중개업자는 자본시장법이 정하는 바에 따라 다양하고 적극적인 역할을 수행한다. 투자중개업자는 집합투자업자와의 위탁판매계약에 따라 집합투자업자로부터 교부받은 투자설명서에 기초하여 투자자를 모집하고 투자를 권유하며 그 과정에서 투자자에게 필요한 정보를 제공한다. 투자중개업자는 투자자가 투자를 결심하면 투자자로부터 투자신청서와 투자금을 받아 그 투자금을 곧바로 신탁업자 계좌로 이체한다. 아울러 투자중개업자는 투자자 보호를 위해 자본시장법에 의해 부과된 각종 의무와 책임을 부담한다. 그렇다고 투자중개업자가 민법상 매매계약의 매도인과 같은 지위에 서게 되는 것은 아니다. 투자중개업자는 투자 주체와 투자대상자산 운용 주체를 연결 내지 중개하는 역할을 주로 수행하되, 그 과정에서 법에 따른 투자자 보호 의무를 부담하게 되는 특수한 지위의 당사자이다.[262]

앞서 살펴본 투자신탁관계의 실질과 투자중개업자의 지위에 비추어 보면 판매회사가 투자금이라는 급부의 수령 주체라거나 이로 인해 어떤 이익을 받았다거나 그 이익을 여전히 보유하고 있다고 평가하기는 어렵다. 투자금은 물리적으로는 투자중개업자를 통해 신탁업자에게 교부되지만, 급부의 관점에서는 투자자 – 집합투자업자 – 신탁업자 간의 급부 관계를 실행하기 위해 투자자가

---

260) 집합투자업자는 투자매매업자나 투자중개업자를 통해서만 집합투자증권을 판매할 수 있다(자본시장법 제184조 제5항). 대부분의 판매회사는 투자중개업자이다.

261) 대법원 2006. 10. 26. 선고 2005다29771 판결; 대법원 2018. 8. 30. 선고 2017다281213 판결.

262) 임재연, **자본시장법**(박영사, 2021), 1295면; 김병연, “펀드판매 관련 당사자의 법적 지위와 책임 – 옵티머스펀드 사건을 계기로”, **증권법연구**, 제22권 제1호(2021), 88면.

투자중개업자를 도관(導管)삼아 신탁업자에게 단축급부를 하였다고 평가할 수 있다.[263] 이 과정에서 투자중개업자는 투자금을 잠정적, 일시적으로 보관할 뿐이므로 투자금으로 인한 이익을 받았다고 보기도 어렵다.[264] 요컨대 투자중개업자는 자본시장법에서 정하는 여러 의무와 책임의 주체가 될 수는 있고 그 의무 위반을 이유로 손해배상책임을 부담할 수는 있으나, 투자금이라는 급부를 수령한 주체라거나 이익을 받았다고 평가하기는 어려우므로 급부부당이득의 반환의무를 부담하지 않는다. 투자자는 급부 상대방인 집합투자업자를 대위하여 그 투자금을 보관하는 신탁업자에게 투자금의 반환을 구하거나, 투자중개업자나 집합투자업자 등을 상대로 손해배상을 구함으로써 보호될 수 있다. 손해배상의 문제를 무리하게 부당이득의 프레임으로 해결하는 것이 타당한지도 의문이거니와,[265] 만약 그것이 정책적인 이유로 관철되어야 한다면 차라리 솔직하게 그러한 방향으로 입법을 하는 것이 정도(正道)이다.

4. 보험회사가 제기한 채무부존재확인의 소와 확인의 이익(대법원 2021. 6. 17. 선고 2018다257958, 257965 전원합의체 판결)

가. 사실관계

A는 보험회사인 원고와 사이에, 피보험자가 보험기간 중 상해사고로 사망한 경우 보험금을 지급하는 것을 보장내용으로 하는 보험계약을 체결하였다. 그 후 A는 자신이 운영하는 공장 외벽에 설치된 화물리프트에서 물건을 내리려는 순간 리프트가 추락하는 사고를 당하여 병원에서 치료를 받던 중 사망하였다. A의 법정상속인인 피고는 원고에게 보험금 지급을 청구하였는데, 원고는

263) 이와 관련하여 국립대 기성회비와 부당이득의 문제를 다룬 대법원 2015. 6. 25. 선고 2014다5531 전원합의체 판결을 참고할 만하다. 이 판결에서는 형식적으로 기성회가 기성회비의 부과 및 수령 주체였으나 실질적으로는 학교로 등록금을 전달하는 도관에 불과하였다. 대법원은 이러한 실질을 중시하여 국립대가 해당 금원을 수령한 것으로 보았다.

264) 이계정, "수익증권 매매계약 취소에 따른 부당이득의 법률관계와 이득소멸의 항변", **남효순 교수 정년기념 논문집**(2021), 796면 이하에서는 이득소멸 항변의 관점에서 투자중개업자의 부당이득을 부정한다.

265) 김윤종, "신탁형 집합투자기구의 법률관계와 당사자들의 법적 지위에 관한 고찰-투자자 보호의무를 중시하는 판례의 태도를 중심으로-", **사법**, 제58호(2021), 174면은 투자에 따른 이익과 손실이 투자자에게 귀속되는 기본원리에 비추어 보면, 투자자 보호의무를 강조하는 입장에서 보더라도 판매회사에 투자금 전액의 반환을 인정하는 것이 타당한가에 대해 강한 의문을 제기한다.

A의 고지의무 위반을 이유로 보험금 지급을 거절하면서 피고에게 위 보험계약의 해지를 통지하였다. 원고는 피고를 상대로 보험금지급채무 부존재를 구하는 본소를, 피고는 원고를 상대로 보험금 지급을 구하는 반소를 각각 제기하였다. 제1심법원은 원고의 본소청구를 기각하고 피고의 반소청구를 인용하였다.[266)]

나. 원심판결과 대상판결

원심법원은 제1심법원의 판단을 유지하였다.[267)] 대법원 역시 그 판단을 유지하였다.[268)] 그런데 대법원은 제1심법원과 원심법원에서는 쟁점이 되지 않았던 확인의 이익 유무에 관하여 직권으로 다음과 같이 판단하였다.

> *확인의 소에서는 권리보호요건으로서 확인의 이익이 있어야 하고 확인의 이익은 원고의 권리 또는 법률상의 지위에 현존하는 불안·위험이 있고 그 불안·위험을 제거하는 데 피고를 상대로 확인판결을 받는 것이 가장 유효적절한 수단일 때에만 인정된다고 할 것이므로 원고의 권리 또는 법률관계를 다툼으로써 원고의 법률상 지위에 불안·위험을 초래할 염려가 있다면 확인의 이익이 있다(대법원 2009. 1. 15. 선고 2008다74130 판결 참조). 그러므로 보험계약의 당사자 사이에 계약상 채무의 존부나 범위에 관하여 다툼이 있는 경우 그로 인한 법적 불안을 제거하기 위하여 보험회사는 먼저 보험수익자를 상대로 소극적 확인의 소를 제기할 확인의 이익이 있다고 할 것이다.*

이에 대해서는 보험계약과 관련하여 보험회사가 보험계약자나 피보험자, 보험수익자 등을 상대로 먼저 소극적 확인의 소를 제기할 확인의 이익이 인정되려면 이들 사이에서 보험금지급책임의 존부나 범위에 관하여 다툼이 있다는 사정만으로는 부족하고 그 외에 즉시 확정할 이익이 있다고 볼만한 특별한 사정이 있어야 한다는 반대의견이 있었다.[269)]

---

266) 수원지방법원 2017. 11. 3. 선고 2017가합370, 20404 판결.
267) 서울고등법원 2018. 7. 4. 선고 2017나2068067, 2068074 판결.
268) 대법원 2021. 6. 17. 선고 2018다257958, 257965 전원합의체 판결.
269) 반대의견은 대법관 이기택, 대법관 김선수, 대법관 노정희에 의하여 개진되었다.

다. 분석

(1) 일반론

확인의 이익은 확인의 소에서 요구되는 소의 이익을 의미한다. 확인의 소는 권리 또는 법률관계의 확인을 구할 뿐 권리의 만족이나 법률관계의 형성을 구하는 소가 아니다. 그러므로 분쟁의 종국적 해결을 위해서는 이행의 소나 형성의 소가 우선되어야 한다(확인의 소의 보충성).[270] 하지만 확인의 소가 분쟁해결에 요긴한 수단이 되는 경우도 있다. 이러한 경우 확인의 소가 앞으로 나설 수도 있다. 이처럼 확인의 소가 허용되는 경우인지는 확인의 이익에 의해 판단한다. 판례에 따르면 확인의 이익은 "원고의 권리 또는 법률상의 지위에 현존하는 불안·위험이 있고 그 불안·위험을 제거하는 데 피고를 상대로 확인 판결을 받는 것이 가장 유효적절한 수단일 때에만 인정"된다. 대상판결도 이 법리를 그대로 원용하였다. 나누어 설명하면, ① 확인의 소의 대상은 현재의 구체적인 권리 또는 법률상 지위라야 하고(대상 요건), ② 그러한 권리 또는 법률상 지위에 현존하는 불안·위험이 있어야 하며(상황 요건), ③ 확인의 소가 그러한 불안·위험 제거에 가장 유효적절한 수단이라야 한다(수단 요건).[271] 원고의 재판청구권을 보장하면서도 무익한 소는 억제함으로써 재판제도가 합리적이고 효율적인 분쟁해결수단으로 기능하도록 하기 위한 법리이다.[272]

대상판결에서 문제된 요건은 ②, 즉 상황 요건이다. 확인의 이익이 인정되려면 권리 또는 법률상 지위에 현존하는 불안·위험이 있어야 한다. 판례는 원칙적으로 권리 또는 법률관계를 둘러싼 다툼이 있으면 이러한 상황 요건이 충족된다고 한다. 다만 예외적으로 이러한 다툼이 없더라도 권리의 소멸시효 완성이 임박한 경우,[273] 공부(公簿)상 원고 주장과 맞지 않는 기재가 있는 경

---

270) 대법원 2000. 4. 11. 선고 2000다5640 판결; 대법원 2006. 3. 9. 선고 2005다60239 판결.

271) 이충상, "확인의 이익의 확대-단체결의의 무효확인을 중심으로-", **인하대학교 법학연구**, 제20집 제3호(2017), 139-145, 151-152면은 "가장" 유효적절할 것을 요구한다는 표현은 일본 최고재판소 판례(最判 1972(昭和47). 11. 9, 民集26巻9号1513頁)를 답습한 것인데, 그 후의 판결들에서는 "가장"이라는 단어를 빼고 판시하고 있다고 지적하면서, 우리 대법원 판례도 표현을 변경해야 한다고 한다. "가장"이라는 단어를 빼고 판시하는 예도 있다. 예컨대 대법원 2021. 5. 7. 선고 2021다201320 판결.

272) 대법원 2007. 5. 17. 선고 2006다19054 전원합의체 판결의 다수의견에 대한 보충의견; 오정후, "확인의 이익의 판단에 관하여", **서울대학교 법학**, 제54권 제3호(2013), 168면.

273) 대법원 2018. 10. 18. 선고 2015다232316 전원합의체 판결.

우274)에는 확인의 이익이 인정된다.275) 결국 당사자 간의 '다툼'은 확인판결로 제거해야 하는 법적 불안·위험을 표상하는 핵심적인 표지이지만 그 자체가 절대적 요건은 아니다. 궁극적으로 중요한 것은 확인판결을 통해 유효적절하게 제거될 수 있는 법적 불안·위험이 실존하는가이다.

(2) 이 사건에 대한 검토

(가) 반대의견의 요지

대상판결의 쟁점은 보험회사가 보험금채무부존재확인의 소를 제기할 때 위와 같은 일반론보다 엄격한 별도 기준으로 확인의 이익을 판단해야 하는가이다. 그동안 이러한 취지의 학설이나 판례는 존재하지 않았다. 즉 확인의 이익과 관련하여 보험금채무부존재확인의 소를 특별하게 취급할 필요가 있다는 문제의식은 대상판결을 통해 처음 공식화된 것으로 보인다. 그러므로 편의상 반대의견의 논거를 하나씩 검토하면서 이 문제를 다루는 것이 더 효율적이다. 반대의견의 논거는 다음과 같이 정리할 수 있다.

첫째, 보험회사와 보험계약자 등 사이의 분쟁을 어떤 방식으로 해결하는 것이 유효적절한지를 판단할 때에는 보험의 공공성 및 보험회사의 공정성의 요청을 고려해야 한다.

둘째, 보험계약의 특수성에 비추어 보험금 지급책임의 존부 및 범위에 관한 다툼은 보험계약 자체에서 이미 예정하고 있던 상황으로서 보험회사가 감수해야 하는 것이므로 이를 두고 보험회사의 보험계약상 법적 지위에 위험이나 불안이 초래되었다고 볼 수 없다.

셋째, 보험회사의 선제적인 소극적 확인의 소를 제한하더라도 보험회사의 불이익은 크지 않지만 이러한 소로 인해 응소를 사실상 강제당하는 보험계약자 등의 불이익은 크다.

넷째, 보험회사가 보험금 감액, 보험계약해지, 보험계약자 등의 압박 등을 목적으로 소극적 확인의 소를 악용할 가능성이 높은데 현재의 소권 남용 법리

274) 대법원 1994. 3. 11. 선고 93다57704 판결; 대법원 2009. 10. 15. 선고 2009다48633 판결; 대법원 2019. 5. 16. 선고 2018다242246 판결 등.

275) 전원열, **민사소송법 강의**, 제2판(박영사, 2021), 250면; 김홍엽, **민사소송법**, 제10판(박영사, 2021), 309면.

로는 이를 제어하기 어렵다.

반대의견은 이러한 논거들을 제시한 후 보험회사의 소극적 확인의 소에는 '특별한 사정'이 있어야 확인의 이익이 인정된다고 보았다. 이러한 '특별한 사정'의 예로 "보험계약자 등이 보험계약이나 관계 법령에서 정한 범위를 벗어나 사회적으로 상당성이 없는 방법으로 보험금 지급을 요구함으로써 보험계약에서 예정하지 않았던 불안이나 위험이 보험회사에 발생하는 등의 사정", "보험계약의 체결이나 보험금 청구가 보험사기에 해당하여 보험회사가 범죄나 불법행위의 피해자가 되거나 될 우려가 있다고 볼 만한 사정"을 들었다.

(나) 검토

반대의견이 제시한 첫째 논거, 즉 보험의 공공성 및 보험회사의 공정성의 요청은 그 자체로는 타당한 지적이나 보험회사에 특유한 논거는 아니다. 반대의견은 2021. 3. 25.부터 시행된 「금융소비자 보호에 관한 법률」(이하 '금융소비자보호법'이라고 한다)의 취지에 비추어 보험회사가 상대 당사자인 보험계약자 등의 이익도 공정하게 보호할 책무를 부담하고, 이에 따라 특별한 감독과 규제가 행해진다고 한다. 그러나 금융소비자보호법은 금융상품판매업자와 금융상품자문업자 일반을 규율하는 법이고, 보험회사만을 규율하는 법이 아니다. 또한 금융업 일반에 대한 감독과 규제 역시 보험업에 국한되지 않는다. 그러므로 첫째 논거만으로는 보험회사에만 특유한 확인의 이익 법리를 창안하는 것을 정당화할 수는 없다.

반대의견이 제시한 둘째 논거도 마찬가지이다. 반대의견의 지적처럼 보험금을 둘러싼 분쟁이 비교적 잦은 것은 사실이다. 그러나 그것이 "보험계약 자체에서 이미 예정하고 있던 상황으로서 보험회사가 감수해야 하는 것"이라고 할 수는 없다. 분쟁이 많다고 그 분쟁 발생이 이미 계약에 예정되어 있는 것은 아니다. 또한 분쟁이 있으면 이를 해결하기 위해 누구에게나 동등하게 재판청구권이 보장되어야 한다. 대법원의 표현을 빌리면, "법적 분쟁의 당사자가 법원에 대하여 당해 분쟁의 종국적인 해결을 구하는 것은 법치국가의 근간에 관계되는 중요한 일이므로 재판을 받을 권리는 최대한 존중되어야" 한다.[276] 이러

276) 대법원 1999. 4. 13. 선고 98다52513 판결.

한 재판청구권 존중의 취지는 확인의 이익 확대 경향으로도 이어져 왔다.[277] 지금보다 확인의 이익을 좀 더 넓게 인정해야 한다는 견해도 있다.[278] 그런데 분쟁이 많다는 것은 확인의 이익을 넓히지는 못할망정 이를 좁히는 논거가 될 수 없고, 확인의 이익 확대 경향과도 맞지 않다.

반대의견이 제시한 셋째 논거, 즉 당사자 간의 형평과 넷째 논거, 즉 소의 남용 가능성은 현실적으로 보험계약에서 특히 두드러지는 문제이다. 보험회사의 입장에서 소 제기는 일상적인 업무일지 모르나 보험소비자에게는 낯설고 두려운 일이다. 이 과정에서 압박을 느끼고 보험회사의 제안에 굴복해 버릴 우려도 있다. 물론 이는 회사와 개인 간에 정형적으로 발생하는 다른 유형의 소송에서도 마찬가지이기는 하다. 하지만 다른 유형의 소송에 비해 보험회사가 제기하는 채무부존재확인소송의 숫자가 많은 점이 문제이다. 2018년 국정감사에서는 보험회사들이 매년 소송에 쓰는 돈만 약 100억 원에 달한다는 점이 확인되었다.[279] 이러한 막대한 소송비용은 일단 보험회사의 사업비로 책정되겠지만, 종국적으로는 보험료 인상으로 이어져 보험소비자에게 전가되기 쉽다. 보험소비자 입장에서 보면, 자신을 향할 수도 있는 보험회사의 소송비용을 지급하는 셈이다.

이러한 반대, 의견의 문제의식에는 공감한다. 다만 '보험회사'가 제기하는 '보험금채무부존재확인의 소'를 겨냥하여 별도의 맞춤형 법리를 만드는 것이 타당한지는 의문이다. 확인의 이익 이론은 이미 재판청구권 보장과 사법자원 낭비 방지를 형량한 결과물이다. 그러므로 우선 확인의 이익 이론을 통해 부당한 결과를 방지하려는 노력이 선행되어야 한다. 다툼이 있다는 사정 외에 특별한 사정을 부가하여 요구하기보다는 '다툼'의 의미를 좀 더 음미해볼 수 있다. '다툼'은 법적 위험이나 불안의 현존을 판단하기 위한 도구 개념일 뿐이다. 따라서 진정한 법적 위험이나 불안이 현존하는가의 관점에서 접근한다면 '다툼'의 의미도 더욱 실질적, 합리적으로 규명할 수 있다. 가령 당사자가 의견

277) 대법원 2007. 5. 17. 선고 2006다19054 전원합의체 판결의 다수의견에 대한 보충의견.

278) 사봉관, "확인의 이익에 대한 소고 – 실무상 문제 되는 사안에 대한 대법원 판례를 중심으로", **민사재판의 제문제**, 제22권(2013), 69-70면; 현소혜, "제사주재자의 지위와 확인의 이익", **사법**, 제35호(2016), 104면; 이충상(주 271), 131, 151-157면.

279) 이상민, "보험회사의 선제적 확인의 소에 관하여", **법조신문**(2021. 9. 27).

이 다르다는 사정만으로 곧바로 법적 위험이나 불안이 존재한다고는 할 수 없을 것이다.[280] 반면 일단 갈등이 봉합된 것처럼 보여도 다시 다툼이 발생할 가능성이 높다면 법적 위험이나 불안이 존재한다고 할 수 있다.[281] 소 제기가 법적 위험이나 불안의 유효적절한 제거가 아니라 오히려 이를 전략적으로 조장 또는 확장하기 위한 목적에서 이루어진 경우에도 확인의 이익을 부정할 수 있다. 또한 아직 사고의 피해가 유동적이거나 미확정인 상태에서 섣불리 제기된 소에 대해서도 확인의 이익을 부정할 수 있다.[282] 요컨대 이는 개별 사안에서 확인의 이익의 요건을 유연하고 합리적으로 적용하여 해결할 문제이지 특정 산업의 특정 유형 소송을 겨냥한 맞춤형 확인의 이익 법리를 부가하여 해결할 문제가 아니다.

또한 반대의견이 우려하는 바는 소권 남용이나 부당소송 제기에 대한 판례 이론[283]을 합리적으로 적용하거나,[284] 소송구조 내지 소송지원 제도의 활용이나 충분한 심리 준비 기회 부여 등 재판 운영의 묘를 살려 대처할 수 있다. 또한 금융소비자보호법 제41조 제1항은 조정신청 전 또는 그 후에 소가 제기된 경우 수소법원은 소송이 있을 때까지 소송절차를 중지할 수 있도록 하고 있는데, 이 역시 활용할 수 있는 방안이다. 그 외에 보험회사의 남소에 초점을 맞춘 행정적인 감독이나 조치를 통해 이 문제에 대응할 수 있다. 금융감독원은 2015년부터 보험회사 소송 관련 내부통제 강화, 보험회사의 부당한 소 제기 억제 방안 등의 제도 개선을 추진하여 왔다.[285] 이러한 기조하에 각 보험회사는 소비자를 상대로 한 소송 남용을 예방하기 위해 소송관리위원회를 설치하

280) 일본에서는 당사자 간 성실한 교섭을 계속하던 중 채무자 측에서 일방적으로 채무부존재확인의 소를 제기한 경우에 확인의 이익이 부정된다는 견해도 있다. 山下高, “債務不存在確認訴訟の實情と問題点”, **現代民事裁判の課題8**(新日本法規出版, 1989), 532면. 정다영, “소극적 확인의 소에서의 확인의 이익 -대법원 2021. 6. 17. 선고 2018다257958, 257965 전원합의체 판결과 관련하여-”, **재산법연구**, 제38권 제3호(2021), 337면에서 재인용.

281) 대법원 2009. 1. 15. 선고 2008다74130 판결은 확인의 소 제기 전후에 권리관계를 다투던 피고가 항소심에서 그 권리관계를 다투지 않는다는 사유만으로 확인의 이익이 없다고 할 수 없다고 한다. 그 연장선상에서 잠재적 분쟁의 전제가 되는 과거 법률관계 자체의 확인을 허용한 대법원 2020. 8. 20. 선고 대법원 2018다249148 판결도 참조.

282) 정다영(주 280), 348면.

283) 대법원 1999. 4. 13. 선고 98다52513 판결 등 다수.

284) 김상수, “보험회사의 부당제소의 억제－소송관리위원회를 중심으로”, **금융법연구**, 제14권 제1호(2017), 67-71면.

285) 김상수(주 284), 60-63면.

여 소 제기 여부를 사전 심의하는 등 내부통제 장치를 운영하고 있다.[286] 또한 반기별로 보험협회 홈페이지에 보험회사별 보험금 지급관련 소송제기 건수, 보험금 청구건 대비 소송 제기 비율 등을 비교·공시하도록 하고 있다.[287] 2021년 상반기 기준 통계(손해보험 기준)[288]에 따르면 16개 손해보험회사가 2021년 상반기에 제기한 채무부존재확인소송의 숫자는 총 447건으로 보험회사 당 평균 약 28건이다.[289]

반대의견은 중요한 문제를 제기하였으나, 이 문제는 기존 법리의 틀을 형성, 발전시키거나 법 정책의 영역에서 더욱 적극적으로 규율함으로써 해결해야 할 성격의 것이다. 보험회사의 보험금채무부존재확인소송에 초점을 맞춘 별도 법리 도입은 당장은 채무부존재확인소송의 숫자를 줄이는 단기적인 효과를 확실히 거둘 수는 있겠으나, 재판청구권의 평등한 보장이라는 상위 헌법 이념과의 관계에서는 갈등을 일으킬 수도 있고, 자칫 잘못하면 특정한 정책적 문제를 겨냥하여 법리를 과도하게 변형하는 선례를 만들어 중장기적으로는 자의적인 법리의 창설과 적용이라는 또 다른 부작용으로 이어질 위험도 있다. 그러므로 대상판결에 찬성한다.

5. 채무불이행책임과 불법행위책임의 관계(대법원 2021. 6. 24. 선고 2016다210474 판결)

가. 사실관계

A 회사는 2003년경부터 서울 X구 Y동 일대에서 지역주택조합 방식으로 아파트 신축사업(이하 '이 사건 지역주택조합사업'이라고 한다)을 시행하면서 가칭 'Y단지 지역주택조합'의 조합원 가입증서를 발행·판매하였다. 그런데 위 사업부지를 포함한 서울 X구 Y동 일대는 이미 2004. 6. 25. 서울시에 의해 정

286) 보험업감독업무시행세칙 제1-4조, 별표 1의2.
287) 금융감독원 2020. 11. 9.자 보도자료 "미성년자, 경제적 취약계층에 대한 보험회사의 소송남용 방지장치를 강화하겠습니다.", 1면.
288) https://kpub.knia.or.kr/etcDisc/suit/insuranceClaimPay.do (2022. 1. 3. 최종 방문).
289) 참고로 같은 기간 동안 보험회사를 피고로 한 보험금 관련 소송의 총 합계는 1,637건이다.

비예정구역으로 지정·고시되어 있었고, 2006. 8. 24.에는 위 지역이 주택재개발사업을 위한 정비구역으로 지정·고시되었다. 그에 따라 이 사건 지역주택조합사업 시행은 불가능하게 되었다.

원고는 2005. 6. 29.경 공인중개사인 피고가 운영하는 Z부동산 사무소에 찾아갔다가, 피고의 권유로 Y단지 지역주택조합의 조합원 가입증서를 매수하고, 그 무렵 조합원 가입증서 매매대금 50,000,000원을 모두 지급하였다. 당시 피고는 이 사건 지역주택조합사업의 구체적 진행상황, 법령상 제한 등을 확인하거나 이를 원고에게 고지하지 않았다. 2008. 12.경 이 사건 지역주택조합사업이 중단되자, 원고는 피고를 상대로 손해배상을 구하는 소를 제기하였다. 주위적으로는 피고가 조합원 가입증서 매매대금 중 일부를 임의로 소비하였다고 주장하면서 채무불이행 또는 불법행위에 의한 손해배상을 구하고, 예비적으로는 피고가 이 사건 지역주택조합사업 추진이 불가능할 수 있다는 사실을 알리지 않은 채 조합원 가입증서의 매수를 권유하였다고 주장하면서 불법행위에 의한 손해배상을 구하였다. 제1심법원은 원고의 주위적 청구를 기각하고, 예비적 청구를 인용하였다.[290)]

나. 원심판결과 대상판결

원심법원도 제1심법원의 판단을 지지하였다.[291)] 피고는 부동산중개업자로서 선량한 관리자의 주의로 중개대상물의 권리관계 등을 조사·확인하여 중개의뢰인에게 설명할 의무가 있는데, 이러한 의무를 다하지 못하였다는 이유에서였다. 피고는 설명의무 위반에 따른 책임이 채무불이행책임이라는 점을 전제로 그 시효가 소멸하였다고 항변하였으나, 원심법원은 원고가 불법행위에 기하여 손해배상을 구하고 있고, 불법행위책임의 시효는 소멸하지 않았다는 이유로 그 항변을 받아들이지 않았다. 대법원은 원심법원이 피고의 채무불이행 사실에 기초하여 불법행위책임을 인정한 것은 잘못이라고 지적하면서 원심판결을 파기환송하였다.[292)]

290) 서울중앙지방법원 2015. 9. 17. 선고 2014가단5201424 판결.
291) 서울중앙지방법원 2016. 2. 3. 선고 2015나53581 판결.
292) 대법원 2021. 6. 24. 선고 2016다210474 판결.

채무불이행책임과 불법행위책임은 각각 요건과 효과를 달리하는 별개의 법률관계에서 발생하는 것이므로 하나의 행위가 계약상 채무불이행의 요건을 충족함과 동시에 불법행위의 요건도 충족하는 경우에는 두 개의 손해배상청구권이 경합하여 발생하고, 권리자는 위 두 개의 손해배상청구권 중 어느 것이든 선택하여 행사할 수 있다. 다만 동일한 사실관계에서 발생한 손해의 배상을 목적으로 하는 경우에도 채무불이행을 원인으로 하는 배상청구와 불법행위를 원인으로 한 배상청구는 청구원인을 달리하는 별개의 소송물이므로, 법원은 원고가 행사하는 청구권에 관하여 다른 청구권과는 별개로 그 성립요건과 법률효과의 인정 여부를 판단하여야 한다. 계약 위반으로 인한 채무불이행이 성립한다고 하여 그것만으로 바로 불법행위가 성립하는 것은 아니다.

다. 분석

대상판결의 사실관계와 판단은 간단하다. 부동산중개업자는 선량한 관리자의 주의로 중개대상물의 권리관계 등을 조사・확인하여 중개의뢰인에게 설명할 의무가 있다.[293] 이러한 의무는 중개업자와 중개의뢰인 사이의 위임계약 또는 중개계약으로부터 발생하므로 계약상 의무이다. 이 사건에서 부동산중개업자는 그러한 의무를 이행하지 못한 것으로 밝혀졌다. 그러자 중개의뢰인이 부동산중개업자를 상대로 채무불이행이 아닌 불법행위로 인한 손해배상청구를 하였다. 그렇다면 채무불이행은 언제나 불법행위를 구성하는 것인가? 대상판결은 타당하게도 그렇지 않다는 점을 분명히 하였다. 한편 채무불이행이 불법행위를 구성하려면 어떤 요건을 충족해야 하는가? 대상판결은 이 점에 대해서는 침묵하였다. 그런데 이론적으로나 실무적으로 이 점은 중요한 의미를 가지고 있다. 이는 이론적으로 채무불이행과 불법행위의 구별에 관한 문제일 뿐만 아니라, 실제로도 채무불이행 사안에서 불법행위를 원인으로 손해배상청구를 부가하여 구하는 경우가 많기 때문이다. 그런데 이에 관한 논의는 그다지 축적되어 있지 않다. 그러므로 대상판결을 계기로 아래에서는 채무불이행과 불법행위의 상관관계에 대해 서술하고자 한다.

민법상 채무불이행으로 인한 손해배상청구권과 불법행위로 인한 손해배상청

---

293) 대법원 2012. 11. 29. 선고 2012다69654 판결; 대법원 2013. 6. 28. 선고 2013다14903 판결; 대법원 2015. 1. 29. 선고 2012다74342 판결.

구권은 각각의 근거 조항들의 요건을 충족하는 한 독립적으로 발생하고, 어느 한쪽이 성립한다고 하여 다른 한쪽이 배제되지 않는다. 대법원은 1983년에 선고한 전원합의체 판결에서 위와 같은 청구권 경합이 법리적으로 당연할 뿐만 아니라 피해자인 권리자를 두텁게 보호하는 길이라는 실제적인 이유를 들어 청구권경합설을 정면으로 채택하였다.294) 따라서 민법 이론상으로는 실질적으로 동일한 사실관계에 관하여 법적 이론 구성만 달리하여 채무불이행으로 인한 손해배상과 불법행위로 인한 손해배상을 각각 구할 수 있는 길이 열려 있다. 만약 어떤 사실관계가 채무불이행책임과 불법행위책임의 요건을 모두 충족한다면 권리자는 그중 하나의 권리만 선택하여 행사하거나, 두 권리 모두를 동시에 또는 순차적으로 행사할 수 있다. 하지만 채무불이행책임과 불법행위책임이 동시에 성립할 수 있다고 하여 채무불이행이 언제나 불법행위에 해당되는 것은 아니다. 즉 채무불이행책임과 불법행위책임이 동시에 성립하는 경우도 있지만, 그렇지 않은 경우도 있다. 그런데 과연 어떤 경우에 양자가 동시에 성립하는지에 대한 판단기준은 명확하지 않다. 또한 그동안 학계도 주로 권리경합의 측면에만 관심을 기울였을 뿐 그 경합요건의 측면에는 별 관심을 기울이지 않았다.295)

이는 채무불이행에 해당하는 사실관계가 불법행위의 성립요건도 모두 갖추었는지에 따라 판단할 문제이다. 민법 제750조에 따르면 불법행위책임은 ① 위법한 행위가 있어야 하고, ② 그 행위가 행위자의 고의 또는 과실에 기한 것이어야 하며, ③ 타인에게 손해가 발생하여야 하고, ④ 위법행위와 손해 사이에 인과관계가 있어야 성립한다. 그런데 채무불이행이 불법행위에도 해당하는지는 그중 ①과 관련하여 그 채무불이행이 불법행위의 위법성 요건도 동시에 충족하는가의 문제로 귀결된다. 이러한 위법성을 구성하는 사실관계에 대한 증명책임은 불법행위로 인한 손해배상을 청구하는 사람에게 있다.

여기에서의 위법성은 전체로서의 법질서에 반하는 상태를 의미하고, 이는

294) 대법원 1983. 3. 22. 선고 82다카1533 전원합의체 판결.

295) 정다영, "일본 민법에서 계약상 의무 위반에 대한 불법행위책임의 인정 여부", **저스티스**, 제185호(2021)은 주로 일본 최고재판소의 판례들을 소개하는 문헌이기는 하나 이 문제에 착안한 문헌이라는 점에서 의미 있다.

바꾸어 말하면 법질서 전체로부터 도출되는 일반적 명령 내지 요구에 반하는 상태를 의미한다. 위법성 개념은 법학 전체를 관통하는 두 가지 화두, 즉 무엇이 '법'인가, 또한 무엇이 그 법에 '위반'되는 것인가 하는 문제를 담고 있다.[296] 일반적인 견해에 따르면 여기에서의 '법'은 실정법뿐만 아니라 법질서의 일부로 인식되는 선량한 풍속 기타 사회질서까지 포함하는 포괄적이고 실질적인 의미의 법이다. 또한 일반적인 견해에 따르면 그 법에 '위반'한 상태인지 여부는 피침해이익의 종류와 침해행위의 성질을 함께 고려하여 판단하여야 한다(이른바 상관관계설).[297] 피침해이익의 종류는 결과의 불법성, 침해행위의 성질은 행위의 불법성을 각각 표상하는 요소들이다. 이처럼 불법행위의 위법성 개념은 포괄적이고 유연하기 때문에 채무불이행이 언제 불법행위의 위법성 요건을 충족하는지를 구체적으로 도식화하는 데에는 한계가 있다. 다만 추상적이나마 다음과 같은 기준은 제시할 수 있다.

첫째, 채무불이행으로 인해 침해되는 이익이 중대할수록 위법성이 인정될 가능성이 커진다. 즉 위법성을 구성하는 하나의 축인 결과불법이 클수록 위법성이 인정될 가능성이 커진다는 말이다. 따라서 채무불이행이 사람의 생명, 신체에 대한 권리, 인격권, 소유권 등과 같은 절대적인 성격의 권리, 또는 중대한 권리를 직접 침해하는 결과를 가져오는 경우에는 불법행위로서의 위법성도 비교적 쉽게 인정된다. 왜냐하면 계약관계가 없더라도 모든 개인은 다른 개인의 중대한 권리 또는 법익을 직접적으로 침해하지 말아야 할 일반적인 의무를 부담하므로, 그러한 의무에 위반하여 상대방의 중대한 권리 또는 법익을 침해하는 것은 일반적인 법질서에 어긋나기 때문이다.

예컨대 대법원은, 피고가 제조하여 원고에게 판매한 변압변류기(Metering Outfit)의 결함 내지 하자로 인하여 화재가 발생하여 원고의 직원들이 전신에 중화상을 입고 그중 일부가 사망한 사고에서, "물품을 제조하여 판매하는 제조자는 그 제품의 구조, 품질, 성능 등에 있어서 현대의 기술수준과 경제성에 비추어 기대가능한 범위 내의 안전성과 내구성을 갖춘 제품을 제조하여야 할

---

296) 양창수 · 권영준, **민법 II 권리의 변동과 구제**, 제4판(박영사, 2021), 637면.
297) 양창수 · 권영준(주 296), 638면.

책임이 있고, 이러한 안전성과 내구성을 갖추지 못한 결함 내지 하자로 인하여 소비자에게 손해가 발생한 경우에는 계약상의 배상의무와는 별개로 불법행위로 인한 배상의무를 부담한다고 보아야 한다."라고 판시하였다.[298] 이 사건에서는 제조물의 하자로 인해 제조물 그 자체에 발생한 손해 또는 제조물과 관련된 영업손실을 넘어서서 생명과 신체에 관한 권리가 침해되었다는 점이 채무불이행책임 외에 불법행위책임을 인정하는 중요한 요인이 되었다. 의료계약상 주의의무에 위반하여 환자의 생명이나 신체에 관한 법익을 침해하는 경우에 채무불이행뿐만 아니라 불법행위가 빈번하게 문제되는 것도 마찬가지 취지로 이해할 수 있다.[299] 양도담보권자가 담보권 실행을 위해 담보목적 부동산을 시가보다 저렴한 가격으로 처분한 경우 불법행위가 성립할 수도 있다고 본 판결 역시 소유권 침해의 관점에서 이해할 수 있다.[300]

반면 채무불이행으로 인하여 상대방이 얻을 수 있었던 영업이익을 얻지 못한 경우와 같이 이른바 순수재산손해(pure economic loss)[301]가 문제되는 경우에는 그 채무불이행이 별도의 불법행위를 쉽사리 구성하지 않는다고 보는 것이 일반적이다.[302] 예컨대 국가가 운영하는 전철의 운행이 지연됨으로 인하여 생명, 신체에 대한 침해 없이 단순히 탑승객이 불편을 겪은 사안에서, 법원은 국가에게 운송계약상의 채무불이행 책임을 지우는 것은 몰라도 불법행위책임을 지울 수는 없다고 판단한 바 있다.[303] 비교법적으로 볼 때 영미법계 국가들이나 독일은 순수재산손해를 불법행위로 인한 손해배상에서 원칙적으로 제외하는 태도를 취한다.[304] 물론 이러한 외국법의 태도가 한국에 그대로 적용될

298) 대법원 1992. 11. 24. 선고 92다18139 판결. 참고로 이 판결 선고 당시에는 제조물 책임법이 없었으므로 이러한 제조물 책임 사안은 민법상 불법행위책임의 문제로 다루었다.

299) 대법원 2000. 1. 21. 선고 98다50586 판결 등 참고.

300) 대법원 1981. 12. 22. 선고 81다462 판결. 이용훈, "양도담보목적물의 부당평가 및 환가의 법률관계", **민사판례연구**, 제5권(박영사, 1993), 97-98면은 이러한 불법행위책임의 성립에 신중한 입장을 표명하였다.

301) 순수재산손해는 "피해자의 생명, 신체나 물건에 대한 침해를 수반하지 않은 채 그 피해자의 소유권 이외의 재산적 이익에만 발생한 손해"를 일컫는 학술 용어이다. 권영준, "미국법상 순수재산손해의 법리", **민사법학** 제58호(2012), 147면.

302) 편집대표 곽윤직, **민법주해(XVIII)**(박영사, 2005), 218-219면(이상훈 집필부분)에서는 영업 내지 일반적인 경제활동이나 재산상태에 대한 침해와 관련하여, 이러한 법익은 구체성, 고정성을 가지지 못하고 개괄적, 유동적이기 때문에 그에 대한 침해가 위법성을 가지려면 일반적으로 침해의 태양이나 가해자 측의 주관적인 상황이 상당히 강한 정도의 반사회성을 가질 것이 요건으로 된다고 설명한다.

303) 서울고등법원 1997. 7. 11. 선고 97나9910 판결.

304) 권영준(주 301), 148-149면.

수는 없지만, 적어도 불법행위법에 기초하여 순수재산손해에 대한 배상을 명하는 경우 배상 범위가 과도하게 확장될 위험이 있으므로 절대권을 침해하는 경우와 비교하여 신중해야 한다는 점에서는 시사하는 바가 있다.

둘째, 침해행위가 사회질서에 반하는 정도가 클수록 위법성이 인정될 가능성이 커진다. 즉 위법성을 구성하는 또 하나의 축인 행위불법이 클수록 위법성이 인정될 가능성이 커진다. 이는 문제되는 행위가 실정법 질서 또는 공서양속에 비추어 얼마나 법적으로 비난 가능성이 높은가의 문제와 관련이 있다. 이러한 비난 가능성이 높은 행위일수록 계약관계를 떠나서 일반적으로 사회에서 허용되지 않아야 할 행위에 해당할 가능성이 높다. 어떤 행위가 사회적으로 허용되지 않는 것인지는 구체적 사안에서 개별적으로 판단할 문제이다.[305] 일반적으로 채무불이행이라는 행태가 법적으로 부정적인 평가를 받을 수는 있으나, 그것이 불법행위에서 요구되는 정도의 행위불법을 갖추었다고는 할 수 없다. 하지만 예컨대 타인에게 손해를 끼칠 목적으로 고의로 계약을 위반하여 상대방에게 손해를 입혔다면 이는 단순한 채무불이행을 넘어서서 불법행위를 구성할 가능성이 있다. 이처럼 채무불이행에 전형적으로 나타나는 정도의 행위불법을 넘어서서 사회적으로 수용하기 어려운 정도의 행위불법이 나타나는 사안에서는 불법행위책임이 인정될 수 있다.

지금까지 설명한 내용은 획일적으로 적용되는 공식이라기보다는 위법성을 판단할 때에 두루 고려되어야 할 요소들일 뿐이다. 결론적으로 어떤 계약위반행위가 동시에 불법행위를 구성하는지는 위에서 설명한 두 가지 요소, 즉 침해되는 이익의 중대성(결과불법)과 침해행위의 성질(행위불법)을 상관적으로 고려하여 사안별로 판단해야 한다. 그것이 위법성 판단에 관한 우리나라의 일반적 견해인 이른바 상관관계설과도 부합한다. 이러한 사안별 판단 방식은 뚜렷한 예측 가능성을 제공하지 못하는 한계를 지니나, 문제의 성상에 비추어 불가피하다. 관련 판례와 논의가 축적되면서 예측 가능성이 제고되기를 인내심을 지니고 기다릴 수밖에 없다.

다시 이 사건으로 돌아와 보자. 이 사건에서 부동산중개인인 피고는 원고에

---

305) 이상훈(주 302), 211면.

게 이 사건 조합원 가입증서의 매수를 중개하는 과정에서 매수 여부를 결정하는 데 관건이 되는 중요사항을 제대로 확인·고지하지 않은 채 이 사건 지역주택조합사업의 시행 전망이 밝고 비교적 단기간 내에 사업이 진행될 것처럼 설명하면서 매수를 적극 권유하는 등으로 부동산중개인으로서의 선량한 관리자의 주의의무를 위반하였다는 것이다. 이러한 선관주의의무는 위임계약 또는 중개계약으로부터 발생하는 계약상 의무이다. 그러나 이러한 의무 위반만으로는 불법행위가 성립하지 않는다. 앞서 살펴본 일반론에 따르면 불법행위가 성립하려면 침해되는 이익의 중대성(결과불법)과 침해행위의 성질(행위불법)에 관한 별도의 사정이 인정되어야 한다. 이 사건은 절대적인 성격의 권리 침해 사건은 아니므로 결국은 침해행위에 대한 비난 가능성이 높은 경우에 비로소 불법행위의 성립 가능성이 높아질 것이다.

6. 판결절차에서 간접강제를 명할 수 있는지 여부(대법원 2021. 7. 22. 선고 2020다248124 전원합의체 판결)

가. 사실관계

원고는 A 교회의 담임목사이다. 원고와 B는 X 토지에 관하여 매매대금을 300만 원으로 하는 내용의 매매계약(1차 매매계약)을 체결하면서, “X 토지 중 북쪽 꼭지점 부근에서 남쪽 도로와 평행선 서쪽의 2평은 교회부지로 인정하며 교회 진입로로 사용하기로 한다”는 내용의 특약사항(이하 ‘이 사건 특약’이라고 한다)을 정하였다. 이후 원고와 B 사이에 X 토지에 관하여 매매대금을 300만 원으로 하는 내용의 매매계약서(2차 매매계약)가 다시 작성되었는데, 위 매매계약서에는 이 사건 특약이 기재되어 있지 않았다. X 토지에 관하여 2차 매매계약을 원인으로 한 B 명의의 소유권이전등기가 마쳐졌다.

B가 사망한 후 협의분할에 의한 재산상속을 원인으로 하여 피고 명의로 소유권이전등기가 이루어졌다. 피고가 교회 진입로 사용을 방해하자, 원고는 피고를 상대로 통행권 확인과 통행 방해행위 금지를 구하는 소를 제기하였다. 제1심법원은 원고와 B 사이에 2차 매매계약을 체결하면서 이 사건 특약을 삭

제하기로 하는 합의가 있었다고 보아, 원고의 청구를 기각하였다.[306)]

나. 원심판결과 대상판결

원고는 항소심에서 교환적으로 청구를 변경하면서, X 토지의 일부인 5㎡ 부분(이하 'Y 부분'이라고 한다)에 관한 소유권이전등기 말소, 사용방해 금지 및 간접강제를 청구하였다. 원심법원은 원고가 교환적으로 변경한 청구를 모두 인용하면서, 사용방해 금지 및 간접강제 청구에 대하여 "피고는 X 토지 중 Y 부분에 대한 원고의 사용을 방해해서는 아니 되고, 피고가 이를 위반할 경우 원고에게 위반일 1일당 10만 원씩의 배상금을 지급하라"는 판결을 선고하였다.[307)] 피고가 상고하였으나 대법원은 상고를 기각하면서 판결절차에서 부작위채무 또는 부대체적 작위채무의 이행을 명하면서 동시에 간접강제를 명할 수 있는지를 직권으로 판단하였다.[308)] 대상판결은 기존 판례에 따라 그러한 간접강제가 가능하다는 취지로 다음과 같이 판단하였다.

> *부작위채무에 관하여 판결절차의 변론종결 당시에 보아 부작위채무를 명하는 집행권원이 성립하더라도 채무자가 이를 단기간 내에 위반할 개연성이 있고, 또한 판결절차에서 민사집행법 제261조에 의하여 명할 적정한 배상액을 산정할 수 있는 경우에는 판결절차에서도 채무불이행에 대한 간접강제를 할 수 있다.*
>
> *또한 부대체적 작위채무에 관하여서도 판결절차의 변론종결 당시에 보아 집행권원이 성립하더라도 채무자가 부대체적 작위채무를 임의로 이행할 가능성이 없음이 명백하고, 판결절차에서 채무자에게 간접강제결정의 당부에 관하여 충분히 변론할 기회가 부여되었으며, 민사집행법 제261조에 의하여 명할 적정한 배상액을 산정할 수 있는 경우에는 판결절차에서도 채무불이행에 대한 간접강제를 할 수 있다.*

그 이유는 다음과 같다.

---

306) 대전지방법원 홍성지원 2019. 1. 15. 선고 2018가단4291 판결.
307) 대전지방법원 2020. 6. 30. 선고 2019나102169 판결.
308) 대법원 2021. 7. 22. 선고 2020다248124 전원합의체 판결.

> ① *본안판결에서 동시에 민사집행법 제261조 제1항의 간접강제에 관한 판결을 할 수 있는지 여부에 관하여 이를 명시적으로 금지하는 법 규정은 없다. 입법자는 채권에 대한 강제이행의 원칙과 집행권원에 기초한 강제집행의 원칙을 규정하였을 뿐 판결절차에서는 어떠한 경우에도 간접강제를 명할 수 없도록 법률을 제정하였다고 볼 수 없다.*
> ② *판결절차에서 간접강제를 명할 수 있도록 한 이유는 부작위채무와 부대체적 작위채무를 이행하지 않는 경우에 집행의 실효성을 확보하고 집행공백을 막으려는 데 있다.*
> ③ *판결절차에서 간접강제를 명하더라도 채무자에게 크게 불리하다고 볼 수 없다. 판결절차에서도 채권자인 원고가 간접강제를 청구해야만 법원이 간접강제를 명할 수 있으므로, 변론 과정에서 채무자인 피고가 간접강제에 관하여 충분히 의견을 진술할 수 있기 때문이다.*
> ④ *판례가 제시하는 요건에 따라 판결절차에서 간접강제를 명하는 것은 분쟁의 종국적인 해결에도 이바지한다.*

이에 대해서는 ① 판결절차와 강제집행절차의 준별이라는 측면에서 볼 때, 민사집행법에서 정한 절차 규정이 강행규정이라는 점, 강제집행은 국가가 채무자에 대하여 강제력을 행사하는 것이므로 반드시 법률에 근거가 있어야 하는 점, 판결절차에서 간접강제를 명할 경우 생략되는 절차의 내용을 고려하면 판결절차에서 명하는 간접강제는 민사집행법이 예정한 간접강제와는 전혀 다른 절차인 점, ② 집행의 실효성 확보라는 측면에서 볼 때, 집행권원의 성립과 간접강제결정 사이의 시간적 간격은 집행권원의 성립에 소요되는 기간과 비교할 때 극히 짧은 기간인 점, 다수의견이 우려하는 집행공백 기간의 문제는 가처분절차를 통해 충분히 대비할 수 있는 점, ③ 당사자의 이익형량이라는 관점에서 볼 때, 부작위채무 등과 그와 다른 종류의 채무를 차별 취급하는 것은 부당한 점, 판결절차에서 간접강제를 명한다고 해도 결과적으로 채권자에게 실효적인 조치도 아니고 채무자에게 매우 불리한 조치인 점 등을 종합하여 보면, 판결절차에서 간접강제를 명할 수는 없다고 보아야 한다는 반대의견이 있었다.[309)]

---

309) 반대의견은 대법관 이기택, 대법관 안철상, 대법관 이흥구에 의하여 개진되었다.

다. 분석

(1) 일반론

간접강제는 채무불이행에 대한 제재를 고지함으로써 채무자가 그 제재를 면하기 위하여 채무를 이행하도록 동기 부여하는 것을 목적으로 하는 강제집행 방법이다.310) 민사집행법 제261조는 "채무의 성질이 간접강제를 할 수 있는 경우에 제1심 법원은 채권자의 신청에 따라 간접강제를 명하는 결정을 한다. 그 결정에는 채무의 이행의무 및 상당한 이행기간을 밝히고, 채무자가 그 기간 이내에 이행을 하지 아니하는 때에는 늦어진 기간에 따라 일정한 배상을 하도록 명하거나 즉시 손해배상을 하도록 명할 수 있다."라고 규정하여 간접강제에 대한 근거를 제공하고 있다. 비교법적으로 보면 독일과 같이 간접강제의 방법으로 손해배상 이외에 벌금을 부과하거나 채무자를 구금하는 입법례도 있으나,311) 우리나라는 손해배상을 명하는 방법에 따른 간접강제 방식만 허용하고 있다.

간접강제는 채무자에게 심리적 압박을 가하여 채무이행을 사실상 강제하는 집행방법이므로 자칫 잘못하면 인격 존중의 원칙에 반할 우려가 있다. 물론 우리나라처럼 채무자의 구금까지 강제하지는 않는 입법례에서는 이러한 우려가 다소 완화되기는 한다. 하지만 돈을 지급하도록 하는 형태의 간접강제도 금전적 불이익을 무기 삼아 채무자를 심리적으로 압박하는 강제집행방법이라는 점에서는 이러한 우려가 완전히 불식될 수는 없다. 이러한 배경하에 간접강제는 직접강제나 대체집행이 불가능한 때에만 보충적으로 허용한다고 보는 것이 판례의 태도이다(간접강제의 보충성).312)

한편 직접강제나 대체집행이 불가능하다는 이유만으로 언제나 간접강제가

---

310) 대법원 2003. 10. 24. 선고 2003다36331 판결. 따라서 대법원은 간접강제결정에 기한 배상금의 성격을 법정 제재금이라고 본다(대법원 2013. 2 14. 선고 2012다26398 판결). 다만 이러한 배상금은 손해배상에 충당된다는 의미에서 손해배상금의 성격도 띤다.

311) 독일 민사소송법 제890조 제1항은 채무자가 법원의 부작위 및 수인(受忍)의 명령(Erzwingung von Unterlassungen und Duldungen)에 위반한 경우 6개월까지 구금할 수 있도록 규정하고 있다.

312) 대법원 1957. 8. 8.자 4290민항33 결정. 김상용, **채권총론**, 제3판(화산미디어, 2016), 142면; 편집대표 김용덕, **주석 민법**, 채권총칙(1), 제5판(한국사법행정학회, 2020), 578면(고홍석 집필부분); 전병서, **민사집행법**, 제3판(박영사, 2021), 472면. 하지만 2003년 개정된 일본 민사집행법에서는 직접강제와 대체집행이 가능한 채무에 대해서도 간접강제를 허용하고 있다.

가능하게 되는 것은 아니다. 강제집행 자체가 가지는 한계가 있기 때문이다. 예컨대 채무자의 의사만으로 이행할 수 없는 채무(예: 제3자와 계약을 체결할 채무), 채무자의 자유의사에 반하여 강제한다면 채무의 내용에 좇은 급부를 실현할 수 없는 채무(예: 예술가의 작품제작채무)나 이러한 강제가 채무자의 인격 존중에 반하는 채무(예: 부부 사이의 동거의무)에 대해서는 강제이행 자체가 허용되지 않으므로 강제이행을 구하는 집행방법의 하나인 간접강제도 허용되지 않는다.[313)]

강제집행은 확정된 종국판결이나 가집행의 선고가 있는 종국판결 등 집행권원을 기초로 행한다(민사집행법 제24조). 그런데 대법원은 1996년 판결을 통해 판결절차의 변론종결 당시를 기준으로 단기간 내 부작위채무를 위반할 개연성이 있고, 간접강제의 적정한 배상액을 산정할 수 있다면 판결절차에서도 간접강제(판결과 동시에 명하는 간접강제를 편의상 '판결 시 간접강제'라고 부르기로 한다)를 할 수 있다는 법리를 선언하였다.[314)] 집행권원의 성립 전에도 간접강제결정을 할 수 있다는 것이다. 이러한 판결 시 간접강제의 법리는 부대체적 작위채무,[315)] 가처분[316)]의 경우에도 적용된다. 이러한 이론은 「언론중재 및 피해구제 등에 관한 법률」(이하 '언론중재법'이라 한다) 제26조 제3항, 「장애인차별금지 및 권리구제 등에 관한 법률」(이하 '장애인차별금지법'이라 한다) 제48조 제3항에 반영되기도 하였다. 학설상으로 이러한 이론에 대한 비판은 찾아보기 어려웠다.

(2) 이 사건에 대한 검토

이처럼 판례, 학설, 개별 입법을 통해 큰 이견 없이 정착되어 온 판결 시 간접강제 이론의 당부가 이 시점에 본격적으로 다루어졌다는 점은 다소 의외의 일이다. 10년 전 서울고등법원에서 이 판례 이론에 반하는 판결이 선고되어

---

313) 고홍석(주 312), 581-582면.

314) 대법원 1996. 4. 12. 선고 93다40614, 40621 판결. 또한 같은 취지로 대법원 2014. 5. 29. 선고 2011다31225 판결.

315) 대법원 2013. 11. 28. 선고 2013다50367 판결.

316) 대법원 2007. 6. 14.자 2006마910 결정이나 대법원 2008. 12. 24.자 2008마1608 결정은 가처분과 간접강제 결정이 함께 내려진 사안에 대하여 다루고 있다.

기사화된 적이 있는데,[317] 그 당시 재판장이 대상판결의 주심 대법관이라는 점과 무관하지 않은 것으로 보인다. 어쨌든 결과적으로 대상판결은 판결절차와 집행절차의 관계, 판결 시 간접강제를 둘러싼 각종 이익 상황, 법원의 법률 해석 내지 법 형성의 범위와 한계 등 무거운 문제들을 진지하게 다루는 계기를 제공하였다. 다수의견과 반대의견은 다양한 국면에서 여러 가지 논거들을 제시하며 대립하였다. 이와 관련하여 필자는 세 가지 질문을 던지고 그에 대한 양측의 입장을 정리한 뒤 생각을 덧붙이고자 한다. 첫째, 판결 시 간접강제는 우리 법체계에 비추어 본래 허용될 수 없는가? 둘째, 판결 시 간접강제의 허용은 채권자와 채무자에게 어떤 영향을 미치는가? 셋째, 오랫동안 정착되어 온 판결 시 간접강제 이론을 굳이 변경할 충분한 이유가 있는가?

(가) 판결 시 간접강제는 우리 법체계에 비추어 본래 허용될 수 없는가?

첫째, 판결 시 간접강제는 우리 법체계에 비추어 본래 허용될 수 없는가? 판결 시 간접강제를 금지하는 명문 규정은 없다. 다수의견은 이 점을 강조하였다. 하지만 판결 시 간접강제를 허용하는 명문 규정도 없기는 매한가지다. 반대의견은 이 점을 강조하였다. 간접강제에 관한 민사집행법 제261조 제1항을 놓고도 시각 차이가 있었다. 다수의견은 이는 본래적 간접강제에 관한 조항일 뿐 판결 시 간접강제를 금지하는 조항이 아니라고 보았다. 반면 반대의견은 그 반대해석상 본래적 간접강제에 속하지 않는 판결 시 간접강제는 금지된다고 보았다. 언론중재법 제26조 제3항, 장애인차별금지법 제48조 제3항을 놓고도 양측은 관점을 달리하였다. 다수의견은 이러한 명문 규정이 판결 시 간접강제가 법질서상 허용될 수 있다는 방증이라고 보았다. 반대의견은 이러한 명문 규정은 해당 개별 법률 영역 내에서만 적용될 뿐이고, 오히려 그 외의 영역에서는 명문 규정이 있어야 판결 시 간접강제가 가능하다는 방증이라고 보았다. 한편 다수의견은 민법 제389조 제3항에서 부작위채무에 관하여 채권자가 법원에 “장래에 적당한 처분”을 청구할 수 있다는 점을 언급함으로써 은연중

317) 서울고등법원 2011. 7. 20. 선고 2010나97688 판결(각공2011하, 1077). 관련 기사는 https://www.lawtimes.co.kr/Case-Curation/View?serial=58804 참조. 한편 대법원 사건검색 사이트에서 검색한 바에 따르면 이 판결은 상고되었으나 그 이후 상고가 취하되었다.

에 간접강제에 대한 법적 토대가 없지 않음을 소극적으로나마 내비쳤다. 반대의견은 이 점에 관하여는 별다른 입장을 표명하지 않았다.

판결절차와 집행절차 구별의 엄격성에 관한 양측의 시각 차이도 이 문제와 관련 있다.[318] 다수의견은 양 절차의 구별이 절대불변의 것이 될 수는 없고, 집행절차의 목적을 더 잘 달성할 수 있다면 필요에 따라 완화될 수도 있다는 점을 강조하였다. 또한 다수의견에 대한 보충의견은 집행문 부여의 소, 집행문 부여에 대한 이의의 소, 청구이의의 소, 제3자이의의 소, 배당이의의 소, 집행정지 등 집행절차에 관한 사항을 판결절차로 진행하는 다수의 사례들이 있다는 점도 언급하였다. 반면 반대의견은 양 절차의 차이점을 부각시키면서 양 절차가 엄격하게 구별되어야 한다는 점을 강조하였다. 그리고 이러한 구별을 완화하려면 명문의 규정이 있어야 한다고 보았다. 양 절차가 병합될 수 없다는 점을 지적한 것도 결국 양 절차의 엄격한 구별 필요성을 강조한 것이다. 또한 판례는 통상의 민사사건과 가처분에 대한 이의사건은 다른 종류의 소송절차에 따르는 것이므로 변론을 병합할 수 없다고 보았는데,[319] 반대의견은 이러한 판례의 취지에 비추어 보더라도 본안청구의 소와 간접강제신청은 성질상 병합할 수 없다고 보았다.

전반적으로 본다면, 현재의 판결 시 간접강제 이론이 성문법에 의해 충분히 뒷받침된다고는 할 수 없다. 다수의견은 민법 제389조 제3항을 언급하였으나, 이 조항이 간접강제의 성문법적 근거가 될 수 있는지는 불분명하다.[320] 간접강제도 엄연히 강제집행의 한 방법이고, 강제집행의 고권적, 강행적 성격 및 강제집행이 국민의 권리와 이익에 미치는 지대한 영향을 생각한다면, 성문법적 근거가 뚜렷하지 않은 채 강제집행 관련 법률이 본래 예정하던 범위를 벗어나 판례 이론으로 새로운 강제집행 유형을 창설하는 것은 일반적으로는 자제해야

318) 더 나아가 실체적 권리와 그 집행의 문제를 얼마나 엄격하게 구별할 것인가도 이 문제와 관련 있다. 입법의 관점에서 보면 우리나라 민법이나 개정 전 일본 민법 제414조, 개정 프랑스 민법(제1217조, 제1221조 등)처럼 민법에서 강제집행의 문제를 규정하는 경우도 있고, 개정 후 일본 민법 제414조처럼 강제집행의 문제는 명시적으로 집행법에 맡기는 경우도 있다.

319) 대법원 2003. 8. 22. 선고 2001다23225, 23232 판결.

320) 이러한 취지를 정면으로 주장한 견해는 아직 발견되지 않는다. 다수의견도 민법 제389조 제3항이 간접강제의 근거라고 정면으로 말하지는 않는다. 다만 배상금지급의 예고명령이 여기에서의 '적당한 처분'에 들어간다고 보는 입장이 있다(법원실무제요, **민사집행(IV)**(사법연수원, 2020), 747면).

한다. 그러한 창설은 언론중재법이나 장애인차별금지법의 예에서 알 수 있듯이 입법으로 행하는 것이 원칙이다. 하지만 판례에 의한 판결 시 간접강제 이론의 창설이 우리 법 질서상 허용될 수 없는 정도에 이르는가는 다른 문제이다. 법원의 확장적인 법률해석 또는 법 형성의 권한을 부정하지 않는 이상 현재의 법 문언이 이러한 이론을 금지한다고 말할 수는 없다. 요컨대 이 문제에 관한 한 다수의견이 다소 궁색한 것은 사실이나 아래에 살펴볼 다음 질문들에 대한 답변에 따라서는 기존의 판례 이론이 정당화될 수도 있다는 것이다.

(나) 판결 시 간접강제의 허용은 채권자와 채무자에게 어떤 영향을 미치는가?

둘째, 판결 시 간접강제의 허용은 법 정책상 더 좋은 결과를 가져오는가? 이는 판결 시 간접강제의 효용과 부작용의 형량 문제이기도 하다. 이 점에 대해서도 다수의견과 반대의견은 첨예하게 대립하였다. 다수의견은 판결 시 간접강제의 허용은 집행 공백을 막아 채권자의 권리구제 내지 권리실현에 이바지할 수 있고, 조기의 분쟁 해결로 이끌 수 있다는 점을 강조하였다. 또한 판결절차에서도 채무자가 간접강제에 관하여 의견을 진술할 기회가 보장되어 있으므로 채무자에게 크게 불리하지 않다고 보았다. 반면 반대의견은 판결 시 간접강제를 허용하면 집행문 부여(민사집행법 제28조 제1항, 제30조 제1항), 채무자 심문(민사집행법 제262조), 즉시항고(민사집행법 제261조 제2항) 등 본래적 의미의 간접강제의 요건이나 절차가 생략되고, 항소심에서 판결 시 간접강제를 명하는 경우에는 채무자가 가지는 심급의 이익이 박탈되며, 합리적 이유 없이 부작위채무 등에 관한 채권자를 다른 채권자보다 우대하게 되는 등 부작용이 크다는 점을 강조하였다. 아울러 판결 시 간접강제는 본안 심리 기간을 늘리고 판결 시 간접강제만을 다투기 위한 상소 제기를 유도하는 등 그 실효성도 크지 않다고 보았다. 반면 판결 시 간접강제를 허용하지 않더라도 가처분절차를 통해 그 공백을 상당 부분 메울 수 있다고 보았다.

우선 판결 시 간접강제의 허용이 대체로 채권자의 입장에서는 유용한 결과를 가져온다는 점을 부정하기는 어렵다. 특히 판결이 확정될 때까지 기다렸다가 새롭게 간접강제 재판절차를 시작하는 것보다 판결절차에서 간접강제의 문제도 함께 해결하는 것이 채권자에게 주는 효용은 상당히 크다. 애당초 판례가 판결 시 간접강제를 허용한 것도 바로 이러한 효용에 주목했기 때문이다. 물론 반대의견이 지적하였듯이 간접강제의 문제를 함께 심리하느라 심리기간이 늘어난다거나 본안 판단이 아닌 간접강제 판단에 대한 불복 때문에 상소가 늘어날 가능성이 없지는 않다. 그러나 판결 확정 후 간접강제 재판을 새롭게 해야 하고 그에 대한 불복절차를 따로 밟는 경우에 전체적으로 늘어날 기간과 비교하면 이는 경미한 수준일 것이다. 또한 반대의견은 보전절차 활용 가능성을 언급하였으나, 보전절차와 강제집행절차는 엄연히 다른 목적과 효용을 가지고 있다.

정책적 관점에서 진지하게 살펴보아야 하는 것은 이러한 효용을 능가할 정도로 채무자에게 불이익이 발생하는가이다. 반대의견이 지적한 채무자의 불이익은 집행문 부여나 채무자 심문 등의 절차가 생략된다거나 즉시항고의 기회가 없어짐으로써 발생하는 불이익이다. 이러한 불이익이 구체적 불이익, 또는 실질적 불이익이 되려면 집행문 부여, 채무자 심문, 즉시항고 등을 통해 달성하고자 하는 바가 판결 시 간접강제에서는 실종되거나 현저히 감소되어야 한다. 그러나 과연 그러한지는 의문이다. 집행문은 집행권원의 집행력과 집행당사자를 공증하기 위해 제1심 법원의 법원사무관 등(소송기록이 상급심에 있는 때에는 그 법원의 법원사무관 등)이 내어주는 공증문언인데, 판결 시 간접강제를 명하는 본안법원이 스스로 이러한 공증기능을 수행한다고 본다면 채무자에게 어떤 구체적인 불이익이 발생하는 것이 아니다. 채무자 심문의 목적도 판결절차에서 채무자의 의견을 진술할 기회를 부여함으로써 달성할 수 있다. 즉시항고는 채권자와 채무자에게 공통적으로 부여된 불복수단이므로 즉시항고 기회의 박탈이 채무자에게만 불이익을 발생시키지는 않는다. 판결 시 간접강제에서는 이러한 불복기회가 상소의 형태로 주어지게 된다. 결국 채무자에게 어떤 구체적인 불이익이 발생하는지, 발생한다면 그 불이익은 판결 시 간접강제의 효용보다 얼마나 더 중대한 것인지 분명하지 않다. 그러므로 판결 시 간접강제의 효용과 부작용이라는 측면에서만 본다면 기존의 판례 이론이 더 우수하다.

(다) 오랫동안 정착되어 온 판결 시 간접강제 이론을 굳이 변경할 충분한 이유가 있는가?

셋째, 오랫동안 정착되어 온 판결 시 간접강제 이론을 굳이 변경할 충분한 이유가 있는가? 판례 변경을 논의하는 장면에서 약방의 감초처럼 등장하는 질문이다. 어느 문헌의 표현을 빌리면 판례의 무게에 관한 질문이기도 하다.[321] 판례가 너무 가벼워서는 곤란하다. 판례가 변경되면 기존 판례에 기초하여 성립되고 전개되어 온 법률관계와 그 당사자들의 삶에 크고 작은 영향이 있을 수 있으므로, 법적 안정성에 부정적인 영향을 미칠 위험이 있기 때문이다. 또한 잦은 판례 변경은 사법 불신으로 이어질 수 있다. 상황이 그다지 변하지 않았는데 판단 주체가 변하였다는 이유로 판례가 변경된다고 믿기 시작하면 종국적으로 판례, 나아가 사법부는 묵직한 신뢰를 받기 어렵다. 그렇다고 판례가 너무 무거워서도 곤란하다. 사회가 바뀌고 법질서의 풍경이 바뀌면 판례가 변경되어야 하는 경우도 있다. 선례존중을 앞세워 이러한 변경 필요성에 마냥 눈감을 수는 없다. 법률 개정을 생각해 보자. 대표적 법원(法源)인 법률은 수시로 개정된다. 이러한 끊임없는 법률 개정에 대해 법률의 무게에 어울리지 않는 경박한 처사라거나 법적 안정성을 무시하는 처사라는 비난을 별로 들어보지 못했다. 오히려 법률 개정은 더 나은 상태로의 발전을 상징하는 것으로 여겨지는 호의적 분위기가 우세하다. 그래서 국회의원들도, 또 행정 부처도 이러한 이미지를 획득하기 위해 법률 개정에 사력을 다한다. 그런데 일반적으로는 법원(法源)의 반열에도 포함되지 않는 판례는 이보다 훨씬 무겁게 취급된다면 무언가 균형이 안 맞는다. 따라서 종래 판례가 법적으로 잘못된 것이라면 이는 원칙적으로 변경되어야 마땅하다.[322]

대법원 2013. 2. 21. 선고 2010도10500 전원합의체 판결에서 이상훈, 김용덕 대법관의 별개의견에 따르면 "기존의 축적된 대법원 판례를 전면적으로 바꾸어 그에 기초한 법적 안정성을 해쳐도 좋을 정도로 우월한 가치를 가[지는]" 경우에 판례 변경이 정당화될 수 있다고 하여, 판례 변경이 가지고 올 긍정적

321) 윤진수, "판례의 무게 -판례의 변경은 얼마나 어려워야 하는가?-", **법철학연구**, 제21권 제3호(2021) 참조.
322) 윤진수(주 321), 182면 참조.

가치와 법적 안정성을 판례 변경 여부의 중요한 판단 축으로 삼고 있다. 물론 법적 안정성에 지나친 무게를 두어 법에 부합하는 판례 변경을 미루어서는 곤란하나, 적어도 법적 안정성이 판례 변경 과정에서 고려되어야 할 하나의 요소임은 분명하다. 이는 성문법적 근거의 차원(첫째 질문)에서는 반대의견, 정책적 효용의 차원(둘째 질문)에서는 다수의견이 각각 다소 우위를 점하고 있는 이 사건에서도 고려되어야 할 요소이다. 2021년에 이르러 판결 시 간접강제가 허용되는지가 처음 다루어졌다면 반대의견은 지금보다 더 큰 무게를 가졌을 것이다. 그러나 판결 시 간접강제 이론은 25년 전인 1996년 대법원에 의해 형성되었고,[323] 그 이후 판례와 실무 관행이 축적되면서 확고하게 자리 잡게 되었다. 또한 개별 법률이기는 하나 성문법 체계에도 반영되었다. 학설상 비판론도 별로 찾아보기 어려웠다. 그렇다면 이러한 상황에서 이 판례의 변경을 정당화할 정도의 논증이 행해졌는가? 그렇지 않다고 생각한다. 따라서 필자는 대상판결에 찬성한다.

7. 3자간 등기명의신탁과 부당이득(대법원 2021. 9. 9. 선고 2018다284233 전원합의체 판결)

가. 사실관계

원고는 A로부터 부동산을 매수하고 매매대금 10억 원을 모두 지급하였다. 매수인인 원고는 피고와 명의신탁 약정을 체결한 상태였고, 매도인인 A는 명의수탁자인 피고 명의로 소유권이전등기를 마쳐주었다. 그런데 명의수탁자인 피고는 B 은행으로부터 5억 원을 대출받으면서 부동산에 채권최고액 6억 원인 근저당권을 설정하였다. 그 후 원고는 명의신탁 약정이 무효임을 이유로 피고를 상대로 ① 매도인 A를 대위하여 A에게 진정명의회복을 위한 소유권이전등기절차를 이행할 것을 구하는 한편, ② 자신에게 위 근저당권을 담보로 대출받은 5억 원의 부당이득을 반환할 것을 구하였다. 제1심법원은 원고가 피고에게 부동산을 명의신탁하였다고 인정할 근거가 부족하다는 이유로 원고의 청

323) 대법원 1996. 4. 12. 선고 93다40614, 40621 판결.

구를 모두 기각하였다.[324)]

나. 원심판결과 대상판결

원심법원은 원고의 소유권이전등기청구를 인용하고, 부당이득반환청구를 기각하였다.[325)] 부당이득반환청구를 기각한 이유는, 3자간 등기명의신탁은 무효이므로 명의신탁된 부동산의 소유권은 여전히 매도인에게 남아 있고, 명의수탁자가 그 부동산을 담보로 제공하여 손해를 입은 자는 명의신탁자가 아니라 매도인이라는 점 때문이었다. 대법원은 이와 달리 3자간 등기명의신탁에서 명의수탁자의 담보제공으로 손해를 입은 자는 명의신탁자라고 보아 원심판결을 파기환송하였다.[326)] 판결 요지는 다음과 같다.

> *3자간 등기명의신탁에서 명의수탁자의 임의처분 또는 강제수용이나 공공용지 협의취득 등을 원인으로 제3자 명의로 소유권이전등기가 마쳐진 경우, 특별한 사정이 없는 한 제3자는 유효하게 소유권을 취득한다(부동산실명법 제4조 제3항). 그 결과 매도인의 명의신탁자에 대한 소유권이전등기의무는 이행불능이 되어 명의신탁자로서는 부동산의 소유권을 이전받을 수 없게 되는 한편, 명의수탁자는 부동산의 처분대금이나 보상금 등을 취득하게 된다. 판례는, 명의수탁자가 그러한 처분대금이나 보상금 등의 이익을 명의신탁자에게 부당이득으로 반환할 의무를 부담한다고 보고 있다(대법원 2011. 9. 8. 선고 2009다49193, 49209 판결, 대법원 2015. 9. 10. 선고 2015다207235 판결, 대법원 2019. 7. 25. 선고 2019다203811, 203828 판결 등 참조). 이러한 판례는 타당하므로 그대로 유지되어야 한다.*
>
> *명의수탁자가 부동산에 관하여 제3자에게 근저당권을 설정하여 준 경우에도 부동산의 소유권이 제3자에게 이전된 경우와 마찬가지로 보아야 한다. 명의수탁자가 제3자에게 부동산에 관하여 근저당권을 설정하여 준 경우에 제3자는 부동산실명법 제4조 제3항에 따라 유효하게 근저당권을 취득한다. 이 경우 매도인의 부동산에 관한 소유권이전등기의무가 이행불능된 것은 아니므로, 명의신탁자는 여전히 매도인을 대위하여 명의수탁자의 부동산에 관한 진정명의회복을 원인으로 한 소유권이전등기 등을 통하여 매도인으로부터 소유권을 이전받을 수 있지만, 그 소유권은 명의수탁자가 설정한 근저당권이 유효하게 남*

---

324) 수원지방법원 성남지원 2017. 7. 7. 선고 2016가합201278 판결.

325) 서울고등법원 2018. 10. 12. 선고 2017나2041062 판결.

326) 대법원 2021. 9. 9. 선고 2018다284233 전원합의체 판결.

아 있는 상태의 것이다. 명의수탁자는 제3자에게 근저당권을 설정하여 줌으로써 피담보채무액 상당의 이익을 얻었고, 명의신탁자는 매도인을 매개로 하더라도 피담보채무액만큼의 교환가치가 제한된 소유권만을 취득할 수밖에 없는 손해를 입은 한편, 매도인은 명의신탁자로부터 매매대금을 수령하여 매매계약의 목적을 달성하였으면서도 근저당권이 설정된 상태의 소유권을 이전하는 것에 대하여 손해배상책임을 부담하지 않으므로 실질적인 손실을 입지 않는다. 따라서 3자간 등기명의신탁에서 명의수탁자가 부동산에 관하여 제3자에게 근저당권을 설정한 경우 명의수탁자는 근저당권의 피담보채무액 상당의 이익을 얻었고 그로 인하여 명의신탁자에게 그에 상응하는 손해를 입혔으므로, 명의수탁자는 명의신탁자에게 이를 부당이득으로 반환할 의무를 부담한다.

이러한 다수의견에 대하여 명의신탁약정이 무효라면 명의신탁자와 명의수탁자 사이에는 어떠한 실체적 권리관계도 없으므로 이들 사이에서 부당이득반환관계를 인정할 수 없고 명의신탁자는 매도인을 대위하는 방법 등으로 손해를 전보받아야 한다는 반대의견이 있었다.[327]

다. 분석

(1) 이 사건에 대한 검토

대상판결은 3자간 등기명의신탁의 명의수탁자가 임의로 명의신탁 부동산에 근저당권을 설정하여 대출받은 경우 그 대출금 상당의 부당이득반환청구권을 명의신탁자와 매도인 중 누가 행사할 수 있는가를 다루었다. "법률상 원인 없이 타인의 재산 또는 노무로 인하여 이익을 얻고 이로 인하여 타인에게 손해를 가한 자"(민법 제741조)는 그 손해를 입은 타인에게 부당이득을 반환해야 한다.[328] 무효인 3자간 등기명의신탁에서 처분권 없는 명의수탁자가 명의신탁 부동산을 임의로 제3자에게 담보로 제공하여 대출받았다면 그는 "법률상 원인 없이 타인의 재산"으로 대출금에 상응하는 부당이득을 취한 사람임이 분명하다. 그런데 그 부당이득은 누구에게 반환해야 하는가? 다시 말해 누가 그 담보

327) 대법관 김재형, 대법관 박정화, 대법관 김선수, 대법관 노태악, 대법관 이흥구가 반대의견을 개진하였다.
328) 민법 제741조의 '손해'는 '손실'로 표현하는 것이 더 적절하나(권영준, "부당이득에 관한 민법개정안 연구", **서울대학교 법학**, 제55권 제4호(2014), 159-162면), 이 글에서는 민법에서 표현하는 바에 따르기로 한다.

제공으로 인하여 손해를 입은 사람인가? 다수의견은 명의신탁자가 손해를 입었다고 보았다. 반대의견은 매도인이 손해를 입었다고 보았다. 왜 이렇게 다른 결론에 이르게 되었을까?

판결이유를 읽어보면, 다수의견과 반대의견은 다음 질문에 대한 답변이 달라지면서 서로 다른 결론에 이르렀음을 알 수 있다. 3자간 등기명의신탁에서 매도인이 명의수탁자에게 등기를 마쳐주고 매수인(명의신탁자)으로부터 매매대금을 모두 수령하면 이제 매도인은 매수인(명의신탁자)에게 더 이상 매매계약과 관련된 의무를 부담하지 않게 되는가? 얼핏 생각하면 3자간 등기명의신탁이 무효인 이상 부동산 소유권은 여전히 매도인에게 남아 있고, 매도인은 그 소유권을 명의신탁자에게 넘겨주어야 할 의무를 여전히 부담해야 하는 것으로 보인다. 명의수탁자가 부동산을 제3자에게 넘기거나 저당권을 설정하여 위와 같은 소유권이전등기의무의 이행이 불가능하거나 불완전한 이행만 가능하게 되었다면 그로 인한 책임은 소유권이전등기의무자인 매도인이 부담해야 하는 것으로 보인다. 따라서 명의신탁자는 매도인에게 (온전한) 소유권이전등기청구권, 손해배상청구권, 계약해제에 따른 매매대금 반환청구권 등을 행사할 수 있고, 그 결과 3자간 등기명의신탁의 무효 및 명의수탁자의 임의처분으로 발생한 법적 위험은 종국적으로 매도인이 부담하게 된다. 이것이 바로 반대의견의 입장이다. 그런데 다수의견은 위와 같은 상황에서 매도인은 명의신탁자에 대해 더 이상 아무런 의무를 부담하지 않는다고 하여 그 법적 위험을 매도인이 아닌 명의신탁자에게 귀속시킨 뒤 명의신탁자가 손해를 입은 사람이라고 보았다. 다수의견은 그 근거 판례를 여럿 들었으나 그러한 모든 판례의 모체는 결국 대법원 2002. 3. 15. 선고 2001다61654 판결(이하 '2002년 판결'이라고 한다)이다.

2002년 판결은 「부동산 실권리자명의 등기에 관한 법률」(이하 '부동산실명법'이라고 한다) 시행 전에 이루어진 3자간 등기명의신탁을 다루었다. 부동산실명법 시행 전에는 명의신탁이 유효하였으므로 명의수탁자는 유효하게 부동산 소유권을 취득하였다. 그런데 1995. 7. 1.부터 부동산실명법이 시행되면서 기존 명의신탁약정에 따른 등기의 실명등기 의무가 부과되었고(제11조 제1항) 유예기간 내 실명등기를 하지 않을 경우 명의신탁약정과 이에 따른 등기의 효력이 상실하는 것으로 규정되었다(제12조 제1항). 해당 사안에서는 유예기간 내 실명등기가 이루어지지 않아 부동산 소유권이 매도인에게 복귀되었다. 그 후 명의수탁자가 해당 부동산을 제3자에게 임의로 처분하였다. 이로써 제3자가 그 부동산 소유권을 취득하게 되었고, 그 결과 매도인은 소유권을 상실하게 되었다(제4조 제3항). 그러자 명의신탁자(해당 판결의 원고)는 명의수탁자의 임의처분행위로 매도인이 손해를 입었다는 전제에서 매도인을 대위하거나 매도인으로부터 손해배상청구권을 양수하였다고 주장하며 명의수탁자를 상대로 손해배상청구를 하였다. 그러나 대법원은 ① 부동산실명법 시행 전 명의신탁자의 요구에 따라 명의수탁자 앞으로 등기명의를 이전하여 준 매도인에게는 귀책사유가 없고, ② 명의신탁을 주도한 명의신탁자가 유예기간 내 실명등기를 하지 않은 사정을 이유로 매도인에게 매매대금의 반환을 구하거나 재차 소유권이전등기를 요구하는 것은 신의칙상 허용되지 않고, ③ 매도인으로서는 명의수탁자의 처분으로 아무런 손해를 입지 않았으므로 명의수탁자에 대한 손해배상청구권도 없다고 판단하였다.

대상판결의 다수의견은 ① 매도인에게는 명의수탁자의 임의처분으로 인하여 아무런 손해가 발생하지 않았다고 한 2002년 판결의 취지는 부동산실명법 시행 후 이루어진 3자간 등기명의신탁 사안에도 적용될 뿐만 아니라,[329] ② 이러한 법리는 명의수탁자가 부동산 소유권을 이전한 경우 외에도 대상판결 사안처럼 근저당권을 설정해 준 경우에도 적용된다고 보았다. 그 결과 아무런 손해를 입지 않은 매도인은 명의수탁자에게 부당이득반환을 청구할 수 없다고 보았다. 다수의견은 그 외에도 공평의 이념에 기초한 부당이득반환 제도의 취지, 법률관계의 간명한 해결, 실질적인 손해의 부존재 등 여러 가지 근거를 제시하였다. 하지만 법리적으로 보면 다수의견은 신의칙에 비추어 매도인은 더 이상 명의신탁자에게 소유권이전등기의무 등을 부담하지 않는다는 2002년 판결에 의존한 것과 마찬가지이다. 그러므로 다수의견이 옳은지는 2002년 판결의 법리가 이 사건에도 적용될 수 있는지에 달려있다.

결론적으로 말하면 2002년 판결의 법리는 이 사건에 그대로 적용될 수 없

329) 다수의견이 근거로 제시한 대법원 2019. 7. 25. 선고 2019다203811, 203828 판결이 이러한 입장을 취하였다.

다. 2002년 판결 사안은 이 사건과 구조적으로 다르기 때문이다. 2002년 판결 사안에서는 매도인에게 온정적인 시선을 보낼 충분한 이유가 있었다. 매도인이 명의수탁자에게 등기를 넘겨줄 당시는 명의신탁이 널리 행해지고 있었다. 명의신탁의 유효성에 대한 판례도 흔들림 없이 정립되어 있었다. 따라서 매도인이 명의신탁자의 요구에 따라 명의수탁자 앞으로 등기를 넘겨주는 것을 비난하기는 어려웠다. 오히려 그는 명의신탁자의 부탁을 들어주며 명의수탁자에게 등기를 넘겨주었고, 매매대금까지 모두 수령함으로써 해당 법률관계에서 완전히 해방되었으리라 정당하게 기대하였을 것이다. 실제로도 그렇게 함으로써 명의신탁자의 이행은 법적으로도 완료되었다. 그런데 그 후 부동산실명법이 시행되었고 명의신탁자가 유예기간 내 실명등기를 하지 않음으로써 매도인의 의사와 무관하게 매도인에게 부동산 소유권이 복귀되었다. 매도인이 자신과는 무관하고 명의신탁자와는 가까운 명의수탁자의 임의처분으로 인한 법적 문제를 다시 자신이 떠안으리라고 매매 당시 예견하거나 감수하지는 않았을 것이다. 이러한 특수한 구조에서는 명의수탁자의 임의처분으로 인한 법적 문제는 명의신탁자와 명의수탁자 사이에서만 해결하도록 하고, 매도인은 그 문제에서 해방시켜 주는 쪽이 타당하다고 볼 여지가 있었다.

반면 대상판결 사안은 부동산실명법 시행 후 이루어진 3자간 등기명의신탁 사안이다. 부동산실명법의 메시지는 뚜렷하다. 명의신탁은 법으로 금지된다(제3조 제1항). 명의신탁 약정과 그 등기의 효력은 부정된다(제4조). 명의신탁은 행정제재 및 형사처벌 대상이다(제5조 내지 제7조). 이러한 메시지를 분명히 던진 부동산실명법이 시행된 지도 25년이 흘렀다. 그 사이 명의신탁에 대한 법 의식은 근본적으로 바뀌었다. 과거처럼 명의신탁이 횡행하지도 않는다. 다수의견은 “부동산실명법이 시행된 이후에 3자간 등기명의신탁이 이루어진 경우에도 … 매도인에게 매매계약의 체결이나 그 이행에 관하여 귀책사유가 있다고 보기 어렵고, 설령 귀책사유가 있다고 하더라도 부동산실명법 위반상태를 야기한 명의신탁자가 매도인에 대하여 매매대금의 반환을 구하거나 소유권이전등기의무의 이행불능에 따른 손해배상청구를 하는 것은 여전히 신의칙상 허용되지 않는다.”라고 판시하였다. 그러나 부동산실명법 시행 후에는 매도인에게 더 이상 이러한 온정적 시선을 보낼 수 없다. 매수인이 아닌 명의수탁자와 거래한 것처럼 실제와 다른 등기원인증서를 작성하고 등기를 마쳐주는 매도인의 행위는 법 위반에 자발적으로 참여하는 행위이다. 또한 이러한 행위만으로는 그의 이행이 법적으로 완료되었다고 할 수도 없다. 그는 명의신탁자만큼 부정적 평가를 받을 수는 없지만, 그렇다고 일반 조항인 신의칙까지 끌어들여 그를 번잡한 법률관계의 뒤처리 업무에서 해방시켜 줄 이유도 없다. 오히려 그렇게 하지 않아야 명의신탁을 더 잘 방지할 수 있다. 이제 명의신탁의 법률관계는 부동산실명법과 관련 민법 법리에 따라 규율하면 충분하다.

이러한 관련 법리에 따르면, 매도인은 여전히 소유자이고 그는 명의신탁자에게 소유권을 넘겨줄 의무를 부담한다. 명의수탁자의 임의처분 또는 담보제공은 매도인의 소유권을 상실시키거나 제한하는 행위이고, 이로 인한 직격탄은 소유자인 매도인이 맞는다. 물론 매도인으로부터 부동산 소유권을 이전받아야 할 지위에 있는 명의신탁자에게도 부정적 영향이 없다고 할 수는 없다. 또한 이러한 명의수탁자의 행위를 명의신탁자의 채권인 소유권이전등기청구권의 침해라고 구성할 여지도 있다. 이처럼 명의신탁자가 불법행위로서 채권침해의 손해를 입었다고 본다면, 불법행위와 유사한 성격을 지니는 침해부당이득도 명의신탁자에 대하여 성립한다고 볼 여지도 있다.[330] 그러나 어떻게 구성하건 현행법의 해석상 매도인의 소유권이 침해되었다는 사실을 부정하기는 어렵다. 그렇다면 매도인과 명의신탁자 중 명의수탁자의 행위로 직접적인 손해를 입은 사람은 소유권자인 매도인이지 장차 그 소유권을 취득할 지위에 있는 명의신탁자가 아니다. 그러므로 부당이득반환청구의 주체도 매도인으로 보는 것이 타당하다.[331] 다만 이 경우에도 명의신탁자는 대상청구권의 행사 또는 부

330) 대법원 민사실무연구회 발표 후 토론 과정에서 윤진수 교수님이 이러한 입장에서 다수의견에 찬성한다는 취지의 의견을 개진하였다. 침해부당이득과 불법행위의 상관관계에 대해서는 윤진수, “집합건물 공용부분의 무단점유로 인한 부당이득”, **자율과 정의의 민법학 − 양창수 교수 고희기념논문집**(양창수 교수 고희기념논문집 간행위원회, 2021), 769면.

331) 필자가 파악한 바에 따르면 대상판결 선고 이후 2022년 3월 초까지 공간된 논문은 모두 대상판결에 반대하는 취지이다. 이성진, “3자간 등기명의신탁과 부당이득반환청구-대법원 2021. 9. 9. 선고 2018다284233 전원합의체 판결-”, **민사법의 이론과 실무**, 제25권 제1호(2021); 김송, “3자간 등기명의신탁에서 수탁자의 신탁부동산 처분에 대한 수탁자의 부당이득반환의무”, **법학연구**(충남대학교 법학연구소), 제33권 제1호(2022); 권오상, “등기명의신탁에서 명의수탁자의 처분행위시 명의신탁자의 법적 지위-대법원 2021. 9. 9. 선고 2018다284233 전원합의체 판결을 중심으로-”, **법학논총**(국민대학교 법학연구소), 제34권 제3호

당이득반환청구권의 대위 행사를 통하여 자신이 주도권을 가지고 법률관계를 정리할 길이 열려 있다.

(2) 보론

대상판결의 다수의견과 반대의견은 부당이득법을 바라보는 다른 시각을 보여주었다. 다수의견은 공평론적 시각에 기초하여 법실질에, 반대의견은 유형론적 시각에 기초하여 법형식에 좀 더 무게를 두었다. 이러한 시각 차이는 결론으로도 이어졌다. 부당이득법이 공평의 이념과 관련 있음을 부정할 수는 없다. 대법원의 표현을 빌리면 부당이득 제도는 "이득자의 재산상 이득이 법률상 원인을 결여하는 경우에 공평과 정의의 이념에 근거하여 이득자에게 그 반환의무를 부담시키는 것"으로서, "특정한 당사자 사이에서 일정한 재산적 가치의 변동이 생긴 경우에 그것이 일반적 · 형식적으로는 정당한 것으로 보이지만 그들 사이의 재산적 가치의 변동이 상대적 · 실질적인 관점에서 법의 다른 이상인 공평의 이념에 반하는 모순이 생기는 경우에 재산적 가치의 취득자에게 가치의 반환을 명함으로써 그와 같은 모순을 해결하려는 제도"이다.[332] 그러나 "공평과 정의의 이념"은 의미 있는 기준을 제시해 주지 못한다. 따라서 부당이득 사안을 유형화하여 좀 더 구체적이고 개별적인 기준을 제시할 필요성이 있다. 우리나라에서도 독일의 영향 아래 부당이득의 문제는 급부부당이득, 침해부당이득, 비용부당이득 등의 유형별로 판단해야 한다는 입장(이른바 '유형설' 내지 '비통일설')이 유력하게 제기되어 대법원 판례에도 그 입장이 반영되었다.[333] 재판 실무에서도 각 사안 유형의 특수성을 고려하여 구체적인 이익형량과 가치평가를 통해 부당이득 성립 여부를 판단하는 판결들이 증가하고 있다.[334]

이러한 유형론적 시각에 따르면 대상판결 사안은 침해부당이득 사안이다. 침해부당이득은 타인에게 배타적으로 할당된 권리나 이익을 권한 없이 사용, 수익 또는 처분함으로써 이익을 얻고 그로 인하여 그 타인에게 손해를 입히는

(2022); 오지용, "2021년 민법총칙 및 물권법 중요판례평석", **인권과 정의**, 제504호(2022).

332) 대법원 2015. 6. 25. 선고 2014다5531 전원합의체 판결.

333) 대법원 2008. 9. 11. 선고 2006다46278 판결; 대법원 2014. 2. 13. 선고 2012다97864 판결; 대법원 2018. 1. 24. 선고 2017다37324 판결; 대법원 2020. 5. 21. 선고 2017다220744 전원합의체 판결.

334) 양창수 · 권영준(주 296), 505면.

경우에 발생한다.[335] 따라서 침해부당이득이 성립하였는지를 판단하기 위해서는 우선 손실자에게 어떤 권리가 배타적으로 귀속되어 있는지, 그 배타성이 미치는 범위가 어디까지인지를 살펴보아야 한다. 그런데 대상판결 사안에서 부동산의 배타적 권리, 즉 소유권은 엄연히 매도인에게 귀속되어 있었다. 명의신탁자는 해당 부동산에 관하여 소유권이전등기청구권을 가지고 있을 뿐이었다. 이러한 소유권이전등기청구권은 채권에 불과하다. 따라서 소유권이전등기청구권 자체의 부당이득이 문제되는 경우가 아니라면 이러한 권리는 침해부당이득이 상정하는 배타적 권리가 아니다. 소유자와 해당 소유물에 대한 채권자가 있는 경우로서 소유권의 침해가 문제되는 부당이득 사안에서 손해를 입은 사람은 소유자이다.

다수의견은 공평의 이념에 기초한 부당이득반환 제도의 취지, 법률관계의 간명한 해결, 실질적인 손해의 부존재 등 여러 가지 근거를 제시하였으나, 그러한 추상적인 근거만으로는 위와 같은 간명한 법 논리를 극복하기에 부족해 보인다. 결국 다수의견이 말하고 싶었던 것은 '실질적'으로는 명의신탁자의 부동산이나 마찬가지이므로 그 부동산의 임의처분으로 인하여 '실질적'인 손해를 입는 사람은 명의신탁자라는 점이었을 것이다.[336] 물론 부당이득 판단은 오로지 법 형식에 천착하여 기계적으로 할 수 없는 것은 사실이다. 판례도 이익요건에 관하여는 실질적인 사고방식을 강조하기도 한다.[337] 그러나 부동산실명법하에서는 명의신탁자에게 아무런 법적 실질이 없다. 그를 사실상 소유권자라고 보는 시각에도 찬성할 수 없다.[338] 명의신탁자가 '사실상 소유자'라는 점에 기초하여 매도인보다 더 '실질적'인 손해를 입었다고 말하는 것은 명의신탁자에게 내부적 소유권을 인정했던 부동산실명법 전으로의 회귀를 시사하는

335) 양창수(주 170), 243-244면 참조.

336) 조세 관련 판결이기는 하나 대법원 2020. 11. 26. 선고 2019다298222, 298239 판결이 이러한 시각을 잘 보여준다.

337) 대법원 1963. 7. 11. 선고 63다235 판결; 대법원 1992. 11. 24. 선고 92다25830, 25847 판결; 대법원 2011. 9. 8. 선고 2010다37325, 37332 판결; 대법원 2015. 6. 25. 선고 2014다5531 전원합의체 판결; 대법원 2016. 4. 28. 선고 2012다19659 판결.

338) 그러므로 명의신탁자를 실질적인 소유권을 가진 자라고 보아 그를 재산세 납부의무자로 본 대법원 2020. 11. 26. 선고 2019다298222, 298239 판결에는 찬성할 수 없다. 재산세 납부의무자는 소유자인 매도인이고, 그는 명의신탁자에게 그 비용상환을 청구하면 된다.

것이다. 이 점에서도 다수의견에는 찬성하기 어렵다.

8. 채권자지체를 이유로 한 계약해제(대법원 2021. 10. 28. 선고 2019다293036 판결)

가. 사실관계

원고는 피고로부터 X 토지를 300만 원에 매수하기로 하는 매매계약을 체결하고, 피고에게 매매대금을 모두 지급하였다. X 토지의 지목을 변경하려면 농지전용허가를 받고 농지보전부담금을 납부하여야 했는데, 원고와 피고 사이의 매매계약에는 이에 관하여 정하지 않았다. 피고는 X 토지에 관한 소유권이전등기 업무를 위임받은 법무사 사무소 담당자에게 소유권이전등기에 필요한 서류를 교부하였다. 법무사 사무소 담당자는 매도인인 피고에게 '원고가 X 토지에 관하여 피고가 직접 농지전용과 농지보전부담금 전부를 처리하여 신청해 달라고 한다. 법무사 사무소에서 원고에게 농지전용신고를 하라고 알려주었으나 원고가 위와 같이 요구하고 있어 처리가 곤란하다'는 문자메시지를 보냈다.

그러자 피고는 원고에게 '원고가 피고에게 X 토지에 관한 농지보전부담금을 부담하라고 하니 이를 계약해제로 간주하겠다'는 부동산 매매계약해제통보서를 보냈다. 이처럼 계약해제의 의사표시를 한 피고는 원고로부터 지급받은 매매대금 등 3,572,250원을 공탁하였다. 원고는 피고를 상대로 X 토지에 관하여 소유권이전등기절차의 이행을 구하는 소를 제기하였다. 피고는 원고의 수령거절로 인하여 원고와 피고 사이의 매매계약이 적법하게 해제되었다고 주장하였다. 제1심법원은 이와 같은 피고의 주장을 받아들여, 원고의 청구를 기각하였다.[339)]

나. 원심판결과 대상판결

원심법원은 제1심법원의 판단을 유지하였다.[340)] 반면 대법원은 원고가 피고의 정당한 이행제공을 수령거절하여 채권자지체에 빠졌다는 이유만으로 피고

---

339) 청주지방법원 영동지원 2019. 2. 22. 선고 2018가단5095 판결.
340) 청주지방법원 2019. 11. 7. 선고 2019나11648 판결.

가 매매계약을 해제할 수는 없다고 보아 원심판결을 파기환송하였다.[341]

민법 제400조는 채권자지체에 관하여 "채권자가 이행을 받을 수 없거나 받지 아니한 때에는 이행의 제공 있는 때로부터 지체책임이 있다."라고 정하고 있다. 채무의 내용인 급부가 실현되기 위하여 채권자의 수령 그 밖의 협력행위가 필요한 경우에, 채무자가 채무의 내용에 따른 이행제공을 하였는데도 채권자가 수령 그 밖의 협력을 할 수 없거나 하지 않아 급부가 실현되지 않는 상태에 놓이면 채권자지체가 성립한다. 채권자지체의 성립에 채권자의 귀책사유는 요구되지 않는다. 민법은 채권자지체의 효과로서 채권자지체 중에는 채무자는 고의 또는 중대한 과실이 없으면 불이행으로 인한 모든 책임이 없고(제401조), 이자 있는 채권이라도 채무자는 이자를 지급할 의무가 없으며(제402조), 채권자지체로 인하여 그 목적물의 보관 또는 변제의 비용이 증가된 때에는 그 증가액은 채권자가 부담하는 것으로 정한다(제403조). 나아가 채권자의 수령지체 중에 당사자 쌍방의 책임 없는 사유로 채무를 이행할 수 없게 된 때에는 채무자는 상대방의 이행을 청구할 수 있다(제538조 제1항).

이와 같은 규정 내용과 체계에 비추어 보면, 채권자지체가 성립하는 경우 그 효과로서 원칙적으로 채권자에게 민법 규정에 따른 일정한 책임이 인정되는 것 외에, 채무자가 채권자에 대하여 일반적인 채무불이행책임과 마찬가지로 손해배상이나 계약해제를 주장할 수는 없다.

그러나 계약당사자가 명시적·묵시적으로 채권자에게 급부를 수령할 의무 또는 채무자의 급부 이행에 협력할 의무가 있다고 약정한 경우, 또는 구체적 사안에서 신의칙상 채권자에게 위와 같은 수령의무나 협력의무가 있다고 볼 특별한 사정이 있다고 인정되는 경우에는 그러한 의무 위반에 대한 책임이 발생할 수 있다. 그중 신의칙상 채권자에게 급부를 수령할 의무나 급부 이행에 협력할 의무가 있다고 볼 특별한 사정이 있는지는 추상적·일반적으로 판단할 것이 아니라 구체적 사안에서 계약의 목적과 내용, 급부의 성질, 거래 관행, 객관적·외부적으로 표명된 계약당사자의 의사, 계약 체결의 경위와 이행 상황, 급부의 이행 과정에서 채권자의 수령이나 협력이 차지하는 비중 등을 종합적으로 고려해서 개별적으로 판단해야 한다.

이와 같이 채권자에게 계약상 의무로서 수령의무나 협력의무가 인정되는 경우, 그 수령의무나 협력의무가 이행되지 않으면 계약 목적을 달성할 수 없거나 채무자에게 계약의 유지를 더 이상 기대할 수 없다고 볼 수 있는 때에는 채무자는 수령의무나 협력의무 위반을 이유로 계약을 해제할 수 있다.

---

341) 대법원 2021. 10. 28. 선고 2019다293036 판결.

다. 분석

(1) 채권자지체의 법적 성격

대상판결은 채권자지체를 이유로 채무자가 계약을 해제할 수 있는지를 다루었다. 채권자지체는 채무자가 채무의 내용에 좇은 이행을 완료하기 위해 채권자의 수령이나 협력이 필요한 경우[342] 채무자가 적법한 이행제공을 하였는데도 채권자가 정당한 사유 없이 그 수령이나 협력을 하지 않는 상태를 의미한다.[343] 민법은 제400조에서 채권자지체의 요건과 지체책임의 발생 시기에 관하여 규정하고, 제401조부터 제403조까지의 조항에서 채권자지체의 효과에 관하여 규정한다. 채권자지체가 있으면 채무자는 이를 이유로 계약을 해제할 수 있는가? 이러한 계약해제가 가능한지는 채권자지체의 법적 성격과 관련된다. 채권자지체의 법적 성격에 대해서는 채무불이행책임설과 법정책임설이 대립되어 왔다.

채무불이행책임설은 채권자지체도 채무불이행의 일종이라는 입장이다.[344] 채권자에게도 수령의무 내지 협력의무가 있고, 그 의무를 불이행하면 채권자의 채무불이행이 성립할 수 있다는 것이다. 채무불이행책임설에 따르면 채권자지체도 채무불이행의 요건을 갖추어야 하고, 채권자지체가 있으면 채무불이행의 효과도 발생한다. 따라서 채권자지체가 성립하면 채무불이행의 효과인 손해배상과 계약해제가 인정된다. 민법에는 이에 관한 명문 규정을 두지 않지만, 채권자지체가 채무불이행의 속성을 가진다는 점을 감안하면 당연한 결과라는 것이다.

법정책임설은 채권자지체는 채무불이행의 일종이 아니라는 입장이다.[345] 채

---

342) 주는 채무나 하는 채무의 상당수는 채권자의 받는 행위(주는 채무의 경우)나 협력하는 행위(하는 채무의 경우)가 요구된다. 하지만 부작위채무나 의사표시를 목적으로 하는 채무처럼 채무자의 이행행위만으로 이행이 완료되는 경우에는 채권자의 수령이나 협력이 요구되지 않는다.

343) 편집대표 김용덕, **주석민법 채권총칙(2)**, 제5판, 한국사법행정학회(2010), 147면(남성민 집필부분); 이선희, "채권자지체에 관한 몇 가지 논점", **성균관법학**, 제28권 제2호(2016), 137면.

344) 채무불이행책임설을 취하는 문헌으로 김용한, **채권법총론**(박영사, 1983), 170면; 곽윤직, **채권총론**, 제6판(박영사, 2005), 102면; 김동훈, **채권총론**(동방문화사, 2012), 211면; 소성규, **채권총론**, 제3판(동방문화사, 2014), 243면; 노종천, **채권법**(동방문화사, 2015), 95면; 고명식, **채권총론**, 제2판(동방문화사, 2015), 81-82면 등.

345) 법정책임설을 취하는 문헌으로 김형배, **채권총론**, 제2판(박영사, 1998), 302면; 이은영, **채권총론**, 제4판(박영사, 2009), 402면; 이선희(주 343), 145면; 박정기, "독일민법에 있어서 채권자의 수령의무", **경북대학교 법학**

권의 행사는 권리이지 법적 의무가 아니므로, 채권자지체를 채무불이행으로 볼 수는 없다는 것이다.[346] 법정책임설에 따르면 채권자지체가 채무불이행의 요건을 갖추어야 할 필요도 없고, 채권자지체로 인하여 채무불이행의 효과도 발생하지 않는다. 따라서 채권자지체가 있었더라도 채무자가 채권자에게 채무불이행을 이유로 한 손해배상청구(민법 제390조)나 계약해제(민법 제544조 등)를 할 수 없다. 채권자지체의 효과는 민법 제401조 내지 제403조에서 정한 것[347] 그 이상도 이하도 아니다.

종래에는 채무불이행책임설을 다수설이라고 하였으나, 현재는 법정책임설이 다수설로 보인다. 그동안 이 점에 관한 판례의 입장은 명확하지 않았다. 채권자지체에 관한 이전의 판결들은 채무불이행책임설과 법정책임설 중 어느 한쪽을 명시적으로 채택하였는지를 알기 어려웠다. 다만 의용 민법이 적용되던 시기의 판례 중에는 채권자는 채무이행의 제공을 수령하여야 할 의무가 있다고 본 것이 있다.[348] 그런데 대상판결은 이 문제에 대하여 명시적으로 법정책임설을 채택한 것이다.

(2) 이 사건에 대한 검토

채권자지체의 법적 성격은 채권자의 수령의무 또는 협력의무를 채무불이행에서의 '채무'로 볼 것인가와 관련된다.[349] 채권자의 수령의무 또는 협력의무를 '채무'로 볼 것인지는 다분히 법정책적인 문제이다. 민법에서 이를 채무의 일종으로 규정한다면 채권자지체도 채무불이행이 될 수 있다. 비교법적으로 보면 독일민법은 매도인의 수취의무와 도급인의 수취의무에 관하여 명문의 규정을 두고 있다(제433조 제2항, 제640조 제1항). 스위스채무법도 매도인의 수령의무에 관한 규정을 두고 있다(제211조). 미국 통일상법전(UCC) 제2-301조도 그러하다. 국제규범 중에서는 「국제물품매매계약에 관한 국제연합 협약」(United

---

논고, 제32호(2010), 441면; 양창수・김재형(주 110), 452면; 송덕수(주 39), 214면; 지원림(주 82), 1011면.

346) 남성민(주 343), 152면.

347) 민법 제401조는 채권자지체 중 채무자에게 고의 또는 중과실이 없는 한 채무불이행책임이 면제된다고 규정한다. 민법 제402조는 채권자지체 중 이자지급의무가 정지된다고 규정한다. 민법 제403조는 채권자지체로 인해 증가된 목적물의 보관 또는 변제비용을 채권자가 부담하도록 규정한다.

348) 대법원 1958. 5. 8.자 4290민상372 결정.

349) 이선희(주 343), 138면; 박정기(주 345), 423면.

Nations Convention on Contracts for the International Sale of Goods) 제60조, 제64조가 매수인의 수령의무를 인정하고 그 본질적 위반으로 인한 계약해제의 가능성을 인정하고 있다. 유럽계약법원칙(Principles of European Contract Law) 제1:301조는 채권자가 이행에 협력하지 않는 경우도 불이행(non-performance)에 포함시킨다. 일본의 경우에는 최고재판소가 수령지체를 이유로 계약을 해제할 수 없다고 하기도 하고,[350] 신의칙상 매수인의 수취의무를 인정하기도 하였다.[351] 2017년 민법 개정 과정에서 수령의무를 명문화하는 것이 논의되었으나 유보적인 의견도 있어 결국 개정법에는 이 점이 반영되지 않았다.[352]

수령의무 및 그 의무 위반으로 인한 해제 규정이 없는 우리나라에서 채권자의 수령의무 또는 협력의무를 채무의 일종으로 해석하기는 어렵다.[353] 채권은 채권자가 채무자에게 일정한 행위를 요구할 수 있는 권리이다.[354] 뒤집어 말하면, 채무는 채무자가 채권자에게 일정한 행위를 하여야 하는 의무이다. 그런데 채권자의 수령이나 협력은 상대방인 채무자를 향한 것이라기보다, 자기 자신을 향한 것이다. 따라서 채권자의 수령의무 또는 협력의무라는 개념을 상정할 수 있다고 하더라도 이를 엄밀한 의미의 채무로 보기는 어렵다. 이를 이행하지 않았을 경우 법적 불이익을 피하기 위하여 요구되는 스스로에 대한 의무, 즉 책무 내지는 간접의무로 볼 수 있을 뿐이다.[355] 이를 위반한 경우에는 민법 제401조 내지 제403조에 규정된 채권자지체에 관한 법률 효과가 발생할 뿐이고, 채무불이행을 전제로 한 손해배상청구권이나 계약해제권 등은 발생하지 않는다. 대상판결은 이러한 법정책임설을 취하였는데, 타당한 태도라고 생각한다.

---

350) 最判 1965(昭和40). 12. 3, 民集19卷9号2090頁.

351) 最判 1971(昭和46). 12. 16, 民集25卷9号1472頁.

352) 松岡久和 外 編, 改正債權法コメンタール(法律文化社, 2020), 205면.

353) 이선희(주 343), 145면. 독일도 채권자지체 일반에 관하여는 그렇게 해석한다. Münchener Kommentar zum BGB/Ernst, 8. Auflage (2019), §293, Rn. 21.

354) 송덕수(주 39), 9면.

355) 지원림(주 82), 1011면. 로마법에서도 대체로 이처럼 이해하였다. 정병호, “로마법상 채권자지체”, **법사학연구**, 제57호(2018), 174면. 또한 2016년 개정 프랑스민법은 제1345조 이하에서 채권자지체에 관한 규정을 신설하였으나, 이것이 채권자의 수령의무를 채무로서 인정한 것이 아니라 단지 수령하지 않았을 경우에 불이익을 입게 되는 일종의 간접채무로서 인정한 것으로 이해한다. 김현진, “개정 프랑스 민법상 지체 -이행지체와 수령지체-”, **서울대학교 법학**, 제59권 제3호(2018), 100면 참조.

한편 제1심법원은 “채권자가 확정적으로 수령거절의 의사를 표시한 경우 채무자는 이를 이유로 자신의 이행제공 없이 상대방의 채무불이행을 이유로 계약을 해제할 수 있다(대법원 1993. 6. 25. 선고 93다11821 판결 참조)”는 법리를 들어 계약해제를 인정하였다. 원심법원도 제1심법원의 판결이유를 그대로 인용함으로써 그 판단을 유지하였다. 그러나 제1심법원이 인용한 1993년 판결은 채권자지체를 이유로 한 계약해제권을 인정한 판결이 아니다. 해당 판결 사안의 부동산 매도인은 중도금 수령을 거절하였을 뿐만 아니라, 계약을 이행하지 아니할 의사를 명백히 표시하였다. 이 사안에서 중요한 점은 매도인이 중도금 수령을 거절하였다는 점이 아니라 이를 통해 장차 자신의 소유권이전등기의무를 이행하지 아니하겠다는 의사를 명백히 표시하였다는 점이다. 이 판결은 채권자지체에 관한 판결이 아니라 이행거절에 관한 판결이다. 그러나 대상판결 사안에서 채권자지체를 하였다고 지목된 매수인은 이미 매매대금을 모두 지급함으로써 자신의 의무를 모두 이행한 상태였다. 따라서 대상판결에서는 1993년 판결과 달리 이행거절이 문제될 여지가 없었다. 결국 대상판결은 순수한 채권자지체 사안이라는 점에서 이행거절 사안이었던 1993년 판결과는 다르다. 그러므로 1993년 판결을 토대로 우리 판례가 채권자지체를 이유로 한 계약해제권을 인정하였다거나 대상판결이 1993년 판결에 배치된다고 말할 수는 없다.

대법원은 대상판결에서 계약 또는 신의칙상 채권자에게 수령의무나 협력의무가 인정되는 특별한 사정이 있을 수 있음을 언급하였다.[356] 즉 채권자의 수령의무나 협력의무가 이행되지 않으면 계약 목적을 달성할 수 없거나 채무자에게 계약 유지를 더 이상 기대할 수 없는 경우에 채무자는 그 의무 위반을 이유로 계약을 해제할 수 있다고 보았다. 다만 이 사건의 경우 대상판결에 나타난 정도의 사실관계만으로는 그러한 특별한 사정이 인정되기는 어려우리라 예상된다. 이 사건에서 매수인인 원고는 매도인인 피고가 농지보전부담금을 지급해야 한다는 전제에서 등기서류의 수령을 거절하였다. 농지법 제38조 제1항 제1호에 따르면 농지보전부담금은 농지전용허가를 받은 사람이 부담하여야

356) 같은 견해로 이선희(주 343), 145면.

한다. 이 사건에서 원고는 공장용지로서 해당 농지를 매수하였으므로, 농지전용허가를 받아야 할 사람은 원고이다. 따라서 원고가 농지보전부담금을 부담해야 한다. 결국 원고는 본래 자신이 부담해야 할 금전을 피고가 지급하지 않았다는 이유로 등기서류의 수령을 거절하였던 것으로 보인다. 그 점에서 원고의 수령거절은 정당한 이유가 있다고 할 수 없다. 하지만 원고의 수령거절이 정당하지 않다는 사정과 원고에게 수령의무가 인정된다는 사정은 구별되어야 한다. 어찌 보면 수령거절형 채권자지체는 언제나 정당하지 않은 수령거절을 전제한다. 그렇다고 하여 채권자에게 수령의무가 인정된다거나 이를 이유로 채권자의 수령거절이 채무불이행책임에 해당한다는 결론에 이를 수는 없다. 결국 이러한 채권자지체를 이유로 계약을 해제할 수 없다는 대상판결의 결론은 타당하다.

참고로 대상판결과 관련하여서는 등기인수청구권의 논리를 끌어들일 수 없는가 하는 논의의 여지는 남아 있다. 부동산등기법 제23조 제4항은 등기절차의 인수를 명하는 판결에 관하여 규정함으로써 등기인수청구권의 법적 근거를 제공하고 있다. 대법원은 그 규정의 취지를 "등기의무자가 자기 명의로 있어서는 안 될 등기가 자기 명의로 있음으로 인하여 사회생활상 또는 법상 불이익을 입을 우려가 있는 경우에는 소의 방법으로 등기권리자를 상대로 등기를 인수받아 갈 것을 구하고 그 판결을 받아 등기를 강제로 실현할 수 있도록 한 것"이라고 설명한다.[357] 이 경우 등기의무자의 권리, 즉 등기인수청구권은 실체법적 성격을 가지는 등기청구권의 일종이다.[358] 이러한 권리가 인정되는 범위에서는 등기권리자에게도 이에 상응하는 등기인수의무도 있다고 볼 수 있다. 다만 이는 어디까지나 부동산의 공탁을 할 수 없다는 점, 부동산 소유에는 각종 조세와 공과금, 공작물책임 등 상당한 부담과 책임이 뒤따른다는 점 등 부동산의 특수성에 착안한 법정의무일 뿐이고 이를 부동산매매계약으로부터 발생하는 계약상 채무라고 말할 수는 없다. 따라서 이를 빌미로 채권자지체

357) 대법원 2001. 2. 9. 선고 2000다60708 판결. 이러한 취지는 자동차소유권이전등록의 경우에도 적용된다. 대법원 2003. 4. 22. 선고 2003다2949 판결; 대법원 2008. 4. 24. 선고 2006다11920 판결.

358) 김황식, "등기수취청구권(하)", **사법행정**, 제25권 제1호(1984), 56면; 구연모, **부동산등기법**(박영사, 2020), 64면; 양창수 · 권영준(주 296), 90면.

일반에 관하여 채무불이행의 논리를 도입할 수는 없다. 또한 대상판결 사안에서 일종의 등기인수의무가 인정되더라도 과연 그 의무가 계약해제 대상인 주된 의무에 해당하는지도 의문이다.[359] 특히 매수인이 매매대금을 모두 지급한 상황임을 고려하면 그러하다.

Ⅳ. 가족법

1. 무상 양도한 상속분이 유류분 산정의 기초재산에 산입되는지 여부(대법원 2021. 7. 15. 선고 2016다210498 판결)

가. 사실관계

A는 B와 혼인하여 그 사이에 자녀로 원고, 피고, C, D, E를 두었다. A는 1980. 5. 21. 사망하였고, B는 2011. 9. 6. 사망하였다. A가 사망할 당시 상속재산으로 X 아파트가 있었다. 피고는 2013. 10. 21. 원고를 비롯하여 다른 공동상속인들을 상대로 A의 상속재산에 관하여 상속재산분할 심판을 청구하였다. B는 피고가 위 심판을 청구하기 전인 2011. 5.경 피고에게 자신의 상속분 6/25을 무상으로 양도하였고, D는 2014. 2.경 피고에게 자신의 상속분 4/25를 무상으로 양도하였다. 위 상속재산분할 사건에서 법원은 2014. 4. 3. 피고의 최종 상속분이 16/25이라는 전제에서 X 아파트는 피고의 소유로 하고 피고가 다른 공동상속인들에게 정산금을 지급하도록 하는 상속재산분할 심판을 하였다. 위 심판은 2015. 2. 3.경 확정되었다. 원고는 피고를 상대로, B의 사망으로 인한 상속에 관한 유류분반환 등을 구하는 소를 제기하였다. 원고는 유류분 산정의 기초가 되는 재산액을 계산할 때 X 아파트 중 B의 상속분 6/25을 산입하여야 한다고 주장하였다. 제1심법원은 원고의 주장을 받아들여 유류분 반환의 범위를 산정한 뒤 원고의 청구를 일부인용하였다.[360]

359) 독일은 매수인의 수취의무에 관한 법률 규정을 두고 있으나(제433조 제2항) 그 수취의무를 부수적 의무로 본다. Münchener Kommentar zum BGB/Ernst, 8. Auflage (2019), §433, Rn. 69.

360) 서울중앙지방법원 2015. 7. 7. 선고 2012가단237660 판결.

나. 원심판결과 대상판결

원심법원은 제1심법원과 달리, X 아파트 중 B의 상속분 6/25은 유류분 산정의 기초가 되는 재산액에 산입되어서는 안 된다고 판단하였다.[361] 피고는 A의 사망으로 인한 상속 개시 당시 피상속인인 A로부터 직접 X 아파트를 승계받은 것이고, 상속재산분할 또는 그 이전의 상속분 양도에 의하여 B로부터 그 상속분을 증여받은 것으로는 볼 수 없다는 이유에서였다. 대법원은 B가 피고에게 양도한 상속분이 B의 사망으로 인한 상속에서 유류분 산정을 위한 기초재산에 포함된다고 보아, 원심판결을 파기환송하였다.[362] 판결 요지는 다음과 같다.

> *유류분에 관한 민법 제1118조에 따라 준용되는 민법 제1008조는 '특별수익자의 상속분'에 관하여 "공동상속인 중에 피상속인으로부터 재산의 증여 또는 유증을 받은 자가 있는 경우에 그 수증재산이 자기의 상속분에 달하지 못한 때에는 그 부족한 부분의 한도에서 상속분이 있다."라고 정하고 있다. 공동상속인 중에 피상속인으로부터 재산의 생전 증여로 민법 제1008조의 특별수익을 받은 사람이 있으면 민법 제1114조가 적용되지 않으므로, 그 증여가 상속개시 1년 이전의 것인지 여부 또는 당사자 쌍방이 유류분권리자에 손해를 가할 것을 알고서 하였는지 여부와 관계없이 증여를 받은 재산이 유류분 산정을 위한 기초재산에 산입된다(대법원 1996. 2. 9. 선고 95다17885 판결 등 참조).*
>
> *상속분 양도는 상속재산분할 전에 적극재산과 소극재산을 모두 포함한 상속재산 전부에 관하여 공동상속인이 가지는 포괄적 상속분, 즉 상속인 지위의 양도를 뜻한다(대법원 2006. 3. 24. 선고 2006다2179 판결 참조). 공동상속인이 다른 공동상속인에게 무상으로 자신의 상속분을 양도하는 것은 특별한 사정이 없는 한 유류분에 관한 민법 제1008조의 증여에 해당하므로, 그 상속분은 양도인의 사망으로 인한 상속에서 유류분 산정을 위한 기초재산에 산입된다고 보아야 한다.*

다. 분석

대상판결에서 선례적 가치를 가지는 부분은 무상의 상속분 양도를 유류분에 관한 민법 제1008조의 증여로 볼 수 있는가에 대한 판단 부분이다. 민법 제

361) 서울중앙지방법원 2016. 2. 3. 선고 2015나40905 판결.
362) 대법원 2021. 7. 15. 선고 2016다210498 판결.

1008조는 특별수익자의 상속분에 관한 조항이다. 이 조항에 따르면 공동상속인 중 피상속인으로부터 재산의 증여 또는 유증을 받은 특별수익자가 있으면 그 수증재산을 상속분으로 미리 받은 것으로 다룬다.[363] 따라서 피상속인의 사망으로 상속이 개시되면 특별수익자는 자기의 상속분에서 수증재산을 제외한 나머지 부분에 대해서만 구체적 상속분을 가진다. 이 조항은 민법 제1118조에 따라 유류분에도 준용된다. 따라서 공동상속인 중 특별수익자가 있다면 그의 유류분 부족액을 산정할 때에는 유류분액에서 순상속분액[364] 외에도 특별수익액을 공제하여야 한다.

민법 제1008조를 유류분에 준용하는 것은 또 다른 의미에서 중요하다. 유류분 산정의 기초재산은 상속재산에 증여를 더한 뒤 상속채무를 공제한 것이다(민법 제1113조 제1항). 여기에서 증여는 공동상속인에 대한 증여와 제3자에 대한 증여를 모두 포함하고, "상속개시전의 1년간에 행한 것"에 한하는 것이 원칙이다(민법 제1114조).[365] 이러한 시간적 제한을 두지 않을 경우 수증자나 그 이해관계인에게 미치는 파급효과가 너무 커지기 때문이다. 그런데 유류분에 준용하는 민법 제1008조의 증여는 공동상속인에 대한 증여로서 "상속개시전의 1년간에 행한 것"에 한하지 않는다. 그 결과 유류분의 경우에도 공동상속인에 대한 증여는 상속개시보다 1년전에 행한 것이 포함된다.[366]

한편 여기에서 증여는 민법 제554조의 증여만 의미하는 것이 아니다. 증여의 법 형식을 갖추지 않았더라도 증여와 실질적으로 동일시할 수 있는 무상처분은 모두 여기에서의 증여에 포함된다.[367] 유류분 기초재산에 증여를 산입하는 이유는 무상으로 일탈한 재산을 일정한 범위에서 환수하여 상속재산과 마찬가지로 취급함으로써 유류분권리자의 권리를 보장해 주기 위함이다. 이러한

---

363) 대법원 1996. 2. 9. 선고 95다17885 판결.

364) 순상속분액은 해당 유류분권리자의 특별수익을 고려한 구체적인 상속분에 기초하여 산정하여야 한다. 즉 특별수익은 구체적 상속분과 유류분의 산정 시 모두 고려된다. 대법원 2021. 8. 19. 선고 2017다235791 판결.

365) 다만 당사자 쌍방이 유류분권리자에 손해를 가할 것을 알고 증여를 한 때에는 1년전에 한 것도 산입된다(민법 제1114조 제2문).

366) 대법원 1996. 2. 9. 선고 95다17885 판결. 다만 대상판결 사안에서 문제된 상속분 양도는 상속개시 1년전에 이루어진 것이다.

367) 홍진희·김판기, "생명보험금과 유류분반환청구에 관한 민·상법적 고찰", **재산법연구**, 제29권 제3호(2012), 309면.

취지에 비추어 보면 그 법 형식이 증여가 아니라도 증여와 마찬가지로 평가되는 무상처분을 여기에 포함시키는 것이 타당하다. 이와 반대로 그 법 형식이 증여라도 그 실질상 수증자에게 그대로 귀속시킬 만한 정당한 이유가 있다면 유류분 기초재산에 산입하지 않는다.[368] 요컨대 법 형식보다는 법 실질이 우선한다는 것이다.

이러한 법 실질 우선의 관점에 따르면, 공유지분의 포기,[369] 무상의 채무면제, 무상의 담보제공, 제3자를 위한 무상의 사인처분, 법인 설립을 위한 출연행위, 협의이혼에 따른 위자료 지급 형식을 빌린 부동산 양도,[370] 생명보험계약에서 제3자의 보험수익자 지정은 모두 증여와 마찬가지로 평가할 수 있다.[371] 피상속인이 자기의 재산을 매각하고 그 매매대금은 피상속인이 사망할 때에 제3자에게 직접 지급하도록 약정한 경우도 마찬가지이다. 더 나아가 유상행위라도 상당하지 않은 대가로 이루어진 경우에는 실질적으로는 증여와 같은 것으로 보아, 정당한 대가를 공제한 잔액 즉 실질적인 증여액은 유류분 기초재산에 산입해야 한다.[372]

그렇다면 상속분 양도는 어떠한가? 이 문제는 학설이나 판례가 거의 다루지 않았다. 상속분 양도를 정면으로 규정한 민법 조항은 없으나 민법 제1011조 제1항은 "공동상속인 중에 그 상속분을 제3자에게 양도한 자가 있는 때에는 다른 공동상속인은 그 가액과 양도비용을 상환하고 그 상속분을 양수할 수 있

---

368) 예컨대 상호부조의 정신에서 유족의 정신적 고통을 위로하고 장례에 따르는 경제적 부담을 덜어줌과 동시에 유족의 생활안정에 기여하기 위해 지급하는 부의금은 유류분의 기초재산에 포함되지 않는다고 보아야 한다. 대법원 1992. 8. 18. 선고 92다2998 판결 참조. 또한 배우자에 대한 증여의 형식을 취하였더라도 그것이 배우자의 기여나 노력에 대한 보상 내지 평가, 실질적 공동재산의 청산, 부양의무 이행 등의 의미가 함께 담겨 있다면 그 범위에서는 유류분 기초재산에 포함되지 않는다고 보아야 한다. 대법원 2011. 12. 8. 선고 2010다66644 판결 참조.

369) 변동열, "유류분 제도", **민사판례연구**, 제25권(2003), 20면; 조성필, "유류분에 관한 판례 정리", **재판실무연구**(광주지방법원) 2013(2014), 59면.

370) 대법원 1996. 3. 26. 선고 94다46893 판결.

371) 이상 곽윤직, **상속법**(박영사, 1997), 457면; 김주수 · 김상용, **주석민법**, 상속(2), 제3판(한국사법행정학회, 2009), 370-371면; 김민중, "유류분산정의 기초가 되는 재산의 범위", **사법**, 제14호(2010), 58-64면; 정구태, "생명보험과 특별수익, 그리고 유류분", **고려법학**, 제62호(2011), 284-286면; 조성필(주 369), 58-62면; 변동열(주 369), 831-832면; 윤진수, **친족상속법강의**, 제3판(박영사, 2020), 588면; 박동섭 · 양경승, **친족상속법**, 제5판(박영사, 2020), 951면 참조.

372) 김주수 · 김상용(주 371), 370-371면; 편집대표 윤진수, **주해상속법** 제2권(박영사, 2019), 946면(최준규 집필 부분).

다"라고 규정함으로써 상속분 양도를 언급한다. 여기서 말하는 상속분의 양도는 상속재산을 구성하는 개개의 권리나 물건에 대한 지분의 양도가 아니라, 상속재산 전부에 대하여 가지는 포괄적 상속분, 즉 상속인 지위의 양도를 말한다.[373)]이러한 포괄적 상속분에는 적극재산과 소극재산이 모두 포함된다.[374)] 상속분은 유상으로 양도될 수도 있고, 무상으로 양도될 수도 있다. 상속분의 양도가 있으면 양도인의 상속분은 양수인에게 이전된다. 또한 다른 공동상속인으로부터 상속분을 양수한 공동상속인은 자신이 가지고 있던 상속분과 양수한 상속분을 합한 상속분을 가지고 상속재산분할 절차에 참여하여 그 상속분 합계액에 해당하는 상속재산을 분배해 달라고 요구할 수 있다.

상속분 양도는 개별적인 권리의 양도라기보다는 상속인 지위 양도에 가깝기 때문에 개별 재산에 대한 증여와 다르게 취급되어야 한다는 견해가 있을 수 있다. 그러나 상속분에 포함된 적극재산이 소극재산보다 많아 재산적 가치를 가지고 있고, 그 상속분이 포괄적으로 무상 양도됨으로써 그러한 재산적 가치가 이전되었다면 이는 무상처분의 실질을 가지므로 증여와 다르게 취급할 이유가 없다. 대상판결은 재산처분행위가 실질적인 관점에서 피상속인의 재산을 감소시키는 무상처분에 해당하는지 여부에 따라 판단하여야 한다는 전제에서, 상속분 무상 양도도 증여와 마찬가지로 유류분 기초재산에 산입되어야 한다는 점을 분명히 하였다. 유류분 기초재산에 산입되어야 할 다른 무상처분에 대한 판례가 거의 없는 상황에서 대상판결의 취지는 향후 그 외의 무상처분으로 확장하여 적용될 것으로 보인다.

참고로 대상판결의 취지는 실제로 그 이후 선고된 대법원 2021. 8. 19. 선고 2017다230338 판결에 원용되었다. 이 판결 사안에서는 상속분 양도가 이루어지지는 않았지만 상속재산 분할협의 과정에서 공동상속인 중 1명이 사실상 전 상속재산을 단독으로 취득하였다. 대법원은 이처럼 어느 공동상속인의 취득분을 영(零)으로 하는 상속재산 분할협의도 유효하나,[375)] 이러한 상속재산 분할

373) 대법원 2006. 3. 24. 선고 2006다2179 판결. 김주수 · 김상용, **주석민법**, 상속(1), 제3판(한국사법행정학회, 2009), 435면.

374) 대법원 2006. 3. 24. 선고 2006다2179 판결.

375) 대법원 2003. 8. 22. 선고 2003다27276 판결.

협의는 실질적인 관점에서 보면 공동상속인의 합의에 따라 상속분을 무상으로 양도한 것과 마찬가지이므로 대상판결의 법리가 적용된다고 판단하였다. 아울러 상속재산분할이 상속이 개시된 때에 소급하여 효력이 있다고 해도(민법 제1015조 본문), 위와 같이 해석하는 데 지장이 없다는 점을 덧붙였다.

2. 외국인 배우자의 양육적합성(대법원 2021. 9. 30. 선고 2021므12320, 12337 판결)

가. 사실관계

베트남 국적의 여성인 피고는 2015. 9.경 원고와 혼인신고를 마치고 2015. 12.경 대한민국에 입국하였다. 피고는 원고와 사이에 2016. 10.경 사건본인 1을, 2018. 5.경 사건본인 2를 각각 출산하였다. 이후 피고는 원고와의 불화로 2018. 8.경 사건본인 1을 데리고 가출하여 베트남에 다녀오면서 원고와 별거를 하게 되었다. 피고는 별거기간 동안 사건본인 1을 양육하여 왔다. 원고는 피고를 상대로 이혼소송을 제기하면서, 사건본인들에 대한 친권자 및 양육자로 원고를 지정해 달라는 청구를 하였다.[376] 제1심법원은 친권자 및 양육자로 원고를 지정하였다.[377]

나. 원심판결과 대상판결

원심법원은 사건본인들에 대한 친권자 및 양육자로 원고를 지정하였다.[378] 그 근거로는 피고 및 양육보조자인 피고의 어머니에게 한국어 소통능력이 부족하다는 점, 피고의 거주지 및 직장이 안정적이지 않다는 점, 원고가 피고보다 경제적으로 안정되어 있다는 점 등을 제시하였다. 대법원은 원심판결을 파기환송하였다.[379] 사건본인 1에 대한 현재의 양육 상태에 변경을 가하여 원고

376) 이에 대하여 피고도 친권자 및 양육자로 피고를 지정할 것을 청구하는 한편 위자료 및 양육비 지급을 청구하였다.
377) 전주지방법원 2020. 3. 10. 선고 2018드단6047 등 판결.
378) 전주지방법원 2021. 4. 8. 선고 2020르293 등 판결.
379) 대법원 2021. 9. 30. 선고 2021므12320 등 판결.

를 친권자 및 양육자로 지정하는 것이 정당화될 만한 사정을 찾아보기 어렵고, 피고의 한국어 소통능력이 부족하다는 점이 원고에 비해 양육자로서 부적합하다고 볼만한 주요한 사정에 해당한다고 단정하기 어렵다는 이유에서였다. 이에 더하여 피고의 거주지와 직장의 안정성, 경제적 능력, 한국어 소통능력 등에 관한 원심법원의 심리가 충분하지 않았다는 점도 지적하였다.

양육 계속의 원칙에 관한 판결이유는 다음과 같다.

> *법원이 민법 제837조 제4항에 따라 미성년 자녀의 양육자를 정할 때에는, 미성년 자녀의 성별과 연령, 그에 대한 부모의 애정과 양육 의사의 유무는 물론, 양육에 필요한 경제적 능력의 유무, 부와 모가 제공하려는 양육방식의 내용과 합리성·적합성 및 상호 간의 조화 가능성, 부 또는 모와 미성년 자녀 사이의 친밀도, 미성년 자녀의 의사 등의 모든 요소를 종합적으로 고려하여, 미성년 자녀의 성장과 복지에 가장 도움이 되고 적합한 방향으로 판단하여야 한다.*
>
> *별거 이후 재판상 이혼에 이르기까지 상당 기간 부모의 일방이 미성년 자녀, 특히 유아를 평온하게 양육하여 온 경우, 이러한 현재의 양육 상태에 변경을 가하여 상대방을 친권자 및 양육자로 지정하는 것이 정당화되기 위해서는 현재의 양육 상태가 미성년 자녀의 건전한 성장과 복지에 도움이 되지 아니하고 오히려 방해가 되고, 상대방을 친권자 및 양육자로 지정하는 것이 현재의 양육 상태를 유지하는 경우보다 미성년 자녀의 건전한 성장과 복지에 더 도움이 된다는 점이 명백하여야 한다.*

외국인 부모의 양육적합성에 관한 판결이유는 다음과 같다.

> *대한민국 국민과 혼인을 한 후 입국하여 체류자격을 취득하고 거주하다가 한국어를 습득하기 충분하지 않은 기간에 이혼에 이르게 된 외국인이 당사자인 경우, 미성년 자녀의 양육에 있어 한국어 소통능력이 부족한 외국인보다는 대한민국 국민인 상대방에게 양육되는 것이 더 적합할 것이라는 추상적이고 막연한 판단으로 해당 외국인 배우자가 미성년 자녀의 양육자로 지정되기에 부적합하다고 평가하는 것은 옳지 않다.*
>
> *대한민국은 공교육이나 기타 교육여건이 확립되어 있어 미성년 자녀가 한국어를 습득하고 연습할 기회를 충분히 보장하고 있으므로, 외국인 부모의 한국어 소통능력이 미성년 자녀의 건전한 성장과 복지에 있어 중요한 의미를 가진다고 보기 어렵다. 오히려 가정법원은 양육자 지정에 있어 한국어 소통능력에*

대한 고려가 자칫 출신 국가 등을 차별하는 의도에서 비롯되거나 차별하는 결과를 낳게 될 수 있다는 점, 외국인 부모의 모국어 및 모국문화에 대한 이해 역시 자녀의 자아 존중감 형성에 중요한 요소가 된다는 점 등에 대해서도 유의하여야 한다.

다. 분석

(1) 양육 계속의 원칙

자녀를 두고 있는 부부가 이혼하면, 그 자녀를 누가 양육할 것인가 하는 문제가 생긴다. 민법상 친자법을 지배하는 이념은 자녀의 복리이다.[380] 자녀의 복리 원칙은 미성년인 자녀에게 영향을 미칠 수 있는 법률관계에서 자녀의 이익을 최우선하여야 한다는 것을 의미한다.[381] 이러한 자녀의 복리 원칙은 양육자 결정에도 적용된다. 판례도 양육자를 지정할 때에는 미성년인 자의 성장과 복지에 가장 도움이 되고 적합한 방향으로 판단하여야 한다고 하여, 이 점을 분명히 하고 있다.[382] 학계에서도 이러한 취지로 설명되고 있다.[383]

그런데 '자녀의 복리'라는 추상적인 개념만으로는 개별 사안에서 구체적 지침을 제시받지 못한다.[384] 양육자 결정 문제도 마찬가지이다. 자녀가 좋아하는 부모가 곧 좋은 양육자인가? 객관적인 어른의 시선으로 판단한 양육적합성이 아동의 주관적 행복감과 일치하지 않을 때에도 양육적합성이 높은 부모를 양육자로 지정하여야 하는가? '자녀의 복리'라는 추상적인 개념은 이처럼 미묘하고 어려운 질문에 대한 답을 주지 못한다. 그러므로 자녀의 복리 개념을 구체화하여, 양육자 지정이 필요한 사안에서 적절히 작동할 수 있는 판단 기준을 정립하여야 한다.[385] 민법 제837조 제3항은 가정법원이 양육자를 정할 때 고려

---

380) 민법은 제837조(이혼과 자의 양육책임), 제837조의2(면접교섭권), 제867조(미성년자의 입양에 대한 가정법원의 허가), 제870조(미성년자 입양에 대한 부모의 동의), 제905조(재판상 파양의 원인), 제908조의2(친양자 입양의 요건 등), 제908조의5(친양자의 파양), 제909조(친권자), 제909조의2(친권자의 지정 등), 제912조(친권 행사와 친권자 지정의 기준), 제924조(친권의 상실 또는 일시 정지의 선고), 제925조의2(친권 상실 선고 등의 판단 기준) 등에서 자녀의 복리에 관하여 규정한다.

381) 편집대표 윤진수, **주해친족법** 제2권(박영사, 2015), 989면(권재문 집필부분).

382) 대법원 2010. 5. 13. 선고 2009므1458,1465 판결; 대법원 2012. 4. 13. 선고 2011므4719 판결; 대법원 2013. 12. 26. 선고 2013므3383,3390 판결 등.

383) 편집대표 윤진수, **주해친족법** 제1권(박영사, 2015), 344면(이동진 집필부분).

384) 권재문(주 381), 992면; 홍춘의, "친자법에 있어서 자의 복리개념", **민사법학**, 제36권(2007), 646면.

385) 전보성, "친권자 지정·변경에 관한 판례의 최근 경향", **민사판례연구**, 제38권(2016), 1276-1277면; 권정희,

하여야 할 사항으로 '자의 의사 · 연령과 부모의 재산상황, 그 밖의 사정'을 제시한다. 판례는 이를 더욱 구체화하여, ① 미성년인 자의 성별과 연령, ② 그에 대한 부모의 애정과 양육의사의 유무, ③ 양육에 필요한 경제적 능력의 유무, ④ 부와 모가 제공하려는 양육방식의 내용과 합리성 · 적합성 및 상호 간의 조화 가능성, ⑤ 부 또는 모와 미성년인 자 사이의 친밀도, ⑥ 미성년인 자의 의사 등의 모든 요소를 종합적으로 고려하여야 한다는 태도를 취한다.386)

한편 판례는 현재의 양육 상태에 변경을 가하는 것이 정당화되기 위해서는 현재의 양육자로 하여금 자녀를 계속하여 양육하게 하는 것이 자녀의 건전한 성장과 복지에 도움이 되지 않고 오히려 방해가 되며, 타방 부모를 양육자로 지정하는 것이 자녀의 건전한 성장과 복지에 도움이 된다는 점이 명백하여야 한다는 입장을 취한다.387) 일방 부모가 자녀를 양육하는 상황이 일정 기간 지속된 경우에는 상당히 강력한 반증이 있어야 그 양육 상태를 변경할 수 있다는 것이다.388) 이를 양육 계속의 원칙이라고 부른다.389) 부모의 이혼은 미성년 자녀에게 적지 않은 충격을 준다. 부모의 이혼이 미성년 자녀에게 주는 심리적 영향을 최소화하기 위해서는, 부모의 이혼으로 인하여 자녀가 겪는 생활 환경의 변화를 최소화할 필요가 있다. 현재의 양육 상태를 존중하여 자녀가 양육자의 일관된 보살핌 아래 안정적으로 생활하게 하는 것이 일단 바람직하다.390)

물론 양육 계속의 원칙에 너무 큰 무게를 싣게 되면 민법 제837조 제3항이 제시한 양육자 지정의 고려 사항이나 이를 구체화한 판례의 세부적인 기준이 몰각될 수도 있다.391) 양육 계속의 원칙은 성문법상 규정된 원칙이 아니고, 자의 복리를 증진하기 위한 도구적 고려 요소에 불과하다. 따라서 이를 절대시

"이혼에서 자녀보호를 위한 법적 고찰", **가족법연구**, 제15권 제1호(2001), 192면.

386) 대법원 2020. 5. 14. 선고 2018므15534 판결.

387) 대법원 2008. 5. 8. 선고 2008므530 판결; 대법원 2009. 4. 9. 선고 2008므3105,3112 판결; 대법원 2010. 5. 13. 선고 2009므1458,1465 판결.

388) 이동진(주 383), 345면.

389) 계속성의 원칙이라고도 표현한다. 편집대표 민유숙, **주석민법**, 친족(1), 제6판(한국사법행정학회, 2020), 254면(임종효 집필부분).

390) 장준현, "부모의 이혼에 따른 친권행사자 및 양육자 지정의 판단 기준과 고려요소", **대법원판례해설**, 제83호(2010), 687면은 양육의 통일성과 안정성을 유지하는 것이 중요하다고 지적한다.

391) 양육 계속의 원칙에 지나치게 의지해서는 안 된다는 견해로 김주수 · 김상용, **주석민법**, 친족(2), 제5판(한국사법행정학회, 2016), 118면; 권정희(주 385), 202-203면.

하게 되면 오히려 주객이 전도되는 결과가 발생할 수도 있다. 또한 이혼이 예상되는 경우 양육권을 확보하기 위해 의도적으로 무리하여 양육 상태를 창출하는 사태가 발생할 수도 있다. 거꾸로 부모 누구도 양육권을 원하지 않는 경우 이혼 전에 선의로 자녀를 양육하여 온 사람이 오히려 불리하게 되는 사태가 발생할 수도 있다. 결국 양육 계속의 원칙은 자의 복리라는 이념하에서 다른 고려 요소들과 정합성을 이루며 적용되어야 한다.

대상판결 사안에서는 사건본인들의 어머니인 피고가 사건본인 1을 데리고 가출하여 사건본인 1을 양육하고 있었다. 현재의 양육 상태를 존중하는 판례의 흐름에 비추어 보면, 피고가 사건본인 1을 양육하는 것이 사건본인 1의 건전한 성장과 복지에 도움이 되지 않고, 원고가 사건본인 1을 양육하는 것이 사건본인 1의 건전한 성장과 복지에 도움이 된다는 점이 명백한 경우에만 현재의 양육 상태를 변경하는 것이 정당화될 수 있다. 그런데 원심법원은 사건본인들에 대한 친권자 및 양육자로 원고를 지정하면서, 피고에게 한국어 소통능력이 부족하다는 점, 피고의 거주지 및 직장이 안정적이지 않다는 점, 원고가 피고보다 경제적으로 안정되어 있다는 점 등을 근거로 제시하였다. 대법원은 이러한 사정만으로 양육 상태 변경을 정당화할 수 없다고 보았다. 부모의 거주지 및 직장 문제, 경제적 상황 등이 양육에 큰 장애가 되지 않는다는 점은 이미 대법원 2008. 5. 8. 선고 2008므380 판결을 통해 확인된 바 있다.[392] 그런데 대상판결 사안에서는 원심법원이 피고가 외국인이었고 한국어 소통능력이 부족하였다는 점을 근거로 삼아 피고의 양육적합성을 낮게 평가한 부분이 문제 되었다.

(2) 국적 및 언어와 양육적합성

앞서 살펴보았듯이 법원은 여러 요소를 종합적으로 고려하여 양육적합성을 판단할 수 있고, 또 그렇게 하여야 한다.[393] 그 점에서 원심법원이 피고의 국

392) 위 판결에서 대법원은 사건본인들의 어머니인 피고가 "사건본인들의 양육에 필요한 경제적 능력을 구비하고 있는지에 의문이 있을 수 있으나, 이는 원고와 양육비를 분담함으로써 어느 정도 극복할 수 있다"고 하였다.

393) 김주수 · 김상용(주 391), 115면; 임종효(주 389), 252면; 장준현(주 390), 685면.

적이나 한국어 소통능력을 고려한 것 자체를 탓할 수는 없다. 하지만 이러한 사유가 곧바로 피고의 양육적합성에 부정적인 요소가 된다고 보았던 것이라면 그러한 평가는 섣부른 것이다. 또한 충분한 배경 설명 없이 이를 양육적합성의 부정적 요소로서 판결에 정면으로 제시한 것[394]은 나중에 살펴보는 사회적 차별 문제의 민감성에 비추어 다소 신중하지 못했던 처사이다. 이러한 판단은 여러 가지 의문으로 이어진다. 대상판결 사안에서 피고가 자녀들과 함께 베트남에 이주할 계획이 있었더라면 어떠했을까? 피고가 미국인이었더라도 동일한 판단을 하였을 것인가? 영어 조기교육 열풍에 비추어 오히려 이를 긍정적 요소로 판단하지는 않았을까? 만약 그렇다면 국적과 언어에 따라 양육적합성이 달라지는 것인가? 과연 국적과 언어 그 자체가 일반적으로 양육적합성에 긍정적으로, 또는 부정적으로 영향을 미치는 독자적 사유가 될 수 있는가?

한편 한국어 소통능력이 부족한 외국인 부모가 자녀를 양육하는 것이 자녀의 건전한 성장과 복지에 방해가 된다고 단정할 수도 없다. 한국어 소통능력이 부족한 외국인 부모 아래에서 자란 아동이 어린이집, 유치원, 학교 등 기관에 적응하고 다른 아동과 또래 관계를 형성하는 데 어려움을 겪는 경우가 많다고 보고하는 실증적 연구가 있는가 하면,[395] 외국인 부모로부터 부모의 모국어를 배움으로써 이중언어를 습득하는 것이 장기적으로는 인지능력, 학업성취, 자아존중감, 자아탄력성에 긍정적인 영향을 준다고 분석하는 실증적 연구도 존재한다.[396] 보다 근본적으로는 양육적합성은 부모의 애정과 친밀도, 양육의사, 양육방식의 합리성에 의해 주로 좌우되고, 부모의 사회적 신분이나 능력에 의해 곧바로 좌우되지 않는다. 미성년 자녀는 사랑과 관심으로 양육되는 것이고, 그것이 가장 중요하다.

규범적인 차원에서도 외국인 부모의 한국어 소통능력 부족을 이유로 양육적

---

394) 실제로 원심법원은 피고의 기본적인 한국어 소통능력 부족을 양육적합성이 부정되는 첫 번째 근거로 제시하였다.

395) 오재연 외 2, "출신국적별 다문화가정 외국인 어머니의 양육행동, 삶의 질, 문화적응스트레스가 유아의 기관적응에 미치는 영향", **생태유아교육연구**, 제13권 제1호(2014), 295면; 김영란 · 김영태, "취학전 저소득층 다문화가정 아동의 언어능력", **언어치료연구**, 제20권 제3호(2011), 81-83면.

396) 고은선 · 김성훈, "다문화 가정 청소년의 이중언어능력이 학교생활적응에 미치는 영향-자아효능감과 자아탄력성의 매개효과를 중심으로-", **이중언어학**, 제72권(2018), 17면 이하.

합성을 낮게 평가하는 것은 차별 문제로 이어질 우려도 있다. 이혼으로 인하여 해체되는 다문화가족은 그 수가 결코 적지 않다.[397] 그중에서도 외국인 아내와 한국인 남편으로 구성된 다문화가족이 가장 큰 비중을 차지한다.[398] 이러한 현실에서 법원이 외국인 부모의 한국어 소통능력 부족을 부정적으로 평가하는 것은 법원의 의도와는 관계없이 결과적으로 결혼이민자에 대한 차별로 이어질 수 있고, 수많은 다문화가족에게 커다란 영향을 미칠 수 있다. 대상판결이 언급한 다문화가족지원법, 「문화다양성의 보호와 증진에 관한 법률」과 같이, 우리 법체계는 다문화가족에 대한 사회적 차별 예방, 문화적 다양성 존중을 우리 사회가 추구하여야 할 가치 중 하나로 삼고 있기도 하다. "양육자 지정에 있어 한국어 소통능력에 대한 고려가 자칫 출신 국가 등을 차별하는 의도에서 비롯되거나 차별하는 결과를 낳게 될 수 있다는 점"을 우려한 대상판결에 찬성한다.

3. 조부모의 손자녀 입양(대법원 2021. 12. 23.자 2018스5 전원합의체 결정)

가. 사실관계

사건본인의 친생모는 고등학생이던 2014년경 사건본인의 친생부와 사이에 사건본인을 임신하였고, 혼인신고 후 얼마 지나지 않아 사건본인을 낳았다. 사건본인이 생후 7개월이 되었을 무렵 친생모는 사건본인을 자신의 부모인 재항고인들 집에 두고 갔고, 그때부터 재항고인들이 사건본인을 양육하고 있다. 친생모와 친생부는 2015. 9. 18. 협의이혼하였다. 재항고인들은 사건본인의 입양에 대한 허가를 청구하면서, 사건본인의 친생부모와 교류가 없고 사건본인은 재항고인을 부모로 알고 성장하였으며 가족이나 친척, 주변 사람들도 재항고인들을 사건본인의 부모로 대하고 있다고 주장하였다. 사건본인의 친생부모는

397) 다문화 이혼은 2020년 한 해에만 8,685건에 이른다고 한다. 통계청 보도자료, "2020년 다문화 인구동태 통계" (2021. 11. 8.) (https://kostat.go.kr/portal/korea/kor_nw/3/index.board?bmode=download&bSeq=&aSeq=414977&ord=2) (2021. 12. 30. 최종방문).

398) 외국인과의 이혼 중 외국인 여자와의 이혼 비중은 70.9%이다. 통계청 보도자료, "2020년 혼인·이혼 통계" (2021. 3. 17.) (http://kostat.go.kr/portal/korea/kor_nw/1/1/index.board?bmode=read&aSeq=388686) (2021. 12. 30. 최종방문).

재항고인들의 입양에 동의하였다. 제1심법원은 입양허가 청구를 기각하였다.[399] 그 이유는 다음과 같았다. ① 친생모가 생존하고 있는 상황에서 외조부모가 사건본인을 입양하게 되면 가족내부 질서와 친족관계에 중대한 혼란이 초래될 것이 분명하다. ② 현재 상태에서 청구인들이 사건본인을 양육함에 있어 어떠한 제약이나 어려움이 있다고 보기 어려우며, 설령 사건본인의 양육에 법률상 또는 사실상 장애가 있다고 하더라도 그러한 장애는 입양이 아니라 미성년후견을 통하여 제거될 수 있다. ③ 장래에 사건본인이 진실을 알게 됨으로써 받을 충격 등을 고려하면 신분관계를 숨기기보다 정확히 알리는 것이 사건본인에게 이롭다고 볼 여지가 충분하다. ④ 청구인들의 입양을 통해 친생부모가 사건본인에 대한 책임을 회피할 수 있게 하는 것이 사건본인의 복리를 위하여 바람직하다고 보기 어렵다.

나. 원심결정과 대상결정

원심법원은 제1심법원의 판단을 그대로 유지하였다.[400] 반면 대법원은 조부모가 손자녀의 입양허가를 청구하는 사건에서도 입양의 요건을 갖추고 입양이 자녀의 복리에 부합한다면 입양을 허가할 수 있다는 입장을 취하였다. 그리고 원심법원이 재항고인들의 입양이 사건본인에게 도움이 되는 사항과 우려되는 사항을 구체적으로 심리하고 둘을 비교·형량하지 않은 채 막연히 재항고인들의 입양이 친족관계에 혼란을 초래하거나 사건본인의 정서에 부정적 영향을 미칠 것이라고 추단하여 입양을 불허한 것은 잘못이라고 하면서, 원심결정을 파기하였다.

> *미성년자에게 친생부모가 있는데도 그들이 자녀를 양육하지 않아 조부모가 손자녀의 입양허가를 청구하는 경우에 입양의 요건을 갖추고 입양이 자녀의 복리에 부합한다면 입양을 허가할 수 있다.*
>
> *법원은 조부모가 단순한 양육을 넘어 양친자로서 신분적 생활관계를 형성하려는 실질적인 의사를 가지고 있는지, 입양의 주된 목적이 부모로서 자녀를 안*

---

399) 울산가정법원 2017. 10. 23.자 2016느단1226 결정.
400) 울산지방법원 2017. 12. 18.자 2017브10 결정.

> *정적·영속적으로 양육·보호하기 위한 것인지, 친생부모의 재혼이나 국적 취득, 그 밖의 다른 혜택 등을 목적으로 한 것은 아닌지를 살펴보아야 한다. 또한 친생부모의 입양동의가 자녀 양육과 입양에 관한 충분한 정보를 제공받은 상태에서 자발적이고 확정적으로 이루어진 것인지를 확인하고 필요한 경우 가사조사, 상담 등을 통해 관련 정보를 제공할 필요가 있다. 그 밖에 조부모가 양육능력이나 양부모로서의 적합성과 같은 일반적인 요건을 갖추는 것 외에도, 자녀와 조부모의 나이, 현재까지의 양육 상황, 입양에 이르게 된 경위, 친생부모의 생존 여부나 교류 관계 등에 비추어 조부모와 자녀 사이에 양친자관계가 자연스럽게 형성될 것을 기대할 수 있는지를 살피고 조부모의 입양이 자녀에게 도움이 되는 사항과 우려되는 사항을 비교·형량하여, 개별적·구체적인 사안에서 입양이 자녀의 복리에 적합한지를 판단하여야 한다. 심리 과정에서는 입양되는 자녀가 13세 미만인 경우에도 자신의 의견을 형성할 능력이 있다면 자녀의 나이와 상황에 비추어 적절한 방법으로 자녀의 의견을 청취하는 것이 바람직하다.*

이에 대하여는 친생부모가 생존하는 경우 조부모의 손자녀 입양허가는 엄격한 기준으로 판단하여야 한다며 원심결정을 파기해서는 안 된다는 반대의견이 개진되었다.[401)]

다. 분석

대상결정은 조부모가 손자녀를 입양하기 위한 허가를 청구하는 경우에 입양의 요건을 갖추고 입양이 자녀의 복리에 부합한다면 입양을 허가할 수 있다는 점을 명시적으로 밝힌 최초의 대법원 재판례이다. 현행법상 입양은 민법상 입양과 입양특례법상 입양으로 나뉜다. 민법상 입양은 일반 입양과 친양자 입양으로 나뉜다. 일반 입양은 민법 제866조 내지 제908조에 근거를 두고 있고, 친양자 입양은 민법 제908조의2 내지 제908조의8에 근거를 두고 있다. 일반 입양에서는 입양 후에도 친생부모와의 관계 및 친생부모의 성과 본이 유지되나, 친양자 입양에서는 입양 후 친생부모와의 관계가 종료되고 양친의 성과 본으로 변경된다. 친양자 입양제도는 자녀의 복리를 위해 양자를 법률상 완전한 친생자로 인정하는 제도로서(민법 제908조의3 제1항), 2005. 3. 31. 법률 제

401) 반대의견은 대법관 조재연, 대법관 민유숙, 대법관 이동원에 의하여 개진되었다.

7427호로 개정된 민법(2008. 1. 1. 시행)에 도입되었다. 참고로 대상결정 사안은 일반 입양의 허가 청구를 다루었다. 입양특례법상 입양은 시설에 있는 요보호아동의 입양으로서 입양 후에는 친양자 입양과 같은 효력이 발생한다(제14조). 민법과 입양특례법은 각각 양부모의 자격에 관하여 일정한 제한을 가하고 있으나,[402] 조부모를 비롯한 친족이 양부모가 될 수 없다는 제한을 가하지는 않는다.

입양제도, 특히 미성년자 입양제도의 최고 가치는 입양될 자녀의 복리이다. 종래 입양제도는 조상의 제사와 가계의 계승을 위해 가(家)의 계승에 초점이 맞추어져 있었지만,[403] 점차 입양될 자녀의 복리 쪽으로 그 무게 중심이 옮겨졌다.[404] 1990. 1. 13. 법률 제4199호로 개정된 민법(1991. 1. 1. 시행)에서는 사후양자, 유언양자, 서양자 제도를 폐지하여 가(家)를 위한 입양제도로서의 성격을 탈피하였고, 위에서 보았듯이 2005년 개정 민법에서는 양자를 친생자처럼 취급하는 친양자 제도를 신설하였다. 자녀의 복리를 담보하기 위한 가정법원 등 국가의 후견적 관여 폭도 넓어졌다. 제정 민법은 미성년자와 성년자의 입양 어느 경우이건 입양 합의와 친생부모 동의라는 요건을 갖추면 당사자의 입양 신고만으로 입양이 성립한다고 정하였으나, 2012. 2. 10. 법률 제11300호로 개정된 민법(2013. 7. 1. 시행)에서는 미성년자의 입양에 대해 가정법원의 허가를 받도록 하였다(제867조). 부적격자에 의한 입양을 걸러내어 입양 아동의 복리를 증진하려는 취지이다. 2011. 8. 4. 법률 제11007호로 개정된 입양특례법(2012. 8. 5. 시행)도 가정법원 허가제를 도입하고(제11조) 아동 이익 최우선의 원칙을 선언하였다(제4조). 1991년 국내에서 발효한 유엔의 「아동의 권리에 관한 협약」(UN Convention on the Rights of the Child)도 같은 원칙을 선언

402) 친양자의 양부모가 되려는 자는 원칙적으로 3년 이상 혼인 중 부부라야 한다(민법 제908조의2 제1항 제1호 본문). 또한 일반 입양과 친양자 입양 어느 경우이건 존속이나 연장자를 입양할 수 없고(민법 제877조, 제908조의8), 가정법원의 허가를 받아야 한다(민법 제867조, 제908조의2). 입양특례법은 양친이 될 자격에 관하여 재산, 전과, 직업 등 상세한 요건을 규정한다(제10조).

403) 예컨대 1960년 제정 민법하에서도 호주가 직계비속 없이 사망한 때에 양자를 선정하는 사후양자(제867조), 유언에 의한 양자(제880조), 사위를 양자로 삼는 서양자(제876조) 제도가 유지되었고, 양부와 동성동본이 아닌 양자는 양가의 호주상속을 할 수 없고(제877조 제2항), 호주의 직계비속 장남자는 본가의 계통을 계승하는 경우 외에는 양자가 되지 못하였다(제875조).

404) 박동섭 · 양경승(주 371), 356면.

한다(제21조).

대상결정은 민법 제867조의 문언과 그 개정 취지, 유엔 아동권리협약과 입양특례법 규정 등을 고려하면 가정법원이 미성년자의 입양을 허가할 것인지 판단할 때에는 '입양될 자녀의 복리에 적합한지'를 최우선적으로 고려해야 한다는 전제에서 출발하였다. 또한 조부모의 입양은 법에 의해 금지되지 않고, 입양의 의미와 본질에 어긋나지도 않는다고 보았다. 그러한 배경에서 이러한 입양이 '입양될 자녀의 복리'에 적합하다면 법원은 이를 허가할 수 있다고 보았다. 또한 대상결정은 조부모에 의한 손자녀 입양이 전통이나 관습에 배치되지 않고,[405] 미국이나 독일 등 외국에서 조부모 등 혈족의 입양이 허용된다는 점도 언급하였다.[406] 그동안 하급심에서는 조부모 입양 요건을 엄격히 판단한 결과 입양 허가가 실제로는 거의 이루어지지 않았던 것으로 보이고,[407] 대법원도 입양 허가를 거절한 하급심 결정을 승인한 사례들이 있었다.[408] 그런데 대상결정에서는 대법관 전원이 조부모 입양이 일반적으로 허용될 수 있다는 점에 의견이 일치하였다. 다만 조부모 입양을 얼마나 엄격하게 허가해야 하는가에 대해서는 의견이 달랐다. 반대의견의 핵심적인 이유는 다음과 같다.

> *직계혈족인 조부모가 미성년 손자녀를 입양하는 것은 법정친자관계의 기본적인 의미에 자연스럽게 부합하지 않는데다가, 조부모가 입양 사실을 감추고 친생부모인 것처럼 양육하기 위하여 하는 비밀 입양은 향후 자녀의 정체성 혼란을 야기할 우려가 크다. 국제 규범과 국내 법령은 원가정 양육의 원칙을 천명하고 이를 위한 후견 제도나 각종 사회보장제도가 정비되어 있는데, 친생부모의 가장 가까운 직계존속으로서 친생부모에 의한 원가정 양육을 지지하고 원조하여야 할 조부모가 오히려 사회적·경제적 지위가 열악한 친생부모의 양육능력이 부족하다는 이유로 부모의 지위를 대체하는 것은 바람직하지 않다.*

---

405) 대상결정은 가문의 대를 잇기 위한 입양질서인 이른바 소목지서(昭穆之序)가 있었던 조선시대에도 손자녀 입양의 사례가 있고, 조선고등법원 1932. 11. 15. 판결(민상제477호)에서도 증손항렬을 사후양자로 삼는 입양을 유효하다고 본 사례가 있으며, 대법원 1991. 5. 28. 선고 90므347 판결은 재종손자를 사후양자로 선정하는 행위가 위법하지 않다고 보았다는 점을 소개하였다.

406) 미국, 독일, 일본의 사례에 관하여는 김기영, "조부모의 입양에 대한 법적 문제와 비교법적 검토", **KHU 글로벌 기업법무 리뷰**, 제3권 제2호(2010), 9-17면 참조. 독일과 일본의 조부모 입양이 미국의 경우보다 더욱 엄격하게 판단되는 경향이 있다.

407) 대상결정의 반대의견이 이 점을 언급하였다.

408) 대법원 2010. 10. 24.자 2010스151 결정; 대법원 2017. 3. 17.자 2016스138 결정.

미성년 손자녀의 친생부모가 생존하고 있는데도 조부모가 손자녀의 입양허가를 청구하는 경우 입양허가는 엄격하게 이루어져야 한다. 조부모에게 실질적인 입양의사가 있다는 사정은 입양허가의 한 요건에 불과하고 앞서 본 여러 가지 우려를 극복하기 어려운 점을 고려하면, 조부모의 입양은 위의 우려가 모두 해소될 수 있음이 밝혀진 경우에 허가할 수 있다. 가정법원은 직권탐지주의에 따라 후견적 입장에서 제반 사정들을 심리한 다음 자녀의 복리를 위하여 입양허가 여부를 결정할 넓은 재량권을 갖는다.

반대의견은 경청할 만하다. 다만 반대의견이 제시한 논거들의 설득력은 관점에 따라 달라질 수 있다. 입양의 공개 여부는 입양 문화의 문제이다. 따라서 공개 입양 문화가 확장될 경우 비밀입양 문제는 조부모 입양을 좁게 해석할 강력한 논거가 될 수는 없다.[409] 원가정 양육 우선의 원칙도 타당하나 어차피 입양은 이 원칙이 관철되기 어려운 장면에서 주로 이루어진다는 점을 염두에 두어야 한다. 다만 이 원칙은 미성년후견 제도를 우선적으로 활용해야 한다는 보조적 논거가 될 수는 있다. 미성년후견 제도하에서도 조부모는 손자녀를 양육하면서 손자녀의 보호·교양권, 거소지정권, 재산관리권, 법정대리권 등을 행사하며 손자녀의 복리를 증진할 수 있고(민법 제945조, 제949조), 친생부모의 친권과 양육권 회복 가능성이 열려 있다(민법 제926조). 하지만 후견제도와 입양제도는 엄연히 별개의 고유한 제도이다. 조부모 입양이 요건을 갖추고 자녀의 복리에도 부합하는데 미성년후견 제도를 이유로 거절할 것은 아니다. 사안에 따라서는 입양이 영속적이고 안정적인 후견 기능 수행에 더 적합한 수단일 수도 있다. 조세제도, 교육제도를 포함해 우리 사회 각종 제도 전반적으로 '부모'가 수행해 주어야 할 역할을 요구하는 부분들이 산재해 있다. 입양은 후견보다 이 점에서 더욱 포괄적이고 종국적인 혜택을 안겨다 줄 수 있다. 반대의견이 친생부모의 친권 및 양육권 회복 가능성에 주목한 부분은 지극히 타당하나, 이는 모든 형태의 입양에 공통된 문제로서 가정법원이 사안별로 결정할 문제이다.

법정친자관계의 기본적인 의미에 부합하지 않다거나 친족관계가 혼란스럽게

409) 안재진, "국내 공개입양가정의 입양 의사소통 모형 개발 연구", **한국아동복지학**, 41호(2013), 3면은 공개 입양이 점차 활성화되고 있음을 보여준다.

된다거나 조부모가 친생부모의 지위를 대체하는 것이 바람직하지 않다는 논거는 현대적인 가족공동체 또는 법정친자관계의 의미를 어떻게 이해하는가에 따라 그 설득력이 달라질 수 있다. 아울러 위와 같은 우려가 "모두" 해소되어야 허가할 수 있다는 부분은 가정법원이 입양허가 여부를 결정할 "넓은 재량권"을 가지고 있다는 부분과 잘 어울리지 않는다.[410] 그 외에 반대의견의 보충의견이 제시한 것처럼 가족관계증명서상 조부모가 입양한 사실이 드러나는 문제가 있기는 하나 이는 친양자 입양을 하거나 가족관계등록제도의 개선 착안점이 될 수 있을지는 몰라도 입양 거절 사유로 삼기는 어렵다.

사실 일반론의 차원에서 보면 다수의견과 반대의견이 꼭 대립한다고 할 수는 없다. 다수의견은 입양의 실질적인 의사가 있어야 한다는 점, 입양이 다른 목적의 도구로 전락하지 않도록 입양의 주된 목적을 주의 깊게 심리해야 한다는 점, 친생부모의 입양 동의가 충분한 정보제공하에 숙고한 상태에서 이루어져야 한다는 점, 입양되는 자녀의 연령과 무관하게 그의 의견이 최대한 존중되어야 한다는 점, 조부모와 자녀 사이에 부모·자녀 관계가 자연스럽게 형성될 가능성[411]이나 친족관계 혼란[412]으로 인해 자녀 복리에 미칠 영향을 세심하게 살펴야 한다는 점을 제시한 뒤, 결론적으로는 "개별적·구체적인 사안에서 입양이 자녀의 복리에 적합한지를 판단하여야 한다"라는 일반론을 제시하였다. 본인이 이해하기에 다수의견은 조부모 입양을 널리 인정하라는 취지라기보다는 조부모 입양은 사실상 허용되지 않는다는 인식을 가지지 않도록 입양의 기본 취지와 법리를 환기하려는 것에 가깝다. 반대의견도 이러한 일반론에 반대하는 것으로 보이지는 않는다.

다수의견과 반대의견은 모두 조부모 입양이 현행 제도하에서 허용된다는 점을 인정하는 토대에서 그러한 입양이 자녀의 복리에 부정적인 영향을 미치지

---

410) 독일에서는 친족의 입양(Verwandtenadoption) 허가도 민법 제1741조에 규정된 입양의 일반적인 요건에 따르면 충분하고 이에 관한 특별한 규율은 존재하지 않는다고 설명한다. Münchener Kommentar zum BGB/Maurer, 8. Auflage (2020), Vorbemerkung §1741, Rn. 26.

411) Münchener Kommentar zum BGB/Maurer, 8. Auflage (2020), §1746, Rn. 5는 본래 존재하던 조부모·손자녀 관계가 입양 후 부모·자녀 관계로 발전하기 어렵다는 점을 지적한다. 그러나 대상결정은 손자녀가 조부모를 처음부터 부모로 인식하고 조부모에 의해 양육되었던 사안을 다루고 있다.

412) 예컨대 조부모가 일반 입양으로 손자녀를 입양하면 친생부모는 친자관계를 그대로 유지하면서 동시에 형제자매의 관계도 가지게 된다.

않도록 신중하게 접근해야 한다고 보았다는 공통점을 가진다. 다만 다수의견은 가족에 대한 현대적 관념과 가치관에 따른 가족 형태의 다양화를 좀 더 염두에 두고 조부모 입양에 대해 현재의 재판실무보다 전향적인 태도를 취한 반면, 반대의견은 조부모 입양이 수반할 수 있는 부작용이나 위험에 좀 더 무게를 두어 현재의 재판실무처럼 신중한 태도를 취한 것이라고 평가할 수 있다. 어찌 되었건 입양 허가와 같은 가사비송재판은 가정법원이 후견적인 지위에서 재량에 의해 합목적적으로 법률관계를 형성하는 재판이므로,[413] 결국은 개별 사안에 존재하는 여러 가지 사정을 직권으로 살펴 후견적, 재량적으로 결정하게 될 것이다. 그리고 이 과정에서 반대의견이 가지는 우려를 적절하게 해소할 수 있을 것이다.

대상결정에서 오히려 중요했던 구체적인 문제는 원심결정을 파기할 것인가였다. 원심결정에 드러난 정도의 사정만으로 조부모 입양이 입양될 자녀의 복리에 바람직한지를 판단하기는 어렵다. 친생부모가 사실상 양육을 포기하고 자녀도 조부모를 부모로 여기고 성장하였다는 점은 조부모 입양에 긍정적 요소이나, 20대 중반의 친모가 생존하여 있고 자녀에게 적대적이지는 않은 것으로 보이며 경제적 무능력 외에 특별한 흠결이 없다는 점은 부정적 요소로 작용할 수도 있다. 이때에는 무엇이 기본(default)인가에 대한 입장이 결론에 큰 영향을 미친다. 지금까지는 조부모 입양을 불허하는 것을 기본으로 삼아 실무가 운영되어 온 것으로 보인다.[414] 원심법원의 심리 초점이나 정도도 이러한 실무의 경향성에 따른 것으로 보인다. 그런데 대상결정은 조부모 입양이 가능하다는 점을 명시적으로 선언하고 환기하였다는 의미를 가진다. 이처럼 조부모 입양을 바라보는 대법원의 시각이 기존의 하급심 실무와는 다소 다른 톤(tone)으로 표명된 이상, 대상결정의 취지를 고려하여 사안의 구체적 사정을 추가 심리한 뒤 결론을 내릴 필요가 생겼다. 이 점에서 원심결정을 파기이송하여 추가적인 심리를 명한 대상결정에 찬성한다.

---

413) 대법원 2006. 4. 17.자 2005스18, 19 결정; 대법원 2019. 11. 21.자 2014스44, 45 전원합의체 결정 등.

414) 다만 창원지방법원 2010. 8. 2.자 2009느단1678 심판은 외조부모의 친양자 입양을 허가하였다. 김기영(주 406), 18면.

참고문헌

강태성, **물권법**, 제7판(대명출판사, 2017).

고명식, **채권총론**, 제2판(동방문화사, 2015).

고은선 · 김성훈, “다문화 가정 청소년의 이중언어능력이 학교생활적응에 미치는 영향-자아효능감과 자아탄력성의 매개효과를 중심으로-”, **이중언어학**, 제72권(2018).

곽윤직, **물권법**, 제7판(박영사, 2003).

______, **상속법**(박영사, 1997).

______, **채권총론**, 제6판(박영사, 2005).

곽윤직 편, **민법주해(VI)**(박영사, 1992).

________, **민법주해(XI)**(박영사, 1995).

________, **민법주해(XVII)**(박영사, 2005).

________, **민법주해(XVIII)**(박영사, 2005).

곽윤직 · 김재형, **민법총칙**, 제9판(박영사, 2013).

구연모, **부동산등기법**(박영사, 2020).

권기범, **현대회사법론**, 제8판(삼영사, 2021).

권영준, “미국법상 순수재산손해의 법리”, **민사법학** 제58호(2012).

______, “법률행위로 인한 관습법상 법정지상권 폐지와 법정임대차 도입”, **민사법학**, 제68호(2014).

______, “법의 개인화 단상”, **법조**, 통권 제749호(2021).

______, “부당이득에 관한 민법개정안 연구”, **서울대학교 법학**, 제55권 제4호(2014).

______, “투자신탁과 부당이득”, **선진상사법률연구**, 제96호(2021).

______, **2014년 법무부 민법 개정시안 해설 – 민법총칙 · 물권편**(법무부, 2017).

권오상, “등기명의신탁에서 명의수탁자의 처분행위시 명의신탁자의 법적 지위 -대법원 2021. 9. 9. 선고 2018다284233 전원합의체 판결을 중심으로-”, **법학논총**(국민대학교 법학연구소), 제34권 제3호(2022).

권정희, “이혼에서 자녀보호를 위한 법적 고찰”, **가족법연구**, 제15권 제1호(2001).

김건식 · 노혁준 · 천경훈, **회사법**, 제5판(박영사, 2021).

김건식 · 정순섭, **자본시장법**(두성사, 2013).

김광수 "사회기반시설을 위한 민간투자 제도의 법적 문제", **토지공법연구**, 제43집 제2호(2009).

김기영, "조부모의 입양에 대한 법적 문제와 비교법적 검토", **KHU 글로벌 기업법무리뷰**, 제3권 제2호(2010).

김대인, "채무자회생법의 공법상 계약에의 적용에 대한 고찰 -대법원 2021. 5. 6. 선고 2017다273441 전원합의체 판결에 대한 평석-", **법학논집**(이화여자대학교), 제26권 제1호(2021).

김동윤, "근저당권설정계약서상의 이른바 대위권불행사의 특약이 물상보증인의 구상권에 기한 청구에도 적용되는지 여부", **대법원판례해설**, 제28호(1997).

김동훈, **채권총론**(동방문화사, 2012).

김민중, "유류분산정의 기초가 되는 재산의 범위", **사법**, 제14호(2010).

김병선, "시효원용권자의 범위", **민사법학**, 제38호(2007).

김병연, "펀드판매 관련 당사자의 법적 지위와 책임 – 옵티머스펀드 사건을 계기로", **증권법연구**, 제22권 제1호(2021).

김상명, "판례로 본 분묘기지권에 관한 법리연구", **토지공법연구**, 제35집(2007).

김상수, "보험회사의 부당제소의 억제 – 소송관리위원회를 중심으로", **금융법연구**, 제14권 제1호(2017).

김상용, **물권법**(법문사, 2003).

______, **채권총론**, 제3판(화산미디어, 2016).

김상찬 · 조두환, "분묘기지권의 존속기간에 관한 연구", **토지법학**, 제27-1호(2011).

김상헌, "취득시효형 분묘기지권의 지료 지급 여부에 관한 고찰", **외법논집**, 제45권 제3호(2021).

김성태, **상법총칙 · 상행위법강론**(법문사, 1998).

김 송, "3자간 등기명의신탁에서 수탁자의 신탁부동산 처분에 대한 수탁자의 부당이득반환의무", **법학연구**(충남대학교 법학연구소), 제33권 제1호(2022).

김연미, "이사회 결의를 흠결한 거래에 있어 제3자 보호", **비교사법**, 제23권 4호(2016).

김영란 · 김영태, "취학전 저소득층 다문화가정 아동의 언어능력", **언어치료연구**, 제20권 제3호(2011).

김영주, **도산절차와 미이행 쌍무계약**(경인문화사, 2020).

김용담 편, **주석민법**, 물권(3), 제4판(한국사법행정학회, 2011).

________, **주석민법**, 채권총칙(1), 제4판(한국사법행정학회, 2010).

________, **주석민법**, 채권총칙(4), 제4판(한국사법행정학회, 2014).

김용덕 편, **주석민법**, 채권총칙(1), 제5판(한국사법행정학회, 2020).

________, **주석민법**, 채권총칙(4), 제5판(한국사법행정학회, 2020).

________, **주석민법**, 총칙(2), 제5판(한국사법행정학회, 2019).

________, **주석민법**, 총칙(3), 제5판(한국사법행정학회, 2019).

김용한, **채권법총론**(박영사, 1983).

김유성, "민간투자법에 근거하여 이루어진 실시협약이 쌍방미이행 쌍무계약에 해당하는지 여부", **사법**, 제58호(2021).

김윤종, "신탁형 집합투자기구의 법률관계와 당사자들의 법적 지위에 관한 고찰 -투자자 보호의무를 중시하는 판례의 태도를 중심으로-", **사법**, 제58호(2021).

김주수 · 김상용, **주석민법**, 상속(1), 제3판(한국사법행정학회, 2009).

______________, **주석민법**, 상속(2), 제3판(한국사법행정학회, 2009).

______________, **주석민법**, 친족(2), 제5판(한국사법행정학회, 2016).

김창종, "연대보증인의 구상권과 변제자의 대위", **사법논집**, 제20집(1989).

김현진, "개정 프랑스 민법상 지체 -이행지체와 수령지체-", **서울대학교 법학**, 제59권 제3호(2018).

김형배, **채권총론**, 제2판(박영사, 1998)

김홍기, **상법강의**, 제6판(박영사, 2021).

김홍엽, **민사소송법**, 제10판(박영사, 2021).

김황식, "등기수취청구권(하)", **사법행정**, 제25권 제1호(1984).

김희철, "대법원 2021. 2. 18. 선고 2015다45451 전원합의체판결에 관한 소고", **상사판례연구**, 제34권 제2호(2021).

나태영, "분묘기지권에 관한 소고", **민사법의 이론과 실무**, 제21권 제4호(2018).

남효순, "도산절차와 계약관계－이행완료 쌍무계약의 법률관계를 중심으로", 남효순·김재형 공편, **도산법강의**(법문사, 2005).

노영보, **도산법 강의**(박영사, 2018).

노재호, "소멸시효의 원용-원용권자의 범위와 원용권자 상호 간의 관계를 중심으로-", **사법논집**, 제52집(2011).

노종천, **채권법**(동방문화사, 2015).

민사법연구회, **민법안의견서**(일조각, 1957).

민유숙 편, **주석민법**, 친족(1), 제6판(한국사법행정학회, 2020).

민의원 법제사법위원회 민법안심의소위원회, **민법안심의록 상권**(1957).

박광동, "분묘기지권에 대한 고찰", **비교사법**, 제11권 제1호(2004).

박동섭·양경승, **친족상속법**, 제5판(박영사, 2020).

박우동, "관습법상의 법정지상권 그 문제점", **사법행정**, 제202권(1977).

박운삼, "사해행위의 수익자와 취소채권자의 채권의 소멸시효의 원용", **판례연구**(부산판례연구회), 21집(2010).

박정기, "독일민법에 있어서 채권자의 수령의무", **경북대학교 법학논고**, 제32호(2010).

박종두, **물권법**, 제5판(삼영사, 2010).

박준서, "법정지상권", **사법논집**, 제5집(1974).

배병일, "관습상의 법정지상권", **영남법학**, 제2권 제1·2호(1995).

백숙종, "대표이사가 이사회 결의 없이 제3자와 거래행위를 한 경우 상대방의 보호범위", **사법**, 제56호(2021).

법원실무제요, **민사집행(Ⅳ)**(사법연수원, 2020).

변동열, "유류분 제도", **민사판례연구**, 제25권(2003).

사봉관, "확인의 이익에 대한 소고－실무상 문제 되는 사안에 대한 대법원 판례를 중심으로" **민사재판의 제문제**, 제22권(2013).

서종희, "시효원용권자의 범위 판단 기준에 대한 재고－일본의 학설과 판례와의 비교를 중심으로", **사법**, 제57조(2021).

소성규, **채권총론**, 제3판(동방문화사, 2014).

소재선·이경용, "장사법과 분묘기지권 제도의 고찰", **법학논총**(단국대학교 법학연구소), 제36권 제2호(2012).

송덕수, **민법총칙**, 제5판(박영사, 2020).

______, **채권법총론**, 제5판(박영사, 2020).

송옥렬, "동반매도요구권과 대주주의 실사협조의무", **BFL**, 제108호(2021).

______, **상법강의**, 제11판(홍문사, 2021).

안재진, "국내 공개입양가정의 입양 의사소통 모형 개발 연구", **한국아동복지학**, 41호(2013).

양창수, "민법 제150조의 입법 목적과 유추적용 -우리 민법의 숨은 조항-", **사법**, 제51호(2020).

______, "후순위저당권자는 소멸시효 원용할 수 없는가? -대법원 2021. 2. 25. 선고 2016다232597 판결-", **법률신문** 2021. 5. 3.자 판례평석.

양창수 · 권영준, **민법 II 권리의 변동과 구제**, 제4판(박영사, 2021).

양창수 · 김재형, **민법 I 계약법**, 제3판(박영사, 2020).

양창수 · 김형석, **민법 III 권리의 보전과 담보**, 제4판(박영사, 2021).

오시영, ""관습법상 분묘기지권"의 전제인 관습 부존재에 대한 고찰(I)", **강원법학**, 제49권(2016).

오재연 외, "출신국적별 다문화가정 외국인 어머니의 양육행동, 삶의 질, 문화적응스트레스가 유아의 기관적응에 미치는 영향", **생태유아교육연구**, 제13권 제1호(2014).

오정후, "확인의 이익의 판단에 관하여", **서울대학교 법학**, 제54권 제3호(2013).

오지용, "2021년 민법총칙 및 물권법 중요판례평석", **인권과 정의**, 제504호(2022).

윤진수, **민법기본판례**(홍문사, 2016).

______, "상속회복청구권의 소멸시효에 관한 구관습의 위헌 여부 및 판례의 소급효", **민법논고 5**(박영사, 2011).

______, "소멸시효론", **한국 민법학의 재정립 – 청헌 김증한 교수의 생애와 학문세계**(경인문화사, 2016).

______, "정지조건 성취 방해로 인한 조건 성취의 의제 여부 -대법원 2021. 1. 14. 선고 2018다223054 판결-", **민사법학**, 제96호(2021).

______, "집합건물 공용부분의 무단점유로 인한 부당이득", **자율과 정의의 민법학**

－**양창수 교수 고희기념논문집**(양창수 교수 고희기념논문집 간행위원회, 2021).
______, “판례의 무게 -판례의 변경은 얼마나 어려워야 하는가?-”, **법철학연구**, 제21권 제3호(2021).
______, **친족상속법강의**, 제3판(박영사, 2020).
윤진수 편, **주해상속법** 제2권(박영사, 2019).
_________, **주해친족법** 제1권(박영사, 2015).
_________, **주해친족법** 제2권(박영사, 2015).
이계정, “관습법상 법정지상권 법리의 재검토와 대안으로서 의사해석에 기한 임대차의 추정”, **민사법학**, 제97호(2021).
______, “수익증권 매매계약 취소에 따른 부당이득의 법률관계와 이득소멸의 항변”, **남효순 교수 정년기념논문집**(2021).
이동건・류명현・이수균, “주주간 계약상 주식양도의 제한”, **BFL**, 제88호(2018).
이동원, “이사회결의를 요하는 중요한 자산처분에 해당하는지의 판단기준”, **대법원판례해설**, 제57집(2006).
이상민, “보험회사의 선제적 확인의 소에 관하여”, **법조신문**(2021. 9. 27).
이상훈, “민간투자사업 실시협약의 미이행 쌍무계약 해당 여부에 관한 대법원 2021. 5. 6. 선고 2017다273441 판결의 쟁점과 함의”, **사법**, 제57호(2021).
이선희, “채권자지체에 관한 몇 가지 논점”, **성균관법학** 제28권 제2호(2016).
이성진, “3자간 등기명의신탁과 부당이득반환청구 -대법원 2021. 9. 9. 선고 2018다284233 전원합의체 판결-”, **민사법의 이론과 실무**, 제25권 제1호(2021).
이승길, “분묘기지권”, **토지법학**, 제19호(2003).
이영준, **한국민법론[물권편]**, 신정2판(박영사, 2004).
이용훈, “양도담보목적물의 부당평가 및 환가의 법률관계”, **민사판례연구**, 제5권(박영사, 1993).
이유진, “동반매도청구권(Drag-Along Right)에 대한 연구 -대법원 2021. 1. 14. 선고 2018다223054 판결을 중심으로-”, **상사판례연구**, 제34권 제3호(2021).
이은영, **채권총론**, 제4판(박영사, 2009).
이주성, “우리 판례가 인정하는 관습상의 법정지상권과 그 양도에 관한 일고찰”, **사법논집**, 제7집(1976).

이진기, "관습법상 법정지상권의 문제", **비교사법**, 제18권 제3호(2011).

______, "보험금의 부정취득을 목적으로 하는 보험계약의 효력과 보험금반환청구권의 소멸시효기간에 관하여", **법조**, 제748호(2021).

이철송, "대표이사의 전단행위의 효력 -대법원 2021. 2. 18. 선고 2015다45451 전원합의체 판결의 평석-", **선진상사법률연구**, 통권 제94호(2021).

______, **상법총칙 · 상행위**, 제15판(박영사, 2018).

______, **회사법강의**, 제29판(박영사, 2021).

이충상, "확인의 이익의 확대 -단체결의의 무효확인을 중심으로-", **인하대학교 법학연구**, 제20집 제3호(2017).

이현경, "법철학에서 관습이 왜 중요한가? -관습의 본질과 법규성에 대한 새로운 이해-", **법철학연구**, 제24권 제2호(2021).

이훈종, "민사시효와 상사시효 구별의 타당성에 관한 연구", **강원법학**, 제59권(2020).

임재연, **자본시장법**(박영사, 2021).

임재호, "상법 제64조(상사시효)의 적용범위", **부산대학교 법학연구**, 제47권 제2호(2007).

임치용, "회사정리절차와 쌍무계약", **사법논집**, 제36집(2003).

장덕조, **보험법**, 제5판(법문사, 2019).

______, **상법강의**, 제3판(법문사, 2019).

장병주, "분묘기지권의 지료지급의무와 그 지급 시기 -대법원 2021. 4. 29. 선고 2017다228007 전원합의체 판결을 중심으로-", **민사법의 이론과 실무**, 제24권 제3호(2021).

장은혜, "기반시설관리운영권의 법적 쟁점", **아주법학**, 제14권 제2호(2020).

장재용, "국민건강보험법에 따른 보험급여를 받은 피해자가 가해자를 상대로 구할 수 있는 치료비 손해배상채권액의 범위", **사법**, 제57호(2021).

장준현, "부모의 이혼에 따른 친권행사자 및 양육자 지정의 판단 기준과 고려요소", **대법원판례해설**, 제83호(2010).

전경운, "분묘기지권의 인정근거와 효력에 관한 약간의 고찰", **법학연구**(연세대학교 법학연구원), 제25권 제1호(2015).

전병서, **민사집행법**, 제3판(박영사, 2021).

전보성, "친권자 지정 · 변경에 관한 판례의 최근 경향", **민사판례연구**, 제38권(2016).

전원열, **민사소송법 강의**, 제2판(박영사, 2021).

정구태, “생명보험과 특별수익, 그리고 유류분”, **고려법학**, 제62호(2011).

정긍식, **국역 관습조사보고서**(한국법제연구원, 1992).

정다영, “소극적 확인의 소에서의 확인의 이익 -대법원 2021. 6. 17. 선고 2018다257958, 257965 전원합의체 판결과 관련하여-”, **재산법연구**, 제38권 제3호(2021).

______, “일본 민법에서 계약상 의무 위반에 대한 불법행위책임의 인정 여부”, **저스티스**, 제185호(2021).

정병호, “로마법상 채권자지체”, **법사학연구**, 제57호(2018).

정영진, “대표이사의 대표권 제한에 대한 재고찰”, **기업법연구**, 제28권 제2호(2014).

조성필, “유류분에 관한 판례 정리”, **재판실무연구**(광주지방법원) 2013(2014).

지원림, **민법강의**, 제19판(홍문사, 2021).

진상욱, “분묘기지권의 재검토－대법원 2017. 1. 19. 선고 2013다17292 전원합의체 판결”, **토지법학**, 제33-1호(2017).

천경훈, “주주간 계약의 실태와 법리 -투자촉진 수단으로서의 기능에 주목하여-”, **상사판례연구**, 제26집 제3권(2013).

최문희, “이사회 결의가 필요한 전단적 대표행위의 상대방 보호 법리의 재검토 -대법원 2021. 2. 18. 선고 2015다45451 전원합의체 판결의 분석을 겸하여-”, **상사법연구**, 제40권 제3호(2021).

최봉경, “민법에서의 유추와 해석－판례를 거울삼아”, **법철학연구**, 제12권 제2호(2009).

최승필, “민간투자사업에 대한 법·제도적 검토”, **외법논집**, 제34권 제1호(2010).

최우용, “민간투자법의 주요 쟁점 -헌법재판소 결정과 대법원 판례를 소재로 하여-”, **공법학연구**, 제19권 제1호(2018).

최준규, **계약법과 도산법**(홍진기법률연구재단, 2021).

______, “쌍무계약, 신용거래, 그리고 채권자평등주의－대법원 2021. 1. 14. 선고 2018다255143 판결의 비판적 검토”, **사법**, 제57호(2021).

현소혜, “제사주재자의 지위와 확인의 이익”, **사법**, 제35호(2016).

홍진희・김판기, "생명보험금과 유류분반환청구에 관한 민・상법적 고찰", **재산법연구**, 제29권 제3호(2012).

홍춘의, "친자법에 있어서 자의 복리개념", **민사법학**, 제36권(2007).

황재호, "보험계약 무효로 인한 보험자의 부당이득반환청구권에 적용되는 소멸시효기간", **사법**, 제58호(2021).

황창용, "민간투자사업의 수익구조의 문제점과 입법적 개선방안", **법학논집**(이화여자대학교), 제15권 제2호(2010).

______, "파산절차상 미이행쌍무계약으로서의 민간투자사업 실시협약, **성균관법학**, 제29권 제3호(2017).

內田 貴, **民法 I 總則・物權總論**, 第4版(東京大學出版會, 2008).

山下高, "債務不存在確認訴訟の實情と問題点", **現代民事裁判の課題8**(新日本法規出版, 1989).

上野達也, "條件成就と債務不履行", **産大法學**, 48卷 3・4号(2015).

星野英一, "時効に關する覺書—その存在理由を中心として", **民法論集**, 第4卷(有斐閣, 1978).

松岡久和 外 編, 改正債權法コメンタール(法律文化社, 2020).

朝鮮總督府中樞院, **民事慣習回答彙集**(朝鮮印刷株式會社, 1933).

Beck-online.Grosskommentar zum BGB (2021).

Countryman, Vern, "Executory Contracts in Bankruptcy: Part Ⅰ", 57 *Minn. L. Rev.* 439, 460 (1973).

Münchener Kommentar zum BGB/Ernst, 8. Auflage (2019).

Münchener Kommentar zur Insolvenzordnung, 4. Auflage (2019).

Palandt, Bürgerliches Gesetzbuch, 78. Auflage (2019).

[Abstracts]

A General Review on the Supreme Court Decisions on Civil Cases in 2021

Kwon, Youngjoon*

The Supreme Court of Korea addressed diverse legal issues in numerous civil cases in 2021. Against this backdrop, this paper reviews sixteen significant Supreme Court decisions in the realm of civil law. These decisions address the following issues: condition and elective claim, representation of the company and the protection of a third party, invoking prescription by inferior secured creditor, duty to pay rent in the case of superficies on graveyard, prescription period for unjust enrichment claim due to nullity of an insurance contract, order between deduction of national health insurance payment and comparative negligence, termination of BTO(Build-Transfer-Operate) contract, unjust enrichment arising from defective sale of fund and the right of contribution, relationship between contract breach and tort, ordering indirect compulsory performance at the time of judgment on the merits, tri-party title trust and unjust enrichment, rescission of contract due to mora creditoris, gratuitous transfer of inheritance share and the calculation of legal reserve of inheritance, custody of a child by foreign spouse, and adoption by grandparents. I have introduced facts and rulings of each case and added legal analysis.

Keywords: condition, alternative claim, extinctive prescription, superficies on graveyard, BTO contract, mora creditoris, indirect compulsory performance, leagl reserve of inheritance, adoption

---

* Professor, School of Law, Seoul National University.

공유물분할청구와 재판상 분할방법*

- 비교 · 연혁적 관점에서의 기존 규율에 대한 검토 -

고려대학교 법학전문대학원 교수, 법학박사 최 우 진

目 次

Ⅰ. 서설: 규율의 현황과 문제 제기
Ⅱ. 일본의 규율과 논의
Ⅲ. 서구(西歐)의 규율과 논의
  1. 로마법
  2. 프랑스
  3. 오스트리아
  4. 독일
    가. 프로이센 일반분방법
    나. 독일 민법전
  5. 스위스
Ⅳ. 기존 규율에 대한 검토
  1. 공유물분할을 청구할 수 있는 권리의 근거와 의미
    가. 공유자 내부관계의 법률적 규율과 그 성질
    나. 공유관계에 대한 일방적 해소권으로서의 공유물분할청구권
    다. 공유물분할청구의 제한과 공유관계해소 여부에 관한 별도 '확인의 이익' 존부
  2. 사실심법원의 재판상 분할방법에 관한 형성적 재량
    가. 사실심법원의 형성적 재량 보유 여부
    나. 분할방법 형성에 관한 사실심법원 재량의 내용과 한계
    다. 형성적 재량권 행사에 적합한 절차의 구성
Ⅴ. 결어: 검토결과의 정리

Ⅰ. 서설: 규율의 현황과 문제 제기

공유자가 공유물분할을 청구할 수 있는 권리와 이를 관철하기 위한 재판상 분할방법을 정한 민법 규정의 문언 내용은, 이를 규율하는 법리에 비해 빈약

* 2022. 2. 14. 대법원 민사실무연구회에서 발제한 내용을 수정 · 보완한 글로서, 비교사법 제29권 2호(통권 제97호)에도 같은 제목으로 게재되었음을 밝혀둔다. 이 연구의 계기를 마련해주신 정상규 부장판사님과 위 연구회에서 지정토론을 맡아 유익한 의견을 주신 나진이 부장판사님, 강지웅 부장판사님께 감사의 말씀을 드린다.

하다.

먼저 민법 제268조를 본다. 제1항 본문은 “공유자는 공유물의 분할을 청구할 수 있다.”라고 정하고, 같은 항 단서와 같은 조 제2항은 분할금지의 특약 및 갱신 가능성과 갱신기간의 제한을 정한다. 그런데 제1항 본문의 간략한 규정 내용은 공유물분할의 ‘자유’ 원리와 연결 지어 설명된다. 즉, 공유자 사이에는 아무런 인적 결합관계가 없고 부득이하게 공유자들이 공동으로 소유하는 상태이므로, 공유자 중 누군가가 공유관계의 해소를 희망하면 언제든지 자유롭게 공유물의 분할을 청구할 수 있다는 것이다.[1] 또한, 문언상 “청구할 수 있다.”라고 정하는데도, 공유자의 공유물분할청구권의 성질은 일종의 형성권으로 봄이 통설이다.[2] 분할금지의 특약(제268조 제1항 단서) 또는 유언에 의한 제한(제1012조)이 있거나 그 밖에 법률에 의한 제한(제268조 제3항, 제215조, 제239조 등[3])이 없는 이상, 분할청구라는 일방적 의사표시로써 각 공유자 사이에 구체적으로 분할을 실현할 법률관계가 형성된다는 것이다.[4] 대법원 판례도 마찬가지다.[5] 따라서 어느 공유자의 분할청구권 행사로써 다른 공유자에게는 분할에 관한 협의의무가 지워진다.[6]

그러나 이러한 공유물분할의 자유와 분할청구권의 형성권적 이해는, 공유

---

1) 이러한 취지의 설명은 곽윤직 · 김재형, 물권법[민법강의 II], 제8판, 박영사(2016), 292면; 김기선, 신물권법, 민중서관(1958), 156면; 김용한, 물권법론, 박영사(1980), 348면; 김증한 · 김학동, 물권법(제9판), 박영사(1998), 323면; 양창수 · 권영준, 권리의 변동과 구제(제3판), 박영사(2017), 335면; 지원림, 민법강의, 제19판, 홍문사(2021), 662면; 집필대표 김증한, 학설판례 주석민법(상), 한국사법행정학회(1972)[이하 ‘주석민법(상)(주 1)’], 437면(이영준); 편집대표 곽윤직, 민법주해(V), 물권(2), 박영사(1992)[이하 ‘민법주해(주 1)’], 584-585면(민일영); 편집대표 김용덕, 주석 민법[물권 2], 제5판, 한국사법행정학회(2019)[이하 ‘주석 민법(주 1)’], 58면(최준규) 등 필자가 찾아본 문헌에서 공통적으로 확인할 수 있었다.

2) 곽윤직 · 김재형(주 1), 293면; 김기선(주 1), 157면; 김증한 · 김학동(주 1), 323면; 지원림(주 1), 663면; 주석민법(상)(주 1), 438면(이영준); 민법주해(주 1), 585면(민일영); 주석 민법(주 1), 59면(최준규) 등 참조. 다만 물권적 청구권으로 이해하는 견해로는 김용한(주 1), 350면; 김황식, “공유물분할의 소는 형성의 소인가? - 공유물분할판결의 효력과 그 등기방법을 중심으로 -”, 민사재판의 제문제(오당박우동선생화갑기념, 제8권), 민사실무연구회(1994), 659면 참조.

3) 집합건물의 소유 및 관리에 관한 법률 제8조도 참조.

4) 곽윤직 · 김재형(주 1), 293면; 김기선(주 1), 157면; 김증한 · 김학동(주 1), 323면; 지원림(주 1), 663면; 민법주해(주 1), 585면(민일영) 등 참조.

5) 대법원 2020. 5. 21. 선고 2018다879 전원합의체 판결 참조. 그 밖에 “각 공유자는 공유물의 분할을 청구하여 기존의 공유관계를 폐지하고 각 공유자간에 공유물을 분배하는 법률관계를 실현하는 일방적인 권리를 가지는 것”이라는 취지의 대법원 1991. 11. 12. 선고 91다27228 판결도 참조.

6) 곽윤직 · 김재형(주 1), 293면; 김기선(주 1), 157면; 김증한 · 김학동(주 1), 323면; 지원림(주 1), 663면; 민법주해(주 1), 585면(민일영); 주석 민법(주 1), 59면(최준규) 등 참조.

목적물의 성질과 현황, 다른 대다수 지분권자의 이익 등을 아랑곳하지 않는 지분권자 1인의 분할 의사표시만으로 분할을 원하지 않는 (심지어 불리하기도 한) 다른 대다수 지분권자에게 분할 협의의무를 부담 지운다. 공유관계가, 가령 혈연관계로 인한 공동상속이나 동업 목적 없이 (일시적으로나마) 공동으로 토지를 매수하는 경우에도 성립할 수 있음을 고려할 때,[7] 이렇게 성립하여 일정 기간 유지・향유된 공유물에 관한 이해관계가, 반목하는 내부인 중 일부 또는 공유관계 성립 후에 공유지분을 (경매절차 등을 통해) 매수한 외부인의 희망과 일방적 의사표시만으로 청산의 대상이 되고, 이를 희망하지 않는 지분권자에게 법적 협의의무를 강제하는 것은 과도한 것 아닌가 의심스럽다.[8] 과연, 민법의 해석상 공유관계는 '부득이' 성립했던 것이므로 공유물분할의 자유가 무제한적으로 인정되어야만 하는 것인지, 공유물분할청구의 성질을 형성권으로 구성하는 근거는 무엇인지 등을 검토해볼 필요가 있다.

한편 민법은 "분할의 방법에 관하여 협의가 성립되지 아니한 때에는 공유자는 법원에 그 분할을 청구할 수 있다."라고 정하고(제269조 제1항), "현물로 분할할 수 없거나 분할로 인하여 현저히 그 가액이 감손될 염려가 있는 때에는 법원은 그 물건의 경매를 명할 수 있다."라고 정한다(제269조 제2항). 즉, 협의분할이 성립되지 않은 때[9]에 재판상 분할을 청구할 수 있는데, 이때의 분할방법으로 현물분할과 일정한 요건을 갖추었을 때의 경매를 통한 대금분할만 제시하는 것이다. 하지만 재판상 분할을 구하는 소는 법원의 자유재량에 의한 법률관계 형성을 내용으로 하는 (형식적) 형성의 소로 봄이 통설[10]과 판례[11]

---

7) 곽윤직・김재형(주 1), 284-285면; 김용한(주 1), 340-341면; 김증한・김학동(주 1), 306-307면; 지원림(주 1), 652면 등 참조.

8) 물론 아래에서 살피는 바와 같이, 공유물의 재판상 분할방법으로 전면적 가액보상이 가능하므로[뒤의 주 17) 참조], 본문과 같은 상황에서, 공유물에 관한 기존의 이용・관리 상태를 유지하면서, 그러한 이용・관리 상태의 외부인적 지위에 있는 공유자에 대한 전면적 가액보상을 하는 방안이 검토될 수 있다. 그러나 그러한 가액보상도, 공유물분할청구를 예상하지 못한 채 분할 절차에 내몰린 무자력의 공유자로서는 감내하기 어려울 수 있다. 완전무결한 방안이라고는 말하기 어렵다.

9) "협의가 성립되지 아니한 때"는 공유자 사이에 분할방법에 관하여 협의가 실제로 진행되었으나 합의가 도출되지 않은 경우뿐 아니라, 처음부터 협의가 불가능한 경우도 포함하는 것으로 넓게 풀이한다. 곽윤직・김재형(주 1), 294면; 김용한(주 1), 351면; 지원림(주 1), 663면; 민법주해(주 1), 591면(민일영); 주석 민법(주 1), 64면(최준규) 등 참조.

10) 곽윤직・김재형(주 1), 294면; 김기선(주 1), 157면; 김용한(주 1), 351면; 김증한・김학동(주 1), 324면; 이시

다. 법원이 분할의 방법이나 내용에 관하여 당사자의 신청 내용에 구애되지 않는다고 본다(민사소송법 제203조의 적용 배제).[12] 또한, 재판상 분할방법으로 현물분할을 원칙으로 내세우면서,[13] 그러한 분할방법의 다양화와 유연화를 추구한다.[14] 그리하여 '부분적 가액보상'에 의한 현물분할도 허용하고,[15] 분할청구자의 지분한도 안에서 현물분할을 하고 분할을 원하지 않는 나머지 지분권자는 공유자로 남는 '일부분할' 방법도 허용할 수 있다고 본다.[16] '전면적 가액보상'도 허용한다.[17] 반면, 재판상 분할방법인 경매를 통한 대금분할에 관해서는 일정한 제한이 가해진다. 즉, 불가피하게 그러한 대금분할을 할 수밖에 없는 요건에 관한 객관적·구체적 심리 없이 주관적·추상적 사정에 터 잡아 함부로 이를 명할 수는 없다고 한다.[18]

그런데 부분적이든, 전면적이든, 가액보상에 의한 분할이나 일부분할은 민법에 명시적으로 규정된 분할방법이 아니다.[19] 민법 제269조 제2항의 문언만 보면, 공유물분할소송이 제기되었을 때, (가액보상의 필요 없는 단순한) 현물분

윤, 신민사소송법(제13판), 박영사(2019), 209면; 양창수·권영준(주 1), 336면; 정동윤·유병현·김경욱, 민사소송법(제7판), 법문사(2019), 73면; 지원림(주 1), 663면; 주석민법(상)(주 1), 444면(이영준); 민법주해(주 1), 591-592면(민일영); 주석 민법(주 1), 65면(최준규); 집필대표 고상룡, 민법판례해설 II[물권법], 경세원(1992)[이하 '민법판례해설(주 10)'], 143면(정규상) 등 참조

11) 대법원 1969. 12. 29. 선고 68다2425 판결; 대법원 1991. 11. 12. 선고 91다27228 판결; 대법원 2004. 10. 14. 선고 2004다30583 판결; 대법원 2013. 11. 21. 선고 2011두1917 전원합의체 판결; 대법원 2020. 8. 20. 선고 2018다241410, 241427 판결 등 참조.

12) 이시윤(주 10), 209면; 정동윤·유병현·김경욱(주 10), 74면; 편집대표 민일영, 주석 민사소송법(III), 제8판, 한국사법행정학회(2018), 291(김현석) 및 대법원 1991. 11. 12. 선고 91다27228 판결 등 참조.

13) 곽윤직·김재형(주 1), 294면; 김기선(주 1), 158면; 김용한(주 1), 352면; 김증한·김학동(주 1), 324면; 양창수·권영준(주 1), 335면; 지원림(주 1), 664면; 민법주해(주 1), 592면(민일영); 주석 민법(주 1), 66면(최준규) 등과 대법원 1991. 11. 12. 선고 91다27228 판결; 대법원 2002. 4. 12. 선고 2002다4580; 대법원 2009. 9. 10. 선고 2009다40219, 40226 판결 등 참조.

14) 남성민, "공유물 분할소송의 심리", 재판실무연구, 광주지방법원(2010), 105면 참조.

15) 곽윤직·김재형(주 1), 295면 및 대법원 1990. 8. 28. 선고 90다카7620 판결; 대법원 1997. 9. 9. 선고 97다18219 판결 등 참조.

16) 주석 민법(주 1), 69면(최준규); 남성민(주 14), 105면 및 대법원 1991. 11. 12. 선고 91다27228 판결 참조.

17) 대법원 2004. 10. 14. 선고 2004다30583 판결 및 곽윤직·김재형(주 1), 295면 참조. 공유관계의 복잡한 상황에 맞추어서 공유관계의 합리적 해소를 도모하려는 고심의 소산으로 위 판결을 이해하는 견해로는 양창수, "공유물분할판결에 기한 분할등기에 관한 종전의 등기선례와 그 문제점", 민법연구(제9권), 박영사(2007), 128면 참조.

18) 대법원 2009. 9. 10. 선고 2009다40219, 40226 판결 참조.

19) 이러한 취지에서 가액보상의 방법에 의한 분할이 재판에 의한 분할의 경우에도 인정될 수 있을지를 검토한 국내 문헌으로는 박일환, "공유물의 분할방법", 대법원판례해설(제14호), 법원도서관(1990), 90면 이하 참조.

할이 불가능하거나 그러한 분할로 현저한 가액감손의 염려가 있는 때에 법원이 공유물의 경매를 명할 권능을 가질 뿐이라고 해석할 여지도 없지 않다. 그런데도 위와 같은 다양한 현물분할의 방법을 허용하면서 현물분할 우선의 원칙을 관철하려는 근거가 무엇인지, 과연 사실심법원이 위와 같은 다양한 분할방법을 선택할 수 있는 자유재량을 갖기는 한 것인지, 만약 모종의 재량을 갖는다면 그 재량은 어떠한 근거에 기초하여 어떠한 범위에서 행사할 수 있는지 등의 의문이 뒤따른다.

이하에서는, 공유물분할청구와 공유물의 재판상 분할방법에 관한 위와 같은 몇 가지 의문점에서 출발하여, 현행 민법 규정의 규율 내용과 관련 법리의 근거 및 의미, 이에 관한 수정·보완의 필요 여부 등을 비교·연혁적 관점에서 검토해보고자 한다. 이를 위해 먼저, 민법 규정의 문언 및 재판상 분할방법에 관한 기존 규율에 영향을 미친 일본에서의 논의를 살펴보고, 일본 민법 제정 과정과 그 이후의 논의에 영향을 미친 서구 주요 국가들의 입법 및 해석론에 관한 검토를 이어나가기로 한다.

Ⅱ. 일본의 규율과 논의

일본 민법 제256조는 “각 공유자는, 언제라도 공유물의 분할을 청구할 수 있다. 다만, 5년을 초과하지 않는 기간 내에는 분할을 하지 않는다는 취지의 계약을 하는 것을 방해하지 않”고(제1항), 그러한 계약은 “갱신할 수 있다. 다만, 그 기간은 갱신한 때부터 5년을 초과할 수 없다.”(제2항)라고 규정한다. 그리고 제258조는 “재판에 의한 공유물의 분할”을 표제로 내세워, “공유물의 분할에 관하여 공유자 사이에 협의가 이루어지지 아니한 때는, 그 분할을 재판소에 청구할 수 있”고(제1항), 그러한 경우, “공유물의 현물을 분할할 수 없는 때 또는 분할에 의하여 그 가격을 현저히 감소시킬 우려가 있는 때는, 재판소는, 그 경매를 명할 수 있”도록(제2항) 규정한다. 공유물분할을 “언제라도” 청구할 수 있음이 명시되어 있는 점이나 재판상 분할청구 요건인 협의불성립의 대상으로

‘분할의 방법’이 아닌 “분할”만 정한 점 외에는 우리 민법 제268조 제1항, 제2항, 제269조와 같은 내용으로 규율하고 있음을 알 수 있다. 그 문언상 차이도 다른 내용의 규율 목적에서 비롯한 것은 아니었다.[20)]

그런데 이러한 일본 민법의 입법자료에 관한 연구물[21)]을 보면 다음과 같은 연혁을 알 수 있다. 즉, 공유에 관한 규정을 당초 19세기 프랑스 민법전을 참조하여 일본 구 민법[22)] 재산편(제37조[23)] 이하)과 재산취득편(제104조 이하, 제153조 이하, 제40조 이하)에 나누어 규정하려 했지만, 공유물[24)]의 재판상 분할 절차에 관해서는 위 프랑스 민법전의 분할 절차 관련 규정 다수를 계수하지 않았다는 것이다.[25)] 또한, 그 무렵의 일본 민사소송법[26)]이나 비송사건절차법에도 프랑스에서의 분할 절차에 관한 규정이나 그와 관련된 규율은 마련해두지 않았다고 한다.[27)]

---

20) 민법안심의록(상권), 민의원 법제사법위원회 민법안심의소위원회 편(1957), 167면 참조. 그 밖에 뒤의 주 206), 237), 254) 및 각 해당 본문 부분도 참조.

21) 우선, 大江毅, “共有物分割訴訟に關する史的考察 — 民法二五八條制定過程を中心にして —”, 阪大法學(53卷 2号), 大阪大學大學院法學硏究科(2003), 467면 이하 참조.

22) 메이지(明治) 23년(1890년) 3월 27일에 재산편, 재산취득편, 채권담보편, 증거편이, 같은 해 10월 6일에, 인사편, 재산취득편 중 증여, 유증, 부부재산계약의 각 부분이 공포되었으나, 시행되지 않은 법률을 가리킨다. 이하 ‘구 민법’은 이를 가리킨다. 이에 관해서는 前田達明 編, 史料民法典, 成文堂(2004), 942면 이하 참조.

23) 구 민법 재산편의 제37조는, 공유자가 각 지분의 차이에 구애 없이 공유물 전부를 사용할 수 있고(제1항 본문), 천연과실, 법정과실, 산출물을 각 공유자의 권리 한도에 따라 정기적으로 이를 분할하며(제3항), 각 공유자가 보존에 필요한 관리 기타의 행위를 할 수 있고(제4항), 각 공유자가 지분비율에 따라 제반 부담을 책임지며(제5항), 공유물의 사용, 수익, 관리에 관한 별도의 합의를 할 수 있다(제6항)는 등의 규율을 정하였다. 이는 공유물의 관리에 관한 별도의 규정을 두지 않았던 1804년 프랑스 민법전과는 다른 규율이다. 前田達明(주 22), 950면과 뒤의 주 72)의 문헌 및 해당 본문 부분 참조.

24) 구 민법 재산편에는 “共有物”로, 재산취득편에는 “不分物” 또는 “不分財産”이라는 용어가 사용되었다. 前田達明(주 22), 950면 이하, 1015면 이하, 1092면 이하 참조. 그 밖에 앞의 주 23), 뒤의 주 67), 72) 및 각 해당 본문 부분도 함께 참조.

25) 大江毅(주 21), 470면 참조. 다만, 분할대상 재산의 봉인 및 재산목록 작성에 관한 예비절차에 관한 규정 [뒤의 주 86) 참조]은 구 민법 재산취득편 제410-411조에 마련되었다. 前田達明(주 22), 1092면과 뒤의 주 72)의 문헌 및 해당 본문 부분 참조.

26) 1890년 제정, 공포된 일본의 구 민사소송법은 독일 제국민사소송법을 그대로 번역하여 계수한 것이라고 평가된다. 이에 관해서는 Christopher Heath/Anja Petersen, Das japanische Zivilprozeßrecht, Mohr Siebeck(2002), S. 6 및 이시윤(주 10), 46면 등 참조.

27) 大江毅(주 21), 470-471면 참조. 이러한 이유에서 민법, 민사소송법, 그 밖의 특별법에 재판상 분할의 절차 및 그 준비절차 직후 분할하는 재산의 평가, 매각, 취집(取集), 부분의 조성, 분할의 검인(檢認) 및 분할의 방법 등의 규정이 긴요하다는 취지의 지적도 있었다. 井上正一, 日本立法資料全集: 別卷 59, 民法 [明治23年] 正義 財産取得編 卷之參, 信山社(1995), 386-387면 참조.
다만, 위와 같은 절차를 재판소 권력에 일임하고, 재판소는 계산사건 절차에 따라 적의 처분할 수 있다는 견해도 있었다. 熊野敏三, 日本立法資料全集: 別卷 57, 民法 [明治23年] 正義 財産取得編 卷之壹, 信山社(1995), 804-805면 참조. 여기서 지목되는 ‘계산사건’ 절차는 독일 제국 민사소송법 제313조 이하의 계산사건(Rechnungssachen), 청산 및 유사 절차에서의 수명법관에 의한 준비절차에 관한 규정을 가리키는 것으로

이후, 일본 민법전은 독일 민법전 제1초안을 범형(範型)으로 삼으면서도, 기본적으로는 구 민법 이래의 프랑스법 영향도 강하게 받으며 성안되었다.[28] 그 중 일본 민법 제256조, 제258조에 관해서는 구 민법 재산편 제39조, 재산취득편 제409조 제2항 제3호, 제412조가 본보기 역할을 하였고, 그 밖에 여러 외국의 법제도 참고되었다고 한다.[29] 하지만 이 과정에서도, 종전과 마찬가지로, 일본 민법뿐 아니라 그곳 민사소송법, 비송사건절차법 등에 공유물분할에 관한 상세한 절차규정을 마련해두지는 않았다.[30] 이는, 되도록 "융통성 없이 부정확한 잣대로 사물을 판단하는 것(杓子定規しゃくしじょうぎ)"을 피하고 재판소의 직권을 넓게 하여 위 제258조 제2항에 언급되어 있는 제한 외에는 재판소에 전권을 부여하는 취지라고 설명된 바 있다.[31]

한편, 위 제256조 제1항의 규정으로써 공유의 본질을 형성하는 공유물분할청구의 자유가 규정되었다고 풀이한다.[32] 개인주의적인 근대적 소유권에 따르면, 공유는 예외적 상태이고, 따라서 일본 민법은 공유관계를 일시적인 것으로 보아, 각 공유자가 언제라도 공유관계를 해소, 즉 공유물의 분할을 청구할 수 있도록 규정하였다고 설명된다.[33] 그런데 이러한 분할청구권의 법적 성질에 관한 논의나 법리가 일본 민법 제정 당시에 명확하게 정리·정립되지는 않은

여겨진다. 위 제국 민사소송법 규정 내용은 다음 웹사이트 참조: https://de.wikisource.org/wiki/Civilproze%C3%9Fordnung._Zweites_Buch#%C2%A7._313.(최종검색: 2022. 1. 20.).

28) 遠藤浩·水本浩·北川善太郎·伊藤滋夫, 民法注解 財産法(第1卷) 民法總則, 青林書院(1989), 11면(泉久雄) 참조.
구 일본 민법 제37조 제4항과 달리, 관리행위를 과반수의 결정에 따르도록, 일본 민법 제252조가 성안되었는데, 이러한 규율이 스페인, 이탈리아의 예를 따른 것이라는 취지의 설명으로는 編集代表 谷口知平 外, 新版 注釋民法(7), 物權(2), 有斐閣(2007)[이하 '注釋民法(주 28)'], 454면(川井健) 및 그곳에 인용된 문헌 참조. 또한, 앞의 주 23), 뒤의 주 72) 및 각 해당 본문 부분도 함께 참조.

29) 大江毅(주 21), 472면; 前田達明(주 22), 951, 1092면 참조.

30) 大江毅(주 21), 476-478면 참조.

31) 일본 민법 기초자 중 富井政章의 설명이다. 이는 法務大臣官房司法法制調査部監修, 日本近代立法資料叢書 2, 法典調査會民法議事速記錄二(第27回-第55回), 商事法務研究會(1984), 102면 참조(제30회 법전조사회의 속기록 부분). 그 밖에 위 설명을 소개한 문헌으로는 大江毅(주 21), 478면 및 坂井智典, "裁判による共有物の分割に關する一考察", 廣島法學(40卷 2号), 廣島大學法學會(2016), 88면 참조.

32) 注釋民法(주 28), 466면(川井健); 川島武宜, 民法 I 總論·物權, 有斐閣(1960), 140면; 我妻榮·有泉亨·清水誠·田山輝明, コンメンタール民法, 總則·物權·債權. 第2版追補版, 日本評論社(2010)[이하 '我妻榮·有泉亨(주 32)'], 460면 참조.

33) 我妻榮, 物權法[民法講義 II], 巖波書店(1957), 220면; 鈴木祿彌, 物權法講義, 創文社(1978), 20면; 川島武宜(주 32), 140면 등 참조. 그 밖에 1930년대 일본 문헌에서의 관련 내용 소개로는 김소영, "공유물분할의 소에 대하여", 사법논집(제24집), 법원행정처(1993), 144-145면 참조.

것으로 파악된다.[34] 이에 관한 문헌상 설명[35]을 보면, 애초에는 이러한 권리가 문자 그대로의 '청구권'으로서 협력하여 분할에 따를 것을 구하는 내용으로 보았다가, 末弘嚴太郎 이후,[36] 현재의 다수학설[37]은 이러한 청구권이 형성권의 성질을 가진다고 해석하지만, 이에 대해 다른 관점의 이해[38]가 제시되기도 함을 알 수 있다.

한편 분할소송의 성질에 관해서는, 대심원(大審院)이 1914년 "공유물분할의 실시방법에 관해 공유자 사이의 권리관계를 정하는 창설적 판결을 구하는 것"이라고 판시[39]한 바 있다. 학설도 일치하여 위와 같이 형성의 소, 그중에서도 형식적 형성의 소로서의 성질을 가진다고 풀이한다.[40] 분할방법은 현물분할이 원칙이고, 현물분할이 불능 또는 부적당한 경우에는 경매를 통한 대금분할을 하는 것으로 이해한다.[41] 분할방법에 관한 위와 같은 제한이 있다는 점 외에는 재판소가 자유재량을 갖고 분할방법을 정한다고 본다.[42] 공유물분할의 소가 본질적으로는 비송사건의 성질을 가진다고 설명되기도 한다.[43]

---

34) 大江毅(주 21), 473면에 따르면, 일본 민법 기초자(富井政章)는 일본 민법 제258조에서 정한 재판상 분할에 원래 분할을 할 것인가 아닌가 하는 분쟁은 포함하지 않는 것으로 해석하고 있었던 반면, 법전조사회 중에 분할에 관한 권리 유무를 결정하기 위해서는 판결이 필요하므로 소송사건으로서 판결이 내려져야 하고, 이러한 판결은 당시 일본 민사소송법이 정한 의사표시 의제 규정에 따라 집행되어야 하는 이행급부소송이 될 것이라는 의견(田部芳의 의견)이 나오기도 했다고 한다.

35) 注釋民法(주 28), 468면(川井健) 참조.

36) 末弘嚴太郎, 物權法(上卷), 有斐閣(1926), 430-432면 참조.

37) 我妻榮(주 33), 221면; 我妻榮・有泉亨(주 32), 460면(다만, 명시적으로 '형성권'이라고 성질을 밝히고 있지는 않다) 참조.

38) 가령, 川島武宜(주 32), 141-142면은, 재판소에 의한 분할에서는 분할청구권이 형성권이지만, 재판 외에서 협의로 분할의 목적이 달성되는 것은 소권의 사실상 압박의 효과일 뿐이라고 설명하고, 注釋民法(주 28), 468면(川井健)은 분할청구권이 물권적 청구권의 성질을 갖는다고 본다. 이러한 견해를 소개한 국내 문헌으로는 김황식(주 2), 658면 참조.

39) 大審院 大正 3年 3月 10日 大正 1年(オ) 第143号 判決(大審院民事判決錄 20輯 147, 151면). 이를 인용한 일본 최고재판소 판결로는 最高裁判所第二小法廷, 昭和 24年 11月 14日 昭和 40年(行ツ) 第53号 判決(最高裁判所民事判例集 21卷 7号 1729, 1732면) 참조.

40) 末弘嚴太郎(주 36), 437면; 鈴木祿彌(주 33), 20면; 北川善太郎, 物權(民法講義 II), 有斐閣(1993), 108면; 注釋民法(주 28), 477면(川井健); 我妻榮・有泉亨(주 32), 462면 및 高橋宏志, 重点講義民事訴訟法(上), 有斐閣(2011), 81, 94면; 松本博之・上野泰男, 民事訴訟法(第7版), 弘文堂(2015), 172-173면; 新堂幸司, 新民事訴訟法(第6版), 弘文堂(2019), 209면 등 참조.

41) 末弘嚴太郎(주 36), 439면; 川島武宜(주 32), 142면; 北川善太郎(주 40), 108면; 注釋民法(주 28), 480면(川井健) 등 참조.

42) 末弘嚴太郎(주 36), 439면; 注釋民法(주 28), 480, 482면(川井健) 등 참조.

43) 北川善太郎(주 40), 108면; 注釋民法(주 28), 482면(川井健) 참조. 다만, 末弘嚴太郎(주 36), 437면은 공유물분할소송도 소송사건의 일종이지 비송사건은 아니라고 본다.

그리고 일본에서는 당초, 위와 같은 (단순한) 현물분할 및 경매를 통한 대금분할 외에 가격배상(가액보상)에 의한 현물분할의 방법을 재판상 분할방법으로 다루지 않았다.[44] 그러나 재판소가 분할소송에서 갖는 자유재량에 터 잡아 현물분할에서의 불균형을 시정하는 방법으로 가격배상이 필요하다는 주장이 제시되었고,[45] 최고재판소도 1970년 이후에 선고된 일련의 판결을 통해 부분적 가격배상에 의한 현물분할[46]이나 일부분할,[47] 전면적 가격배상에 의한 현물분할[48]의 방법도 재판상 분할방법으로 허용된다는 취지를 판시하였다. 이제는 학설도 (단순한) 현물분할 및 경매를 통한 대금분할 외의 방법이 공유물의 재판상 분할방법이 될 수 있음을 인정하는 데 거의 이론이 없다고 한다.[49]

---

44) 가령, 末弘嚴太郞(주 36), 439면; 我妻榮(주 33), 222면; 鈴木祿彌(주 33), 20-21면; 川島武宜(주 32), 142면 등은 재판상 분할방법으로 가격배상에 의한 현물분할의 방법을 언급하지 않고 있다. 이러한 과거 학설의 태도를 소개·정리한 문헌으로는 坂井智典(주 31), 81면 참조. 가격배상에 의한 현물분할의 방법을 허용하지 않은 하급심 판결로는 大阪地方裁判所 昭和 41年 2月 28日 昭和 36年(ワ) 第295号(判例時報 446号 50면) 참조.

45) 注釋民法(주 28), 481-482면(川井健) 참조.

46) 最高裁判所第二小法廷 昭和 45年 11月 6日 昭和 41年(オ) 第648号 判決(最高裁判所民事判例集 24卷 12号, 1803, 1808-1809면) 참조(현물분할을 하여 각 분할부분의 가격 차이가 생겼으나, 원고 스스로가 가격의 차액분을 포기하는 분할안을 제시하여 그 분할안에 따른 분할이 허용된 사안). 이 판결로써 현물분할의 범위 내에서 분할방법이 완화될 가능성이 제시되었다는 평가로는 坂井智典(주 31), 76면 참조. 그 밖에 注釋民法(주 28), 482면(川井健)도 참조.

47) 最高裁判所大法廷 昭和 62年 4月 22日 昭和 59年(オ) 第805号 判決(最高裁判所民事判例集 41卷 3号, 408, 416면 이하) 참조. 이 판결로써, 일본 민법이 규정하는 현물분할 및 경매를 통한 대금분할 외에 부분적 가격배상에 의한 현물분할, 일괄분할(공유물이 복수로 존재할 때 이를 일괄적으로 분할하는 방법), 일부분할(탈퇴형)의 방법이 인정되게 되었다는 설명으로는 坂井智典(주 31), 78면 참조. 그 밖에 注釋民法(주 28), 482면(川井健)도 참조.
한편, 분할청구자가 다수인 때, 분할청구 상대방의 지분 한도에서 현물을 분할하고, 그 나머지는 분할청구자의 공유로 남기는 방법(이른바 배제형 일부분할)을 허용한 最高裁判所第二小法廷 平成 4年 1月 24日 平成 1年(オ) 第867号 判決(判例タイムズ 789号 116-117면)도 참조.

48) 공유물분할소송의 본질이 비송사건으로, 법은, 재판소의 적절한 재량권 행사에 따라 공유상태의 실정에 맞는 타당한 분할이 실현되기를 기대한 것이고, 그 분할방법을 현물분할이나 대금분할에 한정하여 다른 분할방법을 일체 부정한 취지로 해석되지 않는다면서, 전면적 가격배상에 의한 현물분할을 허용한 最高裁判所第一小法廷 平成 8年 10月 31日 平成 7年(オ) 第1962号 判決(判例タイムズ 931号 144-148면) 참조. 그 밖에 坂井智典(주 31), 78-79면; 注釋民法(주 28), 482면(川井健)도 참조.

49) 坂井智典(주 31), 86면; 注釋民法(주 28), 483면(川井健) 참조.

Ⅲ. 서구(西歐)의 규율과 논의

1. 로마법

서구의 공유관계 규율에 관한 연혁적 설명을 위해서는 로마법 고전기(die klassische Zeit)50)의 규율내용을 살펴보아야 한다.

당시의 법률가들은 개개인의 지배영역에 관한 명확한 경계획정을 하여야 한다는 기초적 법사고를 가지고 있었다고 한다.51) 그런데 통상적으로 우연히 발생하는 그곳의 공유관계(*communio incidens*)는, 각 공유자가 '분할되지 않은 것에 관한 지분(不分割에 관한 지분; *pars pro indiviso*)', 즉 유체적으로는 전체 물건에 미치지만, 산술적으로는 그저 비율에 한정되는 관념적 지분을 가지는 관계로 풀이되었으므로, 이러한 관계가 위와 같은 기초 사고에 부합하지 않는다고 보았고, 따라서 각 공유자가 자신의 지분을 자유롭게 처분할 수 있으며, 공유물의 관리에 관한 내부관계에서도 다른 지분권자의 사실적 관리행위에 대해 절대적 이의권(*ius prohibendi*)52)을 행사할 수 있고, 그러한 이의권이 행사되면, 지분권자들 사이에 별도 협의가 성립되지 않는 한, 공유관계의 해소 외에는 다른 대안이 없는 것으로 이해하였다.53) 즉, 공유자들 사이의 의사 불일치는 대체로 공유관계의 지속을 불가능하게 하므로, 공유관계는 일반적으로 사유의 제한 없이, 자유롭고 즉각적인 해소를 지향한다는 관점을 가지고 있었다

50) 기원 후 3세기 중반의 로마 후기공화정 및 원수정(元帥政; Principatus)까지의 시대를 일컫는다. Heinrich Honsell, Römisches Recht, 4.Aufl, Springer(1997), S. 7; Paul Jörs/Wolfgang Kunkel/Leopold Wenger, Römisches Recht, 4.Aufl, Springer(2013)[이하 'Jörs(주 50)'], S. 149; Max Kaser, Das Römische Privatrecht, Erster Abschnitt, 2.Aufl., C. H. Beck(1971), S. 2 f. 및 현승종・조규창, 로마법, 법문사(1996), 133면 이하 등 참조. 이하에서 '로마법'은 이 시기의 법실무(Jurisprudenz)를 가리킨다.

51) Historisch-kritischer Kommentar zum BGB, Bd. III: Schuldrecht, Besonderer Teil 2. Teilbd.: §§657 - 853, Tübingen(2013)[이하 'HKK/집필자(주 51)'], §§741-758, Rn. 13, 30(Rudolf Meyer-Pritzel); J. von Staudingers Kommentar zum BGB, Buch 2・Recht der Schuldverhältnisse, §§741-764, Seiler - de Gruyter(2015)[이하 'Staudinger/집필자(주 51)'], Vorbem zu §§741-758 Rn. 6(Gerd-Hinrich Langhein/Maximilian von Proff). 또한, Karl Larenz, Lehrbuch des Schuldrechts, Bd. II, Besonderer Teil, 12.Aufl., C. H. Beck(1981), S. 419도 참조.

52) 로마법의 공유관계에서는, 각 지분권자에게 공유물의 사용・수익권이 각자의 지분에 비례하여 귀속되었고, 각 지분권자의 전체 물건에 관한 사용・수익에 대해 다른 지분권자는 이를 수인(受忍)하거나 민회(民會) 정무관(政務官)이 갖는 거부권과 유사한 이의권을 행사할 수 있었다고 한다. Jörs(주 50), S. 150 f.; Kaser(주 50), S. 410; HKK/Meyer-Pritzel(주 51), §§741-758, Rn. 27 및 현승종・조규창(주 50), 602면 참조.

53) HKK/Meyer-Pritzel(주 51), §§741-758, Rn. 11 ff.; Kaser(주 50), S. 411 참조.

는 것이다.[54)]

그리고 로마법에서의 공유관계 해소는, 구성원들 사이의 협의가 성립하지 않는 한, 공유물에 대한 분할의 소로써 주장할 수 있었다고 한다.[55)] 이러한 소에 따른 절차는 당사자들이 서로 대립하는, 다른 소 절차와 구별되었고, 심판인은 공유물에 관한 단독소유의 창설적 부여와 형성에 관한 재정(裁定, *adjudicatio*)적 판단 권능을 가졌다.[56)] 다수당사자의 뜻이 분할소송의 판단에 결정적으로 영향을 미친 것도 아니었다.[57)] 이러한 소 절차에서의 심판인 권능 행사를 통해, 물권법적으로는 공유관계가 해소되어 각 공유자가 단독소유자의 권리를 할당받아 그 즉시 소유권을 취득하고, 채권법적으로는 공유자들 사이에 남은 채무가 상호 간에 청산된 것으로 보았다고 한다.[58)]

심판인의 재정적 판단을 구하기 위한 소권 행사는 불특정한 방식(*formula incerta*)으로 제기되었다고 한다.[59)] 이로써 개시된 절차에서, 공유관계에 관하여 존재하는 모든 청구권을 조사하여[60)] 무엇이든(*quidquid*) 하도록 하는, 매우 광범위한 재량이 심판인에게 부여되었다 한다.[61)] 그리하여 당시의 심판인은 구체적 사안에 관한 분할방법을 다양하게 정할 수 있었다. 즉, 공유관계에 있는 목적물이, 가령 곡식이나 금액(金額)과 같이 가치상실 없이 분할할 수 있다면 그 가치관계에 따라 해당 목적물을 나누어 개개 당사자에게 할당할 몫을 인정해주었다고 한다.[62)] 만일 하나의 토지가 분할대상 목적물이고 이를 여러

---

54) Kaser(주 50), S. 410.

55) 공유자들 사이에서는 공유물분할의 소(*actio commni diviundo*), 공동상속인들 사이에는 상속재산분할의 소(*actio famiiae erciscundae*)가 분할소송으로 기능했고, 그 밖에 공유토지의 분할에 관해서는 경계확정의 소(*actio finum regundorum*)가 활용되었다고 한다. Honsell(주 50), S. 52, 138, 174; Jörs(주 50), S. 150; Kaser(주 50), S. 411 f., 591; HKK/Meyer-Pritzel(주 51), §§741-758, Rn. 13; 현승종 · 조규창(주 50), 602면 등 참조.

56) Jörs(주 50), S. 150 f.; Kaser(주 50), S. 412; Benno Mugdan(Hrsg. u. bearb.), Die Gesamten Materialien zum Bürgerlichen Gesetzbuch für das detusche Reich, Bd. 2, Scientia Verlag Aalen(1979), S. 493; HKK/Meyer-Pritzel(주 51), §§741-758, Rn. 13 참조.

57) Mugdan(주 56), S. 493 참조.

58) Okko Behrends/Rolf Knütel/Berthold Kupisch/Hans Hermann Seiler(Hrsg.), Corpus Iuris Civilis. Die Institutionen, Text und Übersetzung, Bd. I, C. F. Müller(1990)[이하 'Behrends(주 58)'], S. 258(Inst. 4. 17. 7.); Kaser(주 50), S. 412, 591 참조.

59) Jörs(주 50), S. 356 f.; Kaser(주 50), S. 591 참조.

60) Kaser(주 50), S. 591 참조.

61) Jörs(주 50), S. 356 f.; Kaser(주 50), S. 591 참조.

62) Jörs(주 50), S. 356 Fn. 2; Kaser(주 50), S. 412, 591 참조.

토지 부분으로 합리적으로 나눠 배분할 수 있다면, 해당 부분의 소유권을 각 구성원에게 할당하되, 할당된 부분이 공유지분보다 많다면 일정한 금액을 지급하도록 판결하는 형태로도 분할하였다는 것이다.[63] 또한, 분할대상 목적물이 어느 한 노예나 노새(*mulus*) 같은 것이어서 위와 같은 현물분할이 불가능하다면, 심판인이 목적물 전체를 구성원 중 1인에게 귀속시키고 다른 구성원들에게 금전 청산의 부담을 지우는 판결을 하고,[64] 이러한 방법도 가능하지 않다면, 해당 목적물을 외부인에게 매각하고(통상적으로 경매로 처분되었다고 한다), 그 매각대금을 가지고 분할하기도 했다고 한다.[65]

이러한 로마법의 규율은 19세기 초반의 프랑스 민법과 그 무렵 독일 지역의 보통법(gemeines Recht)에까지 이어졌다고 한다.[66]

2. 프랑스

1804년 공포된 프랑스 민법전(이후에 개정된 것까지 통틀어 이하 '프랑스 민법'이라 한다)의 규율은, 기본적으로 위와 같은 로마법의 이해 틀에서 비롯하였다. 당시의 프랑스 입법자도 '공유(*copropriété*)' 대신에 '분할되지 않은 것(不分割, *indivision*)'이라는, 개개인에게 획정된 소유권에 중점을 둔 개념 용어를 사용하여,[67] 상속에 관한 제815조의 첫 번째 항에 "누구든지 불분할이 강제되지 아니한다. 반대되는 금지 또는 약정에도 분할은 언제나 청구될 수 있다(*Nul ne peut être contraint à demeurer dans l'indivision; et le partage peut être toujours provoqué, nonobstant prohibitions et conventions contraires.*).[68]"라는 점을

63) Behrends(주 58), S. 258(Inst. 4. 17. 6.) 참조.
64) Behrends(주 58), S. 258(Inst. 4. 17. 6.); Kaser(주 50), S. 412; Günter Wüst, Die Gemienschaftsteilung als methodisches Problem, C. F. Müller(1956), S. 38 참조.
65) Behrends(주 58), S. 258(Inst. 4. 17. 6.); Kaser(주 50), S. 412 참조.
66) Mugdan(주 56), S. 493 참조.
67) Murad Ferid/Hans Jürgen Sonnenberger, Das Französische Zivilrecht, Bd. 2 Schuldrecht: Die einzelnen Schuldverhältnisse, Sachenrecht, 2.Aufl., Verlagsgesellschaft Recht und Wirtschaft mbH(1986), S. 621 참조.
68) 원문의 출처는 https://fr.wikisource.org/wiki/Code_civil_des_Fran%C3%A7ais_1804/Texte_entier(최종검색: 2021. 12. 28.)이다. 다만, 1804년 프랑스 민법의 제815조 두 번째 항에는, "그럼에도 제한된 기간 동안 합의로써 분할이 유예될 수 있다. 그러한 합의의 구속력은 5년을 초과할 수 없다. 다만 갱신할 수 있다(*On peut cependant convenir de suspendre le partage pendant un temps limité : cette convention ne peut être obligatoire au-delà de cinq ans ; mais elle peut être renouvelée*)."라는 내용도 규정되어 있었다.

명확히 규정하였다. 그들 또한 하나의 물건에 다수의 소유자가 관여하는 공동의 권리관계에 자유보장의 핵심인 개인소유권에 대한 침해 위험이 있음을 걱정하였고, 공유관계에 있는 토지의 비경제적 이용을 우려하였다고 한다.[69] 공동의 권리관계에서 이익집단의 가치 집적(集積)을 통한 정치적 위험도 근심거리였음을 알 수 있다.[70] 그래서 당초의 프랑스 민법에는 혼인에 의한 공동재산제(*communauté*)를 유일한 권리공동관계로 규율하였고,[71] 상속과정에서 여러 상속인이 하나의 물건에 대해 관여하게 되는 상속재산에 관한 공유관계는 가능한 한 신속히 해소되어야 하는 규율상 이례적 상황(*anomalie*)으로 보아, 그 내부관계에 관한 별도 규율은 두지 않고, 상속재산 공유관계의 해소를 위한 청산절차 규율만을 제815조 이하에 규정하였다.[72] 이러한 해소와 청산에 관한 규율은 공동상속 외의 원인으로 형성된 공유관계에 관해서도 적용되었다.[73] 공유관계의 해소를 위해 지분권자가 분할청구권을 행사하는 것에 관해서는 권리남용의 법리도 적용하지 않아 왔다고 한다.[74]

다만, 분할에 의한 공유관계 해소의 효력에 관해서는 로마법과는 다른 길을 걸었다.[75] 즉 앞서 본 바와 같이, 프랑스 민법은 그 제정 당시의 관념[76]에 터잡아 공유관계를 법적으로 매우 불안정한 상태로 보았기에, 그러한 관계가 해소 및 청산을 위해 필요한 만큼만 지속될 뿐이고, 분할이 이루어지면, 그 선언적 효력(*L'effet déclaratif*)에 따라 소급하여 소멸하는 것으로 규정하였다(제

69) Ferid/Sonnenberger(주 67), S. 621 참조.
70) Ferid/Sonnenberger(주 67), S. 621 참조.
71) 1804년 프랑스 민법 제1400조.
72) Ferid/Sonnenberger(주 67), S. 621 f. 및 Henri et Léon Mazeaud/Jean Mazeaud/François Chabas, Leçons de droit civil, t. IV., 2ème vol., Successions-Libéralités, 5ème éd., par Laurent et Sabine Leveneur, Montchrestien(1999) [이하 'Mazeaud(주 72)'], p. 752; François Terré/Yves Lequette/Sophie Gaudemet, Driot Civil, Les successions, Les libéralités, 4e édition, Dalloz(2013)[이하 'Terré(주 72)'], p. 741 참조. 한편, Murad Ferid, Das Französische Zivilrecht, Bd. 3 Familienrecht · Erbrecht, 2.Aufl., Verlagsgesellschaft Recht und Wirtschaft GmbH(1987), S. 606 f.에서도, 프랑스 민법의 강한 개인주의적 입장과 거기에 지배하는 사회정치적 관점에 따라, 다수의 공동상속인 상호 간의 법적 구속을 거부하는 위 제815조 제1항을 프로그램화하였고, 거기에서 정한 '분할되지 않은 것'은 임시적인 데 그쳐, 그에 관한 법적 규율은 불필요하다고 보았다는 취지를 설명한다.
73) Ferid/Sonnenberger(주 67), S. 623; Ferid(주 72), S. 607 참조.
74) 남궁술, "프랑스 민법상 상속재산의 분할청구권과 그 행사의 제한에 대한 일고", 법학연구(제27권 제1호), 경상대학교 법학연구소(2019), 6면 및 같은 면 각주 27)의 판결례와 여하윤, "공유물분할청구권의 대위행사 허용 여부", 비교사법(통권84호), 한국비교사법학회(2019), 104면 등 참조.
75) Ferid(주 72), S. 607 참조.
76) 앞의 주 69), 70)의 문헌 및 각 해당 본문 부분 참조.

883조).[77)]

그런데 위와 같은 입법자의 규율 의도는 19세기 프랑스 법실무에서 그대로 관철되지 못했음을 확인할 수 있다. 농장과 같이 일정 단위의 재산에 관한 공유관계 해소 및 분할이 경제적으로 바람직하지 못하다고 보일 때도 있었고, 망인의 생존배우자와 자녀들의 공동상속재산이 그 배우자의 생존 시까지 분할되지 않은 상태로 장기간 유지되는 경우도 흔했다고 한다.[78)] 공유관계에 관한 해소의 제한가능성과 지분권자들 사이의 내부적 법률관계에 관한 규율이 요청될 수밖에 없었고, 이러한 규율은 1976년 개정에 이르러서야 프랑스 민법에 편입되었다.[79)]

한편, 프랑스 민법은 상속재산의 분할(*partage*)에 관한 절차 및 효과 규정(제815-842조, 제883-892조)에 따라 일반 공유관계의 해소를 실체법적, 절차법적으로 규율하였다.[80)] 이러한 해소는 협의[81)]에 의한 분할 또는 협의가 이루어지지 않을 때의 청구에 따른 재판에 의한 분할로 이루어지도록 하였는데,[82)] 후자에 해당하면, 법원은 약식절차로 판결하고, 필요한 경우에는 분할의 실행을 위하여 법관 1인을 정해 그의 보고에 따라 분쟁에 대해 재판하도록 정하였다(2006년

77) Ferid/Sonnenberger(주 67), S. 627; Ferid(주 72), S. 607; Mazeaud(주 72), p. 754 참조. Terré(주 72), pp. 1033-1036 참조. 상속재산분할의 측면에서만 보면, 위와 같은 분할의 소급효는 우리 민법 제1015조 본문에 상응하기도 한다. 그러나 이 글에서는 공유관계의 해소에 집중하여 보기로 한다.

78) Ferid(주 72), S. 608; Terré(주 72), p. 741 참조.

79) Ferid/Sonnenberger(주 67), S. 623; Ferid(주 72), S. 608; Mazeaud(주 72), pp. 754-756; Terré(주 72), p. 741 참조. 1976년 개정을 통한 공유관계 규율에 관해서는 Ferid(주 72), S. 608 ff. 참조. 그 밖에, 1976년 개정 이후의 공유자들 간 분할금지약정에 관한 해설을 담은 국내 문헌으로는 남궁술(주 74), 10면 이하 참조. 2006년 개정 이후 현행 프랑스 민법에는, 분할청구 제한사유로 '악의' 또는 '적절하지 않은 시기'가 규정되었다(제815조 제2항). 이에 관해서는 여하윤(주 74), 104-105면 참조.

80) Ferid(주 72), S. 607 참조.

81) Ferid(주 72), S. 621과 Terré(주 72), p. 968에 따르면, 재판상 분할보다 더 신속하고, 경제적이며, 유연한 분할결과를 도출할 수 있으므로, 실제로는 협의분할이 더 많이 활용된다고 한다.

82) Ferid/Sonnenberger(주 67), S. 628; Ferid(주 72), S. 620; Mazeaud(주 72), p. 845; Terré(주 72), pp. 967-968 참조. 1804년 프랑스 민법 제816조는 "분할행위(*acte de partage*)"가 없는 경우(또는 취득시효기간이 만료되지 않은 경우), 분할을 청구할 수 있음을 정하였다. 이후 2006년에 개정된 프랑스 민법 제835조 제1항은 당사자들이 선택한 형식과 방법에 의한 분할의 근거를 정하고, 제840조는 공유자 중 1인이 협의분할에 동의하지 않는 경우 재판상 분할을 청구할 수 있음을 정한다. 남궁술, "프랑스 민법상 상속재산분할의 진행에 관한 연구 -2006년 개정민법을 중심으로-", 민사법학(제59호), 한국민사법학회(2012), 509, 511면 참조. 그 밖에 2006년 개정 이후의 규율 내용에 관해서는 남효순, "공유물에 대한 관리행위(관리결정)의 승계여부 -물권 및 물권적 청구권개념에 대한 새로운 이해의 단초3, 대판 2009. 12. 10. 선고 2009다54294을 중심으로-", 저스티스(제144호), 한국법학원(2014), 427-429면도 참조. 한편, 협의에 의한 분할은 일반조항의 적용을 받게 된다. Terré(주 72), pp. 968-969 참조.

개정 전의 제823조). 재판상 분할 절차에 관해서는, 로마법의 규율 틀에 따라 법관의 광범위한 재량에 따른 재판상 분할이 이루어지도록 하는 절차를 마련하였다.[83] 다만, 구체적 분할 절차에서 법관이 준수하여야 할 몇 가지 지침과 보조인력의 활용 및 분할을 위한 소송절차 관련 규정도 프랑스 민법(2006년 개정 전의 제822조 이하)과 민사소송법(1806년 민사소송법 제966조부터 985조까지[84])에 규율하였다.[85]

이러한 규율에 따른 재판상 분할 절차를 개략적으로만 살펴보기로 한다.

우선 법원은 분할을 명하는 판결을 하면서 분할을 위한 준비절차[86]를 개시하고, 필요한 경우(분할이 복잡하다고 인정되는 경우) 공증인(*notaire*)과 이를 감독할 법관을 지정한다(2006년 개정 전 민법 제823조, 현행 민법 제841조의1, 1806년 민사소송법 제976조, 현행 민사소송법 제1361조, 제1364조, 제1365조).[87] 이후 분할대상 재산의 가치를 당사자들 또는 법원에 의해 선정된 감정인(*expert*)에게 평가하게 한다(2006년 개정 전의 제824조, 제825조, 1806년 민사소송법 제969조, 현행 민사소송법 제1362조). 공증인은 분할대상 재산을 구획·분리하는 등의 분할안을 담은 보고서(*rapport*)를 작성하고,[88] 법원이 이 보고서를 승인(*homologation*)하면, 마지막으로 현물로 분할할 부분의 배분을 위한 추첨절차

83) Ferid(주 72), S. 620; Terré(주 72), pp. 973-984 참조.

84) 1806년 프랑스 민사소송법의 내용은 프랑스 온라인 라이브러리 웹사이트『Gallica - The BnF digital library』(https://gallica.bnf.fr/ark:/12148/bpt6k5772912j/f181-187.item. 최종검색: 2022. 1. 20.)에서 확인하였다.
현행 프랑스 민사소송법도 제1358조(협의상 분할)과 제1359~1378조(재판상 분할)에 분할소송의 절차에 관한 규정을 마련하였다. 이는 프랑스 정부의 법령정보게시용 웹사이트인『Légifrance』(https://www.legifrance.gouv.fr/codes/section_lc/LEGITEXT000006070716/LEGISCTA000006165251/, 최종검색: 2022. 1. 6.)에서 확인할 수 있다.

85) Mugdan(주 56), S. 493 참조.

86) 재판상 분할 절차를, 분할대상재산(상속재산이나 공유관계에 있는 재산)을 봉인(*scellés*)하는 예비절차(*formalités préliminires*, 현행 프랑스 민사소송법 제1307 이하), 이후 분할을 명하면서 수명법관과 공증인을 정하여 상속재산의 가치평가 및 대상물의 분할안을 마련하는 준비절차(*formalités préparatoires*), 이후 분할 부분을 분배·할당하는 청산절차(*formalités de liquidation*)로 구분 지어 설명하는 문헌으로는 Ferid(주 72), S. 625 f. 참조.

87) 공증인은 복수로 지정할 수도 있다. Mazeaud(주 72), p. 848; Terré(주 72), p. 975 참조.

88) 현물분할을 위한 분할대상 재산의 구획·분리 과정에서, 공유자들 중 과반수가 상속채무 및 부담을 청산하기 위하여 동산을 매각할 필요가 있다고 판단하는 때(2006년 개정 전의 민법 제826조 제2문)나 부동산을 용이하게 분할할 수 없는 때에는 법원 구성원이나 공증인 앞에서 법원경매 절차가 진행된다(2006년 개정 전의 민법 제827조, 1806년 민사소송법 제970조, 현행 민사소송법 제1361조). Mazeaud(주 72), pp. 848-849 참조. 2006년 개정 후에도 위와 같은 매각의 필요성은 사라지지 않는다는 취지의 설명으로는 Terré(주 72), p. 978 및 뒤의 주 99) 참조. 그 밖에 공증인의 보고서 작성 절차에 관해서는 남궁술(주 82), 511면도 참조.

가 담당 법관이나 공증인 앞에서 진행된다(2006년 개정 전 민법 제834조, 제835조, 현행 민법 제832조, 제841조 이하, 1806년 민사소송법 제972조 이하, 현행 민사소송법 제1362조 이하).[89] 현물분할 부분에 불균등이 있다면 보상금이 지급되도록 한다(2006년 개정 전의 민법 제833조, 현행 민법 제826조 제4항). 물론, 이 과정에서 당사자들이 분할협의를 마치면 그 협의에 따라 분할 절차가 진행된다(현행 민법 제842조).

이러한 절차 과정에 관한 규율 중 특기할 만한 점은 분할방법 선택에 관한 원칙적 지침이었다. 프랑스 민법은 그 제정 당시에 사회정치적으로 지배하던 강한 평등주의적 개인주의(*indiviualism egalitaire*) 사고방식의 영향 아래에서 현물분할의 원칙을 선언하는 취지의 규정(2006년 개정 전의 제826조 제1문)을 두어,[90] 분할 부분의 절대적 동일성을 엄격하게 관철하려 하였다고 한다(2006년 개정 전의 제831조, 제832조 등 참조).[91] 즉, 평등을 극단적으로 추구하는 사고 아래에서, 공유물 자체에 대한 현물균등(*Égalité en nature*) 분할을 우선하여 지향하도록 한 것이다.[92] 다만, 그러한 현물분할만으로 가치불균등이 발생하면, 그때 정기금 또는 일시금에 의한 금전보상을 고려하도록 하였다(2006년 개정 전의 제833조, 현행 제826조 제4항). 대금분할은 부동산의 분할이 용이하게 이루어질 수 없을 때만 경매로써 가능하도록 정하고(2006년 개정 전의 제827조 및 제1686조), 각 공유자의 청구가 있거나 공유자 중 1인이 미성년자인 때에는 공개경매가 이루어지도록 정하였다(제1687조).[93]

그러나 이러한 분할방법에 관한 지침은 법현실에서 제대로 작동되지 않았다.[94] 특히 하나의 경제적 단위를 이루는 영농기업처럼, 현물분할이 불가능하

89) Mazeaud(주 72), p. 848; Terré(주 72), pp. 982-984 참조.

90) 위 제826조 제1문은 "각 공동상속인은 자기의 상속분을 상속재산에 속한 동산 및 부동산의 현물로 분할할 것을 청구할 수 있다(*Chacun des cohériteirs peut demander sa part en nature des meubles et immeubles de la succession*)."라고 하면서 '현물로'의 분할 청구를 우선하여 정한다. 이 규정에 따른 현물분할의 원칙에 관한 설명으로는 Ferid(주 72), S. 606 f.; Terré(주 72), pp. 973-974 및 남궁술(주 82), 495-496면 등 참조.

91) Ferid(주 72), S. 624 참조.

92) Ferid(주 72), S. 624; Terré(주 72), pp. 973-974 및 남궁술(주 82), 495-496면 등 참조.

93) 공유관계 외의 사람을 제외하기 위해서는 당사자 전원의 의사합치가 있어야 한다(현행 민사소송법 제1378조).

94) 이미 19세기 초반부터 Balzac, Le Play와 같은 인물로부터 비난을 받기도 하였다고 한다. 이에 관해서는 Terré(주 72), p. 973 참조. Ferid(주 72), S. 608은 1804년 프랑스 민법에 공유관계 내부의 규율을 두지 않고, 과격한 경향의 분할방법을 규정한 것을 두고 "세계관적 폐기물(weltanschaulicher Sperrmüll)"이라는 표현을 하였다.

지는 않더라도 엄격하게 현물분할이 관철되도록 하거나 경매로 타인에게 매각하도록 하는 결과가 사회경제적으로 수긍 받기 어려운 때가 문제시되었다.[95] 1938년의 프랑스 민법 개정으로 공유관계 구성원이 우선분배(*l'attribution préféntielle*)를 구할 수 있게 되었지만(2006년 개정 전의 제832조, 현행 민법 제831조 이하 참조),[96] 미흡하였다.[97] 결국 2006년 프랑스 민법 개정에서는, 종래부터 학설상 현물균등 분할보다 더 우월하다고 평가받았던[98] 가치균등 분할(*égalité en valeur dans le partage*)을 공유관계 분할방법 선택의 기본원칙으로 명시하고(현행 프랑스 민법 제826조 제1항), 각 공유자가 분할되지 않은 것에 관한 권리와 동일한 가치에 해당하는 재산을 받도록 정하기에 이르렀다(현행 프랑스 민법 제826조 제2항).[99]

3. 오스트리아

1812년 발효된 오스트리아 일반민법전(이하 '오스트리아 민법'이라 한다)은 공유물의 통상적 관리사무에 관해 지분에 따른 다수결 원리가 적용되도록 하는 등의 규정(제833조 이하)을 마련하면서, 공유관계에 관한 내부적 규율을 민법전 규정 범위에 포함하고 있다. 공유관계가 분쟁의 씨앗(Keim von Zwistigkeit)을 품고 있음을 부인할 수 없다고 보았기에,[100] 모든 공유자에게 그 관계에 관한

95) Ferid(주 72), S. 608, 626; Terré(주 72), pp. 973-974 및 남궁술(주 82), 496면 참조.
96) Terré(주 72), p. 974 및 남궁술(주 82), 496면 참조.
97) 우선분배를 구할 수 없는 때에는 여전히 종래의 문제가 남아 있었다는 설명으로 남궁술(주 82), 496면 참조.
98) Terré(주 72), p. 973-974 참조.
99) Rapport de l'Assemblée nationale n° 2850, portant réforme des successions et libéralités, présenté par M. le Député Sébastien Huyghe(2006), p. 208 참조. 다만, 현행 민사소송법 제1377조가, 용이하게 분할 또는 분배할 수 없는 재산에 대해서는 법원이 경매 명령을 한다고 규정하여, 여전히 대금분할에 관한 요건을 제한하고 있으므로, 앞서 본문에서 설명한 분할방법 선택에 관한 실무적 규율 자체에 큰 변화가 있는 것은 아니고, 다만, 현물분할을 할 것인지 또는 (경우에 따라 일부라도) 대금분할을 할 것인지 등 분할방법을 가치균등을 지향하여 정한다는 법률상 기본지침이 명시된 것 정도의 의미가 있는 것으로 파악된다. 위 의회보고서(*Rapport*) p. 206도, 1938년 우선분배 제도의 도입이 가치평등을 기반으로 삼은 것이고, 2006년 개정된 제826조의 규정이 기존의 지침을 완화하여, 위와 같은 발전을 완성하는 것이라는 취지를 설명하고 있다. 그 밖에 Terré(주 72), pp. 973-984 참조.
100) Helmut Koziol/Peter Bydlinski/Raimund Bollenberger(Hrsg.), ABGB Kommentar, Springer(2005)[이하 'Koziol/집필자(주 100)'], §830 Rz. 4(Hansjörg Sailer) 참조.

원칙적(통상적) 해소청구권을 부여하지만,[101] 불리한 시기나 다른 공유자들에게 불리한 때에는 해소청구권이 배제될 수 있고, 이런 경우 해소를 원하는 공유자는 그 제반사정에 적절하고 불가피한 해소의 유예를 감수하여야 한다고 규정하였다(제830조). 한편 오스트리아에서, 공유자의 해소청구권 행사에 따른 공유물 분할에 선언적·소급적 효력이 있다고 이해하는 것은 일반적이지 않았다.[102] 이러한 해소청구권이 실체법적으로 물권적 성질을 갖는지,[103] 아니면 채권적 성질을 갖는지는 오래전부터 학계와 실무에서 논의되었는데, 최근에는, 어느 공유자의 지분권이 다른 공유자의 지분에 관한 물권적 권리를 포함하지 않는다는 점에서 채권적 성질을 갖는 형성청구권으로 설명하는 견해가 주류로 파악된다.[104]

다만, 위와 같은 해소의 의사표시는 공유관계 해소의 제1단계일 뿐으로 본다. 오스트리아 민법은, 공유관계의 해소에 따라 공유물을 분할하되, 이때 다수결이 적용되지 않고 모든 구성원의 만족이 이루어져야 하며, 그들 사이에 일치된 의사에 이르지 못한다면, 구성원들의 협의로 추첨 또는 중재인(Schiedsmann)의 결정으로 분할할 수 있고, 이러한 방법에 관해서도 협의에 이르지 못하면 법관이 결정하도록 정한다(제841조).[105] 따라서 분할에 관한 공유자들의 협의가 성립하지 않으면, 제2단계로서, 법원의 분할판결(또는 법원에 의한 화해나 집행력 있는 공증 포함)을 통한 권리형성의 절차가 진행되어야 하고, 이후 분할에 관한

101) 이러한 해소권은 사유를 제시하지 않고도 주장, 행사될 수 있다는 점에서 "무조건적(unbedingt)"이라고 설명되기도 한다. Koziol/Sailer(주 100), §830 Rz. 4; Peter Rummel(Hrgs.), Kommentar zum Allgemeinen bürgerlichen Gesetzbuch, Bd. 1(§§1-894), 3.Aufl., Manz(2000)[이하 'Rummel/집필자(주 101)'], §830 Rz. 3(Helmut Gamerith) 및 OGH 7. 7. 1982 1 Ob 623/82(Veröff: MietSlg 34068) 등 참조.

102) Rummel/Gamerith(주 101), §830 Rz. 17, 20 참조.

103) 물권적 성질의 청구권이라고 설명하는 20세기 초반의 문헌 소개로는 OGH 19. 11. 1952, 1 Ob 944/52 (Veröff.: SZ 25/305) 참조. 한편 이 판결에서는, 공유물분할소송에서, 피고 측 당사자가 공유지분을 매각하여 그에게 불리한 판결이 관철되지 못하도록 할 위험이 매우 크고, 이러한 위험은 오로지 공유물분할소송의 등기부 기재를 통해서만 제거될 수 있다는 취지도 판시하고 있다. 이에 관해서는 뒤의 주 335) 참조.

104) Koziol/Sailer(주 100), §830 Rz. 5; Rummel/Gamerith(주 101), §830 Rz. 3; Michael Schwimann(Hrsg.), Praxiskommentar zum ABGB, 2. Aufl., Bd. 3, Verlag Orac(1997)[이하 'Schwimann/집필자(주 104)'], §830 Rz. 12(Herbert Hofmeister/Barbara Egglmeier) 및 OGH 29. 2. 1984, 2Ob534/84(Veröff.: SZ 57/45) 등 참조.

105) Koziol/Sailer(주 100), §841 Rz. 5; Rummel/Gamerith(주 101), §841 Rz. 1a. 물론 협의 또는 그 시도, 문의 등이 분할소송의 요건은 아니라고 본다. Rummel/Gamerith(주 101), §830 Rz. 17 및 그곳에 인용된 판결례 참조.

집행권원이 확보되어도 그 집행, 즉 집행법(Exekutionsordnung) 규정에 따른 현물분할이나 민사분할(경매) 절차를 별도의 제3단계로 거쳐야 한다고 이해한다.[106] 이처럼, 법원의 분할판결이 공유관계 해소와 그 목적물 분할이라는 권리형성적 효력을 가짐에도, 위와 같이 별도의 집행 절차와 결부된다는 점에서 공유물분할의 소를 불완전한 권리형성의 소(unvollkommene Rechtsgestaltungsklage)[107]로 설명하기도 한다.

공유물의 분할방법에 관하여 본다. 오스트리아 민법에 따르면, 공유물을 전혀 분할할 수 없거나 가치의 상당한 감소 없이는 분할할 수 없다면, 공유자 중 1인이 법원에 의한 경매를 통해 매각하고 그 대금을 지분권자들에게 분배하는 방법을 청구할 수 있다(제843조). 즉, 공유관계에 있는 구성원들 사이의 협의가 성립하지 않으면 법관의 재량에 따른 재판상 분할을 하는 체계를 마련하면서도,[108] 현물분할의 방법을 재판상 분할의 기본방법으로 우선시하여 정하고,[109] 분할이 불가능하거나 또는 부적절한(분할되지 않은 목적물의 가치보다 각각 분리된 부분의 개별가치 합계가 상당히 작거나, 분할 부분을 획정하고 그 부분을 이용하는 데 더 큰 비용과 후속비용이 드는[110]) 때에는 경매를 통한 대금분할(민사분할[111]) 방법을 청구할 수 있도록 한 것이다. 다만 그곳의 지속

106) Rummel/Gamerith(주 101), §830 Rz. 16 f.(본래 의미의 형성의 소와 달리 법원에 의한 권리형성이 당사자 협의로 대체될 수 있음도 분할소송의 특징으로 설명한다); Schwimann/Hofmeister/Egglmeier(주 104), §830 Rz. 16; Peter Angst/Werner Jakusch/Franz Mohr(Hrsg.), Exekutionsordnung(EO)(f. Österreich), 15.Aufl., Manz(2012)['Angst/집필자(주 106)'], §351 E 2(Werner Jakusch) 참조. 다만, 공유관계의 해소를 위한 청구권(분할청구권)의 채권법적 성질을 인정하면서도, 이를 형성청구권이라고 설명하는 문헌으로는 Koziol/Sailer(주 100), §830 Rz. 5 참조. 독일 민법의 입법자료를 보면, 이와 같은 오스트리아 민법전의 규율은, 로마법의 재정적 분할판결의 전통에 따른 입법례에 속하는 것으로 평가된다. Mugdan(주 56), S. 493 및 같은 면 각주 참조.

107) Koziol/Sailer(주 100), §841 Rz. 6; Rummel/Gamerith(주 101), §830 Rz. 17, 20[다만, 분할의 허용성만 선언하는 판결은 확인판결이 될 수 있다고 설명한다. 이러한 설명은 아래 스위스에서의 이해와 유사하다. 뒤의 주 197) 참조]; Schwimann/Hofmeister/Egglmeier(주 104), §830 Rz. 16; Angst/Jakusch(주 106), §351 E 1; Walter H. Rechberger/Daphne-Ariane Simotta, Grundriss des österreichischen Zivilprozessrechts, Erkenntnisverfahren, 8.Aufl., Manz(2010), S. 310.

108) 따라서 법원은 당사자들의 분할안 제안에 구속되지 않고 구체적 분할내용을 형성할 수 있다. Rummel/Gamerith(주 101), §843 Rz. 6; Angst/Jakusch(주 106), §351 E 32 참조. 앞의 주 106) 및 그곳에 인용한 Mugdan(주 56), S. 493 및 같은 면 각주 참조.

109) Rummel/Gamerith(주 101), §843 Rz. 1; Schwimann/Hofmeister/Egglmeier(주 104), §843 Rz. 1 참조.

110) Koziol/Sailer(주 100), §843 Rz. 2; Schwimann/Hofmeister/Egglmeier(주 104), §843 Rz. 11 f. 참조. 현물분할은 분할되지 않은 물건의 가치가 각 부분의 합계에 필적해야 한다는 취지의 판시로는 OGH 18. 1. 1983, 4Ob510/82(Veröff.: SZ 56/10) 참조.

111) 오스트리아에서는 분할대상 물건을 처분하여 그 매각대금을 공유자 사이에 분배하는 방법을 민사분할

적 판례는 현물분할에 "모든 구성원의 만족"이 추구된다는 규정(제841조) 취지가 객관적으로 동등한 정도의 취급을 추구하는 데 있다고 보고,[112] 현물분할의 동가치성(Gleichwertigkeit)을 추구한다.[113] 현물로 분리할 수 있더라도 과도한 가치보상이 필요한 때에는 현물분할이 부적절하다고 본다.[114] 경제적 단일성이 파괴되지 않는 한 일부분할(해소)도 가능하다고 보고,[115] 목적물의 일부는 현물로, 다른 일부는 민사분할 방법으로 분할할 수도 있다고 본다.[116] 물론, 이러한 분할로써 분할소송의 피고가 된 공유자의 권리내용에 불리한 변경을 가하는 것은 허용되지 않는다.[117] 요컨대, 모든 당사자의 가치균등을 요구하면서도, 현물분할의 방법을 우선하기 위하여, 제한된 범위 내에서 다양한 방식으로 분할방법을 정할 수 있게끔 규율하고 있는 것이다.[118] 또한, 위 민법에는 규정이 없으나, 각 주의 농장상속권에 관한 법이나 유언, 상속계약 등을 통해 일부 공유자가 다른 공유자에게 보상금을 지급하여 목적물을 양수하는 이른바 지분매수권(Aufgriffsrechte)이 인정되는 때도 있다고 한다.[119]

공유물 분할소송이 제기되고, 공유관계의 해소요건이 충족되면, 법관은 현물분할 또는 민사분할의 방법으로 분할을 명하는 판결을 한다.[120] 법원은 이러한

(Zivilteilung)이라 부른다. 오스트리아 민법 제843조는 처분방법으로 법원경매만 규정하고 있다. Koziol/Sailer(주 100), §843 Rz. 1; Rummel/Gamerith(주 101), §843 Rz. 1, 8; Schwimann/Hofmeister/Egglmeier(주 104), §843 Rz. 36 등 참조. 이하에서 본문에서의 "민사분할"도 같은 의미이다.

112) Rummel/Gamerith(주 101), §841 Rz. 6; Schwimann/Hofmeister/Egglmeier(주 104), §843 Rz. 5 및 OGH 16. 6. 1982, 3Ob538/82 참조.

113) Koziol/Sailer(주 100), §843 Rz. 2; Schwimann/Hofmeister/Egglmeier(주 104), §843 Rz. 4 참조.

114) Koziol/Sailer(주 100), §843 Rz. 2; Rummel/Gamerith(주 101), §841 Rz. 6, §843 Rz. 2 및 OGH 20. 5. 1958 3 Ob 72/58(Veröff.: SZ 31/79) 참조. 물론, 분할 부분 사이의 가치가 동일하지 않더라도 경미한 차이에 불과하다면 금전을 통해 그 가치가 보상될 수 있다고 본다. Koziol/Sailer(주 100), §843 Rz. 3 및 위 3 Ob 72/58 판결과 OGH 26. 11. 2002, 10 Ob 242/02i 참조. 오스트리아의 판례에 따르면, 3% 정도의 차이는 경미하다고 보지만, 20%는 경미하지 않다고 한다. 이에 관한 판례 소개는 Rummel/Gamerith(주 101), §843 Rz. 3; Schwimann/Hofmeister/Egglmeier(주 104), §843 Rz. 6 참조.

115) Koziol/Sailer(주 100), §843 Rz. 6; Schwimann/Hofmeister/Egglmeier(주 104), §843 Rz. 15 및 OGH 14. 2. 1951, 3Ob494/50(Veröff.: JBl 1951, 486) 참조.

116) Koziol/Sailer(주 100), §843 Rz. 6; Schwimann/Hofmeister/Egglmeier(주 104), §843 Rz. 15 및 OGH 14. 2. 1951, 3Ob494/50(Veröff.: JBl 1951, 486) 참조.

117) Koziol/Sailer(주 100), §843 Rz. 6; Schwimann/Hofmeister/Egglmeier(주 104), §843 Rz. 15 참조.

118) Wüst(주 64), S. 31 참조.

119) 이는 공유자가 공유물의 관리비용 기타 의무이행을 1년 이상 지체하여 발생하는, 우리 민법 제266조 제2항에서 정한 다른 공유자의 지분매수권과는 그 요건과 취지가 다르다. Koziol/Sailer(주 100), §655 Rz. 3; Wüst(주 64), S. 30 f. 참조.

120) 현물분할인지, 민사분할인지의 분할방법을 정하지 않고, 원고가 주장하는 분할방법에 관한 청구를 기각한 채, 단순히 공유관계를 해소하는 취지로만 인용하는 판결은 허용하지 않고 있다. Koziol/Sailer(주 100),

판결을 하면서 분할의 구체적 실행방법을 명할 수 있지만, 단지 현물분할 또는 민사분할의 방법에 의한 분할만 명할 수도 있다.[121] 후자의 경우는 집행법이 정한 절차에 따라 집행법원의 법관이 구체적 실행방법을 정한다. 이에 따라 오스트리아 집행법[122]은, 집행력 있는 권원으로 공유관계에 있는 동산이나 그 밖의 재산에 대해 현물분할이 명해진 때에는 집행법원의 법관이 오스트리아 민법 규율(제841-853조)을 고려하여 분할하도록 정한다(제351조). 공유관계에 있는 토지의 법원경매 청구권에 관해서는 원칙적으로 토지의 강제경매에 관한 규정에 따르도록 한다(제352조). 현물분할의 구체적 절차에 관한 상세한 규정을 두고 있지는 않지만, 당사자들이 모두 참여하여야 하고, 법원은 모든 당사자에게 자기의 의견을 밝힐 기회, 특히 분할 부분의 크기나 가치의 동등성에 관한 감정인의 감정의견에 대한 자기 의견을 밝힐 기회를 부여해야 한다는 지침이 문헌상 제시된다.[123]

4. 독 일

가. 프로이센 일반분방법

독일 민법전의 규율 내용에 주요 영향을 미친 프로이센 일반분방법(Allgemeines Landrecht für die Preußischen Staaten)의 규율 내용을 먼저 살펴보고자 한다.

1794년에 공포된 프로이센 일반분방법도 공유관계의 해소에 관하여 항시적 해소가능 원리를 택하면서, 다만 명시적 법률, 계약 또는 법적으로 효력 있는 명령(Verordnung)이 없는 경우에 분할이 이루어진다고 규정하였다(I 17 §75).[124]

---

§841 Rz. 6; Rummel/Gamerith(주 101), §841 Rz. 5 f.; Schwimann/Hofmeister/Egglmeier(주 104), §841 Rz. 14 및 OGH 13. 5. 1959, 5 Ob 230/59(Veröff.: SZ 32/65) 참조.

121) Rummel/Gamerith(주 101), §841 Rz. 7; Schwimann/Hofmeister/Egglmeier(주 104), §841 Rz. 7; Angst/Jakusch (주 106), §351 E 14 참조.

122) 오스트리아 집행법(Exekutionsordnung)은 1896년 제정되었다. Angst/Jakusch(주 106), S. 23 참조.

123) Angst/Jakusch(주 106), §351 E 33 f. 참조.

124) 같은 절(17ter Titel) 제66조가 공유관계의 지분이 타인에게 양도될 경우에 다른 지분권자의 우선매수권(Vorkaufsrecht) 외에 즉시 분할청구권(„Können und wollen aber die übrigen Interessenten auf die Theilung so fort antragen")을 인정하고 있기도 하다. 다만, 제77조는 분할을 반대하는 지분권자가 있어도 오랜 기간을 지나면서 진정(鎭靜)하게 될 것(„durch noch so lange Zeit beruhigt hätte.")이라는 취지도 규정한다. 프로이센 일반분방법의 규정 내용은 https://opinioiuris.de/quelle/1622#Siebzehnter_Titel._Vom_gemeinschaftlichen_Eigenthume(최종검색: 2021. 12. 28.) 참조.

공유관계에 있는 대상물의 보존 및 점유(I 17 §§ 25 ff.), 관리(I 17 §§ 36 ff.)에 관한 내부적 규율[125]도 마련해두었다.

그런데 프로이센 일반분방법은, 공유관계의 해소 방법으로 분할을 청구할 권리[126]를 정하면서도(I 17 § 75 ff.), 로마법의 재정절차 모델, 즉 법관이 공유관계 해소에 따른 권리관계를 형성하는 절차와는 다른 분할청산절차를 발전시켰다.[127] 이 법에 따르면, 로마법에서와 같은 창설적 분할판결은 이루어지지 않고, 성질상 분할할 수 있고 분할로 가치를 상실하지 않는다면, 명시적으로 법률에 반하지 않거나 이해당사자가 다른 방식으로 협의하지 않는 한 현물로 분할하여야 한다(I 17 § 87). 현물분할이 이루어지면 마치 이해관계인들 사이에 매매계약이 체결된 경우와 마찬가지로 취급하여 규율하였다(I 17 § 97 f., 103). 현물분할을 하면서 개별 부분 중 누가 어느 부분을 갖는지는 이해당사자들의 협의가 없는 한 추첨으로 결정하도록 하였다(I 17 § 88). 구체적 현물분할 실행방식에 관해 공유자들 사이의 협의가 성립하지 않거나 현물분할이 불가능하면 각 공유자에게 공매(öffentlicher Verkauf)를 신청할 권한이 부여되었다(I 17 § 89 f.). 낙찰 여부는 이해당사자들의 과반수로 정해졌다(I 17 § 91).

즉, 공유관계에 있는 목적물의 분할방법을 현물분할과 공매를 통한 매각대금 분할방법으로 제한해두고,[128] 현물분할을 목적물의 분할방법으로 우선하되, 현물분할이 불가능한 경우뿐 아니라 현물분할이 가능하더라도 분할부분의 평가나 상태에 관하여 이해당사자들이 합의를 보지 못하면, 공유자 누구나 공매를 신청할 수 있도록 한 것이다. 이처럼 구체적 현물분할방법을 정하는 과정에서 공유자 간 다툼이 있을 때 현물분할을 강행할 것인지, 일부의 가액보상을 할 것인지, 어느 공유자에게 우선권을 줄 것인지, 아니면 해당 목적물을 공

125) 대상물의 보존에 관해서는 통상적으로 모든 지분권자가 동시에 권리를 가지지만, 대상물의 공동관계적 보존이 이루어질 수 없다면, 최대지분권자에게 우선권을 부여하였다(제26조). 반면, 대상물의 관리에 관해서도 전체 지분권자가 공동관계적으로 행하되(제36조), 대상물의 성질상 공동관계적 관리가 이루어지지 않거나 지분권자들 사이에 협의가 이루어질 수 없다면, 관리인을 지정하거나 공동관계적 계산을 위해 대상물을 임대하여야 하고(제37조), 임대나 관리 여부에 관하여 협의가 성립하지 않으면, 과반수 결정에 따르도록 하였다(제38조).

126) 프로이센 일반분방법 제1편(1. Theil) 제17장(17. Titel) 제76조는 “Das Recht auf eine solche Theilung anzutragen”로 표현하고 있다.

127) HKK/Meyer-Pritzel(주 51), §§741-758, Rn. 32 참조.

128) 이에 관한 독일 민법 입법 당시의 검토내용은 Mugdan(주 56), S. 493 참조.

매할 것인지 등에 관하여, 법원의 선택 여지없이, 이해당사자의 신청만으로 곧바로 공매절차가 진행되도록 하는 규율 체계에 대하여, 독일 민법 제정 당시의 그곳 입법자는 성과가 큰 것으로 평가하였다고 한다.129)

나. 독일 민법전

이후 1800년대 후반에 진행된 독일 민법전 제정논의 과정에서, 지분에 따른 공유관계는 공동관계(Gemeinschaft) 규율로서 채권법에 편입되는 권리관계로 다루어졌다.130) 그리고 1900년 발효된 독일 민법전(이하 '독일 민법'이라 한다)에도 지분에 따른 공동관계인 사이의 내부적 규율, 특히 다수결에 의한 관리 및 이용(제745조 제1항) 등을 포함한 공동관계 규율이 제2편 "채권관계의 법(Recht der Schuldverhältnisse)" 중 제8장 제17절 제741조부터 제758조까지에 자리 잡았다.131)

로마법적 원칙을 계수하여132) 각 지분권자가 언제라도 공동관계의 해소를

---

129) HKK/Meyer-Pritzel(주 51), §§741-758, Rn. 32 f. 참조.

130) 이미 체계적으로는, 1866년 드레스덴 초안(Der Dresdner Entwurf von 1866)에서도, 조합계약과 우연한 공동관계를 포함한 "권리공동관계로 인한 채권관계(Schuldverhältnisse aus einer Rechtsgemeinschaft)"가 "타인의 사무처리로 인한 채권관계(Schuldverhältnisse aus fremder Geschäftsführung)"에 관한 조항과 "위험감수계약으로 인한 채권관계(Schuldverhältnisse aus gewagten Verträgen)"에 관한 조항 사이에 편입되어 있었다고 한다. 이에 관해서는 HKK/Meyer-Pritzel(주 51), §§741-758, Rn. 21 참조. 이에 대해 판덱텐 체계에 대한 의존성으로 인해 부적절한 위치에 규율을 둠으로써 내적 정당성을 상실하였다는, 그 당시 Gierke의 비판에 관해서는 HKK/Meyer-Pritzel(주 51), §§741-758, Rn. 21 참조. 그러나 개인주의적으로 설정된 지분적 공동관계를 인적 결합관계의 한 유형으로서 일반적으로 규율한 점을 긍정적으로 평가하는 문헌으로는 HKK/Meyer-Pritzel(주 51), §§741-758, Rn. 59 참조.
한편, 독일 민법은 제3편 물권법 중 제3장 제5절의 제1008조부터 제1017조까지(다만, 제1012조부터 제1017조는 2001년 민법 개정으로 삭제되었다) 물건에 대한 공유에 관해 규정하고 있다. 이는 채권관계의 법 편의 조항에 대한 특별규범으로 이해되고 있다. Münchener Kommentar zum BGB, Bd. 8, 8.Aufl., C. H. Beck(2020), §1008 Rn. 15(Karsten Schmidt) 참조.

131) 지분권자 상호 간의 공동관계를 채권관계로 볼 것인지에 대해서는 견해가 대립한다. 긍정하는 견해로는 Larenz(주 51), S. 415 f.; Münchener Kommentar zum BGB, Bd. 7, 8.Aufl., C. H. Beck(2020)[이하 'MüKoBGB/집필자(주 131)'], §741 Rn. 34 f.(Karsten Schmidt); Staudinger/Langhein/v. Proff(주 51), §741 Rn. 260 ff. 등 참조. 특히, 법정채권관계로 설명하는 견해는 Staudinger/Langhein/v. Proff(주 51), §741 Rn. 262, 275 참조. 이때 (공동관계를 갖게 하는 요건에 해당하는) 지분권으로서의 공동관계와 지분권자들 사이의 특별권리관계인 공동관계를 구별하여 보아야 한다는 설명으로는 MüKoBGB/Schmidt(주 131), §741 Rn. 34 참조. 이와 달리 공동관계에 기한 권능과 의무를 순수하게 물권적으로 해석하는 견해로는 Randolf Schnorr, Die Gemeinschaft nach Bruchteilen(§§741-758 BGB), Mohr Siebeck(2004), S. 10 f., 90, 153 ff. 참조. 그리고 지분권자 상호 간의 법정 조정규율로 설명하는 문헌으로는 Josef Esser/Eike Schmidt, Schuldrecht, Bd. I, Allgemeiner Teil Teilbd., 8.Aufl, C. F. Müller Verlag(2000), S. 333 참조.

132) HKK/Meyer-Pritzel(주 51), §§741-758, Rn. 19; Staudinger/Langhein/v. Proff(주 51), Vorbem zu §§741-758 Rn. 7. 참조.

청구할 수 있음을 규정하였지만(제749조 제1항), 약정에 따라 영구적으로 또는 일시적으로 해소를 청구할 권리가 배제될 수 있음도 규정하였고, 그런데도 중대한 사유가 있는 때에는 해소를 청구할 수 있다고 정하였다(제749조 제2항 제1문). 다만, 이러한 항시적 해소가능 원리는 공동관계의 본질이 해소를 지향하는 것이기 때문에 보장된다고 보기보다는, 채권관계 일반에서 영구적으로 합의된 구속은 언제나 중대한 사유에 기한 비통상적 해지가 가능하다는 일반적 사고의 표현으로 이해한다.133) 또한 개별사안에 따라, 공동관계를 해소하여 공유물을 분할하는 것이 다른 지분권자에게 부당하게 가혹한 때에는 채권관계 일반에 적용되는 신의성실의 원칙(제242조)이 분할제한사유로서 기능할 수 있다고 본다.134)

한편, 독일 민법의 입법자는, 조합(Gesellschaft)이나 공동상속인의 상속재산에 관해 별도의 청산(Auseinandersetzung)절차를 마련하였음에도(제730조 이하, 제2042조 이하),135) 공유적 공동관계에 관해서는 그러한 청산절차 없이, 지분에 따라, 공동관계에 있는 목적물이나 그 대상물 또는 목적물의 (양적 · 질적) 분리 부분에 관한 권리귀속 관계를 정하여 공동관계를 종결하는 분할 절차만 마련하였다.136) 그리고 위 입법자는 이전의 법 전통에서 확고하게 자리 잡았던 법원에 의한 창설적 분할판결의 관념을 벗어나고자 하는 뜻을 입법이유서를 통해 명시적으로 드러냈다.137) 즉, (공유적) 공동관계에 있는 목적물의 분할로 인한 각 지분권자의 권리전환 과정에서 모든 지분권자의 이해관계에 현저한 침해가 가해지지 않고, 동시에 어느 지분권자도 다른 지분권자에 대해 유리하게 되지 않는 입법을 하여야 하는데, 이를 위한 가장 적합한 방법이란 목적물

133) MüKoBGB/Schmidt(주 131), §749 Rn. 4 참조. 독일 민법의 '공동관계'는 당초의 프랑스 민법처럼 "달갑지 않은(unerwünscht)"은 권리형식이 아니라는 설명으로는 Staudinger/Langhein/v. Proff(주 51), Vorbem zu §§741-758 Rn. 19 참조. 그 밖에 Larenz(주 51), S. 420도 참조.

134) MüKoBGB/Schmidt(주 131), §749 Rn. 14 및 그곳 각주 62)에 인용된 BGHZ 63, S. 348, 353 등 참조. 다만, 해소가 불리한 시점에 청구되었다는 사정만으로는 독일 민법 제242조에 기한 항변을 근거 지울 수 없다는 설명으로는 Staudinger/Jan Eickelberg(주 51), §749 Rn. 46 참조.

135) 그 밖에 독일 상법전(Handelsgesetzbuch)은 합명회사(Offene Handelsgesellschaft; OHG)와 합자회사(Kommanditgesellschaft, KG)의 해산(해소)에 관해서도 제145조 이하의 규정에 청산절차를 규정해두었다. 이러한 청산절차는 해당 특별재산(가령, 조합재산이나 상속재산, 합명회사 등의 재산)으로 지불되어야 할 채무를 확실하게 청산하는 데에 주된 목적이 있다. Staudinger/Jan Eickelberg(주 51), §749 Rn. 3 참조.

136) MüKoBGB/Schmidt(주 131), §749 Rn. 1; Staudinger/Jan Eickelberg(주 51), §749 Rn. 3a 참조.

137) Mugdan(주 56), S. 493 f. 참조.

을 금전으로 환가하여 그 매각대금을 지분에 따라 분할하는 것이고, 그 밖의 다른 분할방법을 택하면 어느 정도의 사실관계 조사가 필요한데, 완전히 신뢰할 수 있는 조사결과란 드물게만 발생함이 당연하고, 공평타당성(Billigkeit)의 관점에서 어느 정도 적정한 판단이 요구되지만, 그러한 판단의 적절성에 대해서는 언제나 의심을 살 수밖에 없으며, 더불어 모든 당사자의 이익에 반하는 지연과 비용은 불가피하다는 것이다.[138] 이러한 점에서, 과거의 법 전통에 따른 법원의 재정적 분할판단 원리가 관철되면, 만족스러운 해결이란 거의 우연하게만 달성될 수 있고, 어느 한 지분권자가 다른 지분권자보다 더 유리하게 되고, 모든 지분권자의 균등처우 원칙[Grundsatz der gleichmäßigen Behandlung aller T(h)eilhaber]에 다소간 반하게 됨은 불가피하다고 보았다.[139] 아울러 당사자의 청구내용과 무관하게 이루어지는 법원의 재정적 판단 과정에서 당사자에게 충분한 정도의 법적 청문권이 보장될 수 없고, 당사자가 그 판단결과를 예측할 수 없게 되어, 독일 민사소송법 절차와 어울리지 않는다는 점도 과거의 전통과는 다른 입법이 추진된 이유로 제시되었다.[140]

이에 따라, 공유적 공동관계에 대한 해소청구권 행사와 그 대상물 분할 절차에 관한 재판상 심리는 독일 민사소송법에서 정한 바에 따라 진행되고, 이에 관한 판결은, 집행과 관련하여, 일반원칙의 적용을 받는 통상의 의무이행적 판결일 뿐이라는 관점에서, 독일 민법이 성안되었다.[141] 즉, 각 지분권자의 해소청구권 근거규정(제749조) 및 해소청구권 배제약정에 따른 법률관계에 관한 규정(제750조, 제751조) 다음에 현물분할의 요건 및 방법에 관한 규정(제752조)과 매각에 의한 분할의 요건 및 방법에 관한 규정(제753조) 및 그 이하의 관련 규정(제754조 이하)[142]을 두면서도, 공동관계의 해소나 대상물의 분할에 관한

---

138) Mugdan(주 56), S. 493 참조.

139) Mugdan(주 56), S. 493 및 HKK/Meyer-Pritzel(주 51), §§741-758, Rn. 34; Staudinger/Jan Eickelberg(주 51), §749 Rn. 4 참조.

140) Mugdan(주 56), S. 493 f. 참조. 이러한 입법이유는 제1초안(분할의 방법에 관한 제769조 이하 부분의 입법이유 부분) 단계에서부터 제시되었고, 위와 같은 입법이유의 취지 자체는 제2초안 등 이후의 법안에서도 변함없이 그대로 관철되었다. Mugdan(주 56), S. 1211 ff., 1261 f.; Horst Heinrich Jakobs/Werner Schubert(Hrsg.), Die Beratung des Bürgerlichen Gesetzbuchs, Walter de Gruyter(1983), S. 403 ff. 참조.

141) Mugdan(주 56), S. 494 참조.

142) 공동관계에 있는 목적물이 채권이라면, 이러한 채권의 매각은 아직 추심할 수 없는 때에만 할 수 있고, 추심할 수 있는 때에는 각 지분권자가 공동의 추심을 청구할 수 있도록 하는 규정(제754조)도 마련하였다.

법원의 재량 여지를 부여한 규정은 두지 않았다. 민사집행에 관한 규율을 담은 민사소송법이나 다른 절차법에도 공유적 공동관계의 해소나 분할 절차에 관한 별다른 규정을 마련해두지 않았다. 이러한 규율 취지와 그 체계에 따라, 독일에서는 그곳 민법 제749조의 해소청구권이 분할을 통한 해소의 결과를 목표로 지분권자들의 협의 또는 법률에 따른 (현물분할에 관한 또는 매각에 의한 분할 시 대금분할에 관한) 협력이나 (매각에 의한 분할 시에 강제매각에 관한) 수인을 구하는 급부이행청구권에 해당하고, 이러한 청구권의 관철을 위해, 독일 민사소송법 제894조[143]에 따라, 기판력 있는 판결을 통해 그러한 의사표시가 의제되는 방법으로 집행이 이루어진다고 이해함이 지배적이다.[144]

이와 관련하여, 해소계약의 성립을 위한 공동관계 해소청구권의 행사와 그 실행을 위한 분할청구권 행사(일정한 분할안에 대한 동의청구 및 그러한 분할안에 기한 집행의 수인청구)를 구분하여 보고, 분할소송이 이러한 각 청구의 병합소송으로 제기된다고 보는 견해도 있지만,[145] 이러한 구분이 로마법상 공유물분할소송에 관한 이해의 잔재이고, 별도로 해소계약의 성립을 위한 해소청구권의 행사 및 이에 대한 의무이행 단계를 구별할 필요 없이 분할의 실행을 위한 이행판결로써 공동관계가 해소되는 것으로 이해하여야 한다는 견해가

143) 채무자가 의사진술을 명하는 판결을 받은 경우, 그 판결이 확정된 때에 의사를 진술한 것으로 보는 의사표시 의제에 관한 조항으로서, 우리 민사집행법 제263조에 상응하는 규정이다.

144) Larenz(주 51), S. 420 f.; MüKoBGB/Schmidt(주 131), §749 Rn. 19 f., 40; Staudinger/Jan Eickelberg(주 51), §749 Rn. 19 ff. 등 참조. 이러한 독일의 지배적 견해를 소개한 국내 문헌으로는 김황식(주 2), 654-657면 참조.
다만, 독일 민법 제749조에서 정한 해소청구권이 형성권의 성질을 갖고, 이러한 권리의 행사로써 공동관계가 청산관계로 넘어가게 된다고 이해하는 견해로는 Esser/Schmidt(주 131), S. 337 참조[그러나 이 견해도, 공동관계에 있는 목적물의 분할 자체는 이행판결으로 이루어진다고 본다. Esser/Schmidt(주 131), S. 338 참조]. 이에 대해 지배적 견해는 해소권의 요건을 해소권의 구성 요소(내용)로 설명하는 오류가 있다거나[MüKoBGB/Schmidt(주 131), §749 Rn. 20. 그 밖에 김황식(주 2), 656면 참조], 의사표시에 추정적 형성효를 부여한다는 것은 법적으로 상정할 수 없다[Staudinger/Jan Eickelberg(주 51), §749 Rn. 23]는 비판이 제기된다. 즉, 위 제749조에서 정한 청구권의 행사를 위해 어떠한 형성적 행위가 필요하지 않고, 어느 지분권자가 공동관계를 해소한다는 의사표시를 한 것만으로 어떠한 법적 효과가 발생하는 것이 아니라, 이후의 협의에 의하거나 독일 민법 및 민사소송법이 정하는 바에 따라 다른 지분권자의 의사표시 의제로 분할절차가 실행됨으로써 공동관계가 해소된다고 보는 것이다.

145) 이를 구별하여 보는 견해로는 Othmar Jauernig/Rolf Stürner(Hrsg.), Bürgerliches Gesetzbuch, 18. Aufl., C. H. Beck(2021), §§749-758 Rn. 1(Rolf Stürner) 참조. Peter Schlosser, Gestaltungsklagen und Gestaltunsurteil, Verlag Ernst und Werner Gieseking(1966), S. 34, 145도 같은 취지로 이해된다. 나아가 해소청구권을 형성권으로 이해하는 견해[Esser/Schmidt(주 131), S. 337]도 큰 틀에서는 형성권인 해소청구권과 분할실행에 관한 협력 또는 수인청구권의 행사단계를 구분하는 전제에서 출발한다고 볼 수 있다. 이러한 취지의 학설 분류로는 Larenz(주 51), S. 419 Fn. 3 참조.

현재로서는 더 유력한 것으로 파악된다.[146]

한편, 독일 민법은 공유적 공동관계에 있는 목적물(여러 개가 공동의 목적물인 경우 포함)의 분할방법으로, 현물분할과 매각에 의한 분할 방법을 정하고 있다. 즉, 공동관계에 있는 목적물이 그 가치감소 없이 지분권자의 지분에 상응하는 동종 부분으로 분할할 수 있다면 현물로 분할하되, 지분권자들 사이의 동일 부분 분배는 추첨(Los)으로 정하고(제752조), 현물분할을 할 수 없는 때에는 해당 목적물을 (동산의 경우) 질물매각(Pfandverkauf)이나 (토지의 경우) 강제경매(Zwangsversteigerung)의 방법으로 매각하여 그 매각대금을 분할하되, 법률이나 합의에 의해 제3자에 대한 처분이 허용되지 않는다면[147] 지분권자 사이에서 경매하도록 정한다(제753조). 이처럼 현물분할의 방법을 매각에 의한 분할방법보다 앞선 조항에서 정하고 있기는 하나, 현물분할이 매각에 의한 분할보다 우선순위에 있다고 풀이되고 있지는 않다.[148] 물론 지분권자들 사이에 분할방법에 관한 협의가 성립되면, 이는 채권법적 계약으로서 지분권자들을 우선 구속하겠지만,[149] 협의가 성립하지 않아 재판이 필요한 때에는, 위 두 가지의 재판상 분할방법이, 각 요건 충족 시에 실행되는 상호 대안적 관계에 있을 뿐이라고 본다.[150]

이러한 분할방법에 관한 규정 내용과 법 체계에 따라, 공동관계의 해소와 분할을 추구하는 지분권자는, 현물분할의 요건이 구비된 때에는, 그에 관한 모든 지분권자의 협력,[151] 즉 사실행위인 해당 목적물의 분리 · 분해(Zerlegung) 및 (지분 비율이 동일한 지분권자들이 있는 경우, 동종 · 동가치 부분들에 관한[152]) 추첨의 실시, 권리이전과 같은 행위의 실행과 권리이전을 위한 물권적

146) Larenz(주 51), S. 419 f.; MüKoBGB/Schmidt(주 131), §749 Rn. 20, 41 f.; Staudinger/Jan Eickelberg(주 51), §749 Rn. 19 ff. 등 참조.

147) MüKoBGB/Schmidt(주 131), §753 Rn. 12; Staudinger/Jan Eickelberg(주 51), §753 Rn. 39 등 참조.

148) MüKoBGB/Schmidt(주 131), §752 Rn. 2.; Staudinger/Jan Eickelberg(주 51), §752 Rn. 1 참조.

149) Staudinger/Jan Eickelberg(주 51), §749 Rn. 25 참조.

150) MüKoBGB/Schmidt(주 131), §752 Rn. 2 참조. 또한, 분할방법에 관한 위 제752조, 제753조가 공동관계의 해소청구권에 관한 하부질서의 보충적 규범이라는 설명으로는 Staudinger/Jan Eickelberg(주 51), §752 Rn. 1 참조. 한편 실무적 관점에서 보면, 오히려 매각에 의한 분할이 원칙이고, 현물분할은 예외라고 설명되기도 한다. MüKoBGB/Schmidt(주 131), §752 Rn. 2 참조.

151) MüKoBGB/Schmidt(주 131), §752 Rn. 5 참조.

152) MüKoBGB/Schmidt(주 131), §752 Rn. 34; Staudinger/Jan Eickelberg(주 51), §752 Rn. 21 참조.

합의와 같은 법률행위적 의사표시를 구하는 이행소송을 제기할 수 있다.[153] 매각에 의한 대금분할이 필요한 목적물에 관해서는, 우선, 그 목적물이 토지 또는 선박(건조 중인 것 포함), 항공기 등 부동산에 준하는 것이라면 별도의 집행권원 없이도 분할을 원하는 지분권자가 강제경매를 신청할 수 있다(독일 강제경매법[154] 제181조 제1항, 제180조 제1항).[155] 다만, 다른 지분권자가 분할에 반대할 것이 우려되거나 공동관계 해소배제사유를 (가령 분할을 원하는 지분권자 입장에서 독일 민법 제749조에서 정한 중대한 사유가 있어서) 극복하고자 할 때에는, "공동관계의 해소를 목적으로 한 강제경매의 수인(Duldung der Zwangsversteigerung zum Zweck der Aufhebung der Gemeinschaft)"의 소가 제기될 수 있다.[156] 그밖에 동산이나 그에 준하는 유가증권 등이 분할의 대상인 때에도, 원칙적으로는 집행권원 없이 매각절차를 실행할 수 있지만(독일 민법 제1233조 제1항 및 제1234조 이하[157]), 필요한 경우에는 질물매각 조항에 따른 매각에 대한 수인의 소가 제기된다.[158]

공동관계에 있는 목적물이 매각되면, 기존의 지분권자들은 그 매각대금에 대하여 여전히 공동관계로 남게 된다(대상원리; Surrogationsprinzip).[159] 매각대금 분할은 강제경매 등 매각절차 내에서 이루어지도록 정해져 있지는 않지만,[160] 통상적으로, 강제경매 절차로 매각이 이루어질 때는, 가령, 지분권자들

153) Staudinger/Jan Eickelberg(주 51), §752 Rn. 25 참조(또한, 가령 토지의 평가와 같이, 분할을 위해 필요한 준비조치의 추인 청구도 제기될 수 있다고 한다).

154) 독일 강제경매 및 강제관리에 관한 법률(Gesetz über die Zwangsversteigerung und die Zwangsverwaltung; ZVG)의 약칭이다.

155) MüKoBGB/Schmidt(주 131), §753 Rn. 13; Staudinger/Jan Eickelberg(주 51), §753 Rn. 26, 32 등 참조.

156) MüKoBGB/Schmidt(주 131), §749 Rn. 41; Staudinger/Jan Eickelberg(주 51), §749 Rn. 13, §753 Rn. 27[강제경매에 관한 동의(Zustimmung)의 소를 구하는 것은 다소 부정확하다고 한다] 참조. 또한, Staudinger/Jan Eickelberg(주 51), §749 Rn. 14도 참조.

157) 독일 민법 제1235조 제1항은 질물의 매각을 공경매 방법으로 실행하도록 규정한다. 그 밖에 독일의 공경매 실행방법에 관해서는 독일 민법 제383조 제3항 참조.

158) MüKoBGB/Schmidt(주 131), §753 Rn. 12ff; Staudinger/Jan Eickelberg(주 51), §749 Rn. 13, §753 Rn. 9, 29 참조. 특히, 압류된 물건의 환가를 위한 민사소송법상 집행규율에 따라 매각이 이루어지기 위해서는 집행권원이 필요하다(독일 민법 제1233조 제2항). 이에 관해서는 MüKoBGB/Schmidt(주 131), §753 Rn. 13; Staudinger/Jan Eickelberg(주 51), §749 Rn. 13, §753 Rn. 9 참조.

159) MüKoBGB/Schmidt(주 131), §753 Rn. 31; Staudinger/Jan Eickelberg(주 51), §753 Rn. 22 및 BGH NJW 2008, S. 1807 참조.

160) MüKoBGB/Schmidt(주 131), §753 Rn. 29(경매절차는 공동관계 해소를 위한 분할의 준비이고, 이를 종결하는 것이 아니다) 참조. 한편, 매각대금의 분할에 관한 법적 근거로는 민법 제752조(현물분할)가 아닌 제753조 제1항("그 매각대금을 분할함으로써 한다.")가 제시된다. Staudinger/Jan Eickelberg(주 51), §753 Rn.

사이의 합의를 공증하고 그에 상응하는 매각대금 중 잉여금을 지급하는 방법으로, 법원이 일반적으로 지분권자들의 매각대금 분배에 조력한다고 한다.[161] 그러나 매각대금의 분할에 대하여 다툼이 있다면, 공동관계에 있는 매각대금 부분은 공탁되고, 그 분할에 관하여 다른 지분권자의 협력을 구하는 소가 당초의 매각에 대한 수인소송과 별도로 제기되어야 한다.[162]

이처럼 독일의 법제는, 공동관계에 있는 지분권자의 공동관계 해소 및 해당 목적물의 분할방법과 그 실행에 관한 협의에 기한 청구권, 또는 그러한 협의나 그 실행 절차에 대한 협력를 구하는 청구권의 실체법적 · 절차법적 관철을 위한 재판 및 집행 제도를 마련해두면서, 로마법 전통에 따른 법관의 재정적 판단에 따른 법률관계 형성 여지를 단절하려 했다.[163] 그러나 일반적 · 추상적 법규범 조항이 개별적 · 구체적으로 상이한 사실관계 및 이익상태에 관하여 언제나 정당한 처분결과가 나오도록 규정하는 데에는 한계가 있다는 입법론적 비판이 제기되었다.[164] 실무적으로도 특히, 지분권자들에 의해 사용 · 수익되어 온 토지를 분할하면 지분권자들에게 특히 심대한 손실이 발생할 경우와 관련하여, 독일 민법에서 정한 방법과는 다른 해소 · 분할 방법에 관한 청구권 인정 여부가 문제시된 사례들이 있었고, 이에 관하여 신의성실 원칙이나 권리남용 법리의 적용 시도가 있기도 하였다.[165] 그러나 앞서 본 독일 민법의 입법취

---

22 참조.

161) MüKoBGB/Schmidt(주 131), §753 Rn. 29; Staudinger/Jan Eickelberg(주 51), §753 Rn. 22 참조.

162) MüKoBGB/Schmidt(주 131), §753 Rn. 29; Staudinger/Jan Eickelberg(주 51), §753 Rn. 22, 31 참조. 경우에 따라서는 당초의 수인소송을 제기하면서 그러한 환가(분할대상 대금)에 영향을 미치는 사정(가령, 매각대금에서 변제할 채무액수에 관한 다툼, 지분의 크기에 관한 다툼 등)에 관한 확인을 구하는 경우도 있다고 한다. Staudinger/Jan Eickelberg(주 51), §753 Rn. 31 참조.

163) HKK/Meyer-Pritzel(주 51), §§741-758, Rn. 34 참조.

164) Larenz(주 51), S. 420 Fn. 4; Wüst(주 64), S. 45 ff. 및 뒤의 주 202)에서 인용한 문헌도 참조. 그 밖에 Otto von Gierke, Personengemeinschaften und Vermögensinbegriffe in dem Entwurfe eines Bürgerlichen Gesetzbuches für das Deutsche Reich, Guttentag(1889), S. 62에는, 가족용 토지, 공동저작권이나 공동발명가 권리, 망인의 유품이나 비영리법인의 주식 등의 경우, 당시의 독일 민법안(제1초안)에 따라 분할할 수 없다는 이유로 제3자에게 매각하는 것은 사회의 진정한 법질서와 양립할 수 없거나, 지분권자들에게 중대한 희생 또는 불이익을 주게 될 것이고, 대다수 지분권자들이 원하는 분할방법에 대한 어느 한 개별 지분권자의 제멋대로인 반대를 차단할 가능성을 배제하는 것도 적절치 않으며, 이처럼 다양한 생활관계의 여러 양상에 대해 사전에 충분히 규율해낼 수 없음에도 틀에 박힌 법률상 규율을 하는 것은 언제나 무법상태(Gewalttätigkeit)로 이끌고 말 것이라는 논지로, 법관의 재량에 더 큰 자유를 부여할 필요가 있다고 취지의 주장이 기재되어 있다.

165) 가령, 아버지로부터 여관(Pension)을 유산으로 공동 상속받은 자매가 약 8년간 공동으로 운영하다가, 이후 자매 중 1인(피고)이 결혼하자 다른 자매(원고)가 약 30년간 해당 여관을 단독으로 운영한 사안에서, 독일

지에 비추어, 위와 같은 일반조항의 적용으로써 법률이 정하지 않은 분할방법을 인정하는 데에는 한계가 있을 수밖에 없다.[166)]

5. 스위스

1907년 입안된 스위스 민법전(발효일은 1912. 1. 1., 이하 '스위스 민법'이라 한다)은, 공유에 관한 규정을 제4편 물권법 중 제1장 소유권의 제18절 일반규정(Allgemeine Bestimmungen) 부분에 두었다(제646조부터 제654조a까지).[167)] 공유자들의 합의(제647조) 또는 공유자 과반수의 동의(제647조a, b, c)에 따라 일정한 관리행위를 할 수 있다는 등의 공유물의 내부적 관리에 관한 규율도 마련하였다(제647조부터 제649조까지). 또한, 공유관계에 있는 당사자가 언제든지, 그리고 사유에 제한 없이 해당 공유관계를 해소할 권리를 가진다고 규정하면서도(제650조 제1항 전단), 법률행위에 의한 경우뿐 아니라,[168)] 공유관계에 있는 목적물이 건물의 구분소유관계(Stockwerkeigentum[169)])에 있거나 주차장(Autoeinstellhalle)이나 공동의 도로, 경계표시시설 등과 같이 일정한 계속적 용도로 정해져 있는 때[170)]에는 해소청구권을 배제하는 취지를 규정하였다(제650

연방최고법원(BGH NJW 1972, S. 818 ff.)은, 피고에 의해 실행된 강제경매가 독일 민법 제242조(신의성실에 따른 급부)에 따라 허용될 수 없고, 원고에 의해 제안된, 필요한 경우 가액배상(독일 민법에는 가액배상에 의한 분할방법에 관한 규정이 없다)을 포함하는 현물분할 방법이 적절한 이익조정으로 여겨진다는 취지를 판시한 바 있다. 그 밖의 사례에 관해서는 Staudinger/Jan Eickelberg(주 51), §749 Rn. 35 참조.

166) Staudinger/Jan Eickelberg(주 51), §749 Rn. 36(불가피한 경우, 극도로 그리고 지극히 감당할 수 없는 예외적 사례에 한정된 상태로 남아 있어야 한다는 취지로 설명) 참조.

167) 스위스 민법도 판덱텐체계로 구성되었지만, 공유관계에 관한 규정은 물권법 편에 두었다. HKK/Meyer-Pritzel (주 51), §§741-758, Rn. 22 및 앞의 주 130) 참조.

168) 물론, 법률행위로 해소를 배제하였더라도, 중대한 사유가 존재하면 해소청구권을 주장할 수 있다고 본다. Arthur Meier-Hayoz(zugleich Hrsg.), Berner Kommentar zum schweizerischen Privatrecht, Bd. IV, Das Sachenrecht, 1. Abteilung: Das Eigentum, 1. Teilbd.: Systematischer Teil und Allgemeine Bestimmungen, Artikel 641 - 654 ZGB, Verlag Stämpfli & Cie(1966)[이하 'BK/Meier-Hayoz(주 168)']. N. 15 zu Art. 650; Heinrich Honsell/Nedim Peter Vogt/Thomas Geiser(Hrsg.), Baseler Komentar, Zivilgesetzbuch, Bd. II, 5.Aufl., Helbing Lichtenhahn Verlag(2015)[이하 'BSK/(집필자)(주 168)'], N. 16 zu Art. 650(Christoph Brunner/Jürg Wichtermann); Paskal Simonius/Thomas Sutter, Schweizerisches Immobiliarsachenrecht, Bd. I, Verlag Helbing & Lichtenhahn(1995), S. 506.

169) 토지와 건물을 각각 독립한 소유목적물로 보는 우리 법제 아래에서의 구분소유(민법 제215조, 집합건물의 소유 및 관리에 관한 법률 제1조 참조)와 달리, 건물의 특정 부분을 독점적으로 사용하고 내부건축을 할 수 있는 특별한 권리를 공유자에게 부여하는, 토지에 관한 공동소유지분을 가리킨다(스위스 민법 제712조a 참조).

170) 이에 관해서는 BSK/Brunner/Wichtermann(주 168), N. 18 zu Art. 650; Simonius/Sutter(주 168), S. 506 등 참조.

조 제1항 후단). 또한, 불리한 시기에도 해소를 청구할 수 없다고 정하였다(제650조 제3항). 이러한 해소청구권은 물적 채무의 성질(Realobligatorische Natur)을 가진다고 이해되고 있다.[171)]

나아가, 어느 공유자(가령, 乙)가 다른 공유자(가령, 甲)에 대한 존중과 배려 없이 반항적 태도(Renitenz)를 보이는데도, 그 다른 공유자(甲)가 위와 같은 (제한의 여지 있는) 해소청구권이나 자기 지분 자체의 처분권(제646조 제3항 후단[172)])만으로는 해당 공유자(乙)와의 공유관계 해소에 어려움을 겪는 상황을 해결하고자,[173)] 스위스 민법은 1963년 개정으로, 법원의 재판을 통한 일정 공유자의 배제제도를 도입하였다(제649조b[174)]). 농지소유권에 관한 연방법률(Bundesgesetz über das bäuerliche Bodenrecht)을 통해 가족농장이 상속인들의 공유로 되었을 때 지분매수를 청구할 수 있는 법적 근거도 마련해두었다(위 연방법률 제11, 13조).

한편 스위스 민법은, 앞서 본 제650조[175)]에 이어, 곧바로 제651조에서 공유관계의 해소가 현물분할, 대금분할(임의매각이나 경매의 방법), 가액보상(공유자 1인 또는 수인이 다른 공유자의 지분을 매수하고 가액을 보상)의 3가지 분할방법에 따라 이루어짐을 명시하였다(제1항). 물론 협의분할의 방법이 위 3가지에 한정된다고 이해되지는 않는다.[176)] 공유자들은 자율적으로 공유관계의

---

171) BK/Meier-Hayoz(주 168), N. 4 zu Art. 650; BSK/Brunner/Wichtermann(주 168), N. 8 zu Art. 650 참조. 스위스에서는, 일정한 물건을 소유하거나 제한물권 또는 점유권을 가지는 자가 적극적 급부나 작위 또는 행위를 할 의무부담의 기초가 되는 채무적 법률관계를 물적 채무로 설명한다. BGE 105 Ia 23, S. 25 참조.

172) 각 공유자가 자신의 지분을 처분하거나 질권을 설정할 수 있고, 그의 지분이 채권자에 의해 압류될 수 있음을 규정하고 있다.

173) BK/Meier-Hayoz(주 168), N. 15 zu Art. 649b u. 649c; BSK/Brunner/Wichtermann(주 168), N. 18 zu Art. 650; Simonius/Sutter(주 168), S. 499 f.; Thomas Sutter-Somm, Sachenrecht, Eigentum und Bestiz, Bd. V/1(Schweizerisches Privatrecht), 2.Aufl., Helbing Lichtenhahn Verlag(2014), S. 106 f. 등 참조.

174) 우선 제649조b 제1항은, 공유자가 자신의 행태로 인해 또는 그로부터 물건의 사용을 이전받거나 그 물건에 관하여 책임을 져야 하는 사람의 행태로 인해, 모든 또는 개별 공동권리자에 대하여 의무부담을 중대하게 침해하여, 공유관계의 지속이 기대될 수 없는 경우에, 법원의 판결로써 공유관계에서 배제될 수 있음을 규정한다. 같은 조 제3항은, 법원이 피고의 배제를 결정하면, 피고에게 그 지분의 처분을 명하고, 지정된 기간 내에 매각되지 않으면 부동산강제환가에 관한 규정(공유관계의 해소에 관한 규정은 제외)에 따라 공경매를 명하도록 정한다.

175) 스위스 민법 제650조가 해소청구권에 관해 규율하고 있음에도 그 규정의 방주(Marginale)에는 "분할청구권(Anspruch auf Teilung)"이라는 용어가 기재되어 있기도 하다. 그러나 이러한 표현이 부정확하다는 지적으로는 BK/Meier-Hayoz(주 168), N. 2 zu Art. 650 참조.

176) BSK/Brunner/Wichtermann(주 168), N. 6, 10 zu Art. 650, N. 1 zu Art. 651; Sutter-Somm(주 173), S. 119. 참조.

해소 방식에 관하여 협의할 수 있다. 이러한 협의가 성립하지 않는 때에 관하여, 스위스 민법은 보충적으로, 재판상 청구로써 법원이 개입하여 그 분할방법에 관해 판단하는 체계를 마련하였다.177) 즉, 공유자가 해소방법에 관해 협의할 수 없다면, 법원의 명령에 따라 현물로 분할되거나 그것이 불가능하다면 공경매 또는 공유자들 사이에서 경매가 이루어지도록 정한 것이다(제2항). 그런데 이러한 방법은 한정적이라고 풀이한다.178) 법관에게, 제651조 제2항에서 정한 두 가지 방법(현물분할을 명하는 방법 또는 경매에 부치는 명령을 하는 방법) 중 하나를 명할 권능을 부여하는 데에서 더 나아가, 당사자의 신청에 전혀 구속되지 않는, 분할방법에 관한 완전히 자유로운 지위(vollständige Freistellung)의 부여는 거부한다는 것이 입법자의 의사이었기 때문이다.179)

따라서 재판상 분할이 청구되면, 위 입법취지180)에 따라, 법원은 법률에서 정한 현물분할의 방법이나 경매(공경매 또는 공유자들 사이의 경매) 방법 중 하나를 택하여야 하고(제651조 제2항), 현물분할 중에 동일하지 않는 부분에 관해서는 금전보상을 하도록 할 수 있으나(제651조 제3항181)), 법률에서 정하지 않은 임의환가 방법이나 대금보상을 결부시켜 어느 1인 또는 공유자에게 목적물에 관한 권리 전부를 귀속시키는 방법은 택할 수 없다고 본다.182) 추첨도 스위스 민법이 정한 분할방법이 전혀 아니므로, 이를 하도록 명하는 것을 허용하지 않는다.183)

그러나 법원은 한정된 위 2가지의 분할방법 중 어느 방법을 택할지를, 일방 당사자의 청구에 구애되지 않고, 그의 재량에 따라 판단한다.184) 스위스 민법

177) BK/Meier-Hayoz(주 168), N. 13 zu Art. 651; BSK/Brunner/Wichtermann(주 168), N. 2 zu Art. 651; Sutter-Somm(주 173), S. 119 등 참조.

178) BK/Meier-Hayoz(주 168), N. 14 ff. zu Art. 651; BSK/Brunner/Wichtermann(주 168), N. 12 zu Art. 651; Sutter-Somm(주 173), S. 122 참조.

179) BK/Meier-Hayoz(주 168), N. 13 zu Art. 651[당초 스위스 민법 초안은 "공유자가 해소의 방법에 관하여 협의를 할 수 없다면, 법관이 그의 재량에 따라 판단한다."(1900. 11. 15.자 스위스 민법 초안 제654조 제2항)라고 정하였으나, 전문가위원회에서 본문과 같은 취지로 현행 제651조 제2항과 같이 재판상 분할방법을 한정하였다고 설명] 참조.

180) 앞의 주 179) 및 해당 본문 부분 참조.

181) 이는 협의로써 현물분할을 하거나 재판상 현물분할을 할 때 모두 적용된다. BSK/Brunner/Wichtermann(주 168), N. 18 zu Art. 651 참조.

182) BSK/Brunner/Wichtermann(주 168), N. 12, 18 zu Art. 651; Sutter-Somm(주 173), S. 121 f. 및 BGE 45 II 631, S. 632 참조.

183) BK/Meier-Hayoz(주 168), N. 16 zu Art. 651 및 BGE 72 II 164, S. 165.

184) BK/Meier-Hayoz(주 168), N. 15 zu Art. 651; BSK/Brunner/Wichtermann(주 168), N. 12 zu Art. 651;

이 정한 분할방법의 틀 내에 있다면, 그 세부실행 방법에 관해서도 법원에 재량이 부여되므로,[185] 가령 토지를 현물분할할 때, 사실심법원이 개별 토지구획부분을 위하여 통행권과 수도 등 시설권을 부여하고, 다른 부분에 그에 상응하는 부담을 지울 수도 있다.[186] 스위스 민법에서, 위와 같은 재판상 구체적 분할방법을 선택할 수 있는 재량은 법과 공평타당성(Recht und Billigkeit)에 따라 행사되어야 한다(제4조).[187] 물론, 현물분할을 할지, 경매를 통한 대금분할을 할지 등에 관해서는 공유자들 사이에 협의가 있었지만, 그 세부 실행방법에 대해 다툼이 있다면, 법원은 그러한 협의내용에 구속된 상태에서 협의가 성립하지 않은 구체적 사항을 판단한다.[188]

재판상 현물분할은 본질적으로 목적물의 분할가능성을 전제로 하므로, 이것이 불가능하거나 가능하더라도 본질적 가치감소가 수반되는 때에는 그 목적물을 경매의 방법으로 분할하여야 한다(제651조 제2항). 법원이 분할방법을 판단할 때 현물분할을 원칙적 방법으로 우선시하여야 하는지에 대한 학설상 다툼이 있다.[189] 다만, 스위스 연방법원은, 법관이 현물분할과 경매를 명하는 데 자유롭고, 이를 선택하기 전에 가치의 본질적 감소 없이 분할 가능한지를 심사하되, 구체적 사실관계, 인적 사정, 공유자들의 필요와 희망(Bestrebungen, *aspiration*)을 고려하여 판단해야 함을 언급하면서, 현물분할과 경매가 공유자들에게 거의 동등한 효과를 미칠 것으로 보이더라도, 현물분할이 합리적으로 실행될 수 있고 각 공유자에게 그의 지분에 따른 몫을 부여하게 되는 경우에만, 현물분할을 명할 것이라고 판시한 바 있다.[190]

재판상 분할방법인 경매를 통한 대금분할은 공유자들 사이에서 이루어질 수도 있고, 공개적으로도 이루어질 수도 있다(제651조 제2항). 2가지의 경매 방

Sutter-Somm(주 173), S. 122. 참조.

185) BK/Meier-Hayoz(주 168), N. 16 zu Art. 651 참조.

186) BK/Meier-Hayoz(주 168), N. 23 zu Art. 651 참조.

187) BSK/Brunner/Wichtermann(주 168), N. 12 zu Art. 651 참조.

188) BK/Meier-Hayoz(주 168), N. 14 zu Art. 651; BSK/Brunner/Wichtermann(주 168), N. 12 zu Art. 651; Sutter-Somm(주 173), S. 122. 참조.

189) 가령, 현물분할을 우선시하여야 한다는 견해로는 Simonius/Sutter(주 168), S. 511 등 참조. 달리 보는 견해로는 BK/Meier-Hayoz(주 168), N. 24 zu Art. 651 참조.

190) BGE 100 II 187, S. 187 ff., 193.

법 중 어느 것도 우선순위를 가지지 않는다.[191] 공유자들이 가능한 한 더 많은 매득금을 취득하는 것이 중요한 문제인지, 아니면, 그들이 (또는 적어도 공유자들 중 일부라도) 목적물을 다른 이에게 이전하는 것을 저지함이 중요한 문제인지 등과 같은 당사자의 이해관계가 그 판단의 주요 고려사항으로 제시된다.[192] 연방법원은, 법원의 재판상 분할로 명해진 경매의 성질이 임의경매(freiwillige Versteigerung)[193]보다는 강제집행법 규정이 적용되는 강제경매에 가깝다고 판시한 바 있다.[194]

위와 같은 공유관계 해소 및 분할방법에 관한 각 조항의 문언 및 체계에 따라, 스위스에서는 그곳 민법 제650조와 제651조가 해소에 관한 서로 다른 문제를 규율한 것으로 풀이한다.[195] 해소의 의사표시로 공유관계가 청산의 국면으로 넘어갈 뿐 공유관계 자체는 종료하지 않는다고 보므로,[196] 제650조에 따른 해소청구권에 관해서는 그 권리의 존재나 그 배제사유의 부존재를 법원으로부터 확인받는 확인의 소[197]가 제기되어야 하고, 제651조에 따른 소에서는 해소청구권 주장·행사의 정당성을 다루는 것이 아니라, 분할의 방법을 다루는 형성의 소[198]가 제기되어야 한다고 보는 것이다.[199] 다만, 실무적으로는 위

191) Sutter-Somm(주 173), S. 123 및 BGE 80 II 369, S. 369 ff., 376 f. 참조.

192) BSK/Brunner/Wichtermann(주 168), N. 14 zu Art. 651; Sutter-Somm(주 173), S. 123 등 참조.

193) 스위스 채무법 제229조 이하 참조.

194) BGE 72 II 160, S. 163 f. 참조. 실무상으로는 일정 공유자의 배제를 위한 스위스 민법 제649조b[앞의 주 174) 참조] 제3항에서 정한 법관의 명령에 기한 공유지분의 경매 절차에 적용되는, 스위스 '토지의 강제환가에 관한 연방법원규정(Verordnung des Bundesgerichts über die Zwangsverwertung von Grundstücken)' 제78조a 이하의 규정에서 정한 바에 따라, 관할 집행관청(Betriebungsamt)에 위탁하여 경매절차를 진행한다고 한다. Philipp Possa/Denise Kreutz, „Verwertung Miteigentümeranteil aufgrund gerichtlicher Anordnung", in: Jusletter(19. Marz 2007), Rz. 9 참조.

195) BK/Meier-Hayoz(주 168), N. 11 zu Art. 651; BSK/Brunner/Wichtermann(주 168), N. 6 zu Art. 650; Sutter-Somm(주 173), S. 116 f. 등 참조.

196) BSK/Brunner/Wichtermann(주 168), N. 18 zu Art. 3; Simonius/Sutter(주 168), S. 507 참조.

197) 이러한 확인의 소는 "부동산 […] 내의 […]의 공유물의 분할(해소)권을 확인한다(Constater le droit au partage de la copropriété formée de [...] sur l'immeuble sis [...])." 또는 "[원고]와 [피고]가 […] 부동산에 대해 공유관계의 분할(해소)권을 행사할 수 있는 권리를 확인한다(Constater le droit au partage de la copropriété formée par [demandeur] et [defendeur] sur l'immeuble sis [...])." 등의 주문으로 판결된다고 한다. François Bohnet, Actions civiles, Vol. I: CC ET LP, 2° édition, Helbing Lichtenhahn(2019), §44 참조.

198) 이러한 형성의 소는, 분할방법에 관한 공유자들 사이의 협의가 성립할 수 없을 때, 법원이 제651조 제2항에서 정한 (한정된) 분할방법 중 어느 하나를 선택할 재량을 갖고, 그 재량행사에 따른 창설적 효력의 형성판결을 내리는 구조로 이해한다. 이에 관해서는 BK/Meier-Hayoz(주 168), N. 18 zu Art. 651(이러한 판결은 직접적으로 새로운 소유권과 개개인에게 할당된 물권에 관한 새로운 권리의무를 창설한다고 설명); BSK/Brunner/Wichtermann(주 115), N. 12 zu Art. 650; Sutter-Somm(주 173), S. 123 f. 등 참조.

199) BK/Meier-Hayoz(주 168), N. 11 zu Art. 651; BSK/Brunner/Wichtermann(주 168), N. 6 zu Art. 650;

두 유형의 소가 병합되곤 한다고 설명된다.[200] 이러한 체계는 로마법 및 독일 지역의 보통법상 공유물분할소송(*actio communi dividundo*)[201]과 프랑스 민법, 오스트리아 민법 등의 영향을 받은 것이라고 평가된다.[202]

Ⅳ. 기존 규율에 대한 검토

1. 공유물분할을 청구할 수 있는 권리의 근거와 의미

가. 공유자 내부관계의 법률적 규율과 그 성질

앞서 본 바와 같이, 로마법 이래 19세기 초반(서구의 법전 편찬기 초기)에 이르기까지 (지분적) 공유관계는 개인주의적 사고방식에 반하고 여러 분쟁을 초래할 수 있으며, 목적물의 사회경제적 이용을 저해하는 우연적·임시적·이례적 관계로 다루어졌다. 아직 분할되지 않았지만, 언제든지 분할되어야 할 관계, 즉 불분할(不分割, *indivision*) 관계로 이해되었고, 극단적으로는, 이러한 관계에 있는 공유자 내부관계에 관한 규율도 별도로 필요하지 않다고 보기도 하였다.[203] 그러나 이러한 이해는 실재하고, 또 그럴 수밖에 없는, 사회현실의 공유관계 양상을 충분히 규율하지 못하였다. 그 사이에 공유자들 사이의 다수결 원리가 법전에 도입되는 등[204] 공유물의 점유·이용·관리·보존 등에 관한 공유자 내부의 권리의무관계가 서구의 성문 법제에 자리 잡게 되었다.[205]

우리 민법도 공유자 내부관계를 규율한다. "공유자는 …(중간생략)… 공유물

Simonius/Sutter(주 168), S. 507 Sutter-Somm(주 173), S. 117 등 참조.

200) BSK/Brunner/Wichtermann(주 168), N. 4, 7 zu Art. 651(공유물 자체를 폐기하는 방법으로 공유관계를 해소하거나 공유를 총유로 전환하는 것도 현물분할의 일환으로 설명); Sutter-Somm(주 173), S. 116, 119. 참조.

201) 앞의 주 55) 참조.

202) BK/Meier-Hayoz(주 168), N. 11 zu Art. 651 참조(여기에서, 앞서 본 독일 민법 시행 후 그 입법 내용에 대한 결함이 감지되어, 여러 비판이 나왔음도 설명되어 있다).

203) 앞의 III.의 1. 내지 3. 부분 참조. 특히, 1804년 프랑스 민법에 관한 III.의 2. 부분 참조.

204) 앞의 III.의 3. 내지 5. 부분 참조.

205) 당초 공유물의 관리행위에 관한 공유자 내부 규율을 민법전에 규정하지 않았던 프랑스도 1976년 법률 개정으로 이에 관한 규정을 프랑스 민법(2006년 개정 전) 제815조의1 이하에 마련하기에 이른다. 이에 관해서는 앞의 III.의 2. 부분 참조.

전부를 지분의 비율로 사용, 수익할 수 있"다(제262조 후단)는 규정과 "다른 공유자의 동의없이 공유물을 처분하거나 변경하지 못"하고(제264조), "공유물의 관리에 관한 사항은 공유자의 지분의 과반수로써 결정"하되, "보존행위는 각자가 할 수 있"으며(제265조), "그 지분의 비율로 공유물의 관리비용 기타 의무를 부담"하고, 이러한 의무를 "1년 이상" "지체한 때에는 다른 공유자는 상당한 가액으로 지분을 매수할 수 있다."(제266조)라는 내용의 규정이 여기에 해당한다. 반면 민법의 명문 규정 중, 공유관계가 아직 분할되지 않은 목적물, 즉 불분할물에 대한 임시적·이례적 관계라는 관념을 명확히 드러내는 부분은 찾을 수 없다.[206] 공유관계는 당사자 사이의 의사로 성립하거나 법률 규정[207]으로 성립하곤 하는데, 실무상 적지 않게 발생하는 이러한 관계가, 다수인이 결합한 다른 법적 관계(가령, 조합이나 사단법인 또는 상법상 합명회사 등)와 견주어 특별히 사회경제적으로 더 해가 되고 우리 법질서에 반한다고 평가하거나, 특유의 과다한 분쟁 초래 소지가 있어 혼란을 초래하고, 목적물의 사회경제적 이용에도 해롭다고 인식할 근거도 제시하기 어렵다.[208] 설령 그러한 측면을 약간이나마 엿볼 수 있더라도, 공유자 상호 간의 이용관계 조절을 위한 적극적 규율을 통해 분쟁을 예방하고 사회경제적 이용을 유도하며, 법질서에 부합하는 법률관계 형성을 도모함이 훨씬 바람직하다. 따라서 공유관계가 성립하여 존속하는 한, 해당 공유물의 점유, 관리, 이용, 보존 등에 관한 공유자 상호 간의 이용관계 조정을 위한 규율은 분명 필요한 것이고, 앞서 본 민법 규정 내용들이 이를 규율하고 있다고 볼 수 있다.[209]

---

206) 공유물분할청구에 관한 제268조 제1항에 의용민법(일본 민법) 제256조 제1항의 "언제라도"라는 문언도 빠져 있다. 이 문구가 제정 당시에 포함되지 않은 이유는 명확하지 않지만, 의용민법 규율과 다른 취지를 규정하려 했던 것으로는 보기 어렵다. 앞의 주 20) 참조. 그러나 적어도 문언상으로는, 공유관계를 임시적·이례적 관계로 보는 관념이 의용민법 규정보다 더 희미해졌다고 볼 수 있다.

207) 가령, 여러 명이 공동으로 하는 무주물 선점(제252조), 유실물 습득(제253조), 매장물 발견(제254조 본문), 타인 물건 속에서의 매장물 발견(제254조 단서), 주종을 구별할 수 없는 동산의 부합이나 혼화(제257조 후단, 제258조), 공유물의 과실(제102조), 건물 구분소유에서의 공용부분(제215조 제1항, 집합건물의 소유 및 관리에 관한 법률(제10조 제1항, 제3조 제1항), 경계에 설치된 경계표·담·구거 등(제239조), 공동상속재산(제1006조), 공동포괄수증재산(제1078조) 등이 있다. 곽윤직·김재형(주 1), 284-285면 등 참조.

208) Staudinger/Jan Eickelberg(주 51), Vorbem zu §§741-758 Rn. 19 참조.

209) 우리 민법(물권법) 질서 내에서, 물적 지배권자 상호 간의 이용관계 조정을 위한, 또 다른 규율로 상린관계 규율(민법 제216~244조)을 제시할 수 있다. 대법원은 "인접하는 토지 상호간의 이용의 조절을 위한 상린관계에 관한 민법 등의 규정은 인접지 소유자에게 그 소유권에 대한 제한을 수인할 의무를 부담하

위와 같은 공유자 상호 간의 규율로써 공유자 각자가 공유관계 내부에서 갖는 지분권 내용의 범주와 그 한계가 확정210)되는 데에서 더 나아가, 공유자 상호 간의 대인적 권리·의무 관계가 공유자들 사이에 각각 발생한다. 즉, 공유자는 다른 공유자의 지분에 대한 고려 없이 배타적 사용, 수익을 해서는 아니 되고,211) 공유자 지분의 과반수로써 결정한 관리에 관한 사항을 준수하여야 하며(제265조 본문), 그 지분의 비율로 공유물의 관리비용이나 그 밖의 의무를 부담하는 반면(제266조 제1항), 다른 공유자는 각 의무에 대응하는 권리를 갖게 되는 것이다. 이러한 법률관계는 각 공유자의 지분권 소유 지위, 즉 물권적 지위에서 도출되는 것이기는 하나, 각각의 권리나 의무는 공유자 상호 간에 대인적으로 주장·행사되거나 부담될 뿐이다. 위와 같은 규율을 통해 각 공유자가 다른 공유자 또는 그 다른 공유자의 (관념적) 지분권 자체에 대한 대세적 지배 권능을 갖는 물권적 권리나 그에 대응하는 의무부담을 지는 물권적 법률관계에 들어선다고는 보기 어렵다.212) 또한, 공유자 상호 간에 별도의 협정213) 내지 약정214)으로 달리 당사자 간 규율을 정할 수도 있는데, 이렇게 자율적으로 형성한 법률관계는 약정에 의한 채권관계에 해당한다고 볼 수 있다. 이와

게 하는 것이므로 그 적용요건을 함부로 완화하거나 유추하여 적용할 수는 없고, 상린관계 규정에 의한 수인의무의 범위를 넘는 토지이용관계의 조정은 사적자치의 원칙에 맡겨야 한다."고 판시한 바 있다(대법원 2012. 12. 27. 선고 2010다103086 판결 참조). 상린관계가 실체적·현실적으로 인접하여, 긴밀한 관련성 있는 토지소유권자 상호 간의 이용관계 조정을 위한 규율이고, 공유관계 내부의 규율은 해당 공유물에 관념적으로 결합하여, 긴밀한 관련성 있는 각 공유자 상호 간의 이용관계 조정을 위한 규율이라는 점에서 유사성을 찾을 수 있다.

210) 공유자의 지분은 다른 공유자의 지분에 의하여 일정한 비율로 제한을 받는 것이라는 취지의 대법원 1994. 11. 11. 선고 94다35008 판결 참조.

211) 대법원 2001. 12. 11. 선고 2000다13948 판결("1인이 특정 부분을 배타적으로 점유·사용할 수 없는 것"); 대법원 2020. 5. 21. 선고 2018다287522 전원합의체 판결(다수의견 중 "다른 공유자를 배제하고 단독 소유자인 것처럼 공유물을 독점하는 것은 위법") 등 참조.

212) 공유관계에 있는 어느 공유자의 지분권이 다른 지분에 관한 물권적 권리를 포함하지 않는다는 오스트리아에서의 논의에 관해서는 앞의 III.의 3. 부분 참조. 또한, 공유자의 지분권 보유 자체와 공유자들 사이의 내부적 권리관계를 구별하여야 한다는 취지를 설명한 독일 문헌은 앞의 주 131) 참조.

213) 공유자 상호 간에 공유물의 구체적 사용·수익에 관한 협정이 가능하다고 본다. 이에 관해서는 곽윤직·김재형(주 1), 286면; 김증한·김학동(주 1), 312면; 주석민법(상), 423면(이영준); 민법주해(주 1), 572면(민일영); 주석 민법(주 1), 39면(최준규) 등 참조. 그러나 민법 제265조를 강행규정으로 보는 견해로는 남효순(주 82), 434-435; 남효순·이동진·이계정, 공동소유에 관한 연구, 박영사(2020)[이하 '이동진(주 213)'], 31면(이동진)의 각주 53) 및 그곳에 기재된 문헌 참조.

214) 공유자 상호 간에 의무부담에 관한 별도의 약정이 가능하다고 본다. 이에 관해서는 김증한·김학동(주 1), 314면; 양창수·권영준(주 1), 325면; 주석민법(상), 434면(이영준); 민법주해(주 1), 577면(민일영) 등 참조.

달리 공유자들 사이에 별도의 의사 합치가 없다면, 위 민법 규정의 규율 내용에 따라, 각 공유자 상호 간에 위와 같은 대인적 권리·의무관계의 내용이 성립하는데, 이는 법률 규정에 따라 각각의 공유자를 구속하는 대인적 법률관계로서, 법정채권관계로 설명할 수 있을 것이다.215) 이처럼 공유물의 지분권자 지위 보유를 전제로 법률 규정에 따라 각각의 공유자에게 구속력 발생시키는 대인적 권리·의무관계는, 그 지위를 승계한 사람에게도 당연히 승계됨이 원칙이라 할 수 있다.216)

나. 공유관계에 대한 일방적 해소권으로서의 공유물분할청구권

비교·연혁적 검토를 통해, 공유관계의 항시적 해소가능 원리가, 비록 규정 내용에는 다소간 차이가 있더라도, 시대나 국가를 초월하여 일관되게 적용되고 있음을 확인할 수 있었다. 그중 프랑스 민법이 그 제정 당시의 개인주의적 사고방식에 영향받은 공유관계에 대한 부정적 가치평가에 기반하여 공유 '관

---

215) 채권관계의 의미에 관해서는 우선 지원림(주 1), 916면 참조. 지분적 공동관계를 그곳 민법 '채권관계의 법' 편에 규정한 독일에서의 이해 및 그곳에서의 견해 대립에 관해서는 앞의 주 131) 참조. 또한, 물권적 지위에서 일정한 급부의무 부담의 기초가 되는 '채무적' 법률관계를 물적 채무로 설명하는 스위스 연방법원 판례는 앞의 주 171) 참조. 한편, 공유관계의 배후에 지분적 조합이 존재한다고 이해하는 견해로는 김증한·김학동(주 1), 304면 참조. 반면, 공유관계를 물권관계로 이해하는 견해로는 이동진(주 213), 31-32면 참조.

216) 공유물의 점유, 이용, 관리, 보존 등에 관한 결정이 법률 규정에 의한 것이든, 상호 간의 특약에 기한 것이든 모두 지분의 양수인에게 승계된다는 견해로는 곽윤직·김재형(주 1), 286면; 민법주해(주 1), 566면(민일영) 등 참조. 같은 취지의 독일 민법 제746조에 관하여 본문과 같은 논리로 그 법리적 체계를 설명하는 문헌으로는 MüKoBGB/Schmidt(주 131), §746 Rn. 1; Staudinger/Jan Eickelberg(주 51), §746 Rn. 8 참조. 물론, 공유자들 사이의 별도 특약이 있다면, 이는 계약상 지위의 승계, 즉 계약인수의 문제가 될 것이다. 곽윤직·김재형(주 1), 287면 참조. 한편, 과반수지분권의 승계인은 별도의 특약이 없는 한 승계 후에 민법 제265조 본문에 따라 기존과 다른 관리방법을 정할 수도 있을 것이다. 이에 관해서는, 공유자 간의 공유물의 사용수익·관리에 관한 특약은 공유자의 특정승계인에 대하여도 당연히 승계된다고 할 것이나, 민법 제265조는 "공유물의 관리에 관한 사항은 공유자의 지분의 과반수로써 결정한다."라고 규정하고 있으므로, 위와 같은 특약 후에 공유자에 변경이 있고 특약을 변경할 만한 사정이 있는 경우에는 공유자 지분의 과반수의 결정으로 기존 특약을 변경할 수 있다는 취지의 대법원 2005. 5. 12. 선고 2005다1827 판결 등과 주석 민법(주 1), 44-45면(최준규) 참조. 이는 공유물의 점유, 이용, 관리, 보존 등에 관한 특약으로 공유자 지분권의 본질적·핵심적 내용까지 침해할 수 없음을 의미하기도 한다. 이와 관련하여, 대법원은 "공유물의 관리에 관한 사항은 공유자의 지분의 과반수로써 결정하고, 공유자 간의 공유물에 대한 사용수익·관리에 관한 특약은 공유자의 특정승계인에 대하여도 당연히 승계된다고 할 것이나, 공유물에 관한 특약이 지분권자로서의 사용수익권을 사실상 포기하는 등으로 공유지분권의 본질적 부분을 침해한다고 볼 수 있는 경우에는 특정승계인이 그러한 사실을 알고도 공유지분권을 취득하였다는 등의 특별한 사정이 없는 한 특정승계인에게 당연히 승계되는 것으로 볼 수는 없다."고 판시한 바 있다. 대법원 2009. 12. 10. 선고 2009다54294 판결 등 참조. 다만, 이 판결 취지에 대한 비판으로는 이동진(주 213), 34면 이하 참조.

계의 해소'보다는, 그 대상물인 '공유물의 현물적 분할'에 중점을 둔 규율을 규정화하였지만, 이는 (그 당시의 관념에 따라) 임시적·이례적 상황의 불분할물을 언제라도 분할하여야 한다는 신조에서 나온 것이었다.[217] 이로부터 영향받은 일본 민법 규정의 문언과 체계[218]를 참조한 우리 민법 규정도 명시적으로 '공유관계의 해소'에 관한 언급 없이, 다만 공유물에 대한 분할청구권 규정만을 두고 있지만, 우리는, 이러한 규정 내용으로부터 '공유물분할의 자유' 원리뿐 아니라,[219] 공유자 일방의 분할청구라는 의사표시로써 공유관계가 폐지[220] 또는 해소[221]되어, 공유물분할이 공유관계의 소멸원인이 된다는 법리를 도출해왔다.[222] 공유관계의 항시적 해소가능 원리는 우리의 기존 규율에도 관철된 것이었다.

그러나 종래의 개인주의적 사고방식에 기반한 불분할물에 대한 부정적 또는 "임시적", "예외적", "이례적"이라는 가치평가나 공유자들 사이의 관계가 아닌 분할되지 않은 물건을 현물로 분리하여 나누는 데에 주안점을 두는 사고가 현재의 우리 사회에도 그대로 통용될 수 있을지는 의문이다.[223] 위와 같은 가치평가나 사고가 공유물의 분할자유 또는 항시적 해소가능 원리의 연혁적 발전과정을 설명하는 데에서, 더 나아가 그 정당화를 위한 충분한 논거로 기능하기는 어렵다고 본다. 현대 사회에서의 공유관계는 엄연히 다수·다종의 형태로 실재하고, 그 나름의 사회적 가치를 가지고 있음을 부인하기 어렵다.[224] 장기간 지속되는 경우도 적지 않다. 다른 관점에서의 접근이 필요하다.

민법은, 다수인이 공동사업의 경영을 위하여 결합한 조합관계에 관하여 "부득이한 사유가 있는 때"에는 각 조합원에게 해산청구권을 부여하고 있다(제

217) 앞의 III. 2. 부분 참조.

218) 앞의 II. 및 III.의 2. 부분 참조. 특히, 일본 민법 제정 당시에 분할청구권 자체의 당부에 관한 소송의 의의 내지 기능이 과소평가된 경향이 있다는 취지의 大江毅(주 21), 474면 이하도 참조.

219) 앞의 주 1)의 문헌 참조.

220) 대법원 1991. 11. 12. 선고 91다27228 판결; 대법원 2010. 2. 25. 선고 2009다79811 판결 등 참조.

221) 대법원 1979. 3. 8.자 79마5 결정; 대법원 2000. 1. 28. 선고 98다17183 판결; 대법원 2020. 5. 21. 선고 2018다879 전원합의체 판결 등 참조.

222) 곽윤직·김재형(주 1), 292면(공유물의 분할을 공유관계 소멸원인으로 제시); 지원림(주 1), 665면; 주석민법(상)(주 1), 438면(이영준); 민법주해(주 1), 597면(민일영) 등 참조.

223) 앞의 (1) 부분 참조.

224) 과거의 문헌이지만, 소유관계의 단수주의가 인정되어야 하지만, 공유는 근대사회에서도 존재가치가 있는 것이라는 평가로는 김기선(주 1), 151면 참조. 그 밖에 앞의 주 133)의 문헌도 참조.

720조). 그 밖에 계속성을 갖는 전형계약 관계에 관한 규율마다 (비록 요건상 차이를 두고 있기는 하지만) 계약당사자의 일방적 해지권을 부여하고 있기도 하다.[225] 이러한 규율 내용에 비추어 볼 때, 어떠한 대인적 법률관계가 계속될 때, 해당 법률관계에 구속되는 당사자에게 (비록 해당 법률관계의 내용과 성질에 따라 그 요건이나 제한사유에 차등을 둘 수는 있지만, 그러한 요건을 갖추고 다른 제한사유가 없다면) 일방적 의사표시로써 그 법률관계의 지속적 속박에서 벗어나, 이를 해소할 수 있는 권리를 부여함은 사법(私法)상 계속적 · 대인적 법률관계에 관통하는 일반적 · 보편적 사고라 할 수 있다.[226] 더구나 공유자들은, 당사자들 사이의 공동사업 경영 목적이나 그 밖의 특별한 사업목적 없이 결합되어 있고, (당사자들 사이의 다른 약정이 없는 한) 그러한 결합관계 내에서 지분권 보유를 이유로 민법이 정한 법정 권리 · 의무관계에 얽매인다. 앞서 든, 다른 계속적 법률관계보다 그 구속의 지속성을 강제하기 더욱 어려운 관계다. 따라서 공유관계에 있는 각 지분권자에게, 그가 원한다면 언제든지 위와 같은 대인적 관계(구속)에서 벗어날 수 있는 권능을 부여함이 다른 계속적 · 대인적 법률관계보다 더 긴요하다.[227] 물론, 공유자가 자신의 지분권을 타인에게 처분하는 방법으로 위와 같은 법적 구속에서 벗어날 수 있기는 하다 (민법 제263조 전단). 그러나 지분권의 처분으로는 공유물이나 그 가치에 대한 기존의 물적 관계를 유지할 수 없다. 이러한 관계를 유지하면서도, 다른 (전부 또는 일부의) 공유자와의 대인적 법률관계를 정리(청산)하여 그 구속에서 벗어난 상태의 독립된 실체적 · 현실적 재산권의 형성 여지도 부여할 필요가 있다. 이로써 각 공유자의 일반적 행동 자유와 재산권 행사를 더욱 실질적으로 보장할 수 있다.

공유관계의 항시적 해소원리에 관한 정당화 논거를 위와 같이 제시할 때, 공유자의 일방적 의사표시에 의한 해소권은, 마치 통상의 쌍방당사자 간 계속

---

225) 임대차에 관한 제635조, 제636조, 고용에 관한 제660조, 제661조, 여행계약에 관한 제674조의4, 위임에 관한 제689조, 임치에 관한 제698조, 제699조 등 참조.

226) MüKoBGB/Schmidt(주 131), §749 Rn. 4 참조.

227) 본문에서 본 바와 같이, 각 계속적 법률관계의 성질에 따라 일방적 해소권 행사를 위한 요건이나 제한사유가 각기 달리 설정될 수 있다. 공유관계에서의 해소권 행사 제한사유에 관해서는 뒤의 (3) ㈎ 부분에서 살피기로 한다.

적 계약관계에서 인정되는 해지권처럼, 해당 해소의 의사표시로써 공유관계 소멸을 위한 청산절차 국면으로 법률관계가 전환(변경)되는 형성권의 성질을 가진다고 봄이 민법 체계에 부합한다. 이처럼 계속되는 대인적 법률관계를 해소하는 것은, 해소 의사표시와 그에 따른 청산절차의 구조[228)]를 갖곤 하는데, 민법은 공유관계 해소를 위한 청산절차로 공유물분할 절차를 정해두고 있다(민법 제268조 이하). 다수인이 결합한 관계로서, 조합(민법 제721조 이하)이나 사단법인(민법 제81조 이하[229)])의 해소(해산)에 관하여 별도의 청산에 관한 규정을 마련해두고 있지만, 공동사업의 경영 목적이나 그 밖의 특별한 사업 목적이 없는 공유관계에서는, 청산인을 두고 현존사무의 종결이나 채권의 추심 및 채무의 변제, 잔여재산의 인도 등의 사무를 진행(민법 제87조, 제724조)할 필요 없이, 공유관계 대상물의 분할 절차만으로 그 해소를 위한 청산절차가 이루어질 수 있고, 그 절차가 마무리됨으로써 공유관계를 종료시킬 수 있도록 정한 것이다. 이처럼 공유물분할만으로 공유관계를 해소하도록 하는 절차 구성은 비교·연혁적 검토에서도 일관하여 확인되는 규율이기도 하다. 따라서 민법 제268조 제1항 본문에서 정한 공유자의 분할청구권은 공유관계의 해소를 위한 유일한 법정 절차인 공유물분할 절차의 개시와 그 절차 과정에서 다른 공유자가 부담하는 협력·수인의무를 발생시키는 형성권이고, 일정 기간 계속되는 대인적 법률관계에 관한 일방적 해소가능 원리가 공유관계에서 구체적으로 구현된 규범적 수단이라 말할 수 있다.

그런데 이러한 규범적 수단을, 공유자 일방의 다른 공유자들에 대한 청산절차 협력·수인의 이행청구권과 그에 대응하는 상대방 공유자의 청산절차 협력·수인의무로 구성해볼 여지도 있다. 민법 제268조 제1항 본문의 문구인 "청구"가 통상의 청구권을 가리킨다는 전제를 세워, 여기에 주안점을 두면, 당사자에 의한 별도의 법률관계 국면 전환용의 형성적 행위 없이도, 각 공유자는 언제든지 다른 공유자들에 대한 해소절차 협력 등의 이행청구권을 가지고, 상대방

228) 단순화하여 쌍방적 계약관계를 예로 들어보면, 그러한 계속적 계약관계에 관한 일방의 해지권 행사와 그에 따른 청산관계의 구조로 이루어진다. 우선, 지원림(주 1), 1441면 참조.

229) 이 조항은 당연히 재단법인에서도 적용되지만, 본문에서는 인적으로 결합한 관계의 청산절차에 관한 논의로만 한정하여, 위 조항을 제시한다.

공유자는 그러한 청구권을 이행할 의무가 있다는 구성을 상정해볼 수도 있을 것이다.[230] 그러나 민법상 청구권은 특정인이 특정인에 대하여 일정한 행위(작위 또는 부작위)를 청구할 수 있는 권리를 일컫는다.[231] 우리 민법의 공유관계 해소절차, 즉 분할 절차에 관한 민법 제269조 제1항 규정은, "분할의 방법에 관하여 협의가 성립되지 아니한 때에는" 분할을 청구한 공유자가 원하는 일정한 분할방식에 관한 의사표시에 대한 승낙의무 내지 그러한 절차 관철에 대한 수인의무를 부과하지 않고, 법원에 그 분할을 청구하도록 정한다. 뒤에서 다시 검토하겠지만,[232] 일단 현재의 통설·판례의 입장에 따르면, 위와 같은 재판상 분할청구는 분할을 원하는 공유자가 지목하는(청구취지로 특정한) 방법의 이행을 구하는 것이 아니라, 법원의 재량에 따른 구체적 분할방법의 형성을 구하는 소로 취급한다.[233] 이러한 청산(분할) 절차에 관한 규율에 따르면, 공유물 분할을 원하는 공유자가 '일정한' 행위를 청구할 권리를 가진다고는 볼 수 없게 된다. 우리의 민법이나 민사소송법 등 절차법은, 법원의 재량 개입 여지를 의도적으로 차단하려는 입법취지에 터 잡아, 각 공유자가 원하는 분할방법이 그 요건을 충족하면 재판상 이행(급부)의 소와 의사표시를 명하는 판결 확정에 기한 의사표시 의제 등과 같은 민사집행 절차 규율로써 관철되도록 하는 독일 민사법의 규율 체계[234]와는 분명한 거리 차를 두고 있다. 나아가 우리 민법에서 "청구권"이라는 용어로 규정되어 있음에도 형성권의 성질을 갖는 것으로 이해되는 경우[235]도 드물지 않다.

위와 같은 우리 민법 등의 규율 내용 및 체계와 용어사용례에 비추어 보면, 민법 제268조 제1항에서 정한 "공유물의 분할을 청구할 수 있다"라는 문언으

230) 따라서 종래부터 분할청구권의 법적 성질을 청구권으로 보든, 형성권으로 보든 결과에서는 차이가 없다는 지적도 제기된 바 있다. 가령, 주석민법(상), 438면(이영준) 참조.
231) 우선 지원림(주 1), 38면 참조.
232) 뒤의 2. (1) 부분 참조.
233) 앞의 주 10), 11)의 문헌 및 판례 참조.
234) 앞의 III.의 4. (2) 부분 참조.
235) 가령, 토지임차인의 지상물매수청구권(민법 제643조, 제283조)에 관해서는 대법원 1995. 7. 11. 선고 94다34265 전원합의체 판결 참조. 그 밖에 지료이나 전세금 또는 차임 증감청구권(민법 제286조, 제312조의2, 제628조)도 학설상으로는 대체로 형성권으로 이해한다. 지원림(주 1), 708, 732, 1534면 참조. 그 밖에 부속물매수청구권(민법 제316조, 제646조, 제647조), 매매대금감액청구권(민법 제572조, 제578조 제2항) 등도 형성권으로서의 성질을 가지는 것으로 보기도 한다. 지원림(주 1), 1467, 1529면 등 참조.

로 표현된 공유물분할청구권은, 어느 공유자의 다른 공유자에 대한 일정한 분할관련 작위 또는 부작위를 청구할 수 있는 권리가 아니라, 그러한 공유자 일방의 의사표시로써 공유관계 해소를 위한 청산절차, 즉 공유물분할 절차의 법률관계가 형성되도록 하는 형성권의 성질을 가진다고 봄이 타당하다.[236] 이러한 형성권이 행사되면, 공유물분할을 청구한 공유자와 나머지 공유자는 분할협의나 재판상 청구에 따른 분할 절차에 협력하고, 거기서 구체적으로 정해진 분할방법 및 절차에도 협력 및 수인할 의무를 부담하게 된다.

다. 공유물분할청구의 제한과 공유관계해소 여부에 관한 별도 '확인의 이익' 존부

(가) 분할청구의 제한사유

민법은, 공유자들의 분할금지약정이나 유언 또는 민법 제215조(건물의 구분소유), 제239조(경계표 등의 공유추정)에서 정한 공유물에 대한 제한 등 법률에 의한 제한이 있을 때(민법 제268조 제1항 단서, 제3항)를 제외하고는, 계속적 법률관계인 공유관계 해소를 위한 공유물분할청구권 행사에 아무런 제약을 두고 있지 않다. 일본 민법과 달리 "언제라도"라는 문언이 명시되어 있지는 않으나,[237] 앞서 본 공유관계의 항시적 해소가능 원리와 그 정당화 논거를 감안하면, 공유관계 해소권 행사의 '항시성' 원리를 배제하려는 취지에서 그와 같이 규정하였다고는 보기 어렵다. 기존의 해석도 같다고 볼 수 있다.[238]

다만 민법이 명시하여 정한 위 제한사유 외에 항시적 해소가능 원리를, 법해석으로든 법적용으로든, 제한할만한 다른 사유가 없는지는 좀 더 살펴볼 필

---

236) 앞의 주 4)~6)의 판례 및 문헌 참조. 그 밖에 공유물분할청구를 '지분의 청산'으로 설명하는 문헌으로 양창수・권영준(주 1), 335면 참조.
분할청구권을 형성권으로 이해한다면, 이러한 권리가 소멸시효에 걸린다고 볼 수 없을 것이다. 대법원 1981. 3. 24. 선고 80다1888, 1889 판결은 "공유물분할청구권은 공유관계에서 수반되는 형성권이므로 공유관계가 존속하는 한 그 분할청구권만이 독립하여 시효소멸될 수 없다."고 판시한 바 있다. 유사한 취지의 설명으로는 민법주해(주 1), 585면(민일영) 등 참조. 물론, 공유물분할청구권이 계속적 법률관계를 해소할 수 있도록 공유자에게 보장한 형성권이므로 공유관계가 지속되는 한 제척기간에도 걸린다고 볼 수 없다.

237) 앞의 주 20) 및 해당 본문 부분 참조.

238) 앞의 주 1) 참조.

요가 있다. 앞서 본 바와 같이, 계속적·대인적 법률관계의 당사자가 일방적으로 그 법률관계의 구속에서 벗어날 수 있는 해소권 부여는 민법 체계에 관통하는 일반적·보편적 사고라 할 수 있지만,[239] 각 법률관계의 내용과 성질에 따라 그 해소권의 행사 요건이나 제한사유는 달리 규율될 수 있기 때문이다.[240] 앞서 본 비교·연혁적 검토결과에 따르면, 다른 공유자에게 불리한 때[241] 또는 불리한 시기[242]에도 공유관계의 일방적 해소권 행사를 제한하거나 공유물의 계속적 용도에 따라 해소권을 배제[243]하는 입법례가 있기도 하다.

생각해보면, 공유관계에 있는 공유자들이 (현물분할이든, 대금분할이든, 다른 방법이든) 공유물분할과는 양립하기 어려운 용도로 일정 기간 계속하여 관리하기로 하는 전원의 합의 또는 다수결(민법 제265조 본문)이 있었음에도, 사후 변심하거나 다수결에 반대한 소수지분권자 또는 새로이 공유관계에 들어선 지분양수인 등이 공유물분할을 청구하여 다른 공유자에게 불이익이 발생하거나 공유물의 사회경제적 가치가 크게 저하될 수밖에 없는 상황은 우리의 법실무에서도 종종 마주칠 것으로 짐작한다.[244] 민법이, 공유관계보다 인적 결합정도가 강한 공동사업 경영 목적의 조합에 관하여, 각 조합원의 해산청구를 위해 "부득이한 사유"를 요하고(제720조), 그보다 더 강하게 결합한 사단법인 사원의 의사에 기한 해산을 위해서는, 정관에 정한 바가 없다면, 총사원 3/4 이상의 동의를 요하는 규율(제78조)을 두고 있음을 고려하면, 공유관계에서는 위와 같은 구성원 의사에 기한 해소가능 요건을 더 완화하는 규율을 두는 정도(가령, 언제든지 해소권을 행사할 수 있으나, 불리한 시기 또는 다른 공유자에게 불이익을 주는 때에는 그 행사를 일시적으로 제한하는 규율)로도 충분히

239) 앞의 주 226) 및 해당 본문 부분 참조.

240) 가령, 민법상 위임에 관해서는 상호해지의 자유 원리가 규율(민법 제689조)되는 데 반해, 고용에 관해서는 "부득이한 사유"가 있어야 해지가 가능하고, 그 사유가 당사자 일방의 과실로 생긴 때에는 상대방에게 손해를 배상하여야 한다(민법 제661조). 임치에 관해서는 기간의 약정이 있는 때에는 부득이한 사유 없이 수치인이 계약을 해지할 수 없지만, 임치인은 언제든지 계약을 해지할 수 있고(민법 제698조), 기간의 정함이 없다면 쌍방 언제든지 계약을 해지할 수 있다(민법 제699조).

241) 오스트리아 입법례에 관한 앞의 III.의 3. 부분 및 프랑스의 최근 입법례에 관한 앞의 주 79) 참조.

242) 스위스 입법례에 관한 앞의 III.의 5. 부분 및 프랑스의 최근 입법례에 관한 앞의 주 79) 참조.

243) 앞의 III.의 5. 부분 참조.

244) 유사한 문제사례의 상정이나 비교·연혁적 검토에서의 유사 문제사례로는 앞의 주 8)이 위치한 해당 본문 부분과 앞의 주 78), 173)이 위치한 해당 본문 부분 및 주 164)의 일부와 주 165)에서 제시한 사례 등 참조.

체계적 타당성은 확보할 수 있다고 본다.

그러나 민법은 앞서 본 몇몇 다른 입법례와 달리, 공유관계 해소를 위한 공유물분할청구권의 행사 요건을 부가하거나 위와 같은 제한사유를 규정하지 않았다. 시기의 불리성 등과 같은 제한사유가 불확정적이고, 남용의 우려가 있다는 점이나 공유자들이 미리 분할금지특약을 하거나 아니면 조합계약을 체결함으로써 일방적 해소권 행사를 제한하는 사전예방조치를 취할 수 있다는 점을 이유로 별다른 추가의 제한사유 없이 항시적 해소가능 원리 규율을 둔 입법례245)도 있다. 우리 민법이 그러한 입법례로부터 전혀 영향을 받지 않았다고 보기도 어렵다.246) 이러한 사정을 감안할 때, 마찬가지로 아무런 추가 제한사유를 명시해두지 않은 우리 민법을 해석할 때도 함부로 공유관계의 항시적 해소원리 제한사유를 추가하거나 확장할 수는 없다고 보아야 할 것이다. 제시된 바와 같이, 공유자들은 분할금지특약을 맺어 불리한 시기의 또는 다른 공유자에게 불이익한 해소권 행사를 미리 제한해둘 수 있고, 관리행위로 정해진 공유물의 용도가 공동사업 경영을 위한 것으로 정해졌다면 조합계약을 체결할 수 있다. 다만, 이러한 사전조치로 막을 수 없었고, 그럼에도 다른 공유자들의 이익과 공유물의 사회경제적 용도에 대한 존중과 배려 없는 일방적 해소권, 즉 공유물분할청구권을 행사한다면, 이에 대해서는 신의성실의 원칙이나 권리남용 규율(민법 제2조) 적용이 검토될 수 있다고 본다.247)

(나) 공유관계 해소 또는 해소권 존재에 관한 별도 '확인의 이익' 존부

앞서 본 바와 같이,248) 공유물분할을 청구할 수 있는 권리는 다른 공유자에

---

245) 독일 민법이 그러하다. 이러한 입법이유에 관해서는 Mugdan(주 56), S. 1207 f. 및 Staudinger/Jan Eickelberg (주 51), §749 Rn. 45 참조.

246) Mugdan(주 56), S. 1207은, 로마에서 위와 같은 추가의 제한사유를 거부하였음도 본문 기재와 같은 독일 민법의 입법취지 논의에 관한 논거로 제시한다. 이러한 로마법의 규율취지가 가장 강하게 반영된 19세기 초반의 프랑스 민법과 그 밖에 독일 민법 제정과정 중의 논의가 일본 민법에 미친 영향에 관해서는 앞의 II. 부분 참조.
한편, 일본 민법 제정 무렵에 공유물분할금지 약정에 분할기간(시기)에 관한 제한약정 외의 다른 방법(가령, 과반수의 동의를 얻어야 분할하도록 하는 방법)으로 분할을 제한하는 약정에 관한 언급으로는 松波仁一郎,・仁保龜松・仁井田益太郎, 帝國民法[明治29年]正解(第4卷. 物權), 日本立法資料全集 別卷; 98, 信山社(1997), 671면 참조.

247) Esser/Schmidt(주 131), S. 338 및 앞의 주 134)의 문헌 참조.

248) 앞의 (2) 부분 참조.

게 일정한 행위를 청구할 수 있는 청구권으로 보기 어렵다. 민법 제269조에서 정한 재판상 분할을 위한 소송을 제기하는 것 외에, 공유물분할청구권을 주장 또는 행사하는 사람이 다른 공유자를 상대로 공유관계 해소 자체를 위한 구체적 의무의 이행이나 해소에 따른 (아직 특정되지 않은 작위 또는 부작위에 관한) 구체적 협력의무 또는 수인의무의 이행을 소구할 수도 없다.

하지만 공유물분할청구권이 분할금지약정이나 법률 규정 등에 의해 제한될 수 있고, 예외적으로 그 행사가 신의칙에 반하거나 남용이라는 이유로 제한될 여지가 없지 않음도 바로 위에서 살펴본 바 있다.[249] 그렇다면, 공유자들 사이에 분할금지약정 등 제한사유 해당 여부나 신의칙 등 적용 가부가 다투어지는 사안에서는 분할협의나 재판상 분할 절차로 나아가기 전에 공유자 일방에게 해소권이 존재하는지, 그러한 해소권 행사로 현재 시점에서 공유관계가 해소된 것인지를 소로써 확인받을 이익이 있는지 검토해볼 필요가 있다.

비교·연혁적 검토 결과에 따르면, 공유관계의 해소권(공유물분할청구권) 자체 또는 그러한 해소권을 행사할 수 있는 법적 지위의 확인을 구하는 별도의 소 제기 가능성을 긍정하는 법질서가 있기도 하다.[250] 재판상 분할 절차에서 법원이 먼저 해당 공유물의 분할을 명하는 판결을 한 다음, 같은 재판절차 내에서 부수하여[251] 또는 별도의 집행절차[252]에서 별도로 구체적 분할방법을 형성하는 절차를 진행하는 법질서도 있다. 만일, 재판상 분할방법으로 선택 가능한 방안의 범위가 협의상 분할방법으로 선택 가능한 방안의 범위보다 현저히 좁다면, 재판상 분할청구를 하기 전에, 재판으로는 형성하기 어려운, 특별한 분할방법을 지향하는 공유물분할 협의를 꾀할 필요가 있고, 그러기 위해 먼저 공유물분할청구권이나 그 행사로 인한 공유관계의 해소 또는 협력의무의 존재를 재판으로써 확인할 이익을 긍정해볼 수도 있을 것이다.[253]

---

249) 앞의 1) 부분 참조.

250) 스위스에 관한 앞의 III.의 5. 부분 참조. 또한, 오스트리아에 관한 앞의 III.의 5. 부분[특히 앞의 주 107) 부분]도 참조.

251) 프랑스(분할판결을 하면서 공증인 등 지정)에 관한 앞의 III.의 2. 부분 참조.

252) 오스트리아(본안절차와 집행절차를 구분)에 관한 앞의 III.의 3. 부분 참조.

253) 스위스는 협의에 의한 분할을 기본으로 삼고, 법원이 보충적으로만 개입하는 체계로 공유물분할 절차 규율을 마련하여, 재판상 분할이 청구되면 법원은 그곳 민법 제651조 제2항에서 정한 현물분할의 방법이나 경매(공경매 또는 공유자들 사이의 경매) 방법의 하나를 택하여야 한다. 여기서 선택된 분할방법을 기초

그렇다면, 우리 민법이 정한 공유물분할 절차는 어떠한가? 분할청구 이후의 분할 절차 과정을 본다. 민법은 각 공유자가 공유물분할을 청구하면(제268조), 우선 공유자들 사이에 분할방법에 관하여 협의를 하되, 그러한 협의가 성립되지 아니한 때에는 공유자가 법원에 그 분할을 청구(제269조 제1항)하여 재판상 분할 절차가 진행되는 구조로 규율한다. 여기서 '협의가 성립되지 아니한 때'란 실제로 협의가 진행되었지만 합의에 이르지 못한 경우뿐 아니라 처음부터 협의가 불가능한 경우도 포함하는 넓은 개념으로 풀이함이 지배적이다.[254] 법률 문언의 의미 범주나 분할 절차의 체계 및 절차신속성 확보의 취지까지 아울러 보면, 가능하고, 타당한 해석이라고 본다. 이에 따르면, 공유물분할청구권의 존부나 그 제한 가부에 다툼이 있는 사안에서도, 각 공유자는, 재판상 분할청구 외의 별도 확인소송을 제기할 필요 없이, 곧바로 재판상 분할청구를 제기할 수 있다. 이러한 재판상 청구가 제기될 경우, 법원은 분할청구권(해소권)의 존재 또는 그 행사로 인한 공유관계 해소의 법률관계가 확인되면 재판상 분할방법을 정해 공유물분할판결을 하고, 분할청구권이 존재하지 않거나 분할금지약정 등으로 분할청구권 행사가 제한되는 때에는 소각하 또는 청구기각 판결을 할 수 있다.[255] 따라서 위와 같은 청구권이나 법률관계의 존재 확인을 구할 별도의 이익은 인정하기 곤란하다(확인의 소의 보충성).

로 세세한 분할방식의 형성은 법원의 형성적 재량에 맡긴다. 앞의 III.의 5. 부분 참조.

254) 앞의 주 9) 참조. 한편, 같은 취지를 정한 일본 민법 제258조 제1항은 우리 민법 제269조 제1항의 "분할의 방법에 관하여 협의가 성립되지 아니한 때"가 아니라 "공유물의 분할에 관하여 협의가 성립되지 아니한 때"라고만 규정하여, 공유물분할청구권의 존재 또는 공유관계 해소 여부에 다툼이 있는 때에도 재판상 분할청구가 가능하다는 문언 해석이 가능하다. 그러나 일본 민법 제정 당시의 기초자는 그러한 사고에 기초하지 않았다고 한다. 이에 관해서는 大江毅(주 21), 472면 이하 참조. 그 밖에 일본 민법 시행 직후, 위 조항이 분할의 방법에 관한 협의가 성립되지 않은 때를 의미한다는 전제에서 설명하는 문헌으로는 末弘嚴太郎(주 36), 436면 참조. 우리 민법도 일본 민법 및 그에 관한 해석론과 다른 취지를 갖고 위와 같이 다른 문구를 규정한 것으로는 보기 어렵다. 민법안심의록(주 20), 167면 참조. 그러나 아래 본문 부분 서술과 같이, 결과적으로는 "분할에 관하여" 협의가 성립하지 않아도 재판상 분할청구가 가능하도록 해석되고 있다.

255) 기존의 법원 실무에서는, 공유물분할 소송이 당사자적격이 갖추어지지 않았거나 이미 분할협의가 성립되어 있다면 부적법 소각하판결을 하고, 분할금지약정이 인정되거나 구분소유적 공유관계가 인정되는 등의 경우에는 청구기각판결을 할 것으로 본다. 이에 관해서는 남성민(주 14), 96, 101, 103-104면 참조. 한편, 형식적 형성소송에서 소송요건이 결여되면 소각하판결을 하고, 그렇지 않는 한 실체판결로서는 청구기각이라는 것은 할 수 없다고 해석되지만, 공유물분할청구소송에서는 권리남용으로 인한 청구기각판결이 가능하다는 취지의 설명으로는, 奈良次郎, "「形式的形成訴訟」の特色についての考察", 判例タイムズ(No. 908), 判例タイムズ社(1996), 12-13면 참조.

어느 공유자의 공유물분할청구 전에 공유자들 사이에 분할방법에 관한 협의가 성립되었고, 이후 공유물분할청구가 있었으나 그 제한사유(가령, 분할금지 약정의 기간이나 내용)에 관한 다툼이 있는 경우도 같은 맥락에서 보아야 할 것이다. 즉, 이때도 공유물분할을 원하는 공유자는 곧바로 분할방법에 관한 약정(협의)을 관철하기 위한 이행소송이나 그 약정에 따른 법적 지위의 확인을 구함이 그의 법률상 지위에 관한 불안제거에 보다 유효·적절한 수단이 될 것이다.

한편, 뒤에서 살피는 바와 같이,[256] 우리의 현행 민법 규율이나 이에 관한 해석상 공유물분할의 재판절차는 분할을 명하는 절차와 그 이후의 구체적 분할방법 형성절차로 구분되어 있지 않음이 원칙이다. 하나의 심판기관(법원)이 하나의 사건에 대해 하나의 소송절차를 진행할 뿐이므로, 굳이 별도 단계의 절차(가령, 분할을 명하는 판결 절차와 이후의 구체적 분할방법 형성절차)로 구분하여, 앞 단계에 관한 중도반단(中途半斷)적 확인을 할 실익을 인정하기 어렵다. 설령 단일한 절차 중에 위와 같이 절차 구분을 할 모종의 필요성이 인정되더라도, 민사소송법이 정한 중간판결 제도를 활용하면 충분하다.[257]

나아가, 사실심법원의 분할방법 형성에 관한 재량을 인정하므로, 민법상 재판상 분할방법에 어떠한 제약이 있다거나, 재판상 분할방법의 선택 범위가 협의로 정할 수 있는 분할방법의 선택 범위보다 뚜렷하게 좁다고 볼 수도 없다.[258] 공유물분할소송이 계속 중인 때에도 공유자들 사이의 분할협의가 금지되지 않는다. 따라서 공유자가 재판상 분할청구를 제기하기 전에 자기의 공유물분할청구권 행사 가부나 그 행사에 따른 법률관계의 존부를 공적으로 확인받아 다른 공유자와 분할협의를 진행해야 할 법률상 이익을 긍정할만한 사안을 상정하는 것도 쉬운 일이 아니다.

---

256) 뒤의 2. (1) 부분 참조.

257) 법원의 재판실무상 별로 이용되지는 않지만, 법원의 재량에 따라 민사소송법 제201조의 중간판결이 활용될 수 있다. 편집대표 민일영, 주석 민사소송법(III), 제8판, 한국사법행정학회(2018), 171면(김현석) 참조.

258) 뒤의 2. (1) 부분 참조.

2. 사실심법원의 재판상 분할방법에 관한 형성적 재량

가. 사실심법원의 형성적 재량 보유 여부

공유물분할소송을 형식적 형성의 소로 보면서, 사실심법원에 공유물의 재판상 분할방법에 관한 형성적 재량을 부여함이 현재의 통설과 판례 입장이다.[259) 그러나 이에 관한 민법 규정의 내용과 체계는 모호하다.

민법은 재판상 분할방법으로 현물분할과 경매를 통한 대금분할의 방법만 정하고 있을 뿐(제269조 제2항), 사실심법원이 부분적이든, 전면적이든 가액보상에 의한 분할방법이나 그 밖의 분할방법을 선택할 수 있음을 명시해두고 있지 않다. 어느 정도라도 재판상 분할방법 형성에 관한 재량을 허용하는 서구의 법제 중에는, 현물분할과 대금분할 외에 가액보상에 의한 분할방법을 명문으로 제시하고 있는 경우[260)도 있는데, 이러한 입법례와 다르다.

또한 우리 법제에는, 사실심법원의 다양한 분할방법 선택가능성을 전제로 한 별도의 절차규정이 마련되어 있지도 않다.[261) 사실심법원이 개별적·구체적 사안에 적합·타당한 분할방법을 모색하고 선택하기 위해서는, 대상 공유물의 현황(위치, 크기, 이용상황, 환경 등)[262)이나 공유관계의 발생원인, 공유지분의 비율, 공유물 전체의 경제적 가치와 분할된 부분의 각 가치 및 그 합계 등[263)에 관한 사실관계뿐만 아니라 분할방법에 관한 공유자의 희망[264)도 고려하여야 하고, 당사자들의 분할안과 그러한 분할안의 적합성·타당성에 관한 근거 제시 및 각 분할안이나 그 밖의 다른 대안적 분할방안에 대한 당사자들

---

259) 앞의 주 10), 11) 참조.

260) 프랑스에 관한 앞의 III.의 2. 부분(나아가 프랑스는 분할조성된 토지의 분배에 관해서도 추첨 방식이 활용되도록 규정하고 있다), 스위스에 관한 앞의 III.의 5 부분 각각 참조. 반면, 오스트리아는 명문의 규정이 없으나 부분적 가액보상은 가능하다고 본다. 앞의 III.의 3. 부분 참조.

261) 민사집행법 제140조가 공유자의 우선매수권을 정하고 있으나, 이는 경매절차 내에서의 공유자 권리를 규율한 것일 뿐, 분할방법 형성을 위한 절차 규정에는 해당한다고 볼 수 없다. 공유자의 우선매수권에 관해서는 우선, 법원실무제요[민사집행 II], 법원행정처(2020), 313면 이하 참조.

262) 대법원 1969. 12. 29. 선고 68다2425 판결 등 참조. 이러한 현황 파악을 위해서는 검증 및 (측량, 시가 등의) 감정 절차도 필요한 경우가 많을 것이다. 공유물 현물분할을 위한 측량감정절차의 유의사항에 관해서는 남성민(주 14), 110면 이하 참조.

263) 대법원 2004. 10. 14. 선고 2004다30583 판결 등 참조.

264) 위 2004다30583 판결 등 참조.

의 수용 의사·가부(가액보상이 이루어질 때의 자금지불능력 포함) 또는 우선순위 등도 구체적으로 심리해 볼 필요가 있다.[265] 통상의 민사소송절차에서 예정한 대립당사자 사이의 사실적·법적 주장 공방과 그에 관한 사실관계 확인에서 더 나아가, 분할방법의 모색, 수정, 선택을 위해, 민사소송법에서는 예정하지 아니한, 당사자들 간 공유물분할방법 협의와 유사한 절차[266] 진행이 심리절차 중에 요구됨에도 별다른 특유의 절차 규정을 마련하지는 않은 것이다. 성문법전을 가진 서구의 법질서 중 공유물분할 절차에 관한 법원의 형성적 재량을 인정하려는 취지로 법제를 입안한 곳[267]에서 공증인을 활용한 별도의 분할방법 형성절차를 거치도록 하거나 별도의 민사집행절차에서 그러한 형성절차를 진행할 수 있도록 정비한 것과는, 다른 규율이다. 오히려 위와 같은 규율은, 공유물 분할방법 선택에 관한 사실심법원의 재량 여지를 단절하기 위해 일정한 요건을 충족한 때에 일정한 분할방법만 구할 수 있는 청구권만 부여하고, 통상의 민사집행절차에 따라 그 청구권이 관철될 수 있도록 하면서, 별도의 분할방법 형성을 위한 절차를 마련해두지 않은 독일의 법제[268]와 닮은 측면이 있다. 사실심법원에 일정한 형성적 재량을 부여하면서도 재판상 분할방법의 기본 틀(현물분할 또는 대금분할) 자체는 법률로써 한정해두고자 한 스위스의 법제[269]와도 유사하다. 사실심법원에 부여된 권능의 의미와 행사내용 및 그 범위에 걸맞은 절차규정 없이, 사실심법원의 (당사자들이 예측하기 어려운) 임의적·비송적[270] 절차에 따라 형성해 낸 재판상 분할방법을 그의 '재량'이라

265) 남성민(주 14), 108-109면; 문영화, "공유물분할소송의 소송물", 성균관법학(제28권 제3호), 성균관대학교 법학연구원(2016), 453면 참조. 우리 법제와 유사한 체계의 일본에서도 같은 취지의 심리방식을 설명하는 문헌으로는 坂井智典(주 31), 100-101면 참조.

266) 이는 사실심법원의 지휘로 분할방법에 관한 형성적 재량 행사를 위한 기초자료(분할대상물의 현황 및 당사자의 사정, 희망 파악, 각 당사자가 제안하는 분할안의 심리 등 다양한 분할방법 모색)를 수집하기 위한 절차이지, 당사자들 의사로 소송을 종료시키기 위한 절차가 아니다. 따라서 소송물인 권리관계의 주장을 서로 양보하여 소송을 종료시키기로 하는 소송상 화해와 다르다. 또한, 변론기일에 앞서 변론의 효율적, 집중적 실시를 위해 당사자의 주장과 증거를 정리하여 소송관계를 뚜렷하게 하기 위한 변론준비절차(민사소송법 제279조)와도 일치한다고 보기 어렵다. 변론준비절차 및 소송상 화해절차에 관해서는 우선 이시윤(주 10), 373면 이하, 588면 이하 참조. 현행법 체계 내에서는 공유물분할소송절차의 유연화를 위해 변론준비절차를 적극 활용할 필요가 있음에 대해서는 뒤의 (3) ㈎ 부분 참조.

267) 프랑스 법제에 관해서는 앞의 III.의 2. 부분 참조. 오스트리아 법제에 관해서는 앞의 III. 3. 부분 참조.

268) 앞의 III.의 4. 부분 참조.

269) 앞의 III.의 5. 부분 참조.

270) 여기서는 민사소송법상 소송절차가 아닌 성격의 절차를 의미하는 용어로 사용하였을 뿐, 비송사건절차

는 용어로 포장하여 관철한다면, 그러한 판단의 적절성에 대해서는 언제나 의심을 살 수밖에 없음도 부인하기도 어렵다.[271]

종래 국내[272]에서만이 아니라 공유물분할 절차에 관하여 우리와 같은 규율을 둔 일본[273]에서도, (단순한) 현물분할 및 경매를 통한 대금분할 외에 가액보상에 의한 분할방법을 재판상 분할방법으로 다루지 않는 해석론이 제시되었던 데에는 재판상 분할방법과 그 절차에 관한 규정 내용과 체계에 관한 위와 같은 시각과 입법으로 사실심법원의 재량 여지를 단절한 독일에서의 해석론이 미친 영향 탓도 있다고 생각된다.

하지만, 일본 민법의 기초자는 19세기 후반 공유물분할에 관한 법원의 형성적 재량을 제한하려는 독일의 입법론까지 참조한 규율 내용과 체계를 입안하면서도, 그곳의 규율이 "융통성 없이 부정확한 잣대로 사물을 판단하는 것"을 피하고 재판소의 직권을 넓게 하여 일본 민법 제258조 제2항[274]에서 언급한 제한 외에는 재판소에 직권을 부여하는 취지라고 설명하였다.[275] 이러한 설명은 공유물분할에 관하여 일본 민법과 같은 취지로 규율하고자 한[276] 우리 민법 규정의 해석이나 공유물분할 절차 운용에서도 무시하기 어렵다.

과도한 평등주의적 개인주의 사고방식에 기초를 두고, 공유관계를 우연적·임시적·이례적 관계로 치부한 채, 공유물이 분할되어야 함에도 아직 분할되지 않은 부정적 대상물이라 평가하면서 이를 절대적으로 동일한 현물 부분으로 분할해야 한다는 과거의 관점[277]에서 공유물의 분할방법을 구상한다면, 원칙적 현물분할(필요한 경우 부분적 가액보상으로 조정), 예외적 (경매를 통한) 대금분할의 방법만으로도 각 지분권자에 대한 불균등이나 공유물 자체의 부당

법에 따른 절차를 의미하고자 위 용어를 사용하지 않았다. 다만, 통상 비송사건의 특질로 제시되는 직권주의, 직권탐지주의(변론주의의 배제), 비공개의 원칙, 간이주의 등이 적용될 수 있는 절차로서의 의미는 내포한다. 비송사건의 특질에 관해서는 법원실무제요[비송], 법원행정처(2014), 8면 이하 참조.

271) 앞의 주 138)의 문헌 참조.

272) 민법판례해설(주 10), 138면(최문기); 주석민법(상)(주 1), 446면(이영준); 민법주해(주 1), 593면 등 참조.

273) 앞의 주 44)의 문헌 참조.

274) 우리 민법 제269조 제2항에 상응하는 조항이다.

275) 앞의 주 31)의 문헌 참조.

276) 민법안심의록(주 20), 167-168면 참조.

277) 대표적으로 1804년 프랑스 민법이 이러한 관점에 서 있었다. 앞의 III.의 2. 부분 참조. 그러나 기존의 우리 민법 해석에서도 이러한 관점은 드물지 않게 제시되곤 하였다. 가령, 앞의 주 1)의 문헌 및 해당 본문 부분 참조.

한 가치 저하 없는, 이른바 합리적이고 공평타당한 분할이 가능하리라는 기대를 충족한다고 치부할 수 있을지 모른다.[278] 그러나 앞서 본 바와 같이,[279] 공유자들 사이에는 일정한 내부적 법률관계가 엄연히 존재한다. 이러한 법률관계는 반드시 우연적·임시적·이례적이지 않은 사유[280]로 발생할 수도 있고, 설령 그러한 사유로 공유관계에 들어섰더라도, 이후의 공유물 이용·관리 과정에서 맺어진 법률관계는 각각의 공유자에게 일정한 권리 또는 법률상 이익을 갖게 하고, 그에 대응하는 의무나 부담을 근거 지운다. 이처럼 분할의 대상물만 보지 않고, 시야를 공유관계에 있는 사람과 그 관계까지 넓혀본다면, 단지 공유물을 현물로 나누어 분배하거나 이를 경매로 처분하여 그 대금을 나누어 분배하는 방법만으로 공유자들의 다양한 법적 이해관계를 가치균등하게 조율하여 해당 공유물의 부당한 가치 저하 없이, 이른바 합리적이고 공평타당한 분할방법을 도출하기에 부족하다는 점을 부인하기는 어려울 것이다.[281] 이러한 다양한 인적 관계에서 비롯하는 차별된 개별적·구체적 분할사안을 법률로 정한 방법으로만 분할하도록 한정하기보다는, 그러한 다채로운 사안에 조응하는 사실심법원의 형성적 재량을 허여하여 해당 사안에 관한 개별적·구체적 분할결과의 정당성을 확보할 수 있도록 함이 사법정책적 관점에서도 더 바람직하고 타당한 규율로 여겨진다.

비교·연혁적 검토 결과를 보더라도, 공유물분할에 관한 법원의 형성적 재

278) 재판상 분할 절차에 관한 법원의 형성적 재량을 부여하고, 여기에 어울리는 절차 규정까지 마련해둔 19세기 초반의 프랑스 민법과 민사소송법은 현물분할(부분적 가액보상 방법 포함)과 경매를 통한 대금분할 방법 외에 다른 다양한 분할방법에 관한 규율은 마련하지 않았고, 다만 현물분할 시 분할부분의 분배를 위해 추첨제도를 규정하였다. 본문에서 제시한 관점에서 보면, 분할방법 선택에 관한 사실심법원의 재량행사 규준을 법률로 정할 때, 공유물을 현물로 분할할지, 매각하여 대금으로 분할할 것인지에 관해서는 "분할이 용이하게 이루어질 수 없을 때"라는 일반적·추상적으로 제시하면 충분하고, 그 밖에 재량행사 과정에서 분란의 소지가 있을 법한 쟁점인 '현물로 구획·분리된 특정 부분을 어느 공유자에게 분배하는지'의 문제에 관해서만 추가의 지침(추첨의 실시)을 규율해 두었으며, 다른 다양한 분할방법에 관해서는 별도의 재량권 행사규준이나 지침을 마련해둘 필요가 없다고 본 것으로 짐작해볼 수 있다. 마찬가지로 19세기 초반에 입안된 오스트리아 민법도 현물분할과 민사분할(경매를 통한 대금분할) 방법만 규정하고 있다. 앞의 III.의 2., 3. 부분 참조.

279) 앞의 1. (1) 부분 참조.

280) 다수의 공유관계는 혈연관계(가령, 상속)나 공동행위(동업 목적 없이 공동으로 매수)를 통해 발생하곤 하는데(앞의 I. 부분 참조), 이러한 관계를 우연적·임시적·이례적 관계라고 지칭하기는 어렵다.

281) 대표적으로 공유물의 일부분할이 이루어진 사례[앞의 주 16)의 판례 사안 참조]나 전면적 가액보상에 의한 분할이 이루어진 사안[앞의 주 17)의 판례 사안 참조]을 들 수 있다.

량을 극도로 제한하는 취지의 입법을 단행한 독일에서는 그 제정 무렵부터 계속하여, 그러한 규율 내용이 개별적·구체적 사안에 적합하고 정당한 분할결과를 도출하는 데 한계를 가진다는 점이 지적되면서, 입법론적 개선이 요청되었다.[282] 실무적으로 일반조항(신의칙)에 기댄 사안해결이 시도되기도 하였지만,[283] 한계가 있을 수밖에 없다. 19세기 초반 현물의 균등분할을 우선적으로 지향하면서 예외적으로 경매에 의한 대금분할 방법을 정했던 프랑스 민법은 이후 일정 공유자에게 우선분배를 구할 권리를 부여하고, 현물균등이 아닌 '가치균등'을 분할방법 선택의 기본원칙으로 규정하는 입법론적 개선 과정을 거쳤다.[284] 해석상 전면적 가액보상을 허용하지 않는 오스트리아도 각 주의 법 등으로 공유자의 지분매수권 제도를 인정하여 결과적으로는 동일한 방식의 청산 여지를 열어두었다.[285] 사실심법원의 재판상 분할방법 형성에 관한 재량의 여지를 제한하려는 취지로 법률을 입안한 스위스도 공유관계에 있는 당사자들의 다양한 분규 상황 중 일정 사례군에 대하여 재판상 분할방법 외에 별도의 재판상 배제제도를 추가 도입하여 공유관계자들 사이의 관계종지(終止)를 위한 재판상 해결방안을 확장하고, 이로써 규율상 불합리를 바로잡아왔다.[286] 앞서 본 입법기초자의 설명이 있음에도, 당초에는 가액보상에 의한 현물분할을 허용하지 않던 일본도, 20세기 후반에 나온 일련의 최고재판소 판결 이후에는 (부분적이든, 전면적이든) 가액보상에 의한 현물분할에 의한 분할방법이나 일부분할 등의 다양한 재판상 분할방법을 허용하고 있다.[287]

우리의 최근 판례와 재판실무의 규율 방향, 즉 공유물분할소송을 형식적 형성의 소로 보면서, 사실심법원에 공유물분할방법의 형성적 재량을 부여하는 규율도 위와 같은 비교·연혁적 경향과 흐름에 따르고 있고, 달리 이를 벗어날 필요가 없다고 본다. 이러한 규율은 우리 민사법 규정 내용과 취지 및 체계에도 반하지 않는다.

---

282) 앞의 주 164)의 문헌 참조.
283) 앞의 주 165) 참조.
284) 앞의 III.의 2. 부분 참조.
285) 앞의 III.의 3. 부분 참조.
286) 앞의 III.의 5. 부분 참조.
287) 앞의 주 46)~48)의 판례 및 주 49)의 문헌 참조.

나. 분할방법 형성에 관한 사실심법원 재량의 내용과 한계

(가) 재량의 의미와 행사규준

재판상 분할방법에 관한 사실심법원의 형성적 재량은 해당 분할사안에 적용할 수 있는 여러 가지의 상이한 방법에 따른 분할안 중 어느 하나를 선택하여 새로운 법률관계를 형성하고 공유관계를 종결할 수 있는 권능으로 이해하여야 할 것이다.[288] 사실심법원이 공유물의 재판상 분할방법에 관한 형성적 재량권을 가진다고 보더라도, 이러한 재량권을 유월하거나 남용해서 행사해서는 아니 된다. 사실심법원의 재량행사를 위한 일정한 규준 제시가 필요하다.

앞에서[289] 공유물분할청구권을, 계속적·대인적 법률관계인 공유관계를 일방적으로 해소할 수 있도록 각 공유자에게 부여된 형성권으로 보아야 한다는, 이 글의 논지를 밝힌 바 있다. 이에 따르면, 공유물분할청구권 행사 이후에 진행되는 공유물분할 절차는, 기존의 공유물 이용·관리에 관한 잔무(殘務)와 각 공유자가 해당 공유물에 관하여 지분권을 보유하면서 맺은 재산관계를 정리하는 청산절차로 이해할 수 있다. 이러한 절차는 청산대상 재산에 관한 각 이해관계인에게 각자가 가진 지분이나 권리에 따른 몫을 균등하게 돌려주는 것을 목적으로 한다. 그 절차 과정 중에, 각 공유자는 자신의 지분권을 넘어서서, 다른 공유자의 지분권이나 그 가치에 대해서까지 지배권을 주장하지 못한다.[290] 제3자의 정당한 이해관계에 대해서도 마찬가지다.[291] 따라서 공유자 일방의 해소권(공유물분할청구권) 행사로 개시된 해당 공유관계의 청산절차(공유물분할 절차)를 거치면서 타인 지분에 관한 부당한[292] 가치감소를 발생시킬 권능,

---

288) 공유물분할을 청구하는 원고가 구하는 방법에 구애받지 않고 재량에 따라 합리적 방법으로 분할을 명할 수 있다는 취지의 대법원 2015. 7. 23. 선고 2014다88888 판결도 같은 취지로 이해할 수 있다. 그 밖에 같은 취지의 이해로는 Wüst(주 64), S. 37 참조.

289) 앞의 1. (2) 부분 참조.

290) 앞의 주 212)의 해당 본문 부분 참조.

291) 공유물분할청구의 소는 형성의 소로서 법원은 공유물분할을 청구하는 원고가 구하는 방법에 구애받지 않고 재량에 따라 합리적 방법으로 분할을 명할 수 있지만, 법원이 등기의무자, 즉 등기부상의 형식상 그 등기에 의하여 권리를 상실하거나 기타 불이익을 받을 자(등기명의인이거나 그 포괄승계인)가 아닌 자를 상대로 등기의 말소절차 이행을 명할 수는 없다는 취지의 대법원 2020. 8. 20. 선고 2018다241410, 241427 판결 참조.

292) 다만, 분할 절차를 거치면서 불가피하게 수반되는 통상의 비용이나 감손은 분할 절차의 당사자인 공유자들이 수인하여야 할 부분이므로, 특별한 다른 사정이 없는 한, 이로 인한 가치감소를 부당하다고 볼 수는 없을 것이다. 이에 관해서는 아래의 본문 부분도 함께 참조.

또는 기존의 지분권에 따른 가치를 차별적으로 구현하거나 제3자의 정당한 이해관계를 침해할 권능은 어느 공유자도 보유하지 못한다. 재판상 분할방법을 정하는 사실심법원도 마찬가지다. 위와 같은 결과는 청산의 목적에 반하고, 수단과 방법의 적합성과 상당성에도 어긋난다.

따라서 청산대상 재산의 가치유지와 각 공유자별 가치균등의 실현, 제3자의 정당한 이해관계 보호를 공유관계의 청산절차에서 준수하여야 할 기본원칙(규준)으로 내세워 볼 수 있다. 종래 대법원이 사실심법원의 공유물분할의 방법 선택에 관한 당부 판단 과정에서 합리성[293)]이나 공평성[294)]을 잣대로 제시하기도 하였으나, 이러한 추상적 개념표지를 위와 같은 기본원칙으로 구체화·실질화할 수 있다고 본다.

이러한 규준에 따른 청산절차 실행에 적합한 분할방법은 여러 가지 상이한 방안으로 모색될 수 있을 것이다.[295)] 사안에 따라서는, 어느 분할방법에 의하더라도 분할대상물의 온전한 가치유지와 완전한 가치균등 실현이 현실적으로 곤란할 수 있다. 분할과정 중에 불가피하게 드는 비용이나 대상물의 감손을 감수할 수밖에 없을 때도 있고, 다양한 공유관계 및 공유물의 현황에 따라 각 공유자가 가진 지분의 장래 가치나 그에 관한 위험이 아무 변수 없이 단일한 값으로 평가되지 않을 수도 있다. 이러한 사정으로 앞서 든 기본원칙이 완전무결하게 관철되지 못하고, 경미하나마 일정 부분 기본원칙 훼손을 감내하여야, 비로소 가능한 분할방법이 상정될 수도 있을 것이다. 다만, 그러한 때에도 가장 적게 가치감손을 가져오거나 그중에서도 가장 가치균등을 추구하는 방안을 모색하고 선택하여야 한다. 기본원칙의 훼손으로 얻게 되는 공유관계 즉시 해소의 이익은 그 훼손으로 인한 공유자들의 불이익보다 더 커야 할 것이다. 그렇지 않다면, 일정 기한의 절차유예도 모색해볼 수 있다. 이러한 분할방법의

293) 대법원 1991. 11. 12. 선고 91다27228 판결; 대법원 1999. 6. 11. 선고 99다6746 판결; 대법원 2020. 8. 20. 선고 2018다241410 판결 등 참조.

294) 대법원 1969. 12. 29. 선고 68다2425 판결; 대법원 1993. 1. 19. 선고 92다30603 판결; 대법원 2004. 10. 14. 선고 2004다30583 판결("실질적인 공평") 등 참조.

295) 가령, 동종의, 동일한 분량으로 분리, 구획하는 현물분할이 가능하더라도, 어느 부분을 어느 공유자에게 배분할지에 관한 여러 상이한 선택가능성이 있을 것이고, 그 밖에 전면적 가액보상도 본문에서 제시한 기본원칙에 모두 적합하고 일부분할도 위 기본원칙에 모두 적합한 사안도 상정해볼 수 있을 것이다.

모색·수정·선택을 위한 분할대상물의 가치유지나 가치균등의 실현 여부 등에 관한 심리 과정에서, 공유자들의 의사나 희망은 중요한 고려사항으로 기능할 수 있다.[296)]

(나) 현물분할 방법의 우선적 고려 요부(要否)

과거 한때, 법원이 형성적 재량을 갖고 재판상 분할방법을 정할 때 현물을 분량적으로 나누어 이를 균등하게 분배하는 것을 기본원칙으로 삼도록 하는 지침을 주려는 의도로 성안된 입법례[297)]가 있었고, 이후에도 그러한 재량 행사 중에 현물을 분량적으로 나누어 배분하는 방법을 대금분할에 우선하는 분할방법으로 고려하도록 하는 듯한 규정 내용과 체계의 입법례[298)]가 있었음을 비교·연혁적 검토에서 확인한 바 있다. 우리 민법 제269조 제2항도 "현물로 분할할 수 없거나 분할로 인하여 현저히 그 가액이 감손될 염려가 있는 때"에 법원이 대금분할을 위한 경매를 명할 수 있다고 규정하고 있어서, 문언상 현물을 분량적으로 나누어 배분하는 현물분할이 원칙이고, 대금분할이 예외인 것으로 해석할 여지가 있다. 실제 기존 판례와 통설의 입장도 그와 같이 이해했다.[299)]

---

296) 앞의 주 264)의 해당 본문 부분 및 앞의 주 265)의 문헌 참조. 또한, 분할청구자가 상대방들을 공유로 남기는 방식의 현물분할을 청구하고 있다고 하여, 상대방들이 그들 사이만의 공유관계의 유지를 원하고 있지 아니한데도 상대방들을 여전히 공유로 남기는 방식으로 현물분할을 하여서는 아니 된다거나(대법원 2015. 3. 26. 선고 2014다233428 판결), 공유물분할을 청구한 공유자의 지분 한도 안에서는 공유물을 현물 또는 경매·분할함으로써 공유관계를 해소하고 단독소유권을 인정하여야지, 분할청구자들이 그들 사이의 공유관계의 유지를 원하고 있지 아니한데도 분할청구자들과 상대방 사이의 공유관계만 해소한 채 분할청구자들을 여전히 공유로 남기는 방식으로 현물분할을 하는 것은 허용될 수 없다(대법원 2015. 7. 23. 선고 2014다88888 판결)는 각 대법원 판결례도 참조. 다만, 각 공유자의 의사나 희망에서 추단되는 사정이 공유관계의 가치유지 및 가치균등 실현 등에 적합하다면 이른바 배제형 일부분할 자체가 재판상 분할방법으로 고려될 수 없는 것은 아니라 할 것이다. 이에 관해서는 이미 배제형 일부분할을 허용한 일본의 최고재판소 판례를 소개한 위 주 47) 참조.

297) 여기에 해당하는 입법례인 19세기 초반의 프랑스 민법에 관해서는 앞의 III.의 2. 부분 참조(현재는 가치균등의 기본원칙을 그곳 민법에 명시하고 있다).

298) 여기에 해당하는 입법례로는 오스트리아 민법, 스위스 민법과 일본 민법이 있다. 이에 관해서는 앞의 III.의 3., 5. 및 II. 부분 참조. 다만, 스위스에서는 현물분할이 대금분할에 우선시하는지에 관해 학설대립이 있고, 그곳 연방법원은 반드시 현물분할을 우선시하지는 않는 취지를 판시한 바 있다. 한편, 독일 민법도 현금분할을 매각에 의한 대금분할에 우선시하는 것으로 볼 여지가 있는 규정 내용과 체계를 갖고 있지만, 위 두 분할방법 자체를 선택하는 데에는 법원의 형성적 재량을 허용하지 않고(즉, 당사자의 청구권 행사와 해당 분할방법에 관해 정해진 요건 충족의 문제로 이해), 따라서 현물분할과 매각에 의한 대금분할 사이에는 우선 순위가 없는 것으로 보고, 오히려 실무적으로는 매각에 의한 대금분할이 원칙으로 자리매김하고 있다 한다. 앞의 III.의 4. 부분[특히, 앞의 주 150)] 참조.

299) 대법원 1991. 11. 12. 선고 91다27228 판결; 대법원 2009. 9. 10. 선고 2009다40219, 40226 판결 등 및 앞의 주 13)의 문헌 참조.

그러나 위 민법 조항은 사실심법원의 다양한 재판상 분할방법 모색 및 선택 가능성의 폭을 좁히고, 분할방법을 현물분할과 경매에 의한 대금분할에만 한정하고자 하는 취지의 규정이 아니다. 앞서 본 바와 같이,[300] 다양한 인적 관계에서 비롯한 여러 양상의 공유관계에 적합한 구체적 분할방법을 형성할 수 있는 재량을 사실심법원에 부여함이 타당하다. 따라서 앞서 본 분할 절차의 기본원칙, 즉 가치유지, 가치균등의 실현, 제3자의 정당한 이해관계 보호에 반하는 사실심법원의 재량 행사를 막기 위한 규준을 설정하는 것 외에는, 가급적 사실심법원에 상급심법원의 심사로부터 자유로운 지위를 보장할 필요가 있다. 더구나 현물을 분량적으로 나누어 배분하는 형태의 현물균등 분할이 가치유지나 가치균등 실현에 저해되는 결과를 초래할 수 있는 사안 유형도 드물지 않다.[301] 공유관계에 따라 전면적 가액보상,[302] 부분적 가액보상에 의한 현물분할, 일부분할 등의 방법뿐 아니라 경매가 아닌 제3자에 대한 임의매각을 통한 대금분할의 방법, 다수의 공유물 중 일부는 현물분할, 일부는 대금분할 하는 방법, 전면적 가액보상에 의한 현물분할을 하면서 일정 기간 내에 가액이 지급되지 않을 때에는 대금분할을 위한 경매를 명하는 방법,[303] 기한유예 및 유예기간 중 관리수익분배 조건의 현물분할 내지 대금분할 방법 등 다양한 분할방법이 모색되어 선택될 여지도 부여되어야 한다. 그러나 이처럼 다양한 분

---

300) 앞의 (1) 부분 참조.

301) 여러 법질서에서 문제시되었던 상속받은 농장용 토지에 관한 공유관계[앞의 주 78), 119)의 해당 본문 부분 참조]뿐 아니라, 기존의 이용·관리에 관한 다른 공유자들의 이익에 대한 존중과 배려 없는 공유자와의 공유관계[앞의 주 173)의 해당 본문 부분 참조], 대다수지분권자와 극소수지분권자 사이의 공유관계[전면적 가액보상을 허용한 대법원 2004. 10. 14. 선고 2004다30583 판결 사안 참조] 등에서는 현물을 분량적으로 나누어 배분하는 형태의 현물균등 분할을 앞세우거나 그러한 현물분할에 우선순위를 두고 분할방법을 선택하도록 함으로써 기존의 이용·관리 과정에서 보유하였던 가치를 유지하고, 각 공유자 간에 가치균등을 실현하기 곤란할 수 있다.

302) 대법원판례와 주류적 학설은 전면적 가액보상에 의한 분할도 (대금분할이 아니라는 취지에서 그러한 듯) 현물분할의 한 유형으로 취급하기도 한다. 가령 대법원 2004. 10. 14. 선고 2004다30583 판결은 "현물분할의 하나"라고 설명한다. 그 밖에 곽윤직·김재형(주 1), 295면; 남성민(주 14), 127면 등 참조. 그러나 문헌상으로, 현물분할은 "공유물을 그대로 분량적으로 나누는 방법"이라고 설명되곤 한다. 가령 곽윤직·김재형(주 1), 293면; 주석 민법(주 1), 63면(최준규) 등 참조. 이에 따르면, 전면적 가액보상에 의한 분할을 현물분할의 한 유형이라고 볼 수 있을지 의문이 든다. 오스트리아에서는 과도한 가액보상이 필요한 때에는 현물분할이 부적절하다고 보기도 한다. 앞의 주 114) 및 해당 본문 부분 참조.

303) 最高裁判所第二小法廷 平成 10年 2月 27日 平成 7年 (オ) 第1684号 判決 중 裁判官 河合伸一의 보충의견(判例タイムズ 974号 99면) 참조(이는 대법원 민사실무연구회 발제 중 나진이 부장판사님의 지정토론을 계기로 확인하게 되었다. 이러한 확인 경위를 감사의 뜻과 함께 밝혀둔다).

할방법을 모색하기 전에 현물을 분량적으로 나누어 배분하는 형태의 방법부터 우선 고려하라는 취지의 규준은 가치유지, 가치균등 실현 등의 기본원칙 구현에 별 도움이 되지 않는다. 오히려 다양한 분할방법의 모색과 선택을 어렵게 하는 요인이 될 수 있다. 재판상 분할방법에 관한 우리 민법의 규정 내용을 되돌아보면, 공유자가 재판상 분할방법으로 현물분할을 먼저 청구하도록 별도의 규정을 두거나,[304] 법원이 경매를 통한 대금분할 이외의 다른 분할방법보다도 현물분할을 우선시하라는 취지의 규정을 두고 있지는 않고, 다만, 대금분할을 위한 경매명령 권능에 대해 현물분할 방법이 우선하는 취지만 규정(제269조 제2항)하고 있음을 확인할 수 있기도 하다.

따라서 민법 제269조 제2항이, 사실심법원의 분할방법 모색 및 선택 과정에서 여러 다양한 분할방법 중 현물분할을 가장 먼저 고려하라는 규준이나 지침을 정했다기보다는, 가치유지와 가치균등 실현 등의 기본원칙에 기초하여, 특별히 '경매를 통한 대금분할방법' 자체의 모색 및 선택에 관한 제한적 지침으로서의 요건(재량권 행사의 규준)을 정한 것으로 이해함이 사실심법원에 분할방법에 관한 형성적 재량을 부여한 취지에 더 부합한다고 생각한다. 즉, 분할방법의 모색 및 선택에 관한 우선순위를 규정한 취지가 아니라, 해당 공유관계의 청산에 적합한 여러 가지 상이한 분할방법을 우선순위 없이 모색하고, 그중에 하나의 방법을 선택할 수 있지만, 기존 공유자의 이용·관리 상태를 완전히 종지시켜 가치유지 원리를 저해할 위험이 큰[305] '(공개)경매에 의한 분할방법'만은 현물분할보다 후순위로 고려하여 '현물로 분할할 수 없거나 분할로 현저한 가치감손의 염려가 있는 때'라는 요건을 충족한 때에만 하나의 분할방안으로 모색하거나 선택할 수 있다는 취지로 보는 것이다.[306]

---

304) 앞의 주 90)에 기재된 2006년 개정 전의 프랑스 민법 제826조 제1문 참조.

305) 기존 공유자가 형식적 경매절차에서 최고가 매수신고를 하고 이를 매수하여 기존의 이용·관리 상태를 유지할 가능성이 전혀 없지는 않을 것이다. 다만 이와 관련하여, 민사집행법 제140조에서 정한 공유자 우선매수권을 통해 기존의 이용·관리 상태가 그대로 유지될 수 없는지도 문제 될 수 있으나, 이에 대해 대법원은 공유물분할판결에 기하여 공유물 전부에 대한 경매가 명해져 그 매득금을 분배하기 위한 환가가 이루어지는 때에는 공유자의 우선매수권에 관한 규정이 적용되지 않는다고 판시한 바 있다. 대법원 1991. 12. 16.자 91마239 결정 참조.

306) 대법원 2009. 9. 10. 선고 2009다40219, 40226 판결[앞의 주 18) 참조] 중 "불가피하게 대금분할을 할 수밖에 없는 요건에 관한 객관적·구체적인 심리 없이 단순히 공유자들 사이에 분할의 방법에 관하여 의사가 합치하고 있지 않다는 등의 주관적·추상적인 사정에 터잡아 함부로 대금분할을 명하는 것은 허용될

다. 형성적 재량권 행사에 적합한 절차의 구성

(가) 분할 절차의 성질과 절차유연화

앞서 본 일본 민법 기초자의 의중[307]이 제대로 반영된 것인지, 의문이 없지 않지만,[308] 아무런 특유의 별도 규정이 마련되지 않은 공유물분할 절차는, 일본에서, 민사소송절차 중 형식적 형성의 소의 한 유형으로 다루어졌고, 다만 그러한 절차에 비송사건의 성질이 있다는 다소 애매한 이해가 뒤따랐다.[309] 우리의 규율에 대해서도 마찬가지로, 재판상 분할을 위한 공유물분할 절차는 이른바 '형식적 형성의 소'로서 민사소송의 형식으로 처리되나 실질은 비송사건이라고 설명되곤 하였다.[310]

많은 경우의 형성의 소는, 그러한 소가 제기되면, 법원이 그 요건사실의 존부를 판단하고, 구성요건이 갖추어지고 달리 항변사유가 없다면 실체법이 정한 바에 따라 법률관계를 변경하는 판결을 선고하는 것 외에 별다른 심리를 진행하지 않는다.[311] 그러나 일정한 경우[312] 민법 등 실체법이 사실심법원에 그의 재량권 행사로써 일정한 법률관계를 형성하도록 정하기도 한다. 이러한 유형의 형성소송이 제기된 때, 사실심법원은 재량권 행사를 위한 심리절차도 진행하여야 하는데, 앞서 본 바와 같이,[313] 공유물을 재판상 분할하기 위한 공유물분할청구소송도 위 유형에 속한다고 볼 수 있다. 사실심법원의 이러한 형성적 재량권 행사는 통상의 쟁송절차에서 이루어지는 법원의 권리관계 확정

수 없다."라는 판시 부분의 취지는 본문과 같은 관점의 표현으로도 이해해볼 수 있다.

307) 앞의 주 31) 참조.

308) 일본에서 공유물분할에 관한 상세한 절차를 마련하지 않고, 마치 재판상 분할방법을 제한하려는 취지로 입안된 독일이나 스위스의 공유물분할 관련 규정과 체계에 유사한 규정 체계를 마련한 것이, 위 기초자의 의중과 달리, 재판상 분할방법을 (단순한) 현물분할과 경매를 통한 대금분할에 한정하려 한 20세기 초중반 일본의 이해에 영향을 미친 것으로 생각된다. 이에 관해서는 앞의 주 272), 273)의 해당 본문 및 앞의 1. (2) 및 II. 부분 참조.

309) 앞의 주 39)~43) 및 각 해당 본문 부분 참조.

310) 이시윤(주 10), 209면; 정동윤 · 유병현 · 김경욱(주 10), 73면; 민법주해(주 1), 591-592면(민일영) 및 대법원 2013. 11. 21. 선고 2011두1917 전원합의체 판결 등 참조.

311) 강현중, "형식적형성소송에 관한 약간의 고찰 - 실무적 견지에서 -", 저스티스(제42호), 한국법학원(1997), 98면; 新堂幸司(주 40), 208-209면; Schlosser(주 145), S. 68 등 참조.

312) 가령, 경계확정의 소, 부(父)를 정하는 소송(민법 제845조), 법정지상권의 지료를 정하는 소송(민법 제305조 제1항 단서, 제366조 단서 등), 명예회복을 위한 법원의 처분(민법 제764조) 등이 여기에 해당한다. 강현중(주 311), 98면; 이시윤(주 10), 209면; 정동윤 · 유병현 · 김경욱(주 10), 73면 등 참조.

313) 앞의 (1) 부분 참조.

업무와는 다소 이질적이고, 이러한 재량판단은, 오히려 법원의 후견적 기능이 강조되곤 하는 (가사)비송사건 절차에서 주로 언급되곤 한다.[314] 공유물분할청구와 연혁적 뿌리를 함께 하고,[315] 민법 제269조가 준용되기도 하는 민법 제1013조 제2항에 따른 재판상 상속재산분할에 대해서는 가사비송사건(마류) 절차가 마련되어 있기도 하다(가사소송법 제2조 제1항 제2호 나.목).[316]

또한 공유물분할 절차에 관해서는, 통상의 대립당사자 간 쟁송사건과 달리, 공유관계와 공유물의 가치유지, 가치균등 실현, 제3자의 정당한 이해관계 보호라는 기본원칙에 가장 잘 부합하는 청산결과가 도출될 수 있도록, 각 당사자(공유자)의 절차협력의무가 요청된다. 공유관계의 해소권인 공유물분할청구권이 행사되어 청산절차 국면으로 법률관계가 전환된 이상, 위와 같은 협력의무는 청산절차 내에 있는 공유자들이 상호 부담하여야 할 절차적 의무(재판상 분할 절차에 협력할 의무)로 자리매김한다.[317] 하지만 다른 한편으로, 절차 상황에 따라서는, 각 공유자가 자기의 기존 지분권에 관한 가치유지와 가치균등 실현을 위하여, 위와 같은 협력관계와는 별개로, 다른 공유자와 대립적 지위에 설 수도 있다. 이처럼 협력의무를 부담하면서도 상호 자기의 법적 이익을 보호받으려는 이중적 지위에 있는 공유자들 사이에서, 사실심법원이 청산의 목적에 가장 잘 부합하고, 분할 절차의 기본원칙을 가장 잘 구현할 수 있는 분할방법을 원활하게 모색하고 선택하기 위해서는, 통상의 소송절차보다는 절차진행에 관한 더 넓은 직권 행사의 여지를 가질 필요가 있다.[318] 즉, 분할방법을 모색하고, 선택하는 절차에 관해서는, 사실심법원이 청구취지로 밝혀진 분할안에 구애됨 없이 직권으로 분할방법을 선택할 수 있어야 하고,[319] 당사자가 수집·제출한 소송자료 외에도 직권으로 사실의 탐지와 필요하다고 인정하는 증

314) Schlosser(주 145), S. 69. 그 밖에 "법원의 합목적적 재량을 필요로 하고, …(중간생략)… 유효적절한 조치를 강구하지 않으면 안 되므로 절차의 간이 신속성이 요구되므로 …(중간생략)… 절차는 비송사건으로 봄이 타당하다."는 취지의 대법원 1984. 10. 5.자 84마카42 결정도 참조.

315) 앞의 III.의 1., 2. 부분 참조.

316) 마류 가사비송사건은 조정전치주의의 적용을 받는다(가사소송법 제50조 제1항). 가정법원은 가정의 평화와 사회정의를 위하여 가장 합리적인 방법으로 청구의 목적이 된 법률관계를 조정할 수 있는 내용의 심판을 하여야 한다(가사소송규칙 제93조 제1항).

317) 앞의 1. (2) 부분 참조.

318) Wüst(주 64), S. 61 f. 참조.

319) 앞의 주 12) 및 해당 본문 부분과 앞의 주 288) 참조.

거조사를 할 수 있어야 한다. 당사자들의 분할안 제시와 이에 관한 공방주장, 관련된 사실관계의 확인 과정에서는, 법원이 증거방법과 절차에 관한 민사소송법 규정에서 벗어난 증명도 가능한 범위 내에서 허용함이 바람직하다. 절차의 유연화가 요구되는 것이다.

그러나 공유물분할소송 절차에서도 원고 측의 해소권 존부 또는 행사 가부, 지분권 보유 여부 및 범위, 공유자들 사이의 가치균등 실현 등 당사자의 실체적 권리의무관계의 존부와 그 범위에 관한 사실심법원의 판단이 이루어져야 한다. 사실심법원의 분할방법 선택 결과는 당사자들의 권리관계를 창설하는 효력을 가지기도 한다. 따라서 이러한 다툼 있는 법률관계에 관한 사항, 즉 쟁송적 사항을 판단하기 위해서는, 당사자 사이의 대등한 변론(증거조사 포함) 기회가 주어져야 하고, 분할대상물이나 당사자 또는 참가인의 범위를 정하거나 기록열람, 심리공개 등 절차진행 과정에서 소송법 따른 절차적 보장이 이루어져야 한다. 확정된 재판결과에 대해서는 기판력[320)]을 부여하여 법적 안정성도 확보해야 한다.[321)]

이러한 성질을 고려할 때, 공유물분할 절차는 기본적으로 민사소송법이 정한 소송절차(형식적 형성'소송' 절차)의 틀을 뛰어넘기는 어렵다고 생각한다. 함부로 민사소송법 규정과 양립하지 않는 비송사건절차법 규정을 적용하려고 시도하면, 위와 같은 쟁송적 판단사항에 대한 법원 판결의 절차적 정당성 확보가 저해될 수 있고, 당사자들은 절차 중에 자신의 변론권이 부당히 침해된다고 여길 수 있으며, 법원에 의해 최종적으로 제시한 분할방법에 대해서는 언제나 불식시키기 어려운 의심을 사게 될 것이다.[322)]

다만, 사실심법원에 형성적 재량을 부여한 공유물분할 절차의 본질에 반하

---

320) 공유물분할 확정판결의 효력이 민사소송법 제218조 제1항이 정한 변론종결 후의 승계인에 해당하는 가등기권자에게 미친다는 대법원 2021. 3. 11. 선고 2020다253836 판결 참조.

321) 新堂幸司(주 40), 209면; Wüst(주 64), S. 62 ff. 참조. 이와 달리, 가정법원의 후견적 기능에 더 큰 주안점을 두고 있는 상속재산분할심판은 비송사건으로 절차가 구성되어, 그 심판결과에 기판력이 부여되지 않는다. 법원실무제요[가사 II], 법원행정처(2010), 640면 참조.

322) 앞의 주 140) 및 해당 본문 부분 참조. 한편, 강현중(주 311), 99면이나 이시윤(주 10), 209면; 정동윤·유병현·김경욱(주 10), 74면 등도, 형식적 형성소송은 소송과 비송을 결합한 독자적 소송형태라고 주장하나, 처분권주의, 불이익변경원칙 등 민사소송법 규정의 적용이 배제되는 외에, 비송사건절차법 규정 중 어느 규정이 위와 같은 형성소송에서 적용된다고 밝히고 있지는 않다. 공유물분할소송의 특징이 다른 민사소송의 본질과 본질적으로 다르다고 할 정도는 아니라는 지적으로는 문영화(주 265), 465면 참조.

는 처분권주의(민사소송법 제203조) 조항이나 상소심의 불이익변경금지(민사소송법 제415조, 제425조) 조항은, 재판으로 구체적 분할방법을 정하거나 정한 것에 관해서는, 그 적용이 배제된다고 보아야 한다.[323] 더불어 소송절차의 기본 틀 안에서라도, 특히 재판상 분할방법의 모색과 선택을 위한 심리 과정에 관해서는 절차유연화가 도모되어야 한다. 가령, 재판상 분할방법의 모색·수정·선택 과정에서 그 전제사실에 관한 소송자료에 대해서는 법원의 석명처분(민사소송법 제140조), 직권에 의한 증거조사(민사소송법 제292조) 요건을 공유물분할 절차라는 사안의 특성에 부합하도록 해석·적용하여, 이를 적극 활용함이 바람직할 것이다. 민사소송에서의 증명은 엄격한 증명으로 이루어져야 하겠으나, 적합한 분할방법을 찾아 최적의 방안을 정하기 위한 절차에서는, 당사자들의 동의를 전제로, 사실심법원이 민사소송법이 정한 절차와 방법 외의 적합하다고 보이는 방법의 자유로운 증명도 허용할 수 있을 것이다.[324] 당사자들의 분할안 제시와 이에 대한 공방사항 및 쟁점 정리 등을 위해 변론준비절차도 적극 활용할 필요가 있다. 그러나 그 밖에 민사소송법 규정과는 다른 취지의 비송사건절차법이나 가사소송법 중 비송절차에 관련한 규정을 유추하여 절차를 진행할 수는 없다고 본다. 분할협의를 위해 조정절차를 활용할 수 있겠으나,[325] 조정절차에서의 의견과 진술은 공유물분할소송에서 원용하지 못한다(민사조정법 제23조).

요컨대, 현행법 체계 내에서 공유물분할 절차의 기본은, 별도의 비송절차가 아닌 소송절차에 자리 잡은 것으로 보고, 그 틀 안에서 절차유연화를 도모함이 타당하다.

---

323) 강현중(주 311), 99면; 이시윤(주 10), 209면; 정동윤·유병현·김경욱(주 10), 74면 등 참조.

324) 2004년 개정된 독일 민사소송법 제284조는 제2문에, 당사자의 동의를 전제로 법원의 자유로운 증명을 허용하는 취지의 규정을 마련하였다. 즉, 쌍방의 동의를 전제로 절차진행을 간이화하고, 소송을 촉진시키기 위해 엄격한 증명 법칙을 배제할 수 있는 가능성을 제시한 것이다. 당시의 입법자료에 의하면, "증거조사 결과에 대한 토론 중에 추가적인 증거조사의 필요성이 발생하면, 즉시 증인이나 감정인에게 전화로 신문함으로써, 새로운 변론기일을 지정할 필요가 없게 할 수 있다. 또한, 증인이나 감정인에 대한 이메일 신문도 매우 신속하고 효율적으로 행해질 수 있다."는 점을 기대효과로 밝히고 있다. Bundestagsdrucksache 15/1508, Deutscher Bundestag 15. Wahlperiode(2003), S. 18 참조. 우리 민사소송법에는 이러한 규정이 없고, 엄격한 증명이 원칙이나[이시윤(주 10), 461-462면 등 참조], 소송당사자 전원의 동의가 있다면 소송절차에서도 위와 같은 방식의 자유로운 증명을 허용할 수 있다고 본다.

325) 상속재산분할심판은 조정전치주의를 채택하고 있다. 앞의 주 316) 참조.

(나) 절차제도의 개선 필요성 - 입법론적 제언을 포함하여

그러나 위와 같은 공유물분할 절차의 구조는 사실심법원에 과도한 부담을 안겨준다. 하나의 절차에서 동일한 법원(재판부)이 쟁송적 사항에 대해 심리·판단하면서, 동시에 그에 터 잡은 다양한 분할방법을 모색, 수정, 선택하기 위한 유연한 절차 운영까지 해나간다는 것은 결코 쉬운 일이 아니다. 실무적으로, 법원의 매우 철저하고 세밀한 절차진행 계획수립과 이에 대한 당사자들의 적극적 협력이 요청되는데, 현실적으로 이를 기대하기 어려울 수 있고, 그렇다면 절차지연의 우려도 클 수밖에 없을 것이다. 공유물분할청구권의 행사 가부나 지분비율 등에 관한 쟁송적 쟁점을 심리하여 심증을 형성한 사실심법원이, 중간판결 없이, (자신의 주장보다) 불리한 판단을 받을 당사자 및 유리한 판단을 받을 당사자와 함께 협력해가면서 직접 분할안을 모색하고 이를 수정하여 선택해나간다면, 그 절차 운영과정이나 판결 결과의 공정성에 대한 의심을 불식시키는 데에는 한계가 있을 수밖에 없다. 중간판결을 활용하더라도, 불리한 판단을 받은 당사자 측으로부터 원활한 협력을 받는다는 것은, 사실상 기대하기 어려울 수 있다.[326)]

비교·연혁적 검토 결과에서 살핀 바와 같이, 재판으로 분할방법을 형성해 나가는 절차를 상정한 법질서 중에는 공유물분할 절차에 보조인력을 투입[327)]하거나, 본안소송 외의 별도 (집행)절차[328)]를 통해 구체적 분할안을 형성해나갈 수 있는 제도를 마련해두기도 하였다.[329)] 이러한 제도적 조처를 마련하지 않은 법질서는 재판상 분할방법에 관한 법원의 형성적 재량을 전면적으로든,[330)] 부분적으로든[331)] 제한하려는 명시적 취지를 내세워 규율을 정비한 곳이다. 그러나 이처럼 사실심법원의 형성적 재량을 제한하려는 입법 취지는 우리

326) 앞의 주 257) 및 해당 본문 부분도 참조.
327) 프랑스에 관한 앞의 III.의 2. 부분 참조.
328) 오스트리아에 관한 앞의 III.의 3. 부분 참조.
329) Wüst(주 64), S. 38 f.에 따르면, 공유물분할의 절차 구조를 비교·연혁적으로 살펴보면, 민사소송에서 청산절차를 거치도록 하는 구조(독일), 로마법의 재정절차 구조, 분할담당법원의 감독을 받는 공증인에 의한 청산절차 구조(프랑스), 사인(私人)에 의한 청산절차와 이에 대한 법원의 심사·취소 구조(스웨덴)의 4가지가 있다고 한다.
330) 독일에 관한 앞의 III.의 4. 부분 참조.
331) 스위스에 관한 앞의 III.의 5. 부분 참조.

의 실제 규율 내용이나 그 입법 취지에 부합하지 않는다.[332)]

사실심법원에 넓은 형성적 재량을 부여하려 한 법제를 참조하여 절차구조를 개선할 필요가 있다. 다만 우리나라 법관의 업무부담 정도나 절차의 신속성 확보 필요성 등을 고려해 볼 때, 당사자의 신청에 따라 별도 단계의 절차를 거치게 하는 것보다는, 소송절차 내에서 필요한 경우[333)] 분할안 모색 절차를 담당할 별도의 보조인력을 투입하는 체계가 우리의 법현실에 더 부합한다고 본다.[334)] 즉, 공유물분할 사건을 담당한 사실심법원이 공유물분할청구권의 행사요건과 가부를 심사하여, 공유관계의 해소를 위한 청산국면이 형성되었음을 인정한다면, 그중 분할방법의 모색, 선택에 어려움이 있다고 인정되는 일정한 사안에 대해서는, 공유관계 해소권(분할청구권)의 적법한 행사 및 청산을 위한 분할 절차 개시를 확인·선언[335)]함과 동시에 중립적 보조인력을 선임 또는 지정하여 적합한 분할방법을 구체적으로 모색하는 절차를 진행하도록 하고, 해당 보조인력이 당사자들과 협력하여 단일 또는 복수의 분할안을 성안하도록 하며, 그 과정에서 사실심법원이 해당 보조인력의 업무절차를 감독하면서 쟁송적 쟁점에 대해 중간재판을 하고, 최종적으로 제시된 분할안에 대한 수정을 지시하거나, 그중 하나의 분할안을 최종안으로 선택하여 분할판결을 선고하는 절차를 밟도록 구성할 수 있을 것이다.[336)]

---

332) 앞의 (1) 부분 참조.

333) 일정량의 금전이나 곡식 등과 같이 간이하게 현물분할할 수 있는 경우나, 이미 당사자 사이에 분할방법에 관한 협의가 대부분의 사항에 대해 이루어진 경우라면, 굳이 보조인력을 활용할 필요는 없을 것이다. 이에 관한 프랑스의 절차례는 앞의 III.의 2. 부분 참조. 그 밖에 오스트리아에서도 집행절차에 이르기 전인 소송절차 단계에서 분할방법을 정할 수 있음에 관해서는 앞의 III.의 3. 부분 참조.

334) 한편, Wüst(주 64), S. 63 f.는, 재판에 의한 분할방법 형성재량을 허용하지 않는 독일 민법에 관한 입법론적 제안으로, 앞의 주 329) 기재와 같은 4가지의 구조 방법 중 분할담당법원의 감독을 받는 공증인에 의한 청산절차 구조가 가장 적절하다는 입장을 밝힌 바 있다. 이러한 제안에 대해 주목할 가치가 있다(beachtenswert)고 평가한 문헌으로는 Larenz(주 51), S. 420 Fn. 4 참조.

335) 공유물분할 소송에서는, 피고 측 공유자가 공유지분을 매각하는 등 처분하여 그에게 불리한 판결이 관철되지 못하도록 할 위험이 매우 크다. 이를 막기 위해 형성권인 공유물분할청구권 행사에 따른 분할절차 협력의무 이행청구권을 피보전채권으로 삼아 다른 공유자들의 지분처분을 금지하는 가처분을 신청할 수 있을 것이다. 법원실무제요[민사집행 V], 법원행정처(2020), 53면 참조. 그러나 개별 당사자에게 이러한 가처분의 여지를 부여하는 것만으로는 충분하지 않다. 본문 기재와 같이 절차구조를 개선한다면, 재판상 분할절차를 개시하는 취지의 법원 재판으로 각 공유자의 지분처분이나 그 처분절차를 제한하는 효력(처분자체를 금지하거나 처분 시에 그 양수인을 법원에 신고하도록 하는 등의 방안을 상정해볼 수 있다)을 부여하고, 특히 분할대상물이 부동산이라면, 해당 사건을 재판하는 법원이 공유물분할절차의 개시 취지 및 처분 등의 제한 취지를 등기부에 기입촉탁하는 방안도 도입을 검토해볼 필요가 있다. 이와 관련하여 앞의 주 103) 참조. 또한 앞의 주 320)의 판결 사안도 함께 참조.

336) 프랑스에 관한 앞의 III.의 2. 부분 및 Wüst(주 64), S. 64 참조.

분할안 모색절차를 진행하는 보조인력에게는 일정수준 이상의 사회경험과 법률지식이 필요하고,337) 절차 진행 중의 당사자 의사, 희망에 관한 진술 또는 협의 내용을 공증할 수 있는 자격도 요구된다. 프랑스의 입법례와 같이 공증인 직군의 활용을 검토해볼 수 있다고 본다. 다만 이로 인해 과도한 절차비용 증가를 막기 어렵다면, 사법공무원으로서 공증기능을 수행하는 법원사무관 등338)이나 사법보좌관의 활용도 함께 검토해볼 수 있다.

V. 결어: 검토결과의 정리

비교·연혁적 관점으로부터, 공유물분할청구권과 재판상 분할방법에 관한 기존 규율은 로마법의 영향을 받은 19세기 초반 프랑스의 개인주의적 사고방식 및 이에 기반한 불분할물, 즉 공유물에 대한 부정적 사고와 현물 중심의 평등추구적 관념으로부터 적지 않은 영향을 받았음을 알 수 있었다. 그러나 이후 위와 같은 사고나 관념에서 벗어난 서구의 입법례가 성문화되어 해당 국가 나름의 규율이 마련되었다. 이러한 후발적 입법례의 규율 취지나 내용의 관점에서 보면, 부분적으로나마, 우리의 기존 규율 내용이 과연 타당한지 하는 의구심이나, 그 내용 중 다소 모호한 부분에 대한 의문을 불식하기 어려웠다.

우리가 규율하여야 하는 현대 사회에서의 공유관계는 더 이상 달갑지 않은, 조속히 분할되어야 할 유체물을 분리·해체하기 위한, 부득이한 임시적·이례적 관계가 아니다. 규율의 대상을 바라보는 시야를 분리, 해체되었어야 할 물건만이 아닌 그 대상물에 지분권을 가진 공유자들과 그들 사이의 관계로까지 넓혀야 한다. 이러한 사고를 바탕으로 이 글에서는, 공유물분할청구권의 근거와 의미, 사실심법원의 재판상 분할방법에 관한 재량의 보유 여부 및 그 의미, 행사규준 등을 검토하여 다음과 같은 결론에 도달하였다.

먼저, 공유자들 사이의 내부관계에서는, 그 성립원인과 무관하게, 각자의 지

337) Wüst(주 64), S. 64 참조.

338) 민사소송법상 "법원사무관등"을 가리킨다. 민사소송법 제40조 제2항 참조. 그 밖에 법원사무관등의 공증기능에 대해서는 이시윤(주 10), 77면; 정동윤·유병현·김경욱(주 10), 102면 등 참조.

분권에 기초하여 공유 대상물의 점유, 이용, 관리, 보존 등에 관한 민법 규정에 따른 법정채권관계가 발생한다. 물론, 공유자들 사이에 별도의 약정이나 협의가 있다면 그에 따른 채권관계가 성립한다. 이러한 법률관계는 공유지분을 가지는 한 계속적으로 존속하여 각 공유자를 구속하므로, 각 공유자는 언제라도 일방적 의사표시로써 이러한 계속적·대인적 권리·의무관계를 해소할 권리를 가진다. 공유물분할청구권은 이러한 계속적 공유관계의 해소를 위한 규범적 수단, 즉 형성권으로서 민법에 규정되어 있다. 이러한 공유물분할청구권의 행사는 분할금지약정이나 법률에 규정되어 있는 사유 외에는, 원칙적으로 제한할 수 없다. 다만, 형성권 행사가 신의칙 또는 권리남용 규정에 근거하여 제한될 여지는 있다. 그러나 공유자가 해소권을 행사할 수 있는 지위나 해소권 행사로 인한 법률관계의 존부를 별도의 소로써 확인받을 이익은 인정하기 어렵다. 그러한 지위나 법률관계의 존부는 공유물분할청구소송에서 다루어질 것이다.

다음으로, 공유물을 재판상 분할할 때에도, 사실심법원이 해당 공유관계에 가장 적합하고 타당한 분할방법을 모색, 선택할 수 있는 형성적 재량권을 가지고 있어야 한다. 공유물의 가치유지, 공유자 사이의 가치균등 실현, 제3자의 정당한 이익 보호를 사실심법원의 형성적 재량권 행사에 관한 기본원칙(규준)으로 제시할 수 있다. 공유관계 청산이라는 분할절차의 목적과 이를 구현한 위 기본원칙의 준수, 모색한 분할방법의 목적적합성과 상당성 확보 외에는, 사실심법원의 분할방법 모색·선택에 관한 형성적 재량을 제한하지 않는 규율이 필요하다. 이러한 관점에서 민법 제269조 제2항의 규율은 다른 모든 분할방법에 대한 현물분할의 우선성을 제시한 것이라기보다는, 경매를 통한 대금분할 자체의 성질과 위 기본원칙 준수 필요성을 고려하여 대금분할을 위한 경매명령 방법의 모색·선택에 관한 제한요건을 둔 것으로 봄이 타당하다.

한편, 민법이나 민사소송법 등 절차법에는 재판상 공유물분할 절차에 관한 별도의 특유 규정을 두고 있지 않다. 재판절차에는 쟁송적 사항에 관한 심리도 포함되어 있으므로, 기본적으로는 민사소송절차에 따라야 하지만, 분할방법의 모색·수정·선택을 위해서는 절차유연화가 필요하고, 이를 위하여 현행 민사소송법이 정한 직권주의 요소와 변론준비절차 규정도 적극 활용할 필요가 있다. 소송제도와 어울리지 않는 비송사건절차법 규정을 함부로 (유추) 적용하는 일은 피해야 한다. 다만, 현행 규율은 공유물분할 사건을 담당한 법원에 과도한 부담을 주고, 원활한 절차진행에 어려움을 초래한다. 이러한 문제를 극복하기 위해, 보조인력을 활용한 재판상 공유물분할 절차의 새로운 구성을 입법론적 개선책으로 검토할 필요가 있다.

참고문헌

1. 국내문헌

곽윤직・김재형, 물권법[민법강의 II], 제8판, 박영사(2016).

김기선, 신물권법, 민중서관(1958).

김용한, 물권법론, 박영사(1980).

김증한・김학동, 물권법(제9판), 박영사(1998).

남효순・이동진・이계정, 공동소유에 관한 연구, 박영사(2020).

양창수・권영준, 권리의 변동과 구제(제3판), 박영사(2017).

이시윤, 신민사소송법(제13판), 박영사(2019).

정동윤・유병현・김경욱, 민사소송법(제7판), 법문사(2019).

지원림, 민법강의, 제19판, 홍문사(2021).

현승종・조규창, 로마법, 법문사(1996).

강현중, "형식적형성소송에 관한 약간의 고찰 -실무적 견지에서-", 저스티스(제42호), 한국법학원(1997).

김소영, "공유물분할의 소에 대하여", 사법논집(제24집), 법원행정처(1993).

김황식, "공유물분할의 소는 형성의 소인가? -공유물분할판결의 효력과 그 등기방법을 중심으로-", 민사재판의 제문제(오당박우동선생화갑기념, 제8권), 민사실무연구회(1994).

남궁술, "프랑스 민법상 상속재산분할의 진행에 관한 연구 -2006년 개정민법을 중심으로-", 민사법학(제59호), 한국민사법학회(2012).

______, "프랑스 민법상 상속재산의 분할청구권과 그 행사의 제한에 대한 일고", 법학연구(제27권 제1호), 경상대학교 법학연구소(2019).

남성민, "공유물 분할소송의 심리", 재판실무연구, 광주지방법원(2010).

남효순, "공유물에 대한 관리행위(관리결정)의 승계여부 -물권 및 물권적 청구권 개념에 대한 새로운 이해의 단초3, 대판 2009. 12. 10. 선고 2009다54294

을 중심으로-”, 저스티스(제144호), 한국법학원(2014).

문영화, “공유물분할소송의 소송물”, 성균관법학(제28권 제3호), 성균관대학교 법학연구원(2016).

박일환, “공유물의 분할방법”, 대법원판례해설(제14호), 법원도서관(1990).

양창수, “공유물분할판결에 기한 분할등기에 관한 종전의 등기선례와 그 문제점”, 민법연구(제9권), 박영사(2007).

여하윤, “공유물분할청구권의 대위행사 허용 여부”, 비교사법(통권84호), 한국비교사법학회(2019).

집필대표 김증한, 학설판례 주석민법(상), 한국사법행정학회(1972).

집필대표 고상룡, 민법판례해설 II[물권법], 경세원(1992).

편집대표 곽윤직, 민법주해(V), 물권(2), 박영사(1992).

편집대표 김용덕, 주석 민법[물권 2], 제5판, 한국사법행정학회(2019).

편집대표 민일영, 주석 민사소송법(III), 제8판, 한국사법행정학회(2018).

민법안심의록(상권), 민의원 법제사법위원회 민법안심의소위원회 편(1957).

법원실무제요[가사 II], 법원행정처(2010).

____________[비송], 법원행정처(2014).

____________[민사집행 II], 법원행정처(2020).

____________[민사집행 V], 법원행정처(2020).

2. 외국문헌

Behrends, Okko/Knütel, Rolf/Kupisch, Berthold/Seiler, Hans Hermann(Hrsg.), Corpus Iuris Civilis. Die Institutionen, Text und Übersetzung, Bd. I, C. F. Müller(1990).

Bohnet, François, Actions civiles, Vol. I: CC ET LP, 2° édition, Helbing Lichtenhahn(2019).

Esser, Josef/Schmidt, Eike, Schuldrecht, Bd. I, Allgemeiner Teil Teilbd., 8.Aufl, C.

F. Müller Verlag(2000).

Ferid, Murad, Das Französische Zivilrecht, Bd. 3 Familienrecht · Erbrecht, 2.Aufl., Verlagsgesellschaft Recht und Wirtschaft GmbH(1987).

___________/Sonnenberger, Hans Jürgen, Das Französische Zivilrecht, Bd. 2 Schuldrecht: Die einzelnen Schuldverhältnisse, Sachenrecht, 2.Aufl., Verlagsgesellschaft Recht und Wirtschaft mbH(1986).

Gierke, Otto von, Personengemeinschaften und Vermögensinbegriffe in dem Entwurfe eines Bürgerlichen Gesetzbuches für das Deutsche Reich, Guttentag(1889).

Heath, Christopher/Petersen, Anja, Das japanische Zivilprozeßrecht, Mohr Siebeck(2002).

Honsell, Heinrich, Römisches Recht, 4.Aufl, Springer(1997).

Jörs, Paul/Kunkel Wolfgang/Wenger Leopold, Römisches Recht, 4.Aufl, Springer(2013).

Kaser, Max, Das Römische Privatrecht, Erster Abschnitt, 2.Aufl., C. H. Beck(1971).

Mazeaud, Henri et Léon/Mazeaud, Jean/Chabas, François, Leçons de droit civil, t. IV., 2ème vol., Successions-Libéralités, 5ème éd., par Laurent et Sabine Leveneur, Montchrestien(1999).

Rechberger, Walter H./Simotta, Daphne-Ariane, Grundriss des österreichischen Zivilprozessrechts, Erkenntnisverfahren, 8.Aufl., Manz(2010).

Schlosser, Peter, Gestaltungsklagen und Gestaltunsurteil, Verlag Ernst und Werner Gieseking(1966).

Schnorr, Randolf, Die Gemeinschaft nach Bruchteilen(§§741-758 BGB), Mohr Siebeck(2004).

Simonius, Paskal/Sutter, Thomas, Schweizerisches Immobiliarsachenrecht, Bd. I, Verlag Helbing & Lichtenhahn(1995).

Sutter-Somm, Thomas, Sachenrecht, Eigentum und Bestiz, Bd. V/1(Schweizerisches Privatrecht), 2.Aufl., Helbing Lichtenhahn Verlag(2014).

Terré, François/Lequette, Yves/Gaudemet, Sophie, Driot Civil, Les successions, Les libéralités, 4e édition, Dalloz(2013).

Wüst, Günter, Die Gemienschaftsteilung als methodisches Problem, C. F. Müller(1956).

Possa, Philipp/Kreutz, Denise, „Verwertung Miteigentümeranteil aufgrund gerichtlicher Anordnung", in: Jusletter(19. Marz 2007).

Angst, Peter/Jakusch, Werner/Mohr, Franz(Hrsg.), Exekutionsordnung(EO)(f. Österreich), 15.Aufl., Manz(2012).

Historisch-kritischer Kommentar zum BGB, Bd. III: Schuldrecht, Besonderer Teil 2. Teilbd.: §§657 - 853, Tübingen(2013).

Honsell, Heinrich/Vogt, Nedim Peter/Geiser, Thomas(Hrsg.), Baseler Komentar, Zivilgesetzbuch, Bd. II, 5.Aufl., Helbing Lichtenhahn Verlag(2015).

Jauernig, Othmar/Stürnerm Rolf(Hrsg.), Bürgerliches Gesetzbuch, 18. Aufl., C. H. Beck(2021).

Koziol, Helmut/Bydlinski, Peter/Bollenberger, Raimund(Hrsg.), ABGB Kommentar, Springer(2005).

Meier-Hayoz, Arthur (zugleich Hrsg.), Berner Kommentar zum schweizerischen Privatrecht, Bd. IV, Das Sachenrecht, 1. Abteilung: Das Eigentum, 1. Teilbd.: Systematischer Teil und Allgemeine Bestimmungen, Artikel 641 - 654 ZGB, Verlag Stämpfli & Cie(1966).

Münchener Kommentar zum BGB, Bd. 7-8, 8.Aufl., C. H. Beck(2020).

Rummel, Peter(Hrgs.), Kommentar zum Allgemeinen bürgerlichen Gesetzbuch, Bd. 1(§§1-894), 3.Aufl., Manz(2000).

Schwimann, Michael(Hrsg.), Praxiskommentar zum ABGB, 2. Aufl., Bd. 3, Verlag Orac(1997).

J. von Staudingers Kommentar zum BGB, Buch 2 · Recht der Schuldverhältnisse, §§741-764, Seiler - de Gruyter(2015).

Bundestagsdrucksache 15/1508, Deutscher Bundestag 15. Wahlperiode(2003).

Jakobs, Horst Heinrich/Schubert, Werner(Hrsg.), Die Beratung des Bürgerlichen Gesetzbuchs, Walter de Gruyter(1983).

Mugdan, Benno(Hrsg. u. bearb.), Die Gesamten Materialien zum Bürgerlichen

Gesetzbuch für das detusche Reich, Bd. 2, Scientia Verlag Aalen(1979).

Rapport de l'Assemblée nationale n° 2850, portant réforme des successions et libéralités, présenté par M. le Député Sébastien Huyghe(2006).

井上正一, 日本立法資料全集: 別卷 59, 民法 [明治23年] 正義 財産取得編 卷之參, 信山社(1995).

川島武宜, 民法 I 總論・物權, 有斐閣(1960).

北川善太郎, 物權(民法講義 II), 有斐閣(1993).

熊野敏三, 日本立法資料全集: 別卷 57, 民法 [明治23年] 正義 財産取得編 卷之壹, 信山社(1995).

高橋宏志, 重点講義民事訴訟法(上), 有斐閣(2011).

末弘嚴太郎, 物權法(上卷), 有斐閣(1926).

新堂幸司, 新民事訴訟法(第6版), 弘文堂(2019).

鈴木祿彌, 物權法講義, 創文社(1978).

前田達明 編, 史料民法典, 成文堂(2004).

松波仁一郎,・仁保龜松・仁井田益太郎, 帝國民法[明治29年]正解(第4卷. 物權), 日本立法資料全集 別卷; 98, 信山社(1997).

松本博之・上野泰男, 民事訴訟法(第7版), 弘文堂(2015).

我妻榮, 物權法[民法講義 II], 巖波書店(1957).

----- ・有泉亨・清水誠・田山輝明, コンメンタール民法, 總則・物權・債權. 第2版追補版, 日本評論社(2010).

大江毅, "共有物分割訴訟に關する史的考察 — 民法二五八條制定過程を中心にして —", 阪大法學(53卷 2号), 大阪大學大學院法學研究科(2003).

坂井智典, "裁判による共有物の分割に關する一考察, 廣島法學(40卷 2号)", 廣島大學法學會(2016).

奈良次郎, "「形式的形成訴訟」 の特色についての考察", 判例タイムズ(No. 908), 判例タイムズ社(1996).

遠藤浩・水本浩・北川善太郎・伊藤滋夫, 民法注解 財産法(第1卷) 民法總則, 青林書院(1989).

編集代表 谷口知平 外, 新版 注釋民法(7), 物權(2), 有斐閣(2007).

法務大臣官房司法法制調查部監修, 日本近代立法資料叢書2, 法典調查會民法議事速記錄二(第27回-第55回), 商事法務研究會(1984).

'소송승계 이론'에 입각한 민사소송법 제81조 해석론의 재검토*

- 승계참가 후 피승계인이 탈퇴하지 않은 경우의 소송관계와 관련하여 -

아주대 법학전문대학원 교수 곽 희 경

[요 약]

민사소송법 제81조에 따른 승계참가는 종래 '소송승계'의 한 유형으로 설명되면서도 실무상 많은 점에서 독립당사자참가와 유사하게 취급되어 왔다. 승계참가 후 피승계인이 탈퇴하지 않는 경우의 소송구조에 관하여 종래 해석론에 의하면 피승계인이 승계사실을 다투는 경우에는 독립당사자참가에 준한다고 보는 반면, 피승계인이 승계사실을 다투지 않는 경우에는 통상공동소송관계로 보았으나, 2019년 대법원 2012다46170 전원합의체 판결에 의해 후자의 경우에도 독립당사자참가와 같이 취급하게 되었다.

종래의 해석론은 일본 법학의 통설로 받아들여진 兼子一의 '소송승계론'에 따른 것이다. 그러나 兼子一의 소송승계론은 '소송승계'와 '독립당사자참가'라는 본질적으로 다른 두 제도를 승계참가 규정 해석론에 끌어들임으로써 이론상 자기모순을 안고 있을 뿐만 아니라, 독일 민사소송법 제265조의 소송물 양도 이론을 차용하는 과정에서 소송승계의 범위를 '당사자 교체'의 경우를 넘어서 '당사자 추가'의 경우에까지 부당하게 확대하였다.

소송계속 중의 소송물 양도와 관련한 '소송희생주의'나 '당사자항정주의'가 가지는 문제점 및 '소송승계주의'의 장점을 고려할 때 법 제81조의 해석론으로써 일정한 범위에서 소송승계를 인정할 필요성은 있으나, 그 범위는 당사자의 '교체'가 일어나는 경우, 즉 승계참가 후 피승계인이 '탈퇴'한 경우로 한정된다고 보아야 한다.

* 본 논문은 2022. 3. 14. 민사실무연구회 제431회 연구발표회에서 발표한 글을 수정・보완한 것으로, 저스티스 통권 제190호(2022. 6.)에 게재되었다. 발표 당시 지정토론을 맡아 주신 현의선 대법원 재판연구관님, 임정윤 대법원 재판연구관님께 감사드린다.

권리승계형 승계참가는 '권리자 합일확정'을 위한 소송형태로서, 원래 독립당사자참가 중 권리주장참가에 속한다. 승계참가 후 피승계인이 탈퇴한 경우에는 소송승계가 일어나고 공동소송관계가 발생하지 않지만, 피승계인이 탈퇴하지 않는 경우에는 피승계인이 승계사실을 다투는지 여부를 불문하고 소송승계는 일어나지 않고 공동소송관계가 발생하며, 그 소송형태는 독립당사자참가소송이다.

의무승계형 승계참가는 '의무자 합일확정'을 위한 소송형태로서, 원래는 독립당사자참가와 무관하나 1990년 민사소송법 개정을 통해 독립당사자참가의 일종인 권리승계형 승계참가와 동일하게 규율되었다. 입법론은 별론으로 하고 해석론으로는 의무승계형 승계참가를 권리승계형 승계참가와 동일하게 취급하여야 하므로, 의무승계형 승계참가에서도 피승계인이 탈퇴하면 소송승계가 일어나지만 피승계인이 탈퇴하지 않으면 소송승계는 일어나지 않고 독립당사자참가소송과 같이 취급하여야 한다. 의무승계인도 승계참가함에 있어 독자적인 청구(의무부존재확인청구 등)를 세워야 한다. 의무승계인이 독자적인 청구를 세우지 않으면 그 참가신청은 부적법하여 판결로 각하되어야 한다. 의무승계형 승계참가의 경우 법 제81조에서 정하는 '참가인의 참가신청'에 따른 시효중단·기간준수 효력의 소급효는 적용되지 않지만, 소송승계 이론 또는 민법 제169조에 의해 '원고의 소제기'에 따른 시효중단·기간준수의 효력은 의무승계참가인에게 미친다.

검색용 주제어 : 승계참가, 소송승계, 독립당사자참가, 소송탈퇴, 소송물 양도

目 次

Ⅰ. 들어가며
1. '권리승계형' 승계참가에 관한 2019년 대법원 전원합의체 판결의 의미
2. 2019년 대법원 전원합의체 판결 이유에 관한 의문점
3. '의무승계형' 승계참가의 문제
4. 논의의 순서

Ⅱ. 승계참가에 관한 기존의 해석론
1. '소송승계 이론'에 따른 승계참가의 성격
2. '독립당사자참가 규정'에 따른 승계참가의 실무상 취급
3. '소송승계 이론'에 따른 승계참가의 효과

Ⅲ. 승계참가에 관한 기존 해석론의 문제점
1. 승계참가와 독립당사자참가의 관계
2. 소송승계와 독립당사자참가의 본질적 차이
3. '소송승계'를 인정할 법률상 근거

Ⅳ. 승계참가에 관한 기존 해석론의 형성 배경: 兼子一의 '소송승계론'

Ⅴ. 승계참가에 관한 새로운 해석의 필요성
1. 兼子一의 '소송승계론'의 이론상 문제점
2. '피승계인이 다투는지' 여부에 따른 이원적 취급의 문제점
3. 2019년 대법원 전원합의체 판결에 따른 변화

Ⅵ. '권리승계형'승계참가에 관한 새로운 해석론의 제시: 피승계인의 탈퇴 여부에 따른 이원적 취급
1. '소송승계 이론'의 전면적 배제 가능성
2. '소송승계 이론'의 유지 필요성
3. 새로운 해석기준의 제시
4. 새로운 기준에 따른 권리승계형 승계참가의 소송상 취급

Ⅶ. 새로운 해석론에 의할 때'의무승계형'승계참가의 소송상 취급

1. 새로운 형태의 후발적 당사자변경 제도의 도입
2. 입법론상의 문제
3. 의무승계형 승계참가의 소송상 취급: 피승계인의 탈퇴 여부에 따른 이원적 취급
4. 의무승계인의 독자적 청구가 필요한지 여부
5. 시효중단·기간준수의 소급효 적용 여부
Ⅷ. 마치며
1. 논의의 요약
2. 첨언: 2019년 대법원 전원합의체 판결 및 향후 재판실무에 관한 의견

Ⅰ. 들어가며

1. '권리승계형' 승계참가에 관한 2019년 대법원 전원합의체 판결의 의미

민사소송법[1] 제81조는 '승계인[2]의 소송참가'라는 표제 하에 "소송이 법원에 계속되어 있는 동안에 제3자가 소송목적인 권리 또는 의무의 전부나 일부를 승계하였다고 주장하며 제79조[3]의 규정에 따라 소송에 참가한 경우 그 참가는 소송이 법원에 처음 계속된 때에 소급하여 시효의 중단 또는 법률상 기간준수의 효력이 생긴다."라고 규정한다. 이 규정에 따른 소송참가를 '승계참가'라고 부르고 있고, 승계참가는 그 승계의 대상이 권리인지 의무인지에 따라 '권리승계형' 승계참가와 '의무승계형' 승계참가로 나뉜다.

대법원 2019. 10. 23. 선고 2012다46170 전원합의체 판결은 권리승계형 승계

1) 이하 법명을 따로 표시하지 않으면 '민사소송법'을 의미한다.
2) 여기서의 '승계인'은 소송목적인 권리 등을 승계(양수)하였다고 '주장'하는 자를 의미하고, 반드시 '실체법상의 진정한 승계인'을 의미하는 것은 아니다. 법 제81조는 소송목적인 권리 등을 승계하였다고 '주장'하며 참가할 것을 정하고 있고, 승계사실의 인정 여부는 본안 판단 단계에서 가려지기 때문이다. 승계참가와 관련하여 소송목적인 권리 등을 양도하였다고 (승계참가인에 의해) 주장되는 자(통상 권리승계의 경우에는 '원고', 의무승계의 경우에는 '피고'가 될 것이다)를 '피참가인', '전주(前主)', '피승계인' 등으로 표현하고 있는데, 승계참가는 '독립당사자참가' 규정에 따른 참가이므로 '피참가인'이라는 표현은 기존 소송의 원·피고 둘 다를 의미할 수 있다는 점에서 혼동을 줄 수 있고, '전주(前主)'라는 표현은 정식 법률용어나 일상에서 통용되는 용어가 아니어서 부적절하다. 이 글에서는 편의상 법 제81조에 따라 소송목적인 권리 등을 양수하였다고 '주장'하면서 참가한 자를 '승계인', 그 권리 등을 양도하였다고 '주장'되는 자를 '피승계인'이라고 지칭한다(이는 법 제81조에 따른 승계참가에 있어서의 승계인·피승계인이라는 의미일 뿐, 실체법상 진정한 승계인·피승계인이라는 의미는 아니다). 법 제81조, 제82조의 '승계인' 용어에 관한 유사한 취지의 서술로는 문영화, "소송승계와 탈퇴의 효력", 민사소송 제20권 제1호(2016. 5.), 200면 참조.
3) 제79조(독립당사자참가) ① 소송목적의 전부나 일부가 자기의 권리라고 주장하거나, 소송결과에 따라 권리가 침해된다고 주장하는 제3자는 당사자의 양 쪽 또는 한 쪽을 상대방으로 하여 당사자로서 소송에 참가할 수 있다.
② 제1항의 경우에는 제67조 및 제72조의 규정을 준용한다.

참가와 관련하여 "소송계속 중 제3자가 민사소송법 제81조에 따라 소송에 참가한 후 원고가 참가인의 승계 여부에 대해 다투지 않으면서도 소송탈퇴, 소 취하 등을 하지 않거나 이에 대하여 피고가 부동의하여 원고가 소송에 남아 있는 경우, 승계로 인해 중첩된 원고와 원고 승계참가인의 청구 사이에 필수적 공동소송에 관한 민사소송법 제67조[4]가 적용된다"고 판시하였다.

종래 대법원 판례는 권리승계형 승계참가에서 원고가 승계 여부를 다투지 않는 경우 삼면소송관계가 성립하지 않아 (필수적 공동소송의 특별규정이 준용되는) 독립당사자참가와 소송구조에 차이가 있다는 점에서, 원고와 승계참가인의 관계에 관하여 '통상공동소송'으로 보았다.[5]

그런데 위 전원합의체 판결은 ① 2002년 개정된 민사소송법(2002. 1. 26. 법률 제6626호)은 편면적 독립당사자참가소송을 허용하고 예비적·선택적 공동소송을 신설하였는데, 피참가인이 탈퇴하지 않은 권리승계형 승계참가 소송의 구조는 '원고의 청구와 승계참가인의 청구가 주장 자체로 법률상 양립할 수 없는 관계에 있다'는 점에서 편면적 독립당사자참가소송이나 예비적·선택적 공동소송과 유사한 점, ② 권리승계형 승계참가의 경우에도 원고의 청구가 그대로 유지되고 있는 한 독립당사자참가소송이나 예비적·선택적 공동소송과 마찬가지로 두 청구에 대한 판단의 모순·저촉을 방지하고 이를 합일적으로 확정할 필요성이 있는 점, ③ 법 제81조는 승계인이 독립당사자참가에 관한 제79조에 따라 소송에 참가할 것을 정하는데, 제79조 제2항에서 필수적 공동소송에 관한 특칙인 제67조를 준용하고 있으므로, 제81조는 승계참가에 관하여도 필수적 공동소송에 관한 특별규정을 준용할 근거가 된다고 할 수 있는 점 등을 들어, 2002년 법개정 후 피참가인인 원고가 승계 여부에 대하여 다투지 않고 탈퇴하지도 않은 채 소송절차에 남아 있는 경우 원고의 청구와 승계참가인의 청구가 통상공동소송 관계에 있다는 취지로 판단한 대법원 판결들을

4) 제67조(필수적 공동소송에 대한 특별규정) ① 소송목적이 공동소송인 모두에게 합일적으로 확정되어야 할 공동소송의 경우에 공동소송인 가운데 한 사람의 소송행위는 모두의 이익을 위하여서만 효력을 가진다.
② 제1항의 공동소송에서 공동소송인 가운데 한 사람에 대한 상대방의 소송행위는 공동소송인 모두에게 효력이 미친다.
③ 제1항의 공동소송에서 공동소송인 가운데 한 사람에게 소송절차를 중단 또는 중지하여야 할 이유가 있는 경우 그 중단 또는 중지는 모두에게 효력이 미친다.

5) 대판 2009. 12. 24, 2009다65850; 대판 2014. 10. 30, 2011다113455·113462 등.

모두 변경하였다.[6)]

2. 2019년 대법원 전원합의체 판결 이유에 관한 의문점

위 전원합의체 판결의 이유를 살펴보면, 2002년 민사소송법 개정으로 새롭게 도입된 편면적 독립당사자참가소송 및 예비적·선택적 공동소송과 승계참가소송 사이의 유사성을 논증하는 데에 상당한 비중을 두고 있음을 알 수 있다. 그런데 '소송구조의 유사성'만으로 명문의 근거 규정 없이 필수적 공동소송에 관한 특별규정을 적용하는 것이 가능한가 하는 의문이 생긴다. 법 제66조, 제67조의 해석상 공동소송은 각 공동소송인의 지위가 독립된 통상공동소송이 원칙이고, '합일확정의 필요성'이 있는 경우에만 필수적 공동소송이 되어 재판 결과의 합일확정을 위하여 소송자료의 통일(주장 및 증거 공통) 및 소송진행의 통일(변론, 판결, 심급 공통)을 규정한 법 제67조의 심리 특칙이 적용된다고 보는 것이 타당하기 때문이다(법 제67조의 표제도 '필수적 공동소송에 대한 특별규정'이라고 명시하고 있다).[7)]

---

6) 위 전원합의체 판결에 대해서는 찬성하는 견해가 많지만[강현중, "피참가인이 승계참가를 다투지도 않고 소송에서 탈퇴하지도 않는 경우 승계참가인과 피참가인의 소송관계 -대법원 2019. 10. 23. 선고 2012다46177 전원합의체 판결-", 법률신문, 2020. 2. 17.; 김경욱, "2019년 민사소송법 중요 판례 분석", 안암법학 제60호(2020. 5.), 367면 이하; 이시윤, 신민사소송법(제15판), 박영사, 2021, 839면; 이지영, "권리승계형 승계참가 사건에서 승계로 인해 중첩된 원고와 승계참가인의 청구 사이의 소송관계", 사법 51호(2020. 3.), 615면 이하; 장재형, "권리승계형 승계참가와 민사소송법 제67조의 준용", 판례연구 제34집 1권(2020), 70면 이하; 정동윤/유병현/김경욱, 민사소송법(제8판), 법문사, 2020, 1119면; 최환주, "2019년 민사소송법 중요판례평석", 인권과 정의 통권 제489권(2020. 4.), 489면 이하], 다른 한편 ① 피승계인이 승계사실을 다투지 않는 경우에는 편면적 독립당사자참가의 성격도 가질 수 없고, 예비적·선택적 공동소송은 당사자가 신청하지 않는 한 인정될 수 없다는 점[한충수, "참가승계와 필수적 공동소송의 심리특칙", 법조 제69권 제2호(통권 740호)(2020. 4.), 531면 이하], ② 공동소송의 형태는 병합청구의 객관적 성질이 아니라 당사자의 의사에 따라 정해져야 하는데, 피승계인이 승계사실을 다툴 의사가 없는 경우에는 독립당사자참가와 소송구조상 차이가 있고 원고의 신청이 없는 한 예비적 공동소송으로 취급하는 것도 무리가 있다는 점[이태영, "권리승계형 참가승계의 소송관계", 강원법학 제63권(2021. 5.), 243면 이하], ③ 승계참가는 독립당사자참가 및 예비적·선택적 공동소송과 제도적 성격이 달라 석명을 통해 공동소송의 형태를 변경하지 않는 한 통상공동소송관계로 보아야 한다는 점[곽승구, "승계참가인과 피참가인의 소송관계에 관한 연구", 홍익법학 제22권 제1호(2021. 2.), 361면 이하] 등을 이유로 반대하는 견해도 있다.

7) 주주총회결의 부존재·무효 확인의 소를 여러 사람이 공동으로 제기한 경우 법 제67조가 적용되는 필수적 공동소송에 해당하는지의 문제에 관하여 최근 선고된 대법원 전원합의체 2021. 7. 22. 선고 2020다284977 전원합의체 판결의 별개의견도 위와 같은 입장을 취하고 있다. 반면, 위 2021년 전원합의체 판결의 다수의견에 대한 보충의견은 "공동소송에서 반드시 통상공동소송이 원칙이고 필수적 공동소송은 이러한 원칙에서 벗어난 예외적인 형태라는 별개의견의 기본 전제에는 찬성하기 어렵다"라고 하고 있으나, 이 점에 관하여는 별개의견이 타당하다고 생각한다(다만 위 사건의 결론에 있어서는 여러 사람이 공동으로

대법원도 이러한 의문이 제기될 수 있다는 점을 의식한 듯, 판결이유 말미에 '독립당사자참가에 관한 제79조에 따라 소송에 참가할 것을 정하고 있는 법 제81조가 승계참가에 관하여 필수적 공동소송에 관한 특별규정을 준용할 근거가 된다고 할 수 있다'고 덧붙이고 있다(다만 그렇게 보는 이론적 근거에 대해서는 구체적으로 밝히고 있지 않다). 그러나 법 제81조의 문언만으로는 승계참가소송에 필수적 공동소송에 관한 특별규정을 준용한다는 취지인지 여부가 명확하지 않다. 오히려 승계참가와 독립당사자참가는 소송구조상 차이(참가인과 피참가인 사이의 이해대립 유무 등)가 있다는 점을 들어 법 제81조는 '참가신청의 방식'만을 독립당사자참가의 예에 따른다는 의미로 해석하는 견해도 많다.[8)]

나아가 위 전원합의체 판결은 승계참가소송에 법 제67조가 '적용'된다고 판시하고 있으나, 민사소송법상 제67조가 '적용'되는 것은 '필수적 공동소송' 한 가지 뿐이고, 독립당사자참가소송(법 제79조 제2항) 및 예비적·선택적 공동소송(법 제70조 제1항)에는 법 제67조가 '준용'된다. 위 판결이 용어를 엄밀하게 구별하지 아니하여 '준용' 또는 '유추적용'이라고 할 것을 '적용'이라고 하였다고 이해해 보더라도, 판례 사안에서 승계참가소송이 소송상 아무런 조치 없이 바로 독립당사자참가소송 또는 예비적·선택적 공동소송으로 되어 법 제79조 제2항 또는 법 제70조 제1항 본문이 직접 '적용'된 결과 법 제67조가 '준용'된다는 것인지, 아니면 독립당사자참가소송 또는 예비적·선택적 공동소송과의 '유사성'을 이유로 그에 관한 법리가 '유추적용'된다는 것인지가 불명확하다.[9)]

제기한 주주총회결의 부존재·무효 확인청구소송을 필수적 공동소송으로 본 다수견해가 타당하다고 생각하나, 이러한 논점은 이 논문의 주제에서 벗어나므로 구체적으로 다루지 않는다).

8) 김홍엽, 민사소송법(제10판), 박영사, 2021, 1193면; 민일영 편집대표, 주석 민사소송법(I)(제8판), 한국사법행정학회, 2018, 639면(장석조 집필부분); 박재완, 민사소송법강의(제4판), 박영사, 2021, 653면; 법원행정처, 법원실무제요 민사소송[1], 박영사, 2017, 402면; 이시윤, 앞의 책(주 6), 836면; 이태영, 앞의 논문(주 6), 267면; 전원열, 민사소송법 강의(제2판), 박영사, 2021, 683면; 한충수, 앞의 논문(주 6), 543면.

9) 대법관 민유숙의 보충의견의 다음과 같은 서술은 후자에 가까운 것으로 보인다: "법원은 민사소송법 제136조에 따라 소송관계를 분명하게 하기 위하여 원고와 승계참가인으로 하여금 그들의 청구가 어떤 관계에 있는지 분명히 하도록 석명하는 것이 바람직하다. 원고와 승계참가인이 자신들의 청구취지와 청구원인을 예비적·선택적 공동소송으로 변경하는 경우 예비적·선택적 공동소송 절차에 따라 소송을 진행하여야 한다. 그렇지 않은 경우에는 원고와 승계참가인의 청구는 편면적 독립당사자참가소송과 유사한 구조로 보아 향후 소송관계를 그에 준하여 처리할 수 있을 것이다."

3. '의무승계형' 승계참가의 문제

위 전원합의체 판결은 '권리승계형' 승계참가소송에 관한 것이다. 그런데 '의무승계형' 승계참가소송에서도 피승계인이 탈퇴하지 않고 소송절차에 남아 있는 경우가 있을 수 있고, 그러한 경우에 참가인과 피참가인의 관계를 어떻게 볼 것인지의 문제는 위 전원합의체 판결이 나온 이후에도 여전히 규명되지 않은 채 남아 있다. '권리승계형' 승계참가소송은 1960년 민사소송법 제정 당시부터 있었던 제도임에 비해 '의무승계형' 승계참가소송은 1990년 개정법에 의해 도입된 것으로,[10] 이에 관한 실무례나 해석론이 충분히 축적되어 있지 않은 상황이다.[11]

4. 논의의 순서

2019년 대법원 전원합의체 판결에 관한 위와 같은 의문점, 그리고 위 전원합의체 판결 이후에도 해결되지 않고 남아 있는 '의무승계형' 승계참가의 소송구조에 관한 문제를 해결하기 위해서는, 무엇보다도 법 제81조에 따른 승계참가제도의 본질에 대한 탐구가 필요가 있다.

이하에서는 먼저 승계참가에 관한 기존의 해석론에 대해 살펴보고(II.항), 기존 해석론이 가지고 있는 문제점(III.항)과, 그러한 문제점에도 불구하고 기존 해석론이 형성·유지되어 온 배경(IV.항), 나아가 승계참가에 관하여 새로운 해석론이 필요한 이유(V.항)에 대해 살펴본다. 이어서 '권리승계형' 승계참가에

---

10) 1990. 1. 13. 법률 제4201호로 개정되기 전후의 법 제74조(현행법 제81조) 규정은 다음과 같다.

개정 전	개정 후
第74조 (**권리승계인**의 소송참가) 소송의 계속중 그 소송의 목적된 **권리**의 전부나 일부를 양수하였음을 주장하고 제72조의 규정에 의하여 소송에 참가한 때에는 그 참가는 소송이 계속된 시초에 소급하여 시효의 중단 또는 법률상의 기간준수의 효력이 생긴다.	第74조 (**승계인**의 소송참가) 소송의 계속중 그 소송의 목적인 **권리 또는 의무**의 전부나 일부를 승계하였음을 주장하고 제72조의 규정에 의하여 소송에 참가한 때에는 그 참가는 소송이 계속된 시초에 소급하여 시효의 중단 또는 법률상의 기간준수의 효력이 생긴다.

11) 일본에서는 의무승계형 승계참가의 경우에도 권리승계형 승계참가와 마찬가지로 필수적 공동소송에 관한 특별규정이 준용된다고 해석되고 있으나{秋山幹男 [外]著, (コンメンタ-ル)民事訴訟法 1: 民事訴訟法概説(第1編/總則/第1-3章), 日本評論社, 2014, 504면}, 우리나라 문헌 중 의무승계형 승계참가의 소송구조에 관하여 다루고 있는 것은 보이지 않는다.

관한 새로운 해석론을 제시하고(VI.항), 그러한 새로운 해석론에 입각할 때 '의무승계형' 승계참가는 소송상 어떻게 취급하여야 하는지(VII.항)에 관하여 살펴본다.

Ⅱ. 승계참가에 관한 기존의 해석론

1. '소송승계 이론'에 따른 승계참가의 성격

법 제81조의 승계참가는 모든 문헌에서 당사자변경 중 '소송승계'의 한 유형으로 서술되고 있다.[12] 즉, 소송계속 중에 기존의 당사자가 새로운 당사자로 변경되는 것이 당사자의 변경인데, 소송 중에 실체법상의 권리・의무자가 변경됨에 따라 당사자가 변경되는 경우를 '소송승계', 그러한 사유 없이 기존 당사자의 의사에 의하여 당사자를 변경시키는 경우를 '임의적 당사자변경'이라고 한다. 소송승계에는 다시 실체법상 포괄승계가 발생하여 소송상 당연히 당사자가 변경되는 '당연승계(포괄승계)'와, 소송물[13]의 양도 등 특정승계원인이 생겨 당사자의 신청에 의해 비로소 당사자가 변경되는 '신청승계(특정승계)'가 있으며, 후자에 속하는 것으로 법 제81조의 '참가승계(자발참가, 임의참가)'와 법 제82조의 '인수승계(강제참가)'가 있다는 것이 일반적인 설명이다.

'소송승계'에 대해서는 '소송계속 중 소송목적인 권리・의무가 제3자에게 이전되어 승계인이 피승계인의 소송상 지위를 승계하는 것'이라고 하며, 승계인은 피승계인의 소송상 지위를 유리・불리를 막론하고 그대로 승계하기 때문에 종전의 변론・증거조사・재판이나 종전의 소제기에 의해 생긴 시효중단・기간

12) 강현중, 민사소송법(제7판), 박영사, 2018, 894-895면; 김홍규/강태원, 민사소송법(제5판), 삼영사, 2020, 852면; 김홍엽, 앞의 책(주 8), 1181면; 법원실무제요(주 8), 400-401면; 박재완, 앞의 책(주 8), 646면; 이시윤, 앞의 책(주 6), 830면; 전원열, 앞의 책(주 8), 678면; 정동윤/유병현/김경욱, 앞의책(주 6), 1105면; 정영환, 신민사소송법(개정신판), 법문사, 2019, 961면; 주석 민사소송법(I), 앞의 책(주 8), 623, 634면(장석조 집필부분); 한충수, 민사소송법(제2판), 박영사, 2018, 784면; 호문혁, 민사소송법(제14판), 법문사, 2020, 1008-1009면.

13) 법 제81조, 제82조가 규정하는 '소송목적인 권리 또는 의무의 승계'에 소송물 자체의 승계 외에 계쟁물 승계의 경우도 포함되는지, 나아가 청구의 내용이 달라지는 이른바 '분쟁주체인 지위의 승계'의 경우도 포함되는지에 관하여 논란이 있으나(이는 이 글의 주제에서 벗어나므로 상론하지 않는다), 이 글에서는 편의상 '소송물의 양도'로 표현한다.

준수의 효과가 승계인에게 미치며, 종전의 자백에 반하는 주장이나 실기한 공격방어방법의 제출 등 피승계인이 할 수 없는 행위는 승계인도 할 수 없다고 한다. 이는 '새로운 당사자가 기존 당사자의 소송상 지위를 그대로 승계한다'는 '소송승계'의 본질에서 비롯되는 성질로서, 포괄승계와 특정승계에 공통적으로 적용된다.

소송승계 중 '특정승계'에 관하여는, '소송물의 양도'를 소송상 어떻게 취급할 것인지에 관한 여러 입법례와 함께 설명된다. 즉, 소송 중에 소송물이 양도되면 그로 인하여 기존 청구는 기각될 수밖에 없어 그때까지 진행되어 온 기존 소송절차는 무용지물이 될 운명에 처하게 되는데, 이러한 문제에 대하여 소송 중에는 소송물의 양도를 아예 금지하는 '양도금지주의'(로마법의 입장), 소송물의 양도는 허용하되 당사자변경 없이 기존 당사자가 새로운 당사자를 위하여 소송을 수행하고 그 판결의 효력이 승계인에게도 미치게 하는 '당사자항정주의'(독일법의 입장), 소송물 양도를 허용하면서도 종전 청구는 기각시키고 새로운 당사자와의 새로운 소송을 통해 해결하도록 하는 '소송희생주의'(구일본법의 입장), 소송물 양도라는 실체법적 권리관계의 변동을 소송에도 반영시켜 당사자를 승계인으로 변경하고 그로 하여금 기존 소송절차를 승계하도록 하는 '소송승계주의'(현 일본법의 입장)가 있는데, 현행법 제81조·제82조는 소송승계주의를 채택하고 있는 것이라고 해석되고 있다. 변론종결 후의 승계인에게 기판력이 미치는 반면(법 제218조 제1항) 변론종결 전의 승계인에게는 원칙적으로 기판력이 미치지 않는데, 소송승계제도는 승계인에게 소송을 승계시킴으로써 그에게 기판력이 미치게 한다는 의미도 가진다.[14)]

이러한 입법배경에 비추어볼 때, 소송승계제도의 취지는 소송계속 중 소송물의 양도로 인하여 기존 소송절차가 무용지물이 되는 불경제를 피하고, 승계인(참가승계의 경우) 또는 피승계인의 상대방(인수승계의 경우)으로 하여금 기존 소송절차를 이용하여 승계인에 대한 기판력 있는 판결을 받을 수 있도록 하려는 것이라고 파악된다.

---

14) 이러한 의미에서 소송승계제도를 '생성 중인 기판력의 확장'이라고 설명하기도 한다[이시윤, 앞의 책(주 6), 830면].

2. '독립당사자참가 규정'에 따른 승계참가의 실무상 취급

(1) 독립당사자참가와 유사한 취급

위와 같이 승계참가의 본질론에 있어서는 '소송승계 이론'에 따라 설명되고 있지만, 승계참가제도의 실제 운용 면에 있어서는 '독립당사자참가'에 상당히 근접한 취급이 이루어지고 있다.

승계참가는 '법 제79조(독립당사자참가)의 규정에 따라 소송에 참가'하는 것이다(법 제81조). 따라서 승계참가신청에는 독립당사자참가의 경우와 같이 참가취지와 참가이유를 밝혀야 한다(법 제81조, 제79조 제2항, 제72조 제1항[15][16]). 또한 승계참가신청은 '소제기'에 해당한다고 보기 때문에[17] 원칙적으로 서면으로 하여야 하며, 소장의 필수적 기재사항인 청구취지와 청구원인을 기재하여야 한다. 또한 승계참가요건은 소송요건으로서, 그 구비 여부는 직권조사사항이며, 승계참가요건을 갖추지 못한 경우에는 변론을 거쳐 판결로 참가신청을 각하하여야 한다.[18] 다만 참가인이 소송물의 승계를 주장하며 참가한 이상, 참가이유로 주장하는 사실관계 자체에서 승계적격의 흠이 명백하지 않은 한 승계인에 해당하는지 여부는 승계참가인의 청구의 당부와 관련하여 판단할 사항이므로, 심리 결과 승계사실이 인정되지 않으면 승계참가인의 청구를 기각하는 판결을 하여야지 승계참가신청을 각하하는 판결을 하여서는 안 된다고 한다.[19]

---

15) 제72조(참가신청의 방식) ① 참가신청은 참가의 취지와 이유를 밝혀 참가하고자 하는 소송이 계속된 법원에 제기하여야 한다.

16) 승계참가에 관한 법 제81조가 '법 제79조에 따라 소송에 참가'할 것을 규정하고 있고, 독립당사자참가에 관한 제79조 제2항에서 보조참가의 참가신청 방식에 관한 '제72조'를 준용하고 있는 결과, 승계참가신청에는 법 제72조 제1항에 따라 참가의 취지와 이유를 밝혀야 한다고 해석되고 있다. 다만, 이 경우 보조참가와 다르기 때문에 참가의 취지는 '원고 또는 피고의 승소를 보조하기 위하여 참가한다'는 것이 아니라 '원고 또는 피고로부터 소송목적인 권리 또는 의무를 승계하였으므로 참가한다'는 것이 될 것이다.

17) 강현중, 앞의 책(주 12), 902면; 김홍규/강태원, 앞의 책(주 12), 858면; 김홍엽, 앞의 책(주 8), 1192면; 법원실무제요(주 8), 402면; 문영화, 앞의 논문(주 2), 203면; 정동윤/유병현/김경욱, 앞의책(주 6), 1115면; 주석민사소송법(I)(주 8), 640면; 대결 2007. 8. 23, 2006마1171. 다만, 정영환, 앞의 책(주 12), 983면, 이시윤, 앞의 책(주 6), 835면, 전원열, 앞의 책(주 8), 683면, 한충수, 앞의 책(주 12), 798면은 '권리승계인'의 승계참가만을 소의 제기에 해당한다고 서술하고 있다.

18) 대결 2007. 8. 23, 2006마1171; 대판 2012. 4. 26, 2011다85789 등.

19) 강현중, 앞의 책(주 12), 902면; 김홍엽, 앞의 책(주 8), 1193면; 박재완, 앞의 책(주 8), 653면; 정동윤/유병현/김경욱, 앞의 책(주 6), 1115면; 정영환, 앞의 책(주 12), 984면; 이시윤, 앞의 책(주 6), 835면; 전원열, 앞의 책(주 8), 683면; 한충수, 앞의 책(주 12), 793면. 판례도 동일하게 보고 있는데(대판 2014. 10. 27, 2013

(2) '피승계인이 승계사실을 다투는지' 여부에 따른 이원적 취급

실무상 승계참가소송에서는 피승계인이 승계사실을 다투는 경우와 그렇지 않은 경우를 나누어 다음과 같이 여러 가지 점에서 다르게 취급하고 있다.

먼저 피승계인이 승계사실을 '다투는' 경우에는, 종전 원·피고와 승계참가인 사이에 삼면소송관계가 성립된다고 보아 실무상 독립당사자참가에 준하여 심리해 왔다. 이에 관하여 명시적으로 판시한 대법원 판례는 없었지만 그와 같은 재판실무가 형성되었고, 그러한 재판실무를 반영하여 1990. 12. 31. 법률 제4299호로 전부개정된 '민사소송 등 인지법' 제6조 제2항[20]은 승계참가 시 피승계인이 승계 여부를 다투는 경우에는 독립당사자참가소송에 관한 규정을 준용하여 인지를 붙이도록 정하게 되었다.[21] 따라서 이러한 경우 승계인은 피승계인의 상대방에 대해서뿐만 아니라 피승계인에 대하여도 일정한 청구를 하여야 하고(쌍면참가), 참가신청서에 인지를 붙여야 하며(민사소송 등 인지법 제6조 제2항), 법원도 이를 독립된 사건으로 취급하여 별도의 사건번호를 부여한다.[22] 심리방법도 독립당사자참가소송에 준하여 필수적 공동소송의 특별규정을 따른다.

반면 피승계인이 승계사실을 '다투지 않는' 경우에는 승계인은 피승계인에 대한 청구를 하지 않아도 되고, 피승계인의 상대방에 대한 청구만 하면 된다고 본다(편면참가). 편면적 독립당사자참가가 허용되지 않던 2002년 개정 전 민사소송법 하에서도 피승계인이 승계사실을 다투지 않는 경우에는 삼면소송관계가 성립하지 않아 독립당사자참가와 소송구조에 차이가 있다고 보아, 피승계인에 대한 청구를 하지 않고 승계참가를 하더라도 무방하다고 해석되어 왔다.[23] 또한 승계사실에 다툼이 없는 경우에는 승계참가신청서에 인지를 붙

다67105·67112), 이는 독립당사자참가소송에 관하여 '참가인이 참가신청에서 주장한 내용 자체에서 원고가 주장하는 권리와 참가인이 주장하는 권리가 양립할 수 없는 관계에 있다면 비록 본안에 들어가 심리한 결과 참가인의 권리가 인정되지 않더라도 참가인의 청구가 이유 없는 사유가 될 뿐 참가신청이 부적법하게 되는 것은 아니'라는 취지의 판시(대판 1992. 12. 8, 92다26772·26789)와 궤를 같이 하는 것이다.

20) 제6조(당사자참가신청서) ①「민사소송법」 제79조 또는 제83조에 따라 소송에 참가하는 경우 제1심 참가신청서에는 제2조에 따른 금액의 인지를 붙이고, 항소심 참가신청서에는 제2조에 따른 금액의 1.5배에 해당하는 인지를 붙여야 한다.
②「민사소송법」 제81조에 따른 참가신청에 대하여 피신청인이 신청인의 승계주장사실을 다투는 경우에도 제1항과 같다.

21) 위 2019년 대법원 2012다46178 전원합의체 판결의 다수의견 참고.

22) 법원실무제요(주 8), 401면.

23) 문영화, 앞의 논문(주 2), 203면; 정동윤/유병현/김경욱, 앞의 책(주 6), 1114면; 정영환, 앞의 책(주 12), 984

이지 않고('민사소송 등 인지법' 제6조 제2항의 반대해석), 법원도 이를 독립된 사건으로 보지 않으므로 별도의 사건번호를 부여하지 않는다.24) 이러한 경우 심리방법에 관해서는 기존에 통상공동소송으로 취급하던 것을 위 2019년 대법원 2012다46170 전원합의체 판결이 판례를 변경하면서 필수적 공동소송의 특별규정이 적용된다고 본 것이다.

한편, 피승계인이 승계사실을 다투지 않는 경우 피승계인은 소송에서 탈퇴할 수 있다고 본다. 인수승계에 관한 법 제82조는 소송탈퇴에 관하여 명시적으로 규정하고 있는 데에 반해(제3항), 참가승계에 관한 법 제81조에서는 소송탈퇴에 관하여 아무런 규정을 두고 있지 않지만, 해석상 독립당사자참가에 준하여 법 제80조에 따라 소송에서 탈퇴할 수 있다고 해석하고 있으며, 그 경우 판결의 효력은 탈퇴한 피참가인에게도 미친다.

3. '소송승계 이론'에 따른 승계참가의 효과

승계참가의 효과로는 실체법적 효과로서 법 제81조에 따라 그 참가는 소가 처음 제기된 때에 소급하여 시효중단·기간준수의 효력이 생기고, 소송법적 효과로서 (법에 규정되어 있는 것은 아니지만) 승계참가인은 피승계인의 소송상 지위를 승계하기 때문에 참가 당시까지 피승계인의 소송수행으로 형성된 소송상태에 구속된다는 것이 일반적인 설명이다.

이러한 효과와 관련하여 대다수의 문헌에서는 승계참가의 일반적인 효력으로서 서술하고 있을 뿐이어서, '피승계인이 승계사실을 다투는지' 여부에 따라 그러한 효과 발생 여부가 달라지는 것인지는 명확하지 않다.25) 판례는 "권리승계인의 소송참가의 경우 권리승계인은 피승계인의 당사자로서의 지위를 승계한

면; 호문혁, 앞의 책(주 12), 1014면; 대판 1969. 12. 9, 69다1578; 대판 1975. 11. 25, 75다1257; 대판 1976. 12. 14, 76다1999 등.

24) 법원실무제요(주 8), 401면.

25) 김홍규/강태원, 앞의 책(주 12), 853면; 김홍엽, 앞의 책(주 8), 1181, 1193면; 박재완, 앞의 책(주 8), 653면; 정동윤/유병현/김경욱, 앞의 책(주 6), 1106, 1116면; 정영환, 앞의 책(주 12), 974, 989, 985면; 이시윤, 앞의 책(주 6), 830, 836면; 전원열, 앞의 책(주 8), 684면; 호문혁, 앞의 책(주 12), 1015면 등. 다만 강현중, 앞의 책(주 12), 903면은 '피승계인이 승계인의 승계사실을 다투어 3면소송이 성립할 때에는 승계인에게 참가할 때까지의 소송상태를 승인할 의무가 없다'고 서술하고 있다.

다"라고 판시함으로써,[26] '소송상 지위의 승계'를 권리승계형 승계참가의 일반적인 효력으로 파악하고 있는 것처럼 보이기도 하나, 또 다른 판례에서는 "원고가 그 권리의 승계를 다투지 아니할 때에는 원고의 소송상 지위는 그 권리승계 참가인에게 승계된다"고 판시함으로써,[27] '피승계인이 승계사실을 다투지 않는 경우'에만 소송승계가 일어나는 것으로 파악하고 있는 것처럼 보이기도 한다.

Ⅲ. 승계참가에 관한 기존 해석론의 문제점

1. 승계참가와 독립당사자참가의 관계

위와 같은 승계참가에 관한 기존의 해석론을 보다 보면 상당한 혼란을 느끼게 된다. 법 제81조의 승계참가는 '소송승계'의 한 유형으로 해석되면서도 실무상 취급에 있어서는 피승계인이 탈퇴하지 않은 경우 '독립당사자참가'와 같이 취급되고 있다. 승계사실의 인정 여부는 본안 판단에 의해 가려지므로 피승계인이 탈퇴하거나 그 상대방이 피승계인의 탈퇴에 동의함에는 일정한 위험부담이 따른다[28]는 점에서, 탈퇴가 이루어지지 않는 경우가 상당히 많을 것이다. 특히 2019년 대법원 2012다46170 전원합의체 판결이 나오면서 피승계인이 승계사실을 다투는 경우는 물론 다투지 않는 경우에도 피승계인이 탈퇴하지 않고 소송에 남아 있는 한 독립당사자참가와 마찬가지로 취급될 것이므로, 결과적으로 승계참가의 상당히 많은 경우가 독립당사자참가와 같이 취급되게 된다.

그런데 그 본질에 있어서 소송승계와 독립당사자참가는 완전히 다른 제도처럼 보인다(두 제도의 차이점에 대해서는 아래 2.항에서 구체적으로 살펴본다). 그렇기 때문에 기존 해석론에서도 '법 제81조의 승계참가는 소송승계의 일종으로서 그 본질에 있어서는 어디까지나 독립당사자참가와는 다른 별개의 제

26) 대판 1969. 12. 9, 69다1578; 대판 1975. 11. 25, 75다1257 등. 다만 이러한 판례들도 그 사안을 들여다보면 '피승계인이 승계사실을 다투지 않는' 경우에 관한 것이다.

27) 대판 1976. 12. 14, 76다1999.

28) 피승계인 탈퇴 후에 승계사실이 인정되지 않는다는 판단이 내려지면, 피승계인은 다시 별도의 동일한 소를 제기해야 하고, 상대방도 별소에서 다시 응소해야 하는 부담이 따른다.

도'라고 설명하고 있다. 그럼에도 실제로는 많은 경우에서 독립당사자참가와 동일하게 취급하고 있는 것이다.

어느 유행가 가사를 빌리자면, 법 제81조의 승계참가는 '독립당사자참가인 듯 독립당사자참가 아닌 독립당사자참가같은' 존재로서, 승계참가와 독립당사자참가의 관계는 어떻게 되는지, 승계참가의 본질은 도대체 무엇인지 알쏭달쏭하다.

2. 소송승계와 독립당사자참가의 본질적 차이

소송승계와 독립당사자참가는 다음과 같은 점에서 본질적인 차이가 있다.

(1) 먼저, 독립당사자참가는 새로운 소의 제기이다. 따라서 참가신청에는 기존 소송의 당사자 쌍방 또는 일방을 상대로 독자적인 청구를 세워야 하고, 참가신청서에는 소장과 동일하게 인지를 붙여야 하며, 실무상 독립당사자참가 신청이 있는 경우 새로운 사건으로 보아 별도의 사건번호를 부여한다.

이에 반해 소송승계는 승계인이 피승계인에 의해 수행되어 온 기존의 소송절차를 그대로 인수하는 것이기 때문에, 소송승계의 신청은 새로운 소의 제기가 아니고, 승계인은 피승계인의 상대방에 대한 기존 청구를 이어받을 뿐 새로운 독자적인 청구를 하는 것이 아니다(절차상 당사자 변경을 반영하는 청구취지 변경이 필요한지 여부는 별개의 문제이다). 따라서 소송승계 신청에는 인지를 붙일 필요가 없고, 새로운 사건번호를 부여할 필요도 없다고 보는 것이 맞다(그러나 현행 실무는 피승계인이 승계사실을 다투지 않는 경우에는 그와 같이 보면서도, 다투는 경우에는 독립당사자참가와 마찬가지로 인지를 붙이도록 하고 새로운 사건번호를 부여하고 있다).

(2) 다음으로, 소송승계가 있으면 승계인은 피승계인의 소송상 지위를 그대로 승계하게 되므로, 기존에 형성된 소송상태에 유·불리를 불문하고 구속된다. 그 당연한 귀결로서 피승계인의 소제기에 따른 실체법상의 효력인 시효중

단·기간준수 효력도 승계인에게 미친다고 보게 된다.

반면 독립당사자참가의 경우 참가인은 기존의 소송 당사자들과는 독립적인 지위에서 새롭게 소송관계를 형성해 나가게 되고, 기존 소송 당사자들이 형성한 소송관계에 구속되지 않는다. 또한 독립당사자참가신청은 새로운 소의 제기이고, 소제기에 따른 시효중단 및 기간준수의 효력은 소장을 법원에 제출한 때에 생기므로(법 제265조), 독립당사자참가신청에 따른 시효중단 및 기간준수의 효력은 원칙적으로 그 참가신청서를 법원에 제출한 때에 생긴다.

(3) 나아가, 소송승계가 있으면 피승계인은 그 소송절차에서 배제되고 그를 대신하여 승계인이 새로운 당사자가 되므로, 기존의 양당사자 대립구조가 그대로 유지될 뿐 새로운 공동소송관계가 발생하지는 않는다.

반면 독립당사자참가의 경우 기존 양당사자 대립구조에서 삼당사자 대립구조로 소송구조가 변경되고 그에 따라 새로운 공동소송관계가 발생한다.

3. '소송승계'를 인정할 법률상 근거

이처럼 본질적으로 서로 다른 '소송승계'와 '독립당사자참가'라는 두 제도가 법 제81조의 참가승계에 있어서 공존한다는 것이 기존의 해석론이다. 그런데 법조문으로 돌아가서 보면 법 제81조에는 승계참가가 '독립당사자참가' 규정에 따른 참가라는 점은 분명히 명시되어 있지만, 그 안에 '소송승계'의 본질적인 내용에 해당하는 것, 다시 말해 승계인이 '피승계인의 소송상 지위 내지 소송절차를 승계한다'거나 '기존의 소송상태에 구속된다'는 내용은 나타나 있지 않다.

법 제81조가 "그 참가는 소송이 법원에 처음 계속된 때에[29] 소급하여 시효의 중단 또는 법률상 기간준수의 효력이 생긴다"고 규정한 점을 소송승계와 결부시켜 해석하는 것도 생각해 볼 수는 있다. 그러나 원래 실체법에 따라 시

29) 법 문언은 시효중단·기간준수의 효력이 발생하는 시점이 '소송이 법원에 처음 계속된 때'인 것처럼 되어 있으나, 그 제도적 취지에 비추어 시효중단 등의 효력은 '당초의 소 제기 시'에 생긴다고 해석하는 것이 통설 및 판례이다[김홍엽, 앞의 책(주 8), 1193면; 전원열, 앞의 책(주 8), 684면; 정동윤/유병현/김경욱, 앞의 책(주 6), 1116면; 대판 2003. 2. 26, 2000다42786].

효의 중단은 당사자 및 그 승계인에게 효력이 있는 것이고(민법 제169조), 법 제81조는 (소송승계 여부와 상관 없이) 위와 같은 실체법상의 규율을 절차법에 반영한 것으로 볼 수도 있다. 또한 소송승계가 일어난다면 그 본질적인 속성에 따라 피승계인에 의한 또는 그에 대한 소제기의 효력이 당연히 승계인에게도 미친다고 보게 되므로, 법 제81조와 같은 규정은 굳이 필요하지 않다.[30] 나아가 소송승계 이론에 의해 인정되는 것은 '원고의 소제기'에 따른 시효중단 효력의 확장임에 비해, 법 제81조는 '참가인의 참가(소제기)'에 따른 시효중단 효력 발생시기의 소급을 정하고 있는 것이어서, 그 취지는 유사하더라도 규율의 내용에 있어서는 차이가 있다. 이러한 점에서 보면, 법 제81조를 반드시 소송승계와 결부시켜야 할 필연성은 찾을 수 없다.

그럼에도 불구하고 지금과 같은 해석론이 우리나라에서 일반적으로 받아들여지게 된 데에는 일본 법학의 영향이 매우 크다고 할 수 있다. 위에서 본 우리의 기존 해석론은 우리 법과 거의 동일한 승계참가 규정을 두고 있는 일본 법학의 해석론과 일치한다.[31] 그렇다면 일본에서는 그러한 해석론이 어떻게 형성된 것인지 궁금해지지 않을 수 없다.

Ⅳ. 승계참가에 관한 기존 해석론의 형성 배경: 兼子一의 '소송승계론'

1. 일본 민사소송법은 독일 민사소송법을 상당 부분 그대로 수용하여 만들어졌지만, 독일법상 당사자항정주의에 관한 규정(독일법 제265조, 제325조[32]))

30) 소송승계의 또 다른 유형인 당연승계(포괄승계)가 일어나는 경우에도, 관련 규정(법 제233조-247조)에 '소송절차를 수계한 사람이 종전에 형성된 소송상태를 그대로 승계한다'는 내용은 나와 있지 않지만, 해석상 당연한 것으로 받아들여지고 있다.

31) 伊藤眞, 民事訴訟法(第7版), 有斐閣, 2020, 716면 이하; 新堂幸司, (新)民事訴訟法(第6版), 弘文堂, 2019, 857면 이하; (コンメンタ-ル)民事訴訟法 1(주 11), 489면 이하; 兼子一 原著, 松浦馨 [外]著, (條解)民事訴訟法(第2版), 弘文堂, 2011, 263면 이하; 三宅省三, 鹽崎勤, 小林秀之 [共]編, (注解)民事訴訟法 I: 第1條~第60條, 青林書院, 2002, 500면 이하; 上田徹一郎, 井上治典 共編, (注釋)民事訴訟法 2: 當事者(2)・訴訟費用, 有斐閣, 1992, 249면 이하; 齋藤秀夫 [外]編著, (注解)民事訴訟法 2 當事者 45條 - 88條, 第一法規, 1991, 285면 이하.

32) 독일 민사소송법 제265조, 제325조 제1항은 다음과 같다[조문 내용은 문영화 역, 민사소송법 번역집(독일), 법무부 법무심의관실, 2019. 12. 참조].

은 받아들이지 않았다. 1926년 개정 전의 일본 민사소송법은 로마법의 양도금지주의도, 독일법의 당사자항정주의도 채택하지 않으면서, 소송계속 중에 소송물이 양도된 경우 소송상 취급에 관한 규정을 따로 두지 않았다. 이에 따라 1926년 개정전 법 하에서는 소송계속 중 소송물의 양도는 자유이나, 그 경우 양도 당사자의 청구는 이유 없는 것이 되어 기각된다는 것이 통설·판례였다고 한다(이른바 '소송희생주의').33)

그런데 1926년 개정된 일본 민사소송법[1926(大正 15). 4. 24. 법률 제61호]은 제71조(독립당사자참가), 제72조(소송탈퇴), 제73조(권리승계인의 소송참가), 제74조(채무승계인의 소송인수) 규정을 신설하였는데,34) 위 개정법 규정들을 종합해보면 소송물 양도에 관하여 '소송승계주의'를 채용한 것으로 볼 수 있다는 해석론이 兼子一 교수의 '訴訟承繼論'이라는 논문35)에서 주장되었고, 그 후 그러한 주장이 널리 받아들여져 일본의 통설이 되었다고 한다.36)

제265조 계쟁물 또는 청구권의 양도

(1) 소송계속 후에도 당사자 일방 또는 상대방은 계쟁물을 양도하거나 주장된 청구권을 양도할 수 있다.

(2) 계쟁물 또는 청구권의 양도는 소송에 영향을 미치지 않는다. 권리승계인은 상대방의 동의가 없으면 피승계인에 갈음하여 주된 당사자로서 소송을 인수하거나, 주참가를 할 수 없다. 권리승계인이 보조참가인으로서 참가를 하는 경우 제69조는 적용하지 않는다.

(3) 원고가 계쟁물 또는 청구권을 양도한 경우, 제325조에 따라 권리승계인에 대하여 판결의 효력이 미치지 않으면, 원고에 대하여 그가 더이상 청구권을 주장할 권한이 없다는 항변으로써 대항할 수 있다.

제325조 기판력의 주관적 범위

(1) 확정판결은 당사자들, 소송계속 후에 당사자의 권리승계인이 된 사람들 또는 당사자 일방이나 그의 권리승계인으서 간접점유자가 되는 방법으로 계쟁물의 점유를 취득한 사람을 위하여, 또한 그들에 대하여 효력이 있다.

33) 齋藤秀夫 [外]編著, 앞의 책(주 31), 285면; 강구욱, "소송승계론 재론", 민사소송 제22권 1호(2018. 5.), 217-218면.

34) 1926년 개정 일본 민사소송법 제73조, 제74는 다음과 같다[일본 민사소송법의 입법연혁 및 조문 내용에 관하여는 강구욱(주 33), 217~220면 참조].

제73조(권리승계인의 소송참가)

소송의 계속 중 그 소송의 목적인 권리의 전부 또는 일부를 양수했다고 주장하면서 제71조[독립당사자참가]의 규정에 의해 소송참가를 한 때에는 그 참가는 소송이 계속된 처음으로 소급해서 시효의 중단 또는 법률상 기간준수의 효력이 발생한다.

제74조(채무승계인의 소송인수)

① 소송의 계속 중 제3자가 그 소송의 목적인 채무를 승계했을 때에는 법원은 당사자의 신청에 의해 그 제3자로 하여금 소송을 인수하게 할 수 있다.

② 법원은 전항의 규정에 의한 결정을 하기 전에 당사자와 제3자를 심문해야 한다.

③ 제72조[소송탈퇴]의 규정 중 탈퇴와 판결의 효력에 관한 것은 제1항의 규정에 의해 소송을 인수하게 한 경우에 준용한다.

35) 兼子一, "訴訟承繼論 (一) ", 法學協會雜誌 49卷1号(1931. 1. 1.); 兼子一, "訴訟承繼論 (二·完) ", 法學協會雜誌 49卷2号(1931. 2. 1.)

36) 齋藤秀夫 [外]編著, 앞의 책(주 31), 285면; 강구욱, 앞의 논문(주 33), 218-219면.

2. 兼子一의 '소송승계론'의 요지는 다음과 같다: 1926년 개정 일본 민사소송법 제73조(권리승계인의 소송참가)는 문언상으로는 제71조(독립당사자참가)와 관련하여 소송목적인 '권리'의 양수인에 의한 소송참가를 규정하고 있는 것처럼 보이나, 합리적으로 해석한다면 이는 소송의 목적인 '의무'의 승계의 경우도 포함해서 승계인이 적극적으로 소송승계를 하는 것에 관한 규정이고, 제72조(채무승계인의 소송인수)가 '채무' 인수인의 소송승계를 규정하고 있는 것도 마찬가지로 '권리'와 '의무'의 승계인이 상대방 당사자에 의해 소송인계를 당하는 소극적 소송승계를 규정한 것으로 볼 수 있다. 따라서 1926년 개정법은 소송물의 양도의 경우, 당연승계에서 새로운 주체가 당연히 소송상의 지위를 승계하는 것과는 다르게, 새로운 주체에 의해 적극적으로 참가신청을 하는 것에 의해(제71조, 제73조), 또는 종전의 상대방 당사자의 인수신청에 의해(제74조) 소극적으로 새로운 주체에게 소송을 승계시키는 것으로 하여, 양자를 합해서 소송승계주의를 채용하고 있다고 해석할 수 있으며, 전자의 적극적인 소송승계를 '참가승계', 후자의 소극적인 소송승계를 '인수승계'라고 부른다.[37)]

위 '소송승계론'의 논증 과정을 조금 더 구체적으로 들여다본다.

먼저 兼子一은 위 논문에서 '소송의 승계'를, '소송 진행 중에 당사자의 소송상 지위가 전부 또는 일부 제3자에게 이전하여 제3자가 종래의 당사자에 대신해서('교체적 승계') 또는 병존해서('추가적 승계') 소송에 관여하는 현상'이라고 정의하면서, 소송승계의 전형적인 것은 '교체적 승계'이므로 논문에서는 주로 이를 다룬다고 밝힌다.[38)] 소송승계에는 일정한 사실(예컨대 당사자의 사망)이 있으면 당연히 생기는 것('당연승계')과, 특별한 소송상의 행위(참가, 인수)가 있어야 일어나는 것('광의의 인수승계')이 있으며, 소송의 승계는 소의 병합과 같이 신구 양 당사자가 상호 독립적이고 무관계한 자격에서 절차에 관여하는 것과는 구별되고, '분쟁 당사자의 지위의 이전'이라는 것이 소송승계를 다른 현상과 구별하는 기준이 된다고 한다.[39)]

---

37) 齋藤秀夫 [外]編著, 앞의 책(주 31), 285-286면 참조.
38) 訴訟承繼論 (一) (주 35), 6-7면, 9면.
39) 兼子一, 訴訟承繼論 (一) (주 35), 7면.

소송승계가 일어나는 구체적인 경우로는 당사자능력의 상실, 파산, 소송물의 양도, 기타 사유(선정당사자, 자격상실, 수탁자의 임무종료 등)를 다루고 있는데, 그 중 핵심적인 내용은 소송물의 양도에 관한 부분[40]이다.

소송물의 양도에 관하여 兼子一은 먼저 독일 민사소송법상의 당사자항정주의에 대하여 검토한다. 당사자항정주의는 당사자 일방의 자의에 의해 상대방의 지위가 불이익하게 되는 것을 방지하고, 소송을 이분(二分)하여 절차의 통일을 방해하고 소송을 지체시키는 것을 방지하는 두 가지 장점이 있으나, 실체법상의 권리자인 승계인은 원칙적으로 소송에 관여하지 못하고 상대방의 동의가 없는 한 소송을 인수할 수 없는 지위에 놓이므로, 실체법상의 권리자와 소송상의 수행자를 분리하고 승계인의 이익을 고려하지 않는다는 난점이 있다고 비판한다.[41] 이에 비해 소송승계주의는 당사자항정주의의 장점을 취하면서도 승계인의 이익 보호에도 보다 부합한다는 점에서, 兼子一은 소송승계주의를 일본 민사소송법 안에서 발견하려는 노력을 하게 된다.

이러한 사고를 바탕으로 兼子一은, 소위 '소송희생주의'를 취하던 구법과 달리 1926년 개정된 일본 민사소송법은 제71조 내지 제74조에서 '당사자의 변동, 즉 당사자의 가입과 탈퇴'라는 것에 의해 소송승계주의를 구현하려고 한 것이라고 해석한다.

그런데 이러한 시도에 있어서, 위 규정들이 과연 '소송승계'인지 아니면 '별개의 다툼이 동일절차 내에 존재하는 경우'에 불과한지는 문리상으로는 반드시 도출되지 않고, 나아가 위 규정들이 소송물양도의 전체 경우를 빠짐없이 서술하는지는 상당히 의문스럽게 보인다는 점을 兼子一 스스로도 인정한다.[42]

그럼에도 불구하고 兼子一이 위와 같은 해석론을 밀어붙이게 된 큰 논거 중 하나는, 1926년 개정 일본 민사소송법이 '분쟁의 신속한 해결'이라는 이상을 실현하기 위하여 준비절차, 실기한 공격방어방법의 각하 등에 의해 동시제출주의·변론집중주의를 채용한 점에서 볼 때, 이미 진행된 소송에서 어느 당사

---

40) 兼子一, 訴訟承継論 (二) (주 35), 140-181면.
41) 兼子一, 訴訟承継論 (二) (주 35), 157-159면.
42) 兼子一, 訴訟承継論 (二) (주 35), 165면.

자가 가지는 기득적(旣得的)인 지위를 기판력에 반영하지 않고 그대로 소멸시키는 것은 당사자에게 매우 불공평한 결과가 되고, 패소의 기미가 농후한 당사자가 소송물을 양도함으로써 패소판결의 기판력을 면하게 해 주는 것은 부당하므로, 소송물 양도에 따른 소송승계를 인정할 필요성이 크다는 점이다.[43)]

이를 위해 兼子一은 당시 일본 민사소송법 제73조, 제74조를 문언 그대로 평면적으로 해석할 것이 아니라, 여기에서의 '권리' 및 '의무'는 '소송상태상의 이익 또는 불이익', 다시 말해 '생성중인 기판력에 있어서 분쟁 당사자의 적극적 또는 소극적 지위'를 의미하는 것으로 보아야 한다는, 다소 과감한 해석론을 펼친다. 이를 뒷받침하는 논거로는, '의무자'라고 불리우는 자도 의무가 없다고 판단되는 경우에는 유리한 지위에 있고, '권리자'라고 칭하는 자도 권리가 없다고 판단되면 불리한 지위에 있게 된다는 점을 고려할 때, 권리자와 의무자를 차별취급할 이유가 없다는 점을 든다.[44)]

다만, 兼子一도 소송물양도에 따른 소송승계를 '독립당사자참가(당시 일본 민사소송법 제71조)'의 형식을 이용하여 인정할 경우에 발생하는 이론상의 문제점을 인식하고 있었다. 즉, 당시 일본 민사소송법 제73조(권리승계인의 소송참가)가 차용하고 있는 제71조(독립당사자참가)는 소송 중 소송물양도의 경우에 한하지 않고, 소제기 전의 승계인 또는 기타 소송의 결과에 의해 권리를 침해받는 제3자가 '자기의 독립적인 이익에 기초하여' 소송에 참가하는 제도이고, 이는 '종래의 소송상태를 그대로 승인하여야 하는' 소송승계와는 이론상 완전히 별개로 취급해야 하는 것이라는 점을 兼子一은 언급한다. 또한 제73조의 문언만으로는 소송승계의 본질인 '소송상태 불변'이라는 이상이 담보되는지 부인되는지에 상당한 의구심이 든다는 점도 언급한다. 그럼에도 불구하고 兼子一은 "입법으로서 매우 불만족스러운 것"이기는 하지만 제73조, 제71조의 적용에 있어서 소송물 양도는 다른 일반적인 경우와 구별하여 독자적으로 취급하여야 한다고 주장함으로써, 소송승계론을 그대로 관철시킨다.[45)] 즉, 소송물양도에 따라 승계인이 참가하는 경우 형식은 삼각소송지만 실질은 직선적

43) 兼子一, 訴訟承繼論 (二) (주 35), 166-168면.
44) 兼子一, 訴訟承繼論 (二) (주 35), 168-170면.
45) 兼子一, 訴訟承繼論 (二) (주 35), 172-174면

소송이 되므로(참가인이 3개 점 중 하나를 이루는 것이 아니라 원·피고의 2개 점을 잇는 직선상에 놓이게 된다는 것이다), 제62조(필수적 공동소송의 특별규정)를 그대로 준용할 수는 없고, 참가 전 종래의 소송상태는 승계인이 그대로 승인하여야 하고, 참가 이후의 장래 소송상태에 대해서 제62조가 적용되어야 한다고 본다.

3. 위와 같은 兼子一의 소송승계론은 일본 법학의 통설이 되었고, 그 영향으로 우리나라에서도 현재까지 통설로 받아들여지고 있다. 이러한 해석론은 수십 년간 양국의 재판실무에 반영되어 오다가 결국 입법에도 반영되어, 우리나라에서는 1990년에,46) 일본에서는 1996년에47) 기존의 '권리승계인의 소송참가'와 '의무승계인의 소송인수'에 관한 규율에 더하여 '의무승계인의 소송참가'와

---

46) 1990년 개정 전후 우리 민사소송법 규정의 비교는 주 10 참조.

47) 1996년 개정 전후 일본 민사소송법 규정은 다음과 같다[일본 민사소송법의 입법연혁 및 규정 내용에 관하여는 강구욱, 앞의 논문(주 33), 217-220면 참조].

개정 전	개정 후
第73조(권리승계인의 소송참가) 소송의 계속 중 그 소송의 목적인 권리의 전부 또는 일부를 양수했다고 주장하면서 제71조[독립당사자참가]의 규정에 의해 소송참가를 한 때에는 그 참가는 소송이 계속된 처음으로 소급해서 시효의 중단 또는 법률상 기간준수의 효력이 발생한다. **第74조(채무승계인의 소송인수)** ① 소송의 계속 중 제3자가 그 소송의 목적인 채무를 승계했을 때에는 법원은 당사자의 신청에 의해 그 제3자로 하여금 소송을 인수하게 할 수 있다. ② 법원은 전항의 규정에 의한 결정을 하기 전에 당사자와 제3자를 심문해야 한다. ③ 제72조[소송탈퇴]의 규정 중 탈퇴와 판결의 효력에 관한 것은 제1항의 규정에 의해 소송을 인수하게 한 경우에 준용한다.	**第49조(권리승계인의 소송참가의 경우에 있어서의 시효중단 등)** 소송의 계속 중 그 소송의 목적인 권리의 전부 또는 일부를 양수한 것을 주장해 제47조[독립당사자참가] 제1항의 규정에 의해 소송참가를 한 때에는 그 참가는 소송계속의 처음으로 소급해서 시효의 중단 또는 법률상 기간준수의 효력이 발생한다. **第50조(의무승계인의 소송인수)** ① 소송의 계속 중 제3자가 그 소송의 목적인 채무의 전부 또는 일부를 승계한 때에는 법원은 당사자의 신청에 의해 결정으로 그 제3자로 하여금 소송을 인수하게 할 수 있다. ② 법원이 전항의 결정을 하는 경우에는 당사자 및 제3자를 심문해야 한다. ③ 제41조 제1항 및 제3항[동시심판의 신청이 있는 공동소송], 그리고 전2조[소송탈퇴, 권리승계인의 소송참가의 경우에 있어서의 시효중단 등]의 규정은 제1항의 규정에 의해 소송을 인수하게 하는 결정이 있은 경우에 준용한다. **第51조(의무승계인의 소송참가 및 권리승계인의 소송인수)** 제47조부터 제49조까지의 규정은 소송의 계속 중 그 소송의 목적인 의무의 전부 또는 일부를 승계한 것을 주장하는 제3자의 소송참가에 관해, 전조의 규정은 소송의 계속 중 제3자가 그 소송의 목적인 권리의 전부 또는 일부를 양수한 경우에 관해 준용한다.

'권리승계인의 소송인수'에 관한 규율이 추가되기에 이르렀다. 그러나 일각에서는 소송승계론에 대한 반론이 제기되고 있기도 하다.[48)]

Ⅴ. 승계참가에 관한 새로운 해석의 필요성

1. 兼子一의 '소송승계론'의 이론상 문제점

소송승계 이론에 입각한 법 제81조의 해석론은 그 창시자인 兼子一의 논증과정에서 드러나는 바와 같이, 이미 그 출발 단계에서부터 여러 문제점을 안고 있다.

무엇보다도 '소송승계'와 '독립당사자참가'라는 이질적인 두 제도를 한 법조항의 해석론으로 결합시키고 있다는 점에서 태생적인 모순을 안고 있다. 두 제도의 본질적인 차이에 대해서는 위 III. 2.항에서 살펴본 바와 같다.

뿐만 아니라, 독일법이 알지 못하는 '독립당사자참가'를 기초로 하는 승계참가에 독일법상의 소송물양도 이론을 차용하는 과정에서, '승계인의 종전 소송상태 구속'을 인정하는 범위가 무리하게 확대되었다는 문제점이 있다.

兼子一은 '소송승계'의 개념을 '소송진행 중 당사자의 소송상 지위가 제3자에게 이전하여 제3자가 종래의 당사자를 대신해서('교체적 승계') 또는 병존해서('추가적 승계') 소송에 관여하는 현상'이라고 정의함으로써, '당사자 교체'의 경우뿐만 아니라 '당사자 추가'의 경우까지도 '소송승계'의 범주 안에 끌어들이고 있다. 兼子一의 위와 같은 소송승계에 관한 개념 정의는 독일 민사소송법학에서의 '당사자 변경'과 관련한 개념(당사자의 '교환적 변경'과 '추가적 변경'의 개념)[49)]을 차용한 것으로 보이는데, 독일에서 소송승계(소송의 인수)

---

48) 그 사이 일본에서는 소송승계론, 특히 '승계인의 소송상태 승인 의무'에 대한 유력한 반론이 제시되어 전개되고 있다고 한다[강구욱, 앞의 논문(주 33), 219면]. 우리나라에서는 최근, '소송승계론은 독일 민사소송법의 해석론을 차용한 일본 법학의 영향을 받은 것으로 우리 법규정에 맞지 않고, 법 제81조·제82조는 소송참가제도가 가미된 소송희생주의로 볼 수 있을 뿐 소송승계주의를 채택한 것으로 볼 수 없다'는 새로운 주장이 제기되고 있다[강구욱, 앞의 논문(주 33)].

49) Rosenberg/Schwab/Gottwald, Zivilprozessrecht, 18. Auflage, 2018, §42 Rn. 1.

를 인정하는 경우는 당사자의 '교환적 변경'이 일어나는 경우로 한정된다.

즉, 兼子一은 소송승계론을 전개하면서 당사자항정주의에 관한 독일 민사소송법 제265조[50]의 해석론을 상당 부분 차용하였는데, 위 조항에 따르면 소송계속 후 소송물이 양도된 경우 원칙적으로 기존 당사자(양도인)가 그대로 당사자로서 승계인(양수인)을 위하여 소송을 수행하고, 예외적으로 승계인이 기존 소송의 상대방 당사자 및 피승계인의 동의를 받으면[51] 피승계인에 '갈음'하여 기존 소송절차를 인수할 수 있는 것이므로, 이에 따른 소송의 인수가 있는 경우 당사자의 '교체'가 일어날 뿐 당사자의 '추가'는 발생하지 않는다. 반면, 일본법이나 우리법에 따른 참가승계는 '독립당사자참가'의 규정에 따른 '참가'이므로, 이는 기본적으로 당사자의 '추가'에 해당한다. 참가 후 피승계인이 탈퇴하는 경우에는 전체적인 과정을 통틀어 당사자의 '교체'가 일어난다고 볼 수도 있겠지만, 참가 후 피승계인이 탈퇴하지 않는 경우에는(실제로는 탈퇴가 이루어지지 않는 경우가 상당할 것이라는 점은 위 III. 1.항에서 본 바와 같다) 당사자가 '추가'된 상태로 기존 소송절차가 계속 진행된다.

그런데 兼子一이 소송승계의 본질이자 식별 표지라고 규정짓는 '기존 당사자 지위의 이전' 내지 '승계인의 종전 소송상태 승인 의무'라는 것은 독일법상 제265조에 따른 소송인수, 즉 당사자 '교체'의 경우에만 인정되는 것이고, 이에 해당하지 않는 일반적인 임의적 당사자변경(교체 또는 추가)의 경우에는 그와 같은 효과는 인정되지 않는다. 즉, 독일법 제265조 제2항에 따른 승계인의 소송인수가 이루어진 경우에는 새로운 당사자는 종전의 소송상태(변론, 증거조사, 자백 등)에 구속되는데, 이러한 구속력이 정당화되는 이유는 "승계인이 소송에 들어오지 않았다면 독일 민사소송법 제325조[52]에 따라 전체 소송결과에 구속되었을 것이기 때문"이라고 한다.[53] 이에 비해 임의적 당사자변경(교체

50) 독일 민사소송법 제265조(계쟁물 또는 청구권의 양도)의 내용은 주 32.

51) 독일 민사소송법 제265조 규정은 승계인의 소송인수에 '상대방'의 동의를 요하는 것으로만 규정하고 있으나, 해석상 '피승계인'의 동의도 요구된다고 한다. 그 이유는 '어느 누구도 자신의 의사에 반해서 법률상 근거 없이 소송에서 배제되도록 강제될 수 없다'는 임의적 당사자변경의 허용성에 관한 일반적인 원칙 때문이라고 한다(Becker-Eberhard, Münchener Kommentar zur ZPO, 6. Auflage, 2020, §265 Rn. 93; Stein/Jonas, Kommentar zur Zivilprozessordnung, 23. Auflage, Band 3, 2016, §265 Rdnr. 35.).

52) 독일 민사소송법 제325조(기판력의 주관적 범위)의 내용은 주 32 참조.

53) MüKoZPO/Becker-Eberhard, a.a.O., §265 Rn. 99; Stein/Jonas/Roth, a.a.O., §265 Rdnr. 35.

또는 추가)의 경우에는 '새로운 소송관계'가 형성된다고 보아, 새로운 당사자에 대한 소송계속 및 그 효과(시효중단 등)는 '그가 소송의 당사자가 된 시점'에야 비로소 발생한다고 한다.[54] 그런데 兼子一은 독일법 제265조 제2항의 소송인수에 관한 해석론('종전 소송상태에의 구속')을 승계참가 규정의 해석론으로 차용하면서, 그 기초적 법상황이 다른 경우, 다시 말해 '당사자 추가'의 경우에까지 확장한 것이다.

승계참가에 의하여 당사자의 '교체'가 일어나는 경우(즉 승계참가 후 피승계인이 탈퇴하는 경우)라면, '승계인이 종전 소송상태에 구속된다'는 결론이 정당성을 가질 수 있다. 물론 기판력의 주관적 범위와 관련하여 일본법이나 우리법은 독일법과 달리 '소송계속 후 변론종결 전 소송물 양수인'에게는 기판력(종전 소송상태의 전면적인 구속력)이 미치지 않는 것으로 정하고 있기는 하다. 그러나 '당사자 교체'의 경우에는 기존의 소송물은 그 주체(당사자)만이 변경될 뿐 그 객관적인 측면은 동일하게 유지될 뿐만 아니라,[55] 새로운 당사자가 종전의 당사자를 대신하여 그 지위에서 소송을 계속 수행해 나가게 된다는 점으로부터 승계인이 받는 구속력이 자연스럽게 도출될 수 있다. 따라서 기판력의 주관적 범위와 관련한 위와 같은 규율상의 차이에도 불구하고, 독일의 소송물 양도와 관련한 해석론이 '당사자 교체'의 경우에는 일본법이나 우리법에 원용될 수 있다.

반면 당사자가 '추가'되는 경우에는, 설령 참가인이 '소송계속 중 소송물의 양도'를 주장하며 참가하는 경우라고 하더라도, 참가인의 청구는 기존 소송의 소송물과는 다른 별개의 소송물을 구성하게 되므로, 새로운 당사자가 기존 당사자의 소송상 지위를 승계한다거나 종전 소송상태에 구속된다는 것을 정당화할 만한 이론적 근거를 찾을 수 없다. 승계참가 규정 자체에 '참가인이 기존 소송상태에 구속된다'는 취지가 나타나 있지 않은데다, 종전 당사자가 남아 있어 계속 소송을 수행하고 있음에도 불구하고 새롭게 추가되는 당사자가 '종전 소송절차를 그대로 승계한다'는 이론구성은 그 자체로 매우 어색하고 모순되어 보인다.

---

54) Rosenberg/Schwab/Gottwald, a.a.O., §42 Rn. 26.

55) '당사자 교체'는 기존의 소송물이 객관적인 측면에서 동일하게 유지된다는 점에서, 그렇지 않은 '당사자 추가'와 구별된다(Rosenberg/Schwab/Gottwald, a.a.O., §42 Rn. 14, 25).

兼子一은 '소송계속 중 소송물 양도로 인해 발생하는 소송불경제를 방지할 필요성'을 이유로 당사자 '추가'의 경우에까지 '승계인에 대한 종전 소송상태의 구속력'을 확장하고 있다. 그러나 그러한 경우 무리하게 '소송승계'를 인정하지 않더라도 소송물 양도를 주장하는 제3자에게 기존 소송절차에의 '참가'를 허용함으로써 지금까지의 소송결과를 이용할 수 있는 기회를 부여하는 것만으로도, '소송경제'라는 측면에서의 이점은 충분히 살릴 수 있다.

또한, 兼子一은 민사소송법이 실기한 공격방어방법의 각하, 변론준비절차 종결에 따른 실권효 등 동시제출주의·변론집중주의를 채택한 의미를 강조하면서, 이미 진행된 소송에서 일방 당사자가 가지는 '기득적 지위'를 소멸시키지 않고 기판력에 반영시킬 필요성이 있다고 강조한다. 그러나 실기한 공격방어방법의 각하 규정이나 실권효 규정에 따른 제재가 실제 소송실무에서 과감에서 적용되는 사례는 많지 않은 것으로 보일 뿐만 아니라, '기존 소송상태에의 구속'이라는 개념적 장치가 없더라도, 참가 이후 소송절차는 자연스럽게 기존 소송절차의 연장선상에서 진행될 것이므로, 그러한 개념장치를 통해 달성하려는 목적은 참가를 허용하는 것만으로도 상당 부분 달성될 수 있다.

2. '피승계인이 다투는지' 여부에 따른 이원적 취급의 문제점

兼子一의 소송승계론을 수용한 일본과 우리의 실무에서는 종래 승계참가 후 피승계인이 탈퇴하지 않은 경우의 소송관계를 '피승계인이 승계사실을 다투는지 여부'에 따라 다르게 취급해 왔다. 이는 다분히 독립당사자참가의 본질론에 관한 '삼면소송설'적 시각의 영향으로 보인다. 즉, 피승계인이 승계사실을 다투는 경우에는 '삼면소송관계'가 성립하므로 일반적인 독립당사자참가소송과 마찬가지로 취급할 수 있으나, 피승계인이 승계사실을 다투지 않는 경우에는 '삼면소송관계'가 성립하지 않아 독립당사자참가소송과는 달리 취급되어야 한다는 사고가 그 기초에 자리하고 있다. 법개정으로 편면참가가 허용된 이후에는 삼면소송설의 입지가 약화되었다고는 하나, 승계참가에 관해서는 여전히 '피승계인이 승계사실을 다투는지 여부'에 따라 달리 취급하는 기존의 해석론이 별다른 의문 없이 유지되어 왔다.

그러나 '승계사실을 다투는지 여부'라는 피승계인의 주관적 사정에 따라 소송관계를 달리 보는 것은 근본적으로 소송절차의 명확성・안정성의 요청에 반한다는 문제가 있다. 종래의 실무상 피승계인이 다투는지 여부는 승계인의 참가신청 단계에서 인지 첩부 여부를 좌우하는 중요한 사항임에도, 이를 정확하게 파악하는 것은 용이하지 않다. 참가 이후 소송이 진행되는 과정에서도 그러한 주관적 사정이 반드시 명확하게 드러난다고 할 수는 없고, 피승계인의 태도는 소송진행 상황에 따라 얼마든지 변경될 수 있다.[56] 또한 피승계인이 승계사실을 명시적으로 다투고 있지 않다고 하더라도, 승계사실과 양립할 수 없는 자신의 청구를 취하하지 않고 유지하고 있는 한, 승계사실에 관하여 법적 다툼이 없다고 볼 수도 없다.[57] 이처럼 주관적 사정을 기준으로 소송관계를 달리 파악하는 것은 여러 가지 면에서 매우 부당하다.

3. 2019년 대법원 전원합의체 판결에 따른 변화

나아가, 2019년 대법원 2012다46170 전원합의체 판결이 '피승계인이 다투지 않는 경우'에도 기존 청구가 유지되고 있는 한 필수적 공동소송에 관한 특별규정이 적용된다고 판시함에 따라 '피승계인이 다투는지 여부'를 기준으로 소송관계를 달리 보았던 종래의 해석론은 변화를 맞지 않을 수 없게 되었다.

당장 종래의 해석론을 토대로 피승계인이 다투지 않는 경우에는 승계참가신청서에 인지를 붙이지 않도록 한 민사소송 등 인지법 제6조 제2항 및 그러한 경우 별도의 사건번호를 부여하지 않던 종래의 재판실무도 변경되지 않을 수 없을 것으로 보인다.

위와 같이 승계참가 규정에 관한 종래의 해석론은 처음부터 여러 문제점을 안고 있었던 데다가 최근 위 2019년 대법원 전원합의체 판결이 선고됨으로써,

---

56) 2019년 대법원 2012다46170 전원합의체 판결 사안에서도 피승계인인 원고가 처음에는 승계사실을 다투지 않다가 항소심에 이르러서 승계의 무효에 관한 소송자료가 제출되자 부대항소를 하면서 승계사실을 다투기 시작했다.

57) 같은 점을 지적하는 것으로, 강현중, 앞의 논문(주 6); 이지영, 앞의 논문(주 6), 638, 640면.

이제는 그러한 해석론에 대한 재검토와 새로운 해석론의 모색이 불가피하게 되었다.

Ⅵ. '권리승계형' 승계참가에 관한 새로운 해석론의 제시: 피승계인의 탈퇴 여부에 따른 이원적 취급

1. '소송승계 이론'의 전면적 배제 가능성

'소송승계'와 '독립당사자참가'라는 이질적인 두 존재의 결합이라는 태생적 모순을 생각하면, 법 제81조의 해석에서 '소송승계'라는 요소를 완전히 제거하는 해석론도 생각해 볼 수 있다('독립당사자참가'라는 정체성은 문언상 너무도 분명하므로 그러한 요소를 제거할 수는 없다).

실제로 최근 법 제81조·제82조의 해석에서 소송승계 이론을 완전히 제거하려는 시도[58]가 이루어지고 있다. 이에 의하면, 법 제81조, 제79조의 문언에 의할 때 승계참가를 허용하는 근거규정은 법 제81조가 아니라 제79조이고, 법 제81조는 독립당사자참가가 소송물양도를 이유로 하는 경우에 소제기로 인한 시효중단 등의 효력 발생 시기에 관한 일반 원칙(법 제265조[59])에 대한 예외를 규정하는 의미가 있을 뿐이며, 법 제81조의 승계참가는 원래의 의미의 독립당사자참가(권리주장참가)라고 본다. 따라서 승계참가가 있더라도 피승계인의 소송상 지위의 승계, 즉 소송승계는 일어나지 않고, 나아가 피승계인이나 상대방이 소송에서 탈퇴한다고 하더라도 참가인이 탈퇴한 당사자의 소송상 지위를 승계하는 것이 아니므로 참가인은 피승계인이 수행한 소송결과에 구속되지 않는다고 한다.[60]

위와 같은 주장은 법규정의 문언에 충실한 해석론으로서 상당한 설득력을

58) 강구욱, 앞의 논문(주 33).

59) 제265조(소제기에 따른 시효중단의 시기) 시효의 중단 또는 법률상 기간을 지킴에 필요한 재판상 청구는 소를 제기한 때 또는 제260조 제2항·제262조 제2항 또는 제264조 제2항의 규정에 따라 서면을 법원에 제출한 때에 그 효력이 생긴다.

60) 강구욱, 앞의 논문(주 33), 226-241면.

가진다. 법 제81조의 승계참가 중 '권리승계형'의 경우(1990년까지 승계참가의 원형이었다[61]), 승계참가인은 '소송계속 중 소송목적인 권리의 전부나 일부를 승계하였다고 주장'하며 참가하는 것인데, 이는 바로 법 제79조의 독립당사자참가 중 '권리주장참가', 즉 "소송목적의 전부나 일부가 자기의 권리라고 주장"하면서 참가하는 경우에 바로 해당된다. 권리주장참가의 전형적인 사례로 보통 떠올리는 것은, 참가인이 '계쟁 권리는 처음부터 원고가 아니라 참가인에게 귀속된 것'이라고 주장하는 경우이다. 이에 비해 승계참가의 경우 참가인은 '계쟁 권리가 원래 원고에게 귀속되었음'을 인정하는 전제에서 그 권리를 자기가 승계하였다고 주장하는 것이어서, 위 전형적인 사례와 다툼의 양상이 다른 측면이 있기는 하다. 그러나 법원 판단의 표준시인 변론종결시를 기준으로 볼 때, 승계참가인은 '계쟁 권리가 이제는 원고의 것이 아니라 자기의 것'이라고 주장하는 것이므로, 권리주장참가에서 말하는 '소송목적이 자기의 권리라고 주장'하는 것과 다름이 없다. 이러한 점은 피승계인이 승계사실을 다투든 다투지 않든 마찬가지이다.

법 제81조의 규율 형식도 승계참가가 독립당사자참가의 일종이라는 점을 전제로 하고 있다. 법 제81조는 "법 제79조에 따라 소송에 참가한 경우"라고 규정하고 있는데, 만일 '참가신청의 방식'만을 독립당사자참가의 예에 따르도록 하려는 취지였다면, "법 제79조에 따라"라고 할 것이 아니라 차라리 "법 제72조에 따라"라고 하였어야 할 것이다. 왜냐하면 독립당사자참가에 관한 법 제79조는 참가신청 방식에 관하여 독자적인 규율을 하지 않은 채 그 제2항에서 보조참가에 관한 법 제72조를 그대로 준용하고 있기 때문이다.

뿐만 아니라, 승계참가 규정에서 '탈퇴'와 관련한 규율 태도를 보면, 적어도 입법 당시 입법자는 법 제81조의 승계참가를 제79조의 독립당사자참가의 일종으로 인식하였던 것이 분명해 보인다. 즉, 승계인수에 관한 법 제82조가 '독립당사자참가소송에서의 탈퇴 및 판결의 효력에 관한 제80조를 준용한다'는 취지를 명백히 규정하고 있는 데에 반해(제2항), 승계참가에 관한 법 제81조는

61) 1990년 법개정으로 도입된 '의무승계형' 승계참가에 대해서는 별도의 고찰이 필요하므로 아래 VII.항에서 구체적으로 살펴본다.

탈퇴 관련 규정의 준용 여부에 대해서 아무런 언급이 없다. 그럼에도 해석상 법 제81조의 승계참가의 경우에도 독립당사자참가에 관한 탈퇴 및 판결의 효력에 관한 규정이 준용된다는 점에는 이론이 없다(탈퇴와 관련하여 승계참가와 승계인수를 달리 취급할 아무런 이유가 없기 때문이다). 이러한 규율 태도는, 법 제81조의 승계참가가 이미 '독립당사자참가 규정에 따른 참가'이므로 독립당사자참가에 관한 탈퇴 관련 규정이 적용됨은 너무나 당연하다는 인식에서 비롯된 것으로 볼 수 있다.

2. '소송승계 이론'의 유지 필요성

만일 兼子一의 소송승계론이 등장하지 않았다면, 법문언으로부터 자연스럽게 도출될 수 있는 위와 같은 해석이 일반적인 해석론으로 받아들여졌을 수도 있다. 그러나 兼子一이 어찌 보면 다소 무리하다고도 볼 수 있는 해석론을 동원해서라도 민사소송절차에서 소송물양도로 인한 소송승계를 인정하려고 했던 이유를 다시 한번 돌이켜볼 필요가 있다. 소송물양도에 관한 '소송희생주의' 또는 '당사자항정주의' 하에서의 문제점을 생각한다면, 나아가 기판력의 주관적 범위와 관련하여 '변론종결시'를 표준으로 삼고 있는 우리 법의 태도를 고려한다면, 소송계속 후 변론종결 전에 소송물이 양도된 경우 양수인을 기존 소송의 당사자로 끌어들여 그에 대한 기판력 있는 판단이 내려질 수 있도록 하는 것이 관련 당사자들의 이익으로 보나 소송경제의 면으로 보나 합리적이다. 또한 패소가능성이 농후한 당사자가 불이익한 기판력 있는 판단을 피하기 위하여 소송 중에 소송물을 양도하는 경우를 대비한 소송상의 대책도 분명 필요하다. 그런데 법 제81조(승계참가)·제82조(승계인수) 외에는 소송물 양도로 인한 '소송승계'를 인정할 법적 근거를 찾을 수 없다. 그렇다면 (입법론은 별론으로 하고 해석론으로서는) 위 규정들을 최대한 합리적으로 해석하여 소송물 양도로 인한 '소송승계'를 인정할 수 있는 방법을 찾는 것이 바람직하다. 또한, 소송승계 이론에 입각한 기존 해석론이 이미 수십 년간 법학과 실무에서 받아들여져 왔음에도, 이론상의 문제점을 이유로 하루아침에 이를 전면적으로 부정하는 것은 법현실에서 받아들이기 어렵다는 점도 고려하지 않을 수 없다.

다만 兼子一의 소송승계론을 원형 그대로 유지하는 것은, 위에서 살펴본 여러 가지 문제점을 고려할 때 타당하지 않다. 그 문제점을 최소화하면서도 소송승계 이론의 취지를 살리기 위하여, 다음과 같은 해석론을 제안해 본다.

3. 새로운 해석기준의 제시

'소송승계'와 '독립당사자참가'라는 이질적인 존재의 공존으로 인한 모순·충돌을 최소화하려면, 승계참가소송을 일정한 기준에 따라 소송승계 이론이 적용되는 경우와 독립당사자참가 이론이 적용되는 경우로 분리할 필요가 있다. 기존 해석론에 따른 '피승계인이 승계사실을 다투는지 여부'라는 주관적인 기준은 소송절차의 본질에도 맞지 않고 최근 판례 변경으로 더 이상 유지될 수 없게 되었음은 위 V. 2., 3.항에서 살펴본 바와 같다. 따라서 새로운 기준을 모색할 필요가 있다.

'피승계인의 소송상 지위의 승계'라는 소송승계의 본질적 효력이 정당화될 수 있는 범위는, 위 V. 1.항에서 살펴본 바와 같이 소송물의 양도로 인하여 당사자의 '교체'가 일어나는 경우로 한정된다. 승계참가소송에서 승계인이 참가한 후 피승계인이 탈퇴하면 그 과정을 전체적으로 볼 때 당사자의 '교체'가 일어나는 것으로 평가할 수 있다. 따라서 승계참가 후 피승계인이 탈퇴하는 경우에는 '소송승계'가 일어나는 것으로 보고, 탈퇴하지 않는 경우에는 '소송승계'는 일어나지 않고 승계참가의 원래 속성에 맞게 '독립당사자참가(권리주장참가)'로 취급하는 것이 타당하다.

이러한 해석론에 의할 때, 피승계인이 탈퇴하지 않는 많은 경우에 있어서 소송승계는 부정되고 단지 독립당사자참가로 취급될 것인데, 그 경우 '소송승계 이론'의 취지가 반감되는 것이 아닌가 하는 의문이 들 수 있다. 그러나 위 V. 1.항에서 본 바와 같이, '당사자 추가'의 경우에 무리하게 소송승계를 인정하지 않더라도 소송물 양도를 주장하는 제3자에게 기존 소송절차에의 '참가'를 허용하는 것만으로도 소송경제나 승계인의 이익 보호 등과 같은 소송승계

이론이 추구하는 목적이 상당 부분 달성될 수 있다.

4. 새로운 기준에 따른 권리승계형 승계참가의 소송상 취급

위에서 제시한 기준 하에 소송절차를 각 단계별로 나누어 살펴보면 다음과 같다.

(1) 승계참가신청 단계

먼저 법 제81조에 따른 승계참가신청이 있는 경우, 통상 신청인의 의사는 피승계인에 '갈음'하여 소송절차를 인수하려는 것이라고 볼 수 있고, 참가 후 피승계인이 탈퇴할지 여부는 참가신청 단계에서 알 수 없으므로, 일단 '소송승계'가 일어나는 경우를 상정하여 취급한다. 다만, 이 경우에도 '법 제79조에 따라 참가'해야 하므로 독립당사자참가의 경우에 준하여 참가취지와 참가이유를 밝히고, 나아가 적어도 한 쪽 당사자(통상 피승계인의 상대방인 피고)를 상대로 한 독자적인 청구를 세워야 한다(편면참가). 그러나 그 실질은 (참가신청 단계에서는) 새로운 소의 제기라기 보다는 기존 소송을 인수하려는 것이므로, 인지는 붙이지 않고 별도의 사건번호도 부여하지 않는다.

(2) 피승계인의 탈퇴 여부 확인 단계

승계참가신청이 있으면 법원은 본소 청구의 심리를 멈추고 피승계인에게는 승계사실을 인정하고 탈퇴할 의사가 있는지 여부를, 상대방 당사자에게는 탈퇴에 동의할 의사가 있는지 여부를 확인할 필요가 있다. 탈퇴 여부가 가려질 때까지는 종전 당사자들의 소송행위도 일단 보류하도록 하는 것이 바람직하다(승계참가인이 소송을 인수하게 되면 새로운 당사자인 그로 하여금 소송행위를 하도록 하는 것이 바람직하기 때문이다). 당사자의 교체를 위해서는 기존 당사자들과 새로운 당사자 모두의 동의가 있어야 한다. 승계참가인은 소송의 인수를 바랄 것이므로 당사자 교체에 동의한 것으로 인정할 수 있다. 상대방 당사자의 동의는 법 제80조에 의해 명시적으로 요구된다. 피승계인의 자발적인 탈퇴 의사가 필요함은 말할 것도 없다(피승계인에게 탈퇴 의무를 인정할 아무런 법적 근거도 없으므로, 피승계인의 탈퇴 여부는 자유의사에 맡겨져 있다).

(3) 피승계인의 탈퇴가 이루어진 경우의 취급

위 (2) 단계에서 피승계인의 탈퇴가 적법하게 이루어지면, 승계인은 피승계인에 갈음하여 당사자가 되어 소송을 계속 수행하고, 피승계인의 소송수행으로 형성된 종전의 소송상태에 구속된다. 이 경우 당사자가 교체되므로 새로운 공동소송관계는 발생하지 않고, 기존의 소송관계가 그대로 유지된다. 참가 시점과 탈퇴 시점 사이에 일시적으로 공동소송관계가 형성되기는 하지만, 참가신청 후 절차의 초기 단계에서 피승계인의 탈퇴 여부를 명확하게 가리도록 하고, 그때까지는 법원과 당사자들의 소송행위를 멈추게 함으로써, 일시적 공동소송관계 발생으로 인한 문제점은 최소화될 수 있을 것이다. 소송승계가 일어나는 결과, 그 당연한 귀결로서 '피승계인의 최초 소제기'에 의한 시효중단·기간준수의 효력은 승계인에게 미친다. 민법 제169조에 의해서도 시효중단과 관련하여 같은 효과가 생긴다. 한편 법 제81조에 의하면 '참가인의 참가신청'에 의한 시효중단·기간준수의 효과가 최초 소제기 시에 소급하여 생긴다.

(4) 피승계인의 탈퇴가 이루어지지 않은 경우의 취급

위 (2) 단계에서 피승계인의 탈퇴가 적법하게 이루어지지 않으면, 그때부터 그 승계참가는 독립당사자참가(권리주장참가)로 취급된다. 참가신청은 실질적으로 소제기에 해당하므로, 이 단계에서 당사자는 인지를 납부하여야 하고, 법원은 별도의 사건번호를 부여하여야 한다. 이후 소송절차는 세 당사자 사이의 독립당사자참가소송이므로 법 제79조 제2항에 따라 필수적 공동소송에 관한 제67조가 준용된다. 이 경우 소송승계는 일어나지 않지만, 민법 제169조에 의하여 '피승계인의 최초 소제기'에 의한 시효중단의 효력은 승계인에게 미친다. 한편, 승계참가인이 '소송물의 승계를 주장하여 참가'하는 이상 이 경우에도 법 제81조가 적용되므로, '참가인의 참가신청'에 따른 시효중단·기간준수의 효력은 최초 소제기 시에 소급하여 생긴다. 법 제81조는 한편으로 독립당사자참가 중 소송물 승계를 이유로 하는 참가의 경우 소제기 효력의 발생시기에 관한 일반원칙(법 제265조)에 대한 예외를 정한 것이고, 다른 한편으로 '시효중단은 당사자 및 그 승계인간에 효력이 있다'는 민법 제169조의 절차적 반영으로 해석될 수 있다.

(5) 피승계인이 뒤늦게 탈퇴한 경우의 취급

만일 위 (4)의 경우 세 당사자 사이의 소송절차가 진행되다가 뒤늦게 피승계인이 탈퇴하는 경우(그러한 탈퇴도 물론 가능하다), 소송절차는 독립당사자참가소송으로서의 성격을 잃지 않고, 탈퇴로 인하여 소송승계는 발생하지 않는다고 보아야 한다. 절차 진행 중에 소송관계가 변동된다고 보는 것은 소송절차의 명확성·안정성 요청에 반하기 때문이다. 따라서 그 탈퇴 후에도 승계참가인은 탈퇴한 당사자의 소송상 지위를 승계하지 않고, 탈퇴 전에 형성된 소송상태에 구속되지도 않는다. 이 경우 일반적인 독립당사자참가소송에서 종전 당사자가 탈퇴한 경우와 동일하게 취급된다.

Ⅶ. 새로운 해석론에 의할 때 '의무승계형' 승계참가의 소송상 취급

1. 새로운 형태의 후발적 당사자변경 제도의 도입

승계참가는 원래 '권리승계인'에게 인정되던 것인데, 兼子一의 소송승계론에 따른 해석론, 즉 '소송물 양도의 모든 경우를 빠짐없이 포함하여 소송승계를 인정하여야 한다'는 사고가 입법에 반영됨으로써 1990년 개정법에 의해 도입된 것이 '의무승계인'의 승계참가이다.

위 VI. 1.항에서 살펴본 바와 같이, '권리승계'를 주장하면서 당사자로서 참가하는 것은 독립당사자참가 중 권리주장참가에 바로 해당한다. 반면 '의무승계'를 주장하면서 당사자로서 참가하는 것은 독립당사자참가에 해당하지 않음은 법 제79조의 문언("소송목적의 전부나 일부가 자기의 권리라고 주장")상 명확하다. 나아가 의무승계인의 소송참가는 그 외에 법에 마련된 기존의 후발적 당사자변경 제도 중 어디에도 해당하지 않는다.[62] 이는 1990년 법 제81조의 개정에 의해 '의무승계주장참가'라는 새로운 형태의 후발적 당사자변경 제도가 신설되었음을 의미한다. 즉, 독립당사자참가 중 권리주장참가(권리승계형 승계참가를 포함하여)는 '권리자 합일확정'을 위한 소송형태라면, 1990년 법개정으로 도입된 의무승계형 승계참가는 '의무자 합일확정'을 위한 새로운 소송형태라고 평가할 수 있다.

2. 입법론상의 문제

위와 같이 의무승계참가는 원래 독립당사자참가와 아무 관련이 없음에도 불구하고, 소송승계 이론이 입법에 영향을 미친 결과, 독립당사자참가(권리주장참가)의 일종인 권리승계참가와 동일하게 취급되게 되었다. 그런데 원래 '독립당사자참가 규정에 따라 참가할 수 없는' 의무승계인의 참가를 (원래 독립당사자참가에 해당하는) 권리승계인의 참가와 함께 묶어서 "법 제79조(독립당사자참가)의 규정에 따라 참가한 경우"라고 규정한 것은 입법론적으로 적절하지 않았다고 생각된다.[63]

또한, 권리승계참가는 원래 독립당사자참가(권리주장참가)에 해당하는 것이므로 그러한 형태의 참가가 허용된다는 점은 이미 법 제79조에 의해 명확하다. 그렇기 때문에, 법 제81조에서는 참가 허용 여부에 관한 규율 없이(참가의 허용성을 전제로) 단순히 "… 참가한 경우 그 참가는 소송이 법원에 처음 계

62) 후발적 당사자 변경을 가져오는 제도로는 독립당사자참가 외에 공동소송참가(판결의 효력을 받는 제3자의 신청에 의한 당사자 추가), 필수적 공동소송인 또는 예비적·선택적 공동소송인의 추가(기존 소송 원고의 신청에 따른 당사자 추가), 피고 경정(피고를 잘못 지정한 것이 분명한 경우 원고의 신청에 따른 당사자 교체) 등이 있으나, (판결의 효력을 받지 않는) '의무승계'를 주장하는 제3자의 신청에 의한 당사자참가는 위 제도 중 어디에도 해당하지 않는다.

63) '의무승계형' 승계참가 제도를 입법화함에 있어 일본은 우리와 입법형식을 다소 달리하였다. 즉, 일본은 기존의 '권리승계인의 소송참가' 규정에 의무승계인의 경우를 함께 묶어서 집어넣지 않고 별도의 규정을 신설하되, 권리승계인의 소송참가 규정을 '준용'하도록 하였다. 1996년 개정 전후 일본 민사소송법 규정의 비교는 주 47 참조.

속된 때에 소급하여 시효의 중단 또는 법률상 기간준수의 효력이 생긴다"고 함으로써, 소제기 효력 발생시기에 관한 특칙만을 규율하고 있다.[64] 그런데 의무승계참가의 경우 그러한 형태의 참가가 '허용되는지 여부'를 규율하는 별도의 규정이 없음에도 불구하고, 단순히 법 제81조(1990년 법개정 당시의 제74조)의 '권리'를 '권리 또는 의무'로 바꾸는 방법으로 개정한 것은, '의무승계참가'라는 새로운 소송형태의 허용성에 관한 규율이 흠결되었다는 점에서 입법론적으로 문제가 있다고 생각된다.

3. 의무승계형 승계참가의 소송상 취급: 피승계인의 탈퇴 여부에 따른 이원적 취급

(1) 어쨌든 입법과정에 비추어 볼 때 의무승계인의 승계참가를 권리승계인의 승계참가와 동일하게 취급하겠다는 것이 입법자의 의사였음은 분명하다.[65]

따라서 권리승계인의 승계참가에 관한 위 VI.항의 논의는 의무승계인의 승계참가에 그대로 적용될 수 있다. '당사자의 교체'가 일어난다고 평가할 수 있는 경우, 즉 의무승계인의 소송참가 후 피승계인이 탈퇴하는 경우에는 '소송승계'가 일어나지만, 그렇지 않고 피승계인이 탈퇴하지 않는 경우에는 '소송승계'는 일어나지 않는다. 이 경우 의무승계참가는 독립당사자참가 자체에는 해당하지 않으나 법 제81조에 따라 독립당사자참가와 동일하게 취급하여야 한

---

64) 이러한 규율형식은, 독립당사자참가에 관한 제79조("… 주장하는 제3자는 … 소송에 참가할 수 있다"), 승계인수에 관한 제82조("… 승계한 때에는 … 그 제3자로 하여금 소송을 인수하게 할 수 있다")가 그러한 형태의 후발적 당사자변경이 '허용된다'는 점을 명확히 규율하고 있는 것과 선명하게 대비된다.

65) 다만, 의무승계형 승계참가를 권리승계형 승계참가와 동일하게 취급하는 것이 실질적으로 정당한지에 대해서는 의문의 여지가 있다. 권리승계형 승계참가의 경우 원고의 청구와 참가인의 청구가 '법률상 양립할 수 없음'이 명백하다. 반면, 의무승계형 승계참가의 경우, 심리 결과 원고의 피고에 대한 권리의 존재는 인정되고 승계참가인의 승계사실은 부정될 경우, 원고의 청구(피승계인인 피고에 대한 급부청구 또는 적극적 확인청구)와 승계참가인의 청구(원고에 대한 의무부존재 확인청구)가 모두 인용될 수 있으므로, 원고의 청구와 참가인의 청구가 '법률상 양립할 수 없는' 관계에 있다고 볼 수 없다. 만일 의무승계형 승계참가에서 기존 원고가 적극적으로 청구를 변경하여 '피승계인에 대한 급부청구 또는 적극적 확인청구'를 (예비적으로) 추가한다면, 원고의 기존 청구와 변경(추가)된 청구는 '법률상 양립할 수 없는 관계'에 있다고 볼 수 있다. 그러나 의무승계인의 소송참가가 있다고 하여 기존 원고에게 청구를 변경(추가)할 의무가 있는 것은 아니어서 청구변경이 이루어진다는 보장이 없다. 또한 의무승계형 승계참가를 독립당사자참가와 같이 취급하려는 입법취지에 비추어 볼 때, 의무승계인이 소송참가를 하려면 독자적인 청구(소극적 확인청구)를 세워야 한다고 보는 것이 타당하다(이에 관하여는 아래 VII. 4.항에서 구체적으로 살펴본다). 이를 전제로 소송구조를 파악해 보면 의무승계형 승계참가를 권리승계형 승계참가와 같게 취급하는 것이 정당한지에 대해서 의문이 생길 수 있다.

다. 소송절차 단계별로 살펴보면 다음과 같다.

(2) 의무승계인의 참가신청 단계에서는 일단 '소송승계'가 일어나는 것을 상정하여 취급한다. 즉, 이 단계에서 참가신청은 실질적으로 새로운 소의 제기라기보다는 기존 소송을 인수하려는 것이므로, 당사자는 인지를 붙이지 않고, 법원도 별도의 사건번호를 부여하지 않는다.

의무승계인의 참가신청이 있으면 법원은 본소 청구에 관한 심리를 멈추고 피승계인의 탈퇴 여부 및 상대방의 동의 여부에 관하여 각 그 의사를 확인할 필요가 있다.

이 단계에서 피승계인의 탈퇴가 적법하게 이루어지면 소송승계가 일어난다. 즉, 승계인은 피승계인에 갈음하여 당사자(의무승계이므로 대개의 경우 피고)가 되어 소송을 수행하고, 종전의 소송상태에 구속된다.

위 단계에서 피승계인의 탈퇴가 적법하게 이루어지지 않으면, 그때부터 의무승계참가는 독립당사자참가와 동일하게 취급된다. 참가신청은 실질적으로 소제기에 해당하므로 당사자는 이 단계에서 인지를 납부하여야 하고 법원은 별도의 사건번호를 부여하여야 한다. 이후 소송절차는 독립당사자참가와 마찬가지로 필수적 공동소송에 관한 법 제67조가 준용된다. 이 경우 절차 진행 중에 뒤늦게 피승계인이 탈퇴하더라도 소송승계는 발생하지 않고, 독립당사자참가와 동일하게 취급되는 종전의 소송관계가 그대로 유지된다.

(3) 의무승계형 승계참가에 관한 이상의 내용은 권리승계형 승계참가에서와 동일하다. 이하에서는 의무승계형 승계참가의 경우에 특히 권리승계형 승계참가와 달리 별도 고찰이 필요한 몇 가지 쟁점에 관하여 구체적으로 살펴본다.

4. 의무승계인의 독자적 청구가 필요한지 여부

(1) 독자적 청구의 필요성

의무승계인도 권리승계인과 마찬가지로 '법 제79조에 따라 참가'해야 하므로, 의무승계인은 참가취지와 참가이유를 밝히고, 나아가 적어도 한 쪽 당사자를 상대로 한 독자적인 청구를 세워 청구취지와 청구원인을 밝혀야 한다. 의무승계인의 경우 승계받은 것이 '권리'가 아닌 '의무'이므로, 그에 의한 새로운 청구는 급부나 적극적 확인을 구하는 청구가 아니라 채무부존재확인과 같은 소극적 확인청구가 될 것이다.[66)]

소송승계의 원래 의미에 충실한다면, 의무승계인이 소극적 확인을 구하는 새로운 청구를 하기보다는 원고가 기존 청구의 상대방을 (피승계인에서) 승계인으로 변경하는 것이 보다 적절할 것이다. 그러나 우리법은 의무승계인에 대해서도 '독립당사자참가 규정에 따른 참가'를 요구하고 있기 때문에 의무승계인도 당사자참가인으로서 적어도 하나의 독립적인 청구를 세우지 않으면 안된다고 해석된다.

만일 그와 같이 해석하지 않는다면 다음과 같은 문제가 생긴다. 의무승계인에게 새로운 청구를 하도록 하지 않는다면 종전 소송의 원고가 자발적으로 청구를 변경해줄 것을 기다릴 수밖에 없는데, 원고가 반드시 청구를 변경한다는 보장이 없다.[67)] 승계참가 제도상 원고에 의한 청구변경이 이루어질 것을 담보하는 장치는 마련되어 있지 않고, 해석론적으로도 원고에게 청구변경을 강제할 정당한 근거를 찾을 수 없다. 만일 의무승계인이 아무런 새로운 청구도 세우지 않은 채 승계참가를 하고 종전 원고도 기존 청구를 변경하지 않는다면, 의무승계인은 그 소송의 새로운 당사자가 되었음에도 불구하고 그에 의한 또는 그에 대한 청구는 전혀 존재하지 않는 상태가 되고 만다. 이는 소송의 기본구조에 비추어 허용되지 않을 뿐만 아니라, '피승계인의 소송상 지위의 인수' 및 '승계인에 대한 기판력 있는 판결의 획득'이라는 소송승계의 목적 및 승계인의 의도에도 전혀 맞지 않는 결과가 된다.

---

66) 강현중, 앞의 책(주 12), 899면; 문영화, 앞의 논문(주 2), 203면; 伊藤眞, 앞의 책(주 31), 722, 723면; (コンメンタ-ル)民事訴訟法 1(주 11), 504면; 三宅省三, 鹽崎勤, 小林秀之 [共]編, 앞의 책(주 31), 506, 519면.

67) 만일 기존 원고의 승소(청구인용)가 예상되는 상황이라면 원고가 집행권원의 확보를 위해 예비적으로라도 의무승계참가인에 대한 청구를 추가할 것이라고 기대할 수 있겠지만, 이와 달리 패소(청구기각)가 예상되는 상황이라면(예컨대 제1심에서 원고청구기각 판결이 선고된 후 항소심에서 피고의 승계인이 의무승계를 주장하면서 참가한 경우), 원고의 입장에서 굳이 뒤늦게 끼어든 제3자인 의무승계참가인에 대한 청구를 추가할 이유가 없을 것이다.

따라서 의무승계인의 경우에도 권리승계인과 마찬가지로 승계참가를 하기 위해서는 '법 제79조의 규정에 따라' 적어도 하나의 독자적인 청구를 세워야 한다고 해석하지 않으면 안 된다.

(2) 의무승계형 승계참가에 대한 위헌론의 검토

의무승계인의 승계참가와 관련하여 '실질적으로 원고에 대해 소송상 권리행사(소제기)를 강제하는 것으로 자기결정권 내지 재판청구권(헌법 제27조)을 침해하므로 위헌의 소지가 있다'는 주장이 제기되고 있다.[68] 이에 의하면, 의무승계인의 승계참가는 '의무를 승계하였다고 주장하면서 참가'하는 것일 뿐 소극적 확인청구와 같은 새로운 청구를 하면서 참가하는 것이 아니라는 점을 전제로,[69] 원고가 자신의 권리를 자발적으로 소송상 행사하지 않는데도 의무승계인이 소송에 참가함으로써 실질적으로는 원고의 소제기를 강제하게 된다고 본다. 또한, 승계참가는 승계인이 승소 전망이 서면 유리한 소송상태를 이용하기 위하여 신청하는 것인데, 의무승계인이 승소하기 위해서 스스로 소송참가를 신청해야 할 필요성이 있는 경우를 상정하기 어렵고, 의무승계인이 소송에서 승소하기 위해서는 '의무자가 아니'라고 주장해야 할 것인데, 이를 위한 참가는 '의무의 승계'를 주장하는 것이 아니라 오히려 그것을 부정하는 것이므로 그러한 소송참가는 부적법하다고 한다.

그러나 이러한 견해는 타당하지 않다. 앞에서 보았듯이 의무승계인도 권리승계인과 마찬가지로 승계참가를 함에 있어서는 독자적인 청구(소극적 확인청구)를 하여야 한다. 의무승계참가에 있어서 '의무를 승계하였다'고 주장하는 것은 '참가취지'에 해당하고, 피승계인을 상대로 소극적 확인청구를 하는 것는 소제기의 실질에 부합하는 '청구취지'에 해당하므로, 위 둘은 구별된다. '소극적 확인청구를 하면서 참가하는 것은 의무승계를 주장하면서 참가하는 것이 아니'라는 위 견해는 참가취지와 청구취지를 혼동한 것이어서 부당하다. 의무

68) 강구욱, 앞의 논문(주 33), 246면.

69) 오히려 소극적 확인청구를 하면서 참가하는 것은 '소송목적인 의무를 승계하였다고 주장하면서 참가'하는 것이 아니므로 적법한 소송참가로 볼 수 없다고 한다.

승계인은 참가신청을 하면서 독자적인 청구를 하여야 하기 때문에, 기존 원고에게 소제기를 강제하는 일은 발생하지 않는다(오히려 원고에게 소제기를 강제할 수 없기 때문에 의무승계인에게 새로운 청구를 하도록 하여야 하는 것이다).

또한, 의무승계인은 그 존부가 다투어지는 어느 계쟁 채무의 '승계'를 주장하되, 그 계쟁채무의 존부 문제에 있어서는 '의무의 부존재'를 주장하는 것이므로, 그러한 주장이 모순된다거나 그러한 주장에 의한 참가신청이 부적법하다고 볼 수는 없다.

의무승계인이 유리한 소송상태를 이용하기 위하여 승계참가를 신청할 필요성은, 실무상 특히 영업양수도나 회사분할, 계약이전 등과 같이 실체법상 포괄승계가 아닌 특정승계로 취급되지만 어떠한 지위의 변동에 따른 권리·의무의 일괄적인 이전이 문제되는 경우[70]에 나타난다. 예를 들어 영업을 양수한 자는 그 영업과 관련한 여러 채무를 일괄적으로 인수하지만, 그 중 특정 채무와 관련하여 (계약의 해소 또는 변제 등을 이유로) 부존재를 주장할 수 있는 것이다. 그 경우 채권자의 소제기에 의한 소송절차에서 영업양도인(피고)에게 승소(원고청구기각)의 전망이 있다면, 양업양수인은 그 소송에 의무승계인으로서 승계참가를 할 필요성을 가지게 된다.

요컨대, 의무승계인의 소송참가에서도 승계참가인은 독자적인 청구를 세워야 하고, 기존 원고에 의한 소제기는 강제되지 않으며, 의무승계인이 '의무승계'를 주장하여 참가한 후 본안에 관하여 '그 의무의 부존재'를 주장하는 것도 가능·적법하고, 현실적으로 의무승계인이 피승계인의 유리한 소송상태를 이용하기 위하여 승계참가하는 것을 허용할 필요성도 있으므로, '의무승계인의 소송참가는 위헌적 제도로 폐지되어야 한다'는 위 견해에는 찬성할 수 없다.[71]

(3) 독자적 청구를 흠결한 경우의 소송상 취급

위와 같이 의무승계형 승계참가에서도 참가인은 독자적인 청구(소극적 확인

---

70) 이러한 유형의 특정승계의 소송상 취급에 대하여는 최은희, "특정승계 -구체적 운용의 타당성을 위하여-", 경희법학 제42권 제2호(2007. 9.), 경희대학교 법학연구소, 625면 이하 참조.

71) 다만 입법론적으로 본다면, 이러한 경우 별소제기의 방법이 있음에도 구태여 기존 소송에의 참가까지 허용할 필요가 있는지는 논쟁의 여지가 있다.

청구)를 세워야 한다고 보는 것이 타당함에도, 지금까지 법학이나 실무에서는 이러한 점이 명확하게 규명되지 않았던 것으로 보인다. 그렇다 보니 실무에서는 의무승계인이 아무런 새로운 청구도 하지 않은 채 단순히 '의무승계를 이유로 참가한다'는 참가취지만을 밝히거나, 혹은 '원고의 승계참가인에 대한 청구를 기각한다'는 판결을 구하는 취지만을 밝히는 경우가 많은 것으로 보인다(별첨 '의무승계인의 소송승계참가신청서 서식'[72] 참조).

그러나 '원고의 승계참가인에 대한 청구를 기각한다'는 취지의 판결을 구하는 것은 원고의 청구취지에 대한 승계인의 '답변'일 뿐 승계인의 '독자적인 청구(청구취지)'가 아니므로, 이러한 참가신청은 그 요건('청구취지를 밝힐 것')을 흠결하여 그 자체로 부적법하다. 이러한 참가신청이 있을 경우 법원은 승계참가인에게 청구취지를 밝히도록 하고, 그 흠이 치유되지 않으면 참가신청이 부적법하므로 판결로 이를 각하하여야 한다.[73] 이 때 승계참가인의 부적법한 참가신청을 각하하는 판결을 반드시 원래의 당사자 사이의 소송에 대한 판결과 함께 하여야 하는 것은 아니다.[74]

5. 시효중단・기간준수의 소급효 적용 여부

권리승계참가의 경우와 달리 의무승계참가의 경우에는 법 제81조가 정하는 '시효중단・기간준수의 소급효'가 적용되는지 여부가 논란이 될 수 있다. 지금까지 이에 관하여 구체적으로 다룬 문헌은 보이지 않았는데, 최근 '의무승계의 경우에는 법 제81조를 그대로 적용해서는 안 된다'는 주장이 제기되고 있다.[75]

---

72) 대한법률구조공단 제공.
출처 : https://support.klac.or.kr/front/search/searchList.do (검색어 : 소송승계참가신청서)

73) 대결 2007. 8. 23, 2006마1171("민사소송법 제81조에 의하면 소송이 법원에 계속되어 있는 동안에 제3자가 소송 목적인 권리 또는 의무의 전부나 일부를 승계한 경우 제3자는 참가의 취지와 이유를 밝혀 소송이 계속된 법원에 승계참가신청을 할 수 있는바, 위와 같은 승계참가신청은 일종의 소의 제기에 해당하고 참가요건은 소송요건에 해당하므로 참가요건에 흠이 있는 때에는 변론을 거쳐 판결로 이를 각하하여야 한다.")

74) 대판 2012. 4. 26, 2011다85789.

75) 그 근거는 '위 규정의 적용 여부가 문제되는 것은 원고의 소제기에 의해 시효가 중단되었지만 의무승계인이 소송참가를 할 당시에는 시효가 완성된 경우일 것인데, 이 경우에도 위 규정이 그대로 적용된다고 보는 것은 의무승계인의 소송참가 자체에 시효이익 포기와 같은 효과를 인정하는 것이 되나, 이는 시효이익의 포기가 상대방 있는 단독행위로서 그 포기의 효력은 그 의사표시가 상대방에게 도달한 때에 발생한다

승계참가소송의 경우, 소는 원고가 제기한 것과 승계참가인이 제기한 것의 두 개가 병존한다. 그렇다면 '원고의 소제기'에 따른 효력과 '참가인의 참가신청'에 따른 효력을 나누어 살펴볼 필요가 있다.

먼저 '원고의 소제기'에 따른 효력에 관하여 살펴보면, 피승계인(피고)이 탈퇴함으로써 소송승계가 일어나는 경우, 소송승계의 당연한 효과로 원고의 최초 소제기에 의한 피고(피승계인)에 대한 시효중단·기간준수의 효력은 참가인(의무승계인)에게 미친다. 민법 제169조에 의하더라도 시효중단과 관련하여 동일한 효과가 생긴다.[76] 피승계인(피고)이 탈퇴하지 않은 경우, 소송승계는 일어나지 않지만, 민법 제169조에 따라 원고의 최초 소제기에 의한 피고(피승계인)에 대한 시효중단의 효력은 참가인(의무승계인)에게도 미친다.

다음으로 '참가인의 참가신청'에 따른 효력에 관하여 살펴보면, 의무승계의 경우 승계참가인은 권리자가 아니라 의무자이고, 승계참가인이 제기하는 소는 권리행사로서의 소가 아니라 '의무부존재확인의 소'에 불과하다. 따라서 의무승계의 경우에는 애당초 승계참가인의 참가신청(소제기)에 의해 시효중단·기간준수의 효력이 발생할 여지가 없다. 법 제81조는 "… 참가한 경우 그 참가는 … 소급하여 … 효력이 생긴다"라고 규정하고 있어, 문언상 ('원고의 소제기'에 따른 효력의 발생시기에 관한 것이 아니라) '참가인의 참가신청'에 따른 효력의 발생시기에 관하여 규율하는 것이다. 그런데 의무승계참가의 경우 그 참가신청(소극적 확인청구)에는 애당초 시효중단·기간준수의 효력이 발생할 여지가 없으므로, 그 효력의 발생시기에 관하여 따질 필요도 없다. 이러한 점에서 시효중단·기간준수의 효력에 관한 법 제81조의 규율은 애당초 의무승계형 승계참가에는 적용될 수 없는 것을 내용으로 하고 있다.[77]

요컨대, 의무승계형 승계참가의 경우 법 제81조에서 정하는 '참가인의 참가

는 원칙에 반한다'는 것이다[강구욱, 앞의 논문(주 33), 228면]. 아래에서 살펴보는 바와 같이 위 주장의 결론에는 동의하나, 그 논거는 다르게 본다.

76) 민법 제169조의 '승계인'에는 권리의 승계인뿐만 아니라 의무의 승계인도 포함된다[곽윤직 편집대표, 민법주해(III)(총칙 3), 박영사, 1992, 490면(윤진수 집필부분); 대판 2015. 5. 28, 2014다81474 등].

77) 이러한 점으로 보더라도, 1990년 법 개정 당시 의무승계형 승계참가에 관한 규율을 신설함에 있어 권리승계형 승계참가에 관한 기존 법조항의 '권리'라는 표현을 단순히 '권리 또는 의무'라는 표현으로 변경하는 방식을 취한 입법태도는 부적절한 것이었다고 생각된다.

신청에 따른 시효중단・기간준수의 소급효'는 적용되지 않는다(다만, 이 경우에도 소송승계 이론 또는 민법 제169조에 의해 '원고의 소제기'에 따른 시효중단・기간준수의 효력은 의무승계참가인에게 미친다).[78)]

Ⅷ. 마치며

1. 논의의 요약

(1) 법 제81조에 따른 승계참가는 종래 '소송승계'의 한 유형으로서 독립당사자참가와는 본질적으로 다른 제도라고 설명되면서도 실무상으로는 많은 점에 있어서 독립당사자참가와 유사하게 취급되어 왔으며, '피승계인이 승계사실을 다투는지' 여부에 따라 소송상 달리 취급되어 왔다. 이러한 종래의 해석론에 의하면 승계참가와 독립당사자의 관계가 모호하고, 본질적으로 서로 다른 두 개의 제도가 '참가승계'라는 하나의 제도 안에 끌어들여져 이론상 자기모순이 발생하며, '소송승계'를 인정할 법문언상・이론상 근거가 명확하지 않은 문제점이 있다.

이러한 해석론은 일본 법학의 통설로 받아들여져 온 兼子一의 '소송승계론'의 영향으로 인한 것이다. 그러나 兼子一의 소송승계론은 독일 민사소송법 제265조의 소송물 양도 이론을 차용하는 과정에서 '당사자 교체'의 경우를 넘어서서 '당사자 추가'의 경우에까지 소송승계 인정 범위를 부당하게 확대하였다.

78) 지금까지 살펴본 권리승계형 및 의무승계형 승계참가소송에서 소제기 또는 참가신청에 따른 시효중단・기간준수 효력의 확장 내지 소급효에 관한 결론을 요약하면 아래 표와 같다.

구분	피승계인의 탈퇴 여부	'원고의 소제기'에 따른 효력		'참가인의 참가신청'에 따른 효력
		소송승계 이론 적용 여부	민법 제169조 적용 여부	법 제81조 적용 여부
권리승계참가	탈퇴한 경우	○	○	○
	탈퇴하지 않은 경우	×	○	○
의무승계참가	탈퇴한 경우	○	○	×
	탈퇴하지 않은 경우	×	○	×

당사자가 '교체'되는 경우에는 '소송승계'를 인정하는 것이 자연스러운 반면, 종전 당사자가 그대로 있는 상태에서 새로운 당사자가 '추가'되는 경우에는 이론상 '소송승계'를 인정하기 어렵고, 그 경우 '소송경제'나 '승계인의 이익' 과 같은 兼子一의 '소송승계론'이 추구하는 목적은 단순히 제3자의 소송참가를 허용하는 것만으로도 상당 부분 달성된다.

(2) 권리승계형 승계참가는 '권리자 합일확정'을 위한 소송형태로서, 원래 독립당사자참가 중 권리주장참가에 속한다. 이는 피승계인이 승계사실을 다투든 다투지 않든 마찬가지이다. 소송계속 중 소송물 양도와 관련한 '소송희생주의'나 '당사자항정주의'가 가지는 문제점 및 '소송승계주의'의 장점을 고려할 때, 법 제81조의 해석론으로써 일정한 범위에서 소송승계를 인정할 필요성은 있다. 그러나 그 인정 범위는 당사자의 '교체'가 일어나는 경우, 다시 말해 승계참가 후 피승계인이 '탈퇴'한 경우로 한정된다고 보아야 한다.

따라서 승계참가 후 피승계인이 탈퇴한 경우에는 소송승계가 일어나지만, 피승계인이 탈퇴하지 않는 경우에는 피승계인이 승계사실을 다투는지 아닌지 여부를 불문하고 소송승계는 일어나지 않고 독립당사자참가로 취급하는 것이 타당하다.

다만, 참가 시점과 탈퇴 시점 사이에 일시적으로 공동소송관계가 형성됨으로 인한 문제를 최소화하기 위해, 승계참가신청이 있으면 법원 및 당사자들의 소송행위를 멈추고 피승계인의 탈퇴 여부 및 상대방의 그에 대한 동의 여부를 확인하는 절차를 선행할 필요가 있다.

또한, 그 단계에서 탈퇴하지 않은 피승계인이 참가인의 관여하에 소송절차가 진행된 이후 뒤늦게 탈퇴하는 경우에는, 소송승계는 일어나지 않고 독립당사자참가소송으로서의 종전의 소송관계가 그대로 유지된다고 보아야 한다.

(3) 의무승계형 승계참가는 '의무자 합일확정'을 위한 소송형태로서, 원래 독립당사자참가와는 무관하나 1990년 법개정을 통해 독립당사자참가의 일종인 권리승계형 승계참가와 동일하게 규율되었다. 입법론적인 문제는 별론으로 하

고 해석론으로는 의무승계형 승계참가를 권리승계형 승계참가와 동일하게 취급하여야 하므로, 의무승계형 승계참가에 있어서도 '피승계인의 탈퇴 여부'라는 기준에 따라 이원적으로 취급하여야 한다. 즉, 피승계인이 탈퇴하면 소송승계로, 탈퇴하지 않으면 독립당사자참가와 같이 취급하는 것이 타당하다.

의무승계형 승계참가에서도 참가인은 독자적인 청구를 세워야 하고, 이는 의무부존재확인청구와 같은 소극적 확인청구가 될 것이다. 의무승계인이 독자적인 청구를 세우지 않으면 참가신청은 부적법하여 판결로 각하되어야 한다.

의무승계형 승계참가의 경우 법 제81조에서 정하는 '참가인의 참가신청'에 따른 시효중단・기간준수의 소급효는 적용되지 않지만, 소송승계 이론 또는 민법 제169조에 의해 '원고의 소제기'에 따른 시효중단・기간준수의 효력은 의무승계참가인에게 미친다.

2. 첨언: 2019년 대법원 전원합의체 판결 및 향후 재판실무에 관한 의견

권리승계형 승계참가에 관한 2019년 대법원 전원합의체 판결의 결론, 즉 '피승계인이 승계사실을 다투지 않는 경우'에도 필수적 공동소송에 관한 특별규정이 적용(엄밀하게 말하면 '준용')된다는 결론은 타당하다. 피승계인이 탈퇴하지 않는 한 권리승계형 승계참가소송은 독립당사자참가 중 권리주장참가에 바로 해당하고, 독립당사자참가에는 필수적 공동소송의 특별규정이 준용되기 때문이다(법 제79조 제2항, 제67조).

다만 그러한 결론을 도출하기 위한 논증과정에서 권리승계형 승계참가소송과 독립당사자참가소송 또는 예비적・선택적 공동소송 사이의 '소송구조적 유사성'에만 치중하고, 보다 본질적인 문제인 '법 제81조에 따른 승계참가의 본질'이나 '승계참가와 독립당사자참가의 관계'에 대해서는 밝히지 않은 점은 아쉬움으로 남는다.

한편, 위 전원합의체 판결은 2002년 법개정으로 도입된 편면적 독립당사자참가소송 및 예비적・선택적 공동소송과의 소송구조적 유사성에 집중한 결과, 판례 변경의 범위를 '2002년 법개정 이후에 선고된 판결'만으로 한정하였다.

그러나 승계참가 후 피승계인이 탈퇴하지 않는 경우 독립당사자참가와 동일하게 보아야 하는 근거들은 앞서 살펴본 바와 같이 2002년 법개정과는 무관하므로, 대법원이 위와 같이 판례 변경의 시적 범위를 2002년 법개정 이후로 한정한 것은 타당하지 않다고 생각된다.

종래 재판실무(인지 첩부 여부, 새로운 사건번호 부여 여부)는 '피승계인이 승계사실을 다투는지 여부'를 기준으로 삼는 종래의 해석론에 기초하고 있으나, 2019년 대법원 전원합의체 판결 및 새로운 해석론에 의하면 이러한 재판실무도 앞으로 변경될 필요가 있다고 생각된다.

참고문헌

1. 국내문헌

[단행본]

강현중, 민사소송법(제7판), 박영사, 2018.

곽윤직 편집대표, 민법주해(III)(총칙 3), 박영사, 1992.

김홍규/강태원, 민사소송법(제5판), 삼영사, 2020.

김홍엽, 민사소송법(제10판), 박영사, 2021.

문영화 역, 민사소송법 번역집(독일), 법무부 법무심의관실, 2019. 12.

민일영 편집대표, 주석 민사소송법(I)(제8판), 한국사법행정학회, 2018.

박재완, 민사소송법강의(제4판), 박영사, 2021.

법원행정처, 법원실무제요 민사소송[1], 박영사, 2017.

이시윤, 신민사소송법(제15판), 박영사, 2021.

전원열, 민사소송법 강의(제2판), 박영사, 2021.

정동윤/유병현/김경욱, 민사소송법(제8판), 법문사, 2020.

정영환, 신민사소송법(개정신판), 법문사, 2019.

한충수, 민사소송법(제2판), 박영사, 2018.

호문혁, 민사소송법(제14판), 법문사, 2020.

[논문]

강구욱, “소송승계론 재론”, 민사소송 제22권 1호(2018. 5.).

강현중, “피참가인이 승계참가를 다투지도 않고 소송에서 탈퇴하지도 않는 경우 승계참가인과 피참가인의 소송관계 - 대법원 2019. 10. 23. 선고 2012다46177 전원합의체 판결 -”, 법률신문, 2020. 2. 17.

곽승구, “승계참가인과 피참가인의 소송관계에 관한 연구”, 홍익법학 제22권 제1호(2021. 2.).

김경욱, “2019년 민사소송법 중요 판례 분석”, 안암법학 제60호(2020. 5.).

문영화, "소송승계와 탈퇴의 효력", 민사소송 제20권 제1호(2016. 5.).
이지영, "권리승계형 승계참가 사건에서 승계로 인해 중첩된 원고와 승계참가인의 청구 사이의 소송관계", 사법 51호(2020. 3.).
이태영, "권리승계형 참가승계의 소송관계", 강원법학 제63권(2021. 5.).
장재형, "권리승계형 승계참가와 민사소송법 제67조의 준용", 판례연구 제34집 1권(2020).
최은희, "특정승계 - 구체적 운용의 타당성을 위하여 -", 경희법학 제42권 제2호(2007. 9.).
최환주, "2019년 민사소송법 중요판례평석", 인권과 정의 통권 제489호(2020. 5.).
한충수, "참가승계와 필수적 공동소송의 심리특칙", 법조 제69권 제2호(통권 740호)(2020. 4.).

2. 외국문헌

伊藤眞, 民事訴訟法(第7版), 有斐閣, 2020.
新堂幸司, (新)民事訴訟法(第6版), 弘文堂, 2019.
秋山幹男 [外]著, (コンメンタ-ル)民事訴訟法 1: 民事訴訟法概說(第1編/總則/第1～3章), 日本評論社, 2014.
兼子一 原著, 松浦馨 [外]著, (條解)民事訴訟法(第2版), 弘文堂, 2011.
三宅省三, 鹽崎勤, 小林秀之 [共]編, (注解)民事訴訟法 I: 第1條～第60條, 青林書院, 2002.
上田徹一郎, 井上治典 共編, (注釋)民事訴訟法 2: 當事者(2)・訴訟費用, 有斐閣, 1992.
齋藤秀夫 [外]編著, (注解)民事訴訟法 2: 當事者: 45條 - 88條, 第一法規, 1991.
兼子一, "訴訟承継論（一）", 法學協會雜誌 49卷1号(1931. 1. 1.).
兼子一, "訴訟承継論（二・完）", 法學協會雜誌 49卷2号(1931. 2. 1.).

Becker-Eberhard, Münchener Kommentar zur ZPO, 6. Auflage, 2020.
Rosenberg/Schwab/Gottwald, Zivilprozessrecht, 18. Auflage, 2018.
Stein/Jonas, Kommentar zur Zivilprozessordnung, 23. Auflage, Band 3, 2016.

[서식 예] 소송승계참가신청서(의무승계인)

소 송 승 계 참 가 신 청 서

사　　　건	20○○가합○○　사건명
원　　　고	○○○
피　　　고	◇◇◇
피고승계참가인	◎◎◎ (주민등록번호) ○○시 ○○구 ○○길 ○○(우편번호 ○○○-○○○) 전화・휴대폰번호: 팩스번호, 전자우편(e-mail)주소:

위 사건에 관하여 피고승계참가인은 다음과 같이 의무승계인으로서 참가합니다.

청구취지에 대한 답변

1. 원고의 청구를 기각한다.
2. 소송비용은 원고가 부담한다.

라는 판결을 구합니다.

참가이유 및 청구원인에 대한 답변

1. 원고는 피고를 상대로 귀원 20○○. ○. ○. 선고 ○○○○가합○○○○호 물품대금 사건의 확정판결에 기한 강제집행의 불허를 구하는 이 사건 청구이의의 소를 제기하여 진행 중인바, 피고승계참가인은 원고가 이 사건 소를 제기한 후인 20○○. ○. ○. 피고로부터 위 물품대금(판결금) 채권을 양수하였고 피고는 다음 날 원고에게 그 취지의 통지를 하였습니다.

2. 따라서 피고승계참가인은 이 사건 소송목적인 의무 전부를 승계한 사람인 바, 원고가 주장하는 청구이의 사유가 이유 없음은 이미 피고가 답변서에서 진술한 바와 같으므로, 피고승계참가인은 이 사건 청구의 기각을 구하고자 이 건 참가에 이르렀습니다.

입 증 방 법

1. 을 제2호증 채권양도양수계약서
1. 을 제3호증 내용증명우편

첨 부 서 류

1. 위 입증방법 각 2통
1. 소송승계참가신청서 부본 2통

20○○. ○. ○.

위 원고승계참가인 ◎◎◎ (서명 또는 날인)

○○지방법원 제○민사부 귀중

[Abstracts]

Reexamination of interpretation of Article 81 Korean Civil Procedure Act based on 'Succession of Lawsuit Theory' : In relation to the litigation structure in the case where the predecessor does not withdraw after intervening of the successor

Kwak, Hee Kyung*

Successor's Intervention under Article 81 of the Korean Civil Procedure Act(KCPA) has been previously described as a type of 'succession of lawsuit', but in practice, it has been treated similarly to independent party intervention in many respects. Regarding the litigation structure in the case where the predecessor does not withdraw after intervening of the successor, according to the conventional theory, if the predecessor contests the fact of succession, it is regarded as equivalent to independent party intervention, if the predecessor does not contest the fact of succession, it is viewed as the ordinary co-litigation. However, the latter case will be treated the same as the independent party intervention by the Korean Supreme Court decision(2012da46170) in 2019.

The conventional interpretation of Article 81 KCPA is based on the 'Succession of Lawsuit Theory' by Japanese scholar Kaneko Hajime(兼子一), which has been accepted as the prevailing theory in Japanese law. However, Kaneko's theory not only has its own theoretical contradictions, caused by introducing two essentially different systems of 'succession of lawsuit' and 'independent party intervention' to the interpretation of the rules for successor's intervention, but also has unfairly expanded the scope of 'succession of lawsuit' beyond the case of 'replacement of party' to the case of 'addition of party' in the process of borrowing the theory

* Professor, Ajou University Law School

regarding Article 265 of the German Civil Procedure Act ruling the assignment of object of lawsuit.

Considering the problems of 'sacrifice of litigation' or 'party-immutability' and the merits of 'succession of lawsuit' in relation to the assignment of the object of lawsuit during the ongoing litigation, it is necessary to recognize succession of lawsuit within a certain range as an interpretation of Article 81 KCPA. But the scope has to be limited to the case where the 'replacement' of the party occurs, that is, the case where the predecessor 'withdraws' after sucessor's intervention.

Intervention of successor of 'right', kind of litigation for united confirmation of rights holders, belongs originally to independent party intervention. If the predecessor withdraws after intervening of the successor, succession of lawsuit occurs(co-litigation does not arise), but if the predecessor does not withdraw after intervening of the successor, whether the predecessor contests the fact of succession or not, the succession of lawsuit does not occur, rather it remains as independent party intervention.

Through the revision of KCPA in 1990, intervention of successor of 'obligation', kind of litigation for united confirmation of obligators, which originally has nothing to do with independent party intervention, was regulated in the same way as intervention of successor of 'right', which originally belongs to independent party intervention. Even in intervention of successor of obligation, succession of lawsuit occurs only if the predecessor withdraws after intervening of the successor. If predecessor does not withdraw, succession of lawsuit does not occurs and the case is to be treated like an independent party intervention. Successor of obligation must also file an independent claim (such as a request for confirmation of non-obligation) when applying for intervention. If he/she does not file an independent claim, the application for intervention is unjustifiable and must be rejected by a judgement. In the case of intervention of successor of obligation, the retroactive effect of interrupting a prescription or observing a statutory period under Article 81 KCPA does not apply. However, the effect of interrupting a prescription or observing a statutory period pursuant to the 'institution of lawsuit by a plaintiff' extends to the intervenor(the successor of obligation) according to the 'succession of lawsuit theory' or Article 169 of the Korean Civil Act.

Keywords: Successor's intervention, Succession of lawsuit, Independent party intervention, Withdrawal from lawsuit, Assignment of object of lawsuit

간접강제에 관한 법리적 논점과 향후의 과제*

- 법적 성질, 보충성, 적용 범위를 중심으로 -

성균관대학교 법학전문대학원 교수 전 휴 재

目 次

Ⅰ. 들어가며
Ⅱ. 외국의 입법례
1. 독일
2. 프랑스
3. 일본
Ⅲ. 간접강제의 법적 성질
1. 학설과 판례
2. 간접강제와 손해배상의 관계 - 충당, 반환, 귀속 등에 관하여
3. 검토
Ⅳ. 간접강제의 보충성
1. 외국의 경우
2. 우리나라에서의 논의
3. 검토
Ⅴ. 간접강제의 적용 범위 - '채무자의 의사만으로 할 수 없는 채무'에 관하여
1. 간접강제가 허용되지 않는 채무
2. '채무자의 의사만으로 할 수 없는 채무'에 관한 논의
3. 검토
Ⅵ. 마치며

Ⅰ. 들어가며

'간접강제'란 채무불이행에 대하여 채무자에게 손해배상이나 벌금 또는 구금 등의 제재를 예고하여 심리적 압박을 가함으로써 채무자로 하여금 스스로 채무를 이행하도록 강제하는 집행방법을 의미한다.[1] 민사집행법 제261조 제1

* 이 글은 2022. 5. 9. 대법원 민사실무연구회 제433회 연구발표회에서 발표한 뒤 '성균관법학' 제34권 제2호(2022. 7.)에 같은 제목으로 게재된 것이다. 이 글의 작성에 귀중한 도움을 주신 유아람 부장판사님(법원행정처 차세대전자소송추진단 단장)과 임정윤 판사님(대법원 재판연구관), 위 발표회에서 지정토론을 맡으신 이종록 부장판사님(대법원 재판연구관)과 이학승 부장판사님(대법원 재판연구관)께 깊은 감사의 뜻을 전한다.

1) 민일영 편집대표, 『주석 민사집행법(Ⅵ)』 제4판, 한국사법행정학회(2018), 96면(황진구 집필부분).

항은, 채무의 성질이 간접강제를 할 수 있는 경우에 한하여 간접강제를 명하는 결정을 한다고 규정하는데, 간접강제는 채무자의 인격을 존중한다는 의미에서 다른 강제집행이 불가능할 때에만 허용된다는 것이 일반적인 설명이며,[2) 이러한 취지에서 우리나라에서는 종래 직접강제나 대체집행이 불가능한 부작위채무와 부대체적 작위채무만이 간접강제의 대상이 됨을 전제로 한 논의가 이어져 왔다(이른바 '간접강제의 보충성').[3)]

그런데 정보통신과 생명공학 기술 등의 발전에 따른 사회의 급격한 변화, 경제 규모의 증대, 개인의 권리의식 강화 등에 힘입어 지식재산권법, 경쟁법, 환경법, 회사법, 불법행위법 관련 분쟁이 꾸준히 증가 추세에 있고, 특히 최근 민법에 인격권과 그 침해배제 및 예방 등에 관한 조항을 신설하려는 움직임에 비추어,[4)][5)] 불법 녹음·촬영, 직장 내 갑질, 학교 폭력, 온라인상 명예훼손이나 모욕, 가짜뉴스 유포, 디지털 성범죄, 메타버스에서의 인격 침해, 개인정보 유출 등 여러 종류의 인격적 이익 침해에 관한 법적 분쟁이 늘어날 것으로 전망된다. 위와 같은 새로운 유형의 민사분쟁에 대한 구제책으로는 손해배상 이외에 상대방에 대하여 부작위채무나 부대체적 작위채무를 부과하는, 다양한 형태의 '임시의 지위를 정하기 위한 가처분'(민사집행법 제300조 제2항)이나 민사소송이 활용될 것으로 보이는바, 그에 대한 집행은 현행법상 간접강제에 의할 수밖에 없고, 이에 따라 간접강제 활용의 정도와 폭은 앞으로 점점 더 넓어질 것으로 예상된다.

최근 대법원에서도 간접강제에 관한 판결례들이 다수 선고되고 있는데, 그 중 특기할만한 것으로는, 부대체적 작위채무 중 회계장부 열람·등사 허용의무와 같이 채무자가 채무를 이행함에 있어 채권자의 일정한 행위 내지 협력이

2) 『법원실무제요 민사집행(IV)』, 사법연수원(2020), 752면.

3) 대법원도 간접강제의 보충성을 정면으로 인정하고 있다. 대표적으로 대법원 2012. 1. 27.자 2010마1850 결정 참조.

4) 법무부는 2022. 4. 5. 인격권 및 인격권 침해배제·예방청구권을 일반적으로 명문화하는 민법 개정안을 마련하여 입법 예고하였다.

5) 현행 민법에는 인격권 및 그 침해에 대한 구제 수단에 관한 명문의 규정은 없으나, 판례에 의해서 인정되고 있다. 즉, 인격권은 그 성질상 일단 침해된 후의 구제 수단(금전배상이나 명예회복 처분 등)만으로는 그 피해의 완전한 회복이 어렵고 손해전보의 실효성을 기대하기 어려우므로, 인격권 침해에 대하여는 사전(예방적) 구제 수단으로 침해행위 정지·방지 등의 금지청구권을 인정한다(대법원 1996. 4. 12. 선고 93다40614, 40621 판결 등 참조).

요구되고, 배상금액이 특정 금액이 아닌 위반행위나 위반 횟수에 따라 정해지는 경우, 이에 대한 간접강제결정을 집행권원으로 강제집행을 하기 위해서는 '조건성취 집행문'이 부여되어야 한다는 점과 이때 채무자가 그 조건성취의 부존재를 주장하는 경우 '집행문부여에 대한 이의의 소'로 다투어야 함을 처음으로 선언한 대법원 2021. 6. 24. 선고 2016다268695 판결,[6)][7)] 판결절차에서도 채무불이행에 대한 간접강제를 명할 수 있다고 한 기존 대법원의 선례와 실무를 유지한 대법원 2021. 7. 22. 선고 2020다248124 전원합의체 판결[8)] 등이 있다. 이러한 판례들은 간접강제결정에 대한 집행문의 부여 방식이나 본안판결과 간접강제결정의 결합 여부 등 그동안 집행 및 재판 실무에서 논란이 되어 왔던 주요한 쟁점들에 관한 것으로 그 의의가 크다.

다만, 이 글에서는 간접강제의 실무 운용을 둘러싼 구체적인 쟁점보다는 간접강제 제도의 본질과 관련된, 법이론상으로 견해가 나뉘는 논점들, 즉 간접강제의 법적 성질, 보충성, 적용대상이 되는 채무의 범위 등에 관하여 살펴보고자 한다.

이하에서는 간접강제(또는 그 유사) 제도를 채택하고 있는 대륙법계 국가인 독일, 프랑스, 일본의 입법례를 살펴본 후, 위에서 언급한 간접강제 관련 논점들에 대하여 차례로 검토해 볼 것이다. 논점에 따라서는 법 해석론을 넘어 간접강제 제도의 개선에 관한 입법 방향에 대해서도 소견을 피력하고자 한다.

---

6) 부작위채무에 관한 사안에서 대법원은 종전에, 채무자의 부작위의무 위반은 부작위채무에 대한 간접강제결정의 집행을 위한 조건에 해당하므로 민사집행법 제30조 제2항에 따라 채권자가 조건의 성취를 증명하여야 집행문을 받을 수 있다고 한 바 있다(대법원 2012. 4. 13. 선고 2011다92916 판결).

7) 뒤이어 나온 대법원 2022. 2. 11. 선고 2020다229987 판결에서는 부대체적 작위채무의 이행에 관한 간접강제 결정 주문의 내용과 형식에 비추어 볼 때, 배상금 지급 의무의 발생 여부와 발생시기, 범위를 확정할 수 있는 경우라면 조건의 성취를 증명할 필요가 없어 단순 집행문을 부여받아야 한다는 취지로 판시하였다. 이 사안에서 간접강제 결정 발령의 근거가 된 가처분 주문은 '단체교섭요구 사실의 공고 등을 일정기간 내 이행하라'는 것으로, 주문에 의해 바로 배상금 지급 의무의 발생 및 시기, 범위를 확정할 수 있었던 경우에 해당한다.

8) 대법원 1996. 4. 12. 선고 93다40614, 40621 판결이 채무불이행의 경우 본안판결의 주문에서 간접강제결정을 함께 발령할 수 있음을 밝힌 리딩 케이스이다.

Ⅱ. 외국의 입법례

1. 독일

가. 간접강제 관련 규정

> 민사소송법(Zivilprozessordnung, 이하 'ZPO'로 약칭한다)
> 제888조(대체 불가능 행위)
> ① 행위가 제3자에 의하여 행해질 수 없고 오직 채무자의 의사에 의하여만 가능한 때에는 제1심 수소법원은 신청에 따라 채무자가 그 행위를 하도록 이행강제금(Zwangsgeld)을 부과하고, 그 이행강제금을 징수할 수 없을 때 채무자에 대하여 이행강제 구류(Zwangshaft)를 하도록 선고하거나, 이행강제금 부과 없이 이행강제 구류를 하도록 선고할 수 있다. 1회에 부과되는 이행강제금은 25,000유로를 초과하지 못한다. 제4장의 구류에 관한 규정은 강제구류에 준용한다.
> ② 강제수단의 계고는 하지 않는다.
> ③ 본 규정은 고용계약에 기한 노무의 급부를 명하는 판결의 경우에는 적용되지 아니한다.
> 제890조(부작위와 수인의 강제)
> ① 채무자가 부작위의무 또는 일정한 행위의 실행을 수인할 의무에 위반하여 행위한 경우 제1심 수소법원은 채권자의 신청에 따라 채무자에게 각 위반행위에 대하여 과태료(Ordnungsgeld)를 부과하고 만일 그 과태료를 징수할 수 없을 경우에는 질서 구류(Ordunungshaft)를 할 수 있도록 선고하거나 또는 과태료의 부과 없이 6월 이하의 질서 구류를 선고할 수 있다. 1회에 부과되는 과태료는 250,000유로를, 질서 구류는 총 2년을 초과하지 못한다.
> ② 제1항의 선고에 앞서 이에 상응한 계고가 선행되어야 한다. 제1항의 의무를 선언하는 판결에 위 계고가 포함되어 있지 않은 경우 신청에 따라 제1심 수소법원이 계고한다.
> ③ 법원은 채권자의 신청에 따라 채무자에게 장래의 위반행위로 발생할 손해에 관하여 담보를 일정한 기간 제공할 것을 명할 수 있다.

나. 개관

독일에서는 부대체적 작위채무 및 부작위채무의 집행방법으로 간접강제를 인정한다. 부대체적 작위채무에 대해서는 그 위반 시 회당 25,000유로 이하의 이행강제금(Zwangsgeld)이나 6월 이내의 이행강제 구류(Zwangshaft)를 인정하며, 양자를 동시에 부과하는 것은 불가능하다. 부작위채무에 대하여는 위반행위에 대하여 250,000유로 이하의 과태료를 부과하면서 그 불이행 시 6월 이하의 질서 구류를 선고할 수 있고, 혹은 과태료 부과 없이 질서 구류만을 선고할 수 있다.[9)]

위 양자의 차이는, 부대체적 작위채무에 대한 이행강제금은 주로 법원의 결정에 대한 복종을 강제하는 수단으로 보는 데 비해, 과태료(질서금)는 위반행위에 대한 억압적 법률효과를 인정하는 것으로 제재적 성격을 가지는 것으로 본다는 데 있다.[10)] 즉, 이행강제금은 자발적으로 채무를 이행하지 않는 채무자에게 심리적 압박을 가하여 채무를 이행하도록 하는 수단이며, 형벌이나 과태료가 아니다. 반면, 부작위채무 위반에 대하여 부과되는 과태료 및 질서구류는 과거에 발생한 금지명령 위반행위에 대하여 적용되므로 예방적 성격 이외에 제재로서 형벌의 성격도 갖는다고 한다.[11)]

ZPO 제893조는 "채권자가 이익의 급부를 청구할 권리(손해배상을 청구할 권리 등)는 이 장의 규정에 따라 영향을 받지 아니한다"고 규정하고 있어, 독일의 이행강제금이나 과태료(질서금)는 채권자의 손해배상청구권과는 무관하며, 징수된 금원은 국고에 귀속된다.

이행강제금은 일의적으로 확정된 금액을 부과하여야 하고, 채무불이행 1일당 ○○ 유로를 지급하라는 형식으로 부과할 수는 없다. 채무자가 이미 채무를 이행하였거나 집행권원이 사후에 취소된 경우, 국가는 징수한 이행강제금을 채무자에게 반환하여야 한다.

한편, ZPO 제510조b는 구법원(Amtsgericht)의 재판절차에서 "판결이 일정한 행위의 이행을 명할 때에는 원고의 신청에 따라 판결과 동시에 피고에게 일정

---

9) 독일에서는 ZPO 제정 이전부터 채무불이행 중 부작위채무 위반에 대하여 금전벌(Geldstrafe)을 가하는 태도를 취해왔다. 강제집행 수단으로서 이행강제금(Zwangsgeld)과 과태료(Ordnungsgeld)라는 용어는 1975년 민사소송법 제888조 및 제890조에 규정되며 사용되기 시작했는데, 그 이전에는 벌금(Geldstrafe)이라고 하다가 벌(Strafe)이라는 용어를 형사법의 경우에 한정하여 사용해야 한다는 인식이 확산되면서 민사절차상 이를 대체할 용어로 규정되었다고 한다. 이러한 연혁에 비추어, 독일의 간접강제는 법질서 위반에 대한 처벌에서 기원한 것으로 볼 수 있다고 한다. 조병구, "간접강제 배상금의 법적 성질과 실무상 제 문제", 재판자료 제131집: 민사집행법 실무연구(Ⅳ), 법원도서관(2015), 349면.

10) 정선주, "간접강제금의 본질과 소송상의 제문제", 민사소송 제16권 제1호, 한국민사소송법학회(2012), 436~437면; 조병구, 앞의 글, 350면.

11) 권창영, 『민사보전』, 한국사법행정학회(2018), 492면.

한 기한 내에 그 행위를 이행하지 아니할 경우 배상금을 지급하도록 명할 수 있다. 법원은 자유재량으로 배상액을 정한다"라고 규정하고, 제888조a는 "제510조b에 따라 피고가 손해배상으로 금전지급을 명하는 판결을 받은 때에는 제887조(대체적 작위채무에 대한 대체집행), 제888조(부대체적 작위채무에 대한 간접강제)의 규정에 따른 강제집행은 허용되지 아니한다"고 규정하고 있다. ZPO 제510조b는 부작위채무나 주는 채무에는 적용되지 않고, 위 배상금은 채권자에게 귀속된다. 즉, 부대체적 작위채무의 경우 본안소송 절차에서 대체배상금 신청을 하여 판결을 받은 채권자는 추후 다시 간접강제를 할 수는 없고 작위채무가 이행되지 아니한 경우에 판결에서 명한 대체배상금을 지급받을 수 밖에 없다. 대체배상금 신청을 하지 않은 경우 추후 간접강제 신청을 할 수 있으나, 간접강제로 인해 채무자에게 부과되는 이행강제금은 채권자에게 귀속되지 아니한다.12)

2. 프랑스

가. 간접강제 관련 규정

민사집행법(Code des procédures civiles d'exécution)
L131-1조
모든 판사는 직권으로 재판의 집행을 확보하기 위하여 아스트렝트(astreinte)를 명할 수 있다.
집행판사는 사정에 따라 필요한 경우 다른 판사가 한 재판에 아스트렝트를 부과할 수 있다.
L131-2조
아스트렝트는 손해배상과는 별개이다.
아스트렝트는 잠정적이거나 종국적이다. 아스트렝트는 판사가 그 성격을 종국적이라고 명시하지 않은 경우 잠정적인 것으로 간주된다.
종국적 아스트렝트는 잠정적 아스트렝트의 선고 후에 판사가 정한 일정한 기간을 붙여서만 명할 수 있다. 이러한 조건 중 하나라도 지켜지지 않은 경우에는 잠정적 아스트렝트로 청산된다.

12) Wittschier, Musielak, ZPO(11. Aufl.) C.H.Beck(2014), §510b, Rn. 1, 8; 조병구, 앞의 글, 350면 주81)에서 재인용.

> L131-3조
> 아스트렝트는 아스트렝트를 명한 판사에게 그 사건이 계속 중이거나 청산 권한을 명시적으로 유보한 경우를 제외하고, 집행판사에 의해 청산된다.
> L131-4조
> 잠정적 아스트렝트의 총액은 명령을 받은 사람의 태도와 이행을 하는 데 겪는 어려움을 고려하여 청산된다.
> 종국적 아스트렝트 금액은 청산 과정에서 변경될 수 없다.
> 잠정적 또는 종국적 아스트렝트는 판사의 이행명령에 대한 불이행이나 이행지체가 전적으로든 부분적으로든 외래 원인에 기인하는 경우에는 전부 또는 일부가 폐지된다.

나. 개관

구 프랑스민법 제1142조는 "모든 작위 또는 부작위채무는 채무자가 이행하지 아니한 때에는 모두 손해배상채무로 귀결된다"라고 규정하고 있으므로 제도적으로 간접강제에 상응하는 제도를 인정하지 아니하였다.[13] 그러나 20세기 초반에 이르러 실정법상 근거가 없음에도 간접강제와 유사한 아스트렝트를 부과하는 법원의 실무가 일반화되기 시작하였다.[14] 아스트렝트는 '이행을 명하는 법원의 재판을 채무자가 자발적으로 이행하도록 심리적 압박을 가하기 위하여 판사가 주된 이행명령에 부과하여 선고하는 금전이행명령'을 말한다. 아스트렝트는 금전이행명령을 통하여 채무자로 하여금 원래의 채무를 자발적으로 이행하도록 심리적으로 압박하는데 특색이 있으며, 자발적 이행과 강제집행 사이의 중간적 지점에 위치하는 제도로 이해된다.[15]

특히 파기원은 1959. 10. 20.자 판결에서 "아스트렝트는 손해배상과는 전혀 다른 강제수단이고, 결과적으로 이행명령에 대한 저항을 위축시키는 방법의 하나이며, 이행지체에서 발생하는 손해를 전보하는 것을 그 목적으로 하지 않

13) 구 프랑스민법 제1142조는 민법 개정으로 인해 2016. 10. 1.부터 민법 제1221조로 대체되었다. 현행 프랑스민법 제1221조는 "채권자는 채무불이행의 경우에 채권의 본래 이행(l'exécution en nature)을 추구할 수 있다. 다만 그것이 불가능하거나 채무자의 비용과 채권자의 이익 사이에 현저한 불균형이 있는 때에는 그렇지 않다"라고 규정한다.

14) 이무상, "프랑스법에서의 아스트렝트에 관한 소고-민사집행법상 간접강제와의 비교를 중심으로", 법조 통권 660호, 법조협회(2011.9.), 239~240면.

15) 이무상, 앞의 글, 237~238면.

는다"고 선언하였고, 이는 그 후의 입법에 영향을 미쳤다. 즉, 아스트렝트는 채무의 이행을 확보하기 위하여 채무자의 저항을 분쇄하기 위한 강제수단으로 파악되며, 아스트렝트와 손해배상금은 명확히 구별된다.[16)]

이후 "집행 판사의 제도화 및 민사소송의 개정에 관한 1972. 7. 5. 법률 제72-626호"로 최초로 아스트렝트가 입법화되었고, "민사집행절차의 개정에 관한 1991. 7. 9. 법률 제91-650호"로 개정된 후, 1992. 7. 31. 아스트렝트에 관한 규정을 담은 데크레 제92-755가 제정되면서 아스트렝트가 하나의 실정법상 제도로 확립되었다. 현재는 앞서 본 바와 같이 프랑스 민사집행법 제131-1조 이하에서 아스트렝트에 관하여 규정하고 있다.

다만, 아스트렝트는 독일과 달리 국고에 귀속하는 것이 아니라 이를 신청한 채권자에게 지급된다. 이러한 점에서 법원의 이행재판 불응에 따른 제재의 성격으로만 보기 어려우며, 일종의 '사적 제재'(peine privee)에 해당한다는 견해가 유력하다.[17)]

아스트렝트는 강제집행 분야에만 적용되는 것이 아니라, 법원의 명령에 따르지 않는 당사자에 대한 일반적인 제재 수단으로 사용된다. 또한 주는 채무, 작위채무, 부작위채무 등을 포함한 모든 채무, 심지어는 금전채무에 대해서도 원칙적으로 아스트렝트가 적용될 수 있다.[18)] 아스트렝트의 액수는 채권자의 손해가 아니라 채무자의 이행능력 및 저항가능성을 고려하여 결정된다(프랑스 민사집행법 제131-4조).

아스트렝트에는 '잠정적 아스트렝트'와 '종국적 아스트렝트'가 있다. 청산할 때에 판사가 금액을 수정할 수 있는 것을 '잠정적 아스트렝트'라 하고 반대로 선고할 당시 정해진 금액이 확정적으로 고정되어 청산 판사가 이를 수정할 수 없는 것을 '종국적 아스트렝트'라 한다. '잠정적 아스트렝트'는 선고된 총액이 결국 감액될 것이라는 채무자의 기대로 인하여 그 실효성이 떨어지는 경향이 있는데 반하여, '종국적 아스트렝트'는 채무자로 하여금 처음부터 그러한 기대

16) 이무상, 앞의 글, 242면. 현행 프랑스 민사집행법 제131-2조도 그와 같이 규정하고 있다.
17) 이무상, 앞의 글, 243면.
18) 이무상, 앞의 글, 244~245면.

를 갖지 못하도록 하므로 심리적 압박을 통하여 자발적 이행을 유도하는 데 있어서는 더 낫다고 한다. 그러나 '종국적 아스트렝트'가 선고될 경우 채권자는 현실의 이행을 추구하지 않고 천문학적인 청산금을 요구할 수 있도록 시간이 지나기만을 기다리는 등의 부작용이 발생하여, 종국적 아스트렝트는 훨씬 엄격한 조건 아래에서만 선고할 수 있도록 하였다.19)

아스트렝트의 선고는 직권으로도 할 수 있으며, 청구한 금액 이상으로 선고할 수도 있다. 판사는 직권으로 필요에 따라 이미 명령한 금액을 증액하거나 그 존속기간을 변경하거나, 잠정적이었던 것을 종국적으로 바꿀 수도 있다. 일시금 또는 정기금 형태로 할 수 있다.20)

3. 일본

가. 간접강제 관련 규정

민사집행법

제172조

① 작위 또는 부작위를 목적으로 하는 채무로서 전조 제1항의 강제집행을 할 수 없는 것에 대한 강제집행은 집행법원이 채무자에 대하여 지연의 기간에 응하여 또는 상당하다고 인정하는 일정의 기간 내에 이행을 하지 않을 때에는 즉시 채무의 이행을 확보하기 위하여 상당하다고 인정되는 일정액의 금전을 채권자에게 지급할 것을 명하는 방법에 의한다.

② 사정의 변경이 있는 때에는 집행재판소는 신청에 의하여 전항의 규정에 의한 결정을 변경할 수 있다.

③ 집행재판소는 전2항의 규정에 따른 결정을 하는 경우에는 신청의 상대방을 심문하지 않으면 안 된다.

④ 제1항의 규정에 따라 명하여진 금전의 지급이 있는 경우에 채무불이행에 의해 생긴 손해액이 지급액을 초과할 때에는 채권자는 그 초과액에 대하여 손해배상의 청구를 하는 것을 방해받지 아니한다.

⑤ 제1항의 강제집행의 신청 또는 제2항의 신청에 관한 재판에 대하여는 집행항고를 할 수 있다.

⑥ 전조 제2항의 규정은 제1항의 집행재판소에 관하여 준용한다.

19) 이무상, 앞의 글, 249~251면.
20) 이무상, 앞의 글, 253~254면.

> 第173조
> ① 제168조 제1항(부동산 인도집행), 제169조 제1항(동산 인도집행), 제170조 제1항(제3자가 점유하는 경우) 및 제171조 제1항(하는 채무의 대체집행)에 규정한 강제집행은 제168조부터 제171조까지의 규정에 의하는 외에, 채권자의 신청이 있으면 전조 제1항(하는 채무의 간접강제)에 규정하는 방법에 의하여 행한다. 이 경우에는 동조 제2항부터 제5항까지의 규정을 준용한다.
> 第167조의15
> ① 제151조의2 제1항 각호에 정한 의무[21]와 관련된 금전채권에 관한 강제집행은 전 각관의 규정에 의해 행하는 것 외에 채권자의 신청이 있는 때에는 집행재판소가 제172조제1항에 규정한 방법으로 한다. 다만, 채무자가 지급능력이 없어 그 금전채권에 관련된 채무를 변제할 수 없을 때 또는 그 채무를 변제함으로써 그 생활이 현저히 궁박한 때에는 그러하지 아니하다.
> ② 전항의 규정에 따라 같은 항에서 규정하는 금전채권에 대하여 제172조제1항에서 규정하는 방법으로 강제집행을 하는 경우 채무자가 채권자에게 지급할 금전액을 정함에 있어 집행재판소는 채무불이행에 의해 채권자가 받을 불이익과 채무자의 자력 및 종전의 채무이행의 태양을 특히 고려하지 않으면 안 된다.
> ③ 사정의 변경이 있는 때에는 집행재판소는 채무자의 신청에 의해 그 신청이 있는 때(그 신청이 있은 후에 사정의 변경이 있을 때에는 그 사정의 변경이 있는 때)까지 소급하여 제1항의 규정에 의한 결정을 취소할 수 있다.
> ④ 전항의 신청이 있는 때에는 집행재판소는 그 재판의 효력이 발생하는 동안에 담보를 설정하게 하거나 그렇지 아니하고 제1항의 규정에 의한 결정의 집행정지를 명할 수 있다.
> ⑤ 전항의 규정에 따른 결정에 대해서는 불복을 신청할 수 없다.
> ⑥ 제172조제2항 내지 제5항의 규정은 제1항의 경우에, 동조 제3항 및 제5항의 규정은 제3항의 경우에, 제173조제2항의 규정은 제1항의 집행재판소에 관해 준용한다.

나. 개관

일본 구 민사소송법 734조는 “채무의 성질이 강제집행을 허용하지 아니하는 경우에 제1심 수소재판소는 신청에 의하여 결정으로 상당한 기간을 정하고 채무자가 그 기간 내에 이행을 하지 아니하는 때에는 그 지연기간에 응하여 일정의 배상을 할 것 또는 즉시 손해의 배상을 할 것을 명하는 것을 요한다”고

---

21) 일본 민법 제752조에 의한 부부간의 협력 및 부조 의무, 제760조에 의한 혼인으로 생기는 비용의 분담의무, 제766조(동법 제749조, 제771조 및 제788조에서 준용하는 경우를 포함)에 의한 자(子)의 감호에 관한 의무, 민법 제877조 내지 제880조에 의한 부양의무.

규정하였다(현행 우리 민사집행법 제261조와 유사하다).

위와 같은 규정의 취지는 1979년 민사소송법에서 민사집행법이 분리, 제정된 이후에도 계속 유지되었는데, 민사집행법 개정을 통해 2003년 현재의 제172조와 제173조와 같은 내용으로 변경되었고, 이듬해인 2004년 제167조의15를 신설하였다.

개정이유를 보면, 우선 이행강제금이 손해배상과 성질이 같지 않음을 분명히 함으로써 간접강제의 기능을 강화하기 위한 것이다. 즉, 금전채무의 성질에 대하여 구법은 '일정한 배상' 또는 '손해의 배상'으로 규정하고 있었는데, 이를 '채무의 이행을 확보하기 위하여 상당하다고 인정되는 일정한 액수의 금전'으로 법문을 변경하여 손해배상과는 분리된 이행강제 수단의 면을 강조한 것이다(제172조 제1항).[22] 그러나 제172조 제4항의 규정에 비추어 볼 때, 간접강제금의 손해배상금에 대한 충당은 여전히 인정하는 태도를 취한다.

또 한 가지 중요한 개정이유는 권리실현의 실효성을 높이기 위해 간접강제의 적용 영역을 확장하여 이른바 '보충성'을 포기한 것이다. 종래 일본의 통설적인 입장[23]은, 우리나라와 마찬가지로 간접강제는 직접강제 및 대체집행이 불가능한 채무(부대체적 작위채무와 부작위채무)에 한하여 적용을 인정함으로써 각각의 채무 유형에 원칙적으로 하나의 집행방법이 대응하도록 하는 것이었다. 그러다가 2003년 민사집행법 개정으로 '주는 채무'나 '대체적 작위채무' 등 종전에 간접강제를 허용하지 않던 의무의 이행에 관해서도 간접강제를 허용하였다. 즉, 제173조에서 부동산 인도의 강제집행, 동산 인도의 강제집행, 목적물인도청구권에 관한 강제집행, 대체집행에 관한 강제집행은 종전의 방법 이외에도 제172조에 정한 간접강제의 방법으로 하는 것을 허용하였다.

그리고 이듬해인 2004년 민사집행법 제167조의15를 신설함으로써 제한적으로나마 금전채무의 불이행에 대해서도 간접강제를 집행방법으로 허용하였다. 2003년 민사집행법 개정 시에는 금전채무에 관한 간접강제를 허용할 경우 간접강제금이 이자제한법의 제한이율을 초과하는 문제나 악질적인 대부업자가

---

22) 伊藤眞, 園尾隆司 編集代表, 『条解 民事執行法』, 弘文堂(2019), 1562면(青木哲 집필 부분).
23) 我妻榮,『新訂 債權總論』, 岩波書店(1964), 89면 이하 등.

제도를 남용하는 문제 등을 염려하여 개정에 반영하지 아니하였다. 그러나 2004년 다시 민사집행법을 개정하면서 남용의 위험성이 비교적 적고 채권자 구제의 필요성이 특히 큰 부양의무 등에 관한 금전채권에 한정하여 간접강제를 허용하게 되었다. 제167조의15 제1항 단서에서 채무자가 지급능력이 없어 간접강제금을 변제할 수 없을 때나 간접강제금을 변제함으로써 생활이 현저히 곤궁해질 경우에는 간접강제를 할 수 없도록 정하고, 제2항에서는 강제금을 정함에 있어 채무불이행에 의해 채권자가 받을 불이익과 채무자의 자력 및 종전의 채무 이행의 태양을 고려하도록 규정함으로써 채무자에 대한 가혹한 집행이 생기지 않도록 배려하였다.[24)]

Ⅲ. 간접강제의 법적 성질

간접강제금의 법적 성질에 관해서는 학설의 대립이 있다. 이는 간접강제가 채무의 이행을 위하여 채무자에 대한 심리적 압박 내지는 제재의 성격을 가지는 반면, 법문상 용어는 '손해배상'으로 되어 있고, 채권자의 신청에 따라 채권자에게 지급하도록 한 점에 기인한다. 견해에 따라 추심된 강제금이 채무불이행으로 인한 손해배상금에 충당되는지, 강제금 액수가 손해배상액을 초과할 때 그 초과분에 대한 반환이 필요한지 등 구체적 쟁점들에 관하여 다른 결론이 도출될 수 있다.

1. 학설과 판례

가. 학설

1) 손해전보설(법정위약금설)

간접강제금은 채무자의 채무불이행에 의하여 생긴 채권자의 손해 전보를 위한 손해배상으로서의 성질을 갖는다는 견해이다. 강제금이 채무자로부터 추심

24) 小林明彦, "間接强制の適用範圍の擴張と執行方法の選擇", ジュリスト1461號, 有斐閣(2013), 88면.

된 후 벌금과 같이 국고로 귀속되는 것이 아니라 채권자에게 지급되어 채무불이행으로 인한 손해배상액의 전보에 충당된다는 의미에서 '법정위약금'에 해당한다고 설명한다.[25] 이에 의하면 간접강제로서 법정위약금[26]을 명하는 법원은 채권자의 실제 손해를 고려하지 않은 채 심리적 압박 효과만을 목적으로 금전 지급을 명할 수 없고, 심리적 압박 기능과 손해전보 기능을 상관적으로 고려하여 적절한 금액의 지급을 명할 수밖에 없다고 한다.[27]

2) 제재금설

간접강제를 채무불이행에 대한 제재를 고지함으로써 채무자에 대한 심리적 압박에 의한 본래 채무 이행의 강제수단으로 파악하는 견해이다. 간접강제금이 채권자에게 귀속하는 법률상 원인에 대해서는 채무자의 채무불이행을 원인으로 한 사적 제재로 이해한다.[28] 이 견해에 의하면, 채권자가 강제금을 추심한 경우 실제 손해액과는 무관하게 채권자에게 귀속하도록 함이 간접강제의 본래 취지에 부합한다고 하며, 간접강제금에 실손해의 전보 기능이 있다고 하는 것은 간접강제의 심리적 강제와 징벌적 제재 기능을 약화시킬 우려가 크다고 본다.[29] 법령상 근거로는, 민법 제389조 제4항에서 대체집행이나 직접강제의 경우 손해배상 청구에 영향을 미치지 아니한다고 규정하는데, 간접강제의 경우에도 이와 동일하게 보는 것이 강제집행 제도의 정합성에 비추어 합리적이라고 설명한다.[30]

---

25) 민일영 편집대표, 앞의 책, 119면(황진구 집필 부분).
26) '법정위약금'이라는 용어가 민법에서 사용되는 손해배상의 예정으로서의 위약금(제398조 제4항)을 지칭하는 것은 아니다. 간접강제금이 손해에 충당되지만 전보되지 않은 손해가 있으면 채권자가 추가적으로 손해배상을 구할 수 있기 때문이다. 그러므로 간접강제금은 법률이 그 내용을 구체적으로 정하고, 금액은 당사자가 구하는 범위 내에서 법원이 재량으로 정하는 특별한 형태의 법정(혹은 재정) 위약금이라는 의미로 이해할 수 있을 것이다. 김형석, "강제이행 -특히 간접강제의 보충성을 중심으로-", 법학 제46권 제4호, 서울대학교(2005. 12.), 246면 주11) 참조.
27) 김형석, 앞의 글, 246면.
28) 권창영, 앞의 책, 493면.
29) 조병구, 앞의 글, 352면.
30) 한승 외 6, "가처분과 간접강제", 김능환 대법관 화갑기념: 21세기 민사집행의 현황과 과제(민사집행법 실무연구Ⅲ), 민사집행법연구회(2011), 187면.

3) 절충설

위 두 견해를 절충하여, 간접강제금을 '제재적 성격을 갖는 손해배상금'으로 보는 견해이다.[31] 그 근거로는, '일정한 배상', '손해배상'이라는 용어를 사용하고 있는 민사집행법 제261조 제1항의 법문상 제재금설을 취하기 어려운 점, 채권자의 신청이 있어야만 강제금 부과가 가능하다는 것을 제재금의 본질과 완전히 일치시키기 어려운 점, 그러나 한편 간접강제를 통해 입법자가 의도하는 것은 채무자에게 심리적 압박을 가해 채무를 이행하게 하려는 것이지 채권자의 손해를 전보하려는 것으로만 보기는 어렵다는 점 등을 든다.

나. 판례

대법원 2014. 7. 24. 선고 2012다49933 판결은, '간접강제 배상금은 채무자로부터 추심된 후 국고로 귀속되는 것이 아니라 채권자에게 지급하여 채무자의 작위채무 불이행으로 인한 손해의 전보에 충당되는 것이다'라고 판시하였다. 한편, 대법원 2013. 2. 14. 선고 2012다26398 판결은, '민사집행법 제261조 제1항의 간접강제결정에 기한 배상금은 채무자로 하여금 그 이행기간 내에 이행을 하도록 하는 심리적 강제수단이라는 성격뿐 아니라 채무자의 채무불이행에 대한 법정 제재금이라는 성격도 가진다고 보아야 한다'고 판시하였다.

즉, 판례는 간접강제금의 법적 성질을 이행강제금 내지 제재금으로 보면서도, 그것이 손해배상금에 충당된다는 태도를 취하고 있다.

2. 간접강제와 손해배상의 관계 - 충당, 반환, 귀속 등에 관하여

가. 간접강제금의 손해배상액 충당 여부

손해전보설 및 절충설에 의하면, 간접강제금으로 채권자가 추심한 금전은 채무불이행으로 인한 손해배상액에 당연히 충당된다. 또한 강제금을 초과하는 손해가 발생할 경우 이를 전보하기 위한 별도의 손해배상 청구도 가능하다.

31) 정선주, 앞의 글, 447면; 유아람, "간접강제의 법리와 실무상 문제", 민사집행법연구 제7권, 한국사법행정학회(2012), 211면.

반면 제재금설에서는 간접강제금은 순수한 제재금이므로, 손해배상액에 충당되지 않는다고 본다. 손해배상에 충당할 경우 제재금의 징벌적 기능은 물론이고, 심리적 강제금으로서의 기능도 약화될 우려가 있다는 것이다. 채권자에게 과다한 금전이 귀속되는 것이 문제로 보일 수 있으나, 채권자가 실손해 외에 추가적 배상금을 받는 것이 법원의 명령을 악의적으로 위반하고 법질서를 교란한 채무자의 책임에 비추어 볼 때 부당하다고 단정하기 어려운 점, 귀책사유 없는 집행불능의 경우에는 간접강제금은 인정되지 않을 것인 점, 사정변경이 있는 경우 간접강제결정 변경신청을 할 수 있는 점(민사집행규칙 제191조 제1항), 간접강제금 산정 시 비례의 원칙이 준수되는 점, 채권자에게 과중한 이익을 귀속시키는 것이 현저히 정의에 반할 경우에는 형평의 원칙이나 신의칙에 위배되는 점을 들어 손해배상청구를 배척할 수 있을 것인 점 등을 그 근거로 든다.[32)]

한편, 제재금설의 입장에서 간접강제금의 손해배상금 충당을 인정하는 견해도 있는데, 이는 간접강제금이 채무자에게 가혹한 것이 되거나 채권자가 과도한 이득을 얻는 것을 피하기 위한 편의적인 조치라고 설명한다.[33)]

판례는 앞서 본 바와 같이 손해배상액에 대한 충당을 인정한다(대법원 2014. 7. 24. 선고 2012다49933 판결).

나. 추심된 간접강제금이 실제 손해액을 초과하는 경우 반환 여부

이에 관해서 반환을 긍정하는 견해는 찾기 어렵다. 제재금설에서는 간접강제와 손해배상이 무관하다고 보므로 당연한 귀결이나, 손해전보설이나 절충설의 입장에서는 간접강제금의 법적 성질이 ‘금액의 결정을 집행법원에 위임한 법정위약금’에 해당하고, 이를 만일 채무자에게 반환하여야 한다면 심리적 강제를 통한 이행의무의 확보라는 간접강제 제도의 의의에 부합하지 않는 점 등을 고려하여 반환 대상이 되지 않는다고 설명한다.[34)]

---

32) 조병구, 앞의 글, 355면.
33) 伊藤眞, 園尾隆司 編集代表, 앞의 책, 1567면.
34) 유아람, 앞의 글, 212면.

다. 채무자가 이행기간 도과 후 임의 이행한 경우 간접강제금의 추심 여부

간접강제금의 본질을 법원의 결정에 따르지 않은 데 대한 제재금으로 보는 입장에서는, 이행기간 도과 후 채무자의 임의 이행이 있더라도 강제금 지급의무가 완전히 면제될 수는 없으므로 추심을 긍정하는 태도를 취할 것이다.

반면 간접강제금을 손해배상금의 성격으로 이해한다면, 채무자의 임의 이행으로 채권자에게 손해 발생의 여지가 없는 때에는 강제금 지급의무는 면제될 수 있다고 할 것이다. 손해가 발생하지 않은 채권자에게 손해배상적 성격의 강제금을 지급하는 것은 적절하지 않기 때문이다.[35)]

판례는 부대체적 작위채무를 전제로 한 간접강제결정에서 정한 이행기간이 지난 후 채무자가 임의로 채무를 이행한 경우나 계속적 부작위의무를 명한 가처분에 기한 간접강제결정이 발령된 상태에서 의무위반행위가 계속되던 중 채무자가 그 행위를 중지하고 장래의 의무위반행위를 방지하기 위한 적당한 조치를 취한 경우에도 채무자는 간접강제결정 이후 행한 의무위반행위에 대하여 배상금의 지급의무를 면하지 못하고 채권자는 위반행위에 상응하는 배상금의 추심을 위한 강제집행을 할 수 있다고 하여 추심을 긍정하는 태도를 취한다(대법원 2012. 4. 13. 선고 2011다92916 판결, 2013. 2. 14. 선고 2012다26398 판결 참조).[36)]

라. 간접강제결정 이후 가처분이 취소된 경우 간접강제금의 반환 여부

엄격하게 제재설의 입장을 고수한다면, 가처분이 취소되었다고 하여 이행강제금을 반환할 필요가 없다는 견해도 상정할 수 있다. 그러나 대부분의 견해

35) 독일에서는, 이행강제금과 과태료(질서금)를 구분하여, 제재적 성격보다는 채무자의 의사 굴복을 위한 수단인 이행강제금에 대하여는 채무자가 자발적으로 의무를 이행한 때에는 강제금의 집행이 허용되지 않는다고 보는 반면, 제재적 성격이 강한 과태료(질서금)의 경우에는 채무자의 임의이행이 이미 발생한 과태료(질서금)결정에 영향을 미치지 않는다고 본다고 한다(정선주, 앞의 글, 452면).

36) 판례는 행정소송상 간접강제에 대해서는, "행정소송법 제34조 소정의 간접강제결정에 기한 배상금은 확정판결의 취지에 따른 재처분의 지연에 대한 제재나 손해배상이 아니고 재처분의 이행에 관한 심리적 강제수단에 불과한 것으로 보아야 하므로, 간접강제결정에서 정한 의무이행기한이 경과한 후에라도 확정판결의 취지에 따른 재처분이 행하여지면 배상금을 추심함으로써 심리적 강제를 꾀한다는 당초의 목적이 소멸하여 처분상대방이 더 이상 배상금을 추심하는 것이 허용되지 않는다"고 하여 추심부정설을 취한다(대법원 2004. 1. 15. 선고 2002두2444 판결, 2010. 12. 23. 선고 2009다37725 판결).

는 가처분 취소의 이유를 살펴, ① 원시적인 사유로 취소된 경우(예컨대, 가처분의 피보전권리가 없음에도 불구하고 가처분 결정이 내려졌다는 이유로 취소된 경우)에는 처음부터 발령되어서는 안 되는 가처분이 내려진 것이므로, 간접강제금 역시 그 존립 근거를 상실한 것으로 당연 무효이고, 채무자의 간접강제금 지급의무는 소멸하며, 이미 지급한 경우에는 반환청구권을 인정하여야 하고, ② 사후적인 사유로 가처분결정이 취소되었다면(예컨대, 이행기간 도과 후 채무자가 의무를 이행하여 사정변경에 의해 더 이상 가처분을 유지할 수 없게 된 경우), 취소 전까지의 간접강제금은 그 효력을 유지한다고 본다.[37] 만일 모든 강제금의 효력이 소멸한다고 본다면, 이는 강제금 부과를 통해 달성하려는 목적, 즉 채무자에게 심리적인 압박을 가하여 의무를 이행하도록 한다는 간접강제 제도 본래의 목적에 반하는 결과가 되기 때문이다.[38][39]

이 쟁점에 관한 대법원 판례는 아직 없으나, 하급심에서는 학설의 견해와 같이, 가처분결정이 처음부터 피보전권리가 없었던 것이 아니라 사후적 의무이행 등으로 발령 당시와는 다른 사정이 사후에 발생하여 보전의 필요성이 없어지는 바람에 취소되는 것에 불과한 경우에는, 채무자의 기왕의 의무위반행위 및 그에 따른 금전배상책임은 계속 존속한다고 판시한 예들이 있다(서울고등법원 2003. 7. 4. 선고 2003나11921 판결, 2010. 10. 22.자 2010라1217 결정).[40][41]

---

37) 정선주, 앞의 글, 454면; 한승 외 6, 앞의 글, 210면; 유아람, 앞의 글, 220~221면.

38) 정선주, 앞의 글, 454면.

39) 독일에서는 채무자의 위반행위가 있은 후 집행권원이 취소된 경우에 과태료(질서금) 제재가 적법한지에 대해 오랫동안 다투어져 왔는데, 독일 연방대법원은 2003. 10. 23. 결정에서 명확한 입장을 밝혔다. 독일 연방대법원은 부작위채무를 위반한 행위가 집행권원의 철회 전에 있었다 하더라도 ex tunc(소급효)의 효력을 가진 집행권원의 취소로 집행조치에 대한 근거는 더 이상 존재하지 않는다고 판시하였다(BGH NJW 2004, 506.) 반대해석상 집행권원이 ex nunc(장래효)의 효력만을 가지고 취소되거나 장래 일정한 시점부터 그 효력을 상실할 경우에는 집행권원의 취소 전에 행해진 위반행위에 대해서는 제재가 가능하다고 본다.

40) 가처분취소를 원인으로 간접강제금을 반환해야 하는 경우 구체적인 반환 방법에 관해서는 채무자가 별소로서 부당이득반환의 청구를 할 수 있음은 명백하나, 이는 너무 번거롭고 채무자 보호에 불충분하다는 점 등을 들어 가처분취소에 따른 원상회복(민사집행법 제308조)으로서 그 반환을 청구할 수 있다고 보아야 한다는 견해가 있다. 권창영, 앞의 책, 520~521면.

41) 일본 最高裁 2009(平成 21). 4. 24.(判例タイムズ 1299号 144-146면)에서는 간접강제 결정에 기한 강제금 추심이 종료된 후, 본안판결에 의해 피보전권리가 가처분명령의 발령 당시부터 존재하지 않았던 것으로 판단되어 가처분명령이 취소된 사안에서 간접강제는 집행권원에 표시된 채무의 이행을 확보하기 위한 수단인 점, 당해 가처분명령에 기초한 간접강제의 결정은 이행을 확보해야 할 채무가 존재하지 않음에도 발령된 것이 명확해진 점 등을 이유로 채권자에게 교부된 간접강제금은 법률상 원인을 결하여 부당이득이 되고, 채무자는 간접강제의 결정에 기초하여 추심한 돈을 채무자에게 부당이득으로 반환청구할 수 있다고 판시하였다.

3. 검토

간접강제 제도의 근거 규정인 민사집행법 제261조 제1항에 '일정한 배상', '손해배상'이라는 용어가 명문화되어 있는 점, 채무자로부터 추심한 간접강제금이 국고에 귀속되는 것이 아니라 간접강제를 신청한 채권자에게 전액 귀속되는 점, 추심된 간접강제금의 손해배상액 충당이라는 판례의 태도를 제재금설의 입장에서 명쾌하게 설명하기 어려운 점 등을 종합하여 보면, 우리 법상 간접강제의 법적 성질을 논함에 있어 손해배상의 요소를 전적으로 배제한 채 제재금으로만 이해하는 것은 무리라고 생각된다.

그러나 간접강제에는 손해배상적 요소뿐 아니라 제재적 요소가 있음도 분명하다. 현행법상 간접강제가 채무불이행에 대한 전보배상을 위한 것이 아니라 특정한 종류의 비금전채무 불이행에 대하여 심리적 압박을 가함으로써 채무자의 자발적인 이행을 유도하기 위한 것이므로, 분명히 이행강제적 기능과 제재적 기능(특히 부작위채무 위반에 있어)을 가지고 있음도 부인할 수 없다.

간접강제금을 '제재적 성격을 갖는 손해배상금'으로 보는 절충설의 입장에서는 우리 법상 간접강제 제도를 큰 무리 없이 이해할 수 있다. 그러나 한편으로 간접강제금을 법정위약금으로 보는 견해도 손해전보 기능과 제재를 포함한 이행강제 기능 양자 모두를 포괄하는 입장이라고 볼 여지도 충분히 있다. 민법 제398조 제4항에 규정된 '위약금'에 관하여 통설적 견해는, 위약금이 손해전보와 이행강제의 두 가지 기능을 모두 갖는다고 설명한다.[42] 간접강제금의 법적 성질을 논함에 있어 손해전보설을 법정위약금설이라고도 하는데, 여기서 '법정'위약금이란 민법 제398조 제4항에 규정된 위약금과 구별하기 위하여 의도적으로 설정한 개념으로 보인다. 위 민법 규정상 위약금이 당사자 사이의 합의에 기한 '약정' 제재에, 하도급거래 공정화에 관한 법률 등에 규정된 3배 배상 등이 '법정' 제재에, 민사집행법상 간접강제는 법원이 양 당사자의 심문을 거쳐 결정하는 '재정' 제재에 각 해당한다고 보는 견해도 있는데,[43] 이러한

42) 곽윤직 편집대표, 『민법주해[IX]』, 박영사(1995), 637-638면(양창수 집필 부분); 김용덕 편집대표, 『주석 민법 제5판, 채권총칙 제2권』, 한국사법행정학회(2020), 62면(남성민 집필 부분).

43) 이무상, "간접강제금의 법적 성격에 대한 새로운 이해", 민사소송 제20권 제2호, 한국민사소송법학회(2016),

분류는 위 3가지 모두 일정 부분 손해전보적 기능을, 다른 한편으로는 제재적 기능을 수행하고 있음을 감안할 때, 수긍이 된다. 그렇다면 법정위약금설도 채무자에 대한 이행강제 내지는 제재라는 간접강제의 기능을 전면 부인하는 것이 아니라 손해전보와 함께 이행강제 내지 제재적 성격을 가지고 있음을 긍정하는 전제에 기초한 것이라고 이해할 수 있다.

이와 같이 본다면, 간접강제 제도가 손해전보 기능과 함께 이행강제나 제재의 기능도 겸유하고 있음을 긍정한다는 점에서 법정위약금설과 절충설은 제재금적 성격을 전면에 내세우는가 그렇지 않은가의 용어상 차이 정도만 존재할 뿐 그 내용상으로는 거의 같은 견해라고 보아도 무방할 것이다.

법정위약금설 또는 절충설을 취하면, 앞서 본 구체적인 쟁점들 - 간접강제금의 손해배상액 충당 여부, 추심된 간접강제금이 실제 손해액을 초과하는 경우 반환 여부, 채무자가 이행기간 도과 후 임의 이행한 경우 간접강제금의 추심 여부, 간접강제결정 후 가처분이 취소된 경우 간접강제금의 반환 여부 - 에 관한 대법원이나 하급심 판결례의 입장을 이론적으로 무리 없이 설명할 수 있게 된다.

여기서 한 가지 지적하고 싶은 것은, 간접강제금을 채권자와 국고 중 어느 쪽에 귀속시킬지, 손해배상금에의 충당을 인정할지 여부 등은 각 국가의 상황에 따른 정책적·입법적 결단의 문제이고, 어떤 법리적 도그마에 의해 논리 필연적으로 결정되는 문제는 아니라는 점이다. 외국의 입법례를 보면, 유럽 국가들 중에서도 영국, 오스트리아, 덴마크, 독일 등은 강제금을 국고에 귀속시키고 있고, 프랑스, 베네룩스 3국, 이탈리아, 스페인, 그리스 등은 채권자에게 귀속시키며, 포르투갈은 특이하게도 채권자와 국가가 절반씩 보유하도록 하고 있다.[44] 또한 손해배상금 충당 여부도 정책적, 입법적 선택의 문제라 할 수 있는데, 앞서 본 바와 같이 아스트렝트를 손해배상과 별개로 보아 충당을 인정하지 않는 프랑스 법제에서도 그와 같은 제도 하에서 채권자가 얻는 이득이 과도하게 될 수 있다는 문제 때문에 잠정적 아스트렝트의 청산 시 법원이 현저한 감액을 시

249~250면 참조.

44) 정선주, 앞의 글, 443면.

도함으로써 그 실효성이 저하되는 경우가 발생하여 그 폐해를 제거하기 위해 1972년 아스트렝트의 손해배상액 충당을 인정하는 입법안이 상정되었다가 의회의 논의 끝에 부결된 사례가 있음을 그 예시로서 들 수 있을 것이다.[45)]

우리나라와 같이 간접강제에 관하여 손해전보적 기능과 이행강제 내지 제재의 기능을 모두 인정하는 입장에서 중요한 것은, 간접강제금을 정함에 있어 단순한 손해전보를 넘어 실제로 채무자에 대한 압박을 통해 채무자 스스로 채무 이행에 나설 수 있도록 충분한 심리적 강제를 하면서도 채무자에게 가혹한 집행이 되지 아니할 적정한 금액을 산정하는 법관의 재량 판단이 될 것이다. 이처럼 중대한 의미를 갖는 간접강제 금액 산정에 있어서는 당해 사건의 경위, 당사자의 자력,[46)] 채무의 내용, 이행의 난이도, 채무자가 보이는 태도 및 위반의 개연성, 위반행위의 정도, 위반행위로 인하여 채무자가 얻을 것으로 예상되는 이익, 위반행위로 인하여 채권자가 입을 것으로 보이는 손해, 피해회복의 곤란성 등을 종합적으로 신중하게 고려하여야 할 것이다.[47)]

이에 따라 적정한 실무 운용이 이루어진다면, 간접강제금 액수가 손해배상금에 비해서는 더 높은 수준에서 결정됨으로써 손해전보를 넘어 채무자에 대한 심리적 강제 효과를 거둘 수 있게 될 것이다. 또한 채권자가 간접강제 결정을 받은 후 다시 채무자를 상대로 손해배상을 구하는 이중의 사법적 구제절차를 밟지 않게 됨으로써 당사자들은 두 번 재판을 받는 수고를 덜게 되고, 법원으로서는 그만큼 절약된 자원을 다른 분쟁의 해결에 배분할 수 있는 가외의 효과를 얻는다고도 할 수 있을 것이다.

입법론으로는 현행 민사집행법 제261조 제1항에 정한 '일정한 배상', '손해배상' 등의 용어를 '간접강제금'과 같은 중립적 용어로 대체하여 간접강제가

---

45) 이에 관한 자세한 내용은 이무상, 주14)의 글, 266면 이하 참조.

46) 채무자의 자력이 매우 큰 경우에는 이를 고려하여 사회평균인의 경우보다 더 많은 액수를 강제금으로 정하여야 심리적 강제 내지 제재로서의 의미가 있다. 이 점에서 채무자의 자력을 전혀 고려하지 않은 채 채권자가 입은 실제 손해를 금전으로 평가하여 정확히 그만큼만 원상회복하여 주는 손해전보와 구별된다. 伊藤眞 외 5, "間接强制の現在と將來", 判例タイムズ 56卷 제6号(2005.3.), 46면.

47) 임정윤, "실효적이고 합리적인 간접강제금 산정기준의 정립과 바람직한 심리방안 - 간접강제금 결정례 분석을 바탕으로", 사법 제35호, 사법발전재단(2016. 3.), 340면.

손해전보에 그치는 것이 아니라 이행강제 및 제재적 성질을 갖는다고 볼 여지를 넓히고, 여기에 간접강제금의 손해배상금 충당이나 간접강제금이 손해배상금액에 미달할 경우 추가 배상청구를 할 수 있다는 법리를 명문화함으로써 간접강제금의 법적 성질을 제재금에 한정할 수 없도록 하는 것이 바람직하지 않을까 생각한다.[48] 우리 법과 판례에 의해 형성되어 온 간접강제의 법리에는 정도의 차이가 있을 뿐 공통적인 목표로 하는 두 가지 기능 - 손해전보와 이행강제 · 제재 - 이 혼재되어 있는데 이를 각각 독립시켜 지나치게 고립적으로 파악하는 태도는 적절하지 않다고 보기 때문이다.

Ⅳ. 간접강제의 보충성

집행방법으로서 직접강제가 가능한 경우에는 대체집행과 간접강제를 불허하고, 대체집행이 가능한 경우에는 간접강제를 불허한다는 것을 '간접강제의 보충성' 원칙이라 한다. 판례는 이를 채택하여, 간접강제는 직접강제와 대체집행이 불가능한 부대체적 작위채무와 부작위채무 위반에 한해서만 허용하는 입장을 취하는데(대법원 2012. 1. 27. 자 2010마1850 결정 참조), 그 주된 논거로는 간접강제는 채무자의 자유의사를 구속하여 인격을 부당하게 압박하므로 가능한 한 보충적으로 활용되는 것이 바람직하다는 것을 든다.[49]

1. 외국의 경우

가. 독일

독일 민사소송법(ZPO)은 채무의 내용에 따라 물건의 인도채무, 대체적 작위채무, 부대체적 작위채무, 부작위채무를 구분하고, 각각의 채무에 고유한 강제

48) 이 방안에 의하면, 민사집행법 제261조 제1항의 '일정한 배상을 하도록 명하거나 즉시 손해배상을 하도록 명할 수 있다'는 법문을 '간접강제금을 지급하도록 명할 수 있다'로 변경하고, 제2항 이하에 '제1항의 결정에 따라 지급된 금전은 채권자에게 귀속한다. 다만, 채무불이행에 의하여 생긴 손해액이 채권자에게 지급된 금액을 초과할 경우 채권자는 그 초과액에 대하여 손해배상을 청구할 수 있다'는 조항을 신설하는 안을 제시한다.

49) 곽윤직 편집대표, 앞의 책, 166면(호문혁 집필 부분); 민일영 편집대표, 앞의 책, 6면(황진구 집필 부분).

이행 방법을 정하고 있다. 물건의 인도채무에 대해서는 직접강제가 인정된다. 대체적 작위채무에 대해서는 대체집행을 인정하나, 물건의 인도나 급부를 구하는 채무에는 대체집행을 허용하지 않는다. 대체집행이 가능한 작위급부를 내용으로 하는 채무 이행에 관해서는 간접강제가 허용되지 않는다. 이러한 의미에서 간접강제의 보충성이 독일 법제에서도 인정된다고 할 수 있다.50)

그러나 정당한 결론의 달성을 위하여 필요한 경우에는 배타적 보충성을 부인하는 예외를 다수 인정한다. 예를 들어 인도할 물건이 외국에 있는 경우, 직접강제에 의한 이행이 가능하지 않으므로 간접강제에 의한다. 물건의 인도에 관하여 채무자의 행위 의무가 존재하는 경우(예컨대 제조, 조달, 수리, 조립 등)에도 목적 달성을 위해 필요한 경우에는 직접강제나 대체집행에 간접강제를 결합하여 활용할 수 있다. 대체적 작위채무 이행이 문제 되는 경우에도 그 작위급부가 제3자의 협력이나 동의를 전제로 하는 사안에서는 대체집행이 아닌 간접강제가 적용된다고 한다. 이러한 예들은 독일의 '1청구권 1집행방법'의 원칙이 경직된 것이 아니라, 채무자 보호와 채권자 만족을 동시에 고려하는 합목적적 가치판단의 결과임을 보여준다.51)

나. 프랑스

프랑스 민사집행법상 아스트렝트는 작위채무, 부작위채무, 주는 채무, 금전채무 등 모든 채무에 적용할 수 있다. 특히 퇴거(인도) 집행, 경쟁 관계에 따른 판매금지, 상린관계, 불법건축물 철거, 저작권 침해물의 발행금지, 공사 시행 등의 경우에 빈번히 이용된다고 한다. 즉 프랑스의 집행 법제는 간접강제의 보충성을 인정하지 않고 있다.52)

다. 일본

앞서 본 것처럼, 2003년 개정된 일본 민사집행법에서는 물건의 인도채무, 대체적 작위채무에 대해서도 간접강제에 의한 집행을 인정하여 간접강제의 보충

50) 김형석, 앞의 글, 259면.
51) 김형석, 앞의 글, 261~262면.
52) 이무상, 주14)의 글, 244~247면.

성을 입법적으로 포기하였다.

위 법 개정 전 간접강제의 보충성을 인정했던 것은, 간접강제가 채무자의 인격 존중의 이념에 반할 우려가 있고, 집행방법으로서는 돌아가는 길이라는 이유로 다른 강제집행 방법에 의하는 것이 불가능한 경우에 한하여 허용된다고 보았기 때문이다. 그러나 금전지급의무를 과하는 것에 의한 심리적 압박보다도 집행관의 공권력 행사로 직접강제를 하는 편이 인격 침해의 정도가 적다는 것은 공허한 형식론이라는 비판이 있었고, 또한 채무자가 자발적으로 이행하는 편이 신속하고 효율적으로 집행의 목적을 다 할 수 있을 것이라는 실질적 측면의 비판이 제기되었다. 그 결과 권리실현의 실효성을 높이는 관점에서 간접강제의 적용 범위를 넓히게 되었다.[53)]

개정 민사집행법 제173조에 따르면, 부동산 및 동산의 인도, 목적물 인도청구권, 대체집행에 관한 강제집행을 간접강제에 의할 수 있고, 제167조의15는 부양의무 등에 관한 금전채권에 대한 강제집행은 간접강제의 방법에 의하는 것이 가능하도록 하였다.

이러한 민사집행법 개정에 따라 채권자는 복수의 집행방법(직접강제와 간접강제 또는 대체집행과 간접강제) 가운데 어느 것이든 자유롭게 선택하여 신청할 수 있게 되었다.[54)]

2. 우리나라에서의 논의

가. 보충성을 인정하는 견해

통설은 다음과 같은 근거를 들어 간접강제의 보충성을 인정한다.[55)] ① 민법

53) 小林明彦, 앞의 글, 87면.

54) 민사집행법 개정에 의해 간접강제의 보충성이 폐지되었으므로, 채권자의 선택에 따라 자유롭게 집행방법을 신청할 수 있게 되었으나, 복수의 집행방법의 동시 신청이 가능한지, 동시 신청의 경우 재판소가 복수의 집행방법을 동시에 결정할 수 있는지에 관해서는 법령에 아무런 정함이 없다. 이에 따라 복수의 채권방법에 관한 채권자의 동시 신청과 재판소의 동시 결정이 가능한지 여부 및 구체적인 결정 방법을 어떻게 할 것인지에 관하여 다양한 견해가 등장하였고, 재판소의 실무례도 아직 통일되지 아니한 것으로 보인다. 이를 '집행방법의 병용' 문제라고 하는데 이에 관한 학설 및 실무의 자세한 내용에 관해서는 小林明彦, 앞의 글, 90면 이하 참조.

55) 곽윤직 편집대표, 앞의 책, 176면(호문혁 집필 부분); 민일영 편집대표, 앞의 책, 6면(황진구 집필 부분); 김용덕 편집대표, 『주석 민법 제5판, 채권총칙 제1권』, 한국사법행정학회(2020), 561~562면(고홍석 집필 부분).

제389조 제1항이 말하는 '강제이행'은 직접강제를 가리키는 것이고, 제389조 제2항의 첫머리의 '전항의 채무'는 제1항 단서가 말하는 '채무의 성질이 강제이행을 하지 못할 것인 때'를 지칭하므로, 결국 '채무의 성질이 직접강제를 하지 못할 것인 때'를 의미한다. 간접강제에 대해서는 민사집행법 제261조가 별도로 이를 규율하고 있다. 따라서 직접강제가 가능한 경우에는 대체집행과 간접강제를 불허하고, 대체집행이 가능한 경우에는 간접강제를 불허한다. ② 간접강제는 채무자의 자유의사를 구속하여 인격을 부당하게 압박하므로 가능한한 보충적으로 사용되는 것이 바람직하다. 따라서 대체적 급부의무의 경우에 우선적으로 대체집행의 방법이 사용되어야 하고, 간접강제는 최후의 수단으로 부대체적 급부의무의 강제이행에 사용되어야 한다.

판례도 "민사집행법 제261조 제1항은 채무의 성질이 간접강제를 할 수 있는 경우에 법원이 채권자의 신청에 따라 간접강제를 명할 수 있다고 규정하고 있다. 여기서 '간접강제를 할 수 있는 경우'에 해당하는 간접강제의 대상이 되는 채무는 일반적으로 부대체적 작위채무나 부작위채무에 한정되고, 특정물의 인도를 내용으로 하는 채무는 원칙적으로 민사집행법 제257조의 방법에 따른 집행의 대상이 될 뿐이어서 특별한 사정이 없는 한 간접강제의 대상이 되지 아니하며, 단순히 민사집행법 제257조의 방법에 따른 강제집행이 실효를 거두지 못하였다는 사유만으로 간접강제의 대상이 된다고 볼 수도 없다"고 판시하여 간접강제의 보충성을 인정하고 있다(대법원 2012. 1. 27. 자 2010마1850 결정).[56)]

나. 보충성을 완화하려는 견해

위와 같은 통설, 판례의 태도에 대하여 근래에는 간접강제의 보충성 원칙을 완화하여 해석해야 한다는 견해들이 등장하였다.

---

56) 위 판례의 제1심(창원지방법원 진주지원 2010. 6. 7.자 2010타기150 결정)에서는 '인도되어야 할 유체동산이 외국에 존재하거나 채무자가 이를 은닉하고 있는 사안과 같이 채무자의 협력 없이는 직접강제에 의한 집행이 법률상 또는 사실상 불가능한 경우 그 집행은 채무자의 협력을 요구하게 되고 이러한 협력은 그 자체로 부대체적 작위채무의 성질을 가진다고 할 것이므로 강제이행 방법으로서 간접강제를 허용함이 상당하다'는 이유로 간접강제 신청을 인용하였다. 항고심(창원지방법원 2010. 10. 27.자 2010라52결정)에서는 '문서 인도와 같은 채무는 특별한 사정이 없는 한 간접강제의 대상이 되지 않는다. 그리고 채권자가 본건 판결에 기한 인도집행을 시도하였으나 그 집행이 불능으로 된 적이 있다거나 채무자가 문서를 감추고 있어 그 소재를 알 수 없다는 등의 사정만으로는 문서 인도채무에 대하여 간접강제를 인정할 특별한 사정이 있다고 보기 어렵다'고 하여 간접강제 신청을 기각하였다.

1) 김형석 교수는 다음과 같은 근거를 들어 간접강제의 보충성 완화를 주장한다.

① 우리나라는 독일과 달리 간접강제 방법으로 신체 구금을 인정하지 않고 있고, 간접강제금에 손해전보를 허용함으로써 제재적 기능이 약화되어 있으므로 채무자의 인격 존중과 간접강제의 보충성을 선험적으로 연관시키는 통설의 논거에 동의하기 어렵다.[57]

② 민법 제389조 제1항은 강제이행의 원칙을 정하는 규정이고, 제2항 및 제3항은 특정한 채무 유형에 대하여 특수한 집행방법을 정한 것으로 해석하여야 한다. 민사집행법 제261조 제1항은 "채무의 성질이 간접강제를 할 수 있는 경우"라고 정하고 있으므로, 적어도 문언상으로는 간접강제의 범위를 제한하고 있지 아니하다.[58]

③ 민사집행법에서 금전채무, 인도채무, 대체적 작위채무, 부작위채무의 각 집행에 대하여 각 고유한 집행방법을 정하고 있다. 민사집행법 제261조가 상당히 넓은 적용 범위를 예정하여 간접강제를 인정하는 반면, 이들 규정이 각각의 채무 유형에 맞는 집행방법을 규정하고 있다면, 이로부터 입법자는 각 채무 유형의 집행방법에 관한 규정이 적어도 간접강제 규정에 비하여 우선 적용되는 것을 의욕하고 있다고 볼 수 있다. 그렇다면 직접강제나 대체집행이 사안의 비정형성을 이유로 그것이 목적하는 실효성을 보장할 수 없는 경우에 한하여 보충적으로 간접강제를 적용할 수 있다고 봄이 타당하다.[59]

이상과 같은 이유로 금전채무에 대해서는 간접강제가 배제되어야 하고, 인도채무 및 대체적 작위채무에서도 원칙적으로는 배제하되 특수한 사안[60]에 한하여 인정되어야 하며, 부작위채무 및 부대체적 작위채무에 대해서는 간접강제가 원칙적으로 적용된다고 한다.

2) 조병구 부장판사도 다음과 같은 근거를 들어 채무의 성질에 따라 간접강

57) 김형석, 앞의 글, 247면.
58) 김형석, 앞의 글, 272면.
59) 김형석, 앞의 글, 273~274면.
60) 특수한 사안의 자세한 유형은 김형석, 앞의 글, 277~279면 참조.

제 허용 여부를 판단해야 한다고 주장한다.

① 간접강제에 있어서는 집행의 효율성, 인권 침해적 요소의 배제, 채무의 본지에 따른 구현을 고려하여야 한다. 개별 채무의 성질에 따라 그 본지에 맞는 구현이 가장 적절한 집행방법을 택하는 관점이 간접강제를 논할 때 긴요하다. 직접강제나 대체집행에 의할 경우 채무의 본지에 따른 구현이 불가능하게 될 가능성이 높으며, 간접강제에 의하는 것이 직접강제나 대체집행에 의하는 것보다 더 실효적인 집행의 결과를 가져올 것이 예상되는 '일정한 성격의 채무'에 대하여는 간접강제를 채권의 강제 실현을 위한 수단으로 확장하는 것이 타당하다.[61]

② 민법 제389조 및 민사집행법 제247조 내지 제261조의 규정을 종합적으로 보면, 금전채무나 주는 채무는 직접강제, 대체적 작위채무는 대체집행, 부대체적 작위채무나 부작위채무는 간접강제의 방법에 의하도록 병렬적, 배타적으로 집행의 방법을 구분하고 있다. 이와 같이 집행방법을 구별하여 규정한 것은 강제집행 방법 자체의 우열 관계(보충성) 때문이 아니라, 채무의 성질 별로 그 채무의 본지를 가장 잘 실현할 수 있는 강제집행 방법을 정하였기 때문이라 해석함이 타당하다.[62]

위와 같은 이유에서 '주는 의무' 중 단순히 목적물의 인도라는 사실행위를 넘어 채무자만이 할 수 있는 일정한 행위(은닉의 해제, 특정한 시설의 설치와 운영, 장치의 조작, 정보의 관리와 처리, 발행 등)가 전제되어 있거나 개재되는 경우[63] 등을 포함한 일정한 유형의 채무에 대해서는 간접강제를 확장 적용해야 한다고 한다.

3. 검토

효율적인 권리구제를 위해 간접강제의 보충성을 완화하여 부대체적 작위채무나 부작위채무 이외의 채무 유형에 대해서도 간접강제의 적용을 확대하는

61) 조병구, 앞의 글, 332면.
62) 조병구, 앞의 글, 330~331면.
63) 조병구, 앞의 글, 335면.

의견에 찬성한다.

간접강제 방법으로서 신체 구금을 허용하지 않는 우리 법제에서 집행관이 직접 유형력을 행사하는 직접강제와 비교하여 볼 때, 금전 지급을 통해 채무를 이행하도록 심리적 압박만을 가하는 간접강제가 인격 침해적 요소가 더 크다고 할 수 없다.

비교법적으로도 우리 집행 제도에 영향을 준 것으로 볼 수 있는 독일, 프랑스, 일본 중 어디에서도 어떠한 예외도 인정하지 않은 채 부대체적 작위채무와 부작위채무에 대해서만 간접강제를 허용하는 법제는 더 이상 찾아볼 수 없다. 인도채무와 대체적 작위채무에 대해서도 간접강제가 효과적인 집행방법이 될 수 있는 경우가 다수 존재하는데(채무자가 은닉하고 있는 동산의 인도나 채무자가 맹견들을 풀어놓고 저항하는 상황에서의 건물철거 등이 많이 논의된다), 앞서 본 바와 같이 독일의 경우에는 우리나라와 마찬가지로 입법적으로는 '1 청구권 1 집행방법'의 원칙을 취하면서도 효과적인 집행을 위하여 인도채무 등에 대해서도 사안에 따라 유연하게 간접강제의 적용을 허용하고 있고, 프랑스와 일본은 간접강제의 보충성을 인정하지 않는다.

우리나라에서도 직접강제나 대체집행이 사실상 또는 법률상의 이유로 불가능하거나 현저히 곤란한 상황[64]에서는 별도의 입법이 없이도 법원이 법 해석을 통해 간접강제를 확대 적용함으로써 보충성의 원칙을 완화하는 결정을 하는 것이 충분히 가능하다고 보이고, 그러한 실무 운용은 당사자의 효율적 권리실현을 위한 바람직한 방향으로 평가할 수 있을 것이다.

다만, 대법원이 판례에 의해 간접강제의 보충성을 정면으로 인정하고 있는 상황에서 간접강제에 관한 현행 민사집행법의 규정을 그대로 둔 채 법 해석을 통해 간접강제의 보충성을 완화하는 데에는 상당한 시간이 소요될 수 있을 뿐 아니라, 재판부 간 편차의 발생으로 통일적 규율을 하는 데에도 어려움이 생길 수 있다. 이러한 점에서는 간접강제의 보충성을 완화하는 취지의 입법을 도모하는 것이 근본적인 해결책이 될 것이다.

---

64) 간접강제의 적용을 확대할 수 있는, 구체적인 채무 유형에 대해서는 김형석, 앞의 글, 277~279면; 조병구, 앞의 글, 332~340면 참조.

입법론적으로는 금전채무를 제외한 비금전채무에 대하여 간접강제의 보충성을 완화하는 취지의 민사집행법 개정을 제안하고자 한다.

일본에서는 2004년 민사집행법 개정을 통해 부양의무 등에 한정하여 금전채무에 대한 간접강제를 허용한 바 있다. 그러나 금전채무에 대해서는 집행대상인 재산별로 구체적인 집행방법에 관하여 민사집행법과 규칙에서 상세한 규정을 두고 있는 점, 금전채무에 대한 집행방법이 완비된 상황에서 간접강제금까지 부과하는 것은 채무자에 대한 지나친 간섭이 될 수 있는 점,[65] 우리나라에서는 양육비 지급명령 위반에 대하여 권리자의 신청 또는 법원의 직권에 의해 1천만 원 이상의 과태료를 부과할 수 있고(가사소송법 제67조 제1항), 권리자의 신청에 의하여 결정으로 30일의 범위에서 의무 이행시까지 감치를 명할 수도 있는바(동법 제68조 제1항), 과태료, 감치와 같은 강한 간접강제 수단을 채택하고 있는 법제에서 양육비 등에 대하여 금전 지급을 명하는 간접강제까지 인정할 필요는 적다고 보이는 점 등을 종합해보면, 금전채무에 대하여 간접강제를 인정할 필요는 크지 않다고 할 것이다.

비금전채무에 대하여 간접강제의 적용을 입법적으로 확장할 경우, ① 직접강제나 대체집행이 가능한 모든 경우에 제한 없이 채권자의 신청에 의한 간접강제를 일반적으로 허용하는 방안과 ② 직접강제나 대체집행에 의한 집행이 불가능하거나 현저히 곤란한 경우에 한정하여 간접강제를 허용하는 방안을 고려해 볼 수 있다.

채권 실현에 가장 큰 이해관계를 갖는 채권자가 자신에게 가장 유리한 집행방법을 선택할 수 있도록 하는 것이 가장 효율적인 법적 구제를 가능하게 한다는 일반론적 측면에서는 ①안도 참작할만하다. 그러나 직접강제나 대체집행이 가능한 전형적인 사안에서는 입법자가 효율적인 것으로 인정하여 법에 정한 당해 집행방법을 우선 적용하고, 그 집행방법이 실효적이지 못한 예외적인 경우에 제한적으로 간접강제를 활용하는 것이 우리 강제집행 제도의 입법목적이나 체계에 부합할 뿐 아니라 합목적적 · 실효적 방법으로 평가할 수 있는

65) 김형석, 앞의 글, 275면.

점,[66] 간접강제의 보충성을 폐지한 법 개정 이후 일본의 상황을 보면, 채권자가 복수의 집행방법을 동시에 신청할 수 있는지, 재판소는 복수의 집행방법을 동시에 명할 수 있는지, 복수의 집행방법에 대한 동시 결정이 내려져 직접강제나 대체집행의 절차 진행과 함께 간접강제금이 부과될 경우 어느 단계에서 간접강제금 발생이 종료하는지(예를 들어 대체집행 절차는 수권결정 단계, 비용선급 결정 단계, 비용선급 완료 단계, 대체집행 완료 단계 등으로 나누어 볼 수 있다) 등 법령에 정하지 않은 다양한 쟁점들이 나타났는데, 이러한 쟁점에 관해 각각 결론이 다른 하급심 결정이 속출하는 등 법 개정 후 상당한 기간이 지난 현재까지도 통일적 규율이 원활하게 이루어지지 못하고 있는 점 등을 감안해 보면, 직접강제나 대체집행이 불가능하거나 현저히 곤란한 경우에 한하여 법원이 간접강제 허부를 판단하는 ②안에 따라 법 개정을 하는 것이 강제집행법의 체계상으로나 실무 운용의 규율 면에서 더 합리적이라고 생각된다.[67]

Ⅴ. 간접강제의 적용 범위 - '채무자의 의사만으로 할 수 없는 채무'에 관하여

1. 간접강제가 허용되지 않는 채무

통설의 입장에서 직접강제나 대체집행이 불가능할 뿐 아니라 간접강제도 허용되지 않아 강제집행이 불가능한 채무로 다음의 3가지를 들고 있다.[68]

첫째는 오페라 작곡이나 교과서 집필 등과 같이 '채무의 이행에 특별한 예

66) 김형석, 앞의 글, 272~274면 참조, 김형석 교수는 이러한 해석을 '체계해석에 의한 (간접강제의) 적용범위 제한' 또는 '간접강제의 기능적 보충성'이라 일컫는다.

67) 위 ②안에 의한다면, 민사집행법 제261조에 '제257조 내지 제260조에 규정된 강제집행은 위 각 규정에 의한 집행이 불가능하거나 현저히 곤란한 경우, 채권자의 신청에 따라 제1항에 규정된 방법에 의하여 행할 수 있다'는 조항을 신설하는 안을 제시한다. 위와 같은 조항이 신설된다면 동조 제1항 모두의 '채무의 성질이 간접강제를 할 수 있는 경우에'를 '작위 또는 부작위를 목적으로 하는 채무로서 제260조에 의한 집행을 할 수 없는 경우에'로 개정함이 적정할 것이다.

68) 민일영 편집대표, 앞의 책, 102~103면(황진구 집필 부분); 『법원실무제요 민사집행(Ⅳ)』, 756~757면.

술적 또는 학문적 기능을 필요로 하는 채무'이다.

둘째는 부부의 동거의무나 약혼에 기초한 혼인 의무 등과 같이 '채무자의 인격 존중의 견지에서 강제집행이 허용되지 않는 채무'이다.

셋째는 제3자의 협력을 요하는 채무, 채무자의 능력을 초과하는 과다한 비용지출을 요하는 채무, 의사능력 있는 유아의 인도를 목적으로 하는 채무 등과 같이 '채무자의 의사만으로 할 수 없는 채무'이다.

이 중에서 '채무자의 의사만으로 할 수 없는 채무'에 관해서는 채무자에게 그가 할 수 있는 노력을 다할 것(예를 들어 제3자에 대한 소 제기 등)을 요구할 수 있으므로, 제3자가 채무자의 노력에도 불구하고 그러한 협력을 거부하거나 채무자가 그에 필요한 비용을 조달할 수 없음이 밝혀진 경우에만 간접강제가 배제된다고 한다.69)

2. '채무자의 의사만으로 할 수 없는 채무'에 관한 논의

우리나라의 통설은 '채무자의 의사만으로 할 수 없는 채무'에 관하여 제3자의 협력 등이 필요한 경우에 채무자가 그가 할 수 있는 노력을 다하지 않았다면 간접강제결정을 할 수 있다는 취지로 해석하지만, 실제로 간접강제를 배제할 수 있을 정도의 '채무자의 노력'은 어느 수준까지 이루어져야 하는지, 그러한 노력 유무에 대한 주장·증명책임은 누가 부담하는지 등 구체적 쟁점에 관해서는 학설상의 논의나 판결례를 찾아보기 어렵다. 이 문제에 관하여 독일과 일본에서는 논의가 축적된 상태이므로 이에 대하여 살펴보기로 한다.

가. 독일

독일 민사소송법(ZPO) 제888조 제1항은 '행위가 제3자에 의하여 행해질 수 없고 오직 채무자의 의사에 의하여만 가능한 때'에만 부대체적 작위채무 위반에 대하여 이행강제금이나 구류를 명할 수 있다고 규정한다.

조문 자체에서 '행위가 배타적으로 채무자의 의사에 의할 것'을 요구하므로,

69) 민일영 편집대표, 앞의 책, 102면(황진구 집필 부분); 『법원실무제요 민사집행(Ⅳ)』, 756면.

종래 제3자의 협력이 필요한 경우에는 그 제3자의 협력이 분명하지 않은 한, 간접강제를 할 수 없다는 견해가 유력하였고,70) 법원의 결정도 그와 같은 전제에서 이루어졌다.

대표적으로 함부르크 고등법원 1972. 10. 10. 결정(NJW 1973, 1135)은, 임대인이 임대차계약상 임차인에 대하여 일용품, 유제품 등의 판매업무를 행할 의무를 부과하여 당해 의무 이행에 대한 간접강제가 문제 된 사안이다. 위 법원은, 간접강제가 가능하기 위해서는 ZPO 제888조에 의해 채무자의 의사 범위에 배타적으로 귀속되는 행위일 것을 요하는데, 당해 사업을 채무자가 영위하기 위해서는 공급업자와의 공급계약 체결이 불가결하므로, 그러한 계약에 응할 사업자가 있더라도 이는 채무자의 의사 범위 내로 귀속되는 행위가 아니어서 간접강제가 허용되지 않는다고 판시하였다. 즉, 제3자와의 협력이 실제로 가능한지 여부나 협력을 달성하기 위한 채무자의 노력 등은 전혀 문제 삼지 않고, '제3자와의 협력 필요 → 채무자의 의사만으로 이행불능 → 간접강제 불가'라는 형식적·도식적 판단이 이루어진 것이다.

이와 같은 당시의 학설과 판례에 대하여 1973년 Grunsky가 반대 취지의 논문을 발표하였는데, 그 요지는 다음과 같다.71)

'단순히 제3자가 협력하지 않는다는 것만으로 집행불능이 된다고 할 수는 없다. 그 경우에도 채무자에게는 이행을 위한 노력이 요구되며, 채무자의 의사만이 중요하다면 실무상 간접강제의 적용 범위는 없어지게 된다. 그와 같은 불합리한 결과를 피하기 위해서는 ZPO 제888조의 예외에 대한 제한적 해석이 필요하다. 이 경우 채무자의 의사만 중요한 것이 아니라 채무자의 행위가 불가능한 것이 명확해진 경우에 한하여 집행불능이 된다고 해석해야 한다. 따라서 채무자에게 이행의 기회가 있는 한, 그것을 추급할 필요가 있다. 다시 말하면, 제3자에게 이행의 준비가 되어 있을 가능성이 있는 한, 채무자는 명령받은

70) Stein/Jonas/Pohle, ZPO18 Aufl., §888 Anm. I 2b. 山本和彦, "間接强制の活用と限界", 法曹時報 66卷 10號, 法曹會(2014) 17면에서 재인용.

71) W. Grunsky, Die Notwendigkeit der Hinzuziehung Dritter durch den Schludner bei Vollstreckung eines Anspruchs auf Vornahme unvertretbarer Handlung, JuS. 1973, S. 553f. 위 논문의 요지는 山本和彦, 앞의 글, 18~19면에서 재인용.

행위를 실현하기 위한 모든 것을 하도록 이행강제금을 통해 강제되어야 한다. 즉 적어도 '이행의 시도'(Erfüllungsversuch)는 강제되어야 한다.

당해 강제의 결과로도 실제 이행되지 않은 경우에는 강제금의 반환을 고려하는 방법도 있을 수 있겠지만, 이 경우 채무자에게 요구되는 것은 결과의 달성이 아니라 그가 스스로 할 수 있는 모든 노력을 다하는 것이며, 그러한 노력을 하지 않았을 동안의 강제금은 반환의 필요가 없다고 해석해야 한다. 만일 채무자가 이행의 노력을 다하였다면 이후의 강제금은 발생하지 않으므로 부당한 결과가 되지 않는다.

끝으로 증명책임의 분배에 관해서는 행위가 가능한지의 일반적 증명책임은 채권자에게 있지만, 채무자는 제3자의 협력 등을 얻을 가능성이 있는 한 모든 가능한 수단을 취해야 할 의무를 부담하고, 그러한 의무를 다하였음을 증명할 필요가 있다. 그와 같은 노력이 모두 성공하지 못한 경우에 당해 행위의 가능 여부가 불분명한 때에는 증명책임이 작동하여 채권자의 간접강제 신청은 배척된다.'

이후 독일의 하급심에서는 Grunsky의 위 견해에 따라, 제3자의 협력이 필요한 채무 이행에 관한 간접강제 여부의 판단에 있어, 채무자는 제3자의 협력을 얻기 위하여 스스로의 노력에 의해 모든 행위를 할 의무를 부담하고, 그러한 노력을 다하였음을 주장·증명해야 한다고 판시하기 시작하였다. 여기서 채무자에게 요구되는 노력에는 제3자에 대하여 재판상의 청구를 하는 것도 포함되며, 법적 청구권이 없는 경우라도 사실상 기대가능한 조치를 다할 필요가 있다고 하여, 그것을 다하지 않은 동안에는 간접강제결정이 정당하다고 한다.[72]

독일 연방대법원도 이러한 견해를 수용하여 '정보의 제공을 명받은 채무자 회사가 아닌 제3의 회사가 해당 정보를 보유하고 있는 경우, 채무자 회사로서는 그 정보를 얻기 위해 합리적으로 기대되는 모든 행위를 다 해야 하며, 여기에는 소의 제기도 포함된다(다만, 그 전제로서 소송이 원하는 결과로 귀결될

---

72) BayObLG, NJW 1975, 740; BayObLG, NJW-RR 1989, 462; OLG Köln, NJW-RR 1992, 633; OLG Zweibrücken, NJW-RR 1998, 1767 등.

수 있는 상당한 가능성이 존재해야 한다). 제3자와의 협력이 의문시되는 상황이라면, 채무자는 제3자로 하여금 협력하도록 하기 위해 자신에게 부여된 사실상, 법률상의 수단을 사용해야만 한다'고 판시하였다.73) 또한 채무자가 제3자와의 협력을 위한 기대 가능한 사실상·법률상의 모든 조치를 취하였는지 여부에 관하여 채무자가 주장·증명책임을 부담한다는 입장을 취하는 것으로 보인다.74)

위와 같은 판례의 입장에 비추어 볼 때, 독일에서는 간접강제의 전제가 되는 채무 이행에 제3자의 협력이 필요한 경우 그 협력을 얻기 위해 채무자가 기대 가능한 모든 사실상·법률상의 조치를 다한 때에야 비로소 간접강제를 배제하는 실무례가 정착되었다고 할 수 있다.

나. 일본

1) 학설의 전개

일본 민사집행법에는 독일 민사소송법(ZPO) 제888조와 달리 '채무자의 의사만으로 할 수 없는 채무'를 간접강제의 적용 범위에서 배제하는 명문의 규정이 없다.75) 그러나 종래의 전통적 견해는 거의 이론 없이 '채무자의 의사만으로 할 수 없는 채무'를 간접강제의 장해 사유로 인정하였다. 이중 첫 번째는 제3자의 협력을 요하는 경우에는 당연히 간접강제가 허용되지 않는다는 견해이다. 대표적으로 我妻榮 교수는 '제3자의 협력을 필요로 하는 급부에 관해서는 간접강제가 허용되지 않는다. 심리적 강제를 가하는 것만으로는 목적을 달성할 수 없기 때문이다'라고 하였다.76) 두 번째는, 제3자의 협력을 요하는 경

73) BGH, NJW 2009, 2308.

74) BGH, NJW-RR 2009, 443.

75) 다만, 1890년 제정된 일본 구 민사소송법 제734조는 간접강제에 관해 "채무자가 그 의사에만 의해서 할 수 있을 만한 행위이면서 제3자가 이를 할 수 없는 것일 때에는 제1심 수소법원은 신청에 의해 민법(재산편 386조 제3항)의 규정에 따라 결정한다"고 규정하였다. 즉 독일 민사소송법 제888조와 같이 간접강제의 적용대상을 '채무자의 의사에 의해 할 수 있는 행위'로 한정하였다. 그러나 1898년 민사소송법 개정으로 제734조는 "채무의 성질이 강제이행을 허하는 경우에 제1심 수소법원은 신청에 의하여 결정으로써 상당한 기간을 정하여 채무자가 그 기간 내에 이행을 하지 않을 때에는 그 지연 기간에 따라 일정한 배상을 해야 할 것 또는 즉시 손해를 배상해야 할 것을 명할 것을 요한다"로 변경되었다.

76) 我妻榮, 앞의 책, 93면.

우 그 제3자의 협력을 용이하게 얻을 가망이 없는 때에 한하여 간접강제를 허용할 수 없다는 견해이다. 대표적으로 兼子一 교수는 '이행을 하는 데 사실상이나 법률상 제3자의 동의 또는 협력을 요함에도 불구하고 쉽게 이를 얻을 가망이 없는 경우라면(예를 들어 제3자에 대한 수술이나 제3자를 대상으로 한 촬영 등) 그런 종류의 집행은 할 수 없다'고 하였다.77) 종래의 견해들은 적어도 제3자의 협력을 쉽게 얻을 가망이 없는 경우라면 간접강제를 배제하는 태도를 취하였다.

그러나 최근의 견해들은 종전과는 다른 입장을 취하고 있다. 앞서 본 Grunsky의 견해와 그에 따르는 독일 판례의 영향을 받은 것으로 보이는데, '작위의무를 이행함에 있어 제3자의 협력을 요하는 경우가 많은데, 채무자가 제3자의 협력을 얻기 위해 기대 가능한 것을 모두 행한 경우에 비로소 제3자의 협력을 얻을 수 없기 때문에 작위를 실행하는 것이 불가능하다고 할 수 있다'라고 하거나78) '제3자의 협력을 용이하게 얻을 가망이 없더라도 채무자로서는 그 협력을 얻을 수 있도록 최선의 노력을 다해야 하고, 협력의 조달이 용이하지 않더라도 최선의 노력을 하지 않는 채무자에 대해서는 간접강제에 의해 그 노력을 구하는 방법이 채권자에게 부여되어야 한다'고 하는 견해79)가 유력하다.

2) 판례

종전 일본의 판례들은 채무의 성질상 제3자의 협력을 요하는 경우에 실제로 제3자의 협력을 용이하게 얻을 수 있는지, 채무자가 그와 같은 노력을 기울였는지 여부를 묻지 않고 간접강제의 적용대상인 채무가 아니라고 보았다.80) 그러나 근래에 나온 最高裁 2015(平成 27). 1. 22. 決定(金判 1471号 20면)은 종전의 판례들과는 다소 다른 입장을 취한 것으로 보인다. 이 결정은 일본에서 사회문제화 되었던 諫早湾(이사하야만) 간척사업에 관한 것이다. 사안과 각 심급에서의 결정은 아래와 같다.

---

77) 兼子一, 『增補强制執行法』, 酒井書店(1951), 289면.

78) 松本博之, 『民事執行保全法』, 弘文堂(2011), 330면.

79) 山本和彦, 앞의 글, 25면.

80) 大審院 1921(大正 10). 7. 25. 決定(民錄 27輯, 1354면); 大審院 1930(昭和 5). 11. 5. 決定(新聞 3203号, 7면); 東京地裁 1988(昭和 63). 5. 12. 判決(判時 1282号, 133면).

사가(仕駕)현에서 어업을 영위하는 채권자들이, 국가가 시행하는 이사하야만 간척사업을 위한 배수문 설치로 인해 해양 수질이 악화되어 어업을 영위하는 데 상당한 지장이 있음을 이유로, 국가를 상대로 그 개문(開門)을 요구하는 소를 제기하였는데, 그 소송에서 '국가는 판결 확정일로부터 3년을 경과한 날까지 방재상 어쩔 수 없는 경우를 제외하고 간척사업으로 인해 설치된 제방의 각 배수문을 개방하고, 이후 5년간 위 배수문의 개방을 계속하라'는 취지의 판결이 선고, 확정되었다[福岡高判 2010(平成 22). 12. 6. 判時 2102号 55면]. 그 후 위 판결에서 명한 3년의 기간이 경과하였음에도 배수문 개방 조치가 이루어지지 않자, 채권자들은 국가를 상대로 부대체적 작위채무인 배수문 개방의무의 불이행을 원인으로 한 간접강제를 신청하였다. 이에 대하여 채무자인 국가는 채무자의 의사만으로는 배제하는 것이 불가능한 사실상, 법률상의 장애가 있다는 주장을 하였는데, 구체적으로 ① 지방자치단체['나가사키(長崎)현'] 및 현지 관계자들이 배수문의 개방 자체에 반대하여 협력 내지는 동의를 얻을 수 없었으므로 대책 공사 실시를 할 수 없었고, 개방 시에 필요한 관리규정의 작성 등이 불가능하였다는 점, ② 나가사키현 주민들이 국가를 상대로 제기한 배수문의 개방금지를 명하는 별건 가처분결정에 의해 위 본안판결에도 불구하고 국가가 임의로 배수문 개방을 할 수 없는 의무를 부담하는 점 등을 근거로 하였다.

이에 대하여 제1심은, ① 배수문 개방의무를 부담하는 채무자로서는 당해 의무를 이행하기 위해 관계 지방자치단체 및 현지 관계자의 협력 및 동의를 얻기 위해 성실하게 교섭을 계속해야 할 뿐 아니라, 대책 공사를 검토하는 등 신의칙상 가능한 조치를 강구해야 하는데, 채무자가 위와 같은 조치를 강구할 여지가 없었다고 인정하기에 충분하지 않은 점, ② 배수문 개방금지를 명한 별건 가처분결정에 의해 채무자가 배수문을 개방해서는 안 될 의무를 부담하지만, 가처분결정에 대하여 가처분이의 신청을 하는 등 법률상 조치를 강구하는 것이 가능하다면, 별건 가처분결정이 본안판결에 기초한 채무를 간접강제의 대상으로 하는 것을 방해할 이유가 되지 않는 점 등을 근거로 어느 쪽으로든 채무자가 주장하는 사정은 장애로 보기 어렵다고 하여 간접강제결정을 하였다. 구체적으로 각 채권자에 대하여 1일 1만엔의 지급을 명하였는데, 채권자는 49인이었고, 유예기간은 2개월이었다[仕駕地決 2014(平成26). 4. 11.].

위 제1심 결정에 대하여 채무자인 국가가 항고하였는데, 항고심에서는 '간접강제는 채무불이행에 대한 제재의 고지에 의해 채무자에게 이행의 동기를 부여하는 것이므로, 채무자가 자기 의사만으로 이행함이 가능한 채무일 것을 요하고, 제3자의 협력 또는 동의를 요하기 때문에 채무자의 의사로 배제하는 것이 불가능한 사실상의 장애가 있는 채무는 간접강제의 대상으로 할 수 없다'고 종래의 판례에 따른 일반론을 설시하면서, 위 ① 논점에 관해 '개문에 관한 관리는 국가로부터 나가사키현에 위탁된 것이므로 국가의 의사만으로 개방하는 것이 가능하고, 제3자의 협력이나 동의를 요하는 것이 아니므로, 채무자인 국가가 자기의 의사만으로 이행하는 것이 가능한 채무임이 명백하다'고 하고, ② 논점에 관해서는 '본건 확정판결의 채무 자체의 성질에 관한 사유가 아니고, 별건 가처분결정은 본건 채권자 이외의 자와의 사이에 효력이 발생한 것에 불과하므로 그에 의해 본건 확정판결 채무의 성질이 변한다고 할 수 없다'고 하여 결국 본건 확정판결에 의한 배수문 개문 채무를 간접강제의 대상으로 하는 것을 방해할 사유가 없음을 이유로 항고를 기각하였다[福岡高決 2014(平成 26). 6. 6.].

이에 채무자인 국가가 재항고하였는데, 재항고심에서 최고재판소는 ① 확정판결에 입각하여 국가가 지는 채무의 내용은 방재상 어쩔 수 없는 경우를 제외하고 일정 기간 각 배수문을 개방하는 것뿐이기 때문에 그 자체는 성질상 국가의 의사만으로 이행할 수 있는 것이고, ② 확정판결에 따라 각 배수문을 개방해야 할 의무를 진 국가가 별건 가처분결정에 따라 각 배수문을 개방해서는 안 된다는 취지의 의무를 동시에 진다 하더라도 간접강제 신청의 허부를 판단하는 집행재판소는 위 각 재판들의 실체적 판단의 당부를 심리해야 하는 입장에 있지 않으므로, 확정판결에 입각하여 간접강제결정을 요구하는 신청을 받아 민사집행법상 그 요건이 충족된 이상 같은 결정을 내려야 한다고 판시하여 국가의 재항고를 기각하였다[最高裁決 2015(平成 27). 1. 22.].

위 사건에서 특기할만한 점은, 위 간접강제결정의 채무자인 국가가 사실상의 이유(개문에 관한 지방자치단체 및 현지 관계자들과의 마찰)와 법률상의 이유(간접강제 발령의 근거가 된 집행권원인 확정판결과는 반대로 개문 금지를 명한 별도의 집행권원인 가처분결정의 존재)를 들어 채권자들에 대한 배수문 개문 의무가 '채무자의 의사만으로는 이행할 수 없는 채무'라고 주장한 것이다. 사실상의 이유인 위 ① 논점에 관하여, 항고심과 재항고심에서는 비록 나가사키현 등이 배수문 관리를 맡고 있기는 하지만 이는 국가의 위임사무이므로 국가가 얼마든지 위임을 철회하여 스스로 개문할 수 있으므로, 이는 '채무자 스스로 할 수 없는 채무'에 해당하지 않는다고 판단하였다. 이와 달리 제1심에서는 국가가 배수문의 개문을 위하여 지방자치단체와 현지 관계자들의 협력을 구하거나 대책 공사 등 신의칙상 필요한 조치를 다 하지 아니하였음을 이유로 간접강제가 가능하다고 보았는바, 이러한 제1심의 태도는 앞서 살핀, 현재 독일의 판례 이론이나 일본의 유력설과 궤를 같이하는 것이다.

법률상의 이유인 위 ② 논점에 관해서는, 제1심부터 재항고심까지 공통적으로, 동일한 채무자가 각각 다른 상대방과의 사이에 별개의 집행권원에 기하여 서로 충돌하는 의무를 부담하더라도, 그러한 사정의 존재만으로는 '채무자 스스로 할 수 없는 채무'에는 해당하지 않으므로 간접강제결정이 배제되지 않는다고 판단하였다. 이렇듯 별개의 집행권원에 기한 상호 충돌하는 의무를 같은 채무자가 동시에 부담하는 경우는 매우 이례적인데, 민사소송에서는 그러한 상황이 발생 가능하고, 일방당사자가 서로 다른 경우 각 집행권원의 효력이 상호간에는 미치지 않으며, 집행재판소는 실체적 사항에 대해서는 판단하지 않음을 이유로 간접강제결정을 허용한 것은 적어도 법이론적인 면에서는 수긍할 만하다.[81)]

3. 검토

간접강제조차 허용되지 않는, '채무자의 의사만으로 할 수 없는 채무'의 범

81) 일본에서는 위 ② 논점에 관한 최고재판소 판단의 적부를 두고 다양한 견해가 등장하였다. 그 자세한 내용에 관해서는 김병학, "상반된 집행권원으로 인한 의무의 충돌과 간접강제 저해 사유 - 일본 이사하야만 사례를 소재로 한 절차법적 연구", 민사집행법연구 제18권 제1호, 한국민사집행법학회(2022), 23~29면 참조.

위에 관하여 독일과 일본에서의 논의를 살펴보았다. 우리나라의 통설도 위 채무에 관하여 제3자와의 협력을 위해 채무자가 할 수 있는 노력을 다한 경우에 한하여 간접강제의 대상에서 배제된다고는 하지만, 그 기준에 다소 불명확한 점이 있다.

독일과 일본에서의 논의에 비추어 이를 조금 더 구체화하면, 첫째 '제3자와의 협력 가능성' 유무를 검토해야 한다. 간접강제 결정을 하는 시점(또는 간접강제결정 후 채무자의 변경 신청에 따른 결정 시점)을 기준으로 제3자로부터 협력을 이끌어낼 가능성이 없다면 간접강제를 명할 수 없다고 해야 한다. 예를 들어 채권자에 대한 의무 이행을 위해서는 제3자로부터 특정물을 매수해야 하는데, 제3자가 그 물건을 매도하지 않겠다는 의사를 사전에 명백히 표시한 경우나 그 물건이 이미 멸실된 경우, 교섭에 응하지 않는 제3자를 상대로 소를 제기하였으나 패소 판결이 확정된 경우 등에는 제3자의 협력 가능성이 부존재하므로 간접강제를 허용해서는 안 될 것이다. 독일 연방대법원에서 채무자가 의무 이행을 위해 제3자를 상대로 소를 제기할 수 있는 경우라 하더라도 소송이 원하는 결과로 귀결될 상당한 가능성이 존재해야 한다고 하였는데,[82] 이는 제3자를 상대로 소를 제기할 수 있더라도 패소가 명백히 예견되는 경우라면 제3자와의 협력 가능성을 인정하기 어렵다는 의미로 이해된다.

둘째, 채무자가 제3자와의 협력을 위해 '기대 가능한 사실상 또는 법률상의 모든 조치와 노력'을 다하였는지 여부를 검토해야 한다. 채권자에 대한 채무이행을 위해 필요한 사실상의 조치, 즉 제3자에 대한 요청, 교섭, 계약 체결 등 신의칙에 비추어 허용될 수 있는 합목적적 조치를 모두 취하였는지를 살펴보아야 한다. 채무자가 제3자를 상대로 법률상 조치를 취할 수 없는 경우라도 사실상의 조치를 취할 가능성이 아직 남아 있다면 간접강제를 발령할 수 있을 것이다. 또한 채무 이행을 위한 법률상의 조치, 예를 들어 제3자를 상대로 한 형성권의 행사, 위임의 철회, 소 제기 등의 가능성이 있다면 그러한 조치를 취하였는지 여부도 검토의 대상이 된다.

셋째, 주장·증명책임에 관해서는 간접강제에 의한 집행을 면하려고 하는

82) BGH, NJW 2009, 2308.

채무자 측에서 채권자에 대하여 부담하는 채무 이행을 위하여 '더 이상 취할 수 있는 사실상 또는 법률상의 조치가 없다' 또는 '제3자의 협력 가능성이 없다'는 것을 주장·증명하도록 함이 당사자간의 관계나 절차의 구조, 증명의 편의에 비추어 적정하다고 본다.[83)]

넷째, 간접강제 결정이 발령된 이후 채무자가 기대 가능한 사실상 또는 법률상의 조치를 모두 취하였거나 제3자의 협력 가능성이 사후적으로 소멸된 경우에는 사정의 변경을 이유로 채무자가 간접강제결정의 변경을 신청할 수 있을 것이다(민사집행규칙 제191조).

Ⅵ. 마치며

이상 간접강제 제도에 관한 몇 가지 법리적 쟁점에 대하여 살펴보고, 필요한 경우 입법적 대안을 제시하기도 하였다.

간단히 정리하자면, 간접강제의 법적 성질을 어떻게 파악할 것인지는 기본적으로 각 국가의 집행제도 운영에 대응하는 정책적·입법적 결단의 문제라고 할 것인데, 우리나라의 경우 간접강제에 대해 손해전보적 기능과 이행강제·제재 기능을 함께 부여하는 방식으로 제도를 운용해 왔고, 이와 관련된 실무례도 상당히 축적된 상태이다. 이러한 상황에서 제재금 또는 손해배상금의 어느 한 면만을 강조하기보다는 양자를 조화롭게 해석할 수 있는 법정위약금설 또는 절충설의 입장에 찬성한다.

간접강제의 보충성에 관해서는 집행권원을 갖는 채권자의 권리실현 제고를 위하여 완화하는 것이 적절하다. 해외의 사례를 보더라도 우리나라와 같이 보충성 원칙을 굳게 고수하고 있는 나라는 찾아보기 어렵다. 독일과 같이 효율적 강제집행을 위해 보충성의 원칙을 준수하면서도 사안의 특성에 따라 예외

83) 山本和彦 교수는 '객관적인 상황에서 통상 기대 가능한 조치를 하였다는 것의 주장·증명책임은 채무자에게 있지만 그것이 증명된 경우에 덧붙여 어떠한 추가적인 조치를 해야 하는가에 관해 채권자가 고려한 것이 있으면 그 구체적인 내용을 주장하고, 그것이 합리적인 조치로 인정된다면 채무자 측에 그것을 하였다는 점에 대한 증명책임이 부과된다'고 한다. 山本和彦, 앞의 글, 26~27면.

를 인정하는 탄력적인 실무 운용이 요구되며, 더 근본적인 해결을 위해서는 보충성을 완화하는 취지로 민사집행법을 개정함이 바람직할 것이다.

간접강제조차 할 수 없는 '채무자의 의사만으로 할 수 없는 채무'에 관해서는 학설상의 논의와 판례가 축적된 독일과 일본의 해석론을 참조하여 그 요건을 구체화하고자 하였다.

우리 사회의 다원화, 경제 규모의 확대, 인격권에 대한 국민의 인식 수준 제고와 함께 강제집행 방법으로서 간접강제의 활용 폭은 점점 더 늘어날 것으로 전망된다. 이러한 상황에서 간접강제 제도를 우리의 법 현실에 부합하면서도 국민의 기대 수준에 맞게 어떻게 운용하고 설계할 것인지는 쉽게 간과되어서는 안 될 중요한 법적 과제이다. 앞으로 간접강제에 관한 다양한 이론과 판례의 축적, 그리고 이를 바탕으로 한 합리적 제도 개선이 이루어지기를 기대해 본다.

[국문 요약]

‘간접강제’란 채무불이행에 대하여 채무자에게 손해배상이나 벌금 또는 구금 등의 제재를 예고하여 심리적 압박을 가함으로써 채무자로 하여금 스스로 채무를 이행하도록 강제하는 집행방법을 의미한다.

간접강제의 법적 성질을 어떻게 파악할 것인지는 기본적으로 각 국가의 집행 제도 운영에 대응하는 정책적 · 입법적 결단의 문제라고 할 것인데, 우리나라의 경우 간접강제에 대해 손해전보적 기능과 이행강제 · 제재 기능을 함께 부여하는 방식으로 제도를 운용해 왔고, 이와 관련된 실무례도 상당히 축적된 상태이다. 이러한 상황에서 제재금 또는 손해배상금의 어느 한 면만을 강조하기보다는 양자를 조화롭게 해석할 수 있는 법정위약금설 또는 절충설의 입장에 찬성한다.

간접강제의 보충성에 관해서는 집행권원을 갖는 채권자의 권리실현 제고를 위하여 완화하는 것이 적절하다. 외국의 사례를 보더라도 우리나라와 같이 보충성 원칙을 굳게 고수하고 있는 나라는 찾아보기 어렵다. 독일과 같이 효율적 강제집행을 위해 보충성의 원칙을 준수하면서도 사안의 특성에 따라 예외를 인정하는 탄력적인 실무 운용이 요구되며, 더 근본적인 해결을 위해서는 보충성을 완화하는 취지로 민사집행법을 개정함이 바람직하다.

간접강제조차 할 수 없는 ‘채무자의 의사만으로 할 수 없는 채무’에 관해서는 학설상의 논의와 판례가 축적된 독일과 일본의 해석론을 참조하여 그 요건을 구체화하고자 하였다.

우리 사회의 다원화, 경제 규모의 확대, 인격권에 대한 국민의 인식 수준 제고와 함께 강제집행 방법으로서 간접강제의 활용 폭은 점점 더 늘어날 것으로 예상된다. 이러한 상황에서 간접강제 제도를 우리의 법 현실에 부합하면서도 국민의 기대 수준에 맞게 어떻게 운용하고 설계할 것인지는 쉽게 간과되어서는 안 될 중요한 과제이다. 앞으로 간접강제에 관한 풍성한 이론과 판례의 축적, 그리고 이를 바탕으로 한 합리적인 제도 개선이 이루어지기를 기대한다.

주제어: 간접강제, 보충성, 손해배상 충당, 법정위약금, 채무자의 의사만으로 할 수 없는 채무

[Abstract]

Legal Issues on Indirect Compulsory Performance and Future Tasks

- focusing on the legal nature, supplementation, scope of application -

"Indirect compulsory performance" means an enforcement method that forces the debtor to perform the debt on its own by applying psychological pressure by notifying the debtor of sanctions such as compensation for damages, fines, or detention for default.

How to understand the legal nature of Indirect compulsory performance is basically a matter of policy and legislative decision in response to the operation of each country's enforcement system. In Korea, the system has been operated by granting both damage compensation and implementation/sanctions functions, and related practical cases have been accumulated. In this situation, rather than emphasizing only one aspect of sanctions or damages, I agree with the position of the legal penalty theory or compromise theory that can interpret both in harmony.

Regarding the supplementary nature of Indirect compulsory performance, it is appropriate to ease it to enhance the realization of the rights of creditors with executive title. Even in foreign cases, it is difficult to find a country that firmly adheres to the principle of supplementation like Korea. Like Germany, flexible practical operations that comply with the principle of supplementation while recognizing exceptions are required according to the characteristics of the case, and it is desirable to amend the Civil Execution Act to alleviate supplementation for a more fundamental solution.

Regarding 'debt that cannot be done only by the debtor's intention', which cannot even be indirectly forced, the requirements were intended to be specified by referring to the interpretation theory of Germany and Japan, where theoretical discussions and precedents were accumulated.

Along with the diversification of our society, expansion of the economic scale, and raising the level of public awareness of personal rights, the use of indirect compulsory performance as a method of compulsory execution is expected to increase. In this situation, it is an important task that should not be easily overlooked how to operate and design the indirect compulsory system to meet the level of the people's expectations while meeting our legal reality. In the future, it is expected that abundant theories and precedents on indirect compulsory performance will be accumulated, and rational institutional improvement based on them will be made.

Keywords: Indirect compulsory performance, Supplementation, Compensation for damages, Legal penalties, Debt that cannot be done only by the debtor's intention

참고문헌

[단행본]

곽윤직 편집대표,『민법주해[Ⅸ]』, 박영사(1995).

권창영,『민사보전』, 한국사법행정학회(2018).

김용덕 편집대표,『주석 민법 제5판, 채권총칙 제1권』, 한국사법행정학회(2020).

______________,『주석 민법 제5판, 채권총칙 제2권』, 한국사법행정학회(2020).

민일영 편집대표,『주석 민사집행법 제4판 (Ⅵ)』, 한국사법행정학회(2018).

『법원실무제요 민사집행(Ⅳ)』, 사법연수원(2020).

兼子一,『增補 强制執行法』, 酒井書店(1951).

松本博之,『民事執行保全法』, 弘文堂(2011).

我妻榮,『新訂 債權總論』, 岩波書店(1964).

伊藤眞, 園尾隆司 編集代表,『條解 民事執行法』, 弘文堂(2019).

[논문]

김병학, "상반된 집행권원으로 인한 의무의 충돌과 간접강제 저해 사유 - 일본 이사하야만 사례를 소재로 한 절차법적 연구", 민사집행법연구 제18권 제1호, 한국민사집행법학회(2022).

김형석, "강제이행 - 특히 간접강제의 보충성을 중심으로 -", 법학 제46권 제4호, 서울대학교(2005. 12.).

유아람, "간접강제의 법리와 실무상 문제", 민사집행법연구 제7권, 한국사법행정학회(2012).

이무상, "간접강제금의 법적 성격에 대한 새로운 이해", 민사소송 제20권 제2호, 한국민사소송법학회(2016).

______, "프랑스법에서의 아스트렝트에 관한 소고 - 민사집행법상 간접강제와의 비교를 중심으로", 법조 통권 660호, 법조협회(2011.9.).

임정윤, "실효적이고 합리적인 간접강제금 산정기준의 정립과 바람직한 심리방안 - 간접강제금 결정례 분석을 바탕으로", 사법 제35호, 사법발전재단(2016. 3.).

정선주, "간접강제금의 본질과 소송상의 제문제", 민사소송 제16권 제1호, 한국민사소송법학회(2012).

조병구, "간접강제 배상금의 법적 성질과 실무상 제 문제", 재판자료 제131집: 민사집행법 실무연구(Ⅳ), 법원도서관(2015).

한승 외 6, "가처분과 간접강제", 김능환 대법관 화갑기념: 21세기 민사집행의 현황과 과제(민사집행법 실무연구Ⅲ), 민사집행법연구회(2011).

山本和彦, "間接强制の活用と限界", 法曹時報 66卷 10號, 法曹會(2014).

小林明彦, "間接强制の適用範圍の擴張と執行方法の選擇", ジュリスト1461號, 有斐閣(2013).

伊藤眞 외 5, "間接强制の現在と將來", 判例タイムズ 56卷 제6号.

공동불법행위자별 책임의 개별화 가능성에 관한 소고*

연세대학교 법학전문대학원 부교수 조 인 영

目 次

Ⅰ. 서론
Ⅱ. 공동불법행위자간의 과실상계에 관한 판례의 태도
 1. 원칙 - 전체평가설
 2. 예외- 개별평가설
  (1) 사용자책임과 피용자의 책임
  (2) 일반불법행위와 공작물책임
  (3) 고의 불법행위자와 과실 불법행위자의 책임
  (4) 공동불법행위자 중 1인의 과실 정도가 매우 경미하거나 불법행위의 최종적 이익을 보유하지 않는 경우
Ⅲ. 공동불법행위에 대한 개별적 책임인정의 고려요소
 1. 검토의 필요성
 2. 위법행위 측면
  (1) 주관적 공동의사가 없는 행위
  (2) 타인의 행위에 대한 책임
 3. 인과관계의 측면
 4. 손해의 측면
 5. 책임제한의 측면
  (1) 원칙 - 공동불법행위자의 기여도 경미를 이유로 한 책임제한 부정
  (2) 민법개정과정에서의 논의
  (3) 검토
Ⅳ. 공동불법행위 외의 부진정연대채무에 대한 과실상계
 1. 문제의 소재
 2. 검토
Ⅴ. 결론

* 이 글은 2022. 6. 13. 대법원 민사실무연구회에서 발표한 글을 일부 수정, 보완한 것으로, 2022. 8. 저스티스 통권 제191호에도 게재되었다. 발표의 기회를 주신 민사실무연구회장 김재형 대법관님, 추후 연구과제와 보완점에 대해 심도깊은 의견을 주신 황진구 수석재판연구관님, 토론 의견에 대한 추가적 설명을 해 주신 윤진수 서울대 명예교수님, 예리한 토론과 질문을 해 주신 문현호, 이보형, 이태경 재판연구관님, 이현종 부장판사님께도 감사드린다.

Ⅰ. 서론

채무불이행과 불법행위는 손해배상이라는 동일한 효과를 발생시키지만, 그 이면에 내재하는 기본 원리에는 큰 차이가 있다. 채무불이행은 합리적인 개인이 사적 자치의 원칙에 따라 체결한 계약에 대해 그 약속을 지키는 것(*pacta sunt servanda*)을 대원칙으로 하지만, 불법행위의 경우에는 과실책임의 원칙뿐만 아니라 손해의 공평하고 타당한 분담 또한 주요한 지도원리로 작용한다. 이 때 손해의 공평하고 타당한 분담이란 결국 특정 사건의 구체적 사실관계를 종합적으로 고려하여 판단할 수 밖에 없다. 불법행위로 인한 손해배상에서 법원이 얼핏 유사해 보이는 사안임에도 그 결론을 달리한 경우는 이처럼 개별적이고 구체적인 사실관계의 차이를 고려하지 않을 수 없었기 때문일 것이다.

그러나 과실비율이나 책임제한 여부는 이러한 '구체적 타당성'이라는 이유만으로 법원의 판단이 사안마다 달라지는 이유를 정당화하기가 어려운 측면이 있다. 과실상계에 있어서 과실비율은 단순한 '구체적 사실의 인정'뿐 아니라 법원의 재량에 의한 비율의 '평가'가 문제되고, 평가라는 것에는 항상 주관이 어느 정도 개입할 수 밖에 없기 때문이다. 책임제한 또한 마찬가지이다. 그럼에도 불구하고 종래 우리 판례는 '형평', '공평', '정의' '신의칙' 등의 추상적인 개념에 의지하여 이를 개별 법관의 자유재량에 맡겨 왔고, '과실상계 사유에 관한 사실인정이나 그 비율을 정하는 것은 그것이 형평의 원칙에 비추어 현저히 불합리하다고 인정되지 않는 한 사실심의 전권사항에 속한다'[1]고 하여 그에 대한 구체적인 판단기준도 제시하지 아니하였다. 특히, 판례는 민법 제760조에 따른 공동불법행위자들에 대한 과실비율을 판단함에 있어 이른바 전체평가설에 의하여 '공동불법행위책임은 피해자의 공동불법행위자 각인에 대한 과실비율이 서로 다르더라도 피해자의 과실을 공동불법행위자 각인에 대한 과실로 개별적으로 평가할 것이 아니고 그들 전원에 대한 과실로서 전체적으로 평가하여야 한다'[2]는 법리를 오랫동안 원칙으로 선언하여 오면서도, 경우에 따

1) 대법원 2002. 11. 26. 선고 2002다43165 판결.

2) 대법원 2011. 7. 28. 선고 2010다76368 판결, 대법원 1991. 5. 10. 선고 90다14423 판결 등 다수. 이러한 취

라서는 개별평가설에 의하여 일부 가해자의 책임범위를 그의 과실범위만으로 제한해 왔는데,[3] 그와 같이 전체평가설을 수정해야 하는 명확한 기준에 대해서는 구체적으로 언급하지 아니하였다. 그러나 이처럼 명확한 기준에 대한 언급이 없이 기본원칙을 사안마다 달리하는 것은 당사자의 예측가능성과 법적 안정성을 저해할 우려가 있다.[4]

그렇다면 공동불법행위자 사이에서도 개별평가설을 적용하거나 일부에 대한 책임제한을 인정한 판례들은 어떤 특수성이 있는 것인가? 이러한 판례들을 유형화하거나 주류적인 판례와 구별할 수 있다는 기준이 있다면 어떠한 것일까? 그리고 이러한 유형화는 공동불법행위로 인한 부진정연대채무가 아닌 일반적인 부진정연대채무에도 적용할 수 있는 것일까? 이 글은 공동불법행위자들의 책임에 관한 이러한 의문들에 대하여 검토하고, 공동불법행위자의 책임을 개별화할 수 있는 최소한의 기준을 설정하는 것을 목적으로 한다. 이를 위하여 먼저 공동불법행위자간의 과실상계에 관한 우리 판례의 태도를 살펴보고(II), 그 특수성을 불법행위의 성립요건인 행위, 인과관계, 손해의 각 측면과, 손해산정 단계에서의 책임제한의 측면에서 검토한 뒤, 이를 토대로 공동불법행위자간의 책임을 개별화할 수 있는 나름의 기준을 제시한다(III). 그리고 이러한 개별화가 부진정연대채무에도 일반적으로 적용될 수 있는지에 대해서도 검토한 다음(IV), 이상의 논의를 마무리하는 것으로 결론에 갈음하고자 한다(V).

지의 판시가 최초로 나타난 판결은 대법원 1961. 7. 20. 선고 4293민상469 판결인 것으로 보이는데, 이러한 취지의 판결들은 "피해자가 공동불법행위자 중의 일부만을 상대로 손해배상을 청구하는 경우에도 과실상계를 함에 있어 참작하여야 할 쌍방의 과실은 피해자에 대한 공동불법행위자 전원의 과실과 피해자의 공동불법행위자 전원에 대한 과실을 전체적으로 평가하여야 하고 공동불법행위자간의 과실의 경중이나 구상권행사의 가능 여부 등은 고려할 여지가 없다"고 판시하고 있다.

3) 대법원 2018. 2. 13. 선고 2015다242429 판결 등 참조.

4) 同旨, 이동진, "공동불법행위, 구상, 과실상계의 경제적 분석", 법경제학연구 제9권 1호(2012. 6.), 75면.

Ⅱ. 공동불법행위자간의 과실상계에 관한 판례의 태도

1. 원칙 - 전체평가설

판례는 원칙적으로 '공동불법행위자들에 대한 피해자의 과실은 각 인에 대해서 개별적으로 할 것이 아니라 그들 전원에 대한 과실로서 전체적으로 평가해야 한다'는 전체평가설을 취해왔다. 이에 따라 대법원은, ① 고속도로에서 중앙분리대를 들이받아 방현망을 파손시켜 그 방현망이 도로로 떨어지게 한 운전자와 그로부터 약 10분 후 그 방현망을 피하고자 차선을 변경하다가 사람을 충돌하여 사망케 한 운전자,[5] ② 가계수표를 개설하여 준다는 광고를 보고 사채업자에게 만연히 주민등록과 도장을 교부한 사람과 위 주민등록과 도장을 이용하여 계좌를 개설하고 폰뱅킹을 등록한 후 예금을 불법인출한 자,[6] ③ 관광농원의 운동시설을 제대로 관리하지 아니한 공작물 소유자와, 그 관광농원의 축구골대가 넘어져 피해자가 복강내출혈상을 입고 병원으로 후송되었는데 조기에 응급수술만 하면 생명을 구할 수 있음에도 이러한 사정을 제대로 설명하지 아니한 채 가족이 집근처에서 수술받기를 원한다는 이유로 사고 후로부터 2시간이 지난 후 1시간 거리에 있는 병원으로 전원조치 하여 이송 중 사망하게 한 의사,[7] ④ 투자금 전액의 손실 위험이 발생할 수 있는 장외파생상품의 위험에 관한 정보를 제대로 제공하지 않은 채 오해를 유발할 만한 표시를 사용한 자산운용회사와 그 자산운용회사가 제공한 투자설명서의 내용을 제대로 이해하거나 확인하지도 않은 채 펀드를 판매한 판매회사[8] 등의 경우 피해자의 과실은 그 공동불법행위자들 전체에 대하여 평가하여야 한다고 판시하고, 원심이 각 공동행위자들 사이에 과실비율과 종국적 책임액을 다르게 인정

5) 대법원 1997. 4. 11. 선고 97다3118 판결. 위 판결 외에도 다중 추돌의 경우에 전체책임설을 취한 판례가 다수 존재한다. 대법원 1998. 6. 12. 선고 96다55631 판결, 대법원 2013. 11. 14. 선고 2011다82063, 82070 판결 등 참조.

6) 대법원 1998. 11. 10. 선고 98다20059 판결.

7) 대법원 2000. 9. 8. 선고 99다48245, 판결.

8) 대법원 2011. 7. 28. 선고 2010다76368 판결(원심은 자산운용회사의 책임을 25%, 판매회사의 책임을 원고별로 25% 내지 40%로 인정); 대법원 2014. 2. 27. 선고 2012다7199 판결 등 참조.

한 경우에는 이를 파기환송한 바 있다.

2. 예외- 개별평가설

(1) 사용자책임과 피용자의 책임

판례가 개별평가설을 취한 경우로는 사용자책임에 관한 일군의 사안을 들 수 있다. 판례는 '(이러한 경우는) 공동의 불법행위로 타인에게 가한 손해를 연대하여 배상할 책임이 있는 통상의 공동불법행위자의 경우와는 달라, 고의 또는 과실로 인한 위법행위로 타인에게 직접 손해를 가한 피용자 자신의 손해배상의무와 그 사용자의 손해배상의무는 별개의 채무'이므로 개별적인 과실상계의 결과 피용자와 사용자의 손해액의 범위가 달라질 수 있고, 이와 같이 각자에 대한 과실상계를 허용하는 것은 '궁극적으로 피용자 본인이 손해를 배상할 자력이 없는 경우 피해자와 사용자 사이에 그로 인한 손해를 공평타당하게 분담하도록 하려는데 있다'[9]고 한다. 피용자가 고의로 불법행위를 한 경우 피해자에게 그 손해의 발생과 확대에 기여한 과실이 있다면 사용자책임의 범위를 정함에 있어서 이러한 피해자의 과실을 고려하여 사용자의 책임을 제한할 수 있다[10]는 판례도 이러한 태도의 연장선에 있다.

그런데 이러한 판례의 태도에는 사실 약간의 의문이 있다. 민법 제756조에서 정하는 사용자책임의 본질에 대해서는 피해자의 배상청구권을 보장하기 위하여 피용자의 불법행위책임을 사용자로 하여금 대위하도록 하는 것이라는 대위책임설[11]과 사용자가 피용자의 선임감독을 제대로 하지 못한 데 대한 자신의 고유한 책임이라는 고유책임설[12]이 대립해 왔고, 판례는 '사용자의 손해배

9) 대법원 1994. 2. 22. 선고 93다53696 판결, 1999. 2. 26. 선고 98다55529 판결, 대법원 1999. 10. 8. 선고 99다30367 판결, 대법원 2002. 9. 24. 선고 2002다32110 판결, 대법원 1969. 6. 24. 선고 69다441 판결 등.

10) 대법원 2002. 12. 26. 선고 2000다56952 판결(원고가 그 소유 주식을 시장가에 매도해 달라고 요청하였음에도 피고 회사 피용자가 이를 이행하지 아니하자 피고 회사에 대해 평가 차액 손해의 80%에 대한 사용자책임을 명한 사안).

11) 곽윤직, 『채권각론(민법상의 IV)』, 박영사, 2018, 416면; 지원림, 『민법강의(제17판)』, 홍문사, 2020, 1785면; 송덕수, 『채권법각론(제5판)』, 박영사, 2021, 553면. 대위책임설은 사용자의 피용자에 대한 구상권을 규정한 민법 제756조 제3항을 대위책임설의 근거로 본다.

12) 이은영, 『채권각론(제5판)』, 박영사, 2005, 851면; 성준호, "민법 제756조 사용자책임의 본질론 소고", 가천법학 제5권 제2호(2012. 11. 28.), 230면.

상책임은 피용자의 배상책임에 대한 대체적 책임'이라고 하여 대위책임설을 취한 것으로 논해져 왔다.13) 그러나 대위책임이라면 사용자로 하여금 피용자에 대한 피해자의 과실을 상계한 부분에 관하여 피용자의 배상책임을 그대로 대신 책임지도록 하는 것이 논리적이다. 따라서 피용자와 사용자의 손해배상의무는 '별개의 채무'라고 하면서 각자에 대한 과실비율을 다르게 인정한 것은 오히려 고유책임설에 부합하는 것으로 보인다.14) 그러나 판례는 책임의 성질은 직접적인 쟁점으로 삼지 않고 사용자책임에 대해서는 대체로 과실상계를 통해 책임의 개별화를 인정하는 태도를 보이고 있다.

(2) 일반불법행위와 공작물책임

판례 중에는 공작물책임과 일반불법행위 사이에서도 개별평가설을 취한 것이 있다. 건물신축공사장에서 비계공인 갑이 비계해체공사 중 넘어지면서 어깨에 메고 있던 강관이 고압전선에 부딪혀 감전사고를 입었는데, 그가 병원 중환자실에서 입원 치료를 받던 중 발작적으로 유리창을 깨고 투신하여 사망한 사안에서, 판례는 수인에게 공사를 하도급을 주고도 작업환경의 변화를 수시로 점검하여 사고방지 설비를 갖추도록 할 의무가 있음에도 이를 소홀히 한 원청수급인과, 전기공작물을 독점적으로 소유 내지 점유하고 그 보존관리의 의무를 지고 있으며, 하도급인으로부터 직접 감전사고에 대한 안전대책까지 문의받았음에도 별다른 안전조치의 이행을 요구하지 아니한 한국전력공사의 공동불법행위를 인정하였다. 그러면서도, 망인이 사망에 이르게 된 데에는 그의 기질도 기여한 바 있고, 위 망인의 과실과 피고들의 과실을 검토하면 망인의 피고들에 대한 과실비율을 달리 정함이 정의나 공평의 관념에 부합하다고 보아, 원청수급인에 대하여는 45%, 한국전력공사에 대하여는 20%의 책임만을 인정하였다.15)

13) 대법원 1992. 6. 23. 선고 91다33070 전원합의체 판결; 편집대표 곽윤직, 『민법주해 XVIII(채권 11)』, 박영사, 2005, 496면; 반면, 사용자의 구상권에 관하여 신의칙에 의한 제한이 인정된다는 점을 근거로 판례가 고유책임설을 취하고 있다고 보는 견해도 있다. 이은영, 전게서, 851면.

14) 김상용, "공동불법행위", 저스티스 제29권 제1호, 164면; 김형배, "사용자책임과 판례 ; 비교법적 시각에서", 고려법학 제48호(2007), 3면.

15) 대법원 1992. 2. 11. 선고 91다34233 판결.

(3) 고의 불법행위자와 과실 불법행위자의 책임

공동불법행위자들 사이에 고의의 불법행위자와 과실로 인한 불법행위자가 나뉘는 경우에도 책임을 개별화한 판례들이 다수 존재한다. 판례는 본래 가해자가 피해자의 부주의를 이용하여 고의로 불법행위를 저지른 경우, 그러한 피해자의 부주의는 고의의 불법행위를 한 가해자에 대한 관계에서는 피해자의 과실이라고 할 수 없다고 보아 피해자의 부주의를 원인으로 한 가해자의 과실상계 항변을 배척한다.[16] 그러나 그러한 경우라도 과실에 의한 공동불법행위자는 과실상계를 주장할 수 있다. 구체적으로, ① 피고가 공동불법행위자 갑이 경영주로 있는 회사의 직원으로 근무하면서 원고들에게 하자있는 부동산을 매수하도록 적극적으로 권유함으로써 갑의 편취행위를 방조한 경우나,[17] ② 원고가 갑 회사에게 금원을 투자하고 그 수익금 채권을 담보하기 위하여 갑 회사 소유의 부동산에 근저당권을 설정하였는데, 갑 회사가 위조된 근저당말소신청서를 제출함으로써 이를 믿은 법무사가 제대로 신원을 확인하지 않고 근저당말소신청을 한 경우,[18] ③ 갑 회사가 유상증자를 하면서 투자설명서에 최대주주의 주식 인수대금 출처에 관하여 허위 사실을 기재하였고, 피고 회사는 위 유상증자의 대표주관회사 겸 증권인수인으로서 갑 회사의 기재 등을 토대로 증권신고서 및 투자설명서에 같은 내용을 기재하였으며, 원고들은 이를 믿고 주식을 취득하였는데, 이후 갑 회사 사주들의 횡령과 배임 등으로 상장이 폐지되어 원고들이 손해를 입은 경우[19] 등에서, 고의의 불법행위자가 아닌 과실로 인한 불법행위자에 대해서는 피해자의 과실을 감안하여 개별적인 과실상계를 할 수 있다고 보았다.

---

16) 대법원 2007. 6. 14. 선고 2006다78336 판결 등 다수.

17) 대법원 2007. 6. 14. 선고 2006다78336 판결; 대법원 2007. 6. 14. 선고 2005다32999 판결도 그와 유사하게 회사 경영진의 유사수신행위를 통한 투자금 편취행위를 방조한 회사의 영업부장에 대하여 과실상계를 인정하였다.

18) 대법원 2010. 2. 11. 선고 2009다68408 판결. 위 사건의 원심은 갑 회사가 일방적으로 서류를 위조하고 이를 전혀 알지 못하는 피고 법무사에게 제출하였으므로 피고 법무사는 전체 손해의 40%만 부담한다고 판시하였으나, 대법원은 구체적 정황에 비추어 피고의 책임비율을 40%만 인정한 것은 형평의 원칙에 비추어 불합리하다는 취지로 파기환송하였다.

19) 대법원 2020. 2. 27. 선고 2019다223747 판결.

(4) 공동불법행위자 중 1인의 과실 정도가 매우 경미하거나 불법행위의 최종적 이익을 보유하지 않는 경우

판례는 본래 공동불법행위자 중의 1인이 다른 공동불법행위자들에 비하여 불법행위에 가공한 정도가 경미하다고 하더라도 피해자에 대한 관계에서 그 책임 범위를 일부로 제한하여 인정할 수는 없다고 본다.[20] 그런데 이와 달리 판례 중에는 간혹 이를 감안하여 개별적인 책임비율을 인정한 듯한 사례도 엿보인다. 예컨대, 피고 회계법인이 주당 본질가치를 부당하게 높게 평가한 주식가치평가보고서를 작성하였고, 피고 투자증권회사가 이러한 보고서를 첨부하여 실권주에 대한 공모가격을 책정하였으며, 원고들이 그러한 가격으로 책정된 주식을 매수하여 손해를 본 사안에서, 원심은 특별한 이유 없이 '제반 사정을 참작'하여 피고 회계법인의 책임을 10%, 피고 투자증권회사의 책임을 40%로 제한하였고, 대법원 역시 그러한 비율이 현저히 불합리하지 않다는 이유로 상고를 기각하였다.[21] 위 사안은 전술한 전체평가설의 태도에 관한 판례(각주 8 참조)와 거의 유사한 사안인데, 이와 같이 예외적으로 가해자별 책임 비율을 달리 인정한 것은 피고 회계법인의 경우 개별적 책임비율이 10%에 불과할 정도로 경미하였던 사정을 고려한 것으로 보인다.[22]

한편, 판례 중에는 공동불법행위자에게 불법행위로 인한 이익이 없는 경우에도 개별평가설을 취한 경우가 있다. 일례로, 원고 회사의 대표이사였던 갑이 원고 회사의 자금을 횡령하였고, 갑의 친인척, 친구, 후배인 피고들이 그 횡령자금의 세탁과 전달, 은닉 내지 보관 등에 관여한 사건에서, 법원은 원고 회사에게 갑의 횡령행위가 지속되는데도 이를 발견하지 못하고 방치한 과실이 있다면 피고들이 갑의 횡령금액을 나눠 가지거나 그 이익을 향유한 것이 없는

---

20) 대법원 2000. 9. 29. 선고 2000다13900 판결(피고가 은행의 약정이자 외에 고율의 선이자를 별도로 지급받기로 하고 예금주들을 모아 원고 은행에 예금을 하게 하였는데, 원고 은행 지점장이 예금주들 모르게 현금카드를 발급받아 이를 불법으로 인출하여 사용한 사안에서, 피고의 고의에 의한 방조행위가 지점장 등의 행위에 비하여 가공 정도가 경미하다고 하더라도 책임범위를 제한할 수 없다고 본 사례); 대법원 1998. 10. 20. 선고 98다31691 판결(1차 차량 충돌사고로 차량이 크게 파손된 뒤 그 사고로 멈춰있던 차량을 후행 차량이 들이받아 다시 충돌한 경우, 2차 충돌로 인한 충격력이 비교적 가볍다고 하더라도 후행 차량은 피해자에 대하여 1차 사고 발생 차량과 동일한 과실비율이 인정되어야 한다고 본 사안).

21) 대법원 2010. 1. 28. 선고 2007다16007 판결 및 서울고법 2007. 1. 12. 선고 2005나85834 판결.

22) 다만 사실관계에 비추어볼 때 피고 회계법인의 과실이 과연 10%에 불과하였는지는 의문이다.

이상 이를 이유로 과실상계와 같은 책임 제한을 하더라도 공평이나 신의칙에 반하지 아니한다고 판시하였다.[23)24)]

Ⅲ. 공동불법행위에 대한 개별적 책임인정의 고려요소

1. 검토의 필요성

앞서 살펴본 바와 같이 판례는 몇 가지 유형의 사안에서 공동불법행위자들 사이의 과실상계에 관하여 개별평가설을 취하거나 책임을 제한하고 있는데, 그 근거로는 공평이나 신의칙 등을 들고 있을 뿐 그 밖의 구체적인 이유를 들지 않고 있다. 그러나 주가에 영향을 미친 회사와 회계법인의 공동불법행위책임이 문제된 사안들에서 볼 수 있듯이, 판례는 크게 달라보이지 않는 사안임에도 어떤 경우에는 전체평가설을, 어떤 경우에는 개별평가설을 취하기도 하고, 어떠한 경우에는 막연히 책임을 제한한다고 판시하기도 한다. 사실 공평이나 신의칙만을 그 판단 기준으로 한다면, 각 불법행위자들에 대한 피해자의 과실비율이 다른 경우에는 모두 개별평가설을 취하지 않을 이유도 없다. 그렇다면 전체평가설을 유지할 실익과 예외적으로나마 개별평가설 내지 개별적 책임제한을 취할 사안을 어떻게 구별할 수 있을까? 이하에서는 일반 불법행위의 성립요건 중 ① 위법행위, ② 인과관계, ③ 손해의 각 측면과, ④ 구체적 액수 산정시 책임제한의 측면에서 공동불법행위의 특수성과 개별적 책임인정을 위

---

23) 대법원 2016. 4. 12. 선고 2013다31137 판결.

24) 참고로, 판례는 고의의 공동불법행위자에 대해서도 이익의 최종적 보유 여부에 따라 책임제한을 인정하면서, '공동불법행위자 중 1인이 영득피해자의 부주의를 이용하여 고의로 불법행위를 저지른 자가 바로 그 피해자의 부주의를 이유로 자신의 책임을 감하여 달라고 주장하는 것이 허용되지 아니하는 것은, 그와 같은 고의적 불법행위가 영득행위에 해당하는 경우 과실상계와 같은 책임의 제한을 인정하게 되면 가해자로 하여금 불법행위로 인한 이익을 최종적으로 보유하게 하여 공평의 이념이나 신의칙에 반하는 결과를 가져오기 때문이므로, 고의에 의한 불법행위의 경우에도 위와 같은 결과가 초래되지 않는 경우에는 과실상계와 공평의 원칙에 기한 책임의 제한은 얼마든지 가능하다고 보아야 한다'고 판시한 바 있다(대법원 2007. 10. 25. 선고 2006다16758, 16765 판결 등 참조. 피고 회사가 고의로 분식회계를 하여 손익계산서 등을 허위로 작성하였고, 피고 회계법인이 이를 제대로 발견하지 못하고 재무제표가 적정하다는 감사의견을 제출한 사안).

한 고려요소를 순차로 검토하고자 한다.

2. 위법행위 측면

(1) 주관적 공동의사가 없는 행위

1) 위법행위의 측면에서는 먼저 민법 제760조가 규정하는 공동불법행위의 행위유형을 구분해서 살펴볼 필요가 있다. 민법 제760조 제1항은 '수인이 공동의 불법행위로 타인에게 손해를 가한 때에는 연대하여 그 손해를 배상할 책임이 있다'고 규정한다. 제2항은 '공동 아닌 수인의 행위 중 어느 자의 행위가 그 손해를 가한 것인지를 알 수 없는 때에도 전항과 같다'고 하여 원인불명의 행위에 대해 규율하며, 제3항은 '교사자나 방조자는 공동행위자로 본다'고 규정한다. 이와 같이 공동불법행위에 대해서 연대책임을 부과하는 근거는 피해자를 불법행위자 중 1인의 무자력 위험으로부터 보호하고, 원인불명으로 입증이 곤란한 경우 그 입증책임을 가해자에게 전환시키고자 하는 데에 있다고 한다.[25]

한편, 민법 제760조 제1항의 공동불법행위(이하 '협의의 공동불법행위'라 한다)에 관하여, 우리나라의 통설과 판례는 '행위자 상호간의 공모는 물론 공동의 인식을 필요로 하지 아니하고 다만 객관적으로 그 공동행위가 관련공동되어 있으면 족하다'는 객관적 관련공동설을 취한다.[26] 이에 반하여, 협의의 공동불법행위란 전체 손해에 대해 연대책임을 부과하는 것으로서 자기책임의 원칙에 대한 중대한 예외일 뿐 아니라 제3항과의 균형을 고려하더라도 주관적인 공동의식이 있는 경우에만 협의의 공동불법행위를 인정하는 것이 타당하다는 주관적 관련공동설,[27] 긴밀한 객관적 공동성이 있는 경우는 협의의 공동불법행위가 성립하지만, 인과관계가 경합된 경우로서 관련공동성이 없으면 각자의 관여분에 따라 손해배상을 부담한다는 절충설도 제기된다.[28]

---

25) 편집대표 박준서, 『주석민법(채권각칙 8) 제3판』, 한국사법행정학회, 2002, 489면; 지원림, 전게서 1800면.
26) 대법원 2000. 9. 29. 선고 2000다13900 판결, 대법원 2008. 4. 24. 선고 2007다44774 판결 등.
27) 편집대표 곽윤직, 전게서(『민법주해 XIX(채권 12)』), 박영사, 2005, 159면(정태윤 집필부분); 지원림, 전게서, 1802면.
28) 이은영, 전게서, 826면.

2) 그런데, 굳이 주관적 관련공동설을 취하지 않더라도, 협의의 공동불법행위 중 주관적 공모나 공동의 인식이 있는 경우에는 과실상계에 있어 전체평가설을 적용할 필요성이나 논리적 타당성을 보다 쉽게 수긍할 수 있다. 마치 형법상 공모공동정범에서의 기능적 행위지배와 같이, 수인이 처음부터 상호간의 행위를 이용하여 불법행위를 하기로 공모하고 그로 인해 실제로 피해자에게 당초에 의도했던 손해를 발생시켰음에도(한 명은 망을 보고, 한 명은 주위를 혼란스럽게 하고, 한 명이 그 틈을 이용해 소매치기를 하는 경우를 예로 들 수 있다), 추후 피해자의 자신에 대한 개별적인 사유를 들어 과실상계를 해 달라거나 책임을 제한해 달라고 하는 것은 그야말로 신의칙과 형평에 반하기 때문이다.[29] 제760조 제3항의 교사 및 방조행위의 경우에도 그와 마찬가지로 피해자와의 관계에 있어 행위자 전체의 과실비율에 해당하는 손해 전액을 부담시킬 만한 정책적 타당성이 인정된다. 그러나 상호간 공모나 공동의 인식이 없이 행위가 단순히 객관적으로만 관련 공동되어 있는 경우까지 반드시 전체평가설을 취하여 가해자들에게 동일한 책임을 부담시켜야만 할 이유는 뚜렷하지 않다.

3) 비교법적으로도, 독일은 주관적 관련공동성이 없는 행위에 대해서는 개별평가설과 전체평가설을 중첩적으로 적용한다. 독일 민법전 제830조[30]와 제840조 제1항[31]은 공동불법행위에 대하여 우리 민법 제760조와 유사한 규정을 두고 있는데, 독일은 제830조의 공동불법행위에 대해 주관적 관련공동설을 취하고 있다. 따라서 주관적 공동의사가 없었고 원인불명도 아닌 경우(이하 '병존적 불법행위'라 한다)[32]에는 제830조가 아니라 일반불법행위에 해당하는 제

29) 이와 관련하여 민사실무연구회 토론 당일 주관적 공모나 공동의 인식은 주로 고의의 불법행위 경우에만 문제되는 것은 아닌가 하는 논의가 있었으나, 수 인이 무거운 물건을 창문 밖으로 함께 던졌는데 우연히 지나가던 행인이 맞아서 상해를 입은 경우 등과 같이, 과실의 불법행위의 경우에도 주관적인 공모나 공동의 인식이 성립할 수 있는 경우들이 존재한다(해당 내용은 윤진수 교수님의 설명을 필자가 원용한 것임).

30) 제830조(공동행위자와 관여자) ① 수인이 공동으로 범한 불법행위로 하나의 손해를 가한 때에는 각자가 그 손해에 대하여 책임을 진다. 수인의 관여자 중 누구의 행위가 그 손해를 야기하였는지를 알수 없는 때에도 또한 같다. ② 교사자와 방조자는 공동행위자와 동일시된다. 이하 독일민법전 번역은 양창수 역, 『독일민법전』, 2021, 박영사 번역본에 의하였다.

31) 제840조(수인의 책임) ① 하나의 불법행위로 발생시키는 손해에 대하여 수인이 각자 책임을 지는 때에는, 그들은 연대채무자로서 책임을 진다.

32) 독일에서는 이를 Nebentäterschaft라 하는데, 우리나라에서는 경합불법행위, 병존적 불법행위, 병행불법행위 등의 용어로 번역되고 있으나 이 글에서는 병존적 불법행위라는 용어를 사용한다.

823조가 적용된다. 제823조에 의한 병존적 불법행위의 경우 논리적으로는 각 행위자가 자기의 기여분에 따른 손해의 일부만을 책임지는 것이 원칙일 것이나, 제840조에 따라 가해자들은 전체 손해에 대해 연대책임을 부담하는데, 이는 제830조처럼 주관적 공동의사에 따른 행위공동체에게 그 책임을 부담시키는 취지가 아니라, 여러 사람이 관여한 행위에 대해 피해자가 그 가해자와 인과관계를 입증하는 어려움을 해소하고 피해자를 보호하기 위한 것으로 보고 있다.[33] 그 결과, 과거 서독연방대법원은 이러한 병존적 불법행위자들 사이의 과실상계에 대해서는 개별평가설을 적용하면서, 가해자들이 연대하는 부분은 채무액이 중복되는 부분이라고 보았다.[34] 그러나 독일연방대법원은 이후 판례를 변경하여 각 가해자들이 자기의 책임을 초과하는 부분에까지는 책임을 지지 않도록 개별평가설을 기본으로 하면서도, 피해자가 전체적으로 그가 받아야 할 수 있을 금액만을 받을 수 있도록 하기 위해 그 범위는 전체평가설에 의한 부분을 넘지 못하도록 하고 있다.[35] 예컨대, 원고가 갑의 차량과 1차로, 을의 차량과 2차로 충돌하여 손해를 입었는데, 원고와 갑의 과실비율이 4:1, 원고와 을의 과실비율도 4:1이라고 한다면, 원고는 갑과 을에 대하여 각 전체 손해 중 1/5씩을 청구할 수 있지만, 갑, 을에 대해 전체적으로 청구할 수 있는 금액은 1/3[=전체 손해를 4:1:1(원고:갑:을)의 비율로 계산하였을 때 피고들의 책임비율을 합산한 2/6에 해당하는 부분]을 넘지 못한다.[36]

일본 판례는 우리나라와 마찬가지로 공동불법행위에 관하여 객관적 관련공동설을 취하고 있는데[37], 복수의 가해자의 과실이 경합하는 경우 과실상계와

---

33) 편집대표 곽윤직, 전게서, 64-65면; 김상중, “독일・스위스・오스트리아 민법에서 공동불법행위 책임”, 재산법연구 제31권 제4호(2015. 2.), 13면; 김상중, “공동불법행위에 관한 현행 민법 제760조의 개정 방향과 내용-2011년 제3기 법무부 민법개정위원회의 논의와 확정 개정안-”, 민사법학 제60호(2012), 320면.

34) BGHZ 12, 213 ff(이에 의하면, 원고(피해자)와 피고 1(가해자)의 과실비율이 1:2, 원고와 피고 2의 과실비율이 1:3인 경우, 피고 1, 2는 2/3에 대해 연대채무를 부담하고, 피고 2는 이를 초과하는 1/12에 대해서 개별책임을 부담한다), Wagner, Münchener Kommentar zum BGB, 8. Auflage 2020, Rn. 14에서 재인용.

35) Münchener Kommentar zum BGB, ibid, Rn. 26 ff.

36) BGHZ 30, 203. 이에 의하면, 전체 손해가 3억일 경우 원고는 갑, 을에 대해 각 6천만원(=3억*1/5)을 청구할 수 있으나, 1억 원(3억*1/3)을 넘어서는 청구할 수 없다.; 독일에서의 공동불법행위자들의 과실상계에 관한 상세한 내용은 정태윤, “공동불법행위에서의 과실상계”, 민사판례연구 제22권(2000), 339면 이하 참조.

37) 단, 최근에는 일본 민법 제709조와 별도로 공동불법행위를 규정하는 제719조의 독자적인 존재 의의를 인정하기 위해서 주관적 관련공동설이 타당하다는 견해가 유력하게 주창되고 있다고 한다. 윤태영, “일본 민법에서의 공동불법행위”, 재산법연구 제31권 제4호(2015), 120면; 일본에서의 주관적 관련공동설 등장배

관련하여서는 전체평가설을 취한 판례38)와 개별평가설을 취한 판례39)가 모두 존재하고, 학설상으로는 병존적 불법행위의 경우 개별평가설을 취해야 한다는 견해가 더 유력하다.40) 나아가, 전체평가설을 취한 것으로 설명되는 판례는 '복수의 가해자의 과실과 피해자의 과실이 경합하는 하나의 교통사고에 있어서, 그 교통사고의 원인이 된 모든 과실의 비율(절대적 과실비율이라 한다)을 인정할 수 있을 때에는 절대적 과실비율에 근거한 피해자의 과실에 의한 과실상계를 한 손해배상액에 대해 가해자들이 연대하여 공동행위에 근거한 배상책임을 부담한다'고 판시하고 있는데,41) 위 대법원 판례해설에 의하면 ① 고의의 불법행위와 과실의 불법행위,42) ② 공동불법행위자 일부와 피해자와의 사이에 특별한 관계가 있어서 그 공동불법행위자의 과실을 피해자측 과실로 고려하는 것이 상당한 경우,43) ③ 교통사고와 의료과오의 경합으로 인한 사망과 같이 가해자 및 침해행위를 달리하는 2개의 불법행위가 순차적으로 경합한 경우44) 등 각 당사자들의 절대적 과실비율을 인정할 수 없는 경우에는 개별평가설을 취하는 것이 타당하다고 한다.45)

경과 그에 상세한 논의는 編輯委員 新美育文, 浦川道太郎, 畑中久彌, 『不法行爲法研究2』, 成文堂, 2021, 200頁 이하.

38) 最判平成 15・7・11 民集 57巻 815頁(잘못된 주차를 한 A와 그것을 피해 중앙선을 넘어 주행한 B와 반대방향에서 제한시속을 초과하여 주행해 온 C의 과실을 1:4:1로 보고, 절대적 과실비율을 인정하는 것이 가능한 경우에는 절대적 과실비율에 근거하여 피해자의 과실상계를 한 손해액에 대해 가해자들이 연대책임을 진다고 본 사안); 我妻榮, 有泉亨, 淸水誠, 田山輝明, 『我妻・有泉 コンメンタール 民法(第7版)- 總則・物權・債權』, 日本評論社, 2021, 1592頁은 위 판례를 근거로 일본 판례는 통상 전체평가설을 취하고 있다고 분석하고 있으나, 이하에서 살펴보듯 오히려 일본 판례는 개별평가설을 취하고 있다고 분석하는 학설도 있다. 참고로, 일본에서는 전체평가설을 絶對的 過失相殺, 개별평가설을 相對的 過失相殺라 한다.

39) 最判平成 11・1・29 判時 1675号 85頁.

40) 平野裕之, 『民法總合 6, 不法行爲法(第3版)』, 信山社, 325頁; 潮見佳男, 『不法行爲法 II(第2版)』, 法律學の森, 2017, 195頁. 위 견해는 우리 민법 제760조 제1항에 해당하는 일본 민법 제719조의 공동불법행위를 주관적 공동이 있는 경우와 강한 객관적 관련공동성이 있는 경우라고 하면서, 공동불법행위 중 ① 병존적 불법행위와 ② 강한 관련공동성이 있는 경우로서 i) 각 당사자의 과실의 내용이 이질적이어서 원인이 된 모든 과실 비율을 합일적으로 인정하는 것이 타당하지 않은 특별한 사정이 있거나, ii) 가해자 한 명의 과실행위를 피해자의 행위와 관련하여 파악하는 것이 상당한 경우에는 절대평가설을 적용해야 한다고 보고 있다.

41) 最判平成 15・7・11 民集 57巻 815頁.

42) 福島地裁いわき支部 平成 2・12・26, 判時 1372-27, 判タ746-116(고의로 친구를 따돌려 소위 이지메를 시킨 가해자와 이를 방조한 과실이 있는 가해자의 과실을 개별적으로 산정한 판결).

43) 最一小判 昭和 51・3・25 民集 30巻 2号 160頁(호의동승자에 관하여 운전자의 과실을 호의동승자의 과실로 고려한 판결).

44) 最三小判 平成 13・3・13 民集 55巻 2号 382頁(교통사고와 의료과오라는 불법행위가 경합하여 사망한 경우 개별평가설을 취한 판결).

45) 中村也寸志, "複數の加害者の過失及び被害者の過失が競合する一つの交通事故においていわゆる絶對的過失

미국에서도 공동불법행위자들에 대해서는 종래 불가분의 손해에 대해 연대책임을 인정해 왔으나, 가해자들이 연대책임을 부담한다는 점을 이용하여 피해자들이 지자체나 금융기관 등 자력이 있는 당사자(deep pocket)의 경미한 과실을 이유로 소송을 제기하고 그로 인해 지자체의 재정이 악화되는 경우가 늘어나자,[46] 독립적인 과실의 공동불법행위자들(independent nonintentional tortfeasor)에 대해서는 종래의 공동불법행위에 대한 연대책임의 원칙을 수정하여[47] ① 각자의 과실에 기한 책임비율별로 분할책임을 인정하는 방안, ② 연대책임을 인정하되 공동불법행위자 중 1인의 무자력으로 전체 손해를 배상한 공동불법행위자가 구상권을 행사할 수 없는 경우 그 금액은 피해자를 포함한 나머지 공동불법행위자들이 각자의 과실비율에 따라 부담하도록 하는 방안, ③ 일정한 비율 미만의 과실행위자에 대해서는 분할책임을 인정하는 방안, ④ 경제적인 손실에 대해서는 연대책임을 인정하고 비경제적인 손실에 대해서는 분할책임을 인정하는 방안 등 종래 연대채무의 법리를 수정하기 위한 다양한 법리가 도입된 바 있다.[48]

이러한 타국의 사례를 보더라도, 공동불법행위자들에 대해 연대책임을 부과하고 있는 민법 제760조의 규정만으로 공동불법행위자들 사이의 과실비율까지도 모두 동일하게 보아야 한다는 결론이 당연히 도출된다고 볼 수는 없다. 민

割合を認定することができる場合における過失相殺の方法と加害者らの賠償責任", 最高裁判所判例解說 民事篇 平成 15年度(下), 408頁; 전체평가설을 취한 사례는 잘못 주차한 차를 피하려 주행하려고 중앙선을 침범하였다가 다른 차량을 충돌한 경우와 같이 여러 행위자의 과실이 경합하여 1개의 교통사고를 발생한 사안이고, 개별평가설을 취한 사례는 교통사고와 의료과오와 같이 2개 이상의 행위가 순차적으로 경합한 사안이므로, 양자가 행위 태양에 따라 기준을 달리하는 것은 모순되는 것이 아니라는 설명으로, 国分貴之, "共同不法行爲における過失相殺の方法－相對的過失相殺と加算的 (絶對的) 過失相殺" 判例タイムズ 1188号 86頁 및 吉村良一, "共同不法行爲と過失相殺", 別冊ジュリスト224号『民法判例百選Ⅱ 債權(第7 版)』 p.207.

46) 이처럼 공동불법행위자의 책임을 제한하려는 시도를 촉발한 판례의 예로 Ziemer v. City of Milwaukee 157 Wis.2d 814, 461 N.W.2d 448 (Wis. App., 1990)(학교 건널목에 교통안전유도원을 고용하거나 선발하지 않은 시(市)가 무보험차량의 교통사고에 대한 1%의 과실이 있다는 이유로 교통사고 전체에 대한 손해를 명한 판결). 위 판결에 대한 상세한 설명은 가정준, "미국 공동불법행위책임(다수당사자책임)의 시사점", 재산법연구 제31권 제4호(2015), 96-98면 참조.

47) American Law Institute, Restatement of the Law Third, Torts, Apportionment of Liability, §11, American Law Institute Publishers, 2000, p. 108(Comment a), p. 110(Reporter's note, Comment a).

48) John C.P.Goldberg et al.『Tort Law(4th ed)』, Wolters Kluwer, 2016, p. 573; 미국 각주의 수정법리 도입 현황을 정리한 도표는 Restatement of the Law Third, Torts, Apportionment of Liability, pp.151-159(이에 의하면 종래와 같이 전체평가설에 따른 순수한 연대책임 원칙을 유지하고 있는 주는 15개 주에 불과하다); 각 수정법리에 대한 상세설명은 Restatement, pp.168-271, Track B-E 참조.

법 제760조는 '연대하여 그 손해를 배상'한다고만 되어 있을 뿐, 각 행위자별 과실비율도 반드시 동일해야 하는지, 아니면 과실비율을 달리 인정하여 공통적으로 책임이 인정되는 부분에 대해서만 연대책임을 인정할 것인지에 대해서는 침묵하고 있기 때문이다.[49] 오히려 민법 제763조는 불법행위로 인한 손해배상의 모든 경우에 민법 제396조의 과실상계 규정을 준용한다고 하고 있을 뿐이다. 또한 주관적 관련공동설에 의할 경우 절대평가설을 취하는 것이 자연스럽기는 하지만, 객관적 관련공동설을 취할 경우 절대평가설을 취할 필요성은 상대적으로 적어진다.

4) 그렇다면, 개별적 과실상계가 가능한지 및 그에 따른 연대의 범위는 결국 공동불법행위에 관한 민법 규정의 취지와 이념에 비추어 검토해야 할 것인데, 사견으로는 비록 제760조의 공동불법행위에 대해서 객관적인 관련공동설을 취하더라도, 주관적인 공동의 목적이나 의사가 있는 것이 아닌 이상, 과실상계에 있어서는 개별평가설을 적용하여 책임 범위를 달리할 수 있도록 하고, 그 범위가 중첩되는 범위에만 연대책임을 인정하는 것이 타당하다고 생각한다. 전술한 바와 같이 제760조는 피해자를 가해자 중 1인의 무자력 위험으로부터 보호하고 원인이 불분명할 때 입증책임을 전환시키기 위하여 공동불법행위자들에게 연대채무를 부담시키는 규정이다. 그런데 흔히 교과서적인 설명으로 예시되는 단순 공동폭행, 또는 수 개의 총알이나 화살로 사망한 경우, 동시에 돌을 던져 상해를 가한 경우 등 근대 민법이 제정될 당시에 예정하였던 통상의 공동불법행위는 현대의 불법행위와 그 행위 유형이 판이하게 다르다. 현대사회에서는 사회관계가 고도로 복잡해지고 유기적으로 연결되면서, 수인이 동시에 또는 순차적으로 공동의 불법행위에 관여하게 될 가능성이 매우 높다. 공해소송, 교통사고 등 공동불법행위의 양상과 유형도 현저히 달라졌고, 그 관여자들의 관여 정도에도 광범위한 스펙트럼이 존재한다. 따라서 가해자들의 책임에 대해서도 피해자의 보호만을 강조하여 무조건적으로 그 범위를 확장할

---

49) 우리 민법 제정 당시 750조와 달리 760조를 규정한 이유에 대해서는 아무런 논란도 제안 이유도 없었다고 한다. 원상철, "부진정연대채무와 공동불법행위", 법학연구 제22집 제2권(2006), 228면 참조.

것이 아니라, 불법행위의 기본원리인 과실책임주의와 손해의 공평하고 타당한 분담의 실현이라는 근본으로 돌아가, 가해자의 적정한 책임 분배 또한 중요한 고려 요소로 삼을 필요가 있다.50) 그렇다면 불법행위자들이 공동으로 어떠한 행위를 하였거나 최소한 이를 교사 내지 방조하였다고 볼 만한 사정도 없이, 고의 및 과실의 태양과 침해행위 내지 법익을 달리하는 복수의 불법행위가 경합하였다는 사정만으로 무조건 동일한 과실비율을 적용한 후 전체에 대해 연대책임을 부담하게 하는 것은 지나치게 피해자 보호에만 치중한 측면이 있다.51) 종래 공동불법행위에서의 '행위'에 관하여는 주로 객관적 관련공동설과 주관적 관련공동설에 관한 논의가 주를 이루었으나, 최근에는 공동불법행위 유형에 따라 책임을 개별화해야 한다는 견해도 증가하고 있는바,52) 이러한 논의 경향 또한 종래와 다른 측면에서의 논의의 필요성을 보여준다.

주관적인 공동의 목적이 없는 공동불법행위자들 사이에서도 전체평가설을 기본 원칙으로 해야 한다는 입장에서는, ① 가해자들의 과실비율을 개별화할 경우 분할책임과 유사한 결론에 이르게 되는데 그렇다면 제750조와 달리 제760조의 규정을 둘 이유가 없으며, ② 피해자가 모든 가해자들에 대해 소송을 제기하지 않는 한 전부를 배상받을 수 없고, ③ 가해자 중 1인이 무자력일 경우 그가 개별적으로 부담하는 부분을 변제받지 못하는 불이익을 가해자간의 구상권 문제가 아니라 피해자의 불이익으로 돌리게 된다는 점을 지적할 수도

50) 同旨, 潮見佳男, 전게서, 135頁; 윤진수,『민법기본판례』, 홍문사, 2016, 552면; 이은영, "공동불법행위에 있어서의 과실상계", 법학논문집 제41집 제1호(2017), 168-169면; 타국에서도 전체평가설의 한계를 극복하고자 하는 논의와 판례가 대두되고 있는 점에 대해서는 한태일, "민법 제760조의 해석과 병존적 공동불법행위에 관한 검토- 대법원 2015. 6. 24. 선고 2014다231224 판결", 경희법학 제51권 제1호, 경희법학연구소, 2016, 210면.

51) 타인의 행위에 대해 책임을 지도록 하는 것은 헌법상 자기책임의 원리에도 반하는 것으로, 피해자 보호라는 법정책적인 목표를 위해 구체적 타당성을 희생하는 것이라는 견해로, 한태일, "민법 제760조의 해석과 병존적 공동불법행위에 관한 검토-대법원 2015. 6. 24. 선고 2014다2014다231224 판결", 경희법학 제51권 제1호(2016), 203면; 김태현, 전게논문, 516면.

52) 한태일, 전게논문, 206면(병존적 공동불법행위의 가해자는 손해가 단일하기 때문에 부진정연대 의무를 부담하는 것일 뿐, 배상범위는 책임이 중첩되는 부분으로 한정하고 가해행위에 따른 결과가 침해부위를 특정할 수 있거나 침해 법익에서 구별된다면 그 구분 가능한 경우에는 분할책임만 부담한다는 견해); 이은영, 전게논문, 188-190면(주관적 공동의사가 없는 행위, 고의와 과실이 경합한 행위, 타인의 행위에 대한 책임에는 개별평가설이 적용되어야 한다는 견해); 한태일, "손해배상 범위제한 제도들의 정합적 활용을 위한 검토 -공동불법행위 사안을 중심으로-", 법학논고 제56집(2016. 11.), 214면; 일본에서도 경합불법행위의 경우에는 협의의 공동불법행위와 달리 보아야 한다는 논의가 증가하고 있다는 점에 대해서, 潮見佳男, 전게서, 134頁 참조.

있을 것이다. 그러나 전술한 바와 같이, 개별평가설은 '전체 손해에 대한 연대채무'를 규정하는 제760조의 취지를 부정하는 것이 아니라, 각개 행위가 객관적으로 관련공동성이 있으면 전체 손해와의 인과관계는 인정하되, 그 이후 과실상계의 단계에서 각자의 책임비율을 달리 평가하자는 것이므로 제760조의 취지와 상충하는 것은 아니다. 또한 피해자의 입장에서는 가해자들 사이 책임비율이 달라질 경우를 대비하여 모든 가해자들에 대해 소송을 제기해야 하는 불편함이 있을 수 있지만, 어차피 불법행위소송에서는 피해자가 가해자들의 개별적인 자력을 모두 파악하여 그 중 가장 자력이 있는 한 가해자에 대해서만 소송을 제기하는 경우보다는 관련된 가해자들을 공동피고로 삼아 소송을 제기하는 경우가 대부분이다. 그리고 그러한 소송에서 피해자에게도 과실이 있어서 그만큼 감책이 되어야 한다는 것은 가해자가 입증해야 할 사항이고, 가해자가 피해자측의 과실을 입증하지 못하는 이상 당연히 손해의 전부를 배상해야 하므로, 개별평가설이 특별히 피해자에게 불리하다고 볼 수도 없다. 또한 판례는 공동불법행위자들에 대해서 손해배상청구를 별개의 소로 진행한 경우에는 각 소송에서 제출된 증거와 이에 따른 사실인정이 달라지므로 과실상계비율도 달리 인정할 수 있다고 하는데,[53] 가해자들에 대해 별소를 제기하는 경우와 이들을 공동피고로 삼는 경우의 결과적 형평성을 고려하더라도 개별평가설이 더 일관적이다. 마지막으로 가해자 중 1인의 무자력을 피해자의 불이익으로 돌릴 것인가 가해자의 불이익으로 돌릴 것인가 하는 문제는 결국 손해의 공평한 분담이라는 원칙에 비추어 판단해야 할 것인데, 전술한 바와 같이 이는 공동불법행위자들의 책임의 범위가 중첩하는 한도에서만 가해자들의 불이익으로 돌리는 것이 손해의 공평한 분담에 보다 부합할 것이다.

5) 결론적으로, 협의의 공동불법행위자들 중 주관적인 공동의사나 공모가 없이 단순히 객관적으로 행위가 관련되어 있을 뿐인 불법행위자들 사이에서는 개별평가설에 의한 과실상계도 가능하고, 이에 따라 불법행위자들은 중첩하는 범위 내에서만 연대채무를 부담한다고 봄이 타당하다. 이와 같이 공동불법행

53) 대법원 2001. 2. 9. 선고 2000다60227 판결.

위자들의 책임을 그 실질에 따라 개별화하는 것은, 피해자가 자력이 있는 당사자를 무분별하게 소송에 끌어들이거나, 반대로 공동불법행위제도를 연좌제처럼 활용하여 자력이 부족한 가해자들에 대한 압박 수단으로 사용하고자 하는 시도를 방지하고,[54] 관련 당사자들 사이의 실질적 형평성과 손해의 공평한 분담을 도모하는 데에도 기여할 것이다. 단, 단순히 객관적으로 관련된 행위로 인한 손해의 범위를 확정함에 있어서는 인과관계가 중요한 판단기준이 될 것인데, 이에 대해서는 아래 3.항에서 별도로 검토한다.

(2) 타인의 행위에 대한 책임

1) 민법에는 사용자책임(제756조), 책임무능력자의 감독자 책임(제755조), 이사 기타 대표자의 직무에 관한 불법행위시 법인의 책임(제35조) 등과 같이 타인의 행위에 대하여 불법행위책임을 부과하는 경우가 있다. 자동차 운행으로 인한 운전자의 불법행위책임과 자동차손해배상보장법상 운행자의 손해배상채무와 같이 특별법상 동일한 손해에 대해 다수가 채무를 부담하는 경우도 있다.

이 중 사용자책임이 제760조의 공동불법행위에 해당한다고 볼 수 있는지는 결국 위 책임의 근거를 고유책임으로 볼 것인지, 대위책임으로 볼 것인지에 따라 달라질 수 있는데, 학설은 사용자책임의 경우 이를 고유책임으로 보아 제760조 제1항의 협의의 공동불법행위에 해당한다고 본다.[55] 사용자책임을 사용자 자신의 과실로 인한 고유책임으로 볼 경우, 이는 피용자의 일반 불법행위와의 관계에 있어서 객관적으로만 관련되어 있는 행위에 해당한다고 볼 것이므로, 개별평가설에 의해 책임을 개별화하는 것이 가능하다.[56] 판례 역시 사

---

54) 김제완, "대규모 집회, 시위 참가자의 공동불법행위책임에 관한 연구(민법 제760조와 부진정연대책임론에 대한 재검토)", 고려법학 제61호(2011), 317면.

55) 주석 민법, 전게서, 523면; 이와 달리, 사용자 자신의 고의나 과실이 없는 한 사용자책임은 공동불법행위라고 볼 수 없다는 견해로, 양형우, 『민법의 세계(제13판)』, 도서출판 정독, 2022, 1591면; 이러한 유형의 행위들은 엄밀히는 민법 제760조가 규정하는 공동불법행위는 아니지만, 동일한 손해에 대해 피해자 보호 차원에서 다수에게 책임을 부과하는 것이라는 견해로 고유강, "부진정연대채무자들 중 다액채무자가 한 일부변제의 효과", 민사판례연구 41권, 박영사(2019), 429면.

56) 반면, 김상용, "사용자 및 피용자의 책임과 과실상계", 법률신문 제2517호는 고유책임(자기책임)으로 보더라도 사용자는 피용자를 통해 불법행위를 하는 것이므로 과실상계 사유는 사용자의 불법행위에만 존재할 수 없다고 본다.

용자책임이 '대체적 책임'이라고 하면서도[57] 사용자와 피용자는 통상의 공동불법행위와 다르므로 피해자에 대하여 개별평가설에 의한 과실상계를 할 수 있다고 한다.[58] 한편, 미성년자나 정신질환자에게 책임능력이 있는 경우 그의 감독자는 제755조가 아니라 제750조의 일반불법행의 규정에 의하여 그 자신의 감독의무 소홀로 인한 불법행위책임을 부담할 수 있는데[59], 이러한 경우 또한 사용자책임에서와 마찬가지로 사안에 따라 각 불법행위 관여자의 과실비율을 달리 인정할 수 있을 것이고,[60] 그 밖에도 이사 기타 대표자와 법인, 운전자와 운행자 사이에서 피해자의 과실을 별도로 평가할 만한 사유가 존재한다면 그에 따라 책임 비율을 달리 인정하는 것이 가능할 것이다.

2) 한편, 전체평가설과는 다소 다른 문제이나, 공동불법행위자 중 1인의 과실을 '피해자측' 과실로 평가할 수 있는 경우에는 당연히 공동불법행위자의 행위라 하더라도 그의 과실을 피해자측의 과실로 평가함이 상당하다. 우리 판례 역시 "2인 이상의 공동불법행위로 인하여 호의동승한 사람이 피해를 입은 경우, 공동불법행위자 상호 간의 내부관계에서는 일정한 부담 부분이 있으나 피해자에 대한 관계에서는 부진정연대책임을 지므로, 동승자가 입은 손해에 대한 배상액을 산정함에 있어서는 먼저 호의동승으로 인한 감액 비율을 참작하여 공동불법행위자들이 동승자에 대하여 배상하여야 할 수액을 정하여야 한다"고 판시한다.[61] 예컨대, X가 운전하는 자동차에 甲이 호의동승하였다가 X의 차량이 반대방향에서 오는 Y의 차량과 충돌하여 甲이 손해를 입은 경우,

---

57) 대법원 1992. 6. 23. 선고 91다33070 전원합의체 판결.

58) 대법원 1994. 2. 22. 선고 93다53696 판결 참조. 이러한 판례의 문제점에 대해서는 위 II. 2.의 가.항에서 이미 언급하였다.

59) 대법원 1994. 2. 8. 선고 93다13605 판결(미성년자의 행위에 대해 부모의 일반불법행위책임을 인정한 사안), 대법원 2021. 7. 29. 선고 2018다228486 (양극성 정동장애를 앓고 있는 정신질환자의 방화 행위에 대해 아버지가 감독상 과실로 인한 일반불법행위책임을 부담한다고 본 사안). 다만, 판례상 이러한 경우 미성년자와 부모 또는 정신질환자와 감독자 사이에 개별평가설 적용 여부가 직접적으로 문제된 사안은 없는 것으로 보인다.

60) 반면, 독일에서는 사용자와 피용자, 자동차 운전자와 보유자 등은 각자의 행위를 통하여 하나의 사고를 유발시킴으로써 피해자와의 관계에서 그 전체행위를 단일하게 평가할 수 없으므로, 병존적 불법행위자라 하더라도 책임단일체(Haftungseinheiten)로서 예외적으로 전체평가설을 적용한다고 한다. 김상중, 전게논문(독일·스위스·오스트리아 민법에서 공동불법행위 책임, 이하 전게논문이라고만 한다), 15면; Münchener Kommentar zum BGB, 8. Auflage, Rn. 30ff.

61) 대법원 2014. 3. 27. 선고 2012다87263 판결 등.

Y:甲의 과실비율이 100:0이라고 하더라도, 호의동승자와 운전자의 관계 등을 고려하여 X의 과실을 피해자측 과실로 고려함으로써 호의동승자인 甲의 과실을 30%로 감액할 수 있는 경우라면, 甲은 Y에 대해서는 100%가 아니라 70%의 금액만을 청구할 수 있을 것이다.[62]

3. 인과관계의 측면

1) 우리 판례는 협의의 공동불법행위가 성립하려면 각 행위가 독립하여 불법행위의 요건을 갖추고 있어야 하고, 각 행위자의 행위와 손해 사이에 상당인과관계가 존재해야 한다고 본다.[63] 학설 중에는 이 때의 인과관계는 각자의 행위와 손해 사이의 인과관계가 아니라 공동행위 전체와 손해 사이의 인과관계를 의미한다고 보는 견해도 있는데,[64] 상당인과관계의 범위를 넓게 파악할 경우 실제 결론에 있어서 양 견해 사이에 큰 차이는 없을 것으로 보인다.[65] 단, 판례는 과실에 의한 방조행위와 불법행위에 의한 피해자의 손해발생 사이의 상당인과관계를 판단할 때에는 "과실에 의한 행위로 인하여 해당 불법행위를 용이하게 한다는 사정에 관한 예견가능성과 아울러 과실에 의한 행위가 피해 발생에 끼친 영향, 피해자의 신뢰 형성에 기여한 정도, 피해자 스스로 쉽게 피해를 방지할 수 있었는지 등을 종합적으로 고려하여 그 책임이 지나치게 확대되지 않도록 신중을 기하여야 한다"고 판시하여 상당인과관계를 다소 엄격히 보고 있다.[66]

---

62) 대법원 1989. 4. 11. 선고 87다카2933 판결(아버지가 운전하는 차량에 동승한 미성년자의 손해배상청구소송에서, 운전자인 아버지의 과실비율을 피해자측 과실로 고려하여 손해배상을 인정한 사례).

63) 주석 민법, 전게서, 501면; 대법원 1993. 7. 13. 선고 93다15250 판결(위조된 서류를 제대로 확인하지 않은 직무상 과실로 허위의 주민등록표등본을 발급해 준 동사무소 직원의 과실과 그와 같이 발급된 주민등록표등본을 이용한 불법행위로 인한 손해 사이에 상당인과관계가 있다고 본 사안), 대법원 1994. 11. 25. 선고 94다35671 판결(교통사고로 입은 상해로 치료받던 환자가 의료사고로 손해가 확대된 경우 그 손해와 교통사고 사이에 상당인과관계가 있다고 본 사안) 등 참조.

64) 양형우, 전게서, 1593면; 김상용, 전게논문, 158면; 송덕수, 전게서, 544면; 이은영, 전게서, 823면.

65) 이처럼 사실상 직접 침해행위를 한 자와 다소간의 관련성만 있으면 공동불법행위를 성립하는 판례가 구체적 타당성 실현에 지장을 초래하는 수준에 이르렀고, 그로 인해 최근에는 판례가 상당인과관계의 엄격한 판단을 통해 과실에 의한 방조로 인한 불법행위의 성립을 제한하는 경향이 있다는 분석으로, 임정윤, "과실에 의한 방조로 인한 공동불법행위의 성립과 그 손해배상책임의 제한-대법원 2015. 6. 24. 선고 2014다231224", 민사판례연구 40권, 박영사, 2018, 750-752면.

66) 대법원 2014. 3. 27. 선고 2013다91597 판결(원고가 X 부동산 중 일부 지분을 매수하였는데, 이후 당초 지

2) 그런데 공동불법행위에서 각 가해자 1인의 행위와 손해와의 인과관계를 얼마나 엄격히 요구할 것인지에 따라, 또한 피해자와 공동불법행위자 1인 사이에 존재하는 어떠한 사정을 인과관계 단계에서 판단할 것인지 혹은 과실상계 단계에서 판단할 것인지에 따라 실제 사안의 구체적인 결과는 현저히 달라질 수 있다. 대법원 2015. 6. 24. 선고 2014다231224 판결은 그와 같은 차이를 잘 보여준다. 위 사안에서, 80대의 고령인 원고는 인감도장에 비밀번호를 기재한 테이프를 붙여 놓고, 지인인 甲와 乙에게 피고 은행에 있는 예금인출 심부름을 시킨 적이 있었다. 그런데 丙은 甲을 통해 원고의 계좌에 돈이 많다는 사실을 듣고 甲으로부터 비밀번호 등을 건네받은 다음, 丁에게 원고의 주민등록증을 위조하게 하고 이를 이용하여 원고 명의로 휴대전화를 개통한 뒤 텔레뱅킹을 통해 원고의 예금을 인출하였다. 이후 원고가 피고 은행을 상대로 예금반환 청구를 하자, 피고 은행은 원고의 과실에 의한 방조로 인한 손해배상채권을 자동채권으로 하여 상계항변을 하였다. 이에 대해 1심은 원고가 개인정보 관리를 소홀히 하여 丙 등이 예금을 인출할 수 있게 된 이상 이는 丙의 사기행위에 대한 공동불법행위라고 보아야 하고, 다만 원고에 대한 관계에서 피고 은행의 과실비율은 70%로 봄이 상당하다고 판시하였다(개별평가설). 2심은 공동불법행위자에 대한 과실상계는 전체평가설에 의해야 하므로 丙 등의 행위를 고려하여 피고 은행의 과실비율을 50%로 정함이 타당하다고 하였다(절대평가설).[67] 반면, 대법원은 과실에 의한 방조자에게 공동불법행위자로서의 책

분소유권자로 등기되었던 자가 무권리자인 사정이 밝혀져 원고가 공인중개사인 피고를 상대로 손해배상을 청구한 경우, 피고가 원고의 부동산 매수를 중개하면서 등기부등본을 확인하지 아니하여 토지에 관하여 경매가 진행 중인 사실을 알리지 못한 과실은 있으나, 피고가 당초 등기명의자의 진정한 권리관계까지 탐문하여 확인할 의무까지 있다고 보기는 어렵고, 원고도 이후 경매가 진행 중인 사실을 스스로 알고 있었던 것으로 보이므로, 피고가 경매사실을 확인하지 아니한 과실로 인한 방조행위와 원고의 매매대금 상당 손해 사이에 상당인과관계가 없다고 본 사안); 대법원 2015. 1. 15. 선고 2012다84707 판결(피고가 대출을 받게 해 주겠다는 말에 속아 자신의 통장과 현금카드를 제3자에게 송부하였는데, 제3자가 이를 이용하여 원고를 상대로 보이스피싱 범행을 한 사안에서, 피고는 위 통장 등이 불법행위에 사용될 것이라는 점을 예견가능했다고 보기 어렵고, 만일 피고에게 주의의무를 위반한 과실이 있다고 그러한 주의의무위반과 원고의 손해 사이에 상당인과관계가 있다고 보기 어렵다고 한 사안). 반면, 과실에 의한 방조의 경우에도 상당인과관계를 비교적 넓게 인정한 것으로, 대법원 2000. 4. 11. 선고 99다41749 판결 참조(신협 실무책임자가 내부규정 위반하여 당좌수표와 약속어음을 발행하였고 조합 이사장이 이를 이용하여 조합 재산 횡령한 경우, 실무책임자가 횡령 사실을 몰랐더라도 그러한 어음 등의 발행행위와 손해 사이에 상당인과관계 있다고 보아 실무책임자에게 과실에 의한 방조를 이유로 손해배상책임을 인정한 사안).

67) 서울고등법원 2014. 10. 23. 선고 2014나2009500 판결.

임을 지우려면 자신의 행위가 해당 불법행위를 용이하게 한다는 사정에 관하여 구체적으로 예견할 수 있는 경우라야 하므로, 이 경우는 원고의 행위와 손해 사이에 상당인과관계가 없다고 보아 피고 은행의 원고에 대한 상계 항변을 아예 배척하였다. 그러나 판례는 이와 유사한 사안(갑이 가계수표를 발행해 준다는 말을 믿고 자신의 주민등록증을 사채업자 을에게 교부하였는데, 원고가 을로부터 전달받은 주민등록증을 이용하여 그 직원인 병을 통해 갑 명의의 계좌를 개설하였고, 병이 계좌신청서를 작성할 당시 을에게 비밀번호가 누출되었으며, 이후 을이 이 비밀번호를 이용해 원고가 갑 명의 계좌에 송금한 금원을 부당인출해 간 사안)에서는, 원고 직원의 비밀번호 누설과 피고 은행의 손해 사이 상당인과관계를 인정하고 절대평가설에 의해 과실상계를 한 적도 있다.[68]

3) 이처럼 피해자와 가해자 사이에 존재하는 어떠한 사정을 들어 인과관계를 아예 차단하게 되면 손해배상채무는 애초에 발생하지 않게 되는 반면, 상당인과관계설에 근거하여 손해배상채무는 인정하되 이를 과실상계 사유로 삼게 되면 일부 책임은 인정할 수 있게 된다.[69] 그런데 위 사안과 같이 현실에서는 공동불법행위자 중의 1인이 다른 공동불법행위자들에 대한 관계에서 원고와 마찬가지로 피해자라고 볼 수 있는 경우도 존재하는데, 이러한 경우 종래의 절대평가설에 의하면 피해자인 공동불법행위자가 가해자인 다른 공동불법행위자의 책임까지 부담해야 하는 결과가 초래된다. 그렇다고 하여 상당인과관계를 아예 부정해 버리면 피해자는 공동불법행위자의 책임을 아예 물을 수 없게 된다. 때문에 최근에는 인과관계를 존부의 문제로 다루어 책임을 0 내지 100으로 할 것이 아니라 그 기여도에 따라 판단하여야 한다는 설, 즉, 손해에 대한 기여도를 기준으로 인과관계를 비율적으로 산정하자는 견해도 대두된다.[70] '비율적 인과관계론(기여도설)'은 일본에서도 1960년대 공해소송이 증가하면서 경합불법행위자에 대한 책임을 경감하기 위하여 일찍부터 제창되었는

68) 대법원 1998. 11. 10. 선고 98다20059 판결.

69) 판례는 위 2015. 6. 24. 선고 2014다231224 판결 이외의 사안에서는 객관적 관련공동성만 인정되면 사실상 상당인과관계를 인정하는 듯한 태도를 보인다.

70) 정조근・하윤수, "공동불법행위의 재구성,", 동아법학 제22호(1997), 116면.

데,[71] 특히 피해자의 과실이라고 볼 만한 사정이 없어 과실상계 사유는 인정되지 아니하지만 손해의 발생원인으로 자연력 등이 경합하는 경우에는 비율적 인과관계론이 가해자의 기여도를 고려하여 가해자의 책임을 제한하는데 유용한 수단이 될 수 있고, 공동불법행위자의 실제 위법행위에 상응하는 책임의 부과를 가능하게 한다는 점에서 장점이 있다.

4) 그러나 우리 대법원은 인과관계에 있어서는 기여도설을 받아들이지 않고 있다. 예컨대, 대법원 1998. 6. 12. 선고 96다55631 판결 사안에서는, 내리막 커브길에서 중앙선을 침범하여 운전하던 X 차량이 반대편 방향에서 원고들이 타고 있던 차량을 충격하여 차량이 대파되고(1차 사고) 양 차량이 도로 위에 정차해 있는 상황에서 원고 차량의 뒤에서 주행하던 피고 차량이 멈춰있는 원고 차량을 피하지 못하고 앞범퍼 부분으로 원고측 차량의 문짝을 들이받았다(2차 사고). 위 1, 2차 사고 과정에서 원고들 차량의 운전자는 사망하였고, 원고들은 전치 10일부터 전치 6주에 이르는 상해를 입고 피고를 상대로 손해배상을 청구하였는데, 피고들은 망인의 사망이나 원고들의 상해는 1차 사고로 인한 것일 뿐 2차 사고와는 인과관계가 없다는 취지로 주장하였으나, 대법원은 상당인과관계설과 절대평가설에 기초하여 '이 사건 사고를 야기함에 있어서 피고보다는 오히려 위 X에게 보다 큰 과실이 있다거나 망인과 원고들측의 손해가 주로 1차 사고로 인하여 일어난 것으로 피고에 의한 2차 사고는 이 사건 손해에 기여한 정도가 비교적 작다는 등의 사정이 인정된다고 하여 달리 볼 것은 아니'라고 보았다. 한편, 1인의 불법행위와 자연력이 경합하여 손해가 발생한 경우 '가해자에 대한 배상범위는 손해발생에 대하여 자연력이 기여하였다고 인정되는 부분을 공제한 나머지 부분으로 제한하여야 할 것'이라고 본 유형의 판례들이 있는데,[72] 이러한 유형의 판례는 인과관계에 관한 기여도를

71) 일본에서의 비율적 인과관계론에 대한 상세한 설명은 이충상, "일본의 공동불법행위책임론-특히 부분적 책임론을 중심으로", 판례실무연구(III), 대법원 비교법실무연구회(1999), 93면 이하 참조.

72) 대법원 1993. 5. 14. 선고 92다17280 판결(배가 태풍으로 피항하다 양식장 시설을 파괴한 사안에서, 전체 손해 중 태풍의 기여도는 전체 피해의 20%라고 본 사안); 대법원 1991. 7. 23. 선고 89다카1275(공해사건에서 피해자의 손해가 한파, 낙뢰와 같은 자연력과 가해자의 과실행위가 경합되어 발생된 경우 가해자의 배상의 범위는 손해의 공평한 부담이라는 견지에서 손해에 대한 자연력의 기여분을 제한 부분으로 제한

고려한 것이라고 볼 여지도 있다.

5) 생각건대, 우리의 통설과 판례는 상당인과관계설을 취하고 있으므로, 공동불법행위자 1인의 각 행위와 전체 손해 사이에 상당인과관계만 인정된다면 제760조에 의하여 가해자는 전체 손해에 대해 책임을 부담하게 된다.[73] 따라서 전체에 대한 손해를 부담한다는 제760조를 폐지하지 않는 한, 인과관계 자체가 비례적으로 존재한다는 것은 결과에 있어서의 구체적인 타당성에도 불구하고 선뜻 납득하기가 어렵다. 결과적인 타당성을 도모하기 위해서라면, 차라리 전술한 바와 같이 과실상계 단계에서 각자의 과실을 고려하든지,[74] 혹은 후술하는 바와 같이 기여도에 따른 책임제한을 통해 해결하는 것이 더 논리적일 것이다

4. 손해의 측면

1) 공동불법행위자의 책임과 관련하여서는 손해의 단일성에 관하여도 검토할 필요가 있다. 우리 판례는 객관적 관련공동설과 전체평가설을 취하면서도, 당해 행위의 침해이익이 다르거나 손해 자체가 단일하지 않은 경우에는 공동불법행위책임의 성립을 부정한다. 예컨대, 환자가 에이즈 바이러스에 감염된 혈액을 수혈받아 에이즈 바이러스에 감염된 사안에서, 법원은 문진 등으로 에이즈 감염 위험군을 헌혈 대상에서 배제하려는 주의의무를 다하지 아니한 피고 대한적십자사의 과실 및 위법행위는 신체상해 자체에 대한 것이고, 수혈로 인한 에이즈 바이러스 감염위험을 제대로 설명하지 않은 의사의 설명의무 위반행위는 환자의 자기결정권이라는 인격권의 침해에 대한 것이므로, 각 행위

하여야 하고, 그러한 기여도와 피해자의 과실을 감안하여 가해자의 책임을 40%로 제한한 사안); 대법원 1993. 2. 23. 선고 92다52122 판결(자연력인 태풍(해일)에 의한 침수와 가해자측의 과실행위가 경합되어 손해가 발생한 경우 가해자의 배상범위를 손해의 공평한 부담이라는 견지에서 손해발생에 대하여 자연력이 기여하였다고 인정되는 부분을 공제한 나머지 50%로 본 사안).

73) 예외적으로 상당인과관계를 부인한 것으로 대법원 1989. 5. 23. 선고 87다카2723 판결 참조(교통사고로 입원한 환자가 병실을 빠져나와 비상계단 아래로 추락하여 사망한 경우 교통사고와 추락사 사이에는 인과관계가 없고, 교통사고 가해자는 교통사고로 부상한 결과 입게된 손해만 배상의무가 있다고 본 사안).

74) 우리 판례도 자연적 사실과의 경합시 과실상계를 보다 적극적으로 활용한 경우가 있다. 대법원 1991. 7. 23. 선고 89다카1275 참조(한파에 대비하여 관상수를 제대로 관리하지 않았음을 이유로 과실상계를 한 사안).

의 결과 발생을 구분할 수 있는 이상 공동불법행위는 성립하지 않는다고 한다.[75] 이처럼 일응 수인의 불법행위여부가 문제될 수 있는 것으로 보이더라도 각 행위의 침해 법익 및 그로 인한 결과가 구분된다면 공동불법행위 자체가 아예 성립하지 아니한다.

2) 독일에서도 병존적 불법행위에 따른 연대책임은 공동으로 야기된 단일한 손해(ein einheitlicher Schaden)에 대해서만 인정하고, 피침해법익이 구별되거나 침해 부위를 특정할 수 있다면 그와 같은 부분손해(Teilschaden)에 대해서는 분할책임만을 인정한다. 오스트리아 민법 제1302조 역시 가해가 부주의로 인한 것이고 부담부분이 정해질 수 있는 한 각자는 자기의 부주의로 발생한 손해에 대해서만 책임을 부담하고, 손해가 고의로 인한 경우나 각자의 가해에 대하여 부담부분이 정해질 수 없는 경우에는 모든 자가 각자를 위하여, 각자는 모든 사람을 위하여 책임을 부담한다고 규정한다.[76] 영국에서도 다수의 불법행위자는 단일한 손해에 대해서만 연대책임을 부담하고 이 때 단일한 손해인지 여부는 단일성(the same harm)과 불가분성(indivisibility)을 기준으로 판단하며,[77] 미국에서도 다수 불법행위자의 행위별로 부분 손해와의 인과관계를 구별할 수 있다면 그에 대해서는 개별책임을 부담하도록 하고 있다.[78] 유럽불법행위법원칙 9:101조[79] 역시 연대책임이 인정되는 전체 손해는 동일한 손해를 의미하

75) 대법원 1998. 2. 13. 선고 96다7854 판결.

76) 김상중, 전게 논문, 14면.

77) 모성준, "공동불법행위의 책임제한 논의에 대한 소고", 민사법연구 제21호, 2013, 113면. 이러한 법리에 따라 영국에서는 피해자가 여러 회사에서 근무하는 동안 장기간의 석면노출로 폐질환을 앓게 된 경우 석면에 노출된 기간별로 각 회사에 분할책임을 인정한 사례가 있다고 한다(Holtby v. Brigham & Cowan (Hull) Ltd [2000], 3 All England Law Report 421, Court of Appeal).

78) American Law Institute, Restatement of the Law Third, Torts, Apportionment of Liability, §26, p. 320, American Law Institute Publishers, 2000; 가정준, "미국법상 공동다수책임", 비교사법 제19권 3호(2012), 914, 916면; 기타 미국의 공동불법행위책임에 대한 선행연구로는 고세일, "공동불법행위자의 책임귀속과 책임분배에 대한 연구: 미국 불법행위 보통법전집 제3판 책임분배를 중심으로", 고려법학 제74호(2014), 109면 이하; 박영규, "영미법상의 공동불법행위에 관한 연구", 일감법학 제21호(2012), 393면 이하; 권순일, "미국법상 공동불법행위자의 책임", 판례실무연구(III), 비교법실무연구회(1999), 3면 이하; 김희철, "미국법상 공동불법행위자의 책임제한에 관한 연구 : 대법원 2010. 1. 28. 선고 2007다16007 판례를 중심으로", 상사판례연구 제24집 제3권(2011), 3면 이하 참조.

79) 유럽불법행위법원칙 제9:101조 연대책임 및 개별책임-피해자와 다수의 불법행위자의 관계 ③ 수인이 상기 제1항 (b)의 규정에 의하여 피해자에 대한 책임을 부담하는 경우에 각 자에게 손해의 일부만을 귀속시킬 합리적인이유가 없는 때에는 각 자 모두 동일한 손해를 배상하여야 한다. 배상할 손해가 동일하지 아니함

며, 가해자는 동일한 손해가 아님을 입증해야만 해당 손해에 대한 분할책임을 진다고 규정하고 있다.

3) 이처럼, 공동불법행위자의 책임대상인 손해는 침해이익을 같이 하는 단일한 손해여야 하고, 공동으로 야기되지 않은 별도의 부분손해에 대해서는 분할책임만을 인정해야 한다는 명제는 논리적으로 지극히 타당하다. 그러나 실제 사건에서 어떠한 연속적인 행위가 문제되었을 때 그 손해가 단일한 것인지, 어떠한 특정 행위와만 관련성있는 부분손해인지를 입증하는 것은 현실적으로 매우 어려운 일이다.[80] 예컨대, 연속적인 교통사고에 의해 차량이 파손되고 승객이 상해를 입었다면, 1, 2차 사고의 충격부위가 명확히 반대방향이었다거나 블랙박스 등에 의해서 파손이나 상해부위가 명확히 특정되는 예외적인 경우가 아닌 한, 이를 일일이 구분해 내는 것이 거의 불가능하다. 앞서 1차 사고에 비해 2차 사고가 매우 경미하였던 경우에도 2차 사고와 전체 손해와의 상당인과관계를 폭넓게 인정한 판례의 배경에는 이러한 사실상의 입증 문제도 작용하였을 것이다. 따라서 대부분의 실제 사건에서는, 인과관계가 명확히 입증되는 예외적인 경우를 제외하면, 각 행위와 전체 손해와의 상당인과관계를 인정하고, 다만 1차 행위 후 다른 행위가 경합되어 손해가 확장되었다면 이를 특별손해에 대한 예견가능성의 문제로 보아 해결하는 것이 타당할 것이다.[81] 예컨대, 판례는 교통사고로 상해를 입은 피해자가 치료를 받던 중 의사가 심전도검사상 이상이

을 주장하는 자는 그 근거 사실을 제시하여야 한다. 자신에게 귀속될 수 있는 손해의 특정 부분에 대해서만 피해자에 대한 책임을 인정할 근거가 있는 경우에는 각 자의 개별책임이 성립한다(한글 번역문은 European Group on Tort Law, Principles of European Tort Law : text and commentary, Springer-Verlag, 2005, p. 241을 인용한 것이다).

80) 특정 손해와의 인과관계가 불분명할 때 상당인과관계를 폭넓게 인정하여 제760조 1항을 적용할 것인지, 인과관계가 불분명한 경우로 보아 제760조 제2항을 적용할 것인지가 문제될 수 있는데, 후자의 경우에는 인과관계의 부존재를 입증하면 면책이 가능한 차이가 있다. 강승준, “민법 제760조 제2항에 있어서 개별행위와 손해발생 사이의 인과관계에 관한 증명책임”, 대법원판례해설 제75호(2008년 상), 209면 이하 참조.

81) 통상손해는 모든 공동불법행위자가 연대책임을 지지만 특별손해는 예견가능성에 따라 달라진다고 보는 견해로, 곽윤직, 『채권각론(민법강의 IV)』, 430면; 원상철, 전게논문 229-230면(공동불법행위자 중 1인이 다른 공동불법행위자의 예견범위를 초과하는 행위를 하였다면 그 초과부분에 대해서는 공동불법행위자의 고의 과실이 인정되지 아니하므로 책임이 없다).; 이와 반대로 피해자의 보호를 위해서는 예견할 수 없었던 공동불법행위자에 의한 손해라 하더라도 관여자의 면책을 인정해서는 안된다는 견해로, 이은영, 전게서, 837면; 김상명, “공동불법행위 책임분배의 적정화에 관한 연구”, 원광법학 제24권 제1호(2008), 215면.

발견되었음에도 정밀 검사를 시행하지 아니한 채 전신마취를 시행하여 마취 부작용으로 사망한 사안에서 교통사고와 사망 사이의 상당인과관계를 인정하고 공동불법행위를 이유로 곧바로 사망에 대한 책임을 인정하였으나,[82] 교통사고와 상당인과관계에 있는 통상의 손해는 상해에 국한되고, 이후 의료과오와의 경합에 의한 사망은 특별손해로서 당시 사고 경위 등에 비추어 가해자에게 예견가능성이 있었던 경우에만 배상책임이 발생한다고 보아야 할 것이다.

5. 책임제한의 측면

(1) 원칙 - 공동불법행위자의 기여도 경미를 이유로 한 책임제한 부정

우리나라는 민법 제765조[83]에서 책임제한에 관한 규정을 두고 있으나, 실제 이 규정은 거의 사문화되어 활용되는 경우가 거의 없다. 그러나 판례상 공평이나 형평, 신의칙 등의 일반적인 원칙에 근거한 책임제한은 일반적으로 인정되어 왔다.[84] 나아가, 판례는 전술한 바와 같이 기여도에 따른 인과관계는 인정하지 아니하지만, 과실상계나 책임제한 단계에서는 기여도를 고려하여 가해자의 책임을 제한하기도 한다. 즉, ① 공동불법행위가 아니라 1인의 불법행위가 문제된 사안, 그것도 피해자의 상해와 종래의 기왕증이 문제된 사안에서는 기왕증의 기여도를 피해자측 과실로 보아 과실상계의 유추적용으로 책임을 제한하고,[85] ② 한파, 낙뢰와 같은 자연력과 가해자의 과실행위가 경합되어 손해가 발생한 경우 자연력의 기여분을 공제한 부분으로 가해자의 책임을 제한하기도 하며,[86] ③ 피해자의 부주의를 이용하여 고의로 불법행위를 저지른 자가 바

82) 대법원 1998. 11. 24. 선고 98다32045 판결.

83) 제765조(배상액의 경감청구) ① 본장의 규정에 의한 배상의무자는 그 손해가 고의 또는 중대한 과실에 의한 것이 아니고 그 배상으로 인하여 배상자의 생계에 중대한 영향을 미치게 될 경우에는 법원에 그 배상액의 경감을 청구할 수 있다. ② 법원은 전항의 청구가 있는 때에는 채권자 및 채무자의 경제상태와 손해의 원인 등을 참작하여 배상액을 경감할 수 있다.

84) 이처럼 명시적인 근거 없이 책임제한을 인정하는 것은 논란의 여지가 있고 가급적 입법으로 해결하는 것이 바람직하다는 지적으로, 양창수・권영준, 『민법 II-권리의 변동과 구제(제4판)』, 박영사, 2021, 694면.

85) 대법원 1998. 7. 24. 선고 98다12270 판결 등 참조. 기왕증을 책임제한 사유로 삼는 판례에 대한 비판적 견해로, 최우진, "이른바 형평성에 근거한 손해배상책임제한 실무의 사례유형별 분석과 비판", 고려법학 제94호(2019), 176면.

86) 대법원 1991. 7. 23. 선고 89다카1275 판결 등 참조. 앞서 살펴본 바와 같이 이는 인과관계에 관한 기여도설에 근거한 것이라고 볼 여지도 있다.

로 그 피해자의 부주의를 이유로 과실상계를 주장하는 것은 허용되지 않지만, 그러한 경우에도 가해자로 하여금 불법행위로 인한 이익을 최종적으로 보유하게 하여 공평의 이념이나 신의칙에 반하는 결과를 초래하지 않는 경우에는 과실상계나 공평의 원칙에 기한 책임의 제한은 얼마든지 가능하다고 본다.[87] 이처럼 책임제한은 피해자측에 과실이 있다고 볼 만한 사정을 인정하기 어려운 경우에도 구체적 타당성 측면에서 제반 사정을 고려하여 가해자의 책임을 제한할 수 있는 장점이 있다.[88] 최근에 논의되는 국제규범 역시 책임제한을 명문화하려는 시도를 보이고 있으며(유럽민사법공통기준안 제6:602조[89], 유럽불법행위법원칙 제10:401조[90]) 일본에서는 기여도를 인과관계의 단계에서 사실적 기여도로 고려할 것이 아니라, 책임제한의 단계에서 평가적 기여도로서 고려되어야 한다는 기여도 감책론도 제기되고 있다.[91] 스위스 판례도 가해자 1인의 과책정도가 아주 중한 반면 다른 가해자의 기여 정도는 현저히 적은 관계로 후자의 배상의무자로 하여금 전 손해의 배상책임을 부담하도록 함이 부당하고 충격적이라고 여겨질 때에는 책임경감의 주장을 허용할 수 있다고 본다.[92][93]

그러나 우리 판례는 원칙적으로 공동불법행위에 있어서는 공동불법행위자

---

87) 대법원 2007. 10. 25. 선고 2006다16758,16765 판결.

88) 실무에서는 과실상계 사유와 책임제한 사유를 뚜렷이 구분하지 않고, 구체적 타당성의 관점에서 가해자의 배상액을 감액할 필요성이 인정되면 통상 '과실상계 내지 책임제한 사유'에 해당한다고 기재하는 경우가 다수 있으나, 엄밀한 의미에서 과실상계는 피해자에게 책임의 일부를 귀속시킬 사유가 존재하는 경우를 의미하고, 책임제한은 손해와 공평의 관점에서 가해자의 책임을 제한하는 경우를 의미하므로 양자는 구별되어야 할 것이다.

89) 유럽민사법 공통기준안(Draft Common Frame of Reference) Book 6 Art 6:602 손해가 고의에 의한 것이 아닌 경우, 전부 배상(liability in full)이 손해를 야기한 자의 귀책성(accountability)이나 손해의 범위(extent of the damage) 또는 그 손해를 방지할 수단에 상응하는 것이 아니라면, 형평에 부합하고 합리적인 경우, 그는 손해를 배상할 책임을 전부 또는 일부 감경받을 수 있다.

90) 유럽불법행위법원칙 제10:401조 손해배상의 경감. 당사자들의 재정적 상황에 비추어 전액 배상이 피고에게 과중한 부담이 될 때에는 손해배상은 예외적으로 경감될 수 있다. 손해배상의 경감 여부는 특히 책임의 근거(제1:101조), 해당 이익의 보호범위(제2:102조) 및 손해의 정도를 감안하여 결정한다(한글번역문은 European Group on Tort Law, Principles of European Tort Law : text and commentary, Springer-Verlag, 2005, p. 243를 인용한 것이다).

91) 윤태영, 전게논문, 122면; 編輯委員 新美育文, 浦川道太郎, 畑中久彌, 203頁.

92) 김상중, 전게논문, 18-19면.

93) 그 밖에 네덜란드 민법 제6:109조도 전보배상책임을 인정하는 것이 명백히 부당할 경우에는 법원이 제반 정황, 특히 책임의 성질, 당사자의 법적관계 및 경제력을 고려하여 배상할 채무액을 감경할 수 있다고 규정하고 있다. 김태현, "공동불법행위와 판례상 부진정연대배상책임의 조정 및 한계- 대전고등법원 2015. 3. 18. 선고 2014나10265 판결 및 대법원 2010. 1. 28. 선고 2007다16007 판결을 중심으로-", 동북아법연구 제11권 제2호(2017. 9.), 523면.

중의 일부의 기여도가 경미하다고 하더라도 그 책임을 제한하여 인정할 수는 없다는 태도를 취해 왔다.[94] 다만, '피해자인 법인의 대표자가 정리회사의 관리인과 공모하여 고의의 불법행위를 저지른 결과 정리회사가 피해자 법인에게 이를 배상할 책임을 부담한다면 정리회사가 피해자에게 하여야 할 손해배상의 범위를 정함에 있어서는 피해자의 대표자와 정리회사의 관리인이 불법행위에 가담한 정도, 불법행위로 인한 이득의 귀속 여부 등을 고려하여 손해분담의 공평이라는 손해배상제도의 이념에 비추어 그 배상액을 제한할 수 있다'[95]고 하여 예외적으로나마 일부에 대해 책임제한을 인정한 경우가 있고, 국가의 책임과 관련된 사안에서는 일반적으로 경미한 과실을 이유로도 책임제한을 인정하고 있다. 예컨대, 갑이 원고들의 가족인 을을 납치하여 몸값을 요구하였는데 경찰관들이 소외인이 타고 있던 차량에 대해 검문을 실시하는 과정에서 소외인을 놓쳐 검거에 실패하였고 이후 수사망이 좁혀오고 있다고 판단한 갑이 을을 살해한 사안에서, 대법원은 담당 경찰관들이 검문 과정에서 도주 위험에 대해 최소한의 조치를 취하지 아니한 것은 초동조치 및 주의의무의 정도 등에 비추어 현저히 불합리한 것으로서 위법하다고 보면서도 "국가가 그 소속 경찰관의 직무집행상의 과실로 말미암아 피해자에게 손해를 배상할 책임이 있는 경우에 그 손해배상의 범위를 정함에 있어서는, 당해 직무집행에서 요구되는 경찰관의 주의의무의 내용과 성격, 당해 경찰관의 주의의무 위반의 경위 및 주의의무 위반행위의 태양, 피해자의 손해 발생 및 확대에 관여된 객관적인 사정이나 그 정도 등 제반 사정을 참작하여 손해분담의 공평이라는 손해배상제도의 이념에 비추어 그 손해배상액을 제한할 수 있다"[96]고 보아 국가의 책

---

94) 대법원 1998. 10. 20. 선고 98다31691 판결(1, 2차 교통사고로 상해를 입은 사안), 대법원 2000. 9. 29. 선고 2000다13900(갑이 예금주를 모집하여 은행 이자 외 고율의 선이자를 지급받고 일정 기간 예금을 찾지 않는 조건으로 은행에 예금을 하게 하였는데, 은행 지점 과장이 예금주 모르게 이를 불법인출하여 사용한 사안), 대법원 2001. 9 7. 선고 99다70365 판결(공사감리자와 공사시공자의 과실로 건물에 균열이 발생한 사안), 대법원 2007. 6. 14. 선고 2005다32999 판결 등(투자금을 편취한 경영진과 투자매개자로서 주의의무를 위반하여 투자를 권유한 회사 영업부장의 불법행위로 투자금 상당의 손해가 발생한 사안) 등.

95) 대법원 2005. 11. 10. 선고 2003다66066 판결.

96) 대법원 2016. 4. 15. 선고 2013다20427 판결. 단, 위 판결은 불법행위에의 가공 정도가 경미한 공동불법행위자라 하더라도 피해자에 대한 관계에서 그 가해자의 책임범위를 제한할 수 없다고 본 '대법원 1998. 10. 20. 선고 98다31691 판결은 이 사건과 사안이 달라 원용하기 적절하지 않다'고 하여, 이러한 일부 책임제한은 소속 경찰관의 직무집행상 과실로 인한 국가의 손해배상에 한정된다는 점을 명시하고 있다.

임을 전체 손해의 30%로 제한하였다. 마찬가지로 어머니가 여자친구를 죽이려 한다는 신고를 받고도 즉시 출동하지 아니하여 결국 살인 사건이 발생한 사건에서도 국가의 책임을 전체 손해의 20%로 제한한 바 있다.97)

나아가, 최근에는 아예 특별법에 의하여 공동불법행위자 중 일부의 책임 제한 가능성을 명시하는 경우도 존재한다. 주식회사의 외부감사에 관한 법률 제31조 제4항98)에 의하면, 고의가 없는 회사의 이사 또는 감사는 법원이 정하는 책임비율에 따라 손해를 배상하되, 피해자의 소득인정액이 대통령령으로 정하는 금액 이하인 경우에는 감사인과 연대채무를 부담하며, 분할책임을 부담하는 자 중에 무자력자가 있는 경우에는 나머지 책임자들의 책임액이 증액될 수 있다. 자본시장과 금융투자업에 관한 법률 제115조 제2항, 170조 제1항 및 241조 제2항에서도 이와 마찬가지로 고의가 없는 회계 감사인은 귀책사유에 따라 책임을 감경받을 수 있도록 하고 있으며,99) 불법행위에 관한 것은 아니지만, 상법 제400조 제2항100) 역시 이사의 책임을 일정 부분 면제할 수 있도록 하고

97) 대법원 2017. 11. 9. 선고 2017다228083 판결.

98) 제31조(손해배상책임) ① 감사인이 그 임무를 게을리하여 회사에 손해를 발생하게 한 경우에는 그 감사인은 회사에 손해를 배상할 책임이 있다. (중략) ④ 감사인이 회사 또는 제3자에게 손해를 배상할 책임이 있는 경우에 해당 회사의 이사 또는 감사(감사위원회가 설치된 경우에는 감사위원회의 위원을 말한다. 이하 이 항에서 같다)도 그 책임이 있으면 그 감사인과 해당 회사의 이사 및 감사는 연대하여 손해를 배상할 책임이 있다. 다만, 손해를 배상할 책임이 있는 자가 고의가 없는 경우에 그 자는 법원이 귀책사유에 따라 정하는 책임비율에 따라 손해를 배상할 책임이 있다. ⑤ 제4항 단서에도 불구하고 손해배상을 청구하는 자의 소득인정액(「국민기초생활 보장법」 제2조제9호에 따른 소득인정액을 말한다)이 대통령령으로 정하는 금액 이하에 해당되는 경우에는 감사인과 해당 회사의 이사 및 감사는 연대하여 손해를 배상할 책임이 있다. ⑥ 제4항 단서에 따라 손해를 배상할 책임이 있는 자 중 배상능력이 없는 자가 있어 손해액의 일부를 배상하지 못하는 경우에는 같은 항 단서에 따라 정해진 각자 책임비율의 100분의 50 범위에서 대통령령으로 정하는 바에 따라 손해액을 추가로 배상할 책임을 진다.

99) 자본시장과 금융투자업에 관한 법률 제115조 ② 회계감사인이 수익자에 대하여 손해를 배상할 책임이 있는 경우로서 그 신탁업자의 이사·감사(감사위원회가 설치된 경우에는 감사위원회의 위원을 말한다. 이하 이 항에서 같다)에게도 귀책사유가 있는 경우에는 그 회계감사인과 신탁업자의 이사·감사는 연대하여 손해를 배상할 책임을 진다. 다만, 손해를 배상할 책임이 있는 자가 고의가 없는 경우에 그 자는 법원이 귀책사유에 따라 정하는 책임비율에 따라 손해를 배상할 책임이 있다.; 제170조(회계감사인의 손해배상책임) ①「주식회사 등의 외부감사에 관한 법률」 제31조 제2항부터 제9항까지의 규정은 선의의 투자자가 사업보고서등에 첨부된 회계감사인(외국회계감사인을 포함한다. 이하 이 조에서 같다)의 감사보고서를 신뢰하여 손해를 입은 경우 그 회계감사인의 손해배상책임에 관하여 준용한다.; 제241조(회계감사인의 손해배상책임) ② 회계감사인이 투자자에 대하여 손해를 배상할 책임이 있는 경우로서 해당 집합투자재산을 운용하는 집합투자업자의 이사·감사(감사위원회가 설치된 경우에는 감사위원회의 위원을 말한다. 이하 이 항에서 같다) 또는 투자회사의 감독이사에게도 귀책사유가 있는 경우에는 그 회계감사인과 집합투자업자의 이사·감사 또는 투자회사의 감독이사는 연대하여 손해를 배상할 책임을 진다. 다만, 손해를 배상할 책임이 있는 자가 고의가 없는 경우에 그 자는 법원이 귀책사유에 따라 정하는 책임비율에 따라 손해를 배상할 책임이 있다.

100) 제400조(회사에 대한 책임의 감면) ① 제399조에 따른 이사의 책임은 주주 전원의 동의로 면제할 수 있

있다. 상대적으로 적은 비용으로 서비스를 제공하지만 사소한 업무상 과실로 인하여 발생하는 손해배상액은 천문학적인 금액이 될 가능성이 높은 회계사, 공인중개사, 물류서비스제공자 등과 같이, 주로 전문성이 요구되는 업무관련 영역에서는 이처럼 비례책임을 인정할 필요가 높다는 견해도 제기된다.[101] 경미한 과실자의 경우에도 막대한 연대채무를 부담시키는 것은 손해의 공평타당한 분담이라는 불법행위법의 이념에도 반하기 때문이다.[102]

(2) 민법개정과정에서의 논의

공동불법행위자 중 1인에 대한 책임제한을 인정할 것인지 여부는 민법개정 논의 과정에서도 검토된 바 있다. 2011년 실무위원회 초안 논의 과정에서는 공동불법행위자 중 일부에 대해 책임제한의 가능성을 인정하여야 한다는 견해[103]와, 일부에 대한 책임제한을 인정하게 되면 다른 배상의무자의 무자력 위험을 피해자가 부담하게 되므로, 반드시 필요하다면 특별법에 의하여 별도로 규정하자는 견해가 대립하였다.[104] 그 결과 책임제한을 인정하는 안(1안)과 책임제한에 관한 단서를 삭제하는 실무위원회안(2안)이 모두 마련되었고, 위원장단에서도 두 안에 대한 찬반론이 4:4로 맞서서 두 안이 모두 전체회의에 상정되었는데, 결국 기여도 감책을 인정하지 않는 종래 대법원 판례나 피해자 보호 등을 고려하여 2안이 최종안으로 채택되었다.[105][106] 그러나 국회에 최종 제

다. ② 회사는 정관으로 정하는 바에 따라 제399조에 따른 이사의 책임을 이사가 그 행위를 한 날 이전 최근 1년간의 보수액(상여금과 주식매수선택권의 행사로 인한 이익 등을 포함한다)의 6배(사외이사의 경우는 3배)를 초과하는 금액에 대하여 면제할 수 있다. 다만, 이사가 고의 또는 중대한 과실로 손해를 발생시킨 경우와 제397조 제397조의2 및 제398조에 해당하는 경우에는 그러하지 아니하다.

101) 한태일, “불법행위 손해배상 원칙의 수정으로서 책임제한과 비례책임의 비교”, 법학논총 제29권 제1호(2016), 246-247면.

102) 이은영, 전게논문, 174면.

103) 윤용섭 위원의 견해, 법무부 민법개정자료발간팀 편, 『2013년 법무부 민법개정시안 채권편(하)』, 법무부, 2013, 571면.

104) 윤진수 위원장의 견해, 법무부, 전게서, 572면; 윤진수, 전게서, 553면; 다만, 윤진수 위원장은 공동불법행위 유형을 1,2항으로 나누게 되면 과실상계를 달리할 수 있는 실익이 생긴다는 점을 지적하고 있다. 같은 책, 621면.

105) 법무부, 전게서, 617-621면. 전체회의에서는 11인이 1안에 찬성하고, 16인이 2안에 찬성하였다.

106) 당시 1안에 반대하는 견해는 타국의 입법례가 많지 않다는 점을 근거로 들기도 하였으나, 독일이나 미국 등에서는 기여도감책을 인정하고 있다는 견해로, 박설아, “공동불법행위자 중 일부의 책임제한 가능성-‘기여도 감책론’에 대한 분석을 중심으로-재산법연구 제34권 제4호(2018.2), 83면 이하 참조.

출된 민법개정안에는 공동불법행위의 유형을 분리하는 안조차 상정되지 못하였고, 이에 대한 논의는 추후 과제로 남게 되었다.

현행	2011년 실무위원회 초안
제760조(공동불법행위자의 책임) ①수인이 공동의 불법행위로 타인에게 손해를 가한 때에는 연대하여 그 손해를 배상할 책임이 있다. ②공동 아닌 수인의 행위중 어느 자의 행위가 그 손해를 가한 것인지를 알 수 없는 때에도 전항과 같다. ③교사자나 방조자는 공동행위자로 본다.	제760조(공동불법행위자의 책임) ① 수인이 공동의 의사에 기한 불법행위로 타인에게 손해를 가한 때에는 연대하여 배상할 책임이 있다. ② (제1안) 수인이 공동의 의사에 기하지 않은 불법행위로 타인에게 동일한 손해를 가한 때에도 연대하여 배상할 책임이 있다. 이 경우 법원은 손해의 성질과 정도, 가해자 및 피해자의 경제상태, 그 밖의 사정을 참작하여 손해발생에 기여한 정도가 경미하고 고의 또는 중대한 과실이 없는 가해자의 배상액을 경감할 수 있다. (제2안) 수인이 공동의 의사에 기하지 않은 불법행위로 타인에게 동일한 손해를 가한 때에도 연대하여 배상할 책임이 있다. ③ 수인의 행위 중 어느 자의 행위가 그 손해를 야기한 것인지 알 수 없는 때에도 연대하여 배상할 책임이 있다. ④ 교사자나 방조자는 공동행위자로 본다. ⑤ 제1항 내지 제4항의 경우에 어느 공동불법행위자가 자기의 부담부분을 넘어 배상한 때에는 다른 공동행위자의 부담 부분에 대하여 구상권을 행사할 수 있다.

(3) 검토

생각건대, 공동불법행위자 중 일부에 대한 책임제한은 특별한 명문의 규정도 없이 신의칙이나 형평이라는 민법의 기본원칙에 기대어 법원이 직권으로 인정하는 것이라는 점에서, 이를 손쉽게 적용하는 데에는 신중할 필요가 있다. 따라서 공동불법행위자 일부의 책임감경 여부를 살필 때에는 앞서 검토한 바와 같이 특별법에 그에 관한 명문의 규정이 있는지, 명문의 규정이 없다면 과실상계에서 피해자측의 귀책사유로 삼을만한 사정이 있는지, 부분 손해에 대한 개별적 인과관계의 입증이 가능한지, 후속 행위 내지 경합 행위로 인한 특별손해에 대한 예견가능성이 인정되는지 여부를 먼저 검토해야 한다. 그리고 위와 같은 법리에 의하여 책임의 개별화가 불가능한 예외적인 경우로서, 1인의 기여도가 매우 경미한 등으로 인해 피해자 보호 뿐 아니라 가해자에 대한 공평 타당한 손해의 분담이 강조되어야 하는 경우에만 최종적으로 신의칙상의 책임제한을 인정하는 것이 바람직할 것이다. 또한 동일한 사유를 들어 과실상계와 책임제한이 이중으로 적용되는 일이 없도록 해야 할 것이다.

Ⅳ. 공동불법행위 외의 부진정연대채무에 대한 과실상계

1. 문제의 소재

지금까지 공동불법행위자들의 책임 개별화 여부 및 이를 위한 고려요소에 살펴보았다. 그런데 공동불법행위자 중 1인에 대해 계약관계가 존재하는 경우에는 피해자가 그 1인에 대하여 불법행위책임이 아니라 입증에 있어 원고에게 보다 유리한 채무불이행책임을 묻는 경우가 많다. 이처럼 공동불법행위자 중 1인에 대하여 불법행위가 아닌 채무불이행책임을 묻는 경우, 다른 공동불법행위자들과의 사이에서 그 실질을 공동불법행위와 마찬가지라고 볼 수 있을 것인가? 불법행위에 관한 제763조는 채무불이행에서의 과실상계에 관한 제396조를 준용하고 있는데, 앞서 검토한 바와 같이 공동불법행위자들의 과실상계에 대해 개별평가설을 취한다면 채무불이행책임자와 불법행위책임자 사이에서 과실비율을 달리 보더라도 양자에 대해 공동불법행위책임을 물을 때와 비교하여 별다른 차이가 없을 것이나, 전체평가설을 취한다면 그 중 1인의 행위에 대해서 불법행위가 아닌 채무불이행책임을 묻을 경우에도 다른 공동불법행위자들 모두의 전체적인 과실을 고려하여 과실상계를 동일한 비율로 해야 할 것인가 하는 의문이 들 수 있다.

2. 검토

우리 판례상 공동불법행위가 아닌 부진정연대책임이 문제된 사안에서 과실상계를 개별화할 수 있는지 여부가 명시적으로 쟁점이 된 사안은 찾아보기 어렵다.[107] 그러나 판례 중에는 채무불이행책임과 불법행위가 문제된 사안에서 개별적인 과실상계가 가능함을 전제로 구상권을 인정한 사례를 다수 찾아볼 수 있다. 일례로, 대법원 2006. 1. 27. 선고 2005다19378 판결 사안에서, 원고는 갑 회사와 경비용역계약을 체결하고 경비원을 파견하여 갑 회사의 사업장에 대한 경비용역을 제공해 왔는데, 갑 회사 건물의 임차인인 을 회사의 직원 피고 1은 피고 2와 함께 사업장 내에 있던 갑 회사의 물류창고에 몰래 들어가 의류를 절취하였다. 이에 갑 회사가 원고를 상대로 경비용역상의 채무불이행 또는 불법행위에 따른 손해배상을 구하는 소송을 제기하자[108] 법원은 경비용역상의 채무불이행에 기한 손해배상책임을 인정하면서 갑 회사의 과실을 35%로 보아 원고에게 전체 손해액 139,367,620원의 65%인 90,588,953원 및 이에 대한 2000. 6. 15.부터의 지연손해금을 지급할 것을 명하였다. 이후 원고는 갑 회사에 위 금액을 모두 지급한 뒤 피고들을 상대로 구상금을 청구하였는데, 위 구상금 청구소송에서 법원은 경비용역상의 채무불이행책임과 불법행위로 인한 손해배상책임은 동일한 손해에 대한 전보책임이라는 동일한 경제적 목적을 가지고 있어 서로 중첩되는 부분에 대하여는 부진정연대채무의 관계에 있고, 부진정연대채무에서 다액 채무자가 일부 변제한 금액은 단독으로 부담하는 채무에 먼저 충당되어야 하므로, 피고들이 갑 회사에 일부 변제한 합의금 5천만 원은 전체 손해액 139,367,620원 중 피고들이 단독으로 부담하는 48,778,667원 및 그에 대한 불법행위일인 1999. 10. 31. 이후의 지연손해금에 먼저 충당되고 나

107) 다만, 대법원 2016. 5. 27. 선고 2014다7971(본소), 2014다7988(반소) 손해배상(기) 판결(미간행)은, '피고 1의 채무불이행책임 내지 하자담보책임과 피고 2의 불법행위 내지 채무불이행책임은 동일한 손해의 전보를 목적으로 중첩되는 부진정연대채무의 관계에 있어 원심이 각자의 책임비율에 상응하는 손해의 분할책임을 명한 것은 부당하다'고 판시한 바 있으나, 위 판결은 미간행 판결로서, 이하에서 살펴보는 바와 같이 부진정연대채무에 대해 개별적 책임비율이 인정됨을 전제로 한 주류적인 판례의 태도와는 차이가 있어 보인다.

108) 실제 소송에서는 원고가 갑 회사를 상대로 경비용역대금을 청구하고, 갑 회사가 원고를 상대로 손해배상책임을 구하는 반소를 제기하였으나, 이해의 편의상 본소에 관한 내용은 생략한다.

머지 352,865원만이 원고의 채무에 충당되었다고 보았다.[109] 결국 판례는 피고들에 대해서는 과실상계를 하지 아니한 전체 손해액 139,367,620원을, 원고에 대해서는 과실상계에 따라 그중 65%만을 배상액으로 인정한 것이다. 이와 유사하게, 갑 회사의 임원들이 미술품의 담보가치를 규정에 따라 제대로 평가하지 아니하고 이를 담보로 10억 원을 대출하였다가 대출금을 회수하지 못하는 손해를 입게 된 사안에서도, 판례는 대출명의자의 갑 회사에 대한 대출금 잔액 채무와 이사들이 갑 회사에 대한 적정 담보를 취득하였더라도 회수할 수 있었을 미회수 대출원리금 상당의 손해배상채무는 부진정연대관계에 있다고 하면서도, 대출 결의에 찬성한 이사들의 책임은 미회수 대출원리금의 20%로 제한하였다.[110] 그 밖에도, 판례 중에는 주식회사의 이사들이 선관주의의무를 위반하여 지자체에 거액의 기부를 결의함으로써 회사에 손해를 가한 경우가 문제된 사안에서, '이사가 법령 또는 정관에 위반한 행위를 하거나 그 임무를 해태함으로써 회사에 대하여 손해를 배상할 책임이 있는 경우에 그 손해배상의 범위를 정할 때에는, 당해 사업의 내용과 성격, 당해 이사의 임무 위반의 경위 및 임무 위반행위의 태양, 회사의 손해 발생 및 확대에 관여된 객관적인 사정이나 그 정도, 평소 이사의 회사에 대한 공헌도, 임무 위반행위로 인한 당해 이사의 이득 유무, 회사의 조직체계의 흠결 유무나 위험관리체제의 구축 여부 등 제반 사정을 참작하여 손해분담의 공평이라는 손해배상제도의 이념에 비추어 그 손해배상액을 제한할 수 있다'고 보아 발의와 결의를 주도한 이사 중 1인에게는 20%의, 나머지 이사들에게는 10%의 책임을 인정한 경우도 있다.[111] 이러한 사안을 살펴보면 우리 판례는 공동불법행위 이외의 부진정연대채무 관계에서는 개별적인 과실상계 내지 책임제한이 가능함을 전제로 하여

109) 대법원 2006. 1. 27. 선고 2005다19378 판결 및 원심인 서울고등법원 2005. 3. 11. 선고 2004나67808 판결 참조(나아가 위 사건에서 법원은 부진정연대채무자 내부에서는 손해의 공평한 분담이라는 관점에서 각자의 고의·과실과 위법성의 정도, 손해발생에의 인과관계 내지 기여도, 변제자력 등을 고려하여 부담부분을 결정하여야 하는바, 제반사정상 원고의 부담부분은 20%, 피고들의 부담부분은 80%로 정함이 상당하다고 보았다).

110) 대법원 2019. 1. 17. 선고 2016다236131 판결.

111) 대법원 2019. 5. 16. 선고 2016다260455 판결. 위 사안에서는 상법 제399조(이사가 고의 또는 과실로 법령 또는 정관에 위반한 행위를 하거나 그 임무를 게을리한 경우에는 그 이사는 회사에 대하여 연대하여 손해를 배상할 책임이 있다)의 책임이 문제되었는데, 상법 제399조는 위임계약 위반으로 인한 채무불이행 책임에 해당한다.

그 책임이 중첩되는 한도에서만 부진정연대관계를 인정하고 있음을 알 수 있다.

이러한 판례의 태도는 타당하다. 본래 채무불이행책임과 불법행위책임은 각각의 성립요건을 달리하는 것으로서 그에 따라 손해의 범위에 관한 기준, 지연손해금율, 지연손해금 기산시점, 소멸시효[112] 등도 달리하는 것이 원칙이다. 채무불이행에서의 과실상계는 개별사례에서 문제된 계약의 체결 및 이행경위와 당사자 쌍방의 잘못을 비교하여 종합적으로 판단하는 것이고,[113] 불법행위에서의 과실상계는 그 불법행위의 발생 원인이나 손해의 발생 및 확대에 기여한 기여도 등을 종합하며 판단해야 하므로, '과실'로서 고려할 행위의 태양에도 차이가 있다. 따라서 이러한 경우의 부진정연대채무는 불법행위책임이나 채무불이행책임이 사실상 동일한 손해를 전보하는 경우에 그 책임이 중첩되는 부분에 대하여 당사자간의 권리관계를 조정할 수 있도록 하는 것일 뿐,[114] 협의의 공동불법행위에서 피해자의 권리를 보장하기 위하여 손해의 범위를 확장하는 것과는 본질적인 취지가 다르다. 그러므로 불법행위책임과 채무불이행책임이 부진정연대채무이기 때문에 과실상계를 전체평가설에 의해서 해야 한다는 것은 본말이 전도된 것이다. 물론 이러한 결론은 동일한 행위에 대해서 A와 B에 대해 공동불법행위책임을 물었다면 전체평가설에 의해 30%의 과실상계가 가능했을 사안에서 A의 채무불이행책임에 대해서는 40%, B의 불법행위책임에 대해서는 20%의 과실상계를 하는 경우와 비교하여 일관성이 없다는 반론도 가능할 것이다. 그러나 실제 소송에서 청구원인을 무엇으로 구성할 것인지는 민사소송에서의 처분권주의와 변론주의의 영역이므로, 이러한 사유를 들어 민법의 원칙을 변경하는 것은 부당하고, 만일 다른 청구원인으로 구성하

112) 공동불법행위자에 대한 구상금 청구의 소 제기로 사무관리로 인한 비용상환청구권의 소멸시효가 중단될 수 없고) 부당이득반환청구의 소 제기로 채무불이행으로 인한 손해배상청구권의 소멸시효가 중단될 수 없으며, 보험자대위에 기한 손해배상청구의 소를 제기하였더라도 양수금 청구의 소멸시효가 중단될 수는 없다. 대법원 2020. 3. 26. 선고 2018다221867 판결 등 참조.

113) 대법원 1993. 5. 27. 선고 92다20163 판결 등 참조.

114) 반면, 민법상 명문 규정도 없는 부진정연대채무의 영역을 무한히 확장하면 민법상 연대채무에 관한 규정은 채권자 보호라는 명분하에 사실상 형해화 될 것이므로, 부진정연대채무는 연대채무 유사의 법률관계 중 주관적 공동관계가 없는 경우만을 대상으로 하여야 하고, 채무불이행과 불법행위와 같이 민사법상 체계를 달리하는 경우까지 확대적용해서는 안된다는 견해로 김서기, "부진정연대채무의 법률관계에 관한 소고-대법원 2006. 1. 27. 선고 2005다19378 판결의 검토-, 일감법학 제32호(2015. 10.), 561면.

여 추가로 변제받을 수 있는 금액이 있다면 당연히 추가로 소송을 제기할 수 있을 것이다.[115] 나아가, 어떠한 청구원인으로 구성하더라도 가급적 일관성 있는 결론을 도출할 필요성이 있다는 측면에서는, 앞서 논의한 바와 같이 공동불법행위에 대해서는 전체평가설이 아닌 개별평가설을 취하는 것이 더욱 합리적일 것이다.

Ⅴ. 결론

우리 판례는 원칙적으로 공동불법행위자들 사이에서는 전체에 대한 과실여부에 따라 과실상계를 해야 하고, 1인의 기여도가 아무리 경미하다고 하더라도 일부에 대한 책임만을 제한해서도 안된다고 한다. 그러나 사안에 따라서는 개별평가설을 취하거나, 일부에 대한 책임만을 인정한 경우도 있으며, 학설 또한 이와 관련하여 특별히 구체적인 기준을 제시하지는 않고 있다.

공동불법행위자들 사이의 책임비율을 달리 인정할 수 있는 기준에 관하여 검토해 보건대, ① 먼저 행위의 측면에서 공동불법행위자들 사이에 주관적인 공모나 공동의 의사가 있었던 것이 아니라 단순히 객관적인 관련 공동성만이 문제되는 경우에는 개별평가설을 취하는 것이 보다 합리적이다. 환경, 제조물, 온라인상거래 등 일상생활에서의 모든 거래구조와 사회적 관계가 상호 유기적으로 연결되고, 과실책임의 범위를 넘어선 위험책임의 범위가 확대되며, 각개 행위의 사회적 파급력 또한 나날이 증가하는 오늘의 현실에서는, 외형상 객관적으로 관련되어 있고 상당한 인과관계가 있다는 이유만으로 가해자와 피해자

115) 부당이득반환청구권과 불법행위로 인한 손해배상청구권은 서로 실체법상 별개의 청구권으로 존재하고 그 각 청구권에 기초하여 이행을 구하는 소는 소송법적으로도 소송물을 달리하므로, 채권자로서는 어느 하나의 청구권에 관한 소를 제기하여 승소 확정판결을 받았다고 하더라도 아직 채권의 만족을 얻지 못한 경우에는 다른 나머지 청구권에 관한 이행판결을 얻기 위하여 그에 관한 이행의 소를 제기할 수 있다. 그리고 채권자가 먼저 부당이득반환청구의 소를 제기하였을 경우 특별한 사정이 없는 한 손해 전부에 대하여 승소판결을 얻을 수 있었을 것임에도 우연히 손해배상청구의 소를 먼저 제기하는 바람에 과실상계 또는 공평의 원칙에 기한 책임제한 등의 법리에 따라 그 승소액이 제한되었다고 하여 그로써 제한된 금액에 대한 부당이득반환청구권의 행사가 허용되지 않는 것도 아니다(대법원 2013. 9. 13. 선고 2013다45457 판결).

의 관계에 따른 개별적 사유를 전혀 고려하지 않는 것은 아무리 불법행위에서 피해자 보호가 중요한 이념이라고 하더라도 손해의 공평하고 타당한 분담이라는 불법행위법의 기본 이념에 부합하지 않는 결과를 초래한다. ② 다음으로 인과관계와 관련하여, 공동불법행위자들의 책임을 비율적인 인과관계에 따라 논해야 한다는 견해도 제기되나, 사견으로는 인과관계는 존재하거나 존재하지 않는 것일 뿐, 인과관계가 비율적으로 존재한다는 것은 논리적으로 상정하기 어렵다고 보인다. ③ 이는 인과관계의 문제라기보다는, 인과관계가 일부 손해에 대해서만 인정되는지, 전체 손해에 대해서 인정되는지 여부에 관한 문제일 것인바, 당해 행위의 침해이익이 다르거나 손해 자체가 단일하지 않은 경우에는 당연히 각자의 행위에 해당하는 부분에 대해서만 책임을 부담해야 할 것이고, 손해의 범위와 관련하여 특별손해에 관한 예견가능성도 보다 면밀히 고려할 필요가 있을 것이다. ④ 공동불법행위자 중 일부만에 대한 책임제한은 앞서 논의한 요소들을 적용할 수 없지만 전체 손해를 모두 부담시키기에는 신의칙이나 형평에 반하는 예외적인 경우에만 적용되어야 할 것이다. ⑤ 나아가, 실질적으로 공동불법행위에 해당하는 행위라 하더라도 그 중 일부에 대해 채무불이행책임에 기한 책임을 묻는 등으로 공동불법행위 외의 부진정연대책임이 문제되는 경우에는 그에 따른 개별적인 책임을 인정해야 할 것이고, 반드시 과실을 동일하게 평가할 필요가 없을 것이다.

이러한 기준을 취할 경우, 현재 판례가 개별평가설을 취하고 있는 유형들 중 사용자와 피용자, 일반불법행위와 공작물책임, 고의의 불법행위자와 과실의 불법행위자, 공동불법행위자가 불법행위의 최종적 이익을 보유하지 않는 경우 등은, 모두 공동불법행위자들 사이에 주관적인 공모나 공동의 의사가 없는 경우로서 개별평가설에 의하여 책임을 개별화할 수 있는 경우로 설명할 수 있고, 범죄신고에도 불구하고 범죄피해를 막지 못한 국가의 배상책임을 제한한 판례는 국가와의 관계에서 피해자의 과실을 인정할 여지가 없고, 국가가 실제 범죄를 예견할 수 있던 가능성이 없었던 경우로서 범죄발생으로 인한 모든 손해를 국가에게 부담시키는 것이 부당하고 충격적인 경우로 설명할 수 있을 것이다. 이처럼 공동불법행위자들 사이의 책임을 개별화할 수 있는 명확한 기준을 구체화하는 것은, 피해자가 자력이 있는 당사자를 무분별하게 소송에 끌어들이거나, 반대로 자력이 부족한 가해자들에 대한 압박 수단으로 사용하고자 하는 시도를 방지하고, 관련 당사자들 사이의 실질적 형평성과 손해의 공평한 분담을 도모하는 데에도 기여할 것이다.

참고문헌

1. 국내문헌

[단행본]

편집대표 곽윤직, 『민법주해 XVIII(채권 11)』, 박영사, 2005.

_______________, 『민법주해 XIX(채권 12)』, 박영사, 2005.

곽윤직, 『채권각론(민법강의 IV)』, 박영사, 2018.

편집대표 박준서, 『주석민법(채권각칙 8) 제3판』, 한국사법행정학회, 2002.

법무부 민법개정자료발간팀 편, 『2013년 법무부 민법개정시안 채권편(하)』, 법무부, 2013.

송덕수, 『채권법각론(제5판)』, 박영사, 2021.

양창수 역, 『독일민법전』, 2021, 박영사.

양창수 · 권영준, 『민법 II-권리의 변동과 구제(제4판)』, 박영사, 2021.

양형우, 『민법의 세계(제13판)』, 도서출판 정독, 2022.

윤진수, 『민법기본판례(제2판)』, 홍문사, 2020.

이은영, 『채권각론(제5판)』, 박영사, 2005.

지원림, 『민법강의(제17판)』, 홍문사, 2020.

[논문]

가정준, "미국법상 공동다수책임: 우리나라의 공동불법행위책임과 관련하여", 비교사법 제19권 제3호(2012).

______, "미국 공동불법행위책임(다수당사자책임)의 시사점", 재산법연구 제31권 제4호(2015).

강승준, "민법 제760조 제2항에 있어서 개별행위와 손해발생 사이의 인과관계에 관한 증명책임", 대법원판례해설 제75호(2008).

고유강, "부진정연대채무자들 중 다액채무자가 한 일부변제의 효과", 민사판례연구 41권(2019).

고세일, "공동불법행위자의 책임귀속과 책임분배에 대한 연구: 미국 불법행위 보통법전집 제3판 책임분배를 중심으로”, 고려법학 제74호(2014).

권순일, “미국법상 공동불법행위자의 책임”, 판례실무연구 제3권(1999).

김상명, “공동불법행위 책임분배의 적정화에 관한 연구”, 원광법학 제24권 제1호(2008).

김상용, “공동불법행위”, 저스티스 제29권 제1호(1996).

______, “사용자 및 피용자의 책임과 과실상계”, 법률신문 제2517호.

김상중, “공동불법행위에 관한 현행 민법 제760조의 개정 방향과 내용 : 2011년 제3기 법무부 민법개정위원회 논의와 확정 개정안”, 민사법학 제60호(2012. 9.).

______, “독일・스위스・오스트리아 민법에서 공동불법행위 책임”, 재산법연구 31권 4호(2015).

김서기, “부진정연대채무의 법률관계에 관한 소고 -대법원 2006. 1. 27. 선고 2005다19378 판결의 검토-”, 일감법학 제32호(2015).

김제완, “대규모 집회, 시위 참가자의 공동불법행위책임에 관한 연구(민법 제760조와 부진정연대책임론에 대한 재검토)”, 고려법학 제61호(2011).

김태현, “공동불법행위와 판례상 부진정연대배상책임의 조정 및 한계 -대전고등법원 2015. 3. 18. 선고 2014나10265 판결 및 대법원 2010. 1. 28. 선고 2007다16007 판결을 중심으로-”, 동북아법연구 제11권 제2호(2017. 9.).

김형배, “사용자책임과 판례 ; 비교법적 시각에서”, 고려법학 제48호(2007).

김희철, “미국법상 공동불법행위자의 책임제한에 관한 연구 : 대법원 2010. 1. 28. 선고 2007다16007 판례를 중심으로”, 상사판례연구 제24집 제3권(2011).

모성준, ”공동불법행위의 책임제한논의에 대한 소고“, 민사법연구 제21권(2012. 12.).

박영규, “영미법상의 공동불법행위에 관한 연구”, 일감법학 제21호(2012).

박설아, “공동불법행위자 중 일부의 책임제한 가능성-‘기여도 감책론’에 대한 분석을 중심으로-재산법연구 제34권 제4호(2018. 2).

성준호, “민법 제756조 사용자책임의 본질론 소고”, 가천법학 제5권 제2호(2012. 11. 28.).

원상철, “부진정연대채무와 공동불법행위”, 법학연구 제22집 제2권(2006).

윤태영, “일본 민법에서의 공동불법행위”, 재산법연구 제31권 제4호(2015).

이동진, “공동불법행위, 구상, 과실상계의 경제적 분석”, 법경제학연구 제9권 1호 (2012. 6.).

이은영, “공동불법행위에 있어서의 과실상계”, 법학논문집 제41집 제1호(2017).

이충상, “일본의 공동불법행위책임론-특히 부분적 책임론을 중심으로”, 판례실무연구 제3권(1999).

임정윤, “과실에 의한 방조로 인한 공동불법행위의 성립과 그 손해배상책임의 제한”, 민사판례연구 40권(2018).

정조근・하윤수, “공동불법행위의 재구성,”, 동아법학 제22호(1997).

정태윤, “공동불법행위에서의 과실상계”, 민사판례연구 제22권(2000).

최우진, “이른바 형평성에 근거한 손해배상책임제한 실무의 사례유형별 분석과 비판”, 고려법학 제94호(2019).

한태일, “민법 제760조의 해석과 병존적 공동불법행위에 관한 검토: 대법원 2015. 6. 24. 선고 2014다231224 판결”, 경희법학 제51권 제1호(2016).

______, “불법행위 손해배상 원칙의 수정으로서 책임제한과 비례책임의 비교”, 법학논총 제29권 제1호(2016).

______, “손해배상 범위제한 제도들의 정합적 활용을 위한 검토- 공동불법행위 사안을 중심으로”, 법학논고 제56집(2016. 11.).

2. 외국문헌

American Law Institute, Restatement of the Law Third, Torts, Apportionment of Liability, §26, p. 320, American Law Institute Publishers, 2000.

John C.P.Goldberg et al. 『Tort Law(4th ed)』, Wolters Kluwer, 2016.

Wagner, Münchener Kommentar zum BGB, 8. Auflage 2020.

我妻榮, 有泉亨, 淸水誠, 田山輝明, 『我妻・有泉 コンメンタール 民法(第7版)- 總則・物權・債權』, 日本評論社, 2021.

編輯委員 新美育文, 浦川道太郎, 畑中久彌, 『不法行爲法硏究2』, 成文堂, 2021.

平野裕之,『民法總合 6, 不法行爲法(第3版)』, 信山社, 2013.

潮見佳男, 『不法行爲法 II(第2版)』, 法律學の森, 2017.

中村也寸志, "複數の加害者の過失及び被害者の過失が競合する一つの交通事故においていわゆる絶對的過失割合を認定することができる場合における過失相殺の方法と加害者らの賠償責任", 最高裁判所判例解説 民事篇 平成 15年度(下).

國分貴之, "共同不法行爲における過失相殺の方法－相對的過失相殺と加算的（絶對的）過失相殺" 判例タイムズ 1188号.

吉村良一, "共同不法行爲と過失相殺", 別冊ジュリスト224号『民法判例百選Ⅱ 債權(第7版)』.

[국문초록]

공동불법행위자별 책임의 개별화 가능성에 관한 소고

공동불법행위자들의 책임과 관련하여, 우리 판례는 원칙적으로 과실상계에 있어 전체평가설을 취하고 있고, 1인에 대한 책임제한도 부정하여 공동불법행위자들이 모두 동일한 책임을 부담하도록 하고 있다. 그러나 사안에 따라서는 예외적으로 개별평가설을 취하거나 일부에 대한 책임만을 인정하고 있어서 그러한 예외적인 기준이 무엇인지 의문이 제기된다. 따라서 공동불법행위자들이 모두 동일한 책임을 부담할 사안과 개별화할 수 있는 사안에 관한 구별 기준을 살펴보건대, ① 먼저 행위의 측면에서 공동불법행위자들 사이에 주관적인 공모나 공동의 의사가 있었던 것이 아니라 단순히 객관적인 관련 공동성만이 문제되는 경우에는 개별평가설을 취하는 것이 타당하다. 외형상 객관적으로 관련되어 있고 상당한 인과관계가 있다는 이유만으로 가해자와 피해자의 관계에 따른 개별적 사유를 전혀 고려하지 않는 것은 손해의 공평하고 타당한 분담이라는 불법행위법의 기본 이념에 부합하지 않는다. ② 공동불법행위자들의 책임을 비율적인 인과관계에 따라 논해야 한다는 견해도 제기되나, 인과관계는 존부의 문제이고 비율적으로 존재한다는 것은 논리적으로 상정하기 어렵다. ③ 당해 행위의 침해이익이 다르거나 손해 자체가 단일하지 않은 경우에는 당연히 각자의 행위에 해당하는 부분에 대해서만 책임을 부담해야 할 것이고, 손해의 범위와 관련하여 특별손해에 관한 예견가능성도 고려할 필요가 있다. ④ 공동불법행위자 중 일부만에 대한 책임제한은 신의칙이나 형평에 반하는 예외적인 경우에만 적용되어야 할 것이다. ⑤ 나아가, 실질적으로 공동불법행위에 해당하는 행위라 하더라도 그 중 일부에 대해 채무불이행책임에 기한 책임을 묻는 등으로 공동불법행위 외의 부진정연대책임이 문제되는 경우에는 그에 따른 개별적인 책임을 인정해야 한다. 이처럼 공동불법행위자들 사이의 책임을 개별화할 수 있는 명확한 기준을 구체화해 나감으로써, 피해자가 자력이 있는 당사자를 무분별하게 소송에 끌어들이거나 자력이 부족한 가해자들에 대한 압박 수단으로 사용하고자 하는 시도를 방지하고, 관련 당사자들 사이의 실질적 형평성과 손해의 공평한 분담을 도모할 수 있도록 해야 할 것이다.

[주제어] 공동불법행위, 과실상계, 책임제한, 전체평가설, 개별평가설, 비율적 인과관계설

[Abstracts]

Analysis of the Elements to Limit a Tortfeasor's Liability in Joint Torts

In principle, joint tortfeasors are jointly responsible for the total damage, regardless of each tortfeasor's comparative negligence. Neither can the discretionary reduction of liability be allowed by the court, if it is only for one of the tortfeasors. However, courts have deviated from this rule and made exceptions in some cases without delineating any instructions or criteria on when to approve such exceptions. This article has reviewed some of the elements to consider in evaluating each joint torfeasor's liability, and suggests as follows; ① If joint tortfeasors did not act in conspiracy or under common purpose, each tortfeasor should take responsibility only under his comparative negligence. Imposing the same liability to all of the concurrent tortfeasors under any circumstances does not contribute to the fair and equitable distribution of the damage. ② Although theory of contributory causal relationship have been suggested, causal relationship is something that exist or not. It cannot propotionally exist. ③ Each tortfeasor's liability should be limited to the same and indivisible harm which has been caused by him. Foreseeability should also be considered in demarcating the extent of the special damage to be covered. ④ Discretionary reduction of one of the tortfeasor's liability should be allowed as the last exceptional means, when joint liability is extremely harsh to such tortfeasor and against bona fides and fairness. ⑤ Even if some acts might be substantially proven to be joint torts, contract liability and tort liability are separate, thus the amount of the damage can be different. Setting more clear rules on joint tortfeasors' liability will decrease exploratory lawsuits against 'deep pockets', deter use of joint torts as threatening measures for financially distressed tortfeasors, and promote substantially fair and equitable distribution of the damage among the related parties.

[keywords] joint torts, comparative negligence, reduction of liability, common evaluation theory, individual evaluation theory, theory of contributory casual relationship

第 2 部　特別 寄稿文

항소심에서 항소취하 합의가 있었으나 항소취하서가 제출되지 않은 상태에서 청구의 교환적 변경 신청이 있는 경우 법원이 취할 조치

대법원 2018. 5. 30. 선고 2017다21411 판결: 공2018하, 1178

서울중앙지방법원 부장판사 박 진 수(朴鎭秀)

目 次

Ⅰ. 판결요지
Ⅱ. 참조조문
Ⅲ. 사안의 개요
 1. 사실관계
 2. 원심의 판단
 3. 상고이유
Ⅳ. 평석
 1. 서론(쟁점의 정리)
 2. 관련 민사소송법 규정
 3. 항소취하계약(합의)의 법적 성질과 그 효력
  가. 항소취하(제393조)
  나. 항소취하계약(합의)의 법적 성질과 효력
 4. 항소심에서 청구의 교환적 변경에 피고의 동의가 필요한지 여부
  가. 청구의 교환적 변경(제262조)
  나. 청구의 교환적 변경의 성질
  다. 청구의 교환적 변경에 피고의 동의가 필요한지
  라. 항소심에서 청구를 교환적으로 변경한 경우 재소금지가 적용되는지
  마. 청구의 변경 형태가 불분명한 경우
  바. 청구의 변경신청에 대한 재판
 5. 당사자가 항소취하계약(합의)에도 불구하고 항소취하서를 제출하지 않은 상태에서 청구의 교환적 변경이 있는 경우 항소심법원이 취할 조치
  가. 문제의 소재
  나. 견해의 상정
  라. 검토
  마. 대상판결
 6. 대상판결의 의의

Ⅰ. 판결요지

[1] 당사자 사이에 항소취하의 합의가 있는데도 항소취하서가 제출되지 않는 경우 상대방은 이를 항변으로 주장할 수 있고, 이 경우 항소심법원은 항소의 이익이 없다고 보아 그 항소를 각하함이 원칙이다. 청구의 교환적 변경은 기존 청구의 소송계속을 소멸시키고 새로운 청구에 대하여 법원의 판단을 받고자 하는 소송법상 행위이다. 항소심의 소송절차에는 특별한 규정이 없으면 제1심의 소송절차에 관한 규정이 준용되므로(민사소송법 제408조), 항소심에서도 청구의 교환적 변경을 할 수 있다. 청구의 변경 신청이나 항소취하는 법원에 대한 소송행위로서, 청구취지의 변경은 서면으로 신청하여야 하고(민사소송법 제262조 제2항), 항소취하는 서면으로 하는 것이 원칙이나 변론 또는 변론준비기일에서 말로 할 수도 있다(민사소송법 제393조 제2항, 제266조 제3항). 항소심에서 청구의 교환적 변경 신청이 있는 경우 그 시점에 항소취하서가 법원에 제출되지 않은 이상 법원은 특별한 사정이 없는 한 민사소송법 제262조에서 정한 청구변경의 요건을 갖추었는지에 따라 허가 여부를 결정하면 된다. 항소심에서 청구의 교환적 변경이 적법하게 이루어지면, 청구의 교환적 변경에 따라 항소심의 심판대상이었던 제1심판결이 실효되고 항소심의 심판대상은 새로운 청구로 바뀐다. 이러한 경우 항소심은 제1심판결이 있음을 전제로 한 항소각하 판결을 할 수 없고, 사실상 제1심으로서 새로운 청구의 당부를 판단하여야 한다.

Ⅱ. 참조조문

[1] 민사소송법 제262조, 제266조 제3항, 제393조 제2항, 제408조

Ⅲ. 사안의 개요

1. 사실관계

가. 원고들은 2003. 3.경 피고, A와 동업으로 아파트를 지어 분양하는 사업을 함께 추진하고, 제세공과금을 뺀 나머지를 출자비율(원고 1 20%, 원고 2 13%, 피고 33%, A 34%)에 따라 분배하기로 하였다(이하 '1차 정산약정'이라 한다).

나. 피고와 A는 2010. 5. 31. 아파트를 신축해서 사용승인을 받은 뒤 2011년 하순까지 분양을 하였다. 그런데 피고와 A는 자신들 앞으로 개발부담금 33억 6,800여만 원이 부과되자 2011. 3. 3. 부과처분 취소를 구하는 행정소송을 제기하였고, 미분양 등으로 이 사건 사업의 결산이 지연되었다.

다. 원고들은 2011. 5. 25. 공제할 개발부담금이 6억 원임을 전제로(당시 A와 피고에게 부과된 개발부담금 33억 6,800여만 원에 대한 취소를 구하는 행정소송의 결과에 따라 추가 정산을 하기로 함) 피고와 A로부터 합계 13억 4,400만 원(피고 6억 9,060만 원 + A 6억 5,380만 원)을 지급받기로 하였다. 이후 원고들은 2011. 10. 12.까지 피고로부터 합계 5억 원, A로부터 6억 5,380만 원을 받았다. 이 사건 사업은 2012. 4. 16. 종료되었다.

라. 원고들은 A와 피고를 상대로 1차 정산약정에 따라 정산금 청구의 소를 제기하였는데, 제1심법원은 A가 원고들에게 1차 정산약정에 따른 금액을 모두 지급하였고, 피고는 1차 정산약정에 따른 미지급 정산금 1억 6,090만 원(=6억 9,060만 원 - 5억 원)을 지급할 의무가 있지만 개발부담금 33억여 원(A와 피고가 행정소송에서 승소하여 개발부담금 부과처분이 취소되었으나 2014. 11.경 새로이 부과된 금액이다)을 기준으로 정산하면 피고는 원고에 대한 부당이득 반환청구권이 있는데, 피고가 원고들에 대한 부당이득 반환채권을 자동채권으

로 하여 원고들의 피고에 대한 정산금 채권과 상계함에 따라 원고들의 피고에 대한 잔존 정산금 채권은 모두 소멸하였음을 이유로 원고들의 청구를 모두 기각하였다. 원고들은 2015. 8. 28. 제1심판결에 불복해서 항소하였다.

마. 항소심 계속 중 피고는 2015. 11. 13. 원고들에게 2016. 1. 31.까지 1억 8,167만 원을 지급한다는 내용의 지불각서를 작성해 주었다. 같은 날 원고들, 피고와 A는 다음과 같은 내용으로 3자 합의(이하 '2차 정산약정'이라 한다)를 하였는데, 원고들은 A와 피고에 대한 이 사건 항소를 취하하고(항소취하서를 작성하여 필요한 서류와 함께 피고, A에게 제출하기로 하였다), 이후 사업정산에 대하여 일체 민·형사상 이의를 제기하지 않기로 하였으며, 부과된 개발부담금에 대하여는 공동으로 대처하되, 개발부담금이 6억 원을 기준으로 그 이상이나 이하로 확정될 경우 분배비율에 따라 지급 또는 반환하기로 하였다.

바. 피고가 2016. 1. 31.이 지나도록 2015. 11. 13.자 지불각서에 따른 돈을 지급하지 않자 원고들은 2016. 9. 13. A에 대한 항소를 취하하는 한편, 피고에 대한 청구를 2015. 11. 13.자 지불각서에 따른 청구(1억 8,167만 원과 그 지연손해금 청구)로 교환적으로 변경하였다.

사. 피고는 이러한 청구의 교환적 변경에 대하여 이의하였다.

2. 원심의 판단

원심은, 원고들이 교환적으로 변경한 청구가 청구 기초의 동일성이 인정되고 소송절차를 현저히 지연시키지 않는다고 하여 적법한 것으로 보아 청구의 교환적 변경에 따라 새로운 청구에 대하여 원고 청구를 일부 인용하는 판결을 선고하였다.

3. 상고이유

원고들과 피고 사이에 '항소취하합의'가 있는데도 원고들이 항소취하서를 제출하지 않는 경우, 항소심법원은 원고들의 항소 이익이 없다고 보아 항소각하 판결을 해야 하는데, 청구의 교환적 변경을 받아들여 항소각하 판결을 하지 않고 새로운 청구에 대하여 판단함으로써 항소심에서 청구의 교환적 변경과 항소취하합의에 관한 법리를 오해한 잘못이 있다.

Ⅳ. 평석

1. 서론(쟁점의 정리)

이 사건에서 원고들과 피고는 항소심 소송계속 중 항소취하합의를 하였는데, 원고들은 피고에 대한 항소취하서를 제출하지 않은 채 청구를 교환적으로 변경하였다. 상고이유로 주장되지는 않았지만 우선, 원고들과 피고의 항소취하합의로 직접 소송계속의 소급적 소멸이라는 소송법적 효과가 생기는지 문제된다.

다음으로, 피고는 원고들의 청구의 교환적 변경에 대하여 이의하였는데, 청구의 교환적 변경에 피고의 동의가 필요한지 문제된다. 청구의 교환적 변경의 성격과 요건이 무엇인지, 피고가 청구의 교환적 변경에 동의하지 않은 경우 항소심 법원이 취해야 할 조치가 무엇인지 검토가 필요하다.

나아가 원고들이 청구의 교환적 변경을 통하여 항소취하서 제출로 인한 제1심판결 확정의 효력을 피할 수 있게 된다면, 적어도 법원이 항소취하합의의 존재를 알게 된 상황에서는 이러한 청구의 교환적 변경 자체를 불허해야 하는 것은 아닌지 문제된다. 관련 쟁점에 관해서 차례로 살펴본다.

그 외에도 대상판결은 '화해계약이 성립하면 특별한 사정이 없는 한 그 창설적 효력에 따라 종전의 법률관계를 바탕으로 한 권리의무관계는 소멸하고, 계약 당사자 사이에 종전의 법률관계가 어떠하였는지를 묻지 않고 화해계약에 따라 새로운 법률관계가 생기는데, 화해계약의 의사표시에 착오가 있더라도 이것이 당사자의 자격이나 화해계약의 대상인 분쟁 이외의 사항에 관한 것이 아니라 분쟁의 대상인 법률관계 자체에 관한 것일 때에는 이를 취소할 수 없다.'는 법리를 재확인하였는데, 여기서는 따로 검토하지 않는다.

2. 관련 민사소송법 규정

제262조(청구의 변경)

① 원고는 청구의 기초가 바뀌지 아니하는 한도 안에서 변론을 종결할 때(변론 없이 한 판결의 경우에는 판결을 선고할 때)까지 청구의 취지 또는 원인을 바꿀 수 있다. 다만, 소송절차를 현저히 지연시키는 경우에는 그러하지 아니하다.

② 청구취지의 변경은 서면으로 신청하여야 한다.

③ 제2항의 서면은 상대방에게 송달하여야 한다.

제263조(청구의 변경의 불허가)

법원이 청구의 취지 또는 원인의 변경이 옳지 아니하다고 인정한 때에는 직권으로 또는 상대방의 신청에 따라 변경을 허가하지 아니하는 결정을 하여야 한다.

제266조(소의 취하)

① 소는 판결이 확정될 때까지 그 전부나 일부를 취하할 수 있다.

② 소의 취하는 상대방이 본안에 관하여 준비서면을 제출하거나 변론준비기일에서 진술하거나 변론을 한 뒤에는 상대방의 동의를 받아야 효력을 가진다.

③ 소의 취하는 서면으로 하여야 한다. 다만, 변론 또는 변론준비기일에서 말로 할 수 있다.

④ 소장을 송달한 뒤에는 취하의 서면을 상대방에게 송달하여야 한다.

⑤ 제3항 단서의 경우에 상대방이 변론 또는 변론준비기일에 출석하지 아니한 때에는 그 기일의 조서등본을 송달하여야 한다.

⑥ 소취하의 서면이 송달된 날부터 2주 이내에 상대방이 이의를 제기하지 아니한 경우에는 소취하에 동의한 것으로 본다. 제3항 단서의 경우에 있어서, 상대방이 기일에 출석한 경우에는 소를 취하한 날부터, 상대방이 기일에 출석하지 아니한 경우에는 제5항의 등본이 송달된 날부터 2주 이내에 상대방이 이의를 제기하지 아니하는 때에도 또한 같다.

제267조(소취하의 효과)

① 취하된 부분에 대하여는 소가 처음부터 계속되지 아니한 것으로 본다.

② 본안에 대한 종국판결이 있은 뒤에 소를 취하한 사람은 같은 소를 제기하지 못

한다.

제393조(항소의 취하)

① 항소는 항소심의 종국판결이 있기 전에 취하할 수 있다.

② 항소의 취하에는 제266조 제3항 내지 제5항 및 제267조 제1항의 규정을 준용한다.

제394조(항소권의 포기) 항소권은 포기할 수 있다.

제395조(항소권의 포기방식)

① 항소권의 포기는 항소를 하기 이전에는 제1심 법원에, 항소를 한 뒤에는 소송기록이 있는 법원에 서면으로 하여야 한다.

② 항소권의 포기에 관한 서면은 상대방에게 송달하여야 한다.

③ 항소를 한 뒤의 항소권의 포기는 항소취하의 효력도 가진다.

제413조(변론 없이 하는 항소각하)

부적법한 항소로서 흠을 보정할 수 없으면 변론 없이 판결로 항소를 각하할 수 있다.

3. 항소취하계약(합의)의 법적 성질과 그 효력

가. 항소취하(제393조)

항소취하는 항소인이 일단 제기한 항소를 철회하는 소송행위를 말한다. 항소의 취하가 있으면 소송은 처음부터 항소를 제기하지 않은 것으로 될 뿐(민사소송법 제393조 제2항, 제267조 제1항) 제1심에서부터 소송계속을 소멸하게 하는 소의 취하(제267조 제1항)와 다르고, 형식적으로 항소심절차를 종료시키는 소송절차상 행위이기 때문에 실질적으로 항소권을 포기(제394조)하는 것과도 다르다.

항소취하는 소의 취하와 달리 제1심 종국판결이 유효하게 남게 된다. 항소기간이 지난 다음 항소취하가 있는 경우에는 항소기간 만료 시에 소급하여 제1심판결이 확정되고, 항소기간이 지나기 전에 항소취하가 있는 경우에는 그 판결은 확정되지 않고 항소기간 내라면 그 항소인은 다시 항소를 할 수 있다(대법원 2016. 1. 14. 선고 2015므3455 판결). 이 점에서 항소권을 포기하면 그 후 제기한 항소가 부적법한 것으로 되는 것과 다르다.

항소는 항소제기 후 항소심의 종국판결이 있기 전까지 취하할 수 있다. 항소취하는 상대방의 동의 없이 언제나 항소인의 일방적 의사표시로 할 수 있다.[1] 항소의 취하에는 소의 취하에 관한 민사소송법 제266조 제3항 내지 제5항의 규정이 준용된다.

항소심에서 청구의 교환적 변경이 있은 뒤에 항소인이 항소를 취하하더라도 그 항소취하는 대상이 없어져 아무런 효력이 없다.[2]

나. 항소취하계약(합의)의 법적 성질과 효력

1) 항소취하계약(합의)은 소송 밖에 당사자 사이에 항소를 취하하기로 하는 뜻의 합의가 이루어진 것을 말한다. 항소취하계약은 독립해서 이루어 질 수도 있지만 소송 밖에서 당사자 사이에 화해와 함께 이루어지는 경우가 많다.

항소취하계약의 법적 성질에 관해서는 '소취하계약'의 법적 성질에 관한 논의와 함께 이루어지고 있으므로,[3] 소취하계약의 법적 성질에 관한 논의를 중심으로 살펴본다.

소취하계약에 관해서 19세기 후반 독일의 학설은 민사소송법에 근거가 없다는 이유로 허용되지 않고, 이행을 강제할 수도 없다고 하여 효력을 부정하였으나,[4] 오늘날은 유효성을 인정하는 것이 통설·판례이다(대법원 1965. 4. 13. 선고 65다15 판결, 대법원 1982. 3. 9. 선고 81다1312 판결 등).

2) 소취하계약(합의)의 법적 성질에 관해서는 다음과 같은 견해가 있다.[5]

① 사법행위설(김홍엽,[6] 이시윤,[7] 전원열,[8] 호문혁[9]): 소취하계약이 성립하

---

1) 대법원 1971. 10. 22. 선고 71다1965 판결.
2) 대법원 1995. 1. 24. 선고 93다25875 판결, 대법원 2008. 5. 29. 선고 2008두2606 판결.
3) 주석 민사소송법(VI), (2018), 84-85면(김형두 집필 부분).
4) 주석 민사소송법(IV), (2018), 313면(오영준 집필 부분).
5) 주석 민사소송법(IV), (2018), 313-314면(오영준 집필 부분).
6) 김홍엽, 민사소송법, 박영사(2021), 524-525, 780면.
7) 이시윤, 신민사소송법, 박영사(2021), 567-568면.
8) 전원열, 민사소송법 강의, 박영사(2021), 316-317면.
9) 호문혁, 민사소송법, 법문사(2020), 818면.

면 직접 소송법상 효력이 발생하지 않지만, 사법상 계약으로 유효하고, 원고에게 소취하 의무만이 발생한다고 보는 견해이다.

소취하계약 위반에 대한 구제방법에 따라 다시 두 가지 견해로 나뉘는데, ㉮ 피고가 별소에 의해서 소취하의무의 이행을 소구해서 승소판결을 받아 강제집행을 할 수 있고, 강제집행이 불가능하면 손해배상을 청구할 수 있다는 견해(의무이행소구설)와 ㉯ 피고에게 항변권이 발생해서 법원은 이에 대해서 원고의 소가 권리보호이익(권리보호자격)이 없다고 보아 부적법 각하해야 한다는 견해(항변권발생설)로 나뉜다.[10]

② 소송행위설(김상수)[11]: 소취하계약이 성립하면 소취하의무가 발생하는 것이 아니라 직접 소송계속의 소급적 소멸이라는 소송법상 효과가 생긴다는 견해이다. 소취하합의는 원고의 소취하 의사와 피고의 동의가 있는 점에서 소송행위에 해당하므로, 소취하합의가 인정되면 법원은 소송종료선언을 해야 한다고 본다.

③ 병존설(절충설, 전병서[12]): 소취하계약에는 사법계약과 소송계약의 성격이 병존한다는 견해이다. 원고는 피고에 대하여 소취하 의무를 부담할 뿐만 아니라 소송계약에 기해서 소송계속의 소멸이라는 효력이 생긴다고 본다.

3) 이 사건에서 사법행위설에 따르면, 원고들이 피고와 항소취하계약을 하여 항소취하 의무를 지게 되지만 실제 항소취하서를 제출한 것은 아니므로 여전히 항소심 소송은 계속되고 있다고 볼 수 있다. 이 경우 원고들이 청구의 교환적 변경을 할 수 있는지가 문제될 수 있다.

반면, 소송행위설이나 병존설에 따르면, 원고들이 피고와 항소취하계약(합

10) 소취하계약을 위반한 원고의 소송 진행에 관해서도 견해가 나뉘는데, 1설은 소취하계약을 맺고도 원고가 이를 어겨 소송을 진행하는 것은 이를 믿은 피고의 무방어 상태에 허를 찌르는 것이므로, 단순한 계약상의 의무위반을 넘어서 반윤리적인 것으로 본다. 단순한 사법상의 계약위반이라면 손해배상의무만 있을 뿐 권리보호의 이익이 없다는 결론 도출이 어렵다는 점을 근거로 한다[이시윤, 신민사소송법, 박영사(2021), 568면]. 2설은 계약에 위반하여 소송을 유지하는 행위는 계약불이행이고, 신의칙과는 아무런 관계가 없는 것이며, 권리보호이익이 아닌 권리보호자격의 흠결이라고 본다[호문혁, 민사소송법, 법문사(2020), 818면].

11) 김상수, 민사소송법, 법우사(2015), 273-274면.

12) 전병서, (기본강의)민사소송법, 홍문사(2017), 474면.

의)을 함으로써 그 자체로 직접 항소심 소송계속의 소급적 소멸이라는 소송법적 효과가 생기고, 항소기간 만료 시에 소급하여 제1심 판결이 확정되었다고 보게 될 것이다. 이 경우 항소취하합의 시점에 항소심 소송계속이 소멸되었으므로(법원은 소송종료선언을 해야 한다), 원고들은 더는 청구의 변경을 할 수 없다고 보게 될 것이다.

4) 판례는 "소송당사자가 소송 외에서 그 소송을 취하하기로 합의하였다면 그 소송은 원고에게 권리보호의 이익이 없다"라고 하거나(대법원 1965. 4. 13. 선고 65다15 판결) "재판상 화해에 있어서 법원에 계속 중인 다른 소송을 취하하기로 하는 내용의 화해조서가 작성되었다면 당사자 사이에는 법원에 계속 중인 다른 소송을 취하하기로 하는 합의가 이루어졌다 할 것이므로, 다른 소송이 계속 중인 법원에 취하서를 제출하지 않는 이상 그 소송이 취하로 종결되지는 않지만 위 재판상 화해가 재심의 소에 의하여 취소 또는 변경되는 등의 특별한 사정이 없는 한 그 소송의 원고에게는 권리보호의 이익이 없게 되어 그 소는 각하되어야 한다."라고 하였다(대법원 2005. 6. 10. 선고 2005다14861 판결). 즉 사법계약설의 입장에 있다고 볼 수 있다[13]

나아가 대법원 1966. 5. 31. 선고 66다564 판결은 '강제집행 당사자 사이에 그 신청을 취하하기로 하는 약정은 사법상으로는 유효하지만 이를 위배하였다고 해서 직접 소송으로 그 취하를 청구하는 것은 공법상의 권리의 처분을 구하는 것이어서 할 수 없다'고 판단하였다. 이는 부집행합의와 관련하여 사법계약설 중 '의무이행소구설'을 채택하지 않은 것으로 볼 수 있다.[14]

---

13) 대법원 1982. 3. 9. 선고 81다1312 판결, 대법원 2013. 7. 12. 선고 2013다19571 판결 등. 다만, 대법원 2013. 7. 12. 선고 2013다19571 판결은 '조건부 소취하의 합의를 한 경우에는 조건의 성취사실이 인정되지 않는 한 그 소송을 계속 유지할 법률상의 이익을 부정할 수 없다.'고 하였다(원고와 피고가 진행되고 있는 소송 등을 종결하기로 하는 내용의 합의하였으나, 위 합의에서는 피고가 원고에 대하여 300억 원을 현금으로 직접 지급하거나 대물변제하기로 하고, 피고가 그 의무를 이행함과 동시에 원고가 소취하서를 제출하기로 약정한 사안에서 조건성취 사실을 인정하기 부족하다고 보아 이 사건 소가 부적법하다는 피고 상고이유 주장을 배척함).
대법원 1981. 12. 8. 선고 80다2817 판결은 '원고 승소의 제1심 판결 선고 후 당사자간에 소송 외에서 소취하하기로 약정하였음에도 원고가 위 약정에 위배하여 소를 취하하지 아니하여 위 제1심 판결이 확정되고, 그 확정판결에 기하여 승소한 원고 명의로 소유권이전등기가 경료된 경우 그 등기는 확정판결에 의하여 이루어진 등기이므로 원인이 결여된 당연무효의 등기라고 할 수 없다.'고 한다.

14) 주석 민사소송법(Ⅳ), (2018), 315면(오영준 집필 부분).

5) 다수설, 판례의 입장인 사법계약설이 타당하다. 소취하계약을 하였으면 원고가 계약의 내용에 따라 소를 취하할 의무를 부담한다고 보는 것이 당사자의 의사에 부합하는 자연스러운 해석이다. 소취하계약은 소송 밖에서도 할 수 있고, 서면에 의한 방식에 따른 제약도 없는데, 이에 대하여 소취하 행위와 같은 법적 효과(소송계속의 소급적 소멸)를 부여하는 것은 당사자의 의사에 맞지 않고, 소송행위의 개념범위를 지나치게 확장하는 것이 되어 부당하다.[15)]

6) 항소취하의 합의에 대해서도 소취하 합의에 준해서 사법계약설에 입각해서 항소심에서 피항소인에 의하여 항소취하의 합의에 대한 주장·증명이 있으면[16)] 항소법원은 항소의 이익이 없는 것으로 보아 '항소각하' 판결하는 것이 타당하다.[17)]

소취하 합의에 의하여 소가 각하된 후라도 그 합의에 부제소 합의까지 포함되었다는 특별한 사정이 없는 한 다시 소제기를 하는 것까지 금지되지 않는다. 소취하와 청구의 포기는 소송을 종료시키는 점에서는 같지만 소송법상 효과에서 차이가 있어 소취하 합의에는 청구포기를 통한 소송종료의무가 포함되어 있다고 볼 수 없다(대법원 1984. 8. 21. 선고 83다카1624 판결).

4. 항소심에서 청구의 교환적 변경에 피고의 동의가 필요한지 여부

가. 청구의 교환적 변경(제262조)

항소심에서 청구의 교환적 변경에 피고의 동의가 필요한지 여부를 검토하기 위한 전제로 청구의 교환적 변경에 관해서 간략히 살펴본다.

---

15) 호문혁, 민사소송법, 법문사(2020), 818면. 원고가 소취하계약을 위반하여 소를 유지하는 것이 계약상 의무 위반을 넘어 반윤리적인 행위인지는 의문이다.

16) 이 사건에서 직접 쟁점이 되지 않았지만, 소취하계약의 존재가 직권조사사항인지 문제된다. 부제소합의에 관하여 법원이 직권으로 소의 적법 여부를 판단할 수 있다고 본 대법원 2013. 11. 28.선고 2011다80449판결을 근거로 소취하합의가 밝혀진 경우에도 달리 볼 이유가 없다고 보는 입장[주석 민사소송법(Ⅳ), (2018), 315-316면(오영준 집필 부분)]과 법률상 명문의 규정이 있는 불상소합의와 달리 부제소합의, 소취하합의, 상소취하합의 등 소송상 합의는 항변사유로 봐야 한다는 입장[김홍엽, 민사소송법, 박영사(2021), 526-527, 전원열, 민사소송법 강의, 박영사(2021), 317면]으로 나뉜다. 항변권발생설의 입장에 따른다면 후자의 입장이 보다 논리적이다.

17) 그러나 소송계약설의 입장에서는 소송종료선언을 해야 한다고 본다.

청구의 변경은 청구취지 또는 청구원인의 변경을 말한다(민사소송법 제262조). 그중에서 교환적 변경은 기존의 청구를 갈음하여 새로운 청구를 하는 것을 말한다. 대상판결은 '청구의 교환적 변경은 기존 청구의 소송계속을 소멸시키고 새로운 청구에 대하여 법원의 판단을 받고자 하는 소송법상 행위'라고 하였다.

항소심의 소송절차에는 특별한 규정이 없으면 제1심의 소송절차에 관한 규정이 준용되므로(민사소송법 제408조), 항소심에서도 청구의 교환적 변경을 할 수 있다. 청구의 변경 신청이나 항소취하는 법원에 대한 소송행위로서, 청구취지의 변경은 서면으로 신청해야 하고(민사소송법 제262조 제2항), 항소취하는 서면으로 하는 것이 원칙이지만 변론 또는 변론준비기일에서는 말로 할 수도 있다(민사소송법 제393조 제2항, 제266조 제3항).

나. 청구의 교환적 변경의 성질

1) 청구의 교환적 변경의 성질에 관해서 새로운 청구에 관해서 판단을 받고자 하는 행위로서의 성격 외에 구청구의 취하로서의 성격도 갖는지 문제된다.

2) 이에 관해서는 '신청구의 추가'와 '구청구의 취하'가 결합된 형태로 보는 견해(결합체설)[18]와 독자적인 소변경으로 보는 견해[19]로 나뉜다.[20]

두 학설은 ① '구청구의 취하'가 포함되었다면, 피고가 본안에 응소한 다음에는 피고의 동의를 얻어야 하므로 청구의 교환적 변경에 피고의 동의가 필요한지 여부, ② 항소심에서의 소취하로 재소금지효과가 생기는데, 항소심에서의 청구의 교환적 변경 후 구청구로 다시 변경할 수 있는지, ③ 항소심판결 주문상 차이 등을 가져온다.[21]

---

18) 이시윤, 신민사소송법, 박영사(2021), 712면, 김홍엽, 민사소송법, 박영사(2020), 974면, 정동윤/유병현/김경욱, 민사소송법, 법문사(2017), 974면.

19) 호문혁, 민사소송법, 법문사(2020), 869-870면, 문일봉, "소의 변경에 관한 새로운 고찰", 사법논집 27집, 법원도서관(1996), 207-349면, 유병현, "청구의 변경의 형태와 소의 취하", 안암법학 36호(2011), 511-547면. 이들 견해에 따르면 항소심에서의 교환적 변경의 경우 구청구에 대한 소송계속의 종료에 대하여 재소금지의 원칙도 적용되지 않는다고 한다.

20) 청구의 교환적 변경의 성질에 관한 학설의 대립과 판례의 태도에 관해서는 황은규, "청구의 교환적 변경과 소멸시효의 중단", 민사판례연구 35권(2013), 796-800 참조.

21) 전원열, 민사소송법강의, 박영사(2021), 605면.

3) 대법원 판례는 그 동안 '청구의 교환적 변경은 구청구를 취하하고 신청구만을 유지한다는 것', ' 소의 교환적 변경은 신청구의 추가적 병합과 구청구의 취하의 결합형태로 볼 것'이라고 하여 결합체설 입장에서 판단해 왔다(대법원 1975. 5. 13. 선고 73다1449 판결,[22] 대법원 1987. 11. 10. 선고 87다카1405 판결,[23] 대법원 2003. 1. 24. 선고 2002다56987 판결[24] 등).

그러나 이번 대상판결은 '청구의 교환적 변경은 기존 청구의 소송계속을 소멸시키고 새로운 청구에 대하여 법원의 판단을 받고자 하는 소송법상 행위'라고만 하였다. 기존 판례를 변경한 것은 아니지만 구청구의 취하로서의 성격이 있다고 명시하지 않았다.

다. 청구의 교환적 변경에 피고의 동의가 필요한지

1) 피고가 본안에 관해서 응소한 경우 청구의 교환적 변경에 피고의 동의를 필요로 하는지에 관해서도 견해가 나뉜다.

2) 동의필요설은[25] 청구의 교환적 변경으로 인한 구청구 취하도 소 취하에 해당하므로 소취하의 효력이 생기려면 피고의 동의(민사소송법 제266조 제2항)가 필요하다는 견해이다. 동의를 얻지 못하면 청구의 변경은 구청구에 신청구를 추가하는 추가적 변경이 된다고 한다. 다만, 피고가 구청구 취하에 대해

22) 대법원 1975. 5. 13. 선고 73다1449 판결은 '구 청구를 취하하고 신청구에 대한 재판을 구한다는 것은 그 신청구가 적법한 소임을 전제로 하여 구청구가 취하된다 할 것이요, 신청구가 부적법하여 법원의 판단을 받을 수 없는 청구인 경우까지도 구청구가 취하되는 소위 교환적 변경이라고 볼 수는 없다'고 한다.

23) 대법원 1987. 11. 10. 선고 87다카1405 판결은 '본안에 대한 종국판결이 있은 후 구청구를 신청구로 교환적 변경을 한 다음 다시 본래의 구청구로 교환적 변경을 한 경우에는 종국판결이 있은 후 소를 취하하였다가 동일한 소를 다시 제기한 경우에 해당하여 부적법하다.'고 한다. 대법원 1987. 6. 9 선고 86다카2600 판결도 같은 취지로 판단하면서 '소의 변경이 교환적인가 추가적인가 또는 선택적인가의 여부는 기본적으로 당사자의 의사해석에 의할 것이므로 당사자가 구청구를 취하한다는 명백한 표시 없이 새로운 청구취지를 항소장에 기재하는 등으로 그 변경형태가 불명할 경우에는 사실심 법원으로서는 과연 청구변경의 취지가 교환적인가 추가적인가 또는 선택적인가의 점에 대하여 석명으로 이를 밝혀 볼 의무가 있다.'고 하였다.

24) 대법원 2003. 1. 24. 선고 2002다56987 판결은 "항소심에서 청구가 교환적으로 변경된 경우에는 구청구는 취하되고 신청구가 심판의 대상이 되는 것이므로, 원고들의 2002. 6. 19.자 소의 교환적 변경으로 구청구인 손해배상청구는 취하되고 신청구인 정리채권확정청구가 심판의 대상이 되었음에도 원심이 신청구에 대하여는 아무런 판단도 하지 아니한 채(신청구에 대하여는 재판의 탈루에 해당되어 원심에 그대로 계속되어 있다.) 구청구에 대하여 심리·판단한 것은 소의 변경의 효력에 관한 법리를 오해한 위법이 있다 할 것이다."라고 하였다.

25) 이시윤, 신민사소송법, 박영사(2021), 712면, 전원열, 민사소송법강의, 박영사(2021), 605면.

서 이의하지 않고 변론한 경우에는 동의한 것으로 본다. 피고에게는 구청구에 관한 기각판결을 받을 이익이 있다는 점을 든다.

동의불요설은 민사소송법 제262조가 청구의 변경에 관해서 별도의 요건을 두고 있는데 피고의 동의를 요건으로 하지 않으므로 동의가 필요 없다고 보거나[26] 판례와 같이 청구의 기초의 동일성을 요구하므로 피고의 보호는 보장되고 관련 분쟁을 일거에 해결할 필요가 있어 피고의 동의는 필요하지 않다고 본다.[27]

3) 이 사건에서 피고는 명시적으로 청구의 변경에 대하여 이의하였다. 동의필요설에 따르면, 구청구의 취하로서의 효력은 없고, 신청구가 추가되는 추가적 병합으로 보아 항소심법원은 구청구와 신청구 모두에 대해서 판단을 해야 한다. 반면 동의불요설에 따르면, 원고들의 청구의 교환적 변경은 유효하고 항소심법원은 신청구에 관해서만 판단하면 된다.

4) 판례는 대법원 1962. 1. 31. 선고 4294민상310 판결에서 '청구의 변경은 변경 전후 청구의 기초사실의 동일성이 인정되는 범위에서만 가능하고, 청구의 교환적 변경에서도 변경 전후 청구의 기초 사실의 동일성에 영향이 없으므로, 취하에 준하는 피고의 동의는 필요하지 않는다'고 하여 동의불요설의 입장에 있다.[28][29][30]

---

26) 호문혁, 민사소송법, 법문사(2020), 869-870면

27) 정동윤/유병현/김경욱, 민사소송법, 법문사(2017), 974면

28) 대법원 1962. 1. 31. 선고 4294민상310 판결은 '본건은 원고가 피고들에 대하여 본건 광업권의 공유 지분권의 확인을 청구하였다가 청구를 육백육십만(6,600,000)환의 연대 지급을 구하는 청구로 변경하였음이 소론과 같으나 같은 사실관계에서 직접 또는 간접으로 발생한 사법상의 권리 또는 법률관계인 이상 이러한 권리 또는 법률관계를 소송물로 하는 소송은 청구의 기초가 같은 것으로 볼 것인데, 본 건에서 광업권의 공유 지분권의 확인 청구나 그 광업권을 다른 데 처분하였으므로 생긴 지분권에 대신할 손해배상 청구는 두 가지가 모두 같은 광업권의 공유관계에서 발생한 권리관계로서 청구의 기초에 변경이 없다할 것이고 교환적인 청구의 변경에 있어서도 변경 전후의 청구의 기초 사실의 동일성에 영향이 없으므로 구 청구에 대하여 취하에 준하는 피고의 동의를 필요로 하지 않는다고 봄이 상당하므로 논지는 이유없다.'고 하였다.

29) 주석 민사소송법(Ⅳ), (2018), 268면(강영수 집필 부분), 김홍엽, 민사소송법(2021), 1001면, 이시윤, 신민사소송법, 박영사(2021), 712면, 호문혁, 민사소송법, 법문사(2020), 869면은 판례를 동의불요설의 입장으로 파악하고 있다.
이에 대하여 판례가 피고의 동의를 필요로 한다고 보면서 대법원 2008. 5. 29. 선고 2008두2606 판결을 인용하고, 다만, 동의를 누락한 채로 교환적으로 변경된 청구에 대한 심리가 이미 진행된 경우 피고는 절차이의권을 상실한다고 하면서 대판 2011. 2. 24. 선고 2009다33655판결을 인용하면서 대법원 1962. 1. 31.

5) 동의필요설은 청구의 교환적 변경으로 인한 구청구 취하도 소취하에 해당하므로 피고의 동의에 관한 민사소송법 제266조 제2항이 직접 적용된다고 보는 입장이다.

소송의 현실을 보면, 청구를 교환적으로 변경하는 원고의 의사는 소송 중 어느 한 부분을 종료시키려는 데 있지 않고, 다른 청구로써 소송을 계속 수행하려는 데 있다고 보는 것이 자연스럽다.[31] 청구의 변경을 하는 원고의 의사는 자기가 법원에 대하여 요구하고 있는 권리 또는 법률관계에 대한 판단을 구하는 것을 단념하여 소송을 종료시킬 의도가 아니다. 기존 청구에 법리구성이 잘못되었거나 소로써 구하는 결론이 잘못되었거나 소송계속 중 사정변경으로 기존 청구가 더 이상 유효하지 않게 된 경우 등 상황에서 승소하기 위하여 기존 청구를 새로운 청구로 대체하고자 하려는 것이기 때문이다.

민사소송법 제262조는 청구의 변경에 관해서 정하고 있는데, 이러한 청구의 교환적 변경을 전형적인 모습으로 예정하고,[32] 청구의 변경 요건으로 ① 청구의 기초가 바뀌지 아니하는 한도에서(청구기초의 동일성), ② 소송절차를 현저히 지연시키지 않을 것을 정하고 있다.

4294민상310판결은 사실상 폐기된 것으로 보아야 한다는 견해가 있다[전원열, 민사소송법강의, 박영사(2021), 605면].

그러나 대법원 2008. 5. 29. 선고 2008두2606 판결은, 청구의 교환적 변경이 적법하게 이루어진 이후 원고가 항소취하서를 제출한 경우 그 소송이 원고의 항소취하로 종료되었다고 판단한 원심의 판단에 법리를 오해한 잘못이 있다고 하여 파기한 사례이다. 그 이유 중의 판단으로 '원고가 항소심에서 청구의 교환적 변경을 하였고, 피고가 청구의 기초가 동일한 위 변경에 대하여 별다른 이의 없이 2주 이상을 경과함으로써 위 소의 교환적 변경은 적법하게 이루어졌음을 알 수 있다.'는 부분이 있지만 피고의 동의 여부에 따라 청구의 교환적 변경의 효력 유무가 좌우되었던 사안이 아니었던 것으로 보여, 해당 쟁점에 관한 직접적인 판시라고 보기는 어렵다.

나아가 대법원 2011. 2. 24. 선고 2009다33655판결은 청구 기초의 동일성 범위에서 청구의 변경이 가능한데, 상대방이 청구의 변경에 대하여 아무런 이의를 제기하지 않고 본안에 관해서 변론한 경우에는 그 청구변경의 적법 여부를 다툴 수 없다는 취지(더는 청구기초의 동일성 여부를 다툴 수 없다는 취지)의 판결로 이해하는 것이 타당해 보인다.

30) 김홍엽, 민사소송법, 박영사(2021), 1001면은 판례가 동의불요설을 취하고 있는 근거로, 대법원 1970. 2. 24. 69다2172 판결을 인용하고 있다. 그러나 위 대법원 판결은 원심(대구고등법원 69나212판결)이 원고가 제1심에서 위자료만 청구하다가 항소심에 와서 재산상 손해와 위자료청구로 소를 변경한 것이 심급제도에 어긋나고 시기에 늦은 공격방법으로 허용될 수 없다는 피고의 주장에 대하여 '청구의 기초에 변경이 없고 특히 소송절차를 지연시키는 것이 아닌 이상 항소심에서도 소변경이 가능하고, 기록상 늦은 공격방어방법으로 보이지도 않는다'고 보아 피고의 주장을 받아들이지 않은 원심이 정당하다고 본 선례이다. 즉 해당 사안은 청구의 교환적 변경 사안이 아닌 것으로 보인다.

31) 호문혁, 민사소송법, 법문사(2020), 869면.

32) 호문혁, 민사소송법, 법문사(2020), 869면.

위와 같이 민사소송법 제262조가 청구의 변경에 관해서 별도의 요건을 두면서, 피고의 동의를 요구하지 않으므로, 동의는 필요 없다고 보는 판례의 입장이 타당하다.

라. 항소심에서 청구를 교환적으로 변경한 경우 재소금지가 적용되는지

결합체설과 판례에 따르면, 항소심에서의 청구의 교환적 변경에는 재소금지에 관한 민사소송법 제267조 제2항이 적용된다고 본다.[33]

반면, 청구의 교환적 변경을 독자적인 소변경으로 보는 입장에 따르면 재소금지의 적용대상이 아니다.

마. 청구의 변경 형태가 불분명한 경우

청구의 변경이 교환적인지, 추가적인지 또는 선택적인지는 기본적으로 당사자의 의사에 따른다. 당사자가 구청구를 취하한다는 명백한 표시 없이 새로운 청구취지를 항소장에 기재하는 등으로 그 변경형태가 불명할 경우에는 사실심 법원으로서는 석명으로 이를 밝혀 볼 의무가 있다(대법원 1987. 6. 9. 선고 86다카2600 판결, 대법원 1994. 10. 14. 선고 94다10153 판결, 대법원 2003. 1. 10. 선고 2002다41435 판결 등)

바. 청구의 변경신청에 대한 재판

1) 청구변경의 요건을 충족하지 못한 경우에 법원은 직권이나 상대방의 신청에 따라 청구변경의 불허결정을 한다(제263조). 이 결정은 중간적인 재판이므로 따로 불복할 수 없고, 이를 전제로 한 종국재판에 대하여 상소로 다툴 수 있다.

2) 청구변경의 요건이 구비된 경우 법원은 청구변경을 허가한다는 재판을 할 필요 없이 변경된 청구에 대하여 심리를 진행하면 된다. 청구변경을 허가하는 재판에 대해서는 불복할 수 없다고 보는 것이 일반적이다.[34]

---

33) 대법원 1987. 11. 10. 선고 87다카1405 판결, 대법원 1987. 6. 9. 선고 86다카2600 판결

34) 법원의 소 변경 허가에 대해서는 불복신청을 할 수 없다는 것이 서울고등법원 1963. 2. 11. 선고 62다180

우리나라 민사항소심은 속심제로서 항소심에서도 소의 교환적 변경이 가능하고, 이 경우 구 청구의 소송계속은 소멸되므로 항소심에서는 구 청구에 대한 제1심 판결을 취소할 필요 없이 신청구에 대하여만 제1심으로서 판결을 하게 된다(대법원 1989. 3. 28. 선고 87다카2372 판결).

제1심에서 패소한 원고의 불복으로 사건이 항소법원에 계속 중 원고가 소를 교환적으로 변경하였으며 항소법원이 신청구를 배척하여야 할 경우에는 원고의 '청구를 기각한다'는 주문표시를 하여야 하며 그 주문의 표시가 제1심 법원의 그것과 일치한다 하여도 '항소기각'의 판결을 해서는 안 된다(대법원 1974. 5. 28. 선고 73다1796 판결).

5. 당사자가 항소취하계약(합의)에도 불구하고 항소취하서를 제출하지 않은 상태에서 청구의 교환적 변경이 있는 경우 항소심법원이 취할 조치

가. 문제의 소재

이 사건에서 항소취하계약(약정)이 있는 상태에서 원고가 항소취하서를 제출하지 않고, 새로운 약정에 따른 금전지급의 이행을 구하는 것으로 청구를 교환적으로 변경한 경우 피고가 이러한 교환적 변경에 대하여 이의하였을 때 법원이 어떤 조치를 취해야 하는지 문제된다.

나. 견해의 상정

1) 신청구판단설(청구의 교환적 변경 가능)

항소심에서도 원고가 자유로이 청구의 교환적 변경이 가능하고, 피고의 동의는 청구변경의 요건이 아니므로(민사소송법 제262조 제1항), 항소심 법원은 항소취하계약의 존재를 이유로 청구변경을 불허할 수 없다는 입장이다.

청구의 교환적 변경에 따라 제1심판결이 실효되므로 항소각하 판결의 대상 자체가 소멸하므로, 항소심 법원은 항소취하 합의를 고려함이 없이 변경된 청구에 관해서 판단해야 한다는 입장이다.

판결(상고심 판결이다)

2) 항소각하설(청구의 교환적 변경 불허)

항소심 법원은 청구의 교환적 변경을 불허하고 항소취하계약의 존재를 이유로 항소를 각하해야 한다는 입장이다.

항소취하계약은 제1심판결을 확정시켜 그 기판력을 받기로 하는 약정으로 볼 수 있는데, 원고가 청구를 교환적으로 변경하면 제1심판결이 실효되어 일방적으로 애초의 합의를 무력화할 수 있고(특히 이 사건과 같이 제1심에서 피고의 상계항변이 인용되었는데, 제1심판결이 실효되면 자동채권의 존재에 관한 기판력이 소멸한다), 원고가 이를 악의적으로 이용할 수 있게 되는 문제가 있을 수 있다는 점을 근거로 한다.

다. 관련 선례

1) 항소심에서 먼저 소의 교환적 변경이 있은 이후에 항소인이 항소를 취하한 경우에는 항소취하의 대상이 없어 아무런 효력이 없다고 판단한 대법원 선례가 있다.

대법원 1995. 1. 24. 선고 93다25875 판결[35)] 항소심에서 소의 교환적 변경이 있으면, 제1심판결은 소취하로 실효되고, 항소심의 심판대상은 교환된 청구에 대한 새로운 소송으로 바뀌어 항소심은 사실상 제1심으로 재판하는 것이 되므로, 그 뒤에 항소인이 항소를 취하한다 하더라도 항소취하는 그 대상이 없어 아무런 효력이 없다.

그러나 이 사건과 같이 먼저 당사자들 사이에 항소취하 합의가 있었는데, 원고가 청구를 교환적으로 변경한 경우에 그 교환적 변경이 허용되는지에 관해서 직접적으로 판단한 대법원 선례는 없다.

2) 서울고등법원 2006. 3. 16. 선고 2005나30629 판결(확정)은 소취하합의 후 청구변경 사안에서, 아래와 같이 소취하합의가 있었더라도 적법하게 청구의 변경을 할 수 있음을 전제로 새로운 청구에는 기존 소취하합의의 효력이 미치지 않는다고 판단하였다. 다만, 소취하합의가 있는 경우 청구의 교환적 변경

35) 대법원 2008. 5. 29. 선고 2008두2606 판결

신청이 이러한 소취하합의에 반하는지에 관해서 직접 판단한 것은 아니다.

> 본안 전 항변에 대한 판단
>
> 피고는 2004. 7. 2. 원고와 이 사건 3차 약정을 체결하면서, 이 사건 소를 취하하기로 합의하였으므로, 이에 위반한 이 부분 소는 권리보호의 이익이 없어 부적법하다고 항변한다. 살피건대, 앞서 채용한 증거들에 의하면, 원고가 당초 (중략) 수분양자대장상 명의변경절차의 이행 등을 구하며 이 사건 소를 제기하였다가, 이 사건 제1심 소송이 계속 중이던 2004. 7. 2. 피고와 이 사건 3차 약정을 체결하면서 이 사건 소를 취하하기로 약정한 사실은 인정된다.
>
> 그러나 원고가 위 소취하 약정에 따라 소취하하기 전 피고가 (중략) 원고의 채권을 침해하는 불법행위를 하였음을 들어, 이로 인한 손해배상금의 지급을 구하는 것으로 청구의 변경을 한 이상, 이 부분 소는 앞서 본 소취하 약정의 전제가 된 이 사건 3차 약정에 의하여 해결된 분쟁에 관한 청구가 아니라, 그 후 발생한 새로운 분쟁에 관한 청구로서 위 소취하 약정의 효력이 미치지 않는다고 할 것이므로, 피고의 위 항변은 이유 없다.

라. 검토

1) 항소심에서 청구의 교환적 변경 신청이 있는 경우 그 시점에 항소취하서가 법원에 제출되지 않은 이상 법원은 특별한 사정이 없는 한 청구의 교환적 변경 요건을 충족하는지 살펴 이를 충족하는 경우 새로운 청구에 관해서 판단하면 된다고 보는 신청구판단설이 타당하다. 그 이유는 다음과 같다.

항소각하설은 항소취하의 합의로 인해 일단 항소의 이익이 없어진 이상 원고의 항소심에서의 청구의 변경을 포함하는 소송행위 자체가 허용되지 않는다는 전제에 있는 것으로 보인다.

그러나 '항소의 이익'이란 소송요건의 3요소인 당사자, 법원, 소송물 중 당사자에 관한 것(당사자능력, 당사자적격)도 아니고, 법원에 관한 것(관할)도 아니며, 소송물에 대한 것이므로, 소송물을 떠나서는 생각할 수 없다. 그런데 기존의 '소송물에' 부적법하거나 부적당한 요소가 있다면 사실심 변론 종결 전까지, 민사소송법이 정하는 청구 변경의 요건을 충족하는 한, 원고가 이를 바꾸어 소송을 진행할 수 있는 것이다. 예를 들어, 확인의 이익이 없는 부적법한 확인의 소를 제기한 원고는, 사실심 변론종결 전까지, 민사소송법이 정하는 청구 변경의 요건을 충족하는 한 이행의 소로 청구를 교환적으로 변경할 수 있는 것이다. 나아가 소송 계속 중 새로운 사실관계가 밝혀지거나 사정이 변경되는 등으로 구청구가 더 이상 유효한 권리구제 수단이 되지 않을 때에는 원고는 청구 변경의 요건을 충족하는 범위에서 유효한 권리구제 수단이 되도록 청구를 교환적으로 변경할 수 있어야 하는 것이다.

우리 민사소송법이 항소심에서도 청구의 변경을 허용하고 있고, 이 경우 판례가 '피고의 동의'가 필요하지 않다고 보는 것은, 속심의 성격을 갖는 항소심에서 '불복의 대상'이 아닌 새로운 청구를 할 수 있도록 결단을 한 것으로 보아야 한다.

2) 항소심에서 항소취하 합의가 있다는 이유만으로 청구의 교환적 변경이 허용되지 않는다면, 이는 청구의 교환적 변경의 요건으로 민사소송법 제262조가 정하고 있는 ① 청구의 기초에 동일성이 있을 것, ② 소송절차를 현저히 지연시키기 않을 것 외에 '항소취하 합의가 없을 것'이라는 새로운 요건을 정하는 것이 된다.

원고가 피고를 해할 의도로 청구의 교환적 변경 신청을 하는 것을 막을 필요가 있을 수 있다. 이러한 경우는 대체로 청구변경 요건(청구기초의 동일성, 소송절차를 현저히 지연시키지 않을 것)을 충족하지 못할 가능성이 높을 것이다.

3) 이 사건에서 원고들이 2015. 11. 13.자 지급약정(또는 2차 정산약정)에 기하여 피고를 상대로 따로 소를 제기할 수 있음은 분명하다. 원고들의 항소취하 합의는 같은 날 이루어진 피고의 2015. 11. 13.자 지급약정에 따라 피고가 정산금을 지급할 것을 예상하고 이루어진 것이다. 다만 정산금 지급을 조건으로 하는 조건부항소취하합의를 하였다고 보기는 어렵다(조건의 불성취를 주장하면서 항소취하합의의 효력이 없다고 주장할 수는 없다).[36)]

36) 이에 반하여 최은희, "2018년 민사소송법 중요판례평석", 인권과 정의 481호(2019), 26면은 '원고들에게 지불각서대로 지불하지 않은 피고로서는 원고들에게 피고에 대한 항소취하 합의를 주장할 수 없다고 보아야 할 것'이라고 하고 있는데, 항소취하 합의의 효력이 없다는 것인지 피고가 이를 주장하는 것은 신의칙

그런데 원고들이 항소취하서를 제출하지 않은 상태에서 피고가 당초 약정한 정산금을 지급하지 않음에 따라 원고들은 구청구와 밀접한 관련을 맺고 있는 새로운 청구로 교환적 변경을 한 것으로 볼 수 있다. 나아가 이 경우 신청구로 인해 소송절차를 현저히 지연시킬 것으로 보이지도 않는다.

4) 일반적으로는, 피고가 제1심에서 상계항변을 하고 법원이 이를 받아들여 원고의 청구를 기각한 때에는 제1심판결이 확정될 경우 상계항변과 관련한 기판력이 생기므로, 피고로서는 제1심판결의 확정에 대한 이해관계가 있을 수 있다.

이 사건에서 피고가 제1심에서 상계항변을 하였고 그것이 받아들여진 사정이 있기는 하지만, 이후의 지불각서와 2차 정산 약정 내용을 보면 제1심판결과 무관하게 새로운 내용으로 합의를 한 것으로 보이므로 2차 정산약정에 따른 화해계약의 성립으로 인해 제1심 판결에 대한 확정의 효용은 대부분 상실되었다고 볼 수 있다.

5) '항소취하 합의'라는 표현이나 문구에도 불구하고, 당사자 간의 합의의 해석상 ① 당사자 사이에 '일체의' 소송관계를 그만두기로 하는 부제소 특약이 포함된 것으로 해석되거나, ② '청구 변경을 하지 않기로 하는' 합의가 포함된 것으로 해석되는 경우가 있을 수 있다. 이러한 특별한 사정이 인정되는 경우에는, 원고가 청구 변경을 통해 판단을 받고자 하는 신청구에 대한 권리보호이익(자격)이 부정되어 항소심법원이 원고의 청구 변경을 불허할 수 있을 것이다. 그러나 이는 당사자 간의 합의의 내용이 부제소특약이나 청구변경 금지 합의를 포함하고 있는 경우에 한정된다.

이 사건에서 당사자 사이에 부제소합의나 청구변경을 하지 않기로 하는 합의까지 있었다고 볼 만한 사정은 찾아보기 어렵다.

마. 대상판결

대상판결도 항소심에서 청구의 교환적 변경 신청이 있는 경우 그 시점에 항

에 반한다는 것인지 불분명하다. 개인적으로 항소취하 합의의 효력을 부정하기는 어렵다고 생각한다.

소취하서가 법원에 제출되지 않은 이상 법원은 특별한 사정이 없는 한 민사소송법 제262조에서 정한 청구변경의 요건을 갖추었는지에 따라 허가 여부를 결정하면 된다. 항소심에서 청구의 교환적 변경이 적법하게 이루어지면, 청구의 교환적 변경에 따라 항소심의 심판대상이었던 제1심판결이 실효되고 항소심의 심판대상은 새로운 청구로 바뀐다. 이러한 경우 항소심은 제1심판결이 있음을 전제로 한 항소각하 판결을 할 수 없고, 사실상 제1심으로서 새로운 청구의 당부를 판단하여야 한다고 하였다.

6. 대상판결의 의의

대상 판결은, 항소심에서 당사자 사이에 항소취하 합의가 있었는데, 항소취하서가 제출되지 않은 상태에서 청구의 교환적 변경 신청이 있었던 경우 항소심법원이 취할 조치에 관하여 특별한 사정이 없는 한[37] 청구의 교환적 변경 신청이 민사소송법 제262조에서 정한 요건을 갖춘 경우 청구변경을 허가한 다음 사실상 제1심으로서 새로운 청구의 당부를 판단하여야 함을 분명히 한 선례로서 의의가 있다.

나아가 대상 판결은 청구의 교환적 변경을 '기존 청구의 소송계속을 소멸시키고 새로운 청구에 대하여 법원의 판단을 받고자 하는 소송법상 행위'라고 하여, 신청구의 추가와 구청구의 취하가 결합된 형태로 보는 기존 태도와는 달리 판시함으로써 청구의 교환적 변경의 성질에 관해서 새로운 모색적 여지를 남겨두었다는 점에서도 의의를 찾을 수 있다.

---

37) 위와 같은 '특별한 사정'에 해당할 수 있는 경우로는, 당사자 간의 '항소취하 합의'에 ① '일체의' 소송관계를 그만두기로 하는 부제소 특약이 포함된 경우, ② '청구 변경을 하지 않기로 하는' 합의가 포함된 경우를 생각해 볼 수 있을 것이다.

참고문헌

[논문]

문일봉, "소의 변경에 관한 새로운 고찰", 사법논집 제27집(1996).

양진수, "청구의 교환적 변경에 관한 연구", 서울대학교 석사학위논문(2005).

유병현, "청구의 변경의 형태와 소의 취하", 안암법학 36호(2011).

최은희, "2018년 민사소송법 중요판례평석", 인권과 정의 481호(2019).

황은규, "청구의 교환적 변경과 소멸시효의 중단", 민사판례연구 35권(2013).

[단행본]

김상수, 민사소송법, 법우사(2015).

김홍엽, 민사소송법, 박영사(2021).

이시윤, 신민사소송법, 박영사(2017).

전병서, (기본강의)민사소송법, 홍문사(2017).

전원열, 민사소송법강의, 박영사(2021).

정동윤/유병현/김경욱, 민사소송법, 법문사(2017).

호문혁, 민사소송법, 법문사(2020).

주석 민사소송법(Ⅳ), 한국사법행정학회(2018).

주석 민사소송법(Ⅵ), 한국사법행정학회(2018).

[헌정논문]

대법원 판례법리(배타적 사용·수익권 포기의 법리), 그 유지와 변경

- 대법원 2019. 1. 24. 선고 2016다264556 전원합의체 판결 -

명지대학교 법학과 교수 송 재 일

目 次

[사실관계 및 판결의 요지]
연구대상판결: 대법원 2019. 1. 24. 선고 2016다264556 전원합의체 판결
1. 사실관계
2. 제1심: 수원지방법원 2014. 11. 12. 선고 2013가단53256 판결
3. 원심: 수원지방법원 2016. 10. 12. 선고 2014나46157 판결
4. 이 사건의 쟁점
5. 대법원 판결
[연 구]
Ⅰ. 타인의 토지를 무상으로 사용·수익하는 방법과 분쟁 해결
1. 선결문제: 도로, 우수관, 오수관
2. 타인의 토지를 무상으로 사용수익하는 방법
3. 타인의 토지에 대한 무상의 사용수익에 따른 분쟁해결 방법
Ⅱ. 이른바 "토지 소유자의 독점적·배타적 사용·수익권 포기 법리"의 고찰
1. 1973년 이후: 우리나라의 과거 시대상황에서 발생한 독특한 법리
2. 2009년 이후: 독점적·배타적인 사용·수익권 포기 법리의 변화
3. 2019년 대법원 판결 이후 판결의 동향
4. 2019년 대법원 판결의 다수의견에 대한 고찰
Ⅲ. 대상판결의 검토 - 결론에 갈음하여
1. 당사자의 의사에 관한 해석
2. 판례의 유지 또는 변경
3. 소결

민법 제1조는 '**법원(法源)**'이라는 제목하에 "민사(民事)에 관하여 법률에 규정이 없으면 관습법에 의하고, 관습법이 없으면 조리(條理)에 의한다."라고 정하고 있다. 이는 민사 사건에 관한 재판의 기준이 될 수 있는 법규범을 열거한 것으로, 판례나 판례 법리는 여기에 없다. 하지만 판례는 사실상의 법규범으로

기능하기에 법 공부에서도 실무에서도 아주 중요하며, 이러한 점에서 최고법원인 대법원의 역할은 국민에게 법 생활의 좌표를 알려주는 **나침반**이자 미래의 법을 알려주는 **마법의 구슬** 같다고 할 것이다(밑줄이나 굵은 글씨체는 강조를 위해 저자가 임의로 표시한 것임, 이하 같음).

김재형 대법관님을 서울법대 대학원에서 스승으로 모시고 법 공부를 하였고, 지금은 대학에서 법을 가르치는 큰 은혜를 입었다. 이번에 김재형 대법관님께 논문을 헌정하는 영광된 자리에 기쁜 마음으로 동참하게 되었는데, 김재형 대법관님이 주심을 맡은 판결 중 **대법원 2019. 1. 24. 선고 2016다264556 전원합의체 판결**(재판장 대법원장 김명수, 주심 대법관 김재형)을 헌정 논문의 주제로 고르게 되었다. 이 판결에서 다수의견은 이른바 **「토지소유자의 독점적·배타적인 사용·수익권 포기 또는 그 행사 제한」**에 관한 기존의 대법원 판례 법리가 현재에도 여전히 타당하고, 이 법리를 적용하여 원고의 시설물 철거 및 부당이득반환청구를 배척한 원심의 판단 역시 타당하다고 보아 원고의 상고를 기각하였다. 이에 주심인 김재형 대법관님은 논리정연하게 반대의견을 펼치셨는데, 여기 그 의견의 일부를 먼저 음미하고자 한다.

> "배타적 사용·수익권 포기(독점적·배타적인 사용·수익권의 포기 또는 그 행사의 제한을 가리킨다) 법리는 1980년대 후반부터 대법원판결에 나타나기 시작하여 거대한 판례군을 형성하고 있다. 이 법리는 법률상 근거 없이 부동산 소유권과 그 행사를 제한하고 있을 뿐만 아니라 부동산 물권에 관한 민법의 기본원칙에 배치된다. 또한 대법원판결들이 서로 모순되는 법리를 제시하고 있어 비슷한 사안에서 다른 결론에 이르는 경우도 적지 않다. 이 법리가 형성된 지 30년이 지난 지금, 대법원은 이 법리의 문제점을 분명히 인식하고 **판례변경**을 통하여 명확한 법리를 제시할 때가 되었다고 생각한다.
>
> 다수의견은 배타적 사용·수익권 포기에 관한 기존 법리를 그대로 유지한다고 하고 있다. 그러나 다수의견은 두 가지 점에서 기존 판례와는 다르다. 하나는 기존의 '사용·수익권 포기'라는 표현과 함께 '사용·수익권 행사의 제한'이라는 표현을 사용하고 있다는 점이다. 다른 하나는 기존에는 이 법리를 소유자가 점유자를 상대로 부당이득반환청구를 하는 경우에 한정하여 적용했지만, 다수의견은 소유자가 점유자를 상대로 물권적 청구권을 행사하는 경우에도 이 법리를 명시적으로 적용하고 있다는 점이다.

> 이러한 다수의견은 서로 모순되는 다수의 판례들을 그대로 둔 채 일부 판례를 사실상 변경한 것으로서, 통일적 법리 제시라는 대법원의 기능과 역할에 맞지 않다. 배타적 사용·수익권 포기 법리의 문제점과 그 해결방안에 대하여 근본적인 전환이 필요하다는 입장에서 다음과 같이 상세한 이유를 개진하고자 한다."[1)]

대상판결은 1970년대를 전후하여 농어촌과 도시 등 전국적으로 시행된 새마을운동 주민자조사업으로 인한 재산권 문제가 발단이며, 권리의 구제와 분쟁의 해결이라는 대법원의 역할과 판결례의 모순이 있을 경우 전원합의체를 통한 판결례의 통일과 변경, 그리고 당사자의 의사해석에 관한 중요한 판단기준 등 여러 쟁점들이 골고루 풍부하게 담겨져 있다. 무엇보다 배타적 사용·수익권 포기의 법리는 법적 근거는 없지만 실무의 필요에서 등장한 우리나라의 독특한 법리로서 계속 수정 보완하여 왔지만, 처음부터 법적 근거가 명확하지 않았기에 이제는 대안을 찾아야 한다고 본다. 이 법리를 살펴보면서 2009년에 큰 변화가 있었는데, 당시 제가 은사님으로 존경하는 양창수 대법관님이 관여하였다. 그리고 이후 김재형 대법관님이 관여한 사건에서 한 번 더 변화가 있었다. 두 대법관님이 대법원에 봉직하면서 최근 대법원의 판결문, 특히 전원합의체 판결문은 한층 그 길이도 길어지고 논의도 다양해지고 깊어지는 경향을 볼 수 있었다. 대상판결도 길이가 상당한데, 판결문에는 다수의견과 이에 대한 조희대, 김재형 대법관님의 각 반대의견이, 그리고 다수의견에 대한 권순일, 박상옥, 민유숙 대법관님의 보충의견, 끝으로 김재형 대법관님의 반대의견에 대한 보충의견이 조목조목 깊이 있게 이어지고 있다. 판결에 참여한 대법관님들께 경의를 표하면서 이 판결에서 제기한 문제 중 특히 기존 대법원 판례 법리의 유지와 변경이란 점에 초점을 맞추어 헌정논문을 작성하고자 한다.

1) 이는 아래 연구대상판결문의 일부이다.

[사실관계 및 판결의 요지][2)]

연구대상판결: 대법원 2019. 1. 24. 선고 2016다264556 전원합의체 판결

1. 사실관계

1) **원고**는 용인시 처인구 (주소 생략) 전 1,587㎡(이하 '이 사건 토지'라 한다)의 **현 소유자**이고, 그 토지에는 우수관(이하 '이 사건 우수관'이라 한다)이 매설되어 있었는데, 이 사건 우수관이 설치되기 전에는 저지대인 이 사건 토지로 빗물과 인접토지의 생활하수가 흘러와 도랑의 형태로 이 사건 토지를 가로질러 악취를 풍기고 주변경관을 해치고 있었다.

2) 이 사건 토지를 소유하던 **소외 1(원고의 父, 이하 망인**이라 한다)을 포함한 마을 주민들은 1970~1980년경 **새마을운동 사업을 추진하면서 주민회의를 거쳐** 이 사건 토지에 우수관 시설을 설치하여 인근에 위치한 주택들에서 나오는 오수가 유입되도록 함으로써 악취 및 경관 문제를 해결하기로 하였다. 이에 따라 이 사건 토지를 관통하던 도랑을 대체하여 이 사건 우수관이 매설되었는데, 이로써 이 사건 토지 중 실제 밭으로 이용할 수 있는 면적이 증대되었다.

3) 이후 망인이 1994년경 사망하였고, 원고가 1995. 5. 29. 협의분할에 의한 상속을 원인으로 이 사건 토지의 소유권이전등기를 마쳤다.

4) 아래 그림1은 이 사건 토지 및 주변 현황인데, 29, 30, 31, 32의 각 점을 순차로 연결한 **'ㄱ'부분 지하**에는 인근에 위치한 주택들에서 나오는 오수가 유입되는 **우수관**(이하 '이 사건 우수관'이라 한다)이 매설되어 있는데, 그 지상에 소외 1이 1987. 3. 3. 연면적 221.19㎡의 스레트 연와가 목구조 이 사건 단독주택을 건축하여 건축물대장에 소유자로 등록하여 사용해 오다가 원고가 이를 철거하여 현재는 나대지 상태이고, 별지 도면 표시 17, 37, 38의 각 점을 순차

2) 판결문을 제공해준 조광국판사께 감사를 표한다.

로 연결한 **'ㄴ'부분 지하**에는 **오수관**(이하, 이 사건 오수관이라고 한다)이 매설되어 있는데, <u>그 지상은 도로로 사용</u>되고 있다. 더 정확히는 이 사건 단독주택은 대부분 소외 2 소유의 토지 위에 건축되어 있었고, 이에 소외 2가 2011년경 원고를 포함한 망인의 상속인들에게 건물철거 등을 구하는 소를 제기하였다. 이후 측량 등이 이루어진 다음 원고를 포함한 망인의 상속인들은 이 사건 단독주택을 철거하여 현재 이 사건 토지는 나대지 상태이다. 따라서 이 사건 토지 진입로 부분(아래 그림 1 별지 도면)의 15, 37의 각 점 주변 부분)부터 **이 사건 단독주택**이 위치하던 곳의 앞부분까지는 콘크리트로 포장되어 있고, 포장도로 중간에 둥근맨홀이 설치되어 있으며, 그 출입구 부근에 사각형의 이 사건 우수관 맨홀 덮개가 설치되어 있다.

〈그림 1〉 이 사건 토지의 현황

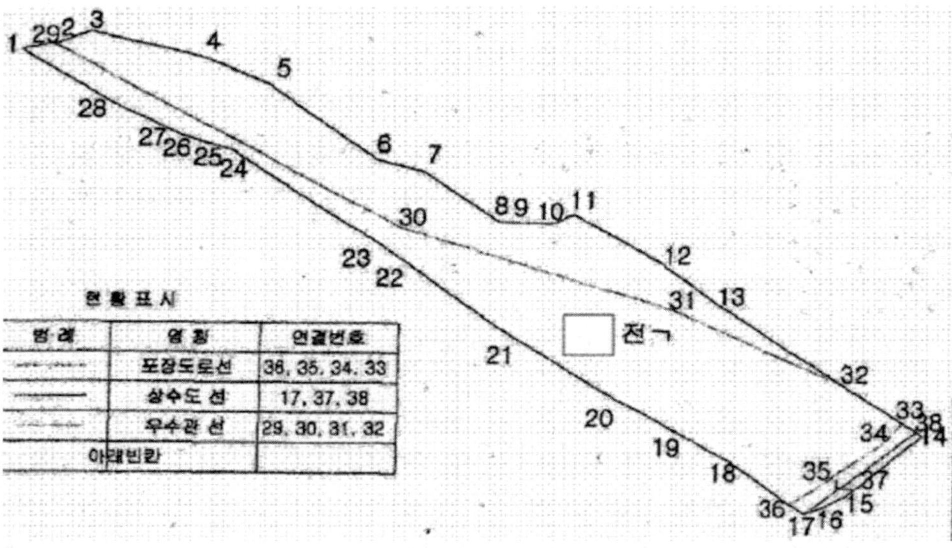

출처: 수원지방법원 2014. 11. 12. 선고 2013가단53256 판결; 수원지방법원 2016. 10. 12. 선고 2014나46157 판결.

5) **피고(용인시)**는 2008. 11. 19. 이 사건 토지의 좌측 상단부(원심판결 별지 도면의 2, 3, 28의 각 점 주변 부분)에 한강수계개발 사업의 일환으로 우수관

을 설치한 바 있는데, 그 우수관의 위치가 이 사건 우수관과 일부 중첩된다.

6) 이 사건 단독주택이 철거되기 전까지 망인과 원고는 피고에게 이 사건 우수관의 철거 또는 부당이득반환을 요구한 적이 없다.

7) 이 사건 우수관은 이 사건 토지 주변 주민들의 편익을 위한 시설일 뿐만 아니라 공공수역의 수질보전 역할도 하고 있다. 이 사건 우수관이 철거될 경우 인근 주민들이 그들의 주택에서 우수와 오수를 배출하기 곤란해진다.

8) 이에 **원고(현 토지 소유자)**는 이 사건 토지 소유자로서 이 사건 토지에 매설된 이 사건 우수관 (및 이 사건 오수관)의 **관리주체인 피고(용인시)를 상대로** 이 사건 **우수관 및 오수관의 철거와 함께 그 부분 토지 사용에 따른 차임 상당의 부당이득반환을 구하였고,**

9) 이에 대하여 **피고는 망 소외인(이하 '망인'이라 한다)이 이 사건 우수관 (및 오수관)이 설치된 토지의 지하부분에 대하여 스스로 오수관(과 우수관)을 <u>매설할 수 있도록</u> <u>토지를 제공</u>함으로써 그 부분에 대한 독점적이고 배타적인 사용·수익권을 포기**하였으므로, **그 상속인인 원고도 그러한 제한이 있는 토지를 상속**하였으며, 피고가 이들을 설치한 사실도 없으므로 그로 인하여 점유 상당의 부당이득을 취한 바도 없다고 주장하였다.

2. 제1심: 수원지방법원 2014. 11. 12. 선고 2013가단53256 판결

1) 제1심법원은 이 사건 우수관 (및 오수관)의 매설 및 관리책임 주체를 피고인 용인시장으로 판단하여 원고의 청구를 전부 받아들이고 피고의 주장을 배척하였다. 법원은 "이 사건 우수관의 규모가 작지 않기 때문에 개인이 비용을 들여서 직접 설치한 것으로는 보기 어려우며, 이 사건 우수관과 이 사건 오수관이 장기간 매설되어 있었다는 사정만으로 <u>배타적 사용수익권을 포기하였다고 볼 수 없다</u>. 따라서 이 사건 우수관과 이 사건 오수관의 매설 및 관리책임의 주체는 용인시장인 것으로 판단되므로 원고의 청구를 인용한다. 이때 <u>피고가 반환해야 할 점유 부분은 이 사건 우수관 및 오수관이 매설된 지하 부분</u>

에 해당한다. 오수관이 매설된 부분은 그 지목이 도로임을 전제로, 우수관이 매설된 부분은 전(田)임을 전제로 부당이득의 액수를 산정한다"고 판시하였다.

2) 법원은 그렇게 판단한 이유로 망인이 1987. 3. 3. 이 사건 토지상에 주택을 신축하였고 그 주택에 관한 건축물대장에 오수정화시설이라는 언급이 있기는 하지만, ① 당시 토지소유자 망인이 이 사건 오수관과 우수관 부분 토지에 관한 독점적이고 배타적인 사용수익권을 포기하였다는 직접적인 증거가 없는 점, ② 이 사건 토지 경계 좌측 부분 안쪽에 제2의 오수관이 매설되어 있었고, 피고가 그 중 일부를 철거하였으며 나머지 부분도 철거할 예정인바, 건축물대장상 '오수정화시설'이라는 표현은 피고가 철거하기로 한 제2의 오수관을 지칭하는 것으로 보이는 점, ③ 이 사건 우수관은 이 사건 이 사건 토지의 중앙부분을 길게 관통하여 매설되어 있어 이를 유지한 채 토지 전체에 대한 개발행위를 한다는 것은 현실적으로 매우 어려워 보이는 점, ④ 이 사건 우수관의 주된 용도가 인근 주택들에서 나오는 오수를 이 사건 오수관으로 유입되도록 하는 연결통로 용도인 것으로 보이는 점, ⑤ 위와 같은 상황에서 토지소유자 망인이 1개 필지의 토지에 우수관 1개와 오수관 2개를 매설하는 것을 동의하였을 것으로 보이지는 않는 점 등의 사정에 비추어 이 사건 우수관과 오수관이 장기간 매설되어 있었다는 사정만으로 망인이 이 사건 토지를 독점적이고 배타적인 사용수익권을 포기하였다고 볼 수 없다고 판단하였다.

3. 원심: 수원지방법원 2016. 10. 12. 선고 2014나46157 판결

1) 원심법원은 우수관과 오수관을 각각 나누어 판단하였는데, "소외 망인이 자신의 무허가 건물을 위하여 이 사건 우수관을 사용하였을 것으로 보이며, **이 사건 우수관은** 이 사건 토지를 가로질러 매설되어 있는 데다 그 규모 역시 크기 때문에 소외 망인의 동의하에 설치되었다고 보는 것이 자연스럽다. 또한 원고가 이 사건 토지 지상의 건물을 철거하기 전에는 피고에게 이 사건 우수관의 철거 및 부당이득반환을 청구한 적이 없는 점 등을 종합하여 보면, 소외 망인이 이 사건 우수관 매설 당시 그 매설 부지에 대한 배타적 사용수익권을

포기하였다고 봄이 상당하다. 따라서 이 사건 우수관에 대한 철거청구 및 부당이득반환청구를 기각한다. **반면 이 사건 오수관의 경우** 이설이 객관적으로 불가능한 것으로 보이지는 않으며, 이 사건 오수관의 철거로 현저히 중대한 사회적 피해가 발생한다고 보기 어렵다. 또한 피고가 원고에게 이 사건 오수관의 설치로 인하여 침해된 원고의 소유권을 적절하게 회복하거나 원고의 손실을 보상하기 위한 적극적이고도 필요한 조치를 취하였다고 볼 만한 자료가 없다. 이에 더하여 피고는 원고의 청구가 오직 타인에 대한 고통과 손해를 목적으로 하고 있으며 객관적인 사회질서에 위반된다고 주장하지만 피고가 주장하는 사유만으로는 이를 인정할 수 없다. 따라서 원고의 이 사건 청구를 권리남용이라고 보기 어려우므로 이 사건 오수관에 대한 철거청구 및 부당이득반환청구를 인용한다."고 판시하였다.

2) 이에 대해 원고는, 이 사건 우수관은 하수도법상 '공공하수처리시설'에 해당하므로 법령이 정한 절차에 따라 이 사건 토지에 대한 수용 및 손실보상이 이루어져야 하고, 배타적 사용·수익권 포기에 관한 대법원 판례가 적용되어서는 안 되며, 원심이 든 여러 사정들만으로는 이 사건에서 배타적 사용·수익권의 포기가 있었다고 볼 수 없다고 주장하며 상고하였다.

4. 이 사건의 쟁점

원심법원의 판결에 대하여 피고는 상고하지 않았으나, 원고가 이에 불복하여 상고하였다. 따라서 원고 청구 중 원고 승소로 확정된 이 사건 오수관 부분은 상고심의 심판대상이 되지 않았고, 원고가 불복하는 이 사건 우수관 부분에 대한 항소심 판결 부분만이 그 심판대상이 되었다.

대상판결의 쟁점은, 독점적·배타적인 사용·수익권 포기에 관한 기존의 대법원 판례를 적용하여 원고의 이 사건 우수관 철거 및 부당이득반환청구를 배척할 수 있는지 여부이다.

5. 대법원 판결[3)]

(1) 다수의견

권순일, 박상옥, 민유숙 대법관 등 10명의 대법관은 다수의견을 통해 독점적·배타적인 사용·수익권 포기에 관한 기존의 대법원 판례를 유지하였고 이에 상고는 기각되었다. 대법원 1973. 8. 21. 선고 73다401 판결 선고 이후 다수의 대법원 판결을 통하여, 토지 소유자 스스로 그 소유의 토지를 일반 공중을 위한 용도로 제공한 경우에 그 토지에 대한 소유자의 독점적이고 배타적인 사용·수익권의 '행사가 제한'되는 법리가 확립되었다. 대법원은 그러한 법률관계에 관하여 판시하기 위하여 '사용·수익권의 포기', '배타적 사용·수익권의 포기', '독점적·배타적인 사용·수익권의 포기', '무상으로 통행할 권한의 부여' 등의 표현을 사용하여 왔다. 이러한 법리는 대법원이 오랜 시간에 걸쳐 발전시켜 온 것으로서, 현재에도 여전히 타당하다.

기존 판례를 유지하는 이유는 **다수의견에 대한 보충의견(3명)**의 판시에 상세히 나타나 있다. 이를 살펴보면, (1) 기존 판례 법리는 토지 소유자가 자신의 토지를 일반 공중의 사용에 제공함으로써 유·무형의 이익을 누린 것으로 평가되는 사안에서 관계자들 사이의 이해관계를 적절히 형량하는 법리로서 기능하여 왔다. (2) 독점적·배타적인 사용·수익권 행사 제한에 관한 법리는 사적 자치의 원칙을 전제로 하는 것으로서, 사용·수익권의 '소멸'을 의미하는 것이 아니고, 구체적 사안에서 소유자로서의 권리 행사를 받아들일지에 대한 판단기준이 되므로, 전체 법질서 내에서 조화를 이루고 있다. (3) 확립된 판례 법리를 폐기할 경우에 발생하는 규율의 공백에 대하여 기존 판례를 대체할 만한 대안이 존재하지 않는다.

대법원 판결(다수의견)의 의의를 살펴보면, 첫째, 쟁점 법리는 소유자가 자신의 토지를 일반 공중의 이용에 제공한 경우에 그 권리행사 제한 여부를 판단하기 위하여 대법원이 오랜 시간에 걸쳐 발전시켜 온 법리로서, 현재에도 여

3) 대법원판결문과 대법원 공보관실 보도자료를 참조하여 정리하였다. 참고로 대법관 2인(대법관 안철상, 대법관 김상환)은 본건 합의에 관여하지 않았으므로 선고에도 관여하지 않아, 12분의 대법관이 관여하였다.

전히 타당함을 확인한 것에 있다. 이 사건 이전에 쟁점 법리에 대한 학계의 비판이 많았고, 이 쟁점에 관한 대법원 판례 역시 일관되지 못하다는 지적이 꾸준히 있었는데, 이 판결을 통하여 위와 같은 논쟁이 일단락될 수 있다는 것이다.

둘째, '포기'라는 용어 사용에도 불구하고 그 실질적인 의미는 '행사의 제한'임을 분명히 하였다. 「독점적·배타적인 사용·수익권 포기」라던 기존 판례의 설시를 원용하면서도, 그 실질적인 의미에 따라 「독점적·배타적인 사용·수익권 행사의 제한에 관한 법리」라고 지칭하였다. 토지 소유자의 독점적·배타적인 사용·수익권의 행사가 제한되는 것으로 보는 경우에도, '일반 공중의 무상 이용'이라는 토지이용현황과 양립 또는 병존하기 어려운 '토지 소유자의 독점적이고 배타적인 사용·수익'만이 제한될 뿐이고, 토지 소유자는 일반 공중의 통행 등 이용을 방해하지 않는 범위 내에서는 그 토지를 처분하거나 사용·수익할 권능을 상실하지 않는다고 함으로써, 판결의 의미 확대를 경계하였다.

셋째, 사안별·세부쟁점별로 흩어져 있던 판시들을 집약하여 ① 판단기준과 효과, ② 물적 적용범위, ③ 인적 적용범위(상속인과 특정승계인), ④ 사정변경의 원칙에 관하여 체계적인 판시를 하였다. 토지 소유자가 물권적 청구권을 행사하는 경우, 토지 소유자가 해당 토지를 도로 이외의 다른 용도로 제공한 경우, 그리고 상속인의 경우에도 해당 법리가 적용된다는 점을 법리로서 명시적으로 판시하였다. 기존 판례가 실질적으로 고려해 온 '토지의 제공에 따른 소유자의 이익 또는 편익의 유무'를 판단요소로 최초로 제시하였다.

넷째, 기존 판례의 타당성을 확인하는 데 그치지 않고 향후의 재판 실무에서 적용될 수 있는 구체적인 판단기준과 요소를 제시하였다. 토지 소유자의 독점적이고 배타적인 사용·수익권 행사의 제한 여부를 판단하기 위해서는 '토지 소유자의 소유권 보장과 공공의 이익 사이의 비교형량'을 하여야 한다는 점을 최초로 판시하였다. 원소유자의 독점적·배타적인 사용·수익권 행사가 제한되는 경우 해당 토지의 소유권을 취득한 특정승계인의 사용·수익권 행사 역시 제한되는 것이 원칙임을 확인하면서도, '특별한 사정'이 있다면 특정승계인의 독점적·배타적인 사용·수익권 행사가 허용될 수 있다는 점을 최초로 판시하였고, 위와 같은 '특별한 사정'에 관한 구체적인 판단기준을 제시하였다. 특정승계인 문제는 그동안 가장 논란이 심했던 영역이라는 점에서, 이 부분 판시는 의의가 크다고 할 수 있다. 그밖에 토지 소유자의 독점적・배타적인 사용・수익권 행사가 제한되는 시한을 객관적인 토지이용현황이 유지되는 한도 내로 하여 최초로 제시하였고, 해당법리가 적용되는 경우에 '사정변경의 원칙'이 적용될 수 있는 구체적인 요건과 판단기준을 제시하면서, 기존의 판단요소에 더하여 '소유자의 권리행사를 허용함으로써 일반 공중의 신뢰가 침해될 가능성'을 추가로 제시하였다.

(2) 반대의견 1(대법관 조희대)

독점적・배타적인 사용・수익권 포기에 관한 기존의 대법원 판례 전부를 폐기하여야 한다. 이에 파기환송 의견을 냈으며 원심의 법리 오해를 지적하였다.

그 이유로 (1) 사용・수익권의 포기는 소유권의 본질에 어긋나고, 공시의 원칙이나 물권법정주의와도 맞지 않으며, 실질적으로 국가 또는 지방자치단체의 '보상없는 수용'을 인정하는 것과 마찬가지가 된다. (2) 또한, 기존의 판례는 대법원 판례에 의하여 확립된 다른 법리와 근본적으로 조화를 이루기 어렵고, 판례를 유지하는 이상 실무상으로도 토지 소유자의 권리행사를 손쉽게 제한하는 등 부당한 결과가 초래될 것이다. (3) 민법 등 법률의 명문 규정과 그에 기초한 법리가 적용될 수 있는 경우에만 토지 소유자의 사용・수익권을 포함한 소유권 행사가 제한될 수 있다.

(3) 반대의견 2(대법관 김재형)

사용・수익권 포기에 관하여 이를 '상대방있는 채권적인 행위'로 본 일부 판례를 제외한 나머지 대법원 판례 전부를 폐기한다. 이에 파기환송 의견을 냈으며, 원심의 법리오해와 심리미진을 지적하였다.

그 이유로 (1) 토지 소유자가 자발적인 의사에 의하여 그 소유 토지를 일반 공중의 이용에 제공한 경우에 '소유권을 행사하지 않겠다는 의사표시', 즉 '소유권 불행사의 의사표시'를 한 것으로 볼 수 있고, 이는 상대방 있는 의사표시로서 사용대차와 유사한 채권적인 효력을 가지는 법률행위이다. (2) 그런데 독점적·배타적인 사용·수익권 포기에 관하여 '포기'라는 용어의 통상적인 사용례에 따라 '사용·수익권의 소멸'의 의미로 받아들여지는 판례와, '상대방 있는 채권적인 행위'로 본 판례가 공존하고 있다. (3) 사용·수익권 포기에 관하여 이를 '상대방 있는 채권적인 행위'로 본 일부판례를 제외한 나머지 판례는 물권법정주의나 공시의 원칙, 법치행정 등 공·사법적인 관점에서 중대한 문제점이 있으므로 변경되어야 한다.

[연 구]

Ⅰ. 타인의 토지를 무상으로 사용·수익하는 방법과 분쟁 해결

1. 선결문제: 도로, 우수관, 오수관

(1) 도로

1) 일반적으로 도로는 사람과 자동차 등 도로 이용자들이 통행을 위해 사용하는 길을 말하지만, 법적으로 도로는 **공도(公道), 사도(私道), 사실상 도로**의 3가지로 나눌 수 있다.[4] 먼저 **공도(公道)는** 국가나 지방자치단체 등에 의하여 설치되어 일반 공중의 교통에 제공되는 물리적인 시설물을 말하고, 행정주체가 이를 개설하고 관리하고 있다. 공도는 도로법에 따른 노선의 지정 또는 인정의 공고 및 도로구역의 결정이나 국토의 계획 및 이용에 관한 법률에 의한 도시계획사업의 시행 등 법률에 따른 정식의 **도로설정행위**를 거쳐 개설된 도로(법률상 도로)이다.[5] 즉, 도로는 법적으로 공도만을 뜻한다.

4) 도로에 관하여는 양형우, "토지소유자의 독점적·배타적인 사용·수익권 행사의 제한 - 대법원 2019.1.24. 선고 2016다264556 판결 -", 홍익법학,20(2), (2019), 521-553면 참조; 이병준, "사도의 사법상 법률문제", 토지법학 제30권 제2호, 한국토지법학회(2014), 193면.

5) 대법원 2012.9.13. 선고 2010두11849 판결. 도로법상 도로의 개설절차는, ① 노선의 지정 또는 인정 및 공

도로관리청은 고속국도와 일반국도는 국토교통부장관이고, 특별시 광역시 특별자치시 특별자치도 또는 시의 관할구역에 있는 일반국도(우회국도 및 지정국도는 제외)와 지방도는 해당 시 도지사 또는 시장이다(도로법 제2조 제5호, 제23조). 도로관리청은 다른 법률에 특별한 규정이 있는 경우를 제외하고는 도로공사와 도로의 유지 관리를 수행하여야 한다(도로법 제31조 제1항). 수용시 인근토지와 동일하게 정상 평가하여 보상받는다(토지보상법 시행규칙 제26조).

2) 다음으로 **사도(私道)**란 도로법 제2조 제1항에 의한 도로나 도로법의 준용을 받는 도로(또는 3.「농어촌도로 정비법」제2조제1항에 따른 농어촌도로나「농어촌정비법」에 따라 설치된 도로 중 시·군도)가 아닌 것으로서 그 도로에 연결되는 길을 말하고(사도법 제2조), 관할시장이나 군수의 허가를 받아 개인에 의하여 개설되고 관리된다(사도법 제7조). 사도라고 하여 일반 공중의 통행을 제한하거나 금지할 수 없지만, 통행상 위험을 방지하기 위한 경우 등과 같은 일정한 경우에는 소유자는 일반 공중의 통행을 제한하거나 금지할 수 있다.

사도는 원칙적으로 토지 소유자가 관리하며 소유주가 폐쇄할 수도 있고, 도로 사용시엔 사용승낙이 필요하며, 수용시엔 현황지목에 의해 평가보상을 받게 된다. 인근토지 1/5 이내로 평가한다(토지보상법 시행규칙 제26조(도로 및 구거부지의 평가) 제1호). 도로 확보를 위해 토지사용 승낙서를 사용했을 시, 후일 토지소유자가 변동되었을 때는 새로운 소유자로부터 법적으로 안전하게 계속 진입로로 사용하기가 곤란한데, 이는 도로사용 승낙 계약이 승계되지 않았기 때문이다. 이때, 이론적으로 **통행지역권 등기**란 제도가 있으나 토지소유자가 거부하면 소용이 없다. 그래서 최근 지자체에서는 이런 관행을 방지하기 위해서 사도개설시에는 **유상의 토지사용 승낙서**를 조건부로 해당 필지에 도로고시를 한 후에 허가를 내주고 있는 추세이다.

3) 끝으로 일반 공중의 교통에 제공되는 물적 시설물로서의 실질을 가지고

고(제19조, 제20조), ② 도로구역의 결정 고시(제25조), ③ 도로구역 내 토지 등의 수용 또는 사용(제82조), ④ 도로 공사(제31조), ⑤ 사용개시 공고(제39조)의 과정을 거쳐 이루어지는데, 도로법에 의한 도로 중 사유지의 경우 도로로서의 이용에 방해가 되는 범위 내에서 사권(私權)의 행사가 제한된다(도로법 제4조).

있지만, 법률에 따른 도로개설행위가 존재하지 않는 도로가 있는데, 이를 '사실상 도로(현황도로, 관습상 도로라고도 함)'라고 한다.[6] 사실상 도로는 사도(私道)와 구분되는데, (사도법 제9조). 즉 사도는 공도에 연결되는 길이지만 사실상 도로는 공도 그 자체로 기능하는 것이고, 사도는 관할시장 등의 허가를 얻어 개설하지만 사실상 도로는 그러한 허가절차를 거치지 않고 형성되는 것이며, 사도의 관리주체는 개설자 개인이지만 사실상 도로는 국가나 지방자치단체가 점유·관리하는 경우가 많은 점에서 차이가 있다.[7] 사실상 도로는 지목의 일부 또는 전부가 법정도로가 아니며 소유권이 사적 소유이나 현재는 도로의 목적으로 사용되고 있는 것이다. 사실상 도로에는 별도로 법률규정이 존재하지 않고 순수한 사도(私道)와 민법상 통로(통행로)의 법 규정이 혼합되어 준용되고 있다.

사실상 도로는 원칙적으로 폐쇄가 불가능하지만, 사도는 통행의 제한이 가능하다. 사실상 도로의 사용에는 토지 소유자의 승낙 여부는 불필요하고, 건축허가는 지자체장이 도로로 인정하거나 또는 전용허가시에는 가능하며, 수용시의 보상액은 인근토지 평가액의 1/3로 평가보상되고 있다(토지보상법 시행규칙 제26조(도로 및 구거부지의 평가) 제2호).

사실상 도로의 형태는 대부분 폭 2m 내외에서 자연 발생된 도로이며 비도시지역인 산골의 산재된 소수 촌락의 진입로와 1970년대 새마을 운동의 일환으로 개설된 새마을도로, 좁은 농로에 인접하여 구거, 임야 등의 부지를 통합하여 2~3m 폭으로 확장·개설된 도로가 주류를 이루고 있다.

한편 독점적·배타적인 사용·수익권의 포기에 관한 판례가 적용되는 대다수 사실상 도로는 (1) 해당 사유지가 법에서 정한 적절한 보상절차 없이 '도로'의 형태로 일반 공중의 이용에 제공되는 경우[8] 또는 (2) 토지소유자가 토지를 분할하여 일단의 택지로 조성 분양하면서 남겨둔 토지부분을 매수인들이나

---

6) 사유지가 사실상 도로로 사용되는 경우, 그 토지소유자는 현실적으로 재산권 행사에 지장을 받게 되지만, 정식의 도로개설행위가 없었으므로 공법상 손실보상이 이루어지지는 않는다.

7) 김승정, "배타적 사용수익권 부존재확인청구의 가부 - 대법원 2012.6.28. 선고 2010다81049 판결", 대법원 판례해설 제91호(2012 상반기), 법원도서관(2012), 36면.

8) 대상판결 다수의견에 대한 대법관 조희대의 반대의견 1 참조.

일반 공중의 통행로 또는 도로로 제공한 경우(이를 '**단지분할형 도로**'라고도 부른다)이다.9)

〈표〉 도로의 구분과 법적 규율

구분	소유권	사용수익권	개설관리	폐도	근거법	지목
공도	국공유	행정청	행정청	도로관리청 승인	도로법 등	도로
	사유	행정청	행정청	도로관리청 승인	도로법 등	
사도	사유	행정청	행정청 허가를 받아 개인이 개설관리	사도허가 취소(이해관계인 의견, 청문)	사도법	도로
사실상 도로	사유	공용	개설행위는 없으나 국가 및 지자체의 사실상 지배	절차 없음(소송)	사도법 적용되지 않음	도로 아님

4) 한편 국가 또는 지방자치단체 외의 자가 부동산을 비롯한 재산의 소유권을 무상으로 국가 또는 지방자치단체에 이전하여 국가 또는 지방자치단체가 이를 취득하는 것을 **기부채납**이라고 한다(국유재산법 제2조 제2호, 공유재산 및 물품관리법 제2조 제3호).10) 기부채납은 국가 또는 지방자치단체 외의 자가 국가 또는 지방자치단체에게 그 소유재산을 국·공유재산으로 증여하는 기부의 의사표시를 하고, 국가 또는 지방자치단체는 이를 승낙하는 채납의 의사표시를 함으로써 성립하는 증여계약이며,11) 그 주된 내용은 기부자가 그 소유재산에 대하여 가지고 있는 사용·수익권 및 처분권 등의 소유권을 무상으로 국

9) 김민정, "사실상 도로로 사용되는 토지에 대한 소유자의 배타적 사용수익권의 포기란 무엇이고, 토지의 특정승계인에게는 어떤 효력이 있는가 - 대법원 2009.3.26. 선고 2009다228,235 판결과 대법원 2009.8.20. 선고 2009다38247,38254 판결 관련", 재판실무연구 2010, 광주지방법원(2011), 83면; 김승정, 위 논문, 40면.

10) 국가 또는 지방자치단체는 국민 또는 주민의 다양한 수요에 부응하기 위하여 도로, 항만, 철도, 학교, 환경시설 등의 공공시설을 설치하여 운영한다. 그러나 국가 또는 지방자치단체의 재정부담을 줄이고 사업의 효율성을 높이기 위하여 민간참여를 유도함에 따라 민간기업이 공공시설을 설치하여 국가 또는 지방자치단체에 기부하는 현상이 증가하고 있다. 이 경우 민간기업은 공공시설에 대한 투자금액을 회수하기 위한 방편으로 일정 기간 동안 시설사용수익권 내지 시설관리운영권을 제공받는다. 이렇게 시설사용수익권을 제공받는 대가로 시설을 기부하는 것을 가리켜 순수한 기부금과 구별하여 기부채납이라고 부른다. 기부를 받는 기관은 국가 또는 지방자치단체인 경우가 많지만 사립학교 등 민간기관을 상대로 기부채납이 이루어지기도 한다[이중교, "기부채납과 과세문제 - BTO방식과 BTL방식을 중심으로", 토지공법연구 제53집, 한국토지공법학회(2011), 292면]; 양형우, 위 논문, 537면에서 재인용.

11) 대법원 1999.2.5. 선고 98다24136 판결; 대법원 1996.11.8. 선고 96다20581 판결; 대법원 1992.12.8. 선고 92다4031 등.

가 또는 지방자치단체에게 양도하는 것이다.[12] 국가 또는 지방자치단체에 재산을 기부채납하기 위해서는 법령에 따라 기부서 등을 제출하여야 하지만, 이는 증여계약의 내용과 성립을 확실하게 하기 위하여 요구되는 것일 뿐이지 그 제출이 증여계약의 성립요건이라고는 볼 수 없다.[13]

(2) 우수관, 오수관 등

1) 물길에는 **상수도와 하수도**가 있다. 먼저 **'상수도(上水道)'**는 수도법에 따라 설치되는 관로(管路), 그 밖의 공작물을 사용하여 원수나 정수를 공급하는 시설의 전부를 말하며, 일반수도·공업용수도 및 전용수도로 구분한다(수도법 제2조 제5호). 다만, 일시적인 목적으로 설치된 시설과 「농어촌정비법」 제2조제6호에 따른 농업생산기반시설은 제외한다. 여기서 "일반수도"란 광역상수도·지방상수도 및 마을상수도를 말한다.

2) 다음으로 **'하수도(下水道)'**는 하수와 분뇨를 유출 또는 처리하기 위하여 설치되는 하수관로 공공하수처리시설 배수설비 개인하수처리시설 그 밖의 공작물 시설의 총체를 말한다(하수도법 제2조 제3호).[14] 우리나라는 1970년 이후 본격적인 하수도 정비를 시작하여 현재까지 하수도 정비를 착실히 진행하여 왔다. 여기서 '하수'는 사람의 생활이나 경제활동으로 인하여 액체성 또는 고체성의 물질이 섞이어 오염된 물(이하 '오수'라 한다)과 건물 도로 그 밖의 시설물의 부지로부터 하수도로 유입되는 '빗물 지하수'를 의미한다(하수도법 제2조 제1호). 결국 하수도법 제2조 제1호에 비추어 볼 때, 이 사건 토지에 설치된 **'오수관(汚水菅)'**은 오수(구정물)를 배수하기 위하여 설치된 관을 의미하고, **'우수관(雨水管)'**은 빗물을 배수하기 위하여 설치된 관을 가리킨다고 할 것이다.

3) 현행법상 하수도의 설치 및 관리에 관한 권한과 의무의 주체는 지방자치법에 의한 지방자치단체이다(지방자치법 제9조 제2항 제4호 자목, 하수도법 제3조 제2항, 제11조). 하수도에는 **공공하수도와 개인하수도**가 있다. 공공하수도는

12) 이중교, 위의 논문, 293면.
13) 대법원 1999.2.5. 선고 98다24136 판결.
14) 하수도에 관하여 자세히는 양형우, 위 논문, 543면 이하 참조.

지방자치단체가 설치 또는 관리하는 하수도로서 개인하수도를 제외한 것을 의미하며(하수도법 제2조 제4호), 토지나 그 위의 시설물의 소유자 등은 하수를 공공하수도에 유입시키야 하고, 필요한 때에는 배수설비를 설치하여야 한다(하수도법 제27조 제1항).

4) 우수관과 오수관도 공공하수도인지 아니면 개인하수도인지를 구분하여야 한다. 먼저 우수관 등이 **공공하수도**인 경우, 지방자치단체의 장은 하수도정비기본계획에 따라 공공하수도를 설치하여야 한다(하수도법 제11조 제1항). 지방자치단체가 타인의 토지에 공공하수도를 적법하게 설치하기 위해서는 해당 토지의 지하부분에 관하여 구분지상권(민법 제289조의2)을 취득하거나 기부채납 또는 임대차 사용대차계약에 따른 용익권이 존재하여야 한다. 지방자치단체가 **"공익사업을 위한 토지 등의 취득 및 손실보상에 관한 법률(이하 '토지보상법'이라 한다)"**에 따라 협의 또는 재결에 의하여 구분지상권이나 임차권을 취득하는 경우에는 토지소유자가 입은 손실을 보상하여야 한다(하수도법 제10조 제1항, 토지보상법 제61조, 제3조 제1호). 따라서 지방자치단체가 관련 법령에 정해진 적법한 보상절차를 거치지 않고 사유지를 권원 없이 점유하여 공공하수도의 매설 부지 등으로 사용함으로써 토지소유자의 사용·수익이 제한되고 있는 경우, 지방자치단체는 토지소유자와의 관계에서 법률상 원인 없이 그 토지를 사용·수익하는 이득을 얻고 토지소유자는 그만큼의 손해를 입고 있으므로, 토지소유자는 지방자치단체를 상대로 부당이득반환을 청구할 수 있다.[15)]

반면에 기부채납의 약정 등에 따라 공공하수도의 매설 부지 등으로 사용함으로써 토지소유자의 사용·수익이 제한되고 있는 경우에는 지방자치단체는 토지소유자에게 보상할 필요가 없다.

6) 상수도, 하수도, 전선 등의 시설은 문명생활을 위해 필요 불가결하고, 빗물이나 오수를 배출하기 위한 시설도 필요하지만, 그러한 시설을 하기 위해서는 그 시설이 타인의 토지를 통과해야 하는 경우가 많다. 이러한 경우 타인의 토지 통과를 당사자의 계약에만 맡긴다면 사실상 그 시설이 불가능하게 되는

15) 대법원 1993.8.24. 선고 92다19804 판결; 대법원 1988.9.13. 선고 87다카205 판결 등 참조.

경우가 적지 않으므로, 법률에 따라 규율한다.16)

민법 제218조은 시설을 하고자 하는 자의 토지소유권의 내용이 시설통과권을 포함함으로써 당연히 확장되는 것으로 하고 시설 통과지의 소유권은 이에 의하여 당연히 제한받는 것으로 하고 있으며, 민법 제218조 제1항은 "토지소유자는 타인의 토지를 통과하지 아니하면 필요한 수도, 소수관, 까스관, 전선 등을 시설할 수 없거나 과다한 비용을 요하는 경우에는 타인의 토지를 통과하여 이를 시설할 수 있다. 그러나 이로 인한 손해가 가장 적은 장소와 방법을 선택하여 이를 시설할 것이며 타토지의 소유자의 요청에 의하여 손해를 보상하여야 한다"고 규정하고 있다. 제218조 제1항의 소수관시설권은 토지소유자가 그 관을 통하여 정화조에서 배출된 '오수'를 소통시키려는 경우에도 허용된다.17) 한편 제227조는 타인이 시설한 공작물을 사용할 수 있도록 규정하고 있는데, "토지소유자가 소유지 상의 물을 소통하기 위하여 이웃 토지소유자 시설의 공작물을 사용할 수 있고, 그 경우 토지소유자는 이웃 토지소유자에 대하여 그 이익을 받는 비율로 공작물의 설치보존 비용을 분담하여야 한다"고 규정하고 있다. 여기서 공작물의 시설자는 이웃 토지소유자로 한정되지는 않으나 단순히 공작물을 시설한 것만으로는 부족하고 이에 대한 정당한 권리를 갖는 자를 의미한다.18)

그밖에 하수도법 제29조는 배수설비를 설치하거나 이를 관리하는 자가 타인의 토지 또는 배수설비를 사용하지 않고는 하수를 공공하수도에 유입시키기 곤란하거나 이를 관리할 수 없는 때에는 타인의 토지에 배수설비를 설치하거나 타인이 설치한 배수설비를 사용할 수 있으며(제1항), 타인의 배수설비를 사용하는 자는 그 이익을 받는 비율에 따라 그 설치 또는 관리에 소요되는 비용을 분담하여야 하고(제2항), 타인의 토지를 사용하고자 하는 자는 사용으로 인하여 발생하는 손실에 대하여는 상당한 보상을 하여야 한다(제3항).

---

16) 하수도의 법적 규율에 관하여 자세히는 양형우, 위 논문, 544면 이하 참조.

17) 대법원 1982.5.25. 선고 81다1,2,3 판결. 대도시에서는 정화조의 설치가 의무화되어 있고 하나의 관을 통하여 하수와 정화된 분뇨수를 함께 소통시키고 있는 실정을 고려할 때, 판례의 태도는 타당하다고 할 것이다[박태영, "민법 제218조의 소수관시설권", 대법원판례해설 제1호, 법원도서관 (1987), 34면].

18) 대법원 2003.4.11. 선고 2000다11645 판결.

7) 법률에 따라 수도 등 시설권이나 배수설비설치권이 인정되는 경우에는 수도 등이 매설된 토지소유자는 수도 등 시설에 대하여 철거를 구할 수 없다.[19] 반면에 시설을 한 후 **사정의 변경**이 있는 때에는 다른 토지의 소유자는 그 시설의 변경을 청구할 수 있고, 이 경우 시설변경의 비용은 토지소유자가 부담한다(민법 제218조 제2항).

2. 타인의 토지를 무상으로 사용수익하는 방법

(1) 개요

대상판결은 망인의 소유 토지에 공동체가 사용하는 오수관, 우수관 등이 설치하도록 제공하여 무상으로 그 사용이 이루어졌고 현재에도 오수관, 우수관, 도로 등이 남아 있으며, 그 토지를 자녀가 상속하여 이제 더 이상 무상 사용을 못하도록 철거 및 부당이득반환을 한 사건이다. 원고의 돌아가신 아버지가 생전에 사용을 용인했다고 하여 피고의 주장대로 타인의 토지를 이렇게 무상으로 영구적으로 사용수익하여도 되는 것일까?

이러한 모습은 타인의 토지 사용과 관련하여 적법한 방식으로 빌리거나 대가를 지급하는 것과 비교해보면, 일견 모순되고 체계가 안 잡혀 있다고 볼 수 있다. 그 이유는 형식과 실질이 불일치하기 때문이다.[20] 오수관, 우수관, 도로 등이 설치된 토지는 토지의 소유권자에게 속하고 이는 사유재(私有財)의 형식을 지니고 있지만, 그 시설 등은 일반 공중이 이용하기에 그 토지의 실질은 공유재(共有財)이기 때문이다. 덧붙이면, 애초에 헌법과 법률이 정한 적법한 수용 및 보상이 없었다는 점도 있다.[21]

(2) 물권적 방식에 의한 무상의 사용수익

1) 소유자는 법률의 범위 내에서 그 소유물을 사용·수익·처분할 권리가

19) 대법원 2003.8.19. 선고 2002다53469 판결 참조.

20) 권영준, "2019년 민법판례동향", 서울대 법학 제61권 제1호, 2020.3, 478면 참조.

21) 보상법제에서 공익사업의 부지로서 보상금이 지급되지 않은 토지를 미지급용지(구 미불용지)라고 하는데, 사실상 도로가 그러한 예에 해당한다. 미지급용지에 관하여는 김대경, "제주지역 미지급용지의 현황과 해결방안의 모색", 법학논총, 전남대학교 법학연구소, 37(3), (2017), 67-90.

있다(민법 제211조).[22] 타인의 토지를 무상으로 사용수익한다는 것은 반대로 그 타인의 소유권이 제한된다는 것이다. 소유권의 제한은 크게 민법상 제한과 특별법상 제한으로 대별할 수 있다. ① 민법상 제한으로는 상린관계에 의한 제한(민법 제216조 이하)과 권리남용의 금지(동법 제2조 제2항)가 있으며, 이들은 소유물 사용·수익의 제한에 해당한다. ② 특별법상 제한으로는 농지의 소유 및 취득 제한(농지법 제6~8조), 토지거래허가구역상 토지에 대한 소유권·지상권 이전·설정계약 체결의 제한(부동산 거래신고 등에 관한 법률 제11조), 학교법인의 기본재산 처분의 제한(사립학교법 제28조), 전통사찰의 재산처분의 제한(전통사찰의 보존 및 지원에 관한 법률 제9조) 등이 있으며, 그 외에도 공용징수(수용)에 의한 소유권 박탈을 규정하는 특별법상 조항이 다수 존재한다. 이들은 대개 소유물 처분의 제한에 해당한다.[23]

2) 한편 토지소유자는 민법에 따라 지상권, 지역권, 전세권 등의 용익물권을 설정하여 자신의 사용수익권을 스스로 제한하고 상대방이 자신의 토지를 사용수익하게 할 수 있다. 이때 지료를 무상으로 할 수도 있겠고, 이러한 경우 토지를 무상 사용·수익할 수 있다. 그 외의 방법으로 배타적 사용수익권 부분만 포기하는 법률행위를 허용하는 것은 결국 민법에 정하고 있지 않은 새로운 유형의 소유권을 만들어내는 것이 되므로, 물권법정주의 하에서는 그 효력을 인정하기 어려워 보이고, 사용수익권만의 포기를 하는 것도 이를 등기할 수 있는 방법도 없어 사용수익권의 포기가 물권적 효력을 갖기는 어렵다.

(3) 채권적 방식에 의한 무상의 사용수익

1) 토지 소유자가 자신의 토지를 채권적 방식으로 타인에게 무상으로 사용·수익하도록 할 수 있다. 토지 소유자가 특정 상대방에게 토지를 무상으로 제공하고 소유자와 상대방 사이에 무상의 사용·수익에 관한 의사가 합치된 경

22) 여기서 사용·수익이란 물건의 사용가치를 실현하는 것으로서, 물건을 물질적으로 사용하거나 그로부터 생기는 과실을 수취하는 것을 말한다. 그리고 처분은 물건이 갖는 교환가치를 실현하는 것으로서, 소비·변형·개조 등의 사실적 처분과 양도·담보설정 등의 법률적 처분이 있다.

23) 박정언·송혜진·이동민, “토지 소유자의 배타적 사용수익권 포기 법리에 관한 고찰 - 대법원 2019. 1. 24. 선고 2016다264556 전원합의체 판결을 중심으로 -”, 서울대 법학평론, (10), (2020), 313-355면.

우에는 민법 제609조의 **사용대차 계약**이 성립한다. 사용대차가 성립하는 경우 차주는 약정시기에 차용물을 반환하여야 한다(민법 제613조 제1항). 시기의 약정이 없는 경우에는 차주는 계약 또는 목적물의 성질에 따른 사용, 수익이 종료한 때에 반환하여야 하고(민법 제613조 제2항 본문), 사용, 수익에 충분한 기간이 지난 때에는 대주는 언제든지 계약을 해지할 수 있다(민법 제613조 제2항 단서).

2) 민법 제613조 제2항 본문과 단서가 적용되지 않는 경우에도 당사자는 계약준수 원칙(Pacta sunt servanda)의 예외로서 사정변경을 이유로 계약을 해제하거나 해지할 수 있다. 이 경우 대법원에 따르면, 계약 성립의 기초가 된 사정이 현저히 변경되었는지, 당사자가 계약의 성립 당시 이를 예견할 수 없었는지, 그로 인하여 계약을 그대로 유지하는 것이 당사자의 이해에 중대한 불균형을 초래하였는지를 검토하여 계약의 해제나 해지를 판단한다.[24]

3) 한편 사용대차에서 차용물의 반환과 계약의 해지에 관한 민법 규정은 임의규정이므로, 당사자가 명시적으로 또는 묵시적으로 위 규정의 적용을 배제할 수 있음은 물론이다.

(4) 기타 사실상 무상의 사용수익

1) 앞서 언급한 물권적, 채권적 방식에 의한 토지의 무상의 사용 수익은 모두 적법한 것이지만, 이러한 방식을 택하지 않고 실제로 토지가 무상으로 사용수익되는 경우가 적지 않다. 명백한 법률행위를 수반하지 않고 자신의 토지를 타인에게 사용 허락이 추정되는 경우도 있겠고, 단순한 방치나 소극적인 용인을 한 경우도 있을 것이다. 대상판결이 바로 그러한 경우이다. 심지어 무단 불법 점유한 경우도 있을 것이다. 이를 어떻게 해결해야 할까?

2) 반대의견2에서도 적시하듯이, 이러한 경우는 “사유지가 인근 주민이나 일반 공중의 통행을 위하여 도로로 사용되거나 수도시설 등이 매설된 부지로 사

---

24) 대법원 2007. 3. 29. 선고 2004다31302 판결, 대법원 2013. 9. 26. 선고 2012다13637 전원합의체 판결, 대법원 2017. 6. 8. 선고 2016다249557 판결 등 참조.

용되고 있는 경우에는 일반적으로 토지의 무상 사용자가 특정되지 않아 사용대차 계약이 성립하기 어렵다. 토지 소유자와 특정 상대방 사이에 사용대차 계약이 성립할 여지가 있더라도 당사자 이외에 토지를 무상으로 이용하는 자의 법적 지위를 사용대차에 관한 민법 규정으로 규율하기는 어렵다." 따라서 별도의 분쟁해결방법이 필요할 것이다.

타인의 토지를 사실상 도로 등으로 사용하기 위한 방법을 나타내면 다음 표와 같을 것이다.

〈표〉 타인의 토지를 사실상 도로 등으로 사용하기 위한 방법

구분	성격	통행권자	존속기간	보상의무
주위토지 통행권	법정통행권(상린관계)	이웃한 토지의 소유자, 사용권자	법정요건이 존속하는 동안(사정변경 인정)	규정 있음
통행지역권	약정통행권(용익물권); 시효취득	요역지 소유자	영구적 존속기간 약정도 가능(사정변경 인정)	대가지급 약정; 판례로 보상 인정
배타적 사용수익권 포기	판례법리로 인정(자발성, 효용성, 사익과 공익의 비교형량)	일반 공중(무상통행권 취득)	영구 무한(사정변경 인정)	없음
관습상 통행권	관습법상 물권(대법원은 부정)[25]	일반공중	영구무한	없음

3. 타인의 토지에 대한 무상의 사용수익에 따른 분쟁해결 방법

(1) 원칙: 수용 및 보상

1) 타인의 토지를 사용수익하기 위하여는 반대의견2에서 밝힌 바와 같이 "헌법 제23조 제3항은 공공필요에 의한 재산권의 수용뿐만 아니라 '사용'과

25) 대법원 2002.2.26. 선고 2001다64165판결; 반면 원심인 서울고법 2001.8.31. 선고 2000나9811판결에서는 관습상 통행권 인정.

'제한'의 경우에도 정당한 보상을 지급하여야 한다고 정하고 있다." 따라서 이는 다수의견의 보충의견에서도 밝힌 바와 같이, "국가나 지방자치단체가 사유지를 공익 목적을 위하여 사용하기 위해서는 법령에 따른 수용 또는 사용 절차를 거치고, 그로 인하여 발생한 손실에 대하여 보상을 하는 것이 관련 법령이 예정하고 있는 원칙적인 모습이다. 따라서 이 점에서는 다수의견과 반대의견이 일치한다.

2) 자세히 살펴보면, 헌법 제23조 제3항에서 말하는 '재산권'이란 소유권만이 아니라 법에 의하여 보호되고 있는 일체의 현존하는 재산적 가치가 있는 권리를 의미한다. 여기에는 사법상의 권리만이 아니라 공법상의 권리도 포함되며, 토지와 토지정착물(도로, 수도관, 둑, 제방 등), 심지어 흙, 모래, 자갈 등에 관한 제반 권리도 포함된다.[26] 재산권의 '수용'이란 공공수용의 준말로 소유권의 이전(박탈)을 말하며, **'사용'이란 임대차 등으로 제공하는 것, '제한'이란 개인의 사용 · 수익을 일시적으로 정지시키는 것**을 말한다. 그러나 이 세 가지에 국한되는 것이 아니며, 그 밖에 **재산권에 대한 일체의 공권적 침해는 모두 보상의 대상에 해당**된다.[27] 대상판결에서 주로 문제되는 건 '제한'이다.

3) 과거 우리나라 구 헌법은 시가 이하의 보상도 가능했던 **이익형량(reasonable) 보상**을 택했는데,[28] 현행 헌법에서는 **정당한(just) 보상**을 하도록 규정하고 있다. '정당한 보상'이란 관념은 그 자체로서는 손실보상의 구체적 판단기준으로 보기 어려워 상당보상설과 완전보상설이 대립할 수 있지만, 최소한 '시가보상'이 하한이 된다는 점에는 이견이 없다. 오늘날에는 정당보상이란 원칙상 '완전보상'을 의미한다는 것이 통설이자 헌법재판소 결정, 대법원 판례의 일치된 입

---

26) '공익사업을 위한 토지 등의 취득 및 보상에 관한 법률(약칭 : 토지보상법)에서도 ① 토지소유권, ② 토지에 관한 소유권 이외의 권리(물권 -지상권, 지역권, 전세권, 저당권 ; 채권-임차권, 공법상 사용권), ③ 토지와 함께 공익사업을 위하여 필요로 하는 입목, 건물 기타 토지에 정착한 물건에 관한 소유권, ④ 토지와 함께 공익사업을 위하여 필요로 하는 입목, 건물 기타 토지에 정착한 물건에 관한 소유권 이외의 권리, ⑤ 광업권, 어업권 또는 물의 사용에 관한 권리, ⑥ 토지에 속한 흙, 돌, 모래, 자갈에 관한 권리 등을 재산권으로 보고 있다(제3조).

27) 보상에 대하여 자세히는 송재일, "하천구역 농지에 관한 법적 연구 - 농협 조합원의 법적 지위와 보상을 중심으로 -", 한국협동조합연구, 27(2)", (2009), 101-134면 참조.

28) 구 헌법 제22조 ③ 공공필요에 의한 재산권의 수용 · 사용 또는 제한은 법률로써 하되, 보상을 지급하여야 한다. 보상은 공익 및 관계자의 이익을 정당하게 형량하여 법률로 정한다. (출처: 대한민국헌법 제9호 1980. 10. 27.).

장이다.[29] 즉 보상받는 자의 귀책사유 없는 손실을 전보해준다는 점을 감안하면 '완전보상'이어야 하며, 보상의 내용에 관한 법률의 정함이 없이도 보상의 범위는 확정될 수 있으며, 공용침해로 인해 통상 발생하는 손실 전부가 보상의 대상이 되는 것이기 때문이다. 또한 법률에서는 단지 정당보상의 원칙에 반하지 않는 한도 내에서 보상의 범위 및 방법에 대한 구체적인 규정만을 할 수 있다는 의미이다.

4) 문제는 헌법 제23조 제3항에 따른 보상을 하더라도 우리나라는 재산권 침해가 적법하다면 손실보상제도로, 위법하다면 국가배상제도로 전보하도록 하는 이원적 법제를 취하고 있어서, 행정청이 무단으로 점유한 토지에 대하여는 손실보상을 청구할 수 없고 국가배상으로 해결할 수밖에 없다는 점이다.[30] 현행 법제에서는 토지소유자가 아니라 점유자(사업시행자)가 수용 및 보상 여부를 결정한다.

(2) 원칙: 물권적 청구권 및 부당이득반환청구권

1) 지방자치단체가 불법점유 또는 무단점유한 경우에 가장 문제가 된다. 이때 수용 및 보상이 이루어지지 않는 경우에는, 토지의 소유자는 소유권에 따른 물권적청구권을 행사하여 철거나 소유권이전 등을 요구할 수 있고, 또한 부당이득반환청구권을 행사할 수 있다. 수용 및 보상이 이루어지는 경우에도 그 이전의 사용수익에 대하여는 부당이득 반환을 하여야 한다.

2) 먼저 부당이득 반환은 "법률상 원인없이 타인의 재산 또는 노무로 인하여 이익을 얻고 이로 인하여 타인에게 손해를 가한 자는 그 이익을 반환하여야 한다."라는 규정(민법 제741조)에서 정한 (1) 법률상 원인의 흠결, (2) 피고의 이득, (3) 원고의 손해, (4) 이득과 손해의 인과관계라는 여러 요건을 각각 충족해야 한다. 이와 관련 대법원은 "관련 법령에 따라 도로로서의 공용개시 행위가 있어 도로법 등의 적용을 받게 되는 경우에도, 국가나 지방자치단체가

---

29) 헌재 1990.6.25 선고 89헌마107 결정; 헌재 1991.2.11 선고 90헌바17·18 결정; 대법원 1993.7.13 선고 93누2131 판결 등.

30) 대법원 1976. 10. 12 선고 76다1443; 대법원 1996. 9. 10 선고 96누5896 판결.

관련 법령이 정하는 수용 등의 절차에 따라 적법한 손실보상을 거쳐 소유권을 이전받은 것이 아니라 그러한 절차를 거치지 않은 채 사유지를 도로 부지로 점유하고 있다면, **특별한 사정이 없는 한** 토지 소유자에 대한 관계에서는 법률상 원인 없이 이를 점유·사용하는 것으로 볼 수 있고, 도로 부지에서의 사권의 행사를 제한하는 도로법 제4조가 토지 소유자의 부당이득반환청구권 행사에 장애가 될 수 없다"고 한다고 한다.31)

나아가 대법원은 지방자치단체 등이 법률상 원인 없이 도로 등으로 사유 토지를 점유하는 경우에 토지 소유자는 부당이득반환을 청구할 수 있다는 것이 일련의 판례로서 형성되어 왔다.32) 그러한 사안에서 민법상 부당이득이 성립하기 위한 요건과 관련하여 '법률상 원인'과 '지방자치단체의 점유'가 대부분 문제되었지만 넓게 인정되는 추세이다.33)

먼저 '법률상 원인'에 관하여, 지방자치단체 등이 사실상 지배주체로서 사유지를 도로로 점유하고 있는 경우 관련 법령이 정하는 적법한 보상 절차를 거치지 않는 이상 '토지 소유자와의 관계'에서 법률상 원인이 없다는 것이 판례의 입장이다. 즉, 해당 토지가 당시 시행되던 법령에 기초한 도시계획결정에 따라 피고(지방자치단체)가 설치한 도로로 간주된다고 하더라도 그것은 단지 그 도로에 관한 도시계획결정과 도로의 설치가 적법한 것으로 의제되는 데 불과하므로, 피고가 관련 법령에 의하여 그 토지에 대한 소유권 등의 권리를 취득함이 없이 그 토지를 도로로 사용하고 있다면, 다른 사정이 없는 한 피고는 그 사용으로 인한 이득을 토지 소유자인 원고에게 반환할 의무가 있다.34) 해당 토지가 국방부장관 등과 협의에 의하여 군작전도로에 편입되어 그 부지로서 점유·사용되어 오다가 일반국도의 부지로 편입되었다면, 그 도로가 일반국도로 노선인정이 되었고 이에 터 잡아 국가가 이를 관리하게 되었다는 사정만으로는, 도로법 소정의 도로로서의 효력이 생기는 것은 별론으로 하고 토지

31) 대법원 1979. 10. 10. 선고 77다508 판결, 대법원 1988. 9. 13. 선고 87다카205 판결, 대법원 1993. 8. 24. 선고 92다19804 판결 등 참조.
32) 대법원 1988. 9. 13. 선고 87다카205 판결, 대법원 1993. 8. 24. 선고 92다19804 판결.
33) 반대의견 2.
34) 대법원 1979. 10. 10. 선고 77다508 판결 등 참조.

소유자와의 사이에서 그 토지를 사용·수익할 사법(私法)상의 권원을 취득하는 것은 아니다.[35] 피고가 도시계획법 또는 도로법상의 수용절차 등 적법한 보상 절차를 밟지 않고 해당 토지를 도로 부지로 점유하고 있다면, 그 도로가 일반국도로 노선이 지정되었고 도로법의 적용을 받는 도로인지의 여부에 관계없이 토지 소유자인 원고와의 사이에서는 법률상 원인 없이 이를 점유·사용하고 있는 것이 된다.[36]

다음으로, 대법원 판례는 지방자치단체의 '점유'를 폭넓게 인정하여 왔다. 국가나 지방자치단체가 토지를 도로로 점유하는 형태는 '도로관리청으로서의 점유'와 '사실상의 지배주체로서의 점유'로 나뉜다는 것이 확립된 대법원 판례이다.[37] 그중 사유지를 점유하는 지방자치단체의 부당이득 성립 여부가 문제되는 대부분의 사례는 '사실상의 지배주체로서의 점유'에 관한 것인데, 이를 유형화하면 다음과 같다. ① 일반 공중의 교통에 공용되지 않던 사유지상에 지방자치단체가 필요한 공사를 하여 도로를 개설하는 경우이다.[38] ② 종래부터 도로의 형태를 갖추어 자연적으로 일반의 교통에 이용되고 있던 사실상 도로에 지방자치단체가 포장 공사, 하수도 공사 등을 하여 도로로 사용되도록 하는 경우이다. 대법원 1991. 9. 24. 선고 91다21206 판결이 "**도로법 등에 의한 도로설정행위**가 없더라도 국가나 지방자치단체가 <u>기존의 사실상 도로</u>에 대하여 확장, 도로 포장 또는 하수도 설치 등 도로의 개축 또는 유지·보수 공사를 시행하여 일반 공중의 교통에 공용한 때에는 이때부터 그 도로는 국가나 지방자치단체의 사실상 지배하에 있는 것으로 보아 사실상 지배주체로서의 점유를 인정할 수 있다."고 판단한 이후, 판례는 이러한 경우 비교적 넓게 국가와 지방자치단체의 '점유'를 인정하는 경향을 보이고 있다.[39] ③ **주민들의 자조사업**

35) 대법원 1988. 9. 13. 선고 87다카205 판결 등 참조.

36) 대법원 1982. 12. 14. 선고 82다카846 판결, 대법원 1988. 9. 13. 선고 87다카205 판결, 대법원 1988. 11. 22. 선고 87다카931 판결, 대법원 1991. 3. 12. 선고 90다5795 판결, 대법원 1993. 8. 24. 선고 92다19804 판결 등 참조.

37) 대법원 2005. 8. 25. 선고 2005다21517 판결 등 참조.

38) 대법원 1993. 8. 24. 선고 92다19804 판결, 대법원 2001. 4. 27. 선고 2001다7728 판결, 대법원 2005. 8. 25. 선고 2005다21517 판결 등 참조.

39) 대법원 1992. 10. 9. 선고 92다9692 판결, 대법원 1993. 9. 28. 선고 92다17778 판결, 대법원 1996. 7. 30. 선고 96다17714 판결, 대법원 1999. 7. 23. 선고 97다3262 판결, 대법원 2002. 3. 12. 선고 2001다70900 판결 등 참조.

에 지방자치단체가 대부분의 비용을 부담·지원한 경우인데, 이 유형은 사실상 도로를 개설하거나 기존의 사실상 도로에 개축 또는 유지·보수 공사를 시행한 주체가 주민들임에도 지방자치단체의 점유를 인정하였다는 점에 주목할 필요가 있다. 구체적으로 판례는, 종전부터 사실상 일반의 통행에 공용되던 토지에 인근 주민들이 자조사업으로 포장 공사나 하수도 공사를 실시한 사안에서, 지방자치단체 등의 재정보조가 전체 공사의 상당 부분을 차지할 뿐 아니라, 그 공사 이후 개설되는 도로가 일반 공중의 교통에 공용되는 공도로 쓰이고, 지방자치단체 등이 그 도로의 개축, 유지, 재해복구 등의 관리를 담당하게 되는 경우에는, 그 도로 개설의 형식적인 주관자가 누구인지에 관계없이 지방자치단체 등이 도로화된 그 토지의 점유·관리를 하게 된다고 판단하였다.40)

요컨대, 부당이득의 성립요건에 관하여 관련 법령이 정하는 적법한 보상 절차를 거치지 않는 이상 토지 소유자와의 관계에서 '법률상 원인'이 없고, 지방자치단체의 '점유' 형태를 '도로관리청으로서의 점유', '사실상의 지배주체로서의 점유' 등으로 폭넓게 인정하여 왔다. 이를 통하여 지방자치단체 등이 공공의 이익을 이유로 사인(私人)의 권리를 함부로 제한하지 못하도록 하여 왔다고 볼 수 있다.

3) 한편 토지 소유자가 물권적 청구권을 행사하는 경우에는 **'권리남용'**이 문제될 수 있다. 반대의견2에서 보듯이, "권리남용에 해당하기 위한 요건과 관련하여 최근의 판례는 <u>주관적 요건과 객관적 요건</u>을 모두 강조하는 경향을 보이고 있다. 가령 대법원 2013. 4. 25. 선고 2012다115243, 115250 판결은, 권리행사가 권리의 남용에 해당한다고 할 수 있으려면, 주관적으로는 그 권리행사의 목적이 오직 상대방에게 고통을 주고 손해를 입히려는 데 있을 뿐 행사하는 사람에게 아무런 이익이 없어야 하고, 객관적으로는 그 권리행사가 사회질서에 반한다고 볼 수 있어야 한다고 하면서, 이러한 경우에 해당하지 않는 한 비록 그 권리의 행사로 권리행사자가 얻는 이익보다 상대방이 잃을 손해가 현저히 크다 하여도 그 사정만으로는 권리남용이라 할 수 없다고 판단하였다.

40) 대법원 1991. 5. 14. 선고 90다14522 판결, 대법원 1992. 10. 9. 선고 92다9692 판결, 대법원 1993. 9. 28. 선고 93다17041 판결, 대법원 1996. 6. 14. 선고 95다34675 판결 등 참조.

판례는 토지 소유자가 물권적 청구권을 행사하는 사안에서도 위와 같은 주관적 요건과 객관적 요건이 모두 충족될 것을 요구함으로써 소유자의 물권적 청구권 행사를 함부로 배척하지 않도록 신중을 기하고 있다. 예컨대 대법원 2008. 9. 25. 선고 2007다5397 판결은, 원고가 그 소유 토지의 지상에 있는 구거와 도로 부분의 철거와 함께 그 부분 토지의 인도를 청구한 사안에서, 원고가 소유권을 취득하기 이전부터 그 토지가 자연 구거와 인근 주민들의 통행로로 사용되어 왔고, 피고(지방자치단체)가 그 지하에 인근 주민들을 위한 상수도를 설치하고 그 지상 도로 부분을 포장하여 사실상 점유·관리하였으며, 원고가 그러한 사정을 알면서 그 토지를 취득하였음에도 불구하고, 해당 토지 중 피고가 구거 및 도로로 점유하고 있는 부분이 그 토지의 40%에 달하는 작지 않은 부분을 차지하고 있는 점, 해당 구거, 도로와 그 지하의 상수도 이설이 가능하고 그로 인해 인근 주민들이 상·하수처리 및 통행 등 일상생활에 불편을 겪을 것으로 예상되지 않는 점 등을 이유로 원고의 청구가 권리남용에 해당하지 않는다고 판단하였다.

(3) 예외: 물권적 청구권 및 부당이득반환청구권의 부정 - 근거: 사용·수익권의 포기 법리

1) 한편 대법원은 토지 소유자가 스스로 그 토지를 도로로 제공하여 인근 주민이나 일반 공중에게 무상으로 통행할 수 있는 권리를 부여한 경우에는 **"토지 소유자의 독점적·배타적인 사용·수익권의 포기의 법리"**를 전개하고 있다. 이 법리는 대체적으로 다음과 같다. "토지 소유자가 스스로 그 토지를 주민의 통행로로 제공하거나 주민의 통행을 용인하여 소유자로서 배타적 사용·수익권을 포기 또는 상실한 사실이 있다면 지방자치단체의 점유로 인하여 토지 소유자에게 어떤 손실이 생긴다고 할 수 없으므로 토지 소유자는 그 점유로 인한 부당이득의 반환을 청구할 수 없다"는 것이다. 이러한 사안에서 대법원은 토지 소유자의 부당이득반환청구를 배척하고,[41] 나아가 그 이후 원소유자로부

---

41) 대법원 1989. 7. 11. 선고 88다카16997 판결, 대법원 1991. 7. 9. 선고 91다11889 판결, 대법원 1994. 5. 13. 선고 93다31412 판결, 대법원 1997. 12. 12. 선고 97다 27114 판결, 대법원 1998. 5. 8. 선고 97다52844 판

터 그 토지를 특정승계한 자는 그와 같은 사용·수익의 제한이라는 부담이 있다는 사정을 용인하거나 적어도 그러한 사정이 있음을 알고서 그 토지의 소유권을 취득하였다고 봄이 타당하다는 이유로 부당이득반환청구를 할 수 없다고 판단하여 왔다.[42]

2) 생각건대, 이 법리가 앞선 불법점유 사례와 다른 점은 <u>토지가 도로, 수도시설의 매설 부지 등 일반 공중을 위한 용도로 제공된 경우</u>라는 점만 차이가 있다. 이렇게 할 경우 토지소유자는 철거나 부당이득반환청구는커녕 어떠한 손해배상이나 보상도 받을 수 없다. 나아가 대법원은 토지 소유자의 권리행사에 관하여 권리남용의 법리를 엄격하게 적용하기 때문에 권리행사도 더욱 어렵게 된다.[43]

3) 이 법리에 대하여는 앞서 부당이득반환을 폭넓게 받아들이는 대법원 판례에 의하여 확립된 다른 법리와 근본적으로 조화를 이루기 어렵고, 우리나라의 법체계상 받아들이기 어려운 문제가 있다는 비판이 이어졌다. **그럼에도 이 법리가 왜 필요했을까**에 대하여 선해하려는 시도도 있었다.

그러한 견해를 대표적으로 보자면, "대법원이 토지소유자의 독점적·배타적 사용·수익권 행사제한의 법리를 적용하는 것은 토지가 도로, 수도시설의 매설 부지 등 일반 공중을 위한 용도로 제공된 경우이고, 토지가 건물의 부지 등 지상 건물의 소유자들만을 위한 용도로 제공된 경우에는 적용하지 않는다[44]고 하면서까지 '배타적인 사용·수익권의 포기'라는 법리를 버리지 못하는 것은 이 법리를 통하여 토지 소유자와 이해관계인들 사이의 이해관계를 형량하여 구체적인 타당성을 확보하고, 합리적인 결론을 도출할 수 있으며, 그 결론이 사회의 법의식이나 법감정에 비추어 충분히 수긍할 수 있다고 보기 때문일 것이라고 미루어 짐작할 수 있다."[45] 또한, 1970년대 당시에는 원고가 자발적으

결, 대법원 2009. 7. 23. 선고2009다25890 판결.

42) 대법원 1994. 9. 30. 선고 94다20013 판결, 대법원 1998. 5. 8. 선고 97다52844 판결.

43) 대법원 2002. 9. 4. 선고 2002다22083 판결, 대법원 2005. 3. 25. 선고 2003다5498 판결, 대법원 2006. 11. 23, 2004다44285 판결, 대법원 2008. 9. 25. 선고 2007다5397 판결, 대법원 2010. 2. 25 선고 2009다58173 판결, 대법원 2013. 4. 25. 선고 2012다115243, 115250 판결, 대법원 2014. 11. 13. 선고 2012다108108 판결.

44) 대법원 2019. 11. 14. 선고 2015다211685 판결.

45) 김명숙, "2019년 민법총칙, 물권법 판례 평석", 안암법학(60), (2020), 161-197면 참조.

로 자신의 토지를 제공했다는 점을 강조하여 원고의 손을 들어주지 않았으며, 국가와 지방자치단체에 야기될 재정적 부담을 고려하는 것 역시 불가피하였다는 점을 들어 선해하는 견해[46]도 있다.

4) 그러나 이렇게 선해하는 견해들도 결국 이 법리에 대하여 비판적이며, 종국적으로는 폐기를 주장한다. 이럴 경우 주장 가능한 사법적 또는 공법적 분쟁해결방법으로는 다음 표와 같다.

〈표〉 도로로 무단 점유된 토지에 대한 분쟁해결방법

원고의 주장	피고의 항변	비고
(사법) 토지인도 및 물권적 청구권	점유취득시효	도로 유지 불가
(사법) 부당이득반환청구	기부채납, 사용승낙	도로 유지 가능
(사법) 손해배상청구		〃
(공법) 수용 및 손실보상청구		〃(행정청의 판단사항)
(공법) 예정공도부지에 대한 매수청구 및 실효		〃

주: 임호정, "도로에 의한 사권의 제한과 권리구제." 부동산연구 14.1 (2004): 33-57를 토대로 편집.

Ⅱ. 이른바 "토지 소유자의 독점적·배타적 사용·수익권 포기 법리"의 고찰

1. 1973년 이후: 우리나라의 과거 시대상황에서 발생한 독특한 법리

(1) 독특한 법리

1) 이 법리는 여러 면에서 독특하다.[47] 먼저 민법 등 명확한 법적 근거가 없으며 학설에 기반한 법리도 아니다. 이를 학계에서도 비판한다. 그렇다고 외국에서 비슷한 유례를 찾기도 어렵다. 그렇지만 우리나라 상황에 맞추어 수십 년

46) 권영준, "배타적 사용수익권 포기 법리에 관한 비판적 검토", 서울대학교 법학 제47권 제4호(2006), 326~327면 참조.

47) 이 법리가 독특하다는 점에 관하여 자세히는 권영준, (각주 12020), 478면.

에 걸쳐 우리 판례로 형성되고 지속적으로 논리와 범용성을 확대 발전시켜온 한국적 법리라는 점에서 독특하다. 이 점은 다수의견에서도 "대법원 판례에 의하여 확립된 '독점적·배타적인 사용·수익권의 포기'에 관한 법리는 민법 등 조문의 해석론이 아니고, 학계의 추상적인 법이론에서 도출된 법리도 아니다. 토지 소유자와 이해관계인들 사이에서 구체적인 타당성을 도출하기 위한 실무상의 필요에서 발전해 왔다."고 수긍하는 점이다.

2) 다음으로 이 법리는 사유지가 공익 목적으로 제공되고 있는 독특한 상황에만 등장한다. 사유지는 사적 목적으로 사용되는 토지이기에 공익 목적으로 제공된다면 적법하게 하려면 사용수익에 관한 계약을 맺거나 토지 자체를 수용하고 보상하여야 한다. 하지만, 그러한 적법하고 타당한 절차를 밟지 못한 채 토지가 공익 목적을 위해 제공되었고 시간이 흐른 것이다. 사유지에 개설된 사실상 도로(이른바 새마을도로)나 상하수도 시설 등이 그러하다. 토지소유자인 개인은 지방자치단체를 상대로 그 사유지에 설치된 정착물의 철거 및 부당이득반환청구(또는 물권적 청구권)를 구하는 소를 제기하면 비로소 이 법리가 필요해진다.

3) 끝으로 이 법리로 인해 지방자치단체는 토지소유자의 철거 및 부당이득반환청구를 물리칠 수 있으며 그 토지를 아무런 비용 지출 없이 계속 사용할 수 있게 된다. 반면, 토지소유자는 그 토지의 사용, 수익, 처분에서 많은 제약을 받으며 사실상 토지 소유권을 포기하게 된다. 이 법리의 양 측면에 자리잡은 원고인 토지소유자와 피고인 지방자치단체 중 아무래도 피고에 유리한 법리로 지방자치단체의 부담을 덜어준 반면, 국민들에게는 공익목적으로 제공된 토지분쟁을 해결하는 사실상의 규범으로 자리잡았다.

(2) 무상통행권의 부여에서 독점적·배타적인 사용·수익권의 포기로 발전

1) 1960년대 이후 국가 재건과 함께 경제발전이 시작되었다. 1960년대 도시개발 및 정비사업(택지조성사업)과 1970년대 새마을운동 등이 진행되는 과정에서 법률에 따른 절차를 거치지 않고 개인이 토지를 공중에 제공하여 도로나

하수관, 저수지, 둑, 건물(마을회관 등) 등 공중의 시설로 이용하게 되는 경우가 다수 발생하였고, 부당이득반환청구의 소 제기도 많아졌다.

이에 대하여 대법원은 이러저러한 이유를 들어 토지를 제공한 원고의 부당이득반환 청구를 인정하지 않는 경우가 많았다.[48] 그러한 방법으로는 지방자치단체의 점유 자체를 부정하는 방법으로 토지 소유자의 부당이득반환청구를 배척하거나,[49] 부당이득반환청구의 요건 중 하나인 손해 요건을 부정하여 부당이득반환청구를 배척하는 논리를 개발하였다. 즉 **'독점적·배타적인 사용·수익권 포기'**라는 특유한 법리가 등장하였다. 이 법리는 **대법원 1973. 8. 21. 선고 73다401 판결과 대법원 1974. 5. 28. 선고 74다399 판결**에서 처음 등장하여 이후 따르는 판결례가 많아지면서 확립된 법리의 지위를 차지하게 되었다.[50] 대표적으로 **사실상 도로에 관한 사례**에서 대법원은 "사유지가 종전부터 자연발생적으로 또는 도로예정지로 편입되어 사실상 일반 공중의 교통에 공용되는 도로로 사용되고 있는 경우에, 그가 토지를 소유하게 된 경위나 보유기간, 나머지 토지들을 분할하여 매도한 경위와 그 규모, 도로로 사용되는 토지의 위치나 성상, 인근의 다른 토지들과의 관계, 주위 환경 등을 종합적으로 고찰하여, 토지 소유자가 스스로 토지를 도로로 제공하여 인근 주민이나 일반 공중에게 **무상으로 통행할 수 있는 권리를 부여**함으로써 토지에 대한 **독점적이고 배타적인 사용·수익권을 포기**하였다고 볼 수 있고, 그러한 경우에는 국가나 지방자치단체를 포함한 타인이 토지를 도로 등으로 점유·사용하고 있더라도 그로 인해 **토지 소유자에게 손해가 생긴다고 할 수 없으므로 민법상 부당이득이 성립하지 않는다**"고 판단하였다.[51] 그런데 이러한 대법원 법리는 처음에는 부당이득반환청

48) 자세히는 권영준, "배타적 사용수익권 포기 법리에 관한 비판적 고찰", 서울대학교 법학 제47권 제4호, 서울대학교 법학연구소(2006), 313면 이하.

49) 대법원 1975. 12. 9. 선고 75다997 판결; 대법원 1986. 2. 11. 선고 84다카689 판결; 대법원 1987. 10. 13. 선고 87다1470 판결; 대법원 1991. 2. 8. 선고 90다7166 판결.

50) 서경환, "배타적 사용·수익권 포기 법리의 문제점과 그 대안으로서의 통행지역권", 사법논집, 제54집, 2012, 476-481면.

51) 대법원 1989. 7. 11. 선고 88다카16997 판결, 대법원 1991. 2. 8. 선고 90다7166 판결, 대법원 1991. 7. 9. 선고 91다11889 판결, 대법원 1993. 5. 14. 선고 93다2315 판결, 대법원 1996. 11. 29. 선고 96다36852 판결, 대법원 2009. 6. 11. 선고 2009다8802 판결, 대법원 2010. 11. 25. 선고 2010다47681 판결, 대법원 2013. 9. 12. 선고 2013다33454 판결 등 참조.

구권을 부정하면서 출발하였지만, 토지 인도나 철거와 같은 물권적 청구권의 부정하는 경우에도 확장하여 적용하였다.[52] 나아가 대법원은 위와 같은 법리를 토지소유자가 그 소유의 토지를 도로 이외의 다른 용도로 제공한 경우에도 확대적용하였다.[53] 또한 원칙적으로 토지 소유자의 특정승계인에게도 적용된다고 보았다.[54]

2) 대상판결의 다수의견에서 밝힌 바와 같이 최초로 이를 설시한 **대법원 1973. 8. 21. 선고 73다401 판결**부터 살펴보자.

· **사실관계:** 원고의 선대인 망인이 소유하던 토지를 분할하여 그중 주택지 부분은 각각 분양하여 매도하고 위 각 주택지에서 공로로 통하는 토지 부분은 매도하지 않고 주택지 매수인들의 통행에 제공하였다.

· **대법원의 판단;** "위 소외 망인은 위 각 주택지를 매각처분할 때 특단의 사정이 없는 한 그 주택지 매수인 기타 그 주택지 내에 거주하게 될 모든 사람에게 주택지에 접한 본건 **토지를 무상으로 통행할 수 있는 권한**을 부여하였다고 볼 것이고, 위 주택지 일대가 주택단지로 형성되어 그 주민들이 본건 토지를 공로에 이르는 통로로 상용하게 되자 인근 주민 등도 통행하게 됨에 따라 본건 토지가 사실상 도로화되어 불특정 다수인들이 통행하게 되리라는 것은 당초 통로(도로)로 공여할 때부터 미리 알 수 있었던 것이어서 그들의 통행을 인용할 의무를 처음부터 부담하게 되었다고 할 것이고, 위 소외 망인으로부터 본건 토지를 상속 취득한 원고는 위 인용의무를 승계 부담한 것이라고 볼 것"이라고 판단하였다.

· **평가:** 토지 소유자가 그 소유의 토지를 공중에 통행로로 제공한 경우에는 그 토지를 무상으로 통행할 수 있는 권한을 부여하여 그들의 통행을 인용할 의무를 부담한다고 하여 원고의 부당이득반환청구를 배척한 최초의 판례이다.

3) **대법원 1974. 5. 28. 선고 74다399 판결**

· **사실관계:** 문제가 되어 있는 토지들은 1944.11.1자로 토지대장상 지목이 도

---

52) 대법원 2013.11.14. 선고 2011다63055 판결 등.
53) 대법원 2017.3.9. 선고 2015다238185 판결 등.
54) 대법원 1994. 9. 30. 선고 94다20013 판결 등

로로 변경되었는데(등기부에는 1963.1.29자로 변경) 그 주변일대가 도시주택가로 형성됨에 따라 자연히 도로로 사용되어 오던 중 1963.9.19자 건설부고시 제560호로서 피고(서울시)는 위의 토지들을 피고시의 관리청 도로로 편입시켰다. 그런데 위의 토지들은 피고시가 개설한 도로가 아니요, 종전의 그 토지소유자가 일단의 택지를 여러 사람에게 분양할 때에 그 택지의 공로로의 통행로로 공여하기 위하여 설치된 도로라고 주장하고 있고 (...) 이 사건 토지들은 그 주변 택지들이 공로로 나가는 통행로인 사실이 인정된다.

· **대법원의 판단:** "토지소유자가 일단의 택지를 여러 사람에게 분양할 때에 그 택지의 공로로의 통행로로 공여하기 위하여 설치한 도로는 **특별한 사정이 없는 한** 토지소유자는 그 택지의 매수인 기타 그 주택지 안에 거주하게 될 모든 사람들에게 대하여 그 주택지에 접한 위 도로를 무상으로 통행할 수 있는 권한을 부여하였다고 볼 수 있어 이 토지의 소유자는 도로가 된 토지에 대한 독점적이고 배타적인 사용수익권을 행사할 수 없으므로 위 도로에 피고가 도시계획법 내지 도로법에 의한 도로를 만들었다 하여 토지소유자에게 손실이 생긴다고 할 수 없다."고 판시하였다.

· **평가:** 독점적이고 배타적인 사용수익권을 행사할 수 없으므로 토지소유자에게 손실이 발생하지 않는다는 표현이 최초로 등장하였다. 이러한 판시는 **대법원 1985. 8. 13. 선고 85다카421 판결**에도 배타적 사용수익권의 행사를 할 수 없음이 동일하게 원용되면서 1980년대 중반부터 배타적 사용수익권에 관한 법리가 본격적으로 형성되기 시작하였다.

4) **대법원 1989. 7. 11. 선고 88다카16997 판결**

· **사실관계:** 원고의 소유인 대전시 (주소생략) 토지가 1969.2.10. 도시계획상 도로예정지로 지정되자 위 토지부분을 제외한 원고 소유의 나머지 토지를 1974.경부터 1976.경 사이에 제3자에게 각 분할매각함으로써 위 168의 10 토지가 통행로로 이용되어 오던중 1980.11.2. 인근주민들이 원고의 사용승낙을 받아 피고(대전시)의 보조금과 주민부담금으로 위 토지 중 그 설시부분에 하수도 공사를 하였고, 1982.11.8.부터 같은 해 12.27.까지 위 인근주민들이 참여한 차

도브럭공사추진위원회가 주관하여 새마을사업의 일환으로 그 도로에 차도브럭을 설치하는 공사를 함에 있어 피고가 그 공사비 중 약 70퍼센트를 지원하였으며, 한편 원고는 같은 구 효동 147의 5 및 147의 14 각 토지위에 위 도시계획의 도로예정선에 맞추어 건축을 하게 되자 각 그 설시부분이 공터로 남게 되어 현재 위 168의 10 및 147의 5, 147의 14 각 토지 중 각 그 설시부분이 인근주민들이 통행하는 도로의 일부가 되었다.

· **대법원의 판단:** "국가나 지방자치단체가 종전부터 일반공중의 교통에 사실상 공용되거나 또는 공용되지 않던 사유지상에 도로법이나 도식획법 등의 법상의 절차와는 별도로 사실상 필요한 공사를 하여 도로로서의 형태를 갖춘 다음 그 토지를 여전히 또는 비로소 일반의 교통에 공용하는 경우에 토지소유자가 스스로 그의 토지를 도로로 제공하여 일반인들에게 무상으로 통행할 수 있는 권한을 부여하였다면 그로서는 당해 토지를 위와 같이 도로로 개설하여 점유관리하는 국가나 지방자치단체에 대하여 불법점유를 이유로 한 부당이득반환청구나 불법행위에 기한 손해배상청구 등을 할 수 없다 할 것이나, 그와 같은 도로의 임의제공행위가 있었다고 하기 위하여는 토지소유자가 국가나 지방자치단체에 그 토지를 기부채납하는 등의 명시적인 의사표시를 하였다거나, 자기소유의 토지를 택지로 분할매각하면서 그 택지의 효용을 높이기 위하여 일부토지를 스스로 도로로 제공하는 경우와 같이 적어도 제반사정에 비추어 그 **사용수익의 포기 내지 도로로서의 사용승낙의 의사표시를 명백히 한 것으로 인정될 수 있는 경우이어야** 하고, (...) 어느 사유지가 종전부터 자연발생적으로 또는 도로예정지로 편입되어 사실상 일반의 통행로로 사용되고 있는 경우 토지소유자가 그 사용수익권을 포기하였다거나 도로로서의 사용승낙을 하였다고 의사 해석을 함에 있어서는 그 가 당해 토지를 매수한 경위나 보유기간, 나머지 토지를 도시계획선에 맞추어 분할매각한 경위와 그 규모, 통행로로 쓰이는 당해 토지의 위치나 성상, 주위환경 등 여러사정을 종합하여 신중히 판단하여야 한다.

· **평가:** 이 판결은 사실상 일반의 통행에 공용되던 토지에 주민들이 새마을사업으로 포장공사, 하수도공사를 함에 있어 지방자치단체가 상당한 재정지원

을 한 경우, 그 도로화된 토지의 점유자는 지방자치단체라고 보았다. 다음으로 사유지의 도로제공에 관한 의사해석의 기준을 언급하면서, "어느 사유지가 종전부터 자연발생적으로 또는 도로예정지로 편입되어 사실상 일반의 통행로로 사용되고 있는 경우 **토지 소유자가 그 사용·수익권을 포기하였다**거나 **도로로서의 사용승낙을 하였다**고 의사 해석을 함에 있어서는"이라고 설시함으로써 토지소유자의 의사가 곧 **'사용·수익권의 포기'라는 표현**이 처음으로 사용되었다.

이후 대법원 판결들55)에서도 이를 따르고 있으므로 대법관 김재형의 반대의견에서도 대법원의 배타적 사용수익권 '포기' 법리에 관한 판결들을 통틀어 **'대법원 88다카16997 판결 등'**으로 지칭하고 있다. 예를 들어, **대법원 1991. 7. 9. 선고 91다11889 판결**에서 소유자가 그 토지에 대한 독점적이고 배타적인 사용수익권을 포기한 것으로 볼 수 있다면 타인(사인, 국가, 지방자치단체 등)이 그 토지를 점유·사용하고 있더라도 특별한 사정이 없는 한 그로 인하여 토지 소유자에게 어떤 손해가 생긴다고 볼 수 없다고 판시하여 부당이득반환청구를 배척함으로써 대상법리가 확립되었다.56)

5) 이처럼 대법원 판례는 토지 소유자 스스로 그 소유의 토지를 일반 공중을 위한 용도로 제공한 경우에 그 토지에 대한 소유자의 독점적이고 배타적인 사용·수익권의 행사가 제한되는 법리를, '무상으로 통행할 권한의 부여', '사용·수익권의 포기', '배타적 사용·수익권의 포기', '독점적·배타적인 사용·수익권의 포기' 등의 여러 다른 표현을 번갈아 사용하면서 판시하여 왔다. 나아가 대법원은 배타적 사용·수익권 포기 법리가 원칙적으로 토지 소유자의 특정승계인에게도 적용된다고 보았다. **대법원 1994. 9. 30. 선고 94다20013 판결**에서 토지의 원소유자가 토지를 도로 부지 등으로 무상 제공함으로써 이에 대한 독점적이고 배타적인 사용·수익권을 포기하고 이에 따라 인근 주민이나

---

55) 즉, **대법원 1991. 2. 8. 선고 90다7166 판결**에서 "소외 회사는 자신이 조성한 아파트단지의 효용증대를 위하여 이 사건 토지에 대한 배타적인 사용·수익권을 포기하고 스스로 이를 도로로 제공하였다고 볼 것"이라고 설시함으로써 '배타적 사용·수익권의 포기'라는 표현이 사용되었으며, **대법원 1993. 5. 14. 선고 93다2315 판결**에서 "적어도 이 사건 대지상에 도로 등을 개설하여 사용하는 것을 승낙하고 그 대지 부분에 대한 독점적·배타적 사용·수익권을 포기하였다고 볼 수 있다."라고 설시함으로써 '독점적·배타적 사용·수익권의 포기'라는 표현이 사용되었는데, 이후의 판결들에서 이러한 표현들은 반복하여 원용되었다.

56) 대법원 1996. 11. 29. 선고 96다36852 판결; 대법원 2004. 8. 20. 선고 2004다22407 판결 등 참조.

일반 공중이 그 토지를 무상으로 통행하게 된 다음 토지 소유권을 경매, 매매, 대물변제 등으로 특정승계한 자는 도로 등으로 제공된 토지에 대하여 독점적이고 배타적인 사용 · 수익권을 행사할 수 없다고 판단해 왔다. 즉, 특정승계인도 그 토지 부분에 대하여 독점적이고 배타적인 사용수익권을 행사할 수 없다고 보아 대상판결의 법리가 특정승계인에게도 적용된다고 판시하였고, 같은 취지의 판례[57]가 이어졌다. 그 이유는 '특정승계인이 그와 같은 사용 · 수익의 제한이라는 부담이 있다는 사정을 용인하거나 적어도 그러한 사정이 있음을 알고서 토지 소유권을 취득하였다고 봄이 타당하다.'는 점을 든다.

(3) 독점적 · 배타적인 사용 · 수익권의 포기 법리에 대한 초기의 비판

1) 먼저 배타적 사용 수익권 포기 법리에 대해서는 **물권법정주의나 공시주의에 반한다**는 비판이 지속적으로 제기되어 왔다.[58] 배타적 사용 수익권이 포기된 상태의 소유권은 우리 민법이 상정하고 있는 소유권이 아니다. 이러한 소유권을 인정하는 관습법이 있는 것도 아니다. 그러므로 배타적 사용 수익권이 포기된 소유권은 민법 제185조의 물권법정주의에 반한다. 또한, 배타적 사용 수익권이 포기된 소유권은 등기를 통해 공시할 수 없어 공시의 원칙에 반한다.

조희대 대법관님의 반대의견에 나온 대로 "사용 · 수익권의 포기를 '소유권을 이루는 권능의 일부포기'로 볼 경우 소유권의 본질에 어긋날 뿐만 아니라, 사실상 영구 제한물권의 설정과 마찬가지의 결과를 가져오며 공시의 원칙이나 물권법정주의와도 부합하지 않는다."고 볼 것이다.

이러한 비판은 '포기'라는 용어가 법적 개념에도 또한 우리나라 민법체계와도 맞지 않다는 비판으로도 이어졌다.

2) 법정책적으로도 살펴보면 <u>배타적 사용 수익권 포기 법리는 시민의 재산</u>

---

57) 대법원 1994. 9. 30. 선고 94다20013 판결, 대법원 1996. 11. 29. 선고 96다36852 판결, 대법원 1999. 5. 11. 선고 99다11557 판결, 대법원 2007. 2. 22. 선고 2006다32552 판결, 대법원 2011. 5. 26. 선고 2010다84703 판결, 대법원 2011. 11. 24. 선고 2009다79002 판결, 대법원 2012. 7. 12. 선고 2012다26411 판결, 대법원 2013. 5. 9. 선고 2012다204525 판결, 대법원 2013. 11. 14. 선고 2011다63055 판결 등 참조.

58) 이하 비판론의 내용은 권영준, "배타적 사용수익권 포기 법리에 관한 비판적 검토", 서울대학교 법학, 제47권 제4호(2006), 304-305면 참조; 대법원 1991.2.8. 선고 90다7166 판결도 이러한 문제점에 대한 인식의 일단을 표출한 바 있다.

권을 과도하게 제한하는 수단으로 활용될 위험도 있다. 본래 공적 목적으로 타인의 토지를 이용하려면 헌법 제23조 제3항 및 "공익사업을 위한 토지 등의 취득 및 보상에 관한 법률"에 따라 공용수용이나 사용의 절차를 밟아야 하고 이에 상응하는 정당한 보상도 이루어져야 한다. 정당한 보상을 행하지 않았다면 사용 수익에 따른 부당이득을 반환해야 한다. 그런데 배타적 사용 수익권 포기를 이유로 부당이득반환의무까지 부정하는 것은 반대의견처럼 '사실상 보상 없는 공용사용의 위험'을 초래한다.

3) 과연 배타적 사용 수익권 포기가 실제로 있었는지도 문제이다. 현실에서는 토지 소유자가 적극적으로 배타적 사용 수익권을 포기하는 의사표시를 하기보다는 소극적으로 자기 토지의 이용에 관하여 이의를 제기하지 않는 정도의 사례가 대부분이다. 따라서 토지 소유자의 침묵으로부터 배타적 사용 수익권 포기의 의사표시를 끌어내는 것은 의사표시의 과도한 의제가 아닌가 하는 의문도 있다.

2. 2009년 이후: 독점적·배타적인 사용·수익권 포기 법리의 변화

(1) 결이 다른 판결의 등장

1) 위와 같은 법리에 대한 비판을 의식한 것인지, 대법원의 태도가 변하기 시작하였고, 2009년에는 배타적 사용수익권 포기 법리와 **결이 다를 수 있고 또는 심지어 모순될 수도 있는** 대법원 판결이 등장하였다. **대법원 2009. 3. 26. 선고 2009다228,235 판결이 그 시작이다**.

· **사실관계:** 이 사건 토지는 원래 소외인의 소유이었는데 그가 2006. 7. 20. 사망하여 원고가 위 토지를 단독으로 상속하였고, 소외인이 1982년경에 피고에 대하여 피고(진주시)가 위 토지 위에 농촌지도소 사무실로 쓸 이 사건 건물을 신축하여 그 부지로 위 토지를 사용하는 것을 승낙하였다.

· **원심:** 이 사건 토지가 소재하는 진성면의 면민들이 1982년에 이 사건 건물을 신축하기 위하여 각 부락별로 일부 금원을 갹출한 바 있고, 피고가 1982년경부터 2003년경까지 이 사건 토지의 소유자이던 소외인에 대하여 세금을

전혀 부과하지 아니하였으며, 이 사건 소를 제기할 때까지 원고가 피고의 이 사건 토지 사용에 대하여 이의를 제기하거나 임료 상당의 부당이득을 청구한 사실이 있다고 보이지 아니한 점을 들어, 원고가 위 토지를 피고의 위 건물 건축 및 사용에 제공함으로써 이 사건 토지에 대한 배타적인 사용수익권을 포기하였다고 판단하고, 원고의 이 사건 건물철거 및 토지인도의 청구를 기각하였다.

· **대법원의 판단**[59]: “소유권의 핵심적 권능에 속하는 사용 · 수익의 권능이 소유자에 의하여 대세적으로 유효하게 포기될 수 있다고 하면, 이는 결국 처분권능만이 남는 민법이 알지 못하는 새로운 유형의 소유권을 창출하는 것으로서, 객체에 대한 전면적 지배권인 소유권을 핵심으로 하여 구축된 물권법의 체계를 현저히 교란하게 된다. (...) 소외인 등이 위와 같이 그 사용수익권을 채권적으로 ‘포기’하였다고 하여도, 그것이 피고의 사용 · 수익을 일시적으로 인정하는 취지라면, 이는 사용대차의 계약관계에 다름아니다. 그렇다면 사용대주인 소외인 등은 계약관계의 해지 기타 그 종료를 내세워 이 사건 토지의 반환 및 그 원상회복으로서의 이 사건 건물의 철거(민법 제615조 참조)를 청구할 수 있다(다만 이 사건에서는 반환시기를 약정하였다는 사정은 보이지 않는바, 그렇다면 민법 제613조 제2항에 따라 “계약 또는 목적물의 성질에 의한 사용수익이 종료”하였는지, 또 “사용수익에 족한 기간이 경과”하였는지(민법 제613조 참조) 등을 심리 · 판단할 필요가 있음을 지적하여 둔다). 그러므로 사용수익권의 채권적 포기를 이유로 이 사건 청구들이 배척되려면, 그 포기가 일시적인 것이 아닌 영구적인 것이어야 한다. 그러나 원심이 드는 사정만으로는 그러한 영구적 포기를 인정할 수 없다. 이 사건 건물의 신축비용을 누가 부담하였는가는 이 사건 토지에 관한 법률관계에 일반적으로 영향이 없다고 할 것이고, 나아가 피고가 이 사건 토지에 관한 세금을 부과하지 않았어도 이는 2003년까지만이라는 것이므로 이는 오히려 그 포기가 영구적이 아님을 시사한다. 나아가 소외인 등이 이 사건 소를 제기할 때까지 피고의 이 사건 토지 사용에 대하여 이의를 제기하거나 차임 상당의 부당이득을 청구한 사실이 있다고 보이지 아니한다고 하여도, 이러한 권리불행사만으로 권리 자체의 포기를 시인할

59) 재판장 대법관 김지형, 대법관 양승태, 대법관 전수안, 주심 대법관 양창수.

수 없다. 소외인은 생전에 "작금에 와서는 농촌지도소로 사용하지 않고 있으므로 본인은 현 시점에서 본인의 의사와 부합되지 않게 사용되고 있는 토지의 권리를 다시 회수코자 한다"는 내용의 통고서를 피고측에 보낸 사실이 인정되므로, 소외인 등이 이 사건 제소시까지 피고의 이 사건 토지 사용에 대하여 이의를 제기하지 아니하였다고 할 수도 없다."고 판시하였다. [건물철거 및 토지인도청구 인정]

· **의의:** 배타적 사용수익권 포기 법리의 '포기'가 물권적인 포기가 아니고 **그 성격이 채권적 의사표시**임을 확인한 것이다. 또한 소유자가 사용수익권을 채권적으로 포기하였다고 하여도 이는 사용대차 계약관계와 다름없으므로 소유자는 계약관계의 해지 기타 그 종료를 내세워 토지의 반환 및 그 원상회복으로서의 건물의 철거(민법 제615조)를 청구할 수 있다고 판시하였다. 이 판결은 배타적 사용 수익권 포기 법리의 문제를 정면으로 지적한 최초의 판결로서 변화의 출발점이 되었다.[60] 그 후 대법원은 일련의 후속판결[61]에서 배타적 사용수익권 포기는 채권적인 의미만을 가진다고 판시하였다.

이를 두고 대법관 김재형의 반대의견에서는 "최근 10년 사이에 대법원 88다카16997 판결 등에서 선언한 배타적 사용·수익권 포기 법리의 문제점을 인식하고 이와 다른 법리를 선언한 대법원판결들이 나오고 있다(...). 이 판결들은 소유자가 채권적으로 그 상대방에 대하여 사용·수익의 권능을 포기하거나 사용·수익권의 행사에 제한을 설정하는 것 외에, 소유자가 소유권의 핵심적 권능에 속하는 사용·수익의 권능만을 대세적으로 포기하는 것은 허용되지 않는다고 판단하였다"고 보았다. 그리고 이러한 판결들을 '**대법원 2009다228 판결 등**'이라 통칭하였다.

2) 이러한 후속판결을 더 살펴보면, **대법원 2012. 6. 28. 선고 2010다81049 판결**은, 토지 소유자가 배타적 사용·수익권을 주장하며 통행을 방해하는 등의 행위를 할 수 없다고 하더라도, 이러한 권리행사 제약이나 그에 따른 법률상

60) 김재형, 민법판례분석, 박영사 (2015).

61) 대법원 2009. 3. 26. 선고 2009다228,235 판결; 대법원 2009. 7. 9. 선고 2007다83649 판결; 대법원 2012. 6. 28. 선고 2010다81049 판결; 대법원 2013. 8. 22. 선고 2012다54133 판결; 대법원 2017. 6. 19. 선고 2017다211528 판결; 대법원 2017. 10. 26 선고 2017두50843 판결 등.

지위는 채권적인 것에 불과하다고 하고 일반적으로 토지 소유자에 대하여 **'배타적 사용 · 수익권이 존재하지 않는다.'는 확인을 구할 수 없다**고 하였다.

3) **대법원 2013. 8. 22. 선고 2012다54133 판결**62)

· **사실관계:** 원고의 망부 소외인(이하 '망인'이라 한다)은 1967년 서울 송파구 풍납동 (지번 2 생략) 전 1,642평(이하 '분할 전 토지'라 한다)을 취득한 후 1970년경부터 이를 여러 필지로 분할하여 여러 해에 걸쳐 매도하였고, 그 과정에서 분할 전 토지의 중간 부분을 가로지르는 길고 좁은 형태인 (지번 3 생략) 전 129평(이하 '이 사건 도로부지'라 한다)에 대하여는 지목변경을 신청하여 도로로 지목을 변경하였다. 이 사건 도로부지는 택지로 사용하기에는 부적절한 형태로서, 망인에 의하여 통행로로 제공된 후 아래와 같이 천호대로 부지에 편입된 이 사건 제2토지 등을 제외한 나머지 부분은 약 40여 년 동안 계속 분할매도된 토지의 소유자나 그 지상 건물 거주자를 포함한 인근 주민 등의 통행로로 사용되어왔고, 분할매도된 인접 토지들은 대부분 택지로 사용되어왔다. 그 후 천호대로가 개설되면서 그 부지에 편입된 인접 택지 부분의 토지 소유자들은 협의취득 등의 절차에 따른 손실보상을 받았으나, 망인이나 원고는 이 사건 제2토지가 원래 주민들의 통행로로 제공되어 있었다는 등의 이유로 아무런 보상을 받지 못하였다.

· **원심:** 피고가 원고 소유의 서울 강동구 천호동 (지번 1 생략) 도로 56㎡(이하 '이 사건 제2토지'라 한다)를 1976년경부터 천호대로 부지에 편입하여 이를 권원 없이 점유 · 사용하고 있으므로 그에 따른 차임 상당 부당이득을 원고에게 반환할 의무가 있다고 판단한 후, 망인이 이 사건 제2토지에 대한 독점적 · 배타적 사용 · 수익권을 포기하였다는 피고의 항변에 대하여는 그 판시와 같은 이유를 들어 그와 같은 포기가 있었다고 볼 수 없다고 판단하여 이를 배척하고, 원고가 구하는 바에 따라 2005. 11. 18. 이후 발생분에 관한 이 사건 부당이득반환 청구를 일부 인용하였다.

· **대법원의 판단:** "물건에 대한 배타적인 사용 · 수익권은 소유권의 핵심적

62) 판례평석으로는 배병일. "사실상 도로에 관한배타적 사용수익권의 포기." 사법 1.34 (2015): 151-186.

권능이므로, 소유자가 제3자와의 채권관계에서 소유물에 대한 사용·수익의 권능을 포기하거나 사용·수익권의 행사에 제한을 설정하는 것을 넘어 이를 대세적, 영구적으로 포기하는 것은 법률에 의하지 않고 새로운 물권을 창설하는 것과 다를 바 없어 허용되지 않는다(대법원 2009. 3. 26. 선고 2009다228, 235 판결 등 참조). (...) 토지소유자가 그 소유 토지를 일반 공중의 통행로로 무상제공하거나 그에 대한 통행을 용인하는 등으로 자신의 의사에 부합하는 토지이용상태가 형성되어 그에 대한 독점적·배타적 사용·수익권이 인정되지 않는다고 보는 경우에도, 이는 **금반언이나 신뢰보호 등 신의성실의 원칙상** 그 기존의 이용상태가 유지되는 한 토지소유자는 이를 수인하여야 하므로 배타적 점유·사용을 하지 못하는 것으로 인한 손해를 주장할 수 없기 때문에 부당이득반환을 청구할 수 없는 것일 뿐이고, 그로써 소유권의 본질적 내용인 사용·수익권 자체를 대세적·확정적으로 상실하는 것을 의미한다고 할 것은 아니다. 따라서 그 후 토지이용상태에 중대한 변화가 생기는 등으로 배타적 사용·수익권을 배제하는 기초가 된 객관적인 **사정이 현저히 변경된 경우**에는, 토지소유자는 그와 같은 사정변경이 있은 때부터는 다시 사용·수익권능을 포함한 완전한 소유권에 기한 권리주장을 할 수 있다고 보아야 한다. 이때 그러한 사정변경이 있는지 여부는 당해 토지의 위치와 물리적 성상, 토지소유자가 그 토지를 일반 공중의 통행에 제공하게 된 동기와 경위, 당해 토지와 인근 다른 토지들과의 관계, 토지이용 상태가 바뀐 경위 및 종전 이용상태와의 동일성 여부 등 전후 여러 사정을 종합적으로 고려하여 판단할 것이다."

· **평가:** 이 판결은 토지 소유자가 그 소유 토지를 일반 공중의 통행로로 무상 제공하거나 그에 대한 통행을 용인하는 등으로 자신의 의사에 부합하는 토지이용상태가 형성되어 그에 대한 배타적 사용·수익권이 인정되지 않는다고 보는 경우에도, 그로써 소유권의 본질적 내용인 사용·수익권 자체를 **대세적·확정적으로 상실하는 것을 의미한다고 볼 수 없다**고 하였다. 또한 이 판결은 그 후 토지 이용상태에 중대한 변화가 생기는 등으로 배타적 사용 수익권을 배제하는 기초가 된 객관적인 사정이 현저히 변경된 경우에는 포기된 배타적 사용

수익권이 회복될 수 있다고 판시하였다. 만약 배타적 사용 수익권의 포기가 물권적 의미를 가진다면 사정변경에 따라 배타적 사용 수익권이 회복되는 현상을 설명하기 어려울 것이다. 따라서 이 판결도 배타적 사용 수익권 포기가 물권적 색채를 띠지 않는다는 전제 위에 서 있다. 결국 대법원은 이러한 **탈물권화(脫物權化) 작업을 통해 배타적 사용 수익권 포기 법리와 물권법정주의의 장벽을 우회**하고자 하였다는 견해[63]도 있다. 나아가 이 판결은 토지 소유자가 배타적 사용수익권의 배제로 인해 부당이득반환을 청구할 수 없는 것은 기존의 토지 이용 상태가 유지되는 한 그에게 신의성실의 원칙(금반언, 신뢰보호)에 따른 수인의무가 발생하기 때문이라고 보았다. 따라서 토지 이용 상태에 중대한 변화가 생기는 등으로 배타적 사용수익권 배제의 기초가 된 객관적인 사정이 현저히 변경되었다면 완전한 소유권에 기한 권리주장을 할 수 있다고 판시하여, 사정변경의 원칙에 의한 배타적 사용수익권의 회복 가능성을 인정하였다. 위 판결은 명시적으로 신의칙을 대상법리의 이론적 근거로 밝히는 한편 사정변경의 원칙을 통하여 토지 소유자의 부당이득반환청구를 인용할 수 있는 가능성을 제시한바, 위 판결을 통해 토지 소유자의 소유권 보호 가능성이 넓어졌다고 평가할 수 있다.[64]

4) 대법원 2017. 6. 19. 선고 2017다211528, 211535 판결

· **사실관계:** 소외인은 1968. 12. 5. 이 사건 토지가 포함된 전남 곡성군 (주소생략) 토지를 매수하고 1969. 1. 27. 소유권이전등기를 마쳤다. 피고(곡성군)는 1971년경 위 토지에 접한 좁은 길을 넓혀 도로를 개설하였는데, 이 사건 토지는 1971. 8. 24. 위 토지에서 분할되어 지목이 '전'에서 '도로'로 변경되었다. 피고는 그 무렵부터 현재까지 이 사건 토지를 관리하면서 도로로 사용하고 있다. 이 사건 토지에 대하여, 1971. 6. 24.경 피고의 **비과세지성신고보(非課稅地成申告譜**, 이는 과세하지 않게 된 토지가 열거된 장부이다)에 기재되고, 그 무렵부터 지세가 부과되지 않았다. 원고는 소외인이 사망함에 따라 2012. 4. 19.

63) 권영준, (2020각주 1), 480면.

64) 박정언 · 송혜진 · 이동민, "토지 소유자의 배타적 사용수익권 포기 법리에 관한 고찰 -대법원 2019. 1. 24. 선고 2016다264556 전원합의체 판결을 중심으로-", 서울대 법학평론, (10), (2020), 313-355면.

이 사건 토지에 관하여 2010. 10. 31.자 협의분할에 의한 상속을 원인으로 소유권이전등기를 하였다.

· **원심:** 이 사건 토지에 대하여 위와 같이 비과세지성 신고가 되어 지세가 부과되지 않은 점을 비롯하여 피고의 주장 사유만으로는 소외인이 이 사건 토지에 관하여 배타적 사용수익권을 포기하였다고 볼 수 없다고 판단하였다.

· **대법원의 판단**[65]**:** "사유지가 일반 공중의 교통을 위한 도로로 사용되고 있는 경우, 토지 소유자가 스스로 토지의 일부를 도로 부지로 무상 제공하더라도 특별한 사정이 없는 한 이는 대세적으로 사용·수익권을 포기한 것이라기보다는 토지 소유자가 도로 부지로 무상 제공받은 사람들에 대한 관계에서 채권적으로 사용·수익권을 포기하거나 일시적으로 소유권을 행사하지 않겠다고 양해한 것이라고 보아야 한다."

· **평가:** 이 판결은 소유자가 소유권의 핵심적 권능에 속하는 사용·수익의 권능을 대세적으로 포기하는 것은 특별한 사정이 없는 한 허용되지 않는다. 이를 허용하면 결국 처분권능만이 남는 새로운 유형의 소유권을 창출하는 것이어서 민법이 정한 물권법정주의에 반하기 때문이라고 재확인하면서, 사용·수익권 포기의 법적 성질에 관하여 토지 소유자가 토지를 도로 부지로 무상 제공받은 사람들에 대한 관계에서 **채권적으로** 사용·수익권을 포기하거나 **일시적으로** 소유권을 행사하지 않겠다고 양해한 것이라고 하였다. 반대의견 2에도 주된 논거로 나오는 **'소유권 불행사의 의사표시'**로 해석한 판결이다.

(2) 양립불가능한 판결례의 공존

1) 오늘날 배타적 사용·수익권 포기에 관한 판례 법리는 두 갈래로 나누어져 있다. 2009년 이전의 기존 대법원 법리(**대법원 88다카16997 판결 등)**처럼 '포기'를 대세적 효력을 가지는 포기로 보고 토지 소유자의 권리행사를 제한할 수 있는 법률요건으로서 '권리 포기'에 관한 법리에 기초하여 부당이득반환청구의 허용 가능성을 부정하는 판결들도 계속 이어지고 있다.[66] 사용·수익권

---

65) 재판장 대법관 박보영, 대법관 권순일, 주심 대법관 김재형.

66) 대법원 2009. 6. 11. 선고 2009다8802 판결; 대법원 2009. 12. 10. 선고 2006다11708 판결; 대법원 2010. 6.

의 포기를 채권적, 일시적으로 보는 '**대법원 2009다228 판결 등**'은 대법원 88다카16997 판결 등 법리의 적용 범위를 구체화하거나 한정한 것이 아니라, 권리포기의 대세적·영구적 효력을 부정하고 채권적 효력만 인정하기에 전혀 별개의 새로운 법리라고 할 수 있다. 이와 같이 양립할 수 없는 대법원 판결례가 현재까지 공존하고 있다."[67]

2) 이러한 모순상황에 대하여 대법원 전원합의체에서 이 문제를 다룬 이상 위와 같이 양립할 수 없는 판결례 중 어느 쪽을 유지할 것인지 분명하게 선언할 필요가 있다.

3) 흥미로운 점은 2009년 이후 전국 지방자치단체 단위에서 사실상 도로(현황도로, 새마을도로) 등에 대한 지적공부 정비가 대대적으로 이루어졌다. 대법원판례의 사실상 규범력을 확인할 수 있다고 하겠다. 이 경우에도 포장도로(아스팔트, 시멘트 등으로 포장되어 확연하게 도로로 이용되는 토지)와 최소 폭이 4M 이상인 비포장도로가 대상이었으며, 개인이 출입하기 위하여 개설된 진입로(私道), 소송이 진행 중인 토지는 제외하였다.[68] 다음 기사[69]를 보자.

> 서귀포시는 과거 새마을사업 등으로 개설된 농로, 마을안길 중 지금까지 지적공부 정리가 되지 않은 사실상 도로 50개 노선을 조사해 저적공부정리를 완료했다. 지난 1970년대 각종 새마을 사업 등으로 도로가 개설됐으나 그동안 지적도면상 '도로'로 분할 및 지목변경 정리가 되지 않은 사례가 많았다. 이 때문에 일부 주민들은 각종 건축이나 토지거래 등 재산권 행사에 큰 불편을 겪어 왔으며 특히 지적공부과 실제간 일치하지 않아 일부 주민들은 사실상 도로가 된 토지에 대해 사유권을 주장해 각종 지역개발사업의 걸림돌이 돼 왔다. 서귀포시는 이같은 문제점을 해소하기 위해 지난 3월부터 전 읍면동별로 '도로' 미 정리 토지 일제 조사를 실시하고 해당 토지 소유자들을 파악해 지적정리 동의서를 받아왔다. 지금까지 50개 노선. 497필지에 대한 지적측량을 실시했으며 지적공부상에 토지분할 및 '도로'로 지목변경을 완료했다.
>
> 서귀포시는 "실제와 지적공부를 일치시킴으로써 농업경쟁력 강화는 물론 각

24. 선고 2010다19259 판결 등.

67) 반대의견 2.

68) 제주시청 보도자료.

69) 제주신문(2008.11.22.자), "서귀포시, 사실상 도로, 일제조사해 지목변경 완료", https://www.jejunews.com/news/articleView.html?idxno=447115 (2022.6.23. 방문)

종 세금부과 및 부당이익금 관련 민원을 사전에 예방하고 지적공부의 공신력이 높아질 것"이라고 했다. 앞으로도 법원에 비치된 등기부상에도 '도로'로 자체 등기촉탁 정리함으로써 등기수수료 등 소유자의 경제적 부담을 없애고 실제와 지적공부를 일치하는 사업을 지속 추진할 방침이다.

3. 2019년 대법원 판결 이후 판결의 동향

대법원 2019. 11. 14. 선고 2015다211685 판결에서는 배타적 사용수익권 법리의 적용범위가 확대되는 것을 경계하였다. 즉 "대상법리는 토지가 도로, 수도시설의 매설 부지 등 일반 공중을 위한 용도로 제공된 경우에 적용되는 것이어서, 토지가 건물의 부지 등 지상건물의 소유자들만을 위한 용도로 제공된 경우에는 대상법리가 적용되지 않는다."고 판시하였다.

또한, 대법원 2021. 6. 10. 선고 2017다280005 판결은 甲이 인접 토지 소유자인 乙에게 구체적인 면적을 특정하지 않은 채 자신의 토지 일부를 도로로 제공하기로 합의하고 대가를 받았는데, 그 후 丙 지방자치단체가 甲의 토지 일부를 포함한 인근 토지 일대에 포장도로를 개설하였고, 10여 년 후 甲이 丙 지방자치단체를 상대로 포장도로의 철거와 토지의 인도를 구한 사안에서, 甲은 일반 공중을 위한 용도가 아니라 乙을 위하여 도로 부분에 관한 사용을 승낙한 것으로 볼 여지가 있는데도, 甲이 도로 부분에 관한 독점적·배타적인 사용·수익권을 포기하였다고 단정하고 이후 사정변경이 있었는지에 관한 심리를 하지 않은 원심판결에 법리오해 등의 잘못이 있다고 판단하였다.

4. 2019년 대법원 판결의 다수의견에 대한 고찰

(1) 기존 사용수익권 포기 법리의 유지인지, 아니면 기존 법리의 사실상 변경인가?

1) 대상판결의 다수의견이 기존 법리의 유지인지 아니면 사실상 변경인지에 관하여 논란이 있다. **다수의견**은 기존 법리의 유지라고 한다. 즉, 토지 소유자 스스로 그 소유의 토지를 일반 공중을 위한 용도로 제공한 경우에 대법원 판례

를 통하여 '사용·수익권의 포기', '배타적 사용·수익권의 포기', '독점적·배타적인 사용·수익권의 포기', '무상으로 통행할 권한의 부여' 등 표현의 차이에도 그 토지에 대한 소유자의 독점적이고 배타적인 사용·수익권의 행사가 제한되는 법리가 확립하였고, 이러한 법리는 "대법원이 오랜 시간에 걸쳐 발전시켜 온 것으로서, 현재에도 여전히 그 타당성을 인정할 수 있다"고 하였다.

그런데 다수의견은 예외적인 사항들을 붙였다. 즉, "토지 소유자의 독점적이고 배타적인 사용·수익권 행사의 제한 여부를 판단하기 위해서는 토지 소유자의 소유권 보장과 공공의 이익 사이의 비교형량을 하여야 하고, 원소유자의 독점적·배타적인 사용·수익권 행사가 제한되는 경우에도 특별한 사정이 있다면 특정승계인의 독점적·배타적인 사용·수익권 행사가 허용될 수 있다. 또한, 토지 소유자의 독점적·배타적인 사용·수익권 행사가 제한되는 경우에도 일정한 요건을 갖춘 때에는 사정변경의 원칙이 적용되어 소유자가 다시 독점적·배타적인 사용·수익권을 행사할 수 있다고 보아야 한다."[70]고 한 것이다. 이는 기존의 **대법원 88다카16997 판결 등**과는 결이 전혀 다른 **대법원 2009다228 판결 등**을 수용하여 예외사항이라 한 것이다. 나아가 다수의견은 "국가나 지방자치단체가 사유지를 공익 목적으로 사용하는 경우 토지 소유자의 독점적·배타적인 사용·수익권의 포기 또는 그 행사 제한에 관한 법리는 어디까지나 토지 소유자의 권리행사를 제한하는 예외적인 법리로서 적용되어야 한다."고 한다. 더 이상 이 법리는 원칙이 아니라고 한다. 그 설명으로 "위에서 살펴본 대법원 판례는 경제개발시대에 토지 소유권에 대한 공적 부담에 관한 제도가 정립되어 있지 않던 시대를 배경으로 형성되기 시작하였는데, 이후 여러 형태의 공익 목적의 사업에 관하여 규율하는 행정법상의 각종 제도가 정비되기에 이르렀다."를 들고 있다. 이는 재산권의 행사 제한은 법률에 따라 이루어져야 하는데, 과거 그러하지 못한 유산이 있음을 말하고 실무상 돌이키기에는 부담이 많음을 반증한다.

2) 대법원 다수의견에 대하여 반대의견과 학계는 사실상 변경을 의미한다고 보았다. 반대의견에서는 "다수의견은 배타적 사용·수익권 포기에 관한 기존

70) 다수의견.

법리를 그대로 유지한다고 하고 있다. 그러나 다수의견은 두 가지 점에서 기존 판례와는 다르다. 하나는 기존의 '사용·수익권 포기'라는 표현과 함께 '사용·수익권 행사의 제한'이라는 표현을 사용하고 있다는 점이다. 다른 하나는 기존에는 이 법리를 소유자가 점유자를 상대로 부당이득반환청구를 하는 경우에 한정하여 적용했지만, 다수의견은 소유자가 점유자를 상대로 물권적 청구권을 행사하는 경우에도 이 법리를 명시적으로 적용하고 있다는 점이다. (...) 이러한 다수의견은 서로 모순되는 다수의 판례들을 그대로 둔 채 일부 판례를 사실상 변경한 것으로서, 통일적 법리 제시라는 대법원의 기능과 역할에 맞지 않다." 나아가 "다수의견은 표면적으로는 대법원 88다카16997 판결 등에서 선언한 배타적 사용·수익권 포기 법리를 그대로 유지하면서 부분적으로 '사용·수익권 행사의 제한'이라는 표현도 사용하고 있다. 이는 실질적으로 포기의 대상을 '권리'가 아닌 '권리행사'로 변경한 것이다. 그동안 '배타적 사용·수익권 포기'라는 용어를 써 왔지만 그 용어의 실질적인 의미는 권리 포기가 아니고 토지 소유자의 배타적 사용·수익권 '행사가 제한'되는 것이라고 함으로써 **사실상 판례를 수정**하고 있다. 위에서 보았듯이 일정한 권리를 포기하는 것과 권리행사가 제한되는 것은 그 내용이 전혀 다르기 때문이다. 그런데도 다수의견은 판례변경을 선언하지 않는 모순적인 태도를 취하고 있다."고 반박하였다.

권영준교수는 대상판결의 다수의견에 대하여 **'세 번째 변화'**가 시도되었다고 하였다. "대상판결은 의도적으로 배타적 사용 수익권의 '포기'를 대체하는 '제한'이라는 개념을 사용하였다. 또한 특정승계인에게 그 제한의 효과가 미치지 않을 수 있는 여지를 남김으로써 배타적 사용 수익권 포기의 효력이 당연히 승계된다고 보았던 기존 판례의 입장을 완화하였다."[71]

(2) 실무상 필요에 따른 근거가 있는지, 아니면 법적 근거가 없는 것인가?

1) 그렇다면 다수의견이 명칭의 변경에도 불구하고 기존 법리가 타당하기에 기존 법리의 유지라면 그 근거는 어디에서 찾아야 할까? 이에 대하여 다수의

71) 권영준, (2020각주 1), 482면.

견은 "대법원 판례에 의하여 확립된 '독점적 · 배타적인 사용 · 수익권의 포기'에 관한 법리는 민법 등 조문의 해석론이 아니고, 학계의 추상적인 법이론에서 도출된 법리도 아니다."라고 하면서, "토지 소유자와 이해관계인들 사이에서 **구체적 타당성**을 도출하기 위한 실무상의 필요이며, **일반인의 법의식과 법감정**에 부합하며, 관계자들 사이의 **이해관계를 적절히 형량**하기 때문이라고 한다.[72) 토지 소유자로서는 독점적 · 배타적인 사용 · 수익권의 행사가 제한되는 불이익이 있지만, 토지 소유자는 반대급부로 실제 사례에서 다양한 유형의 이익을 얻는다고 한다. (1) 다른 토지를 용이하게 처분할 수 있다는 **재산상 이익**[73) (2) 아파트 단지, 상가 등을 조성하는 사업주체가 그 소유의 토지 중 일부를 일반 공중의 통행에 제공하게 되는데, 그러한 경우 토지 소유자는 아파트 단지, 상가 등의 효용증대를 통한 경제적 이익뿐만 아니라, 해당 사업과 관련된 허가 또는 승인이라는 **행정적인 측면의 이익**을 함께 얻은 것으로 볼 수 있다.[74) (3) 끝으로, 농촌 등 지역 주민들인 토지 소유자들이 진행 중인 새마을사업에 적극적으로 참여하거나 주민자조사업의 일환으로 기존의 비포장 농로 또는 소로를 포장 · 확장하는 사업을 추진하면서 자신들이 소유하는 토지를 일반 공중의 통행에 제공한 경우에, 토지사용을 승낙한 토지 소유자들이 누리게 되는 **지역발전의 이익과 교통상의 편리함**이라고 한다.[75) 그러면서 "토지 소유자의 이익 또는 편익을 상정할 수 있다고 해서 당연히 독점적 · 배타적인 사용 · 수익권의 행사가 제한된다고 보아야 하는 것은 아니지만, 토지 소유자가 해당 토지의 무상 제공을 통해 유 · 무형의 이익을 얻었다는 것은 위와 같은 사용 · 수익권 행사가 제한된다고 볼 만한 중요한 징표가 되어 왔다고 볼 수 있다."고 한다.

나아가 무조건 소유자의 권리행사를 제한하여 온 것이 아니라, 제반 사정을

72) 다수의견에 대한 보충의견.

73) 토지 소유자는 위 도로예정지 지정 부분을 도로로 제공함으로써 분할된 택지를 용이하게 처분할 수 있다는 것으로는 대법원 1991. 9. 24. 선고 91다21206 판결, 대법원 1992. 9. 14. 선고 92다1162 판결, 대법원 1994. 5. 13. 선고 93다31412 판결, 대법원 1994. 11. 25. 선고 93다54347 판결, 대법원 2013. 3. 28. 선고 2012다30502 판결, 대법원 2013. 11. 28. 선고 2013다49961 판결 등 참조.

74) 대법원 1991. 2. 8. 선고 90다7166 판결, 대법원 1993. 2. 23. 선고 92다34155 판결, 대법원 1993. 5. 14. 선고 93다2315 판결, 대법원 2016. 5. 12. 선고 2015다18787 판결 등 참조.

75) 대법원 1994. 4. 26. 선고 93다56060 판결, 대법원 1997. 1. 24. 선고 96다42529 판결, 대법원 2004. 9. 24. 선고 2004다26874 판결, 대법원 2006. 5. 12. 선고 2005다31736 판결 등 참조.

심리한 다음 문제 사안을 해결하는 데 이 법리가 유용하다고 한다. 즉, 토지 소유자가 건축 허가 또는 건설사업계획 승인(인가) 등을 받기 위해 스스로 지방자치단체에 해당 토지를 기부채납하기로 약정하거나 그에 관한 확약서를 제출한 사안,[76] 해당 토지가 도로로 사용되고 있음을 알면서도 이를 헐값에 매수하여 소 제기에 나서는 사안[77] 등이 그러하다. 또한 단지분할형 도로의 사안에서 소유자의 소유 기간 중에 그 소유 토지 중 일부가 도로예정지로 편입됨으로써 원소유자가 '부득이' 그 부분을 제외한 나머지 토지만을 분할매각한 것인지, 아니면 이미 도로예정지로 지정되어 있는 부분이 포함된 토지를 소유자가 취득한 후 '자발적으로' 도로예정지 부분을 제외한 나머지 부분을 분할매각한 것인지에 따라 소유자의 독점적·배타적인 사용·수익권 포기 여부를 고려한다.

2) 반대의견과 학계는 이에 대하여 법적 근거가 없다고 한다. 먼저 반대의견에서는 무엇보다 기존 법리의 사법(私法)상 문제점을 지적한다. 민법 제1조는 민사 사건에 관한 재판의 기준이 될 수 있는 법규범을 열거하여 헌법을 최상위 규범으로 하는 우리 법체계에서는 헌법과 함께 민법 제1조가 규정하는 법원인 법률, 관습법, 조리가 법적 근거가 된다. 법관에 의하여 형성된 법리를 이른바 판례법이라고 부르기도 하지만, 성문법주의를 취하는 우리나라에서 판례 자체즉, 기존 법리만으로는 여기에서 말하는 법원이 될 수 없기 때문이다. 또한 배타적 사용·수익권 포기를 이유로 토지 소유자의 권리를 제한하는 이론은 민법 제1조가 규정하는 법원의 어디에서도 그 근거를 찾을 수 없다. 배타적 사용·수익권 포기라는 '법적' 효과를 도출해 낼 수 있는 성문법의 어떠한 조항도 찾을 수 없고, 배타적 사용·수익권 포기를 이유로 토지 소유자의 권리를 제한하는 근거가 될 수 있는 관습법이 존재하는 것도 아니다. 대법원이 성문법의 근거 없이 분쟁을 해결하고자 고안해 낸 이론이 장기간 법원의 재판 실무에서 적용되어 온 것에 불과하기 때문이다. 따라서 기존의 판례 이론 그 자체에 관습법으로서의 효력을 인정할 수 없을 뿐만 아니라, 이를 뒷받침할

76) 대법원 2013. 5. 9. 선고 2012다204525 판결, 대법원 2016. 5. 12. 선고 2015다18787 판결 등 참조.
77) 대법원 2011. 11. 24. 선고 2009다79002 판결 참조.

만한 다른 관습법이 존재한다고 볼 수도 없다. 배타적 사용·수익권 포기에 관한 이론을 민법 제1조에서 말하는 '조리'[78]라고 볼 수도 없다. 사유지가 일반 공중의 이용에 제공되고 있다는 사정을 부당이득반환의무나 손해배상책임의 범위에 반영하는 것은 별론으로 하고, 이를 이유로 부당이득반환의무나 손해배상책임의 성립 자체를 부정하는 것이 경험칙이나 형평 등에 부합한다고 볼 수 없다. 또한 조리라는 것은 일정한 내용을 가진 것이 아니라 법질서 전체 또는 그 속에 흐르는 정신에 비추어 가장 적절하다고 생각될 경우에 끌어 쓰는 극히 추상적인 말로서, 같은 유형의 분쟁 해결에 일반적·보편적으로 적용될 수 있는 '법리'와는 다르다. 근본적으로 소유권의 소유권의 핵심적 권능에 속하는 사용·수익의 권능만을 영구적·대세적으로 포기하거나 상실하는 것은 결국 처분권능만이 남는 새로운 유형의 소유권을 창출하는 것이어서 소유권의 고유한 속성인 전면성 또는 탄력성에 부합하지 않고, 사실상 영구적인 제한물권을 설정하는 것이 되어 공시의 원칙이나 물권법정주의에 반한다고 한다.

또한 공법상으로도 근거가 없는데, 법리로 인한 결과가 위헌이라고 한다. "헌법 제23조 제3항은 공공필요에 의한 재산권의 수용뿐만 아니라 '사용'과 '제한'의 경우에도 관련 법률에 따라 정당한 보상을 지급하여야 한다고 정하고 있다. 국가나 지방자치단체를 상대로 한 토지 소유자의 권리행사를 금전적 전보 없이 제한하는 데 광범위하게 적용되고 있는 기존의 판례 이론은 헌법을 최상위 규범으로 하는 전체 법질서에 반한다." 법치행정에도 반한다.

따라서 이러한 범위 내에서 기존 법리를 폐기하지 않고 사실상 변경한 다수의견은 법적 근거가 없는 것이다.

(3) 토지 제공 의사라는 사적자치원칙에 기반하는지, 아니면 이와 다른 의사로 해석할 수 있는가?

1) 다수의견은 법리가 "독점적·배타적인 사용·수익권 행사 제한에 관한 법리는 사적 자치의 원칙을 전제로 하는 것으로서, 사용·수익권의 '소멸'을

78) 조리는 사물의 본질적 법칙, 사물의 도리 또는 사람의 이성에 의하여 생각되는 규범 등으로 정의되고, 경우에 따라서는 경험칙, 사회적 타당성, 사회질서, 형평, 정의 등으로 표현된다.

의미하는 것이 아니고, 구체적 사안에서 소유자로서의 권리 행사를 받아들일지에 대한 판단기준이 되므로, 전체 법질서 내에서 조화를 이루고 있다."고 한다. 먼저 기존 판례에 설시된 "의사표시", "의사 해석", '특정승계인의 용인 또는 인식'이라는 표현은 모두 사적 자치의 영역에서 토지 소유자의 사용·수익권에 대한 제한이 용인되는 법리가 적용되는 것임을 의미한다. 그러면서 사적 자치의 원칙은 시장경제질서와 경제 영역에서의 정의로운 사회질서 형성을 기본 원칙으로 선언하는 헌법 제119조로 인해, 사인 간의 권리·의무의 내용과 한계를 정하는 데에도 적용된다[79]고 한다. 즉, 토지 소유자의 독점적·배타적인 사용·수익권 행사가 제한되는 것이 그의 의사에 기초한 것이라는 것이다.

이를 통해 소유자가 점유자를 상대로 불법점유를 원인으로 한 부당이득반환청구 또는 손해배상청구를 하는 사안[80]뿐만 아니라 물권적 청구권 행사의 경우[81]에도 그러한 침해가 있는지는 결국 사안별로 판단할 수밖에 없고, 그 판단 기준으로 소유자의 독점적·배타적인 사용·수익권 행사가 허용되는지 여부를 살펴보면 되는 것이라고 한다. 결국 대법원 판례는 소유자의 권리행사를 제한하기 위해 전통적인 민사법 이론과 조화를 이루기 어려운 독자적인 법률요건이나 법률효과를 고안해 낸 것이라기보다는, 소유자가 청구권을 행사하기 위한 요건이 충족되었는지를 살펴보기 위하여 마련한 합리적인 판단 기준이라고 보는 것이 옳다고 한다.

2) 반대의견에서는 **'소유권을 행사하지 않겠다는 토지 소유자의 의사표시'**로 보았다. 소유권 불행사의 의사표시는 상대방 있는 의사표시로서 사용대차와 유사한 채권적인 효력을 가지는 법률행위라고 할 수 있다. 의사표시의 상대방이 토지를 점유·사용하는 것은 특별한 사정이 없는 한 민법 제213조 단서의 '물건을 점유할 권리'에 기초한 것으로 볼 수 있고 민법 제214조의 '방해'에 해당

79) 대법원 2007. 11. 22. 선고 2002두8626 전원합의체 판결 등 참조.

80) 부동산의 소유자에게 차임 상당 이익이나 그 밖의 소득이 발생할 여지가 없는 특별한 사정이 있는 때에는 부당이득반환이나 손해배상을 청구할 수 없다고 판시하였다(대법원 2002. 12. 6. 선고 2000다57375 판결, 대법원 2008. 1. 17. 선고 2006다586 판결 등 참조).

81) 토지의 매수인이 아직 소유권이전등기를 받지 못한 경우에도 매매계약의 이행으로 그 토지를 인도받은 때에는 매매계약의 효력으로서 이를 점유할 권리가 생긴다고 보는 등(대법원 1988. 4. 25. 선고 87다카1682 판결 참조), '점유할 권리'를 비교적 넓게 인정하고 있다. 또한 민법 제214조의 '방해'라 함은 현재에도 지속되고 있는 소유권에 대한 침해를 의미한다(대법원 2003. 3. 28. 선고 2003다5917 판결 참조).

하지 않는다. 이러한 경우 토지 소유자는 상대방에게 물권적 청구권을 행사할 수 없고 부당이득반환을 청구할 수도 없다. 그런데 이러한 의사표시에는 대세적인 효력이 없다. 따라서 원소유자가 소유권 불행사의 의사표시를 한 경우에 그 의사표시의 효력은 다만 원소유자와 그 의사표시의 상대방, 그리고 특정승계인 사이에 원소유자의 소유권 불행사의 의사표시에 따른 권리·의무나 지위 승계에 관한 의사의 합치가 이루어진 것과 같은 특별한 사정이 없는 한 특정승계인에게 미치지 않는다.

이러한 법률효과가 영구적인 것은 아니고, 특히 소유자는 사정변경의 원칙에 따라 그 법률관계를 해소할 수 있다고 보아야 한다. 따라서 그러한 의사표시의 기초가 된 사정, 즉 토지 소유자의 의사에 부합하게 형성된 토지이용상태가 현저히 변경되고, 소유자가 소유권 불행사의 의사표시 당시 이를 예견할 수 없었으며, 그로 인하여 의사표시의 법률효과를 그대로 유지하는 것이 당사자의 이해에 중대한 불균형을 초래하는 경우, 토지 소유자는 그와 같은 사정변경이 있은 때부터 다시 사용·수익권능을 포함하여 물권적 청구권과 부당이득반환청구권 등 소유권에 기초한 권리를 제한 없이 주장할 수 있다.

(4) 확립된 판례 법리를 대체할 수 있는 대안은 없는지 또는 대안은 있는가?

1) 다수의견에서는 확립된 판례 법리를 <u>폐기할 경우에 발생하는 규율의 공백에 대하여 기존 판례를 대체하여</u> 법률관계를 분명하게 규율할 수 있는 <u>대안이 없다</u>면서 여러 대안적 견해를 비판한다.

2) 먼저, **신의칙이나 권리남용의 법리 적용**에 관하여는, "일반 공중의 토지의 무상 이용관계를 둘러싼 당사자들의 이해관계 형량과 심리는 여러 판단요소에 대하여 엄밀한 판단 기준에 따른 고려가 필요하고, 앞으로도 반복될 다양한 형태의 분쟁에 대하여 지속적으로 그러한 고려와 심리가 필요할 것이다. 그러므로 이에 관한 법리로서 나름의 역할과 기능을 수행하여 온 기존의 판례를 폐기하게 되면, 이른바 <u>일반 조항으로의 도피 현상</u>이 초래되고 <u>법률관계의 불</u>

확실성이 가중될 우려가 있다."고 하였다.

3) 다음으로, **'소유권 불행사의 의사표시'라고 하는 '상대방 있는 채권적 의사표시'라는 김재형 대법관의** 반대의견에 관하여는 "설시만으로는 소유권 불행사의 의사표시에 따라 형성되는 '사용대차와 유사한 채권관계'라는 생소한 법률관계가 과연 무엇인지 불분명하고 불확정적인 상태로 남아 있게 된다는 단점이 있다."고 하였다. 왜냐하면 토지 소유자가 자신의 토지를 타인에게 무상으로 사용할 수 있도록 하는 모습은 단순한 방치 또는 소극적인 용인에서부터 명시적인 사용 허락에 이르기까지 다양하게 나타나는데 과연 어느 시점에서의 토지 소유자의 어떠한 행위와 토지이용상태를 포착하여 의사표시 또는 법률행위가 존재한다고 볼 것인지 확정하기 어렵다. 또한 의사표시의 상대방을 확정하는 것도 불분명한데, 사용·수익권 행사의 제한으로 이익을 받는 주체(인근 주민이나 도로 사용자 등)와 해당 소송의 피고(지방자치단체 등)가 일치하지 않기에 그러하다는 것이다. 무엇보다 불특정 다수인 역시 불분명하다. 그리고 사용대차에 관한 민법의 조문이 유추적용되는 범위는 어떠한지에 대해서도 설명하지 않고 있다.

반대의견은 이에 대하여 "새로운 법리에 따른 법률관계가 일견 불명확한 것처럼 보이는 것은, 반대의견이 그 의사표시의 상대방에 '불특정 다수인'이 포함될 수 있다고 보았기 때문이다. 그런데 법률행위에 관한 기존 해석론에서도 '상대방 있는 의사표시'에 상대방이 반드시 특정인이어야 하는 것은 아니고 불특정 다수인을 상대방으로 하는 경우도 허용된다. 또한 토지 소유자가 국가나 지방자치단체에 소유권 불행사의 의사표시를 했다고 볼 수 있는 경우에는 일반 공중이 의사표시의 상대방이 되지 않더라도 토지의 이용관계를 설명하는데 문제가 없다."고 반박한다. 이어서 "기존 판례 이론을 폐기하는 경우 일정 영역에서 규율의 공백이 생기는 것처럼 보일 수도 있지만, 이는 사건의 구체적이고 합리적인 해결을 위해 대법원이 앞으로 새로운 법리를 구체화해 나가거나 법령에 근거를 둔 다른 법리, 가령 의사표시 이론이나 사용대차 등에 관한 민법 규정의 적용 또는 유추적용을 통하여 해결하면 충분하다."

4) 대상판결에 대하여 많은 판례평석이 있으며, 대안을 제시하기도 하기에 살펴본다.

먼저 양형우교수는 기부채납의 약정 내지 사용대차계약으로 보아 해결하는 대안을 주장한다.[82] "판례는 토지소유자 스스로 그 소유의 토지를 일반 공중을 위한 용도로 제공한 경우, 그 토지에 대한 소유자의 독점적이고 배타적인 사용·수익권의 행사가 제한된다는 이유로 지방자치단체를 상대로 한 토지소유자의 부당이득반환청구를 배척하고 있다. 하지만 국가나 지방자치단체가 사유지를 점유하고 있는 경우, 관련 법령이 정하는 적법한 보상절차를 거치지 않았더라도 사실상 도로나 공공하수도의 설치를 위해 토지소유자가 자발적으로 토지를 제공한 때에는 국가나 지방자치단체의 사실상 점유를 묵시적 승낙의 의사표시 내지 승낙의 의사표시로 인정되는 사실로 보아 토지소유자와의 사이에 '기부채납의 약정' 내지 '사용대차계약'이 존재한다고 볼 수 있으므로, 토지소유자의 부당이득반환청구를 배척하기 위해 독점적 배타적인 사용·수익권 포기법리를 원용할 필요가 없다." 무엇보다 대상판결 다수의견은 토지소유자의 독점적·배타적인 사용·수익권의 행사가 제한되는 경우, 그 토지를 상속받은 상속인이나 토지의 소유권을 특정승계한 자의 독점적·배타적인 사용·수익권의 행사 역시 제한된다고 하지만 물건에 대한 배타적인 사용·수익권은 소유권의 핵심적 권능이므로, 소유자가 제3자와의 채권관계에서 소유물에 대한 사용·수익의 권능을 포기하거나 사용·수익권의 행사에 제한을 설정하는 것을 넘어 이를 대세적 영구적으로 포기하는 것은 법률에 의하지 않고 새로운 물권을 창설하는 것과 다를 바 없어 허용되지 않는다. 그래서 "토지가 인근 주민이나 일반 공중을 위한 용도로 사용되고 있더라도, 주위토지통행권 지상권과 같은 물권이나 기부채납의 약정 임대차 사용대차와 같은 채권적 토지이용계약이 성립하였거나, 토지소유자의 권리행사가 신의칙에 어긋나거나 권리남용에 해당하는 경우와 같이, 민법 등 법률의 명문 규정과 그에 기초한 법리가 적용될 수 있는 경우에만 토지소유자의 사용·수익권을 포함한 소유권 행사가 제한될 수 있다." 따라서 법률상 근거 없고 부동산 물권에 관한 민법의 기본원

82) 양형우, 위 논문, 521면 이하 참조.

칙에 배치되는 독점적ㆍ배타적인 사용ㆍ수익권 포기에 관한 판례의 법리를 폐기하여야 할 것이다.

다음으로 권영준교수는 "이 법리는 폐기하고 1차적으로는 신의칙, 2차적으로는 사용대차계약, 소유권 포기, 묵시적 통행지역권[83] 등 일반 이론에 의거하여 문제 상황을 규율하는 것이 옳다"고 한다. 그 이유로 법리적인 차원에서 보면 배타적 사용 수익권 포기 법리는 독자적 근거를 가진 법리라기보다는 신의칙의 하부 원리인 점을 든다.[84] 이렇게 보아 부당이득반환청구를 지금보다 넓게 허용해야 한다고 주장한다. 대상판결도 기존 법리에 따르면 자발성과 효용성의 요건이 모두 갖추어졌고 객관적 사정의 현저한 변경도 딱히 발견되지도 않는 경우이어서 부당이득반환청구가 배척될 가능성이 높지만, 신의칙에 따르면 "소유자가 처음에는 권리 행사를 자제하였다가 나중에 권리를 행사하는 것이 꼭 금반언의 원칙에 위반되는 것도 아니고 지방자치단체에게 소유자 또는 그 특정승계인이 앞으로도 계속 자신의 권리를 행사하지 않으리라고 신뢰할 만한 정당한 규범적 기대가 형성되었다고 보기도 어렵기 때문이다 오히려 소유자에게는 법이 허용하는 범위 내에서 변덕을 부릴 자유가 있고 지방자치단체에게는 타인의 토지 소유권을 공적 목적으로 제한하는 데 따른 정당한 법적 보상을 할 의무가 있다 더구나 철거 또는 인도청구가 아닌 금전지급청구를 신의칙 위반으로 보아 배제하는 경우는 드물다는 점도 고려해야 한다."고 이유를 적시한다.[85]

그리고 이성진교수는 "배타적 사용수익권 포기 법리의 확장적용과 관련하여, 배타적 사용수익권 포기 법리는 기본적으로 토지 소유자의 희생을 바탕으로 하기 때문에, 이를 확장적용하는 것은 부당하므로 가급적 그 적용범위를 축소하는 것이 바람직할 것이다. 따라서 대상판결 다수의견이 제시하고 있는

83) 묵시적 통행지역권 이론에 의한 해결 가능성을 논하는 문헌으로는 김민정, 위 논문, 82면; 서경환, 위 논문, 506-510면.

84) 대법원 2013. 8. 22. 선고 2012다54133 판결; 김문관, "배타적 사용 수익권이 포기된 토지를 제3자가 점유하는 경우 토지 소유자의 방해배제 및 부당이득반환청구", (부산판례연구회 제14집), (2003), 110-111면; 권영준, (각주 24), 334면; 류준구, "종전 소유자가 독점적 배타적 사용 수익권을 포기한 토지의 소유권을 특정승계한 자가 위 토지를 도로로 사용 점유하고 있는 지방자치단체를 상대로 인도 또는 부당이득반환을 구할 수 있는지 여부", (대구판례연구회) (2013), 169-173면.

85) 권영준, (2020각주 1), 485면.

배타적 사용수익권 포기 법리는 부당하므로 폐기되어야 할 것이다. 그리고 다수의견이 부당이득반환청구까지도 부정하는 것은 헌법이나 법률에 의한 소유권 제한의 한계를 벗어나는 것으로 용인할 수 없는 결과라고 생각한다. 따라서 배타적 사용수익권 포기 법리를 폐기하고, 이를 대신하여, '소유권 불행사 의사표시' 또는 '법률행위 해석'을 통하여 문제를 해결하는 것이 바람직하다"고 한다.[86)]

끝으로 김상헌변호사는 "현 시점에서 배타적 사용·수익권 포기 법리는 그 역할을 다하였으므로 폐기되는 것이 마땅하나, 대법원 전원합의체 판결의 효력이 지속되는 사정에서는 토지 소유자가 적어도 30년 정도의 무상에 따른 소유권행사를 제한받는 것을 용인하고 있는 것으로 선해하고, 특히 사정변경의 원칙을 적용함에 완화된 심사가 필요하다."고 주장한다.[87)]

Ⅲ. 대상판결의 검토 - 결론에 갈음하여

1. 당사자의 의사에 관한 해석

(1) 의사해석의 판단기준

민법은 사람이 자신의 자유로운 의사에 따라 법률관계를 형성한다는 **사적자치의 원칙**에 기초하고 있다. 법률관계를 형성시키는 의사표시나 법률행위는 계약자유의 원칙에 따라 선량한 풍속 기타 사회질서 등 전체 법질서에 어긋나지 않는 한 다양한 형태로 맺을 수 있다(민법 제105조). 민법전에 규정된 전형계약이 아닌 경우가 실제로는 더욱 많다. 법률행위나 의사표시를 해석할 필요성은 보통사람은 법률지식이 적기 때문에 그의 표시행위는 대단히 비법률적인 것이 일반적이며, 표시행위로서의 언어, 문장, 동작 등이 불명확하거나 불완전

86) 이성진, "토지소유자의 배타적 사용수익권 포기 - 대법원 2019. 1. 24. 선고 2016다264556 전원합의체 판결 -", 토지법학, 35(1), (2019), 195-234면.
87) 김상헌, "배타적 사용·수익권 포기 법리의 타당성 여부를 재론하며 - 대법원 2019. 1. 24. 선고 2016다264556 전원합의체판결 -", 재산법연구, 36(1), (2019), 1-26면.

한 것이 많기 때문이다.[88] 대법원은 "의사표시와 관련하여, 당사자에 의하여 무엇이 표시되었는가 하는 점과 그것으로써 의도하려는 목적을 확정하는 것은 사실인정의 문제이고, 인정된 사실을 토대로 그것이 가지는 법률적 의미를 탐구 확정하는 것은 이른바 의사표시의 해석으로서, 이는 사실인정과는 구별되는 법률적 판단의 영역에 속하는 것이다. 그리고 어떤 목적을 위하여 한 당사자의 일련의 행위가 법률적으로 다듬어지지 아니한 탓으로 그것이 가지는 법률적 의미가 명확하지 아니한 경우에는 그것을 법률적인 관점에서 음미, 평가하여 그 법률적 의미가 무엇인가를 밝히는 것 역시 의사표시의 해석에 속한다."[89]고 판시하였다. 그래서 의사해석의 문제는 사실문제가 아니라 법률문제이다.

(2) **소유권을 행사하지 않고 토지를 무상으로 사용하도록 하겠다는 의사표시**

1) 대상판결에서도 "소유권을 행사하지 않고 토지를 무상으로 사용하도록 하겠다"는 의사표시가 있었다(다수의견은 사용수익권의 행사제한이라고 보았지만 그 의미는 소유권 불행사가 더 타당할 것이다). 그런데 그러한 의사표시는 그 종류와 방식에 아무런 제한이 없어서 반드시 명시적으로 할 필요는 없고, 소유자의 행동에서 추정되거나 의사표시의 해석을 통해서 인정될 수도 있다. 다만 대법원은, 이 경우에도 "소유자가 토지를 소유하게 된 경위와 보유기간, 토지가 도로로 사용되거나 수도시설 등이 매설된 경위와 그 규모, 도로로 사용되거나 수도시설 등이 매설된 부분의 위치나 성상, 인근의 다른 토지들과의 관계, 주위 환경 등 여러 사정과 아울러 소유자가 소유하거나 사용하고 있는 다른 토지나 건물의 효과적인 사용·수익을 위하여 해당 토지가 기여하고 있는 정도 등을 종합적으로 고찰하여 토지 소유자의 의사표시를 신중하고 엄격하게 확정하여야 한다"고 한다.[90]

2) 의사표시의 해석에서 일반론으로 자연적 - 규범적 - 보충적 해석이나 객

88) 곽윤직·김재형, 민법총칙, 박영사(2013), 295면 참조.
89) 대법원 2001. 3. 15. 선고 99다48948 전원합의체 판결.
90) 대법원 2017. 6. 19. 선고 2017다211528, 211535 판결 참조.

관적, 주관적 해석방법론이 있다. 사법관계에서 중요한 것은 진의를 파악해야 하는 점에 있다. 망인의 의사는 새마을운동 사업의 일환으로 주민자조사업에 자신의 토지를 제공하는 데 있다. 절차적으로도 실체적으로도 명확하여야 하지만, 이 사건의 경우에는 당시 상황이 그렇듯이 명확하지 않다. 적어도 토지를 도로, 우수관, 오수관 등의 용도로 사용하는 것을 알았지만, 소유권 자체를 포기한 것은 아니다. 한편 이러한 의사는 기부채납일까? 기부채납은 증여의 의사가 있어야 하고 이는 소유권 이전을 수반하지만 이 사건에서는 그러한 단계에 이르거나 실현되지는 않은 것으로 본다. 따라서 대가 없이 토지를 사용하게 하려는 의사가 있었던 것으로 보인다.

3) 문제는 새마을운동에서 추진된 새마을도로는 주민자조사업으로 이루어졌고, 공공사업은 아니었다. 그렇지만 새마을도로는 공용재로서 이용되었고 토지를 제공한 개인은 사용승낙을 하였기에 사정이 변경되지 않는 한 철회를 하기는 쉽지 않았다. 다수의견도 지적하였듯이 지금은 행정법제가 완비되고 보상도 이루어지기에 지금에는 도로개설절차를 거쳐 정당한 보상을 하는 것이 바람직하다. 그렇지만 이 사건은 그 이전에 일어난 문제이다. 따라서 적어도 마을사람들과 공공목적으로 사용을 하게 하는 선에서 소유권을 불행사하겠다는 의사표시, 또는 적극적인 권리행사의 일면으로 자신의 토지를 공공목적의 용도에서 사용대차로 활용하고자 하는 의사표시라고 보아야 할 것이다. 우수관 등도 비슷할 것이다.

(3) 의사표시의 효력

1) 소유권 불행사의 의사표시는 상대방 있는 의사표시로서 사용대차와 유사한 채권적인 효력을 가지는 법률행위라고 할 수 있다. 따라서 이러한 의사표시에는 대세적인 효력이 없다. 토지 소유권은 위와 같은 의사표시의 상대방에 대한 관계에서만 제한될 뿐이므로, 그에 따른 법률효과는 누구나 주장할 수 있는 것도 아니고 누구에게든 주장할 수 있는 것도 아니다.

이처럼 그 효력이 채권적이라고 보는 이상, 원소유자가 소유권 불행사의 의사표시를 한 경우에 그 의사표시의 효력은 특별한 사정이 없는 한 특정승계인에게 미치지 않는다. 다만 원소유자와 그 의사표시의 상대방, 그리고 특정승계인 사이에 원소유자의 소유권 불행사의 의사표시에 따른 권리·의무나 지위 승계에 관한 의사의 합치가 이루어진 경우, 원소유자와 특정승계인 사이에 그러한 의사의 합치가 이루어지고 상대방이 동의나 승낙을 한 경우, 토지 소유자의 특정승계인 스스로 소유권 불행사의 의사표시를 한 경우에는 그러한 의사표시의 효력에 따라 특정승계인의 소유권에 기초한 권리행사가 제한된다.

2) 한편 이러한 법률효과가 영구적인 것은 아니고, 특히 소유자는 사정변경의 원칙에 따라 그 법률관계를 해소할 수 있다고 보아야 한다. 따라서 그러한 의사표시의 기초가 된 사정, 즉 토지 소유자의 의사에 부합하게 형성된 토지 이용상태가 현저히 변경되고, 소유자가 소유권 불행사의 의사표시 당시 이를 예견할 수 없었으며, 그로 인하여 의사표시의 법률효과를 그대로 유지하는 것이 당사자의 이해에 중대한 불균형을 초래하는 경우, 토지 소유자는 그와 같은 사정변경이 있은 때부터 다시 사용·수익권능을 포함하여 물권적 청구권과 부당이득반환청구권 등 소유권에 기초한 권리를 제한 없이 주장할 수 있다. 이때 위와 같은 사정변경이 토지 소유자가 소유권 불행사의 의사표시 당시 예견할 수 없었을 정도로 현저한 것인지, 그로 인하여 의사표시의 법률효과를 그대로 유지하는 것이 당사자의 이해에 중대한 불균형을 초래하는 경우인지는 토지의 위치와 물리적 성상, 토지 소유자가 토지를 인근 주민이나 일반 공중을 위한 용도로 제공하게 된 동기와 경위, 해당 토지와 인근 다른 토지들과의 관계, 토지이용상태가 바뀐 경위, 종전 이용 상태와의 동일성 여부와 소유자의 권리행사를 허용함으로써 상대방 또는 인근 주민이나 일반 공중의 신뢰가 침해될 가능성 등 여러 사정을 종합적으로 고려하여 판단하여야 한다.

2. 판례의 유지 또는 변경

(1) 판례의 유지

1) 법의 역할은 관점이나 견해에 따라 다양하겠지만, 재판을 통해 당사자의 문제를 해결하고 권리를 구제하는 데에 있다. 민사사건에서 문제해결 기준은

민법 제1조에 따라 한다. 민법 제1조는 법률, 관습법, 조리의 순서에 따라 재판을 할 것을 정하고 있다. 여기서 판례법리는 반대의견에서도 밝혔듯이 법률도 관습법도 조리도 아닌 것이다. 무엇보다 판례법리는 헌법 제23조 재산권조항 등 전체 법질서에 부합하지 않는 측면이 있다. 법관의 역할은 해석과 적용을 통한 권리의 구제에 있다. 이때 민법 제1조를 바탕으로 법률을 비롯한 재판규범을 어떻게 해석할지, 또한 민사에서 최고의 기본원리인 사적자치원칙에 바탕을 둔 당사자의 의사표시를 어떻게 해석할지가 중요하다. 법의 적용은 수범자인 국민의 입장에서 볼 때에도 통일적으로 이루어져야 한다. 불법점유처럼 부당이득반환청구권을 통해 재산권 보장이 확대되는 대법원판례의 경향과 토지 소유자의 배타적 사용수익권 포기 법리를 통한 재산권 보장이 안 되는 추세는 서로 맞지 않는 측면이 있다. 다음으로 정의와 구체적 타당성과 관련하여서도 “같은 것은 같게, 다른 것은 다르게 대우해라”는 명제를 생각할 필요가 있다. 다수의견에서는 **토지소유자와 공공의 이익의 형량**을 주장하지만, 실상 상대방의 이익 또는 공공의 이익이 우선되는 경우를 상정한다. 이러한 이익의 형량은 적어도 권리구제가 문제되는 민사에서는 우선원리가 아니다. 반대의견에서도 언급되었듯이, “민법상 부당이득 제도는 ‘이익의 반환’을 목적으로 하는 제도로서 ‘손해의 배상’이라는 불법행위 제도와는 그 취지와 목적을 달리한다. 부당이득반환청구권자에게 이익이 생겼다든지 상대방의 이익과 권리자의 손해를 비교형량을 한다든지 하는 것은 우리 민법이 예정하고 있는 부당이득의 성립요건이 아니다. 토지의 무상 제공을 통해서 소유자에게 유형·무형 이익 또는 편익이 생긴다고 하더라도 그것이 부당이득 성립을 부정하는 소극적 요건이 될 수 없다. 이것은 중대한 공공의 이익이 생기는 경우에도 마찬가지이다.” (...) 가령 지방자치단체가 개인의 토지 일부에 도로를 개설한 경우에 그 개인에게도 이익이 되지만, 지방자치단체에게도 이익이 생긴다. 대법관 조희대의 반대의견에서 지적하고 있듯이 이러한 많은 사례에서 대법원은 부당이득의 성립을 긍정하고 있다.

2) 이익의 형량은 1987년 현행 헌법 이전 구 헌법에서 명문화한 **이익형량 (reasonable) 보상**을 떠올리게 한다. 1960년대 무렵에는 전혀 보상을 하지 않던

관례도 있었는데 그 이후 조금이라도 그래서 시가 이하의 보상도 가능했던 것이 이익형량 보상인 것이다. 하지만 현행 헌법은 완전한 보상, 즉 정당한 보상이 당연한 원칙이다. 따라서 판례의 유지는 재고를 해야 한다.

(2) 판례의 변경

1) 기존의 대법원 법리는 2009년 이후 변화를 거듭하고 있으며, 두 갈래의 판례 흐름은 상호 모순되기도 한다. 따라서 판례법리와 관련하여 모순되는 판례가 존재한다면 대법원의 역할은 전원합의체를 통해 통일된 견해를 마련하는 것이다. 이런 점에서 반대의견의 지적은 옳다. 또한 다수의견에서도 "대법원은 법령해석의 통일이라는 역할과 기능을 담당하는 최고법원으로서 사실심 재판에 적용될 구체적이고 명확한 법리를 제시하여야 하므로"라고 하였다.

2) 물론 판례의 변경은 매우 신중하여야 한다. 따라서 판례의 무게는 매우 무거울 것이지만, 판례가 잘못되었음에도 특별한 사정이 있어야만 변경해야 한다고 할 수 없고 그 정도로 무거워서는 안 되 것이다.[91] 대법원 2013. 2. 21. 선고 2010도10500 전원합의체 판결에서 이상훈, 김용덕 대법관의 별개의견을 잠시 음미하자. "판례는 그 변경에 신중을 기하여야 한다. 비록 판례의 변경 가능성이 제도적으로 열려 있고 국민이 그에 따른 법률관계의 변화를 감수할 것이 예정되어 있더라도 그렇다. 그래야 법적 안정성이 확보되고 국민이 판례를 의사결정이나 행동의 지침으로 삼을 수 있어 판례가 진정한 규범력을 가지게 된다. 법률 규정에 변동이 없는 상태에서 그 해석과 관련하여 오랜 기간 동안 일정한 방향으로 대법원 판례가 축적된 경우에는 그 판례 변경에 더욱 신중을 기하여야 한다. 축적된 판례의 견해를 바꾸기 위해서는 그와 같은 견해가 시대와 상황의 변화에 따라 정의관념에 크게 어긋나게 되었거나 해당 법률 규정의 취지를 현저히 벗어나게 되는 등 이를 바꾸는 것이 그대로 유지하는 것에 비하여 훨씬 우월한 가치를 가짐으로써 그로 인하여 법적 안정성이 희생되는 것이 정당화될 정도의 사정이 있어야 하고, 단순히 새로운 법적 견해가

91) 윤진수, "판례의 무게", 『판례의 무게』, 서울대법학연구소, (2020), 122-123면.

다소 낫다거나 보다 합리적으로 보인다는 이유만으로 축적된 판례의 견해를 바꾸는 것은 능사가 아니다."

생각건대, 위 전원합의체 판결은 특히 죄형법정주의, 형벌불소급의 원칙이 적용되는 형사사건이라 종래 처벌대상이 아니라고 보아 오던 행위를 법률 해석을 통하여 새로 처벌대상에 포섭하는 내용의 판례 변경은 이미 종료된 행위까지 소급입법을 통하여 처벌하는 것과 다름없는 효과를 가져오므로 더욱 그러했을 것이다.

3) 그럼에도 대상판결에서 판례의 변경은 충분히 생각하여야 할 쟁점이라고 본다. 그 이유로는 "선례와 달리 판단하여야 할 사정이 변경이 있는지 여부를 판단하고, 예측가능성, 법적 안정성, 신뢰보호의 이념에서 보았을 때 선례의 입장을 변경해야만 할 필요성, 즉 사회제도나 문화의 변화, 국민의 법감정 또는 의식의 변화, 다른 법률의 내용이나 그에 관한 법리 변경 등과 같은 규범상태 또는 사실상태의 변화가 있었고, 이로 인하여 선례의 입장이 변경되어야 한다는 점이 논증되어야 한다."[92]

4) 따라서 위에서 든 형사사건과 달리 민사사건인 대상판결에서 기존 판례 이론을 폐기하는 경우 다른 해결책이 필요하다. 반대의견에서도 언급하였듯이, 다수의견의 우려처럼 일정 영역에서 규율의 공백이 생기는 것처럼 보일 수도 있지만, 이는 사건의 구체적이고 합리적인 해결을 위해 대법원이 앞으로 새로운 법리를 구체화해 나가거나 법령에 근거를 둔 다른 법리로 채우면 된다. 가령 의사표시 이론이나 사용대차 등에 관한 민법 규정의 적용 또는 유추적용을 통하여 해결하면 충분하다.

3. 소결

(1) 부당이득반환청구권의 인정 확대

1) 이 사건의 쟁점은 배타적 사용·수익권 포기에 관한 기존 판례를 적용하

---

92) 윤진수, "판례의 무게", 『판례의 무게』, 서울대법학연구소, (2020), 123면.

여 원고의 이 사건 우수관 철거와 부당이득반환청구를 배척할 수 있는지 여부이다. 판례가 변경되면 원고의 청구가 인용될 확률이 높아질 것이다.

2) 이로 인해 공익을 해치거나 재정적 부담도 그리 크지 않을 수 있다.93) (1) 판례가 변경되어 부당이득반환청구를 많이 허용하더라도 도로로서 유지되는 것인 만큼 일반 공중의 통행이 방해되는 것이 아니고 다만 지방자치단체의 비용부담이 늘어날 뿐이므로 공익을 현저히 해치지도 않는다. (2) 물론 부당이득반환이 늘어나면 그만큼 지방자치단체의 재정적 부담은 늘어나고 그것이 간접적으로 공익에 영향을 미칠 수도 있다. 그러나 원론적으로 말하자면 재정적 부담은 권리 행사의 제약 요소가 될 수 없다. 마치 대여금 사건에서 무자력 항변은 성립할 수 없는 것처럼 말이다. (3) 더군다나 국가나 지방자치단체에 대한 부당이득반환청구는 일반 소멸시효 10년이 아니라 특별법에 따른 단기소멸시효가 적용되어 5년이다(지방재정법 제82조). 그러므로 실제로는 <u>5년 내의 점유 사용에 관해서만 부당이득반환청구</u>를 할 수 있게 된다. 또한 부당이득액은 사실상 도로로서 제한받는 상태 즉 도로의 현황을 고려하여 산정된다.94) 토지를 헐값에 매수한 뒤 부당이득을 청구하는 특정승계인에게도 이러한 산정 방법이 그대로 적용된다. 설령 이러한 헐값 매수 후 소송으로 인한 투자 이익이 일시적으로 높게 나온다고 하더라도 일단 부당이득반환청구의 가능성이 법적으로 승인되는 규칙이 확립되면 이러한 사정이 토지 가격에 반영되어 결국 헐값 매수 자체가 어려워질 것이다. 결국 실제 부당이득 반환 액수는 합리적인 범위 내로 제한될 수밖에 없다.

(2) 지적 공부 정리 및 기부채납의 활성화

1) 앞서 2009년 이후 지자체의 지적공부 정리사업을 언급했듯이, 법원과 함께 행정부가 이 문제 해결을 위해 나서야 한다. 지방에서 이 문제가 더 심각하며, 전주시의회 의사록을 참고하여 다음을 정리하였다.95) " 지적도에 표시가

93) 이에 관하여는 권영준, (2020각주 1), 484면 참조.

94) 대법원 1995. 11. 24. 선고 95다39946 판결; 1999. 4. 27. 선고 98다56232 판결; 대법원 2004. 9. 24. 선고 2004다7286 판결 등.

95) 전주시의회 제361회 제1차 본회의 2019.06.12. 발언회의록에서 발췌- 김은영 의원, "현황도로 잘못된 지목

없는 사실상 도로는 농로, 골목길, 마을진입로 등의 이름으로 산재해 있고 지자체별로 상황이 판이하다. 1970년대 이후 새마을운동 당시에는 대토 보상 또는 무상의 사용 동의, 인력동원 면제 등 어떠한 형태로든 토지 소유자에게 이익을 주고 주민자조사업으로 도로를 개설했을 것이다. 현행법상 지목이 도로로 표시되지 않은 사실상 도로로 인한 문제로는 (1) 대상판결에서 나오듯이 소재산권 행사의 제한이다. (2) 다음으로 건축행위의 제한을 받는다. 건축법에서는 주민이 오랫동안 통행로로 이용하는 사실상의 도로는 지자체 조례에 따른 건축심의위원회가 심의를 거쳐 도로 지정, 공고하도록 하고 있지만, 실제 대부분의 사실상 도로는 미지정 상태로 남아 있고, 건축행위 시 토지소유자의 사용승낙을 받아야만 건축행위가 가능하다. 기존 건물의 증·개축도 마찬가지 사용승낙이 있어야 한다. 즉, 1970년대부터 파생된 사실상 도로로 인해 이웃간의 갈등을 불러온다. (3) 하수관 정비사업에서도 문제가 된다. 오폐수를 정화조 없이 직결 하수관을 통해 처리하는 주민숙원사업이지만, 하수관거의 설치는 도로 지면 아래에 매립하는 방식으로 이루어져야 한다. 분할과 지목변경이 이루어지지 않아 지적상 도로가 아닌 전, 답 등으로 되어 있는 사실상 도로에는 하수관거의 설치가 불가능하다.”

2) 사실상 도로의 해결책으로는 (1) 사실상 도로의 지목을 도로로 변경하는 것이다. 하지만 지자체가 해당 도로 부지를 매입하거나 사용료를 지급해야 한다. 이는 장기과제이다. (2) 단기적인 대안으로는 사실상 도로가 보통 여러 가구에 걸쳐 있기에 여러 토지 소유자가 사실상 도로를 포함한 토지를 기부채납하고 토지용도를 도로로 변경하는 것이다. 이렇게 되면 해당 토지 소유자들과 주민들은 건축행위의 제한을 받지 않게 되고, 토지 가격도 올라가 이익이 발생하게 되어 사실상 도로 부지의 기부채납으로 인한 손실이 발생하지 않게 될 것이다.

3) 한편 사실상 도로는 이제 시골이나 지방뿐만 아니라 도시 리모델링으로 골목길, 마을길 등 사실상 도로를 없애고 아파트단지 건축이 이루어진 후 아

변경 시급하다!” (2022. 6. 25. 방문)
https://council.jeonju.go.kr/m/member/pages/five.html?mode=view&uid=2512660&daesu=&th=361&fcode=&fmcode=

파트 주민이 일반 공중의 아파트 단지 내 도로 통행을 막는 대도시에서도 문제된다. 현대 법에서 소유권은 절대적이지 않고 다른 권리들과 공존해야 하며, 통행권은 존속이 원칙이기에 행정청의 건축허가에서 이를 조건으로 달아 분쟁을 미리 막을 것, 그리고 무엇보다 민법과 공법(행정법)의 협업이 중요하다는 견해[96]도 주시할 필요가 있다.

(3) 소결

토지 소유자의 사용·수익권 포기의 법리는 1970년대를 전후하여 새마을운동의 기치에 따라 마을길도 넓히고 상하수도도 들이고 마을회관도 건립하는데 자신의 토지를 자발적으로 제공한 후 정리되지 않은 문제가 부당이득반환청구의 소로 제기되자 이를 부인하기 위한 논리로 대법원이 스스로 만들어낸 특이한 법리인데, 기본적으로 정당한 보상을 규정하는 헌법 정신뿐만 아니라 물권법정주의나 공시주의라는 민법 원칙에도 어긋나는 법리였다. 이후 2009년 대법원 판결 이후 배타적 사용수익권 포기는 채권적 효력만을 가졌고, 그렇게 두 갈래의 모순된 판례가 공존하게 되었다.

대상판결은 전원합의체 판결이므로 이러한 모순된 흐름을 통일적으로 정리하여 기존 법리를 폐기할 필요가 있었다. 하지만 다수의견은 기존 법리를 유지한다고 하면서 대폭적인 예외조항을 두게 되었다. 이는 사실상 판례의 변경이다. 따라서 당사자의 의사를 존중하여 보면 이는 사용·수익권의 포기가 아니다. 소유권 불행사의 의사표시이자, 사용대차와 유사한 채권적 법률행위라고 풀이할 수 있다. 이에 김재형 대법관의 반대의견에 찬성한다. 대상판결처럼 사실상 도로(새마을도로, 현황도로, 관습상 도로)나 새마을 상하수도가 문제되는 곳은 주로 농어촌지역이다. 선한 마음으로 새마을운동에 참여한 그 점을 감안하고, 최근 자기 땅이라고 통행로를 막는 행태와 비교하여 **법의 저울**이 움직여야 할 것으로 생각한다. 특히나 농어촌지역은 도시 인근인 경우 그린벨트(개발제한구역)으로, 시골인 경우 농업진흥지역으로 많은 행위제한을 받아 왔다. 기

---

96) 김영희, "대단지 아파트 건축과 통행권:, 서울법학, 28(1), (2020), 95-167.

존 대법원의 법리나 다수의견에서 강조하는 구체적 타당성은 이런 면에서 더욱 세심하게 다시 한번 작동할 필요가 있다고 본다.

이 글을 준비하면 읽었던 논문 중 판례의 변경 필요성과 법원의 정의의 저울을 떠올리면서 김재형대법관님의 논문[97]에 나오는 우리나라 판결문 중 하나를 소개하며 글을 마칠까 한다.

"가장 세심하고 사려 깊은 사람도 세상사 모두를 예상하고 대비할 수는 없는 법이다. 가장 사려 깊고 조심스럽게 만들어진 법도 세상사 모든 사안에서 명확한 정의의 지침을 제공하기는 어려운 법이다. 법은 장래 발생 가능한 다양한 사안을 예상하고 미리 만들어두는 일종의 기성복 같은 것이어서 아무리 다양한 치수의 옷을 만들어 두어도 예상을 넘어 팔이 더 길거나 짧은 사람이 나오게 된다. 미리 만들어 둔 옷 치수에 맞지 않다고 하여 당신의 팔이 너무 길거나 짧은 것은 당신의 잘못이니 당신에게 줄 옷은 없다고 말할 것인가? 아니면 다소 번거롭더라도 옷의 길이를 조금 늘이거나 줄여 수선해 줄 것인가? 우리는 입법부가 만든 법률을 최종적으로 해석하고 집행하는 법원이 어느 정도 수선의 의무와 권한을 갖고 있다고 생각한다. 이는 의회가 만든 법률을 법원이 제멋대로 수정하는 것이 아니라 그 법률이 의도된 본래의 의미를 갖도록 보완하는 것이고 대한민국헌법이 예정하고 있는 우리 헌법체제의 일부라고 생각한다. (...) 우리 모두는 차가운 머리만을 가진 사회보다 차가운 머리와 따뜻한 가슴을 함께 가진 사회에서 살기 원하기 때문에 법의 해석과 집행도 차가운 머리만이 아니라 따뜻한 가슴도 함께 갖고 하여야 한다고 믿는다. 이 사건에서 따뜻한 가슴만이 피고들의 편에 서있는 것이 아니라 차가운 머리도 그들의 편에 함께 서있다는 것이 우리의 견해이다."[98]

---

97) 김재형, "황금들녘의 아름다움 : 법해석의 한 단면", 법학평론,(1), (2010), 200-243면; 민법론 Ⅳ, 박영사, (2011), 145-185면.

98) 대전고등법원 2006. 11. 1. 선고 2006나1846 판결.

참고문헌

권영준, “2019년 민법판례동향”, 서울대 법학 제61권 제1호, (2020), 475-624면.

김명숙, “2019년 민법총칙, 물권법 판례 평석”, 안암법학(60), (2020), 161-197면.

김문관, “배타적 사용 수익권이 포기된 토지를 제3자가 점유하는 경우 토지 소유자의 방해배제 및 부당이득반환청구”, (부산판례연구회 제14집), (2003)

김민정, “사실상 도로로 사용되는 토지에 대한 소유자의 배타적 사용수익권의 포기란 무엇이고, 토지의 특정승계인에게는 어떤 효력이 있는가 - 대법원 2009.3.26. 선고 2009다228,235 판결과 대법원 2009.8.20. 선고 2009다38247,38254 판결 관련”, 재판실무연구 2010, 광주지방법원(2011).

김상헌, “배타적 사용·수익권 포기 법리의 타당성 여부를 재론하며 - 대법원 2019. 1. 24. 선고 2016다264556 전원합의체판결 -”, 재산법연구, 36(1), (2019).

김승정, “배타적 사용수익권 부존재확인청구의 가부 - 대법원 2012.6.28. 선고 2010다81049 판결”, 대법원판례해설 제91호(2012 상반기), 법원도서관, (2012).

김재형, “황금들녘의 아름다움 : 법해석의 한 단면”, 법학평론,(1), (2010); 민법론 Ⅳ, 박영사, (2011).

류준구, “종전 소유자가 독점적 배타적 사용 수익권을 포기한 토지의 소유권을 특정승계한 자가 위 토지를 도로로 사용 점유하고 있는 지방자치단체를 상대로 인도 또는 부당이득반환을 구할 수 있는지 여부”, (대구판례연구회) (2013).

박정언·송혜진·이동민, “토지 소유자의 배타적 사용수익권 포기 법리에 관한 고찰 - 대법원 2019. 1. 24. 선고 2016다264556 전원합의체 판결을 중심으로 -”, 서울대 법학평론, (10), (2020).

서경환, “배타적 사용·수익권 포기 법리의 문제점과 그 대안으로서의 통행지역권”, 사법논집, 제54집, (2012).

송재일, “하천구역 농지에 관한 법적 연구 - 농협 조합원의 법적 지위와 보상을 중심으로 -", 한국협동조합연구, 27(2)", (2009).

양형우, "토지소유자의 독점적 · 배타적인 사용 · 수익권 행사의 제한 - 대법원 2019.1.24. 선고 2016다264556 판결 -", 홍익법학,20(2), (2019).

윤진수, "판례의 무게", 『판례의 무게』, 서울대법학연구소, (2020).

이성진, "토지소유자의 배타적 사용수익권 포기 - 대법원 2019. 1. 24. 선고 2016다264556 전원합의체 판결 -", 토지법학, 35(1), (2019).

이중교, "기부채납과 과세문제 - BTO방식과 BTL방식을 중심으로", 토지공법연구 제53집, 한국토지공법학회(2011).

- 공동저당에서 변제자대위와 후순위자대위의 상호관계와 제3자 또는 채무자의 저당물 취득에 따른 이해조정 -

- 대법원 2021. 12. 16. 선고 2021다247258 판결 -

대법원 재판연구관 신 원 일

目 次

[사안의 개요]
[소송의 경과]
1. 제1심 및 원심의 판단 : 원고 청구 인용, 항소 기각
2. 상고이유의 요지
3. 대법원의 판단 : 상고기각
[연구]
Ⅰ. 문제의 제기
Ⅱ. 공동저당에서 이해조정에 관한 법리
1. 민법 제368조와 제482조
2. 후순위자대위에 대한 물상보증인의 변제자 대위 우선의 법리
3. 물상보증인 소유의 부동산에 관한 후순위자의 물상대위 법리
4. 후순위자 지위 보호의 법리
Ⅲ. 공동저당의 사안별 이해관계의 분석과 조정
1. 제3취득자나 채무자의 개입이 없는 경우
2. 제3취득자가 개입된 경우
3. 채무자가 개입된 경우
Ⅳ. 대상판결의 검토
1. 사안의 정리
2. 사안의 해결
3. 검토
Ⅴ. 결론

[사안의 개요]

1. 소외 1은 이 사건 상가를 소유하고 있었다. 소외 2는 2013. 4. 16.○○신협으로부터 550,000,000원을 대출받았다. 같은 날 이 사건 상가 전체에 관하여

채무자 소외 2, 근저당권자 ○○신협, 채권최고액 715,000,000원인 근저당권(이하 '이 사건 근저당권'이라 한다)이 설정되었다. 원고는 2013. 4. 23. 이 사건 상가 3층 4개 호실(이하 '제1부동산'이라 한다)에 관하여 전세금 230,000,000원인 전세권(이하 '이 사건 전세권'이라 한다)을 설정받았다.

2. 피고는 2013. 11. 29.과 2013. 12. 2. 매매를 원인으로 이 사건 상가 중 제1부동산을 제외한 나머지 호실(이하 '제2부동산'이라 한다)에 관하여 각 소유권이전등기를 하였고, 거래가액으로 1,150,000,000원을 신고하였다. 소외 2는 2013. 12. 16. 매매를 원인으로 제1부동산에 관하여 소유권이전청구권 가등기를 하였다.

3. 피고는 2016. 3. 23. 소외 2의 ○○신협에 대한 이 사건 근저당권 채무 550,000,000원을 대위변제하였다. 같은 날 일부포기를 원인으로 제2 부동산에 관한 이 사건 근저당권이 말소되었다. 소외 2는 2016. 6. 22. 제1부동산에 관하여 2013. 12. 16. 자 가등기에 기한 소유권이전의 본등기를 마쳤다. 피고는 2018. 1. 17. ○○신협으로부터 제1부동산에 관한 이 사건 근저당권에 대하여 확정채권양도를 원인으로 근저당권이전등기를 하였다.

4. 이 사건 근저당권에 기하여 2018. 2. 7. 제1부동산에 대한 임의경매가 개시되었고, 위 경매 절차에서 제1부동산이 대금 485,000,000원에 매각되었다. 피고가 배당금액 478,913,982원을 전액 배당받는 내용의 배당표가 작성되자, 원고는 피고의 배당액 중 230,000,000원에 대하여 이의를 제기하고 이 사건 소를 제기하였다.

[소송의 경과]

1. 제1심 및 원심의 판단 : 원고 청구 인용, 항소기각

○○신협은 2013. 4. 16. 소외 2에 대한 대출금 채권을 담보하기 위하여 소외 1이 소유하고 있던 이 사건 상가를 공동담보로 하는 이 사건 근저당권을 설정하였고, 소외 1이 소유하고 있던 제1부동산에 관하여 2013. 4. 23. ○○신협의 후순위로 이 사건 전세권을 설정한 원고로서는 제1부동산에 관하여 먼저 경매가 이루어지는 경우 선순위 공동저당권자인 ○○신협이 이 사건 상가 나머지 층인 제2부동산에 대한 경매대가에서 변제를 받을 수 있는 금액의 한도 내에서 ○○신협을 대위하여 이 사건 근저당권을 행사할 수 있다는 정당한 기대를 가지고 있었다. 따라서 ○○신협으로부터 제1부동산에 관한 근저당권을 이전받아 행사하는 피고는 이 사건 경매의 배당절차에서, 원고가 선순위 근저당권자인 ○○신협이 저당권의 일부(제2부동산에 관한 부분) 포기를 하지 않았더라면 대위할 수 있었던 한도에서는 원고에 우선하여 배당받을 수 없다.

피고는 경매 배당절차에서 ○○신협이 제2부동산에 관한 근저당권을 포기하지 않았더라면 원고가 대위할 수 있었던 한도인 230,000,000원의 범위에서는 원고에 우선하여 배당받을 수 없으므로 이 사건 배당표 중 원고에 대한 배당액 0원은 230,000,000원으로, 피고에 대한 배당액 478,913,982원은 248,913,982원으로 각 경정되어야 한다.

2. 상고이유의 요지

민법 제368조 제2항 후문에서 말하는 후순위 담보권자의 대위는 저당목적물이 모두 동일한 채무자의 소유에 속하는 경우에만 적용되는 것이고 저당목적물 중 일부가 물상보증인 소유인 경우에는 채무자 소유 부동산의 후순위근저당권자가 물상보증인 소유의 부동산에 대한 저당권을 대위행사 할 수는 없다.

제1, 2부동산은 같은 물상보증인 소유였으나 나중에 제1부동산은 채무자에게, 제2부동산은 피고에게 각 양도되었다. 제2부동산의 소유자인 피고는 물상보증인의 지위와 같으므로, 채무자가 취득한 제1부동산의 후순위전세권자인 원고는 제2부동산 부분에 관하여 민법 제368조 제2항 후문에 따른 대위행사를 할 수 없고, 따라서 배당도 받을 수 없다.

3. 대법원의 판단 : 상고기각

[1] 공동저당이 설정된 복수의 부동산이 같은 물상보증인의 소유에 속하고 그중 하나의 부동산에 후순위저당권이 설정되어 있는 경우에, 그 부동산의 대가만이 배당되는 때에는 후순위저당권자는 민법 제368조 제2항에 따라 선순위 공동저당권자가 같은 조 제1항에 따라 공동저당이 설정된 다른 부동산으로부터 변제를 받을 수 있었던 금액에 이르기까지 선순위 공동저당권자를 대위하여 그 부동산에 대한 저당권을 행사할 수 있다. 이 경우 공동저당이 설정된 부동산이 제3자에게 양도되어 그 소유자가 다르게 되더라도 민법 제482조 제2항 제3호, 제4호에 따라 각 부동산의 소유자는 그 부동산의 가액에 비례해서만 변제자대위를 할 수 있으므로 후순위저당권자의 지위는 영향을 받지 않는다.

[2] 채무자 소유의 부동산과 물상보증인 소유의 부동산에 공동저당이 설정되고 그중 채무자 소유의 부동산에 후순위저당권이 설정된 경우에, 선순위 공동저당권자가 물상보증인이 소유한 부동산의 대가만을 배당받는 등 물상보증인으로부터 먼저 채권을 변제받은 때에는 물상보증인은 채무자에 대하여 구상권을 취득함과 동시에 민법 제481조, 제482조에 따른 변제자대위에 의하여 채무자 소유의 부동산에 대한 선순위 공동저당권을 취득한다.

[3] 같은 물상보증인이 소유하는 복수의 부동산에 공동저당이 설정되고 그 중 한 부동산에 후순위저당권이 설정된 다음에 그 부동산이 채무자에게 양도됨으로써 채무자 소유의 부동산과 물상보증인 소유의 부동산에 대해 공동저당이 설정된 상태에 있게 된 경우에는 물상보증인의 변제자대위는 후순위저당권자의 지위에 영향을 주지 않는 범위에서 성립한다고 보아야 하고, 이는 물상보증인으로부터 부동산을 양수한 제3취득자가 변제자대위를 하는 경우에도 마

찬가지이다. 이 경우 물상보증인이 자신이 변제한 채권 전부에 대해 변제자대위를 할 수 있다고 본다면, 후순위저당권자는 저당부동산이 채무자에게 이전되었다는 우연한 사정으로 대위를 할 수 있는 지위를 박탈당하는 반면, 물상보증인 또는 그로부터 부동산을 양수한 제3취득자는 뜻하지 않은 이득을 얻게 되어 부당하다. 같은 물상보증인이 소유하는 복수의 부동산에 공동저당이 설정된 경우 그 부동산 중 일부에 대한 후순위저당권자는 선순위 공동저당권자가 공동저당이 설정된 부동산의 가액에 비례하여 배당받는 것을 전제로 부동산의 담보가치가 남아있다고 기대하여 저당권을 설정받는 것이 일반적이고, 이러한 기대를 보호하는 것이 민법 제368조의 취지에 부합한다.

[연구]

Ⅰ. 문제의 제기

이 사안은 공동저당물인 제1부동산과 제2부동산이 같은 물상보증인 소유였다가 제1부동산에 관하여 원고의 후순위 전세권이 설정된 후[1]) 제2부동산은 피고에게, 제1부동산은 채무자에게 각 양도된 사안이다. 피고는 피담보채권을 모두 변제한 다음 채권자로부터 제1부동산에 관한 근저당권이전을 받았는데, 그 후 제1부동산에 대해 개시된 경매에서 원고와 피고 중 누가 선순위 배당을 받을 수 있는지 문제되고 있다.

결론적으로 이 사건의 문제는 ① 공동저당에서 이시배당에 따른 채무자, 물상보증인, 후순위자의 상호관계를 바탕으로 ② 나중에 제3자 또는 채무자에게 공동저당물 중 일부가 이전된 경우 이해관계를 어떻게 조정할 것인지의 문제라고 할 수 있다. 이 문제가 매우 복잡한 것은 최초 공동저당의 형태와 경매순

1) 민법 제368조 제2항 후단은 '차순위저당권자'라고 규정하고 있으나 당연히 차순위근저당권자도 포함되고(대법원 2006. 10. 27. 선고 2005다14502 판결), 바로 다음의 저당권자뿐만 아니라 그 다음 순위의 저당권자도 여기에 포함된다(대법원 2014. 1. 23. 선고 2013다207996 판결). 나아가 후순위 전세권자도 달리 볼 이유가 없어 여기에 포함된다고 보아야 할 것이다(대상판결). 다만 이하에서 일반적인 논의를 위해 '후순위자'라고 표시하기로 한다.

서에 따라 많은 경우의 수가 발생할 수 있고, 여기에 제3자 또는 채무자가 다시 저당목적물의 취득하는 형태로 개입됨으로써 또 다른 이해대립이 생기기 때문이다.

이러한 복잡한 권리관계를 해결하기 위하여 대법원이 이미 법리(후순위자대위에 대한 물상보증인의 변제자대위 우선의 법리나 후순위자의 기대권 보장에 관한 법리 등)를 확립한 부분도 있으나 여전히 공백이 있는 부분도 많다. 이 글에서는 공동저당에서 생길 수 있는 다양한 경우의 수를 상정하여 각 경우별로 이해관계의 분석과 조정을 시도해 보고자 한다. 그리고 이를 통해 대상사건의 타당성 여부와 의미에 대해서 살펴보기로 한다.

II. 공동저당에서 이해조정에 관한 법리

1. 민법 제368조와 제482조[2)]

가. 제368조

> 제368조(공동저당과 대가의 배당, 차순위자의 대위)
> ① 동일한 채권의 담보로 수개의 부동산에 저당권을 설정한 경우에 그 부동산의 경매대가를 동시에 배당하는 때에는 각 부동산의 경매대가에 비례하여 그 채권의 분담을 정한다.
> ② 전항의 저당부동산중 일부의 경매대가를 먼저 배당하는 경우에는 그 대가에서 그 채권전부의 변제를 받을 수 있다. 이 경우에 그 경매한 부동산의 차순위저당권자는 선순위저당권자가 전항의 규정에 의하여 다른 부동산의 경매대가에서 변제를 받을 수 있는 금액의 한도에서 선순위자를 대위하여 저당권을 행사할 수 있다.

제368조는 동일한 채권의 담보로 수개의 부동산에 저당권이 설정된 공동저당에서 공동저당권자의 목적물 실행선택권을 인정하면서도 그로 인하여 후순위자나 기타의 채권자가 불이익을 받지 않도록 이해관계를 조정하는 규정이다.[3)]

2) 이하 모든 조항은 민법을 가리킨다.
3) 김형석, "민법 제368조에 대한 단상 - 이탈리아・오스트리아의 공동저당법리와의 비교-", 법학 제51권 제1호, 서울대학교 법학연구소(2010. 3.), 195-197쪽.

위 규정의 취지에 관하여 대법원 2006. 10. 27. 선고 2005다14502 판결은 다음과 같이 판시하고 있다. "민법 제368조 제1항은 공동저당권의 목적물의 전체 환가대금을 동시에 배당하는 동시배당의 경우에 공동저당권자의 실행선택권과 우선변제권을 침해하지 않는 범위 내에서 각 부동산의 책임을 안분시킴으로써 각 부동산상의 소유자와 후순위저당권자 기타의 채권자의 이해관계를 조절하고, 같은 조 제2항은 대위제도를 규정하여 공동저당권의 목적 부동산 중 일부의 경매대가를 먼저 배당하는 이시배당의 경우에도 최종적인 배당의 결과가 동시배당의 경우와 같게 함으로써 공동저당권자의 실행선택권 행사로 인하여 불이익을 입은 후순위저당권자를 보호하는 데 그 취지가 있다. 그리고 위 조항들은 공동근저당권의 경우에도 적용되고, 또한 공동근저당권자 스스로 경매를 실행하는 경우는 물론 타인이 실행한 경매에서 우선배당을 받는 경우에도 적용된다."

나. 제482조

제482조(변제자대위의 효과, 대위자간의 관계)

① 전2조의 규정에 의하여[4] 채권자를 대위한 자는 자기의 권리에 의하여 구상할 수 있는 범위에서 채권 및 그 담보에 관한 권리를 행사할 수 있다.

② 전항의 권리행사는 다음 각호의 규정에 의하여야 한다.

1. 보증인은 미리 전세권이나 저당권의 등기에 그 대위를 부기하지 아니하면 전세물이나 저당물에 권리를 취득한 제삼자에 대하여 채권자를 대위하지 못한다.
2. 제3취득자는 보증인에 대하여 채권자를 대위하지 못한다.
3. 제3취득자 중의 1인은 각 부동산의 가액에 비례하여 다른 제삼취득자에 대하여 채권자를 대위한다.
4. 자기의 재산을 타인의 채무의 담보로 제공한 자가 수인인 경우에는 전호의 규정을 준용한다.
5. 자기의 재산을 타인의 채무의 담보로 제공한 자와 보증인간에는 그 인원수에 비례하여 채권자를 대위한다. 그러나 자기의 재산을 타인의 채무의 담보로 제공한 자가 수인인 때에는 보증인의 부담부분을 제외하고 그 잔액에 대하여 각 재산의 가액에 비례하여 대위한다. 이 경우에 그 재산이 부동산인 때에는 제1호의 규정을 준용한다.

4) 민법 제481조(변제자의 법정대위) 변제할 정당한 이익이 있는 자는 변제로 당연히 채권자를 대위한다.

제481조, 제482조에서 규정하고 있는 변제자대위는 제3자 또는 공동채무자의 한 사람이 채무자 또는 다른 공동채무자에 대하여 가지는 구상권의 실현을 목적으로 하는 제도이다. 이때 대위에 의한 원채권 및 담보권 행사의 범위는 구상권의 범위로 한정되는데 이는 위와 같은 제도적 취지를 반영한 것이다(대법원 2010. 5. 27. 선고 2009다85861 판결).5)

법정대위의 경우 보증인, 물상보증인, 제3취득자 등 상호 채권자의 권리를 대위할 지위에 있는 자가 수인일 수도 있는데 이 때 변제대위를 단순히 적용한다면 먼저 변제한 사람이 항상 대위하거나 상호간에 대위의 끊임없는 반복이 허용되어 불합리하다. 이에 따라 제482조 제2항은 법정대위자 상호간의 충돌을 조정하고 있다.6)

위 조항에서는 제3취득자와 물상보증인의 관계에 대해 명시적 규정을 두고 있지 않으나, 대법원 2014. 12. 18. 선고 2011다50233 전원합의체 판결에서는 물상보증인은 보증인과 같은 지위에 있다고 보고 제482조 제2항 제2호를 적용함으로써 제3취득자의 물상보증인에 대한 대위를 인정하지 않고 있다.7)

그러나 위 전원합의체 판결에서 말하는 제3취득자는 채무자로부터 물건을 취득한 자만을 말하고, 물상보증인으로부터 물건을 취득한 제3취득자는 포함하지 않는다고 보아야 한다. 채무자는 원채무를 궁극적으로 부담하는 지위에 있는 반면 물상보증인은 담보로 제공한 부동산에 관하여만 책임을 지고 또 만약 물상보증인이 임의변제하거나 저당목적물이 경매되어 채권자가 채권의 만

---

5) 평석은 김민기, "부진정연대채무에 있어서의 구상권 및 변제자대위", 대법원판례해설 제83호, 법원도서관(2010.), 117-136쪽.

6) 민법주해[XI] 채권(4), 박영사(1995), 199쪽.

7) 대법원 2014. 12. 18. 선고 2011다50233 전원합의체 판결
"물상보증인이 채무를 변제하거나 담보권의 실행으로 소유권을 잃은 때에는 보증채무를 이행한 보증인과 마찬가지로 채무자로부터 담보부동산을 취득한 제3자에 대하여 구상권의 범위 내에서 출재한 전액에 관하여 채권자를 대위할 수 있는 반면, 채무자로부터 담보부동산을 취득한 제3자는 채무를 변제하거나 담보권의 실행으로 소유권을 잃더라도 물상보증인에 대하여 채권자를 대위할 수 없다고 보아야 할 것이다. 만일 물상보증인의 지위를 보증인과 다르게 보아서 물상보증인과 채무자로부터 담보부동산을 취득한 제3자 상호 간에는 각 부동산의 가액에 비례하여 채권자를 대위할 수 있다고 한다면, 본래 채무자에 대하여 출재한 전액에 관하여 대위할 수 있었던 물상보증인은 채무자가 담보부동산의 소유권을 제3자에게 이전하였다는 우연한 사정으로 이제는 각 부동산의 가액에 비례하여서만 대위하게 되는 반면, 당초 채무 전액에 대한 담보권의 부담을 각오하고 채무자로부터 담보부동산을 취득한 제3자는 그 범위에서 뜻하지 않은 이득을 얻게 되어 부당하다."

족을 얻은 경우에는 채무자에 대하여 구상권을 취득함과 아울러 다른 물상보증인 또는 보증인 등에 대하여 채권자를 대위할 수 있는 지위에 있으므로, 제3자가 취득한 담보목적물의 전소유자의 지위가 확연히 다르기 때문이다.[8] 따라서 이 때 제3취득자의 지위는 물상보증인과 같은 것으로 보아 제482조 제2항 제2호가 적용되지 않고, 물상보증인과 동일한 것으로 취급해야 할 것이다.[9] 대상판결에서도 "이는 물상보증인으로부터 부동산을 양수한 제3취득자가 변제자대위를 하는 경우에도 마찬가지이다."라고 판시하여 물상보증인으로부터의 공동저당물을 취득한 제3취득자(피고)를 물상보증인과 같이 취급하고 있다.

2. 후순위자대위에 대한 물상보증인의 변제자대위 우선의 법리

공동저당의 목적인 수 개의 부동산이 모두 채무자 소유인 경우에 제368조 제2항이 적용된다는 점에 대하여는 의문이 없으나, 그 중 일부가 물상보증인의 소유일 때 이시배당의 경우 후순위자대위와 물상보증인의 변제자대위의 충돌이라는 문제가 발생한다. 이에 대하여 학설은 변제자대위 우선설[10]과 후순위저당권자대위 우선설[11]의 견해 대립이 있다.

대법원은 공동저당물이 각각 채무자와 물상보증인 소유이고 채무자 소유 부동산에 후순위저당권이 설정되어 있는 경우, 물상보증인의 변제자대위가 후순위자대위에 우선한다는 입장(변제자대위 우선설)을 취하고 있다. 사안에 따른 구체적 법리는 다음과 같다.

가. 물상보증인 소유의 물건이 먼저 경매된 경우

이 경우 물상보증인은 채무자에 대하여 구상권을 취득함과 동시에, 제481조, 제482조의 규정에 의한 변제자대위에 의하여 채무자 소유의 부동산에 대한 1번 저당권을 취득한다.

---

8) 이진만, "변제자대위에 있어서 대위자 상호간의 관계", 사법논집 제27집, 법원행정처(1996), 75-77쪽.

9) 양창수, "물상보증인의 변제자대위와 부기등기의 여부", 사법행정 제32권 제7호, 한국사법행정학회(1991). 78쪽 ; 홍봉주, "제3취득자의 변제자 대위", 일감법학 제38호, 건국대학교 법학연구소(2017. 10.), 467-468쪽

10) 양창수, "후순위저당권자 있는 공동저당부동산에 대한 경매와 물상보증인의 지위", 민법연구 4권, 박영사(2007), 283쪽 ; 이진만, 각주 8) 논문, 102-108쪽 ; 김형석, "공동저당의 실행과 이해관계의 조정", 법학 제57권 제4호, 서울대학교 법학연구소(2015. 12.), 81쪽.

11) 김상용, 물권법(제2판), 화산미디어(2013), 723-724쪽 ; 이영준, 물권법(전정신판), 박영사(2009), 932-933쪽.

□ 대법원 1994. 5. 10. 선고 93다25417 판결[12)]

공동저당의 목적인 채무자 소유의 부동산과 물상보증인 소유의 부동산에 각각 채권자를 달리하는 후순위저당권이 설정되어 있는 경우에 있어서, 물상보증인 소유의 부동산에 대하여 먼저 경매가 이루어져 그 경매대금의 교부에 의하여 1번 저당권자가 변제를 받은 때에는 물상보증인은 채무자에 대하여 구상권을 취득함과 동시에, 민법 제481조, 제482조의 규정에 의한 변제자대위에 의하여 채무자 소유의 부동산에 대한 1번 저당권을 취득한다고 봄이 상당한바, 이는 물상보증인은 다른 공동담보물인 채무자 소유의 부동산의 담보력을 기대하고 자기의 부동산을 담보로 제공하였으므로, 그 후에 채무자 소유의 부동산에 후순위저당권이 설정되었다는 사정에 의하여 그 기대이익을 박탈할 수 없기 때문이라 할 것이다.

나. 채무자 소유의 물건이 먼저 경매된 경우

이 경우 채무자 소유의 부동산에 대한 후순위자는 제368조 제2항 후단에 의하여 1번 공동저당권자를 대위하여 물상보증인 소유의 부동산에 대하여 저당권을 행사할 수 없다.

□ 대법원 2008. 4. 10. 선고 2007다78234 판결[13)]

민법 제368조에 의하면, 동일한 채권의 담보로 저당권이 설정된 수개의 부동산 중 일부의 경매대가를 먼저 배당하여 그 대가에서 채권전부의 변제를 받는 경우 그 경매한 부동산의 차순위저당권자는 같은 조 제1항이 정하는 금액의 한도에서 선순위자를 대위하여 저당권을 행사할 수 있다고 할 것이다. 그러나 공동저당의 목적인 채무자 소유의 부동산과 물상보증인 소유의 부동산 중 채무자 소유의 부동산에 대하여 먼저 경매가 이루어져 그 경매대금의 교부에 의하여 1번 공동저당권자가 변제를 받더라도, 채무자 소유의 부동산에 대한 후순위저당권자는 민법 제368조 제2항 후단에 의하여 1번 공동저당권자를 대위하여 물상보증인 소유의 부동산에 대하여 저당권을 행사할 수 없다.

3. 물상보증인 소유의 부동산에 관한 후순위자의 물상대위 법리

물상보증인 제공의 부동산과 채무자 소유의 부동산이 공동저당물이 되었는데, 물상보증인 소유의 부동산에 후순위자가 있는 경우에 학설과 판례는 제

12) 이 판결에 대한 상세한 설명은, 서기석 "공동저당에 있어서 후순위저당권자의 대위와 물상보증인의 변제자대위의 충돌", 대법원판례해설 제21호 참조 ; 같은 취지로 대법원 2009. 5. 28.자 2008마109 결정, 대법원 2011. 8. 18. 선고 2011다30666, 30673 판결 등이 있다.

13) 같은 취지로 대법원 1995. 6. 13.자 95마500 결정, 대법원 1996. 3. 8. 선고 95다36596 판결 등이 있다.

370조, 제342조[14])의 규정에 의한 물상대위의 법리를 차용하여 후순위자를 보호하고 있다.

□ 대법원 1994. 5. 10. 선고 93다25417 판결

물상보증인 소유의 부동산에 대한 후순위저당권자로서는 공동저당의 목적물 중 채무자 소유의 부동산의 담보가치 뿐만 아니라, 물상보증인 소유의 부동산의 담보가치도 고려하여 저당권을 설정받았고, 물상보증인으로서는 자기 소유의 부동산에 설정된 후순위저당권에 의한 부담을 위 후순위저당권의 설정 당초부터 이를 감수하고 있었다고 할 수 있으며, 공동저당의 목적물 중 채무자 소유의 부동산이 먼저 경매된 경우 또는 공동저당의 목적물의 전부가 일괄경매된 경우와의 균형상, 물상보증인 소유의 부동산이 먼저 경매되었다는 우연한 사정에 의하여 물상보증인이 그 구상권에 대하여 채무자 소유의 부동산으로부터 후순위저당권자 보다도 우선하여 변제를 받을 수 있고, 본래 예정되어 있던 후순위저당권에 의한 부담을 면할 수 있다고 하는 것은 불합리하므로, 물상보증인 소유의 부동산이 먼저 경매된 경우에 있어서는 민법 제368조 제2항 후단이 후순위저당권자의 보호를 기하고 있는 취지를 고려하여 물상보증인에게 이전한 1번 저당권은 위 후순위저당권자의 피담보채권을 담보하는 것으로 되어, 위 후순위저당권자는 마치 위 1번 저당권상에 민법 제370조, 제342조의 규정에 의하여 물상대위를 하는 것과 같이 그 순위에 따라 물상보증인이 취득한 1번 저당권으로부터 우선하여 변제를 받을 수 있다.

4. 후순위자 지위 보호의 법리

원래 채무자 소유였던 공동저당물 중 일부의 양도로 공동저당물을 채무자와 제3자가 각각 소유하게 되었다가 한 부동산이 먼저 경매가 되었는데 공동저당물 중 일부에 후순위자가 존재했던 경우, 제3자의 변제자대위와 후순위자대위 중 무엇을 우선해야 하는가.

학설은 대체로 제3취득자와 후순위자의 권리 취득 시기의 선후를 따져봐야 한다고 보고 있다.[15]) 즉, 제3자가 후순위자보다 먼저 물건을 취득을 한 경우에는 당시 변제자대위의 기대를 가지고 이를 취득했을 것이므로 나중에 권리를 취득한 후순위자에 대해 우선하여 변제자대위를 할 수 있고, 반면에 후순위자

14) 제342조(물상대위)
질권은 질물의 멸실, 훼손 또는 공용징수로 인하여 질권설정자가 받을 금전 기타 물건에 대하여도 이를 행사할 수 있다. 이 경우에는 그 지급 또는 인도전에 압류하여야 한다.

15) 서기석 각주 12) 논문, 61쪽 ; 양창수 각주 9) 논문, 318쪽 ; 이재홍, “부동산경매와 공동저당권”, 재판자료 제36집, 법원도서관(1987), 260쪽 ; 이종기, “공동저당권자의 저당권 일부 포기 및 혼동으로 인한 소멸”, 민사판례연구 33-1권, 박영사(2011. 2.), 300쪽.

가 먼저 저당권을 취득한 경우에는 그에게 이미 후순위자대위를 행사할 수 있을 것이라는 기대가 있었을 것이므로 이를 보호해야 한다는 것이다.[16] 대법원은 후순위자가 먼저 저당권을 취득한 경우에 대해서는 나중에 저당물을 취득한 제3자에 대하여 후순위자의 지위가 보장된다는 입장을 취하고 있다.

> □ 대법원 2011. 10. 13. 선고 2010다99132 판결[17]
> 공동저당 부동산의 일부를 취득하는 제3자로서는 공동저당 부동산에 관하여 후순위저당권자 등 이해관계인들이 갖고 있는 기존의 지위를 전제로 하여 공동저당권의 부담을 인수한 것으로 보아야 하기 때문에 공동저당 부동산의 후순위저당권자의 대위에 관한 법적 지위 및 기대는 공동저당 부동산의 일부가 제3자에게 양도되었다는 사정에 의해 영향을 받지 않는다.

Ⅲ. 공동저당의 사안별 이해관계의 분석과 조정

이하에서는 앞에서 살펴 본 기본 법리를 바탕으로, 공동저당에 관한 다양한 상황을 상정하여 채무자, 물상보증인, 후순위자 등의 상호관계를 분석하고, 제3자나 채무자의 새로운 개입에 따른 이해관계의 조정을 시도해 보기로 한다.

1. 제3취득자나 채무자의 개입이 없는 경우

가. 공동저당물이 모두 채무자 소유인 경우

	1순위	2순위
1부동산(채무자)	공동저당권자	후순위자
2부동산(채무자)	공동저당권자	

(1) 후순위자가 있는 물건이 먼저 경매되는 경우

후순위자가 있는 물건이 먼저 경매될 경우 후순위자는 제368조 제2항에 따

16) 이에 대해서 후순위자가 먼저 저당권을 취득한 경우에는 다수설의 입장과 같으나, 제3취득자가 2부동산을 취득한 경우에도 그 가액비율에 따라 안분해서만 변제자대위를 할 수 있고 나머지 부분에 관하여는 후순위자가 배당받을 수 있다고 보아야 한다는 견해가 있다. 최초의 제3취득자는 그 후에 다른 자신의 배당을 안분비례 해야 할 다른 제3취득자의 등장을 언제라도 감수해야 할 지위에 있고 이러한 취지는 후순위자의 등장의 경우에도 다를 바가 없다고 설명한다. 자세히는 김형석, 각주 10) 논문, 91-93쪽 참조.

17) 공동저당물 중 일부가 경매된 사안이 아니라 공동저당권자가 저당권을 일부 포기를 한 사안이나 경매의 경우 당연히 적용될 수 있다고 할 것이다.

라 2부동산에 관한 공동저당권을 대위취득하게 된다. 그 결과 후순위자는 1부동산에 관하여 동시배당과 같은 배당을 받을 수 있다. 제368조 제2항이 적용되는 전형적인 경우이다.[18)]

(2) 후순위자가 없는 물건이 먼저 경매되는 경우

후순위자가 없는 물건이 먼저 경매되어 공동저당권자가 만족을 얻게 될 경우, 제368조나 제482조가 적용될 여지는 없고, 후순위자는 공동저당권자가 만족을 얻은 만큼 1부동산에 관한 저당권 순위가 상승한다.[19)] 그 결과 후순위자가 동시배당의 경우보다 더 많은 이익을 얻을 수 있다.[20)] 후순위자대위가 후순위자의 권리를 보호하기 위한 것이지만 모든 이시배당의 경우 동일한 결과가 보장되는 것은 아님을 알 수 있다.[21)]

나. 공동저당물이 같은 물상보증인 소유인 경우

	1순위	2순위
1부동산(A물상보증인)	공동저당권자	후순위자
2부동산(A물상보증인)	공동저당권자	

18) 이 경우 만약 공동저당권자가 2부동산에 대한 공동저당권을 포기하면 후순위자는 그 후 1부동산이 경매되어 공동저당권자가 변제를 받더라도 후순위자대위가 불가능하게 된다. 대법원 2009. 12. 10. 선고 2009다41250 판결은 이 경우 후순위자가 저당권을 설정할 당시 이미 다른 공동저당 목적 부동산에 관하여 선순위 공동저당권자를 대위하여 저당권을 행사할 수 있다는 대위의 기대를 발생하고 이러한 대위에 관한 정당한 기대가 보호되어야 한다는 논리로 채권자가 공동저당권을 포기하지 아니하였더라면 후순위자가 대위할 수 있었던 한도에서 1부동산에서 후순위자에 우선하여 배당을 받을 수 없다고 보았다.

19) 이는 대법원 2018. 7. 11. 선고 2017다292756 판결 법리에 따른 귀결이다.
"공동근저당권자가 스스로 근저당권을 실행하거나 타인에 의하여 개시된 경매 등의 환가절차를 통하여 공동담보의 목적 부동산 중 일부에 대한 환가대금 등으로부터 다른 권리자에 우선하여 피담보채권의 일부를 배당받은 경우, 그와 같이 우선변제받은 금액에 관하여는 공동담보의 나머지 목적 부동산에 대한 경매 등의 환가절차에서 다시 공동근저당권자로서 우선변제권을 행사할 수 없다(대법원 2017. 12. 21. 선고 2013다16992 전원합의체 판결 참조). 이러한 법리는 채무자 소유의 부동산과 물상보증인 소유의 부동산에 공동근저당권이 설정된 후 공동담보의 목적 부동산 중 채무자 소유 부동산을 임의환가하여 청산하는 경우, 즉 공동담보 목적 부동산 중 채무자 소유 부동산을 제3자에게 매각하여 그 대가로 피담보채권의 일부를 변제하는 경우에도 적용되어, 공동근저당권자는 그와 같이 변제받은 금액에 관하여는 더 이상 물상보증인 소유 부동산에 대한 경매 등의 환가절차에서 우선변제권을 행사할 수 없다고 보아야 할 것이다."

20) 예컨대, 1부동산이 4억 원, 2부동산이 1억 원이고, 공동저당권자가 1, 2부동산에 대해 공동저당 4억 원, 후순위저당권자가 1부동산에 대해 근저당 1억 원을 설정했다고 할 때, 동시배당의 경우에 1부동산에 관한 공동저당권의 부담부분은 3억 2천만 원이므로, 후순위저당권자는 나머지 8천만 원만 배당받게 될 것이나, 2부동산이 먼저 경매될 경우에는 공동저당권자가 1부동산에서 2부동산에 나머지 3억 원을 배당받아도 여전히 1억 원의 담보가치가 남게 되므로 후순위저당권자는 1억 원 전부를 배당받을 수 있게 된다.

21) 김형석, 각주 10) 논문, 70쪽.

(1) 후순위자가 있는 물건이 먼저 경매되는 경우

공동저당이 성립한 부동산 전부가 같은 물상보증인 소유인 경우에 물상보증인은 변제자대위의 기대를 갖지 않을 것이나 반면 후순위자의 이해관계를 위해 공동저당 부동산 사이에서 책임을 분담할 필요는 그대로 인정된다.[22] 따라서 공동저당물이 채무자가 아닌 같은 물상보증인의 경우에도 공동저당물이 채무자 소유인 위 가.의 경우와 똑같이 제368조 제2항이 적용된다. 일본 최고재판소 판례도 같은 입장이었다.[23]

대상판결은 "공동저당이 설정된 복수의 부동산이 같은 물상보증인의 소유에 속하고 그중 하나의 부동산에 후순위저당권이 설정되어 있는 경우에, 그 부동산의 대가만이 배당되는 때에는 후순위저당권자는 민법 제368조 제2항에 따라 선순위 공동저당권자가 같은 조 제1항에 따라 공동저당이 설정된 다른 부동산으로부터 변제를 받을 수 있었던 금액에 이르기까지 선순위 공동저당권자를 대위하여 그 부동산에 대한 저당권을 행사할 수 있다."고 판시하여 이 점을 분명하게 밝히고 있다.

(2) 후순위자가 없는 물건이 먼저 경매되는 경우

이 경우도 공동저당물이 모두 채무자 소유인 경우와 같다. 후순위자는 공동저당권자가 2부동산을 통해 만족을 얻은 만큼 1부동산에 관한 순위가 상승하고, 그 결과 후순위자가 동시배당의 경우보다 더 많은 배당을 받을 수 있다.

다. 공동저당물 중 일부는 채무자, 일부는 물상보증인 소유인 경우[24]

(1) 채무자 소유 부동산에 후순위자가 있는 경우

	1순위	2순위
1부동산(채무자)	공동저당권자	후순위자
2부동산(물상보증인)	공동저당권자	

22) 김형석, 각주 10) 논문, 87쪽; 이종기, 각주 15) 논문, 399쪽.

23) 最高裁 1992. 11. 6., 民事判例集 46券 8号, 2625面

24) 대법원 2010. 4. 15. 선고 2008다41475 판결은 '동시배당 시 채무자 소유 부동산의 경매대가에서 공동저당권자에게 우선 배당을 하고, 부족분이 있는 경우에 한하여 물상보증인 소유 부동산의 경매대가에서 추가로 배당을 해야 한다.'고 판시하고 있다. 즉, 동시배당의 경우에도 물상보증인에게 우선적 지위가 보장된다.

(가) 후순위자가 있는 물건이 먼저 경매되는 경우

채무자 소유 물건에 후순위자가 있는 경우에 그 물건에 관해 먼저 경매가 있으면 제368조가 적용될 여지가 없다. 이는 앞에서 본 대법원 2008. 4. 10. 선고 2007다78234 판결, 즉 물상보증인의 변제자대위 우선의 법리에 따른 결론이다.

(나) 후순위자가 없는 물건이 먼저 경매되는 경우

채무자 소유 물건에 후순위자가 있는 경우에 물상보증인 소유의 다른 물건에 관해 먼저 경매가 있게 되면 물상보증인은 변제자대위에 따라 1부동산에 관한 1순위 근저당권을 취득한다.[25] 이 경우 후순위자는 위 물상보증인의 변제자대위권에 의해 순위가 밀리게 된다. 이는 앞에서 본 대법원 1994. 5. 10. 선고 93다25417 판결(물상보증인의 변제자대위 우선의 법리)에 따른 것이다.

(2) 물상보증인 소유 부동산에 후순위자가 있는 경우

	1순위	2순위
1부동산(채무자)	공동저당권자	
2부동산(물상보증인)	공동저당권자	후순위자

(가) 후순위자가 있는 물건이 먼저 경매되는 경우

물상보증인은 변제자대위에 관한 제482조 제2항에 따라 1부동산에 관한 1순위 근저당권을 취득한다. 이때 후순위자는 물상보증인의 대위권에 대한 물상대위를 통해 자신의 근저당 채권을 배당받을 수 있다. 이는 앞에서 본 대법원 1994. 5. 10. 선고 93다25417 판결, 즉 물상대위에 관한 법리에 따른 결론이다.

(나) 후순위자가 없는 물건이 먼저 경매되는 경우

물상보증인 소유 물건에 후순위자가 있는 경우에 채무자의 물건이 먼저 경매되면, 후순위자는 공동저당권자가 만족을 얻은 만큼 순위가 상승하여 자신의 근저당 채권을 배당을 받을 수 있다. 여기에 제368조나 제482조가 적용될

25) 이는 제370조에 따라 준용되는 제341조에 의해 발생하는 구상권을 담보하기 위한 것이다.
제341조(물상보증인의 구상권)
타인의 채무를 담보하기 위한 질권설정자가 그 채무를 변제하거나 질권의 실행으로 인하여 질물의 소유권을 잃은 때에는 보증채무에 관한 규정에 의하여 채무자에 대한 구상권이 있다.

여지는 없다.

라. 공동저당물이 서로 다른 물상보증인 소유인 경우

	1순위	2순위
1부동산(A물상보증인)	공동저당권자	후순위자
2부동산(B물상보증인)	공동저당권자	

(1) 후순위자가 있는 물건이 먼저 경매되는 경우

A물상보증인은 변제자대위에 관한 제482조 제2항 제4호에 따라 2부동산에 관한 1순위 근저당권을 공동저당권자가 동시배당을 하였다면 받을 수 있었을 부분만큼 안분비례 하여 취득한다.[26] 이때 후순위자는 물상보증인에 대한 물상대위를 통해 자신의 채권을 배당받을 수 있다.

(2) 후순위자가 없는 물건이 먼저 경매되는 경우

B물상보증인은 변제자대위에 관한 제482조 제2항 제4호에 따라 2부동산에 관한 1순위 저당권을 공동저당권자가 동시배당을 하였다면 받을 수 있었을 부분만큼 안분비례 하여 취득한다. 이때 후순위자는 남은 부분에 관하여 배당받을 수 있다.

2. 제3취득자가 개입된 경우

가. 제3자가 채무자 소유의 공동저당물 중 일부를 취득한 경우

(1) 후순위자가 있는 물건을 제3자가 취득한 경우

	1순위	2순위
1부동산(채무자) ☞ 제3자	공동저당권자	후순위자
2부동산(채무자)	공동저당권자	

(가) 후순위자가 있는 물건이 먼저 경매되는 경우

제3취득자는 경매로 인해 자신의 소유권을 상실할 경우 변제자대위에 따라

26) 김형석, 각주 10) 논문, 87-88쪽.

2부동산에 관한 공동저당권자의 1순위 근저당권을 취득한다. 이때 후순위자는 다시 제3취득자에 대한 물상대위를 통해 자신의 근저당 채권을 배당받을 수 있다.

제3자가 개입하기 전 이미 성립한 후순위자의 지위는 제368조 제2항에 따라 1부동산에 관하여 공동저당권자가 동시배당을 하였다면 받을 수 있었을 부분만큼 안분비례 하여 배당을 받을 수 있는 것이었는데 제3취득자 개입으로 결과적으로 후순위자가 더 많은 배당을 받는 셈이 된다.27)

(나) 후순위자가 없는 물건이 먼저 경매되는 경우

이 경우 후순위자는 그 순위가 상승하고, 제3자가 물건을 취득함으로써 제3자의 개입 전후로 권리관계가 변동될 사유는 없다.

(2) 후순위자가 없는 물건을 제3자가 취득한 경우

	1순위	2순위
1부동산(채무자)	공동저당권자	후순위자
2부동산(채무자) ☞ 제3자	공동저당권자	

앞서 II. 4.에서 살펴 본 것과 같이 학설과 대법원 2011. 10. 13. 선고 2010다99132 판결에 따를 때, 공동저당 부동산에 관한 후순위자대위의 관한 법적 지위 및 기대는 공동저당 부동산의 일부가 제3자에게 양도되었다는 사정에 의해 영향을 받지 않는다.

따라서 이 경우 후순위자의 권리 성립 후에 제3자가 2부동산을 취득했다면 후순위자는 제3취득자에 우선한다고 보아야 할 것이다. 즉 1부동산이 먼저 경매되는 경우에 후순위자는 2부동산에 대해 후순위자대위권을 행사할 수 있고, 2부동산이 먼저 경매되는 경우에 제3자는 후순위자의 대위권을 침범하지 않는

27) 예컨대, 1부동산이 4억 원, 2부동산이 1억 원이고, 공동저당권자가 1, 2부동산에 대해 공동저당 4억 원, 후순위저당권자가 1부동산에 대해 저당권 1억 원을 설정했으며, 1부동산을 제3자가 취득한 다음 그 부동산이 먼저 경매되었다고 할 때, 제3자가 없었다면 후순위저당권자는 2부동산에서 8천만 원을 배당받게 될 것이나, 제3자가 1부동산을 취득하고 그 부동산이 경매되면 제3취득자가 변제자대위로서 2부동산에 대해 우선 1억 원 전부에 관한 저당권을 취득한 후, 후순위저당권자가 이를 물상대위하게 되어 결국 후순위저당권자가 1억 원 전부를 배당받을 수 있게 된다.

범위에서만 1부동산에 관해 변제자대위권을 행사할 수 있다.

나. 제3자가 채무자와 물상보증인 소유의 공동저당물 중 채무자의 물건을 취득한 경우

	1순위	2순위
1부동산(채무자) ☞ 제3자	공동저당권자	후순위자
2부동산(물상보증인)	공동저당권자	

	1순위	2순위
1부동산(채무자) ☞ 제3자	공동저당권자	
2부동산(물상보증인)	공동저당권자	후순위자

앞에서 보았듯이 물상보증인도 제482조 제2항 제2호에서 말하는 보증인에 포함되므로(대법원 2014. 12. 18. 선고 2011다50233 전원합의체 판결), 제3취득자는 물상보증인에 대해 변제자대위를 할 수 없다. 반대로 물상보증인은 제3취득자에 대하여 변제자대위를 할 수 있다.

이에 따라 이 경우 권리관계는 제3자가 개입하기 전, 즉 채무자와 물상보증인이 공동저당물을 소유하는 경우와 다르지 않게 된다. 제3자가 후순위자 있는 물건을 취득하였는지 여부 또는 어떤 물건이 먼저 경매되었는지 여부도 무관하다.

다. 제3자가 같은 물상보증인 소유의 공동저당물 중 일부를 취득한 경우

	1순위	2순위
1부동산(A물상보증인) ☞ 제3자	공동저당권자	후순위자
2부동산(A물상보증인)	공동저당권자	

앞에서 보았듯이 여기서 제3취득자는 물상보증인으로부터의 물건을 취득한 사람이므로 대법원 2014. 12. 18. 선고 2011다50233 전원합의체 판결에서 말하는 제3취득자가 아니다. 즉 여기서 제3취득자는 제482조 제2항 제2호에서 정한 제3취득자가 아니라 원래의 제482조 제2항 제4호에서 정한 물상보증인과

같은 지위라고 보아야 한다.[28)]

(1) 후순위자가 있는 물건이 먼저 경매되는 경우

제3취득자는 변제자대위에 관한 제482조 제2항 제4호에 따라 2부동산에 관한 1순위 저당권을 안분비례 하여 취득하고, 이때 후순위자는 물상보증인에 대한 물상대위를 통해 자신의 채권을 배당받을 수 있다.

제3자가 2부동산을 취득하지 않았더라도 후순위자는 제368조 제2항에 따라 후순위자대위를 할 수 있었을 것이다. 결국 근거조항만 다를 뿐 제3자 취득 전후로 후순위자의 지위 변동은 없다.

(2) 후순위자가 없는 물건이 먼저 경매되는 경우

물상보증인은 변제자대위에 관한 제482조 제2항 제4호에 따라 1부동산에 관한 1순위 근저당권을 안분비례 하여 취득한다. 이때 후순위자는 나머지 부분에 대해 자신의 근저당 채권을 배당받을 수 있다. 제3자의 부동산 취득 여부와 후순위자의 지위는 아무런 차이가 없다.

3. 채무자가 개입된 경우

가. 채무자가 같은 물상보증인 소유의 공동저당물 중 일부를 취득한 경우

(1) 후순위자가 있는 물건을 채무자가 취득한 경우

	1순위	2순위
1부동산(A물상보증인) ☞ 채무자	공동저당권자	후순위자
2부동산(A물상보증인)	공동저당권자	

(가) 후순위자가 있는 물건이 먼저 경매되는 경우

원칙적으로 보면, 채무자 소유 물건에 후순위자가 있는 경우에 그 물건에 관해 경매가 있으면 제368조가 적용될 여지가 없다. 이는 앞서 본 후순위자대위에 대한 변제자대위 우선의 법리에 기인한다.

---

28) 따라서 제3자가 서로 다른 물상보증인 소유의 공동저당물 중 일부를 취득한 경우에는 제3자가 취득 전후로 후순위자의 지위가 변할 아무런 사유가 없다. 이 부분 유형에 대한 논의는 생략한다.

그러나 채무자가 1부동산을 취득하였다는 우연한 사정으로 후순위자가 불리한 지위를 갖게 된다는 것은 부당하다고 볼 수 있다. 이에 대해서는 앞에서 살펴 본 제3취득자의 개입에 관한 대법원 2010다99132 판결의 법리를 역으로 적용해 볼 수 있다.

이에 따르면 같은 물상보증인이 제공한 공동저당물의 일부에 후순위저당권이 설정된 후에 그 물건이 채무자에게 양도된 다음 먼저 경매된 때에는 후순위자는 이미 성립한 지위를 보장받아야 하므로 물상보증인 소유의 부동산에 제368조에 의한 후순위자대위권을 행사할 수 있다고 보아야 한다.

(나) 후순위자가 없는 물건이 먼저 경매되는 경우[29)]

원칙적으로 보면 채무자 소유 물건에 후순위자가 있는 경우에 물상보증인 소유의 다른 물건에 관해 먼저 경매가 있게 되면 물상보증인은 변제자대위에 관한 제482조 제2항에 따라 1부동산에 관한 1순위 근저당권을 취득해야 한다. 이 경우 후순위자는 위 물상보증인에 대해 순위가 밀리게 되는데 이는 변제자대위 우선의 법리에 기인한다.

그러나 채무자가 1부동산을 취득하였다는 우연한 사정으로 후순위자가 불리한 지위를 갖게 된다는 것은 부당하다는 점에서 위 (가)와 마찬가지로 기존의 지위를 보장해야 할 필요가 있다. 따라서 여기서도 대법원 2010다99132 판결의 법리를 역으로 적용해 볼 수 있다.

이에 따르면 같은 물상보증인이 제공한 공동저당물의 일부에 후순위저당권이 설정된 후 그 물건이 채무자에게 양도된 다음 먼저 경매가 된 때에는 후순위자에게 이미 성립한 지위(안분비례 범위)를 보장하는 한도에서만 물상보증인이 1부동산에 관해 제482조에 따른 변제자대위를 행사할 수 있다고 보아야 한다.[30)]

---

29) 이 사안이 바로 대상판결 사례에 해당한다.

30) 대상판결은 물상보증인이 경매가 아니라 스스로 변제를 한 경우이나, 경매의 경우와 달리 볼 이유가 없다. 대상판결 사안에서는 물상보증인이 채권자에게 저당채무를 모두 변제하고 2부동산 공동저당권을 말소함과 동시에 채권자로부터 1부동산에 관한 저당권등기를 이전받았는데, 1부동산에 관한 등기는 물상보증인이 취득한 법정대위권 범위(후순위자의 대위 기대권을 해하지 않는 범위)에서만 실체관계에 부합하는 등기로서 유효하고 나머지 부분은 원인무효라고 할 것이다.

(2) 후순위자가 없는 물건을 채무자가 취득한 경우

	1순위	2순위
1부동산(A물상보증인)	공동저당권자	후순위자
2부동산(A물상보증인) ☞ 채무자	공동저당권자	

(가) 후순위자가 있는 물건이 먼저 경매되는 경우

물상보증인은 제482조 제2항에 따라 채무자가 소유한 2부동산에 관한 공동저당권자의 1순위 근저당권을 취득한다. 이때 후순위자는 다시 물상보증인에 대한 물상대위를 통해 자신의 근저당 채권을 배당받을 수 있다.

만약 채무자가 2부동산을 취득하지 않았다면 이미 성립한 후순위자의 지위는 제368조 제2항에 따라 1부동산에 관하여 공동저당권자가 동시배당을 하였다면 받을 수 있었을 부분만큼 안분비례 하여 배당을 받을 수 있는 것이었는데 채무자의 개입으로 결과적으로 후순위자가 더 이익을 얻을 수 있는 셈이 된다.

(나) 후순위자가 없는 물건이 먼저 경매되는 경우

원칙적으로 보면 채무자 소유 물건에 관해 먼저 경매가 이루어지면, 후순위권자는 공동근저당권자가 만족을 얻은 만큼 순위가 상승해야 한다.

그런데 만약 채무자가 만약 2부동산을 취득하지 않았다면 이미 성립한 후순위자의 지위는 물상보증인이 변제자대위에 따라 1부동산에 관하여 안분비례하여 배당을 받고 남은 부분에 한정되었을 것이므로 채무자의 개입으로 후순위자가 더 이익을 얻은 셈이 된다.

채무자가 물상보증인로부터 물건을 매수할 당시 자신이 변제자대위권을 행사할 수 있을 것으로 예상하고 취득하였을 것으로 보기는 어려우므로 반드시 후순위자의 지위를 채무자 취득 전의 상황으로 고정시킬 필요는 없다고 생각된다.

나. 채무자가 서로 다른 물상보증인 소유의 공동저당물 중 일부를 취득한 경우

(1) 후순위자가 있는 물건을 채무자가 취득한 경우

	1순위	2순위
1부동산(A물상보증인) ☞ 채무자	공동저당권자	후순위자
2부동산(B물상보증인)	공동저당권자	

(가) 후순위자가 있는 물건이 먼저 경매되는 경우

원칙적으로 보면, 채무자 소유 물건에 후순위자가 있는 경우에 그 물건에 관해 경매가 있으면 물상보증인에 대해 후순위자대위권을 주장할 수 없다(대법원 93다25417 판결).

그런데 채무자가 1부동산을 취득하지 않았다면, A물상보증인은 변제자대위에 관한 제482조 제2항에 따라 2부동산에 관한 1순위 근저당권을 공동근저당권자가 동시배당을 하였다면 받을 수 있었을 부분만큼 안분비례 하여 취득했을 것이고, 후순위자는 물상보증인에 대한 물상대위를 통해 자신의 근저당 채권을 배당받을 수 있었을 것이다.

채무자가 1부동산을 취득하였다는 우연한 사정으로 후순위자가 불리한 지위를 갖게 된다는 것은 부당하다는 점에서 대법원 2010다99132 판결의 취지를 여기에도 역으로 적용할 필요가 있다. 따라서 이 경우에 후순위자는 2부동산에 관하여 안분배당을 받을 지위가 보장되어야 한다.

(나) 후순위자가 없는 물건이 먼저 경매되는 경우

이 경우도 채무자 개입이 없었다면 B물상보증인은 1부동산에 관한 1순위 근저당권을 안분비례 하여 취득하였을 것이고, 이때 후순위자는 안분비례 후 남은 부분에 관하여 배당받을 수 있으므로 채무자가 1부동산을 취득하였는지 여부와 무관하게 이 부분 지위만큼은 후순위자에게 보장되어야 한다고 볼 수 있다.

(2) 후순위자가 없는 물건을 채무자가 취득한 경우

	1순위	2순위
1부동산(A물상보증인)	공동저당권자	후순위자
2부동산(B물상보증인) ☞ 채무자	공동저당권자	

(가) 후순위자가 있는 물건이 먼저 경매된 경우

A물상보증인은 변제자대위에 관한 제482조 제2항에 따라 2부동산에 관한 1순위 근저당권을 취득한다. 이때 후순위자는 A물상보증인에 대한 물상대위를 통해 자신의 근저당 채권을 배당받을 수 있다.

만약 채무자가 2부동산을 취득하지 않았다면 이미 성립한 후순위자의 지위는 제368조 제2항에 따라 1부동산에 관하여 공동근저당권자가 동시배당을 하였다면 받을 수 있었을 부분만큼 안분비례 하여 배당을 받을 수 있는 것이었으므로 결과적으로 채무자의 개입으로 후순위자가 더 이익을 얻을 수 있는 셈이 된다.

(나) 후순위자가 없는 물건이 먼저 경매된 경우

채무자는 1부동산에 관해 어떠한 권리도 행사할 수 없으므로 후순위자는 1부동산에서 자신의 근저당 채권을 배당받을 수 있다.

만약 채무자가 2부동산을 취득하지 않았다면 이미 성립한 후순위자의 지위는 B물상보증인과 안분비례 하여 배당을 받을 수 있는 것이었으므로 결과적으로 채무자의 개입으로 후순위자가 더 이익을 얻을 수 있는 셈이 된다.

채무자가 물상보증인로부터 물건을 매수할 당시 자신이 변제자대위권을 행사할 수 있을 것으로 예상할 수 없었을 것이므로 후순위자의 지위를 채무자 취득 전의 상황으로 고정시킬 필요는 없다고 생각된다.

다. 채무자가 채무자와 물상보증인 소유의 공동저당물 중 물상보증인의 물건을 취득한 경우

(1) 후순위자가 있는 물건을 채무자가 취득한 경우

	1순위	2순위
1부동산(채무자)	공동저당권자	후순위자
2부동산(물상보증인) ☞ 채무자	공동저당권자	

(가) 후순위자가 있는 물건이 먼저 경매된 경우

후순위자가 있는 물건이 먼저 경매될 경우, 후순위자는 제368조 제2항에 따라 2부동산에 관한 1순위 공동저당권을 대위취득하게 된다.

그런데 만약 채무자가 2부동산을 취득하지 않았다면 후순위자는 물상보증인 소유의 2부동산에 대위권을 행사할 수 없었을 것이므로 채무자의 개입으로 후순위자가 기존 지위보다 더 이익을 얻는 셈이 된다.

그러나 채무자가 기존 물상보증인의 지위를 승계할 것을 기대하면서 2부동산을 매수하였다고 볼 수는 없으므로 이러한 후순위자의 추가적 이익을 막을 것은 아니라고 생각된다.

(나) 후순위자가 없는 물건이 먼저 경매된 경우

이 경우도 채무자의 개입으로 후순위자가 더 이익을 얻을 수 있게 된다는 점에서 (가)항과 같은데, 같은 이유로 후순위자의 추가적 이익을 막을 것은 아니라고 본다.

(2) 후순위권자가 없는 물건을 채무자가 취득한 경우

	1순위	2순위
1부동산(채무자)	공동저당권자	
2부동산(물상보증인) ☞ 채무자	공동저당권자	후순위자

(가) 후순위자가 있는 물건이 먼저 경매된 경우

후순위자가 있는 물건이 먼저 경매될 경우, 후순위자는 제368조 제2항에 따라 1부동산에 관한 1순위 공동근저당권을 대위취득하게 된다.

그런데, 만약 채무자가 2부동산을 취득하지 않았다면 후순위자는 물상보증인의 1부동산에 관한 변제자대위권을 물상대위 할 수 있었을 것이고, 이는 채무자가 개입하기 전 후순위자의 기존 지위(안분비례)보다 더 큰 이익이었을 것이다.

따라서 이 경우에 채무자의 개입이라는 우연한 사정으로 후순위자가 불이익을 입도록 하지 않아야 하므로 기존의 후순위자의 지위가 보장되어야 한다는 견해가 있을 수 있다. 이에 대해서 후순위자가 전혀 배당을 받지 못하는 것도 아닌 상황에서 추가적 이익까지 보장해 줄 필요가 없다는 반론도 가능하다.

(나) 후순위자가 없는 물건이 먼저 경매된 경우

이 경우에 후순위자는 채무자 개입 여부와 무관하게 2부동산에서 순위 상승에 따른 변제를 받게 될 것이다. 채무자 개입에 따른 후순위자의 지위 차이는 발생하지 않는다.

Ⅳ. 대상판결의 검토

1. 사안의 정리

대상판결의 사안개요를 정리하면 다음과 같다.

	1순위	2순위
제1부동산 물상보증인(소외 1) ☞ 채무자(소외 2) [가액: 485,000,000원]	공동근저당권자(○○신협) [채권액: 550,000,000원]	전세권자(원고) [전세금: 230,000,000원]
제2부동산 물상보증인(소외 1) ☞ 제3취득자(피고) [가액: 1,150,000,000원]	공동근저당권자(○○신협) [채권액: 550,000,000원]	

위와 같은 상황에서, 피고는 채무자의 ○○신협에 대한 이 사건 근저당권 채무 550,000,000원을 대위변제하였고, 이에 따라 제2부동산에 관한 이 사건 근저당권이 말소되었다. 피고는 2018. 1. 17. ○○신협으로부터 제1부동산에 관한 근저당권에 대하여 확정채권양도를 원인으로 근저당권이전등기를 하였다.

2. 사안의 해결

대상판결이 채택한 논리 구성과 그에 따른 구체적 사안의 해결은 다음과 같다.

(1) 후순위저당권자의 권리를 후순위전세권과 달리 볼 이유가 없으므로, 제1부동산의 후순위전세권자인 원고가 제368조 제2항에 따라 대위를 할 수 있는 지위는 원고가 후순위로 물상보증인 소외 1로부터 제1부동산에 관한 전세권을 설정받을 때부터 이미 발생하였다고 보아야 한다.

(2) 우선 제3취득자에 해당하는 피고가 물상보증인 소외 1로부터 제2부동산

을 취득하였으나, 피고는 제482조 제2항 제3호, 제4호에 따라 제1부동산에 대하여 그 부동산의 가액에 비례해서만 변제자대위를 할 수 있으므로 원고의 지위는 영향을 받지 않는다. 다음으로 물상보증인 소외 1 소유였던 제1 부동산이 채무자 소외 2에게 양도되었다고 하더라도, 원고에게 이미 성립한 지위를 보장하는 한도에서 피고는 제1부동산에 관해 제482조에 따른 변제자대위를 행사할 수 있다.

(3) 이 사건 상가에 관하여 동시에 경매가 진행되어 배당이 되었다면 제1부동산의 책임분담액은 163,149,847원(= 550,000,000원 × 485,000,000원/1,635,000,000원, 원 미만 버림)이 된다. 제1부동산의 가액인 485,000,000원에서 이를 공제한 금액이 원고의 전세금 230,000,000원을 초과하므로 원고는 후순위전세권을 설정할 당시 전세금 230,000,000원 전액에 관하여 제368조 제2항에 따라 대위를 할 수 있는 지위에 있었다고 할 수 있다.

(4) 피고는 공동근저당권 채무 550,000,000원을 대위변제함으로써 변제자대위에 의하여 제1 부동산에 관한 근저당권을 취득하게 되나, 위와 같이 원고가 대위할 수 있었던 230,000,000원의 범위에서는 변제자대위를 할 수 없으므로 피고 명의의 2018. 1. 17. 자 근저당권이전등기도 그 범위에서는 원인무효의 등기로서 효력이 없다고 보아야 한다.

(5) 피고는 위 금액의 범위에서는 원고보다 우선하여 배당받을 수 없으므로, 이 사건 배당표 중 원고에 대한 배당액 0원은 230,000,000원으로, 피고에 대한 배당액 478,913,982원은 위 전세금이 공제된 248,913,982원으로 경정되어야 한다.

3. 검토

대상판결에서는 ① 공동저당이 설정된 복수의 부동산이 같은 물상보증인의 소유에 속하고 그중 하나의 부동산에 후순위로 전세권이 설정되어 있다가 그 부동산의 대가만이 배당되는 때에 후순위자가 제368조 제2항에 따라 다른 부동산에서 배당을 받을 수 있는지 여부와 ② 최초의 부동산이 제3자나 채무자에게 양도되는 경우에 후순위자의 지위에 영향이 미치는지가 문제되었다. 그 내용을 정리하면 다음과 같다.

첫째, 공동저당이 설정된 복수의 부동산이 같은 물상보증인의 소유에 속하고 그중 한 부동산에 후순위 권리가 설정되어 있는 경우에는 두 부동산이 모두 채무자 소유의 경우와 마찬가지로 취급한다. 즉, 후순위 권리가 설정된 부동산이 먼저 경매될 때 후순위자는 제368조 제2항에 따라 선순위 공동저당권자를 대위하여 다른 부동산에 대한 그 권리를 행사할 수 있다.

둘째, 공동저당이 설정된 복수의 부동산이 같은 물상보증인의 소유에 속하고 그중 한 부동산에 후순위 권리가 설정된 다음에 다른 부동산이 제3자에게 양도되어 그 소유자가 다르게 된 경우, 어느 부동산이 먼저 경매되더라도 제482조 제2항 제3호, 제4호에 따라 각 부동산의 소유자는 그 부동산의 가액에 비례해서만 변제자대위를 할 수 있으므로(다만, 후순위 권리가 설정된 부동산이 먼저 경매된 경우에는 물상대위를 통해야 할 것이다) 후순위자의 지위는 영향을 받지 않는다.

셋째, 공동저당물인 같은 물상보증인이 소유하는 복수의 부동산에 중 한 부동산에 후순위 권리가 설정된 다음에 그 부동산이 채무자에게 양도된 경우, 외견상으로는 채무자 소유의 부동산과 물상보증인 소유의 부동산에 대해 공동저당이 설정된 상태가 되어 물상보증인의 변제자대위에 대해 후순위자가 대항할 수 없게 되는 것이나, 이렇게 되면 후순위자는 저당부동산이 채무자에게 이전되었다는 우연한 사정으로 대위를 할 수 있는 지위가 박탈되고 반면, 물상보증인 또는 그로부터 부동산을 양수한 제3취득자는 뜻하지 않은 이득을 얻게 되어 부당하므로 물상보증인의 변제자대위는 후순위자의 지위에 영향을 주지 않는 범위에서 성립한다.

대상판결은 기존 판례 법리에 충실히 따르면서도, 판례상 공백이 있었던 부분(① 같은 물상보증인이 있는 공동저당에서 제368조 제2항의 적용 여부, ② 후순위저당권자 외에 후순위전세권자에게도 368조 제2항이 적용될 것인지, ③ 물상보증인으로부터 일부 저당물을 취득한 제3자의 지위와 후순위자와 관계,

④ 물상보증인으로부터 채무자가 일부 저당물을 취득한 경우, 다른 물상보증인 또는 제3취득자, 후순위자와 이해조정 문제, ⑤ 대위변제한 물상보증인이 법정대위가 가능한 범위를 넘어 채권자로부터 근저당권 등기를 이전받은 경우 그 취급 등)에 대하여도 방향을 제시하였다고 평가할 수 있다.

Ⅴ. 결론

대상판결은 공동저당에서 변제자대위와 후순위자대위의 상호관계를 바탕으로 제3자 또는 채무자의 저당물 취득에 따른 이해조정을 시도하면서 기존의 판례 법리와 정합하는 논리구성을 통해 합리적 결론을 도출한 것으로서 타당하다. 또한 개별 사건의 해결을 넘어 공동저당에 있어 관계자들의 이해관계를 조정하는 논리 구조를 상세하게 보여주고 있다. 이러한 점에서 대상판결은 향후 공동저당에 관해 생길 수 있는 이해관계 조정이 복잡한 또 다른 사안들에 대해서도 선례로서 중요한 가치가 있다고 할 것이다.

법인 아닌 사단의 권리주체성*

- 법과 사회적 실재와의 괴리? -

서울대학교 명예교수·법학박사·변호사 윤 진 수

目 次

Ⅰ. 서론
Ⅱ. 현행법의 상황과 학설상의 논의
1. 법인 아닌 사단이란 무엇인가?
2. 법인 아닌 사단에 대한 현행법의 규율
3. 학설상의 논의
Ⅲ. 외국에서의 논의
1. 독일
가. 법률과 판례
나. 학설
다. 보론 - 조합의 권리능력
2. 프랑스
3. 일본
4. 미국
가. 개관
나. 파트너쉽
다. 설립신고 없는 비영리 사단
Ⅳ. 민법 개정론
1. 현행 민법에 대한 비판론
2. 민법 개정안
가. 2010년 개정안
나. 2014년 논의에서 분과위 제안
3. 개정안에 대한 논의
가. 법인 규정 준용에 대하여
나. 영리를 목적으로 하는 법인 아닌 사단에 대하여
다. 분과위원회의 제안이유
라. 분과위원회의 제안이 받아들여지지 않은 이유
마. 새로운 총유규정 폐지론
Ⅴ. 종합적 평가
1. 법인 아닌 사단의 존재는 불가피한가?
2. 사단법인의 권리능력은 왜 필요한가?
3. 법인 아닌 사단은 권리능력을 가지는가?
4. 입법론
가. 법인 아닌 사단에 대하여 완전한 권리능력을 인정할 것인가?
나. 법무부 민법개정위원회의 개정안
다. 총유규정의 개정
Ⅵ. 결론

Ⅰ. 서론

법인 아닌 사단을 법적으로 어떻게 규율하여야 하는가는 어려운 문제이다.[1] 법인 아닌 사단은 사회적으로 실재하는 존재로서, 중요한 기능을 수행하고 있다. 그렇지만 법은 법인 아닌 사단이 권리의 주체라고는 정면으로 인정하지 않고 있고, 다만 부분적으로만 규율하고 있을 뿐이다. 그리하여 법의 적용에서도 많은 논란이 생긴다. 뿐만 아니라 법을 개정하여야 한다는 주장도 많지만, 어떻게 개정하여야 하는가에 대하여도 의견의 합치가 이루어지지 않고 있다. 이 글에서는 사회적으로 실재하고 있는 법인 아닌 사단에 대하여 과연 법이 어떻게 다루어야 하는가를 따져 보고자 한다. 구체적으로는 법인 아닌 사단에 대하여 현행법상 권리주체성을 인정할 수 있는가와, 법을 개정한다면 어떻게 하여야 하는가를 살펴보고자 한다. 한편 이 문제는 다른 나라에서도 마찬가지로 고민의 대상이 되고 있으므로, 다른 나라의 상황에 대하여도 알아본다.

Ⅱ. 현행법의 상황과 학설상의 논의

1. 법인 아닌 사단이란 무엇인가?

법인 아닌 사단[2]이란 사단이기는 하지만 법인이 아닌 것을 가리킨다. 민법은 권리능력의 주체를 인(人)과 법인(法人)으로 구별하고 있다.[3] 여기서 인이

---

* 이 글은 2021. 3. 25. '공동체와 법'이라는 연구모임에서 발표하였던 것을 보완한 것이다. 당시 토론에 참여하였던 여러분들에게 감사의 뜻을 표한다.

1) Elizabeth S. Miller, "Doctoring the Law of Nonprofit Associations with a Band-Aid or a Body Cast: A Look at the 1996 and 2008 Uniform Unincorporated Nonprofit Association Acts", 38 William Mitchell Law Review 852, 853 (2012)은, 설립신고 없는 비영리 사단(Unincorporated nonprofit associations)은 법에서는 오랫동안 문제되었던 수수께끼 같은 창조물(enigmatic creatures)이라고 한다.

2) 민법과 민사소송법에서는 "법인이 아닌 사단"이라고 하고 있으나(민법 제257조 제1항, 민사소송법 제52조), 비법인사단(非法人社團)이라는 말도 자주 쓰인다. 그리고 권리능력 없는 사단이라는 용어도 사용되고 있다. 그러나 법인 아닌 사단에 대하여도 권리능력을 인정하여야 한다는 논자들은 이러한 용어 사용에 대하여 부정적인 태도를 보인다. 용어의 문제에 관하여는 송호영, "민법상 법인아닌 단체에 대한 입법론 연구", 전북대학교 법학연구 39집, 2013, 15-16면 참조.

3) 민법 제1편 총칙 제2장 인, 제3장 법인.

란 자연인(自然人)을 말한다. 그리고 법인이란 자연인은 아니지만 법에 의하여 권리능력을 부여받은 조직을 가리킨다. 그런데 법인은 다시 사단법인과 재단법인으로 구별할 수 있다. 사단법인은 일정한 목적을 위하여 결합된 인적 결합체. 즉 사단을 그 실체로 하는 법인이고, 재단법인은 일정한 목적을 위하여 바쳐진 재산의 집합, 즉 재단이 그 실체를 이루는 법인이다.[4] 다시 말하여 사단법인은 자연인 또는 법인이 그 구성원이 되는 반면, 재단법인은 그러한 구성원은 존재하지 않으나, 그 법인의 목적 수행을 위한 독립된 재산이 존재하는 것이다.

그러므로 법인 아닌 사단이란, 자연인 또는 법인을 구성원으로 하는 결합체 내지 단체이기는 하지만, 법인은 아닌 것을 말한다. 다른 한편 법인 아닌 사단에 대비되는 것으로서 법인 아닌 재단이라는 것도 있는데,[5] 이는 실제상 그다지 많이 문제되지 않는다. 여기서는 이에 대하여는 다루지 않는다.

그러면 법인 아닌 사단은 구체적으로 어떠한 모습인가? 우선 법인과 구별되는 점은, 법인이 되기 위한 감독관청의 인가(민법 제32조)를 받지 못하였고, 법인설립의 등기(민법 제33조)를 갖추지 못하였다는 점이다. 그리고 적극적으로 법인 아닌 사단이라고 인정되기 위하여는 그 실체가 있다고 인정되어야 한다. 판례는, "어떤 단체가 고유의 목적을 가지고 사단적 성격을 가지는 규약을 만들어 이에 근거하여 의사결정기관 및 집행기관인 대표자를 두는 등의 조직을 갖추고 있고, 기관의 의결이나 업무집행방법이 다수결의 원칙에 의하여 행하여지며, 구성원의 가입, 탈퇴 등으로 인한 변경에 관계없이 단체 그 자체가 존속되고, 그 조직에 의하여 대표의 방법, 총회나 이사회 등의 운영, 자본의 구성, 재산의 관리 기타 단체로서의 주요사항이 확정되어 있는 경우에는 비법인사단으로서의 실체를 가진다"고 보고 있다.[6]

현재 판례상 인정되고 있는 법인 아닌 사단의 예로서는 종중, 교회, 자연부

4) 주석민법 총칙 제1권, 제5판, 한국사법행정학회, 2019, 570면(송호영).
5) 대법원 1968. 4. 30. 선고 65다1651 판결은, 유치원이 어린이 보육을 위하여 원사를 신축하고 관계당국으로부터 개원허가를 받았으며 한편으로 교육법에 따른 원칙을 제정하여 계속 운영하여 왔다면 이는 법인 아닌 재단이라고 하였다.
6) 대법원 1999. 4. 23. 선고 99다4504 판결. 같은 취지, 대법원 1992. 7. 10. 선고 92다2431 판결 등.

락(自然部落)[7], 동(洞)의 전 주민을 구성원으로 하는 공동체[8], 설립중의 회사[9] 등이 있다.

다른 한편 법인 아닌 인적 결합체이기는 하지만 사단은 아닌 것으로는 조합이 있는데,[10] 법인 아닌 사단과 조합의 구별은 이론적으로는 가능하지만,[11] 실제로는 그 구별이 반드시 쉽지 않다.[12] 어느 단체가 법인 아닌 사단인가 조합인가는 가령 그 단체가 소송에서 당사자가 될 수 있는가 하는 점 등에서 차이가 있지만, 실제상 중요한 것은 단체의 활동으로 인한 채무를 그 단체의 구성원이 부담하는가, 아니면 부담하지 않는가 하는 점이다. 법인 아닌 사단인 경우에는 사단의 구성원이 단체의 활동으로 인한 채무에 대하여 책임을 지지 않지만,[13] 조합의 경우에는 조합원이 조합의 채무에 대하여 책임을 져야 한다.[14]

2. 법인 아닌 사단에 대한 현행법의 규율

앞에서 민법은 권리능력의 주체를 인(人), 즉 자연인과 법인(法人)으로 구별하고 있다고 하였다. 그렇다면 법인 아닌 사단은 자연인도 아니고 법인도 아니므로 권리능력을 가질 수 없다고 하여야 할 것이다. 실제로 아래에서 보는 것처럼 프랑스법이나 영미의 보통법은 우리나라의 법인 아닌 사단에 해당하는 단체에 대하여, 재산을 소유할 수도 없고, 계약상 당사자도 될 수 없으며, 소송상 당사자도 될 수 없다고 보고 있다. 그러나 다른 한편으로는 독일과 일본은

7) 대법원 1980. 1. 15. 선고 78다2364 판결; 1999. 1. 29. 선고 98다33512 판결.
8) 대법원 2004. 1. 29. 선고 2001다1775 판결.
9) 대법원 1992. 2. 25. 선고 91누6108 판결.
10) 다만 조합이라는 명칭을 쓰더라도 농업협동조합과 같이 법인격을 가진 것도 많이 있다.
11) 대법원 1992. 7. 10. 선고 92다2431 판결 등 일련의 판례는, 민법상의 조합과 법인격은 없으나 사단성이 인정되는 비법인사단을 구별함에 있어서는 일반적으로 그 단체성의 강약을 기준으로 판단하여야 하는데, 조합은 어느 정도 단체성에서 오는 제약을 받게 되지만 구성원의 개인성이 강하게 드러나는 인적 결합체인 데 비하여, 비법인사단은 구성원의 개인성과는 별개로 권리의무의 주체가 될 수 있는 독자적 존재로서의 단체적 조직을 가지는 특성이 있다고 한다.
12) 권철, "'사단·조합 준별론' 재검토 소고", 비교사법 제27권 1호, 2020, 119면 이하. 대법원 1974. 9. 24. 선고 74다573 판결의 원심은, 계원 64명을 사원으로 하는 동백흥농계를 비법인사단이라고 보았다. 그러나 대법원은 동백흥농계의 실체는 각 계원의 개성이 각기 뚜렷하게 계의 운영에 반영되게끔 되어있고 사단의 경우처럼 그 사원의 개성이 그 사단에 몰입되고 각기 사원은 집합체의 곁에 현출되지 아니하게끔 되어 있지 아니하므로 동백흥농계의 실체를 조합체로 볼 가능성이 있다고 하였다.
13) 대법원 1992. 7. 10. 선고 92다2431 판결 등.
14) 민법 제712조 참조.

법인 아닌 사단이라도 소송상 당사자는 될 수 있다고 본다.

우리나라의 상황은 좀더 복잡하다.[15] 먼저 민법은 수인이 하나의 물건을 소유하는 형태로서 공유와 합유 및 총유를 들고 있는데, 여기서 총유(總有)란 법인이 아닌 사단의 사원이 집합체로서 물건을 소유하는 것을 말한다(제275조). 그런데 총유를 민법에 규정하는 나라는 우리나라밖에 없다. 1960. 1. 1. 민법이 시행되기 전에 우리나라에 적용되었던 일본민법[16]에도 합유와 총유에 관하여는 규정이 없었고, 이는 현재에도 마찬가지이다. 1958년 제정된 민법의 정부원안에도 이에 관한 규정이 없었는데, 이것이 민법전에 포함되게 된 것은 민법안에 대한 학자들의 검토 결과인 『민법안의견서』에서 김증한 교수가 주장한 것[17]을, 이른바 현석호 수정안이 포함시켜 국회에 제출하였고, 이것이 받아들여진 것이다.[18] 정부가 제출한 민법전 원안은 공유에 관한 규정 외에 이른바 '합유'에 관하여 3개의 규정을 두었다(민법안 제262조~제264조). 이는 현행 민법상의 합유와는 달리 "어느 지역의 주민, 친족단체, 기타 관습상 집합체로서 수인이 물건을 소유하는 때"를 의미하므로,[19] 오히려 현행 민법상의 총유에 가깝다. 그리고 조합의 소유형태에 관하여는 따로 규정을 두지 않았다. 그런데 『민법안의견서』에서 김증한 교수는, 원안의 「共有」라는 절명(節名)을 「共同所有」라고 바꾸고, 그 중에 공유, 합유, 총유의 3유형을 규정하여야 한다고 주장하였다. 여기서는 인적 결합관계를 법인, 비법인사단, 합수적 조합, 로마법상의 조합(societas)으로 나누고, 공동소유형태는 인적결합 형태의 물권법에의 반영이라고 한다. 그리하여 법인은 개인에 준하여 파악된 것이므로, 그 소유형태를 개인과 동일하게 단독소유로 파악하여 공동소유의 형태에서 제외시키고, 비법인 사단의 소유형태는 총유, 합수적 조합의 공동소유형태는 합유, 로마법상의

15) 윤진수, "한국민법학에 대한 서울대학교의 기여", 민법논고 제8권, 박영사, 2021, 952면 이하(처음 발표: 2017) 참조.

16) 이를 의용민법(依用民法)이라고 부른다.

17) 민사법연구회, 민법안의견서, 일조각, 1958, 96-106면. 그런데 이 글은 원래 김증한 교수가 1950년에 발표한 논문을 바탕으로 하여 쓰여진 것이다. 김증한, "공동소유형태의 유형론", 법조협회잡지 제2권 제3호, 1950. 이는 민법논집, 진일사, 1978, 211면 이하에도 게재되어 있다.

18) 그 경위에 대하여는 양창수, "공동소유", 민법연구 제6권, 박영사, 2001, 109면 이하(처음 발표 1999); 김대정, "총유에 관한 민법규정의 개정방안", 중앙법학 제14집 제4호, 2012, 84면 이하.

19) 원안 제262조.

조합(지분적 조합)의 소유형태는 공유로 보아 공동소유형태를 3유형으로 분류하였다. 이러한 김증한 교수의 분류는 기본적으로 독일의 기이르케(Gierke)의 연구에 근거한 것이다. 이러한 김증한 교수의 제안이 국회에서 대체로 받아들여져서 현행 민법의 공동소유에 관한 규정이 되었다. 다만 김증한 교수는 총칙편에 권리능력 없는 사단 또는 재단에 관하여는 법인에 관한 규정을 준용한다는 조문을 신설할 것을 제안하였으나, 이 제안은 받아들여지지 않았다.

또한 부동산등기법 제26조 제1항은, "종중(宗中), 문중(門中), 그 밖에 대표자나 관리인이 있는 법인 아닌 사단(社團)이나 재단(財團)에 속하는 부동산의 등기에 관하여는 그 사단이나 재단을 등기권리자 또는 등기의무자로 한다"라고 규정하여, 법인 아닌 사단과 재단이 부동산을 그 명의로 등기할 수 있는 이른바 등기능력이 있음을 인정하고 있다. 부동산등기법에 이 규정이 들어오게 된 것은 일제 강점기 때의 특수한 상황을 배경으로 한 것이다. 즉 처음에는 종중재산을 종중 명의로 등기를 할 수 있는 방법이 없어, 종중이 종중원에게 종중재산을 명의신탁하는 방법이 많이 행해졌고, 그로 인하여 많은 분쟁이 생겼다. 그러자 조선총독부는 이를 막기 위하여 1930. 10. 23. 제령 제10호로 조선부동산등기령 제2조의4를 신설하여, 제1항에서 "종중・문중・기타 법인에 속하지 아니하는 사단 또는 재단으로 조선총독이 정하는 것에 속하는 부동산의 등기에 대하여는 그 사단 또는 재단을 등기권리자 또는 등기의무자로 본다"라고 규정하기에 이르렀다.[20] 이 규정이 현행 부동산등기법에 그대로 승계된 것이다. 일본은 당시뿐만 아니라 현재에도 법인 아닌 사단의 등기능력을 인정하지 않는다.

그리고 민사소송법 제52조는 "법인이 아닌 사단이나 재단은 대표자 또는 관리인이 있는 경우에는 그 사단이나 재단의 이름으로 당사자가 될 수 있다"고 규정하여 법인 아닌 사단이 소송상 당사자가 될 수 있는 당사자능력을 인정하고 있다. 이 규정의 연원은 1926년 일본 민사소송법 제46조에서 찾을 수 있다. 이 조문은 "법인 아닌 사단 또는 재단으로 대표자 또는 관리인의 정함이 있는 경우에는. 그 이름으로 소를 제기하거나 제기받을 수 있다"고 규정하였고,[21]

20) 상세한 것은 이승일, "일제 식민지시기 종중재산과 조선부동산등기령", 사학연구 제61호, 2000, 171면 이하 참조.
21) 현재의 일본 민사소송법 제29조도 같다.

이 조문은 당시 조선에도 의용되었으며, 1960년 시행된 민사소송법 제48조도 "법인 아닌 사단이나 재단으로서 대표자 또는 관리인이 있으면 그 이름으로 당사자가 될 수 있다"라고 규정하여 현행법에 이른 것이다.

이외에도 국세기본법 제13조는 '법인으로 보는 단체 등'이라는 표제 아래 법인이 아닌 사단, 재단, 그 밖의 단체 중 일정한 요건을 갖춘 것으로서 수익을 구성원에게 분배하지 아니하는 것은 법인으로 보아 국세기본법과 세법을 적용한다고 규정한다.

현재의 판례는 법인 아닌 사단에 대하여 법인에 관한 규정을 유추적용할 수 있다고 본다. 판례는 다음과 같은 사례에서 민법 규정의 유추적용을 인정하였다.

첫째, 법인 아닌 사단에서도 사단법인과 마찬가지로 구성원이 없게 되었다 하여 막바로 그 사단이 소멸하여 소송상의 당사자능력을 상실하였다고 할 수는 없고 청산사무가 완료되어야 비로소 그 당사자능력이 소멸한다(대법원 1992. 10. 9. 선고 92다23087 판결). 둘째, 비법인사단 대표자가 행한 타인에 대한 업무의 포괄적 위임과 그에 따른 포괄적 수임인의 대행행위는 제62조의 규정에 위반된 것이어서 비법인사단에 대하여는 그 효력이 미치지 아니한다(대법원 1996. 9. 6. 선고 94다18522 판결). 셋째, 정관의 규정에 따른 이사의 임면을 규정한 제40조, 수인의 이사의 사무집행에 관한 제58조 및 총회의 권한을 정관에 의하여 이사 또는 기타 임원에게 위임할 수 있다는 제68조의 규정도 법인 아닌 사단에 준용될 수 있다(대법원 1997. 1. 24. 선고 96다39721, 39738 판결). 넷째, 사단법인의 총회에 관한 제73조 제2항, 제75조 제2항의 규정은 정관에 다른 규정이 없으면 종중과 같은 권리능력 없는 사단의 경우에도 준용된다(대법원 1992. 9. 14. 선고 91다46830 판결). 다섯째, 비법인사단의 대표자가 직무에 관하여 타인에게 가한 손해를 가한 경우 그 사단은 제35조 제1항의 유추적용에 의하여 그 손해를 배상할 책임이 있다(대법원 2003. 7. 25. 선고 2002다27088 판결). 여섯째, 특정 교단에 가입한 법인 아닌 사단인 지교회가 소속 교단을 탈퇴하거나 소속 교단을 변경하는 것은 사단법인 정관변경에 준하여 의결권을 가진 교인 2/3 이상의 찬성에 의한 결의를 필요로 한다(대법원 2006. 4. 20. 선고 2004다37775 전원합의체 판결). 일곱째, "이사가 없거나 결원이 있는 경우에 이로 인하여 손해가 생길 염려가 있는 때에는 법원은 이해관계인이나 검사의 청구에 의하여 임시이사를 선임하여야 한다."고 규정하고 있는 제63조는 법인 아닌 사단이나 재단에도 유추적용될 수 있다(대법원 2009. 11. 19. 자 2008마699 전원합의체 결정).

반면 대법원 2003. 7. 22. 선고 2002다64780 판결은 비법인사단의 경우에는 대표자의 대표권 제한에 관하여 등기할 방법이 없어 "이사의 대표권에 대한 제한은 등기하지 아니하면 제삼자에게 대항하지 못한다"고 하는 제60조의 규정을 준용할 수 없다고 하였다.

3. 학설상의 논의[22)]

학설상으로는 법인 아닌 사단에 대하여도 권리능력을 인정할 수 있다는 견해가 있다. 먼저 현행법 해석상으로도 법인 아닌 사단은 권리능력을 가진다는 주장이 있다. 이 견해는 민사소송법이 비법인사단에게도 당사자능력을 인정하고 있고, 부동산등기법상 비법인사단도 등기를 할 수 있도록 규정하고 있으므로, 현행법상으로도 비법인사단의 권리능력은 인정되고 있다고 주장한다. 또한 법인의 본질에 관한 학설 중 법인실재설이 타당하므로, 법인 아닌 사단도 권리능력을 가진다고도 한다.[23)]

그리고 법관의 법형성(Rechtsfortbildung)이라는 방법론에 의해 법인 아닌 사단의 권리능력을 논증하려는 견해도 있다. 이 견해는, 민법의 본래의 설계의도는 법인과 권리능력 없는 단체를 엄격히 구별하면서 전자에 대해서만 권리능력을 인정하려는 것이었지만, 법현실에서 사단법인과 마찬가지의 실체조직을 가지면서 사회생활의 하나의 단위로서 활동하고 있는 권리능력 없는 사단의 발전으로 민법 본래의 설계와는 맞지 않는 규범체계상의 불완전성이 드러나게 되었다고 한다. 이러한 규율흠결은 법관의 법형성에 의하여 보충되어야 한다

---

22) 윤진수, "공동소유에 관한 민법 개정안", 민법논고 제8권, 박영사, 2021, 283-285면(처음 발표: 2014) 참조.
23) 강태성, "이른바 총유에 관한 비판적 검토," 민사법연구 제15집 1호, 2007, 73면 이하. 명순구, 민법총칙, 법문사, 2005, 257-260면도 대체로 같은 취지이다.

고 본다. 그리하여 민법이 명시적으로 규정한 법인단체의 경우에는 민법이 정한 절차적 요건에 따라서 법인격은 취득되지만, 민법이 예정하지 않았던 포괄적 권리능력 있는 단체의 경우에는 그 법인격 승인에 다른 형태의 법적 승인도 가능하고, 판례에 의해서 포괄적 권리능력이 승인되어 거래상 권리주체로서 등장한다면 이는 판례의 법형성 또는 관습법상 법인격이 부여된 것으로 민법의 법인법정주의의 요건을 충족했다고 볼 수 있다는 것이다.[24)]

이와는 약간 구별되는 것으로서, 재산총유집합체와 비등기사단법인(非登記社團法人)을 구분하는 주장이 있다. 비등기사단법인이란 종래 비법인사단이라고 부르던 것인데, 등기만 하지 않았을 뿐, 등기사단법인과 똑같은 사단으로서의 실체를 갖추고 있는 집단으로서 당연히 권리주체가 된다고 한다. 민사소송법 제52조가 당사자능력을 인정하는 법인이 아닌 사단이나, 부동산등기법 제26조가 등기능력을 인정하는 법인 아닌 사단은 모두 비등기사단법인이라는 것이다. 반면 민법상의 총유규정이 적용되는 것은 미등기사단법인 아닌 단순한 재산총유집합체로서, 이 집합체는 권리주체가 아니므로 집합체 자체로서는 재산을 소유하지 못하고, 구성원들이 총유의 형태로 재산을 공동소유한다고 한다. 이에 비하여 비등기사단법인은 권리주체이므로 재산을 자체로서 소유할 수 있다고 풀이하여야 한다는 것이다.[25)]

Ⅲ. 외국에서의 논의

이처럼 법인 아닌 사단을 어떻게 취급할 것인가 하는 문제는 우리나라에서 처음 제기된 것이 아니고, 여러 나라에서 이전부터 다투어졌으며, 그 태도도 반드시 같지 않다. 그러므로 이하에서는 독일, 프랑스, 일본 및 미국의 예를 살펴본다.

---

24) 남기윤, “사법상 법인개념의 새로운 구성,” 저스티스 제70호, 2002, 200면 이하.
25) 김교창, “비등기사단법인은 비법인사단이 아니다,” 저스티스 통권 제140호, 2014, 91면 이하.

1. 독일[26)]

가. 법률과 판례

독일 민법에서는 비영리사단은 관할 구법원(Amtsgericht)의 등기부에 등기함으로써 권리능력을 취득하고(제21조), 영리사단은 연방법률에 특별한 규정이 없는 경우에는 공적인 허가를 얻음으로써 권리능력을 취득한다(제22조). 그러므로 등기되지 않은 비영리사단이나 허가를 얻지 않은 영리사단은 법인 아닌 사단이다.

독일 민법은 제54조에서 법인 아닌 사단에 관하여 규정하고 있다. 이 조문은 "권리능력 없는 사단(Nicht rechtsfähige Vereine)"이라는 표제 아래, 다음과 같이 규정한다. "권리능력 없는 사단에 대하여는 조합에 관한 규정이 적용된다. 그러한 사단의 이름으로 제3자에 대하여 행하여진 법률행위에 대하여는 행위자가 개인적으로 책임진다; 다수가 행위한 때에는 이들은 연대채무자로서 책임진다."[27)]

독일 민법이 이처럼 법인 아닌 사단[28)]에 대하여 조합에 관한 규정을 적용하도록 한 이유는 무엇인가? 독일 민법 입법자는 법인 아닌 사단이 조합과 구조적 차이가 있고, 따라서 법인 아닌 사단에 조합규정이 어울리지 않는다는 점도 인식하고 있었음에도 불구하고, 이와 같이 규정하였다. 그 이유는 법인이 아닌 사단을 등기한 사단 또는 공적인 허가를 받은 사단보다 불리하게 취급함으로써 법인격을 취득하도록 유도하고, 법인인 사단과 마찬가지로 통제할 수 있도록 하기 위한 것이었다. 그러나 입법자의 의도는 실현되지 않았고, 정당이나 노동조합 등 많은 단체들은 오히려 정부의 통제를 피하고자 법인 아닌 상

---

26) 독일법상 법인 아닌 사단에 관한 최근의 국내 문헌으로는 위계찬, "독일법상 권리능력 없는 사단", 재산법연구 제33권 1호, 2016, 1면 이하가 있다.

27) § 54 Nicht rechtsfähige Vereine : Auf Vereine, die nicht rechtsfähig sind, finden die Vorschriften über die Gesellschaft Anwendung. Aus einem Rechtsgeschäft, das im Namen eines solchen Vereins einem Dritten gegenüber vorgenommen wird, haftet der Handelnde persönlich; handeln mehrere, so haften sie als Gesamtschuldner.

28) 독일에서도 용어에 관하여 논란이 있는데, 독일민법은 권리능력 없는 사단이라고 하고 있으나, 등기되지 않았거나 허가를 받지 않은 사단도 권리능력이 있으므로, "등기되지 않은 사단 (nicht eingetragener Verein)"이라고 불러야 한다는 주장이 있다. Münchener Kommentar zum BGB/Leuschner, 8. Auflage 2018, BGB § 54 Rdnr. 1.

태로 남아 있었다.[29] 또한 비영리법인에 대하여 자유로운 단체의 결성을 막으려고 하는 사단 통제의 목적은 헌법적인 근거에 의하여 의미가 없게 되었고, 공법상의 사단법에 대하여만 의미를 가지게 되었다.[30]

그리하여 독일의 판례는 제54조 제1문의 문언에도 불구하고 법인이 아닌 비영리사단에 대하여 조합에 관한 규정이 아니라 법인인 사단에 관한 규정이 유추적용된다고 하고, 학설도 판례의 입장과 같이 이해한다. 따라서 법인이 아닌 비영리사단에 대하여 권리능력 또는 등기, 특히 공시에 관한 규정(제68조 이하) 등을 제외하고는 제21조 이하의 규정을 유추적용한다. 이는 제54조 제1문의 명문규정에 반하는 것임에도 '사물의 본성(Natur der Sache)으로부터 도출되는 법관에 의한 법형성에 의한 것'이라고 설명한다.[31] 독일의 문헌 가운데에는 이는 "법의 목적이 사라지면 법률은 스스로 효력을 잃는다(cessate ratione legis cessat lex ipsa)"는 원칙이 적용된 경우라고 설명하기도 한다.[32]

반면 허가를 받지 아니한 영리사단에 대하여 조합에 관한 규정이 적용될 수 있는지에 관하여는 논란이 있다. 일부 학설은 등기되지 않은 영리사단과 마찬가지로 조합에 관한 규정은 허가를 받지 않은 영리사단에 대하여는 적용될 수 없다고 보는 반면, 다른 학설은 원칙적으로 적용될 수 있지만, 상행위를 목적으로 하는 허가받지 않은 영리사단에 대하여는 인적 회사(Personenegesellschaft)에 관한 규정이 적용된다고 한다. 또 다른 견해는 민법 54조가 허가를 받지 않은 영리사단의 경우에 전면적으로 적용된다고 한다. 이 점에 관하여 판례도 통일되어 있지 않다.[33]

한편 법인 아닌 사단의 소송법상 지위에 관하여는 판례와 법의 변경이 있었다. 2009년 개정되기 전의 독일 민사소송법 제50조 제2항은, "권리능력 없는 사단은 소송의 상대방이 될 수 있다(Ein Verein, der nicht rechtsfähig ist, kann verklagt werden)"고 하여 권리능력 없는 사단은 소극적 당사자인 피고가 될 수

29) 위계찬(주 26), 6-7면 참조.
30) Münchener Kommentar zum BGB/Leuschner, § 54 Rdnr. 4.
31) 위계찬(주 26), 8면.
32) Münchener Kommentar zum BGB/Leuschner, § 54 Rdnr. 5.
33) Münchener Kommentar zum BGB/Leuschner, § 54 Rdnr. 9-13. 위계찬(주 26), 9면은 법인이 아닌 영리사단도 사단적 성질을 가지기는 하지만 조합법의 규정을 적용하는 것이 의미가 있다고 서술한다.

있을 뿐, 적극적 당사자인 원고는 될 수 없다고 규정하였다.

그런데 판례는 노동조합에 대하여 적극적 당사자능력(aktive Parteifahigkeit)을 인정하였다.[34] 그 후 독일연방대법원은 2007년 노동조합뿐만 아니라 권리능력 없는 사단 일반에 대하여도 적극적 당사자능력이 인정된다고 하였다.[35] 그리하여 위 민사소송법 제50조 제2항도 2009년 "권리능력 없는 사단은 소를 제기할 수 있고, 소송의 상대방이 될 수 있다(Ein Verein, der nicht rechtsfähig ist, kann klagen und verklagt werden)"고 개정되었다.

나. 학설

현재 독일의 학설 가운데에는 법에서 법인 아닌 사단을 "권리능력 없는 사단"이라고 하고 있음에도 불구하고, 법인 아닌 사단도 권리능력을 가진다는 주장이 있다. 이는 2001년 독일 연방대법원이 민법상 조합{(Außen-)Gesellschaft bürgerlichen Rechts}에 대하여 권리능력을 인정한[36] 이후에 유력하여졌다.[37]

구체적으로는 법인 아닌 사단이 부동산을 자신의 이름으로 등기할 수 있는가 하는 부동산 등기능력(Grundbuchfähigkeit)에 관하여 논쟁이 있다. 독일연방대법원이 조합의 권리능력을 인정한 후에도, 법인 아닌 사단의 등기능력을 긍정하는 견해가 아직 다수설은 아니라고 한다.[38] 지금까지의 판례는, 법인 아닌 사단은 그 이름으로 부동산에 관하여 등기할 수는 없다고 한다. 법인 아닌 사단의 권리능력을 인정하지 않는다면 법인 아닌 사단이 그 이름으로 등기할 수는 없고, 설령 법인 아닌 사단의 권리능력을 인정하더라도, 독일 부동산등기법(Grundbuchordnung) 제47조 제2항은 조합을 위한 권리가 등기되려면 그 조합원도 등기되어야 한다고 규정하고 있으므로, 법인 아닌 사단도 마찬가지라는 것

---

34) 처음에는 노동조합의 활동에 대한 위법한 침해를 방지하기 위한 경우에만 적극적 당사자능력을 인정하다가(BGHZ 42, 210 = NJW 1965, 29), 나중에는 포괄적으로 노동조합의 적극적 당사자능력까지 인정하였다(BGHZ 50, 325 = NJW 1968, 1830).

35) BGH NJW 2008, 69. 이 판결은 당해 재판부가 민법상 조합에 대하여 적극적 및 소극적 당사자능력을 인정한 바 있고(BGHZ 146, 341 = NJW 2001, 1056), 학설이 더 이상 권리능력 없는 사단의 적극적 당사자능력을 부정할 수 없다고 보고 있다고 설시하였다.

36) BGHZ 146, 341 = NJW 2001, 1056.

37) Münchener Kommentar zum BGB/Leuschner, § 54 Rdnr. 18 ff.

38) Münchener Kommentar zum BGB/Leuschner, § 54 Rdnr. 22.

이다.[39][40]

다. 보론 - 조합의 권리능력

현재 독일에서 법인 아닌 사단에게 권리능력을 인정할 것인가 하는 논의는 앞에서 언급한 것처럼 독일연방대법원이 2001년 독일 연방대법원이 민법상 조합에 대하여 권리능력을 인정한[41] 이후로 새로운 양상을 보이고 있다. 그러므로 이에 대하여 살펴볼 필요가 있다. 이 사건에서는 원고가 조합(Arbeitsgemeinschaft)인 피고 1에 대하여 어음금청구를 할 수 있는가가 문제되었다. 항소심은 조합은 소송상 당사자능력이 없으므로 피고 1에 대한 소송은 부적법하다고 하였다. 그러나 연방대법원 제2민사부는 자신의 종래의 판례를 변경하면서, 원심판결을 파기하였다. 연방대법원은 근래의 연방대법원 판례에 의하면 조합은 특별한 반대의 관점이 존재하지 않는 한 모든 법률상 지위를 취득할 수 있고, 이러한 영역에서 고유한 권리와 의무를 설정할 수 있는 한, 조합은 법인이 아니면서도 권리능력이 있다고 하였다. 연방대법원은 그 근거로서 이 점에 대한 법적 규율이 불완전하고, 입법자가 구체적인 확정을 회피하려고 하였으므로, 합수성(Gesamthandsprinzip)을 실현할 실제적인 필요성을 지향하려는 판단에 여지를 주었다고 한다. 그러므로 조합의 대외적으로 존재하는 제한된 권리주체성(nach außen bestehenden beschränkten Rechtssubjektivität)을 인정하는 견해가 타당하다고 하였다. 따라서 이러한 외적 조합의 소송상 당사자능력은 인정된다는 것이다.

이러한 견해는 이미 독일 민법 제정 당시에 기이르케(Otto von Gierke)가 주장하였으나,[42] 플루메(Werner Flume)가 1972년에 그러한 취지의 논문[43]을 발표한 이래 학설상 유력하여졌고,[44] 연방대법원도 이를 언급하고 있다. 현재 독일의

---

39) BGH NZG 2016, 666.
40) 더 상세한 것은 위계찬(주 26), 15-16면 참조.
41) BGHZ 146, 341 = NJW 2001, 1056.
42) O. Gierke, Deutsches PrivatR, Bd. 1, 1895, S. 663 [682].
43) Flume ZHR 136 (1972), 177 ff. 플루메의 견해에 대하여 상세한 것은 남기윤, "독일법에서 합수이론과 민법상 조합의 법인격인정에 관한 최근 논쟁", 저스티스 제79호, 2004, 60-63면 참조.
44) 플루메의 견해를 집단론(Gruppenlehre)라고 부른다.

학설도 대부분 이를 지지하고 있다고 한다.[45] 이는 일반적으로 법원에 의한 법형성(richterliche Rechtsfortbildung)으로 받아들여지고 있다.[46]

다만 이는 외적 조합에 타당한 것이고, 외부의 제3자와 거래를 하지 않는 내적 조합(Innengesellschaft)의 경우에는 권리능력을 인정할 필요가 없다고 한다.[47]

2. 프랑스

1804년 제정된 프랑스 민법에는 법인과 같은 단체에 관한 규정이 없었다. 그러다가 결사계약에 관한 1901년 7월 1일 법률(la loi du 1er juillet 1901 relative au contrat d'association)[48]이 단체에 관하여 규정을 하게 되었다. 이 법은 비영리단체에 대하여, 도청(prefecure)에 설립신고를 하도록 하였다. 설립신고를 하면 신고된 사실이 관보를 통하여 공시된 날로부터 법인격이 인정된다.[49]

그런데 설립신고를 하지 않은 미신고결사(association non déclarée)는 법인격을 가지지 않고, 구성원들 사이에는 구속력이 있지만, 제3자에 대한 관계에서는 영향을 미치지 못한다. 그리하여 미신고결사는 계약을 체결하지도 못하고, 증여를 받을 수도 없으며, 그 재산은 구성원들의 공유에 속한다. 미신고결사는 월권소송(le recours pour excès de pouvoirs)의 경우를 제외하고는 소송의 원고가 될 수 없고, 다만 제3자의 이익을 위하여 피고는 될 수 있다.[50]

그 후 1978년에 이르러서야 프랑스 민법에도 단체에 관한 장이 마련되었다(프랑스 민법 제9장). 그리하여 민법 제1842조가 개정되어, 익명조합(société en participation) 이외의 사단체는 그 등기일로부터 법인격을 향유한다고 규정하였

45) Münchener Kommentar zum BGB/Schäfer, 8. Auflage 2020, BGB § 705 Rdnr. 309 참조.

46) Münchener Kommentar zum BGB/Schäfer, § 705 Rdnr. 309 참조. 또한 안성포, "민법상 조합의 권리능력과 당사자능력", 비교사법 제10권 3호, 2003, 285면 이하; 김세준, "민법상 조합의 부분권리능력", 민사법학 제86호, 2019, 101면 이하 등 참조.

47) beck-online.GROSSKOMMENTAR/Geibel, Stand: 01.01.2019, Rdnr. 206.

48) association이라는 단어는 프랑스에서 결사 일반을 지칭하는 용어로 쓰이기도 하지만 위 법률에서는 비영리단체를 가리킨다.

49) 이에 대하여는 박수곤, "프랑스법에서의 민사법인에 대한 규율", 경희법학 제45권 1호, 2020, 83면 이하 참조.

50) 박수곤, "프랑스법상 권리능력 없는 단체에 대한 규율", 전북대학교 법학연구 제39집, 2013, 43-44면; 윤진수, "사법상의 단체와 헌법", 민법논고 제6권, 박영사, 2015, 77면 주 37)(처음 발표: 2008) 참조.

다. 그러나 비영리단체에 대하여는 민법에 여전히 규정이 없다. 한편 제1871조는 권리능력이 없는 영리사단에 대하여 규정하고 있다. 즉 사원들은 영리사단의 등기를 하지 않는 것으로 합의할 수 있는데, 이 경우, 단체는 '익명조합'으로 되고, 익명조합은 법인이 아니며, 공시의 대상도 아니다. 이러한 익명조합에 대하여는 소송능력이 인정되지 않으며, 도산법상의 회생절차를 거친다거나 조정절차의 개시를 청구할 수 없다. 그리고 법인격이 인정되지 않으므로, 익명조합은 그 고유의 재산(patrimoine)이 존재하지 않는다.[51)]

3. 일본

일본 민법에는 법인 아닌 사단에 관한 규정이 없다. 다만 1926년에 민사소송법 제46조에서 '법인 아닌 사단 또는 재단으로 대표자 또는 관리인의 정함이 있는 경우에는, 그 이름으로 소를 제기하거나 소를 제기 받을 수 있다'고 규정함으로써, 법인 아닌 사단의 당사자능력에 관한 명문규정을 두었다. 이는 현행 일본민사소송법 제29조에 승계되었다. 그 외에는 법인 아닌 사단에 관한 별도의 입법은 이루어지지 않았다.

학설로서는 법인 아닌 사단의 소유에 관하여 공유설과 신탁설이 주장되었으나 그 후 통설이 된 것은 총유설이었다.[52)] 이에 따르면 권리능력 없는 사단의 자산과 부채는 사단 구성원의 총유에 속하고, 구성원 각자는 총회를 통하여 그 관리에 참여할 수 있을 뿐, 개개의 재산에 대한 지분권은 가지지 않으며, 채무에 대하여도 사단의 총유재산만으로 책임을 진다고 하거나, 구성원의 전체가 독립된 단체로서 소유권을 가지지만, 그 중 관리처분권은 단체의 권리로서 단체에 귀속하고, 사용수익권은 사원이 자격으로서 각 사원에게 귀속한다고 한다.

일본의 판례도 권리능력 없는 입회단체(入會団体)[53)]의 법적 성질에 대해 '법

---

51) 박수곤(주 50), 49면.

52) 阿久澤利明, "權利能力なき社團", 星野英一 編, 民法講座 第1卷, 有斐閣, 1984, 256면 이하. 총유설을 주장한 학자는 石田文次郎, 我妻 榮이었다. 총유론을 우리나라에 도입한 김증한 교수도 이 두 사람을 인용하고 있다. 김증한, 민법논집(주 17), 213면 이하.

53) 촌락공동체(村)의 주민이 산림의 자원을 이용할 수 있는 입회권을 가지는 단체를 말한다. 일본 민법 제263조는 공유의 성질을 가지는 입회권에 대하여는 각 지방의 관습에 따르는 외에 이 절(공유)의 규정을 준용

인 아닌 사단'으로, 그 재산귀속의 형태는 총구성원의 '총유'라고 판시하였다.[54] 그 후 최고재판소는 이를 입회단체뿐만 아니라 다른 법인 아닌 사단에 대하여도 일반적으로 적용하였다.[55]

그러나 근래에는 법인 아닌 사단은 권리주체성을 가지고, 사단재산은 사단의 단독소유라고 하는 단독소유설, 법인 아닌 사단에는 다양한 법률효과가 발생할 수 있고, 그것을 일의적으로 결정할 수 없기 때문에, 재산의 소유형태를 정해둘 필요가 없고, 각종의 단체에 따라 개별의 효과를 생각하면 족하다는 견해 등도 주장되고 있다.[56]

한편 2008년 12월 1일부터 시행된 일본의 일반사단법인 및 일반재단법인에 관한 법률(일반법인법) 제22조는 '일반사단법인은, 그 주된 사무소의 소재지에 있어서 설립의 등기를 하는 것에 의해 성립한다'고 하여 종전과 같이 주무관청의 허가를 받아야 하는 것이 아니고, 등기만 하면 법인격을 취득할 수 있도록 하였다. 이러한 준칙주의로의 이행에 대하여, 법인의 설립이 용이하게 되었기 때문에, 그 영향으로 인해 법인으로 되는 것이 가능함에도 불구하고 일부러 그러한 절차를 밟지 않으면서 사단으로서 인정되는 예는 감소하지 않을까라는 예상이 있었다. 그러나 이러한 예상은 어긋났고, 여전히 법인 아닌 사단을 둘러싼 분쟁이 많다고 한다.[57]

4. 미국

가. 개관

미국에서 한국의 법인 아닌 사단에 대응하는 것으로는 파트너쉽(partnership)과 설립신고 없는 비영리 사단(unincorporated nonprofit association)[58]이 있다. 전

한다고 하고, 제294조는 공유의 성질을 가지지 않는 입회권에 대하여는 각 지방의 관습에 따르는 외에 이 장(지역권)의 규정을 준용한다고 규정한다.

54) 最高裁判所 1957(昭和32). 11. 14. 판결(民集11巻12号1943頁).

55) 김민주, "일본의 법인 아닌 사단에 관한 규율의 재검토", 숭실대 법학논총 제43집, 2019, 11-12면 참조.

56) 김민주(주 55), 13면 참조.

57) 김민주(주 55), 7-8면.

58) 김태선, "미국의 단체에 관한 법제도", 중앙법학 제19권 4호, 2017, 155면은 법인격 없는 단체로서 파트너쉽과 법인 아닌 비영리단체를 들고 있다. 그러나 위 글에서도 설명하는 것처럼, 근래에는 미국에서도 이들 단체를 독립된 법적 실체, 즉 법인(legal entity)으로서 법인격을 인정하는 추세에 있으므로 법인격 없는

자는 영리를 목적으로 하는 것이고,[59] 후자는 그렇지 않다. 다만 양자 모두 설립신고(incorporation)를 하지 않았다는 점은 공통된다. 여기서 설립신고란, 보통 설립이라는 용어로 번역되는데, 회사나 단체 등을 설립하기 위하여 주무장관(secretary of state)에게 기본정관(articles of incorporation)을 제출하는 것을 말한다.[60]

나. 파트너쉽

과거에는 이처럼 설립신고를 하지 않은 파트너쉽은 법인격을 인정받지 못하였다. 그러므로 이들은 자체 명의로 재산을 소유할 수도 없었고, 소송당 원고나 피고가 될 수도 없었다. 파트너쉽은 그 구성원인 파트너들의 단순한 집합(aggregate of its individual members)일 뿐이라고 인식되었으며, 그 자체가 독립한 법인(legal entity)으로 취급되지 않았다. 그러나 이는 변화를 겪게 되었다. 파트너쉽에 관하여는 주법이 규율하는데, 주법에 많은 영향을 미친 것은 통일법률위원회(National Conference of Commissioners on Uniform State Laws, Uniform Law Commission)가 만든 통일파트너쉽법(the Uniform Partnership Act)이다. 이 법은 1914년에 처음 만들어져서, 루이지애나 주를 제외한 모든 주에서 이를 시행하였다. 그 후 1994년 개정통일파트너쉽법(the Revised Uniform Partnership Act)이 만들어졌고, 이후 몇 차례 수정을 거쳐 1997년 개정통일파트너쉽법(the Revised Uniform Partnership Act 1997)이 확정되어 지금에 이르고 있다. 1997년 개정법 역시 대략 4분의 3이 넘는 주에서 채택되어 시행되고 있다.[61]

1914년 통일파트너쉽법은 기초 초기에는 파트너쉽이 독립된 실체(entity)라는 전제에서 작업이 진행되었으나, 나중에는 보통법상의 집합이론(aggregate

---

단체라고 하는 것은 부적절하다.

59) 파트너쉽은 '영리사업을 영위하기 위한 2인 이상의 단체("the association of two or more persons to carry on as co-owners a business for profit)'를 말한다. Uniform Partnership Act (1997) Section 102 (11). 김태선, "미국의 파트너쉽 제도", 재산법연구 제33권 2호, 2016, 207면 주 12)는 Section 102 (6)이라고 하는데, 오기로 보인다.

60) 임재연, "사실상의 회사 이론에 관한 연구", 성균관법학 제20권 2호, 2008, 428-429면 참조.

61) 김태선(주 59), 210면 참조.

theory)를 기초로 하였다. 그 결과 1914년법은 두 이론을 다 반영하였다. 그러나 1986년 미국변호사협회의 소위원회가 통일파트너쉽의 개정에 관한 보고서를 발간하면서, 실체이론(entity theory)을 채택하여야 한다고 주장하였다.62) 그 이유는, 실체 이론이 가령 파트너쉽이 자기 이름으로 소송을 제기하거나 상대방이 될 수 있는가와 같은 여러 기술적인 문제들을 회피할 수 있기 때문이라는 것이다. 그러므로 집합이론은 가령 조세 문제와 같이 꼭 필요한 경우에만 유지되어야 한다고 주장하였다.63)

그리하여 1997년 개정통일파트너쉽법은 이러한 실체이론을 채택하였다. 즉 제201조는 "실체로서의 파트너쉽(Partnership as Entity)"이라는 표제 아래 (a)에서 "파트너쉽은 그 파트너와 구별되는 실체이다(A partnership is an entity distinct from its partners)"라고 규정한다. 또한 제203조는 "파트너쉽에 의하여 취득된 재산은 파트너쉽의 재산이고, 개별 파트너의 재산이 아니다(Property acquired by a partnership is property of the partnership and not of the partners individually)"라고 규정한다. 그리고 제307조 (a)는 "파트너쉽은 파트너쉽의 이름으로 소송을 제기할 수 있고, 제기당할 수 있다(A partnership may sue and be sued in the name of the partnership)"고 규정한다. 위 개정통일파트너쉽법 기초자들은, 기초위원회는 파트너쉽을 실체로 보아야 하는가, 아니면 집합으로 보아야 하는가에 대하여 아무런 이념적이나 이론적인 지시를 받지 않았고, 실용적인 문제에 대하여 답변하려고 하였는데, 실체적 접근이 거의 모든 상황에서 채택되었음이 명백하여졌고, 이러한 접근이 단순한 규칙을 제공하고, 파트너쉽에 더 큰 안정성을 주게 되었으므로, 파트너쉽이 실체라는 규정을 추가하게 되었다고 설명한다.64)

한편 파트너쉽 구성원의 제3자에 대한 책임에 대하여는, 제306조 (a)는 파트너는 다른 채권자와의 약정이나 법규정이 없는 한 파트너쉽의 채무에 대하여

62) National Conference Of Commissioners on Uniform State Laws, Uniform Partnership Act (1997), With Prefatory Note And Comments, 2015, p. 2.

63) The UPA Revision Subcommittee of the Committee on Partnerships and Unincorporated Business Organizations, "Should the Uniform Partnership Act Be Revised?", The Business Lawyer, Vol. 43, November 1987, p. 124.

64) Donald J. Weidner & John W. Larson, "The Revised Uniform Partnership Act: The Reporters' Overview, 49 Bus. LAW. 1, 3 (1993).

연대책임을 지는 것(liable jointly and severally)으로 규정하고 있다. 그리고 이러한 일반 파트너쉽(General Partnership, GP) 외에 무한책임사원 외에 유한책임사원을 둘 수 있는 유한파트너쉽(Limited Partnership, LP), 무한책임사원을 두지 않아도 되는 유한책임파트너쉽(Limited Liability Partnership, LLP)도 인정된다. 그런데 유한책임파트너쉽이 되려면 주무장관에게 신고를 하여야 한다(제901조). 그리고 유한파트너쉽은 통일파트너쉽법에서 다루지 않고, 별도의 통일 유한파트너쉽법{Uniform Limited Partnership Act (2001)}이 다루고 있다. 유한파트너쉽을 만들기 위하여는 주무장관에게 신고를 하여야 한다(위 법 제201조).

각 파트너는 파트너쉽을 대표할 수 있는데, 외관상 파트너쉽의 업무로 보이는 일을 수행함에 있어 행해진 파트너의 행위는, 그 파트너에게 권한이 없었고, 상대방이 이를 알았거나 통지를 받은 경우가 아닌 한 파트너쉽을 구속한다{제301조 (1)}. 그런데 파트너는 대표권을 주무 장관에게 신고할 수 있다. 이 신고에는 특히 부동산을 처분할 권한이 있는 파트너 또는 그 권한에 대한 제한이 포함되어 있어야 한다. 부동산 양도에 관한 권한이 있다는 신고는 그 신고가 부동산 거래 등록 관서에 보존되어 있을 때에는 이를 신뢰하고 유상으로 거래한 사람이 반대 사실을 몰랐던 한 확정적(conclusive)이다. 그리고 그 외의 거래에 관한 권한을 부여하였다는 신고는 이를 신뢰하고 유상으로 거래한 사람이 반대 사실을 몰랐던 한 확정적이다. 그러나 그 외의 거래에 관한 제한은 그 자체로는 다른 사람이 제한을 알았거나 제한의 통지가 있었다는 점에 관한 증거가 되는 것은 아니다(제303조).[65]

이처럼 개정통일파트너쉽법에 따르면 파트너쉽은 권리능력 내지 법인격을 가진다고 보아야 할 것이다.[66]

다. 설립신고 없는 비영리 사단

보통법상으로는 설립신고 없는 비영리 사단은 독립된 법인격을 인정받지 못

65) Weidner & Larson(주 64)는, 일상적인 상업 거래에서까지 파트너쉽과 거래하는 당사자에게 대표권에 관한 기록을 확인해 보라고 하는 것은 비효율적이고, 파트너가 그 권한을 초과할 위험은 파트너쉽이 부담하는 것이 낫다고 한다. 김태선(주 59), 217면도 이를 인용하고 있다.

66) 그러나 김태선(주 59), 211면은 이로써 파트너쉽이 회사와 같이 독립된 법적 실체가 된 것은 아니라고 한다.

하였고, 이는 개인들의 집합으로 취급되었다. 그리하여 설립신고 없는 사단은 증여를 받을 수도 없었고, 소송상 당사자도 되지 못하였다. 사단 그 자체는 계약상 또는 불법행위로 인한 책임을 지지 않았고, 다만 그 구성원(사원)들은 서로가 본인 및 대리인이 되어,[67] 개인적으로 책임을 부담하였다. 이는 많은 불편을 야기하였으므로, 법원은 설립신고 없는 사단에 대한 증여는 사단의 임원이 수탁받은 것으로 보기도 하였고, 또 각 주는 법률에 의하여 개별적인 경우에 법인으로 보기도 하였으며, 소송상 당사자능력을 인정하는 법률을 만들기도 하였다.[68]

그리하여 통일법률위원회는 1996년 "통일 설립신고 없는 비영리 사단 법(Uniform Unincorporated Nonprofit Association Act)"을 제안하였다. 이 법은 이 법이 규율하는 목적에 관하여는 설립신고 없는 비영리 사단을 법인으로 다루는 것이지만, 모든 목적에 관하여 법인으로 다루는 것은 아니었다.[69]

즉 이러한 사단은 부동산과 동산을 취득, 보유, 담보제공 또는 양도하기 위한 목적에서는 구성원과는 별도의 법인이고, 그러한 목적으로 부동산과 동산을 취득, 보유, 담보제공 또는 양도할 수 있으며, 신탁이나 계약의 수익자가 될 수 있고, 수유자나 수증자가 될 수 있다(제4조). 또 설립신고 없는 사단은 계약 및 불법행위상의 권리와 의무를 확정하기 위한 목적에 관하여는 구성원과는 별도의 법인이고, 그 구성원은 개인적으로 책임을 지지 않는다(제6조). 또 소송을 제기할 수도 있고, 소송의 상대방 등이 될 수도 있다(제7조). 그리고 이 법은, 부동산 양도를 담당하는 공무소에 부동산을 양도할 권한이 있는 사람이 누구인지를 신고할 수 있고(statement of authority), 이 신고는 이 사람으로부터 대가를 지급하고 부동산을 양도받은 사람이 권한 없음을 통지받지 않은 한 결정적(conclusive)이라고 한다(제5조).[70] 이 법은 2012년 현재 12개 주와 워싱턴

67) 이른바 co-principal doctrine.

68) National Conference of Commissioners on Uniform State Laws, Uniform Unincorporated Nonprofit Association Act (1996) with Prefatory Note and Comments, 1996, pp. 1 f.; Miller(주 1), pp. 855 ff.; 김태선(주 58), 157면.

69) National Conference of Commissioners on Uniform State Laws(주 68), pp. 3 f. 여기서는 다른 목적에 관하여 이러한 사단을 이 법을 유추하여 법인으로 다룰지 여부는 이 법을 채택한 주의 법원에게 맡겨진 문제라고 하였다.

70) 이는 위 개정 통일 파트너쉽법 제303조에 근거한 것이다. National Conference of Commissioners on Uniform State Laws(주 68), p. 13. 다만 1994년법을 인용하고 있다.

D.C.에서 받아들여졌다.[71)]

그 후 위 법은 2008년 개정되었고{Uniform Unincorporated Nonprofit Association Act (2008)}, 2011년 최종 수정되었다.[72)] 이 법의 특징은 1996년 법과는 달리 포괄적으로 설립신고 없는 사단이 구성원 및 관리자와는 구별되는 실체(entity)라고 하여 법인격을 가짐을 명백히 하였다는 점이다(제5조). 그리고 재산에 대한 권리를 가질 수 있고, 신탁의 수익자 등이 될 수 있다는 점(제6조), 양도될 권한이 있다고 신고된 사람으로부터의 양수인은 보호를 받는다는 점(제7조), 사단 외에 사단의 구성원은 따로 책임을 지지 않는다는 점(제8조), 소송상 당사자가 될 수 있다는 점(제9조)은 1996년 법과 마찬가지이다.

이외에도 이 법은 설립신고 없는 사단에 대하여 포괄적으로 규정하고 있다. 즉 사단의 구성원이라는 것만으로 대리인이 되는 것은 아니며(제14조), 사원의 가입, 제명, 재산의 처분 등 중요한 문제에 대하여 구성원의 동의를 받아야 하고(제15조),[73)] 사원 총회, 사원의 의무, 가입 및 탈퇴, 임원 등에 관하여 규정하고 있다(제16-제24조). 흥미있는 것은 이러한 사단은 원칙적으로 이익을 사원에게 분배할 수 없다는 것이다(제25조). 그리고 이 법은 사단의 해산과 청산(제27, 제28조), 다른 조직과의 합병(제31조) 등에 관하여도 규정하고 있다.

이 2008년 법은 현재 5개 주와 워싱턴 D.C.에서 시행되고 있고, 1개 주에서 시행이 예정되고 있다.[74)]

Ⅳ. 민법 개정론

1. 현행 민법에 대한 비판론

민법이 법인 아닌 사단의 소유 형태를 법인이 아닌 사단의 사원이 집합체로

---

71) Miller(주 1). p. 853 fn. 6.

72) National Conference of Commissioners on Uniform State Laws, " Uniform Unincorporated Nonprofit Association Act (2008) With Prefatory Note And Comments", 2015; Miller(주 1); 김태선(주 58) 등 참조.

73) 이는 원칙적으로 출석 회원 과반수의 찬성을 받아야 한다. 제16조 (a) (1).

74) https://www.uniformlaws.org/HigherLogic/System/DownloadDocumentFile.ashx?DocumentFileKey=58bbf6a3-aec0-7f6e-725f-4f20d7817593&forceDialog=0 참조.

서 물건을 소유하는 총유로 규정한 것에 대하여는 비판적인 의견이 많다.75) 예컨대 총유는 중세 독일의 촌락공동체 또는 마르크공동체라는 지역공동체의 공동소유형식이므로 우리나라에도 일본의 입회권(入會權)과 유사한 권리가 존재하거나, 촌락의 주민 전체가 집합체로서 권리를 보유하는 경우에는 총유제도가 크게 활용될 수 있고, 이 한도에서 총유제도의 존재가치는 긍정되어야 한다고 한다. 그러나 지역단체의 공동소유형태인 총유의 법리를 문중·종중과 같은 혈연단체의 소유관계에 적용하는 것의 타당성은 의문이라고 한다. 이러한 총유제도에 의한 해결은 우리나라의 문중·종중의 현실태의 요구에 부합하는 해결방안은 아니라고 한다. 결국 현대적인 권리능력 없는 사단의 사회학적 실체와 사단법인의 그것 사이에는 거의 실질적인 차이는 없고, 현대적인 권리능력 없는 사단의 소유관계를 전근대적인 총유제도로 일률적으로 파악하는 것은 잘못이라고 한다. 실제로도 대부분의 경우 권리능력 없는 사단의 소유관계는 민법 제276조에 따라 처리되지 않고, 제275조 제2항에 의하여 사단의 정관이나 규약에 의하여 처리되고 있을 것인데, 그렇다면 사단법인의 경우와 같아지게 되고, 이것이 총유제도의 효용성에 대하여 의문을 품게 하는 중요한 근거라고 한다.76)

2. 민법 개정안

법인 아닌 사단에 대하여는 법무부 민법개정위원회가 2004년과 2010년에 두 차례에 걸쳐 개정안을 마련하여 국회에 제출하였으나, 모두 입법에 이르지 못하였다. 그리고 민법개정위원회는 2014년에도 법인 아닌 사단과 총유 규정을 개정할 것인가에 대하여 논의하였으나, 결국 새로운 안을 제안하지는 않았다. 여기서는 주로 2010년 개정안과, 2014년에 논의되었던 것을 중심으로 하여 살펴본다.77)

75) 간단한 소개로는 윤진수(주 15), 952면 이하 참조.

76) 이호정, "우리 민법상의 공동소유제도에 대한 약간의 의문", 서울대학교 법학 제24권 제2·3호(1983), 102면 이하.

77) 2004년 민법 제39조의2 개정안은 2010년 개정안과 대체로 비슷하므로 따로 언급하지 않는다.

가. 2010년 개정안[78)]

제39조의2(법인 아닌 사단과 재단) 법인 아닌 사단과 재단에 대하여는 주무관청의 인가 또는 등기를 전제로 한 규정 및 제97조에 따른 벌칙을 제외하고는 이 장(章)의 규정을 준용한다.

제39조의3(영리를 목적으로 하는 법인 아닌 사단의 사원의 책임) ① 영리를 목적으로 하는 법인 아닌 사단의 재산으로 사단의 채무를 완제(完濟)할 수 없는 때에는 각 사원은 연대하여 변제할 책임이 있다.

② 영리를 목적으로 하는 법인 아닌 사단의 재산에 대한 강제집행이 주효(奏效)하지 못한 때에도 각 사원은 연대하여 변제할 책임이 있다.

③ 제2항은 사원이 법인 아닌 사단에 변제의 자력(資力)이 있으며 집행이 용이한 것을 증명한 때에는 적용하지 아니한다.

나. 2014년 논의에서 분과위 제안

2014년에는 공동소유를 다룬 제4기 2분과에서, 법인 아닌 사단에 관하여 새로운 규정을 추가하고, 총유 규정은 폐지하자는 제안이 있었으나, 이 제안은 받아들여지지 않았다. 분과위 제안은 다음과 같았다.

제39조의2 (법인 아닌 사단과 재단) ① 법인 아닌 사단과 재단에 대하여는 주무관청의 인가 또는 등기를 전제로 한 규정을 제외하고는 본장의 규정을 준용한다.(2010년 개정안과 같음).

② 부동산에 관한 대표자의 처분권의 제한은 등기하지 아니하면 제3자에게 대항하지 못한다.

③ 법인 아닌 사단의 재산은 상당한 이유가 있는 때에는 정관 또는 사원총회의 결의에 따라 사원에게 분배할 수 있다.

④ 법인 아닌 사단이 해산하는 경우 정관으로 잔여재산의 귀속권리자를 지정하지 아니하거나 이를 지정하는 방법을 정하지 아니한 때에는 사원총회의

78) 이 개정안은 2011. 6. 22. 정부가 국회에 제출하였으나, 제18대 국회의 임기 만료로 폐기되었다. 한편 정부는 2014. 10. 24. 법인에 관한 민법개정안을 국회에 제출하였으나, 이 개정안에는 제39조의2, 제39조의3은 포함되어 있지 않았다. 이 개정안도 제19대 국회의 임기 만료로 폐기되었다.

결의에 따라 사단의 목적에 유사한 목적을 위하여 그 재산을 처분할 수 있다. 제2항은 해산의 경우에도 준용한다.

그러나 민법개정위원회의 실무위원회에서는 이 제안에 대하여 반대하였고, 위원장단회의도 마찬가지로 이를 채택하지 않기로 하였다.79)

3. 개정안에 대한 논의

가. 법인 규정 준용에 대하여

법인 아닌 사단과 재단에 대하여 법인에 관한 규정을 준용하자는 개정안은 대체로 지지를 받았으나, 비판적인 견해도 있었다. 이는 주로 2004년 개정안에 대하여 제기된 것이다. 즉 법인의 본질 및 현행 법률제도의 해석에 관한 철저한 연구·검토가 이루어지지 않은 단계에서 제39조의 2를 신설하는 것은 적절하지 않다는 견해이다. 이 견해는 법인 아닌 단체에 관하여 법인격을 전제로 한 것을 제외하고는 모두 이를 유추적용하여야 한다는 통설과 판례에 대하여, 이는 부동산등기법상 법인 아닌 단체의 명의로 등기할 수 있는 규정이 없었던 일본의 판례·통설을 답습하고 있는 것이라고 비판한다.80) 이른바 권리능력 없는 사단은 권리능력이 없는 것이 아니라 권리능력이 있고, 개정안은 법인과 법인 아닌 단체조직을 엄격히 구별하는 통설을 입법화하려는 것이지만, 이러한 준별론은 법학방법론으로는 이미 극복되었으며, 미등기 사단에 대한 법적 지위에 대해 법실무의 발전에 따라서 법인으로 이론구성할 수도 있으므로 입법이 미리 법인이 아니라고 못박을 것이 아니라 법인이론의 발전에 맡기는 것이 타당하고, 이는 조속한 입법이 필요한 입법론적 흠결의 경우가 아니라 규율흠결의 문제이므로 거래에서의 판례의 형성을 주시하여야 할 필요가 있다고 하는 견해81)도 비슷한 취지라고 할 수 있다.

---

79) 윤진수, "공동소유에 관한 민법개정안", 민사법학 제68호, 2014, 150면 이하; 권영준, 2014년 법무부 민법개정시안 해설, 법무부, 2017, 469면 이하 참조. 민법개정위원회의 구성 및 논의 절차에 대한 설명은 권영준, 위 책 19면 참조.

80) 고상룡, 민법총칙, 제3판, 2004, 259면.

81) 남기윤(주 24), 200면 이하.

나. 영리를 목적으로 하는 법인 아닌 사단에 대하여

개정안 제39조의3은 합명회사에 관한 상법 제212조와 같은 취지이다. 이에 대하여는 이를 지지하는 견해[82] 외에 특별한 반대의견은 없는 것 같다.[83]

다. 분과위원회의 제안이유

분과위원회가 총유규정을 삭제하려고 한 이유는 다음과 같다.[84]

첫째, 총유제도는 전근대적 제도이다. 즉 총유제도는 중세 게르만 공동체의 소유제도에서 유래하는 것인데, 이러한 전근대적인 총유제도는 현대사회에 맞지 않는다.

둘째, 거래현실과 괴리되었다. 즉 총유관계로 규율되어야 할 것은 토지의 총유적 이용관계(입회관계)와 권리능력 없는 사단의 소유관계의 틀이 있으나, 전자는 점차로 없어져 가고 앞으로 아주 소멸할 것이고, 후자는 극히 다양성을 띠고 있어 민법의 간단한 총유규정만으로는 충분히 규율할 수 없다.

셋째, 민법의 총유규정은 체계적·논리적 부정합성을 보이고 있다. 즉 구성원의 개성이 인적 결합체에 흡수되지 않은 합유에서는 합유물의 처분·변경은 합유자 전원의 동의를 요하면서, 구성원의 개성이 단체에 완전히 흡수되어 있다는 권리능력 없는 사단에서의 관리·처분은 사원총회의 결의에 의하여 다수결에 의한 총유물 처분이 가능하도록 하는 것은 균형이 맞지 않는다.

넷째, 총유규정은 사문화되었다. 법인 아닌 사단에서의 소유형태는 그 사단 자체의 단독소유가 된다고 해석하는 것이 법인 아닌 사단의 당사자능력을 인정하는 민사소송법과 등기능력을 인정하는 부동산등기법과도 조화를 이루고, 법인 아닌 사단의 물건이 사단의 단독소유라고 하는 경우의 법률관계와 총유

---

82) 권철, "민법의 관점에서 바라본 민법 개정안의 법인제도", 비교사법 제17권 4호, 2010, 54-55면; 송호영, "민법상 법인아닌 단체에 대한 입법론", 전북대학교 법학연구 제39집, 2013, 9면 등. 다만 권 철 교수는 개정안 제39조의2 제2항은 비법인사단 자체가 재산을 가지는 것을 당연한 전제로 하고 있다고 보고 있으나, 그렇지는 않다. 윤진수(주 79), 161-162면 참조.

83) 윤진수, "법인에 관한 민법개정안의 고찰", 민법논고 제1권, 2007, 174면(처음 발표: 2005)는 위와 같은 규정이 포함되어 있지 않았던 2004년 개정안과 관련하여, 비영리사단 아닌 영리사단의 경우에는 사단과 거래하는 제3자의 보호를 위하여 가능한 한 구성원의 무한책임을 인정하여야 한다는 견해에 대하여 이 문제는 앞으로 더 연구할 문제라고 하였다.

84) 분과위의 개정안 제안이유를 작성한 정병호 교수가 집필한 "법인 아닌 사단의 재산관계 규율에 관한 입법론적 고찰," 홍익법학 제14권 1호, 2013, 1면 이하 참조.

로 파악하는 경우의 법률관계는 결과적으로 동일하므로 민법 총유규정의 존재의의는 거의 없다.

다섯째, 민법 개정안 제39조의 2와 조화되지 않는다. 민법개정안 제39조의 2는 제1항에서 법인 아닌 사단에 대해서 원칙적으로 법인에 관한 규정을 적용한다고 규정하는데, 법인 아닌 사단에 준용되는, 법인의 인가나 등기 이외의 규정과 민법 제275조 이하의 총유규정은 근본적으로 조화되기 어렵다. 따라서 개정안 제39조의 2를 전제로 하는 한, 총유에 관한 민법 규정은 근본적으로 재검토하지 않을 수 없다.

여섯째, 거래안전에도 문제가 있다. 종중 등 법인 아닌 사단의 대표자가 총회결의 없이 부동산을 처분하는 경우 그 상대방은 선의, 악의를 불문하고 부동산 소유권 등을 취득하지 못해 거래안전을 위협하는 문제가 있다는 것이다. 따라서 국민의 편익을 위해서라도 총유제도를 폐지하고, 법인 아닌 사단의 대표자의 대표권 제한을 공시하는 방안을 마련할 필요가 있다.

그리하여 분과위는 총유규정을 삭제하는 대신, 제39조의 2에 제2항에서 제4항까지의 규정을 신설하려고 하였다. 첫째,법인 아닌 사단의 대표자의 처분권 제한의 공시와 관련해서는 우선 거래에 있어 중요한 역할을 하는 부동산에 대해서 그 등기부에 대표자의 처분권 제한을 등기할 수 있도록 함으로써 거래안전을 도모하고자 하였다.

둘째, 법인 아닌 재산을 사원에게 분배하는 문제와 관련해서는 정관 또는 사원총회의 결의를 기본요건으로 하되, 구체적 타당성을 기할 수 있도록 개정하기로 하였다.

셋째, 법인 아닌 사단이 해산하는 경우 잔여재산처리에 관해서는 종래 사단의 자치에 맡긴 것과는 달리 분명한 규율을 제안하였다.

그리고 부동산등기법 제48조 제3항을 개정하여 이러한 대표자의 처분권 제한을 부동산등기부에 등기할 수 있는 근거규정을 두고자 하였다.

라. 분과위원회의 제안이 받아들여지지 않은 이유

위와 같은 분과위원회의 제안에 대하여 실무위원회는 다음과 같은 이유로

반대하였다.[85)]

분과위 안은 법인 아닌 사단의 권리능력이 인정됨을 전제로 하여 총유규정을 삭제하려는 것으로 이해된다. 그러나 입법론으로 법인 아닌 사단의 권리능력을 인정하는 것이 바람직한지는 의문이다. 법인 아닌 사단에게도 권리능력을 인정한다면, 구태여 주무관청의 허가를 받을 필요가 없게 되고, 주무관청의 감독도 불가능하게 되므로, 결과적으로 민법이 법인 설립을 위하여 주무관청의 허가를 받도록 하는 것은 거의 의미가 없게 된다.

다른 한편 법인 아닌 사단에 대해서 원칙적으로 법인에 관한 규정을 적용한다고 규정하는 민법 개정안 제39조의2와 총유 규정은 조화되지 않는다고 주장하기도 하지만, 양자 사이에 모순이 있다고는 할 수 없다. 민법개정안 제39조의2는 기본적으로 비법인사단의 경우에도 법인에 관한 규정이 유추적용된다고 보고 있는 판례를 입법화한 것인데, 판례가 이러한 유추적용을 인정하는 것이 비법인사단의 독자적인 권리능력이 인정됨을 전제로 한 것은 아니다.

그러면 법인 아닌 사단의 권리능력을 인정하지 않더라도 총유규정을 삭제하자는 주장은 어떻게 평가할 것인가?[86)] 이 또한 찬성하기 어렵다. 현재 법인 아닌 사단이 실재하고 있다는 것은 아무도 부정하지 않고 있는데, 이에 관한 현재의 규정을 삭제한다는 것은 법인 아닌 사단에 관한 민법상의 공백을 초래하는 것이다. 그리고 민법개정안 제39조의2, 제39조의3에서 규정을 두고, 또 그 권리능력을 인정하지 않는다면, 그 소유권의 귀속에 대하여도 어떤 형태로든 규정을 두어야 할 것이다.

입법론적으로는 총유규정을 좀더 현대에 맞게 수정하는 것은 고려할 가치가 있지만, 이제까지 이러한 논의는 찾아보기 어려웠으므로 현 단계에서 총유 규정을 삭제하는 것은 적절하지 않다.

다른 한편 총유규정을 삭제하지 않더라도, 거래의 안전을 위하여는 대표자의 처분권의 제한은 등기하지 아니하면 제3자에게 대항하지 못한다는 분과위 개정안 제39조의2 제2항과 같은 규정은 둘 필요가 있다는 견해도 있다. 그러

85) 윤진수(주 79), 153면 이하 참조.
86) 송호영(주 82)는 그러한 취지로 이해된다.

나 민법총칙에서 부동산에 관하여만 이러한 규정을 두고 동산이나 다른 재산에 대하여는 규정을 두지 않는다는 것은 매우 부적절하다.

마. 새로운 총유규정 폐지론

근래에 다시 제기된 총유규정 폐지론은 법인 아닌 사단의 권리능력을 인정할 필요는 없지만, 총유규정은 폐지하여야 한다고 주장한다.[87] 그 근거는 다음과 같다.

첫째, 총유 규정은 법인 아닌 사단의 실제를 반영하고 있지 못하다. 민법에 따르면 총유물의 관리·처분은 정관 기타 규약이 없으면 사원총회의 결의에 따라야 하지만, 데 현실적으로 법인 아닌 사단의 대표적인 예인 종중, 교회에서 위와 같은 결의를 통하여 총유물의 관리·처분을 하는 것은 거의 불가능에 가깝고, 대표적인 법인 아닌사단인 종중의 경우 종원에게 종중 재산에 대하여 총유에서 설명하고 있는 사용·수익권이 있는지에 대하여는 의문이 있다.

둘째, 총유 규정은 재판규범으로서 기능하고 있지 못하다. 교회의 분열이 인정되는가에 관하여, 이를 인정한 종전 판례는 교회라는 비법인사단의 문제를 총유의 시각으로 해결하려고 한 것이라면, 이를 부정한 대법원 2006. 4. 20. 선고 2004다37775 전원합의체 판결은 총유 규정에 근거하지 않고 사단법인에 관한 규정에서 분쟁해결규범을 추출하고 있다. 또한 판례는 종중재산을 종원에게 분배하는 것을 인정하고 있는데, 종중재산의 분배는 총유의 개념과 배치되는 면이 많다. 그리고 판례는 법인 아닌 사단에 대하여는 사단법인에 관한 규정 가운데 법인격을 전제로 하는 것을 제외하고는 이를 유추적용하는데, 이처럼 법인 아닌 사단에 사단법인에 관한 규정이 광범위하게 적용되는 결과, 총유 규정이 재판규범으로서 할 수 있는 역할은 현저히 축소될 수밖에 없다.

셋째, 총유 규정을 적용하는 경우에 부당한 결과가 발생한다. 판례는 총유재산과 관련하여 보존행위로 소를 제기하는 경우에도 사원총회의 결의를 거쳐야 한다고 보고 있는데,[88] 비법인사단의 경우 보존행위를 하려면 반드시 사원총

---

87) 이계정, "총유 규정의 개정 여부와 비법인사단의 규율", 민사법학 제78호, 2017, 161면 이하.
88) 대법원 2005. 9. 15. 선고 2004다44971 전원합의체 판결 등.

회의 결의를 거치도록 의율하는 것이 타당한지 의문이다. 또한 판례는 법인 아닌 사단이 보유하는 재산을 그 대표자가 처분한 경우에, 정관이나 규약에 따르지 않은 처분이나 사원총회의 결의 없이 한 처분에 대하여 그 처분행위는 절대적으로 무효이고, 여기에 표현대리의 법리가 유추적용될 여지가 없다고 하지만, 법인 아닌 사단의 대표자 등이 적법하게 총유재산을 처분할 권한이 있는 양 외관을 형성하였다면, 그 외관을 신뢰한 거래상대방을 보호하는 것이 '거래 안전의 보호'의 이념에 부합한다.

그리하여 총유 규정을 폐지하고, 그 대신 법인에 관한 규정을 법인 아닌 사단에 준용하면 된다고 한다.

반면 분과위원회의 나머지 제안, 즉 비법인사단의 부동산에 관한 대표자의 처분권 제한 공시, 분배조항의 신설에 대하여는 반대한다. 앞의 점에 대하여는, 거래의 안전은 무리하게 부동산등기부에 대표자의 처분권 제한을 기재하는 방법을 택하지 않더라도 법인의 대표권제한의 법리에 따라 거래의 안전을 도모할 수 있다고 한다. 비법인사단이 대표자의 재산 처분에 관하여 총회의 의결을 거치도록 제한을 하였다고 하더라도 이는 내부적 제한에 불과하므로, 대표자의 처분은 원칙적으로 유효하고, 다만 거래 상대방이 그와 같은 대표권 제한 및 그 위반 사실을 알았거나 과실로 인하여 이를 알지 못한 때에만 거래행위가 무효가 되는 것으로 볼 수 있다는 것이다.

그리고 뒤의 점에 대하여는, 종중재산의 분배 가능 여부에 대하여 논란이 있는 상황에서 굳이 분배가 가능하다는 전제에서의 입법을 시도할 필요가 있었는지 의문이고, 법인 아닌 사단으로 하여금 법인 설립을 하도록 유도하려면 법인 아닌 단체가 누리는 이익이 법인보다 커서는 안 되는데, 위 분과위안은 비법인사단의 재산은 분배가능하다는 점을 명시함으로써 비법인사단으로 하여금 법인을 설립하는 것보다 현 상태를 유지하는 것이 유리하다는 잘못된 인식을 심어줄 수 있다고 한다.

다만 해산 시 잔여재산 처리에 관한 규정을 두자는 분과위안은 타당하다고 한다.

Ⅴ. 종합적 평가

1. 법인 아닌 사단의 존재는 불가피한가?

법인 아닌 사단은 왜 존재하는가? 민법은 사단법인이 되기 위하여는 주무관청의 허가를 받고(제32조) 등기를 마칠 것(제33조)을 요구하고 있다. 이러한 절차가 번거롭기 때문에 단체가 법인이 되기를 포기하고 법인 아닌 사단으로 남을 것으로 생각할 수 있다. 실제로 주무관청의 허가를 받기는 반드시 쉽지 않다. 또 법인이 되면 주무관청으로부터 여러 가지 감독을 받게 되는데, 이를 꺼리는 것도 이유가 될 수 있다. 실제로 우리나라뿐만 아니라 과거의 일본에서도 국가 권력으로부터 독립한 법인의 설립을 부정적으로 보아, 원칙적으로는 자유로 설립할 수 없고, 다만 국가의 허가가 있을 때에만 예외적으로 허용된다는 점을 전제로 하였고,[89] 현재에도 법인에 대한 국가의 감독 내지 개입은 상당한 정도로 존재한다. 그러므로 이러한 국가의 개입을 회피하기 위하여 법인 아닌 사단으로 남을 수도 있을 것이다.

그러나 사단법인 설립에 국가의 허가를 필요 없는 것으로 하거나, 국가의 개입을 최소화한다고 하여도 반드시 법인 아닌 사단이 없어지거나 줄어들 것이라고 하기는 어렵다. 이는 독일이나 프랑스, 일본의 예를 보면 알 수 있다. 미국에서도 사단법인에 대한 국가의 개입은 별로 없는데, 그럼에도 불구하고 많은 수의 설립신고 없는 사단이 존재한다.[90]

그러므로 법인 설립 절차를 어떻게 바꾸든지 관계없이,[91] 법인 아닌 사단은 앞으로도 계속 존재할 것이다.

89) 김진우, "비영리법인의 설립에 있어 허가주의에 관한 연혁적 고찰", 인권과 정의 2008. 8(제384호), 108면 이하; 윤진수(주 50), 79면 참조.

90) 앞에서 살펴본 통일법률을 제안하는 통일법률위원회도 설립신고 없는 사단이다. 또 미국변호사협회(American Bar Association)도 1992년까지는 설립신고 없는 사단이었다.

91) 법무부 민법개정위원회의 2004년과 2011년 개정안은 모두 자유재량행위라고 이해되고 있는 법인의 설립 허가를 기속재량행위인 인가로 바꾸려고 하였다.

2. 사단법인의 권리능력은 왜 필요한가?

법인 아닌 사단의 권리능력은 점차 확대되어 왔고, 지금도 이를 확대하거나 전면적으로 인정하여야 한다는 주장이 있다. 그러면 기본적으로 사단법인의 권리능력은 왜 인정되는가? 그 이유는, 사단법인에게 자연인과는 별도의 법인격을 인정하는 것이 거래비용(transaction cost)을 낮출 수 있어서 경제적으로 효율적이기 때문이다.[92] 예컨대 300명의 회원으로 구성된 학술단체가 사무실을 마련하기 위해서 건물을 임대하려고 할 때, 만약 자연인에게만 권리능력이 인정된다면 300명의 회원 전원이 임대차계약의 당사자로 나서야 하고, 상대방과의 분쟁시에는 전체회원이 원고가 되든지 혹은 반대로 상대방은 전체회원을 상대로 소송을 제기하여야 하는 불편함이 있다. 또한 건물을 매수할 경우에도 전체회원의 명의로 등기해야 할 것이며, 은행에서 계좌를 개설하더라도 전체회원의 명의로 해야 한다. 그러나 이러한 단체가 법인이 되면 법인은 자신의 이름으로 계약을 체결하고, 건물을 취득할 수도 있으며, 소송을 제기할 수도 있어 훨씬 간편해지고, 비용이 절약된다.[93]

다른 한편 사단법인의 재산과 그 구성원인 사원의 재산이 구별됨으로써 사단법인의 행위에 대하여 사원은 자신의 재산으로 책임을 지지 않는다는 것도 사단법인의 존재이유로 들기도 한다.[94] 그러나 이를 일반화하여 말하기는 어렵다. 가령 회사를 예로 들자면, 주식회사나 유한회사 또는 유한책임회사의 사원은 자신이 출자한 것 외에는 자신의 재산으로 회사의 채무에 대하여 책임을 지지 않지만(유한책임), 합명회사의 사원이나 합자회사의 무한책임사원은 출자한 것 외에 자신의 전재산으로 책임을 지기 때문이다. 나아가 이른바 법인격부인론에 의하면 원래는 유한책임만을 부담하는 주식회사의 사원도 주식회사의 채무에 대하여 자신의 재산으로 책임을 질 수 있다.[95]

92) Münchener Kommentar zum BGB/Leuschner, Vorbemerkung (Vor § 21) Rdnr. 21 ff.
93) 송호영(주 4), 544면; 송호영, 법인론, 신론사, 2013, 7-8면; 권철(주 4), 5-6면은 이를 법률관계의 단순화라고 설명한다.
94) 송호영(주 94), 8면 등.
95) 남기윤(주 24), 198면도 유한책임과 법인격간에는 필연적인 관계가 있는 것은 아니라고 한다.

3. 법인 아닌 사단은 권리능력을 가지는가?

그렇다면 현행법에서 법인 아닌 사단은 권리능력을 가지는가? 앞에서 본 것처럼, 현행법상 법인 아닌 사단은 부동산을 그 명의로 등기할 수 있는 이른바 등기능력을 가지고 있다. 또 소송상 당사자능력도 가지고 있다. 그러므로 법인 아닌 사단이라 하여 특별히 불편할 일은 별로 없다. 특히 법인 아닌 사단에게 등기능력이 인정되는 것은 미국을 제외하고 다른 대륙법 국가에서는 찾아보기 어려운 극히 예외적인 일이다. 이렇게 본다면 법인 아닌 사단에게 권리능력이 인정된다고 할 수도 있지 않을까? 법경제학적인 관점에서 보더라도 이것이 거래비용을 낮춘다는 점에서는 합리적이다.

그러면 과연 법인 아닌 사단도 권리능력을 가진다고 결론을 내려도 될 것인가? 이는 어려운 문제이다. 우리나라뿐만 아니라 다른 나라도 기본적으로 자연인과 법인만이 권리능력을 가진다는 전제에서 출발하였다. 그런데 법인 아닌 사단에게 권리능력을 인정하지 않는 것은 여러 가지로 불편하기 때문에 점차 권리능력을 인정하는 범위가 넓어졌다. 예컨대 독일에서는 처음에 법인 아닌 사단에게 소송의 피고가 될 수 있는 소극적 당사자능력은 인정하였고, 프랑스는 현재까지 그러한 태도를 취하고 있다. 일본은 소극적 당사자능력뿐만 아니라 소송의 원고도 될 수 있는 적극적인 당사자능력을 인정하게 되었고, 우리나라는 일찍이 1930년에 법인 아닌 사단의 등기능력까지 인정하는 파격적인 결단을 내렸다. 나아가 미국의 1997년 개정통일파트너쉽법과 2008년 개정통일 설립신고 없는 비영리 사단 법은 이러한 단체에게 법인격이 인정된다고 하였다. 이를 어떻게 설명할 것인가?

이 점에 관하여, 법관의 법형성(Rechtsfortbildung)이라는 방법론에 의해 법인 아닌 사단의 권리능력을 논증하려는 견해도 있다. 이 견해는, 민법의 본래의 설계의도는 법인과 권리능력 없는 단체를 엄격히 구별하면서 전자에 대해서만 권리능력을 인정하려는 것이었지만, 법현실에서 사단법인과 마찬가지의 실체조직을 가지면서 사회생활의 하나의 단위로서 활동하고 있는 권리능력 없는 사단의 발전으로 민법 본래의 설계와는 맞지 않는 규범체계상의 불완전성이 드러나게 되었다고 한다. 이러한 규율흠결은 법관의 법형성에 의하여 보충되어야 한다고 본다. 그리하여 민법이 명시적으로 규정한 법인단체의 경우에는 민법이 정한 절차적 요건에 따라서 법인격은 취득되지만, 민법이 예정하지 않았던 포괄적 권리능력 있는 단체의 경우에는 그 법인격 승인에 다른 형태의 법적 승인도 가능하고, 판례에 의해서 포괄적 권리능력이 승인되어 거래상 권리주체로서 등장한다면 이는 판례의 법형성 또는 관습법상 법인격이 부여된 것으로 민법의 법인법정주의의 요건을 충족했다고 볼 수 있다는 것이다.[96]

그러나 판례의 법형성이라는 근거만으로 "법인은 법률의 규정에 의함이 아니면 성립하지 못한다"라고 하는 민법의 기본원칙(제31조)에 정면으로 배치되는 결론을 내릴 수 있을지는 의문이다.[97] 또한 법인 아닌 사단에 법인격이 있다는 관습법이 존재하는지도 알 수 없다.

그러므로 각종의 법령에서 법인 아닌 사단에 대하여 개별적인 경우에 권리능력을 인정하고 있는 것은 법인 아닌 사단이 이른바 부분적 권리능력을 가지고 있는 것이라고 설명하여야 할 것이다.[98][99]

4. 입법론

그러면 입법론적으로는 법인 아닌 사단에 대하여 어떻게 개선하는 것이 좋을까?

이 점은 크게 두 가지로 나누어 볼 수 있다. 그 한 가지는 법인 아닌 사단에 대하여도 법인과 마찬가지로 완전한 권리능력을 인정하는 것이고, 다른 하나

96) 남기윤(주 24), 200면 이하.

97) 송호영(주 4), 655면은 민법 제31조는 물권은 법률 또는 관습법에 의하는 외에는 임의로 창설하지 못한다는 물권법정주의와 유사한 의미를 가지고 있다고 설명한다.

98) 송호영(주 94), 111면 이하 참조. 위 책 121면은 법에서 권리능력이 없는 것으로 규정된 조직(예: 비법인사단·재단, 조합 등)이라도 특정한 법률관계에서는 부분적 권리능력을 가지는데 반하여, 법인은 근본적으로 포괄적이면서 혼일적이고 비제한적인 권리능력을 가진다고 한다. 또한 윤진수(주 83), 173면 참조.

99) 한편 법인 아닌 사단이 완전한 권리능력을 가지지 않는다고 하는 경우에, 법인 아닌 사단이 부동산 등기능력을 가지는 것을 어떻게 설명할 것인가는 쉽지 않은 문제이다. 이계정(주 87), 188-189면은, 비법인사단이 취득한재산은 어떤 사람이 소유한 재산 중 일부가 특정한 목적을 위하여 분리되어 독자적인 재산을 이루는 특별재산(Sondervermögen)에 해당한다고 주장한다. 특별재산의 예로는 조합원의 고유재산과 구별되는 조합재산, 수탁자의 고유재산과 구별되는 신탁재산이 있다.

는 법인 아닌 사단에 대하여 현재와 마찬가지로 완전한 권리능력은 인정하지 않는 전제에서 부분적인 개선을 꾀하는 것이다.

가. 법인 아닌 사단에 대하여 완전한 권리능력을 인정할 것인가?

먼저 법인 아닌 사단에 대하여도 완전한 권리능력을 인정하는 것은 어떠한가? 우리가 알고 있는 대륙법계 국가 가운데 이러한 예는 찾기 어렵다.[100] 그러나 미국의 통일파트너쉽법이나 통일 설립신고 없는 비영리 사단 법은 이러한 길을 택하였다. 우리도 이와 같이 법을 개정하는 것을 생각해 볼 수는 있다. 미국의 위와 같은 입법은 법인이나 권리능력에 대한 어떤 이론적인 근거에서 출발한 것이라기보다는 파트너쉽이나 설립신고 없는 사단에 권리능력을 인정하지 않는 것이 실제상으로 불편하다는 실용적 고려에 입각한 것으로 보인다.[101]

그렇지만 이러한 주장은 받아들여지기 어려울 것이다. 그렇게 되면 법인 설립을 위하여는 주무관청의 허가를 받아야 하고, 등기를 하여야 한다는 민법의 규정은 별다른 의미가 없게 될 것이기 때문이다. 법인 설립에 관하여 주무관청의 허가를 받아야 한다는 것을 없애고 법인을 자유롭게 설립할 수 있다고 하더라도, 등기에 의한 공시의 요구는 쉽게 포기할 수 없다. 이는 법인 아닌 사단과 이해관계를 맺는 제3자의 이익과도 직결될 수 있다.

나. 법무부 민법개정위원회의 개정안

그러므로 현실적인 대안은 법인 아닌 사단의 전면적인 권리능력은 인정하지 않는 현행의 상태를 유지하되, 세부적으로는 개선안을 마련하는 것이다. 이것이 바람직하다고 생각한다. 그러면 어떻게 개선해야 할까? 이 점에 관하여는 앞에서 언급한 법무부 민법개정위원회의 민법개정안이 좋은 출발점을 제공한다.

---

100) 대만의 법인 아닌 사단에 대하여는 김성수, "중국과 대만의 민법상 권리능력 없는 사단", 재산법연구 제33권 1호, 2016, 30면 이하 참조. 2020년 5월 제정된 중국 민법은 비법인조직(非法人組織)이라는 이름으로 법인 아닌 사단에 대하여 규정을 두었는데, 비법인조직은 법인의 지위는 없지만 법에 의거 자체 명의로 민사 활동을 할 수 있는 조직이라고 정의하면서(제103조), 비법 인 조직은 법의 규정에 따라 등기해야 하고, 법령 및 행정 규정에서 요구하는 관계 기관의 승인을 받아야 한다(제103조)고 규정하여, 우리나라에서 말하는 법인 아닌 사단과 같이 볼 수 있는지는 의문이다. 이는 梁慧星 교수의 주장을 따른 것으로 보인다. 김성수, 위 글 48면 이하 참조.

101) 위 주 64)의 본문 참조.

우선 법인 아닌 사단에 대하여 사단법인에 관한 규정을 준용한다는 규정을 두는 것은 바람직하다. 이는 사실 현재의 법상태를 변경하는 것은 아니고, 판례와 학설이 인정하고 있는 내용을 성문화하는 것이지만, 규정을 둠으로써 명확하게 될 것이다. 다만 위 개정안은 주무관청의 인가 또는 등기를 전제로 한 규정은 준용하지 않는다고 하였는데, 실제로는 무엇이 이에 해당하는지에 관하여 다툼이 생길 수 있다.

다음으로 위 개정안은 영리를 목적으로 하는 법인 아닌 사단의 재산으로 사단의 채무를 완제(完濟)할 수 없는 때에는 각 사원은 연대하여 변제할 책임이 있다고 규정하고 있는데, 이 또한 합리적이다. 일반적으로 영리법인과 비영리법인을 어떻게 구별하는가에 관하여는 법인사업에서 발생한 이익을 구성원에게 분배함을 목적으로 하느냐 그렇지 않느냐를 기준으로 하는 것이 통설이다. 즉 이익을 구성원에게 분배하는 경우에는 영리법인이고, 그렇지 않으면 비영리법인이다.[102] 그런데 법인 아닌 사단이 이익을 구성원인 사원에게 분배하는 경우에는, 손실도 그 사원이 나누어 부담하는 것이 형평에 맞다. 독일에서도 허가를 받지 않은 영리사단의 경우에는 조합에 관한 규정이 준용된다고 하는 견해가 우세하고,[103] 미국의 개정 통일파트너쉽법도 파트너는 다른 채권자와의 약정이나 법규정이 없는 한 파트너쉽의 채무에 대하여 연대책임을 지는 것으로 규정하고 있는 점[104]도 이를 뒷받침한다.

다. 총유규정의 개정

논란이 많은 것은 민법상의 총유규정을 그대로 유지할 것인가 하는 점이다. 사견으로는 법인 아닌 사단에 전면적인 권리능력을 인정하지 않는 이상, 법인 아닌 사단 또는 그 구성원이 어떤 형태로 재산을 소유할 것인가에 대한 규정을 두지 않을 수 없으므로, 총유 규정은 존속시켜야 한다.[105] 그러나 현행의

---

102) 송호영(주 4), 573면. 자세한 것은 김진우, “영리법인과 비영리법인의 구별”, 재산법연구 제36권 3호, 2019, 1면 이하. 이 글도 이익분배 여부를 영리법인과 비영리법인의 기본적인 구별 기준으로 받아들이면서도 이를 세부적으로 수정하려고 한다.

103) 위 주 33)의 본문 참조.

104) 개정 통일 파트너쉽법 제306조 (a).

105) 윤진수(주 79), 162면 참조.

총유 규정은 공동소유라는 점에 초점을 맞추고 있을 뿐이고, 그것이 법인 아닌 사단의 소유형태라는 점은 충분히 반영하고 있지 않으므로, 이 점에서 수정의 필요가 있다.

우선 총유규정 폐지론은, 법인 아닌 사단에 대하여 법인에 관한 규정을 준용하는 것은 총유규정과 모순된다고 한다. 그러나 법인 아닌 사단에 대하여 일반적인 법인과 마찬가지로 권리능력을 인정하지 않는 한, 양자 사이에 모순이 있는 것은 아니다. 다시 말하여 법인 아닌 사단의 재산을 법인 자체의 소유로 보아야만 모순이 생기지만, 그렇게 보지 않는다면 특별히 모순을 찾기는 어렵다. 앞에서도 설명한 것처럼, 민법의 총유 규정을 제안한 것은 김증한 교수인데, 김증한 교수는 이와 아울러 총칙편에 권리능력 없는 사단 또는 재단에 관하여는 법인에 관한 규정을 준용한다는 조문을 신설할 것을 제안하였다. 그러므로 김증한 교수가 양자 사이에 모순이 있다고는 생각하지 않았을 것이다.

한편 총유 규정 중에서 가장 비판이 많은 것은 "총유물의 관리 및 처분은 사원총회의 결의에 의한다"고 규정한 민법 제276조 제1항이다. 즉 법인 아닌 사단의 대표자가 총유물을 처분하였는데 사원총회의 결의가 없었다고 하여 무효가 되는 것은 거래의 안전을 해친다는 것이다. 그리하여 여기서 요구되는 사원총회의 결의는 법인 아닌 사단 전체의 의사를 결정하기 위한 내부적 의사결정절차일 뿐이고, 만일 대표자가 자신의 이익을 위하여 그 대표권을 남용한 경우에는 그 남용사실을 상대방이 알았거나 알 수 있었음을 전제로 법인 아닌 사단은 이를 입증하여 상대방에 대하여 그 행위의 무효를 주장할 수 있다고 하는 견해가 있다.106) 또 앞에서 살펴본 민법개정위원회 분과위원회는 "부동산에 관한 대표자의 처분권의 제한은 등기하지 아니하면 제3자에게 대항하지 못한다"고 하는 규정을 두자고 제안하였다.

우선 민법 제276조 제1항은 강행규정은 아니다. 이 규정은 사단의 정관 기타 계약에 규정이 있는 경우에는 적용되지 않고, 그러한 규정이 없을 때 비로소 적용된다(제275조 제2항). 그리고 제276조 제1항이 적용되는 경우에는, 대

106) 김학동, "총유물의 처분행위", 서울법학 제19권 2호, 2011, 201면 이하; 이준현, "총유물의 관리·처분행위에 관한 판례의 검토", 토지법학 제32권 2호, 2016, 99면 이하 등.

표자가 사원총회의 결의를 거치지 않은 채 총유물을 처분하면 이는 무효이고, 이때에는 민법 제126조의 표현대리에 관한 규정이 준용될 수 없다고 하는 것이 판례이다.107)

이와 비교할 수 있는 것이 주식회사의 이사회에 관한 상법 제393조 제1항이다. 이 조항은 "중요한 자산의 처분 및 양도, 대규모 재산의 차입, 지배인의 선임 또는 해임과 지점의 설치·이전 또는 폐지 등 회사의 업무집행은 이사회의 결의로 한다"라고 규정한다. 여기서 요구하는 이사회의 결의를 거치지 않은 업무집행의 효력에 관하여, 판례는 이와 같은 이사회 결의사항은 회사의 내부적 의사결정에 불과하므로 그 거래 상대방이 그와 같은 이사회 결의가 없었음을 알았거나 알 수 있었을 경우가 아니라면 그 거래행위는 유효하다고 하다가,108) 최근 판례를 변경하여, 거래행위의 상대방인 제3자가 보호받기 위하여 선의 이외에 무과실까지 필요하지는 않지만, 중대한 과실이 있는 경우에는 제3자의 신뢰를 보호할 만한 가치가 없다고 보아 거래행위가 무효라고 하였다.109)

생각건대 총유물을 처분하는 경우에는 어떤 형식이든 법인 아닌 사단 구성원의 의사에 근거할 필요가 있다. 이는 사원총회의 결의일 수도 있고, 정관의 규정에 의하여 이사회의 결의일 수도 있다. 다만 문제는 법인 아닌 사단의 대표자가 이러한 사원총회의 결의 등을 받지 않고 처분한 경우에 그 효력을 어떻게 볼 것인가 하는 점이다. 종래의 판례처럼 상대방이 선의인 경우에도 절대적으로 무효라고 하는 것은 거래의 안전을 해친다. 따라서 주식회사의 이사회 결의가 필요한데도 대표이사가 결의 없이 중요한 재산을 처분한 경우와 같이 취급하는 것이 바람직하다. 이는 판례의 변경만으로도 가능할 수 있지만, 명확하게 하기 위하여 법을 개정하는 것이 바람직하다.

한편 분과위 개정안 가운데 부동산에 관한 대표자의 처분권의 제한은 등기하지 아니하면 제3자에게 대항하지 못한다는 규정을 두려는 것은 찬성하기 어렵다. 이에 대하여는 부동산에 대하여만 따로 취급하는 것이 체계상 이상하다는 점도 있지만, 그보다는 제3자의 선의·악의를 묻지 않는 것은 부당하다는

107) 대법원 2009.2.12. 선고 2006다23312 판결 등.
108) 대법원 2003. 1. 24. 선고 2000다20670 판결 등.
109) 대법원 2021. 2. 18. 선고 2015다45451 전원합의체 판결.

것이 더 중요하다. 이 개정안은 "이사의 대표권에 대한 제한은 등기하지 아니하면 제삼자에게 대항하지 못한다"고 규정하는 민법 제60조와 맥을 같이 하는 것이다. 그러나 민법 제60조의 입법론적 타당성에 대하여는 논란이 많은데,[110)] 굳이 이를 다른 경우에까지 확장할 필요는 없을 것이다. 종래의 판례도 비법인사단의 경우에는 대표자의 대표권 제한에 관하여 등기할 방법이 없어 민법 제60조의 규정을 준용할 수 없고, 비법인사단의 대표자가 정관에서 사원총회의 결의를 거쳐야 하도록 규정한 대외적 거래행위에 관하여 이를 거치지 아니한 경우라도, 이와 같은 사원총회 결의사항은 비법인사단의 내부적 의사결정에 불과하다 할 것이므로, 그 거래 상대방이 그와 같은 대표권 제한 사실을 알았거나 알 수 있었을 경우가 아니라면 그 거래행위는 유효하다고 봄이 상당하고, 이 경우 거래의 상대방이 대표권 제한 사실을 알았거나 알 수 있었음은 이를 주장하는 비법인사단측이 주장·입증하여야 한다고 보고 있다.[111)]

한편 판례[112)]가 법인 아닌 사단의 구성원 개인이 총유재산과 관련하여 보존행위로 소를 제기하는 경우에도 사원총회의 결의를 거쳐야 한다고 보고 있는 점에 대하여도 비판이 있다.[113)] 그러나 위 판례가 말하듯이, 민법이 공유나 합유의 경우처럼 보존행위는 그 구성원 각자가 할 수 있다는 민법 제265조 단서 또는 민법 제272조 단서와 같은 규정을 두고 있지 아니한 것은, 법인 아닌 사단의 소유형태인 총유가 공유나 합유에 비하여 단체성이 강하고 구성원 개인들의 총유재산에 대한 지분권이 인정되지 아니하는 데에서 나온 당연한 귀결이라고 이해할 수 있다. 따라서 해석론으로서는 위 판례가 부당하다고 할 수 없고, 입법론으로도 굳이 구성원 각자의 보존행위를 인정할 필요가 있는지 의문이다.

다만 판례는 비법인사단 자체가 보존행위를 하는 경우에도 사원총회의 결의를 거쳐야 한다고 보고 있는데,[114)] 이는 의문이다. 판례가 법인 아닌 사단의

---

110) 윤진수(주 83), 188면 이하 참조.

111) 대법원 2003. 7. 22. 선고 2002다64780 판결; 2007.4.19. 선고 2004다60072,60089 전원합의체 판결 등.

112) 대법원 2005. 9. 15. 선고 2004다44971 전원합의체 판결 등.

113) 최문기, "총유에 관한 규정의 입법론", 경성대 사회과학연구 제28집 4호, 2012, 453면은 입법론으로는 제276조 제1항을 "총유물의 관리 및 처분은 사원총회의 결의에 의한다. 다만, 보존은 각자가 할 수 있다."로 개정할 필요성이 있다고 한다.

114) 대법원 1986. 9. 23. 선고 84다카6 판결; 2007. 7. 26. 선고 2006다64573 판결; 2011. 7. 28. 선고 2010다97044 판결 등.

구성원 개인이 총유재산과 관련하여 보존행위로 소를 제기하는 경우에도 사원총회의 결의를 거쳐야 한다고 보는 것은, 공유나 합유의 경우처럼 보존행위는 그 구성원 각자가 할 수 있다는 민법 제265조 단서 또는 민법 제272조 단서와 같은 규정을 두고 있지 않은 때문이다. 그러나 이러한 규정의 부존재는 구성원 개인 아닌 비법인사단 자체가 보존행위를 하는 경우에도 사원총회의 결의를 거쳐야 한다고 볼 근거는 될 수 없다. 다시 말하여 구성원 개인이 사원총회의 결의를 거치지 않고서도 보존행위를 하기 위하여는 법적인 근거를 필요로 하지만, 비법인사단 자체가 보존행위를 하는 경우에는 따로 특별한 법적인 근거를 필요로 하지 않는다. 오히려 제276조 제1항이 "총유물의 관리 및 처분은 사원총회의 결의에 의한다"고 규정하고 있는 것의 반대해석에 의하면 비법인사단이 보존행위를 하는 경우에는 사원총회의 결의를 필요로 하지 않는다는 결론을 이끌어낼 수 있을 것이다.

그리고 법인 아닌 사단의 사원이 총유물을 사용, 수익할 수 있다는 제276조 제2항의 규정에 대하여도, 예컨대 종중의 종중원은 실제로는 사용수익권을 가지지 않는 것이 현실이라는 비판이 있다. 그러나 이러한 사용수익권은 위 법규정이 말하듯이 정관 기타의 규약에 따라야 하는 것이므로, 정관 등의 규정에 의하여 해결할 문제이다. 종중인 경우에는 정관이 없으면 관습에 따르게 될 것이다.

마지막으로 언급할 것은 법인 아닌 사단의 재산 분배에 관한 문제이다. 분과위 개정안은 "법인 아닌 사단의 재산은 상당한 이유가 있는 때에는 정관 또는 사원총회의 결의에 따라 사원에게 분배할 수 있다"는 규정을 두자고 제안하였다. 이에 대하여는 위 분과위안은 비법인사단의 재산은 분배가능하다는 점을 명시함으로써 비법인사단으로 하여금 법인을 설립하는 것보다 현 상태를 유지하는 것이 유리하다는 잘못된 인식을 심어줄 수 있다고 하는 비판이 있음은 앞에서 보았다.[115)]

법인 아닌 사단에서 재산 분배의 문제는 실제로 종중과 관련하여 문제된다. 현재 이러한 종중 재산의 종중원에 대한 분배는 많이 이루어지고 있는 것으로

115) 위 Ⅳ. 3. 마. 참조.

보인다.[116] 이것이 타당한가에 대하여는 논란이 있다.[117]

생각건대 이념적으로는 종중의 존재 이유에 비추어 볼 때 종중 재산을 종중원이나 그 밖의 사람들에게 분배한다는 것에는 저항감을 느낄 수 있다. 그러나 현실적으로 종중이 자체 결의에 의하여 종중 재산을 분배하는 것을 막을 수 있는 실효적인 방법은 없다. 또 종중이 선산 등이 수용되어 종중의 현실적인 필요를 넘는 많은 금액을 보상받았다든지 하는 경우에는 분배의 필요성도 있다. 그러므로 이 문제는 법인 아닌 사단 일반의 문제라기보다는 종중에 특유한 문제로서, 민법에서 이에 관하여 규정을 둘 필요는 없을 것이다.

Ⅵ. 결론

처음에 언급한 것처럼 법인 아닌 사단을 어떻게 다룰 것인가 하는 점은 어려운 문제이다. 이를 법인과 마찬가지로 다루어야 한다는 사회적 요구 내지 압력이 있는 것은 분명하다. 법경제학적인 관점에서는 이러한 요구는 거래비용의 절감 필요라고 할 수 있다. 그러나 그렇다고 하여 법이 반드시 법인 아닌 사단을 법인과 똑같이 다루어야 하는 것은 아니다. 이 문제는 법이 법인을 어떻게 규율할 것인가 하는 큰 구도에서 살펴보아야 한다. 그런데 아직까지는 현행법이 법인 아닌 사단을 법인으로 인정하는 단계에는 이르지 못한 것으로 보인다.

---

116) 여성도 종중원이 될 수 있다고 한 대법원 2005. 7. 21. 선고 2002다1178 전원합의체 판결은 실제로는 여성도 종중 재산을 분배받을 수 있는가에 관한 다툼 때문에 나온 것이었다. 또한 대법원 2010. 9. 9. 선고 2007다42310, 42327 판결은, 비법인사단인 종중의 토지 매각대금은 종원의 총유에 속하고, 그 매각대금의 분배는 총유물의 처분에 해당하므로, 정관 기타 규약에 달리 정함이 없는 한 종중총회의 결의에 의하여 그 매각대금을 분배할 수 있고, 그 분배 비율, 방법, 내용 역시 결의에 의하여 자율적으로 결정할 수 있다고 하였다.

117) 부정설: 송인권, “종중에 관한 판례이론의 문제점”, 법조 2015. 8, 90면 이하 등. 긍정설: 강인철, “종중재산을 둘러싼 법적 분쟁에 관한 연구”, 저스티스 제119호(2010. 10), 116면 이하 등. 좀더 자세한 것은 권철(주 4), 52-53면 참조.

명예훼손 사건에서 '악의적 공격' 법리를 통한 위축효과의 극복방안*

- 대상판결: 대법원 2021. 3. 25. 선고 2016도14995 판결 [공2021상, 935]

서울고등법원 판사 이 지 영

目 次

[사안의 개요]
1. 사실관계
2. 소송의 경과
3. 대상판결의 요지
[연구]
1. 문제의 소재 및 연구 방향
2. 명예훼손으로 인한 민형사상 책임에서 '악의적 공격' 법리의 형성과정
   가. 형법상 명예훼손죄와 명예훼손으로 인한 민사 불법행위책임
   나. 민사 판례에 의한 위법성조각 법리의 발전
   다. 형사 판례에서의 법리 수용
3. '악의적 공격' 법리의 법체계상 위치
   가. 형법 제310조에 관한 상당성 법리와의 관계
   나. '악의적 공격' 법리와 '공적 영역에서 완화된 심사기준' 법리의 관계
4. 판단기준의 불명확성에 따른 위축효과와 악의적 공격 법리를 통한 극복방안
   가. 사실과 의견 구별의 어려움
   나. 형법 제310조의 위법성조각사유의 한계: 진실·허위 논쟁과 증명의 어려움
   다. 위축효과
   라. 악의적 공격 법리의 심리 및 판단 방법에 대한 제안
5. 이 사건의 해결
   가. 악의적 공격에 해당하는지 여부
   나. 사실 적시 여부
6. 대상판결의 의의

* 이 글은 김재형 대법관님의 퇴임을 기념하기 위하여 작성한 기고문으로 대법관님 주심의 대상판결에 대한 평석이다. 대법관님께서 재임기간 동안 집필하신 수많은 판결들을 통해 보여주신 깊은 생각, 법률가로서의 열정과 열린 사고, 힘 있고 간결한 문체를 통해 많은 가르침을 얻었다. 이 기회를 빌어 대법관님께 존경과 감사의 마음을 표한다.

[사안의 개요]

1. 사실관계

피고인은 세월호 참사 국민대책회의의 공동위원장이자 '4월 16일의 약속 국민연대'(이하 '4·16 연대'라 한다)의 상임운영위원이다. 피고인은 2014. 4. 16. 세월호 참사 직후부터 이 사건 발언 당시까지 여러 차례 대규모 집회·시위를 주최하면서 세월호 참사와 관련한 진상을 규명하고 책임자를 처벌할 것을 주장하는 사회적 의견표명을 지속적으로 해 왔다.

대통령(이하 '피해자'라 한다)이 참사 당일 17:15경에야 중앙재난안전대책본부를 방문한 것과 관련하여, 2014. 7.경 국회에서 문제가 제기된 이후 이 사건 발언 당시까지 피해자의 7시간 동안의 구체적인 행적에 관하여 지속적으로 사회적 논란이 있었다.

4·16 연대는 2015. 4. 16.과 같은 달 18. 집회·시위 신고를 하지 않고 세월호 참사 1주기 추모행사를 주최하였다. 추모행사와 그 이후 행진에 1만 명 이상이 참석하여 대규모 집회·시위로 이어지면서 경찰과 물리적 충돌을 빚었고, 이후 경찰은 4·16 연대 사무실을 압수·수색하였다. 피고인은 2015. 6. 22. 세월호 참사 관련 집회·시위에 대한 경찰의 대응방식과 압수·수색을 비판하고 세월호 참사의 진상규명을 주장하기 위하여 20여 개 언론사 기자와 시민 등을 상대로 기자회견을 하였다.

피고인의 기자회견 내용은 ① 피고인과 4·16 연대 사무실 등에 대한 압수·수색 사실 언급, ② 세월호 관련 집회·시위에서 경찰이 캡사이신과 살수차를 사용한 것에 대한 항의, ③ 집회·시위 현장에서 이미 증거를 수집하였는데도 사무실 압수·수색을 하는 것에 대한 항의, ④ 이 사건 발언, ⑤ 세월호 참사의 진실을 밝히기 위해 시행령을 폐기하고 진상규명특별위원회가 제대로 작동하게 해야 한다는 주장, ⑥ 그렇지 않으면 계속하여 싸울 것이고 4·16 연대를 정식 발족할 것이라는 선언으로 구성되어 있다.

그 중 이 사건 발언은 ④번 부분으로 그 발언 내용은 다음과 같다. "사실 압수·수색할 것은 저 청와대입니다. 정말 궁금합니다. 국민들이 그런 의혹을 제기하고 있습니다. 4월 16일 7시간 동안 나타나지 않았을 때 뭐하고 있었냐? 혹시 마약하고 있던 거 아니냐? 전 궁금합니다. 청와대 압수·수색해서 마약하고 있었는지 아니었는지 한번 확인했으면 좋겠습니다. 또 그런 얘기도 나옵니다. 피부미용, 성형수술 등등 하느라고 보톡스 맞고 있던 거 아니냐? 보톡스 맞으면 당장 움직이지 못하니까 7시간 동안 그렇게 하고 있었던 거 아닌가 그런 의혹도 있습니다. 그것도 한번 확인해봤으면 좋겠습니다. 저 청와대 곳곳을 다 뒤져서 구석구석을 다 뒤져서 마약이 있는지 없는지, 보톡스 했는지 안 했는지 확인해보고 싶은 마음이 굴뚝같습니다."

2. 소송의 경과

피고인은 이 사건 발언으로 세월호 사건 당일 피해자가 마치 마약을 하거나 피부미용, 성형수술을 위한 보톡스 주사를 맞고 있어 직무수행을 하지 않았던 것처럼 공연히 허위사실을 적시하여 피해자 대통령의 명예를 훼손하였다는 사실로 공소가 제기되었다.

원심은, 다음과 같은 이유로 이 부분 공소사실을 유죄로 판단한 1심을 유지하여 항소를 기각하였다.[1)]

「① 이 사건 발언은 세월호 참사 발생 무렵 대통령의 행적에 관한 것으로서 <u>공적 관심사에 관한 문제 제기</u>에 해당하는 면이 있기는 하다. 그러나 피고인이 사용한 표현, 특히 '대통령 개인이 마약을 하였다.'는 부분은, <u>그것이 사실의 적시인지 아니면 의견의 표현인지 여부 불문하고</u>, 우리 사회에서 마약이 갖는 부정적인 이미지에 비추어 희화적인 묘사나 풍자에 해당한다고 도저히 볼 수 없고 이를 넘어 <u>악의적이고 심히 경솔한 표현에 해당하는 것으로서 현저히 상당성을 잃은 것</u>으로 평가하지 않을 수 없으므로, 이 사건 발언은 표현의 자유로 보호될 수 없는 영역에 해당하여 명예훼손죄나 모욕죄 등 관련 법률에 정한 바에 따라 제재될 수 있는 표현에 해당된다.

1) 이하 이 글에서 인용한 판결의 밑줄과 번호는 필자가 임의로 삽입한 것이다.

② 이 사건 발언이 이루어진 전체적인 맥락에도 불구하고 피고인은 '피해자가 세월호 참사 무렵 마약을 하거나 보톡스를 하였고, 이로 인하여 세월호 참사 발생 이후 7시간 동안 적절하게 직무를 수행하지 못하였다.'는 사실을 암시하여 적시한 것으로 인정할 수 있다.

③ 이 사건 발언은 허위사실이고, 피고인도 그 허위성을 미필적으로 인식하였음이 합리적 의심 없이 입증되었으며, 허위사실 적시에 의한 명예훼손죄에 해당하므로 위법성 조각에 관한 형법 제310조는 적용될 여지가 없다.」

3. 대상판결의 요지

대상판결은, 다음과 같이 ① 표현의 자유의 중요성과 그 한계, ② 사실 적시와 의견 표현의 구별 방법, ③ 공적 인물에 대한 공적 관심사안에서의 명예훼손죄 성립 여부에 관한 심사기준 등 관련된 기존 법리를 정리하여 제시하였다. 그중 '공적인물과 관련된 공적 관심사에 관하여 의혹을 제기하는 형태의 표현행위에 대해 사실 적시로 평가하는데 신중해야 한다'는 밑줄 부분은 기존에는 없었던 새로운 설시이다.

나아가 이 사건 발언은 피고인과 4·16 연대 사무실에 대한 압수·수색의 부당성과 피해자의 행적을 밝힐 필요성에 관한 의견을 표명하는 과정에서 세간에 널리 퍼져 있는 의혹을 제시한 것으로 '피해자가 마약을 하거나 보톡스 주사를 맞고 있어 직무수행을 하지 않았다.'는 구체적인 사실을 적시하였다고 단정하기 어렵고, 피고인이 공적 인물과 관련된 공적 관심사항에 대한 의혹을 제기하는 방식으로 표현행위를 한 것으로서 대통령인 피해자 개인에 대한 악의적이거나 심히 경솔한 공격으로서 현저히 상당성을 잃은 것으로 평가할 수 없으므로, 명예훼손죄로 처벌할 수 없다고 판단하였다.

「① 민주주의 국가에서는 여론의 자유로운 형성과 전달을 통하여 다수의견을 집약시켜 민주적 정치질서를 생성·유지시켜 나가야 하므로 표현의 자유, 특히 공적 관심사에 대한 표현의 자유는 중요한 헌법상 권리로서 최대한 보장되어야 한다. 다만 개인의 사적 법익도 보호되어야 하므로, 표현의 자유 보장과 인격권 보호라는 두 법익이 충돌할 때에는 구체적인 경우에 표현의 자유로 얻어지는 가치와 인격권의 보호로 달성되는 가치를 비교형량하여 그 규제의 폭과 방법을 정해야 한다(대법원 2018. 10. 30. 선고 2014다61654 전원합의체 판결 참조).

② 명예훼손죄에서 '사실의 적시'란 가치판단이나 평가를 내용으로 하는 '의견표현'에 대치되는 개념으로서 시간적으로나 공간적으로 구체적인 과거 또는 현재의 사실관계에 관한 보고나 진술을 뜻하고, 표현 내용을 증거로 증명할 수 있는 것을 말한다. 보고나 진술이 사실인지 의견인지를 구별할 때에는 언어의 통상적 의미와 용법, 증명가능성, 문제 된 표현이 사용된 문맥, 표현이 이루어진 사회적 상황 등 전체적 정황을 고려하여 판단하여야 한다(대법원 2011. 9. 2. 선고 2010도17237 판결 참조). 객관적으로 피해자의 사회적 평가를 저하시키는 사실에 관한 발언이 보도, 소문이나 제3자의 말을 인용하는 방법으로 단정적인 표현이 아닌 전문 또는 추측의 형태로 표현되었더라도, 표현 전체의 취지로 보아 사실이 존재할 수 있다는 것을 암시하는 방식으로 이루어진 경우에는 사실을 적시한 것으로 보아야 한다(대법원 2008. 11. 27. 선고 2007도5312 판결 참조).

그러나 공론의 장에 나선 전면적 공적 인물의 경우에는 비판과 의혹의 제기를 감수해야 하고 그러한 비판과 의혹에 대해서는 해명과 재반박을 통해서 이를 극복해야 하며 공적 관심사에 대한 표현의 자유는 중요한 헌법상 권리로서 최대한 보장되어야 한다(위 대법원 2014다61654 전원합의체 판결 참조). <u>따라서 공적 인물과 관련된 공적 관심사에 관하여 의혹을 제기하는 형태의 표현행위에 대해서는 일반인에 대한 경우와 달리 암시에 의한 사실의 적시로 평가하는 데 신중해야 한다</u>.

③ 기자회견 등 공개적인 발언으로 인한 명예훼손죄 성립 여부가 문제 되는 경우 발언으로 인한 피해자가 공적 인물인지 사적 인물인지, 발언이 공적인 관심사안에 관한 것인지 순수한 사적인 영역에 속하는 사안에 관한 것인지, 발언이 객관적으로 국민이 알아야 할 공공성이나 사회성을 갖춘 사안에 관한 것으로 여론형성이나 공개토론에 기여하는 것인지 아닌지 등을 따져보아 공적

인물에 대한 공적 관심사안과 사적인 영역에 속하는 사안 사이에 심사기준의 차이를 두어야 한다. 문제 된 표현이 사적인 영역에 속하는 경우에는 표현의 자유보다 명예의 보호라는 인격권이 우선할 수 있으나, 공공적·사회적인 의미를 가진 경우에는 이와 달리 표현의 자유에 대한 제한이 완화되어야 한다. 특히 정부 또는 국가기관의 정책결정이나 업무수행과 관련된 사항은 항상 국민의 감시와 비판의 대상이 되어야 하고, 이러한 감시와 비판은 표현의 자유가 충분히 보장될 때 비로소 정상적으로 이루어질 수 있으며, 정부 또는 국가기관은 형법상 명예훼손죄의 피해자가 될 수 없다. 그러므로 정부 또는 국가기관의 정책결정 또는 업무수행과 관련된 사항을 주된 내용으로 하는 발언으로 정책결정이나 업무수행에 관여한 공직자에 대한 사회적 평가가 다소 저하될 수 있더라도, 발언 내용이 공직자 개인에 대한 악의적이거나 심히 경솔한 공격으로서 현저히 상당성을 잃은 것으로 평가되지 않는 한, 그 발언은 여전히 공공의 이익에 관한 것으로서 공직자 개인에 대한 명예훼손이 된다고 할 수 없다(대법원 2006. 10. 13. 선고 2005도3112 판결, 대법원 2011. 9. 2. 선고 2010도17237 판결 등 참조). 이때 그러한 표현이 국가기관에 대한 감시·비판을 벗어나 공직자 개인에 대한 악의적이거나 심히 경솔한 공격으로서 현저히 상당성을 잃은 것인지는 표현의 내용이나 방식, 의혹사항의 내용이나 공익성의 정도, 공직자의 사회적 평가를 저하하는 정도, 사실 확인을 위한 노력의 정도, 그 밖의 주위 여러 사정 등을 종합하여 판단해야 한다(대법원 2013. 6. 28. 선고 2011다40397 판결 등 참조).」

[연구]

1. 문제의 소재 및 연구 방향

형법상 명예훼손죄의 구성요건은 (i) 공연히 (ii) 진실 또는 허위의 사실을 적시하여 (iii) 사람의 명예를 훼손할 것이다(형법 제307조). 구성요건에 해당하더라도 위법성조각사유가 있으면 처벌되지 않는데, 명예훼손에 관하여는 일반적 위법성조각사유(주로 정당행위가 문제된다) 외에도 명예훼손죄의 특수한 위법성조각사유(형법 제310조)가 있다. 판례는 명예훼손으로 인한 불법행위 책임에 관하여도 동일한 법리를 적용한다.

명예훼손에 적용되는 형법 제307조, 제310조, 민법 제750조의 조문은 아주 단순하다. 그런데 현대 사회에서 알권리, 표현의 자유와 개인의 인격권이 차지하는 비중이 점점 더 커짐에 따라 명예훼손에 관한 판례 법리가 상세하게 발전하여왔다. ① 해당 표현이 사실을 적시한 것인지 의견을 표현한 것에 불과한지, ② 사실 적시라면 이것이 진실인지 허위인지, ③ 진실에 해당한다면 이것이 공공의 이익에 관한 것으로 형법 제310조에 따라 위법성이 조각되는지, ④ 허위에 해당하더라도 진실이라고 믿을 상당한 이유가 있어 위법성이 조각되는지, ⑤ 일부 사안에서 '악의적이거나 현저히 상당성을 잃은 공격'이 아니어서 위법성이 없는지 등의 판단기준이 마련되어 있다.

상세한 판례 법리에도 불구하고 비슷한 내용의 표현을 두고 그 결론을 달리하거나, 이 사건과 같이 하급심과 대법원의 판단이 다른 경우가 많다. 이는 곧 그 판단이 용이하지 않음을 나타낸다. 최종적으로 책임이 없다는 결론에 이르더라도 판단의 어려움과 결론의 예측불가능성은 행위자가 표현행위로 인하여 형사고소나 민사소송을 제기당하는 등의 위험 때문에 표현행위를 꺼리게 되는 심각한 문제를 내포한다.

대상판결의 원심은 비록 대상판결과 결론을 달리하였지만 특기할 만한 점이 있다. 형사사건에서 구성요건해당성을 판단한 뒤 그 다음단계로 위법성조각 여부를 따지는 일반적 체계와 달리 종래 위법성조각사유로 여겨져 온 '악의적 공격' 여부를 먼저 판단한 뒤 구성요건해당성(사실 적시 여부, 허위 여부)을 판단한 점이다. 대상판결도 이 사건 발언이 사실의 적시가 아니라고 판단하면서도 여기에서 그치지 않고 '표현행위가 악의적 공격이 아니어서 명예훼손죄로 처벌할 수 없다'고 판시하였는바, 구성요건해당성을 부정하는 것만으로 무죄의 결론에 이르는 데 충분한데도 더 나아가 판단한 것이다.

'악의적 공격' 법리는 이를 처음으로 판시한 대법원 2003. 7. 8. 선고 2002다

64384 판결 이래 많은 판례에서 언급되었지만, 이 법리가 법체계상 어디에 위치하는지 아직 명확히 정리되지 않은 것으로 보인다. 이 글에서는 악의적 공격 법리의 법체계상 위치를 명확히 하고, 표현의 자유를 강하게 보장할 필요가 있는 영역에서 위축효과를 방지하기 위한 법리의 운용 방안을 제시하고자 한다.

우선 논의의 전제로서 판례에 의한 악의적 공격 법리의 형성과정을 살펴본 후(2.항) 대법원 판결례의 분석을 통하여 이 법리의 법체계상 위치, 특히 이것이 형법 제310조의 위법성조각사유와 독자적인 것인지와 종래 언급되어 온 '공적 영역에서의 완화된 심사기준 법리'의 관계에 관하여 검토한다(3.항). 다음으로 명예훼손에 관한 판단기준의 불명확성을 지적하고 그로 인한 위축효과의 문제점을 극복하기 위한 악의적 공격 법리의 적용 방안을 제시한다(4.항). 마지막으로 이 사건의 결론(5.항)과 대상판결의 의의(6.항)에 관하여 살펴본다.

2. 명예훼손으로 인한 민형사상 책임에서 '악의적 공격' 법리의 형성과정

가. 형법상 명예훼손죄와 명예훼손으로 인한 민사 불법행위책임

형법은 명예훼손죄에 관하여 제307조에서 구성요건, 제310조에서 위법성조각사유를 정하고 있다. 민법에는 명예훼손으로 인한 불법행위 책임에 관하여 특별한 규정이 없어 일반 불법행위 규정(민법 제750조)이 적용되고, 손해배상의 방법에 관한 특칙(민법 제764조)이 있을 뿐이다. 과거에 민사사건에서는 형사사건과 같이 구성요건, 위법성, 책임을 나누지 않고 위법성, 즉 표현행위가 법질서 전체의 관점에서 위법하다고 평가할 수 있는지를 판단하였는데, 표현의 자유와의 관계에서 어떤 경우에 표현행위를 '위법하다'고 보아야 할지, 형법상 위법성조각사유가 민사 불법행위책임에도 적용될 수 있는지 문제되었다.

명예훼손에 관하여는 종래 민사 사건이 압도적으로 많아 민사 판결에서 형법 제310조의 위법성조각사유를 구체화하면서 법리가 발전하였고 이것이 형사 판결에도 그대로 수용되었다. 그 과정을 간략히 살펴본다.

나. 민사 판례에 의한 위법성조각 법리의 발전

1) 상당성 법리

1988년 전 판례는 명예훼손의 위법성에 대해 구체적인 판단기준을 제시하지 않았다. 아래 대법원 85다카29 판결은 최초로 ① 형법 제310조의 위법성조각사유가 명예훼손으로 인한 민사 불법행위책임에도 적용되고, ② 진실한 사실이 아니라도 행위자가 진실이라고 믿을 상당한 이유가 있으면 형법 제310조의 위법성조각사유에 해당한다고 선언하였다. ②는 강학상 '상당성 법리'로 지칭되고 현재까지도 확립된 판례 법리이다. 상당성 법리는 형법 제310조의 문언보다 위법성조각사유를 넓혀 표현의 자유를 확장하였다는 평가를 받는다.

대법원 1988. 10. 11. 선고 85다카29 판결

구 헌법(1980.12.27. 개정) 제20조, 제9조 후단의 규정 등에 의하면 표현의 자유는 민주정치에 있어 최대한의 보장을 받아야 하지만 그에 못지않게 개인의 명예나 사생활의 자유와 비밀 등 사적 법익도 보호되어야 할 것이므로, 인격권으로서의 개인의 명예의 보호와 표현의 자유의 보장이라는 두 법익이 충돌하였을 때 그 조정을 어떻게 할 것인지는 구체적인 경우에 사회적인 여러가지 이익을 비교하여 표현의 자유로 얻어지는 이익, 가치와 인격권의 보호에 의하여 달성되는 가치를 형량하여 그 규제의 폭과 방법을 정하여야 한다.

위와 같은 취지에서 볼 때 <u>형사상이나 민사상으로 타인의 명예를 훼손하는 행위</u>를 한 경우에도 그것이 공공의 이해에 관한 사항으로서 그 목적이 오로지 공공의 이익을 위한 것일 때에는 진실한 사실이라는 증명이 있으면 위 행위에 위법성이 없으며 또한 <u>그 증명이 없더라도 행위자가 그것을 진실이라고 믿을 상당한 이유가 있는 경우에는 위법성이 없다</u>고 보아야 할 것이다.

상당성 법리는 1966년 일본 최고재판소 판례[2]의 영향을 받은 것으로 추측되는데, 우리 판례의 주류는 일본과 달리 위법성조각사유로 본다.

진실이라고 믿을 상당한 이유가 있는지 여부는 표현의 성격, 정보원의 신빙성, 사실 확인의 용이성, 보도로 인한 피해자의 피해 정도 등 여러 사정을 종합하여 표현 내용의 진위 여부를 확인하기 위한 적절하고도 충분한 조사를 다

2) 일본 최고재판소 1966(昭和41). 6. 23. 판결(민집20-5, 1). 일본은 이를 명예훼손의 고의·과실을 조각하는 사유로 보고 있다.

하였는가, 그 진실성이 객관적이고도 합리적인 자료나 근거에 의하여 뒷받침되는가 하는 점에 비추어 판단하여야 한다.[3] 상당한 이유 등 형법 제310조의 위법성조각사유가 있음은 행위자가 증명하여야 한다.[4]

2) 공적 영역에서 완화된 심사기준

위 85다카29 판결의 상당성 법리는 그 이후 표현행위가 공적 영역에서 이루어졌는지 사적 영역에서 이루어졌는지 구분되지 않고 적용되어왔는데, 2002년 대법원은 아래 2000다37524, 37531 판결에서 헌법재판소 결정을 인용하여 상당성 유무를 심사할 때 공적 영역에서는 완화된 심사기준을 적용하여 상당성의 입증 부담을 경감시켜야야 한다고 판시하였다. 이는 아래에서 볼 악의적 공격 법리를 위한 초석이 되었다.

대법원 2002. 1. 22. 선고 2000다37524, 37531 판결(이하 '한국논단' 판결)

(전략)[5] 한편, 언론·출판의 자유와 명예보호 사이의 한계를 설정함에 있어서 표현된 내용이 사적 관계에 관한 것인가 공적 관계에 관한 것인가에 따라 차이가 있다는 점도 유의하여야 한다. 즉 당해 표현으로 인한 피해자가 공적인 존재인지 사적인 존재인지, 그 표현이 공적인 관심사안에 관한 것인지 순수한 사적인 영역에 속하는 사안에 관한 것인지, 그 표현이 객관적으로 국민이 알아야 할 공공성, 사회성을 갖춘 사안에 관한 것으로 여론형성이나 공개토론에 기여하는 것인지 아닌지 등을 따져보아 공적 존재에 대한 공적 관심사안과 사적인 영역에 속하는 사안 간에는 심사기준에 차이를 두어야 한다. 당해 표현이 사적인 영역에 속하는 사안에 관한 것인 경우에는 언론의 자유보다 명예의 보호라는 인격권이 우선할 수 있으나, 공공적·사회적인 의미를 가진 사안에 관한 것인 경우에는 그 평가를 달리하여야 하고 언론의

3) 대법원 1998. 5. 8. 선고 96다36395 판결.
판례는 언론이 수사 당국의 공식 발표를 신뢰하여 보도한 사안에서는 상당성을 인정하였고(대법원 97다10215 판결), 언론이 독자적으로 취재한 경우에는 관계자의 증언을 두루 취재하는 등 기사 정확성을 위해 최대한 노력을 기울여야 상당성을 인정하였다(대법원 2000다68306 판결 상당성 부정, 대법원 94도3191 판결 상당성 인정). 신문사가 연합통신으로부터 제공받은 기사를 사실 확인 없이 직접 취재한 것처럼 보도한 경우 상당성을 부정하였고(대법원 2000다51520 판결), 인터넷 상의 가상공동체(커뮤니티) 자료실, 게시판에 게시 저장된 자료를 보고 허위의 사실을 적시하였고 별다른 사실관계 조사나 확인을 하지 않았다면 상당성을 부정하였다(대법원 2003다66806 판결). 한편 수사기관이 피의사실을 공표하는 경우에는 객관적 확정이 있는 경우에만 상당한 이유를 인정하였다(대법원 96다17257 판결).

4) 대법원 1997. 9. 30. 선고 97다24207 판결은 "언론의 특성상 공직자의 윤리 및 비위 사실에 관한 보도에 있어서는 특별히 보도의 내용이 허위임을 알았거나 이를 무분별하게 무시한 경우에만 상당한 이유가 없다고 보아야 할 것이라거나 상당한 이유에 대한 입증책임을 피해자가 부담하여야 할 것이라는 등의 상고이유의 주장은 독자적인 견해에 불과하여 받아들일 수 없다."고 하였다.

5) 상당성 법리를 설시하였다.

자유에 대한 제한이 완화되어야 한다. 그리고 피해자가 당해 명예훼손적 표현의 위험을 자초한 것인지의 여부도 또한 고려되어야 한다(이상 헌법재판소 1999. 6. 24. 선고 97헌마265 결정 참조).

당해 표현이 공적인 존재의 정치적 이념에 관한 것인 때에는 특별한 의미가 있다. 그 공적인 존재가 가진 국가·사회적 영향력이 크면 클수록 그 존재가 가진 정치적 이념은 국가의 운명에까지 영향을 미치게 된다. 그러므로 그 존재가 가진 정치적 이념은 더욱 철저히 공개되고 검증되어야 하며, 이에 대한 의문이나 의혹은 그 개연성이 있는 한 광범위하게 문제제기가 허용되어야 하고 공개토론을 받아야 한다. 정확한 논증이나 공적인 판단이 내려지기 전이라 하여 그에 대한 의혹의 제기가 공적 존재의 명예보호라는 이름으로 봉쇄되어서는 안되고 찬반토론을 통한 경쟁과정에서 도태되도록 하는 것이 민주적이다. 그런데 사람이나 단체가 가진 정치적 이념은 흔히 위장하는 일이 많을 뿐 아니라 정치적 이념의 성질상 그들이 어떠한 이념을 가지고 있는지를 정확히 증명해 낸다는 것은 거의 불가능한 일이다. 그러므로 이에 대한 의혹의 제기나 주관적인 평가가 진실에 부합하는지 혹은 진실하다고 믿을 만한 상당한 이유가 있는지를 따짐에 있어서는 일반의 경우에 있어서와 같이 엄격하게 입증해 낼 것을 요구해서는 안되고, 그러한 의혹의 제기나 주관적인 평가를 내릴 수도 있는 구체적 정황의 제시로 입증의 부담을 완화해 주어야 한다. 그리고 그러한 구체적 정황을 입증하는 방법으로는 그들이 해 나온 정치적 주장과 활동 등을 입증함으로써 그들이 가진 정치적 이념을 미루어 판단하도록 할 수 있고, 그들이 해 나온 정치적 주장과 활동을 인정함에 있어서는 공인된 언론의 보도내용이 중요한 자료가 될 수 있으며, 여기에 공지의 사실이나 법원에 현저한 사실도 활용할 수 있다.

☞ 보수월간지인 한국논단이 전국민노총, 민변 등에 대해 '불법단체, 불순세력, 정권타도투쟁, 좌익노동단체' 등으로 표현한 것에 대해 명예훼손 책임을 부정하고, '공산게릴라실 빨치산전투'라고 표현한 것은 모욕적 표현에 해당한다고 보아 책임을 인정한 사안

이는 미국의 공인 이론(연방대법원의 New York Times v. Sullivan 판결을 시작으로 공직자의 공적 행위에 대한 보도가 명예훼손이 되기 위해서는 현실적 악의가 있음을 피해자가 증명해야 한다는 법리)[6]의 영향을 받은 것으로 추측된다. 상당성의 증명책임을 행위자에서 피해자로 전환하지는 않았지만 공적 사안에서 진실이라고 믿을만한 상당한 이유에 관한 행위자의 증명 부담을 경감시킴으로써 표현의 자유를 넓혔다고 평가된다.

6) 미국 연방대법원의 뉴욕타임즈 판결과 그 후 발전된 공인이론에 대한 자세한 설명은 이상윤, "공적 영역에서 표현의 자유와 인격권의 충돌", 저스티스168(2018.10.), 8~14 참조.

3) 악의적 공격 법리

대법원은 위 한국논단 판결이 나온 지 얼마 지나지 않아 공직자의 도덕성·청렴성에 대한 의혹 제기는 악의적이거나 현저히 상당성을 잃은 공격이 아니면 위법하지 않다고 하였다.

대법원 2003. 7. 8. 선고 2002다64384 판결(이하 '전북도지사' 판결)

언론·출판의 자유와 명예보호 사이의 한계를 설정함에 있어서는, 당해 표현으로 명예를 훼손당하게 되는 피해자가 공적인 존재인지 사적인 존재인지, 그 표현이 공적인 관심사안에 관한 것인지 순수한 사적인 영역에 속하는 사안에 관한 것인지 등에 따라 그 심사기준에 차이를 두어, 공공적·사회적인 의미를 가진 사안에 관한 표현의 경우에는 언론의 자유에 대한 제한이 완화되어야 하고,[7] **특히** 공직자의 도덕성, 청렴성에 대하여는 국민과 정당의 감시기능이 필요함에 비추어 볼 때, 그 점에 관한 의혹의 제기는 **악의적이거나 현저히 상당성을 잃은 공격**이 아닌 한 쉽게 책임을 추궁하여서는 안 된다.

☞ 정당 대변인이 절도범의 진술을 믿고서 전북도지사가 사택에 금품을 보관하고 있다가 도난당하였음에도 이를 은폐하고 있다는 내용의 성명을 발표한 것이 고위공직자의 도덕성이라는 공적 사안에 관한 정당 대변인의 정치적 논평에 해당한다고 하여 위법성을 인정하지 않은 사안

이는 현재까지 확립된 선례의 법리로 '악의적이거나 심히 경솔한 공격으로 현저히 상당성을 잃은 것'으로 표현하기도 하는데(대법원 2006. 5. 12. 선고 2004다35199 판결, 대법원 2007. 12. 27. 선고 2007다29379 판결) 실질적으로 같은 법리이다. 문헌에서는 위 법리를 공인 이론[8], 공적 영역 법리[9], 현실적 악의론[10], 악의적 공격 법리[11], 악의성 법리[12]라고 지칭하기도 한다. 대법원 2018. 10. 30. 선고 2014다61654 전원합의체 판결(이하 '종북주사파' 판결)은 '공인 이론'이라는 표현을 하였고,[13] 후속 판결에서 그 표현을 인용하기도 하

7) 여기까지는 한국논단 판결의 법리이다.
8) 전원열, "공인에 대한 명예훼손(2)", 언론관계소송재판실무연구(2008), 159.
9) 이상윤, "공적 인물의 정치적 이념에 관한 표현행위와 불법행위책임", 사법51(2020), 71은 대법원이 칭한 '공인 이론'은 널리 알려져서 익숙하다는 장점은 있지만, 미국 연방대법원이 먼저 확립한 '현실적 악의 원칙 및 공인 이론'과 대법원의 법리 사이에 차이가 있는데 같은 것으로 혼동될 우려가 있다고 한다.
10) 배병일, 명예훼손소송과 오신의 상당성, 영남대학교 출판부(2019), 238.
11) 주석 형법[각칙4](제5판, 2017), 582(심담 집필).
12) 이제우, "'악의적이거나 현저히 상당성을 잃은 공격'과 민사상 명예훼손", 민사법학78(2017), 413.
13) 대법원 2014다61654 전합 판결: "피해자의 지위를 고려하는 것은 이른바 공인 이론에 반영되어 있다. 공론의 장에 나선 전면적 공적 인물의 경우에는 비판을 감수해야 하고 그러한 비판에 대해서는 해명과 재반박

였다.[14] 그런데 위 전합 판결은 앞서 본 '공적 영역에서의 완화된 심사기준 법리'와 '악의적 공격 법리'를 포괄하여 공인 이론이라고 지칭한 것으로 보인다. 이하 논의의 편의상 두 법리를 구분하기 위하여 '악의적 공격 법리'라고 지칭한다.

판례는 악의적 공격 법리를 표현의 자유를 폭넓게 인정할 필요가 있는 분야에 적용한다. 현재까지 판례에 나타난 사안들은 다음과 같이 4가지, 즉 ① 공적 존재의 정치적 이념에 관한 의혹 제기,[15] ② 공직자의 도덕성·청렴성이나 정책결정, 업무수행의 정당성에 관한 의혹 제기,[16] ③ 언론사에 대한 감시와 비판,[17] ④ 정당의 정치적 주장, 논평[18]으로 크게 분류할 수 있다.[19]

'악의적이거나 심히 경솔한 공격으로 현저히 상당성을 잃었는지'의 판단은 언론보도의 내용이나 표현방식, 의혹사항의 내용이나 공익성의 정도, 공직자 또는 공직 사회의 사회적 평가를 저하시키는 정도, 취재과정이나 취재로부터 보도에 이르기까지의 사실확인을 위한 노력의 정도, 기타 주위의 여러 사정

을 통해서 극복해야 한다. 발언자의 지위나 평소 태도도 그 발언으로 상대방의 명예를 훼손했는지 판단할 때 영향을 미칠 수 있다."

14) 대법원 2019. 5. 30. 선고 2016다254047 판결, 대법원 2019. 12. 12. 선고 2016다206949 판결.

15) 앞서 본 한국논단 판결 및 '종북·주사파' 판결.

16) 방송국 프로듀서가 PD수첩 방송을 통하여 한미 쇠고기 수입 협상의 협상단 대표와 주무부처 장관이 협상을 졸속으로 체결하여 국민을 인간광우병 위험에 빠뜨리게 하였다는 취지로 표현하는 등 그 자질 및 공직수행 자세를 비하하여 이들의 명예를 훼손하였다는 내용으로 기소된 사건(대법원 2010도17237 판결, 명예훼손 책임 부정), 경찰청 기동수사대 소속 경찰관들의 피의자를 비호하였다는 내용을 보도한 사건(대법원 2004다35199, 명예훼손책임 인정), 동일 사건으로 처벌받은 전력이 있음에도 검사가 잘 확인하지 않은 채 피의자를 다시 기소하자 방송사가 '한심한 검찰'이라는 제목으로 '피의자가 처벌 사실을 알렸음에도 검사가 묵살하였다'고 방송한 사건(대법원 2001다53387, 명예훼손책임 부정), 대전지역 검사들이 변호사로부터 불법 로비와 부정한 청탁을 받아 사건을 부당하게 처리하였다고 보도한 사건(대법원 2002다63558, 명예훼손책임 부정), 육군본부 검찰부 소속 검찰관과 검찰수사관에 대해 '갑의 수사기관에서 한 진술이 강압수사에 의하여 이루어졌다'는 취지의 언론 보도한 사건(대법원 2013다74837, 명예훼손책임 부정) 등이 있다.

17) 언론사가 정치강연회에서 초청연사가 한 발언을 인용하는 방법으로 다른 언론사의 명예를 훼손하는 내용의 기사를 게재한 사안에서, 별도의 사실확인 절차 없이 내용의 진위가 불명확하고 출처도 특정하기 어려운 인터넷 게시물에 근거한 위 발언을 진실이라고 믿을 만한 상당한 이유가 있다고 볼 수는 없지만, 제반 사정상 위 기사는 언론사에 대한 정당한 감시와 비판 기능의 수행으로서 보호되어야 할 범위에 속하므로 그 명예훼손행위가 악의적이거나 현저히 상당성을 잃어 위법하다고 볼 수 없다고 한 사건(대법원 2006다53214 판결). 언론사가 언론사를 상대로 한 사건(대법원 2011다86782 판결, 2012다107129 판결 등)에서 위 법리가 반복적으로 설시되었다.

18) 앞서 본 전북도지사 판결, 검찰이 유력 대선후보를 위해 증거은폐 등 짜맞추기식 수사를 하였다는 취지의 민주당 대책단장(전 국회의원)의 발언(2011다40397, 명예훼손 책임 부정) 등이 있다.

19) 자세한 내용은 이상윤(주7), 81; 한위수, "명예훼손에 특수한 위법성조각사유에 대한 고찰", 사법 창간호(2007.9.), 65-68; 권태상, "공직자에 대한 명예훼손", 법학논집19권1호, 이화여자대학교 법학연구소(2014), 68-73 참조.

등을 종합하여 판단한다.[20)]

형법 제310조에 관한 상당성 등 위법성조각사유에 관한 증명책임이 표현행위자에게 있다는 판례에 따르면 '악의적 공격 법리가 적용되고, 표현이 악의적이거나 심히 경솔한 공격으로 현저히 상당성을 잃지 않았다는 것'을 행위자가 증명해야 할 것이다.[21)] 현재까지 악의적 공격 법리에 관한 증명책임이 누구에게 있는지에 대해 명시적으로 설시한 판례는 찾기 어렵다. 판례가 악의적 공격 법리가 적용되는 사안에서 위법성을 제한적으로 인정하고 있으므로 증명책임이 사실상 피해자에게 있는 것과 같다는 견해도 있다.[22)]

다. 형사 판례에서의 법리 수용

앞서 본 민사 판결에서 확립된 상당성 법리, 공적 영역에서 완화된 심사기준 법리, 악의적 공격 법리는 형법상 명예훼손죄에 관하여도 그대로 수용되었다. 형사사건에서 악의적 공격 법리를 처음 언급한 판결은 아래 대법원 2004도1632 판결이다.[23)]

> **대법원 2007. 1. 26. 선고 2004도1632 판결**
> 공인이나 공적 기관의 공적 활동 혹은 정책에 대하여는 국민의 알 권리와 다양한 사상, 의견의 교환을 보장하는 언론의 자유의 측면에서 그에 대한 감시와 비판기능이 보장되어야 하므로 명예를 훼손당한 자가 공인인지, 그 표현이 객관적으로 국민이 알아야 할 공공성, 사회성을 갖춘 공적 관심사안에 관한 것으로 사회의 여론형성 내지 공개토론에 기여하는 것인지, 피해자가 그와 같은 명예훼손적 표현의 위험을 자초한 것인지 여부 등의 사정도 적극 고려되어야 한다. 따라서 이러한 공적 관심사안에 관하여 진실하거나 진실이라고 봄에 상당한 사실을 공표한 경우에는 그것이 악의적이거나 현저히 상당성을 잃은 공격에 해당하지 않는 한 원칙적으로 공공의 이익에 관한 것이라는 증명이 있는 것으로 보아야 할 것이다(대법원 2002. 6. 28. 선고 2000도3045 판결, 2003. 11. 13. 선고 2003도3606 판결, 2005. 4. 29. 선고 2003도2137 판결 등 참조). (중략) 그 전체적인 내용의 해석에 있어서는 농림부장관 개인에

20) 대법원 2006. 5. 12. 선고 2004다35199 판결.
21) 同旨: 주석 형법 [각칙4](제5판, 2017), 592(심담 집필); 이상윤(주7), 53.
22) 이상윤(주7), 53.
23) 그 이전에 선고된 대법원 2004. 12. 9. 선고 2004도6555 판결은 악의적 공격 법리에 대한 언급이 없이 언론기사가 다분히 악의적이거나 현저히 상당성을 잃은 공격에 해당한다는 이유 등으로, 피고인들에게 비방의 목적이 있었다고 본 원심 판단을 수긍하였다.

> 대한 비방보다는 공적 기관으로서의 농림부의 구체적 정책 혹은 그 방법론에 대한 비판을 주된 동기 내지 목적으로 하였다고 볼 여지가 더 많고, 이는 위 광고의 게재에 이르게 된 것이 협동조합의 개혁에 관한 농림부와의 의견대립에서 비롯되었다 하여 달리 볼 것은 아니라 할 것이다. 그럼에도 불구하고, 원심이 위 각 광고의 동기, 표현의 부적절함과 방법, 그로 인한 농림부장관의 명예훼손의 점을 들어 비방의 목적에 기한 광고라고 단정한 조치는 형법 제309조 제1항의 '비방의 목적' 혹은 형법 제310조의 '공공의 이익'에 관한 법리를 오해하여 판결 결과에 영향을 미친 잘못이 있다
> ☞ 축산업협동조합중앙회장이 농림부장관이 공식 채택한 수입쇠고기 유통·판매 권장정책 및 농축협 통합정책의 정당성 여부를 문제삼는 내용의 광고를 게재한 사안에서, 농림부장관 개인에 대한 명예훼손을 인정한 원심의 조치를 위법하다고 한 사례

위 판결은 악의적 공격 법리를 적용하여 비방의 목적(형법 제309조의 구성요건)을 부정하고 공공의 이익(형법 제310조의 위법성조각사유)을 인정하였다.

그 후 악의적 공격 법리를 적용하여 선고된 대법원 2007도9411, 2008도4889, 2006도7915, 2007도5312, 2011도14357 판결 모두 악의적 공격 법리를 설시한 뒤 비방의 목적이나 공공의 이익을 판단하였는데, 위 2004도1632 판결의 영향으로 추측된다. 아래에서 자세히 살펴보겠지만 대법원 2011. 9. 2. 선고 2010도17237 판결(이하 'PD수첩' 판결)은 민사 판결을 인용하여 악의적 공격 법리를 설시한 뒤, 피고인들에게 명예훼손의 고의가 있다고 보기 어렵다는 원심 판단을 수긍하였다.

이하에서는 항을 바꾸어 이와 같은 악의적 공격 법리의 법체계상 위치에 관하여 구체적으로 살펴본다.

3. '악의적 공격' 법리의 법체계상 위치

가. 형법 제310조에 관한 상당성 법리와의 관계

1) 전북도지사 판결(2002다64384)의 분석

한국논단 판결은 상당성 법리에 관하여 설시하면서 공적 영역에서 상당성의 증명책임을 완화하여야 한다고 하였다. 그 후 전북도지사 판결에서 최초로 판

시한 악의적 공격 법리가 (i) 한국논단 판결과 같은 맥락에서 기존의 상당성 법리에서의 상당성을 더욱 폭넓게 인정한 것인지 (ii) 상당성 법리와는 구별되는 새로운 위법성조각사유인지, (iii) 사실 적시나 비방의 목적 등 구성요건해당성을 부정한 것인지에 관하여 종래 견해가 일치되지 않았던 것으로 보인다.

우선은 전북도지사 판결의 사안과 판시를 세심하게 분석하는 것이 가장 중요하다. 전북도지사 판결의 원심은 행위자가 표현된 사실이 진실이라고 믿은 데 상당한 이유가 있다고 보기 어렵다고 보아 불법행위를 인정하였는데, 대법원은 '① 원고가 금품을 도난당한 사실이 진실로 밝혀지지 않았고 피고가 진실규명을 촉구하는 수준을 넘어 소외 1의 진술에만 의존하여 단정적인 주장을 하였다고 하더라도, ② 고위공직자의 도덕성에 관한 공적 사안에서 정당 대변인의 정치적 논평에 해당하는 이 사건 발표에 위법성을 섣불리 인정할 수는 없다고 할 것이다.'고 하였다. 그 판시를 원심판결과 대조하여 보면, 결국 표현된 사실이 진실이라고 믿은 데 상당한 이유는 없지만(위 ①부분) 악의적 공격에 해당하지 않으므로(위 ②부분) 위법하다고 볼 수 없다는 취지이다. 결국 전북도지사 판결은 상당성 법리와는 구별되는 위법성조각사유를 선언하였다고 평가할 수 있다.

2) 이후 주류적인 민사 판례

이후 나온 주류적인 민사 판례는 '진실이라고 믿을만한 상당한 이유가 없지만, 그 행위가 악의적이거나 현저히 상당성을 잃어 위법하다고 할 수 없어 불법행위가 아니다'고 하여 상당성 법리와 병행적으로 위법성조각사유로 삼거나, 아예 상당성 법리를 언급하지 않은 채 악의적 공격 법리만을 적용하여 위법성을 조각하여, 전북도지사 판결과 마찬가지로 악의적 공격 법리를 상당성 법리와 다른 위법성조각사유로 보았다. 그 사안과 판시를 좀 더 자세히 살펴본다.

대법원 2004. 2. 27. 선고 2001다53387 판결은 동일 사건으로 처벌받은 전력이 있음에도 검사(원고)가 잘 확인하지 않은 채 피의자를 다시 기소한 사안이다. 방송사(피고)가 '한심한 검찰'이라는 제목으로 '피의자가 처벌 사실을 알렸음에도 검사가 묵살하였다'고 방송한 것에 대해, 원심은 적시한 사실이 진실이라고 믿을 상당한 이유가 없다고 판단하였는데, 대법원은 악의적 공격 법리를 설시한 후 "이 사건 인터뷰의 방영은 피고들이 그 내용이 진실이라고 믿은 데에 상당한 이유가 있는 것이거나 공직자의 업무처리의 공정성 여부에 관한 언론의 감시와 비판기능의 중요성에 비추어 허용될 수 있는 범위 내의 것으로서 그 위법성을 인정할 수 없다."고 하였다.

대법원 2005. 1. 14. 선고 2001다28619 판결은 언론사가 검찰의 불법감청에 대한 의혹을 제기하는 내용의 사설을 게재한 사안에서, 원심은 사설이 공공의 이익에 관한 것임은 인정되지만 진실이거나 진실이라고 믿을 상당한 이유가 없다는 이유로 유죄로 판단하였는데, 대법원은 진실이라고 믿을 상당한 이유가 있는지 언급하지 않은 채 악의적 공격이 아니므로 위법성을 인정할 수 없다고 하였다.

대법원 2008. 4. 24. 선고 2006다53214 판결은 언론사가 정치강연회에서 초청연사가 한 발언을 인용하는 방법으로 다른 언론사의 명예를 훼손하는 내용의 기사를 게재한 사안에서, 별도의 사실확인 절차 없이 내용의 진위가 불명확하고 출처도 특정하기 어려운 인터넷 게시물에 근거한 위 발언을 진실이라고 믿을 만한 상당한 이유가 있다고 볼 수는 없지만(상당성이 없음을 명시적으로 설한 것이다), 제반 사정상 위 기사는 언론사에 대한 정당한 감시와 비판기능의 수행으로서 보호되어야 할 범위에 속하므로 그 명예훼손행위가 악의적이거나 현저히 상당성을 잃어 위법하다고 볼 수 없다고 하였다.

대법원 2013. 6. 28. 선고 2011다40397 판결은 국회의원인 피고가 '수사를 담당한 검사가 여러 가지 증거를 누락하고 대통령 후보자에게 유리한 자료만 공개하는 등 부실하고 왜곡·조작되거나 짜맞추기식 수사를 하였다'고 발언을 하기에 앞서 검찰에 그 내용을 확인하지 않은 것은 적절하지 않으나(상당성을 부정한 취지이다), 발언의 내용이나 표현방식, 공익성의 정도, 사실확인을 위한 노력의 정도 등 여러 사정을 종합하면 피고의 행위가 표현의 자유의 한계를 벗어난 것으로 보기는 어렵다고 판단하였다.

특히 위 2006다53214 판결의 대법원판례해설은 "종래의 공적 존재 또는 언론사에 대한 명예훼손 사건에 관한 대법원판결들은 '악의적이거나 현저히 상당성을 잃은 공격'이라는 심사기준을 일반론으로 제시하면서도 결론에 있어서는 주요 부분에 허위사실의 적시가 있었다고 할 수 없다거나 보도 내용이 진실이라고 믿음에 상당한 이유가 있다는 이유로 위법성을 부정하는 경우가 대부분이었기 때문에 위와 같은 새로운 심사기준이 기존의 심사기준과 어떻게 달리 작용하는지 명확하지 않은 측면이 있었다. 그러나 대상판결은 명예훼손 행위가 적시 사실의 진실성이나 그것이 진실이라고 믿음에 상당한 이유가 있었다는 점에 대한 기존의 심사기준에서는 벗어난 경우라도 악의성이 인정되지 않는 한 이를 이유로 위법성이 조각될 수 있다는 점을 명백히 하고 아울러 악의성 판단의 기초가 되는 구체적인 사실관계를 제시하였다는 점에서, 향후 언론사나 공적 존재에 대한 명예훼손 사건의 심리・판단에 있어서 중요한 선례가 되고, 공적 존재에 대한 명예훼손에 있어서의 새로운 심사기준에 관한 학계의 활발한 논의를 유도할 수 있는 판결이라고 평가할 수 있다."고 하여, 악의적 공격 법리가 상당성 법리와 구별되는 별개의 위법성조각사유임을 명확히 하였다.[24]

3) 형법 제310조 관련 상당성 법리를 보충한 것으로 설시한 판례

위와 같은 주류적인 민사 판결례와 달리, 해당 표현행위가 악의적 공격이 아니라고 한 뒤 결론 부분에서는 상당성 법리에 따라 위법성이 없다고 한 판결례도 있다.

대법원 2017. 2. 9. 선고 2016다233033 판결은 언론사(피고)가 다른 언론사의 직원이 그 대표이사(원고)를 근로기준법 위반으로 진정한 사건의 내용과 그 처리결과를 보도한 사안에서, 상당성 법리와 악의적 공격 법리를 인용한 후 포섭 부분에서 이 사건에서 문제되는 기사의 내용이 언론인의 도덕성이나 준법성 문제에 관한 공적 논쟁을 유발할 수 있는 공공의 이해에 관한 사항으로서 그 목적도 공익을 위한 것으로 볼 수 있어, 위 기사 내용의 표현에 관하여는 언론의 자유에 대한 제한이 완화되어야 할 뿐 아니라 악의적이거나 현저히 상

---

24) 김종호, "언론사에 대한 명예훼손에 있어서의 위법성 조각사유", 대법원판례해설75(2008), 199-200.

당성을 잃은 공격이 아닌 한 이를 쉽게 제한하여서는 아니 된다고 보아야 하는데, 기사의 표현방법이나 어휘 등을 전체적으로 살펴보더라도 그 내용이 악의적이거나 심히 경솔한 공격이라고 보기는 어렵고, 결국 공공의 이해에 관한 사항으로서 그 목적이 오로지 공공의 이익을 위한 것이고 그 내용이 진실한 사실이거나 피고들이 그것을 진실이라고 믿을 상당한 이유가 있으므로 위법성이 없다고 판단하였다.

대법원 2016. 5. 24. 선고 2013다34013 판결은 상당성 법리를 인용한 후 해당 표현행위가 악의적이거나 현저히 상당성을 잃은 공격이라고 볼 수 없는 점 등을 종합적으로 고려하여 보면, 이 사건 기사는 그 표현이 공공의 이해에 관한 사항으로서 그 목적이 오로지 공공의 이익을 위한 것으로 진실한 사실로 볼 수 있어 위법성을 인정할 수 없다고 하였다.

앞서 본 형사 판결들(2004도1632 등)은 대부분 형법 제310조의 '공공의 이익'에 관하여 판단할 때 악의적 공격 법리를 고려하고 있다.

4) 구성요건(고의와 비방의 목적) 판단 시 고려한 판결례

명예훼손의 고의와 비방의 목적(형법 제309조)에 관하여 악의적 공격 법리를 고려한 판결례도 있다.

> 대법원 2011. 9. 2. 선고 2010도17237 판결(이하 'PD수첩' 판결)
> 원심은, 피고인들이 제작한 이 사건 방송보도 내용 중의 일부가 객관적 사실과 다른 내용으로 된 허위사실의 적시에 해당한다고 하면서도, 다음과 같은 이유로 피고인들에게 명예훼손의 죄책을 물을 수 없다고 판단하였다. 즉 원심은 이 사건 방송의 전체적인 취지와 내용이 미국산 쇠고기의 식품 안전성 문제 및 이 사건 쇠고기 수입협상의 문제점을 지적하면서 대한민국 정부가 충분한 시간을 들여 검토를 거치지 않고 서둘러 협상을 체결한 잘못이 있다는 취지로 정부를 비판하는 것이라고 전제한 다음, 이와 같이 이 사건 방송보도가 국민의 먹을거리와 이에 대한 정부 정책에 관한 여론형성이나 공개토론에 이바지할 수 있는 공공성 및 사회성을 지닌 사안을 그 대상으로 하고 있는 점을 고려하면, <u>이 사건 방송보도로 인한 명예훼손죄의 성립 여부를 심사함에 있어서는 사적인 영역의 사안에 대한 것과는 심사기준을 달리하여야 한다</u>고 보았다. 나아가 원심은 허위사실의 적시로 인정되는 방송보도 내용은 미국산 쇠고기의 광우병 위험성에 관한 것으로서 공직자인 피해자들의 명예와 직접적인 연관을 갖는 것이 아닐 뿐만 아니라 피해자들에 대한 <u>악의적이거나 현저히 상당</u>

성을 잃은 공격으로 볼 수 없다고 전제한 다음, 이러한 사정에 비추어 피고인들에게 피해자들 개인의 명예를 훼손한다는 점에 대한 인식이 있었다고 인정하기 어렵고 달리 피고인들의 명예훼손에 관한 범의를 인정할 증거가 없다고 판단하였다. 원심판결 이유를 앞서 본 법리와 기록에 비추어 살펴보면, 원심의 위와 같은 판단은 정당한 것으로 수긍이 가고, (후략)

위 판결의 대법원판례해설은 다음과 같이 설명한다.25)

"앞서 본 바와 같이 대법원이 언론보도와 관련하여 제시한 차등화된 심사기준은 주로 위법성조각사유의 영역에서 논의되었으나, 이 사건의 판결 이유를 보면 대법원은 구성요건적 고의의 존부를 판단할 때에도 차등화된 심사기준이 적용될 수 있다는 점을 분명히 밝힌 것으로 이해된다. 즉, 대법원이 '악의적인 공격 또는 심히 경솔한 공격'이라는 사정을 명예훼손죄의 독립된 구성요건요소로 인정하거나 미국의 '현실적 악의'(actual malice) 원칙을 수용한 것이라고 단정할 수는 없으나, 구성요건적 고의와 같은 다른 범죄 성립요건의 존부를 판단하는 과정에서 반드시 '악의적인 공격 또는 심히 경솔한 공격'인지 여부를 고려하도록 함으로써 일반적인 경우에 비하여 훨씬 엄격한 증명을 요구하는 것이다. 이러한 대법원의 입장은 공적 관심사안에 관한 언론보도의 명예훼손죄 성립 인정기준에 관한 기존 판례법리의 취지를 그대로 계승하면서 그 적용범위를 확장한 것으로서, 향후 유사 사안에서 공직자 개인의 명예 보호보다는 언론의 자유 보장에 더욱 무게가 실릴 가능성을 보여 준다."

앞서 본 형사 판결들(2004도1632 등)도 형법 제309조의 구성요건인 비방의 목적이 있는지 판단할 때 악의적 공격 법리를 고려하였다.

5) 구성요건(사실·의견의 구분)과 형법 제310조의 상당성에서 모두 고려한 판결

대법원 2018. 10. 30. 선고 2014다61654 전원합의체 판결(종북주사파 판결)에서는 진보당 정치인에 대해 '종북, 주사파, 경기동부연합'이라고 한 정치적 표

25) 신종열, "공적 관심사안에 관한 언론보도로 인한 명예훼손", 이상훈 대법관 재임기념 문집, 사법발전재단(2017), 608-609.

현행위가 사실 적시인지 의견 표명인지, 사실 적시라면 진실이라고 믿을만한 상당한 이유가 있는지가 쟁점이 되었다. 위 판결은 일반 법리 부분에서 상당성 법리, 공적 영역에서의 완화된 심사기준, 악의적 공격 법리를 모두 언급하였는데, 사안 포섭 부분에서는 완화된 심사기준을 적용하여 '종북 · 주사파'는 원고들의 정치적 행보나 태도를 비판하기 위한 수사학적 과장으로 볼 수 있어 의견 표명이라고 하였고(구성요건해당성 조각), '경기동부연합'은 사실 적시는 맞지만 정치인의 정치적 이념에 대해서는 광범위한 문제제기가 허용될 필요가 있고 당시 언론보도 등을 고려하면 피고가 진실이라고 믿을만한 상당한 이유가 있다고 하였다(형법 제310조에 따른 위법성 조각). 사실 · 의견의 구분 및 상당성 유무와 관련하여 악의적 공격 법리를 고려한 것으로 보인다.

6) 학설

악의적 공격 법리가 상당성 법리의 증명책임을 완화시켜 주는 법리라고 보는 견해가 있으나,[26] 상당성 법리와 별개의 위법성조각사유라고 평가하는 견해가 다수이다.[27]

이상윤 부장판사는 형법 제310조의 상당성 법리와 악의적 공격 법리는 판단기준과 판단방법 · 구조가 다르고(상당성 법리는 표현대리에서 정당한 이유와, 악의적 공격 법리는 권리남용 판단기준과 유사하다고 평가한다), '진실이라고 믿은 데 상당한 이유가 없는 경우'라도 '악의적이거나 현저히 상당성을 잃은 공격이 아닌 경우' 위법성이 부정할 수 있어야 하므로 공인이론을 상당성 법리의 일환으로 판시하는 것은 재고가 필요하며,[28] 종북주사파 판결에서 경기동부연합 관련하여 의혹을 제기할 구체적인 정황의 제시가 충분하지 않아 상당성 법리만으로는 위법성을 조각하기 부족하므로 악의적 공격 법리를 상당성 법리가 아니라 별개의 위법성조각사유로 판시하였어야 한다고 한다.[29] 이제우

---

26) 주석 민법 [채권각칙6](제5판, 2022), 388 이하(함석천 집필); 신평, 헌법적 관점에서 본 새로운 명예훼손법, 청림출판(2004), 310.

27) 주석 형법 [각칙4](제5판, 2017), 582(심담 집필); 한위수(주20), 69-70; 문병찬, "명예훼손과 판례상의 면책 심사기준", 재판과판례13, 대구판례연구회(2005), 50; 이상윤(주7), 48-49; 이제우(주13), 421-422; 권태상(주20), 76-77

28) 이상윤(주7), 49.

29) 이상윤(주10), 89-91.

교수 역시 상당성 법리와 악의적 공격 법리는 적용범위, 핵심 판단기준, 인정 취지가 다르므로 서로 구별되어야 한다고 한다. 그 이유로 상당성 법리는 진실성 요건에 관한 피고인의 증명책임을 경감시켜 주기 위해 인정한 것인 반면 악의적 공격 법리는 국민과 언론의 공인에 대한 감시·비판·견제 기능을 중요시하여 표현의 자유를 더 많이 보호하고자 하는 데 있고 증명책임 경감과는 별 관련이 없다고 한다.30)

7) 검토: 독자적 위법성조각사유

이상과 같이 악의적 공격 법리가 명예훼손 법리의 법체계상 어느 국면에서 작용하는 것인지에 관하여 판례의 입장이 혼재되어 있고, 특히 형사사건에서는 형법 제310조의 상당성 법리를 보충하는 판단요소로 언급한 경우가 많다. 필자는 악의적 공격 법리를 최초로 선언한 전북도지사 판결이나 주류적 민사판결례와 같이 악의적 공격 법리를 기존의 상당성 법리와 구별되는 위법성조각사유로 보는 것이 타당하다고 생각한다. 명예훼손에 관한 법리는 앞서 살펴본 것처럼 민·형사 사건에서 함께 발전하여 왔으므로 형사사건에서 악의적 공격 법리의 법체계적 위치도 일관되게 파악할 필요가 있다. 구체적인 이유는 다음과 같다.

가) 악의적 공격 법리는 그 개념 자체로 상당성 법리와 구별된다.

상당성 법리는 적시된 사실이 진실인지 허위인지와 관계된다. 주로 적시된 사실에 근거가 있는지, 행위자가 사실 확인을 위한 노력을 얼마나 했는지, 그에 따라 적시한 사실이 진실이라고 믿을만한지를 판단한다. 반면 악의적 공격 법리는 표현행위가 '악의적이거나 심히 경솔한 공격으로 현저히 상당성을 잃었는지' 보는 것으로 객관적으로 볼 때 표현행위에 악의(나쁜 마음), 경솔함(너무 조심성 없는 것)이 있었는지 살핀다.

표현행위가 악의적이고 경솔한 공격인 경우 진실이라고 믿을 상당성이 부정되는 경우가 대부분일 것이다. 진실이라고 믿을만한 사실을 적시한 것이 악의적이거나 심히 경솔한 공격이라고 평가되는 것은 사실상 어렵기 때문이다. 반

30) 이제우(주13), 421-422.

면 악의적이거나 심히 경솔한 공격이 아니라고 하여 행위자가 표현된 사실이 진실이라고 믿을만한 상당한 이유가 있는 경우, 즉 사실에 근거가 있거나 사실 확인의 노력을 한 경우에 해당한다고 볼 수는 없다. 사실확인의 노력을 하지는 않았지만 악의는 없는 경우도 충분히 있을 수 있다. 이처럼 진실이라고 믿을만한 상당한 이유가 없는 경우에도 악의적 공격이 아닐 수 있으므로, 악의적 공격 법리는 상당성이 없는 경우에도 위법성을 조각시킬 수 있다. 주류적 민사 판례에서 진실이라고 믿을 상당한 이유가 없지만 악의적 공격이 아니라고 판단한 것도 두 법리의 개념이나 판단 요소가 같지 않기 때문이다.

〈허위 사실을 적시한 경우 위법성 조각 여부〉

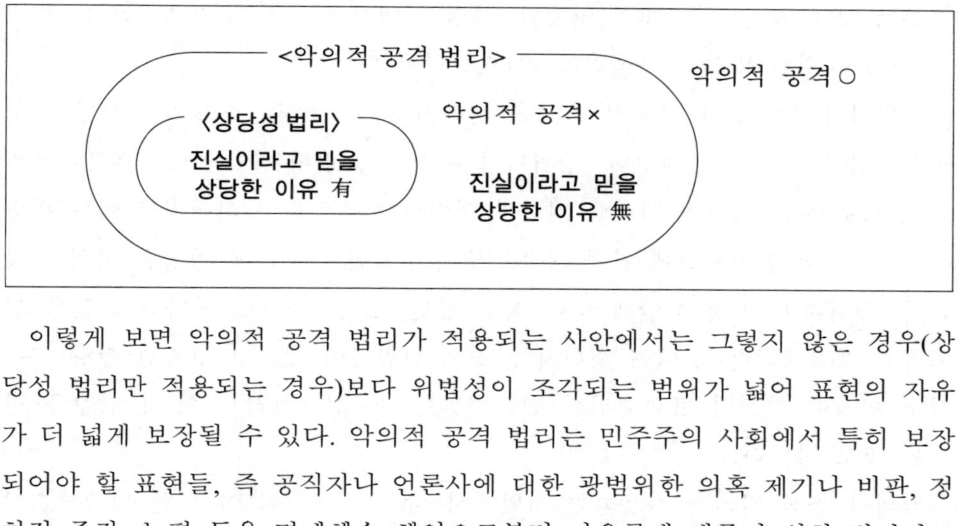

이렇게 보면 악의적 공격 법리가 적용되는 사안에서는 그렇지 않은 경우(상당성 법리만 적용되는 경우)보다 위법성이 조각되는 범위가 넓어 표현의 자유가 더 넓게 보장될 수 있다. 악의적 공격 법리는 민주주의 사회에서 특히 보장되어야 할 표현들, 즉 공직자나 언론사에 대한 광범위한 의혹 제기나 비판, 정치적 주장, 논평 등을 명예훼손 책임으로부터 자유롭게 해주기 위한 법리이므로, 이런 영역에서는 적시된 사실이 진실이 아니고 '진실이라고 믿을만한 상당한 이유'가 부족한 경우도 악의적 공격이 아닌 한 위법성을 조각할 필요가 있다. 이는 악의적 공격 법리를 형법 제310조와 독자적인 위법성조각사유로 파악했을 때 가능하다.

나) 악의적 공격 법리를 구성요건해당성(사실 적시 여부, 고의, 비방의 목적 등) 판단에 적용하는 것은 구성요건 개념과 논리적·체계적으로 맞지 않는다. 형법상 구성요건은 금지되는 행위를 객관적으로 정형화하여 규정한 것이고,

위법성은 구성요건을 갖춘 행위가 전체 법질서에 위배된다는 규범적 평가이다. 구성요건해당성은 위법성을 징표하지만 특별한 조각사유가 있으면 위법성이 제거된다. 형법 제307조는 '공연히 사실을 적시하여 사람의 명예를 훼손하는 행위'를 명예훼손의 구성요건으로 할 뿐이고 악의적 공격 등은 그 구성요건에 전혀 나타나지 않는다.

적시한 내용이 사실인지 여부는 그 표현의 문언과 내용, 문맥, 표현이 이루어진 상황과 배경 등을 고려하여 표현된 내용이 증명가능한 구체적 사실인지 판단한다. 어떤 표현이 증명가능한 구체적인 사실을 담고 있는데도 악의적 공격이 아니어서 의견이라고 보는 것은 논리적으로 이상하고, 사실과 의견을 구분하는 개념 표지와 잘 맞지 않는다. 이런 점에서 악의적 공격을 사실과 의견의 구별을 위한 법리로 포섭하기 어려운 면이 있다.

행위자가 상대방의 사회적 평가를 저하시키는 사실을 스스로 적시한 이상 구성요건적 고의는 존재한다. 행위자가 자신의 표현행위가 공공의 이익을 위한 것으로 혹은 적시한 사실이 진실일 것이라고 믿었다고 하더라도 이는 위법성조각사유의 전제사실에 관한 착오로서 구성요건적 고의에 영향을 미치지 않는다. 행위자가 공적 사안에서 이 정도 발언으로는 유죄로 평가되지 않을 것이라고 생각했더라도, 이는 행위자 스스로 위법성이 없다고 평가한 것일 뿐이어서 이것이 자신의 표현행위를 인식하였는가(구성요건적 고의)에 영향을 미치는 것도 아니다.

악의적 공격 법리가 적용되는 사안에서 악의적 공격이 아닌 한 명예훼손이 아니라고 보는 것은, 민주주의 국가에서 여론의 자유로운 형성·전달을 통해 민주적 정치질서를 생성·유지시키는 것이 중요하고, 이를 위해서는 누구든 공적 존재에 대한 자유로운 비판이 가능하도록 할 필요가 있다는 점, 이러한 사안에서 인격권 보호로 달성되는 가치보다 표현의 자유로 얻어지는 이익이 우월하다는 점을 고려한 것이다. 이는 모두 가치판단적 요소로서 법질서 전체의 관점에서 '표현이 위법하지 않다'고 평가하는 것이고 이는 구성요건이 아닌 위법성의 개념에 부합한다. 위법성은 규범적이고 가치판단적인 개념이므로 어떤 표현에 대한 가치평가가 표현이 이루어진 문맥이나 시대 상황에 따라 다를 수 있고 비슷한 표현이라도 경우에 따라 위법성이 다르게 평가될 수 있다.

다) 악의적 공격 법리가 형법에 규정된 위법성조각사유 중 어디에 속하는지 굳이 명확히 한다면 위법성조각사유의 일반규정인 형법 제20조에서 규정하는 '사회상규에 위배되지 않는 행위'의 한 종류로 볼 수 있을 것이다.

형법 제20조의 '사회상규에 위배되지 않는 행위'는 법질서 전체의 정신이나 그 배후에 놓여 있는 사회윤리 내지 사회통념에 비추어 용인될 수 있는 행위를 말한다. 어떤 행위가 그 행위의 동기나 목적의 정당성, 행위의 수단이나 방법의 상당성, 보호법익과 침해법익과의 법익균형성, 긴급성, 그 행위 외에 다른 수단이나 방법이 없다는 보충성 등의 요건을 갖춘 경우에는 정당행위에 해당한다.[31)]

명예훼손죄와 관련해서도 형법 제20조의 사회상규에 위배되지 않는 행위로 보아 위법성을 조각한 판결례가 있다.[32)] 앞서 보았듯이 악의적 공격 법리는 형법 제310조와 구별되는 위법성조각사유이고, 정치인의 정치적 이념, 공직자의 도덕성·청렴성 등 일부 사안에서 표현의 자유를 특별히 보호하기 위한 것이다. 이는 민주주의, 헌법상 기본권의 비교형량 등을 통해 당해 표현행위가 법질서 전체의 관점에서 위법하지 않기 때문으로 결국 법질서 전체의 관념에서 사회통념에 위배되지 않는 정당행위의 한 종류로 볼 수 있다. 이는 특수한 영역에서 사회상규에 위배되지 않는 정당한 표현행위의 요건(위 판례에서 말

31) 대법원 1986. 10. 28. 선고 86도1764 판결, 2003. 11. 28. 선고 2002도5726 판결 등.

32) 대법원 1995. 3. 17. 선고 93도923 판결은 피해자가 피고인이 목사로 있는 교회의 이단성 여부를 조사하여 달라고 요청하여 피고인이 소속한 교단협의회에서 조사위원회를 구성하여 그에 대한 조사활동을 하고 보고서를 그 교회 사무국장에게 작성토록 하자, 피고인이 피해자를 명예훼손죄로 고소했던 고소장의 사본을 제출하여 조사보고서의 관련 자료에 첨부된 경우, 이는 자신의 주장의 정당성을 입증하기 위한 자료의 제출행위로서 정당행위에 해당하고, 고소장의 내용에 다소 피해자의 명예를 훼손하는 내용이 들어 있다 하더라도 위법성이 조각된다고 판단하였다.
대법원 1990. 4. 27. 선고 89도1467 판결은 조합의 긴급이사회에서 불신임을 받아 조합장직을 사임한 피해자가 대의원총회에서 피고인 등의 음모로 조합장직을 박탈당한 것이라고 대의원들을 선동하여 회의 진행이 어렵게 되자, 새 조합장이 되어 사회를 보던 피고인이 회의의 질서유지를 위해 이사회의 불신임결의 과정에 대한 진상보고를 하면서 피해자는 긴급 이사회에서 불신임을 받고 쫓겨나간 사람이라고 발언한 경우, 그러한 발언은 업무로 인한 행위이고 사회상규에 위배되지 않는다고 판단하였다.
대법원 1989. 2. 14. 선고 88도899 판결은 교회담임목사를 출교처분한다는 취지의 교단산하 재판위원회의 판결문은 성질상 교회나 교단 소속신자들 사이에서는 당연히 전파, 고지될 수 있는 것이므로 위 판결문을 복사하여 예배를 보러온 신도들에게 배포한 행위로 인해 그 목사의 개인적인 명예가 훼손된다 하여도 사회상규에 위배되지 아니하는 행위에 해당하여 위법성이 없다고 판단하였다.

하는 목적의 정당성, 수단·방법의 상당성, 법익균형성, 긴급성, 보충성)을 구체화한 것으로 이해할 수 있을 것이다.

나. '악의적 공격' 법리와 '공적 영역에서 완화된 심사기준' 법리의 관계

앞서 본 한국논단 판결을 악의적 공격 법리가 형성되는 과정에서 나타난 과도기적인 판결이라고 보는 견해가 있으나,[33] 동의하기 어렵다. 전북도지사 판결은 완화된 심사기준 법리를 설시하고 나서 '특히 공직자의 도덕성, 청렴성에 관해서는 악의적 공격이 아닌 한 책임을 추궁해서는 안된다'고 하여, 그 문언상으로도 일반적으로 공적 사안에서는 명예훼손에 대한 심사기준을 완화하여 표현의 자유에 대한 제한이 완화되어야 하고, 거기에서 더 나아가 특별한 사건에서는 악의성 법리가 적용되어야 한다는 취지로 이해된다.

악의적 공격 법리가 확립된 이후에도, 악의적 공격 법리를 언급하지 않고 완화된 심사기준 법리만을 인용하여 사실 적시 여부, 형법 제310조의 상당성 유무를 판단한 예가 있다. 대법원 2011. 9. 8. 선고 2010다50762 판결, 대법원 2012. 6. 14. 선고 2010다20181 판결, 앞서 본 종북주사파 판결 등이다. 이것이 만약 과도기적 법리였다면 악의적 공격 법리와 별도로 인용되지 않았을 것이다. 나아가 대법원 2015. 9. 10. 선고 2013다26432 판결과 같이 명예훼손이 아니라 인신공격적 모욕적 표현에 관하여도 완화된 심사기준을 적용한 판결례도 위 판결이 단순 과도기적인 것이 아님을 시사한다.[34]

악의적 공격 법리는 "악의적인, 경솔한, 현저히 상당성을 잃은 공격"과 같은 특정한 심사기준을 제시함에 반해, 완화된 심사기준 법리는 공적 존재에 대한

---

33) 이제우(주13), 414-415. 그 외에도 주석 형법 [각칙4](제5판, 2017), 581 이하(심담 집필) 등 완화된 심사기준 법리를 악의적 공격 법리와 특별히 구분하지 않고 서술하는 문헌들이 있다.

34) 대법원 2015. 9. 10. 선고 2013다26432 판결: "표현의 자유와 명예보호 사이의 한계를 설정함에 있어서는, 당해 표현으로 명예를 훼손당하게 되는 피해자가 공적인 존재인지 사적인 존재인지, 그 표현이 공적 관심 사안에 관한 것인지 순수한 사적 영역에 속하는 사안에 관한 것인지 등에 따라 그 심사기준에 차이를 두어, 공공적·사회적인 의미를 가진 사안에 관한 표현의 경우에는 표현의 자유에 대한 제한이 완화되어야 한다. 그러나 <u>아무리 공적인 존재의 공적인 관심사에 관한 문제의 제기가 널리 허용되어야 한다고 하더라도</u> 구체적 정황의 뒷받침도 없이 악의적으로 모함하는 일이 허용되지 않도록 경계해야 함은 물론 구체적 정황에 근거한 것이라 하더라도 <u>그 표현방법에 있어서는 상대방의 인격을 존중하는 바탕 위에서 어휘를 선택하여야 하고, 아무리 비판을 받아야 할 사항이 있다고 하더라도 모멸적인 표현으로 모욕을 가하는 일은 허용될 수 없다</u>."

공적 사안에서는 사적인 사안에 비해 표현의 자유에 대한 제한을 완화하여 심사기준에 차별을 두어야 한다는 취지이고 위와 같은 악의적 공격 등의 특정한 심사기준을 제시하지 않는다. 따라서 완화된 심사기준은 명예훼손 책임의 판단 전반-구성요건(사실/의견, 사회적 평가를 저하시키는 발언인지 여부, 피해자 연관성, 고의・과실), 위법성, 책임-에 전체적으로 적용함으로써 공적 영역에서 표현의 자유를 좀더 넓게 보장하는 역할을 할 수 있다. 판례는 ① 사실/의견, ② 명예훼손의 고의, ③ 형법 제309조의 비방의 목적, ④ 형법 제310조의 공공의 이익, ⑤ 형법 제310조의 진실이라고 믿을만한 상당한 이유에 관하여 표현을 둘러싼 제반 사정을 고려하여 전체적・종합적으로 판단하여야 한다고 한다. 이러한 요건들은 규범적으로 평가되는 구성요건 또는 위법성 요건으로, 특히 고의나 비방의 목적, 공공의 이익, 상당성 등은 공적 사안과 사적 사안에서 다르게 판단될 수 있다. 공인 이론을 언급하며 사실/의견, 상당성 등을 판단한 종북주사파 판결을 비롯하여 구성요건적 고의, 비방의 목적 등을 좁게 보아 명예훼손책임을 부정한 판례들은, 이와 같이 완화된 심사기준 법리를 적용한 것으로 이해할 수 있다.

4. 판단기준의 불명확성에 따른 위축효과와 악의적 공격 법리를 통한 극복방안

앞서 본 확립된 판례의 판단기준에도 불구하고 개별 사안에서 명예훼손 책임 유무는 그 판단이 쉽지 않다.

가. 사실과 의견 구별의 어려움

순수한 의견의 표현은 명예훼손죄를 구성하지 않는다.[35] 사실은 증명이 가능한 과거・현재의 사실관계에 관한 진술로,[36] 명시적인 사실을 진술하는 것

35) 사실 적시는 진실인지 허위인지 문제되지만, 의견 표명은 옳고 그름이 문제될 뿐이고, 인간이 자신의 생각을 자유롭게 표현하는 것은 진리의 발견과 사회 발전을 위해 중요하고 진위가 아닌 옳고 그름은 자유로운 토론을 통해 가리는 것이 민주주의 사회의 기본 요청이므로, 의견이 잘못되었다고 하여 법적인 책임을 추궁하는 것은 부당하기 때문이다. 박용상, 명예훼손법, 현암사(2008), 79~80 참조.
다만 의견 표현의 형식・내용이 피해자에 대한 모욕적, 경멸적인 인신공격에 해당하면 모욕죄를 구성할 수 있다.

36) 대법원 1998. 3. 24. 선고 97도2956 판결 등.

뿐만 아니라 의혹을 제기하거나 의견의 형식을 띠거나 소문이나 제3자의 말이나 보도를 인용한 경우에도 간접적·우회적으로 사실의 존재를 암시하면 사실 적시에 해당한다.[37] 사실 적시 여부는 표현의 내용(언어의 통상적 의미와 용법), 입증가능성, 표현이 사용된 문맥, 표현을 둘러싼 사회적 상황 등을 고려하여 전체적·종합적으로 판단해야 한다.[38] 이처럼 사실 적시 여부는 제반 사정을 종합하여 판단하여야 하므로, 같은 표현이라도 문맥이나 표현이 이루어진 배경, 시대적 사회적 상황에 따라 달리 받아들여질 수 있어 사실과 의견의 구별은 어려운 문제이다.

대법원 판결 중에서도 같은 표현을 두고 그 판단을 달리한 경우가 적지 않다. 피해자의 사진 아래 '친일매국'이라고 표현하거나, '피해자가 친일파이다'라고 표현하였지만 구체적인 친일 행적에 대한 언급이 없다면 의견 표현에 불과하다고 본 판결이 있다.[39] 반면 원고가 독립군과 싸웠거나 전범에 해당한다는 취지의 제3자와의 인터뷰내용을 방송하면서 "친일행각", "친일고백"이라고 보도한 사안에서는 원고가 일제 시절 반민족행위를 한 사실 존재를 간접적으로 암시했다고 보아 명예훼손 책임을 인정하였다.[40]

한 언론이 방송국 피디를 '주사파'라고 표현한 것을 사실 적시라고 본 판결이 있는 반면,[41] 앞서 본 종북주사파 판결에서는 정치인에 대한 '종북·주사파'라는 표현은 정치적 행보나 태도를 비판하기 위한 의견 표현이라고 하였다(전원합의체 판결로 대법관 5명의 반대의견은 사실 적시로 보았다).[42]

'개정된 미국산 쇠고기 수입위생조건에서는 광우병위험물질이 국내에 들어오거나 미국에서 인간광우병이 발생해도 우리 정부는 독자적으로 어떤 조치를 취할 수 없고 미국과 협의를 거쳐야 한다.'는 보도가 정정보도청구의 대상이 되는 사실적 주장이 아니고 의견표명에 불과하다고 보았다. 위 판결에서 대법

37) 대법원 2008. 11. 13. 선고 2006도7915 판결, 대법원 2005. 1. 14. 선고 2001다28619 판결, 대법원 2008. 11. 27. 선고 2007도5312 판결 등.
38) 대법원 1998. 3. 24. 선고 97도2956 판결 등.
39) 대법원 2000. 2. 25. 선고 98도2188 판결, 대법원 2007. 9. 7. 선고 2005도5783 판결.
40) 대법원 2003. 8. 19. 선고 2001다3214 판결.
41) 대법원 2002. 12. 24. 선고 2000다14613 판결.
42) 대법원 2018. 10. 30. 선고 2014다61654 전원합의체 판결.

관 5명의 반대의견은 이것이 사실적 주장에 관한 보도라고 하였다.[43]

그 외에도 원심과 대법원이 사실 적시 여부를 달리 보아 파기환송한 예가 많다. 이 사건도 1심과 원심은 이 사건 발언이 '대통령이 7시간 동안 마약을 하거나 보톡스 시술을 받아 적절하게 직무를 수행하지 못하였다'는 사실을 암시하였다고 판단하였지만, 대상판결은 의견 표현에 불과하다고 보았다.

나. 형법 제310조의 위법성조각사유의 한계: 진실·허위 논쟁과 증명의 어려움

어떤 표현행위가 사실을 적시하였더라도, 그것이 진실한 사실로서 오로지 공공의 이익에 관한 때에는 형법 제310조에 따라 처벌되지 않으므로, 적시된 사실이 진실인지 허위인지에 관하여 많은 공방이 이루어진다. 때로는 소송의 결론(명예훼손 책임의 유무)보다도 적시된 사실이 진실인지 허위인지가 언론과 대중의 주된 관심사가 되어, 지난하고 소모적인 공방이 이어지고 심리 과정에서 나타난 내용이 정치사회적 논쟁으로 연결되는 경우가 많다. PD수첩 판결에서는 1, 2심에서 보도된 내용(미국산 쇠고기가 광우병 위험성이 높은지, 그런데도 정부가 졸속 협상을 하였는지)이 진실인지 허위인지 여부가 가장 큰 쟁점으로 다투어졌다.

또한 '표현행위가 공공의 이익에 관한 것인지'와 '행위자가 진실이라고 믿을 상당한 이유가 있는지'도 앞서 본 것처럼 제반 사정을 종합적으로 고려하여 판단해야 하므로, 역시 그 판단이 쉽지 않다. 특히 이 사건처럼 정치권력에 관하여 확인되지 않은 사실을 언급하며 의혹을 제기한 경우 형법 제310조에 따른 위법성조각이 어려운 경우가 많다. 적시된 사실이 허위라는 점에 대한 증명책임은 검사에게 있지만, 의혹의 존재를 적극적으로 주장하는 행위자가 그 존재를 수긍할만한 소명자료를 제시할 부담을 지고 검사는 그 자료의 신빙성을 탄핵하는 방법으로 허위의 증명을 할 수 있어,[44] 의혹 제기 사실에 대한 증

43) 대법원 2011. 9. 2. 선고 2009다52649 전원합의체 판결.

44) 대법원 2005. 7. 22. 선고 2005도2627 판결: "의혹을 받을 일을 한 사실이 없다고 주장하는 사람에 대하여 의혹을 받을 사실이 존재한다고 적극적으로 주장하는 자는 그러한 사실의 존재를 수긍할 만한 소명자료를 제시할 부담을 진다고 할 것이며, 검사는 제시된 그 자료의 신빙성을 탄핵하는 방법으로 허위성의 입증을 할 수 있다고 할 것인데, 이 때 제시하여야 할 소명자료는 위의 법리에 비추어 단순히 소문을 제시하는 것만으로는 부족하고 적어도 허위성에 관한 검사의 입증활동이 현실적으로 가능할 정도의 구체성은

명자료를 제시하지 못하면 허위로 판단될 가능성이 크기 때문이다.

다. 위축효과

이처럼 사실, 의견의 구분, 형법 제310조의 공공의 이익, 진실이라고 믿을만한 상당한 이유 등의 판단이 어렵다는 점은 표현의 자유에 대한 위축효과로 이어진다. 행위자가 책임을 지게 될지 사전에 예측하기 어렵고, 최종적으로 책임이 없는 것으로 밝혀지더라도 수사와 재판 과정에서 지는 위험과 고통을 회피하게 위하여 정당한 표현행위를 꺼리게 되기 때문이다. 그로 인해 공익에 관한 진실한 사실 마저도 공적 토론의 장에서 사라지게 될 우려가 있다.

미국 연방대법원이 뉴욕타임즈 판결에서 공적 사안에서 표현행위자에게 현실적 악의가 있음을 증명해야만 책임을 지울 수 있다고 한 것은, 공적인 행위에 대해 비판을 하고자 하는 사람이 상대방으로부터 제소당할 위험과 그에 따른 비용부담의 압박 때문에 제대로 목소리를 내지 못하는 것, 즉 표현의 자유가 위축되는 것이 부당하다는 것에 기초하고 있다.[45] 우리 판례가 특정 영역에서 악의적 공격 법리를 적용하는 것도, 민주주의 국가에서는 여론의 자유로운 형성·전달에 따라 다수의견을 집약시켜 민주적 정치질서를 생성·유지시켜 나가야 하므로 공적 관심사에 대한 표현의 자유는 중요한 헌법상 권리로서 최대한 보장되어야 하기 때문이다. 이는 그 표현이 사실인지 의견인지, 진실인지 허위인지에 따라 다르지 않다.

따라서 악의적 공격 법리가 적용되는 사안에서는, 이러한 위축효과를 최소화할 수 있도록 운용하여야 법리의 취지를 충분히 발현할 수 있다.

라. 악의적 공격 법리의 심리 및 판단 방법에 대한 제안

구성요건-위법성-책임의 단계적 판단 체계에 따르는 형사사건에서는 명예훼손의 구성요건에 해당하는지를 먼저 판단한 후 비로소 위법성조각 여부를 판

갖추어야 할 것이며, 이러한 소명자료의 제시가 없거나 제시된 소명자료의 신빙성이 탄핵된 때에는 허위사실 공표로서의 책임을 져야 한다."

45) 주석 민법 [채권각칙6](제5판, 2022), 389(함석천 집필).

단하는 것이 일반적인 실무의 태도이다. 앞서 본 것처럼 명예훼손으로 인한 불법행위 사건에서 위법성조각 법리가 동일하게 적용되므로 민사사건에서도 마찬가지이다.

그런데 표현의 내용과 표현이 이루어진 문맥과 배경 등을 살펴보아 악의적 공격 법리를 적용하여 표현의 자유를 폭넓게 보호할 필요가 있는 사안에서는[46]-구성요건해당성(사실/의견, 진실/허위)이나 형법 제310조의 위법성조각사유(진실이라고 믿을 상당한 이유가 있는지)에 관하여 논하기 전에-가장 먼저 악의적 공격에 해당하는지를 심리한 후 악의적 공격이 아니라고 판단되는 경우에는 그 이유만으로 심리를 종결하고 결론을 내는 방식으로 재판 실무를 적극적으로 운용할 필요가 있다. 표현된 내용이 사실인지 의견인지, 진실인지 허위인지, 허위인 경우 진실이라고 믿을 상당한 이유가 있는지 등을 굳이 심리하여 판단하더라도, 결국 악의적 공격이 아닌 한 허용되는 표현행위라는 결론에 아무런 차이를 가져오지 않기 때문이다. 오히려 그와 같이 상세히 심리하는 과정에서 소송이 지연되고 행위자가 주장, 증명에 관한 많은 부담을 지게 된다면, 당사자뿐만 아니라 이를 지켜보는 일반시민도 추후 소를 제기당하지 않기 위하여 비슷한 표현행위를 꺼리게 되는 위축효과를 불러일으킬 수 있다.

악의적인 공격인지 여부도 제반 사정을 고려하여 판단해야 하지만, 이는 앞서 본 것처럼 상당성 법리보다 훨씬 협소한 개념이므로, 행위자로서는 자신의 표현행위가 악의적이고 심히 경솔한 것이 아님을 다른 요건보다 더 쉽게 주장, 증명할 수 있다. 대부분 추가적인 사실관계를 밝히지 않고도 표현행위 자체의 내용이나 표현이 이루어진 배경, 맥락을 통해 악의적 공격 여부를 판단할 수 있을 것으로 생각된다.

심리 결과 악의적인 공격에 해당하는 경우에는 더 나아가 법원은 사실 적시에 해당하는지, 진실인지 여부, 진실이라고 믿을 상당한 이유가 있는지 등을 심리하여 명예훼손 책임을 지는지 판단하는 단계로 나아가면 된다.

---

46) 앞서 살펴본 것처럼 ① 공적 존재의 정치적 이념에 관한 의혹 제기, ② 공직자의 도덕성·청렴성이나 정책결정, 업무수행의 정당성에 관한 의혹 제기, ③ 언론사에 대한 감시와 비판, ④ 정당의 정치적 주장, 논평 등에 관한 사안이 이에 해당한다.

5. 이 사건의 해결

가. 악의적 공격에 해당하는지 여부

이상과 같이 제안한 방식에 따라 이 사건에 관하여 구체적으로 살펴본다. 이 사건 발언의 내용은 세월호 참사 발생 무렵 대통령의 행적에 관한 것으로서 공적 관심사에 관한 문제 제기에 해당한다. 이는 '공직자의 업무수행이 적정한지에 관한 의혹 제기'에 해당하여 악의적 공격 법리가 적용되는 사안이다. 따라서 악의적 공격에 해당하는지 먼저 살펴보는 것이 바람직하다.

이 사건 발언 당시 세월호 참사 당일 피해자의 행적에 대해서는 다양한 의혹이 제기되는 등 이미 사회적으로 많은 논란이 있었다. 피고인은 세월호 관련 시민운동을 하는 사람으로서 일반적으로 알려진 의혹 외에 피해자의 7시간 동안의 행적을 알 수 있는 특별한 지위에 있지 않았다. 피고인이 적시한 내용도 새로운 의혹이 아니라 이미 알려진 내용을 언급한 것이고, 피고인은 자신에 대한 국기기관의 압수·수색에 관한 항의를 하면서 이 사건 발언을 한 것이었다. 이러한 점을 고려하면 피고인의 발언이 피해자에 대한 '악의적이거나 심히 경솔한 공격으로서 현저히 상당성을 잃은 것'으로 보기는 어렵다. 대상판결의 입장도 같다. 그렇다면 사실인지 의견인지 여부 등 다른 요건에 대해서는 더 나아가 판단할 필요 없이 피고인에게 명예훼손죄가 성립하지 않는다고 결론지어야 한다.

원심이 이 사건 발언이 악의적 공격에 해당한다고 본 것은 타당하지 않다. 그러나 원심이 사실 적시인지 의견 표현인지 판단하기에 앞서 악의적 공격에 해당하는지 여부를 선제적으로 판단한 구조 자체는, 앞서 본 것과 같이 위축효과를 방지하기 위한 판단구조로서 바람직하다고 생각된다.

나. 사실 적시 여부

원심은 이 사건 발언이 '피해자가 세월호 참사 무렵 마약을 하거나 보톡스를 하였고, 이로 인하여 세월호 참사 발생 이후 7시간 동안 적절하게 직무를 수행하지 못하였다.'는 사실을 암시하여 적시한 것으로 인정한 반면, 대상판결은 피고인이 압수수색의 부당성과 피해자의 행적을 밝힐 필요성에 관한 의견을 표명하는 과정에서 세간에 널리 퍼져 있는 의혹을 제시한 것으로 구체적인 사실을 적시하였다고 단정하기 어렵다고 판단하였다. 대상판결은 이 사건 발언이 사실 적시인지 의견의 표현인지 판단하는데에도 "공적 인물과 관련된 공적 관심사에 관하여 의혹을 제기하는 형태의 표현행위에 대해서는 일반인에 대한 경우와 달리 암시에 의한 사실의 적시로 평가하는 데 신중해야 한다."고 하였다. 앞서 본 것처럼 공적 영역에서의 완화된 심사기준은 단순히 악의적 공격 법리가 형성되는 과정에서의 과도기적인 법리에 그치는 것이 아니라, 구성요건해당성을 판단하는 데에도 고려하여야 함을 명확히 한 것이다.

이 사건 발언이 사실 적시인지 의견 표현인지에 관하여는 양론이 가능하다고 보인다. 기본적으로는 경계선상에 있는 사안이라고 생각한다. 피고인이 제기한 의혹이 기존에 이미 언론 보도가 되었던 사안이고 피고인이 그런 사실을 객관적으로 밝힐 수 있는 위치에 있지 않다는 점에서 대상판결과 같이 의견표명으로 볼 수도 있다. 한편 '어떤 사실에 대한 의혹이 있다'고 표현한 경우 앞서 본 판례 법리에 의하면 그러한 의혹이 제기된 사실과 경위를 객관적·중립적인 입장에서 밝혀야 하고, 그 사실의 존재를 암시하면 안 된다. 그런데 이 사건 발언은 세월호 7시간 동안 대통령의 행적을 밝혀야 한다는 의견에 그치지 않고 구체적인 의혹을 제시하였으며 '그 의혹을 밝히기 위해 청와대를 압수수색을 해야 한다'고 하여 그 사실이 존재함을 암시하고 있다고 볼 수도 있다. 의혹 형식의 표현을 의견으로 보아 구성요건해당성을 부정하면, "~라는 의혹이 있다", "~라고 한다"라고만 표현하면 쉽게 명예훼손 책임을 면할 수 있다. 그러나 피해자의 명예가 훼손되는 것은 마찬가지이다. 예를 들어 '甲판사가 공정하지 못하다', '甲판사는 잘못된 판단을 하고 있다'는 진술은 사실을 암시하지 않은 발화자의 甲판사에 대한 의견·평가를 표명하는 것으로 명예훼손적 표현이 될 수 없다. 그런데 여기에 덧붙여 '甲판사는 공정하지 못하다. 甲판사가 뇌물을 받았다는 의혹이 있으므로 진실을 밝혀야 한다.'고 하면 앞에서 본 것과는 전혀 다른 진술이 된다. 그 평가의 근거로 뇌물수수 사실을 암시하고 있기 때문이다. 이것이 의혹 제기의 형식이라고 하여 의견 표명에 불과하고 피해자의 명예를 훼손하는 사실이 포함되어 있지 않다고 볼 수는 없다.

그러나 이러한 발언은 공적 영역에서 공직자(판사)의 청렴성에 대한 의혹 제기이므로 전혀 근거 없는 악의적이고 경솔한 공격이 아닌 한 위법성을 조각할 수 있다. 만약 甲판사의 뇌물수수 의혹이 발언자가 아무런 근거가 없이 지어낸 말이라면 악의적이거나 심히 경솔한 공격이라고 볼 수 있을 것이다.

본래 구성요건해당성이 배척되면 위법성조각 여부를 판단할 필요가 없는데도 대상판결이 이 사건 발언이 구체적인 사실 적시로 '단정할 수 없다'고 하면서 여기에서 그치지 않고 악의적 공격이 아니어서 명예훼손죄로 처벌할 수 없다고 판시한 것도 결국 이 사건의 결론을 확실하게 좌우하는 것은 악의적 공격인지 여부이기 때문이라고 생각된다.

이후 대법원 2021. 9. 16. 선고 2020도12861 판결도, 대상판결을 인용하면서 정치인인 피해자를 '공산주의자'라고 한 발언이 발언자의 정치인의 사상 또는 이념에 대한 의견 내지 입장표명으로서 구체적인 사실 적시라고 보기 어렵고, 나아가 표현의 자유를 한계를 일탈한 위법한 행위라고 볼 수 없다고 판단하였다. 위 판결은 악의적 공격 법리를 명시적으로 언급하지 않았지만 공적 존재의 정치적 이념에 관한 표현행위로서 악의적 공격 법리가 적용되는 사안이다. '표현의 자유의 한계를 일탈한 위법한 행위'는 곧 악의적 공격을 가리키는 것으로 볼 수 있을 것이다.

6. 대상판결의 의의

대상판결은 공적 영역에서의 완화된 심사기준, 상당성 법리, 악의적 공격 법리를 정리하여 제시하고, 공적 인물과 관련된 공적 관심사에 관하여 의혹을 제기하는 형태의 표현행위는 암시에 의한 사실 적시로 평가하는 데 신중해야 한다는 점을 새롭게 판시함으로써 공적 영역에서 표현의 자유를 확충하였다. 또한 구성요건해당성과 병행하여 악의적 공격 법리를 적용함으로써 위축효과를 방지하기 위한 악의적 공격 법리의 적용 방안에 관하여 좋은 실마리를 제시하였다고 생각한다.

[끝]

「사정변경의 원칙」 적용론

- 대상판결: 대법원 2021. 6. 30. 선고 2019다276338 판결 -*

한국외국어대학교 법학전문대학원 부교수, 법학박사 장 보 은

目 次

Ⅰ. 사실관계 및 판결의 요지
1. 사실관계
가. 계약의 내용
나. 비자발급 절차와 사안의 전개
2. 원심의 판단
3. 대법원 판결
Ⅱ. 문제의 제기
Ⅲ. 사정변경의 원칙을 고려할 수 있는 경우
1. 신의칙의 파생 원칙으로서 사정변경의 원칙
2. 이행이 가능할 것: 이행불능과의 경계
가. 사정변경의 원칙의 전제로서 이행가능성
나. 경제적 불능의 경우
다. 일시적 불능의 경우
3. 위험배분에 관한 정함이 없을 것: 보충적 적용
가. 위험배분 방법으로서의 사정변경의 원칙
나. 위험배분에 관한 명시적 약정이 있는 경우
다. 의사해석상 묵시적인 합의가 인정되는 경우
4. 소결 및 대상판결의 검토
Ⅳ. 사정변경의 원칙의 적용
1. 적용 요건
가. 일반론
나. 현저한 사정변경
다. 예견불가능
라. 부당성
2. 인정 효과
가. 일반론
나. 계약의 해제 또는 해지
다. 계약의 수정
3. 대상판결의 검토
가. 요건의 검토
나. 계약의 해지
Ⅴ. 결어

* 이 논문은 김재형 대법관님이 주심이셨던 2019다276338 판결에 대한 평석으로, 민사법학 제97호에도 게재되었습니다. 대법관님이 재임하시던 기간 동안 이론적으로 논의되던 법리들이 대법원의 판결로 확인된 것이 여럿 있는데, 이 판결에서 쟁점이 되었던 '사정변경의 원칙'도 그 중 하나입니다. 이러한 의미 있는 노력들이 다시 학문적인 발전으로 연결될 수 있도록, 대법관님의 퇴임을 기념하여 본 논문을 기고합니다.

Ⅰ. 사실관계 및 판결의 요지

1. 사실관계

가. 계약의 내용

원고들은 2015. 8. 26. 해외이주 알선업체인 피고와 미국 비숙련 취업이민을 위한 이민알선업무계약(이하 '이 사건 계약'이라 한다)을 체결하였다. 이 사건 계약은 계약서 작성일부터 원고들의 이민비자 취득일까지 유효하고,[1] 국외알선 수수료는 미화 3만 달러로 하되, 계약 시(1차), 노동허가 취득 시(2차), 이민허가 취득 시(3차)로 나누어 미화 1만 달러씩을 지급하기로 하였다.[2] 또한 이민허가가 나지 않을 경우에는 이미 납입한 국외알선 수수료의 80%를 환불하고, 미국의 이민정책 변경으로 이민 절차가 불가능해진 경우에는 국외알선 수수료에서 실비를 공제한 후 50%를 환불하는 것으로 명시되어 있었다.[3]

나. 비자발급 절차와 사안의 전개

미국 비숙련 취업이민은 ① 미국 노동부의 노동허가, ② 미국 이민국의 이민허가, ③ 주한 미국대사관의 이민비자 발급으로 절차가 진행된다. 당시 업무관행상 통상 2년 정도면 비자발급 절차가 마무리되었는데, 피고는 이 사건 계약 체결 시 원고들에게 이러한 점을 설명하였고, 원고에게 교부한 안내문에도 이 내용이 기재되어 있었다. 원고들은 2016. 5. 미국 이민국의 이민허가를 받았고, 이에 따라 이 사건 계약에서 정한 국외알선 수수료를 모두 지급하였다.

그런데 주한 미국대사관은 2016. 11.경 원고들에 대한 이민비자 인터뷰를 한 다음 추가 행정검토(Administrative Processing, 영사가 신청자의 비자발급 자격에 관한 결정 전 신청 건에 대하여 추가적으로 심사하는 것, 이하 'AP'라 한다) 결정을 하였고, 2017. 9.경에는 이민국 이송(Transfer in Progress, 이하 'TP'

---

1) 이 사건 계약 제1조 1호.
2) 이 사건 계약 제4조.
3) 이 사건 계약 제5조 4호 및 6호.

라 한다) 결정을 하였다. 주한 미국대사관은 기존의 관례와는 달리 국내 비숙련 취업이민 신청에 대해 2016. 3.경부터 AP 결정을, 2016. 9.경부터 TP 결정을 내리기 시작하였는데, 원고들에게도 그러한 결정을 한 것이다.

이처럼 주한 미국대사관의 AP/TP 결정으로 비자발급 절차가 중단되고 그 이유나 비자발급 절차 재개 여부를 전혀 알 수 없는 상황에서, 원고들은 2017. 12. 1. 이 사건 계약에 관하여 사정변경을 이유로 한 계약해지 등을 주장하며[4] 피고에 대하여 이미 지급한 수수료의 반환을 청구하는 이 사건 소를 제기하였다.

2. 원심[5]의 판단

원심은 다음과 같은 이유로 이 사건 계약의 해지를 인정하였다.

"주한 미국대사관이 원고들에 대해 AP/TP 결정을 함으로써 당초 예상했던 기간보다 훨씬 장기간 비자발급 절차가 진행되지 않고 중단된 상태가 지속되어 원고들이 언제 비자를 발급받을지 알 수 없는 상태가 되었다. 이로써 원고들과 피고가 계약의 기초로 삼았던 원고들의 비자발급 여부에 관하여 이 사건 계약 체결 당시 당사자가 예견할 수 없었던 현저한 사정변경이 생겼다고 인정하였다. 이러한 상황에서 원고들에게 최종적인 결정을 기다려서 계약에서 벗어날 수 있다고 하는 것은 신의칙에 반하므로 계약준수 원칙의 예외로서 원고들은 사정변경을 이유로 이 사건 계약을 해지할 수 있다."

3. 대법원 판결

대법원은 원심판결과 같이 원고들이 사정변경을 이유로 이 사건 계약을 해지할 수 있다고 판단하면서, 그 적용 요건을 더욱 구체화하였다. 즉, 법원은 신의성실 원칙의 파생원칙으로서 사정변경의 원칙이 인정된다는 점을 분명히 하

4) 원고들은 제1심에서 주위적으로 사기 · 착오에 의한 계약취소, 예비적으로 사정변경에 의한 해지를 이유로 수수료 반환을 구하였는데, 제1심 법원은 원고들의 주위적 청구를 배척하고 예비적 청구를 일부 인용하였다. 이후 피고만이 불복하여 항소하였으므로, 항소심과 대법원에서는 예비적 청구였던 사정변경에 의한 해지만을 검토하였다. 이 글에서는 예비적 청구를 위주로 살펴본다.

5) 서울중앙지방법원 2019. 9. 25. 선고 2019나12618 판결.

고, “계약 성립의 기초가 된 사정이 현저히 변경되고 당사자가 계약의 성립 당시 이를 예견할 수 없었으며, 그로 인하여 계약을 그대로 유지하는 것이 당사자의 이해에 중대한 불균형을 초래하거나 계약을 체결한 목적을 달성할 수 없는 경우에는 계약준수 원칙의 예외로서 사정변경을 이유로 계약을 해제하거나 해지할 수 있다.”고 하였다.

나아가 “여기에서 말하는 사정이란 당사자들에게 계약 성립의 기초가 된 사정을 가리키고, 당사자들이 계약의 기초로 삼지 않은 사정이나 어느 일방당사자가 변경에 따른 불이익이나 위험을 떠안기로 한 사정은 포함되지 않는다. 사정변경에 대한 예견가능성이 있었는지는 추상적·일반적으로 판단할 것이 아니라, 구체적인 사안에서 계약의 유형과 내용, 당사자의 지위, 거래경험과 인식가능성, 사정변경의 위험이 크고 구체적인지 등 여러 사정을 종합적으로 고려하여 개별적으로 판단하여야 한다. 이때 합리적인 사람의 입장에서 볼 때 당사자들이 사정변경을 예견했다면 계약을 체결하지 않거나 다른 내용으로 체결했을 것이라고 기대되는 경우 특별한 사정이 없는 한 예견가능성이 없다고 볼 수 있다.”고 한 다음, 이 사건 계약은 성립의 기초가 되었던 비자발급 절차나 기간에 관한 사정이 현저히 변경되었고, 당사자가 계약의 성립 당시 이를 전혀 예견할 수 없었으며, 계약을 유지해도 체결한 목적을 달성할 수 없거나 당사자의 이해에 중대한 불균형을 초래하는 경우에 해당하므로, 원고들은 사정변경을 이유로 위 계약을 해지할 수 있다고 판단하였다.

Ⅱ. 문제의 제기

이른바 ‘사정변경의 원칙’6)은 계약법상의 법리로서 계약의 성립 당시에 있었던 환경 또는 그 행위를 하게 된 기초가 되는 사정이 그 후 현저하게 변경

6) 외국의 해석론이나 우리 민법의 학설 및 판례의 태도에 비추어 사정변경의 ‘원칙’이라는 용어 대신, 사정변경의 ‘법리’라고 하는 것이 타당하다는 견해가 있다. 정상현, “매매목적 토지에 발생한 사정의 변경과 계약의 효력 -대상판례: 대법원 2007. 3. 29. 선고 2004다31302 판결 -”, 저스티스 통권 제104호, 2008, 196면. 이에 대한 문제의식은 별론으로 하고, ‘사정변경의 원칙’이 법적 용어로 굳어지다시피 하였으므로, 이 글에서는 이 용어를 그대로 사용하기로 한다.

되어 당초 정해진 계약의 내용을 그대로 유지하고 강제하는 것이 신의칙과 공평에 반하는 부당한 결과를 가져오는 경우에는, 당사자가 그 법률행위의 효과를 신의, 공평에 맞도록 변경하거나 소멸시킬 수 있다는 것을 의미한다.[7] 이는 신의성실의 원칙에 근거를 두고 있으며, '계약은 지켜져야 한다'는 계약준수의 원칙(pacta sunt servanda)에 대한 예외라고 일컬어진다.[8]

민법에는 아직까지 이러한 사정변경의 원칙을 일반적으로 인정하는 명문의 규정을 두고 있지는 않은데,[9] 우리 계약법상 이 원칙을 인정할 수 있는지에 대해서는 논란이 있었다.[10] 초기 판례들은 계약법의 대원칙인 계약준수의 원칙에 반한다는 취지로 사정변경의 원칙을 인정할 수 없다는 점을 분명히 하였다.[11] 이후에도 대법원은 몇몇 사건에서 해당 사안이 사정변경의 원칙 요건을 충족하지 못하였다는 판시를 되풀이하였는데,[12] 다만 위의 판례들과는 달리 사정변경의 원칙 자체를 인정하지 않는다는 점을 명시하지는 않았으므로, 사정변경의 원칙 자체에 대한 대법원의 입장이 무엇인지는 알기 어려웠고, 학설의 대립도 계속되었다. 대법원이 명시적으로 사정변경의 원칙이 인정된다는 것을 밝힌 것은 2007년 판결[13]을 통해서이다. 이 무렵부터는 사정변경의 원칙을 인정하는 것이 보다 일반적으로 인식되었으나, 사정변경의 원칙을 법리로서 인정하는 것과 별개로, 법원은 개별 사안에서 사정변경의 원칙을 근거로

7) 곽윤직, 채권각론(제6판), 박영사, 2003, 92면 등.

8) 대법원 2007. 3. 29. 선고 2004다31302 판결 등.

9) 2004년과 2013년 법무부가 주도하여 마련한 민법개정시안에서는 사정변경의 원칙을 명시하고자 하는 시도가 있었지만, 이들 개정시안이 국회에서 검토되지는 못하였다. 당시 민법개정시안의 내용에 관하여는 김재형, "계약의 해제·해지, 위험부담, 사정변경에 관한 민법개정안", 서울대학교 법학 제55권 제4호, 2014, 48면 이하 참조. 그 외에 사정변경의 원칙에 기초한 여러 조문들은 민법을 비롯한 여러 법률에 흩어져 있다고 설명된다.

10) 이에 관한 선행연구들이 다수 있으므로, 이 글에서는 기존 학설의 태도에 대해서는 자세히 다루지 않는다. 관련 내용은 송덕수, "사정변경의 원칙에 관한 현안의 정리 및 검토", 이화여자대학교 법학논집 제23권 제1호, 2018, 92면 이하; 이동진, "계약위험의 귀속과 그 한계: 사정변경, 불능, 착오", 비교사법 제26권 제1호, 2019, 43면 이하 등 참조.

11) 대법원 1955. 4. 14. 선고 4286민상231 판결; 대법원 1956. 3. 10. 선고 4288민상 234, 235 판결 등. 정상현, "사정변경에 의한 계약해소의 유형적 판례 분석", 서울지방변호사회 판례연구 제23집(1), 2009, 143면 이하 참조.

12) 대법원 1980. 4. 22. 선고 80다414; 대법원 1991. 2. 26. 선고 90다19664 판결 등. 다만, 계속적 보증에 관하여는 사정변경을 이유로 계약 해지를 인정한 일련의 판결들이 있으나, 이는 사정변경보다는 보충적 해석이나 신의칙을 적용하여 해결하는 것이 보다 타당하다. 권영준, "위험배분의 관점에서 본 사정변경의 원칙", 민사법학 제51호, 2010, 214면.

13) 대법원 2007. 3. 29. 선고 2004다31302 판결.

계약의 해제를 인정하는 것에는 여전히 인색하였다.[14] 이러한 이유로 사정변경의 원칙은 이론적인 논의라거나 사실상 부정되는 것이라는 견해도 있었다.[15]

그런데 2020년 말 대법원에서는 사정변경의 원칙을 이유로 계약 해지를 인정하는 판결을 선고한 바 있고,[16] 대상판결에서도 같은 취지로 계약의 해지를 인정하였다. 이러한 일련의 판결들을 통하여 법원은 사정변경의 원칙이 이론적으로만 인정되는 것이 아니라, 실천적인 규범이라는 점을 분명히 한 것으로 이해된다. 물론 사정변경의 원칙을 인정하더라도, 보충적으로 적용할 필요가 있는 경우에만, 요건을 따져서 적용하는 것이 옳다. 계약은 지켜져야 하는 것이 계약법의 대원칙이기 때문이다. 그럼에도 불구하고 판례가 사정변경의 원칙을 받아들이는 것을 명확하게 하고, 나아가 실제로 이를 실제 사건에서 인정한 것은 상당히 의미가 있다. 최근 전염병 사태와 관련하여 전례 없는 상황이 전개되고 있고, 그 외에도 현대 사회에서 계약을 둘러싼 여러 상황과 관련 기술이 빠르게 변화하는 점을 고려하면, 사정변경의 원칙은 향후 더욱 중요하게 부각될 가능성이 있다.

이제 사정변경의 원칙에 대한 고민은 그 이론적인 성격을 규명하는 것을 넘어서, 그 적용을 고려할 수 있는 경우는 언제인지, 어떠한 요건 하에 사정변경의 원칙을 인정할 수 있는지, 사정변경의 원칙이 인정되는 경우의 법적인 효과는 어떻게 이해할 것인지 등의 보다 구체적이고 실질적인 논의로 이어져야 한다. 대상판결은 향후 사정변경의 원칙의 적용 선례로서 기능할 수 있을 것이므로, 이를 통하여 사정변경의 원칙의 적용을 검토하고자 한다.

---

14) 대법원 2011. 6. 24. 선고 2008다44368 판결; 대법원 2012. 1. 27. 선고 2010다85881 판결; 대법원 2013. 9. 26. 선고 2012다13637 전원합의체 판결; 대법원 2014. 6. 12. 선고 2013다75892 판결; 대법원 2017. 6. 8. 선고 2016다249557 판결 등.

15) 정상현(주 6), 213면 이하; 김대정, “사정변경의 원칙을 명문화한 민법개정시안 제544조의4에 관한 검토”, 전북대학교 법학연구 제22집, 2011, 254면.

16) 대법원 2020. 12. 10. 선고 2020다254846 판결. 다만, 이 판결의 결론에는 찬성하나, 해당 사안은 사정변경의 원칙을 적용하기에 앞서 계약의 해석을 통해 해결할 수 있었을 것으로 생각된다. 권영준, “2020년 민법 판례 동향”, 서울대학교 법학 제62권 제1호, 2021, 309면 이하도 동지.

Ⅲ. 사정변경의 원칙을 고려할 수 있는 경우

1. 신의칙의 파생 원칙으로서 사정변경의 원칙

대상판결은 민법 제2조 제1항에서 규정하는 신의성실의 원칙은 법질서 전체를 관통하는 일반 원칙으로, 사정변경의 원칙이 신의칙의 파생 원칙임을 명시하였다. 나아가 "계약 성립의 기초가 된 사정이 현저히 변경되고 당사자가 계약의 성립 당시 이를 예견할 수 없었으며, 그로 인하여 계약을 그대로 유지하는 것이 당사자의 이해에 중대한 불균형을 초래하거나 계약을 체결한 목적을 달성할 수 없는 경우에" 사정변경을 이유로 계약을 해제 또는 해지할 수 있다고 하여 사정변경의 원칙의 적용 요건을 밝히고 있다.

신의칙은 법률관계의 당사자가 상대방의 이익을 배려하여 형평에 어긋나거나 신의를 저버리는 내용 또는 방법으로 권리를 행사하거나 의무를 이행해서는 안 된다는 추상적 규범으로서, 객관적인 법과 현실적 사회관계 간의 괴리를 좁혀주는 역할을 하며, 그 구체적인 내용은 개개의 사안에서 재판을 통해 실현된다.[17] 그런데 일반조항으로서 신의칙은 성질상 그 내용이 명확하지 않고 유동적이므로, 이를 남용하지 않도록 유의하여야 한다. 일찍이 독일의 법학자 헤데만은 이른바 '일반조항으로의 회피 현상'을 경계하면서, 신의칙과 같은 일반조항을 남용하면 법적 사고의 유약화, 불안정성, 자의성 등의 폐해가 발생할 수 있음을 지적한 바 있다.[18] 이러한 점은 개별 사안에 사정변경의 원칙을 적용함에 있어서도 유효하다.

즉, 사정변경의 원칙은 민법의 규정과 계약법의 원칙들에 비해 보충적 법원으로서 기능하는 것이다. 사정변경의 원칙이 계약준수의 원칙의 예외로서 인정된다고 한 것은 이러한 의미로 이해할 수 있다. 민법과 그 해석으로 해결되는 영역이라면 섣불리 사정변경의 원칙을 동원할 것은 아니다. 따라서 사정변

17) 곽윤직 · 김재형, 민법총칙(제9판), 박영사, 2013, 76면; 편집대표 곽윤직, 민법주해 [I], 박영사, 1999, 100면 이하(양창수 집필부분).

18) J.W. Hedemann 저, 윤철홍 역주, "일반조항으로의 도피 -법과 국가에 대한 하나의 위험-", 법원사, 2018, 86면. 원저는 Hedemann, Die Flucht in die Generalklauseln, 1933.

경의 원칙을 인정하기 위한 요건들을 자세히 검토하기에 앞서, 사정변경의 원칙과 인접해 있는 실정법으로서의 민법규정과 계약법 원칙들의 의미를 새기고, 그 내용과 효력의 범위를 고려하여 한계를 설정할 필요가 있다.[19]

2. 이행이 가능할 것: 이행불능과의 경계

가. 사정변경의 원칙의 전제로서 이행가능성

사정변경의 원칙은 이행이 가능한 것을 전제로 한다. 계약 체결 당시 예상하지 못하였던 현저한 사정변경으로 인하여 계약이 더 이상 이행될 수 없게 되었다면, 이는 이행불능의 문제이다. 그렇게 된 데에 채무자의 귀책사유가 있었다면 채무자는 채무불이행책임을 지고, 채무자의 귀책사유 없이 이행이 불가능하게 되었다면 그 위험을 누가 부담하여야 하는지의 문제가 남는다. 현저한 사정변경에도 불구하고 계약의 이행이 여전히 가능하다면, 원칙적으로 계약은 이행되어야 한다. 다만, 예외적으로 계약의 효력을 그대로 유지하는 것이 당사자의 이해에 중대한 불균형을 초래하거나 계약을 체결한 목적을 달성할 수 없도록 하는지가 문제될 수 있다. 즉, 이행이 가능한 때에 비로소 사정변경의 원칙의 적용을 고려할 여지가 있는 것이다.[20]

이렇게 본다면 이행불능과 사정변경의 원칙이 적용되는 경우를 구분하는 것은 간단해 보일 수 있으나, 이행이 가능한지 여부가 언제나 명확한 것은 아니다. 이행불능은 채무의 내용에 좇은 이행을 하는 것이 종국적으로 불가능한 것을 의미하는바,[21] 우선 계약의 목적물이 멸실되거나 훼손되어 이행이 물리적으로 불가능하면 사정변경의 원칙의 대상이 아니다. 그런데 “단순히 절대적·물리적으로 불능인 경우가 아니라 사회 일반적인 관념으로 보아 채무자로부터 채무의 이행을 기대할 수 없는 경우”에도 채무의 이행은 불능이라는 것이 통

19) 편집대표 곽윤직(주 17), 106면(양창수 집필부분) 참조.

20) 송덕수(주 10), 104면; 백태승, “사정변경의 원칙”, 고시연구 제26권 6호, 1999, 53면 등. 박영복, “책임제한 사유로서의 불가항력과 사정변경”, 외법논집 제35권 제4호, 2011, 94면 이하에서도 이행불능과 사정변경의 원칙을 구별하는 것을 전제로 한다. 한편, 이영준, “사정변경의 원칙”, 민사법학 제82호, 2018, 10면 이하에서는 사정변경에 의한 계약의 해소 또는 수정이 무효행위의 전환이라고 하며, 사정변경의 원칙을 일종의 채무불이행의 한 형태라고 하나, 이러한 견해에는 동의하지 않는다.

21) 양창수·김재형, 민법 I 계약법(제3판), 박영사, 2020, 401면.

설과 판례의 입장이므로,[22] 불능의 개념에는 가치판단이 개입된다.

물리적인 불능은 아니지만 채무의 이행이 법률상 금지되거나 법리상 불가능한 경우도 있다. 특정 물건에 대한 거래가 법적으로 금지된 경우, 무역 거래에서 수출국이 교역금지명령을 내린 경우 등이 이에 해당한다.[23] 판례 중에는 국가 정책의 변경으로 인허가를 받지 못하게 된 경우,[24] 급부 목적물에 압류가 있는 경우,[25] 부동산의 이중양도 사안[26] 등에서 법적으로 불능을 인정할 수 있는지 여부가 다투어 진 것도 있다. 법률 또는 법리상 불능으로 판단되었다면, 해당 사안에 사정변경의 원칙이 적용될 것은 아니다.

한편, 채무자를 기준으로 이행불능 여부가 판단되기도 한다. 이는 주로 급부의 성격이 일신전속적인 경우에 문제된다.[27] 이 경우에도 불가능 여부는 채무자가 주관적으로 그렇게 생각하는지를 기준으로 할 것은 아니고, 채무자에게 채무이행을 기대하는 것이 사회의 일반적인 관념으로 보아 가능한지 여부를 살펴야 한다. 예컨대 공연에 출연할 급부를 부담하는 가수가 건강상의 이유로 노래를 할 수 없는 정도가 되었거나, 갑자기 가족의 사망 소식을 들어 공연을 계속할 수 없게 되었다면, 이행이 불가능하다고 판단하는 것이 사회 통념에 부합한다고 볼 수 있을 것이다.

나. 경제적 불능의 경우

이와 관련하여 경제적인 이유로 채무자에게 채무의 이행이 과도하게 어려워진 경우에도 이행이 불가능하게 되었다고 할 것인지 여부가 문제될 수 있다. 이는 독일법에서 '경제적 불능(wirtschaftliche Unmöglichkeit)'이라는 개념으로 논의된 것으로, 종래 독일법원은 이러한 경제적 불능을 이행불능의 하나로 이해하기도 하였다.[28] 그러나 행위기초론에 관한 논의가 발전하면서, 독일에서

22) 곽윤직, 채권총론(제6판), 박영사, 2003, 90면 등. 대법원 2003. 1. 24. 선고 2000다22850 판결; 대법원 2006. 6. 16. 선고 2005다39211 판결; 대법원 2015. 8. 27. 선고 2013다28247 판결 등.
23) 양창수 · 김재형(주 21), 403면.
24) 대법원 1975. 8. 29. 선고 75다765 판결 등.
25) 대법원 1987. 9. 8. 선고 87다카655 판결 등.
26) 대법원 1965. 7. 27. 선고 65다947 판결 등.
27) 양창수 · 김재형(주 21), 401-402면.
28) RGZ 100,120; 101,74; 102,98.

경제적 불능은 더 이상 불능의 범주가 아니라 채무자가 신의칙에 비추어 과도한 희생을 치르지 않으면 급부를 할 수 없을 정도로 이행이 곤란하게 된 경우 현저한 사정의 변경 상황에서 계약의 내용을 어떻게 정당하게 조정할 수 있는지의 문제로 다루어지고 있다.[29] 특히 2002년 채권법 개정 시 행위기초론에 관한 기존의 학설과 판례의 법리를 명문화하여 독일민법 제313조에 반영하였는바, 시가의 변동이나 조달비용의 증가로 채무자의 이행이 경제적으로 곤란해진 것은 이행불능에 관한 제275조가 아닌 제313조가 적용되는 사안이라고 한다.[30]

우리 법에서도 계약 목적물의 시가가 크게 변동이 되었다거나 이행하는 데에 비용이 크게 증가하였다는 등의 경제적 이유로 이행이 불가능하게 되었다고 볼 수는 없을 것이다. 이에 대하여는 단순히 이행비용이 현저하게 증가하였다는 정도로는 이행불능을 인정할 수 없지만, 그것이 비상한 곤란과 결합되어 채무자를 실제로 경제적 파멸로 이끄는 결과가 있거나 원래의 내용대로 급부를 하는 것이 약속과 다른 의미가 되는 것으로 평가된다면 이행불능을 인정할 수 있다는 견해도 있다.[31] 이렇게 불능의 개념을 확장하면, 사정변경의 원칙이 적용되는 영역은 줄어들 것이다. 그러나 이행불능 여부를 채무자의 주관적인 사정만을 기준으로 할 것은 아니다. 채권자가 계약을 통하여 확보하는 이익도 계약 이전보다 더 커졌을 수 있고, 채무자에게 부담이 된다는 이유로 이행이 불가능하다고 단정하기는 어렵다. 계약이 체결되고 이행이 될 때까지 시간적인 간격이 있다면, 이에 따라 발생하는 불확실성의 위험은 계약 당사자들이 각자 인수하는 것이 원칙이다. 그 사이 계약의 이행에 수반하는 비용이 증가하였다는 사정은 채무자가 부담하여야 하는 것이 계약법 원칙에 충실한

29) 최수정, 급부장애와 위험부담, 소화, 2003, 43면 참조.

30) MüKoBGB/Ernst, 8. Aufl. 2019, BGB §275 Rn. 21. 독일민법 제275조 제2항은 “급부가 채권관계의 내용과 신의성실의 요청에 비추어 채권자의 급여이익에 대하여 현저한 불균형을 이루는 비용지출을 요구하는 경우 채무자는 급여를 거절할 수 있다”고 하는바, 경제적 불능은 이에 해당하지 않고 제313조의 행위기초의 교란이 문제된다는 것이 통설과 판례의 입장이다. 참고로 제275조 제2항에 해당하는 경우는 대부분 제313조와의 경합 여부가 문제되는데, 대체로 양자의 요건이 모두 충족되는 때에는 채무자는 항변권을 행사할 것인지 아니면 계약의 조정을 청구할 것인지를 선택할 수 있다고 한다. MüKoBGB/Ernst, 8. Aufl. 2019, BGB §275 Rn. 23, 24.

31) 양창수 · 김재형(주 21), 404-405면.

해석이다. 또한 금전채무는 일반적으로 불이행이 발생하지 않는다고 하는 것이 우리 민법의 태도인 점에 비추어,[32] 채무가 금전채무인지 그 외의 채무인지에 따라 다른 결론에 이르는 것도 적절하지 않다고 생각된다. 따라서 이러한 경우에는 이행불능이 아니라, 이행이 가능함을 전제로 사정변경의 원칙을 적용할 수 있는지를 검토하는 것이 보다 민법 체계에 부합한다.[33]

다. 일시적 불능의 경우

채무불이행의 요건으로서 이행불능은 영구적인 불능을 말하고, 일시적 불능은 이에 해당하지 않는다. 일시적 불능에 대한 연구는 많지 않으나, 대체로 정기행위가 아닌 이상 계약당사자의 급부의무가 일시적으로 정지되고, 다시 가능하게 되면 급부의무가 생긴다고 볼 것이다.[34] 그에 대해 채무자의 귀책사유가 있다면 손해배상 책임을 부담할 것이나, 당사자들의 책임 없이 일시적 불능이 발생한 경우라면 손해배상의 문제는 발생하지 않는다. 달리 정함이 없다면 급부의무가 정지된 사이에는 상대방의 반대급부도 정지된다고 보는 것이 공평에 맞고, 통상적으로 양 의무는 동시이행 관계에 있을 것이기 때문에 이에 비추어도 그러하다. 종국적인 위험을 누구에게 부담시킬 것인지의 문제는 발생하지 않는다.

불능 상태가 장기화되어 거래목적의 달성이 의문시되는 경우라면, 이를 종국적 불능으로 보아야 하는지가 문제될 수 있다. 다시 이행할 수 있을 때까지 당사자들을 계약에 구속시키는 것이 부당하거나 장애가 사라질지 여부가 불분명한 상황이라면, 계약이행이 불가능하다고 볼 여지가 있다.[35] 다만, 어느 정도가 되어야 급부가 종국적으로 불가능하게 되었다고 볼 것인지에 대한 명확한 기준을 정하기는 쉽지 않다.

---

32) 곽윤직(주 22), 32면.
33) 김상용, 채권총론, 화산미디어, 2009, 128면; 김형배, 채권총론(제2판), 박영사, 1998, 191면도 같은 취지임.
34) 김진우, "코로나19 사태와 급부장애 - 급부장애 일반론과 매매, 도급 및 여행계약에서의 급부장애를 중심으로", 비교사법 제27권 3호, 2020, 302면 참조. 독일의 통설과 판례도 같다. MüKoBGB/Ernst, 8. Aufl. 2019, BGB §275 Rn. 141 참조.
35) 김진우(주 34), 303면 참조.

3. 위험배분에 관한 정함이 없을 것: 보충적 적용

가. 위험배분 방법으로서의 사정변경의 원칙

사정변경의 원칙은 계약 체결 이후 예상하지 못했던 사정이 발생하여 당사자들이 원래 계약을 통해서 기대 또는 계획하였던 기대와 실제가 달라지게 된 경우, 그로 인한 당사자들의 이해관계를 어떻게 조정할 것인지의 문제로도 볼 수 있다. 계약법에서 '위험'은 여러 의미로 사용되는데, 이처럼 현저한 사정변경으로 당사자들의 이해관계가 달라지는 것을 일종의 위험이라고 본다면, 사정변경의 원칙은 위험의 분배 또는 조정의 측면에서 이해할 수 있다.[36)]

계약관계에서 발생하는 위험배분에 관한 대표적인 법리는 민법 제537조 이하의 위험부담이다. 쌍무계약에서 당사자 일방이 부담하는 채무가 당사자 쌍방의 책임 없는 사유로 불능이 된 경우 그에 관한 위험은 채무자가 부담하므로, 채무자의 상대방에 대한 반대급부청구권은 소멸한다. 위에서 살펴본 바와 같이 사정변경의 원칙은 이행 자체는 가능한 것을 전제로, 현저한 사정의 변경으로 예상하지 못한 계약위험이 발생한 경우의 위험배분에 관한 것이다.

계약위험 배분에 관한 당사자의 약정이 있다면, 계약법상의 법리를 적용함에 앞서 이를 검토하여야 한다. 위험부담에 관한 민법 규정은 임의규정이므로, 당사자의 의사가 먼저 고려되어야 함은 물론이다.[37)] 이와 마찬가지로 약정으로 이해관계가 조정될 수 있는 사안에 사정변경의 원칙을 적용할 것은 아니다. 신의칙을 근거로 계약의 효력을 상실하게 하거나 그 내용을 조정하는 것은 당사자의 의사 해석에 비해 후순위로 고려될 수 있을 뿐이다. 또한 계약의 내용을 정하는 것이 당사자에게 맡겨져 있었듯이, 계약에서 이해관계를 가장 잘 이해하고 계약의 이행 여부에 따른 위험을 관리할 수 있는 것은 다름 아닌 당사자이다. 사정변경의 원칙은 위험배분에 관한 당사자들의 약정이 없는 때

---

36) 권영준(주 12), 224면 이하에서는 누구도 예견하지 못하였던 현저한 상황의 변화로 발생하는 이익상황의 변화는 이로 인해 불이익을 받는 당사자의 입장에서 볼 때 일종의 위험이라고 하였다. 또한 이동진(주 10), 42면 이하에서는 당사자의 단순 변심이나 과실, 즉 부주의가 아닌 외부적 요인에 의하여 기대 내지 계획과 실재(의 전개)가 어긋날 위험 일체를 계약위험이라고 규정하고, 이러한 위험 귀속의 대표적인 제도로서 사정변경의 원칙을 이해하고 있다.

37) 양창수 · 김재형(주 21), 627면.

에 비로소 등장하는 것이다. 위험배분에 관한 약정은 명시적으로 존재할 수도 있으나, 묵시적으로도 가능하다고 할 것이므로, 이에 관한 당사자의 의사 해석이 선행되어야 한다.

나. 위험배분에 관한 명시적 약정이 있는 경우

당사자들이 장래에 어떤 사정이 발생할 경우 그로 인해 발생할 수 있는 위험배분에 대해 미리 명시적으로 합의한 바가 있다면,[38] 그러한 약정이 불공정하다는 등의 하자가 있지 않은 이상,[39] 명시적인 약정에 따라 위험에 대해 조정하여야 한다. 당사자들이 구체적인 위험의 발생과 관련하여 명시적으로 약정하였다면, 이러한 위험의 발생은 당사자들이 계약 당시 예상하지 못한 사정의 현저한 변경도 아니어서 이미 사정변경의 원칙의 기본적인 요건을 충족하지 못한다고 볼 수도 있다.[40]

이러한 취지의 판결로는 이른바 키코(KIKO) 통화옵션계약 사안[41]이 있다. 키코(KIKO)는 'knock-in, knock-out'의 약자로, 당시 문제가 된 계약은 환율이 일정구간 내에 있는 경우에는 매입자들이 약정된 행사환율로 달러를 매도할 수 있는 권리(풋옵션)를 가지고, 일정범위 이하에서는 옵션계약이 무효가 되며(knock-out 조건), 일정범위 이상이 되면 은행이 약정환율로 달러를 매수할 수 있는 권리(콜옵션)를 가지는데(knock-in 조건) 이때 외화결제 금액은 풋옵션 금액보다 통상 2배로 정해져서 기업으로서는 손실을 보게 되는 구조였다(레버리지 조건). 한동안 환율이 일정 범위에서 변동하는 추세였으므로, 2006년부터 2008년까지 수출을 주로 하는 여러 중소기업들은 이익을 볼 것을 기대하고 은행들과 키코 옵션계약을 체결하였다. 그런데 리만 사태 이후 세계금융시장이

38) 권영준(주 12), 227면 이하에서는 명시적인 위험분배의 예로 건설공사계약이나 원자재공급계약 등에서 빈번하게 삽입되는 물가변동조항이나 사정변경시 고정금리를 변경하게 할 수 있는 여신거래계약조항, 인수합병계약에서의 중대하고 불리한 변경(material adverse change) 조항을 거론하였다.

39) 특히 약관의 형태로 계약이 체결되었다면, 일방당사자에게 위험을 부담시키는 내용의 조항은 불공정한 약관으로서 무효가 될 가능성이 있다. 약관의 규제에 관한 법률 제6조 이하 참조.

40) 법률에 이미 위험배분에 대한 규정이 있거나 거래유형에 따라 상관습이 성립한 경우에도 유사하게 볼 수 있다. 관련 논의는 김세준·김진우, "코로나19 관련 물품공급계약의 급부장애", 재산법연구 제37권 제3호, 2020, 136면 이하 참조.

41) 대법원 2013. 9. 26. 선고 2013다26746 전원합의체 판결; 대법원 2013. 9. 26. 선고 2012다1146,1153 전원합의체 판결.

불안정해지기 시작하였고, 환율이 단기간에 급등하여 키코 통화옵션계약을 체결하였던 많은 기업들이 손해를 입고 도산을 하는 사태가 발생하였다. 이러한 기업들이 은행에 소송을 제기하였는데, 기업들의 여러 주장 중 하나가 사정변경을 이유로 통화옵션계약에 대한 해지권을 행사한다는 것이었다. 이에 대하여 대법원은 종전의 판례를 인용하여 사정변경을 이유로 한 계약 해제는 계약준수 원칙의 예외로서 인정된다는 점을 분명히 하면서도, 사정변경의 원칙을 근거로 키코 통화옵션계약을 해지할 수는 없다고 하였다. "환율의 변동성은 이 사건 각 통화옵션계약에 이미 전제된 것이며, 원고와 피고는 환율이 예상과 다른 방향과 폭으로 변동할 경우의 위험을 각자 인수한 것이지, 일정 범위 내에서 환율이 유지된다는 점을 계약의 기초로 삼았다고 볼 수 없다"는 것이 주요 이유였다. 키코 통화옵션계약은 계약 체결 당시에 알 수 없는 장래의 사정인 환율 변동과 관련하여 그 구간을 나누어 그에 따른 위험을 분배하는 것을 내용으로 한다고 볼 수 있고, 대법원은 그러한 의미에서 환율의 변동가능성은 이미 계약에 전제된 내용이거나 계약의 내용 자체라고 평가하였다. 당사자들이 계약에 명시된 내용대로 환율의 변동에 대한 위험을 인수하기로 약정한 것이므로, 그 계약 자체에 하자가 없는 이상,[42] 원고가 예상하지 못하였던 환율의 급등으로 손해를 보았다고 하여 사정변경의 원칙을 적용할 것은 아니다.

참고로 위 키코 통화옵션계약 판결에서는 사정변경의 원칙이 계속적 계약관계에서도 인정된다는 점을 언급하였고,[43] 대상판결에서는 더 나아가 계속적 계약에서는 계약의 체결 시와 이행 시 사이에 간극이 크기 때문에 당사자들이 예상할 수 없었던 사정변경이 발생할 가능성이 높다는 점을 지적하며, 다만 계속적 계약을 해지하려면 경제상황 등의 변동으로 당사자에게 불이익이 발생했다는 것만으로는 부족하고 사정변경의 요건을 충족하여야 한다고 하였다. 일반적

42) 해당 사안에서는 키코 통화옵션계약이 불공정한지, 금융기관으로서 은행이 적합성 원칙을 위반하였는지, 설명의무를 다하였는지 등도 추가로 검토되었다.

43) 이러한 판시는 대법원 2017. 6. 8. 선고 2016다249557 판결 등 후속 판결에서도 확인된다. 계속적 채권관계는 일정 기간 동안 계속하여 급부가 실현되어야 하는 관계를 말한다. 곽윤직(주 7), 30면 참조. 계속적 계약관계와 일시적 계약관계의 구별은 상대적인 측면이 있는바, 관계적 계약이론을 주창한 미국의 맥닐 교수는 경제적 활동에 대한 계약관계를 일련의 스펙트럼으로 이해하여 그 한쪽 끝은 단발적 거래(discrete transaction)이고 다른 한쪽 끝은 관계적인 계약관계(contractual relations)라고 하였다. Macneil, Values in Contract: Internal and External, 78 Nw. U. L. Rev. 340, 341-342 (1983-1984).

으로 사정변경의 원칙은 일시적인 계약보다는 상당히 긴 기간 동안 계속적으로 이행되어야 하는 계속적 채권관계에서 적용될 가능성이 높은 것으로 인식된다.[44] 그런데 계약 체결 이후 장기간의 계약기간 동안 외부적인 상황이 변경될 가능성이 높은 만큼, 계속적 계약의 당사자들에게는 이를 예상하고 어느 정도의 상황의 변화에 대하여는 위험을 감수할 것이 기대된다는 점도 함께 고려되어야 한다. 실제로 거래계에서는 계약의 규모가 크거나 중요한 계속적 계약을 체결하는 당사자는 분쟁을 방지하기 위해 있을 수 있는 상황의 변화를 미리 예상하고, 그에 따른 위험을 어떻게 분배할 것인지에 대하여 협상을 통해 계약에 명시하는 경우가 많다. 따라서 계속적 계약은 일시적 계약에 비하여 계약 체결에 비하여 여러 사정이 변경될 가능성 자체는 높다고 할 수 있지만, 당사자들이 계약위험을 인수하기로 합의한 것인지, 사정변경의 원칙이 적용될 사안이라면 그 요건을 갖춘 것인지에 대해서는 보다 엄격한 기준으로 판단되어야 한다.[45]

다. 의사해석상 묵시적인 합의가 인정되는 경우

계약이 체결과 동시에 바로 이행되지 않는 이상, 예상 밖의 사정이 발생할 위험은 상존한다. 계약준수의 원칙은 그러한 위험에도 불구하고 원칙적으로 계약은 당초 정해진 내용대로 이행되어야 함을 의미한다. 계약에 내재된 위험은 자신의 의사로 계약을 체결한 당사자가 부담하여야 하고, 이를 제3자에게 전가할 수는 없다.

한편 계약을 체결할 당시 당사자들이 발생할 수 있는 모든 위험을 예상하여 계약에 명시하기를 기대하는 것은 현실적이지 않다. 당사자들이 모든 상황을 예견하여 그에 따른 위험과 책임에 관해 완전한 합의를 이루어 이를 계약에 반영하여 계약에 정한 내용대로 완전히 이행된다는 이른바 완전계약은 하나의 이상향으로서는 의미가 있으나 실제로 이러한 계약을 기대하기는 어렵고,[46]

---

44) 곽윤직(주 7), 31면; 이로문, “사정변경의 원칙에서의 재교섭의무에 대한 기초이론”, 한국법학회 법학연구 제28집, 2007, 64면.

45) 장보은, “계속적 계약의 해지와 계약이행보증금에 관한 소고 - 대상판결: 대법원 2018. 12. 27. 선고 2016다274270, 274287 판결”, 사법 56호, 2021, 342면.

46) 박세일 외 6, 법경제학, 박영사, 2019, 269-270면.

거래비용 등을 고려할 때 일어날 가능성이 매우 낮은 경우까지 모두 계약에 규정하는 것이 반드시 바람직한 것도 아니다. 당사자들이 작성한 계약의 내용에서 언급하지 않은 상황이 발생한 경우, 이러한 계약의 흠결이나 공백은 곧바로 신의칙을 적용하여 조정하기에 앞서 당사자들의 의사해석을 통한 해결을 도모하여야 한다. 이에 대해서는 계약해석의 방법 중 특히 보충적 해석이 유효할 수 있다. 법률행위 당시와 변경된 사정, 신의성실의 원칙과 거래관행 등을 기초로 당사자들이 만일 계약의 흠결이 있는 사항을 알았더라면 규정하였을 것이라고 추측되는 가정적 의사를 확정하는 것이다.[47]

호텔 휘트니스 클럽의 클럽 이용계약 해지가 문제되었던 대법원 2017. 6. 8. 선고 2016다249557 판결은 이러한 관점에서 이해할 수 있다. 이 사안에서는 호텔이 휘트니스 클럽 회원의 감소, 관리비용의 증가 등으로 적자가 발생하자 클럽 운영을 중단한 것과 관련하여 회원들이 손해배상을 구하였는데, 피고 호텔은 적자가 누적되어 원고들과 체결된 클럽 이용계약을 해지하였다고 하면서 그 해지 사유 중 하나로 사정변경을 들었다. 법원은 이 사안에서는 사정변경을 이유로 계약을 해지할 수 없다고 하면서, "피고가 적자 누적의 원인으로 들고 있는 신규 회원의 감소나 휴회원의 증가, 시설의 유지・관리 비용의 증가와 같은 사정은 이 사건 이용계약의 기초가 된 사정이라고 보기 어렵고, 현저한 경제상황의 변동으로 인한 것이 아닌 한 원칙적으로 피고가 변경에 따른 위험을 떠안기로 한 것으로 보아야 한다"고 하였다. 또한 법원은 피고가 주된 사업인 호텔의 이용객을 위한 부가적인 서비스 차원에서 다소간의 적자를 감수하고 이 사건 클럽을 운영해 왔다는 사정도 함께 고려하였다. 즉, 클럽 이용계약에서 신규 회원의 감소나 휴회원의 증가, 시설의 유지・관리 비용의 증가 또는 매출 감소 및 적자 누적 등에 따른 위험배분에 관해 명시적인 규정을 두고 있지는 않았으나, 계약 체결 당시의 사정과 현저한 경제상황의 변동이 있었던 것이 아님에도 적자가 누적된 사정, 이에 대한 호텔의 대응, 신의칙이나 거래관행 등에 비추어 보면 휘트니스 클럽이 잘 운영되지 않는 것에 대한 위험은 사업자가 인수하기로 하는 것이 당사자들의 가정적 의사라고 해석할 수

47) 양창수・김재형(주 21), 84면.

있다. 이 사안에서는 의사해석으로 계약위험을 합리적으로 배분할 수 있으므로, 사정변경의 원칙으로 문제를 해결할 필요가 없다고 할 것이다.

4. 소결 및 대상판결의 검토

계약 체결 당시와 비교하여 계약을 둘러싼 제반 사정이 변경된 구체적 사안에 대해 사정변경의 원칙을 검토하는 것은, 이 원칙을 적용하는 것이 적절한지 여부를 판별하는 것에서부터 시작하여야 한다. 사정의 변경으로 이행이 불능이 되었다면, 사정변경의 원칙에 앞서 위험부담의 법리를 검토하여야 한다. 사정변경의 원칙은 계약의 이행은 여전히 가능한 것을 전제로, 그 내용대로 이행을 강제하는 것이 부당한지 여부를 따져야 하는 문제이기 때문이다. 이행이 법적으로 불가능하게 되었는지 여부가 언제나 명확한 것은 아니므로, 불능의 규범적 범위를 넓힘으로써 사정변경의 원칙의 적용을 제한하자는 견해도 있다. 특히 사정변경의 원칙의 효과로서 계약의 수정이 아닌 계약의 해제 또는 해지를 전제로 한다면, 사안을 불능으로 보든지, 사정변경의 원칙을 적용하든지 간에 유사한 결론에 이르게 수도 있다. 기존에는 이론적으로 사정변경의 원칙을 인정하면서도 실제 이를 근거로 계약의 해지나 조정까지 긍정된 판례가 거의 없었으므로, 이행불능의 문제로 이를 해결하는 것이 현실적으로 이해되는 면도 있었다. 그러나 최근에는 대상판결에서 보는 바와 같이 법원이 사정변경의 원칙의 인정에 대해 전향적인 입장을 취하고 있으므로, 불능 여부가 불분명한 사안이라면 일반 조항인 신의칙 자체에 기대어 결론을 내리기보다는 사정변경의 원칙에 관한 요건과 효과를 정교하게 다듬어 이를 적용하는 것이 바람직할 것이다.

나아가 계약 체결 이후 이행 전의 사정변경으로 인하여 발생한 계약위험의 분배에 대해 당사자들이 합의하였거나 위험의 인수가 계약에 내재된 것으로 해석할 수 있는 경우, 사정변경의 원칙이 그에 우선할 수는 없다. 당사자들이 계약의 위험에 대해 미리 명시적·묵시적인 약정을 하였다면, 이러한 당사자들의 의사가 존중되어야 하는 것이다. 사정변경의 원칙은 계약의 해석으로는 그 위험에 관한 분배를 정할 수 없는 경우, 즉 당사자들이 예측하였거나 예측할 수 있는 범위를 넘어서는 영역에서 비로소 작동할 수 있다.

이러한 기준에서 대상판결을 보면, 우선 주한 미국대사관이 기존의 업무관행과는 달리 비숙련 취업이민 신청에 대해 AP/TP 결정을 내린 것은 계약 당시와 현저히 달라진 사정이라고 할 수 있다. 이에 대해 사정변경의 원칙을 적용하기 위해서는 우선 이로써 피고의 이민 알선 및 비자 수속 업무가 불가능하게 되었는지를 먼저 살펴야 한다. 2016년 당시부터 주한 미국대사관에서 비숙련 이민의 마지막 절차인 이민비자 인터뷰 과정에서 AP/TP 결정을 하면서, 비자절차를 진행하던 다수의 사람들의 비자발급 절차가 장기간 중단되었고, 해외이주 알선업체를 상대로 수수료 환불 소송이 이어졌다.[48] 주한 미국대사관이 갑자기 이러한 결정을 반복적으로 내리는 구체적인 이유를 알기 어려웠고, 언제부터 다시 절차가 재개될 수 있을지도 알 수 없는 상태였으므로, 이를 근거로 비자절차가 불가능해진 것으로 평가할 여지가 없지는 않다. 그런데 영사의 추가 행정검토(AP 결정)나 이민국 재심사를 위한 이송(TP 결정), 이민국 재심사는 과거 관행상 거의 활용되지는 않았으나 적어도 정해진 절차상으로는 가능한 결정이었고, 비자가 최종적으로 발급되거나 거절되기 전까지 일시적, 사실적 불능 상태라고 할 수 있을지는 모르나, 이민국이 재심사를 통해 이민허가를 철회(revoke)하기 전에 종국적으로 이행이 불가능하게 되었다고 판단하기는 어렵다.

또한 이 사건 계약에는 계약 체결 당시 AP 결정이나 TP 결정으로 비자발급 절차가 장기간 중단되는 경우 관한 명시적인 규정을 없었음은 물론이고, 기존에는 이러한 결정 없이 2년 정도면 문제없이 비자가 발급되어 왔다는 점을 당사자들이 명백히 인식하고 있었으므로, AP/TP 결정으로 절차가 지연됨으로써 발생하는 위험배분에 대해 묵시적으로 합의가 있었다고 보기도 어렵다. 이는

48) 하급심 판결은 사정변경의 원칙의 적용하여 원고가 일부 승소한 것(서울중앙지방법원 2019. 12. 4. 선고 2018가단5276037 판결; 서울중앙지방법원 2020. 12. 23. 선고 2020가단509856 판결 등)과 반대로 원고가 전부 패소한 것(서울중앙지방법원 2019. 5. 28. 선고 2018가단5070819 판결)으로 나뉜다. 한편, 대법원 2018. 11. 9. 선고 2018다208406 판결은 원고에게 최종적인 결정을 기다려서만 이 사건 계약에서 벗어날 수 있다고 하는 것은 신의칙에 현저히 반하므로 원고가 이 사건 계약을 해지할 수 있다고 하였다. 참고로 2017년 기사에 따르면, 업계에서는 AP/TP 결정으로 이민비자 발급이 중단된 사람들이 2,000명은 족히 넘을 것으로 추정하였다. 2017. 8. 28.자 뉴스투데이기사, “[글로벌JOB기획: 멀어진 아메리칸 드림]① EB3 비숙련 대기자만 2000여명” 참조.

통상적으로 예측할 수 있는 범위를 넘어서는 사정의 변경이므로, 어느 일방이 그에 따른 위험을 인수하였다고 할 수는 없다. 따라서 대상판결이 이 사안에 대해 사정변경의 원칙을 검토한 것은 타당하다.

Ⅳ. 사정변경의 원칙의 적용

1. 적용 요건

가. 일반론

계약 체결 당시와 비교하여 현저한 사정변경이 발생하였으나, 이와 관련된 위험의 귀속에 대하여 당사자들이 합의한 바가 없고, 나아가 계약의 이행이 불가능하지 않은 경우라면, 이제 사정변경의 원칙을 적용할 수 있는지를 살펴볼 수 있다. 대상판결은 사정변경을 이유로 계약을 해제하거나 해지하려면, (i) 계약 성립의 기초가 된 사정이 현저히 변경되었을 것, (ii) 당사자들이 계약 체결 당시 이를 예견할 수 없었을 것, (iii) 계약 내용대로 구속력을 인정하여 채무자에게 이행의무를 부과하면 당사자의 이해에 중대한 불균형을 초래하거나 계약을 체결한 목적을 달성할 수 없을 것이 요구된다고 하였다. 이는 기존의 사정변경의 원칙의 요건을 보다 구체화하였던 2017년 대법원 판결[49]의 표현을 인용한 것으로, 2013년 법무부 민법개정시안의 규정[50]과도 거의 일치한다. 이는 기존에 사정변경의 원칙을 인정하는 학설들의 태도를 반영한 것으로 이해된다.[51]

사정변경의 원칙의 내용은 개개의 사건에 대한 법원의 판결을 통해 구체화될 것이지만,[52] 개별 요건들은 그 적용에 대한 기본 방향을 제시함으로써 자

---

49) 대법원 2017. 6. 8. 선고 2016다249557 판결.

50) 제538조의2(사정변경) 계약성립의 기초가 된 사정이 현저히 변경되고 당사자가 계약의 성립 당시 이를 예견할 수 없었으며, 그로 인하여 계약을 그대로 유지하는 것이 당사자의 이해에 중대한 불균형을 초래하거나 계약을 체결한 목적을 달성할 수 없는 때에는 당사자는 계약의 수정을 청구하거나 계약을 해제 또는 해지할 수 있다.

51) 송덕수(주 10), 97면 참조.

52) 곽윤직 · 김재형(주 17), 76면 참조.

의적인 법적용을 제한하여 어느 정도의 예측가능성을 담보하고, 계약준수 원칙의 예외로서 사정변경의 원칙을 인정하는 정당성을 부여하는 의미가 있다. 또한 그동안은 주로 이론적인 차원에서 논의가 이루어졌다면, 대상판결을 비롯한 실제 사안에서 사정변경의 원칙이 적용되고 있으므로, 향후에도 이 원칙이 규범력을 가지기 위해서는 그 적용 요건이 적절한지를 다시 한 번 살펴보고, 이를 단순히 열거하는 데에 그칠 것이 아니라 실질적인 필요성과 의미를 따져 보다 구체화할 필요가 있다.

나. 현저한 사정변경

대체로 사정변경의 원칙의 요건은 (i) 현저한 사정변경, (ii) 예견불가능, (iii) 계약유지의 부당성으로 요약된다. 이하에서 보는 바와 같이 이들 세 가지 요건은 독립적이라기보다 상호 연관성이 있다. 이 중 첫 번째로 거론되는 요건은 계약성립 시와 비교하여 현저한 사정변경이 있어야 한다는 것이다. 대상판결이 인용하고 있는 대법원 판결은 "여기서 말하는 사정이란 당사자들에게 계약 성립의 기초가 된 사정을 가리키고, 당사자들이 계약의 기초로 삼지 않은 사정이나 어느 일방당사자가 변경에 따른 불이익이나 위험을 떠안기로 한 사정은 포함되지 않는다"고 하였다. 계약 체결 이후 현저한 사정의 변경이 있다고 하더라도 당사자들이 계약의 기초로 삼은 것과 무관한 사정에 불과하다면 이를 고려하여 당사자들의 이해를 조정할 이유는 없다. 일방당사자가 계약을 체결하면서 전제로 삼은 사정에 불과하다면, 이에 해당하지 않음은 물론이다. 따라서 일방당사자의 주관적이거나 개인적인 사정의 변경만을 이유로 사정변경의 원칙을 주장할 수는 없다.[53)]

이와 관련하여 현저한 사정변경과 동기의 착오, 특히 쌍방에 공통된 동기의

---

53) 대법원 2007. 3. 29. 선고 2004다31302 판결 참조. 이 판례의 결론에는 동의하나, 건축가능 여부가 일방당사자의 주관적, 개인적인 사정이라고 할 수 있는지는 의문이다. 오히려 이 사안은 위험배분에 대한 합의가 있었던 것으로 보아 사정변경의 원칙의 적용을 배제하는 것이 타당하다고 생각된다. 한편, 대법원 2017. 6. 8. 선고 2016다249557 판결부터는 판례의 입장이 객관적 사정뿐만 아니라 주관적 사정까지도 고려할 수 있게 변경되었다고 보는 견해가 있다. 송덕수(주 10), 101-102면 참조. 그러나 판례의 표현이 일부 달라졌다고 하여 사정변경의 원칙에서 고려하는 '사정'에 주관적 사정까지도 포함된다고 단정할 수 있는지는 의문이고, 나아가 판례가 말하는 객관적 사정, 주관적 사정이 독일법상 객관적 행위기초론, 주관적 행위기초론과 일치하는 것으로 보기도 어렵다.

착오와의 관계도 살펴볼 필요가 있다. 일방당사자가 계약을 체결하면서 전제로 삼은 사정에 그치는 것이 아니라, 계약 체결 당시의 사정에 대하여 양 당사자가 이를 중요하게 여기고 이를 전제로 하여 계약을 체결하였는데, 이후 이러한 사정에 현저한 변경이 생긴 경우에는 사정변경의 원칙이 고려될 수 있다. 그런데 이를 당사자들이 계약 체결당시 계약을 체결한 동기가 되는 사정이 있었는데 이러한 사정이 변경된 것이라고 설명하면, 이는 공통된 동기착오 법리로 해결할 수 있을 것처럼 보인다.[54] 이는 독일의 주관적 행위기초론이나 그 영향을 받은 독일민법의 태도와도 연결된다.[55] 그러나 독일법과 논의 상황이 다른 우리 민법 하에서 그 입장을 그대로 받아들이기는 어렵고, 의사표시의 하자로서의 착오와 계약준수의 예외적인 사유로서 사정변경의 원칙을 동일선상에서 이해하는 것은 이론적으로도 무리가 있다.[56] 착오는 현존하는 객관적 사실에 대한 인식을 잘못하는 경우를 말하고, 사정변경의 원칙은 계약 당시의 사정에 대한 착오 문제가 아니라 계약이 성립한 이후 전제가 되었던 사정이 현저히 변경된 경우에 적용되는 것으로 양자를 구별하여 보는 것이 타당하다.[57]

또한 사정변경이 당사자, 특히 사정변경을 주장하여 해제권 등을 주장하는 당사자의 책임으로 돌릴 수 있는 사유에 의해 발생한 것이 아니어야 한다는 것이 대체적인 학설의 견해이다. 그것이 신의칙상 당연하다거나,[58] 위험배분의 원칙상 자신의 행위로 인한 위험은 스스로 부담하여야 한다는 것을 이유로 한다.[59]

다음으로 판례가 사정변경의 원칙에서 고려하지 않는다고 언급한 “일방당사자가 변경에 따른 불이익이나 위험을 떠안기로 한 사정”이란 계약위험을 일방이 인수하기로 합의한 경우를 의미한다고 볼 수 있다. 즉, 앞서 살펴본 바와

54) 사정변경과 착오를 계약기초에 관한 합의의 한계라는 점에서 통합적으로 이해하려는 견해는 이동진(주 10), 52-54면 참조.

55) 전원열, “착오 개념의 정립을 위한 소고”, 저스티스 통권 제146-1호, 2015, 177-179; 이동진(주 10), 55면 이하 등 참조.

56) 윤진수, “계약상 공통의 착오에 관한 연구”, 민사법학 제51권, 2010, 175면; 장보은, 계속적 공급계약 연구, 경인문화사, 2020, 119면.

57) 전원열(주 55), 164면 이하.

58) 곽윤직(주 7), 94면; 김형배, 채권각론<계약법>(신정판), 박영사, 2001, 74면.

59) 권영준, “2017년 민법 판례 동향”, 서울대학교 법학 제59권 제1호, 2018, 493면.

같이 당사자들이 명시적 또는 묵시적으로 그 계약위험의 배분에 관해 합의를 한 경우에는 사정변경의 원칙이 적용될 여지가 없다. 이는 다음 항목에서 살펴볼 당사자들이 예견할 수 없었던 사정의 변경인지와도 연결된다. 나아가 어느 정도의 사정변경이 현저한 것인지 여부는 해석에 맡겨져 있는데, 이는 그 자체만이 아니라, 예견할 수 있었는지 여부, 계약의 구속력을 인정하는 것이 부당한지 여부 등 아래의 요건과 함께 이해할 수 있다.

다. 예견불가능

사정변경의 원칙에서 당사자가 계약의 성립 당시 사정의 변경을 예견할 수 없었을 것을 요하는 것은, 당사자가 예상할 수 있었던 상황이라면 당사자는 계약을 체결하지 않거나 그에 대비하거나 계약을 다른 내용으로 체결할 기회가 있었기 때문이다.[60] 대상판결은 "사정변경에 대한 예견가능성이 있었는지는 추상적·일반적으로 판단할 것이 아니라, 구체적인 사안에서 계약의 유형과 내용, 당사자의 지위, 거래경험과 인식가능성, 사정변경의 위험이 크고 구체적인지 등 여러 사정을 종합적으로 고려하여 개별적으로 판단하여야 한다."고 하였다. 동일한 상황에 관하여도 계약을 언제 체결하였는지,[61] 누가 계약을 체결하였는지에 따라 예견할 수 있었는지 여부가 달리 결정될 수도 있다. 다만, 실제로 당사자들이 예상하였는지 여부가 기준이 되는 것이 아니라, 가정적인 원인과 결과를 고려하여 당사자가 그러한 상황이 발생할 것을 예견하였다면 계약을 그대로 체결하였을 것인지 여부를 판단하여야 한다.[62] 이러한 관점에서 대상판결은 "이때 합리적인 사람의 입장에서 볼 때 당사자들이 사정변경을 예견했다면 계약을 체결하지 않거나 다른 내용으로 체결했을 것이라고 기대되는 경우 특별한 사정이 없는 한 예견가능성이 없다고 볼 수 있다"고 하였다.

당사자들이 예상하였거나 예상할 수 있었던 사정변경이 일어난 경우라면,

60) 김형배(주 58), 73면.

61) 참고로 김진우(주 34), 307면에서는 코로나19로 인한 사정변경의 법리 적용 여부와 관련하여 계약이 코로나19의 위험성이 알려지기 전에 체결된 경우와 우리 정부가 감염병 재난 위기경보 수준을 심각 단계로 격상한 이후에 체결된 경우는 달리 평가되어야 한다고 하였다.

62) 장보은(주 56), 119-120면.

그에 대한 당사자의 의사에 따라 문제를 해결하는 것이 우선이다. 앞서 살펴본 바와 같이 이러한 사정변경에 따른 위험배분에 관한 명시적인 약정이 있으면 그에 따라야 하고, 그렇지 않은 경우라면 당사자들의 가정적인 의사해석으로써 계약위험을 배분하여야 하는 것이지, 사정변경의 원칙을 들어 계약의 해소나 수정을 고려할 것이 아니다. 당사자들이 예상할 수 있는 사정의 변경이 발생한 것이라면, 사정변경의 원칙이 적용되어야 할 '현저한' 사정변경이라고 할 수도 없을 것이다.

라. 부당성

사정변경의 원칙이 적용되려면, 계약 내용대로 구속력을 인정하여 채무자에게 이행의무를 부과하면 신의칙에 반하는 결과가 발생하는지를 살펴야 한다. 대법원은 예상하지 못한 현저한 사정의 변경으로 인하여 계약을 그대로 유지하는 것이 부당한 것인지 여부에 대해, "계약을 그대로 유지하는 것이 당사자의 이해에 중대한 불균형을 초래하거나 계약을 체결한 목적을 달성할 수 없는 경우"라고 하였다. 이는 "계약내용대로 구속력을 인정한다면 신의칙에 현저히 반하는 결과가 생기는 경우"라고 하였던 기존의 판례의 요건을 구체화한 것이다.[63] 이는 사정변경의 '현저성'의 기준이 되고, '예견불가능' 요건이 사정변경의 원칙 자체의 요건이라기보다는 그 적용의 전제라는 점을 고려하면, '부당성' 요건은 신의칙의 발현으로서의 사정변경의 원칙의 핵심을 이루는 것으로 평가할 수 있다.

'중대한 불균형'은 쌍무계약에서 쌍방의 의무가 현저하게 불균형하게 되어 계약의 교환적 의미를 상실하게 되는 경우를 의미한다.[64] 이른바 경제적 불능을 이행불능으로 보지 않는다면, 예컨대 시가상승 등으로 채무의 이행이 과도하게 어려워진 경우에는 중대한 불균형이 문제될 수 있다. 반대로 화폐가치가 하락하여 채무자가 채무를 그대로 이행하면 상대방이 수령하는 급부이익이 과

63) 이는 객관적 행위기초의 상실은 등가관계의 파괴나 계약목적의 도달 불가능을 초래한다는 라렌츠의 이론을 반영한 것으로 보인다. Larenz, Geschäftsgrundlage und Vertragserfüllung, 3. Aufl., 1963, S. 17ff. 참조.
64) 장보은(주 56), 120면.

도하게 적어진 경우에도 계약의 등가성이 유지되지 못할 수 있다.[65] 어느 정도가 되어야 계약의 구속력을 인정할 수 없는지는 판례 사안들이 축적되면서 밝혀질 문제이다. 일률적인 잣대로는 개별 사안에서 타당한 결론에 이를 수 없을 것이다. 다만, 참고할 만한 일응의 기준을 마련해 두는 것은 의미가 있다.[66]

'계약목적의 달성불능'은 채무의 이행은 가능하지만 그에 의하여 기대된 계약의 목적이 달성되지 못하게 되었는데 이것이 누구의 위험에도 속하지 않는 경우를 의미한다.[67] 상대방의 주관적인 사정으로 채무자의 채무이행이 더 이상 의미가 없어졌다면 그에 대한 위험은 상대방이 부담하여야 할 것이지만, 당사자들의 행위나 귀책사유 없이 일어난 사정변경 때문이라면 이에 따른 조정이 필요하다.

계약 내용대로 구속력을 인정하는 것이 신의칙에 반하는 결과를 가져올 수 있다는 것을 형상화하는 데에 이들 두 가지 지표는 중요한 기능을 한다. 다만, 사정변경의 원칙을 적용하여야 하는 부당한 사례를 모두 포섭할 수 있는지는 의문이다. 대상판결만 하더라도, 이미 계약상 급부를 모두 이행한 원고들이 상대방의 급부가 언제 이행될지 모르는 상태가 되어버린 계약의 해지를 구하고 있는바, 계약의 등가관계가 파괴된 사안이라고 보기는 어렵고, 상대방의 급부의 이행 자체가 언제 가능할지가 불분명해진 것이지 급부를 이행한다면 계약목적을 달성할 수 없는지 단정할 수도 없다. 따라서 두 가지 지표를 예시적으로 이해하고 이를 포괄하는 개념으로서의 부당성을 인정하는 것이 타당하다.[68]

2. 인정 효과

가. 일반론

대상판결이 설시하는 바와 같이 예견할 수 없었던 현저한 사정변경으로 인해 계약을 그대로 유지하는 것이 부당하다면, 사정변경의 원칙의 효과로서 계

65) 권영준(주 12), 234-235면 참조.
66) 이동진(주 10), 79면에서는 이른바 '막대한 손해' 또는 민법 제104조의 폭리행위의 기준이나 국제계약에서 hardship의 기준을 제시한다.
67) 장보은(주 56), 120면.
68) 송덕수(주 10), 106-107면.

약을 해제 또는 해지할 수 있다는 것이 판례의 입장이다. 즉, 계약 체결 당시에 비하여 지나치게 불리하게 된 당사자는 상대방과의 협의 없이도 해제권 또는 해지권을 행사함으로써 계약에서 해방될 수 있다. 학설은 그 외에 사정변경의 효과로서 계약의 수정을 인정하기도 하는데,[69] 이는 독일민법이나 국제적 통일법 등을 비롯하여 비교법적으로도 그 근거를 다수 확인할 수 있으며,[70] 지난 두 차례의 법무부 민법개정시안에도 반영된 바 있다.

그런데 지금까지 이러한 사정변경의 효과에 관한 논의는 실제 사안에서의 작용을 염두에 두기보다는 다소 원론적인 차원에서 이루어진 경향이 있는데, 이는 최근까지도 법원이 사정변경의 원칙을 인정하는 데에 매우 소극적이었다는 데에서 그 원인을 찾을 수 있다. 사정변경의 효과로서 계약을 해제 또는 해지할 수 있다는 데에서 그칠 뿐이고, 더 나아가 이를 통해 구체적인 계약에서 계약관계가 어떻게 정리되는지를 검토한 예는 많지 않다. 특히 계약의 수정에 대해서는 우리 민법상 사정변경에 대해 계약의 수정을 인정하여야 하는지, 인정한다면 어느 경우에 인정이 되고, 계약은 어떤 방식으로, 어떤 내용으로 수정되어야 하는지, 해제권과의 관계는 어떻게 볼 것인지 등 세부적인 검토가 더욱 필요한 상황이다.

나. 계약의 해제 또는 해지

사정변경의 원칙이 적용되기 위한 요건을 모두 충족한 경우, 당사자에게는 부당한 계약에 구속되지 않을 수 있도록 해제권 또는 해지권이 인정된다. 통상 당사자 일방이 계약을 해소하기 위해서는 상대방의 채무불이행이 있거나 계약에서 이미 정해 둔 해제·해지 사유가 발생하여야 하지만, 이 경우에는 신의칙에 근거하여 계약의 구속력을 부정하는 것이다.

이때 해제권 또는 해지권의 행사 모습은 당사자의 일방적 의사표시로써 법률관계가 형성된다는 점에서 계약법상 일반적인 경우와 크게 다르지 않다. 비

69) 송덕수(주 10), 108면.

70) 독일민법 제313조 제항. 유럽계약법원칙, UNIDROIT UNIDROIT 국제상사계약원칙, 공통참조기준초안 등. 그 외의 비교법적인 검토는 권영준(주 12), 239면 이하 참조.

교법적으로는 당사자의 청구에 의해 법원이 해제 또는 해지를 명하도록 하는 입법례도 있고,71) 계약을 체결하게 된 목적을 달성할 수 없으면 별도의 조치 없이 계약이 실효되거나 채무를 면하는 것으로 보는 경우도 있다.72) 그러나 이러한 입장은 사정변경의 원칙에 관한 기존의 우리 법원의 태도와도 맞지 않고, 그럼에도 불구하고 그렇게 보아야 하는 필요성이나 당위성도 크지 않다. 우선 계약의 종료를 위해 법원의 허가를 받도록 하는 것은 자연스럽지 않다. 물론 계약 해소와 관련하여 당사자 간에 분쟁이 생긴다면 그 최종적인 판단은 법원의 몫이 될 것이지만, 계약의 체결은 물론 계약의 해소를 결정하는 것도 일차적으로는 당사자가 되어야 한다. 또한 해제권의 행사 없이 계약이 자동적으로 소멸한다고 하면,73) 계약 소멸 여부 및 그 시점을 확정하기 어려워 오히려 분쟁 소지가 더 커질 수 있고, 사정변경의 원칙이 적용되는 것은 계약이행이 부당하지만 여전히 가능한 것을 전제로 한다는 점을 고려하면, 당사자의 해제권 행사가 필요하다고 하는 것이 타당하다.

다만, 계약의 전제가 되는 사정이 현저하게 변경되어 계약을 더 이상 유지할 수 없게 되었다는 취지에 비추어 채무불이행으로 인한 해제권 행사의 경우와는 달리 최고는 필요하지 않다고 보아야 한다.74) 이와 관련하여 사정변경의 효과로서 계약의 해제·해지 외에 계약의 수정을 인정하여야 한다면 해제권이나 해지권의 행사에 앞서 수정을 청구하여야 한다는 견해도 있으나,75) 아래에서 보는 바와 같이 반드시 그렇게 볼 것은 아니다.

계약 해제·해지의 의사표시가 상대방에게 도달하면 별도의 기간의 경과 없이 바로 계약이 해소된다. 해제의 경우는 계약이 소급적으로 효력을 상실하고 이미 이행된 급부에 대한 원상회복 반환의 문제가 발생하며, 계속적 계약에 대한 해지는 장래를 향하여 효력을 상실하지만 기존에 형성되었던 계약관계를

71) 유럽계약법원칙 제6.111조; UNIDROIT 국제상사계약원칙 제6.2.3조 등.

72) 영국법과 미국법상 계약목적 부도달의 법리는 당사자에게 계약의 해제 또는 해지권, 나아가 계약수정청구권 등이 인정되지 않는다. 장보은(주 56), 107면 참조.

73) 이은영, 채권각론, 박영사, 2007, 240-242면에서는 해제권을 인정하면 당사자 간에 분쟁이 야기될 수 있다는 점을 지적하며 사정변경이 있으면 자동적으로 계약이 해소된다고 한다.

74) 곽윤직(주 7), 94면.

75) 김형배(주 58), 75-76면.

정리하여야 하는 보다 복잡한 문제가 남는다. 반대급부를 수령하지 않고 선이행한 급부의 원상회복 외에도, 경우에 따라서는 계속적 계약이 종료되더라도 계약상 일부 의무가 존속하거나 계약의 종료로 새로운 의무가 발생할 수도 있다. 예를 들어 계약에서 계약이 종료되는 경우의 당사자들의 부수적인 청산의무를 적시하였다면 그러한 계약 조항은 계약이 종료된 이후에도 여전히 유효하다고 할 것이고, 계약 종료 시 관련 법규나 관행상 영업비밀 준수나 경업금지 의무 등이 발생하는 경우도 있다.[76]

통상 당사자가 해제권이나 해지권을 행사하는 경우 이와 별도로 손해배상청구권을 행사할 수 있으나,[77] 위에서 살펴본 바와 같이 사정변경이 당사자의 책임으로 돌릴 수 없는 사유에 의하여 발생한 것이어야 한다는 점을 인정한다면, 사정변경으로 발생한 손해의 책임을 상대방 당사자에게 물을 수는 없다.[78] 계약의 해제 또는 해지의 근거가 되는 사정의 변경과 직접적인 관련은 없으나 계약이 유효한 동안 상대방의 채무불이행으로 인해 손해를 입은 것이 있다면,[79] 그에 대한 배상을 청구할 수 있음은 물론이다.

다. 계약의 수정

기존에 사정변경이 문제가 되었던 대부분의 판례는 당사자들이 계약의 해소를 구하는 사안이었고, 법원은 그에 대해 판단하며 사정변경의 효과로 계약을 해제하거나 해지할 수 있다고 하였으므로, 그 외에 계약의 수정을 인정할 수 있는지부터가 문제될 수 있다. 법리상으로는 사정변경의 원칙이 신의칙을 근거로 하는 것이므로, 계약내용 대로 구속하는 것이 부당하다면 당사자로서는 계약의 해소뿐만 아니라 그 내용의 수정을 구할 수 있다고 인정할 수도 있을 것이다. 사정변경의 효과로서 계약내용의 수정을 포함한 이해관계의 조정이

76) 장보은(주 56), 229면 이하.
77) 민법 제551조.
78) 곽윤직(주 7), 94면.
79) 채무불이행이 해제 사유 자체이거나 그와 직접적으로 연관이 된다면, 사정변경으로 인한 해제를 고려할 것이 아니다. 특히 계속적 계약에서 사정변경의 원칙에 의한 해지와 신뢰관계의 파괴 등의 중대한 사정에 의한 해지를 별개로 이해하면, 후자의 경우 신뢰관계 파괴 등에 책임이 있는 당사자는 손해배상책임을 부담할 수 있다. 장보은(주 56), 144면.

가능하다면, 원래 내용대로 계약을 유지하거나 계약을 완전히 해소하는 양자 택일식이 아니라 다양한 상황에 대한 유연한 대처가 가능해진다는 점에서 이를 인정할 실익도 분명하다. 특히 장기간 계속적으로 계약관계가 유지될 것을 전제로 신뢰투자가 이루어진 경우와 같이 계약을 해소하는 것보다 유지하는 것이 당사자는 물론 사회경제적으로 보아 바람직한 경우도 존재한다.[80)]

학설은 사정변경의 원칙을 인정하는 이상 대체로 계약의 수정도 가능한 것을 전제로 한다.[81)] 계약수정권을 인정하려면 입법이 선행되어야 한다는 견해도 있으나,[82)] 이 역시도 사정변경의 원칙에 기초한 계약의 수정 가능성 자체는 긍정하는 입장이다. 다만, 개별 사안에 따라 계약내용을 수정하는 것이 계약해소보다 적절한 경우도 있을 것인데, 명문의 규정이 없다는 이유로 계약의 수정을 고려해서는 안된다고 할 것인지는 의문이다. 향후 제안하는 규정 내용의 적절성을 위해서도 계약수정권이 인정됨을 전제로 그 세부적인 사항을 고민하는 것은 의미가 있다.

사정변경의 효과로 계약의 수정을 인정하면, 그 방법은 어떻게 해야 하는가? 우리법상 선례가 없는 상황에서 계약수정권의 의미를 이해하는 것부터 여러 의견이 있는데, 각 견해들이 명확하게 구별된다기보다는 그 구체적인 절차를 가상적으로 설명하면서 차이가 나타나기도 한다. 크게는 수정 권한이 당사자와 법원 중 누구에게 있는지에 대한 입장이 나뉘는데,[83)] 당사자에게 있다는 견해는 당사자가 상대방에 대해 계약해제권을 행사하는 것처럼 계약내용의 수정을 청구할 수 있다고 한다.[84)] 그리고 나면 당사자들은 재교섭을 통해 수정내용을

80) 장보은(주 56), 214-215면 참조.

81) 송덕수(주 10), 108면; 박영복, "재교섭을 통한 계약내용의 수정 -특히 재교섭의무론의 위치부여를 위한 시론-", 민사법학 제50호, 2010, 437면. 김진우(주 34), 308-309면에서는 사정변경에 대하여 최후의 구제수단인 계약의 해소가 허용된다면, 일반적으로 그보다 유연한 조치라고 할 수 있으며 계약준수의 원칙에 더 부합하는 계약수정도 특별한 사정이 없다면 허용된다고 서술하고 있다.

82) 권영준(주 12), 245면.

83) 이와 관련된 학설의 논의는 박영복(주 81), 437면 이하 참조.

84) 독일민법 제313조 제1항의 태도도 이와 유사한데, 다만 독일민법에서는 행위기초의 교란이 있는 경우 계약의 해제에 앞서 계약의 수정을 먼저 청구하도록 한다. 프랑스 민법의 경우 2016년 채권법 개정으로 예견불능 조항이 명문화되었는데, 이에 따르면 계약체결 시 예견하지 못한 사정의 변경이 발생하여 그로 인하여 일방당사자의 이행에 과도한 부담이 발생한 경우, 그 당사자는 상대방에게 재교섭을 요구할 수 있다고 하였다. 프랑스 민법상 예견불능 조항에 관하여는 김현진, "프랑스 민법상 예견불능(imprévision)조항 -코로나 19를 계기로-", 법조 통권 744호, 2020, 271면 이하 참조.

합의하여야 할 것이다. 이와 관련하여 당사자들에게 재교섭 의무가 있는지에 관하여도 일부 논의가 있다.[85] 만일 당사자 간에 수정내용이 합의되지 않으면 당사자는 계약을 해제할 수 있다고 할 것인지, 아니면 법원에 수정을 요청하여야 하여야 하는지에 대해서도 견해가 나뉜다.[86] 다음으로 법원이 계약수정권을 가진다는 입장은 사정변경을 주장하는 당사자의 청구가 있으면 법원이 계약을 수정할 수 있다고 한다. 이때 법원은 당사자가 제안하는 수정 내용에 구속되지 않음은 물론이고, 나아가 당사자가 계약의 수정이 아니라 해제를 청구하였더라도 법원이 직권으로 계약 내용을 수정할 수 있다고 보기도 한다.[87]

이와 관련하여 또 다른 관점에서의 논의는 계약해제권과 계약수정권 간의 관계이다. 즉, 사정변경의 효과로서 계약의 해소와 수정이 모두 가능하다고 하면, 이를 선택적으로 행사할 수 있는지, 아니면 수정을 먼저 시도하여야만 하는지에 관한 것이다.[88] 계약해제에 비해 수정이 우선되어야 한다는 입장은 계약의 해제는 계약관계의 소멸이라는 중대한 효과를 가져오므로 먼저 계약내용의 수정으로 대처하여야 하고, 수정으로써 당사자 간에 이해관계를 조정할 수 없는 경우, 즉 합의가 성립하지 않거나 개정 가능성이 존재하지 않는 경우에 비로소 계약해제를 고려하여야 한다는 것이다.[89] 그러나 계약의 목적 달성이 아주 불가능하게 되어 계약의 수정을 고려할 수 없는 경우도 있고, 계약의 존속이 당사자에게 유리하지 않은 경우도 있다. 따라서 언제나 수정을 먼저 고

85) 박영복(주 81); 이로문(주 44); 김형배(주 58), 75-76면; 송덕수(주 10), 111-112면 등. 특히 독일법상 재교섭 의무론이나 통일법상 재교섭의무에 관한 논의는 박영복(주 81), 441면 이하 참조. 재교섭에 관한 언급 없이 청구한 수정내용이 거절되면 계약을 해제할 수 있다고 하는 견해도 있는데(김주수, 채권총론 제3판, 삼영사, 1999, 60면), 이는 재교섭 의무가 없다고 보는 것과 크게 다르지 않을 것이다.

86) 후자에 따르면 결국 계약수정권의 최종 권한은 법원에 있다고도 볼 수 있을 것이다. 예를 들어 유럽계약법원칙 제6:111조에 의하면 사정변경이 있으면 당사자들이 수정이나 종료를 위한 교섭을 하여야 하고, 합리적 기간 내에 합의에 도달하지 못한 경우 법원은 계약을 종료시키거나 수정할 수 있다고 한다. 한편, 프랑스 민법에서는 재교섭이 거절되거나 실패할 경우 당사자들은 해제를 합의하거나 법원에 계약의 조정을 청구할 수 있는데, 법관은 해제뿐만 아니라 가격의 증감, 기한의 유예 등의 조정을 할 수 있다. 다만, 상당한 기간 내에 당사자가 합의하지 못하는 경우 당사자 일방의 청구로 법원은 계약을 수정하거나 종료시킬 수 있다.

87) 권영준(주 12), 243면 이하.

88) 그 외에 송덕수(주 10), 109면 이하에서는 계약의 해제·해지나 계약수정 중 어느 하나만 인정하는 것이 타당한지를 논의하는데, 이는 결국 구체적인 사안에서 양자 중 보다 적합한 해결 방안을 찾아서 그 방안만을 인정해야 하는지에 관한 것으로 이해된다. 결론적으로는 양자를 모두 인정하는 것이 타당하다고 한다.

89) 김형배(주 58), 76면. 1차적으로 계약의 수정을, 2차적으로 계약의 해소를 고려하는 권영준(주 12), 243면 이하도 이러한 입장으로 이해된다.

려하여야 한다는 것은 적절하지 않다.[90] 특히 당사자가 사정변경을 원인으로 계약의 해소만을 구하는데, 법원이 직권으로 계약을 수정할 수 있다고 볼 것은 아니다. 각자의 이해관계를 고려하여 계약을 해소할 것인지, 변형된 모습의 계약을 존속시킬 것인지를 가장 잘 결정할 수 있는 것은 계약의 당사자이고, 법원이 누구도 원하지 않는 내용의 새로운 계약을 창설할 권리가 있다고 할 수는 없기 때문이다.

이를 종합하여 다시 사정변경의 효과로서 계약의 수정을 살펴보면, 불이익을 입게 된 당사자는 계약의 해소 또는 수정을 선택적으로 청구할 수 있다고 할 것이다. 당사자가 상대방에게 계약의 수정을 청구한 경우, 법원의 개입 없이도 당사자 간에 합의가 가능하다면 그에 따라 상호 이해관계를 조정할 수 있다. 그러나 기존의 계약 내용과 다른 합의를 강제할 수는 없는 것이고,[91] 당사자 일방이 계약의 수정을 청구하는 소를 제기하면 법원으로서는 사정변경의 효력으로는 계약의 해소만 가능하다는 이유로 이를 배척하기보다는 계약내용의 수정을 구하는 원고 청구의 당부를 판단하여야 할 것이다.

이 글에서 사정변경의 효과로서 계약수정에 관한 의미와 관련 쟁점을 모두 포괄하여 그 구체적인 내용과 절차를 정하기는 어렵다. 향후 실제 판례 사안이 축적되고 외국의 입법례나 추상적인 논의를 넘어서는 관련 연구가 계속되면 보다 실질적인 검토가 가능할 것이다. 사정변경의 원칙을 입법화하기 위해서는 충분한 연구가 선행되어야 한다. 다만, 어느 경우에나 계약내용을 수정함에 있어서는 당사자의 의사를 충분히 고려하여야 하고, 법원에 의한 자의적인 개입은 최소화하여야 한다는 점은 분명히 하고자 한다. 앞서 살핀 바와 같이 사정변경의 원칙이 적용되는 국면이 이미 계약의 해석으로 해결될 수 있는 영역을 넘어서는 것임을 고려할 때, 법원이 당사자의 이해관계와 그 밖의 여러 사정에 비추어 가장 타당한 내용으로 계약을 수정한다는 것은 당사자의 의사와 표리될 가능성이 크다. 사법부의 권한에 비추어 보더라도 계약법 영역에서

90) 박영복(주 81), 466-467면. 참고로 2004년 법무부 개정시안은 계약수정을 우선하고 합의되지 않은 경우 계약을 해소하는 형태였으나, 2013년 법무부 민법개정시안에서는 이와 달리 계약수정권과 계약해제・해지권을 우열을 두지 않고 병렬적으로 규정하였다. 김재형(주 9), 53면.

91) 재교섭의무를 인정하는지 여부와 무관하게 당사자들이 내용 합의에 이르지 못할 가능성은 있다.

의 법원의 개입은 신중을 기해야 한다. 따라서 사정변경을 이유로 계약의 수정을 검토하는 법원으로서는 가급적 조정 등의 수단을 동원하여 당사자들의 의사에 부합하는 방안을 모색하는 것이 바람직하다. 종국적으로 법원에 의한 계약수정권을 인정하는 경우에도 당사자들의 의사를 이해하려는 노력이 반드시 필요하다.

3. 대상판결의 검토

가. 요건의 검토

대상판결에서 당사자들이 계약을 체결할 2015. 8. 당시 오랜 기간 지속되어 온 주한 미국대사관의 업무처리 관례에 따르면 비숙련 취업이민은 대체로 2년 정도면 비자발급 절차가 마무리되었으나, 2016. 3. 이후 이러한 업무 관행과 달리 주한 미국대사관의 업무처리의 변화로 비자발급 절차가 중단되는 사례가 발생하였다. 2년 정도면 비자발급 절차가 마무리되는 업무 관행은 계약의 성립 당시 있었던 환경이고, 당사자들이 계약을 체결하며 전제로 한 사정으로 볼 수 있다. 이를 이른바 공통의 동기착오 사안으로 보아야 하는지가 문제될 수 있으나, 2년 내에 비자발급 절차가 마무리될 것이라는 장래 기대가 실현되지 않았다는 것은 계약체결 당시 현재 존재하는 사정에 대한 착오라고 할 수 없다. 이 사안은 계약이 성립된 이후 당사자들의 행위나 주관적인 사정이 개입되지 않은 객관적인 외부 사정의 변경이 발생한 것으로, 착오가 아니라 사정변경의 법리가 검토되어야 한다.

일정 시점 이후 주한 미국대사관의 업무처리가 변경된 이유나 비자발급이 언제 재개될 수 있을지 알 수가 없다면, 이는 이 사건 계약이 계속적 계약으로서 계약기간 동안 여러 환경이 변경될 가능성을 염두에 두었어야 한다는 점을 고려하더라도 당사자들이 계약 당시 전혀 예견할 수 없었던 사정이다. 당사자들이 이러한 사정을 예상하여 계약에 반영하지도 않았고, 묵시적으로라도 그 위험에 대한 배분이 있었다고 볼 수 없음은 이미 살펴본 바와 같다. 계약을 체결한 시점에 따라 비자업무의 중단을 예견할 수 있었는지에 대한 평가가 달라질 수 있겠으나, 적어도 당사자들의 계약 체결 시점에서는 예견가능성이 없었다고 할 수 있다.

그렇다면 결국 계약 내용을 그대로 유지하도록 강제하는 것이 부당한 것인지를 중요하게 검토하여야 한다. 기존에 사정변경이 문제가 되었던 사안에서는 원고들이 계약을 이행하기 전에 현저한 사정변경을 이유로 계약을 그대로 이행하는 것이 부당하다고 하면서 계약의 해제 또는 해지를 주장하는 경우가 일반적이다. 이와는 달리 이 사안에서 원고들은 이미 계약에 따른 의무를 이행한 상황이었다. 여기에 기존의 사안들처럼 등가관계의 파괴나 계약목적의 달성 불가능이라는 잣대를 그대로 적용하는 것은 다소 어색한 면이 있다. 물론 계약이 여전히 존속하는 이상 사정변경의 원칙을 적용하여 계약의 구속력을 배제할 실익은 존재한다. 이 사건 계약은 계약서 작성일부터 원고들의 이민비자 취득일까지 유효하고, 종국적으로 이민허가가 나지 않으면 이미 납입한 국외알선 수수료의 80%를 환불하는 것으로 되어 있었다. 이 계약이 그대로 존속한다면 원고로서는 언제가 될지 모르는 비자발급을 기다렸다가, 만일 종국적으로 이민비자 취득이 불가능해지면 기납입 수수료의 80%를 환불받는 것이 계약에서 정한 권리구제 방안이다. 종국적으로 비자발급이 된다고 하더라도 지나치게 시간이 많이 소요된다면, 계약의 목적달성이 어렵거나 그로 인한 이익이 상당히 반감되는 것이라고 할 것이다. 즉, 당초 정해진 계약의 내용을 그대로 유지하고 강제하는 것은 신의칙과 공평에 반하는 부당한 결과를 가져온다고 할 것이므로, 부당성 요건도 충족한다고 볼 수 있을 것이다.

나. 계약의 해지

원고들은 사정변경을 이유로 이 사건 계약의 해지를 구하였다. 사정변경의 효과로 계약의 해지 외에 수정을 통한 당사자의 이해관계 조정이 가능하다고 하더라도, 반드시 수정을 먼저 시도해야 하는 것은 아니다. 계속적 계약이 해지되는 경우이므로, 이 사건 계약은 장래를 향하여 그 효력을 잃는다. 또한 일방당사자는 이미 이행하였으나 상대방의 급부 이행이 완결되지 않았다고 할 것이므로, 그 부분에 대하여는 원상회복이 필요하다.

원고들은 수수료 전액의 반환을 구하였으나, 피고가 이미 원고를 대행하여 이행한 부분의 가치 부분은 피고에게 귀속되고 이를 초과하는 부분만큼의 반환을 인정하는 것이 타당하다. 이는 피고가 실제로 지출한 비용을 기준으로 산정하기보다 그 가치에 대한 당사자들의 평가를 반영하는 것이 합리적이다. 이 사건 계약에서는 국외알선 수수료를 미화 3만 달러로 하되, 이민허가가 나지 않을 경우 그 중 80%를 환불하도록 규정하였다. 이는 당사자들의 이해가 계약의 반영된 것으로, 이에 따르면 종국적인 이민허가의 가치가 80%, 그 이전의 업무의 가치가 20%라고 볼 수도 있을 것이다. 따라서 사정변경으로 인한 계약해지의 효과로서 원고들이 이미 지급한 3만 달러의 80%에 해당하는 금액을 반환하도록 한 대상판결은 타당하다.

Ⅴ. 결어

사정변경의 원칙은 계약준수의 원칙과는 존재하는 평면을 달리하는 것으로 볼 수도 있다. 일반적으로 계약이 전제한 상황에서는 이행 시점에서 어느 정도의 변화가 있다고 하더라도 계약은 이행되어야 한다. 그것이 계약을 체결한 당사자의 의사라고 할 수 있다. 그러나 계약에서 전혀 예상하지 못하였던 상황이 전개되어, 원래 계약의 내용대로 이행하는 것이 부당하다고 생각되는 경우에는 더 이상 계약준수의 원칙이 적용되기 어렵다. 사정변경의 원칙은 이러한 예외적인 경우에 비로소 고려될 수 있는 것이다.

사정변경의 원칙을 적용하면 계약을 그대로 이행하여야 한다거나 불능이 되었으므로 이에 대한 책임을 전부 면한다고 하는 것에 비하여 다양한 방식의 문제 해결이 가능할 수 있다. 사정변경의 원칙은 기술의 발전이나 전염병의 발생 등으로 예상하기 어려운 현대 사회에서 더 많은 역할이 기대되기도 한다.[92] 다만, 급변하는 환경에 시의적으로 대응하기 위해서는, 한편으로는 일반

92) 참고로 코로나19 사태와 관련하여 이로 인해 점포의 매출이 90% 이상 감소한 사안에서, 사정변경의 원칙

원칙으로서의 유연성을 유지하면서, 다른 한 편으로는 실제로 이 원칙이 문제를 해결하는 실효성을 가질 수 있도록 요건과 효과를 더욱 구체화할 필요가 있다.

이 글에서는 사정변경을 이유로 계약의 해지를 인정한 대상판결을 계기로, 구체화가 필요한 쟁점들을 두루 다루어보고자 하였다. 우선 사정변경의 원칙을 검토하는 전제로서 이행이 종국적으로 불가능하게 된 경우 및 당사자의 의사해석으로 위험을 배분할 수 있는 경우와의 구별을 검토하고, 학설과 판례를 통하여 정립되어 온 개별 요건을 다시 확인하는 한편, 그 효과로서 계약의 해소뿐만 아니라 계약의 수정에 대해서도 쟁점들을 살펴보았다. 그동안 사정변경의 원칙은 이론적으로만 인정될 뿐 개별 사안의 문제해결을 위한 규범으로서 기능하기는 어려운 것으로 인식되었으나, 대상판결을 비롯한 최근의 판례들은 이 원칙이 실질적인 규범력을 가진다는 것을 확인하고 있다. 향후 판례들이 축적되면, 관련 법리를 더욱 발전시킬 수 있을 것으로 기대한다.

에 따라 계약을 해지할 수 있다고 한 판결(서울중앙지방법원 2021. 5. 25. 선고 2020가단5261441 판결)이 선고된 바 있다.

참고문헌

곽윤직, 채권각론(제6판), 박영사, 2003.

______, 채권총론(제6판), 박영사, 2003,

곽윤직 · 김재형, 민법총칙(제9판), 박영사, 2013.

편집대표 곽윤직, 민법주해 [I], 박영사, 1999.

김상용, 채권총론, 화산미디어, 2009.

김주수, 채권총론 제3판, 삼영사, 1999.

김형배, 채권총론(제2판), 박영사, 1998.

______, 채권각론<계약법>(신정판), 박영사, 2001.

박세일 외 6, 법경제학, 박영사, 2019.

양창수 · 김재형, 민법 I 계약법(제3판), 박영사, 2020.

이은영, 채권각론, 박영사, 2007.

장보은, 계속적 공급계약 연구, 경인문화사, 2020.

최수정, 급부장애와 위험부담, 소화, 2003.

J.W. Hedemann 저, 윤철홍 역주, "일반조항으로의 도피 -법과 국가에 대한 하나의 위험-", 법원사, 2018.

권영준, "위험배분의 관점에서 본 사정변경의 원칙", 민사법학 제51호, 2010.

______, "2017년 민법 판례 동향", 서울대학교 법학 제59권 제1호, 2018.

______, "2020년 민법판례 동향", 서울대학교 법학 제62권 제1호, 2021.

김대정, "사정변경의 원칙을 명문화한 민법개정시안 제544조의4에 관한 검토", 전북대학교 법학연구 제22집, 2011.

김세준 · 김진우, "코로나19 관련 물품공급계약의 급부장애", 재산법연구 제37권 제3호, 2020.

김재형, "계약의 해제 · 해지, 위험부담, 사정변경에 관한 민법개정안", 서울대학교 법학 제55권 제4호, 2014.

김진우, "코로나19 사태와 급부장애 - 급부장애 일반론과 매매, 도급 및 여행계약에서의 급부장애를 중심으로”, 비교사법 제27권 3호, 2020.
김현진, “프랑스 민법상 예견불능(imprévision)조항 -코로나 19를 계기로-”, 법조 통권 744호, 2020.
박영복, “재교섭을 통한 계약내용의 수정 -특히 재교섭의무론의 위치부여를 위한 시론-”, 민사법학 제50호, 2010.
______, “책임제한사유로서의 불가항력과 사정변경”, 외법논집 제35권 제4호, 2011.
백태승, “사정변경의 원칙”, 고시연구 제26권 6호, 1999.
송덕수, “사정변경의 원칙에 관한 현안의 정리 및 검토”, 이화여자대학교 법학논집 제23권 제1호, 2018.
이동진, “계약위험의 귀속과 그 한계: 사정변경, 불능, 착오”, 비교사법 제26권 제1호, 2019.
이로문, “사정변경의 원칙에서의 재교섭의무에 대한 기초이론”, 한국법학회 법학연구 제28집, 2007.
이영준, “사정변경의 원칙”, 민사법학 제82호, 2018.
장보은, “계속적 계약의 해지와 계약이행보증금에 관한 소고 - 대상판결: 대법원 2018. 12. 27. 선고 2016다274270, 274287 판결”, 사법 56호, 2021.
전원열, “착오 개념의 정립을 위한 소고”, 저스티스 통권 제146-1호, 2015.
정상현, “매매목적 토지에 발생한 사정의 변경과 계약의 효력 -대상판례: 대법원 2007. 3. 29. 선고 2004다31302 판결-”, 저스티스 통권 제104호, 2008.
______, “사정변경에 의한 계약해소의 유형적 판례 분석”, 서울지방변호사회 판례연구 제23집(1), 2009.

Macneil, Values in Contract: Internal and External, 78 Nw. U. L. Rev. 340 (1983-1984).

Müncher Kommentar BGB/Ernst, 8. Aufl. 2019, BGB §275.
Larenz, Geschäftsgrundlage und Vertragserfüllung, 3. Aufl., 1963.

초록

사정변경의 원칙은 신의칙에 근거한 계약법상 법리로, 계약준수의 원칙에 대한 예외로 이해된다. 그동안 우리 법원은 법리로서 사정변경의 원칙이 인정된다는 것을 분명히 하면서도, 실제 사안에서 사정변경을 이유로 계약의 해제 또는 해지를 인정하는 데에는 매우 인색하였다. 그런데 2020년 말 대법원에서는 사정변경의 원칙을 이유로 임대차계약의 해지를 인정한 바 있고, 대상판결도 같은 취지로 계약의 해지를 인정하였다. 이러한 경향은 하급심으로도 이어지고 있는바, 이러한 일련의 판결을 통해 사정변경의 원칙이 더 이상 이론적인 법리에 불과한 것이 아니라 실천적인 규범이라는 점을 확인할 수 있다.

사정변경의 원칙은 기술의 발전이나 전염병의 발생 등으로 예상하기 어려운 현대 사회에서 더 많은 역할을 할 수 있을 것으로 기대된다. 사정변경의 원칙을 적용하면, 계약을 그대로 이행하여야 한다거나 불능이 되었으므로 이에 대한 책임을 전부 면한다고 하는 것에 비하여, 다양한 방식의 문제 해결이 가능할 것이다. 다만, 급변하는 환경에 시의적으로 대응하기 위해서는, 한편으로는 신의칙에서 근거하는 만큼 유연성을 유지하면서, 다른 한 편으로는 실제로 이 원칙이 문제를 해결하는 실효성을 가질 수 있도록 그 요건과 효과를 더욱 구체화할 필요가 있다.

이 글에서는 대상판결을 계기로, 사정변경의 원칙과 인접한 법적 개념들을 구별함으로써 사정변경의 원칙이 고려될 수 있는 경우를 분명히 하고, 사정변경의 원칙을 적용하는 경우 그 요건과 효과와 관련하여 관련된 쟁점들을 두루 살펴보고자 하였다. 향후 사정변경의 원칙과 관련하여, 구체적인 사건에의 적용을 염두에 둔 보다 실질적인 논의가 계속되기를 기대한다.

주제어: 사정변경, 사정변경의 원칙, 계약준수의 원칙, 계약수정, 신의칙, 계속적 계약

[Abstracts]

The Doctrine of Change of Circumstances Supreme Court Decision 2019da276338 decided June 30, 2021-

Chang, Boeun

The doctrine of change of circumstances is a legal doctrine under the contract law based on the principle of good faith. It is recognized as an exception to the principle of contract compliance (Pacta Sunt Servanda). In the meantime, while the Supreme Court clearly has made it clear that the "doctrine of change of circumstances" is recognized as a legal principle, but in actual cases, it has been very stingy in accepting the termination of a contract on the grounds of change of circumstances. However, in a case decided in 2020, it reached recognition of the termination of a contract in a specific case in accordance with this doctrine. The Supreme Court Decision, 2019da276338 rendered on June 30, 2021, also admitted the termination of the contract based upon the change of circumstances. Through this series of judgments, it can be confirmed that the principle of change of circumstances is no longer just a theoretical legal declaration, but a practical norm.

In situations where the contract can cover, the contract must be fulfilled even if there has been some change, because that was the parties' intention. However, it could be a different story if the situation occurred was not covered and completely unexpected in the contract. We cannot predicate that the parties' intention was to force the contract to be complied with in its original form even if it seemed excessively onerous. In these exceptional circumstances, the change of circumstances doctrine will be considered.

The change of circumstances may also suggest more flexible and reasonable solutions, other than the both ends of termination of the contract as a whole or maintenance of the original contract as it is. In our society where things are changing rapidly and unpredictably, the doctrine may play a role in solving problems and coordinating interests. However, in order to respond in a timely manner to the rapidly changing environment in the future society, on the one hand, while it should be flexible to cover various changes as a general doctrine, on the other hand, it needs to further refine the doctrine so that it can be effective in solving problems in practice.

Key words: change of circumstances, the doctrine of change of circumstances, hardship, Pacta Sunt Servanda, modification of contract, the principle of good faith, continuous contract

동산담보권 · 채권담보권에 관한 대법원 판례의 흐름*

한양대학교 법학전문대학원 교수 정 소 민

目 次

Ⅰ. 들어가며
Ⅱ. 채권담보권자와 채권양수인, 제3채무자의 법률관계
  1. 사실관계
  2. 원심판결 및 대상판결
  3. 검토
Ⅲ. 집합동산 담보권의 목적물의 범위 확정
  1. 사실관계
  2. 원심결정과 대상결정
  3. 검토
Ⅳ. 강제집행절차에서 동산담보권자의 지위
  1. 사실관계
  2. 원심판결과 대상판결
  3. 검토
Ⅴ. 동산담보권 설정자가 담보목적물을 처분한 경우 배임죄의 성립 여부
  1. 사실관계
  2. 원심판결과 대상판결
  3. 검토
Ⅵ. 마치며

Ⅰ. 들어가며

김재형 대법관님께서 민법학계에 공헌하신 여러 분야 중에서 담보거래분야를 빼놓을 수 없다. 부동산담보와 관련하여 저당권, 양도담보 및 도산법상 담보권자의 지위 등에 관한 논문과 판례 평석도 많이 저술하셨지만 특히 동산·채권의 담보제도의 개혁과 현대화에도 헌신하셨다. 「동산·채권 등의 담보에 관한 법률」[1](이하 "동산채권담보법"이라고 한다)의 입법에 직접 관여하셨고,

* 이 글을 빌어 김재형 대법관님께서 필자에게 베풀어주신 학은(學恩)에 다시 한 번 감사드린다.
1) 동산채권담보법은 2010. 6. 10. 법률 제10366호로 공포되고 2012. 6. 11.부터 시행되었다.

이 법을 통하여 "점유"라는 불완전한 공시제도에서 벗어나 "등기"라는 안정된 공시제도를 기반으로 하는 새로운 동산 · 채권의 담보제도의 이론적인 기초를 제공하셨다.

올해로 동산채권담보법이 시행된 지 10년이 되었다. 법원행정처에서 매년 발간하는 사법연감에 따르면 2012년부터 2020년까지 동산담보등기 및 채권담보등기의 신청건수는 총 28,887건이다.[2] 동산채권담보법의 입법 당시의 기대에는 미치지 못하지만, 향후 동산, 채권 등 담보목적물이 원활히 처분될 수 있는 거래시장이 조성되는 등 금융시장에서의 여건이 보다 충실히 갖추어지면 동산채권담보대출이 더 활발히 이루어질 수 있을 것으로 예상한다.

본 논문에서는 동산채권담보법의 시행 이후 10년의 기간 동안 대법원이 동산채권담보법과 관련된 주요 쟁점에 관하여 직접 판단한 4개의 판결들을 중심으로 동산채권담보법상의 법적 쟁점을 분석하고 향후의 과제를 논의해 보고자 한다.

Ⅱ. 채권담보권자와 채권양수인, 제3채무자의 법률관계[3] (대법원 2016. 7. 14. 선고 2015다71856, 71863 판결)

1. 사실관계

원고는 가금육 판매업 등을 영위하는 주식회사이고, 피고는 젓갈, 반찬 제조업 및 판매업 등을 영위하는 주식회사이며, A 회사는 식품제조 및 판매 컨설팅업, 농 · 축산물 도 · 소매업 등을 영위하는 회사로서 대형마트를 운영하는 B 회사에 반찬 등의 식품을 납품하여 왔다.

원고는 2013. 1. 2. A 회사와 사이에, 브라질산 정육 등의 물품을 계약기간을

2) 사법연감(통계)에 나타난 연도별 동산 · 채권 담보등기 신청 건수는 다음과 같다.

연도	2012	2013	2014	2015	2016	2017	2018	2019	2020
담보등기 신청건수	1,810	3,428	2,826	2,865	2,173	2,061	2,987	5,641	5,096

3) 이 부분에 대한 서술은 정소민, 「동산 · 채권 등의 담보에 관한 법률」상 채권담보권자, 채권양수인, 제3채무자의 법률관계, 사법 제47호, 2019, 253-298면의 내용을 요약한 것이다.

1년으로 정하여 A 회사에 공급하기로 하는 내용의 물품공급계약을 체결하고, A 회사에 브라질산 정육을 공급해 오던 중 2013. 8. 무렵 A 회사에 미지급 물품대금에 대한 담보를 요구하였다.

이에 따라 A 회사는 2013. 8. 13. 원고의 A 회사에 대한 물품대금채권을 담보할 목적으로 원고에게 A 회사와 B 회사 사이에 체결한 반찬류 판매계약에 따라 2012. 7. 30.부터 2013. 12. 31. 사이에 이미 발생하였거나 발생할 예정인 매매대금채권(이하 '이 사건 채권'이라 한다)에 관하여 근담보권자를 원고, 채무자를 A 회사, 채권최고액을 3억 원, 존속기한을 2018. 8. 12.까지로 하는 채권근담보권(이하 '이 사건 담보권'이라 한다)을 설정해주기로 하는 채권근담보권 설정계약을 체결하였고, 원고에게 이 사건 채권에 관하여 수원지방법원 성남지원 2013. 8. 14. 접수 제22호로 채권근담보권 설정등기를 마쳐주었다.

원고는 2013. 1. 15.부터 2013. 9. 27.까지 A 회사에 합계 2,309,330,840원 상당의 브라질산 정육 등을 공급하였는데, 그 중 2013. 9. 11.에 공급한 물품대금 253,756,800원과 2013. 9. 27.에 공급한 물품대금 35,728,560원의 합계 289,485,360원(= 253,756,800원 + 35,728,560원)을 지급받지 못하였다.

원고는 2013. 10. 14. B 회사에 이 사건 담보권 설정계약서 사본 및 이 사건 담보권 설정등기에 관한 등기사항증명서 사본을 첨부하여 이 사건 담보권 설정사실을 통지하였고, 위 통지는 2013. 10. 15. B 회사에 도달하였다.

피고는 A 회사와 물품공급계약을 체결하고 2012. 11.경부터 A 회사에 반찬류 등의 물품을 공급하여 오던 중, 2013. 8. 28. A 회사로부터 A 회사의 B 회사에 대한 현재 및 장래의 물품대금채권 등 모든 채권 일체를 양도받았다(이하 서술 주체에 따라 '이 사건 채권양도' 또는 '이 사건 채권양수'라고 한다).

A 회사는 2013. 10. 1. B 회사에 내용증명우편으로 이 사건 채권양도사실을 통지하였으며, 위 통지는 2013. 10. 2. B 회사에 도달하였다. 한편, B 회사는 2013. 10. 31. 피고에게 이 사건 채권의 변제로 181,347,097원을 지급하였다.

원고는 원고의 채권근담보권이 피고의 채권양수보다 우선한다고 주장하면서 피고 및 B 회사를 상대로 이 사건 소송을 제기하여, (i) 피고를 상대로 B 회사로부터 변제받은 것에 대한 부당이득반환청구를 하고, (ii) B 회사를 상대로 이

사건 담보권의 실행으로써 이 사건 채권의 지급청구를 하였다.

제1심 계속 중이던 2014. 12. 18. '원고는 B 회사에 대한 청구를 포기하고, 원고와 B 회사는 이 사건 채권에 관하여 일체의 민·형사상 청구를 하지 아니한다'는 등의 내용으로 조정을 갈음하는 결정이 내려졌고, 위 결정은 원고와 B 회사 사이에서 그 무렵 확정되었다.

2. 원심판결 및 대상판결

원심법원은 원고가 피고에게 이 사건 담보권의 목적인 이 사건 채권에 대하여 우선권을 주장할 수 있다고 판단하면서도 원고의 피고에 대한 부당이득반환청구를 기각하였다. 비록 후순위자인 피고가 선순위자인 원고에 앞서서 제3채무자인 B 회사로부터 이 사건 채권액을 변제받았다 하더라도 이는 B 회사가 권리의 선후 판단을 그르쳐 변제함에 기인한 것이고, B 회사는 피고에 대한 변제를 가지고 원고에게 대항할 수 없는 것이므로, 원고로서는 여전히 B 회사에 대하여 이 사건 담보권을 주장하여 그 담보권실행에 따른 이 사건 채권액을 변제받을 수 있는 것이어서 피고의 위 변제수령으로 인하여 어떠한 손해가 발생하였다고 할 수 없기 때문이라고 판시하였다.[4]

대상판결은 채권담보권이 설정된 후 채권담보권의 목적물인 채권이 양도된 사안에서 제3채무자가 채권담보권자와 채권양수인으로부터 각각 담보권설정통지와 채권양도통지를 받았다면 제3채무자로서는 담보등기일자와 채권양도통지의 도달일자를 비교하여 채권담보권자와 채권양수인 중 선순위자에게 변제하여야 하고, 제3채무자가 우열관계를 혼동하여 후순위인 채권양수인에게 잘못 변제한 경우에 제3채무자는 그 변제로서 채권담보권자에게 대항할 수 없다고 판시하였다. 더 나아가 만약 채권담보권자가 무권한자인 채권양수인의 변제수령을 추인하였다면, 추인에 의하여 제3채무자의 채권양수인에 대한 변제는 유효하게 되고 채권담보권자는 채권양수인에게 부당이득으로서 변제받은 것의 반환을 청구할 수 있다고 하였다.

4) 서울고등법원 2015. 10. 30. 선고 2015나10815, 10822 판결.

3. 검토

대상판결은 채권담보권의 설정, 그 후 담보목적물인 채권의 양도, 채권담보권자와 채권양수인 사이의 우열관계, 제3채무자가 후순위자에게 변제하였을 때 면책되는지 여부 등 채권담보권의 설정부터 소멸에 이르기까지 발생할 수 있는 다수의 법적 쟁점에 대한 대법원의 판단을 잘 보여주고 있다. 또한 이러한 대법원의 판단이 학계에서 기존에 논의되었던 채권담보권에 관한 해석론과 크게 다르지 않다는 점도 중요한 의미가 있다고 생각한다.

가. 채권담보권자와 채권양수인 사이의 우열관계

채권담보권은 담보등기부에 등기한 때에 담보목적물인 지명채권의 채무자(이하 "제3채무자"라 한다) 외의 제3자에게 대항할 수 있다. 채권담보권을 제3채무자에게 대항하기 위해서는 채권담보권자 또는 담보권설정자(채권담보권 양도의 경우에는 그 양도인 또는 양수인을 말한다)가 제3채무자에게 등기사항증명서를 건네주는 방법으로 그 사실을 통지하거나 제3채무자가 이를 승낙하여야 한다(동산채권담보법 제35조 제1항 및 제2항).[5] 한편 동산채권담보법은 동일한 채권에 관하여 담보등기부의 등기와 민법에 따른 확정일자부 질권설정 또는 양도통지 또는 승낙이 있는 경우에 담보권자 또는 담보의 목적인 채권의 양수인은 등기와 그 통지의 도달 또는 승낙의 선후에 따라 그 권리를 주장할 수 있다고 규정하고 있다(동산채권담보법 제35조 제3항).[6] 따라서 동일한 채권 위에 설정된 채권양도담보권 또는 채권양수인과 채권담보권의 우선순위는 확정일자부 양도통지가 채무자에게 도달한 시기(또는 채권양도에 대한 확정일자

---

5) 이는 동산채권담보법이 담보등기를 동산담보권의 효력발생요건으로 규정하고 있는 점과 다른 점이다(제7조 제1항).

6) 이 규정은 대판(전) 1994. 4. 26, 93다24223이 "채권이 이중으로 양도된 경우의 양수인 상호간의 우열은 통지 또는 승낙에 붙여진 확정일자의 선후에 의하여 결정할 것이 아니라, 채권양도에 대한 채무자의 인식, 즉 확정일자 있는 양도통지가 채무자에게 도달한 일시 또는 확정일자 있는 승낙의 일시의 선후에 의하여 결정하여야 할 것이고, 이러한 법리는 채권양수인과 동일채권에 대하여 가압류명령을 집행한 자 사이의 우열을 결정하는 경우에 있어서도 마찬가지이므로, 확정일자 있는 채권양도통지와 가압류결정 정본의 제3채무자에 대한 도달의 선후에 의하여 그 우열을 결정하여야 한다"라고 판시한 태도를 반영한 것으로 보인다.

부 승낙의 일시)와 채권담보권의 등기일자의 선후에 의해서 결정된다.

사안에서 채권근담보 설정등기는 2013. 8. 14. 경료되고, 제3채무자는 2013. 10. 2. 확정일자부 채권양도통지를, 2013. 10. 15. 채권담보권의 설정통지를 받았다. 따라서 채권담보권자는 채권양수인보다 우선하고, 2013. 10. 15.부터는 제3채무자인 B 회사에 대하여도 위 채권담보권의 대항요건을 갖추었다고 할 것이다.

나. 제3채무자의 변제와 그 효과

앞서 살펴본 바와 같이 채권담보권자는 채권양수인에게 우선한다. 제3채무자가 2013. 10. 31. 후순위자인 채권양수인에게 변제한 것은 권리의 선후 판단을 그르쳐 변제한 것이고, B 회사는 피고에 대한 변제를 가지고 원고에게 대항할 수 없다. 채권담보권의 목적물인 채권은 위 변제로 소멸하지 않고, 채권담보권자인 원고는 여전히 제3채무자인 B 회사에 대하여 채권담보권의 실행으로서 직접 변제를 청구할 수 있다. 따라서 사안과 같이 원고가 변제받은 채권양수인을 상대로 부당이득의 반환을 청구하는 경우에 원고로서는 여전히 B 회사에 대하여 이 사건 담보권을 주장하여 그 담보권실행에 따른 이 사건 채권액을 변제받을 수 있으므로 피고의 위 변제수령으로 인하여 어떠한 손해가 발생하였다고 할 수 없다. 즉, 채권담보권의 목적물인 채권이 소멸하지 않은 이상 채권담보권자가 제3채무자의 변제로 입은 손해 또는 권리귀속의 침해는 없는 것이어서, 특별한 사정이 없는 한, 채권담보권자는 제3채무자로부터 변제받은 채권양수인에게 직접 부당이득의 반환을 청구할 수는 없다.

다. 추인의 의사표시

원심판결과 대상판결의 결론이 다른 것은 대법원이 1심 소송계속 중이던 2014. 12. 18. '원고는 B회사에 대한 청구를 포기하고, 원고와 B회사는 이 사건 채권에 관하여 일체의 민 · 형사상 청구를 하지 아니한다'는 등의 내용으로 조정을 갈음하는 결정(이하 "2014. 12. 18.자 조정을 갈음하는 결정"이라고 한다)이 내려지고, 이 결정이 확정된 사실 및 그 법적 의미를 고려하였기 때문이다.

대상판결은 원고가 조정을 갈음하는 결정에 대하여 이의를 제기하지 아니하여 제3채무자인 B회사에 대한 청구를 포기하는 한편 채권양수인에 대한 부당이득반환청구는 계속 유지한 것은 자신의 채권담보권의 실행방법으로서 제3채무자에 대한 직접청구권을 포기하고 무권한자에게 이루어진 제3채무자의 변제를 추인하여 채권양수인에게 직접 부당이득반환청구를 하겠다는 뜻으로 해석하였다.

민법에 무효인 변제행위의 추인에 관한 명문의 규정은 없으나,7) 학설과 판례는 무권리자 또는 변제수령권한이 없는 자에게 이루어진 무효인 변제행위에 대한 추인을 긍정하고 있다. 대법원 판례는 권리자가 무권리자의 처분을 추인할 수 있다고 하면서,8) 그 근거를 자신의 법률관계를 스스로의 의사에 따라 형성할 수 있다는 사적 자치의 원칙에서 찾고 있는데,9) 무효인 변제행위의 추인에 대해서도 사적 자치의 원칙이 근거가 될 수 있다고 본다. 무권리자의 처분에 대한 추인이나 무권한자에 대한 변제의 추인이나 그 본질은 권리자(채권자)가 자신의 처분권을 행사하여 자기 권리의 법적 상태를 변경시키는 것이기 때문이다.10) 즉, 채권자가 추인으로 무권한자에게 이루어진 변제의 효력을 인정하는 것은 자신의 채권을 소멸시키고 변제수령자에 대하여 부당이득반환청구권을 취득하는 새로운 법률관계를 형성하는 것인바, 이는 채권자가 가지는 처분권의 한 내용으로 인정되는 것으로11) "자신의 법률관계를 자유의사에 따라 형성할 수 있는 사적 자치의 원칙"에 기반을 둔 것이라고 생각한다.12) 이런 점에서 민법에 무효인 변제행위의 추인에 관한 명문 규정이 없더라도 사적 자치의 원칙에 근거하여 채권자는 권한 없는 자에게 이루어진 변제를 추인할 수 있다고 판단된다.

---

7) 프랑스민법 제1342-2조는 "변제가 권한 없는 자에게 이루어진 경우에도 채권자가 이를 추인하거나 채권자가 이로부터 이익을 본 경우에는 유효하다."고 규정하고 있다. 독일민법은 부당이득과 관련하여 "무권리자에게 실행된 급부가 권리자에 대하여 효력이 있는 경우에는, 무권리자는 권리자에게 급부받은 것을 반환할 의무를 진다"고 규정하고 있다(동법 제816조 제2항).

8) 대판 1964. 6. 2, 63다880; 대판 1966. 10. 21, 66다1596; 대판 1981. 1. 13, 79다2151; 대판 2001. 11. 9, 2001다44291; 대판 2017. 6. 8, 2017다3499.

9) 대판 2001. 11. 9, 2001다44291; 대판 2017. 6. 8, 2017다3499.

10) 양창수 · 김재형, 계약법, 제2판, 박영사, 2016, 254에서도 "무권리자의 처분의 추인"과 관련하여 "...권리자가 타인의 처분을 추인하여 유효하게 함으로써 자기 권리의 법적 상태를 변경시키는 것은 그 처분권의 한 내용으로 당연히 인정되는 것이다."라고 설명하고 있다.

11) 양창수 · 김재형(주 10), 254 참조.

12) 대판 2017. 6. 8, 2017다3499.

채권자가 채무자의 무효인 변제행위를 추인함으로써 그 변제는 유효한 변제가 되고 채권자의 채권은 소멸하게 된다. 그런데 채권자의 추인이 채무자가 행한 무효의 변제를 유효하게 만드는 것을 넘어서 제3자가 취득한 이득도 정당화해 주는 기능도 수행하는 것은 아닌지 생각해 볼 필요가 있다. 그러나 채권자의 추인은 무효인 변제를 유효하게 만들어 채권자가 "채무자에 대한 채권"을 상실한다는 것에 대한 동의로만 작동할 뿐이고, 이러한 채권 상실의 후속 효과로서 채권자는 제3자에 대한 부당이득반환채권을 취득하게 된다. 여기서 채권자의 추인이 이득을 수취한 제3자와의 관계에서 채권자가 "제3자에 대해 취득한 채권[13]"의 상실에 대한 동의로까지 작동하는 것은 아니며, 채권자의 추인으로 제3자가 받은 이득이 정당화되는 것도 아니라고 할 것이다.[14]

결론적으로 채무자의 무효인 변제행위를 추인함으로써 채권자는 자신의 채권을 상실하는 손해를 입고 변제수령자는 법률상 원인 없이 이득을 얻게 되며 손해와 이득 사이의 인과관계가 인정되므로 채권자는 변제수령자인 제3자에게 직접 그 이득의 반환을 구할 수 있다. 이 법리는 제3자가 채무자에게 이득을 반환하면 채무자가 다시 채권자에게 이를 변제하는 우회적인 이득의 반환 또는 채무자가 채권자에게 채무를 이행하는 대신 채무자가 제3자에게 가지는 이득반환채권을 양도하는 채권자와 채무자 사이의 추가적인 합의의 필요성을 회피하기 위한 것이다.[15]

라. 제3채무자의 이중변제 위험 및 보호의 필요성

사안과 같이 제3채무자가 우열관계에 관한 판단을 그르쳐 후순위인 채권양수인에게 변제하는 경우에 제3채무자는 채권담보권자와의 관계에서 이중변제의 위험을 부담하게 된다. 「국제거래에서의 채권양도에 관한 협약」(UN Convention on the Assignment of Receivables in International Trade)」[16]이나 「UNCITRAL 담

---

13) 제3자에 대한 부당이득반환채권이다.

14) Christian von Bar & Eric Clive (eds.), "Principles, Definitions and Model Rules of European Private Law: Draft Common Frame of Reference (DCFR)", Full Edition, Vol. VI, 2010, p. 4087.

15) von Bar/Clive, Vol. IV, p. 4086.

16) 이 협약에 관한 자세한 설명은 법무부, 국제채권양도협약연구, 2002(석광현 집필) 참조.

보거래에 관한 모델법」(UNCITRAL Model Law on Secured Transactions, 이하 "담보거래에 관한 모델법"이라 한다)[17]에서는 제3채무자를 이중변제의 위험으로부터 보호하기 위한 특별 규정을 두고 있다. 국제거래에서의 채권양도에 관한 협약은 채무자가 동일한 채권에 관하여 동일한 양도인으로부터 둘 이상의 채권양도통지를 수령한 경우 제3채무자는 최초로 수령한 통지에 따라 지급함으로써 면책된다고 규정하고 있고(제17조 4호), 이는 담보를 위한 양도에도 적용된다(제2조 (a)항). 또한 담보거래에 관한 모델법은 제3채무자가 동일한 채권에 설정된 수 개의 담보권에 관하여 여러 개의 통지를 받은 경우 제3채무자가 첫 번째 통지에 따라 변제하면 제3채무자는 면책된다는 규정을 두고 있다. 또한 제3채무자에 대한 대항요건을 갖추었는지 여부를 불문하고, 담보설정자와 채권담보권자 사이에서는, 만약 제3채무자가 선순위 담보권자보다 후순위인 자에게 변제한 경우에 선순위 담보권자는 변제받은 자가 변제로 취득한 대위물(proceeds)과 담보목적물인 채권과 관련하여 변제받은 자에게 반환된 자산에 대한 권리를 가진다는 규정을 함께 두고 있다.

그러나 우리나라 동산채권담보법에는 이러한 명문 규정을 두고 있지 않으므로 제3채무자가 우열관계를 혼동하여 후순위인 채권양수인에게 잘못 변제한 경우에 채권담보권자에 대한 관계에서 제3채무자는 면책되지 않는다고 해석하는 것이 타당하다고 생각한다.[18] 사안과 같이 동일한 채권에 관하여 복수의 통지를 받아서 제3채무자가 채권담보권자와 채권양수인의 우열관계 등에 관한 법적 판단이 어려운 경우에는 변제공탁을 할 수 있을 것이다.[19]

---

17) UN 국제거래법위원회가 2007년 채택한「담보거래에 관한 입법지침(UNCITRAL Legislative guide on Secured Transactions, 이하 "담보거래 입법지침"이라 한다)」은 동산, 채권, 지식재산권 등 인적 재산(personal property) 담보제도에 관한 기본원칙과 광범위한 입법 권고사항 등을 담고 있다. 그 후 UN 국제거래법위원회는 2016년 7월 1일 미국 뉴욕에서 열린 제49차 위원회 회의에서「UNCITRAL 담보거래에 관한 모델법」을 채택하였다. 모델법이므로 법적 구속력을 가지는 규범은 아니다. UNCITRAL 모델법의 주요 내용에 관하여는 권영준,「담보거래에 관한 UNCITRAL 모델법」의 주요내용과 시사점, 비교사법 제24권 2호(2017.5), 599 이하 참조.

18) 同旨: 김형석, 「동산·채권 등의 담보에 관한 법률」에 따른 동산담보권과 채권담보권, 서울대학교 법학, 제52권 제3호(2011. 9), 235-236은 채권담보권자가 제3채무자에 대한 관계에서 대항요건을 구비한 후 압류채권자가 채권담보권의 목적이 된 채권을 전부 받은 경우, 제3채무자는 전부채권자에게 변제하는 것으로 채권담보권자에게 대항할 수 없어, 전부채권자에게 변제하는 경우 담보권자와의 관계에서 이중변제의 위험을 부담한다고 설명한다. 김현진, 동산채권담보법상 채권담보권의 법률관계, 법학논총 제34집 제3호(2017. 9), 455.

19) 채권자가 존재하지만 채무자가 과실 없이 채권자를 알 수 없는 경우에 채권자 불확지(不確知)를 원인으로

Ⅲ. 집합동산 담보권의 목적물의 범위 확정(대법원 2021. 4. 8.자 2020그872 결정)

1. 사실관계

A 은행은 2016. 8. 30. B 회사와 B 회사의 대출금채무를 담보하기 위해 동산채권담보법에 따라 B 회사의 동산인 강판에 관하여 채권최고액 564,000,000원, 존속기간 2021. 8. 30.까지로 정한 근담보권 설정계약을 체결하고, 같은 날 동산담보등기를 하였다(이하 '이 사건 동산담보권'이라 한다). 등기기록에는 담보목적물에 관하여 '동산의 종류'란에 '집합동산: 강판', '보관장소/특성'란에 '충청남도 당진시 (주소 생략) B회사 공장 내'라고 기록하고 '기타사항'란에는 두께, 중량과 코팅방법이 기록되어 있다.

한편, 근담보권 설정계약 제5조는 '목록과 실제의 불일치 등'이라는 제목으로 제1항에서 '근담보물건의 실제가 이 계약서 끝부분 근담보물건 목록란의 기재와 맞지 않은 부분 또는 누락된 부분이 있어 채권자가 청구하는 때에는 설정자는 곧 변경등기나 경정등기 등 기타 필요한 절차를 밟는다.'고 정하고 있다. 제2항은 '설정자가 근담보물건의 전부 또는 일부를 추가 또는 교체시킨 경우 그 추가 또는 교체된 물건이 근담보물건과 동일한 종류의 동산일 때에는 별도의 계약 없이 이 계약에 의해 담보된다'고 정하고 있다. 계약서 끝부분 근담보물건 목록에는 '특약'으로 '담보물의 변형 · 가공 시에도 담보권 효력이 미침'이라 기재되어 있다.

신청인는 2020. 5. 21. 대전지방법원 서산지원(이하 '서산지원'이라 한다)에서 B 회사 소유의 유체동산에 대하여 가압류결정을 받았다. 서산지원 집행관은 2020. 5. 26. 위 B 회사 공장에 있는 강판 256개 항목에 대하여 가압류집행

변제공탁이 허용된다(민법 제487조 후문). 대법원은 채권이 여러 번 양도되어 현재 채권이 누구에게 속하는지 알 수 없는 경우(대판 2005. 5. 26, 2003다12311), 특정채권에 대하여 채권양도의 통지가 있었으나 그 후 통지가 철회되는 등으로 채권이 적법하게 양도되었는지 여부에 관하여 의문이 있는 경우(대판 2008. 1. 17, 2006다56015) 등을 민법 제487조 후단의 채권자 불확지를 원인으로 하는 변제공탁 사유로 인정하고 있다.

을 하였다.

A 은행은 이 사건 동산담보권을 실행하기 위한 경매를 신청하였다(이하 '이 사건 경매'라 한다). 서산지원 집행관은 2020. 7. 1. 위 강판 256개 항목에 대하여 압류집행을 하였고, 2020. 8. 10. 유체동산 매각공고를 하면서 평가액과 최저일괄매각가격을 합계 902,000,000원으로 정하였다.

신청인는 서산지원 집행관이 이 사건 경매절차에서 실시한 위 동산압류집행의 취소를 구하는 이의신청을 하였다.

2. 원심결정과 대상결정

원심결정은 이 사건 경매절차에서 집행관이 이 사건 동산담보권의 범위를 초과하여 압류집행을 하였다는 신청인의 주장을 배척하였다.[20] 대법원은 여러 개의 동산을 종류와 보관장소로 특정하여 집합동산에 관한 담보권을 설정한 경우 같은 보관장소에 있는 같은 종류의 동산 전부가 동산담보권의 목적물이 된다고 판시하였다. 등기기록에 종류와 보관장소 외에 중량이 기록되었다고 하더라도 당사자가 중량을 지정하여 목적물을 제한하기로 약정하였다는 등 특별한 사정이 없는 한 목적물이 그 중량으로 한정된다고 볼 수 없고 중량은 목적물을 표시하는 데 참고사항으로 기록된 것에 불과하다고 하면서 특별항고를 기각하였다.

3. 검토

대상결정은 담보목적물을 종류와 보관장소로 특정하여 집합동산 담보권을 설정한 경우에 동산채권담보법 및 관련 법령, 담보설정계약서에 나타난 당사자의 의사 등을 종합적으로 고려하여 담보목적물의 범위를 확정하는 기준을 제시한 것으로서 의미가 있다.

---

20) 대전지법 서산지원 2020. 10. 21.자 2020타기89 결정.

가. 집합동산 담보권의 설정

동산채권담보법 제3조는 '동산담보권의 목적물'이라는 제목으로 제2항에서 "여러 개의 동산(장래에 취득할 동산을 포함한다)이더라도 목적물의 종류, 보관장소, 수량을 정하거나 그 밖에 이와 유사한 방법으로 특정할 수 있는 경우에는 이를 목적으로 담보등기를 할 수 있다."라고 정하고 있다. 집합동산 양도담보에 관한 판례의 법리[21]를 입법한 것이다. 이 규정에 따라 재고자산과 같이 증감변동하는 집합동산에 대하여 동산담보권을 설정할 수 있다. 특정이 가능하다면 동산담보권설정자는 현재 보유한 동산뿐만 아니라 장래에 취득할 동산에 대해서도 하나의 동산담보권을 설정할 수 있다. 동산담보권설정자가 장래에 동산의 소유권을 취득하고 담보등기부에 기재된 특정방법에 따라 편입되면 그 동산 위에 동산담보권이 성립하게 된다. 예를 들면, 기업은 자사의 창고에 비치된 증감변동하는 재고상품을 일괄하여 담보로 제공할 수 있다. 기업은 영업활동을 하면서 재고상품을 창고에서 출고하여 판매하고 새로운 상품을 입고시킬 수 있는데, 새로운 상품이 창고에 비치되면 별도의 합의 없이 담보목적물로 편입되게 된다.

나. 집합동산담보권의 담보목적물의 확정

동산채권담보법은 "목적물의 종류, 보관장소, 수량을 정하거나 그 밖에 이와 유사한 방법으로" 특정할 수 있다고 한다. 집합동산의 특정과 관련하여「동산·채권의 담보등기 등에 관한 규칙」제35조는 개별동산에 동산담보권을 설정하는 경우와 집합동산에 동산담보권을 설정하는 경우를 나누어 규정하고 있다. 개별동산과 관련하여서는 대법원예규로 정하는 동산의 종류와 동산의 제조번호 또는 제품번호 등 다른 동산과 구별할 수 있는 정보를 기록하여야 한다(동 규칙 제35조 제1항 제1호 (가)목). 집합동산과 관련하여서는 동산의 보관장소에 따라 특정하는 경우에는 대법원예규로 정하는 동산의 종류와 동산의 보관장소의 소재지를 기록하여야 한다(동 규칙 제35조 제1항 제1호 (나)목 본문).

21) 대법원 1988. 12. 27. 선고 87누1043 판결 등.

보관장소와 종류로서 특정을 하는 경우에는 같은 종류의 동산 전체를 담보목적물로 하는 경우에 한하여 인정된다(동 규칙 제35조 제1항 제1호 (나)목 단서). 한편 해당 동산의 명칭이나 그 밖에 해당 동산을 특정하는 데 유익한 사항을 기록할 수 있다(동 규칙 제35조 제2항).

한편 「동산·채권의 담보등기 신청에 관한 업무처리지침」(대법원 등기예규 제1710호) 제6조는 동산 및 채권의 특정을 위해 신청서에 적어야 할 등기사항을 정하고 있다. 제1항 제1호 (가)목에서는 '동산의 특성에 따라 특정하는 경우에는 동산의 종류와 동산의 제조번호, 제품번호 등 개별동산에 부여된 표시'를 적도록 하고, 제1항 제1호 (나)목에서는 '담보목적물인 동산을 보관장소에 따라 특정하는 경우에는 동산의 종류와 동산의 보관장소의 구체적인 소재지(토지의 경우에는 지번, 건물의 경우 동·호수가 있는 경우에는 이를 포함한다)'를 적도록 하고 있다. 한편 제3항에서는 '동산을 특정하는 데 유익한 사항으로서 동산의 명칭, 크기, 중량, 재질, 제조일, 색상, 형태, 제조자, 보관장소의 명칭, 점유자 등을 적을 수 있다'고 정하고 있다. 다만 주관적 감정이나 가치판단, 기타 동산의 특정과 무관한 사항은 적을 수 없다.

위에서 살펴본 규정의 내용과 동산채권담보법의 입법취지와 체계 등을 종합적으로 판단하면, 동산의 종류와 보관장소로 특정하여 집합동산에 관한 담보권을 설정한 경우에는 같은 보관장소에 있는 같은 종류의 동산 "전부"가 동산담보권의 목적물로 보아야 한다. 등기기록에 종류와 보관장소 외에 중량이 기록되었다고 하더라도 당사자가 중량을 지정하여 목적물을 제한하기로 약정하였다는 등 특별한 사정이 없는 한 목적물이 그 중량으로 한정된다고 볼 수 없다.[22] 만약 중량의 기재로 담보목적물이 그 중량으로 한정된다고 본다면 보관장소와 종류로서 특정을 하는 경우에는 같은 종류의 동산 전체를 담보목적물로 하는 경우에 한하여 인정된다고 규정한 「동산·채권의 담보등기 등에 관한 규칙」제1항 제1호 (나)목 단서에 위배된다. 나아가 공장 내 비치된 강판 중 일부만을 담보목적물을 제한하고자 하였다면 근담보권 설정계약 등에 보관장소를 "B회사 공장 내"라고만 기재할 것이 아니라 공장의 도면 등을 첨부하여 공

22) 대법원 2021. 4. 8.자 2020그872 결정.

장 내 특정 장소를 구체적으로 표시하고 그곳에 비치된 강판만이 동산담보권의 목적이 되고 총 담보목적물은 일정 중량으로 제한된다는 점을 기재하였어야 한다. 그런데 본 사안에서 근담보권 설정계약에 위와 같이 담보목적물을 제한하는 구체적인 내용이 없을 뿐만 아니라 근담보권 설정계약 제5조 제2항에서 '설정자가 근담보물건의 전부 또는 일부를 추가 또는 교체시킨 경우 그 추가 또는 교체된 물건이 근담보물건과 동일한 종류의 동산일 때에는 별도의 계약 없이 이 계약에 의해 담보된다'고 정하고 있다. 이 조항에 따르면 계약 당사자들은 담보목적물인 강판이 추가로 공장에 비치되거나 교체, 변형, 가공된 경우에도 공장에 있는 전체 강판이 담보목적물이 된다는 의사의 합치가 있었다고 해석된다. 반면 담보목적물의 추가 또는 교체 등의 경우에 일정한 중량의 범위 내로 담보목적물을 제한하려는 의사는 명확하게 드러나지 있지 않다고 할 수 있다.

따라서 대상결정이 판시한 바와 같이 공장에 있는 강판 전부가 담보목적물이 되고, 등기기록에 기록된 중량은 목적물을 특정하는 데 참고사항으로서 표시한 것에 불과할 뿐이고 위 중량으로 목적물이 한정된다고 볼 수 없다고 판단된다.

Ⅳ. 강제집행절차에서 동산담보권자의 지위(대법원 2022. 3. 31. 선고 2017다263901 판결)

1. 사실관계

원고는 2015. 11. 24. A 회사(이하 '채무자 회사'라 한다)와 특정 동산(이하 "이 사건 동산"이라 한다)에 관하여 채권최고액을 234,000,000원으로 한 근담보권설정계약을 체결하고, 같은 날 근담보권설정등기를 마쳤다.

그 후 채무자 회사의 채권자인 피고들의 신청에 의하여 이 사건 동산에 관한 경매절차가 개시되었다. 집행관은 2016. 5. 20. 및 같은 해 6. 2. 동산담보권자인 원고에게 '이 사건 동산이 압류되었으므로 매각기일에 이르기까지 집행을 신청하거나 집행관이 매각대금을 영수할 때까지 배당요구를 하여 배당절차에 참여할 수 있다'는 내용의 고지서를 각각 4회 송달하였다.

이 사건 동산은 1차 경매기일에서 유찰된 후 2016. 6. 16. 진행된 2차 경매기일에서 매각되었다. 같은 날 12:44 무렵 집행관이 매수인으로부터 매각대금을 수령한 뒤 경매기일을 종료하였는데, 원고는 그 후인 15:50 무렵에서야 집행관에게 168,258,158원의 배당을 요구하는 배당요구서를 제출하였다.

원고와 피고들 사이에 매각대금에 대하여 배당협의가 이루어지지 않자 집행관은 매각대금을 공탁하였다. 공탁금에 대한 배당절차에서 집행법원은 2016. 9. 5. 실제 배당할 금액 185,892,384원을 피고들에게 채권액에 따라 안분배당하고, 원고에게는 배당하지 않는 내용으로 배당표를 작성하였다. 원고는 배당기일에 출석하여 피고들에 대한 배당액 중 원심판결 청구취지 기재 금액(합계 168,258,158원)에 대하여 배당이의를 한 다음 이 사건 배당이의의 소를 제기하였다.

2. 원심판결과 대상판결

원심판결은 다음과 같은 이유로 원고의 청구를 기각하였다. 동산경매절차에서는 민사집행법 148조를 준용하고 있지 않으므로 원고가 비록 동산담보권자라고 할지라도 당연히 배당받을 수 있는 채권자의 범위에 포함된다고 볼 수 없다. 적법한 배당요구가 있는 때에 매각대금 등에서 배당받을 지위를 취득하게 되므로, 만일 적법한 배당요구가 없는 경우에는 민법, 상법 그 밖의 법률에 따라 우선변제청구권이 있는 자라고 하더라도 배당에서 제외된다. 배당을 받기 위해서는 배당요구의 종기까지 집행을 신청하거나 배당요구를 하여야만 하는데 원고는 배당요구 종기가 경과한 다음에야 배당요구를 하였으므로 원고의 배당요구는 적법하지 않다고 판단하였다.[23]

그러나 대상판결은 등기를 통해 공시되는 동산담보권을 창설한 동산채권담

23) 수원지법 2017. 8. 24 선고 2017나61553 판결.

보법의 입법 취지, 부동산 집행절차에서 등기된 담보권자를 당연히 배당받을 채권자로 정하는 민사집행법 제148조 제4호의 취지, 동산담보권자와 경매채권자 사이의 이익형량 등을 고려하면, 동산담보권이 설정된 유체동산에 대하여 다른 채권자의 신청에 의한 강제집행절차가 진행되는 경우 민사집행법 제148조 제4호를 유추적용하여 집행관의 압류 전에 등기된 동산담보권을 가진 채권자는 배당요구를 하지 않아도 당연히 배당에 참가할 수 있다고 보아야 한다고 판시하면서 원심판결을 파기하였다.

3. 검토

대상판결에서는 동산담보권의 담보목적물인 동산에 대하여 다른 채권자의 신청에 의한 강제집행절차가 진행되는 경우에 집행관의 압류 전에 등기된 동산담보권을 가진 채권자가 배당요구를 하여야만 배당에 참가할 수 있는지 여부가 문제되었다. 이 쟁점은 2013년 담보목적물인 동산이 동산담보권자인 은행이 인식하지 못한 상태에서 다른 채권자의 청구에 의하여 법원에서 경매절차가 진행되고, 동산담보권자인 은행은 위 경매사실을 통보받지 못하여 배당에 참여하지 못하고 동산담보권도 소멸하는 사건이 발생하였을 때 동산담보권자의 법적 지위와 관련하여 이미 논의된 바가 있다.[24] 이 사건을 계기로 민사집행규칙이 개정되었고 동산에 대한 압류시에 집행관이 동산담보등기부를 확인하고 담보권자에게 매각기일에 이르기까지 집행을 신청하거나 배당요구를 하여 매각대금의 배당절차에 참여할 수 있음을 고지하는 절차를 신설하여 동산담보권자의 권리를 보호하도록 하였다(민사집행규칙 제132조의2).[25] 그 당시의 논의들을 살펴보면, 위와 같은 고지절차를 신설하는 것보다 더 높은 수준으로 동산담보권자를 보호할 필요가 있다는 견해도 제시되었다. 부동산경매의 경우에 저당권, 전세권 그 밖의 우선변제청구권으로서 첫 경매개시결정등기 전에 등기되었고 매각으로 소멸하는 것을 가진 채권자(민사집행법 제148조 제

24) 자세한 내용은 정소민, 동산 · 채권담보제도의 개선방안에 관한 연구, 법학논고 제67집(2019. 10), 178-180 참조.

25) 2014년 9월 1일부터 시행되고 있다.

4호)가 당연배당대상에 포함되어 배당요구가 없더라도 배당받을 수 있는 것과 같이, 등기된 동산담보권자의 경우에도 배당신청을 하지 않아도 당연배당이 실시되도록 민사집행법을 개정하자는 의견이었다.[26] 그러나 실제 민사집행법 개정에는 이르지 못하였다. 이러한 상황에서 대상판결은 민사집행법 제148조 제4호의 유추적용을 통하여 동산담보권자가 강제집행절차에서 당연배당 받을 수 있다고 판시한 것으로서 그 의의가 크다고 하겠다. 아래에서는 대상판결이 제시한 동산담보권에 민사집행법 제148조 제4호의 유추적용이 가능한 근거에 대해서 살펴보기로 한다.

가. 입법의 미비: 유체동산의 강제집행절차에서 동산담보권의 지위

동산채권담보법은 제21조 이하에서 동산담보권의 실행방법 등을 정하면서 제22조 제1항에서 민사집행법상 담보권실행에 관한 일부 규정(동법 제264조, 271조 및 272조)을 준용하고 있을 뿐 담보목적물에 대한 강제집행절차에서 동산담보권자가 어떤 지위에 있는지에 관하여는 아무런 규정을 두고 있지 않다. 동산채권담보법이 준용하는 민사집행법 제272조는 담보권 실행을 위한 경매절차에서 유체동산에 대한 강제집행절차를 다시 준용하고 있다. 이와 관련하여 본 사안에 의미 있는 부분을 간략히 언급하면 다음과 같다. 유체동산의 강제집행절차에서 우선변제청구권이 있는 채권자는 배당요구의 종기까지 배당요구를 할 수 있다(민사집행법 제217조, 제220조). 배당요구는 이유를 밝혀 집행관에게 하여야 하고(민사집행법 제218조), 집행관은 그 사유를 배당에 참가한 채권자와 채무자에게 통지하여야 한다(민사집행법 제219조). 유체동산에 관한 강제집행절차에서도 부동산과 마찬가지로 잉여주의와 소멸주의가 적용되어, 압류물의 매각대금으로 압류채권자의 채권에 우선하는 채권과 집행비용을 변제하면 남을 것이 없다고 인정하는 때에는 매각을 진행할 수 없다(민사집행법 제91조, 민사집행규칙 제140조 제2항). 매각이 이루어지면 동산담보권은 그 피담보채권이 만족되었는지에 관계없이 소멸한다.

---

26) 금융위원회 2018. 5. 23.자 보도자료, 4면.

동산채권담보법이 제정·시행되기 전에는 유체동산에 관하여 등기에 의하여 공시되는 담보권이 존재하지 않았기 때문에 담보권 실행 등을 위한 경매에서 채권자가 그 목적물을 제출하거나, 그 목적물의 점유자가 압류를 승낙한 때에 개시한다는 규정만 두면 되었고 등기로 공시되는 담보권에 관한 규정을 둘 필요가 없었다. 그러나 동산채권담보법으로 유체동산 위에 등기로 공시되는 담보권이 존재하게 되었으므로 동산채권담보법은 동산담보권의 실행에 관한 규정에 민사집행법상 담보권 실행 등을 위한 경매에서 부동산에 대한 경매신청 규정인 민사집행법 제264조를 준용하고 있다(동산채권담보법 22조 제1항, 민사집행법 제264조). 동산담보권자는 등기로 공시되는 담보권을 보유한 자이므로 담보권을 실행하기 위하여 담보권이 있다는 것을 증명하는 서류를 제출하여야 한다(민사집행법 제264조).

그렇다면 동산채권담보법에서 동산담보권 실행을 위한 경매에서 동산담보권이 등기로 공시되는 점을 고려하여 부동산에 대한 경매신청규정을 준용하는 것처럼, 강제집행절차에서도 부동산의 강제경매절차의 규정 중 동산담보권에 준용할 필요가 있는 것을 선별하여 구체적인 준용 규정을 두었어야 균형이 맞는다. 그런데 동산채권담보법은 이에 관하여는 아무런 규정을 두고 있지 않다. 입법의 미비라고 할 수 있다. 이와 같이 법률이 흠결된 상황에서 동산의 강제집행절차에서 등기로 공시되는 동산담보권을 어떻게 취급하여야 하는지를 검토하기 위해서 부동산 강제집행절차에서 등기된 담보권이 어떻게 취급되는지 살펴보기로 한다.

나. 부동산 강제집행절차에서 등기된 담보권의 법적 지위

부동산에 대한 강제집행절차에서는 우선변제청구권이 있는 채권자는 배당요구를 할 수 있고(민사집행법 제88조), '저당권·전세권, 그 밖의 우선변제청구권으로서 첫 경매개시결정등기 전에 등기되었고 매각으로 소멸하는 것을 가진 채권자'는 배당요구를 하지 않아도 당연히 배당받을 채권자에 해당한다는 규정(민사집행법 제148조 제4호)을 두고 있다. 또한 임차권등기명령에 의하여 임차권등기가 첫 경매개시결정등기 전에 등기된 경우에 그 임차인은 민사집행법 제148조 제4호의 "저당권·전세권, 그 밖의 우선변제청구권으로서 첫 경매개시결정 등기 전에 등기되었고 매각으로 소멸하는 것을 가진 채권자"에 준하여, 임차보증금반환채권에 대하여 별도로 배당요구를 하지 않아도 당연히 배당받을 채권자에 속하는 것으로 보고 있다.[27] 한편 임차인은 전세권자나 등기된 임차권자 등의 지위를 겸하는 경우가 있을 수 있으므로 임차인이 어떠한 지위에서 배당요구를 한 것인지 분명히 하여 그에 맞추어 경매절차를 진행하여야 한다.[28]

한편 주택임대차보호법상 우선변제청구권이 인정되는 소액임차인의 소액보증금반환채권[29], 주택임대차보호법이나 상가건물임대차보호법이 적용되는 임차권 중 등기가 되지 않은 임차권자의 임대차보증금반환채권[30], 근로기준법상 우선변제청구권이 인정되는 임금채권과 퇴직금채권[31], 사용인의 우선변제권(상법 제468조), 선원 등 선박사용인의 선박우선특권[32](상법 제777조) 등은 우선변제청구권이 인정되지만 등기가 되어 있지 않기 때문에 배당요구를 하지 않으면 그 채권의 존부나 액수를 알 수 없다. 따라서 대법원은 이들 채권자가 강제집행절차에서 배당요구를 하여야만 배당받을 권리가 있다고 판시하였다.[33]

다. 민사집행법 제148조 제4호 유추적용 가능성

결국 이 사건의 핵심 쟁점은 등기로 공시되는 동산담보권자에게 강제집행절

---

27) 대법원 2005. 9. 15. 선고 2005다33039 판결.

28) 대법원 2010. 6. 24. 선고 2009다40790 판결. 이 판결은 "주택임차인이 그 지위를 강화하고자 별도로 전세권설정등기를 마치더라도 주택임대차보호법상 임차인으로서 우선변제를 받을 수 있는 권리와 전세권자로서 우선변제를 받을 수 있는 권리는 근거규정 및 성립요건을 달리하는 별개의 권리라고 할 것인 점 등에 비추어 보면, 주택임대차보호법상 임차인으로서의 지위와 전세권자로서의 지위를 함께 가지고 있는 자가 그 중 임차인으로서의 지위에 기하여 경매법원에 배당요구를 하였다면 배당요구를 하지 아니한 전세권에 관하여는 배당요구가 있는 것으로 볼 수 없다"고 판시하였다.

29) 대법원 2002. 1. 22. 선고 2001다70702 판결.

30) 대법원 1998. 10. 13. 선고 98다12379 판결.

31) 대법원 1997. 2. 25. 선고 96다10263 판결; 대법원 1996. 12. 20. 선고 95다28304 판결.

32) 대법원 2012. 4. 13. 선고 2011다42188 판결.

33) 대법원 1996. 12. 20. 선고 95다28304 판결; 대법원 1997. 2. 25. 선고 96다10263 판결; 대법원 2012. 4. 13. 선고 2011다42188 판결.

차에서 저당권자 등과 유사한 법적 지위를 부여하여 배당요구 없이도 배당받을 수 있는 채권자로 볼 수 있는지 여부, 즉, 민사집행법 제148조 제4호를 동산담보권자에게 유추적용할 수 있느냐의 문제로 귀결된다.

법률의 유추적용은 법률의 흠결을 보충하는 것으로 법적 규율이 없는 사안에 대하여 그와 유사한 사안에 관한 법규범을 적용하는 것이다. 이러한 유추를 위해서는 법적 규율이 없는 사안과 법적 규율이 있는 사안 사이에 공통점 또는 유사점이 있어야 한다. 나아가 법규범의 체계, 입법 의도와 목적 등에 비추어 법적 분쟁을 합리적으로 해결하고 정의관념에 적합한 결과를 도출하기 위해 정당하다고 평가되는 경우에 유추적용이 가능하다.[34]

먼저 강제집행절차에서 당연히 배당받는 저당권 등의 권리와 동산담보권의 유사성에 관하여 살펴본다. 이들 권리는 모두 등기에 의해 공시된다. 부동산등기부 또는 담보권설정자의 담보등기부를 열람하면 누구나 이들 권리의 존재를 확인할 수 있다. 집행관은 유체동산 압류 시에 채무자에 대한 담보등기부를 열람하여 담보등기가 있으면 등기부를 집행기록에 편철하여야 한다(민사집행규칙 제132조의2 제1항). 유체동산에 관한 강제집행절차에서도 부동산과 마찬가지로 잉여주의와 소멸주의가 적용되어, 압류물의 매각대금으로 압류채권자의 채권에 우선하는 채권과 집행비용을 변제하면 남을 것이 없다고 인정하는 때에는 매각을 진행할 수 없고(민사집행규칙 제140조 제2항), 매각이 이루어지면 동산담보권은 그 피담보채권이 만족되었는지에 관계없이 소멸한다는 점도 유사하다.

앞서 살펴본 바와 같이 대법원은 동일한 임차권이라도 그 권리가 등기되어 있는지 여부에 따라 강제집행절차에서 배당요구가 필요한지 여부에 대해 다른 결론을 도출하고 있다. 강제집행절차에서 배당요구가 필요한 권리인지 여부의 기준은 결국 등기 여부이고 이 점은 민사집행법 제148조 제4호를 등기·등록의 대상이 되는 선박, 자동차, 건설기계 등에 대한 강제집행절차에 준용하고 있다(민사집행법 제172조, 제187조, 민사집행규칙 제108조, 제130조)는 점에서 다시 한 번 확인할 수 있다. 이런 점에서 동산담보권에도 민사집행법 제148조

34) 유추적용의 요건과 한계에 대해서는 대법원 2020. 4. 29. 선고 2019다226135 판결 참조.

제4호를 유추적용하는 것이 법 규범의 체계에도 부합한다고 판단된다.

마지막으로 강제집행절차에서 담보권자들 사이의 형평성도 고려되어야 한다. 담보목적물에 대하여 우선변제권을 가지는 담보권자들이 강제집행절차에서 특별한 이유 없이 유사한 법적 지위를 누리지 못하는 것은 정의 관념에 반한다. 동산담보권자는 집행목적물에 대하여 압류채권자에 우선하고 압류에 대항할 수 있는 물적 담보권이 있으며 이것이 등기에 의해 공시되는데도 불구하고 배당요구를 하지 않으면 배당을 받지 못하고 담보권이 소멸한다고 보면, 저당권·전세권 등 부동산 담보권자와의 형평에 맞지 않는다. 동산의 질권자는 집행관의 압류를 승낙하지 않음으로써(민사집행법 제191조 참조), 양도담보권자는 제3자이의의 소로써[35] 일반채권자의 강제집행을 쉽게 저지할 수 있는 점을 고려하면 동산담보권자의 지위가 그들보다도 더 약화된다. 배당요구를 하여야 배당을 받을 수 있는 채권자가 배당요구를 하지 않아 배당을 받지 못한 경우 배당을 받은 후순위 채권자를 상대로 부당이득반환청구를 할 수 없는 점까지 더하여 보면,[36] 이러한 해석은 동산담보권의 설정을 꺼리게 함으로써 동산의 담보거래를 활성화하려는 동산채권담보법의 입법 취지에 부합하지 않는다. 반면 채무자의 재산에 대해 강제집행을 하려는 채권자는 채무자의 담보등기부를 통해 동산담보권의 존재를 알 수 있으므로, 그 우선변제권이 미치는 부분에 대하여는 일반채권자의 배당에 관한 기대를 보호할 필요도 적다.[37]

이러한 점을 모두 종합하여 보면, 담보등기로 공시되는 동산담보권에 민사집행법 제148조 제4호를 유추적용하여 담보목적물에 다른 채권자의 신청에 의한 강제집행절차가 진행되는 경우에 집행관의 압류 전에 등기된 동산담보권을 가진 채권자는 배당요구를 하지 않아도 당연히 배당에 참가할 수 있다고 판단한 대법원 판결에 찬성한다. 동산담보권자에게 당연배당을 실시하게 되면 동산담보권자가 담보목적물을 항상 모니터링해야 한다는 부담도 경감되고 강제집행절차에서 동산담보권자의 법적 권리가 한층 강화될 것으로 판단된다.

---

35) 대법원 2004. 12. 24. 선고 2004다45943 판결 등 참조.
36) 대법원 1996. 12. 20. 선고 95다28304 판결 등 참조.
37) 대법원 2022. 3. 31. 선고 2017다263901 판결.

V. 동산담보권 설정자가 담보목적물을 처분한 경우 배임죄의 성립 여부(대법원 2020. 8. 27. 선고 2019도14770 전원합의체 판결)

1. 사실관계

A 주식회사의 대표이사인 피고인은 B 은행으로부터 대출을 받으면서 회사 소유의 레이저 가공기 2대를 포함한 기계 17대(이하 '이 사건 기계들'이라 한다)에 관하여 동산담보권설정계약을 체결하고 B 은행에 동산담보등기를 마쳐 주었다.

위 근담보권설정계약에서는 "설정자는 선량한 관리자로서의 주의의무를 다하여 근담보물건을 관리하기로 하며, 통상의 용도 또는 영업 범위 내에서 사용·보존·관리하여야 합니다."(제7조 제1항 전문), "설정자가 근담보물건에 대하여 멸실, 훼손, 매각, 임대 등 채권자의 채권보전에 지장을 초래할 현상변경 행위를 하고자 하는 때에는 미리 채권자의 승낙을 얻어야 합니다."(제9조 제1항)라는 규정 등이 있다.

피고인은 위 근담보설정계약에 따라 B 은행이 그 담보의 목적을 달성할 수 있도록 동산담보로 제공된 위 기계를 보관하여야 할 임무가 있었지만 이를 다른 사람에게 처분함으로써 재산상 이익을 취득하고 B 은행에 재산상 손해를 가하였다는 사실로 기소되었다.

2. 원심판결과 대상판결

원심판결은 피고인에게 배임죄의 성립을 인정하였다. 피고인은 동산담보권 설정자인 공소외 A 주식회사의 대표이사로서 피해자 은행에 대한 채무 변제 시까지 그 담보물건인 이 사건 기계들을 담보 목적에 맞게 보관하여야 할 임무를 부담하므로 배임죄의 주체인 '타인의 사무를 처리하는 자'에 해당한다고

판시하였다.[38]

그러나 대상판결은 동산담보권설정자가 채권자인 동산담보권자에 대하여 담보물의 담보가치를 유지·보전할 의무 또는 담보물을 타에 처분하거나 멸실, 훼손하는 등으로 담보권 실행에 지장을 초래하는 행위를 하지 않을 의무는 채권자(타인)와의 신임관계에 기초하여 채권자(타인)의 사무를 맡아 처리하는 것으로 볼 수 없으므로 배임죄가 성립하지 않는다고 판시하였다.

3. 검토

가. 배임죄의 주체: 타인의 사무를 처리하는 자

대법원은 지난 10년 동안 동산 이중양도,[39] 대물변제예약된 부동산의 처분,[40] 부동산 이중근저당[41]에 관한 일련의 전원합의체 판결에서 채무자의 계약상 채무불이행에 대하여 배임죄의 성립을 부정하는 방향으로 판례를 변경하였다. 이는 계약관계에서 채무자의 채무불이행에 대하여 배임죄의 성립을 제한하는 태도로서 위임 등과 같이 계약의 전형적·본질적인 급부의 내용이 상대방의 재산상 사무를 일정한 권한을 가지고 맡아 처리하는 경우에만 타인의 사무를 맡아 처리하는 것으로 보아 배임죄가 성립한다는 입장이다.

대상판결은 위 대법원 전원합의체 판결들과 동일한 견지에서 동산담보권설정자가 담보계약상의 의무를 위반하여 담보목적물인 동산을 제3자에게 처분하더라도 배임죄가 성립하지 않는다고 판시하였다.

대상판결의 다수의견은, '타인의 사무를 처리하는 자'라고 하려면 타인의 재산관리에 관한 사무의 전부 또는 일부를 타인을 위하여 대행하는 경우와 같이 당사자 관계의 전형적·본질적 내용이 통상의 계약에서의 이익대립관계를 넘어서 그들 사이의 신임관계에 기초하여 타인의 재산을 보호 또는 관리하는 데에 있어야 한다고 판시한다. 이익대립관계에 있는 통상의 계약관계에서 채무

38) 서울고등법원 2019. 9. 24. 선고 2019노760, 2019노889(병합) 판결.
39) 대법원 2011. 1. 20. 선고 2008도10479(전합) 판결.
40) 대법원 2014. 8. 21. 선고 2014도3363 (전합) 판결.
41) 대법원 2020. 6. 18. 선고 2019도14340(전합) 판결.

자의 성실한 급부이행에 의해 상대방이 계약상 권리의 만족 내지 채권의 실현이라는 이익을 얻게 되는 관계에 있다거나, 계약을 이행함에 있어 상대방을 보호하거나 배려할 부수적인 의무가 있다는 것만으로는 채무자를 타인의 사무를 처리하는 자라고 할 수 없고, 위임 등과 같이 계약의 전형적·본질적인 급부의 내용이 상대방의 재산상 사무를 일정한 권한을 가지고 맡아 처리하는 경우에 해당하여야 한다는 것이다. 따라서 채무자가 금전채무를 담보하기 위하여 그 소유의 동산을 동산채권담보법에 따라 동산담보로 제공함으로써 동산담보권자에 대하여 담보물의 담보가치를 유지·보전하고 담보물을 타에 처분하거나 멸실, 훼손하는 등으로 담보권 실행에 지장을 초래하는 행위를 하지 않을 의무를 부담하게 되었더라도, 채무자가 통상의 계약에서의 이익대립관계를 넘어서 채권자와의 신임관계에 기초하여 채권자의 사무를 맡아 처리하는 것으로 볼 수 없다고 한다. 따라서 채무자를 배임죄의 주체인 '타인의 사무를 처리하는 자'에 해당한다고 할 수 없고, 그가 담보물을 제3자에게 처분하여 담보가치를 감소 또는 상실시켜 채권자의 담보권 실행이나 이를 통한 채권실현에 위험을 초래하더라도 배임죄가 성립하지 않는다고 한다.

대상판결의 반대의견은, 이미 성립한 물권을 침해하는 행위와 계약상 채무불이행의 문제(동산 이중양도, 부동산 이중저당 등)는 구별하여야 한다는 입장이다. 담보권설정자가 동산에 관하여 동산담보권을 설정한 이후 담보권자에게 부담하는 담보물 보관의무와 담보가치 유지의무는 담보권설정계약 당시의 단순한 채권적 의무를 넘어 동산담보권자가 담보목적물에 대한 교환가치를 지배할 권리를 확보해 주는 것이기 때문에 배임죄에서 말하는 '타인의 사무'에 해당한다고 본다. 즉, 동산담보권의 성립 이후 담보권설정자가 그 동산을 제3자에게 처분함으로써 동산담보권을 침해하는 행위는 당사자 사이의 본질적·전형적 신임관계를 위반한 것으로서 배임죄에 해당한다고 한다. 또한 동산담보권이 침해된 경우와 같은 물권 침해의 경우까지 배임죄의 성립을 부정하고 권리행사방해죄로 처벌하도록 길을 터주는 것은 오히려 민사사건의 형사사건화 또는 형사처벌의 과잉을 초래할 수 있다는 우려를 표시한다.[42)]

---

42) 대상판결의 다수의견에 대한 보충의견은, 동산채권담보법상의 동산담보권의 경우에도 동산담보계약에 따

나. 형사법상 동산담보권에 대한 보호 필요성

현행 형사법의 해석론 관점에서 본 사안의 경우에 배임죄가 성립하는지 여부를 논하는 것은 필자의 역량을 넘어서므로 다루지 않기로 한다. 대신 대상판결이 동산담보권설정자의 담보목적물의 처분행위가 배임죄에 해당하지 않는다고 한 것을 전제로, 본 논문에서는 형사법상 동산담보권에 대한 보호 규정을 신설할 필요는 없는지에 관하여 정책적 관점에서 논의해 보고자 한다. 아울러 동산채권담보법의 입법에 큰 영향을 미친 미국의 인적재산 담보권이 형사법상 어떤 보호를 받고 있는지 비교법적으로 검토하고자 한다.

동산담보권의 경우에는 동산담보권의 설정 이후에도 동산담보권설정자가 그 동산을 계속 점유하기 때문에 동산담보권설정자가 악의적으로 담보물을 반출·처분할 위험성이 항상 존재한다. 이미 실무상으로도 동산담보권자의 권리보호 강화 방안을 논의하면서 담보목적물인 동산이 악의적인 훼손·반출에 취약하지만 이에 대한 효과적인 제재 수단이 없다는 점이 지적되었다.43) 만약 동산담보권설정자의 무단처분이라는 배신적 행위로부터 동산담보권이 강력하게 보호받지 못한다면 동산담보권의 담보목적물에 대한 교환가치의 지배력은 한없이 약해질 수밖에 없고, 우선변제권을 가지는 담보물권으로 제대로 기능하기 어렵다. 이런 점에서 채권과 달리 물권을 침해하는 행위에 대해서는 그에 합당한 형법적 평가와 보호가 필요하다.44)

라 부담하는 담보물에 대한 보관 유지의무 등도 담보설정계약에 따라 부담하게 된 채무자 내지 담보권설정자 자신의 의무로 보는 것이 자연스럽다고 한다. 일반적인 동산 양도담보에서 점유개정에 의하여 양도담보권을 설정한 후 담보권설정자가 목적물을 처분한 것이나, 동산채권담보법에 의한 동산 담보등기를 하고 담보권설정자가 이를 점유하다가 처분한 것에 실질적 차이가 없다는 견해를 제시하고 있다. 동산 이중양도담보에 관한 대법원 2020. 2. 20. 선고 2019도9756 전원합의체 판결은 채무자가 채권담보의 목적으로 점유개정 방식으로 채권자에게 동산을 양도하고 이를 보관하던 중 임의로 제3자에게 처분한 경우 종전의 판례를 변경하여 배임죄가 성립하지 않는다고 판단하였다. 이에 대하여 대상판결의 반대의견은 동산 양도담보는 채권담보를 목적으로 동산소유권을 채권자에게 신탁적으로 이전하는 형태의 양도담보인 데 반하여, 동산채권담보법에 따라 동산담보권을 설정한 경우에는 담보권자는 담보권만을 취득하고 담보권설정자가 여전히 동산의 소유자라는 점에서 차이점이 있다고 한다. 동산 이중양도담보에서 점유개정에 따라 양도담보 목적물인 동산을 직접 점유하는 채무자는 '타인의 재물을 보관하는 자'에 해당하여 채권자의 허락 없이 제3자에게 동산을 양도하는 등 처분한 경우에는 횡령죄가 성립한다고 보았다(대법원 2020. 2. 20. 선고 2019도9756 전원합의체 판결 중 대법관 김재형, 대법관 김선수의 별개의견 참조).

43) 금융위원회 2018. 5. 23.자 보도자료, 4면.

44) 물권은 형사법적으로 보호되고 있다. 형법상 재산범죄는 개인의 재산을 보호법익으로 하는 범죄를 말하고, 소유권을 보호법익으로 하는 죄(절도죄, 횡령죄 등)와 전체로서의 재산권을 보호법익으로 하는 죄(강도죄, 배임죄 등)등으로 나눌 수 있다. 재산범죄는 원칙적으로 특정 재산에 대한 지배권인 물권을 보호법

미국에서는 담보약정에 위반하여 담보권설정자가 담보목적물을 처분한 경우에 처벌이 가능하도록 입법한 주들이 있다. 일리노이주 법(Illinois Revised Statues)은 담보설정자가 담보약정의 내용에 따라 (a) 담보목적물을 매각 또는 기타의 처분할 권리가 없는 경우 (b) 담보목적물을 매각 또는 기타의 처분할 권리가 있고, 담보목적물의 매각 또는 기타 처분으로 인한 대위물(proceeds)을 담보권자에게로 귀속시켜야 하는 경우에, 채무자가 담보목적물을 매각하거나 기타 처분을 하고, 고의 또는 부당하게, 담보약정상 지급할 의무가 있는 위 대위물에 해당하는 금액을 담보권자에게 지급하지 않은 것은 불법이라고 규정하고 있다. 더 나아가 담보목적물의 매각 기타 처분이 있은 때로부터 10일 이내에 채무자가 담보권자에게 위 대위물을 지급하지 않은 것은 고의로 지급을 하지 않은 것에 대한 일응의 증거(prima facie evidence)가 된다.[45] 뉴욕주 형법(New York Penal Law 2005)은 담보권과 관련된 사기죄(Fraud involving a security interest)라는 표제 아래 담보권자에게 금전채무를 부담하면서 이를 담보하기 위하여 인적재산에 담보권을 설정하는 담보약정을 체결하고 그 담보약정상 담보목적물을 매각 또는 기타의 처분을 할 권리가 없음에도 불구하고 담보권설정자가 고의로 담보약정을 위반하여 그 담보목적물을 처분하는 경우에 담보권설정자는 담보권과 관련하여 사기죄가 된다고 규정하고 있다.[46]

우리나라의 경우에도 공장 및 광업재단 저당법(이하 “공장저당법”이라 한다)에는 “공장 소유자나 광업권자가 이 법에 따라 저당권의 목적이 된 공장재단 또는 광업재단을 구성하는 동산을 양도하거나 질권 설정의 목적으로 제3자에게 인도한 경우에는 3년 이하 징역 또는 1천만 원 이하의 벌금에 처한다”는 목적물 처분에 대한 벌칙조항을 두고 있다(공장저당법 제60조). 2019년부터 동

익으로 하고, 그러한 지배권에 대한 침해를 처벌하는 것을 그 구성요건으로 한다. 반면 채권에 대한 침해의 경우는 예외적으로 형사적 개입을 예정하고 있다. 대법원 2020. 8. 27. 선고 2019도14770 전원합의체 판결 중 대법관 김재형의 반대의견 참조.

45) Illinois Revised Statues ch. 26, para 9-315.01 (2005). 일리노이주법상 이 위반행위는 이 위반행위는 클래스 3 중죄(Class 3 felony)에 해당한다. 일리노이주법상 클래스 3 중죄는 2년 내지 5년의 구금형으로 처벌이 가능하다.

46) New York Penal Law §185.05 (2005). 담보권 관련 사기죄는 클래스 A 경죄(Class A misdemeanor)이다. 뉴욕주의 경우 법원은 클래스 A 경죄에 대하여 개인에게 최대 1년 구금형 또는 3년의 집행유예를 선고할 수 있다. 여기에 최대 1,000 달러 또는 범죄수익금의 2배까지 벌금형을 추가로 선고할 수 있다.

산채권담보법에도 담보목적물을 고의로 멸실, 훼손, 은닉하여 그 가치를 훼손하는 행위 등을 처벌하는 규정을 신설하자는 의견이 제시되었고, 2020년 3월 20일 동산·채권 등의 담보에 관한 법률 일부개정법률안(정부안)도 20대 국회(2016. 5. 30. ~ 2020. 5. 29.)에 제출되었으나 임기만료로 폐기되어 동산채권담보법에 위 규정이 신설되지 못하였다.[47] 위 개정안은 담보권설정자가 담보권의 목적이 된 동산을 고의로 멸실·훼손 또는 은닉하여 가치를 하락시키거나 담보권자의 동의 없이 제3자에게 매각하는 경우 3년 이하의 징역 또는 1천만원 이하의 벌금에 처하도록 하되, 담보권자의 고소가 있어야 공소를 제기할 수 있는 것으로 하였다.[48]

동산담보권의 담보권으로서의 실질적 기능을 제고하고 재산권(담보권) 침해에 대하여 적합한 형사법적 평가와 보호를 제공하기 위해서는 동산채권담보법에도 담보권설정자가 고의로 담보목적물의 가치를 훼손하거나 담보목적물을 처분하는 경우 등에 일정한 처벌 규정을 둘 필요성이 있다고 판단된다.

Ⅵ. 마치며

동산채권담보법이 입법된 이후 10년 동안 동산담보대출거래 등이 활용되면서 실무상 제기되었던 동산담보권 또는 채권담보권의 취약성과 문제점들이 관련 법령의 개정과 대법원 판결들을 통하여 일정 부분 해소되었다. 특히 민사사건의 경우에 대법원 판결들이 모두 동산담보권 또는 채권담보권이 충실히 담보기능을 수행할 수 있도록 하는 방향으로 이루어졌다는 점에서 동산채권담보법의 입법취지에 부합하는 판결이라고 평가된다. 한편 형사사건의 경우, 대법원은 동산담보권설정자가 채권자인 동산담보권자에 대하여 담보물의 담보가치를 유지·보전할 의무 또는 담보물을 타에 처분하거나 멸실, 훼손하는 등으로 담보권 실행에 지장을 초래하는 행위를 하지 않을 의무는 채권자(타인)와의

47) 금융위원회 2019. 7. 17.자 보도자료, 10면.
48) 2020년 3월 20일자 동산·채권 등의 담보에 관한 법률 일부개정법률안 제69조 내지 제71조 참조.

신임관계에 기초하여 채권자(타인)의 사무를 맡아 처리하는 것으로 볼 수 없으므로 동산담보권설정자가 담보목적물을 처분하더라도 배임죄가 성립하지 않는다고 판시하였다. 재산권, 특히 물권에 대한 침해행위는 형법적 보호를 받고 있고 비교법적으로도 담보목적물인 동산을 무단 처분하는 행위에 대해서 형사법적 처벌을 하고 있음을 고려할 때 동산채권담보법에 이에 관한 명문의 규정을 두는 것이 바람직할 것으로 생각한다.

附　錄

민사실무연구회 연구일지

■ 제425회 연구발표회

일 시 : 2021. 7. 12. (월) 19 : 30 온라인 화상회의
발 표 자 : 이창현 서강대학교 법학전문대학원 교수
제 목 : 하자담보책임과 착오의 관계 - 매수인의 구제수단을 중심으로
사 회 자 : 지영난 서울고등법원 부장판사
토 론 자 : 이영진 대법원 재판연구관, 서영호 대법원 재판연구관

■ 제426회 연구발표회

일 시 : 2021. 9. 13. (월) 19 : 30 온라인 화상회의
발 표 자 : 김화 이화여자대학교 법학전문대학원 교수
제 목 : 물품광고와 이에 따른 매매법상의 담보책임의 관계
사 회 자 : 정준영 서울고등법원 부장판사
토 론 자 : 김은구 대법원 재판연구관, 서인덕 대법원 재판연구관

■ 제427회 연구발표회

일 시 : 2021. 10. 18. (월) 19 : 30 온라인 화상회의
발 표 자 : 이계정 서울대학교 법학전문대학원 교수
제 목 : 관습법상 법정지상권에 대한 재검토와 의사해석
사 회 자 : 이승한 서울고등법원 부장판사
토 론 자 : 현의선 대법원 재판연구관, 박설아 대법원 재판연구관

■ 제428회 연구발표회

일 시 : 2021. 11. 15. (월) 19 : 30 온라인 화상회의
발 표 자 : 현소혜 성균관대학교 법학전문대학원 교수

제　　목 : 혈족상속인에 의한 상속포기의 효과
사 회 자 : 권순형 서울고등법원 부장판사
토 론 자 : 정은영 대법원 재판연구관, 신윤주 대법원 재판연구관

■ 제429회 연구발표회

일　　시 : 2022. 1. 10. (월) 19 : 30 온라인 화상회의
발 표 자 : 권영준 서울대학교 법학전문대학원 교수
제　　목 : 2021년 민법 판례 동향
사 회 자 : 차문호 서울고등법원 부장판사
토 론 자 : 이지영 대법원 재판연구관, 권민오 대법원 재판연구관

■ 제430회 연구발표회

일　　시 : 2022. 2. 14. (월) 19 : 30 온라인 화상회의
발 표 자 : 최우진 고려대학교 법학전문대학원 교수
제　　목 : 공유물분할청구와 재판상 분할방법 - 비교·연혁적 관점에서의 기존 규율에 대한 검토 -
사 회 자 : 이제정 수원고등법원 부장판사
토 론 자 : 나진이 대법원 재판연구관, 강지웅 부장판사

■ 제431회 연구발표회

일　　시 : 2022. 3. 14. (월) 19 : 30 온라인 화상회의
발 표 자 : 곽희경 아주대학교 법학전문대학원 교수
제　　목 : 소송승계 이론에 입각한 민사소송법 제81조 해석론의 재검토 - 승계참가 후 피승계인이 탈퇴하지 않은 경우의 소송관계와 관련하여 -
사 회 자 : 마용주 서울고등법원 부장판사
토 론 자 : 현의선 대법원 재판연구관, 임정윤 대법원 재판연구관

■ 제432회 연구발표회

일　　시 : 2022. 4. 11. (월) 19 : 30 온라인 화상회의
발 표 자 : 김수정 명지대학교 법과대학 교수
제　　목 : 불법행위 인과관계의 인정과 그 증명책임 - 업무상 질병의 인과관계에 대한 민법적 논의
사 회 자 : 이원형 서울고등법원 부장판사
토 론 자 : 김종석 대법원 재판연구관, 김은경 대법원 재판연구관

■ 제433회 연구발표회

일　　시 : 2022. 5. 9. (월) 19 : 30 온라인 화상회의
발 표 자 : 전휴재 성균관대학교 법학전문대학원 교수
제　　목 : 간접강제에 관한 법리적 논점과 향후의 과제 - 법적 성질, 보충성, 적용 범위 등을 중심으로 -
사 회 자 : 서태환 서울고등법원 부장판사
토 론 자 : 이종록 대법원 재판연구관, 이학승 대법원 재판연구관

■ 제434회 연구발표회

일　　시 : 2022. 6. 13. (월) 18 : 30
발 표 자 : 조인영 연세대학교 법학전문대학원 교수
제　　목 : 공동불법행위자별 책임의 개별화 가능성에 관한 소고
사 회 자 : 김경란 서울고등법원 부장판사
토 론 자 : 문현호 대법원 재판연구관, 이보형 대법원 재판연구관

「민사재판의 제문제」에 수록된 논문 색인

▷ 목차 ◁

Ⅰ. 민 법
1. 총 칙
2. 물권법
3. 채권총칙
4. 계약법
5. 부당이득
6. 불법행위
7. 친족 · 상속
8. 민사특별법
Ⅱ. 상 법
1. 총칙 · 상행위
2. 회사법
3. 보험 · 해상
4. 어음 · 수표
Ⅲ. 민사소송법
1. 총 칙
2. 제1심 소송절차
3. 상소 · 재심 등
4. 민사소송특별법
Ⅳ. 민사집행법
1. 총 칙
2. 금전채권집행
3. 기타집행
4. 가압류 · 가처분
Ⅴ. 기 타

주) 李時潤 博士 華甲紀念 民事裁判의 諸問題(1995년, 박영사)에는 다른 학회 회원들의 논문도 수록된 관계로 권수의 표시가 없으므로, 이에 수록된 회원들의 논문에 관하여는 권수 대신 『◇』로 표기하였습니다.

Ⅰ. 민 법

1. 총 칙

『대법원 판례』의 의미 이광범(제11권)
법률의 문언을 넘은 해석과 법률의 문언에 반하는 해석의 정당성 박 철(제11권)
사찰과 특정종단과의 법률관계 최춘근(제6권)
단체로서의 종중 김재형(제14권)
토지에 관하여 이종찬(제8권)
인 · 허가를 요하는 법률행위의 실체법적 고찰 장수길(제8권)

법정한도초과 부동산중개수수료 약정의 효력
- 대법원 2002. 9. 4. 선고 2000다54406 · 54413 판결(공2002, 2308면) - 황정근(제15권)
선량한 풍속 기타 사회질서에 반하여 현저하게 고율로 정해진 이자 약정의 효력 및 이미 지급된 초과이자의 반환청구권
- 대법원 2007. 2. 15. 선고 2004다50426 판결을 중심으로 - 서민석(제16권)
통정허위표시로 인한 법률관계에 있어서 파산관재인의 선의성의 판단기준 장상균(제16권)
민법상의 착오 주기동(제10권)
권한을 넘은 표견대리에 있어서 소위 기본대리권에 관한 소고 김광년(제2권)
민법 제126조의 유추적용과 정당이유 김영일(제8권)
응소행위와 시효중단 김용균(제8권)
시효중단을 위한 재소에 관한 소고 전하은(◇)
소멸시효의 주장이 권리남용에 해당하는가 한강현(제9권)
계약취소시 소유권이전등기 말소의무의 이행불능으로 인한 전보배상청구권의 소멸시효 기산점 김제완(제15권)
불확지 공탁과 소멸시효 김소영(제16권)
매매예약완결권의 제척기간의 기산점 양창수(제9권)
명의대여에 의한 대출약정에 있어 금융기관이 대출약정상 명의자에 대한 신의칙상 의무를 위반하였음을 이유로 책임을 제한한 경우
- 대상판결 : 대법원 2007. 11. 16. 선고 2006다53207 판결 김경호(제19권)
고유의미의 종중이 종중 유사의 비법인사단으로 조직변경을 할 수 있는지에 관하여 구자헌(제19권)
법인에 있어서의 인식의 귀속과 인식의 책임 이병준(제20권)
무효행위의 전환과 손해액 반환의 범위
- 이른바 '알박기' 행위에 대한 법경제학적 조망을 중심으로 - 조병구(제21권)
효력유지적 축소에 관한 소고 최봉경(제21권)
성년후견제도에 관한 실무상 쟁점
- 피성년후견인 등의 행위능력과 소송능력을 중심으로 - 배인구(제22권)
불법행위에 기한 손해배상청구에 대한 소멸시효 항변
- 과거사 사건을 중심으로 - 이영창(제22권)
임대차보증금 반환 후 전세권부채권 가압류권자가 통정허위표시의 선의의 제3자로 보호받을 수 있는지 여부
- 대법원 2010. 3. 25. 선고 2009다35743 판결 - 권순형(제23권)
두 대법원 판결에 관한 소고(小考)
- 대법원 2014. 5. 29. 선고 2012다31802 판결 -
- 대법원 2014. 4. 24. 선고 2012다105314 판결 - 신우정(제23권)

과거사 정리와 소멸시효
- 형사판결에 의한 인권침해를 중심으로 - 윤진수(제23권)
미국법상 부실표시 법리에 대한 고찰
- 미국 보통법전집의 법리를 중심으로 - 고세일(제25권)
법원에 의한 가격결정과 사적자치의 원칙 이병준(제27권)
비법인사단의 재산소유 형태 김교창(제28권)
법인 아닌 사단의 권리주체성
- 법과 사회적 실재와의 괴리? - 윤진수(제29권)
「사정변경의 원칙」 적용론
- 대상판결: 대법원 2021. 6. 30. 선고 2019다276338 판결 - 장보은(제29권)

2. 물권법

물권행위 및 물권행위의 독자성에 관한 한·독 비교 김상용(제8권)
상속과 점유의 승계 허 만(제7권)
민법 제197조 제2항의 의미내용에 관한 일고 김동건(제2권)
악의의 자주점유 전하은(제8권)
고속도로의 소음과 관련하여 추상적 부작위명령을 구하는
유지청구의 인정 여부 지영난(제16권)
국가나 지방자치단체의 시효취득의 인정 요건
- 자주점유와 관련한 대법원 2005다33541 판례 평석 - 최종길(제15권)
점유취득시효에 있어 소유자가 제3자로 변경된 시점을
새로운 취득시효의 기산일로 삼을 수 있는지 여부 이범주(제8권)
점유를 상실한 부동산 매수인의 등기청구권의 소멸시효·부동산의
이중양도와 불법원인급여 윤진수(제10권)
부동산점유취득시효 완성자의 채무변제와 구상권
- 대법원 2006. 5. 12. 선고 2005다75910판결 - 최복규(제16권)
점유취득시효에 관한 문제점 이보환(제10권)
취득시효 완성의 제3자에 대한 효과
- 새로운 해석론의 시도 - 민유숙(제16권)
민법 제201조 제1항의 소송상 적용방법과 민법 제197조 제2항의
"본권에 관한 소에서 패소한 때"의 의미
- 2002. 11. 22. 선고 2002다6213 판결 - 김종필(제15권)
중복등기와 등기부취득시효 김문석(제10권)
등기상 이해관계 있는 제3자의 승낙을 구하는 소송 안철상(제13권)
명의신탁에 있어서 내부적 소유권의 의미 강봉수(제5권)

명의신탁부동산의 실명전환 양창수(제11권)
공유자상호간의 공유물의 보존행위 김영일(제4권)
공유자 사이의 공유물의 보존행위 윤재식(제8권)
공유자상호간의 공유물명도청구 김영란(제8권)
공유토지분할에 관한 입법상의 문제점 김정현(제1권)
건물구분소유권의 성립과 소멸에 관한 몇가지 문제 이홍권(제7권)
대지사용권의 사후취득과 대지권변경등기 박순성(제13권)
부동산 합유자 중의 1인으로 등기되어 있는 채무자에 대한 권리행사방법 박정수(제16권)
교회의 분열과 교회재산의 귀속 변동걸(제7권)
현실의 경계와 지적도상의 경계가 상위한 경우의 법률관계 정동윤(제1권)
법정지상권 성립후 건물을 취득한 자의 지위 윤진수(제5권)
전세권이 설정된 건물의 양수인이 법정지상권을 취득할 지위를 포기한 효력이 미치는 범위 조규현(제16권)
저당권의 물상대위 강동세(제10권)
근저당권의 피담보채권과 부종성 남영찬(제11권)
저당권자가 동시에 용익권자인 경우에 저당권에 기한 경매와 용익권의 운명 김주상(제2권)
토지저당권에 기한 방해배제청구권의 행사로서 지상건물에 대한 철거청구 김창보(제16권)
근저당권 피담보채무 부존재확인청구의 소와 확인의 이익 안철상(제11권)
물상대위권의 행사 유승정(제10권)
저당채무의 시효소멸과 경매의 효력 이재성(제3권)
양도담보의 법적 구성에 관한 최근의 판례연구(담보권적 구성) 김정현(제1권)
양도담보와 조세 김광년(제4권)
환지와 시효취득 김기동(제9권)
강제집행·파산절차에서 양도담보권자의 지위 김형석(제18권)
채권담보전세권과 그 저당권의 법률관계 오경미(제19권)
선의취득에 대한 고찰 박세민(제19권)
사실상 도로로 이용되는 사유토지 소유권의 문제 권영준(제21권)
건물의 구분소유적 공유관계의 성립·승계·해소 및 절차중단을 간과한 하자의 성격 등에 대하여
- 대상판결 : 대법원 2010. 5. 27. 선고 2006다84171 판결 - 김미리(제21권)
물권적 청구권의 이행불능으로 인한 전보배상
- 대법원 2012. 5. 17. 선고 2010다28604 전원합의체 판결 - 조용현(제21권)

제2차 긴급증미용 수원확충시설사업의 일환으로 축조된 소류지와
자주점유의 추정
- 대법원 2012. 10. 11. 선고 2012다42222 판결 - 강성수(제21권)
부동산강제경매로 인하여 건물의 소유를 위한 관습상 법정지상권이
성립하기 위해서 토지와 그 지상 건물이 동일인에게 속하였는지
여부를 판단할 기준시점
- 대법원 2012. 10. 18. 선고 2010다52140 전원합의체 판결 - 신용호(제21권)
종중 대표자가 보증인 중의 1인인 보증서와 확인서로 부동산 이전등기
특별조치법에 의하여 마친 종중 명의 소유권보존등기의 추정력 및
미등기 토지에 관하여 대한민국을 상대로 소유권 확인을 구할 확인의 이익
- 대법원 2010. 11. 11. 선고 2010다45944 판결 - 김지철(제23권)
일제강점기 때 도로로 편입된 토지에 대한 국가 등의 자주점유 추정 유지 여부
- 대법원 2014. 3. 27. 선고 2010다94731(본소), 2010다94748(반소) 판결 - 이영훈(제23권)
공유물분할에 관한 조정과 물권변동의 효력 발생 시기와의 관계
- 대법원 2013. 11. 21. 선고 2011두1917 전원합의체 판결 - 신용호(제23권)
유동집합동산 양도담보의 구성물을 둘러싼 법률관계에 관한
기존 논의의 재검토 최경진(제24권)
국가 등의 무단점유와 자주점유의 추정
- 대법원 2017다228342 판례 해설을 중심으로 - 김상윤(제27권)
관습법상 법정지상권에 대한 재검토와 의사해석 이계정(제29권)
공유물분할청구와 재판상 분할방법
- 비교・연혁적 관점에서의 기존 규율에 대한 검토 - 최우진(제29권)
대법원 판례법리(배타적 사용・수익권 포기의 법리), 그 유지와 변경
- 대법원 2019. 1. 24. 선고 2016다264556 전원합의체 판결 - 송재일(제29권)
- 공동저당에서 채무자, 물상보증인, 후순위저당권자의 상호관계와
제3자 또는 채무자의 저당물 취득에 따른 이해조정 -
- 대법원 2021. 12. 16. 선고 2021다247258 판결 - 신원일(제29권)
동산담보권·채권담보권에 관한 대법원 판례의 흐름 정소민(제29권)

3. 채권총칙

대상청구권 이상경(◈)
특정물채권자는 채권자취소권을 행사할 수 없는가 강영호(제11권)
소송촉진 등에 관한 특례법 제3조 제2항의 의미 권광중(제5권)
채권자 취소권의 행사방법(부동산이 전전양도된 경우를 중심으로) 김능환(제6권)

동일한 주채무에 대한 물적·인적담보책임 김교창(◇)
계속적 보증에 있어서 보증책임의 제한 강병섭(제7권)
기관보증과 주계약상 보증인에 대한 구상권의 존부 신용석(제14권)
이행보조자에 관한 불고지와 기망 김광태(제11권)
사용자의 통지의무해태의 효과 변종춘(제8권)
사해행위로서의 소송행위의 취소 및 부인에 관한 연구 임채웅(제16권)
지명채권양도 통지의 요건과 효력 주기동(제7권)
채권자의 담보상실·감소로 인한 법정대위자의 면책의 범위 김충섭(제11권)
확정일자에 관하여 박동섭(제7권)
변제공탁물의 회수와 담보권의 효력 이재성(제3권)
대물변제 예약에 관한 통일적인 법적규률의 필요성 김상용(제10권)
공탁금출급청구권행사에 있어서의 몇가지 문제 김황식(제7권)
어음채권을 자동채권으로 한 상계 장상재(제1권)
민법 제498조와 상계예약 이범주(제2권)
동시이행의 항변과 이행지체로 인한 손해배상 강일원(제9권)
융통어음에 관한 융통자와 보증인간의 구상관계 김교창(제9권)
손해배상액의 예정과 위약벌에 관한 판례 연구 이동신(제11권)
정리채권의 출자전환과 보증채무의 소멸 신필종(제11권)
이행이익과 신뢰이익 김차동(제17권)
장래채권 양도의 유효성과 대항요건 및 이전시기 오영준(제18권)
채권자취소로 인한 가액배상과 취소채권자의 우선변제 하현국(제19권)
금전채무불이행의 특칙에 대한 재검토
- 손해배상액을 중심으로 - 최수정(제19권)
대출은행의 연대보증인에 대한 통지 해태와 연대보증책임의 감경
- 대상판결 : 대법원 2008. 5. 8. 선고 2006다57193 판결 - 오영준(제19권)
신용보증기관이 신용보증약관에서 정한 보증채무의 이행범위 및 변제충당규정의 적용 여부
- 대법원 2009. 2. 26. 선고 2007다15448 판결 - 김용철(제19권)
민법 제397조 제1항에 관한 소고 김미리(제19권)
변제공탁물 회수권 행사의 제한에 관하여 이 원(제20권)
계약인수와 지명채권 양도의 대항요건 김선일(제21권)
상속포기와 채권자취소권 박수곤(제22권)
부진정연대채무자 중 1인이 한 상계 내지 상계계약의 효력
- 대법원 2010. 9. 16. 선고 2008다97218 전원합의체 판결 - 민정석(제23권)
기획여행업자의 부이행보조자의 과실에 기한 손해배상 책임
- 대법원 2011. 5. 26. 선고 2011다1330 판결 - 심연수(제23권)

학교안전사고예방 및 보상에 관한 법률에 따른 공제급여 지급시 과실상계가 허용되는지 여부 및 공제급여의 지급범위
- 대법원 2012. 12. 13. 선고 2011다77238 판결 - 김상훈(제23권)

위약벌과 손해배상액 예정
- 직권감액 규정의 유추 적용 문제를 중심으로 - 권영준(제25권)

프랑스 민법상 사해소권(詐害訴權, action paulienne) 행사의 효과에 관하여
- 우리 민법상 채권자취소권과 비교하여 - 여하윤(제26권)

예탁금제 골프회원권의 법적 제문제(소멸시효의 법리, 동시이행항변과 이행지체책임, 재산상 손해액의 산정)
- 대법원 2015. 1. 29. 선고 2013다100750 판결 - 이승호(제27권)

사해행위의 수익자에 대하여 도산절차가 개시된 경우의 법률관계 최준규(제28권)

상계금지채권과 관련한 소송법적 쟁점 현낙희(제28권)

부진정 연대채무에서 개별적 책임제한과 과실상계 허용 여부 및 그 기준 조인영(제29권)

4. 계약법

계약의 현대적 의미와 내용통제 이주흥(제7권)

프랜차이즈계약에 관련된 실무상의 몇가지 문제점 이종찬(제10권)

차명대출을 둘러싼 법률문제 윤진수(제15권)

사실계약이론의 비판 이영준(제4권)

사실적 계약관계론 손지열(◈)

쌍무계약의 무효·취소와 부당이득 김용담(제3권)

해제권의 실효 이영준(◈)

계약의 해제와 손해배상의 범위 김재형(제11권)

소재지관서의 증명이 없는 농지매매계약의 효력 변동걸(제5권)

소재지관서의 증명없는 농지매매계약의 효력 김능환(제7권)

토지거래허가에 있어서 이른바 류동적 무효에 기한 법률관계 이주흥(제8권)

소유권의 유보(소유권 유보부 할부매매에 있어서 매수인의 소유권취득에 대한 기대권의 법적 성질과 그 압류방법) 이영준(제6권)

민법 제607조·제608조의 출발점에 대한 근본적인 반성과 재구성 김정현(제3권)

Syndicated Loan 거래의 법적 구조 강일원(제11권)

주택임차권의 대항력 이범주(제3권)

임차인의 유익비상환청구에 있어서 증가된 가액의 평가 산정의 기준시점 권남혁(제7권)

임대차보증금의 법률관계 박준서(제7권)

임대차 종료시 임차인의 보험금반환채권이 압류된 경우
동시이행관계가 존속하는지 여부 오세빈(제6권)
임차건물에서 발생한 화재로 건물이 소훼된 경우 임차인의
손해배상책임 김대원(제14권)
수인이 점유하는 귀속재산을 1인의 명의로 불하받게한 후
그 소유권을 양수하기로 한 계약의 효력 오석락(제3권)
골프회원권의 법적 성격 및 회칙의 효력 한호형(제7권)
독립적 은행보증과 지급금지 가처분신청금지 약관의 효력 윤진수(◇)
증권회사의 담보유가증권 보관 및 처분의 법률관계 권순일(◇)
부동산매매계약에 있어서 위약계약금조항에 부가된
자동해제조항의 해석 심재돈(제9권)
차액보증금 약관의 전부 무효 또는 일부 무효 여부 및 그
약관을 사용한 계약의 사회질서 위반 여부 이충상(제11권)
국제적 근로계약관계의 준거법 김지형(제11권)
항운노조가 소속 조합원에 대하여 근로기준법상 퇴직금지급의무를
지는 사용자에 해당하는지 여부 최은배(제16권)
위험배분의 관점에서 본 사정변경의 원칙 권영준(제19권)
일본의 계약법 개정
- 계약법 판례의 검토를 통하여 - 오오무라 아츠시
(大村敦志)(제21권)
계약의 무효·취소, 해제와 제3자의 보호
- 비교법적 고찰을 통한 우리 판결례의 해명과 해석적 제언 - 김상중(제21권)
임대인이 부담하는 수선의무의 범위와 한계
- 대법원 2012. 3. 29. 선고 2011다107405 판결 : 공2012상, 675 - 김도형(제21권)
증여계약의 해제에 관한 민법개정안 윤진수(제21권)
퇴직금 분할 약정에 관하여
- 대법원 2010. 5. 20. 선고 2007다90760 전원합의체 판결 - 박순영(제23권)
계약당사자가 아닌 제3자에 대한 면책약관의 적용과 그 내용통제 이병준(제24권)
하자담보책임과 착오의 관계 - 매수인의 구제수단을 중심으로 이창현(제29권)
물품광고와 이에 따른 매매법상의 담보책임의 관계 김 화(제29권)

5. 부당이득

부당이득반환청구와 현존이익의 입증책임 오석락(제2권)
지방자치단체의 사유지 점용과 부당이득반환의무의 성부 및 범위 김상호(제7권)

도로부지로 된 토지에 대한 종전 소유자의 사용수익권 포기와 그 특정승계인의 부당이득반환청구 임한흠(제10권)
국・공유 일반재산인 토지에 관한 대부료 산정기준 - 대법원 2013. 1. 17. 선고 2011다83431 전원합의체 판결 - 신용호(제23권)
국유재산의 무단점유자에 대한 부당이득반환청구 - 대법원 2014. 7. 16. 선고 2011다76402 전원합의체 판결 - 박혜선(제23권)
부당이득반환청구권의 도산절차상 지위 이동진(제27권)

6. 불법행위

타인을 위한 응소의무와 불법행위책임 김대영(제10권)
소송상 증거수집을 위한 초상권 침해와 위법성 조각 황정근(제16권)
반론보도청구권의 요건 등에 관한 대법원 2002다49040판결에 대한 평석 김상환(제16권)
불법행위소송에 있어서 인과관계의 증명 김선석(제8권)
불법행위로 인한 손해배상의 범위에 관한 입증의 정도 강봉수(제4권)
부당한 부동산처분금지가처분으로 인한 통상손해 이기택(제10권)
불법행위로 인한 특별손해 이보환(제5권)
손해배상액의 결정과 엄격한 증거 양삼승(제4권)
신체상해로 인한 손해배상 방법론 주기동(제8권)
일실수입의 산정 이용우(제5권)
일실이익의 산정방법 곽경직(제7권)
기대수익 상실손해액의 산정에 있어서 세금을 공제할 것인가 손지열(제1권)
후유장해로 인한 일실이익 이영애(제4권)
라이프니쯔식 계산법의 합리성 김주상(제3권)
중간이자공제의 비현실성 이보환(제5권)
급여소득자의 일실이익 산정에 있어서 장래의 임금증가 이종찬(제6권)
개호비의 평가 이용우(제8권)
불법행위로 인한 손해와 정기금배상 채태병(제6권)
중증 피해자에 대한 정기금 배상론의 검토 문용호(제10권)
물건손상과 손해배상의 범위 박동섭(제8권)
자동차보험회사로부터 지급받은 치료비 중 피해자의 과실에 상당한 부분의 공제 또는 상계 변재승(제5권)
손해배상청구와 장래의 산재보험연금급부의 공제 박준서(제6권)
인신사고의 손해배상에 관한 판례동향 박우동(제7권)
책임능력 있는 미성년자의 불법행위와 감독의무자의 책임 김오수(제4권)

재해보상과 손해배상 강봉수(제4권)
근로자의 업무상 재해에 따른 손해의 전보와 사용자의 구상권 박동섭(제6권)
근로자의 업무상 재해로 인한 청구권의 조정 강완구(◇)
노조의 불법쟁의와 조합원의 손해배상 범위 박길성(제16권)
국가배상과 공무원의 개인책임 김기동(제8권)
공무원의 직무상 의무위반과 국가배상책임 손지열(제8권)
국가시험에 있어서의 오류와 손해배상 김우진(제13권)
명의대여자의 사용자책임과 그 면책사유 임성근(제16권)
공작물책임에 있어서의 하자 이인재(제7권)
제조물책임법리의 동향 이영애(제8권)
미국의 제조물책임 소송 박기동(제8권)
감정평가과오에 대한 법적 책임 박형남(제10권)
동경 대퇴사두근 구축증 사건 판결에 대하여 이시카와 아키라(石川明)(제4권)
임의매매로 인한 손해배상 산정에 관한 몇 가지 문제점 최동렬(제15권)
크레디트·카드의 무단사용시 손실의 부담자 정동윤(제4권)
의사의 설명의무와 그 해태에 따른 법적 책임 박일환(제5권)
간접손실에 대한 보상의 범위, 기업자가 손실보상절차를 이행하지 아니하고 공공사업을 시행한 경우의 불법행위 성립 여부 등 강신섭(제10권)
불공정거래행위를 원인으로 한 손해배상청구에 관한 고찰 오세빈(제8권)
사진의 무단촬영·사용과 민사책임 한위수(제8권)
표현행위의 위법성에 관한 일반적 고찰 박용상(제8권)
집단표시에 의한 공직수행에 관한 언론보도가 명예훼손이 되는 경우 - 대법원 2006. 5. 12. 선고 2004다35199 판결 공 2006. 6. 15.(252), 1020 - 김수일(제15권)
미국 명예훼손법상의 면책특권 박용상(◇)
사위판결로 인한 손해배상 청구소송의 적부 강현중(◇)
법원을 기망하여 약속어음에 대한 제권판결을 얻은 경우 불법행위의 성부 정현수(제9권)
상표권 침해로 인한 손해배상청구의 요건사실 전효숙(제9권)
퍼블리서티권 - 성명·초상 등의 상업적 이용에 관한 권리 - 의 침해와 민사책임 한위수(제9권)
관행어업권의 법적 성질 및 그 침해로 인한 손해배상 김용균(제10권)
공해배상소송에서의 수인한도론과 공용관련하자 이강원(제13권)
특허권 침해로 인한 손해배상 권택수(제11권)
특허침해와 손해의 개념 박성수(제17권)

온라인 게임 서비스 제공자의 이용자 실명정보 확인의무
- 대법원 2009. 5. 14. 선고 2008다75676, 75683 판결 : 공2009상, 831 - 권순형(제19권)
공동불법행위자의 책임제한에 관한 연구
- 대법원 2010. 1. 28. 선고 2007다16007 판례를 중심으로 - 김희철(제20권)
정기금 배상에 관한 소고 이연갑(제20권)
복합일영(複合日影)에 의한 일조방해(日照妨害)의 책임
- 대법원 2010. 6. 24. 선고 2008다23729 판결(공2010하, 1420) - 이동진(제20권)
비행장소음에 대한 인용의무
- 대법원 2005. 1. 27. 선고 2003다49566 판결 - 전경운(제21권)
허위·과장광고의 성립 여부와 그 성립 인정 시 그로 인한 분양 계약의 취소 또는 불법행위책임의 성립 여부
- 대법원 2009. 8. 20. 선고 2008다19355 판결 : 공2009하, 1512 - 남양우(제21권)
타인의 건물을 권원 없이 사용하고 있는 자에 대한 건물인도 및 손해배상청구
- 대법원 2012. 1. 27. 선고 2011다74949 판결 : 공2012상, 336 - 최봉희(제21권)
해외여행 중 사고에 대한 여행사의 책임 유무
- Analysis on the responsibilities of travel agent for the accidents occurred in overseas packaged trips - 이충상(제21권)
대륙법에서 징벌적 손해배상 논의
- 민법의 관점에서 - 고세일(제22권)
불법행위에 대한 금지청구권의 판례법적 형성과 발전
- 영업이익과 계약관계 침해에 대한 예방적 보호를 중심으로 - 김상중(제22권)
민사책임에서 인과관계와 이에 대한 입증책임
- 독일법과의 비교법적 고찰을 중심으로 - 윤형렬(제22권)
공동불법행위자의 책임귀속과 책임분배에 대한 연구
- 미국 불법행위 보통법전집 제3판 책임분배를 중심으로 - 고세일(제23권)
손해배상법의 체계에 관한 산고
- 특히 손해의 개념 및 종류와 관련하여 - 신유철(제23권)
프로야구경기 중 관중의 부상으로 인한 법률관계 이창현(제23권)
손해배상액 산정에 있어 손해보험금의 공제 방법
- 대법원 2015. 1. 22. 선고 2014다46211 전원합의체 판결 - 이원석(제23권)
토지 점유자, 매도인, 임대인의 과실 불법행위 책임
- 미국 불법행위 보통법전집 제2판의 규정을 중심으로 - 고세일(제24권)
토양오염과 불법행위책임: 미국의 보통법을 중심으로 이지민(제25권)
방조에 의한 불법행위책임에 관한 재고
- 온라인서비스제공자(OSP)의 방조책임을 중심으로 - 최경진(제25권)

새로운 불법행위법의 손해배상책임 규정에 대한 고찰 고세일(제26권)
국가기관의 홈페이지 게시글 삭제 조치에 따른 국가배상책임 성립 여부의 판단기준
- 대법원 2020. 6. 4. 선고 2015다233807 판결 - 이상덕(제27권)
치매고령자의 불법행위와 감독자 책임 고철웅(제28권)

7. 친족 · 상속

친족의 범위에 관한 법제의 변천 이재성(제8권)
상속회복청구권과 물권적 청구권과의 관계 박영식(제2권)
공동상속인 사이의 재산상속회복청구와 제척기간 김영갑(제7권)
상속재산의 분할과 공동상속인들의 소유권이전등기의무와의 관계 박일환(제9권)
유류분의 산정방법 이희영(제9권)
재산상속회복청구권론 - 그 이론과 현실 및 과제 - 이상경(제9권)
상속회복청구권의 소멸시효에 관한 구관습의 위헌 여부 및 판례의 소급효 윤진수(제13권)
개정민법상 특별한정승인 제도 - 소개와 전망(시론) - 민유숙(제15권)
친권자와 자녀 사이의 이해상반행위 및 친권자의 대리권 남용 윤진수(제11권)
재산분할청구권이 포함된 민사사건의 처리 민유숙(제13권)
기여분 연구 임채웅(제19권)
사실혼관계의 해소와 재산분할청구
- 대법원 2009. 2. 9.자 2008스105 결정 공2009상, 333 김무신(제21권)
과거 양육비 청구권의 소멸시효
- 대법원 2011. 7. 29.자 2008스67 결정 - 이수영(제21권)
관습법상 분재청구권에 대한 역사적, 민법적 및 헌법적 고찰 윤진수(제22권)
중혼적 사실혼의 보호
- 대법원 2009. 12. 24. 선고 2009다64161 판결 - 김성대(제23권)
한정승인이 이루어진 경우 상속채권자가 상속재산에 관하여 한정승인자로부터 담보권을 취득한 고유채권자에 대하여 우선적 지위를 주장할 수 있는지 여부
- 대법원 2010. 3. 18. 선고 2007다77781 전원합의체 판결 - 이원범(제23권)
두 대법원 판결에 관한 소고(小考)
- 대법원 2014. 4. 24. 선고 2012다105314 판결, 대법원 2014. 5. 29. 선고 2012다31802 판결 - 신우정(제23권)
잠재적 퇴직급여채권에 대한 재산분할청구
- 대법원 2014. 7. 16. 선고 2013므2250 전원합의체 판결 - 김정민(제23권)

신탁과 유류분 정소민(제24권)
유류분제도의 현황과 개선방안 전경근(제26권)
재혼의 법률관계에 관한 일고찰 전경근(제27권)
한국 친족상속법의 제·개정에서 여성개인의 의미
- 개인의 자유와 자율성의 관점에서 - 차선자(제27권)
양육비 감액과 자의 복리
- 대법원 2019. 1. 31.자 2018스566 결정 - 이선미(제27권)
대한민국 국민으로 태어난 아동의 '출생등록될 권리'
- 대법원 2020. 6. 8.자 2020스575 결정 - 배인구(제27권)
가사판결의 나비효과 - 몇 가지 사례로 본 가사판결의 연쇄효과에 관한 검토 정용신(제28권)
혈족상속인에 의한 상속포기의 효과 현소혜(제29권)

8. 민사특별법

미등기부동산의 양수와 소유권보존등기 이재성(제5권)
중복등기에 관한 판례의 몇가지 문제점 김오수(제7권)
등기부의 폐쇄와 그 권리회복 김정현(제3권)
판결로 인한 호적정정 조대현(제6권)
재건축과 관련한 몇 가지 문제 권남혁(제11권)
섭외혼인의 방식 허 만(제8권)
약관규제의 법리와 수정해석의 문제 김영갑(제9권)
약관에 대한 내용통제 손지열(제10권)
자동차손해배상보장법상 운행공용자 최춘근(제11권)
상가의 업종제한규정의 효력 및 그 변경절차 윤 경(제15권)
공적 존재의 정치적 이념에 관한 문제제기와 명예훼손 한위수(제11권)
기부와 신탁 이연갑(제16권)
채권조사절차를 둘러싼 실무상의 문제점 임치용(제16권)
현존액주의에 관하여 박재완(제17권)
신탁재산관리인제도와 신탁관리인제도의 개선 이중기(제17권)
신탁법 개정의 쟁점 이연갑(제18권)
계속기업가치와 청산가치의 도산법상 의의 윤남근(제18권)
공공계약에 대한 사법통제
- 사법부에 대한 국민의 기대와 관련하여 - 이충상(제19권)
예금자보호법 제31조 제1항의 해석
- 대법원 2008. 11. 13. 선고 2006다28119 판결 - 현용선(제19권)

파산법상 불법행위채권자 보호에 관한 연구
- 담보거래제도와 불법행위제도 사이의 긴장관계를 중심으로 - 정소민(제21권)
국제사법 제25조 제1항과 제25조 제5항의 관계에 관한 소고
- 계약상 채권관계의 준거법 지정합의의 유효성 판단에 관한 준거법 - 구자헌(제21권)
2012년 개정 신탁법상 "사업신탁"에 대한 소고 : Business Trust under the revised Trust Act of 2012 in Korea 최승재(제23권)
제조물책임과 징벌적 손해배상 이창현(제27권)
약관에 있어서 투명성 원칙에 대한 고찰
- 독일법상의 논의와 우리 약관규제법에 있어서의 함의 - 김 화(제27권)
부동산담보신탁의 우선수익권에 대한 고찰
- 대법원 2018. 4. 2. 선고 2016다223357 판결에 대한 검토 - 송각엽(제27권)

Ⅱ. 상 법

1. 총칙 · 상행위

영업양도와 근로관계의 승계 김지형(제8권)
신용장거래의 법률관계 박준서(제2권)
영업비밀의 침해와 구제 및 소송상의 제문제 곽경직(제10권)
상호 사용의 보호와 제한 김용호(제11권)
판례로 본 '타인의 영업으로 오인할 수 있는 상호'의 판단 기준 및 관련 문제점 황적화(제11권)
골프장 부지의 양도와 회원권 승계
- 대법원 2006. 11. 23. 선고 2005다5379 판결을 중심으로 - 천경훈(제22권)

2. 회사법

법인격 형해화의 의미 김교창(제2권)
법인격부인이론의 적용요건과 근거(최근의 대법원판결을 중심으로 하여) 정동윤(제6권)
주권발행전의 주식양도의 효력 정동윤(제2권)
주식의 신용거래에 있어 증권회사의 고객에 대한 담보물처분(반대매매) 의무의 존부 김용균(제7권)
증권회사의 고객에 대한 보호의무 권순일(제10권)

주주총회결의부존재확인판결의 소급효 김명수(제7권)
주주총회결의의 하자와 주주권에 기한 가처분
- 대법원 2001. 2. 28. 자 2000마7839 결정(공2001. 7. 15.(134), 1440) - 노태악(제15권)
주주총회 의안의 상정 여부를 둘러싼 가처분 곽경직(제16권)
적대적 M&A에 대한 방어수단 오준근(제16권)
지배주식의 매도에 대한 증권거래법상 단기매매차익
반환조항의 적용 장상균(제13권)
주식의 약식질과 관련된 실무상 문제점 박형준(제17권)
분식회계로 인한 증권투자자의 손해배상청구소송의 몇가지 문제 장상균(제17권)
The Case for Market for Corporate Control in Korea 김화진(제18권)
판례를 중심으로 본 법인격부인론 이성철(제18권)
LBO 판결의 회사법적 의미
- 이사는 누구의 이익을 보호해야 하는가? - 천경훈(제20권)
주식회사의 이사나 감사 선임의 효력발생시기 이상주(제21권)
이사의 경영판단에 대한 책임
- 판례에 나타난 사례를 중심으로 - 오세빈(제22권)
자본시장법상 설명의무 위반의 증명책임 및 과실상계 최승록(제23권)
M&A 거래에 있어서 독점교섭권 조항의 유효성 검토 권재열(제23권)
의결권 포괄위임의 효력
- 대법원 2014. 1. 23. 선고 2013다56839 판결과 관련하여 - 김연미(제23권)
주주대표소송의 실무상 문제점에 관한 고찰 오세빈(제24권)
합자회사에 관한 몇 가지 법적 쟁점 및 개선방향 양기진(제24권)
삼성물산 대 엘리엇 결정
- 주요쟁점의 재검토 - 권재열(제24권)
자본시장법상 포괄적 사기금지조항에 대한 약간의 해석론
-일본 금융상품거래법 제157조, 제158조와의 비교법적 고찰을
중심으로- 김태진(제25권)
경제체제와 기업지배구조에 관한 비교법적 연구 신현탁(제25권)
표현대표책임의 준거법에 관한 고찰 이지민(제26권)
지배주주의 매도청구권, 소수주주의 매수청구권의 법적 논점 최문희(제26권)
주주의 개념과 회사법적 지위에 대한 고찰 임정하(제27권)
이해관계자 참여형 기업지배구조에 관한 연구
- 회사 구성원의 경영감독 참여를 중심으로- 신현탁 · 조은산(제27권)
주식회사의 이사나 감사가 되는 시기 및 요건
- 대상판결: 대법원 2017. 3. 23. 선고 2016다251215 전원합의체판결 - 양민호(제27권)

3. 보험 · 해상

무보험자동차상해담보특약에 상법 제672조의 중복보험 법리가
적용되는지 여부 김종필(제16권)
자동차 종합보험(대인보험)에서 보험자가 무면허 면책약관을 둔 경우,
면책되는 무면허 운전주체의 범위에 관하여 김종대(제6권)
보험약관의 설명의무에 관한 몇 가지 쟁점 이현종(제15권)
자동차종합보험약관의 업무상 재해 면책조항 임시규(제14권)
책임보험에서 손해방지비용의 인정범위 전현정(제16권)
기획여행에 있어서 여행업자의 보호의무와 여행자보험의 특성 곽종훈(제10권)
단체보험과 피보험자의 동의 및 보험금의 귀속 우성만(제16권)
제3자에 대한 보험자 대위에 있어서의 제3자의 범위 이석우(제6권)
보증도로 운송물이 멸실된 후에 양도되는 선하증권상 권리의 내용 이주흥(제9권)
상법 제811조의 해석 조희대(제10권)
신용장 개설의뢰인의 서류조사 및 하자통지의무 이태종(제11권)
대리운전보험자의 배상책임의 범위와 자동차손해배상보장법
제3조에서 말하는 '다른 사람' 개념의 상대성
- 대법원 2009. 5. 28. 선고 2007다87221 판결 - 김성대(제19권)
고객보호의무 위반과 변액보험에서의 획책된 과실
- 서울고등법원 2010. 3. 31. 선고 2009나97606 판결을 중심으로 - 최승재(제20권)
상해보험에서 보험사고의 개념과 의료처치로 인한 상해에 관한
면책조항의 해석
- 대상판결 : 대법원 2010. 8. 19. 선고 2008다78491,78507 판결 - 민정석(제21권)
선박대리점의 선박소유자 등과의 선박대리점계약에 기한 해사
채권의 변제와 법정대위
- 대상결정 : 대법원 2012. 7. 16.자 2009마461 결정 - 오영준(제21권)
등기를 마치지 아니한 부동산 매수인의 피보험이익
- 부동산매매의 위험이전시기, 실손보상 원칙과 보험금청구권,
그리고 계약상 권리의 관계를 중심으로 - 진상범(제21권)
자동차취급업자종합보험 대리운전업자 특별약관에서 말하는
'기명피보험자를 위하여 피보험자동차를 운전하는 자'
- 대법원 2014. 7. 10. 선고 2012다26480 판결 - 진상범(제23권)
자기신체사고보험에서의 안전띠 미착용 감액약관의 효력
- 대법원 2014. 9. 4. 선고 2012다204808 판결 - 김춘수(제23권)
자살면책특약의 해석 및 보험금지급청구권의 소멸시효에 대한 연구
- 대법원 2016. 5. 12. 선고 2015다243347 판결을 중심으로 - 최승재(제25권)

4. 어음·수표

법인의 어음행위방식 김교창(제3권)
약속어음 등의 위조, 불법행위로 인한 손해배상액 정현수(제5권)
자기앞수표에 관하여 생긴 이득상환청구권의
양도방법(대법원 1976. 1. 13. 판결을 중심으로) 박우동(제1권)
사고신고담보금의 법률관계 전효숙(제8권)
사고신고담보금의 법적 성질 김광년(◇)
어음상 권리의 시효완성에 따른 몇 가지 문제
- 대법원 2010. 7. 29. 선고 2009다69692 판결 해설 - 이승한(제21권)

Ⅲ. 민사소송법

1. 총 칙

민사소송에 있어서 신의성실의 원칙 정영환(제13권)
민사소송의 집중심리방안 조관행(제11권)
민사소송법(소송절차편) 개정사항에 관한 소고 이호원(제10권)
미연방 민사소송절차에 있어 Discovery 제도 강일원(제8권)
북한민사소송법의 기본이념과 그 특색 김홍규(제8권)
국내재산의 소재와 국제재판관할 최공웅(제6권)
인터넷 명예훼손행위와 국제재판관할 노태악(제13권)
심급관할을 위반한 이송결정의 구속력 조관행(◇)
통상공동소송에 있어서 변론분리중의 증거조사와 관련된
실무상 문제 이기택(제8권)
결합관계청구에 관한 연구
- 부대청구, 주문형식 및 절차법상의 충당문제를 중심으로 - 임채웅(제14권)
독립당사자참가소송과 민소법 제63조의 준용의 범위 이재성(제1권)
부동산의 이중양도와 독립당사자참가 정동윤(제5권)
사해방지참가의 요건 김룡담(제6권)
판례에 나타난 사해방지참가의 이유 김능환(제8권)
소송고지로 인한 참가적 효력의 범위 서명수(제7권)
집중심리제도의 문제점 이영준(제4권)
변론의 집중 강현중(제8권)
집중심리와 실권효제도의 활용 류해용(제16권)

민사소송상 주장책임과 간접적 주장 김홍엽(제8권)
판결송달의 하자와 책문권 홍기배(제2권)
우편송달 조관행(제7권)
재판에 있어서의 합의 박우동(◈)
민사판결의 일부확정에 관하여 이재성(제4권)
허위주소에다 소를 제기하여 얻은 판결의 효력 이재성(제2권)
소유권보존등기말소 및 소유권확인판결의 기판력과 그 변론종결전의
사유를 원인으로 하는 새로운 소유권이전등기청구 김희태(◈)
장래 임차상당 부당이득금청구에 대한 확정판결의 기판력과
사정변경에 의한 추가청구 최성준(제8권)
증권관련집단소송 판결의 효력 - 기판력의 주관적 범위를 중심으로 - 이상윤(제14권)
기판력의 객관적 범위와 모순된 반대관계 유병현(제15권)
소멸시효 항변의 소송상 취급 장석조(제10권)
변론종결후의 형성권행사 강현중(제5권)
재판상 화해의 효력 이동흡(제8권)
소송수계신청과 특별수권 최춘근(제7권)
소송대리인이 있는 경우 당사자의 사망과 수계 강봉수(제8권)
당사자의 사망으로 소송절차가 중단된 것을 간과하고 한 판결의 효력 조관행(제8권)
민사재판에 있어서 이론, 법리, 실무 권영준(제17권)
변호사보수의 소송비용산입에 관한 실무상 몇 가지 문제 황진구(제18권)
채무부존재확인을 구하는 본소가 계속 중 채권자가 그 채무의
이행을 구하는 반소를 제기한 경우, 본소의 적법 여부
- 대법원 2010. 7. 15. 선고 2010다2428, 2435 판결[공2010하, 1575]을
중심으로 - 김문관(제19권)
장래의 권리관계의 확인
- 확인의 대상과 이익의 확대 - 이충상(제20권)
확인의 이익에 대한 소고
- 실무상 문제되는 사안에 대한 대법원 판례를 중심으로 - 사봉관(제22권)
소송물론의 진화
- 이른바 핵심설을 중심으로 - 정동윤(제23권)
민사재판에 있어서 기본권 및 공법이론의 적용 문제 박병규(제27권)
토지소유권확인소송의 실무상 쟁점
- 소유권확인의 이익, 등기말소청구 병합과 중간확인의 소 - 이용재(제27권)
주장책임에 관한 대법원 판결에 대한 고찰 석현수(제28권)
소송승계 이론에 입각한 민사소송법 제81조 해석론의 재검토
- 승계참가 후 피승계인이 탈퇴하지 않은 경우의 소송관계와 관련하여 - 곽희경(제29권)

2. 제1심 소송절차

소송요건에 관한 판단의 기준시 강용현(제10권)
소송물의 식별기준에 관하여 정동윤(제8권)
구소송물이론의 문제점 이시윤(제1권)
쟁점효에 관하여 김상원(제1권)
해고무효확인소송의 소송물 권순일(제8권)
19세기 독일에 있어서의 확인소송의 생성 호문혁(제7권)
공유물분할의 소는 형성의 소인가? 김황식(제8권)
경계확정소송의 성질 박국수(제8권)
주류제조면허양도계약의 이행청구와 소의 이익 윤진수(제7권)
토지거래에 관한 규제를 어긴 경우의 효력과 장래의 이행의 소 이시윤(제7권)
국제소송과 중복제소의 금지 최공웅(제7권)
소송종료선언의 재판 박우동(제3권)
입증책임분배에 있어서의 위험영역이론 강봉수(제2권)
민사증거조사방식상 새로운 증거법적 원리의 모색과 그 적용 김홍엽(◈)
증인신문의 방식과 기술 정인진(제10권)
인영의 진정과 사문서의 증거력 김교창(제4권)
증거의 필요성과 적절성 - 자기사용문서와 진술서를 제재(題材)로 하여 이토 마코토(伊藤眞) 윤강열 번역(제15권)
법원의 법률사항 지적의무 강봉수(제7권)
민사판결메모의 작성에 관한 소고 오석락(제2권)
판결서 글쓰기에 관한 몇 가지 생각들 박 철(제14권)
진정명의회복을 위한 소유권이전등기청구와 기판력의 문제 김오수(제9권)
충실한 집중심리를 위한 소송운영 이동흡(제9권)
소의 주관적 예비적 병합에 관한 재론 강현중(제9권)
감정준비작업에서 당사자의 협력의무 및 감정결과의 평가 박형남(제11권)
민사소송법 제148조 제1항(변론기일에 한 쪽 당사자가 불출석한 경우 진술간주에 관한 규정)의 적용에 관하여 - 대상판결 : 대법원 2008. 5. 8. 선고 2008다2890 판결(공2008상, 837) - 강승준(제19권)
추심의 소제기가 채무자가 제기한 이행의 소에 대한 관계에서 중복된 소제기에 해당하는지 - 대법원 2013. 12. 18. 선고 2013다202120 전원합의체 판결 - 황진구(제23권)

3. 상소 · 재심 등

상고허가제도 시행의 전망 이재성(제7권)

심리불속행제도에 관하여 정동윤(◇)
승소자에게 소송중단사유가 발생한 경우의 패소자의 상소제기기간 이재성(제6권)
민사상고기록에의 항소심판결 정본첨부의 가부 권광중(제4권)
항소를 한 뒤 소송기록이 있는 제1심 법원에 항소권포기서를 제출한 경우의 법률관계
- 2006. 5. 2. 자 2005마933 결정 : 공2006. 7. 15. (254), 1229 - 정창호(제15권)
청구가 단순 병합된 소송에 있어 일부청구부분에 대하여만 항소 및 상고가 된 경우 항소심에서 불복하지 아니한 청구부분의 확정시기 한위수(◇)
필요적 공동소송인중 일부의 상소 변재승(제7권)
상고이유에 관하여 김상원(제8권)
상소심의 심판범위와 불이익변경금지원칙과의 관계 황경남(제11권)
소의 부적법각하와 상고심의 판결 민일영(제4권)
재심사유있는 환송판결의 기속력 박준서(제8권)
소유권이전등기의 말소등기청구소송과 진정명의회복을 위한 이전등기청구소송에 있어서 기판력의 문제에 관하여 김홍엽(제11권)
공시최고신청중의 권리신고 박동섭(제4권)
제권판결의 효력에 대한 일고 김교창(제7권)
공시최고법원의 사실오인과 제권판결의 취소이유 이재성(제3권)
재판상화해에 대한 준재심과 특정승계인 김능환(제11권)
민사소송법 제215조 제2항의 '가집행의 면제를 받기 위하여 입은 손해'의 성립요건
- 대법원 2010. 11. 11. 선고 2009다18557 판결의 판례해설 - 김현석(제21권)
당사자 일방에 대한 도산절차가 개시된 사실을 간과한 제1심판결에 대하여 항소가 제기된 경우의 법률관계 신종환(제27권)
항소심에서 항소취하 합의가 있었으나 항소취하서가 제출되지 않은 상태에서 청구의 교환적 변경 신청이 있는 경우 법원이 취하여야 할 조치 박진수(제29권)

4. 민사소송특별법

양육자변경 본심판청구와 유아인도 반심판청구에 대한 심리방법
- 대법원 2006. 4. 17.자 2005스18,19결정 : 공보 2006. 5. 15.자 - 김시철(제15권)
민사조정의 활성화에 관한 소고 여상훈(제8권)
민사조정 활성화 방안에 관한 실무노트 강민구(제14권)
가사조정전치주의의 이론과 실무 정지형(제8권)
분쟁대상의 중재가능성 목영준(제7권)
중재계약의 항변의 제출시기 정동윤(제7권)

중재감정계약 김홍규(◇)
중재판정의 취소 목영준(◇)
중재판정취소사유인 '중재판정에 이유를 붙이지 않았을 때' 목영준(제10권)
국제상사중재에 적용될 절차법에 관한 일고 송상현(제7권)
분쟁의 집단화현상에 대한 대처방안으로서 집단분쟁처리를 위한
특별소송법의 제정에 관하여 김홍규(제7권)
등기공무원의 처분에 대한 이의제도 이태운(제10권)
반론보도 청구의 범위 양삼승(제11권)
가압류등기의 말소청구소송 안영진(제11권)
반론보도청구권의 연혁과 현황 함석천(제18권)
외국중재판정의 승인과 집행을 위한 법원의 심사 - 공서위반을 중심으로 정선주(제18권)
외국판결 승인요건으로서의 송달 박해식(제19권)
언론사건에 관한 실무적 고찰 김인겸(제19권)
도산절차가 중재절차에 미치는 영향
- 중재합의 있는 회생채권의 확정절차를 중심으로 - 양민호(제23권)

Ⅳ. 민사집행법

1. 총 칙

우리나라 강제집행법의 변천 민일영(제11권)
민사집행관계규칙(안)에 관한 몇 가지 문제점 이석선(제1권)
소송촉진 등에 관한 특례법 제15조의 「확정된 종국판결과
동일한 효력이 있는 재판」의 의의 이재성(제3권)
외국에 대한 민사재판권과 강제집행권 유남석(제10권)
일본의 부동산경매절차에 있어서 원활화·신속화 등을 꾀하기 위한
새로운 제도 김천수(제11권)
가집행선고의 실효와 경락인인 가집행 채권자의 부당이득반환의무 윤진수(제6권)
집행문부여에 대한 이의에 관한 재판에 대한 불복방법 강용현(◇)
민사집행절차상 즉시항고 및 재항고 김홍엽(제15권)
항고장각하결정에 대한 불복방법 서기석(◇)
항고장각하의 재판에 대한 불복신청의 성질 이재성(◇)
손해배상에 관한 외국재판의 승인
- 배액(倍額) 배상제도를 중심으로 - 하상익(제27권)

2. 금전채권집행

집행정지서류의 제출에 의한 부동산경매절차의 정지에 관한 일고 민일영(제7권)
민소법 제510조 소정의 서류가 경락허가결정의 항고심에 제출된 경우에 있어서의 법원의 조치 박우동(제2권)
가압류채권자가 본안소송에서 패소한 경우에 동인을 위하여 공탁된 배당금의 처리방법 정동윤(제3권)
장래의 채권등에 대한 전부명령 그 허부 및 효력 류승정(제6권)
전부명령의 하자와 불복방법 이재성(제2권)
배당이의소송 오석락(제1권)
경매의 공신적 효과 박우동(제1권)
경매부동산의 입찰매각제도 민일영(제8권)
미완성건물의 경매 방안 시론 이우재(제14권)
부동산경매절차와 등기 이재성(제1권)
임의경매절차상 청구금액의 확정시기 김교창(제8권)
근저당권실행을 위한 경매절차에서의 청구금액확장의 가부 김능환(◈)
담보권실행경매 신청채권자의 청구금액 확장에 관련한 제문제 서기석(제10권)
물건명세서 작성의 하자와 최저경매가격의 저감 박삼봉(◈)
양수인에 대하여 대항할 수 있는 주택의 임대차에 있어서 임차인의 경매절차에서의 우선변제청구권 최성준(◈)
위법한 재경매와 직권에 의한 경락불허가의 적부 민일영(◈)
일괄경매와 법정지상권 손태호(제10권)
공동저당권의 목적인 건물을 재건축한 경우에 법정지상권의 성부와 민법 제365조의 일괄경매의 가부 이균용(제11권)
공동근저당권의 이시배당방법과 그 법리의 조세채권에의 확장 이우재(제16권)
체납처분과 배당요구, 그리고 부당이득반환청구 민일영(제10권)
임금채권의 변제와 파산법상의 고의부인 고원석(제11권)
집행절차에서의 담보권자의 상대적 지위 설민수(제17권)
현행 집행법상 압류금지채권의 범위 손진홍(제21권)
사해행위취소와 부동산경매 손진홍(제23권)
근저당권의 피담보채권의 확정과 민사집행절차상의 제문제 추신영(제24권)

3. 기타집행

토지인도의 강제집행과 지상수목의 처리 이재성(제5권)
부동산권리이전청구권에 대한 압류의 효력 김광년(제7권)
부동산소유권 이전등기 청구권에 대한 집행방법 강완구(제7권)

간접강제에 관한 법리적 논점과 향후의 과제
- 법적 성질, 보충성, 적용 범위 등을 중심으로 - 전휴재(제29권)

4. 가압류 · 가처분

가압류된 채권의 이행청구의 가부 전봉진(제6권)
가압류와 본압류의 관계 권 성(제8권)
임차권보전을 위한 처분금지가처분의 효력과 등기 김오수(제5권)
부동산임의경매절차정지의 가처분 정태웅(제2권)
직무대행자 개임신청의 성질과 관할 정동윤(제3권)
공유물분할의 소를 본안으로 한 부동산처분금지가처분의 허부 윤 경(제11권)
가처분결정에 관한 해방공탁금 기재의 당부 윤 경(제11권)
근로자에 대한 경업금지약정의 효력과 전직금지가처분의 허용 여부 이성호(제11권)
보전처분 불복사건의 처리에 관한 실무 개선방안 서승렬 외 3 (제20권)
「임시의 지위를 정하기 위한 가처분」의 법적 규율 정영환(제20권)
회사가처분의 실무적 고찰
- 소송구조와 효력에 관한 최근 논의를 중심으로 - 신필종(제20권)
불법행위로서 '부정한 경쟁행위' 및 그에 기한 금지청구권의 성립 요건 등에 관하여
- 대법원 2010. 8. 25.자 2008마1541 결정 - 유영선(제23권)
주택임대차보호법상 대항력 있는 임차보증금반환채권에 대한 가압류의 효력
- 대법원 2013. 1. 17. 선고 2011다49523 전원합의체 판결 - 이영창(제23권)
가처분의 역사와 현대적 기능 권창영(제23권)
직무대행자 선임 가처분의 당사자적격 이민령(제28권)
임시의 지위를 정하기 위한 가처분의 피보전 권리에 관한 검토 이현종(제28권)

Ⅴ. 기 타

위헌법률의 효력 박일환(제6권)
헌법재판소에서 위헌으로 결정된 법률의 효력 장윤기(제7권)
헌법과 민사실무 장석조(제16권)
민사소송에 있어서 선결문제로서의 행정행위의 효력 이재성(제1권)
행정행위의 공정력과 그것이 소송에 미치는 영향 김상원(제1권)

행정처분의 무효를 이유로 그 취소를 구하는 경우와 소원전치의 요부 윤일영(제1권)
행정처분의 변경과 기판력의 문제 박준서(제3권)
소위 원지환지 예정지와 그 사용수익권에 대한 법률적 성질 강완구(제5권)
환지처분의 등기와 무효로 인한 권리회복 김정현(제3권)
조세법상의 부당행위계산부인론 강인애(제7권)
신고납부방식에 의해 과오납된 취득세액 등에 대한
부당이득반환청구와 그 구제의 법리 이범주(◈)
창작성의 개념 곽경직(◈)
특허심판 심결의 기판력(일사부재리원칙적용의 요건으로서의
동일사실 및 동일증거의 해석론) 김인섭(제1권)
퇴직금과 관련한 평균임금의 산정과 신의칙 김용직(◈)
회사정리절차에 있어서 관리인의 쌍무계약해제권 강병섭(제4권)
회사정리법상의 보전처분과 상계 및 부인권 윤진수(제8권)
섭외사건과 국내법의 역외적용 최공웅(제8권)
상고법원 판결 정정 제도
- 대법원 2006. 3. 24. 선고 2004초기359 판결 - 박이규(제15권)
입찰참가자들 중 일부와의 사이의 담합행위와 입찰방해죄의 성부
- 대법원 2006. 6. 9. 선고 2005도8498 판결 - 이성훈(제15권)
단체교섭 거부의 정당한 이유
- 대법원 2006. 2. 24. 선고 2005도8606 판결 - 이동원(제15권)
사업폐지후 고정자산 경락이 부가가치세 과세대상인지 여부
- 대법원 2001. 2. 9. 선고 99두5030 판결 - 최진수(제15권)
한국형 전자법정 확충에 관한 소고 강민구(제15권)
미국의 판례를 통해서 본 인종차별 극복의 역사 박 철(제15권)
한국법조론서설 고재환(제8권)
민사재판에 대한 전통적 의식과 재판에 대한 신뢰 이용훈(제7권)
민사실무연구회 창립 2주년에 즈음하여 방순원(제1권)
1989년 민사사법제도의 개혁과 그 문제점 이시윤(제6권)
안중근 의사 공판기 이영환(제7권)
중공의 법제 박춘호(제5권)
근로기준법상 근로자의 범위 변종춘(제9권)
취업규칙의 불이익변경과 관련한 판례와 문제점 강금실(제9권)
경계복원측량 유승정(제9권)
퇴직금 우선변제채권과 관련한 고찰 김용직(제9권)
교육환경 등의 침해와 유지청구 이범주(제10권)

한국증권업협회가 한 협회등록취소결정을 다투는 소송방법 박해식(제11권)
소득처분에 의한 소득금액변동통지의 행정처분성 여상훈(제16권)
불사용취소사건에서 지정서비스업의 해석문제 예지희(제16권)
법의 경제적 분석에 관한 몇 가지 오해에 관한 고찰 허성욱(제16권)
2003년 민사판례 관견 양창수(제13권)
2004년 민사판례 관견 양창수(제14권)
2005년 민사판례 관견 양창수(제15권)
2006년도 주요 민법 관련 판례 회고 윤진수(제16권)
2007년 주요 민법 관련 판례 회고 윤진수(제17권)
한국과 중국의 민법과 상법 비교 최송자(제17권)
2008년도 민법 판례 동향 김재형(제18권)
2009년도 민법 판례 동향 김재형(제19권)
자본시장법상 시세조종행위 규제의 주요내용과 시사점 김홍기(제19권)
상품표지혼동행위의 판단 방법
- 대법원 2007. 4. 27. 선고 2006도8459 판결[공2007. 6. 1.(275), 831] - 한규현(제19권)
Product by Process Claim에 관하여 최성준(제19권)
무효심판, 정정심판 및 침해소송 3자 사이에서 발생하는 실무상의
문제점 권택수(제19권)
상표 및 상품표지의 주지성 판단에 대한 실증성 제고를 위한 제언 강동세(제19권)
옥외집회등 금지통고에 대한 잠정적 구제절차의 특수성 김종필(제19권)
경정처분과 행정소송과의 관계 황병헌(제19권)
미국 연방법원의 사법행정권 강한승(제19권)
소비자불매운동의 허용범위와 한계
- 언론사광고불매운동 사건에 관련하여 - 한위수(제19권)
2010년 민법 판례 동향 김재형(제20권)
한일 민사법의 과제
- 특히 불법행위법의 여러 문제 - 요시다 쿠니히코
(吉田邦彦)(제20권)
2011년도 민법 판례 동향 김재형(제21권)
개인도산과 실증조사 : 미국의 Consumer Bankruptcy Project에
대한 소개 박재완(제21권)
재물을 점유하는 소유자가 사망한 경우 상속인에 대한 절도죄가
성립하는 시기
- 대법원 2012. 4. 26. 선고 2010도6334 : 공2012상, 940 - 박영호(제21권)

조합활동의 범주에 속하는 모든 관련 업무가 곧바로 노조전임자의
종사 업무가 되는지 여부(소극) 및 노조전임자가 종사할 수 있는
업무의 범위를 판단하는 방법
- 대법원 2009. 5. 28. 선고 2007두979 판결 - 이원범(제21권)
산업재해보상보험법이 정한 심사청구절차에서의 처분사유의 추가·변경
- 대법원 2012. 9. 13. 선고 2012두3859 판결 - 김태훈(제21권)
2012년 민법 판례 동향 김재형(제22권)
개인회생사건에서 부인권 행사에 관한 실무상 몇 가지 문제점 정문경(제22권)
2013년 민법 판례 동향 김재형(제23권)
민일영 대법관의 남긴 자취 이시윤(제23권)
언론기관의 보도에 의한 통신비밀 공개행위
- 대법원 2011. 3. 17. 선고 2006도8839 전원합의체 판결 - 이미선(제23권)
주간에 사람의 주거 등에 침입하여 야간에 타인의 재물을 절취한 행위를
야간주거침입절도죄로 처벌할 수 있는지
- 대법원 2011. 4. 14. 선고 2011도300, 2011감도5 판결 - 고종영(제23권)
국선변호인이 항소이유서를 제출하지 아니한 경우 항소법원이
취하여야 할 조치
- 대법원 2012. 2. 16.자 2009모1044 전원합의체 결정 - 김일연(제23권)
신문발전위원회로부터 지급받은 위탁사업비가 간접보조금에 해당하는지 여부
- 대법원 2012. 8. 23. 선고 2010도12950 판결 - 임해지(제23권)
근저당권설정에 의한 횡령행위와 특정경제범죄 가중처벌 등에 관한
법률 제3조의 이득액 산정기준
- 대법원 2013. 5. 9. 선고 2013도2857 판결 - 박형준(제23권)
청소년유해업소의 종업원 고용시 연령확인의무의 내용
- 대법원 2013. 9. 27. 선고 2013도8385 판결 - 위광하(제23권)
임용결격사유가 있어 공무원 임용이 당연무효인 자의 직무상
금품 수수와 뇌물죄의 성부
- 대법원 2014. 3. 27. 선고 2013도11357 판결 - 오영준(제23권)
채권 담보를 목적으로 대물변제예약을 체결한 채무자가 대물로 제공하기로
한 부동산을 제3자에게 처분한 행위가 배임죄에 해당하는지 여부
- 대법원 2014. 8. 21. 선고 2014도3363 전원합의체 판결 - 이현석(제23권)
국방·군사시설사업의 환경영향평가 시기
- 대법원 2012. 7. 5. 선고 2011두19239 전원합의체 판결 - 김용하(제23권)
본 시설물이 소멸될 때까지 부설주차장의 용도변경을 제한한
주차장 조례의 효력
- 대법원 2012. 11. 22. 선고 2010두22962 전원합의체 판결 - 이완희(제23권)

권리확정주의와 채권의 회수불능
- 대법원 2013. 9. 13. 선고 2013두6718 판결 - 하태흥(제23권)
공무원연금법 제64조 제1항 제1호의 "소속 상관의 정당한 직무상의 명령에 따르다가 과실로 인한 경우"에 관한 해석
- 대법원 2013. 11. 28 선고 2011두29083 판결 - 변성환(제23권)
2014년 민법 판례 동향 김재형(제24권)
회생절차 중요 판례 해설 임치용(제24권)
2015년 민법 판례 동향 김재형(제25권)
재단채권의 확정절차에 관한 실무상 문제-파산채권과의 구별이 문제되는 경우를 중심으로 나원식(제25권)
호스피스·완화의료 및 임종과정에 있는 환자의 연명의료결정에 관한 법률, 이른바 웰다잉법에 대한 비판적 고찰 김 화(제25권)
2017년 민법 판례 동향 권영준(제26권)
추심채권자에 대한 회생절차에서의 취급 차승환(제26권)
미국법상 판결 후 개시절차(post-judgment discovery)제도와 그 시사점 김정환(제26권)
상가건물임대차보호법상 권리금 보호 규정에 관한 고찰-손해배상의 범위를 중심으로 허 승(제26권)
약관에 있어서 효력유지적 축소해석-독일법상의 논의를 중심으로 김 화(제26권)
2018년 민법 판례 동향 권영준(제27권)
판례의 무게
- 판례의 변경은 얼마나 어려워야 하는가? - 윤진수(제27권)
도산절차에서의 쌍방미이행 쌍무계약과 지적재산권 라이센스계약의 관계 권창환(제27권)
권리성의 인정과 회복할 수 없는 손해
- 대법원 2010. 8. 25. 자 2008마1541 결정 - 김차동(제27권)
2019년 판례 동향 권영준(제28권)
개인정보 유출소송의 몇 가지 쟁점에 관한 고찰 이용재(제28권)
2020년 민법 판례 동향 권영준(제28권)
하도급대금 직접지급청구권의 성립요건, 범위 및 입증책임
- 최근 대법원판결에서 쟁점이 된 사항을 중심으로 김갑석(제28권)
2021년 민법 판례 동향 권영준(제29권)
명예훼손 사건에서 '악의적 공격' 법리를 통한 위축효과의 극복방안
- 대상판결: 대법원 2021. 3. 25. 선고 2016도14995 판결[공2021상, 935] 이지영(제29권)

민사재판의 제문제 제 29 권

2022년 8월 16일 제1판 1쇄 인쇄
2022년 8월 22일 제1판 1쇄 발행

논 저 민사실무연구회

발 행 처 사법발전재단

서울특별시 서초구 서초대로 219
전 화 02) 3480 - 1309
팩 스 02) 533 - 4074

ISBN 979-11-6086-071-9 94360
ISBN 978-89-958748-5-1 (세트)

※ 낙장 · 파본은 교환하여 드립니다.
※ 정가 : 80,000원